EL
LIBRO DE MORMÓN

Otro Testamento de Jesucristo

Publicado por
La Iglesia de Jesucristo de los Santos de los Últimos Días
Salt Lake City, Utah, EE. UU.

La primera edición en inglés se publicó en 1830,
en Palmyra, Nueva York, EE. UU.

Tenga a bien enviarnos comentarios o sugerencias por correo electrónico a
scriptures@ChurchofJesusChrist.org o por correo normal a
Scriptures Coordination, 50 East North Temple Street, 24th Floor,
Salt Lake City, UT 84150-3220 USA.

© 1992, 2015 by Intellectual Reserve, Inc.
All rights reserved
Printed in the United States of America 12/2022
English approval: 3/15
Translation approval: 3/15
Translation of the Book of Mormon
Spanish

EL
LIBRO DE MORMÓN

UN RELATO ESCRITO POR

LA MANO DE MORMÓN

SOBRE PLANCHAS
TOMADO DE LAS PLANCHAS DE NEFI

Por tanto, es un compendio de los anales del pueblo de Nefi, así como de los lamanitas — Escrito a los lamanitas, quienes son un resto de la casa de Israel, y también a los judíos y a los gentiles — Escrito por vía de mandamiento, por el espíritu de profecía y de revelación — Escrito y sellado, y escondido para los fines del Señor, con objeto de que no fuese destruido — Ha de aparecer por el don y el poder de Dios para que sea interpretado — Sellado por la mano de Moroni, y escondido para los propósitos del Señor, a fin de que apareciese en el debido tiempo por medio de los gentiles — A interpretarse por el don de Dios.

Contiene también un compendio tomado del Libro de Éter, el cual es una relación del pueblo de Jared, que fue esparcido en la ocasión en que el Señor confundió el lenguaje de los del pueblo, cuando estaban edificando una torre para llegar al cielo — Lo cual sirve para mostrar al resto de la casa de Israel cuán grandes cosas el Señor ha hecho por sus padres; y para que conozcan los convenios del Señor y sepan que no son ellos desechados para siempre — Y también para convencer al judío y al gentil de que Jesús es el Cristo, el Eterno Dios, que se manifiesta a sí mismo a todas las naciones — Y ahora bien, si hay faltas, estas son equivocaciones de los hombres; por tanto, no condenéis las cosas de Dios, para que aparezcáis sin mancha ante el tribunal de Cristo.

TRADUCCIÓN ORIGINAL DE LAS PLANCHAS AL IDIOMA INGLÉS
POR JOSÉ SMITH, HIJO.

TABLA DE MATERIAS

INTRODUCCIÓN

El Libro de Mormón es un volumen de escritura sagrada semejante a la Biblia. Es una historia de la comunicación de Dios con antiguos habitantes de las Américas y contiene la plenitud del Evangelio eterno.

Escribieron el libro muchos antiguos profetas por el espíritu de profecía y revelación. Sus palabras, escritas sobre planchas de oro, fueron citadas y compendiadas por un profeta e historiador llamado Mormón. El registro contiene un relato de dos grandes civilizaciones. Una llegó procedente de Jerusalén en el año 600 a.C. y tiempo después se dividió en dos naciones conocidas como los nefitas y los lamanitas. La otra había llegado mucho antes, cuando el Señor confundió las lenguas en la Torre de Babel. Este grupo se conoce con el nombre de jareditas. Después de miles de años, todos fueron destruidos con excepción de los lamanitas, los cuales se hallan entre los antecesores de los indios de las Américas.

El acontecimiento de mayor trascendencia que se encuentra registrado en el Libro de Mormón es el ministerio personal del Señor Jesucristo entre los nefitas poco después de Su resurrección. En él se expone la doctrina del Evangelio, se describe el plan de salvación, y se dice a los hombres lo que deben hacer para lograr la paz en esta vida y la salvación eterna en la vida venidera.

Después de terminar sus escritos, Mormón entregó la historia a su hijo Moroni, el cual le agregó unas palabras y escondió las planchas en el cerro Cumorah. El 21 de septiembre de 1823, el mismo Moroni, para entonces un ser glorificado y resucitado, se le apareció al profeta José Smith y le instruyó concerniente al antiguo registro y a la destinada traducción de este al idioma inglés.

En la ocasión oportuna, se entregaron las planchas a José Smith, quien las tradujo por el don y el poder de Dios. El libro se publica hoy en muchos idiomas como testimonio nuevo y adicional de que Jesucristo es el Hijo del Dios viviente, y de que todos aquellos que quieran venir a Él y obedecer las leyes y las ordenanzas de Su Evangelio podrán salvarse.

Concerniente a esta historia, el profeta José Smith dijo: "Declaré a los hermanos que el Libro de Mormón era el más correcto de todos los libros sobre la tierra, y la piedra clave de nuestra religión; y que un hombre se acercaría más a Dios al seguir sus preceptos que los de cualquier otro libro".

Además de José Smith, el Señor dispuso que otros once hombres vieran con sus propios ojos las planchas de oro y fueran testigos especiales de la veracidad y de la divinidad del Libro de Mormón. Sus testimonios escritos se incluyen en esta obra bajo los títulos "El Testimonio de Tres Testigos" y "El Testimonio de Ocho Testigos".

Invitamos a toda persona, dondequiera que se encuentre, a leer el Libro de Mormón, a meditar en su corazón el mensaje que contiene y luego a preguntar a Dios, el Padre Eterno, en el nombre de Cristo, si el libro es verdadero. Quienes así lo hagan y pidan con fe lograrán un testimonio de la veracidad y la divinidad del libro por el poder del Espíritu Santo. (Véase Moroni 10:3–5).

Aquellos que obtengan este testimonio divino del Santo Espíritu también llegarán a saber, por el mismo poder, que Jesucristo es el Salvador del mundo, que José Smith ha sido Su revelador y profeta en estos últimos días, y que La Iglesia de Jesucristo de los Santos de los Últimos Días es el reino del Señor que de nuevo se ha establecido sobre la tierra, en preparación para la segunda venida del Mesías.

EL TESTIMONIO DE TRES TESTIGOS

Conste a todas las naciones, tribus, lenguas y pueblos a quienes llegare esta obra, que nosotros, por la gracia de Dios el Padre, y de nuestro Señor Jesucristo, hemos visto las planchas que contienen esta relación, la cual es una historia del pueblo de Nefi, y también de los lamanitas, sus hermanos, y también del pueblo de Jared, que vino de la torre de que se ha hablado. Y también sabemos que han sido traducidas por el don y el poder de Dios, porque así su voz nos lo declaró; por tanto, sabemos con certeza que la obra es verdadera. También testificamos haber visto los grabados sobre las planchas; y se nos han mostrado por el poder de Dios y no por el de ningún hombre. Y declaramos con palabras solemnes que un ángel de Dios bajó del cielo, y que trajo las planchas y las puso ante nuestros ojos, de manera que las vimos y las contemplamos, así como los grabados que contenían; y sabemos que es por la gracia de Dios el Padre, y de nuestro Señor Jesucristo, que vimos y testificamos que estas cosas son verdaderas. Y es maravilloso a nuestra vista. Sin embargo, la voz del Señor nos mandó que testificásemos de ello; por tanto, para ser obedientes a los mandatos de Dios, testificamos estas cosas. Y sabemos que si somos fieles en Cristo, nuestros vestidos quedarán limpios de la sangre de todos los hombres, y nos hallaremos sin mancha ante el tribunal de Cristo, y moraremos eternamente con Él en los cielos. Y sea la honra al Padre, y al Hijo, y al Espíritu Santo, que son un Dios. Amén.

OLIVER COWDERY
DAVID WHITMER
MARTIN HARRIS

EL TESTIMONIO DE OCHO TESTIGOS

Conste a todas las naciones, tribus, lenguas y pueblos a quienes llegare esta obra, que José Smith, hijo, el traductor de ella, nos ha mostrado las planchas de que se ha hablado, las que tienen la apariencia del oro; y hemos palpado con nuestras manos cuantas hojas el referido Smith ha traducido; y también vimos los grabados que contenían, todo lo cual tiene la apariencia de una obra antigua y de hechura exquisita. Y testificamos esto con palabras solemnes, y que el citado Smith nos ha mostrado las planchas de que hemos hablado, porque las hemos visto y sopesado, y con certeza sabemos que el susodicho Smith las tiene en su poder. Y damos nuestros nombres al mundo en testimonio de lo que hemos visto. Y no mentimos, pues Dios es nuestro testigo.

CHRISTIAN WHITMER	HIRAM PAGE
JACOB WHITMER	JOSEPH SMITH, PADRE
PETER WHITMER, HIJO	HYRUM SMITH
JOHN WHITMER	SAMUEL H. SMITH

EL TESTIMONIO DEL PROFETA JOSÉ SMITH

Las propias palabras del profeta José Smith en cuanto a la aparición del Libro de Mormón son las siguientes:

"En la noche del. . . día 21 de septiembre [1823]. . . me puse a orar pidiéndole a Dios Todopoderoso. . .

"Encontrándome así, en el acto de suplicar a Dios, vi que se aparecía una luz en mi cuarto, y que siguió aumentando hasta que la habitación quedó más iluminada que al mediodía; cuando repentinamente se apareció un personaje al lado de mi cama, de pie en el aire, porque sus pies no tocaban el suelo.

"Llevaba puesta una túnica suelta de una blancura exquisita. Era una blancura que excedía a cuanta cosa terrenal jamás había visto yo; y no creo que exista objeto alguno en el mundo que pudiera presentar tan extraordinario brillo y blancura. Sus manos estaban desnudas, y también sus brazos, un poco más arriba de la muñeca; y de igual manera los pies, así como las piernas, poco más arriba de los tobillos. También tenía descubiertos la cabeza y el cuello, y pude darme cuenta de que no llevaba puesta más ropa que esta túnica, porque estaba abierta de tal manera que podía verle el pecho.

"No solo tenía su túnica esta blancura singular, sino que toda su persona era gloriosa más de lo que se puede describir, y su faz era como un vivo relámpago. El cuarto estaba sumamente iluminado, pero no con la brillantez que había en torno de su persona. Cuando lo vi por primera vez, tuve miedo; mas el temor pronto se apartó de mí.

"Me llamó por mi nombre, y me dijo que era un mensajero enviado de la presencia de Dios, y que se llamaba Moroni; que Dios tenía una obra para mí, y que entre todas las naciones, tribus y lenguas se tomaría mi nombre para bien y para mal, o sea, que se iba a hablar bien o mal de mí entre todo pueblo.

"Dijo que se hallaba depositado un libro, escrito sobre planchas de oro, el cual daba una relación de los antiguos habitantes de este continente, así como del origen de su procedencia. También declaró que en él se encerraba la plenitud del evangelio eterno cual el Salvador lo había comunicado a los antiguos habitantes.

"Asimismo, que junto con las planchas estaban depositadas dos piedras en aros de plata, las cuales, aseguradas a un pectoral, formaban lo que se llamaba el Urim y Tumim; que la posesión y uso de estas piedras era lo que constituía a los 'videntes' en los días antiguos o anteriores, y que Dios las había preparado para la traducción del libro. . .

"Por otra parte, me manifestó que cuando yo recibiera las planchas de que él había hablado —porque aún no había llegado el tiempo para obtenerlas— no habría de enseñarlas a nadie, ni el pectoral con el Urim y Tumim, sino únicamente a aquellos a quienes se me mandase que las enseñara; si lo hacía, sería destruido. Mientras hablaba conmigo acerca de las planchas, se manifestó a mi mente la visión de tal modo que pude ver el lugar donde estaban depositadas; y con tanta claridad y distinción, que reconocí el lugar cuando lo visité.

"Después de esta comunicación, vi que la luz en el cuarto empezaba a juntarse en derredor del personaje que me había estado hablando; y así continuó hasta que el cuarto una vez más quedó a obscuras, exceptuando alrededor de su persona inmediata; cuando repentinamente vi abrirse algo como un conducto que iba directamente hasta el cielo, y él ascendió hasta desaparecer por completo, y el cuarto quedó tal como había estado antes de aparecerse esta luz celestial.

"Me quedé reflexionando sobre la singularidad de la escena, y maravillándome grandemente de lo que me había dicho este mensajero extraordinario, cuando en medio de mi meditación de pronto descubrí que mi cuarto empezaba a iluminarse de nuevo, y en lo que me pareció un instante, el mismo mensajero celestial apareció una vez más al lado de mi cama.

"Empezó, y otra vez me dijo las mismísimas cosas que me había relatado en su primera visita, sin la menor variación; después de lo cual me informó de grandes juicios que vendrían sobre la tierra, con gran desolación causada por el hambre, la espada y pestilencias; y que esos penosos juicios vendrían sobre la tierra en esta generación. Habiéndome referido estas cosas, de nuevo ascendió como lo había hecho anteriormente.

"Ya para entonces eran tan profundas las impresiones que se me habían grabado en la mente, que el sueño había huido de mis ojos, y yacía dominado por el asombro de lo que había visto y oído. Pero cuál no sería mi sorpresa al ver de nuevo al mismo mensajero al lado de mi cama, y oírlo repasar o repetir las mismas cosas que antes; y añadió una advertencia, diciéndome que Satanás procuraría tentarme (a causa de la situación indigente de la familia de mi padre) a que obtuviera las planchas con el fin de hacerme rico. Esto él me lo prohibió, y dijo que, al obtener las planchas, no tuviera presente más objeto que el de glorificar a Dios, y que ningún otro motivo influyera en mí sino el de edificar su reino; de lo contrario, no podría obtenerlas.

"Después de esta tercera visita, de nuevo ascendió al cielo como antes, y otra vez me quedé meditando en lo extraño de lo que acababa de experimentar; cuando casi inmediatamente después que el mensajero celestial hubo ascendido por tercera vez, cantó el gallo, y vi que estaba amaneciendo; de modo que, nuestras conversaciones deben de haber durado toda aquella noche.

"Poco después me levanté de mi cama y, como de costumbre, fui a desempeñar las faenas necesarias del día; pero al querer trabajar como en otras ocasiones, hallé que se me habían agotado a tal grado las fuerzas, que me sentía completamente incapacitado. Mi padre, que estaba trabajando cerca de mí, vio que algo me sucedía y me dijo que me fuera a casa. Partí de allí con la intención de volver a casa, pero al querer cruzar el cerco para salir del campo en que estábamos, se me acabaron completamente las fuerzas, caí inerte al suelo y por un tiempo no estuve consciente de nada.

"Lo primero que pude recordar fue una voz que me hablaba, llamándome por mi nombre. Alcé la vista, y vi, a la altura de mi cabeza, al mismo mensajero, rodeado de luz como antes. Entonces me relató otra vez todo lo que me había referido la noche anterior, y me mandó que fuera a mi padre y le hablara acerca de la visión y mandamientos que había recibido.

"Obedecí; regresé a donde estaba mi padre en el campo, y le declaré todo el asunto. Me respondió que era de Dios, y me dijo que fuera e hiciera lo que el mensajero me había mandado. Salí del campo y fui al lugar donde el mensajero me había dicho que estaban depositadas las planchas, y debido a la claridad de la visión que había visto tocante al lugar, en cuanto llegué allí, lo reconocí.

"Cerca de la aldea de Manchester, condado de Ontario, estado de Nueva York, se levanta una colina de tamaño regular, y la más elevada de todas las de la comarca. Por el costado occidental del cerro, no lejos de la cima, debajo de una piedra de buen tamaño, yacían las planchas, depositadas en una caja de piedra. En el centro, y por la parte superior, esta piedra era gruesa y redonda, pero más delgada hacia los extremos; de modo que se podía ver la parte céntrica sobre la superficie del suelo, mientras que alrededor de la orilla estaba cubierta de tierra.

"Habiendo quitado la tierra, conseguí una palanca que logré introducir debajo de la orilla de la piedra, y con un ligero esfuerzo la levanté. Miré dentro de la caja, y efectivamente vi allí las planchas, el Urim y Tumim y el pectoral, como lo había dicho el mensajero. La caja en que se hallaban estaba hecha de piedras, colocadas en una especie de cemento. En el fondo de la caja había dos piedras puestas transversalmente, y sobre estas descansaban las planchas y los otros objetos que las acompañaban.

"Intenté sacarlas, pero me lo prohibió el mensajero; y de nuevo se me informó que aún no había llegado el tiempo de sacarlas, ni llegaría sino hasta después de cuatro años, a partir de esa fecha; pero me dijo que debía ir a ese lugar precisamente un año después, y que él me esperaría allí; y que había de seguir haciéndolo así hasta que llegara el tiempo para obtener las planchas.

"De acuerdo con lo que se me había mandado, acudía al fin de cada año, y en esa ocasión encontraba allí al mismo mensajero, y en cada una de nuestras entrevistas recibía de él instrucciones e inteligencia concernientes a lo que el Señor iba a hacer, y cómo y de qué manera se conduciría su reino en los últimos días. . .

"Por fin llegó el momento de obtener las planchas, el Urim y Tumim y el pectoral. El día veintidós de septiembre de mil ochocientos veintisiete, habiendo ido al fin de otro año, como de costumbre, al lugar donde estaban depositados, el mismo mensajero celestial me los entregó con esta advertencia: que yo sería responsable de ellos; que si permitía que se extraviaran por algún descuido o negligencia mía, sería desarraigado; pero que si me esforzaba con todo mi empeño por preservarlos hasta que él (el mensajero) viniera por ellos, entonces serían protegidos.

"Pronto supe por qué había recibido tan estrictos mandatos de guardarlos, y por qué me había dicho el mensajero que cuando terminara lo que se requería de mí, él vendría por ellos. Porque no bien se supo que yo los tenía, comenzaron a hacerse los más tenaces esfuerzos por privarme de ellos. Se recurrió a cuanta estratagema se pudo inventar para realizar ese propósito. La persecución llegó a ser más severa y enconada que antes, y grandes números de personas andaban continuamente al acecho para quitármelos, de ser posible. Pero mediante la sabiduría de Dios, permanecieron seguros en mis manos hasta que cumplí con ellos lo que se requirió de mí. Cuando el mensajero, de conformidad con el arreglo, llegó por ellos, se los entregué; y él los tiene a su cargo hasta el día de hoy, dos de mayo de mil ochocientos treinta y ocho".

Para una narración más completa, véase José Smith—Historia en la Perla de Gran Precio.

La historia antigua que así salió de la tierra, como la voz de un pueblo que hablaba desde el polvo, fue traducida a un lenguaje moderno [el idioma inglés] por el don y el poder de Dios, según la afirmación divina lo ha atestiguado, y se publicó por primera vez al mundo en inglés en el año 1830 con el título de THE BOOK OF MORMON.

UNA BREVE EXPLICACIÓN ACERCA
DEL LIBRO DE MORMÓN

El Libro de Mormón es una historia sagrada de pueblos de la América antigua, la cual se grabó en planchas de metal. Las fuentes de donde se compiló esta historia incluyen las siguientes:

1. *Las Planchas de Nefi,* que eran de dos clases: las planchas menores y las planchas mayores. Las primeras tenían que ver más en particular con asuntos espirituales y con el ministerio y las enseñanzas de los profetas, mientras que las segundas se ocupaban principalmente de la historia seglar de los pueblos a los que se referían (1 Nefi 9:2–4). Sin embargo, desde la época de Mosíah, también en las planchas mayores se incluyeron asuntos de considerable importancia espiritual.

2. *Las Planchas de Mormón,* que se componen de un compendio de las planchas mayores de Nefi, hecho por Mormón, con muchos comentarios. Estas planchas también contenían una continuación de la historia escrita por Mormón con aditamentos de su hijo Moroni.

3. *Las Planchas de Éter,* que contienen una historia de los jareditas. Esta historia la compendió Moroni, el cual añadió comentarios propios e incorporó dicho compendio en la historia general con el título de "Libro de Éter".

4. *Las Planchas de Bronce,* que el pueblo de Lehi llevó de Jerusalén en el año 600 a.C. Estas contenían "los cinco libros de Moisés. . . y asimismo la historia de los judíos desde su principio. . . hasta el comienzo del reinado de Sedequías, rey de Judá; y también las profecías de los santos profetas" (1 Nefi 5:11–13). En el Libro de Mormón aparecen muchos pasajes de estas planchas que citan a Isaías y a otros profetas bíblicos, así como a varios profetas que la Biblia no menciona.

El Libro de Mormón se compone de quince partes o divisiones principales, llamadas, con una sola excepción, libros, los que generalmente llevan el nombre de su autor principal. La primera parte (o sea, los primeros seis libros que terminan con el de Omni) es una traducción de las planchas menores de Nefi. Entre los libros de Omni y de Mosíah se encuentra una inserción llamada las Palabras de Mormón. Dicha inserción enlaza la narración grabada en las planchas menores con el compendio que hizo Mormón de las planchas mayores.

La parte más extensa, desde Mosíah hasta el capítulo 7 de Mormón, es una traducción del compendio que hizo Mormón de las planchas mayores de Nefi. La parte final, desde el capítulo 8 de Mormón hasta el fin de la obra, fue grabada por Moroni hijo de Mormón, el cual, después de terminar la historia de la vida de su padre, hizo un compendio de la historia jaredita (llamado el libro de Éter) y posteriormente añadió las partes que se conocen como el libro de Moroni.

Alrededor del año 421 de la era cristiana, Moroni, el último de los profetas e historiadores nefitas, selló los anales sagrados y los escondió para los fines del Señor, para que apareciesen en los postreros días, de acuerdo con lo que la voz de Dios predijo por medio de Sus antiguos profetas. En el año 1823 de nuestra era, ese mismo Moroni, para entonces un ser resucitado, visitó al profeta José Smith y subsiguientemente le entregó las planchas grabadas.

Con respecto a esta edición: La portada original que precede inmediatamente a la página de la tabla de materias se ha tomado de las planchas y es parte del texto sagrado. Las introducciones escritas con el tipo de letra no cursiva, tal como en 1 Nefi y las que preceden inmediatamente al capítulo 9 de Mosíah, también son una parte del texto sagrado. Las introducciones en cursiva, como en los encabezamientos de los capítulos, no son originales al texto, pero se incluyen como ayudas de estudio para su conveniencia en la lectura.

En ediciones anteriores del Libro de Mormón publicadas en inglés se han perpetuado algunos pequeños errores de texto. Esta edición contiene correcciones que son apropiadas para que el material vaya de conformidad con manuscritos originales, así como con las primeras ediciones revisadas por el profeta José Smith.

ILUSTRACIONES

El Señor Jesucristo
Pintura de Heinrich Hofmann

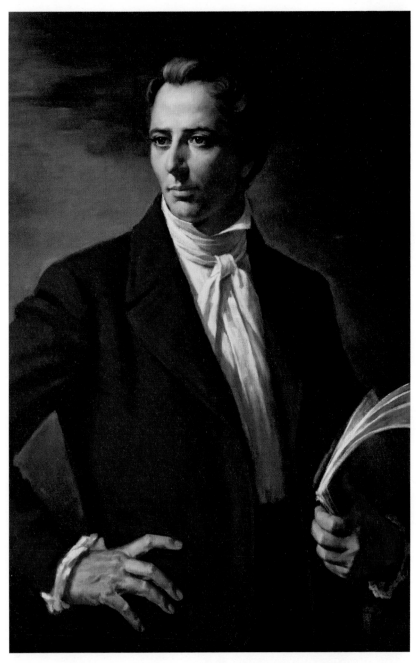

El profeta José Smith
Pintura de Alvin Gittins

Véase "El Testimonio del profeta José Smith", páginas XI–XIV

Lehi halla la Liahona
Pintura de Arnold Friberg
Véase 1 Nefi 16, páginas 39–42

Lehi y su gente llegan a la tierra prometida
Pintura de Arnold Friberg

Véase 1 Nefi 18, páginas 48–51

Alma bautiza en las aguas de Mormón

Pintura de Arnold Friberg

Véase Mosíah 18, páginas 214–217

Samuel el Lamanita profetiza
Pintura de Arnold Friberg

Véase Helamán 16, páginas 490–492

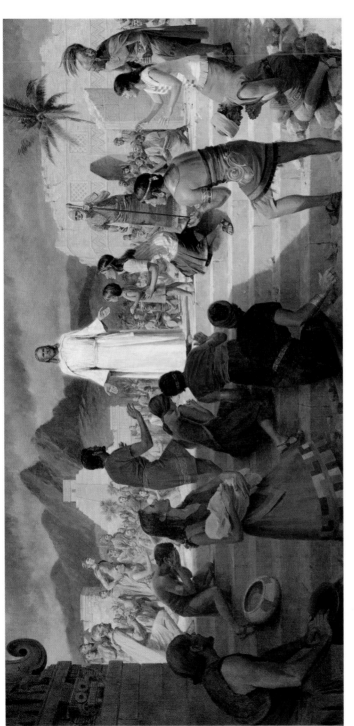

Jesucristo visita las Américas
Pintura de John Scott
Véase 3 Nefi 11, páginas 517–521

Moroni entierra el registro nefita
Pintura de Tom Lovell

Véase Mormón 8, páginas 580–584

EL PRIMER LIBRO DE NEFI

SU REINADO Y MINISTERIO

Relato de Lehi, de su esposa Saríah y de sus cuatro hijos, que se llamaban (empezando por el mayor) Lamán, Lemuel, Sam y Nefi. El Señor advierte a Lehi que salga de la tierra de Jerusalén, porque este profetiza al pueblo sobre su iniquidad, y tratan de quitarle la vida. Lehi viaja tres días por el desierto con su familia. Nefi, acompañado de sus hermanos, vuelve a la tierra de Jerusalén por los anales de los judíos. El relato de sus padecimientos. Toman por esposas a las hijas de Ismael. Salen para el desierto con sus familias. Sus padecimientos y aflicciones en el desierto. Rumbo de sus viajes. Llegan a las grandes aguas. Se rebelan los hermanos de Nefi contra él. Él los confunde y construye un barco. Dan al lugar el nombre de Abundancia. Atraviesan los grandes mares hasta llegar a la tierra prometida, etcétera. Esto es según la narración de Nefi, o en otras palabras, yo, Nefi, escribí estos anales.

CAPÍTULO 1

Nefi da principio a la historia de su pueblo — Lehi ve en visión un pilar de fuego y lee en un libro de profecías — Alaba a Dios, predice la venida del Mesías y profetiza la destrucción de Jerusalén — Es perseguido por los judíos. Aproximadamente 600 a.C.

YO, ^aNefi, nací de ^bbuenos ^cpadres y recibí, por tanto, alguna ^dinstrucción en toda la ciencia de mi padre; y habiendo conocido muchas ^eaflicciones durante el curso de mi vida, siendo, no obstante, altamente favorecido del Señor todos mis días; sí, habiendo logrado un conocimiento grande de la bondad y los ^fmisterios de Dios, escribo, por tanto, la ^ghistoria de los hechos de mi vida.

2 Sí, hago la relación en el ^alenguaje de mi padre, que se compone de la ciencia de los judíos y el idioma de los egipcios.

3 Y sé que la historia que escribo es ^averdadera; y la escribo de mi propia mano, con arreglo a mis conocimientos.

4 Pues sucedió que al comenzar el ^aprimer año del reinado de ^bSedequías, rey de Judá (mi padre Lehi había morado en ^cJerusalén toda su vida), llegaron muchos ^dprofetas ese mismo año profetizando al pueblo que se

---

[1 NEFI]
1 1a GEE Nefi hijo de Lehi.
  b Prov. 22:1.
  c DyC 68:25, 28.
    GEE Padres.
  d Enós 1:1;
    Mos. 1:2–3.
    GEE Enseñar.
  e GEE Adversidad.

  f GEE Misterios de Dios.
  g GEE Escrituras.
2a Mos. 1:2–4;
    Morm. 9:32–33.
3a 1 Ne. 14:30;
    Mos. 1:6; Éter 5:1–3;
    DyC 17:6.
4a 598 a.C.; véase
    Cronología en el

  Apéndice.
  b 2 Cró. 36:10;
    Jer. 52:3–5;
    Omni 1:15.
  c 1 Cró. 9:3.
  d 2 Rey. 17:13–15;
    2 Cró. 36:15–16;
    Jer. 7:25–26.
    GEE Profeta.

arrepintiera, o la gran ciudad de ᵉJerusalén sería destruida.

5 Aconteció, por tanto, que mientras iba por su camino, mi padre ᵃLehi oró al Señor, sí, con todo su ᵇcorazón, a favor de su pueblo.

6 Y ocurrió que mientras estaba orando al Señor, apareció ante él, sobre una roca, un ᵃpilar de fuego; y fue mucho lo que vio y oyó; y se estremeció y tembló extremadamente por las cosas que vio y oyó.

7 Y sucedió que volvió a su casa en Jerusalén, y se echó sobre su lecho, ᵃdominado por el Espíritu y por las cosas que había visto.

8 Y dominado de esta manera por el Espíritu, fue arrebatado en una ᵃvisión, en la que vio abrirse los ᵇcielos, y creyó ver a Dios sentado en su trono, rodeado de innumerables concursos de ángeles, en actitud de estar cantando y alabando a su Dios.

9 Y sucedió que vio a Uno que descendía del cielo, y vio que su ᵃresplandor era mayor que el del sol al mediodía.

10 Y vio también que lo seguían otros ᵃdoce, cuyo brillo excedía al de las estrellas del firmamento.

11 Y descendieron y avanzaron por la faz de la tierra; y el primero llegó hasta donde estaba mi padre, y le dio un ᵃlibro y le mandó que lo leyera.

12 Y sucedió que mientras leía, fue lleno del ᵃEspíritu del Señor.

13 Y leyó, diciendo: ¡Ay, ay de ti, Jerusalén, porque he visto tus ᵃabominaciones! Sí, mi padre leyó muchas cosas concernientes a ᵇJerusalén: que sería destruida, así como sus habitantes; que muchos perecerían por la espada y muchos serían ᶜllevados cautivos a Babilonia.

14 Y acaeció que cuando mi padre hubo leído y visto muchas cosas grandes y maravillosas, prorrumpió en exclamaciones al Señor, tales como: ¡Cuán grandes y maravillosas son tus obras, oh Señor Dios Todopoderoso! ¡Tu trono se eleva en las alturas de los cielos, y tu poder, y tu bondad y misericordia se extienden sobre todos los habitantes de la tierra; y porque eres misericordioso, no dejarás perecer a los que ᵃacudan a ti!

15 Así se expresaba mi padre en alabanzas a su Dios; porque

4e Jer. 26:18;
 2 Ne. 1:4;
 Hel. 8:20.
5a GEE Lehi, padre de Nefi.
 b Stg. 5:16.
6a Éx. 13:21;
 Hel. 5:24, 43;
 DyC 29:12;
 JS—H 1:16.
7a Dan. 10:8;
 1 Ne. 17:47;
Moisés 1:9–10;
 JS—H 1:20.
8a 1 Ne. 5:4.
 GEE Visión.
 b Ezeq. 1:1;
 Hech. 7:55–56;
 1 Ne. 11:14;
 Hel. 5:45–49;
 DyC 137:1.
9a JS—H 1:16–17.
10a GEE Apóstol.
11a Ezeq. 2:9.
12a DyC 6:15.
13a 2 Rey. 24:18–20;
 2 Cró. 36:14.
 b 2 Rey. 23:27; 24:2;
 Jer. 13:13–14;
 2 Ne. 1:4.
 c 2 Rey. 20:17–18;
 2 Ne. 25:10;
 Omni 1:15.
14a Alma 5:33–36;
 3 Ne. 9:14.

su alma se regocijaba y todo su corazón estaba henchido a causa de las cosas que había visto, sí, que el Señor le había mostrado.

16 Y yo, Nefi, no doy cuenta completa de lo que mi padre ha escrito, porque ha escrito muchas cosas que vio en visiones y sueños; y ha escrito también muchas cosas que ªprofetizó y habló a sus hijos, de las que no daré cuenta entera,

17 sino que haré una relación de los hechos de mi vida. He aquí, haré un ªcompendio de los ᵇanales de mi padre sobre planchas que he preparado con mis propias manos; por tanto, después que los haya compendiado, escribiré la historia de mi propia vida.

18 Por lo tanto, quisiera que supieseis que después que el Señor hubo mostrado a mi padre Lehi tantas cosas maravillosas, sí, con respecto a la ªdestrucción de Jerusalén, he aquí, mi padre salió entre el pueblo y empezó a ᵇprofetizar y a declararles concerniente a lo que él había visto y oído.

19 Y aconteció que los judíos se ªburlaron de él por las cosas que testificó de ellos, porque verdaderamente les testificó de sus maldades y abominaciones; y les dio testimonio de que las cosas que había visto y oído, así como

las que había leído en el libro, manifestaban claramente la venida de un ᵇMesías y también la redención del mundo.

20 Y cuando los judíos oyeron esto, se irritaron contra él, sí, tal como contra los profetas de la antigüedad, a quienes habían ªechado fuera, y apedreado, y matado; y procuraron también quitarle la vida. Pero he aquí, yo, Nefi, os mostraré que las tiernas ᵇmisericordias del Señor se extienden sobre todos aquellos que, a causa de su fe, él ha escogido, para hacerlos poderosos, sí, hasta tener el poder de librarse.

CAPÍTULO 2

Lehi lleva a su familia al desierto junto al mar Rojo — Abandonan sus bienes — Lehi ofrece un sacrificio al Señor y enseña a sus hijos a guardar los mandamientos — Lamán y Lemuel murmuran contra su padre — Nefi es obediente y ora con fe; el Señor le habla y es escogido para gobernar a sus hermanos. Aproximadamente 600 a.C.

PORQUE he aquí, aconteció que el Señor habló a mi padre, sí, aun en un sueño, y le dijo: Bendito eres tú, Lehi, por lo que has hecho; y porque has sido fiel, y has declarado a este pueblo las

16a 1 Ne. 7:1.
17a 1 Ne. 9:2–5.
  b 1 Ne. 6:1–3; 19:1–6;
    2 Ne. 5:29–33;
    DyC 10:38–46.
18a 2 Ne. 25:9–10;

DyC 5:20.
  b GEE Profecía, profetizar.
19a 2 Cró. 36:15–16;
    Jer. 25:4;
    1 Ne. 2:13; 7:14.
  b GEE Mesías.

20a Hel. 13:24–26.
  b Alma 34:38;
    DyC 46:15.
    GEE Misericordia,
    misericordioso.

cosas que yo te mandé, he aquí, tratan de ªquitarte la vida.

2 Y sucedió que el Señor le ªmandó a mi padre, en un ᵇsueño, que ᶜpartiese para el desierto con su familia.

3 Y aconteció que fue ªobediente a la palabra del Señor; por tanto, hizo lo que el Señor le mandó.

4 Y ocurrió que salió para el desierto; y abandonó su casa, y la tierra de su herencia, y su oro, su plata y sus objetos preciosos, y no llevó nada consigo, salvo a su familia, y provisiones y tiendas, y se ªdirigió al desierto.

5 Y descendió por los contornos cerca de las riberas del ªmar Rojo, y viajó por el desierto por los lados que están más próximos a este mar; y viajó por el desierto con su familia, integrada por Saríah, mi madre, y ᵇLamán, Lemuel y Sam, mis hermanos mayores.

6 Y aconteció que después de haber viajado tres días por el desierto, asentó su tienda en un ªvalle situado a la orilla de un río de agua.

7 Y sucedió que erigió un ªaltar de ᵇpiedras y presentó una ofrenda al Señor, y dio ᶜgracias al Señor nuestro Dios.

8 Y al río que desaguaba en el mar Rojo dio el nombre de Lamán; y el valle se extendía por las riberas del río y llegaba hasta cerca de su desembocadura.

9 Y cuando mi padre vio que las aguas del río desembocaban en la fuente del mar Rojo, habló a Lamán, diciendo: ¡Oh, si fueras semejante a este río, fluyendo continuamente en la fuente de toda rectitud!

10 Y dijo también a Lemuel: ¡Oh, si fueras tú semejante a este valle, firme, constante e inmutable en guardar los mandamientos del Señor!

11 Esto habló por causa de la dureza de cerviz de Lamán y Lemuel; pues he aquí, ªmurmuraban contra su ᵇpadre en muchas cosas, porque era un hombre ᶜvisionario, y los había sacado de la tierra de Jerusalén, abandonando la tierra de su herencia, y su oro, y su plata y objetos preciosos, para perecer en el desierto. Y decían que había hecho esto por motivo de las locas imaginaciones de su corazón.

12 Y así era como Lamán y Lemuel, que eran los mayores, murmuraban en contra de su padre; y hacían esto porque ªno conocían la manera de proceder de aquel Dios que los había creado.

13 Ni creían tampoco que

---

2 1a 1 Ne. 7:14.
  2a 1 Ne. 5:8; 17:44.
    b GEE Sueños.
    c Gén. 12:1;
      2 Ne. 10:20;
      Éter 1:42;
      Abr. 2:3.
  3a GEE Obediencia,
    obediente, obedecer.

4a 1 Ne. 10:4; 19:8.
5a 1 Ne. 16:14;
   DyC 17:1.
  b GEE Lamán.
6a 1 Ne. 9:1.
7a Gén. 12:7–8;
   Éx. 24:4;
   Abr. 2:17.
  b Éx. 20:25;

Deut. 27:5–6.
  c GEE Acción de
    gracias, agradecido,
    agradecimiento.
11a 1 Ne. 17:17.
    GEE Murmurar.
  b Prov. 20:20.
  c 1 Ne. 5:2–4.
12a Moisés 4:6.

aquella gran ciudad de Jerusalén pudiera ser ^adestruida conforme a las palabras de los profetas; y eran semejantes a los judíos que estaban en Jerusalén, los cuales procuraban quitarle la vida a mi padre.

14 Y aconteció que mi padre les habló en el valle de Lemuel con ^apoder, pues estaba lleno del Espíritu, al grado de que sus cuerpos ^btemblaron delante de él, y los confundió, de modo que no osaron hablar contra él; por tanto, hicieron lo que él les mandó.

15 Y vivía mi padre en una tienda.

16 Y sucedió que yo, Nefi, siendo muy joven todavía, aunque grande de estatura, y teniendo grandes deseos de conocer los ^amisterios de Dios, clamé por tanto al Señor; y he aquí que él me ^bvisitó y ^centerneció mi corazón, de modo que ^dcreí todas las palabras que mi ^epadre había hablado; así que no me rebelé en contra de él como lo habían hecho mis hermanos.

17 Y le hablé a Sam, declarándole las cosas que el Señor me había manifestado por medio de su Santo Espíritu. Y aconteció que él creyó en mis palabras.

18 Mas he aquí, Lamán y Lemuel no quisieron escuchar mis palabras; por lo que, ^aafligido por la dureza de sus corazones, rogué al Señor por ellos.

19 Y aconteció que el Señor me habló, diciendo: Bendito eres tú, Nefi, a causa de tu ^afe, porque me has buscado diligentemente con humildad de corazón.

20 Y según guardéis mis mandamientos, ^aprosperaréis y seréis conducidos a una ^btierra de promisión, sí, a una tierra que yo he preparado para vosotros, una tierra escogida sobre todas las demás.

21 Y según se rebelen tus hermanos contra ti, serán ^aseparados de la presencia del Señor.

22 Y según tú guardes mis mandamientos, serás puesto por ^agobernante y maestro sobre tus hermanos.

23 Porque he aquí, el día en que se rebelaren contra mí, yo los ^amaldeciré con penosa maldición, y no tendrán ningún poder sobre tu posteridad, a menos que ella también se rebelare contra mí.

24 Y si tu posteridad se rebelare contra mí, ellos les serán por ^aazote a tus descendientes, para

---

13a Jer. 13:14;
    1 Ne. 1:13.
14a GEE Poder.
  b 1 Ne. 17:45.
16a GEE Misterios de Dios.
  b Sal. 8:4;
    Alma 17:10;
    DyC 5:16.
    GEE Revelación.
  c 1 Rey. 18:37;
    Alma 5:7.

  d 1 Ne. 11:5.
  e GEE Padre terrenal;
    Profeta.
18a Alma 31:24;
    3 Ne. 7:16.
19a 1 Ne. 7:12; 15:11.
20a Josué 1:7;
    1 Ne. 4:14;
    Mos. 1:7.
  b Deut. 33:13–16;
    1 Ne. 5:5; 7:13;

    Moisés 7:17–18.
    GEE Tierra prometida.
21a 2 Ne. 5:20–24;
    Alma 9:13–15; 38:1.
22a Gén. 37:8–11;
    1 Ne. 3:29.
23a Deut. 11:28;
    1 Ne. 12:22–23;
    DyC 41:1.
24a Josué 23:13;
    Jue. 2:22–23.

^bestimularlos en los caminos del recuerdo.

CAPÍTULO 3

Los hijos de Lehi vuelven a Jerusalén para conseguir las planchas de bronce — Labán se niega a entregarlas — Nefi exhorta y anima a sus hermanos — Labán se apodera de sus bienes y procura matarlos — Lamán y Lemuel golpean a Nefi y a Sam, y son reprendidos por un ángel. Aproximadamente 600–592 a.C.

Y ACONTECIÓ que después de hablar con el Señor, yo, Nefi, volví a la tienda de mi padre.

2 Y sucedió que me habló, diciendo: He aquí, he soñado un ^asueño, en el que el Señor me ha mandado que tú y tus hermanos volváis a Jerusalén.

3 Pues he aquí, Labán tiene los anales de los judíos, así como una ^agenealogía de mis antepasados; y están grabados sobre planchas de bronce.

4 Por lo que el Señor me ha mandado que tú y tus hermanos vayáis a la casa de Labán, y procuréis los anales y los traigáis aquí al desierto.

5 Y he aquí, tus hermanos murmuran, diciendo que lo que yo les he requerido es cosa difícil; pero no soy yo quien se lo requiere,

sino que es un mandamiento del Señor.

6 Por lo tanto, ve tú, hijo mío, y el Señor te favorecerá porque ^ano has murmurado.

7 Y sucedió que yo, Nefi, dije a mi padre: ^aIré y haré lo que el Señor ha mandado, porque sé que él nunca da ^bmandamientos a los hijos de los hombres sin ^cprepararles una vía para que cumplan lo que les ha mandado.

8 Y aconteció que mi padre quedó altamente complacido al oír estas palabras, porque comprendió que el Señor me había bendecido.

9 Y yo, Nefi, y mis hermanos emprendimos la marcha por el desierto, con nuestras tiendas, para subir a la tierra de Jerusalén.

10 Y aconteció que cuando hubimos subido a la tierra de Jerusalén, yo y mis hermanos deliberamos unos con otros.

11 Y ^aechamos suertes para ver cuál de nosotros iría a la casa de Labán. Y sucedió que la suerte cayó sobre Lamán, y fue y entró en la casa de Labán y habló con él mientras estaba sentado en su casa.

12 Y le pidió a Labán los anales que estaban grabados sobre las planchas de bronce que contenían la ^agenealogía de mi padre.

13 Y he aquí, aconteció que

24 *b* 2 Ne. 5:25.
3 2 *a* GEE Sueños.
  3 *a* 1 Ne. 5:14.
  6 *a* GEE Sostenimiento de líderes de la Iglesia.
  7 *a* 1 Sam. 17:32;

1 Rey. 17:11–15. GEE Fe; Obediencia, obediente, obedecer.
  b GEE Mandamientos de Dios.
  c Gén. 18:14;

Filip. 4:13;
1 Ne. 17:3, 50;
DyC 5:34.
11 *a* Neh. 10:34;
  Hech. 1:26.
12 *a* 1 Ne. 3:3; 5:14.

Labán se llenó de ira y lo echó de su presencia; y no quiso que él tuviera los anales. Por tanto, le dijo: He aquí, tú eres un ladrón, y te voy a matar.

14 Pero Lamán huyó de su presencia, y nos contó lo que Labán había hecho. Y empezamos a afligirnos en extremo, y mis hermanos estaban a punto de volver a mi padre en el desierto.

15 Pero he aquí, yo les dije: Así como el Señor vive, y como nosotros vivimos, no descenderemos hasta nuestro padre en el desierto hasta que hayamos cumplido lo que el Señor nos ha mandado.

16 Por tanto, seamos fieles en guardar los mandamientos del Señor. Descendamos, pues, a la tierra de la ªherencia de nuestro padre, pues he aquí, él dejó oro y plata y toda clase de riquezas; y ha hecho todo esto a causa de los ᵇmandamientos del Señor.

17 Porque sabía que Jerusalén debe ser ªdestruida a causa de la iniquidad del pueblo.

18 Pues he aquí, han ªrechazado las palabras de los profetas. Por tanto, si mi padre hubiera permanecido en el país después de habérsele ᵇmandado salir de él, habría perecido también. Por lo que ha sido necesario que salga del país.

19 Y he aquí, es prudente para Dios que obtengamos estos ªanales a fin de que preservemos para nuestros hijos el idioma de nuestros padres;

20 y también para ªpreservarles las palabras que han salido de la boca de todos los santos profetas, las cuales les han sido dadas por el Espíritu y poder de Dios, desde el principio del mundo, hasta el día de hoy.

21 Y aconteció que, hablando de este modo, persuadí a mis hermanos a que fueran fieles en guardar los mandamientos de Dios.

22 Y sucedió que descendimos a la tierra de nuestra herencia y recogimos nuestro ªoro, y nuestra plata y todos nuestros objetos preciosos.

23 Y después de haber recogido estas cosas, volvimos a la casa de Labán.

24 Y acaeció que entramos donde estaba Labán, y le pedimos que nos diera los anales que estaban grabados sobre las ªplanchas de bronce, a cambio de los cuales le entregaríamos nuestro oro, y nuestra plata, y todas nuestras cosas preciosas.

25 Y aconteció que cuando Labán vio nuestros bienes, y que eran grandes en extremo, él los ªcodició; por lo que nos echó fuera y mandó a sus siervos que nos mataran, a fin de apoderarse de nuestros bienes.

26 Sucedió, pues, que huimos

16a 1 Ne. 2:4.
  b 1 Ne. 2:2; 4:34.
17a 2 Cró. 36:16–20;
    Jer. 39:1–9;
    1 Ne. 1:13.

18a GEE Rebelión.
  b 1 Ne. 16:8.
19a Omni 1:17;
    Mos. 1:2–6.
20a GEE Escrituras — Las

Escrituras deben
    preservarse.
22a 1 Ne. 2:4.
24a 1 Ne. 3:3.
25a GEE Codiciar.

delante de los siervos de Labán, y nos vimos obligados a abandonar nuestros bienes, que cayeron en manos de Labán.

27 Y huimos al desierto sin que nos alcanzaran los siervos de Labán, y nos escondimos en la oquedad de una roca.

28 Y aconteció que Lamán se irritó conmigo y también con mi padre; y lo mismo hizo Lemuel, porque se dejó llevar por las palabras de Lamán. Por tanto, Lamán y Lemuel nos hablaron muchas ᵃpalabras ásperas a nosotros, sus hermanos menores, y hasta nos golpearon con una vara.

29 Y sucedió que mientras nos golpeaban con la vara, he aquí, vino un ᵃángel del Señor y se puso ante ellos, y les habló, diciendo: ¿Por qué golpeáis a vuestro hermano menor con una vara? ¿No sabéis que el Señor lo ha escogido para ser ᵇgobernante sobre vosotros, y esto a causa de vuestras iniquidades? He aquí, subiréis de nuevo a Jerusalén y el Señor entregará a Labán en vuestras manos.

30 Y luego que nos hubo hablado, el ᵃángel se fue.

31 Y después que el ángel hubo partido, Lamán y Lemuel empezaron otra vez a ᵃmurmurar, diciendo: ¿Cómo es posible que el Señor entregue a Labán en nuestras manos? He aquí, es un hombre poderoso, y puede mandar a cincuenta, sí, y aun puede matar a cincuenta; luego, ¿por qué no a nosotros?

CAPÍTULO 4

Nefi mata a Labán por mandato del Señor y luego obtiene las planchas de bronce por una estratagema — Zoram opta por unirse a la familia de Lehi en el desierto. Aproximadamente 600–592 a.C.

Y ACONTECIÓ que hablé a mis hermanos diciéndoles: Subamos de nuevo a Jerusalén, y seamos ᵃfieles en guardar los mandamientos del Señor, pues he aquí, él es más poderoso que toda la tierra. ¿Por qué, pues, no ha de ser más ᵇpoderoso que Labán con sus cincuenta, o aun con sus decenas de millares?

2 Subamos pues, y seamos ᵃfuertes como ᵇMoisés; porque él de cierto habló a las aguas del ᶜmar Rojo y se apartaron a uno y otro lado, y nuestros padres salieron de su cautividad sobre tierra seca, y los ejércitos de Faraón los persiguieron y se ahogaron en las aguas del mar Rojo.

3 He aquí, a vosotros os consta la certeza de esto, y también sabéis que un ᵃángel os ha hablado; ¿cómo, pues, podéis dudar? Subamos hasta allá; el Señor puede librarnos como a nuestros

---

28a 1 Ne. 17:17–18.
29a 1 Ne. 4:3; 7:10.
    GEE Ángeles.
  b 1 Ne. 2:22.
30a 1 Ne. 16:38.

31a GEE Murmurar.
4 1a GEE Fe;
    Valor, valiente.
  b 1 Ne. 7:11–12.
2a Deut. 11:8.

  b GEE Moisés.
  c Éx. 14:21;
    1 Ne. 17:26;
    Mos. 7:19.
3a 1 Ne. 3:29–31; 7:10.

padres, y destruir a Labán como a los egipcios.

4 Y cuando hube hablado estas palabras, todavía estaban irritados, y continuaron murmurando; sin embargo, me siguieron hasta que llegamos a los muros de Jerusalén.

5 Y era ya de noche; e hice que se ocultaran fuera del muro. Y cuando se hubieron escondido, yo, Nefi, entré furtivamente en la ciudad y me dirigí a la casa de Labán.

6 E iba ^aguiado por el Espíritu, sin ^bsaber de antemano lo que tendría que hacer.

7 No obstante, seguí adelante, y al acercarme a la casa de Labán vi a un hombre, y este había caído al suelo delante de mí, porque estaba ebrio de vino.

8 Y al acercarme a él, hallé que era Labán.

9 Y percibiendo su ^aespada, la saqué de la vaina; y el puño era de oro puro, labrado de una manera admirable, y vi que la hoja era de un acero finísimo.

10 Y aconteció que el Espíritu me ^aconstriñó a que matara a Labán; pero dije en mi corazón: Yo nunca he derramado sangre humana. Y me sobrecogí y deseé no tener que matarlo.

11 Y el Espíritu me dijo de nuevo: He aquí el ^aSeñor lo ha puesto en tus manos. Sí, y yo también sabía que había intentado quitarme la vida, y que él no quería escuchar los mandamientos del Señor; y además, se había ^bapoderado de nuestros bienes.

12 Y sucedió que otra vez me dijo el Espíritu: Mátalo, porque el Señor lo ha puesto en tus manos;

13 he aquí que el Señor ^amata a los ^bmalvados para que se cumplan sus justos designios. Es ^cmejor que muera un hombre a dejar que una nación degenere y perezca en la incredulidad.

14 Y cuando yo, Nefi, hube oído estas palabras, me acordé de las que el Señor me había hablado en el desierto, diciendo: ^aEn tanto que tus descendientes guarden mis ^bmandamientos, ^cprosperarán en la ^dtierra de promisión.

15 Sí, y también consideré que no podrían guardar los mandamientos del Señor según la ley de Moisés, a menos que tuvieran esa ley.

16 Y también sabía que la ^aley estaba grabada sobre las planchas de bronce.

17 Y además, sabía que el Señor había puesto a Labán en mis manos para este fin: que yo obtuviese los anales, de acuerdo con sus mandamientos.

6a GEE Espíritu Santo;
  Inspiración, inspirar.
 b Heb. 11:8.
9a 2 Ne. 5:14;
  DyC 17:1.
10a Alma 14:11.
11a 1 Sam. 17:41–49.

 b 1 Ne. 3:26.
13a 1 Ne. 17:33–38;
  DyC 98:31–32.
 b GEE Inicuo, iniquidad.
 c Alma 30:47.
14a Omni 1:6;
  Mos. 2:22;

  Éter 2:7–12.
 b GEE Mandamientos de
  Dios.
 c 1 Ne. 2:20.
 d 1 Ne. 17:13–14;
  Jacob 2:12.
16a GEE Ley de Moisés.

18 Por lo que, obedeciendo la voz del Espíritu y cogiendo a Labán por los cabellos, le corté la cabeza con su propia ªespada.

19 Y después que le hube cortado la cabeza con su propia espada, tomé las ropas de Labán y me vestí con ellas, poniéndomelas todas, y me ceñí los lomos con su armadura.

20 Y cuando hube hecho todo esto, me dirigí al lugar donde se hallaba el tesoro de Labán. Y al acercarme a ese sitio, encontré al ªsiervo de Labán que guardaba las llaves del tesoro, e imitando la voz de su amo, le mandé que me acompañara al lugar del tesoro.

21 Y él supuso que yo era su amo Labán, pues vio la ropa y también la espada ceñida a mi cintura.

22 Y me habló concerniente a los ancianos de los judíos, porque sabía que su amo Labán había estado entre ellos durante la noche.

23 Y le hablé como si yo hubiese sido Labán.

24 Y también le dije que yo tenía que llevar los grabados, que estaban sobre las ªplanchas de bronce, a mis hermanos mayores que se hallaban del otro lado de las murallas.

25 Y también le mandé que me siguiera.

26 Y creyendo él que me refería a los hermanos de la iglesia, y que era en verdad Labán, a quien yo había matado, me siguió.

27 Y me habló muchas veces acerca de los ancianos de los judíos, mientras me dirigía hacia donde estaban mis hermanos fuera de las murallas.

28 Y aconteció que cuando Labán me vio, se asustó en extremo, lo mismo que Lemuel y Sam; y huyeron de mi presencia, porque creían que era Labán, y que me había quitado la vida, e iba a matarlos también a ellos.

29 Y aconteció que los llamé, y ellos me oyeron; por tanto, cesaron de huir de mi presencia.

30 Y cuando el siervo de Labán vio a mis hermanos, empezó a temblar, y estaba a punto de huir de mí y volver a la ciudad de Jerusalén.

31 Y yo, Nefi, siendo un hombre grande de estatura, y habiendo recibido mucha ªfuerza del Señor, prendí al siervo de Labán y lo detuve para que no se escapara.

32 Y sucedió que le dije que si quería escuchar mis palabras, así como vive el Señor, y como vivo yo, que si prestaba atención a nuestras palabras, le perdonaríamos la vida.

33 Y le hablé, sí, le hice ªjuramento de que no tenía por qué temer; que sería libre como nosotros si descendía con nosotros al desierto.

34 Y también le dije: Ciertamente el Señor nos ha ªmandado

18a 1 Sam. 17:51.
20a 2 Ne. 1:30.
24a 1 Ne. 3:12, 19–24;
5:10–22.
31a Mos. 9:17;
Alma 56:56.
33a GEE Juramento.
34a 1 Ne. 2:2; 3:16.

hacer esto; y, ¿no debemos ser diligentes en guardar los mandamientos del Señor? Por lo tanto, si desciendes al desierto adonde está mi padre, habrá lugar para ti entre nosotros.

35 Y sucedió que ªZoram cobró ánimo al oír las palabras que le hablé. Ahora bien, Zoram era el nombre de este siervo; y prometió que descendería al desierto adonde estaba nuestro padre. Sí, y también nos hizo juramento de que permanecería desde entonces con nosotros.

36 Ahora bien, deseábamos que permaneciera con nosotros por esta razón: que los judíos no supieran de nuestra huida al desierto, no fuera que nos persiguieran y nos destruyeran.

37 Y aconteció que cuando Zoram se ªjuramentó, cesaron nuestros temores con respecto a él.

38 Y sucedió que tomamos las planchas de bronce y al siervo de Labán, y partimos para el desierto y viajamos hacia la tienda de nuestro padre.

CAPÍTULO 5

Saríah se queja contra Lehi — Ambos se regocijan por el regreso de sus hijos — Ofrecen sacrificios — Las planchas de bronce contienen los escritos de Moisés y de los profetas — En ellas se indica que Lehi es descendiente de José — Lehi profetiza

acerca de sus descendientes y de la preservación de las planchas. Aproximadamente 600–592 a.C.

Y ACONTECIÓ que después de haber viajado por el desierto hasta donde estaba nuestro padre, he aquí, este se llenó de gozo; y también mi madre ªSaríah se regocijó en extremo, porque verdaderamente se había afligido por nosotros;

2 porque creía que habíamos perecido en el desierto, y también se había quejado contra mi padre, diciéndole que era visionario, y dijo: Tú nos has sacado de la tierra de nuestra herencia, y mis hijos ya no existen y nosotros pereceremos en el desierto.

3 Y según esta manera de hablar, mi madre se había quejado contra mi padre.

4 Y había sucedido que mi padre le había hablado, diciendo: Sé que soy hombre ªvisionario, porque si no hubiera visto las cosas de Dios en una ᵇvisión, no habría conocido su bondad, sino que hubiera permanecido en Jerusalén y perecido con mis hermanos.

5 Pero he aquí, he obtenido una ªtierra de promisión y me regocijo en estas cosas; sí, y yo ᵇsé que el Señor librará a mis hijos de las manos de Labán, y los hará volver a nosotros en el desierto.

6 Y con estas palabras mi padre

35ª 1 Ne. 16:7;
2 Ne. 5:5–6.
GEE Zoram, zoramitas.
37ª Josué 9:1–21; Ecle. 5:4.

5 1ª GEE Saríah.
4ª 1 Ne. 2:11.
ᵇ 1 Ne. 1:8–13.

GEE Juramento.

GEE Visión.
5ª 1 Ne. 2:20; 18:8, 22–23.
GEE Tierra prometida.
ᵇ GEE Fe.

Lehi consoló a mi madre Saríah, con respecto a nosotros, mientras viajábamos por el desierto hacia la tierra de Jerusalén para obtener los anales de los judíos;

7 y cuando volvimos a la tienda de mi padre, se llenaron de gozo; y mi madre se consoló.

8 Y ella habló, diciendo: Ahora sé con certeza que el Señor ha ªmandado a mi marido que huya al desierto; sí, y también sé de seguro que el Señor ha protegido a mis hijos, los ha librado de las manos de Labán y les ha dado poder para ᵇllevar a cabo lo que el Señor les ha mandado. Y según esta manera de hablar se expresó ella.

9 Y aconteció que se regocijaron en extremo, y ofrecieron ªsacrificios y holocaustos al Señor; y dieron ᵇgracias al Dios de Israel.

10 Y después de haber dado gracias al Dios de Israel, mi padre Lehi tomó los anales que estaban grabados sobre las ªplanchas de bronce, y los examinó desde el principio.

11 Y vio que contenían los cinco ªlibros de Moisés, los cuales relataban la historia de la creación del mundo, y también de Adán y Eva, nuestros primeros padres;

12 y asimismo la ªhistoria de los judíos desde su principio, aun hasta el comienzo del reinado de Sedequías, rey de Judá;

13 y también las profecías de los santos profetas desde el principio, hasta comenzar el reinado de ªSedequías, y muchas profecías declaradas por boca de ᵇJeremías.

14 Y aconteció que mi padre Lehi también halló sobre las ªplanchas de bronce la genealogía de sus padres, por lo que supo que descendía de ᵇJosé, sí, aquel José que era hijo de ᶜJacob, que fue ᵈvendido para Egipto y ᵉpreservado por la mano del Señor para que salvara del hambre a su padre Jacob y a toda su casa.

15 Y también fueron ªlibrados del cautiverio y conducidos fuera del país de Egipto por el mismo Dios que los había preservado.

16 Así fue que mi padre Lehi descubrió la genealogía de sus antepasados. Y Labán también era descendiente de ªJosé, por lo que él y sus padres habían llevado los anales.

8a 1 Ne. 2:2.
  b 1 Ne. 3:7.
9a Mos. 2:3;
  3 Ne. 9:19–20.
  GEE Ley de Moisés.
  b GEE Acción de gracias, agradecido, agradecimiento.
10a 1 Ne. 4:24, 38; 13:23.
  GEE Planchas de bronce.
11a 1 Ne. 19:23.

GEE Pentateuco.
12a 1 Cró. 9:1.
  GEE Escrituras.
13a 2 Rey. 24:18;
  Jer. 37:1.
  b Esd. 1:1;
  Jer. 36:17–32;
  1 Ne. 7:14;
  Hel. 8:20.
14a 1 Ne. 3:3, 12.
  GEE Planchas de bronce.

  b 2 Ne. 3:4;
  Alma 10:3.
  GEE José hijo de Jacob.
  c GEE Jacob hijo de Isaac.
  d Gén. 37:29–36.
  e Gén. 45:4–5.
15a Éx. 13:17–18;
  Amós 3:1–2;
  1 Ne. 17:23–31;
  DyC 103:16–18;
  136:22.
16a 1 Ne. 6:2.

17 Y cuando mi padre vio todas estas cosas, fue lleno del Espíritu y empezó a profetizar acerca de sus descendientes:

18 Que estas planchas de bronce irían a todas las naciones, tribus, lenguas y pueblos que fueran de su simiente.

19 Por tanto, dijo que estas planchas ^anunca perecerían, ni jamás el tiempo las empañaría. Y profetizó muchas cosas en cuanto a su posteridad.

20 Y sucedió que hasta este punto mi padre y yo habíamos guardado los mandamientos que el Señor nos había mandado.

21 Y habíamos obtenido los anales que el Señor nos había mandado, y los escudriñamos y descubrimos que eran deseables; sí, de gran ^avalor para nosotros, por motivo de que podríamos ^bpreservar los mandamientos del Señor para nuestros hijos.

22 Por lo tanto, fue en la sabiduría del Señor que los lleváramos con nosotros mientras viajábamos por el desierto hacia la tierra de promisión.

CAPÍTULO 6

Nefi escribe acerca de las cosas de Dios — El propósito de Nefi es persuadir a los hombres a venir al Dios de Abraham y ser salvos. Aproximadamente 600–592 a.C.

AHORA bien, yo, Nefi, no doy la genealogía de mis padres en ^aesta parte de mis anales; ni tampoco la daré en ningún otro momento sobre estas ^bplanchas que estoy escribiendo, porque se halla en los anales que mi ^cpadre ha llevado, y por eso no la escribo en esta obra.

2 Básteme decir que somos descendientes de ^aJosé.

3 Y no me parece importante ocuparme en una narración completa de todas las cosas de mi padre, porque no se pueden escribir sobre ^aestas planchas, pues deseo el espacio para escribir acerca de las cosas de Dios.

4 Porque toda mi intención es ^apersuadir a los hombres a que ^bvengan al Dios de Abraham, y al Dios de Isaac, y al Dios de Jacob, y sean salvos.

5 De modo que no escribo las cosas que ^aagradan al mundo, sino las que agradan a Dios y a los que no son del mundo.

6 Por tanto, daré un mandamiento a mis descendientes de que no ocupen estas planchas con cosas que no sean de valor para los hijos de los hombres.

CAPÍTULO 7

Los hijos de Lehi vuelven a Jerusalén e invitan a Ismael y a su familia a unirse a ellos en su viaje — Lamán

19a Alma 37:4–5.
21a GEE Escrituras — El valor de las Escrituras.
  b 2 Ne. 25:26.
6 1a 2 Ne. 4:14–15.
  b 1 Ne. 9:2.

c 1 Ne. 1:16–17; 19:1–6.
2a 1 Ne. 5:14–16.
3a Jacob 7:27; Jarom 1:2, 14; Omni 1:30.

4a Juan 20:30–31. Véase la portada del Libro de Mormón.
  b 2 Ne. 9:41, 45, 51.
5a 1 Tes. 2:4; P. de Morm. 1:4.

y otros se rebelan — Nefi exhorta a sus hermanos a tener fe en el Señor — Lo atan con cuerdas y proyectan quitarle la vida — Es librado por el poder de la fe — Sus hermanos le piden perdón — Lehi y los que lo acompañan ofrecen sacrificios y holocaustos. Aproximadamente 600–592 a.C.

Y AHORA quisiera que supieseis que cuando mi padre Lehi hubo concluido de ᵃprofetizar concerniente a su posteridad, el Señor le habló de nuevo, diciendo que no convenía que él, Lehi, llevase a su familia sola al desierto; sino que sus hijos debían tomar ᵇmujeres por ᶜesposas para levantar posteridad para el Señor en la tierra de promisión.

2 Y aconteció que el Señor le ᵃmandó que yo, Nefi, y mis hermanos volviésemos a la tierra de Jerusalén, y lleváramos a Ismael y su familia al desierto.

3 Y aconteció que yo, Nefi, y mis hermanos viajamos ᵃotra vez por el desierto para subir a Jerusalén.

4 Y sucedió que llegamos a la casa de Ismael, y hallamos favor ante sus ojos, de modo que pudimos anunciarle las palabras del Señor.

5 Y el Señor ablandó el corazón de Ismael y los de su casa; por tanto, viajaron con nosotros al desierto a la tienda de nuestro padre.

6 Y mientras íbamos por el desierto, he aquí que Lamán y Lemuel, dos de las hijas, y los dos ᵃhijos de Ismael y sus familias se rebelaron contra nosotros, es decir, contra mí, Nefi, y contra Sam y contra Ismael, y su esposa y sus otras tres hijas.

7 Y aconteció que en su rebelión deseaban regresar a la tierra de Jerusalén.

8 Y yo, Nefi, ᵃafligido por la dureza de sus corazones, les hablé, sí, a Lamán y a Lemuel, diciendo: He aquí, vosotros sois mis hermanos mayores y, ¿cómo es que sois tan duros de corazón, y tan ciegos de entendimiento, que tenéis necesidad de que yo, vuestro hermano menor, tenga que hablaros, sí, y daros el ejemplo?

9 ¿Cómo es que no habéis escuchado la palabra del Señor?

10 ¿Cómo es que os habéis ᵃolvidado de haber visto a un ángel del Señor?

11 Sí, y, ¿cómo es que habéis olvidado cuán grandes cosas el Señor ha hecho por nosotros, ᵃlibrándonos de las manos de Labán, y también ayudándonos a obtener los anales?

12 Sí, y, ¿cómo es que habéis olvidado que el Señor tiene poder de hacer todas las ᵃcosas según su voluntad, para los hijos de los

---

7 1a 1 Ne. 5:17–19.
  b 1 Ne. 16:7.
  c GEE Matrimonio.
 2a 1 Ne. 16:7–8.
 3a 1 Ne. 3:2–3.

6a 2 Ne. 4:10.
8a Alma 31:2;
   Moisés 7:41.
10a Deut. 4:9;
   1 Ne. 3:29; 4:3.

11a 1 Ne. 4.
12a 1 Ne. 17:50;
   Alma 26:12.

hombres, si es que ejercen la ᵇfe en él? Por tanto, seámosle fieles.

13 Y si es que le somos fieles, obtendremos la ᵃtierra de promisión; y sabréis en un tiempo venidero que será cumplida la palabra del Señor respecto a la ᵇdestrucción de Jerusalén; porque todo cuanto el Señor ha dicho respecto de su destrucción se cumplirá.

14 Pues he aquí, el Espíritu del Señor pronto cesará de luchar con ellos; porque han ᵃrechazado a los profetas y han arrojado a ᵇJeremías en una prisión. Y han procurado quitarle la ᶜvida a mi padre, hasta el punto de hacerlo huir del país.

15 Y ahora bien, he aquí os digo que si volvéis a Jerusalén, también pereceréis con ellos. Así pues, si lo preferís, subid allá, y recordad las palabras que os hablo, que si vais, también pereceréis; porque así me constriñe a hablar el Espíritu del Señor.

16 Y aconteció que cuando yo, Nefi, hube hablado estas palabras a mis hermanos, se irritaron contra mí. Y se lanzaron sobre mí, porque se habían enojado en extremo, y me ᵃataron con cuerdas, pues intentaban quitarme la vida, para luego abandonarme en el desierto, a fin de que fuera devorado por animales salvajes.

17 Pero aconteció que oré al Señor, diciendo: ¡Oh Señor, según mi fe en ti, líbrame de las manos de mis hermanos; sí, dame fuerzas para ᵃromper estas ligaduras que me sujetan!

18 Y cuando hube pronunciado estas palabras, he aquí, fueron sueltas las ligaduras de mis manos y de mis pies, y poniéndome delante de mis hermanos, les hablé otra vez.

19 Y aconteció que se enfurecieron conmigo de nuevo y trataron de apoderarse de mí; pero he aquí, una de las ᵃhijas de Ismael, sí, y también su madre y uno de los hijos de Ismael, suplicaron a mis hermanos de tal manera que ablandaron sus corazones, y cesaron en sus esfuerzos por quitarme la vida.

20 Y sucedió que se sintieron apesadumbrados de su maldad, al grado de que se inclinaron delante de mí, suplicándome que les perdonara aquello que habían hecho conmigo.

21 Y aconteció que les ᵃperdoné sinceramente todo cuanto me habían hecho, y los exhorté a que pidieran al Señor su Dios que los perdonara. Y aconteció que así lo hicieron. Y después de haber orado al Señor, emprendimos otra vez la marcha hacia la tienda de nuestro padre.

22 Y aconteció que bajamos a la tienda de nuestro padre; y cuando yo, mis hermanos y toda la casa de

---

12b 1 Ne. 3:7; 15:11.
13a 1 Ne. 2:20.
   GEE Tierra prometida.
   b 2 Rey. 25:1–21;
     2 Ne. 6:8; 25:10;

Omni 1:15; Hel. 8:20–21.
14a Ezeq. 5:6;
     1 Ne. 1:18–20; 2:13.
   GEE Rebelión.
   b Jer. 37:15–21.

c 1 Ne. 2:1.
16a 1 Ne. 18:11–15.
17a Alma 14:26–28.
19a 1 Ne. 16:7.
21a GEE Perdonar.

Ismael hubimos llegado a la tienda de mi padre, ellos dieron ªgracias al Señor su Dios; y le ofrecieron ᵇsacrificios y holocaustos.

CAPÍTULO 8

Lehi ve una visión del árbol de la vida — Come de su fruto y desea que su familia haga lo mismo — Ve una barra de hierro, un sendero estrecho y angosto y el vapor de tinieblas que envuelve a los hombres — Saríah, Nefi y Sam comen del fruto, pero Lamán y Lemuel no quieren hacerlo. Aproximadamente 600–592 a.C.

Y ACONTECIÓ que habíamos recogido toda suerte de semillas de toda especie, tanto de granos de todas clases, como de todo género de frutas.

2 Y sucedió que mientras mi padre estaba en el desierto, nos habló, diciendo: He aquí, he ªsoñado un sueño o, en otras palabras, he visto una ᵇvisión.

3 Y he aquí, a causa de las cosas que he visto, tengo por qué regocijarme en el Señor por motivo de ªNefi y de Sam; porque tengo razón para suponer que ellos y también muchos de sus descendientes se salvarán.

4 Pero he aquí, ªLamán y Lemuel, temo en gran manera por causa de vosotros; pues he aquí,

me pareció ver en mi sueño un desierto obscuro y lúgubre.

5 Y aconteció que vi a un hombre vestido con un ªmanto blanco, el cual llegó y se puso delante de mí.

6 Y sucedió que me habló y me mandó que lo siguiera.

7 Y aconteció que mientras lo seguía, vi que me hallaba en un desierto obscuro y lúgubre.

8 Y después de haber caminado en la obscuridad por el espacio de muchas horas, empecé a implorarle al Señor que tuviera ªmisericordia de mí, de acuerdo con la multitud de sus tiernas misericordias.

9 Y aconteció que después de haber orado al Señor, vi un ªcampo grande y espacioso.

10 Y sucedió que vi un ªárbol cuyo ᵇfruto era deseable para hacer a uno feliz.

11 Y aconteció que me adelanté y comí de su ªfruto; y percibí que era de lo más dulce, superior a todo cuanto yo había probado antes. Sí, y vi que su fruto era blanco, y excedía a toda ᵇblancura que yo jamás hubiera visto.

12 Y al comer de su fruto, mi alma se llenó de un ªgozo inmenso; por lo que ᵇdeseé que participara también de él mi familia, pues sabía que su fruto era ᶜpreferible a todos los demás.

22a GEE Acción de gracias, agradecido, agradecimiento.
  b 1 Ne. 5:9.
8 2a GEE Revelación; Sueños.
  b 1 Ne. 10:17.
  GEE Visión.
3a 1 Ne. 8:14–18.
4a 1 Ne. 8:35–36.
5a JS—H 1:30–32.
8a GEE Misericordia, misericordioso.
9a Mateo 13:38.
10a Gén. 2:9;
  Apoc. 2:7; 22:2;
1 Ne. 11:4, 8–25.
  GEE Árbol de la vida.
  b Alma 32:41–43.
11a Alma 5:34.
  b 1 Ne. 11:8.
12a GEE Gozo.
  b Alma 36:24.
  c 1 Ne. 15:36.

13 Y al dirigir la mirada en derredor, por si acaso descubría a mi familia también, vi un ªrío de agua; y corría cerca del árbol de cuyo fruto yo estaba comiendo.

14 Y miré para ver de dónde procedía, y vi su fuente no muy lejos de mí; y en su manantial vi a vuestra madre, Saríah, y a Sam y a Nefi; y estaban allí como si no supieran a dónde ir.

15 Y aconteció que les hice señas y también les dije en voz alta que vinieran hacia mí y participaran de aquel fruto que era preferible a todos los demás.

16 Y sucedió que vinieron hacia mí y también comieron del fruto del árbol.

17 Y aconteció que yo sentí deseos de que Lamán y Lemuel vinieran y comieran también de aquel fruto; por tanto, dirigí la vista hacia el manantial del río por si acaso los veía.

18 Y aconteció que los vi, pero ªno quisieron venir hacia mí para comer del fruto.

19 Y percibí una ªbarra de hierro que se extendía por la orilla del río y conducía al árbol donde yo estaba.

20 Y vi también un sendero ªestrecho y angosto que corría a un lado de la barra de hierro hasta el árbol, al lado del cual me hallaba; y también pasaba por donde brotaba el manantial hasta un ᵇcampo grande y espacioso a semejanza de un mundo.

21 Y vi innumerables concursos de gentes, muchas de las cuales se estaban apremiando a fin de llegar al ªsendero que conducía al árbol al lado del cual me hallaba.

22 Y aconteció que se adelantaron y emprendieron la marcha por el sendero que conducía al árbol.

23 Y ocurrió que surgió un ªvapor de tinieblas, sí, un sumamente extenso vapor de tinieblas, tanto así que los que habían entrado en el sendero se apartaron del camino, de manera que se desviaron y se perdieron.

24 Y sucedió que vi a otros que se adelantaban, y llegaron y se asieron del extremo de la barra de hierro, y avanzaron a través del vapor de tinieblas, asidos a la barra de hierro, hasta que llegaron y participaron del ªfruto del árbol.

25 Y después de haber comido del fruto del árbol, miraron en derredor de ellos, como si se hallasen ªavergonzados.

26 Y yo también dirigí la mirada alrededor, y vi del otro lado del río un edificio grande y ªespacioso que parecía erguirse

13a 1 Ne. 12:16–18;
    15:26–29.
18a 2 Ne. 5:20–25.
19a Sal. 2:9;
    Apoc. 12:5;
    TJS Apoc. 19:15
    (Apéndice — Biblia);

    1 Ne. 8:30; 11:25;
    15:23–24.
20a Mateo 7:14;
    2 Ne. 31:17–20.
  b Mateo 13:38.
21a GEE Camino (vía).
23a 1 Ne. 12:17; 15:24.

24a 1 Ne. 8:10–12.
25a Rom. 1:16;
    2 Tim. 1:8;
    Alma 46:21;
    Morm. 8:38.
26a 1 Ne. 11:35–36; 12:18.

en el aire, a gran altura de la tierra.

27 Y estaba lleno de personas, tanto ancianas como jóvenes, hombres así como mujeres; y la ropa que vestían era excesivamente fina; y se hallaban en ªactitud de estar burlándose y señalando con el dedo a los que habían llegado hasta el fruto y estaban comiendo de él.

28 Y después que hubieron ªprobado del fruto, se ᵇavergonzaron a causa de los que se mofaban de ellos; y ᶜcayeron en senderos prohibidos y se perdieron.

29 Y ahora bien, yo, Nefi, no relato ªtodas las palabras de mi padre;

30 pero para ser breve en lo que escribo, he aquí, él vio otras multitudes que avanzaban; y llegaron y se agarraron del extremo de la ªbarra de hierro; y siguieron hacia adelante, asidos constantemente a la barra de hierro, hasta que llegaron, y se postraron, y comieron del fruto del árbol.

31 Y vio también otras ªmultitudes que se dirigían a tientas hacia el grande y espacioso edificio.

32 Y aconteció que muchos se ahogaron en las profundidades de la ªfuente; y muchos otros desaparecieron de su vista, desviándose por senderos extraños.

33 Y grande era la multitud que entraba en aquel singular edificio. Y después de entrar en él nos señalaban con dedo de ªescarnio a mí y también a los que participaban del fruto; pero no les hicimos caso.

34 Estas son las palabras de mi padre: Pues todos los que les ªhicieron caso se perdieron.

35 Y ni ªLamán ni Lemuel comieron del fruto, dijo mi padre.

36 Y aconteció que luego que mi padre hubo relatado todas las palabras de su sueño o visión, que fueron muchas, nos dijo que a causa de estas cosas que había visto en la visión, temía en gran manera por Lamán y Lemuel; sí, temía que fueran desterrados de la presencia del Señor.

37 Y entonces los exhortó, con todo el sentimiento de un tierno ªpadre, a que escucharan sus consejos, para que quizá el Señor tuviera misericordia de ellos y no los desechara; sí, mi padre les predicó.

38 Y después de haberles predicado, y también profetizado de muchas cosas, les mandó que guardaran los mandamientos del Señor; y cesó de hablarles.

CAPÍTULO 9

Nefi prepara dos juegos de anales — A cada uno se da el nombre de

---

27a GEE Orgullo.
28a 2 Pe. 2:19–22.
  b Marcos 4:14–20; 8:38;
    Lucas 8:11–15;
    Juan 12:42–43.
  c GEE Apostasía.

29a 1 Ne. 1:16–17.
30a 1 Ne. 15:23–24.
31a Mateo 7:13.
32a 1 Ne. 15:26–29.
33a GEE Persecución,
    perseguir.

34a Éx. 23:2.
35a 1 Ne. 8:17–18;
    2 Ne. 5:19–24.
37a GEE Familia;
    Padres.

planchas de Nefi — Las planchas mayores contienen una historia seglar; las menores tienen que ver principalmente con cosas sagradas. Aproximadamente 600–592 a.C.

Y TODAS estas cosas mi padre vio, oyó y dijo mientras vivía en una tienda en el ^avalle de Lemuel, como también muchísimas otras cosas más que no se pueden escribir sobre estas planchas.

2 Ahora bien, ya que he hablado de estas planchas, he aquí, no son las mismas sobre las que escribo la historia completa de mi pueblo; pues a ^aaquellas en que hago la relación completa de mi pueblo he dado el nombre de Nefi; y por tanto, se llaman las planchas de Nefi, conforme a mi propio nombre; y estas planchas también se llaman las planchas de Nefi.

3 Sin embargo, he recibido un mandato del Señor de que hiciera estas planchas para el ^aobjeto especial de que se grabase una relación del ^bministerio de mi pueblo.

4 Sobre las otras planchas se debe grabar la historia del reinado de los reyes, y las guerras y contiendas de mi pueblo; por lo tanto, estas planchas son mayormente para el ministerio; y las ^aotras son principalmente para el

reinado de los reyes, y las guerras y contenciones de mi pueblo.

5 Por tanto, el Señor me ha mandado hacer estas planchas para un ^asabio propósito suyo, el cual me es desconocido.

6 Pero el Señor ^asabe todas las cosas desde el principio; por tanto, él prepara una vía para realizar todas sus obras entre los hijos de los hombres; porque, he aquí, él tiene todo ^bpoder para el cumplimiento de todas sus palabras. Y así es. Amén.

CAPÍTULO 10

Lehi predice la cautividad en Babilonia — Habla de la venida entre los judíos de un Mesías, un Salvador, un Redentor — Lehi habla también de la venida del que bautizaría al Cordero de Dios — Lehi habla de la muerte y de la resurrección del Mesías — Compara el esparcimiento y el recogimiento de Israel con un olivo — Nefi habla acerca del Hijo de Dios, del don del Espíritu Santo y de la necesidad de que haya rectitud. Aproximadamente 600–592 a.C.

Y AHORA yo, Nefi, procedo a hacer un relato sobre ^aestas planchas de la historia de mis hechos, y mi reinado y ministerio; así pues, para continuar con mi relación, debo decir algo más

9 1a 1 Ne. 2:4–6, 8, 14–15; 16:6.
2a 1 Ne. 19:2, 4; Jacob 3:13–14; P. de Morm. 1:2–11; DyC 10:38–40. GEE Planchas.
3a DyC 3:19.
b 1 Ne. 6:3.
4a Jacob 1:2–4; P. de Morm. 1:10.
5a 1 Ne. 19:3; P. de Morm. 1:7; Alma 37:2, 12, 14.
6a 2 Ne. 9:20; DyC 38:2; Moisés 1:6, 35. GEE Omnisciente.
b Mateo 28:18.
10 1a 1 Ne. 9:1–5; 19:1–6; Jacob 1:1–4.

acerca de las cosas de mi padre y también de mis hermanos.

2 Porque he aquí, aconteció que luego que mi padre hubo concluido de relatar acerca de su ªsueño, y también de exhortarlos a ejercer toda diligencia, les habló acerca de los judíos,

3 que después que fuesen destruidos, sí, esa gran ciudad de ªJerusalén, y muchos de ellos fuesen ᵇllevados cautivos a ᶜBabilonia, ᵈvolverían otra vez de acuerdo con el propio y debido tiempo del Señor, sí, volverían de su cautividad; y después de volver de su cautividad, poseerían otra vez la tierra de su herencia.

4 Sí, ªseiscientos años después de la partida de mi padre de Jerusalén, el Señor Dios levantaría a un ᵇprofeta entre los judíos: sí, un ᶜMesías, o, en otras palabras, un Salvador del mundo.

5 Y también habló concerniente a los profetas: del gran número que había ªtestificado de estas cosas referentes a este Mesías de quien él había hablado, o sea, de este Redentor del mundo.

6 Por lo tanto, todo el género humano se hallaba en un estado perdido y ªcaído, y lo estaría para siempre, a menos que confiase en este Redentor.

7 Y también les habló acerca de un ªprofeta que habría de preceder al Mesías, para preparar la vía del Señor;

8 sí, y que saldría y proclamaría en el desierto: ªPreparad el camino del Señor y enderezad sus sendas, porque entre vosotros se halla uno a quien no conocéis; y más poderoso es que yo, y de quien no soy digno de desatar la correa de su zapato. Y mi padre habló mucho tocante a esta cosa.

9 Y mi padre dijo que bautizaría en ªBetábara, del otro lado del Jordán; y también dijo que ᵇbautizaría con agua; que aun bautizaría al Mesías con agua;

10 y que después de haber bautizado al Mesías con agua, vería y daría testimonio de haber bautizado al ªCordero de Dios, que quitaría los pecados del mundo.

11 Y aconteció que luego que mi padre hubo dicho estas palabras, habló a mis hermanos tocante al evangelio que sería predicado entre los judíos, y también concerniente a que los judíos ªdegenerarían en la ᵇincredulidad. Y luego que hubiesen

---

2a 1 Ne. 8.
3a Ester 2:6;
   2 Ne. 6:8;
   Hel. 8:20–21.
 b 587 a.C.; véase
   Cronología en el
   Apéndice.
   2 Ne. 25:10.
 c Ezeq. 24:2; 1 Ne. 1:13;
   Omni 1:15.
d Jer. 29:10;
   2 Ne. 6:8–9.
4a 1 Ne. 19:8;
   2 Ne. 25:19;
   3 Ne. 1:1.
 b 1 Ne. 22:20–21.
 c GEE Mesías.
5a Jacob 7:11; Mos. 13:33;
   Hel. 8:19–24;
   3 Ne. 20:23–24.
6a GEE Caída de Adán
   y Eva.
7a 1 Ne. 11:27; 2 Ne. 31:4.
8a Isa. 40:3;
   Mateo 3:1–3.
9a Juan 1:28.
 b GEE Juan el Bautista.
10a GEE Cordero de Dios.
11a Jacob 4:14–18.
 b Morm. 5:14.

ᶜdado muerte al Mesías que habría de venir, y después de haber sido muerto, ᵈresucitaría de entre los muertos y se manifestaría a los gentiles por medio del ᵉEspíritu Santo.

12 Sí, mucho habló mi padre acerca de los gentiles y también de la casa de Israel, que se les compararía a un ᵃolivo, cuyas ramas serían desgajadas y ᵇesparcidas sobre toda la faz de la tierra.

13 Por tanto, dijo que era necesario que fuéramos conducidos unánimemente a la ᵃtierra de promisión, para que se cumpliese la palabra del Señor de que seríamos dispersados sobre toda la faz de la tierra.

14 Y que después que la casa de Israel fuese esparcida, sería de nuevo ᵃrecogida; o, en una palabra, después que los ᵇgentiles hubiesen recibido la plenitud del evangelio, las ramas naturales del ᶜolivo, o sea, los restos de la casa de Israel, serían injertados, o llegarían al conocimiento del verdadero Mesías, su Señor y su Redentor.

15 Y con estas palabras mi padre profetizó y habló a mis hermanos, y también muchas otras

cosas que no escribo en este libro; porque he escrito en mi ᵃotro libro cuanto me pareció conveniente.

16 Y todas estas cosas, de las cuales he hablado, sucedieron mientras mi padre vivía en una tienda en el valle de Lemuel.

17 Y aconteció que después que yo, Nefi, hube oído todas las ᵃpalabras de mi padre concernientes a las cosas que había visto en su ᵇvisión, y también las cosas que habló por el poder del Espíritu Santo, poder que recibió por la fe que tenía en el Hijo de Dios —y el Hijo de Dios era el ᶜMesías que habría de venir— yo, Nefi, sentí deseos de que también yo viera, oyera y supiera de estas cosas, por el poder del ᵈEspíritu Santo, que es el don de Dios para todos aquellos que lo buscan ᵉdiligentemente, tanto en tiempos ᶠpasados como en el tiempo en que se manifieste él mismo a los hijos de los hombres.

18 Porque él es siempre el ᵃmismo ayer, hoy y para siempre; y la vía ha sido preparada para todos los hombres desde la fundación del mundo, si es que se arrepienten y vienen a él.

11c GEE Crucifixión;
  Jesucristo.
  d GEE Resurrección.
  e GEE Espíritu Santo.
12a Gén. 49:22–26;
  1 Ne. 15:12;
  2 Ne. 3:4–5;
  Jacob 5; 6:1–7.
  GEE Olivo;
  Viña del Señor.
  b 1 Ne. 22:3–8.

  GEE Israel — El
  esparcimiento de
  Israel.
13a 1 Ne. 2:20.
  GEE Tierra prometida.
14a GEE Israel — La
  congregación de Israel.
  b 1 Ne. 13:42;
  DyC 14:10.
  c Jacob 5:8, 52, 54, 60, 68.
15a 1 Ne. 1:16–17.

17a Enós 1:3;
  Alma 36:17.
  b 1 Ne. 8:2.
  c GEE Mesías.
  d GEE Espíritu Santo.
  e Moro. 10:4–5, 7, 19.
  f DyC 20:26.
18a Heb. 13:8;
  Morm. 9:9;
  DyC 20:12.
  GEE Trinidad.

19 Porque el que con diligencia busca, hallará; y los ªmisterios de Dios le serán descubiertos por el poder del ᵇEspíritu Santo, lo mismo en estos días como en tiempos pasados, y lo mismo en tiempos pasados como en los venideros; por tanto, la ᶜvía del Señor es un giro eterno.

20 Recuerda, pues, oh hombre, que por todos tus hechos serás traído a ªjuicio.

21 Por lo que, si habéis procurado hacer lo malo en los días de vuestra ªprobación, entonces os halláis ᵇimpuros ante el tribunal de Dios; y ninguna cosa impura puede morar con Dios; así que, debéis ser desechados para siempre.

22 Y el Espíritu Santo me da autoridad para que declare estas cosas y no las retenga.

CAPÍTULO 11

Nefi ve el Espíritu del Señor y se le muestra el árbol de la vida en una visión — Ve a la madre del Hijo de Dios y aprende acerca de la condescendencia de Dios — Ve el bautismo, el ministerio y la crucifixión del Cordero de Dios — Ve también el llamamiento y ministerio de los Doce Apóstoles del Cordero. Aproximadamente 600–592 a.C.

PUES sucedió que después que hube deseado conocer las cosas que mi padre había visto, y creyendo que el Señor podía hacérmelas saber, mientras estaba yo sentado ªreflexionando sobre esto, fui ᵇarrebatado en el Espíritu del Señor, sí, hasta una ᶜmontaña extremadamente alta que nunca antes había visto, y sobre la cual nunca había puesto mis pies.

2 Y me dijo el Espíritu: He aquí, ¿qué es lo que tú deseas?

3 Y yo dije: Deseo ver las cosas que mi padre ªvio.

4 Y el Espíritu me dijo: ¿Crees que tu padre vio el ªárbol del cual ha hablado?

5 Y respondí: Sí, tú sabes que ªcreo todas las palabras de mi padre.

6 Y cuando hube pronunciado estas palabras, el Espíritu exclamó en voz alta: ¡Hosanna al Señor, el Más Alto Dios, porque él es Dios sobre toda la ªtierra, sí, sobre todo! Y bendito eres tú, Nefi, porque ᵇcrees en el Hijo del Más Alto Dios; por lo tanto, verás las cosas que has deseado.

7 Y he aquí, esto te será dado por ªseñal: que después que hayas

---

19a GEE Misterios de Dios.
  b GEE Espíritu Santo.
  c Alma 7:20;
    DyC 3:2; 35:1.
20a Ecle. 12:14;
    2 Ne. 9:46.
    GEE Juicio final.
21a Alma 34:32–35.
  b 1 Cor. 6:9–10;
    3 Ne. 27:19;

DyC 76:50–62;
  Moisés 6:57.
11 1a DyC 76:19.
    GEE Meditar.
  b 2 Cor. 12:1–4;
    Apoc. 21:10;
    2 Ne. 4:25;
    Moisés 1:1.
  c Deut. 10:1;
    Éter 3:1.

3a 1 Ne. 8:2–34.
4a 1 Ne. 8:10–12;
    15:21–22.
5a 1 Ne. 2:16.
6a Éx. 9:29;
    2 Ne. 29:7;
    3 Ne. 11:14;
    Moisés 6:44.
  b GEE Creencia, creer.
7a GEE Señal.

visto el árbol que dio el fruto que tu padre probó, también verás a un hombre que desciende del cielo, y lo presenciarás; y después que lo hayas presenciado, [b]darás testimonio de que es el Hijo de Dios.

8 Y aconteció que me dijo el Espíritu: ¡Mira! Y miré y vi un árbol; y era semejante al [a]que mi padre había visto; y su belleza era muy superior, sí, sobrepujaba a toda otra belleza; y su [b]blancura excedía a la blancura de la nieve misma.

9 Y sucedió que después que hube visto el árbol, le dije al Espíritu: Veo que me has mostrado el árbol que es más [a]precioso que todos.

10 Y me preguntó: ¿Qué deseas tú?

11 Y le dije: Deseo saber la [a]interpretación de ello, pues le hablaba como habla el hombre; porque vi que tenía la [b]forma de hombre. No obstante, yo sabía que era el Espíritu del Señor; y él me hablaba como un hombre habla con otro.

12 Y aconteció que me dijo: ¡Mira! Y miré para verlo, pero no lo vi más, pues se había retirado de mi presencia.

13 Y sucedió que miré, y vi la gran ciudad de Jerusalén, y también otras ciudades. Y vi la ciudad de Nazaret, y en [a]ella vi a una [b]virgen, y era sumamente hermosa y blanca.

14 Y ocurrió que vi abrirse los [a]cielos; y un ángel descendió y se puso delante de mí, y me dijo: Nefi, ¿qué es lo que ves?

15 Y le contesté: Una virgen, más hermosa y pura que toda otra virgen.

16 Y me dijo: ¿Comprendes la condescendencia de Dios?

17 Y le respondí: Sé que ama a sus hijos; sin embargo, no sé el significado de todas las cosas.

18 Y me dijo: He aquí, la [a]virgen que tú ves es la [b]madre del Hijo de Dios, según la carne.

19 Y aconteció que vi que fue llevada en el Espíritu; y después que hubo sido llevada en el [a]Espíritu por cierto espacio de tiempo, me habló el ángel, diciendo: ¡Mira!

20 Y miré, y vi de nuevo a la virgen llevando a un [a]niño en sus brazos.

21 Y el ángel me dijo: ¡He aquí, el [a]Cordero de Dios, sí, el [b]Hijo del [c]Padre Eterno! ¿Comprendes el significado del [d]árbol que tu padre vio?

22 Y le contesté, diciendo: Sí, es el [a]amor de Dios que se derrama ampliamente en el corazón de

7 b GEE Testimonio.
8 a 1 Ne. 8:10.
  b 1 Ne. 8:11.
9 a 1 Ne. 11:22–25.
11 a Gén. 40:8.
  b Éter 3:15–16.
13 a Mateo 2:23.
  b Lucas 1:26–27; Alma 7:10.
GEE María, madre de Jesús.
14 a Ezeq. 1:1; 1 Ne. 1:8.
18 a Isa. 7:14; Lucas 1:34–35.
  b Mos. 3:8.
19 a Mateo 1:20.
20 a Lucas 2:16.
21 a GEE Cordero de Dios.
  b GEE Jesucristo.
  c GEE Trinidad — Dios el Padre.
  d 1 Ne. 8:10; Alma 5:62. GEE Árbol de la vida.
22 a GEE Amor.

los hijos de los hombres; por lo tanto, es más deseable que todas las cosas.

23 Y él me habló, diciendo: Sí, y el de mayor ^agozo para el alma.

24 Y cuando hubo pronunciado estas palabras, me dijo: ¡Mira! Y miré, y vi al Hijo de Dios que ^aiba entre los hijos de los hombres; y vi a muchos que caían a sus pies y lo adoraban.

25 Y aconteció que vi que la ^abarra de hierro que mi padre había visto representaba la palabra de Dios, la cual conducía a la fuente de ^baguas vivas o ^cárbol de la vida; y estas aguas son una representación del amor de Dios; y también vi que el árbol de la vida representaba el amor de Dios.

26 Y el ángel me dijo de nuevo: ¡Mira, y ve la ^acondescendencia de Dios!

27 Y miré, y ^avi al Redentor del mundo, de quien mi padre había hablado, y vi también al ^bprofeta que habría de preparar la vía delante de él. Y el Cordero de Dios se adelantó y fue ^cbautizado por él; y después que fue bautizado, vi abrirse los cielos, y al Espíritu Santo descender del cielo y reposar sobre él en forma de ^dpaloma.

28 Y vi que salió, ejerciendo su ministerio entre el pueblo con ^apoder y gran gloria; y se reunían las multitudes para escucharlo; y vi que lo echaron de entre ellos.

29 Y vi también a ^adoce más que lo seguían. Y aconteció que fueron llevados en el Espíritu de delante de mi faz, de modo que no los vi más.

30 Y aconteció que me habló de nuevo el ángel, diciendo: ¡Mira! Y miré, y vi que se abrían de nuevo los cielos, y que descendían ^aángeles sobre los hijos de los hombres; y les ministraban.

31 Y de nuevo me habló, diciendo: ¡Mira! Y miré, y vi al Cordero de Dios que iba entre los hijos de los hombres. Y vi a multitudes de personas que estaban enfermas y afligidas con toda clase de males, y con ^ademonios y con ^bespíritus impuros; y el ángel me habló y me mostró todas estas cosas. Y fueron ^csanadas por el poder del Cordero de Dios; y los demonios y los espíritus impuros fueron echados fuera.

32 Y aconteció que me habló otra vez el ángel, diciendo: ¡Mira! Y miré, y vi al Cordero de Dios, y que el pueblo lo apresó; sí, vi que el Hijo del sempiterno Dios

23a GEE Gozo.
24a Lucas 4:14–21.
25a 1 Ne. 8:19.
   b GEE Agua(s) viva(s).
   c Gén. 2:9;
      Alma 32:40–41;
      Moisés 4:28, 31.
26a 1 Ne. 11:16–33.

27a 2 Ne. 25:13.
   b Mateo 11:10;
      1 Ne. 10:7–10;
      2 Ne. 31:4.
   c GEE Bautismo,
      bautizar.
   d GEE Paloma, señal de la.
28a DyC 138:25–26.

29a GEE Apóstol.
30a GEE Ángeles.
31a Marcos 5:15–20;
      Mos. 3:5–7.
      GEE Diablo.
   b GEE Espíritu —
      Espíritus inmundos.
   c GEE Sanar, sanidades.

fue ᵃjuzgado por el mundo; y yo vi, y doy testimonio.

33 Y yo, Nefi, vi que fue levantado sobre la ᵃcruz y ᵇmuerto por los pecados del mundo.

34 Y después que fue muerto, vi a las multitudes de la tierra, y que estaban reunidas para combatir contra los apóstoles del Cordero; porque así llamó a los doce el ángel del Señor.

35 Y estaban reunidas las multitudes de la tierra; y vi que se hallaban en un vasto y espacioso ᵃedificio, semejante al que mi padre vio. Y de nuevo me habló el ángel del Señor, diciendo: He aquí el mundo y su sabiduría; sí, he aquí, la casa de Israel se ha reunido para combatir contra los doce apóstoles del Cordero.

36 Y aconteció que vi, y doy testimonio de que el grande y espacioso edificio representaba el ᵃorgullo del mundo; y cayó, y su caída fue grande en extremo. Y me habló otra vez el ángel del Señor, diciendo: Así será la destrucción de todas las naciones, tribus, lenguas y pueblos que combatan contra los doce apóstoles del Cordero.

CAPÍTULO 12

Nefi ve en visión la tierra de promisión; la rectitud, la iniquidad y la caída de sus habitantes; la venida del Cordero de Dios entre ellos; que los Doce Discípulos y los Doce

Apóstoles juzgarán a Israel; y el estado aborrecible y sucio de aquellos que degeneran en la incredulidad. Aproximadamente 600–592 a.C.

Y ACONTECIÓ que me dijo el ángel: Mira y ve a tu posteridad y también la posteridad de tus hermanos. Y miré, y vi la ᵃtierra de promisión; y vi multitudes de gentes, sí, cual si fuera en tan inmenso número como la arena del mar.

2 Y sucedió que vi a las multitudes reunidas para combatir unas contra otras; y vi ᵃguerras y rumores de guerras, y vi la gran mortandad causada por la espada entre los de mi pueblo.

3 Y aconteció que vi pasar muchas generaciones en guerras y contiendas en la tierra; y vi un gran número de ciudades, sí, tantas que no las conté.

4 Y aconteció que vi un ᵃvapor de ᵇtinieblas sobre la faz de la tierra de promisión; y vi relámpagos, y oí truenos y terremotos y toda clase de ruidos estrepitosos; y vi que se hendieron las rocas y la tierra; y vi montañas desplomarse en pedazos; y vi las llanuras tornarse escabrosas; y vi que se ᶜhundieron muchas ciudades; y vi que muchas otras fueron abrasadas por fuego; y vi muchas que cayeron a tierra por causa de los terremotos.

5 Y sucedió que después de presenciar estas cosas, vi que el

32a Marcos 15:17–20.
33a Juan 19:16–19;
    Mos. 3:9–10;
    3 Ne. 27:14.
    GEE Cruz.

    b GEE Expiación, expiar.
35a 1 Ne. 8:26; 12:18.
36a GEE Orgullo.
12 1a GEE Tierra prometida.
  2a Enós 1:24;

    Morm. 8:7–8.
    GEE Guerra.
4a Hel. 14:20–28.
  b 1 Ne. 19:10.
  c 3 Ne. 8:14.

ᵃvapor de tinieblas desaparecía de sobre la faz de la tierra; y he aquí, vi multitudes que no habían caído a causa de los grandes y terribles juicios del Señor.

6 Y vi abrirse los cielos, y al ᵃCordero de Dios que descendía del cielo; y bajó y se manifestó a los que no habían caído.

7 Y también vi y doy testimonio de que el Espíritu Santo descendió sobre otros ᵃdoce; y fueron ordenados de Dios, y escogidos.

8 Y el ángel me habló, diciendo: He aquí los doce discípulos del Cordero que han sido escogidos para ministrar a los de tu descendencia.

9 Y me dijo: ¿Te acuerdas de los ᵃdoce apóstoles del Cordero? He aquí, ellos son los que ᵇjuzgarán a las doce tribus de Israel; por tanto, los doce ministros de tu posteridad serán juzgados por ellos, pues vosotros sois de la casa de Israel.

10 Y estos ᵃdoce ministros que tú ves juzgarán a tu posteridad. Y he aquí, son justos para siempre; porque a causa de su fe en el Cordero de Dios, sus ᵇvestidos son emblanquecidos en su sangre.

11 Y el ángel me dijo: ¡Mira! Y miré, y vi que murieron en rectitud ᵃtres generaciones; y sus vestidos eran blancos, así como los del Cordero de Dios; y me dijo el ángel: Estos son emblanquecidos en la sangre del Cordero, a causa de su fe en él.

12 Y yo, Nefi, también vi a muchos de los de la ᵃcuarta generación que murieron en rectitud.

13 Y sucedió que vi reunidas a las multitudes de la tierra.

14 Y el ángel me dijo: He aquí tu posteridad, y también la de tus hermanos.

15 Y ocurrió que miré y vi a los de mi posteridad reunidos en multitudes ᵃcontra la posteridad de mis hermanos; y se hallaban congregados para la batalla.

16 Y el ángel me habló, diciendo: He aquí la fuente de aguas ᵃsucias que tu padre vio; sí, el ᵇrío del que habló; y sus profundidades son las profundidades del ᶜinfierno.

17 Y los ᵃvapores de tinieblas son las tentaciones del diablo que ᵇciegan los ojos y endurecen el corazón de los hijos de los hombres, y los conducen hacia ᶜcaminos anchos, de modo que perecen y se pierden.

18 Y el vasto y espacioso ᵃedificio que tu padre vio representa

5a 3 Ne. 8:20; 10:9.
6a 2 Ne. 26:1, 9;
   3 Ne. 11:3–17.
7a 3 Ne. 12:1; 19:12–13.
9a Lucas 6:13.
 b Mateo 19:28;
   DyC 29:12.
   GEE Juicio final.
10a 3 Ne. 27:27;
   Morm. 3:18–19.
b Apoc. 7:14;
   Alma 5:21–27;
   13:11–13;
   3 Ne. 27:19–20.
11a 2 Ne. 26:9–10;
   3 Ne. 27:30–32.
12a Alma 45:10–12;
   Hel. 13:5, 9–10;
   3 Ne. 27:32;
   4 Ne. 1:14–27.
15a Morm. 6.
16a GEE Inmundicia,
   inmundo.
 b 1 Ne. 8:13; 15:26–29.
 c GEE Infierno.
17a 1 Ne. 8:23; 15:24;
   DyC 10:20–32.
 b GEE Apostasía.
 c Mateo 7:13–14.
18a 1 Ne. 8:26; 11:35–36.

las vanas ^bilusiones y el ^corgullo de los hijos de los hombres. Y un grande y terrible ^dabismo los separa; sí, la palabra de la ^ejusticia del Dios Eterno y el Mesías, que es el Cordero de Dios, de quien el Espíritu Santo da testimonio desde el principio del mundo hasta hoy, y desde ahora y para siempre.

19 Y mientras el ángel pronunciaba estas palabras, vi que la posteridad de mis hermanos combatía contra la mía, según la palabra del ángel; y a causa del orgullo de mi posteridad y de las ^atentaciones del diablo, vi que la posteridad de mis hermanos ^bvenció a los de mi descendencia.

20 Y aconteció que miré, y vi que los de la posteridad de mis hermanos habían vencido a la mía; y se repartieron en multitudes sobre la superficie de la tierra.

21 Y los vi reunirse en multitudes; y vi entre ellos ^aguerras y rumores de guerras; y en guerras y rumores de guerras, vi pasar muchas generaciones.

22 Y el ángel me dijo: He aquí que estos ^adegenerarán en la incredulidad.

23 Y aconteció que vi, que después que hubieron degenerado en la incredulidad, se

convirtieron en una gente ^aobscura, aborrecible y ^bsucia, llena de ^cocio y de todo género de abominaciones.

CAPÍTULO 13

Nefi ve en visión el establecimiento de la iglesia del diablo entre los gentiles, el descubrimiento y la colonización de las Américas, la pérdida de muchas partes claras y preciosas de la Biblia, el estado resultante de la apostasía de los gentiles, la restauración del Evangelio, el advenimiento de las Escrituras de los últimos días y la edificación de Sion. Aproximadamente 600–592 a.C.

Y ACONTECIÓ que el ángel me habló, diciendo: ¡Mira! Y miré, y vi muchas naciones y reinos.

2 Y me dijo el ángel: ¿Qué ves? Y yo dije: Veo muchas naciones y reinos.

3 Y me dijo él a mí: Estas son las naciones y los reinos de los gentiles.

4 Y aconteció que vi entre las naciones de los ^agentiles la formación de una ^bgrande iglesia.

5 Y el ángel me dijo: He aquí la formación de una iglesia que es la más abominable de todas las demás iglesias, que ^amata a los santos de Dios, sí, y los atormenta y los oprime, y los unce con

18b Jer. 7:24.
  c GEE Orgullo.
  d Lucas 16:26;
    1 Ne. 15:28–30.
  e GEE Justicia.
19a GEE Tentación, tentar.
  b Jarom 1:10;

P. de Morm. 1:1–2.
21a Morm. 8:8;
  Moro. 1:2.
  GEE Guerra.
22a 1 Ne. 15:13;
  2 Ne. 26:15.
23a 2 Ne. 26:33.

b 2 Ne. 5:20–25.
  c GEE Ociosidad, ocioso.
13 4a GEE Gentiles.
  b 1 Ne. 13:26, 34; 14:3,
    9–17.
5a Apoc. 17:3–6;
  1 Ne. 14:13.

un ^byugo de hierro, y los reduce al cautiverio.

6 Y aconteció que vi esta ^agrande y abominable iglesia, y vi que el ^bdiablo fue su fundador.

7 Y vi también ^aoro y plata y sedas y escarlatas y linos de fino tejido y toda especie de vestiduras preciosas; y vi muchas rameras.

8 Y el ángel me habló, diciendo: He aquí, el oro y la plata, las sedas y escarlatas, y los linos de fino tejido, y los preciosos vestidos, y las rameras, son lo que ^adesea esta grande y abominable iglesia.

9 Y también, por motivo de las alabanzas del mundo, ^adestruyen a los santos de Dios y los reducen al cautiverio.

10 Y sucedió que miré, y vi muchas aguas; y estas separaban a los gentiles de la posteridad de mis hermanos.

11 Y aconteció que el ángel me dijo: He aquí, la ira de Dios está sobre la posteridad de tus hermanos.

12 Y miré, y vi entre los gentiles a un hombre que estaba separado de la posteridad de mis hermanos por las muchas aguas; y vi que el ^aEspíritu de Dios descendió y obró sobre él; y el hombre partió sobre las muchas aguas,

sí, hasta donde estaban los descendientes de mis hermanos que se encontraban en la tierra prometida.

13 Y aconteció que vi al Espíritu de Dios que obraba sobre otros gentiles, y salieron de su cautividad, cruzando las muchas aguas.

14 Y sucedió que vi muchas ^amultitudes de gentiles sobre la ^btierra de promisión, y vi que la ira de Dios vino sobre los descendientes de mis hermanos, y fueron ^cdispersados delante de los gentiles, y afligidos.

15 Y vi que el Espíritu del Señor estaba sobre los gentiles, y prosperaron y obtuvieron la ^atierra por herencia; y vi que eran blancos y muy ^bbellos y hermosos, semejantes a los de mi pueblo antes que los ^cmataran.

16 Y aconteció que yo, Nefi, vi que los gentiles que habían salido de la cautividad se humillaron delante del Señor, y el poder del Señor estaba con ^aellos.

17 Y vi que las madres patrias de los gentiles se hallaban reunidas sobre las aguas, y sobre la tierra también, para combatirlos.

18 Y vi que el poder de Dios estaba con ellos, y también que la ira de Dios pesaba sobre todos aquellos que estaban

5b Jer. 28:10–14.
6a DyC 88:94.
  GEE Diablo — La iglesia del diablo.
  b 1 Ne. 22:22–23.
7a Morm. 8:36–38.
8a Apoc. 18:10–24;

Morm. 8:35–38.
9a Apoc. 13:4–7.
12a GEE Inspiración, inspirar.
14a 2 Ne. 1:11;
  Morm. 5:19–20.
  b GEE Tierra prometida.

c 1 Ne. 22:7–8.
  GEE Israel — El esparcimiento de Israel.
15a 2 Ne. 10:19.
  b 2 Ne. 5:21.
  c Morm. 6:17–22.
16a DyC 101:80.

congregados en contra de ellos para la lucha.

19 Y yo, Nefi, vi que los gentiles que habían salido de la cautividad fueron ᵃlibrados por el poder de Dios de las manos de todas las demás naciones.

20 Y ocurrió que yo, Nefi, vi que prosperaron en la tierra; y vi un ᵃlibro, y lo llevaban entre ellos.

21 Y me dijo el ángel: ¿Sabes tú el significado del libro?

22 Y le respondí: No lo sé.

23 Y dijo: He aquí, proviene de la boca de un judío. Y yo, Nefi, miré el libro; y el ángel me dijo: El ᵃlibro que ves es una ᵇhistoria de los ᶜjudíos, el cual contiene los convenios que el Señor ha hecho con la casa de Israel; y también contiene muchas de las profecías de los santos profetas; y es una narración semejante a los grabados sobre las ᵈplanchas de bronce, aunque menos en número. No obstante, contienen los convenios que el Señor ha hecho con la casa de Israel; por tanto, son de gran valor para los gentiles.

24 Y el ángel del Señor me dijo: Has visto que el libro salió de la boca de un judío, y cuando salió de la boca del judío, contenía la plenitud del evangelio del Señor, de quien dan testimonio los doce apóstoles; y ellos testifican

conforme a la verdad que está en el Cordero de Dios.

25 Por lo tanto, estas cosas proceden en su pureza de los ᵃjudíos a los ᵇgentiles, según la verdad que está en Dios.

26 Y después que proceden por la mano de los doce apóstoles del Cordero, de los judíos ᵃa los gentiles, tú ves la formación de una ᵇiglesia ᶜgrande y abominable, que es la más abominable de todas las demás iglesias, pues, he aquí, ha ᵈdespojado el evangelio del Cordero de muchas partes que son ᵉclaras y sumamente preciosas, y también ha quitado muchos de los convenios del Señor.

27 Y ha hecho todo esto para pervertir las vías correctas del Señor, para cegar los ojos y endurecer el corazón de los hijos de los hombres.

28 Por tanto, ves tú que después que el libro ha pasado por las manos de esa grande y abominable iglesia, se han quitado muchas cosas claras y preciosas del libro, el cual es el libro del Cordero de Dios.

29 Y después que se quitaron estas cosas claras y de gran valor, va entre todas las naciones de los gentiles; y luego que va entre todas las naciones de los gentiles, sí, aun hasta el otro lado de las muchas aguas que has

19a 2 Ne. 10:10–14;
       3 Ne. 21:4; Éter 2:12.
20a 1 Ne. 14:23.
23a 1 Ne. 13:38;
       2 Ne. 29:4–12.
  b GEE Escrituras.
  c 2 Ne. 3:12.

  d 1 Ne. 5:10–13.
25a 2 Ne. 29:4–6;
       DyC 3:16.
     GEE Judíos.
  b GEE Gentiles.
26a Mateo 21:43.
  b GEE Apostasía —

     Apostasía de la Iglesia
     cristiana primitiva.
  c 1 Ne. 13:4–6; 14:3, 9–17.
  d Morm. 8:33;
     Moisés 1:41.
  e 1 Ne. 14:20–26;
     AdeF 1:8.

visto, entre los gentiles que han salido del cautiverio, tú ves que —a causa de las muchas cosas claras y preciosas que se han quitado del libro, cosas que eran claras al entendimiento de los hijos de los hombres, según la claridad que hay en el Cordero de Dios— a causa de estas cosas que se han suprimido del evangelio del Cordero, muchísimos tropiezan, sí, de tal modo que Satanás tiene gran poder sobre ellos.

30 No obstante, tú ves que los gentiles que han salido de la cautividad, y que, gracias al poder de Dios, han sido elevados sobre todas las demás naciones que hay en la superficie de la tierra, que es una tierra escogida sobre todas las demás, la cual es la tierra que el Señor Dios dio a tu padre por convenio para que fuese la ᵃherencia de sus descendientes; por tanto, ves que el Señor Dios no permitirá que los gentiles destruyan completamente a los de la ᵇmezcla de tu descendencia que se hallan entre tus hermanos.

31 Ni permitirá tampoco que los gentiles ᵃdestruyan a la posteridad de tus hermanos.

32 Ni permitirá el Señor Dios que los gentiles permanezcan para siempre en ese horrible estado de ceguedad, en el que ves que están a causa de las partes

claras y sumamente preciosas del evangelio del Cordero que ha suprimido esa iglesia ᵃabominable, cuya formación tú has visto.

33 Por tanto, dice el Cordero de Dios: Seré misericordioso con los gentiles, aun al grado de visitar al resto de la casa de Israel con gran juicio.

34 Y aconteció que el ángel del Señor me habló, diciendo: He aquí, dice el Cordero de Dios, después que haya visitado al ᵃresto de la casa de Israel —y este resto del que hablo es la posteridad de tu padre— por lo tanto, después que los haya visitado con juicio, y los haya herido por la mano de los gentiles, y después que los gentiles ᵇtropiecen muchísimo a causa de las partes más claras y preciosas que fueron suprimidas del ᶜevangelio del Cordero por esa abominable iglesia, que es la madre de las rameras, dice el Cordero, seré misericordioso con los gentiles en aquel día, de tal modo que haré ᵈllegar a ellos, por medio de mi propio poder, mucho de mi evangelio que será claro y precioso, dice el Cordero.

35 Porque he aquí, dice el Cordero: Yo mismo me manifestaré a los de tu posteridad, por lo que escribirán muchas cosas que yo les suministraré, las cuales

---

30a GEE Tierra prometida.
  b Alma 45:10–14.
31a 2 Ne. 4:7; 10:18–19;
    Jacob 3:5–9; Hel. 15:12;
    3 Ne. 16:8–9;

Morm. 5:20–21.
32a GEE Diablo — La
    iglesia del diablo.
34a GEE José hijo de Jacob.
  b 1 Ne. 14:1–3;

2 Ne. 26:20.
  c GEE Evangelio.
  d DyC 10:62.
    GEE Restauración del
    Evangelio.

serán claras y preciosas; y después que tu posteridad sea destruida y degenere en la incredulidad, lo mismo que la de tus hermanos, he aquí que ᵃestas cosas serán escondidas, a fin de que sean manifestadas a los gentiles por el don y el poder del Cordero.

36 Y en ellas estará escrito mi ᵃevangelio, dice el Cordero, y mi ᵇroca y mi salvación.

37 Y ᵃbienaventurados aquellos que procuren establecer a mi ᵇSion en aquel día, porque tendrán el ᶜdon y el poder del Espíritu Santo; y si ᵈperseveran hasta el fin, serán enaltecidos en el último día y se salvarán en el ᵉreino eterno del Cordero; y los que ᶠpubliquen la paz, sí, nuevas de gran gozo, ¡cuán bellos serán sobre las montañas!

38 Y aconteció que vi al resto de la posteridad de mis hermanos, y también vi que el ᵃlibro del Cordero de Dios, que había salido de la boca del judío, llegó de los gentiles ᵇal resto de la posteridad de mis hermanos.

39 Y después que hubo llegado a ellos, vi otros ᵃlibros que vinieron por el poder del Cordero, de los gentiles a ellos,

para ᵇconvencer a los gentiles y al resto de la posteridad de mis hermanos, y también a los judíos que se encontraban esparcidos sobre toda la superficie de la tierra, de que los escritos de los profetas y de los doce apóstoles del Cordero son ᶜverdaderos.

40 Y el ángel me habló, diciendo: Estos ᵃúltimos anales que has visto entre los gentiles, ᵇestablecerán la verdad de los ᶜprimeros, los cuales son los de los doce apóstoles del Cordero, y darán a conocer las cosas claras y preciosas que se les han quitado, y manifestarán a todas las familias, lenguas y pueblos que el Cordero de Dios es el Hijo del Eterno Padre, y es el ᵈSalvador del mundo; y que es necesario que todos los hombres vengan a él, o no serán salvos.

41 Y han de venir conforme a las palabras que serán establecidas por boca del Cordero; y las palabras del Cordero se darán a conocer en los anales de tu posteridad, como también en los anales de los doce apóstoles del Cordero; por lo que los dos serán reunidos en ᵃuno solo; porque

35a 2 Ne. 27:6; 29:1–2.
GEE Libro de Mormón.
36a 3 Ne. 27:13–21.
b Hel. 5:12;
3 Ne. 11:38–39.
GEE Roca.
37a DyC 21:9.
b GEE Sion.
c GEE Don del Espíritu Santo.
d 3 Ne. 27:16.

GEE Perseverar.
e GEE Gloria celestial.
f Isa. 52:7;
Mos. 15:14–18;
3 Ne. 20:40.
38a 1 Ne. 13:23;
2 Ne. 29:4–6.
b Morm. 5:15.
39a GEE Escrituras — Se profetiza la publicación de las Escrituras.

b Ezeq. 37:15–20;
2 Ne. 3:11–12.
c 1 Ne. 14:30.
40a 2 Ne. 26:16–17; 29:12.
GEE Libro de Mormón.
b Morm. 7:8–9.
c GEE Biblia.
d Véase la portada del Libro de Mormón.
Moisés 1:6.
41a Ezeq. 37:17.

hay [b]un Dios y un [c]Pastor sobre toda la tierra.

42 Y viene el tiempo en que él se manifestará a todas las naciones, tanto a los [a]judíos como también a los gentiles; y después que se haya manifestado a los judíos y también a los gentiles, entonces se manifestará a los gentiles y también a los judíos; y los [b]últimos serán los primeros, y los [c]primeros serán los últimos.

CAPÍTULO 14

Un ángel le informa a Nefi acerca de las bendiciones y las maldiciones que caerán sobre los gentiles — Solamente hay dos iglesias: la Iglesia del Cordero de Dios y la iglesia del diablo — Los santos de Dios son perseguidos en todas las naciones por la iglesia grande y abominable — El apóstol Juan escribirá tocante al fin del mundo. Aproximadamente 600–592 a.C.

Y SUCEDERÁ que si los [a]gentiles escucharen al Cordero de Dios el día en que él mismo se manifieste a ellos, tanto en palabra, como también en [b]poder, real y verdaderamente, para quitar sus [c]tropiezos,

2 y no endurecieren sus corazones contra el Cordero de Dios,

serán contados entre la posteridad de tu padre; sí, serán [a]contados entre los de la casa de Israel; y serán para siempre un pueblo [b]bendito sobre la tierra prometida, y no serán llevados más al cautiverio; y la casa de Israel ya no será confundida.

3 Y ese profundo [a]abismo que ha cavado para ellos esa grande y abominable iglesia, la cual fundaron el diablo y sus hijos para conducir las almas de los hombres al infierno, sí, ese profundo abismo que ha sido cavado para la destrucción de los hombres, se llenará con aquellos que lo abrieron, hasta su completa destrucción, dice el Cordero de Dios; no la destrucción del alma, a menos que sea el arrojarla en aquel [b]infierno que no tiene fin.

4 Porque he aquí que esto va de conformidad con la cautividad del diablo, y también con la justicia de Dios, sobre todos los que cometan iniquidades y abominaciones ante él.

5 Y aconteció que el ángel me habló a mí, Nefi, diciendo: Tú has visto que si los gentiles se arrepienten, les irá bien; y también sabes acerca de los convenios del Señor con la casa de Israel; y

---

41[b] Deut. 6:4;
    Juan 17:21–23;
    2 Ne. 31:21.
  [c] GEE Buen Pastor.
42[a] DyC 90:8–9; 107:33;
    112:4.
  [b] Jacob 5:63.
  [c] Lucas 13:30;
    1 Ne. 15:13–20.

14 1[a] 3 Ne. 16:6–13.
    GEE Gentiles.
  [b] 1 Tes. 1:5;
    1 Ne. 14:14;
    Jacob 6:2–3.
  [c] Isa. 57:14;
    1 Ne. 13:29, 34;
    2 Ne. 26:20.
2[a] Gál. 3:7, 29;

    2 Ne. 10:18–19;
    3 Ne. 16:13; 21:6, 22;
    Abr. 2:9–11.
  [b] 2 Ne. 6:12; 10:8–14;
    3 Ne. 16:6–7; 20:27.
3[a] 1 Ne. 22:14;
    DyC 109:25.
  [b] GEE Condenación,
    condenar; Infierno.

también has oído que el que no se ªarrepienta deberá perecer.

6 Por lo tanto, ª¡ay de los gentiles, si es que endurecen sus corazones contra el Cordero de Dios!

7 Porque viene el día, dice el Cordero de Dios, en que haré una obra grande y ªmaravillosa entre los hijos de los hombres, una obra que será sempiterna, ya para una cosa u otra; ya para convencerlos a la paz y ᵇvida eterna, o entregarlos a la dureza de sus corazones y ceguedad de sus mentes hasta ser llevados al cautiverio, y también a la destrucción, tanto temporal como espiritualmente, según la ᶜcautividad del diablo, de la cual he hablado.

8 Y aconteció que cuando el ángel hubo hablado estas palabras, me dijo: ¿Recuerdas los ªconvenios del Padre con la casa de Israel? Yo le contesté: Sí.

9 Y sucedió que me dijo: Mira, y ve esa grande y abominable iglesia que es la madre de las abominaciones, cuyo fundador es el ªdiablo.

10 Y me dijo: He aquí, no hay más que ªdos iglesias solamente; una es la iglesia del Cordero de Dios, y la ᵇotra es la iglesia del diablo; de modo que el que no

pertenece a la iglesia del Cordero de Dios, pertenece a esa grande iglesia que es la madre de las abominaciones, y es la ᶜramera de toda la tierra.

11 Y aconteció que miré y vi a la ramera de toda la tierra, y se asentaba sobre muchas ªaguas; y ᵇtenía dominio sobre toda la tierra, entre todas las naciones, tribus, lenguas y pueblos.

12 Y sucedió que vi la iglesia del Cordero de Dios, y sus números eran ªpocos a causa de la iniquidad y las abominaciones de la ramera que se asentaba sobre las muchas aguas. No obstante, vi que la iglesia del Cordero, que eran los santos de Dios, se extendía también sobre ᵇtoda la superficie de la tierra; y sus dominios sobre la faz de la tierra eran pequeños, a causa de la maldad de la gran ramera a quien yo vi.

13 Y ocurrió que vi que la gran madre de las abominaciones reunió multitudes sobre toda la superficie de la tierra, entre todas las naciones de los gentiles, para ªcombatir contra el Cordero de Dios.

14 Y aconteció que yo, Nefi, vi que el poder del Cordero de

5a GEE Arrepentimiento, arrepentirse.
6a 2 Ne. 28:32.
7a Isa. 29:14;
    1 Ne. 22:8;
    2 Ne. 27:26; 29:1–2;
    DyC 4:1.
    GEE Restauración del Evangelio.
  b GEE Vida eterna.
  c 2 Ne. 2:26–29;

    Alma 12:9–11.
8a GEE Abraham, convenio de (convenio abrahámico).
9a 1 Ne. 15:35;
    DyC 1:35.
    GEE Diablo.
10a 1 Ne. 22:23.
  b 1 Ne. 13:4–6, 26.
  c Apoc. 17:5, 15;
    2 Ne. 10:16.

11a Jer. 51:13;
    Apoc. 17:15.
  b DyC 35:11.
12a Mateo 7:14;
    3 Ne. 14:14;
    DyC 138:26.
  b DyC 90:11.
13a Apoc. 17:1–6;
    18:24;
    1 Ne. 13:5;
    DyC 123:7–8.

Dios descendió sobre los santos de la iglesia del Cordero y sobre el pueblo del convenio del Señor, que se hallaban dispersados sobre toda la superficie de la tierra; y tenían por armas su rectitud y el ªpoder de Dios en gran gloria.

15 Y sucedió que vi que la ira de Dios se ªderramó sobre aquella grande y abominable iglesia, de tal modo que hubo guerras y rumores de guerras entre todas las ᵇnaciones y familias de la tierra.

16 Y cuando empezó a haber ªguerras y rumores de guerras entre todas las naciones que pertenecían a la madre de las abominaciones, me habló el ángel, diciendo: He aquí, la ira de Dios está sobre la madre de las rameras; y he aquí, tú ves todas estas cosas;

17 y cuando llegue el ªdía en que la ᵇira de Dios sea derramada sobre la madre de las rameras, que es la iglesia grande y abominable de toda la tierra, cuyo fundador es el diablo, entonces, en ese día, empezará la ᶜobra del Padre, preparando la vía para el cumplimiento de sus ᵈconvenios que él ha hecho con su pueblo que es de la casa de Israel.

18 Y aconteció que el ángel me habló, diciendo: ¡Mira!

19 Y miré, y vi a un hombre que estaba vestido con un manto blanco.

20 Y el ángel me dijo: ¡He ahí ªuno de los doce apóstoles del Cordero!

21 He aquí, él verá y escribirá el resto de estas cosas; sí, y también muchas que han sucedido.

22 Y escribirá también sobre el fin del mundo.

23 Por tanto, las cosas que él escriba son justas y verdaderas; y he aquí, están escritas en el ªlibro que tú has visto salir de la boca del judío. Y en la época en que salieron de la boca del judío, o sea, cuando el libro salió de la boca del judío, las cosas que estaban escritas eran claras y puras, y las más ᵇpreciosas y fáciles para el entendimiento de todos los hombres.

24 Y he aquí, las cosas que este ªapóstol del Cordero escribirá son muchas de las que tú ya has visto; y he aquí, el resto tú lo verás.

25 Pero las que verás en adelante, no escribirás; porque el Señor Dios ha ordenado que las ªescriba el apóstol del Cordero de Dios.

26 Y ha habido también otros a

14a Jacob 6:2;
  DyC 38:32–38.
15a DyC 1:13–14.
  b Marcos 13:8; DyC 87:6.
16a 1 Ne. 22:13–14;
  Morm. 8:30.
17a GEE Últimos días,
  postreros días.
  b 1 Ne. 22:15–16.
  c 3 Ne. 21:7, 20–29.
  GEE Restauración del
  Evangelio.
  d Morm. 8:21, 41.
  GEE Abraham,
  convenio de (convenio
  abrahámico).
20a Apoc. 1:1–3;
  1 Ne. 14:27.
23a 1 Ne. 13:20–24;
  Morm. 8:33.
  b 1 Ne. 13:28–32.
24a Éter 4:16.
25a Juan 20:30–31;
  Apoc. 1:19.

quienes el Señor ha mostrado todas las cosas, y las han escrito; y han sido ªselladas, según la verdad que está en el Cordero, para aparecer en su pureza a la casa de Israel en el propio y debido tiempo del Señor.

27 Y yo, Nefi, oí, y testifico que el nombre del apóstol del Cordero era ªJuan, según la palabra del ángel.

28 Y he aquí que a mí, Nefi, se me prohíbe escribir el resto de las cosas que vi y oí; por lo que me basta con las que he escrito; y no he escrito más que una pequeña parte de lo que vi.

29 Y doy testimonio de que yo vi las cosas que mi ªpadre vio, y el ángel del Señor me las hizo saber.

30 Y ahora ceso de hablar tocante a las cosas que vi cuando fui llevado en el Espíritu; y si todas las cosas que vi no están escritas, las que he escrito son ªverdaderas. Y así es. Amén.

CAPÍTULO 15

Los de la posteridad de Lehi recibirán de los gentiles el Evangelio en los postreros días — El recogimiento de Israel se compara a un olivo cuyas ramas naturales serán injertadas nuevamente — Nefi interpreta la visión del árbol de la vida y dice que la justicia de Dios separa a los malos de los justos. Aproximadamente 600–592 a.C.

Y OCURRIÓ que después que yo, Nefi, hube sido arrebatado en el Espíritu, y hube visto todas estas cosas, volví a la tienda de mi padre.

2 Y sucedió que vi a mis hermanos, y estaban disputando entre sí concerniente a las cosas que mi padre les había hablado.

3 Porque verdaderamente les habló muchas grandes cosas que eran difíciles de ªcomprender, a menos que uno recurriera al Señor; y como eran duros de corazón, no acudían al Señor como debían.

4 Y yo, Nefi, estaba apesadumbrado por la dureza de sus corazones, como también a causa de las cosas que yo había visto, las cuales sabía que inevitablemente habrían de suceder, debido a la gran iniquidad de los hijos de los hombres.

5 Y aconteció que me sentí abatido por causa de mis ªaflicciones, porque las consideraba mayores que cualquier otra cosa, por motivo de la ᵇdestrucción de mi pueblo, porque yo había visto su caída.

6 Y aconteció que después de haber recobrado la ªfuerza, hablé a mis hermanos, deseando saber la causa de sus disputas.

7 Y dijeron: He aquí, no podemos comprender las palabras

26a 2 Ne. 27:6–23;
　　Éter 3:21–27;
　　4:4–7;
　　DyC 35:18;
　　JS—H 1:65.

27a Apoc. 1:1–3.
29a 1 Ne. 8.
30a 2 Ne. 33:10–14.
15 3a 1 Cor. 2:10–12;
　　Alma 12:9–11.

5a GEE Adversidad.
　　b Enós 1:13;
　　Morm. 6:1.
6a Moisés 1:10;
　　JS—H 1:20, 48.

que nuestro padre ha hablado concernientes a las ramas naturales del olivo, y también con respecto a los gentiles.

8 Y les dije: ¿Habéis ªpreguntado al Señor?

9 Y me contestaron: No, porque el Señor no nos da a conocer tales cosas a nosotros.

10 He aquí, les dije: ¿Cómo es que no guardáis los mandamientos del Señor? ¿Cómo es que queréis perecer a causa de la ªdureza de vuestros corazones?

11 ¿No recordáis las cosas que el Señor ha dicho: Si no endurecéis vuestros corazones, y me ªpedís con fe, creyendo que recibiréis, guardando diligentemente mis mandamientos, de seguro os serán manifestadas estas cosas?

12 He aquí, os digo que la casa de Israel fue comparada a un olivo por el Espíritu del Señor que estaba en nuestro padre; y he aquí, ¿no hemos sido desgajados de la casa de Israel? ¿No somos nosotros una ªrama de la casa de Israel?

13 Ahora bien, lo que nuestro padre quiere decir concerniente al injerto de las ramas naturales, por medio de la plenitud de los

gentiles, es que en los días postreros, cuando nuestros descendientes hayan ªdegenerado en la incredulidad, sí, por el espacio de muchos años, y muchas generaciones después que el ᵇMesías sea manifestado en la carne a los hijos de los hombres, entonces la plenitud del ᶜevangelio del Mesías vendrá a los gentiles; y de los ᵈgentiles vendrá al resto de nuestra posteridad.

14 Y en aquel día el resto de los de nuestra ªposteridad sabrán que son de la casa de Israel, y que son el pueblo del ᵇconvenio del Señor; y entonces sabrán y llegarán al ᶜconocimiento de sus antepasados, y también al conocimiento del evangelio de su Redentor, que él ministró a sus padres. Por tanto, llegarán al conocimiento de su Redentor y de los principios exactos de su doctrina, para que sepan cómo venir a él y ser salvos.

15 Y entonces, ¿no se regocijarán en aquel día, y alabarán a su sempiterno Dios, su ªroca y su salvación? Sí, ¿no recibirán en aquel día la fuerza y nutrición de la verdadera ᵇvid? Sí, ¿no vendrán al verdadero rebaño de Dios?

16 He aquí, os digo que sí; se

8a Mos. 26:13;
  Alma 40:3.
  GEE Oración.
10a GEE Apostasía.
11a Stg. 1:5–6;
  Enós 1:15;
  Moro. 7:26;
  DyC 18:18.
  GEE Pedir.
12a Gén. 49:22–26;
  1 Ne. 10:12–14; 19:24.

  GEE Lehi, padre de
  Nefi.
13a 1 Ne. 12:22–23;
  2 Ne. 26:15.
  b GEE Mesías.
  c GEE Evangelio.
  d 1 Ne. 13:42; 22:5–10;
  DyC 14:10.
  GEE Gentiles.
14a 2 Ne. 10:2;
  3 Ne. 5:21–26; 21:4–7.

  b GEE Abraham,
  convenio de (convenio
  abrahámico).
  c 2 Ne. 3:12; 30:5;
  Morm. 7:1, 9–10;
  DyC 3:16–20. Véase
  también la
  portada del Libro de
  Mormón.
15a GEE Roca.
  b Gén. 49:11; Juan 15:1.

hará memoria de ellos otra vez entre la casa de Israel; y siendo una rama natural del olivo, serán ªinjertados en el olivo verdadero.

17 Y esto es lo que nuestro padre quiere decir; y nos da a entender que no sucederá sino hasta después que los hayan dispersado los gentiles; y se refiere a que se llevará a cabo por medio de los gentiles, a fin de que el Señor manifieste a estos su poder, precisamente porque será ªrechazado por los judíos, o sea, por los de la casa de Israel.

18 Por tanto, nuestro padre no ha hablado solamente de nuestra posteridad, sino también de toda la casa de Israel, indicando el convenio que se ha de cumplir en los postreros días, convenio que el Señor hizo con nuestro padre Abraham, diciendo: En tu ªposteridad serán benditas todas las familias de la tierra.

19 Y aconteció que yo, Nefi, les hablé mucho respecto de estas cosas; sí, les hablé concerniente a la ªrestauración de los judíos en los postreros días.

20 Y les repetí las palabras de ªIsaías, quien se refirió a la restauración de los judíos, o sea, de la casa de Israel; y que después

que fuesen restaurados, no volverían a ser confundidos ni esparcidos otra vez. Y sucedió que hablé muchas palabras a mis hermanos, de modo que se tranquilizaron y se ᵇhumillaron ante el Señor.

21 Y aconteció que de nuevo me hablaron, diciendo: ¿Qué significa esta cosa que nuestro padre vio en un sueño? ¿Qué significado tiene el ªárbol que vio?

22 Y yo les dije: Era una representación del ªárbol de la vida.

23 Y me dijeron: ¿Qué significa la ªbarra de hierro, que nuestro padre vio, que conducía al árbol?

24 Y les dije que era la ªpalabra de Dios; y que quienes escucharan la palabra de Dios y se ᵇaferraran a ella, no perecerían jamás; ni los vencerían las ᶜtentaciones ni los ardientes ᵈdardos del ᵉadversario para cegarlos y llevarlos hasta la destrucción.

25 Por tanto, yo, Nefi, los exhorté a que ªescucharan la palabra del Señor; sí, les exhorté con todas las energías de mi alma y con toda la facultad que poseía, a que obedecieran la palabra de Dios y se acordaran siempre de guardar sus mandamientos en todas las cosas.

26 Y me dijeron: ¿Qué significa

16a Jacob 5:60–68.
17a GEE Crucifixión.
18a Gén. 12:1–3;
    Abr. 2:6–11.
19a 1 Ne. 19:15.
    GEE Israel — La
    congregación de Israel.
20a 1 Ne. 19:23.

b 1 Ne. 16:5, 24, 39.
21a 1 Ne. 8:10–12.
22a 1 Ne. 11:4, 25;
    Moisés 3:9.
23a 1 Ne. 8:19–24.
24a GEE Palabra de Dios.
b 1 Ne. 8:30;
    2 Ne. 31:20.

c 1 Ne. 8:23.
    GEE Tentación, tentar.
d Efe. 6:16;
    DyC 3:8;
    27:17.
e GEE Diablo.
25a DyC 11:2; 32:4;
    84:43–44.

el ªrío de agua que nuestro padre vio?

27 Y les respondí que el ªagua que mi padre vio representaba la ᵇinmundicia; y que su mente se hallaba absorta a tal grado en otras cosas que no vio la suciedad del agua.

28 Y les dije que era un ªabismo horroroso que separaba a los inicuos del árbol de la vida, y también de los santos de Dios.

29 Y les dije que era una representación de aquel ªinfierno terrible que el ángel me dijo había sido preparado para los inicuos.

30 Y les dije que nuestro padre también vio que la ªjusticia de Dios separaba a los malos de los justos; y su resplandor era como el de una llama de fuego que asciende hasta Dios para siempre jamás y no tiene fin.

31 Y me preguntaron: ¿Significa esto el tormento del cuerpo en los días de ªprobación, o significa el estado final del alma, después de la ᵇmuerte del cuerpo temporal, o se refiere a las cosas que son temporales?

32 Y aconteció que les dije que aquello era una representación de cosas temporales así como espirituales; porque habría de llegar el día en que serían juzgados por sus ªobras; sí, según las obras efectuadas por el cuerpo temporal en sus días de probación.

33 Por lo tanto, si ªmorían en su iniquidad, tendrían que ser ᵇdesechados también, con respecto a las cosas que son espirituales, las cuales se relacionan con la rectitud; de modo que deberán comparecer ante Dios para ser ᶜjuzgados según sus ᵈobras. Y si sus obras han sido ᵉinmundicia, por fuerza ellos son inmundos; y si son inmundos, por fuerza ellos no pueden ᶠmorar en el reino de Dios; de lo contrario, el reino de Dios también sería inmundo.

34 Pero he aquí, os digo que el reino de Dios no es ªinmundo, y ninguna cosa impura puede entrar en el reino de Dios; de modo que es necesario que se prepare un lugar de inmundicia para lo que es inmundo.

35 Y se ha preparado un lugar; sí, aquel ªinfierno horroroso de que he hablado, y quien lo ha preparado es el ᵇdiablo. Por tanto, el estado final de las almas de los hombres es morar en el reino de Dios, o ser expulsados, por razón de esa ᶜjusticia a que me he referido.

26a 1 Ne. 8:13.
27a 1 Ne. 12:16.
  b GEE Inmundicia, inmundo.
28a Lucas 16:26; 1 Ne. 12:18; 2 Ne. 1:13.
29a GEE Infierno.
30a GEE Justicia.
31a Alma 12:24; 42:10; Hel. 13:38.

b Alma 40:6, 11–14.
32a GEE Obras.
33a Mos. 15:26; Moro. 10:26.
  b Alma 12:12–16; 40:26.
  c GEE Juicio final.
  d 3 Ne. 27:23–27.
  e Ne. 9:16; DyC 88:35.
  f Sal. 15; 24:3–4;

Alma 11:37; DyC 76:50–70; Moisés 6:57.
34a GEE Inmundicia, inmundo.
35a 2 Ne. 9:19; Mos. 26:27. GEE Infierno.
  b 1 Ne. 14:9; DyC 1:35.
  c GEE Justicia.

36 Así que los malos son desechados de entre los justos, y también de aquel ªárbol de la vida, cuyo fruto es el más precioso y el más ᵇapetecible de todos los frutos; sí, y es el más ᶜgrande de todos los ᵈdones de Dios. Y así hablé a mis hermanos. Amén.

CAPÍTULO 16

Los inicuos hallan dura la verdad — Los hijos de Lehi se casan con las hijas de Ismael — La Liahona marca el camino que deben seguir por el desierto — De cuando en cuando se escriben en la Liahona mensajes del Señor — Muere Ismael; su familia murmura por motivo de sus aflicciones. Aproximadamente 600–592 a.C.

Y ACONTECIÓ que después que yo, Nefi, hube terminado de hablar a mis hermanos, he aquí, ellos me dijeron: Tú nos has declarado cosas duras, más de lo que podemos aguantar.

2 Y sucedió que les dije que yo sabía que había hablado palabras duras contra los inicuos, según la verdad; y a los ªjustos he justificado, y testificado que ellos habrían de ser enaltecidos en el postrer día; por tanto, los ᵇculpables hallan la ᶜverdad

dura, porque los ᵈhiere hasta el centro.

3 Ahora bien, mis hermanos, si vosotros fuerais justos y desearais escuchar la verdad y prestarle atención, a fin de ªandar rectamente delante de Dios, no murmuraríais por causa de la verdad, ni diríais: Tú hablas cosas duras en contra de nosotros.

4 Y aconteció que yo, Nefi, exhorté a mis hermanos con toda diligencia a guardar los mandamientos del Señor.

5 Y sucedió que se ªhumillaron ante el Señor, de tal modo que sentí gozo y grandes esperanzas de que anduvieran por las sendas de la rectitud.

6 Ahora bien, todas estas cosas se dijeron y se hicieron mientras mi padre vivía en una tienda en el valle al que dio el nombre de Lemuel.

7 Y sucedió que yo, Nefi, tomé por ªesposa a una de las ᵇhijas de Ismael; e igualmente mis hermanos se casaron con las hijas de Ismael, y también ᶜZoram tomó por esposa a la hija mayor de Ismael.

8 Y así cumplió mi padre con todos los mandamientos del Señor que le habían sido dados. Y también yo, Nefi, había sido altamente bendecido del Señor.

36a Gén. 2:9;
   2 Ne. 2:15.
 b 1 Ne. 8:10–12;
   Alma 32:42.
 c DyC 6:13.
 d DyC 14:7.
   GEE Vida eterna.
16 2a En las Escrituras, el
   término justo connota

dignidad, integridad y
   santidad.
 b Juan 3:20; 2 Ne. 33:5;
   Enós 1:23; Hel. 14:10.
   GEE Culpa.
 c Prov. 15:10;
   2 Ne. 1:26; 9:40;
   Hel. 13:24–26.
 d Hech. 5:33;

Mos. 13:7.
3a DyC 5:21.
   GEE Andar, andar con
   Dios.
5a 1 Ne. 16:24, 39; 18:4.
7a GEE Matrimonio.
 b 1 Ne. 7:1.
 c 1 Ne. 4:35;
   2 Ne. 5:5–6.

9 Y aconteció que la voz del Señor habló a mi padre en la noche, y le mandó que a la mañana siguiente continuara su camino por el desierto.

10 Y ocurrió que al levantarse mi padre por la mañana, y al dirigirse a la entrada de la tienda, con gran asombro vio en el suelo una ªesfera de bronce fino, esmeradamente labrada; y en la esfera había dos agujas, una de las cuales marcaba el camino que debíamos seguir por el desierto.

11 Y aconteció que recogimos cuanto habíamos de llevar al desierto, y todo el resto de nuestras provisiones que el Señor nos había dado; y juntamos semillas de todas clases para llevar al desierto.

12 Y sucedió que tomamos nuestras tiendas y partimos para el desierto, allende el río Lamán.

13 Y aconteció que durante cuatro días seguimos un curso casi hacia el sudsudeste, y asentamos nuestras tiendas otra vez; y dimos al lugar el nombre de Shazer.

14 Y acaeció que tomamos nuestros arcos y flechas, y salimos al desierto a cazar, a fin de obtener alimento para nuestras familias. Y después que hubimos procurado alimentos para ellas, volvimos a nuestras familias en el desierto, al lugar llamado Shazer. Y emprendimos de nuevo la marcha por el desierto, llevando la misma dirección, manteniéndonos en los parajes más fértiles del desierto que lindaban con el ªmar Rojo.

15 Y aconteció que viajamos por el espacio de muchos días, cazando por el camino lo necesario para nuestro sustento, con nuestros arcos, y nuestras flechas, y nuestras piedras y hondas.

16 Y seguimos las ªindicaciones de la esfera, la cual nos dirigió por los parajes más fértiles del desierto.

17 Y después que hubimos viajado por el espacio de muchos días, plantamos nuestras tiendas por algún tiempo, para que de nuevo pudiéramos descansar y obtener alimento para nuestras familias.

18 Y aconteció que yo, Nefi, al salir a cazar, he aquí, rompí mi arco, que era de ªacero fino; y después que rompí mi arco, mis hermanos se enojaron contra mí a causa de la pérdida de mi arco, porque no obtuvimos alimentos.

19 Y aconteció que volvimos sin alimento a nuestras familias, y por estar muy fatigadas a causa de sus viajes, sufrieron mucho por la falta de víveres.

20 Y ocurrió que Lamán y Lemuel y los hijos de Ismael empezaron a murmurar en gran manera por motivo de sus padecimientos y aflicciones en el

---

10a Alma 37:38–46.
    GEE Liahona.
14a DyC 17:1.

16a 1 Ne. 16:10, 16, 26;
    18:12;
    Alma 37:38–46.

18a 2 Sam. 22:35.

desierto; y también mi padre empezó a murmurar contra el Señor su Dios; sí, y todos se sentían sumamente afligidos, tanto así que murmuraron contra el Señor.

21 Ahora bien, sucedió que yo, Nefi, habiéndome afligido con mis hermanos por la pérdida de mi arco, y como sus arcos habían perdido su elasticidad, empezó a dificultársenos en extremo, sí, a tal grado que no podíamos obtener alimento.

22 Y sucedió que yo, Nefi, hablé mucho a mis hermanos, porque habían endurecido otra vez sus corazones, aun hasta ªquejarse contra el Señor su Dios.

23 Y aconteció que yo, Nefi, hice un arco de madera, y una flecha de un palo recto; por tanto, me armé con un arco y una flecha, y con una honda y piedras, y le dije a mi ªpadre: ¿A dónde debo ir para obtener alimento?

24 Y aconteció que él ªpreguntó al Señor, porque se habían humillado a causa de mis palabras; pues les dije muchas cosas con toda la energía de mi alma.

25 Y ocurrió que la voz del Señor habló a mi padre; y verdaderamente fue ªreprendido por haber murmurado en contra del Señor, a tal grado que sintió una intensa aflicción.

26 Y sucedió que la voz del Señor le dijo: Mira la esfera y ve las cosas que están escritas.

27 Y aconteció que cuando mi padre vio las cosas que estaban escritas sobre la esfera, temió y tembló en gran manera, y también mis hermanos y los hijos de Ismael y nuestras esposas.

28 Y aconteció que yo, Nefi, vi las agujas que estaban en la esfera, y que funcionaban de acuerdo con la ªfe, diligencia y atención que nosotros les dábamos.

29 Y también se escribía sobre ellas una escritura nueva que era fácil de leer, la que nos daba ªentendimiento respecto a las vías del Señor; y se escribía y cambiaba de cuando en cuando, según la fe y diligencia que nosotros le dábamos. Y así vemos que por ᵇpequeños medios el Señor puede realizar grandes cosas.

30 Y aconteció que yo, Nefi, ascendí hasta la cima de la montaña conforme a las indicaciones dadas sobre la esfera.

31 Y sucedió que maté animales silvestres, de modo que obtuve alimento para nuestras familias.

32 Y aconteció que volví a nuestras tiendas, llevando los animales que había matado; y cuando vieron que yo había obtenido alimento, ¡cuán grande fue su gozo! Y aconteció que se humillaron ante el Señor y le dieron gracias.

33 Y ocurrió que reanudamos

22a Éx. 16:8; Núm. 11:1.
23a Éx. 20:12;
     Mos. 13:20.
24a GEE Oración.
25a Éter 2:14.
     GEE Castigar, castigo.
28a Alma 37:40. GEE Fe.
29a GEE Entender,
     entendimiento.
  b 2 Rey. 5:13; Stg. 3:4;
     Alma 37:6–7, 41;
     DyC 123:16.

nuestra jornada, viajando aproximadamente en la misma dirección
que tomamos al principio; y después de haber viajado por el espacio de muchos días, plantamos
nuestras tiendas de nuevo para
permanecer allí algún tiempo.

34 Y aconteció que murió ªIs-
mael, y fue enterrado en el lugar
llamado Nahom.

35 Y sucedió que las hijas de Ismael se lamentaron sobremanera
a causa de la muerte de su padre,
y por motivo de sus ªaflicciones
en el desierto; y murmuraron contra mi padre por haberlas sacado
de la tierra de Jerusalén, diciendo:
Nuestro padre ha muerto; sí, y
nosotras hemos andado errantes
por el desierto, y hemos padecido
mucha aflicción, hambre, sed y
fatiga; y después de todos estos
sufrimientos, hemos de perecer
de hambre en el desierto.

36 Y así era como murmuraban
contra mi padre y también contra
mí; y querían volver a Jerusalén.

37 Y Lamán dijo a Lemuel, y
también a los hijos de Ismael: He
aquí, ªmatemos a nuestro padre y
también a nuestro hermano Nefi,
el cual se ha impuesto como ᵇgobernante y maestro de nosotros,
que somos sus hermanos mayores.

38 Ahora dice que el Señor ha
hablado con él, y también que ha
recibido la ministración de ªángeles. Mas he aquí, a nosotros nos

consta que él nos miente; y nos
dice estas cosas, y obra muchas
otras por medio de sus astutos
artificios para engañar nuestros
ojos, pensando, quizá, que logrará
conducirnos a algún desierto extraño; y después de llevarnos, él
tiene pensado hacerse nuestro rey
y gobernante para hacer con nosotros según su voluntad y placer. Y
así era como mi hermano Lamán
incitaba sus corazones a la ira.

39 Y aconteció que el Señor estaba con nosotros; sí, la voz del
Señor vino y les habló muchas
palabras, y los ªamonestó seve-
ramente; y después que los reprendió la voz del Señor, apaciguaron
su cólera y se arrepintieron de sus
pecados, al grado que el Señor nos
bendijo otra vez con alimento, de
modo que no perecimos.

CAPÍTULO 17

*Se le manda a Nefi construir un
barco — Sus hermanos se le oponen — Él los exhorta contándoles de
nuevo la historia de los tratos de Dios
con Israel — Nefi se llena del poder
de Dios — Prohíbe a sus hermanos
que lo toquen, no sea que se marchi-
ten como una caña seca. Aproximadamente 592–591 a.C.*

Y SUCEDIÓ que emprendimos
otra vez nuestro viaje por el desierto, y nos dirigimos casi hacia el este de allí en adelante. Y
viajamos y pasamos por muchas

34a 1 Ne. 7:2–6.
35a GEE Adversidad.
37a 1 Ne. 17:44.
GEE Asesinato.
b Gén. 37:9–11;
1 Ne. 2:22; 18:10.
38a 1 Ne. 3:30–31; 4:3.
39a GEE Castigar, castigo.

aflicciones en el desierto; y nuestras mujeres dieron a luz hijos en el yermo.

2 Y tan grandes fueron las bendiciones del Señor sobre nosotros, que aunque vivimos de carne ªcruda en el desierto, nuestras mujeres tuvieron abundante leche para sus niños, y eran fuertes, sí, aun como los hombres; y empezaron a soportar sus viajes sin murmurar.

3 Y así vemos que los mandamientos de Dios se deben cumplir. Y si los hijos de los hombres ªguardan los mandamientos de Dios, él los alimenta y los fortifica, y ᵇprovee los medios por los cuales pueden cumplir lo que les ha mandado; por tanto, él nos proporcionó lo necesario mientras permanecimos en el desierto.

4 Y permanecimos por el espacio de muchos años, sí, ocho años en el desierto.

5 Y llegamos a la tierra que llamamos Abundancia, a causa de sus muchos frutos y también miel silvestre; y el Señor preparó todo esto para que no pereciéramos. Y vimos el mar, al que dimos el nombre de Irreántum, lo cual, interpretado, significa muchas aguas.

6 Y aconteció que plantamos nuestras tiendas a orillas del mar; y a pesar de que habíamos sufrido numerosas ªaflicciones y mucha dificultad, sí, tantas que no podemos escribirlas todas,

nos regocijamos en extremo cuando llegamos a las playas del mar; y llamamos al lugar Abundancia, por causa de su mucha fruta.

7 Y aconteció que después que yo, Nefi, había estado muchos días en la tierra de Abundancia, la voz del Señor vino a mí, diciendo: Levántate y sube al monte. Y acaeció que me levanté y subí al monte, y clamé al Señor.

8 Y aconteció que el Señor me habló, diciendo: Construirás un barco, según la ªmanera que yo te mostraré, para que yo lleve a tu pueblo a través de estas aguas.

9 Y yo dije: Señor, ¿a dónde debo ir para encontrar el mineral para fundir, a fin de que yo haga las herramientas para construir el barco, según el modo que tú me has mostrado?

10 Y aconteció que el Señor me dijo a dónde debía ir para encontrar el mineral a fin de que yo hiciera herramientas.

11 Y sucedió que yo, Nefi, hice un fuelle con pieles de animales para avivar el fuego; y después que hube hecho el fuelle que necesitaba para avivar la llama, golpeé dos piedras, la una contra la otra, para producir fuego.

12 Porque hasta entonces el Señor no había permitido que encendiésemos mucho fuego al viajar por el desierto; pues dijo:

---

17 2*a* 1 Ne. 17:12.
    3*a* Mos. 2:41;
        Alma 26:12.

GEE Obediencia,
  obediente, obedecer.
b 1 Ne. 3:7.

6*a* 2 Ne. 4:20.
8*a* 1 Ne. 18:2.

Yo haré que vuestros alimentos os sean sabrosos para que no tengáis que *cocerlos;

13 y también seré vuestra luz en el desierto; y *prepararé el camino delante de vosotros, si es que guardáis mis mandamientos. Por lo tanto, al grado que guardéis mis mandamientos, seréis conducidos hacia la *tierra prometida; y *sabréis que yo soy el que os conduce.

14 Sí, y el Señor también dijo: Después que hayáis llegado a la tierra prometida, *sabréis que yo, el Señor, soy *Dios; y que yo, el Señor, os libré de la destrucción; sí, que yo os saqué de la tierra de Jerusalén.

15 Por tanto, yo, Nefi, me esforcé por guardar los mandamientos del Señor, y exhorté a mis hermanos a que fueran fieles y diligentes.

16 Y sucedió que hice herramientas con el metal que fundí de la roca.

17 Y cuando vieron mis hermanos que estaba a punto de *construir un barco, empezaron a murmurar contra mí, diciendo: Nuestro hermano está loco, pues se imagina que puede construir un barco; sí, y también piensa que puede atravesar estas grandes aguas.

18 Y así murmuraron mis hermanos contra mí, y no quisieron trabajar, pues no creyeron que yo era capaz de construir

un barco, ni creían tampoco que había recibido instrucciones del Señor.

19 Y ahora bien, aconteció que yo, Nefi, me sentí sumamente afligido a causa de la dureza de su corazón; y cuando ellos vieron que empezaba a afligirme, se alegraron sus corazones al grado de que se *regocijaron por causa de mí, diciendo: Sabíamos que tú no podías construir un barco, pues sabíamos que te faltaba juicio; por tanto, no puedes ejecutar tan grande obra.

20 Tú te pareces a nuestro padre, que se dejó llevar por las *imaginaciones locas de su corazón; sí, nos ha sacado de la tierra de Jerusalén, y hemos andado errantes por el desierto estos muchos años; y nuestras mujeres han trabajado, aun estando embarazadas; y han dado a luz hijos en el desierto, y han padecido todo menos la muerte; y habría sido mejor que ellas hubieran muerto antes de salir de Jerusalén, que haber pasado por estas aflicciones.

21 He aquí, hemos padecido en el desierto estos muchos años; y durante este tiempo hubiéramos podido disfrutar de nuestras posesiones y de la tierra de nuestra herencia; sí, y hubiéramos podido ser dichosos.

22 Y sabemos que el pueblo que se hallaba en la tierra de Jerusalén era *justo, porque guardaba

12a 1 Ne. 17:2.
13a Alma 37:38–39.
  b 1 Ne. 2:20; Jacob 2:12.
  c Éx. 6:7.

14a 2 Ne. 1:4.
    GEE Testimonio.
  b DyC 5:2.
17a 1 Ne. 18:1–6.

19a GEE Persecución, perseguir.
20a 1 Ne. 2:11.
22a 1 Ne. 1:13.

los estatutos y juicios del Señor, así como todos sus mandamientos según la ley de Moisés; por tanto, sabemos que es un pueblo justo; y nuestro padre lo ha juzgado, y nos ha sacado porque escuchamos sus palabras; sí, y nuestro hermano es semejante a él. Y con esta clase de palabras mis hermanos murmuraban y se quejaban de nosotros.

23 Y aconteció que yo, Nefi, les hablé, diciendo: ¿Creéis vosotros que nuestros padres, que eran los hijos de Israel, habrían sido librados de las manos de los egipcios si no hubiesen escuchado las palabras del Señor?

24 Sí, ¿suponéis vosotros que habrían sido conducidos fuera del cautiverio si el Señor no hubiese mandado a Moisés que los ᵃlibrara de la esclavitud?

25 Vosotros sabéis que los hijos de Israel se hallaban en la ᵃesclavitud; y sabéis que estaban sobrecargados con ᵇtareas gravosas de soportar; por lo tanto, sabéis que debe haber sido cosa grata para ellos ser librados de su servidumbre.

26 Y vosotros sabéis que ᵃMoisés recibió del Señor el mandamiento de hacer esa gran obra, y que por su ᵇpalabra se dividieron las aguas del mar Rojo, a uno y otro lado, y cruzaron por tierra seca.

27 Pero sabéis que los egipcios que componían los ejércitos de Faraón se ahogaron en el mar Rojo.

28 Y también sabéis que los hijos de Israel fueron alimentados con ᵃmaná en el desierto.

29 Sí, y también sabéis que Moisés, por su palabra, según el poder de Dios que había en él, ᵃhirió la roca, y salió agua, para que los hijos de Israel calmasen su sed.

30 Y a pesar de ser guiados, yendo el Señor su Dios, su Redentor, delante de ellos, conduciéndolos de día y dándoles luz de noche, y haciendo por ellos todo cuanto al hombre le era ᵃpropio recibir, endurecieron sus corazones y cegaron sus mentes e ᵇinjuriaron a Moisés y al Dios verdadero y viviente.

31 Y aconteció que según su palabra los ᵃdestruyó; y según su palabra los ᵇguio; y según su palabra hizo por ellos todas las cosas; y no se hizo nada salvo que fuese por su palabra.

32 Y después que hubieron cruzado el río Jordán, él los hizo fuertes para ᵃarrojar a los habitantes de esa tierra, sí, para esparcirlos hasta su destrucción.

33 Y ahora bien, ¿pensáis

24a Éx. 3:2–10; 1 Ne. 19:10;
　　2 Ne. 3:9; 25:20.
25a Gén. 15:13–14.
　b Éx. 1:11; 2:11.
26a Hech. 7:22–39.
　b Éx. 14:21–31;
　　1 Ne. 4:2; Mos. 7:19;
　　Hel. 8:11; DyC 8:3;

Moisés 1:25.
28a Éx. 16:4, 14–15, 35;
　　Núm. 11:7–8;
　　Deut. 8:3; Mos. 7:19.
29a Éx. 17:6; Núm. 20:11;
　　Deut. 8:15;
　　1 Ne. 20:21.
30a DyC 18:18; 88:64–65.

　b Éx. 32:8; Núm. 14:2–3;
　　Ezeq. 20:13–16;
　　DyC 84:23–25.
31a Núm. 26:65.
　b 1 Ne. 5:15;
　　DyC 103:16–18.
32a Núm. 33:52–53;
　　Josué 24:8.

vosotros que los habitantes de esa tierra, que se hallaban en la tierra de promisión, y que fueron echados por nuestros padres, pensáis vosotros que eran justos? He aquí, os digo que no.

34 ¿Pensáis vosotros que nuestros padres hubieran sido más favorecidos que ellos si estos hubiesen sido justos? Yo os digo que no.

35 He aquí, el Señor estima a toda *carne igual; el que es *justo es *favorecido de Dios. Pero he aquí, los de este pueblo habían rechazado toda palabra de Dios, y habían llegado a la madurez de la iniquidad; y la plenitud de la ira de Dios estaba sobre ellos. Y el Señor maldijo la tierra contra ellos y la bendijo para nuestros padres; sí, la maldijo contra ellos para su destrucción, y la bendijo para nuestros padres al grado de que se enseñorearon de ella.

36 He aquí, el Señor *creó la *tierra para que fuese *habitada; y ha creado a sus hijos para que la posean.

37 Y *levanta a la nación justa, y destruye a las naciones de los inicuos.

38 Y conduce a los justos a *tierras preciosas, y *destruye a los inicuos, y maldice la tierra por causa de ellos.

39 Reina en las alturas de los cielos, porque son su trono; y esta tierra es el *escabel de sus pies.

40 Y ama a los que lo aceptan como su Dios. He aquí, él amó a nuestros padres, e hizo *convenio con ellos, sí, con Abraham, *Isaac y *Jacob; y recordó los convenios que había hecho; por tanto, los sacó de la tierra de *Egipto.

41 Y los afligió en el desierto con su vara, porque *endurecieron sus corazones aun como vosotros lo habéis hecho; y el Señor los afligió a causa de sus iniquidades. Envió *serpientes ardientes voladoras entre ellos; y cuando los mordieron, dispuso un medio para que *sanaran; y la tarea que tenían que cumplir era mirar; y por causa de la *sencillez de la manera, o por ser tan fácil, hubo muchos que perecieron.

42 Y endurecieron sus corazones de cuando en cuando, y *vilipendiaron a *Moisés y también

35a Hech. 10:15, 34;
    Rom. 2:11;
    2 Ne. 26:23–33.
  b Sal. 55:22;
    1 Ne. 22:17.
  c 1 Sam. 2:30;
    Sal. 97:10; 145:20;
    Alma 13:4;
    DyC 82:10.
36a GEE Creación, crear.
  b GEE Tierra.
  c Isa. 45:18;
    Abr. 3:24–25.
37a Prov. 14:34;
    1 Ne. 4:13;
    Éter 2:10;
    DyC 117:6.
38a GEE Tierra prometida.
  b Lev. 20:22.
39a Isa. 66:1;
    DyC 38:17;
    Abr. 2:7.
40a GEE Abraham,
    convenio de (convenio
    abrahámico).
  b Gén. 21:12; DyC 27:10.
  c Gén. 28:1–5.
  d Deut. 4:37.
41a 2 Rey. 17:7–23.
  b Núm. 21:4–9;
    Deut. 8:15;
    Alma 33:18–22.
  c Juan 3:13–15;
    2 Ne. 25:20.
  d Alma 37:44–47;
    Hel. 8:15.
42a Núm. 14:1–12.
    GEE Rebelión.
  b DyC 84:23–24.

a Dios. No obstante, sabéis que por su incomparable poder fueron conducidos a la tierra de promisión.

43 Y ahora, después de todas estas cosas, ha llegado el tiempo en que se han vuelto inicuos, sí, casi hasta la madurez; y no sé si en este día están a punto de ser destruidos, porque sé que ciertamente vendrá el día en que deben ser destruidos, salvo unos pocos solamente que serán llevados al cautiverio.

44 Por tanto, el Señor *mandó a mi padre que partiera para el desierto; y los judíos también procuraron matarlo; sí, y *vosotros también habéis procurado quitarle la vida. Por tanto, sois homicidas en vuestros corazones y sois como ellos.

45 Sois *prontos en cometer iniquidad, pero lentos en recordar al Señor vuestro Dios. Habéis visto a un *ángel; y él os habló; sí, habéis oído su voz de cuando en cuando; y os ha hablado con una voz apacible y delicada, pero habíais *dejado de sentir, de modo que no pudisteis sentir sus palabras; por tanto, os ha hablado como con voz de trueno que hizo temblar la tierra como si fuera a partirse.

46 Y vosotros también sabéis que por el *poder de su palabra omnipotente él puede hacer que la tierra deje de ser; sí, y sabéis

que por su palabra él puede hacer que los lugares escabrosos se hagan llanos, y los lugares llanos se hiendan. Oh, ¿cómo, pues, podéis ser tan duros de corazón?

47 He aquí, mi alma se parte de angustia por causa de vosotros; y mi corazón está adolorido, porque temo que seréis desechados para siempre jamás. He aquí, estoy *lleno del Espíritu de Dios, a tal extremo que mi cuerpo *no tiene fuerzas.

48 Y aconteció que cuando hube hablado estas palabras, se enojaron conmigo, y quisieron arrojarme al fondo del mar; y al acercarse para asirme, les hablé, diciendo: En el nombre del Dios Todopoderoso, os mando que no me *toquéis, porque estoy lleno del *poder de Dios, aun hasta consumirme la carne; y cualquiera que ponga sus manos sobre mí se *marchitará como una caña seca; y será como nada ante el poder de Dios, porque Dios lo herirá.

49 Y aconteció que yo, Nefi, les dije que no debían murmurar más contra su padre; tampoco debían negarme su trabajo, pues Dios me había mandado que construyera un barco.

50 Y les dije: *Si Dios me hubiese mandado hacer todas las cosas, yo podría hacerlas. Si me mandara que dijese a esta agua:

44a 1 Ne. 2:1–2.
  b 1 Ne. 16:37.
45a Mos. 13:29.
  b 1 Ne. 4:3.
  c Efe. 4:19.
46a Hel. 12:6–18.
47a Miqueas 3:8.
  b 1 Ne. 19:20.
48a Mos. 13:3.
  b 2 Ne. 1:26–27.
GEE Poder.
  c 1 Rey. 13:4–7.
50a Filip. 4:13;
   1 Ne. 3:7.

Conviértete en tierra, se volvería tierra; y si yo lo dijera, se haría.

51 Ahora bien, si el Señor tiene tan grande poder, y ha hecho tantos milagros entre los hijos de los hombres, ¿cómo es que no puede ªenseñarme a construir un barco?

52 Y sucedió que yo, Nefi, dije muchas cosas a mis hermanos, a tal grado que quedaron confundidos y no pudieron contender contra mí; ni se atrevieron a poner la mano encima de mí, ni a tocarme con sus dedos, sí, por el espacio de muchos días. Y no osaban hacer esto por temor de consumirse delante de mí, tan poderoso era el ªEspíritu de Dios; y así era como había obrado en ellos.

53 Y sucedió que el Señor me dijo: Extiende de nuevo tu mano hacia tus hermanos, y no se consumirán delante de ti, pero los sacudiré, dice el Señor, y esto haré para que sepan que yo soy el Señor su Dios.

54 Y aconteció que extendí mi mano hacia mis hermanos, y no se consumieron delante de mí; pero el Señor los sacudió según su palabra que había hablado.

55 Y ellos entonces dijeron: Sabemos con certeza que el Señor está contigo, pues sabemos que es el poder del Señor lo que nos ha sacudido; y se postraron ante mí, y estaban a punto de ªadorarme, pero no se lo permití, y les

dije: Soy vuestro hermano, por cierto, vuestro hermano menor; por tanto, adorad al Señor vuestro Dios, y honrad a vuestro padre y a vuestra madre para que vuestros ᵇdías sean largos en la tierra que el Señor vuestro Dios os dé.

CAPÍTULO 18

Se termina el barco — Se mencionan los nacimientos de Jacob y de José — El grupo se embarca hacia la tierra prometida — Los hijos de Ismael y sus esposas toman parte en el holgorio y en la rebelión — Nefi es atado, y el barco es impulsado hacia atrás por una terrible tempestad — Nefi es liberado, y, por medio de su oración, cesa la tormenta — El grupo llega a la tierra prometida. Aproximadamente 591–589 a.C.

Y ACONTECIÓ que adoraron al Señor, y fueron conmigo; y labramos maderos con maestría singular. Y el Señor me mostraba de cuando en cuando la forma en que debía yo trabajar los maderos del barco.

2 Ahora bien, yo, Nefi, no labré los maderos en la forma aprendida por los hombres, ni construí el barco según la manera del hombre, sino que lo hice según el modo que me había mostrado el Señor; por lo tanto, no fue conforme a la manera de los hombres.

3 Y yo, Nefi, subía con frecuencia al monte y a menudo ªoraba

51a Gén. 6:14–16;
   1 Ne. 18:1.
52a GEE Espíritu Santo.

55a Hech. 14:11–15.
   b Éx. 20:12;
   Mos. 13:20.

18 3a GEE Oración.

al Señor; por lo que el Señor me ^bmanifestó grandes cosas.

4 Y aconteció que cuando hube acabado el barco, conforme a la palabra del Señor, vieron mis hermanos que era bueno y que su ejecución era admirable en extremo; por lo que de nuevo se ^ahumillaron ante el Señor.

5 Y sucedió que llegó a mi padre la voz del Señor de que debíamos levantarnos y entrar en el barco.

6 Y aconteció que al día siguiente, después que hubimos preparado todas las cosas, mucha fruta y ^acarne del desierto, y miel en abundancia y provisiones según lo que el Señor nos había mandado, entramos en el barco con todas nuestras cargas y nuestras semillas y todo cuanto habíamos traído con nosotros, cada cual según su edad; por tanto, todos entramos en el barco, con nuestras mujeres y nuestros hijos.

7 Ahora bien, mi padre había engendrado dos hijos en el desierto; el mayor se llamaba ^aJacob, y ^bJosé, el menor.

8 Y aconteció que después que todos hubimos entrado en el barco, y llevado con nosotros nuestras provisiones y las cosas que se nos había mandado, nos hicimos a la ^amar; y fuimos impelidos por el viento hacia la ^btierra prometida.

9 Y después de haber sido impelidos por el viento por el espacio de muchos días, he aquí, mis hermanos y los hijos de Ismael, y también sus esposas, empezaron a holgarse, de tal manera que comenzaron a bailar, y a cantar, y a hablar groseramente, sí, al grado de olvidarse del poder mediante el cual habían sido conducidos hasta allí; sí, se entregaron a una rudeza desmedida.

10 Y yo, Nefi, empecé a temer en extremo, no fuese que el Señor se enojara con nosotros, y nos hiriera por nuestras iniquidades, y fuésemos hundidos en las profundidades del mar. Por tanto, yo, Nefi, empecé a hablarles seriamente; pero he aquí, se ^airritaron contra mí, diciendo: No queremos que nuestro hermano menor nos ^bgobierne.

11 Y aconteció que Lamán y Lemuel me tomaron y me ataron con unas cuerdas, y me maltrataron mucho; no obstante, el Señor lo ^apermitió a fin de mostrar su poder para dar cumplimiento a sus palabras que había hablado con respecto a los malvados.

12 Y aconteció que después que me hubieron atado al grado de no poder moverme, la ^abrújula que el Señor había preparado para nosotros cesó de funcionar.

3b GEE Revelación.
4a 1 Ne. 16:5.
6a 1 Ne. 17:2.
7a 2 Ne. 2:1.
  b 2 Ne. 3:1.
8a 2 Ne. 10:20.

b 1 Ne. 2:20.
  GEE Tierra prometida.
10a 1 Ne. 17:17–55.
  b Gén. 37:9–11;
    1 Ne. 16:37–38;
    2 Ne. 1:25–27.

11a Alma 14:11.
12a 1 Ne. 16:10, 16, 26;
    2 Ne. 5:12;
    Alma 37:38–47;
    DyC 17:1.

13 Por tanto, no supieron por dónde habían de dirigir el barco, y en esto se desató una fuerte tempestad, sí, una tempestad fuerte y terrible, y fuimos ^aimpulsados hacia atrás sobre las aguas durante tres días; y empezaron a temer en gran manera que fueran a ahogarse en el mar. Sin embargo, no me desataban.

14 Y al cuarto día de haber sido impelidos hacia atrás, la tempestad comenzó a empeorar.

15 Y sucedió que estábamos a punto de ser tragados en las profundidades del mar. Y después que hubimos sido arrojados hacia atrás sobre las aguas durante cuatro días, mis hermanos empezaron a ^aver que los juicios de Dios estaban sobre ellos, y que tendrían que perecer a menos que se arrepintieran de sus iniquidades. Por tanto, se llegaron a mí y me desataron las ligaduras de las muñecas, y he aquí, estas estaban sumamente hinchadas; y también se me habían hinchado mucho los tobillos, y el dolor era grande.

16 No obstante, acudía a mi Dios y lo ^aalababa todo el día; y no murmuré contra el Señor a causa de mis aflicciones.

17 Ahora bien, mi padre Lehi les había dicho muchas cosas, y también a los hijos de ^aIsmael; pero he aquí que ellos proferían muchas amenazas a cualquiera que hablara en mi favor;

y siendo mis padres de una edad muy avanzada, y habiendo padecido mucha aflicción a causa de sus hijos, cayeron enfermos, sí, aun tuvieron que guardar cama.

18 Y a causa de su dolor y mucha pena, y la iniquidad de mis hermanos, llegaron casi al punto de ser llevados de esta vida para volver a su Dios; sí, sus cabellos blancos estaban a punto de ser depositados en el polvo; sí, hasta estuvieron a punto de ser sepultados con dolor en las aguas.

19 Y también Jacob y José, siendo jóvenes todavía, y teniendo necesidad de mucho sostén, se acongojaron a causa de las aflicciones de su madre; y ni ^ami esposa con sus lágrimas y súplicas, ni tampoco mis hijos, lograron ablandar el corazón de mis hermanos y conseguir que estos me soltaran.

20 Y no había nada sino el poder de Dios, que amenazaba destruirlos, que ablandara sus corazones; así que, cuando se vieron próximos a ser sepultados en las profundidades del mar, se arrepintieron de lo que habían hecho conmigo, tanto así que me desataron.

21 Y aconteció que después que me hubieron soltado, he aquí, tomé la brújula, y funcionó conforme a mis deseos. Y ocurrió que oré al Señor; y después de haber orado, los vientos cesaron,

---

13a Mos. 1:17.
15a Hel. 12:3.
16a Alma 36:28.
17a 1 Ne. 7:4–20.
19a 1 Ne. 7:19; 16:7.

y la tempestad se aplacó, y hubo gran calma.

22 Y sucedió que yo, Nefi, dirigí el barco de manera que navegamos de nuevo hacia la tierra prometida.

23 Y ocurrió que después que hubimos navegado por el espacio de muchos días, llegamos a la ªtierra prometida; y avanzamos sobre la tierra, y plantamos nuestras tiendas; y la llamamos la tierra prometida.

24 Y aconteció que empezamos a cultivar la tierra y a plantar semillas; sí, sembramos todas las semillas que habíamos traído de la tierra de Jerusalén; y sucedió que crecieron extraordinariamente; por tanto, fuimos bendecidos en abundancia.

25 Y ocurrió que encontramos en la tierra de promisión, mientras viajábamos por el desierto, que había animales de toda especie en los bosques; tanto la vaca como el buey, y el asno, y el caballo, y la cabra, y la cabra montés, y toda clase de animales silvestres, los cuales el hombre podía utilizar. Y hallamos toda clase de minerales, tanto oro, como plata, como cobre.

CAPÍTULO 19

Nefi hace unas planchas de metal y graba en ellas la historia de su pueblo — El Dios de Israel vendrá seiscientos años después de la salida de Lehi de Jerusalén — Nefi habla de los sufrimientos y la crucifixión del Señor — Los judíos serán despreciados y esparcidos hasta los últimos días, cuando vuelvan ellos al Señor. Aproximadamente 588–570 a.C.

Y ACONTECIÓ que me mandó el Señor, por tanto, hice unas planchas de metal para grabar sobre ellas la historia de mi pueblo. Y sobre las ªplanchas que hice, grabé la historia de mi ᵇpadre, y también nuestros viajes en el desierto y las profecías de mi padre; y también muchas de mis propias profecías he grabado sobre ellas.

2 Y yo no sabía en la ocasión en que las hice que el Señor me mandaría hacer ªestas planchas; por tanto, la historia de mi padre, y la genealogía de sus padres, y la mayor parte de todo cuanto hicimos en el desierto están grabadas sobre aquellas primeras planchas de que he hablado; de modo que en las primeras planchas ciertamente se hace más particular mención de lo que aconteció antes que yo hiciera ᵇestas.

3 Y después que hube hecho estas planchas, según me fue mandado, yo, Nefi, recibí el mandamiento de que el ministerio y las profecías, sus partes más claras y preciosas, se escribiesen sobre ªestas planchas; y que las cosas que fuesen escritas se guardaran para la instrucción de mi pueblo que iba a poseer el

---

23a GEE Tierra
  prometida.
19 1a GEE Planchas.

b 1 Ne. 1:16–17;
  6:1–3.
2a 2 Ne. 5:30.

b 1 Ne. 9:1–5.
3a Jacob 1:1–4;
  3:13–14; 4:1–4.

país, y también para otros [b]sabios propósitos, los cuales son conocidos al Señor.

4 Por lo que yo, Nefi, grabé una historia sobre las otras planchas, la cual da una relación, o sea, da una relación más detallada de las guerras, y contiendas y destrucciones de mi pueblo. Y esto he hecho, y he mandado a mi pueblo lo que debe hacer cuando yo ya no esté; y que estas planchas deben transmitirse de una generación a otra, o sea, de un profeta a otro, hasta recibir mandamientos adicionales del Señor.

5 Y más adelante daré cuenta de cómo [a]hice estas planchas; y ahora bien, he aquí, prosigo de acuerdo con lo que he hablado; y esto lo hago para que se [b]conserven las cosas más sagradas para el conocimiento de mi pueblo.

6 Sin embargo, no escribo nada sobre planchas a no ser que yo lo considere [a]sagrado. Ahora bien, si yerro, también los de la antigüedad erraron; no que quiera excusarme por causa de otros hombres, sino por motivo de la [b]debilidad que hay en mí, según la carne, quiero disculparme.

7 Porque las cosas que algunos hombres consideran que son de gran valor, tanto para el cuerpo como para el alma, otros las tienen en [a]nada y las huellan bajo sus pies. Sí, hasta al mismo Dios de Israel [b]huellan los hombres bajo sus pies. Digo que lo huellan bajo sus pies, pero me expresaré de otra manera: lo estiman como nada, y no dan oídos a la voz de sus consejos.

8 Y he aquí, él ha de [a]venir, según las palabras del ángel, [b]seiscientos años después del tiempo de la salida de mi padre de Jerusalén.

9 Y el mundo, a causa de su iniquidad, lo juzgará como cosa de ningún valor; por tanto, lo azotan, y él lo soporta; lo hieren y él lo soporta. Sí, [a]escupen sobre él, y él lo soporta, por motivo de su amorosa bondad y su longanimidad para con los hijos de los hombres.

10 Y el [a]Dios de nuestros padres, que fueron [b]llevados fuera de Egipto, fuera de la servidumbre, y a quienes también preservó en el desierto, sí, el [c]Dios de Abraham, y de Isaac, y el Dios de Jacob se [d]entrega a sí mismo

3b 1 Ne. 9:4–5;
P. de Morm. 1:7;
DyC 3:19–20; 10:1–51.
5a 2 Ne. 5:28–33.
b GEE Escrituras — Las Escrituras deben preservarse.
6a Véase la portada del Libro de Mormón.
GEE Santo (adjetivo).
b Morm. 8:13–17;

Éter 12:23–28.
7a 2 Ne. 33:2;
Jacob 4:14.
b GEE Rebelión.
8a GEE Jesucristo — Profecías acerca de la vida y la muerte de Jesucristo.
b 1 Ne. 10:4;
2 Ne. 25:19.
9a Isa. 50:5–6;

Mateo 27:30.
10a 2 Ne. 26:12;
Mos. 7:27; 27:30–31;
Alma 11:38–39;
3 Ne. 11:14–15.
b Éx. 3:2–10; 6:6;
1 Ne. 5:15; DyC 136:22.
c Gén. 32:9; Mos. 7:19;
DyC 136:21.
GEE Jehová.
d GEE Expiación, expiar.

como hombre, según las palabras del ángel, en manos de hombres inicuos para ser *levantado, según las palabras de *Zenoc, y para ser *crucificado, según las palabras de Neum, y para ser enterrado en un *sepulcro, de acuerdo con las palabras de *Zenós, palabras que él habló tocante a tres días de *tinieblas, los cuales serán una señal de su muerte que se dará a los que habitaren las islas del mar, y más especialmente dada a los que son de la *casa de Israel.

11 Porque así habló el profeta: Ciertamente el Señor Dios *visitará a toda la casa de Israel en ese día; a algunos con su voz, a causa de su rectitud, para su inmensa alegría y salvación, y a otros con los *truenos y relámpagos de su poder, por tempestades, por fuego, por humo y vapores de *tinieblas, y por el *hendimiento de la tierra y *montañas que se levantarán.

12 Y *todas estas cosas ciertamente deben venir, dice el profeta *Zenós. Y se henderán las *rocas de la tierra; y a causa de

los gemidos de la tierra, muchos de los reyes de las islas del mar se verán constreñidos a exclamar por el Espíritu de Dios: ¡El Dios de la naturaleza padece!

13 Y en cuanto a los que se hallen en Jerusalén, dice el profeta, serán *azotados por todos los pueblos, porque *crucifican al Dios de Israel, y apartan sus corazones, desechando señales y prodigios, y el poder y la gloria del Dios de Israel.

14 Y porque apartan sus corazones, dice el profeta, y han *despreciado al Santo de Israel, vagarán en la carne y perecerán, y serán un *escarnio y un *oprobio, y serán aborrecidos entre todas las naciones.

15 No obstante, dice el profeta, cuando llegue el día en que *no vuelvan más sus corazones contra el Santo de Israel, entonces él se acordará de los *convenios que hizo con sus padres.

16 Sí, entonces se acordará de las *islas del mar; sí, y a todos los que son de la casa de Israel yo *recogeré de las cuatro partes de

10e 3 Ne. 27:14.
f Alma 33:15; 34:7; Hel. 8:19–20; 3 Ne. 10:15–16. GEE Escrituras — Escrituras que se han perdido; Zenoc.
g 2 Ne. 6:9; Mos. 3:9. GEE Crucifixión.
h Mateo 27:60; Lucas 23:53; 2 Ne. 25:13.
i Jacob 6:1; Hel. 15:11. GEE Zenós.
j 1 Ne. 12:4–5; Hel. 14:20, 27; 3 Ne. 8:3, 19–23; 10:9.
k 3 Ne. 16:1–4.
11a 3 Ne. 9; DyC 5:16.
b Hel. 14:20–27; 3 Ne. 8:5–23.
c Lucas 23:44–45; 3 Ne. 8:19–20.
d 2 Ne. 26:5.
e 3 Ne. 8:10.
12a Hel. 14:20–28.
b Jacob 5:1.
c Mateo 27:51.
13a Lucas 23:27–30.
b 2 Ne. 10:3.
14a Isa. 53:3–6; Mos. 14:3–6.
b GEE Judíos.
c Deut. 28:37; 1 Rey. 9:7; 3 Ne. 16:9.
15a 1 Ne. 22:11–12.
b GEE Abraham, convenio de (convenio abrahámico).
16a 1 Ne. 22:4; 2 Ne. 10:21.
b Isa. 49:20–22. GEE Israel — La congregación de Israel.

la tierra, dice el Señor, según las palabras del profeta Zenós.

17 Sí, y toda la tierra ªverá la salvación del Señor, dice el profeta; toda nación, tribu, lengua y pueblo serán bendecidos.

18 Y yo, Nefi, he escrito estas cosas a los de mi pueblo, para que tal vez los persuada a que se acuerden del Señor su Redentor.

19 Por tanto, hablo a toda la casa de Israel, por si acaso llegasen a obtener ªestas cosas.

20 Pues he aquí, tengo impresiones en el espíritu, que me agobian al grado de que se debilitan todas mis coyunturas, por los que se hallan en Jerusalén; porque si el Señor en su misericordia no me hubiera manifestado lo concerniente a ellos, así como lo había hecho a los antiguos profetas, yo también habría perecido.

21 Y ciertamente él mostró a los antiguos ªprofetas todas las cosas ᵇconcernientes a ellos; y también mostró a muchos tocante a nosotros; por tanto, es preciso que sepamos lo que a ellos atañe, porque está escrito sobre las planchas de bronce.

22 Y aconteció que yo, Nefi, les enseñé estas cosas a mis hermanos; y sucedió que les leí muchas cosas que estaban grabadas sobre las ªplanchas de bronce, a fin de que supieran acerca de los hechos del Señor en otras tierras, entre los pueblos de la antigüedad.

23 Y les leí muchas cosas que estaban escritas en los ªlibros de Moisés; pero a fin de convencerlos más plenamente de que creyeran en el Señor su Redentor, les leí lo que escribió el profeta ᵇIsaías; porque ᶜcomparé todas las Escrituras a nosotros mismos para nuestro ᵈprovecho e instrucción.

24 Por tanto, les hablé, diciendo: Escuchad las palabras del profeta, vosotros que sois un resto de la casa de Israel, una ªrama que ha sido desgajada; escuchad las palabras del profeta que fueron escritas a toda la casa de Israel, y comparáoslas a vosotros mismos, para que podáis tener esperanza, así como vuestros hermanos de quienes habéis sido separados; porque de esta manera es como el profeta ha escrito.

CAPÍTULO 20

El Señor revela Sus propósitos a Israel — Israel ha sido escogido en el horno de la aflicción y ha de salir de Babilonia — Compárese con Isaías 48. Aproximadamente 588–570 a.C.

17*a* Isa. 40:4–5.
19*a* Enós 1:16;
    Morm. 5:12; 7:9–10.
21*a* 2 Rey. 17:13; Amós 3:7.
    GEE Profeta.
    b 3 Ne. 10:16–17.
22*a* 1 Ne. 22:1.
23*a* Éx. 17:14; 1 Ne. 5:11;
    Moisés 1:40–41.
    b 1 Ne. 15:20;
    2 Ne. 25:4–6;
    3 Ne. 23:1.
    c GEE Escrituras — El
    valor de las Escrituras.
    d 2 Ne. 4:15.
24*a* Gén. 49:22–26;
    1 Ne. 15:12;
    2 Ne. 3:4–5.

ESCUCHAD y oíd esto, oh casa de Jacob, que os llamáis del nombre de Israel, y habéis salido de las aguas de Judá, o sea, de las aguas del ᵃbautismo, los que juráis por el nombre del Señor y hacéis mención del Dios de Israel, mas no juráis ni en verdad ni en rectitud.

2 Y no obstante que de la ᵃciudad santa os hacéis nombrar, no os ᵇapoyáis en el Dios de Israel, que es el Señor de los Ejércitos. Sí, el Señor de los Ejércitos es su nombre.

3 He aquí, yo he declarado las cosas ᵃanteriores desde el principio; y salieron de mi boca, y las mostré. De improviso las mostré.

4 Y lo hice porque sabía que ᵃeres obstinado, y tendón de hierro es tu cerviz, y tu frente de bronce;

5 y te las he declarado aun desde el principio; antes que sucedieran te las manifesté; y las manifesté por temor de que dijeses: Mi ᵃídolo las hizo; mis imágenes de escultura y de fundición mandaron estas cosas.

6 Lo viste y lo oíste todo; y, ¿no queréis anunciarlo? Y que desde entonces te he mostrado cosas nuevas, sí, cosas ocultas que no sabías.

7 Ahora son creadas, y no desde el principio, ni aun antes del día en que las oíste te fueron declaradas, para que no dijeras: He aquí, yo las sabía.

8 Sí, y tú no oíste ni supiste; sí, no se abrió desde entonces tu oído; pues sabía yo que serías muy desleal, y fuiste llamado ᵃtransgresor desde el vientre.

9 No obstante, por causa de mi ᵃnombre diferiré mi ira, y para alabanza mía me contendré para no talarte.

10 He aquí, te he purificado; te he escogido en el horno de la ᵃaflicción.

11 Por mí, sí, por mi propia causa, lo haré, para que no sea amancillado mi ᵃnombre; y mi honra ᵇno la daré a otro.

12 Óyeme, Jacob, y tú, Israel, a quien llamé; pues yo mismo soy; yo el ᵃprimero, yo el postrero también.

13 Mi mano ᵃfundó también la tierra, y mi diestra extendió los cielos; los llamo, y se presentan juntamente.

14 Juntaos todos vosotros y oíd: ¿Quién entre ellos les ha anunciado estas cosas? El Señor lo amó; sí, y ᵃcumplirá su palabra que por ellos ha declarado, y ejecutará su voluntad en ᵇBabilonia, y su brazo caerá sobre los caldeos.

15 También dice el Señor: Yo,

---

20 1a GEE Bautismo, bautizar.
2a Isa. 52:1.
  GEE Jerusalén.
 b Es decir, confiar.
3a Isa. 46:9–10.
4a Es decir, Israel.
5a GEE Idolatría.

8a Sal. 58:3.
9a 1 Sam. 12:22;
  Sal. 23:3;
  1 Juan 2:12.
10a GEE Adversidad.
11a Jer. 44:26.
 b Isa. 42:8;
  Moisés 4:1–4.

12a Apoc. 1:17; 22:13.
  GEE Alfa y Omega;
  Primogénito.
13a Sal. 102:25.
  GEE Creación, crear.
14a 1 Rey. 8:56;
  DyC 64:31; 76:3.
 b GEE Babel, Babilonia.

el Señor, he hablado; sí, lo llamé a declarar, y lo traje; y él hará próspero su camino.

16 Allegaos a mí; no he hablado en ªsecreto; desde el principio, desde el momento en que se declaró, yo he hablado; y el Señor Dios me ha enviado, y su Espíritu.

17 Y así dice el Señor, ªRedentor tuyo, el Santo de Israel: Yo lo he enviado; el Señor tu Dios que te enseña provechosamente, que te ᵇguía por la vía por la que debes andar, él lo ha hecho.

18 Oh, si hubieras escuchado mis ªmandamientos: habría sido entonces tu paz como un río, y tu rectitud cual las ondas del mar;

19 y como la arena tu ªdescendencia, y los renuevos de tus entrañas como los granitos de ella; su nombre no habría sido cortado, ni raído de mi presencia.

20 ªSalid de Babilonia, huid de entre los caldeos: declarad con voz de cantos; publicadlo, llevadlo hasta lo postrero de la tierra; decid: Redimió el Señor a Jacob, su ᵇsiervo.

21 Y no tuvieron ªsed; los llevó por los desiertos; les hizo brotar aguas de la ᵇroca; hendió la peña, y salieron las aguas.

22 Y a pesar de haber hecho todo

esto, y más, no hay ªpaz para los inicuos, dice el Señor.

CAPÍTULO 21

El Mesías será una luz a los gentiles y pondrá en libertad a los presos — Israel será recogido con poder en los últimos días — Reyes serán sus ayos — Compárese con Isaías 49. Aproximadamente 588–570 a.C.

Y ADEMÁS: ¡Oídme, oh casa de Israel, todos vosotros los que habéis sido separados y echados fuera por causa de la iniquidad de los pastores de mi pueblo; sí, todos vosotros que habéis sido separados y esparcidos, quienes sois de mi pueblo, oh casa de Israel! ¡Oídme, ªislas del mar, y escuchad, pueblos ᵇlejanos! El Señor me llamó desde el vientre; desde las entrañas de mi madre hizo él mención de mi nombre.

2 Y puso mi boca como espada aguda: me cubrió con la sombra de su mano, y me puso por saeta pulida; me guardó en su aljaba;

3 y me dijo: ¡Mi ªsiervo eres tú, oh Israel; en ti seré glorificado!

4 Pero yo dije: Por demás he trabajado, en vano y sin provecho he consumido mi fuerza; ciertamente mi causa está ante el Señor, y mi obra con mi Dios.

16a Isa. 45:19.
17a GEE Redentor.
  b GEE Inspiración, inspirar; Revelación.
18a Ecle. 8:5.
19a Gén. 22:15–19; Oseas 1:10.

20a Jer. 51:6; DyC 133:5–14.
  b Isa. 44:1–2, 21.
21a Isa. 41:17–20.
  b Éx. 17:6; Núm. 20:11; 1 Ne. 17:29; 2 Ne. 25:20.

22a GEE Paz.
21 1a 1 Ne. 22:4; 2 Ne. 10:20–22.
  b DyC 1:1.
3a Lev. 25:55; Isa. 41:8; DyC 93:45–46.

5 Ahora bien, dice el Señor — que me ^aformó desde el vientre para ser su siervo, para hacer volver a él a Jacob— aun cuando Israel no sea reunido, con todo, glorioso seré ante los ojos del Señor, y mi fortaleza será el Dios mío.

6 Y dijo: Poco es que tú me seas siervo para levantar las ^atribus de Jacob y restaurar los preservados de Israel. También te pondré por ^bluz de los ^cgentiles, para que seas mi salvación hasta lo postrero de la tierra.

7 Así dice el Señor, el Redentor de Israel, el Santo suyo, al menospreciado del hombre, al abominado de las naciones, al siervo de soberanos: Reyes verán y se levantarán; y príncipes también adorarán, a causa del Señor que es fiel.

8 Así dice el Señor: ¡En el tiempo propicio os he escuchado, oh islas del mar, y en el día de salvación os he ayudado! Y os preservaré, y a ^ami siervo os daré por convenio del pueblo, para establecer la tierra, para hacer heredar las desoladas heredades;

9 para que digáis a los ^apresos: ¡Salid!; y a los que están en ^btinieblas: ¡Manifestaos! En los caminos serán ^capacentados, y en todas las alturas habrá pastos para ellos.

10 No tendrán hambre ni sed, ni el calor ni el sol los afligirá; porque el que tiene de ellos misericordia los guiará, y los conducirá a manantiales de aguas.

11 Y tornaré en camino todos mis montes, y mis ^acalzadas serán elevadas.

12 ¡Y entonces, oh casa de Israel, he aquí, ^aestos vendrán de lejos; y he aquí, estos del norte y del occidente; y estos de la tierra de Sinim!

13 ^a¡Cantad, oh cielos, y alégrate, oh tierra, porque serán asentados los pies de los que están en el oriente! ¡Prorrumpid en alabanzas, oh montes! porque ellos no serán heridos más, pues el Señor ha consolado a su pueblo, y de sus afligidos tendrá misericordia.

14 Mas he aquí, Sion ha dicho: El Señor me abandonó, y de mí se ha olvidado mi Señor; pero él mostrará que no.

15 Porque, ¿puede una ^amujer olvidar a su niño de pecho al grado de no compadecerse del hijo de sus entrañas? ¡Pues aun cuando ella se ^bolvidare, yo nunca me olvidaré de ti, oh casa de Israel!

16 Pues he aquí, te tengo grabada en las ^apalmas de mis manos; tus muros están siempre delante de mí.

17 Tus hijos se apresurarán

5a Isa. 44:24.
6a GEE Israel — Las doce tribus de Israel.
  b DyC 103:8–10; Abr. 2:10–11.
  c 3 Ne. 21:11.
8a 2 Ne. 3:6–15;

3 Ne. 21:8–11; Morm. 8:16, 25.
9a GEE Salvación de los muertos.
  b 2 Ne. 3:5.
  c Ezeq. 34:14.
11a Isa. 62:10;

DyC 133:23–32.
12a Isa. 43:5–6.
13a Isa. 44:23.
15a GEE Mujer(es).
  b Isa. 41:17; Alma 46:8; DyC 61:36.
16a Zac. 13:6.

contra tus destructores; y los que te ᵃasolaron se apartarán de ti.

18 ¡Alza tus ojos y mira alrededor; todos estos se han ᵃreunido y vendrán a ti! Y vivo yo, dice el Señor, que de todos serás vestida, como de vestidura de adorno, y de ellos serás ceñida como novia.

19 Porque tus sitios desiertos y desolados, y la tierra de tu destrucción, ahora serán demasiado estrechos por causa de los moradores; y los que te devoraban serán arrojados lejos.

20 Los niños que tendrás, después de haber perdido a los primeros, dirán otra vez a tus oídos: Demasiado estrecho es para mí este sitio; dame lugar para que yo habite.

21 Entonces ᵃdirás en tu corazón: ¿Quién me engendró a estos, dado que he perdido a mis hijos, y estoy ᵇdesolada, cautiva y voy errante de un lado a otro? ¿Y quién crio a estos? He aquí, fui abandonada; ¿dónde estuvieron estos?

22 Así dice el Señor Dios: He aquí, yo alzaré mi mano a los ᵃgentiles, y levantaré mi ᵇestandarte al pueblo; y traerán en ᶜbrazos a tus hijos, y en hombros llevarán a tus hijas.

23 Y ᵃreyes serán tus ᵇayos, y sus reinas, tus nodrizas; con el rostro hacia la tierra se postrarán ante ti,

y lamerán el polvo de tus pies; y sabrás que yo soy el Señor; porque los que me ᶜesperan no serán avergonzados.

24 ¿Pues será quitada la presa al poderoso?; o, ¿serán librados los ᵃcautivos legítimos?

25 Pero así dice el Señor: Aun los cautivos le serán quitados al poderoso, y la presa del tirano será librada; porque contenderé con el que contienda contigo, y salvaré a tus hijos.

26 Y a los que te oprimen haré ᵃcomer su propia carne; y con su propia sangre serán embriagados como con vino; y ᵇconocerá toda carne que yo, el Señor, soy tu Salvador y tu Redentor, el ᶜFuerte de Jacob.

CAPÍTULO 22

Israel será esparcido sobre toda la faz de la tierra — Los gentiles alimentarán y nutrirán a Israel con el Evangelio en los últimos días — Israel será congregado y se salvará, y los inicuos arderán como rastrojo — El reino del diablo será destruido y Satanás será atado. Aproximadamente 588–570 a.C.

Y ACONTECIÓ que después que yo, Nefi, hube leído estas cosas que estaban grabadas sobre las ᵃplanchas de bronce, mis hermanos vinieron a mí, y me dijeron: ¿Qué significan estas cosas que

---

17 a 3 Ne. 21:12–20.
18 a Miqueas 4:11–13.
21 a Es decir, Sion.
   b Isa. 54:1;
      Gál. 4:27.
22 a Isa. 66:18–20.

b Isa. 11:12; 18:3.
c 1 Ne. 22:8; 2 Ne. 10:8–9.
23 a Isa. 60:16.
   b 1 Ne. 22:6.
   c 2 Ne. 6:13;
      DyC 98:2; 133:10–11, 45.

24 a 1 Ne. 21:25.
26 a 1 Ne. 22:13–14.
   b Mos. 11:22.
   c GEE Jehová.
22 1 a 1 Ne. 19:22;
      2 Ne. 4:2.

has leído? He aquí, ¿deben entenderse conforme a cosas que son espirituales, que se verificarán según el espíritu, y no según la carne?

2 Y yo, Nefi, les contesté: He aquí, la voz del Espíritu las *manifestó al profeta; porque por el *Espíritu son reveladas a los *profetas todas las cosas que acontecerán a los hijos de los hombres según la carne.

3 Por tanto, lo que he leído tiene que ver con cosas *temporales así como espirituales; porque parece que la casa de Israel será *dispersada, tarde o temprano, sobre toda la superficie de la tierra, y también entre todas las naciones.

4 Y he aquí, hay muchos de quienes ningún conocimiento tienen ya los que están en Jerusalén; sí, la mayor parte de todas las *tribus han sido *llevadas; y se encuentran esparcidas acá y allá sobre las *islas del mar; y dónde se hallan, ninguno de nosotros sabe, solo sabemos que se las han llevado.

5 Y desde que se las han llevado, se han profetizado estas cosas concernientes a ellas, así como a todos aquellos que más tarde serán dispersados y confundidos a causa del Santo de Israel, porque endurecerán sus corazones contra él; por lo que serán dispersados entre todas las naciones, y serán *odiados por todos los hombres.

6 No obstante, después que sean *nutridos por los *gentiles, y el Señor haya levantado su mano sobre los gentiles y los haya puesto por estandarte, y sus *hijos hayan sido llevados en los brazos de los gentiles, y sus hijas sobre sus hombros, he aquí, estas cosas de que se habla son temporales; porque así son los convenios del Señor con nuestros padres; y se refiere a nosotros en los días venideros, y también a todos nuestros hermanos que son de la casa de Israel;

7 y significa que viene el tiempo, después que toda la casa de Israel haya sido dispersada y confundida, en que el Señor Dios levantará una nación poderosa entre los *gentiles, sí, sobre la superficie de esta tierra; y nuestros descendientes serán *esparcidos por ellos.

8 Y después que nuestra posteridad haya sido dispersada, el Señor Dios procederá a efectuar una *obra maravillosa entre los

2a 2 Pe. 1:19–21.
  b GEE Espíritu Santo.
  c GEE Profecía, profetizar.
3a DyC 29:31–34.
  b 1 Ne. 10:12–14;
    2 Ne. 25:14–16.
  GEE Israel — El
    esparcimiento de
    Israel.
4a GEE Israel — Las diez
    tribus perdidas de
    Israel.
  b 2 Ne. 10:22.
  c 1 Ne. 21:1;
    2 Ne. 10:8, 20.
5a 1 Ne. 19:14.
6a 1 Ne. 21:23.
  b GEE Gentiles.
c 1 Ne. 15:13.
7a 3 Ne. 20:27.
  b 1 Ne. 13:12–14;
    2 Ne. 1:11.
8a Isa. 29:14;
    1 Ne. 14:7;
    2 Ne. 27:26.
  GEE Restauración del
    Evangelio.

ᵇgentiles, que será de gran ᶜvalor para nuestra posteridad; por tanto, se compara a que serán nutridos por los gentiles y llevados en sus brazos y sobre sus hombros.

9 Y también será de ªvalor a los gentiles; y no solamente a los gentiles, sino ᵇa toda la ᶜcasa de Israel, para dar a conocer los ᵈconvenios del Padre de los cielos con Abraham, que dicen: En tu ᵉposteridad serán ᶠbenditas todas las familias de la tierra.

10 Y quisiera, mis hermanos, que supieseis que no pueden ser bendecidas todas las familias de la tierra, a menos que el Señor ªdesnude su brazo a los ojos de las naciones.

11 Por lo que el Señor Dios procederá a desnudar su brazo a los ojos de todas las naciones, al llevar a efecto sus convenios y su evangelio para con los que son de la casa de Israel.

12 Por tanto, los sacará otra vez de su cautividad, y serán ªreunidos en las tierras de su herencia; y serán sacados de la obscuridad y de las ᵇtinieblas; y sabrán que el ᶜSeñor es su ᵈSalvador y su Redentor, el ᵉFuerte de Israel.

13 Y la sangre de esa grande y ªabominable iglesia, que es la ramera de toda la tierra, se volverá sobre su propia cabeza; porque ᵇguerrearán entre sí, y la espada de sus ᶜpropias manos descenderá sobre su propia cabeza; y se emborracharán con su propia sangre.

14 Y toda ªnación que luche contra ti, oh casa de Israel, se volverá la una contra la otra, y ᵇcaerán en la fosa que cavaron para entrampar al pueblo del Señor. Y todos los que ᶜcombatan contra Sion serán destruidos, y esa gran ramera que ha pervertido las vías correctas del Señor, sí, esa grande y abominable iglesia caerá a ᵈtierra, y grande será su caída.

15 Porque he aquí, dice el profeta, se acerca rápidamente el tiempo en que Satanás no tendrá más poder sobre el corazón de los hijos de los hombres; porque pronto se acerca el día en que todos los soberbios y todos los que obran inicuamente serán como ªrastrojo; y está cerca

8b 2 Ne. 10:10–11;
3 Ne. 16:4–7;
Morm. 5:19.
c 1 Ne. 15:13–18;
3 Ne. 5:21–26; 21:7.
9a 1 Ne. 14:1–5.
b 2 Ne. 30:1–7.
c 2 Ne. 29:13–14.
d Deut. 4:31.
e GEE Abraham, convenio de (convenio abrahámico).
f Gén. 12:2–3;
3 Ne. 20:27;
Abr. 2:9–11.
10a Isa. 52:10.
12a GEE Israel — La congregación de Israel.
b GEE Tinieblas espirituales.
c 2 Ne. 6:10–11.
d GEE Salvador.
e GEE Jehová.
13a GEE Diablo — La
iglesia del diablo.
b 1 Ne. 14:3, 15–17.
c 1 Ne. 21:26.
14a Lucas 21:10.
b Isa. 60:12; 1 Ne. 14:3;
DyC 109:25.
c 2 Ne. 10:13; 27:3.
d Isa. 25:12.
15a Isa. 5:23–24;
Nahúm 1:10; Mal. 4:1;
2 Ne. 15:24; 26:4–6;
DyC 64:23–24; 133:64.

el día en que han de ser ^bquemados.

16 Pues está próximo el tiempo en que la plenitud de la ^aira de Dios será derramada sobre todos los hijos de los hombres; porque no consentirá que los inicuos destruyan a los justos.

17 Por lo tanto, ^apreservará a los ^bjustos por su poder, aun cuando tuviese que venir la plenitud de su ira, y serán preservados los justos aun hasta la destrucción de sus enemigos por fuego. Por tanto, los justos no tienen por qué temer; porque así dice el profeta: Se salvarán, aun como si fuese por fuego.

18 He aquí, os digo, mis hermanos, que estas cosas deben venir muy pronto; sí, debe haber sangre y fuego y vapor de humo; y es menester que sea sobre la superficie de esta tierra; y sobrevendrá a los hombres según la carne, si es que endurecen sus corazones en contra del Santo de Israel.

19 Pues he aquí, los justos no perecerán; porque ciertamente vendrá el tiempo en que todos los que combatan contra Sion serán talados.

20 Y el Señor ciertamente preparará una vía para su pueblo, a fin de cumplir las palabras que habló Moisés, diciendo: El Señor vuestro Dios os levantará a un ^aprofeta, semejante a mí; a él oiréis en todo lo que os dijere. Y sucederá que todos aquellos que no quieran escuchar a ese profeta serán ^bdesarraigados de entre el pueblo.

21 Y ahora bien, yo, Nefi, os declaro que este ^aprofeta de quien habló Moisés era el Santo de Israel; por tanto, ^bjuzgará con justicia.

22 Y los justos no tienen por qué temer, pues ellos son los que no serán confundidos. Mas es el reino del diablo, el cual será edificado entre los hijos de los hombres, el cual está establecido entre aquellos que se encuentran en la carne;

23 porque pronto llegará el tiempo en que todas las ^aiglesias que se hayan establecido para obtener ganancia, y todas las que hayan sido edificadas para lograr poder sobre la carne, y las que se hayan fundado para hacerse ^bpopulares ante los ojos del mundo, y aquellas que busquen las concupiscencias de la carne, y las cosas del mundo, y cometan toda clase de iniquidades, en fin, todos los que pertenezcan al reino del diablo son los que deberán temer, ^ctemblar y estremecerse; ellos son los que deben ser humillados hasta el

15b Sal. 21:9;
   3 Ne. 25:1; DyC 29:9.
   GEE Tierra — La purificación de la tierra.
16a 1 Ne. 14:17.
17a 2 Ne. 30:10;
   Moisés 7:61.
   b 1 Ne. 17:33–40.
20a Juan 4:19; 7:40.
   b DyC 133:63.
21a Deut. 18:15, 18;
   Hech. 3:20–23;
   1 Ne. 10:4;
   3 Ne. 20:23.
   b Sal. 98:9;
   Moisés 6:57.
23a 1 Ne. 14:10;
   2 Ne. 26:20.
   GEE Supercherías sacerdotales.
   b Lucas 6:26;
   Alma 1:3.
   c 2 Ne. 28:19.

polvo; ellos son los que deben ser ᵈconsumidos como el rastrojo; y esto según las palabras del profeta.

24 Y rápidamente se acerca el tiempo en que los justos han de ser conducidos como ªbecerros de la manada, y el Santo de Israel ha de reinar con dominio, y fuerza, y potestad, y gran gloria.

25 Y ªrecoge a sus hijos de las cuatro partes de la tierra; y cuenta a sus ovejas, y ellas lo conocen; y habrá un redil y un ᵇpastor; y él apacentará a sus ovejas, y en él hallarán ᶜpasto.

26 Y a causa de la rectitud del pueblo del Señor, ªSatanás no tiene poder; por consiguiente, no se le puede desatar por el espacio de ᵇmuchos años; pues no tiene poder sobre el corazón del pueblo, porque el pueblo mora en rectitud, y el Santo de Israel ᶜreina.

27 Y ahora bien, he aquí, yo, Nefi, os declaro que todas estas cosas deben acontecer según la carne.

28 Pero he aquí, todas las naciones, tribus, lenguas y pueblos vivirán con seguridad en el Santo de Israel, si es que se ªarrepienten.

29 Y ahora, yo, Nefi, concluyo, porque no me atrevo aún a hablar más tocante a estas cosas.

30 Por tanto, mis hermanos, quisiera que consideraseis que las cosas que se han escrito en las ªplanchas de bronce son verdaderas; y testifican que el hombre debe ser obediente a los mandamientos de Dios.

31 Por lo tanto, no debéis suponer que mi padre y yo somos los únicos que las hemos atestiguado y también enseñado. Por tanto, si sois obedientes a los ªmandamientos, y perseveráis hasta el fin, seréis salvos en el postrer día. Y así es. Amén.

EL SEGUNDO LIBRO DE NEFI

Relación de la muerte de Lehi. Los hermanos de Nefi se rebelan en contra de él. El Señor amonesta a Nefi a salir para el desierto. Sus viajes por el desierto, etc.

23d 2 Ne. 26:6.
24a Amós 6:4;
Mal. 4:2; 3 Ne. 25:2.
25a GEE Israel — La congregación de Israel.
b GEE Buen Pastor.
c Sal. 23.
26a Apoc. 20:2;
Alma 48:17;
DyC 43:31; 45:55;
88:110; 101:28.
GEE Diablo.
b Jacob 5:76.
c GEE Milenio.
28a GEE Arrepentimiento, arrepentirse;
Perdonar.
30a 2 Ne. 4:2.
31a Mateo 19:17.
GEE Mandamientos de Dios.

CAPÍTULO 1

Lehi profetiza acerca de una tierra de libertad — Los de su posteridad serán dispersados y afligidos si rechazan al Santo de Israel — Exhorta a sus hijos a ceñirse con la armadura de la rectitud. Aproximadamente 588–570 a.C.

Y ACONTECIÓ que después que yo, Nefi, hube concluido de enseñar a mis hermanos, nuestro ᵃpadre Lehi les habló muchas cosas también, y les recordó cuán grandes cosas el Señor había hecho por ellos al sacarlos de la tierra de Jerusalén,

2 y les habló de sus ᵃrebeliones sobre las aguas, y de las misericordias de Dios al salvarles la vida, para que no fuesen hundidos en el mar;

3 y también les habló tocante a la tierra de promisión que habían obtenido, de cuán misericordioso había sido el Señor en advertirnos que saliéramos de la tierra de Jerusalén.

4 Porque he aquí, les dijo, he visto una ᵃvisión, por la cual yo sé que Jerusalén está destruida; y si hubiésemos permanecido en ᵇJerusalén, también habríamos ᶜperecido.

5 Pero, dijo él, a pesar de nuestras aflicciones, hemos obtenido una ᵃtierra de promisión, una tierra ᵇescogida sobre todas las demás; una tierra que el Señor Dios hizo convenio conmigo de que sería una tierra para la herencia de mi posteridad. Sí, el Señor me ha dado esta tierra por ᶜconvenio a mí y a mis hijos para siempre, y también para todos aquellos que la mano del Señor conduzca de otros países.

6 Por tanto, yo, Lehi, profetizo según el Espíritu que obra en mí, que ᵃnadie vendrá a esta tierra a menos que sea traído por la mano del Señor.

7 Por tanto, esta tierra está ᵃconsagrada a quienes él traiga. Y en caso de que le sirvan según los mandamientos que él ha dado, será para ellos una tierra de ᵇlibertad; por lo que nunca serán reducidos al cautiverio; si tal sucediere, será por causa de la iniquidad; porque si abunda la iniquidad, ᶜmaldita será la tierra por causa de ellos; pero para los justos será bendita para siempre.

8 Y he aquí, es prudente que esta tierra no llegue todavía al conocimiento de otras naciones; pues he aquí, muchas naciones sobrellenarían la tierra, de modo que no habría lugar para una herencia.

9 Por tanto, yo, Lehi, he obtenido la promesa de que, ᵃsi aquellos que el Señor Dios trae de la tierra de Jerusalén obedecen sus

1 1a GEE Patriarca, patriarcal.
2a 1 Ne. 18:9–20.
4a GEE Visión.
  b 2 Rey. 24:14–15; Jer. 44:2; 1 Ne. 1:4; Hel. 8:20.
c Alma 9:22.
5a GEE Tierra prometida.
  b Éter 2:9–10.
  c GEE Convenio.
6a 2 Ne. 10:22.
7a Mos. 29:32; Alma 46:10, 20.
b 2 Ne. 10:11. GEE Libertad, libre.
  c Alma 45:10–14, 16; Morm. 1:17; Éter 2:8–12.
9a 2 Ne. 4:4; Alma 9:13.

mandamientos, *b*prosperarán sobre la superficie de esta tierra y serán preservados de todas las demás naciones, a fin de que posean esta tierra para sí mismos. Y en caso de que *c*guarden sus mandamientos, serán bendecidos sobre la superficie de la tierra; y no habrá quien los moleste ni les quite la tierra de su herencia; y habitarán seguros para siempre.

10 Pero he aquí, cuando llegue el día en que degeneren en la incredulidad, después de haber recibido tan grandes bendiciones de la mano del Señor —teniendo el conocimiento de la creación de la tierra y de todos los hombres, conociendo las grandes y maravillosas obras del Señor desde la creación del mundo, habiéndoseles dado el poder para hacer todas las cosas por la fe; teniendo todos los mandamientos desde el principio, y habiendo sido conducidos por su infinita bondad a esta preciosa tierra de promisión— he aquí, digo que si llega el día en que rechacen al Santo de Israel, el verdadero *a*Mesías, su Redentor y su Dios, he aquí, los juicios del que es justo descenderán sobre ellos.

11 Sí, él traerá sobre ellos a *a*otras naciones, a las que dará poder, y les quitará la tierra de sus posesiones, y hará que sean *b*dispersados y afligidos.

12 Sí, al pasar de una generación a otra habrá *a*efusión de sangre y grandes calamidades entre ellos; por lo tanto, hijos míos, quisiera que recordaseis, sí, quisiera que escuchaseis mis palabras.

13 ¡Oh que despertaseis; que despertaseis de ese profundo sueño, sí, del sueño del *a*infierno, y os sacudieseis de las espantosas *b*cadenas que os tienen atados, cadenas que sujetan a los hijos de los hombres a tal grado que son llevados cautivos al eterno *c*abismo de miseria y angustia!

14 ¡Despertad y levantaos del polvo! ¡Escuchad las palabras de un *a*padre tembloroso, cuyo cuerpo pronto tendréis que entregar a la fría y silenciosa *b*tumba, de donde ningún viajero puede volver; unos días más, y seguiré el *c*camino de toda la tierra!

15 Pero he aquí, el Señor ha *a*redimido a mi alma del infierno; he visto su gloria, y estoy para siempre envuelto entre los *b*brazos de su *c*amor.

16 Y mi deseo es que os acordéis de observar los *a*estatutos y los juicios del Señor; he aquí,

---

9*b* Deut. 29:9.
  c GEE Obediencia,
      obediente, obedecer.
10*a* GEE Mesías.
11*a* 1 Ne. 13:12–20;
      Morm. 5:19–20.
  b 1 Ne. 22:7.
12*a* Morm. 1:11–19; 4:11.

13*a* GEE Infierno.
  b Alma 12:9–11.
  c 1 Ne. 15:28–30;
      Hel. 3:29–30.
14*a* GEE Padres.
  b GEE Muerte física.
  c Josué 23:14.
15*a* Alma 36:28.

GEE Expiación, expiar.
  b Jacob 6:5;
      Alma 5:33;
      3 Ne. 9:14.
  c Rom. 8:39.
      GEE Amor.
16*a* Deut. 4:5–8;
      2 Ne. 5:10–11.

esta ha sido la ansiedad de mi alma desde el principio.

17 Mi corazón ha estado agobiado de pesar de cuando en cuando, pues he temido que por la dureza de vuestros corazones, el Señor vuestro Dios viniese en la plenitud de su ^aira sobre vosotros, y fueseis ^btalados y destruidos para siempre;

18 o que una maldición os sobreviniera por el espacio de ^amuchas generaciones; y fueseis castigados por la espada y por el hambre, y fueseis aborrecidos, y llevados según la voluntad y cautividad del ^bdiablo.

19 ¡Oh hijos míos, que no os sucedan estas cosas, sino que seáis un pueblo escogido y ^afavorecido del Señor! Mas he aquí, hágase su voluntad, porque sus ^bvías son para siempre justas.

20 Y él ha dicho: ^aSi guardáis mis ^bmandamientos, ^cprosperaréis en la tierra; pero si no guardáis mis mandamientos, seréis desechados de mi presencia.

21 Y ahora bien, para que mi alma se regocije en vosotros, y mi corazón salga de este mundo con gozo por causa vuestra, a fin de que no sea yo llevado con pena y dolor a la tumba, levantaos del polvo, hijos míos, y sed ^ahombres, y estad resueltos en ^buna sola voluntad y con un solo corazón, unidos en todas las cosas, para que no descendáis al cautiverio;

22 para que no seáis maldecidos con una grave maldición; ni que tampoco traigáis el desagrado de un Dios ^ajusto sobre vosotros para la destrucción, sí, la eterna destrucción del cuerpo y del alma.

23 Despertad, hijos míos; ceñíos con la ^aarmadura de la rectitud. Sacudíos de las cadenas con las cuales estáis sujetos, y salid de la obscuridad, y levantaos del polvo.

24 No os rebeléis más en contra de vuestro hermano, cuyas manifestaciones han sido gloriosas, y quien ha guardado los mandamientos desde la época en que salimos de Jerusalén; y el cual ha sido un instrumento en las manos de Dios para traernos a la tierra de promisión; porque si no hubiese sido por él, habríamos perecido de ^ahambre en el desierto; no obstante, habéis intentado ^bquitarle la vida; sí, y él ha padecido mucha angustia a causa de vosotros.

25 Y yo temo y tiemblo en extremo que por causa de vosotros él padezca de nuevo; porque he aquí, lo habéis acusado de que pretendió poder y ^aautoridad sobre vosotros; mas yo sé que él

---

17a 2 Ne. 5:21–24;
    Alma 3:6–19.
  b Mos. 12:8.
18a 1 Ne. 12:20–23.
  b GEE Diablo.
19a GEE Escogido
    (adjetivo o sustantivo).
  b Oseas 14:9.

20a Jarom 1:9;
    Mos. 1:6–7;
    Alma 9:13–14.
  b Lev. 26:3–14;
    Joel 2:23–26.
  c Sal. 67:6;
    Mos. 2:21–25.
21a 1 Sam. 4:9;

    1 Rey. 2:2.
  b Moisés 7:18.
22a DyC 3:4.
23a Efe. 6:11–17.
24a 1 Ne. 16:32.
  b 1 Ne. 16:37.
25a Gén. 37:9–11.

no ha procurado poder ni autoridad sobre vosotros; sino que ha procurado la gloria de Dios y vuestro propio bienestar eterno.

26 Y habéis murmurado porque él ha sido claro con vosotros. Decís que ha recurrido a la "aspereza; decís que se ha enojado con vosotros; mas he aquí, que su severidad fue el rigor del poder de la palabra de Dios que estaba en él; y lo que vosotros llamáis ira fue la verdad, según la que se halla en Dios, la cual él no pudo reprimir, expresándose intrépidamente concerniente a vuestras iniquidades.

27 Y es menester que el "poder de Dios esté con él, aun hasta mandaros que obedezcáis. Mas he aquí, no fue él, sino el ᵇEspíritu del Señor que en él estaba, el cual le ᶜabrió la boca para que hablara, de modo que no la podía cerrar.

28 Y ahora bien, hijo mío, Lamán, y también Lemuel y Sam, y también vosotros, hijos míos, que sois hijos de Ismael, he aquí, si escucháis la voz de Nefi, no pereceréis. Y si lo escucháis, os dejo una "bendición, sí, mi primera bendición.

29 Pero si no queréis escucharlo, retiro mi "primera bendición, sí, mi bendición, y quedará sobre él.

30 Y ahora te hablo a ti, Zoram: He aquí, tú eres el "siervo de Labán; no obstante, has sido traído de la tierra de Jerusalén, y sé que tú eres un amigo fiel de mi hijo Nefi para siempre.

31 Por lo tanto, porque has sido fiel, tu posteridad será bendecida "con su posteridad, para que vivan prósperamente por largo tiempo sobre la faz de esta tierra; y nada, a menos que sea la iniquidad entre ellos, dañará ni perturbará su prosperidad sobre la superficie de esta tierra para siempre.

32 Así pues, si guardáis los mandamientos del Señor, él ha consagrado esta tierra para la seguridad de tu posteridad con la de mi hijo.

CAPÍTULO 2

La redención viene por medio del Santo Mesías — La libertad para escoger (el albedrío) es esencial para la existencia y el progreso — Adán cayó para que los hombres existiesen — Los hombres son libres para escoger la libertad y la vida eterna. Aproximadamente 588–570 a.C.

Y AHORA, Jacob, te hablo a ti: Tú eres mi "primer hijo nacido en los días de mi tribulación en el desierto. Y he aquí, tú has padecido aflicciones y mucho pesar en tu infancia a causa de la rudeza de tus hermanos.

2 No obstante, Jacob, mi primer hijo nacido en el desierto, tú conoces la grandeza de Dios; y él

26a Prov. 15:10;
   1 Ne. 16:2;
   Moro. 9:4;
   DyC 121:41–43.

27a 1 Ne. 17:48.
   b DyC 121:43.
   c DyC 33:8.
28a GEE Primogenitura.

29a Abr. 1:3.
30a 1 Ne. 4:20, 35.
31a 2 Ne. 5:6.
2 1a 1 Ne. 18:7.

consagrará tus aflicciones para tu provecho.

3 Por consiguiente, tu alma será bendecida, y vivirás en seguridad con tu hermano Nefi; y tus días se emplearán al servicio de tu Dios. Por tanto, yo sé que tú estás redimido a causa de la justicia de tu Redentor; porque has visto que en la plenitud de los tiempos él vendrá para traer la salvación a los hombres.

4 Y en tu juventud has *a*visto su gloria; por lo tanto, bienaventurado eres, así como lo serán aquellos a favor de quienes él ejercerá su ministerio en la carne; porque el Espíritu es el mismo, ayer, hoy y para siempre. Y la vía está preparada desde la caída del hombre, y la salvación es *b*gratuita.

5 Y los hombres son suficientemente instruidos para *a*discernir el bien del mal; y la ley es dada a los hombres. Y por la ley ninguna carne se *b*justifica, o sea, por la ley los hombres son *c*desarraigados. Sí, por la ley temporal fueron desterrados; y también por la ley espiritual perecen en cuanto a lo que es bueno, y llegan a ser desdichados para siempre.

6 Por tanto, la *a*redención viene en el Santo *b*Mesías y por medio de él, porque él es lleno de *c*gracia y de verdad.

7 He aquí, él se ofrece a sí mismo en *a*sacrificio por el pecado, para satisfacer los fines de la ley, por todos los de corazón quebrantado y de espíritu contrito; y por nadie más se pueden satisfacer los *b*fines de la ley.

8 Por lo tanto, cuán grande es la importancia de dar a conocer estas cosas a los habitantes de la tierra, para que sepan que ninguna carne puede morar en la presencia de Dios, *a*sino por medio de los méritos, y misericordia, y gracia del Santo Mesías, quien da su vida, según la carne, y la vuelve a tomar por el poder del Espíritu, para efectuar la *b*resurrección de los muertos, siendo el primero que ha de resucitar.

9 De manera que él es las primicias para Dios, pues él *a*intercederá por todos los hijos de los hombres; y los que crean en él serán salvos.

10 Y por motivo de la *a*intercesión hecha por todos, todos los hombres vienen a Dios; de

---

4a 2 Ne. 11:3;
   Jacob 7:5.
 b GEE Gracia.
5a Moro. 7:16.
 b Rom. 3:20;
   2 Ne. 25:23;
   Alma 42:12–16.
   GEE Justificación,
   justificar.
 c 1 Ne. 10:6;
   2 Ne. 9:6–38;

Alma 11:40–45; 12:16,
   24; 42:6–11;
   Hel. 14:15–18.
6a 1 Ne. 10:6;
   2 Ne. 25:20;
   Alma 12:22–25.
   GEE Plan de redención.
 b GEE Mesías.
 c Juan 1:14, 17;
   Moisés 1:6.
7a GEE Expiación, expiar.

 b Rom. 10:4.
8a 2 Ne. 25:20; 31:21;
   Mos. 4:8; 5:8;
   Alma 38:9.
 b 1 Cor. 15:20;
   Alma 7:12; 12:24–25;
   42:23.
   GEE Resurrección.
9a Isa. 53;
   Mos. 14:12; 15:8–9.
10a GEE Redentor.

modo que comparecen ante su presencia para que él los ^bjuzgue de acuerdo con la verdad y ^csantidad que hay en él. Por tanto, los fines de la ley que el Santo ha dado, para la imposición del castigo que se ha fijado, el cual castigo que se ha fijado se halla en oposición a la felicidad que se ha fijado, para cumplir los fines de la ^dexpiación;

11 porque es preciso que haya una ^aoposición en todas las cosas. Pues de otro modo, mi primer hijo nacido en el desierto, no se podría llevar a efecto la rectitud ni la iniquidad, ni tampoco la santidad ni la miseria, ni el bien ni el mal. De modo que todas las cosas necesariamente serían un solo conjunto; por tanto, si fuese un solo cuerpo, habría de permanecer como muerto, no teniendo ni vida ni muerte, ni corrupción ni incorrupción, ni felicidad ni miseria, ni sensibilidad ni insensibilidad.

12 Por lo tanto, tendría que haber sido creado en vano; de modo que no habría habido ningún ^aobjeto en su creación. Esto, pues, habría destruido la sabiduría de Dios y sus eternos designios, y también el poder, y la misericordia, y la ^bjusticia de Dios.

13 Y si decís que ^ano hay ley, decís también que no hay pecado. Si decís que no hay pecado, decís también que no hay rectitud. Y si no hay rectitud, no hay felicidad. Y si no hay rectitud ni felicidad, tampoco hay castigo ni miseria. Y si estas cosas no existen, Dios ^bno existe. Y si no hay Dios, nosotros no existimos, ni la tierra; porque no habría habido creación de cosas, ni para actuar ni para que se actúe sobre ellas; por consiguiente, todo se habría desvanecido.

14 Y ahora bien, hijos míos, os hablo estas cosas para vuestro provecho e instrucción; porque hay un Dios, y él ha ^acreado todas las cosas, tanto los cielos como la tierra y todo cuanto en ellos hay; tanto las cosas que actúan como aquellas sobre las cuales se ^bactúa.

15 Y para realizar sus eternos ^adesignios en cuanto al objeto del hombre, después que hubo creado a nuestros primeros padres, y los animales del campo, y las aves del cielo, y en fin, todas las cosas que se han creado, era menester una oposición; sí, el ^bfruto ^cprohibido en oposición al ^dárbol de la vida, siendo dulce el uno y amargo el otro.

16 Por lo tanto, el Señor Dios le

10b GEE Juicio final.
  c GEE Santidad.
  d 2 Ne. 9:7, 21–22, 26; Alma 22:14; 33:22; 34:9.
11a DyC 29:39; 122:5–9. GEE Adversidad.
12a DyC 88:25–26. GEE Tierra — Se creó para el hombre.
  b GEE Justicia.
13a 2 Ne. 9:25.
  b Alma 42:13.
14a GEE Creación, crear.
  b DyC 93:30.
15a Isa. 45:18; Alma 42:26.
Moisés 1:31, 39.
  b Gén. 3:6; Alma 12:21–23.
  c Gén. 2:16–17; Moisés 3:17.
  d Gén. 2:9; 1 Ne. 15:22, 36; Alma 32:40.

concedió al hombre que ^aobrara por sí mismo. De modo que el hombre no podía actuar por sí a menos que lo ^batrajera lo uno o lo otro.

17 Y yo, Lehi, de acuerdo con las cosas que he leído, debo suponer que un ^aángel de Dios había ^bcaído del cielo, según lo que está escrito; por tanto, se convirtió en un diablo, habiendo procurado lo malo ante Dios.

18 Y porque había caído del cielo, y llegado a ser miserable para siempre, ^aprocuró igualmente la miseria de todo el género humano. Por tanto, dijo a ^bEva, sí, esa antigua serpiente, que es el diablo, el padre de todas las ^cmentiras, así le dijo: Come del fruto prohibido, y no morirás, sino que serás como Dios, ^dconociendo el bien y el mal.

19 Y después que Adán y Eva hubieron ^acomido del fruto prohibido, fueron echados del Jardín de ^bEdén, para cultivar la tierra.

20 Y tuvieron hijos, sí, la ^afamilia de toda la tierra.

21 Y los días de los hijos de los ^ahombres fueron prolongados, según la voluntad de Dios, para

que se ^barrepintiesen mientras se hallaran en la carne; por lo tanto, su estado llegó a ser un estado de ^cprobación, y su tiempo fue prolongado, conforme a los mandamientos que el Señor Dios dio a los hijos de los hombres. Porque él dio el mandamiento de que todos los hombres se arrepintieran; pues mostró a todos los hombres que estaban ^dperdidos a causa de la transgresión de sus padres.

22 Pues, he aquí, si Adán no hubiese transgredido, no habría caído, sino que habría permanecido en el Jardín de Edén. Y todas las cosas que fueron creadas habrían permanecido en el mismo estado en que se hallaban después de ser creadas; y habrían permanecido para siempre, sin tener fin.

23 Y no hubieran tenido ^ahijos; por consiguiente, habrían permanecido en un estado de inocencia, sin sentir gozo, porque no conocían la miseria; sin hacer lo bueno, porque no conocían el pecado.

24 Pero he aquí, todas las cosas han sido hechas según la sabiduría de aquel que todo lo ^asabe.

25 ^aAdán ^bcayó para que los

16a 2 Ne. 10:23;
     Alma 12:31.
     GEE Albedrío.
  b DyC 29:39–40.
17a GEE Diablo.
  b Isa. 14:12;
     2 Ne. 9:8;
     Moisés 4:3–4;
     Abr. 3:27–28.
18a 2 Ne. 28:19–23;
     3 Ne. 18:18;
     DyC 10:22–27.

  b GEE Eva.
  c 2 Ne. 28:8;
     Moisés 4:4.
  d Gén. 3:5; Alma 29:5;
     Moro. 7:15–19.
19a Alma 12:31.
     GEE Caída de Adán y
     Eva.
  b GEE Edén.
20a DyC 138:38–39.
21a Alma 12:24;
     Moisés 4:23–25.

  b Alma 34:32.
     GEE Arrepentimiento,
     arrepentirse.
  c GEE Mortal,
     mortalidad.
  d Jacob 7:12.
23a Moisés 5:11.
24a GEE Trinidad.
25a GEE Adán.
  b Moisés 6:48.
     GEE Caída de Adán
     y Eva.

hombres existiesen; y ᶜexisten los hombres para que tengan ᵈgozo.

26 Y el ᵃMesías vendrá en la plenitud de los tiempos, a fin de ᵇredimir a los hijos de los hombres de la caída. Y porque son redimidos de la caída, han llegado a quedar ᶜlibres para siempre, discerniendo el bien del mal, para actuar por sí mismos, y no para que se actúe sobre ellos, a menos que sea por el castigo de la ᵈley en el grande y último día, según los mandamientos que Dios ha dado.

27 Así pues, los hombres son ᵃlibres según la carne; y les son dadas todas las cosas que para ellos son propias. Y son libres para ᵇescoger la libertad y la ᶜvida eterna, por medio del gran Mediador de todos los hombres, o escoger la cautividad y la muerte, según la cautividad y el poder del diablo; pues él busca que todos los hombres sean miserables como él.

28 Y ahora bien, hijos míos, quisiera que confiaseis en el gran ᵃMediador y que escuchaseis sus grandes mandamientos; y sed fieles a sus palabras y escoged la vida eterna, según la voluntad de su Santo Espíritu;

29 y no escojáis la muerte eterna según el deseo de la carne y la iniquidad que hay en ella, que da al espíritu del diablo el poder de ᵃcautivar, de hundiros en el ᵇinfierno, a fin de poder reinar sobre vosotros en su propio reino.

30 Os he hablado estas pocas palabras a todos vosotros, hijos míos, en los últimos días de mi probación; y he escogido la buena parte, según las palabras del profeta. Y no tengo ninguna otra intención sino el eterno bienestar de vuestras almas. Amén.

CAPÍTULO 3

José, en Egipto, vio a los nefitas en visión — Profetizó en cuanto a José Smith, el vidente de los últimos días; en cuanto a Moisés, que libraría a Israel; y en cuanto al advenimiento del Libro de Mormón. Aproximadamente 588–570 a.C.

Y AHORA te hablo a ti, José, mi ᵃpostrer hijo. Tú naciste en el desierto de mis aflicciones; sí, tu madre te dio a luz en la época de mis mayores angustias.

2 Y el Señor te consagre también a ti esta ᵃtierra, la cual es una tierra tan preciosa, por herencia tuya y la herencia de tu posteridad con tus hermanos, para vuestra seguridad para siempre, si es que guardáis los mandamientos del Santo de Israel.

3 Y ahora bien, José, mi último hijo, a quien he traído del

25c GEE Mortal, mortalidad.
  d Moisés 5:10.
    GEE Gozo;
    Hombre(s).
26a GEE Mesías.
  b GEE Plan de redención.

c Alma 42:27;
  Hel. 14:30.
  d GEE Ley.
27a Gál. 5:1;
  Moisés 6:56.
  b GEE Albedrío.
  c GEE Vida eterna.

28a GEE Mediador.
29a Rom. 6:16–18;
  Alma 12:11.
  b GEE Infierno.
3 1a 1 Ne. 18:7.
  2a 1 Ne. 2:20.
    GEE Tierra prometida.

desierto de mis aflicciones, el Señor te bendiga para siempre, porque tu posteridad no será enteramente ^adestruida.

4 Porque he aquí, tú eres el fruto de mis lomos; y yo soy descendiente de ^aJosé que fue llevado ^bcautivo a Egipto. Y grandes fueron los convenios que el Señor hizo con José.

5 Por lo tanto, José realmente ^avio nuestro día. Y recibió del Señor la promesa de que del fruto de sus lomos el Señor Dios levantaría una ^brama ^cjusta a la casa de Israel; no el Mesías, sino una rama que iba a ser desgajada, mas no obstante, sería recordada en los convenios del Señor de que el ^dMesías sería manifestado a ellos en los últimos días, con el espíritu de poder, para sacarlos de las ^etinieblas a la luz; sí, de la obscuridad oculta y del cautiverio a la libertad.

6 Porque José en verdad testificó diciendo: El Señor mi Dios levantará a un ^avidente, el cual será un vidente escogido para los del fruto de mis ^blomos.

7 Sí, José verdaderamente dijo: Así me dice el Señor: Levantaré a un ^avidente escogido del fruto de tus lomos, y será altamente estimado entre los de tu simiente. Y

a él daré el mandamiento de que efectúe una obra para el fruto de tus lomos, sus hermanos, la cual será de mucho valor para ellos, aun para llevarlos al conocimiento de los convenios que yo he hecho con tus padres.

8 Y le daré el mandamiento de que ^ano haga ninguna otra obra, sino la que yo le mande. Y lo haré grande a mis ojos, porque ejecutará mi obra.

9 Y será grande como ^aMoisés, de quien dije que os lo levantaría para ^blibrar a mi pueblo, ¡oh casa de Israel!

10 Y levantaré a Moisés para librar a tu pueblo de la tierra de Egipto.

11 Pero del fruto de tus lomos levantaré a un vidente, y a él daré ^apoder para llevar mi palabra a los de tu descendencia; y no solamente para llevarles mi palabra, dice el Señor, sino para convencerlos de mi palabra que ya se habrá declarado entre ellos.

12 Por lo tanto, el fruto de tus lomos ^aescribirá, y el fruto de los lomos de ^bJudá ^cescribirá; y lo que escriba el fruto de tus lomos, y también lo que escriba el fruto de los lomos de Judá, crecerán juntamente

3a 2 Ne. 9:53.
4a Gén. 39:1–2; 45:4;
   49:22–26;
   1 Ne. 5:14–16.
  b Gén. 37:29–36.
5a TJS Gén. 50:24–38
   (Apéndice — Biblia);
   2 Ne. 4:1–2.
  b Gén. 49:22–26;

1 Ne. 15:12; 19:24.
GEE Viña del Señor.
  c Jacob 2:25.
  d 2 Ne. 6:14;
   DyC 3:16–20.
  e Isa. 42:16.
6a 3 Ne. 21:8–11;
   Morm. 8:16.
GEE Vidente.

  b DyC 132:30.
7a GEE Smith, hijo, José.
8a DyC 24:7, 9.
9a Moisés 1:41.
  b Éx. 3:7–10; 1 Ne. 17:24.
11a DyC 5:3–4.
12a GEE Libro de Mormón.
  b 1 Ne. 13:23–29.
  c GEE Biblia.

para ^dconfundir las falsas doctrinas, y poner fin a las contenciones, y establecer la paz entre los del fruto de tus lomos, y ^ellevarlos al ^fconocimiento de sus padres en los postreros días, y también al conocimiento de mis convenios, dice el Señor.

13 Y de la debilidad él será hecho fuerte, el día en que mi obra empiece entre todo mi pueblo para restaurarte, oh casa de Israel, dice el Señor.

14 Y así profetizó José, diciendo: He aquí, el Señor bendecirá a ese vidente, y los que traten de destruirlo serán confundidos; porque se cumplirá esta promesa que he recibido del Señor tocante al fruto de mis lomos. He aquí, estoy seguro del cumplimiento de esta promesa;

15 y su ^anombre será igual que el mío; y será igual que el ^bnombre de su padre. Y será semejante a mí, porque aquello que el Señor lleve a efecto por su mano, por el poder del Señor, guiará a mi pueblo a la salvación.

16 Sí, José así profetizó: Estoy seguro de esto, así como estoy seguro de la promesa de Moisés; porque el Señor me ha dicho: ^aPreservaré a tu descendencia para siempre.

17 Y ha dicho el Señor: Levantaré a un Moisés; y le daré poder en una vara, y le daré prudencia para escribir. Mas no desataré su lengua para que hable mucho, porque no lo haré grande en cuanto a la palabra. Pero le ^aescribiré mi ley, con el dedo de mi propia mano, y prepararé a un ^bportavoz para él.

18 Y también me dijo el Señor: Levantaré a uno para el fruto de tus lomos, y prepararé para él un portavoz. Y he aquí, le concederé que escriba la escritura del fruto de tus lomos, para el fruto de tus lomos; y el portavoz de tus lomos la declarará.

19 Y las palabras que él escriba serán las que yo en mi sabiduría juzgue conveniente que lleguen al fruto de tus lomos; y será como si los del ^afruto de tus lomos les hubiesen clamado ^bdesde el polvo, porque conozco su fe.

20 Y ^aclamarán desde el polvo; sí, el arrepentimiento a sus hermanos, sí, aun después de haber pasado sobre ellos muchas generaciones. Y sucederá que su clamor saldrá, sí, según la sencillez de sus palabras.

21 A causa de su fe sus ^apalabras saldrán de mi boca a sus hermanos, que son el fruto de tus lomos; y la debilidad de sus palabras yo fortaleceré en su fe, a fin de que recuerden mi convenio que hice con tus padres.

22 Y ahora bien, he aquí, mi hijo

12d Ezeq. 37:15–20;
1 Ne. 13:38–41;
2 Ne. 29:8; 33:10–11.
e Moro. 1:4.
f 1 Ne. 15:14;
2 Ne. 30:5;
Morm. 7:1, 5, 9–10.
15a DyC 18:8.
b JS—H 1:3.
16a Gén. 45:1–8.
17a Deut. 10:2, 4;
Moisés 2:1.
b Éx. 4:16.
19a DyC 28:8.
b Isa. 29:4;
2 Ne. 27:13; 33:13;
Morm. 9:30;
Moro. 10:27.
20a 2 Ne. 26:16;
Morm. 8:23.
21a 2 Ne. 29:2.

José, así fue como ªprofetizó mi padre de antaño.

23 Por lo tanto, bendito eres por causa de este convenio; porque tus descendientes no serán destruidos, pues escucharán las palabras del libro.

24 Y se levantará entre ellos uno poderoso que efectuará mucho bien, tanto en palabras como en obras, siendo un instrumento en las manos de Dios, con gran fe, para obrar potentes maravillas y realizar aquello que es grande a la vista de Dios, para efectuar mucha restauración a la casa de Israel y a la posteridad de tus hermanos.

25 Y ahora bien, bendito eres tú, José. He aquí, eres pequeño; escucha, por tanto, las palabras de tu hermano Nefi, y será hecho contigo de conformidad con las palabras que he hablado. Recuerda las palabras de tu padre, que está para morir. Amén.

CAPÍTULO 4

Lehi aconseja y bendice a su posteridad — Muere y es sepultado — Nefi se gloría en la bondad de Dios — Nefi pone su confianza en el Señor para siempre. Aproximadamente 588–570 a.C.

Y AHORA yo, Nefi, hablo respecto a las profecías de las cuales ha hablado mi padre, concernientes a ªJosé, que fue llevado a Egipto.

2 Porque he aquí, él verdaderamente profetizó acerca de toda su posteridad; y no hay muchas ªprofecías mayores que las que él escribió. Y profetizó concerniente a nosotros y nuestras generaciones venideras; y está escrito en las planchas de bronce.

3 Por tanto, luego que mi padre hubo concluido de hablar concerniente a las profecías de José, llamó a la familia de Lamán, sus hijos y sus hijas, y les dijo: He aquí, mis hijos e hijas, vosotros que sois los hijos e hijas de mi ªprimogénito, quisiera que escuchaseis mis palabras.

4 Porque el Señor Dios ha dicho que: ªAl grado que guardéis mis mandamientos, prosperaréis en el país; y si no guardáis mis mandamientos, seréis desechados de mi presencia.

5 Mas he aquí, mis hijos e hijas, no puedo descender a la tumba sin dejar sobre vosotros una ªbendición; porque he aquí, sé que si sois instruidos en la ᵇsenda que debéis seguir, no la abandonaréis.

6 Por tanto, si sois maldecidos, he aquí, dejo mi bendición sobre vosotros, para que os sea quitada la maldición, y recaiga sobre la ªcabeza de vuestros padres.

7 Por tanto, a causa de mi bendición el Señor Dios ªno permitirá que perezcáis; por tanto,

---

22a 2 Ne. 3:5.
4 1a Gén. 39:1–2.
2a 2 Ne. 3:5.
3a GEE Primogénito.
4a 2 Ne. 1:9.
5a GEE Bendiciones
   patriarcales.
 b Prov. 22:6.
6a DyC 68:25–29.
7a 2 Ne. 30:3–6;
   DyC 3:17–18.

será [b]misericordioso con vosotros y con vuestra posteridad para siempre.

8 Y aconteció que luego que mi padre hubo concluido de hablar a los hijos de Lamán, hizo venir ante él a los hijos e hijas de Lemuel.

9 Y les habló diciendo: He aquí, mis hijos e hijas, vosotros que sois hijos e hijas de mi segundo hijo, he aquí, os dejo la misma bendición que dejé a los hijos e hijas de Lamán; por consiguiente, no seréis destruidos por completo, sino que al fin vuestra descendencia será bendecida.

10 Y ocurrió que cuando mi padre hubo concluido de hablar con ellos, he aquí, se dirigió a los hijos de [a]Ismael, sí, y a todos los de su casa.

11 Y luego que hubo acabado de hablarles, habló a Sam, diciendo: Bendito eres tú y tu posteridad, pues heredarás el país, así como tu hermano Nefi; y tu posteridad será contada con la de él; y tú serás aun como tu hermano, y tu posteridad será como la suya, y tú serás bendecido todos tus días.

12 Y aconteció que después que mi padre, Lehi, hubo hablado a todos los de su casa, según los sentimientos de su corazón y el Espíritu del Señor que había en

él, mi padre envejeció. Y aconteció que murió y fue sepultado.

13 Y aconteció que no muchos días después de su muerte, Lamán, Lemuel y los hijos de Ismael se enojaron conmigo a causa de las amonestaciones del Señor.

14 Porque yo, Nefi, me sentía constreñido a hablarles según la palabra de él; porque yo les había hablado muchas cosas, y también mi padre, antes de morir; y muchas de estas palabras están escritas sobre mis [a]otras planchas, porque una parte con más historia está escrita sobre mis otras planchas.

15 Y sobre [a]estas escribo las cosas de mi alma, y muchas de las Escrituras que están grabadas sobre las planchas de bronce. Porque mi alma se deleita en las Escrituras, y mi corazón las [b]medita, y las escribo para la [c]instrucción y el beneficio de mis hijos.

16 He aquí, mi [a]alma se deleita en las cosas del Señor, y mi [b]corazón medita continuamente en las cosas que he visto y oído.

17 Sin embargo, a pesar de la gran [a]bondad del Señor al mostrarme sus grandes y maravillosas obras, mi corazón exclama: ¡Oh, [b]miserable hombre que soy! Sí, mi corazón se entristece a causa de mi carne. Mi alma

7b 1 Ne. 13:31;
2 Ne. 10:18–19;
Jacob 3:5–9;
Hel. 15:12–13.
10a 1 Ne. 7:6.
14a 1 Ne. 1:16–17; 9:4.
15a 1 Ne. 6:4–6.
b GEE Escrituras; Meditar.
c 1 Ne. 19:23.
16a GEE Acción de gracias, agradecido,
agradecimiento.
b GEE Corazón.
17a 2 Ne. 9:10;
DyC 86:11.
b Rom. 7:24.

se aflige a causa de mis iniquidades.

18 Me veo circundado a causa
de las tentaciones y pecados que
tan fácilmente me ªasedian.

19 Y cuando deseo regocijarme,
mi corazón gime a causa de mis
pecados; no obstante, sé en quién
he confiado.

20 Mi Dios ha sido mi apoyo;
él me ha guiado por entre mis
aflicciones en el desierto; y me
ha preservado sobre las aguas
del gran mar.

21 Me ha llenado con su ªamor
hasta consumir mi carne.

22 Ha confundido a mis ªenemigos hasta hacerlos temblar delante de mí.

23 He aquí, él ha oído mi clamor
durante el día, y me ha dado conocimiento en ªvisiones durante
la noche.

24 Y de día me he hecho osado
en ferviente ªoración ante él; sí,
he elevado mi voz a las alturas;
y descendieron ángeles y me ministraron.

25 Y mi cuerpo ha sido ªcon-
ducido en las alas de su Espíritu
hasta montañas muy altas; y mis
ojos han visto grandes cosas, sí,
demasiado grandes para el hombre; por lo tanto, se me mandó
que no las escribiera.

26 Entonces, si he visto tan
grandes cosas, si el Señor en su

condescendencia para con los hijos de los hombres los ha visitado
con tanta misericordia, ª¿por qué
ha de llorar mi corazón, y permanecer mi alma en el valle del
dolor, y mi carne deshacerse, y
mi fuerza desfallecer por causa
de mis aflicciones?

27 Y, ¿por qué he de ªceder al
pecado a causa de mi carne? Sí,
¿y por qué sucumbiré a las ᵇtentaciones, de modo que el maligno
tenga lugar en mi corazón para
destruir mi ᶜpaz y contristar mi
alma? ¿Por qué me enojo a causa
de mi enemigo?

28 ¡Despierta, alma mía! No des-
fallezcas más en el pecado. ¡Regocíjate, oh corazón mío, y no des
más lugar al ªenemigo de mi alma!

29 No vuelvas a enojarte a causa
de mis enemigos. No debilites mi
fuerza por motivo de mis aflicciones.

30 ¡Regocíjate, oh mi corazón, y
clama al Señor y dile: Oh Señor, te
alabaré para siempre! Sí, mi alma
se regocijará en ti, mi Dios, y la
ªroca de mi salvación.

31 ¿Redimirás mi alma, oh Señor? ¿Me librarás de las manos
de mis enemigos? ¿Harás que yo
tiemble al aparecer el ªpecado?

32 ¡Estén cerradas continuamente delante de mí las puertas
del infierno, pues quebrantado
está mi ªcorazón y contrito mi

18a Rom. 7:21–23;
    Heb. 12:1; Alma 7:15.
21a GEE Amor.
22a 1 Ne. 17:52.
23a GEE Visión.
24a Stg. 5:16; 1 Ne. 2:16.

25a 1 Ne. 11:1;
    Moisés 1:1–2.
26a Sal. 43:5.
27a Rom. 6:13.
  b GEE Tentación, tentar.
  c GEE Paz.

28a GEE Diablo.
30a 1 Cor. 3:11.
    GEE Roca.
31a Rom. 12:9; Alma 13:12.
32a GEE Corazón
    quebrantado.

espíritu! ¡No cierres, oh Señor, las puertas de tu justicia delante de mí, para que yo ^bande por la senda del apacible valle, para que me ciña al camino llano!

33 ¡Oh Señor, envuélveme con el manto de tu justicia! ¡Prepara, oh Señor, un camino para que escape delante de mis enemigos! ¡Endereza mi sendero delante de mí! No pongas tropiezo en mi camino, antes bien despeja mis vías ante mí; y no obstruyas mi sendero, sino más bien las vías de mi enemigo.

34 ¡Oh Señor, en ti he puesto mi confianza, y en ti ^aconfiaré para siempre! No pondré mi ^bconfianza en el brazo de la carne; porque sé que maldito es aquel que ^cconfía en el brazo de la carne. Sí, maldito es aquel que pone su confianza en el hombre, o hace de la carne su brazo.

35 Sí, sé que Dios dará ^aliberalmente a quien pida. Sí, mi Dios me dará, si no ^bpido ^cimpropiamente. Por lo tanto, elevaré hacia ti mi voz; sí, clamaré a ti, mi Dios, roca de mi rectitud. He aquí, mi voz ascenderá para siempre hacia ti, mi ^droca y mi Dios sempiterno. Amén.

CAPÍTULO 5

Los nefitas se separan de los lamanitas, cumplen con la ley de Moisés, y edifican un templo — Por motivo de

su incredulidad, los lamanitas son separados de la presencia del Señor, son maldecidos, y se convierten en azote para los nefitas. Aproximadamente 588–559 a.C.

HE aquí, sucedió que yo, Nefi, clamé mucho al Señor mi Dios, por motivo de la ^aira de mis hermanos.

2 Pero he aquí, su ira aumentó contra mí, a tal grado que trataron de quitarme la vida.

3 Sí, murmuraron contra mí, diciendo: Nuestro hermano menor piensa ^agobernarnos, y nos ha sobrevenido mucha angustia por causa de él. Matémoslo, pues, para que ya no seamos afligidos más por causa de sus palabras. Porque he aquí, no queremos que él sea nuestro gobernante; pues a nosotros, sus hermanos mayores, nos corresponde gobernar a este pueblo.

4 Ahora bien, no escribo sobre estas planchas todo lo que murmuraron contra mí. Pero me basta con decir que trataron de quitarme la vida.

5 Y aconteció que el Señor me ^aadvirtió a mí, ^bNefi, que me apartara de ellos y huyese al desierto, con todos los que quisieran acompañarme.

6 Sucedió, pues, que yo, Nefi, tomé a mi familia, y también a ^aZoram y su familia, y a Sam, mi

---

32b GEE Andar, andar con Dios.
34a GEE Confianza, confiar.
   b Sal. 44:6–8.
   c Jer. 17:5;
     Morm. 3:9; 4:8.

35a Stg. 1:5.
   b GEE Oración.
   c Hel. 10:5.
   d Deut. 32:4.
5 1a 2 Ne. 4:13–14.
   3a 1 Ne. 16:37–38;

   Mos. 10:14–15.
5a GEE Inspiración, inspirar.
   b Mos. 10:13.
6a 1 Ne. 4:35; 16:7;
   2 Ne. 1:30–32.

hermano mayor, y su familia, y a Jacob y José, mis hermanos menores, y también a mis hermanas y a todos los que quisieron ir conmigo. Y todos los que quisieron acompañarme eran aquellos que creían en las *b*amonestaciones y revelaciones de Dios; y por este motivo escucharon mis palabras.

7 Y llevamos nuestras tiendas y todo cuanto nos fue posible, y viajamos por el desierto por el espacio de muchos días. Y después que hubimos viajado durante muchos días, plantamos nuestras tiendas.

8 Y mi pueblo quiso que diéramos el nombre de *a*Nefi a ese sitio; por tanto, lo llamamos Nefi.

9 Y todos los que se hallaban conmigo optaron por llamarse el *a*pueblo de Nefi.

10 Y nos afanamos por cumplir con los juicios, y los estatutos y mandamientos del Señor en todas las cosas, según la *a*ley de Moisés.

11 Y el Señor estaba con nosotros, y prosperamos en gran manera; porque plantamos semillas, y a cambio, cosechamos abundantemente. Y empezamos a criar rebaños, manadas y animales de toda clase.

12 Y yo, Nefi, también había traído los anales que estaban grabados sobre las *a*planchas de bronce; y también la *b*esfera o *c*brújula que la mano del Señor había preparado para mi padre, de acuerdo con lo que se ha escrito.

13 Y aconteció que comenzamos a prosperar en extremo, y a multiplicarnos en el país.

14 Y yo, Nefi, tomé la *a*espada de Labán, y conforme a ella hice muchas espadas, no fuera que, de algún modo, los del pueblo que ahora se llamaban *b*lamanitas cayeran sobre nosotros y nos destruyeran; porque yo conocía su odio contra mí y mis hijos y aquellos que eran llamados mi pueblo.

15 Y enseñé a mi pueblo a construir edificios y a trabajar con toda clase de madera, y de *a*hierro, y de cobre, y de bronce, y de acero, y de oro, y de plata y de minerales preciosos que había en gran abundancia.

16 Y yo, Nefi, edifiqué un *a*templo, y lo construí según el modelo del *b*templo de Salomón, salvo que no se construyó de tantos materiales *c*preciosos, pues no se hallaban en esa tierra; por tanto, no se pudo edificar como el templo de Salomón. Pero la manera de su construcción fue semejante a la del templo de Salomón; y su obra fue sumamente hermosa.

6*b* GEE Amonestación, amonestar.
8*a* Omni 1:12, 27;
    Mos. 9:1–4; 28:1.
9*a* Jacob 1:13–14.
10*a* 2 Ne. 11:4.
    GEE Ley de Moisés.
12*a* Mos. 1:3–4.

GEE Planchas.
b Mos. 1:16.
c 1 Ne. 16:10, 16, 26;
    18:12, 21;
    Alma 37:38–47;
    DyC 17:1.
14*a* 1 Ne. 4:9;
    Jacob 1:10;

P. de Morm. 1:13.
b GEE Lamanitas.
15*a* Éter 10:23.
16*a* GEE Templo, Casa del Señor.
b 1 Rey. 6;
    2 Cró. 3.
c DyC 124:26–27.

17 Y aconteció que yo, Nefi, hice que mi pueblo fuese ᵃindustrioso y que trabajase con sus manos.

18 Y aconteció que ellos quisieron que yo fuera su ᵃrey. Pero yo, Nefi, deseaba que no tuvieran rey; no obstante, hice por ellos cuanto estaba en mi poder.

19 Y he aquí, se habían cumplido las palabras del Señor a mis hermanos, palabras que habló en cuanto a ellos, que yo sería su ᵃgobernante y su ᵇmaestro. Por tanto, yo había sido su gobernante y maestro, según los mandatos del Señor, hasta la ocasión en que trataron de quitarme la vida.

20 Por tanto, se cumplió la palabra que el Señor me habló, diciendo: Por cuanto ellos ᵃno quieren escuchar tus palabras, serán ᵇseparados de la presencia del Señor. Y he aquí, fueron separados de su presencia.

21 Y él había hecho caer la ᵃmaldición sobre ellos, sí, una penosa maldición, a causa de su iniquidad. Porque he aquí, habían endurecido sus corazones contra él, de modo que se habían vuelto como un pedernal; por tanto, ya que eran blancos y sumamente bellos y ᵇdeleitables, el Señor Dios hizo que los cubriese una ᶜpiel de color

obscuro, para que no atrajeran a los de mi pueblo.

22 Y así dice el Señor Dios: Haré que sean ᵃaborrecibles a tu pueblo, a no ser que se arrepientan de sus iniquidades.

23 Y malditos serán los descendientes de aquel que se ᵃmezcle con la posteridad de ellos; porque serán maldecidos con la misma maldición. Y el Señor lo habló; y así fue.

24 Y a causa de la maldición que vino sobre ellos, se convirtieron en un pueblo ᵃocioso, lleno de maldad y astucia, y cazaban animales salvajes en el desierto.

25 Y el Señor Dios me dijo: Serán un azote a tus descendientes para estimularlos a que se acuerden de mí; y si no se acuerdan de mí, ni escuchan mis palabras, los azotarán hasta la destrucción.

26 Y acaeció que yo, Nefi, ᵃconsagré a Jacob y a José para que fuesen sacerdotes y maestros sobre la tierra de mi pueblo.

27 Y aconteció que vivimos de una manera feliz.

28 Y habían transcurrido treinta años desde que salimos de Jerusalén.

29 Y yo, Nefi, había llevado los anales de mi pueblo hasta entonces sobre mis planchas, las que yo había hecho.

17a Gén. 3:19;
   DyC 42:42.
18a Jacob 1:9, 11.
19a 1 Ne. 2:22.
   b GEE Enseñar.
20a 2 Ne. 2:21.
   b Alma 9:14.
21a GEE Maldecir,
   maldiciones.
   b 4 Ne. 1:10.
   c 2 Ne. 26:33;
   3 Ne. 2:14–16.
22a 1 Ne. 12:23.
23a GEE Matrimonio — El
matrimonio entre
personas de distintas
religiones.
24a GEE Ociosidad, ocioso.
26a Jacob 1:18–19;
   Mos. 23:17.

30 Y sucedió que el Señor Dios me dijo: Haz ᵃotras planchas; y grabarás sobre ellas muchas cosas que son gratas a mis ojos, para el beneficio de tu pueblo.

31 Por tanto, yo, Nefi, para ser obediente a los mandatos del Señor, fui e hice ᵃestas planchas sobre las cuales he grabado estas cosas.

32 Y grabé lo que es agradable a Dios. Y si mi pueblo se complace con las cosas de Dios, se complacerá con mis grabados que están sobre estas planchas.

33 Y si mi pueblo desea saber la parte más particular de la historia de mi pueblo, debe buscarla en mis otras planchas.

34 Y bástame decir que habían transcurrido cuarenta años, y ya habíamos tenido guerras y contiendas con nuestros hermanos.

CAPÍTULO 6

Jacob narra la historia judía: El cautiverio de los judíos en Babilonia y su regreso; el ministerio y la crucifixión del Santo de Israel; la ayuda recibida de los gentiles; y la restauración de los judíos en los últimos días cuando crean en el Mesías. Aproximadamente 559–545 a.C.

Lᴀs palabras de Jacob, hermano de Nefi, las cuales habló al pueblo de Nefi:

2 He aquí, amados hermanos míos, que yo, Jacob, habiendo sido llamado por Dios y ordenado conforme a su santo orden,

y habiendo sido consagrado por mi hermano Nefi, a quien tenéis por ᵃrey o protector, y de quien dependéis para que os dé seguridad, he aquí, vosotros sabéis que os he hablado muchísimas cosas.

3 Sin embargo, os hablo otra vez, porque anhelo el bienestar de vuestras almas. Sí, grande es mi preocupación por vosotros, y a vosotros mismos os consta que siempre lo ha sido. Porque os he exhortado con toda diligencia y os he enseñado las palabras de mi padre; y os he hablado tocante a todas las cosas que están escritas, desde la creación del mundo.

4 Y ahora bien, he aquí, quisiera hablaros acerca de cosas que son y que están por venir; por tanto, os leeré las palabras de ᵃIsaías. Y son las palabras que mi hermano ha deseado que os declare. Y os hablo para vuestro bien, para que conozcáis y glorifiquéis el nombre de vuestro Dios.

5 Ahora bien, las palabras que os leeré son las que habló Isaías acerca de toda la casa de Israel; por tanto, se os pueden comparar, porque pertenecéis a la casa de Israel. Y hay muchas cosas que Isaías ha hablado, las cuales se os pueden comparar, pues sois de la casa de Israel.

6 Y estas son las palabras: ᵃAsí dice el Señor Dios: He aquí, yo alzaré mi mano a los gentiles, y levantaré mi ᵇestandarte a los

---

30a 1 Ne. 19:1–6.
31a ɢᴇᴇ Planchas.
6 2a Jacob 1:9, 11.
4a 3 Ne. 23:1.
6a Isa. 49:22–23.
  b ɢᴇᴇ Estandarte.

pueblos; y traerán en brazos a tus hijos, y en hombros llevarán a tus hijas.

7 Y reyes serán tus ayos, y sus reinas, tus nodrizas; con el rostro hacia la tierra se postrarán ante ti y lamerán el polvo de tus pies; y sabrás que yo soy el Señor; porque los que me ªesperan no serán avergonzados.

8 Y ahora yo, Jacob, quisiera hablar algo concerniente a estas palabras. Porque he aquí, el Señor me ha manifestado que los que se hallaban en ªJerusalén, de donde vinimos, han sido destruidos y ᵇllevados cautivos.

9 No obstante, el Señor me ha mostrado que ªvolverán otra vez. Y también me ha mostrado que el Señor Dios, el Santo de Israel, se ha de manifestar a ellos en la carne; y que después que se haya manifestado, lo azotarán y lo ᵇcrucificarán, según las palabras del ángel que me lo comunicó.

10 Y después que hayan empedernido sus corazones y endurecido sus cervices contra el Santo de Israel, he aquí, los ªjuicios del Santo de Israel vendrán sobre ellos. Y se aproxima el día en que serán heridos y afligidos.

11 Por lo que, después que sean echados de un lado a otro, pues así dice el ángel, muchos serán afligidos en la carne, y no se les permitirá perecer a causa de las oraciones de los fieles; y serán dispersados y heridos y odiados; sin embargo, el Señor será misericordioso con ellos, para que ªcuando lleguen al ᵇconocimiento de su Redentor, sean ᶜreunidos de nuevo en las tierras de su herencia.

12 Y benditos son los ªgentiles, acerca de quienes el profeta ha escrito; porque he aquí, si es que se arrepienten y no luchan contra Sion, ni se unen a esa grande y ᵇabominable iglesia, serán salvos; porque el Señor Dios cumplirá sus ᶜconvenios que ha hecho a sus hijos; y por esta causa el profeta ha escrito estas cosas.

13 Por tanto, los que luchen contra Sion y contra el pueblo del convenio del Señor lamerán el polvo de sus pies; y el pueblo del Señor no será ªavergonzado. Porque los del pueblo del Señor son aquellos que lo ᵇesperan; pues todavía esperan la venida del Mesías.

14 Y he aquí, según las palabras del profeta, el Mesías se

7ª DyC 133:45;
   Moisés 1:6.
8ª Ester 2:6;
   1 Ne. 7:13;
   2 Ne. 25:10;
   Omni 1:15;
   Hel. 8:20–21.
 b 2 Rey. 24:10–16;
   25:1–12.
   GEE Israel — El
   esparcimiento de

Israel.
9ª 1 Ne. 10:3.
 b 1 Ne. 19:10, 13;
   Mos. 3:9;
   3 Ne. 11:14–15.
   GEE Crucifixión.
10ª Mateo 27:24–25.
11ª 1 Ne. 22:11–12;
   2 Ne. 9:2.
 b Oseas 3:5.
 c GEE Israel — La

congregación de Israel.
12ª 1 Ne. 14:1–2;
   2 Ne. 10:9–10.
 b GEE Diablo — La
   iglesia del diablo.
 c GEE Abraham,
   convenio de (convenio
   abrahámico).
13ª 3 Ne. 22:4.
 b Isa. 40:31; 1 Ne. 21:23;
   DyC 133:45.

dispondrá por ªsegunda vez a recuperarlos; por lo tanto, cuando llegue el día en que en él crean, él se ᵇmanifestará a ellos con poder y gran gloria, hasta la ᶜdestrucción de sus enemigos, y no será destruido ninguno que crea en él.

15 Y los que no crean en él serán ªdestruidos tanto por ᵇfuego, como por tempestades, y por temblores de tierra, por la efusión de sangre y por ᶜpestilencia y por hambre. Y sabrán que el Señor es Dios, el Santo de Israel.

16 ª¿Pues será quitada la presa al poderoso o será librado el ᵇcautivo legítimo?

17 Empero así dice el Señor: Aun los ªcautivos le serán quitados al poderoso, y la presa del tirano será librada; porque el Dios ᵇFuerte ᶜlibrará a su pueblo del convenio. Pues así dice el Señor: Yo contenderé con aquellos que contiendan contigo;

18 y a los que te oprimen daré de comer su propia carne; y con su propia sangre serán embriagados como con vino dulce; y conocerá toda carne que yo, el Señor, soy tu Salvador y tu ªRedentor, el ᵇFuerte de Jacob.

CAPÍTULO 7

Jacob continúa leyendo en Isaías: Isaías habla en lenguaje mesiánico — El Mesías tendrá lengua de sabios — Entregará Sus espaldas al heridor — No será confundido — Compárese con Isaías 50. Aproximadamente 559–545 a.C.

Sí, porque esto dice el Señor: ¿Te he repudiado yo, o te he echado de mi lado para siempre? Pues así dice el Señor: ¿Dónde está la carta de divorcio de tu madre? ¿A quién te he abandonado, o a cuál de mis acreedores te he vendido? Sí, ¿a quién te he vendido? He aquí, por vuestras maldades os habéis ªvendido, y por vuestras iniquidades es repudiada vuestra madre.

2 Por tanto, cuando vine, no hubo nadie; cuando ªllamé, nadie respondió. Oh casa de Israel, ¿se ha acortado mi mano para no redimir?; o, ¿no hay en mí poder para librar? He aquí, con mi reprensión hago secar el ᵇmar; vuelvo sus ᶜríos en desiertos, sus ᵈpeces hieden porque las aguas se han secado, y mueren de sed.

3 Visto de ªobscuridad los cielos, y de ᵇcilicio hago su cubierta.

4 El Señor Dios me dio ªlengua

14a Isa. 11:11;
   2 Ne. 25:17; 29:1.
  b 2 Ne. 3:5.
  c 1 Ne. 22:13–14.
15a 2 Ne. 10:16; 28:15;
   3 Ne. 16:8.
  GEE Últimos días,
  postreros días.
  b Jacob 6:3.
  c DyC 97:22–26.

16a Isa. 49:24–26.
  b Es decir, el pueblo
  del convenio del
  Señor, como dice en el
  vers. 17.
17a 1 Ne. 21:25.
  b GEE Jehová.
  c 2 Rey. 17:39.
18a GEE Redentor.
  b Gén. 49:24; Isa. 60:16.

7 1a GEE Apostasía.
  2a Prov. 1:24–25;
   Isa. 65:12; Alma 5:37.
  b Éx. 14:21; Sal. 106:9;
   DyC 133:68–69.
  c Josué 3:15–16.
  d Éx. 7:21.
  3a Éx. 10:21.
  b Apoc. 6:12.
  4a Lucas 2:46–47.

de sabios para saber hablarte en sazón, oh casa de Israel. Cuando estás cansada, él vela de aurora a aurora; él abre mi oído para que oiga como los sabios.

5 El Señor Dios me abrió el ^aoído, y no fui rebelde ni me torné atrás.

6 Entregué mis espaldas al ^aheridor, y mis mejillas a los que arrancaban la barba. No escondí mi rostro de la humillación ni del esputo.

7 Porque el Señor Dios me ayudará, de modo que no seré confundido. Por eso he puesto mi rostro como pedernal, y sé que no seré avergonzado.

8 Y el Señor está cerca, y me justifica. ¿Quién contenderá conmigo? Presentémonos juntos. ¿Quién es mi adversario? Acérquese a mí, y yo lo heriré con la fuerza de mi boca.

9 Porque el Señor Dios me ayudará. Y todos los que me ^acondenen, he aquí, todos envejecerán como ropa de vestir, y la polilla se los comerá.

10 ¿Quién hay entre vosotros que teme al Señor, que obedece la ^avoz de su siervo, que anda en tinieblas y carece de luz?

11 He aquí, todos vosotros que encendéis fuego, que os rodeáis de centellas, andad a la luz de vuestro ^afuego y de las centellas que encendisteis. Esto os vendrá de mi mano: en angustia yaceréis.

CAPÍTULO 8

Jacob continúa leyendo en Isaías: En los últimos días, el Señor consolará a Sion y recogerá a Israel — Los redimidos irán a Sion en medio de gran gozo — Compárese con Isaías 51 y 52:1–2. Aproximadamente 559–545 a.C.

OÍDME, los que seguís la rectitud. Mirad a la ^aroca de donde fuisteis cortados, y al hueco de la cantera de donde os sacaron.

2 Mirad a Abraham vuestro ^apadre, y a ^bSara que os dio a luz; porque lo llamé a él solo, y lo bendije.

3 Porque el Señor consolará a ^aSion; consolará todas sus soledades y tornará su ^bdesierto en Edén, y su soledad en huerto del Señor. Allí habrá alegría y gozo, alabanza y voz de melodía.

4 ¡Atiende a mi palabra, oh pueblo mío, y escúchame, nación mía!, porque de mí saldrá una ^aley y estableceré mi justicia para ^bluz del pueblo.

5 Cercana está mi justicia; salido ha mi ^asalvación, y mi brazo juzgará a los pueblos. En mí esperarán las ^bislas, y en mi brazo confiarán.

6 Alzad a los cielos vuestros ojos, y mirad la tierra abajo;

5*a* DyC 58:1.
6*a* Mateo 27:26;
  2 Ne. 9:5.
9*a* Rom. 8:31.
10*a* DyC 1:38.
11*a* Jue. 17:6.

8 1*a* GEE Roca.
  2*a* Gén. 17:1–8;
    DyC 132:49.
  b Gén. 24:36.
  3*a* GEE Sion.
  b Isa. 35:1–2, 6–7.

4*a* O sea, enseñanza,
  doctrina. Isa. 2:3.
  GEE Evangelio.
  b GEE Luz, luz de Cristo.
5*a* GEE Salvación.
  b 2 Ne. 10:20.

porque los *cielos se *desvanecerán como humo, y la tierra se
*envejecerá como ropa de ves-
tir; y de igual manera perecerán
sus moradores. Pero mi salvación
será para siempre, y mi justicia no
será abrogada.

7 Oídme, los que conocéis la
rectitud, pueblo en cuyo corazón he escrito mi ley: No temáis
la afrenta del hombre, ni tengáis
*miedo de sus ultrajes.

8 Porque como a vestidura los
comerá la polilla, como a la lana
los consumirá el gusano. Pero mi
justicia permanecerá para siempre, y mi salvación de generación
en generación.

9 ¡Despierta, despierta; vístete
de *poder, oh brazo del Señor!
Despierta como en los días antiguos. ¿No eres tú el que cortó a
Rahab e hirió al dragón?

10 ¿No eres tú el que secó el mar,
las aguas del gran abismo; quien
tornó las profundidades del mar
en camino, *para que pasaran los
redimidos?

11 Por tanto, los *redimidos del
Señor volverán e irán a Sion *cantando; y perpetuo gozo y santidad habrá sobre sus cabezas;
alegría y regocijo alcanzarán, y
huirán el dolor y el *llanto.

12 *Yo soy aquel; sí, yo soy el
que os consuela. He aquí, ¿quién

eres tú para *temer al hombre,
que es mortal, y al hijo del hombre, que será como el *heno?

13 ¿Y para *olvidar al Señor tu
Hacedor, que extendió los cielos
y fundó la tierra; y temer continuamente todos los días a causa
del furor del opresor, como si estuviera presto para destruir? ¿Y
en dónde está el furor del opresor?

14 El cautivo desterrado se da
prisa para ser suelto, para que
no muera en la celda, ni le falte
su pan.

15 Pero yo soy el Señor tu Dios,
cuyas *olas se embravecieron;
el Señor de los Ejércitos es mi
nombre.

16 Y en tu boca he puesto mis
palabras, y con la sombra de mi
mano te cubrí, para yo extender
los cielos, y fundar los cimientos
de la tierra, y decir a Sion: He
aquí, tú eres mi *pueblo.

17 ¡Despierta, despierta, levántate, oh Jerusalén, tú que has bebido de la mano del Señor el *cáliz
de su *furor; que has bebido los
sedimentos del cáliz de temor
hasta vaciarlos!

18 De todos los hijos que dio a
luz, no hay quien la guíe; ni quien
la tome de la mano, de todos los
hijos que crio.

19 A ti han venido estos dos

6a 2 Pe. 3:10.
  b En hebreo, ser
    dispersados.
    Sal. 102:25–27.
  c En hebreo,
    descomponerse.
7a Sal. 56:4, 11;
    DyC 122:9.

9a DyC 113:7–8.
10a Isa. 35:8.
11a GEE Redención,
      redimido, redimir.
  b Isa. 35:10.
  c Apoc. 21:4.
12a DyC 133:47; 136:22.
  b Jer. 1:8.

c Isa. 40:6–8;
    1 Pe. 1:24.
13a Jer. 23:27.
15a 1 Ne. 4:2.
16a 2 Ne. 3:9; 29:14.
17a Isa. 29:9;
      Jer. 25:15.
  b Lucas 21:24.

ª hijos que te compadecerán — tu asolamiento y destrucción, y el hambre y la espada— y, ¿con quién te consolaré yo?

20 Tus hijos desfallecieron con excepción de estos dos; se hallan tendidos en las encrucijadas de todas las calles; como toro salvaje en una red, llenos están del furor del Señor, de la reprensión de tu Dios.

21 Por tanto, oye esto ahora, tú, afligida y ª ebria, mas no de vino,

22 así dice tu Señor, el Señor y tu Dios que ª aboga la causa de su pueblo: He aquí, he quitado de tu mano el cáliz de temor, los sedimentos del cáliz de mi furor; nunca más lo volverás a beber.

23 Sino lo ª pondré en manos de los que te afligen, los que dijeron a tu alma: Póstrate para que pasemos por encima; y tú pusiste tu cuerpo como el suelo, y como la calle, para los que pasaran por encima.

24 ª ¡Despierta, despierta, vístete de tu ᵇ poder, oh ᶜ Sion! ¡Vístete tus ropas de hermosura, oh Jerusalén, ciudad santa! Porque ᵈ nunca más vendrá a ti el incircunciso ni el inmundo.

25 ¡Sacúdete del polvo, ª levántate y toma asiento, oh Jerusalén! ¡Suelta las ᵇ ataduras de tu cuello, oh cautiva hija de Sion!

CAPÍTULO 9

Jacob explica que los judíos serán reunidos en todas sus tierras de promisión — La Expiación rescata al hombre de la Caída — Los cuerpos de los muertos saldrán de la tumba; y sus espíritus, del infierno y del paraíso — Serán juzgados — La Expiación rescata de la muerte, del infierno, del diablo y del tormento sin fin — Los justos serán salvos en el reino de Dios — Se exponen las consecuencias del pecado — El Santo de Israel es el guardián de la puerta. Aproximadamente 559–545 a.C.

AHORA bien, amados hermanos míos, he leído estas cosas para que sepáis de los ª convenios del Señor que ha concertado con toda la casa de Israel,

2 que él ha declarado a los judíos por boca de sus santos profetas, aun desde el principio, de generación en generación, hasta que llegue la época en que sean ª restaurados a la verdadera iglesia y redil de Dios, cuando sean ᵇ reunidos en las ᶜ tierras de su herencia, y sean establecidos en todas sus tierras de promisión.

3 He aquí, mis amados hermanos, os hablo estas cosas para que os regocijéis y ª levantéis vuestras cabezas para siempre, a causa de

---

19a Apoc. 11:3.
21a 2 Ne. 27:4.
22a Jer. 50:34.
23a Zac. 12:9.
24a Isa. 52:1–2.
   b DyC 113:7–8.
   c GEE Sion.
   d Joel 3:17.
25a Es decir, levantarse

del polvo y sentarse con decoro, al ser al fin redimida.
   b DyC 113:9–10.
9 1a GEE Abraham, convenio de (convenio abrahámico).
  2a 2 Ne. 6:11.
   GEE Restauración del

Evangelio.
   b GEE Israel — La congregación de Israel.
   c 2 Ne. 10:7–8.
   GEE Tierra prometida.
3a TJS Sal. 24:7–10 (Apéndice — Biblia).

las bendiciones que el Señor Dios conferirá a vuestros hijos.

4 Porque sé que habéis escudriñado mucho, un gran número de vosotros, para saber acerca de cosas futuras; por tanto, yo sé que vosotros sabéis que nuestra carne tiene que perecer y morir; no obstante, en nuestro ᵃcuerpo veremos a Dios.

5 Sí, yo sé que sabéis que él se manifestará en la carne a los de Jerusalén, de donde vinimos, porque es propio que sea entre ellos; pues conviene que el gran ᵃCreador se deje someter al hombre en la carne y muera por ᵇtodos los hombres, a fin de que todos los hombres queden sujetos a él.

6 Porque así como la muerte ha pasado sobre todos los hombres, para cumplir el misericordioso ᵃdesignio del gran Creador, también es menester que haya un poder de ᵇresurrección, y la resurrección debe venir al hombre por motivo de la ᶜcaída; y la caída vino a causa de la transgresión; y por haber caído el hombre, fue ᵈdesterrado de la presencia del Señor.

7 Por tanto, es preciso que sea una ᵃexpiación ᵇinfinita, pues a menos que fuera una expiación infinita, esta corrupción no podría revestirse de incorrupción. De modo que el ᶜprimer juicio que vino sobre el hombre habría tenido que ᵈpermanecer infinitamente. Y siendo así, esta carne tendría que descender para pudrirse y desmenuzarse en su madre tierra, para no levantarse jamás.

8 ¡Oh, la ᵃsabiduría de Dios, su ᵇmisericordia y ᶜgracia! Porque he aquí, si la ᵈcarne no se levantara más, nuestros espíritus tendrían que estar sujetos a ese ángel que ᵉcayó de la presencia del Dios Eterno, y se convirtió en el ᶠdiablo, para no levantarse más.

9 Y nuestros espíritus habrían llegado a ser como él, y nosotros seríamos diablos, ᵃángeles de un diablo, para ser ᵇseparados de la presencia de nuestro Dios y permanecer con el padre de las ᶜmentiras, en la miseria como él; sí, iguales a ese ser que ᵈengañó a nuestros primeros padres, quien se ᵉtransforma casi en ᶠángel

---

4a Job 19:26;
   Alma 11:41–45; 42:23;
   Hel. 14:15;
   Morm. 9:13.
5a GEE Creación, crear.
   b Juan 12:32;
   2 Ne. 26:24;
   3 Ne. 27:14–15.
6a GEE Plan de redención.
   b GEE Resurrección.
   c GEE Caída de Adán y
   Eva.
   d 2 Ne. 2:5.

7a GEE Expiación, expiar.
   b Alma 34:10.
   c Mos. 16:4–5;
   Alma 42:6, 9, 14.
   d Mos. 15:19.
8a Job 12:13;
   Abr. 3:21.
   GEE Sabiduría.
   b GEE Misericordia,
   misericordioso.
   c GEE Gracia.
   d DyC 93:33–34.
   e Isa. 14:12; 2 Ne. 2:17–18;

   Moisés 4:3–4;
   Abr. 3:27–28.
   f GEE Diablo.
9a Jacob 3:11;
   Alma 5:25, 39.
   b Apoc. 12:7–9.
   c GEE Mentiras.
   d Gén. 3:1–13;
   Mos. 16:3;
   Moisés 4:5–19.
   e 2 Cor. 11:14;
   Alma 30:53.
   f DyC 129:8.

de luz, e incita a los hijos de los hombres a ^{g}combinaciones secretas de asesinato y a toda especie de obras secretas de tinieblas.

10 ¡Oh cuán grande es la bondad de nuestro Dios, que prepara un medio para que escapemos de las garras de este terrible monstruo; sí, ese monstruo, ^{a}muerte e ^{b}infierno, que llamo la muerte del cuerpo, y también la muerte del espíritu!

11 Y a causa del medio de la ^{a}liberación de nuestro Dios, el Santo de Israel, esta ^{b}muerte de la cual he hablado, que es la temporal, entregará sus muertos; y esta muerte es la tumba.

12 Y esta ^{a}muerte de que he hablado, que es la muerte espiritual, entregará sus muertos; y esta muerte espiritual es el ^{b}infierno. De modo que la muerte y el infierno han de entregar sus muertos, y el infierno ha de entregar sus espíritus cautivos, y la tumba sus cuerpos cautivos, y los cuerpos y los ^{c}espíritus de los hombres serán ^{d}restaurados los unos a los otros; y es por el poder de la resurrección del Santo de Israel.

13 ¡Oh cuán grande es el ^{a}plan de nuestro Dios! Porque por otra parte, el ^{b}paraíso de Dios ha de entregar los espíritus de los justos, y la tumba los cuerpos de los justos; y el espíritu y el cuerpo son ^{c}restaurados de nuevo el uno al otro, y todos los hombres se tornan incorruptibles e ^{d}inmortales; y son almas vivientes, teniendo un ^{e}conocimiento ^{f}perfecto semejante a nosotros en la carne, salvo que nuestro conocimiento será perfecto.

14 Por lo que tendremos un ^{a}conocimiento perfecto de toda nuestra ^{b}culpa, y nuestra impureza, y nuestra ^{c}desnudez; y los ^{d}justos, hallándose ^{e}vestidos de ^{f}pureza, sí, con el ^{g}manto de rectitud, tendrán un conocimiento perfecto de su gozo y de su rectitud.

15 Y acontecerá que cuando todos los hombres hayan pasado de esta primera muerte a vida, de modo que hayan llegado a ser inmortales, deben comparecer ante el ^{a}tribunal del Santo de Israel; y entonces viene el ^{b}juicio, y luego deben ser juzgados según el santo juicio de Dios.

9g GEE Combinaciones secretas.
10a Mos. 16:7–8;
   Alma 42:6–15.
   b GEE Infierno.
11a GEE Libertador.
   b GEE Muerte física.
12a GEE Muerte espiritual.
   b DyC 76:81–85.
   c GEE Espíritu.

d GEE Resurrección.
13a GEE Plan de redención.
   b DyC 138:14–19.
   GEE Paraíso.
   c Alma 11:43.
   d GEE Inmortal, inmortalidad.
   e DyC 130:18–19.
   f GEE Perfecto.
14a Mos. 3:25;

Alma 5:18.
   b GEE Culpa.
   c Morm. 9:5.
   d GEE Justo.
   e Prov. 31:25.
   f GEE Pureza, puro.
   g DyC 109:76.
15a GEE Juicio final.
   b Sal. 19:9;
   2 Ne. 30:9.

16 Y tan cierto como vive el Señor, porque el Señor Dios lo ha dicho, y es su ªpalabra eterna que no puede ᵇdejar de ser, aquellos que son justos serán justos todavía, y los que son ᶜinmundos serán ᵈinmundos todavía; por lo tanto, los inmundos son el ᵉdiablo y sus ángeles; e irán al ᶠfuego eterno, preparado para ellos; y su tormento es como un ᵍlago de fuego y azufre, cuya llama asciende para siempre jamás, y no tiene fin.

17 ¡Oh, la grandeza y la ªjusticia de nuestro Dios! Porque él ejecuta todas sus palabras, y han salido de su boca, y su ley se debe cumplir.

18 Mas he aquí, los justos, los ªsantos del Santo de Israel, aquellos que han creído en el Santo de Israel, quienes han soportado las ᵇcruces del mundo y menospreciado la vergüenza de ello, estos ᶜheredarán el ᵈreino de Dios que fue preparado para ellos ᵉdesde la fundación del mundo, y su gozo será completo para ᶠsiempre.

19 ¡Oh, la grandeza de la misericordia de nuestro Dios, el Santo de Israel! Pues él ªlibra a sus santos de ese ᵇterrible monstruo, el diablo y muerte e ᶜinfierno, y de ese lago de fuego y azufre, que es tormento sin fin.

20 ¡Oh, cuán grande es la ªsantidad de nuestro Dios! Pues él ᵇsabe todas las cosas, y no existe nada sin que él lo sepa.

21 Y viene al mundo para ªsalvar a todos los hombres, si estos escuchan su voz; porque he aquí, él sufre los dolores de todos los hombres, sí, los ᵇdolores de toda criatura viviente, tanto hombres como mujeres y niños, que pertenecen a la familia de ᶜAdán.

22 Y sufre esto a fin de que la resurrección llegue a todos los hombres, para que todos comparezcan ante él en el gran día del juicio.

23 Y él manda a todos los hombres que se ªarrepientan y se ᵇbauticen en su nombre, teniendo perfecta fe en el Santo de Israel, o no pueden ser salvos en el reino de Dios.

24 Y si no se arrepienten, ni creen en su ªnombre, ni se bautizan en su nombre, ni ᵇperseveran

---

16a 1 Rey. 8:56;
  DyC 1:38;
  Moisés 1:4.
 b DyC 56:11.
 c GEE Inmundicia,
  inmundo.
 d 1 Ne. 15:33–35;
  Alma 7:21;
  Morm. 9:14;
  DyC 88:35.
 e GEE Diablo.
 f Mos. 27:28.
 g Apoc. 21:8;

2 Ne. 28:23;
  DyC 63:17.
17a GEE Justicia.
18a GEE Santo (sustantivo).
 b Lucas 14:27.
 c DyC 45:58; 84:38.
 d GEE Exaltación.
 e Alma 13:3.
 f GEE Vida eterna.
19a DyC 108:8.
 b 1 Ne. 15:35.
 c GEE Infierno.
20a GEE Santidad.

b Alma 26:35;
  DyC 38:2.
21a GEE Salvación.
 b DyC 18:11; 19:18.
 c GEE Adán.
23a GEE Arrepentimiento,
  arrepentirse.
 b GEE Bautismo, bautizar.
24a GEE Jesucristo — El
  tomar sobre sí el
  nombre de Jesucristo.
 b GEE Perseverar.

hasta el fin, deben ser ^ccondenados; pues el Señor Dios, el Santo de Israel, lo ha dicho.

25 Por tanto, él ha dado una ^aley; y donde ^bno se ha dado ninguna ley, no hay castigo; y donde no hay castigo, no hay condenación; y donde no hay condenación, las misericordias del Santo de Israel tienen derecho a reclamarlos por motivo de la expiación; porque son librados por el poder de él.

26 Porque la ^aexpiación satisface lo que su ^bjusticia demanda de todos aquellos a quienes ^cno se ha dado la ^dley, por lo que son librados de ese terrible monstruo, muerte e infierno, y del diablo, y del lago de fuego y azufre, que es tormento sin fin; y son restaurados a ese Dios que les dio ^ealiento, el cual es el Santo de Israel.

27 ¡Pero ay de aquel a quien la ^aley es dada; sí, que tiene todos los mandamientos de Dios, como nosotros, y que los quebranta, y malgasta los días de su probación, porque su estado es terrible!

28 ¡Oh ese sutil ^aplan del maligno! ¡Oh las ^bvanidades, y las flaquezas, y las necedades de los hombres! Cuando son ^cinstruidos se creen ^dsabios, y no escuchan el ^econsejo de Dios, porque lo menosprecian, suponiendo que saben por sí mismos; por tanto, su sabiduría es locura, y de nada les sirve; y perecerán.

29 Pero bueno es ser instruido, si ^ahacen caso de los ^bconsejos de Dios.

30 Mas ¡ay de los ^aricos, aquellos que son ricos según las cosas del mundo! Pues porque son ricos desprecian a los ^bpobres, y persiguen a los mansos, y sus corazones están en sus tesoros; por tanto, su tesoro es su dios. Y he aquí, su tesoro perecerá con ellos también.

31 ¡Ay de los sordos que no quieren ^aoír!, porque perecerán.

32 ¡Ay de los ciegos que no quieren ver!, porque perecerán también.

33 ¡Ay de los incircuncisos de corazón!, porque el conocimiento de sus iniquidades los herirá en el postrer día.

34 ¡Ay del ^aembustero!, porque será arrojado al ^binfierno.

24c GEE Condenación, condenar.
25a Stg. 4:17.
   GEE Ley.
  b Rom. 4:15;
   2 Ne. 2:13;
   Alma 42:12–24.
   GEE Responsabilidad, responsable.
26a 2 Ne. 2:10;
   Alma 34:15–16.
   GEE Expiación, expiar.
  b GEE Justicia.
  c Mos. 3:11.
  d Mos. 15:24;
   DyC 137:7.

  e Gén. 2:7;
   DyC 93:33;
   Abr. 5:7.
27a Lucas 12:47–48.
28a Alma 28:13.
  b GEE Vanidad, vano.
  c Lucas 16:15;
   2 Ne. 26:20; 28:4, 15.
  d Prov. 14:6;
   Jer. 8:8–9;
   Rom. 1:22.
   GEE Orgullo;
   Sabiduría.
  e Alma 37:12.
   GEE Consejo.
29a 2 Ne. 28:26.

  b Jacob 4:10.
30a Lucas 12:34;
   1 Tim. 6:10;
   DyC 56:16.
  b GEE Pobres.
31a Ezeq. 33:30–33;
   Mateo 11:15;
   Mos. 26:28;
   DyC 1:2, 11, 14;
   Moisés 6:27.
34a Prov. 19:9.
   GEE Honestidad, honradez;
   Mentiras.
  b GEE Infierno.

35 ¡Ay del asesino que ^amata intencionalmente!, porque ^bmorirá.

36 ¡Ay de los que cometen ^afornicaciones!, porque serán arrojados al infierno.

37 Sí, ¡ay de aquellos que ^aadoran ídolos!, porque el diablo de todos los diablos se deleita en ellos.

38 Y en fin, ¡ay de todos aquellos que mueren en sus pecados!, porque ^avolverán a Dios, y verán su rostro y quedarán en sus pecados.

39 ¡Oh, mis amados hermanos, recordad la horridez de transgredir contra ese Dios Santo, y también lo horrendo que es sucumbir a las seducciones de ese ^aastuto ser! Tened presente que ser de ^bmente carnal es ^cmuerte, y ser de mente espiritual es ^dvida ^eeterna.

40 ¡Oh, amados hermanos míos, escuchad mis palabras! Recordad la grandeza del Santo de Israel. No digáis que he hablado cosas duras contra vosotros, porque si lo hacéis, ultrajáis la ^averdad; pues he hablado las palabras de vuestro Hacedor. Sé que las palabras de verdad son ^bduras contra

toda impureza; mas los justos no las temen, porque aman la verdad y no son perturbados.

41 Así pues, amados hermanos míos, ^avenid al Señor, el Santo. Recordad que sus sendas son justas. He aquí, la ^bvía para el hombre es ^cangosta, mas se halla en línea recta ante él; y el guardián de la ^dpuerta es el Santo de Israel; y allí él no emplea ningún sirviente, y no hay otra entrada sino por la puerta; porque él no puede ser engañado, pues su nombre es el Señor Dios.

42 Y al que llamare, él abrirá; y los ^asabios, y los instruidos, y los que son ricos, que se ^binflan a causa de su conocimiento y su sabiduría y sus riquezas, sí, estos son los que él desprecia; y a menos que desechen estas cosas, y se consideren ^cinsensatos ante Dios y desciendan a las profundidades de la ^dhumildad, él no les abrirá.

43 Mas las cosas del sabio y del prudente les serán ^aencubiertas para siempre; sí, esa felicidad que está preparada para los santos.

44 ¡Oh, mis queridos hermanos, recordad mis palabras! He

35a Éx. 20:13;
    Mos. 13:21.
  b GEE Pena de muerte.
36a 3 Ne. 12:27–29.
    GEE Castidad.
37a GEE Idolatría.
38a Alma 40:11, 13.
39a 2 Ne. 28:20–22; 32:8;
    Mos. 2:32; 4:14;
    Alma 30:53.
  b Rom. 8:6.
    GEE Carnal.
  c GEE Muerte espiritual.

d Prov. 11:19.
e GEE Vida eterna.
40a GEE Verdad.
  b 1 Ne. 16:2;
    2 Ne. 28:28; 33:5.
41a 1 Ne. 6:4;
    Jacob 1:7;
    Omni 1:26;
    Moro. 10:30–32.
  b 2 Ne. 31:17–21;
    Alma 37:46;
    DyC 132:22, 25.
  c Lucas 13:24;

2 Ne. 33:9;
    Hel. 3:29–30.
  d 2 Ne. 31:9, 17–18;
    3 Ne. 14:13–14;
    DyC 43:7; 137:2.
42a Mateo 11:25.
  b GEE Orgullo.
  c 1 Cor. 3:18–21.
  d GEE Humildad,
    humilde, humillar
    (afligir).
43a 1 Cor. 2:9–16.

aquí, me quito mis vestidos y los sacudo ante vosotros; ruego al Dios de mi salvación que me mire con su ojo que [a]todo lo escudriña; por tanto, sabréis, en el postrer día, cuando todos los hombres sean juzgados según sus obras, que el Dios de Israel vio que [b]sacudí vuestras iniquidades de mi alma, y que me presento con tersura ante él, y estoy [c]limpio de vuestra sangre.

45 ¡Oh, mis queridos hermanos, apartaos de vuestros pecados! Sacudid de vosotros las [a]cadenas de aquel que quiere ataros fuertemente; venid a aquel Dios que es la [b]roca de vuestra salvación.

46 Preparad vuestras almas para ese día glorioso en que se administrará [a]justicia al justo; sí, el día del [b]juicio, a fin de que no os encojáis de miedo espantoso; para que no recordéis vuestra horrorosa [c]culpa con claridad, y os sintáis constreñidos a exclamar: ¡Santos, santos son tus juicios, oh Señor Dios [d]Todopoderoso; mas reconozco mi culpa; violé tu ley, y mías son mis transgresiones; y el diablo me ha atrapado, por lo que soy presa de su terrible miseria!

47 Mas he aquí, mis hermanos, ¿conviene que yo os despierte a la terrible realidad de estas cosas?

¿Atormentaría yo vuestras almas si vuestras mentes fueran puras? ¿Sería yo franco con vosotros, según la claridad de la verdad, si os hallaseis libres del pecado?

48 He aquí, si fueseis santos, os hablaría de cosas santas; pero como no sois santos, y me consideráis como maestro, es menester que os [a]enseñe las consecuencias del [b]pecado.

49 He aquí, mi alma aborrece el pecado, y mi corazón se deleita en la rectitud; y [a]alabaré el santo nombre de mi Dios.

50 Venid, hermanos míos, todos los que tengáis sed, venid a las [a]aguas; y venga aquel que no tiene dinero, y compre y coma; sí, venid y comprad vino y leche, sin [b]dinero y sin precio.

51 Por lo tanto, no gastéis dinero en lo que no tiene valor, ni vuestro [a]trabajo en lo que no puede satisfacer. Escuchadme diligentemente, y recordad las palabras que he hablado; y venid al Santo de Israel y [b]saciaos de lo que no perece ni se puede corromper, y deléitese vuestra alma en la plenitud.

52 He aquí, amados hermanos míos, recordad las palabras de vuestro Dios; orad a él continuamente durante el día, y dad [a]gracias a su santo nombre en

44a Jacob 2:10.
  b Jacob 1:19.
  c Jacob 2:2;
    Mos. 2:28.
45a 2 Ne. 28:22;
    Alma 36:18.
  b GEE Roca.
46a GEE Justicia.

  b GEE Juicio final.
  c Mos. 3:25.
  d 1 Ne. 1:14;
    Moisés 2:1.
48a Alma 37:32.
  b GEE Pecado.
49a 1 Ne. 18:16.
50a GEE Agua(s) viva(s).

  b Alma 42:27.
51a Isa. 55:1–2.
  b 2 Ne. 31:20; 32:3;
    3 Ne. 12:6.
52a GEE Acción de
    gracias, agradecido,
    agradecimiento.

la noche. Alégrese vuestro corazón.

53 Y considerad cuán grandes son los ᵃconvenios del Señor, y cuán grandes sus condescendencias para con los hijos de los hombres; y a causa de su grandeza, y su gracia y ᵇmisericordia, nos ha prometido que los de nuestra posteridad no serán completamente destruidos, según la carne, sino que los preservará; y en generaciones futuras llegarán a ser una ᶜrama justa de la casa de Israel.

54 Y ahora bien, mis hermanos, quisiera hablaros más; pero mañana os declararé el resto de mis palabras. Amén.

CAPÍTULO 10

Jacob explica que los judíos crucificarán a su Dios — Serán dispersados hasta que empiecen a creer en Él — América será una tierra de libertad donde ningún rey gobernará — Reconciliaos con Dios y lograd la salvación por medio de Su gracia. Aproximadamente 559–545 a.C.

Y AHORA bien, yo, Jacob, os hablo otra vez, amados hermanos míos, concerniente a esta ᵃrama justa de la cual he hablado.

2 Pues he aquí, las ᵃpromesas que hemos logrado son promesas para nosotros según la carne; por tanto, así como se me ha manifestado que muchos de nuestros hijos perecerán en la carne a causa de la incredulidad, Dios, sin embargo, tendrá misericordia de muchos; y nuestros hijos serán restaurados para que obtengan aquello que les dará el verdadero conocimiento de su Redentor.

3 Por tanto, como os dije, debe ser menester que Cristo —pues anoche me dijo el ᵃángel que ese sería su nombre— ᵇvenga entre los judíos, entre aquellos que son de los más inicuos del mundo; y ellos lo ᶜcrucificarán. Porque así conviene a nuestro Dios, y no hay ninguna otra nación sobre la tierra que ᵈcrucificaría a su ᵉDios.

4 Porque si se efectuasen entre otras naciones los grandes ᵃmilagros, se arrepentirían y sabrían que él es su Dios.

5 Mas a causa de ᵃsupercherías sacerdotales e iniquidades, los de Jerusalén endurecerán su cerviz contra él, para que sea crucificado.

6 Así que, por motivo de sus iniquidades, vendrán sobre ellos destrucciones, hambres, pestes y efusión de sangre; y los que no sean destruidos serán

---

53a GEE Convenio.
 b GEE Misericordia, misericordioso.
 c GEE Viña del Señor.
10 1a 1 Ne. 15:12–16;
   2 Ne. 3:5;
   Jacob 5:43–45.
 2a 1 Ne. 22:8;

3 Ne. 5:21–26; 21:4–7.
3a 2 Ne. 25:19;
   Jacob 7:5; Moro. 7:22.
 b GEE Jesucristo —
   Profecías acerca de la
   vida y la muerte de
   Jesucristo.
 c 1 Ne. 11:33;

Mos. 3:9;
DyC 45:52–53.
 d Lucas 23:20–24.
 e 1 Ne. 19:10.
4a GEE Milagros.
5a Lucas 22:2.
   GEE Supercherías
   sacerdotales.

^adispersados entre todas las naciones.

7 Pero he aquí, así dice el ^aSeñor Dios: ^bCuando llegue el día en que crean en mí, que yo soy Cristo, he hecho convenio con sus padres que entonces serán restaurados en la carne, sobre la tierra, a las tierras de su herencia.

8 Y acontecerá que serán ^acongregados de su larga dispersión, desde las ^bislas del mar y desde las cuatro partes de la tierra; y serán grandes a mis ojos las naciones de los gentiles, dice Dios, en ^cllevarlos a las tierras de su herencia.

9 ^aSí, los reyes de los gentiles les serán por ayos, y sus reinas por nodrizas; por tanto, grandes son las ^bpromesas del Señor a los gentiles, porque él lo ha dicho; y, ¿quién puede disputarlo?

10 Mas he aquí, esta tierra, dice Dios, será la tierra de tu herencia, y los ^agentiles serán bendecidos sobre la tierra.

11 Y esta tierra será una tierra de ^alibertad para los gentiles; y no habrá ^breyes sobre la tierra que se levanten sobre los gentiles.

12 Y fortificaré esta tierra contra todas las otras naciones.

13 Y el que ^acombata contra Sion ^bperecerá, dice Dios.

14 Porque quien levante rey contra mí, perecerá; pues yo, el Señor, el ^arey de los cielos, seré su rey, y eternamente seré una ^bluz para aquellos que oigan mis palabras.

15 Por lo tanto, por esta causa, a fin de que se cumplan mis ^aconvenios que he concertado con los hijos de los hombres, que realizaré para ellos mientras estén en la carne, he de destruir las obras ^bsecretas de ^ctinieblas, y de asesinatos, y de abominaciones.

16 De modo que quien pugne contra ^aSion, tanto judío como gentil, esclavo como libre, varón como mujer, perecerá; pues son ^bellos los que constituyen la ramera de toda la tierra; porque ^caquellos que ^dno son conmigo, ^econtra mí son, dice nuestro Dios.

17 Porque ^acumpliré mis promesas que he hecho a los hijos de los hombres, que realizaré para ellos mientras estén en la carne.

6a 1 Ne. 19:13–14.
   GEE Israel — El esparcimiento de Israel.
7a GEE Señor.
 b 2 Ne. 25:16–17.
8a GEE Israel — La congregación de Israel.
 b 1 Ne. 22:4;
   2 Ne. 10:20–22;
   DyC 133:8.
 c 1 Ne. 22:8.
9a Isa. 49:22–23.

 b 1 Ne. 22:8–9;
   DyC 3:19–20.
10a 2 Ne. 6:12.
11a GEE Libertad, libre.
 b Mos. 29:31–32.
13a 1 Ne. 22:14, 19.
 b Isa. 60:12.
14a Alma 5:50;
   DyC 38:21–22;
   128:22–23;
   Moisés 7:53.
 b GEE Luz, luz de Cristo.
15a GEE Convenio.
 b Hel. 3:23.

   GEE Combinaciones secretas.
 c GEE Tinieblas espirituales.
16a GEE Sion.
 b 1 Ne. 13:4–5.
 c 1 Ne. 14:10.
 d 1 Ne. 22:13–23;
   2 Ne. 28:15–32;
   3 Ne. 16:8–15;
   Éter 2:9.
 e Mateo 12:30.
17a DyC 1:38.

18 Por consiguiente, mis amados hermanos, así dice nuestro Dios: Afligiré a tu posteridad por mano de los ªgentiles; no obstante, ablandaré el corazón de los gentiles para que les sean como un padre; por tanto, los gentiles serán ᵇbendecidos y ᶜcontados entre los de la casa de Israel.

19 Por tanto, ªconsagraré esta tierra a tu posteridad, y a aquellos que sean contados entre los de tu posteridad, como la tierra de su herencia, para siempre; porque es una tierra escogida, me dice el Señor, sobre todas las otras tierras; por tanto, es mi voluntad que me adoren todos los hombres que en ella moren, dice Dios.

20 Ahora bien, amados hermanos míos, en vista de que nuestro clemente Dios nos ha dado tan gran conocimiento acerca de estas cosas, acordémonos de él, y dejemos a un lado nuestros pecados, y no inclinemos la cabeza, porque no somos desechados; sin embargo, hemos sido ªexpulsados de la tierra de nuestra herencia; pero se nos ha guiado a una ᵇtierra mejor, pues el Señor ha hecho del mar nuestro ᶜcamino, y nos hallamos en una ᵈisla del mar.

21 Pero grandes son las promesas del Señor para los que se hallan en las ªislas del mar; por tanto, ya que dice islas, debe haber más que esta, y también las habitan nuestros hermanos.

22 Porque he aquí, el Señor Dios ha ªllevado a algunos de la casa de Israel, de cuando en cuando, según su voluntad y placer. Y ahora bien, he aquí, el Señor se acuerda de todos los que han sido dispersados; por tanto, se acuerda de nosotros también.

23 Anímense, pues, vuestros corazones, y recordad que sois ªlibres para ᵇobrar por vosotros mismos, para ᶜescoger la vía de la muerte interminable, o la vía de la vida eterna.

24 Por tanto, mis amados hermanos, reconciliaos con la voluntad de Dios, y no con la voluntad del diablo y la carne; y recordad, después de haberos reconciliado con Dios, que tan solo en la ªgracia de Dios, y por ella, sois ᵇsalvos.

25 Así pues, Dios os levante de la muerte por el poder de la resurrección, y también de la muerte eterna por el poder de la ªexpiación, a fin de que seáis recibidos en el reino eterno de Dios, para que lo alabéis por medio de la divina gracia. Amén.

18a Lucas 13:28–30;
  DyC 45:7–30.
  b Efe. 3:6.
  c Gál. 3:7, 29;
    1 Ne. 14:1–2;
    3 Ne. 16:13;
    21:6, 22; 30:2;
    Abr. 2:9–11.
19a 2 Ne. 3:2.
20a 1 Ne. 2:1–4.
  b 1 Ne. 2:20.
    GEE Tierra prometida.
  c 1 Ne. 18:5–23.
  d Isa. 11:10–12.
21a 1 Ne. 19:15–16; 22:4.
22a 1 Ne. 22:4.
23a GEE Albedrío.
  b 2 Ne. 2:16.
  c Deut. 30:19.
24a GEE Gracia.
  b GEE Salvación.
25a GEE Expiación, expiar.

CAPÍTULO 11

Jacob vio a su Redentor — La ley de Moisés simboliza a Cristo y prueba que Él vendrá. Aproximadamente 559–545 a.C.

AHORA bien, ^aJacob habló muchas otras cosas a mi pueblo en esa ocasión; sin embargo, solamente he hecho ^bescribir estas cosas, porque lo que he escrito me basta.

2 Y ahora yo, Nefi, escribo más de las palabras de ^aIsaías, porque mi alma se deleita en sus palabras. Porque compararé sus palabras a mi pueblo, y las enviaré a todos mis hijos, pues él verdaderamente vio a mi ^bRedentor, tal como yo lo he visto.

3 Y mi hermano Jacob también lo ^aha visto como lo he visto yo; por tanto, transmitiré las palabras de ellos a mis hijos, para probarles que mis palabras son verdaderas. Por tanto, ha dicho Dios, por las palabras de ^btres estableceré mi palabra. No obstante, Dios envía más testigos y confirma todas sus palabras.

4 He aquí, mi alma se deleita en ^acomprobar a mi pueblo la verdad de la ^bvenida de Cristo; porque con este fin se ha dado la ^cley de Moisés; y todas las cosas que han sido dadas por Dios al hombre, desde el principio del mundo, son símbolo de él.

5 Y mi alma también se deleita en los ^aconvenios que el Señor ha hecho a nuestros antepasados; sí, mi alma se deleita en su gracia, y en su justicia, y poder, y misericordia en el gran y eterno plan de liberación de la muerte.

6 Y mi alma se deleita en comprobar a mi pueblo que ^asalvo que Cristo venga, todos los hombres deben perecer.

7 Porque si ^ano hay Cristo, no hay Dios; y si Dios no existe, nosotros no existimos, porque no habría habido ^bcreación. Mas hay un Dios, y es Cristo; y él viene en la plenitud de su propio tiempo.

8 Y ahora escribo algunas de las palabras de Isaías, para que aquellos de mi pueblo que vean estas palabras eleven sus corazones y se regocijen por todos los hombres. Ahora bien, estas son las palabras, y podéis compararlas a vosotros y a todos los hombres.

CAPÍTULO 12

Isaías ve el templo de los postreros días, el recogimiento de Israel, el juicio y la paz milenarios — Los altivos y los inicuos serán humillados a la Segunda Venida — Compárese con Isaías 2. Aproximadamente 559–545 a.C.

11 1a 2 Ne. 6:1–10.
  b 2 Ne. 31:1.
 2a 3 Ne. 23:1.
  b GEE Redentor.
 3a 3 Ne. 2:3;
   Jacob 7:5.
  b 2 Ne. 27:12;

Éter 5:2–4;
DyC 5:11.
 4a 2 Ne. 31:2.
  b Jacob 4:5;
   Jarom 1:11;
   Alma 25:15–16;
   Éter 12:19.

 c 2 Ne. 5:10.
 5a GEE Abraham,
   convenio de (convenio abrahámico).
 6a Mos. 3:15.
 7a 2 Ne. 2:13.
  b GEE Creación, crear.

Lo que ªvio ᵇIsaías hijo de Amoz, concerniente a Judá y Jerusalén:

2 Y acontecerá en los postreros días, que el ªmonte de la ᵇcasa del Señor será establecido como cabeza de los ᶜmontes, y será exaltado sobre los collados, y todas las naciones correrán hacia él.

3 Y vendrán muchos pueblos y dirán: Venid, y subamos al monte del Señor, a la casa del Dios de Jacob; y nos enseñará acerca de sus caminos, y ªcaminaremos por sus sendas; porque de Sion saldrá la ᵇley, y de Jerusalén la palabra del Señor.

4 Y ªjuzgará entre las naciones, y reprenderá a muchos pueblos; y forjarán sus espadas en rejas de arado, y sus lanzas en hoces. No alzará espada nación contra nación, ni se adiestrarán más para la guerra.

5 Venid, oh casa de Jacob, y caminemos a la luz del Señor; sí, venid, porque todos os habéis ªdescarriado, cada cual por sus sendas de maldad.

6 Por lo que tú, oh Señor, has desamparado a tu pueblo, la casa de Jacob, porque ªllenos están de los modos de oriente, y escuchan a los agoreros como los ᵇfilisteos, y con los hijos de extranjeros se ᶜenlazan.

7 Su tierra también está llena de plata y oro, sus tesoros no tienen fin; también su tierra está llena de caballos, y sus carros son sin número.

8 Su tierra también está llena de ªídolos; adoran la obra de sus propias manos, aquello que han hecho sus mismos dedos.

9 Y el hombre vil ªno se inclina, ni el grande se humilla; por tanto, no lo perdones.

10 ¡Oh malvados, meteos en la peña y ªescondeos en el polvo! Porque el temor del Señor y la gloria de su majestad os herirán.

11 Y sucederá que la mirada altiva del hombre será abatida, y la soberbia de los hombres será humillada, y solo el Señor será exaltado en aquel día.

12 Porque el ªdía del Señor de los Ejércitos pronto vendrá sobre todas las naciones, sí, sobre cada una; sí, sobre el ᵇorgulloso

---

12 1a En hebreo, khazah, que significa "prever", lo que quiere decir que Isaías recibió el mensaje por medio de una visión del Señor.
  b En los capítulos del 12 al 24 de 2 Nefi, Nefi cita de las planchas de bronce los capítulos del 2–14 de Isaías. Hay algunas diferencias en el texto, en las cuales el lector debe fijarse.
  2a Joel 3:17.
GEE Sion.
  b GEE Templo, Casa del Señor.
  c DyC 49:25.
  3a GEE Andar, andar con Dios.
  b En hebreo, enseñanza o doctrina. GEE Evangelio.
  4a 2 Ne. 21:2–9.
  5a 2 Ne. 28:14; Mos. 14:6; Alma 5:37.
  6a Es decir, llenos de enseñanzas y creencias extranjeras. Sal. 106:35.
  b GEE Filisteos.
  c En hebreo, se dan la mano con, o hacen convenio con.
  8a GEE Idolatría.
  9a Es decir, ante Dios; en lugar de ello, adora ídolos.
  10a Alma 12:14.
  12a GEE Segunda venida de Jesucristo.
  b Mal. 4:1; 2 Ne. 23:11; DyC 64:24.

y soberbio, y sobre todo el que se ensalza; y serán abatidos.

13 Sí, y el día del Señor vendrá sobre todos los cedros del Líbano, porque son altos y erguidos; y sobre todas las encinas de Basán;

14 y sobre todos los montes altos, y sobre todos los collados; y sobre todas las naciones que se ensalcen, y sobre todo pueblo;

15 y sobre toda torre alta, y sobre todo muro reforzado;

16 y sobre todos los barcos del ᵃmar, y sobre toda nave de Tarsis, y sobre todos los panoramas agradables.

17 Y la altivez del hombre será abatida, humillada será la soberbia de los hombres; y solo el Señor será ensalzado en ᵃaquel día.

18 Y quitará por completo los ídolos.

19 Y los hombres se meterán en las cavernas de las rocas y en las cuevas de la tierra, porque el temor del Señor caerá sobre ellos y la gloria de su majestad los herirá, cuando se levante para estremecer la tierra terriblemente.

20 En aquel día ᵃarrojará el hombre a los topos y murciélagos sus ídolos de plata y sus ídolos de oro que se ha hecho para adorarlos;

21 para meterse en las hendiduras de las rocas y en las cavernas de los peñascos, porque el temor del Señor vendrá sobre ellos, y los herirá la majestad de su gloria, cuando se levante para estremecer la tierra terriblemente.

22 ᵃDejaos del hombre, cuyo aliento está en su nariz; pues, ¿en qué debe ser estimado?

CAPÍTULO 13

Judá y Jerusalén serán castigadas por su desobediencia — El Señor litiga con Su pueblo y lo juzga — Las hijas de Sion son maldecidas y atormentadas por sus costumbres mundanas — Compárese con Isaías 3. Aproximadamente 559–545 a.C.

PORQUE he aquí que el Señor, el Señor de los Ejércitos, quita de Jerusalén y de Judá el apoyo y el sostén; todo sustento de pan, y todo socorro de agua;

2 el valiente y el hombre de guerra, el juez y el profeta, el prudente y el anciano;

3 el capitán de cincuenta, y el hombre respetable, y el consejero, y el artífice diestro, y el hábil orador.

4 Y niños les pondré por príncipes, y niños pequeños serán sus gobernantes.

5 Y el pueblo se hará violencia unos a otros, y cada cual contra su prójimo. El niño se portará

16a La versión griega (Septuaginta) tiene una frase que el hebreo no tiene, y el hebreo tiene una frase que el griego no tiene; pero 2 Nefi

12:16 tiene las dos. Sal. 48:7; Ezeq. 27:25.
17a Es decir, el día de la venida del Señor en gloria.
20a En hebreo, abandonar.

22a Es decir, dejad de depender del hombre mortal, el cual tiene poco poder comparado con Dios. Moisés 1:10.

altivamente con el anciano, y el villano contra el noble.

6 Cuando el hombre tomare a su hermano, de la familia de su padre, y le dijere: Tú tienes manto, sé tú nuestro gobernante, y no sea esta ªruina bajo tu mano,

7 este jurará en aquel día, diciendo: No seré el ªsanador, pues en mi casa no hay ni pan ni qué vestir; no me hagáis gobernante del pueblo.

8 Pues ªarruinada está Jerusalén, y ᵇJudá caída; porque sus lenguas y sus obras han sido contra el Señor para provocar los ojos de su gloria.

9 La apariencia de sus rostros testifica en contra de ellos, y publica que su pecado es como el de ªSodoma, y no lo pueden ocultar. ¡Ay de sus almas!, porque se han recompensado maldad para sí mismos.

10 Decid a los justos que a ellos les irá ªbien, porque comerán del fruto de sus obras.

11 ¡Ay de los impíos!, porque perecerán; pues el pago de sus manos vendrá sobre ellos.

12 Los opresores de mi pueblo son niños, y mujeres lo gobiernan. ¡Oh pueblo mío, los que te ªguían te hacen errar, y pervierten el curso de tus sendas!

13 El Señor se levanta para ªlitigar, se pone en pie para juzgar al pueblo.

14 Vendrá el Señor a juicio contra los ancianos de su pueblo y contra sus ªpríncipes; porque habéis ᵇdevorado la ᶜviña y el ᵈdespojo del ᵉpobre en vuestras casas.

15 ¿Qué pretendéis? Majáis a mi pueblo, y moléis las caras de los pobres, dice el Señor Dios de los Ejércitos.

16 Dice además el Señor: Por cuanto las hijas de Sion son altivas, y andan con cuello erguido y ojos desvergonzados, y caminan como si ªbailaran, y producen tintineo con los pies;

17 herirá, pues, el Señor la mollera de las hijas de Sion con sarna, y ªdescubrirá su desnudez.

18 En aquel día quitará el Señor la ostentación de sus ajorcas, y ªredecillas, y ᵇlunetas;

---

13 6ª Isa. 3:6.
7ª En hebreo, el que venda una herida; es decir, no puedo resolver vuestros problemas.
8ª Jer. 9:11.
  b Lam. 1:3.
9ª Gén. 19:1, 4–7, 24–25. GEE Homosexual, comportamiento.
10ª Deut. 12:28.
12ª Isa. 9:16.
13ª En hebreo, contender. Miq. 6:2;

DyC 45:3–5.
14ª En hebreo, gobernantes o líderes.
  b En hebreo, consumido o quemado.
  c Isa. 5:7.
  d Es decir, ganancia ilícita.
  e 2 Ne. 28:12–13.
16ª Es decir, caminar con pasos cortos y rápidos de un modo afectado.
17ª Modismo hebraico que significa

"avergonzarlas, humillarlas".
18ª Es probable que se trate de redecillas para el cabello. Las autoridades en la materia no siempre concuerdan con respecto a la índole de los adornos de mujer que se mencionan en los versículos 18–23.
  b Es decir, adornos en forma de luna en cuarto creciente.

19 los collares, y los brazaletes, y los ªrebociños;

20 las cofias, los adornos de las piernas, los tocados, los pomitos de olor y los zarcillos;

21 los anillos, y los joyeles para la nariz;

22 las ªmudas de ropa de gala, y los mantos, y las tocas, y las bolsas;

23 los ªespejos, y los linos finos, y los rebozos, y los velos.

24 Y sucederá que en lugar de perfumes, habrá hediondez; y ªsoga en lugar de cinturón; y en lugar de cabellos peinados, calvicie; y en lugar de mantos, cilicio; y ᵇquemadura en lugar de hermosura.

25 Tus varones caerán a espada, y tus fuertes en la batalla.

26 Y sus puertas se lamentarán y enlutarán, y ella, desolada, se sentará en tierra.

CAPÍTULO 14

Sion y sus hijas serán redimidas y purificadas en el día milenario — Compárese con Isaías 4. Aproximadamente 559–545 a.C.

Y ᴇɴ aquel día siete mujeres echarán mano de un hombre, diciendo: Nuestro propio pan comeremos, y con nuestra propia ropa nos vestiremos; tan solo déjanos llevar tu nombre para quitar nuestro ªoprobio.

2 En aquel día el ªrenuevo del Señor será bello y glorioso, y el fruto de la tierra excelente y hermoso para los de Israel que hayan escapado.

3 Y acontecerá que los que fueren dejados en Sion, y los que quedaren en Jerusalén, serán llamados santos, todos los que en Jerusalén estén inscritos entre los vivientes,

4 ªcuando el Señor haya ᵇlavado la inmundicia de las hijas de Sion, y limpiado la sangre de Jerusalén de en medio de ella con espíritu de juicio y con espíritu de ªardimiento.

5 Y creará el Señor, sobre toda morada del monte de Sion, y sobre sus asambleas, una ªnube y humo de día, y resplandor de fuego y llamas de noche, porque sobre toda la gloria de Sion habrá una defensa.

6 Y habrá un tabernáculo para sombra contra el calor del día, y para ªrefugio y abrigo contra el turbión y contra el aguacero.

CAPÍTULO 15

La viña del Señor (Israel) será asolada, y Su pueblo será esparcido — Les sobrevendrán calamidades en

---

19a En hebreo, velos.
22a En hebreo, ropas resplandecientes.
23a O sea, ropas transparentes.
24a En hebreo, andrajos.
  b O sea, señal de quemadura (marca de la esclavitud).
14 1a Es decir, el estigma del no haberse casado ni haber tenido hijos.
  2a Isa. 60:21;
    2 Ne. 3:5;
    Jacob 2:25.
  4a Es decir, cuando el Señor haya purificado la tierra.
  b ɢᴇᴇ Lavado, lavamientos, lavar.
  c Mal. 3:2–3; 4:1.
  5a Éx. 13:21.
  6a Isa. 25:4;
    DyC 115:6.

*su estado apóstata y de esparci-
miento — El Señor alzará estandarte
a las naciones y recogerá a Israel —
Compárese con Isaías 5. Aproximadamente 559–545 a.C.*

Y ENTONCES cantaré a mi muy
amado el *a*cantar de mi amado
respecto de su viña. Mi amado
tenía una viña en un collado muy
fértil.

2 Y la cercó y despedregó y la
plantó de *a*vides escogidas, y edificó una torre en medio de ella,
y también hizo un lagar; y esperaba que diese uvas, y dio uvas
silvestres.

3 Ahora pues, oh habitantes de
Jerusalén y varones de Judá, juzgad, os ruego, entre mí y mi viña.

4 ¿Qué más podía hacerse por
mi viña que yo no haya hecho?
¿Por qué, cuando esperaba que
produjese uvas, uvas silvestres
produjo?

5 Pues ahora os diré lo que voy
a hacer con mi viña: Le *a*quitaré
su vallado, y será consumida; derribaré su cerca, y será hollada;

6 y la asolaré; no será podada ni
cavada, sino que en ella crecerán
*a*cardos y espinos; también mandaré a las nubes que no *b*derra-
men lluvia sobre ella.

7 Porque la *a*viña del Señor de

los Ejércitos es la casa de Israel, y
los hombres de Judá son su planta
deleitosa. Y él esperaba justicia,
y he aquí vileza; rectitud, y he
aquí clamor.

8 ¡Ay de los que juntan *a*casa
con casa, hasta no haber más lugar, para *b*quedar solos en medio
de la tierra!

9 En mis oídos ha dicho el Señor de los Ejércitos: En verdad,
muchas casas han de quedar
asoladas, y grandes y hermosas ciudades quedarán sin habitantes.

10 Sí, diez yugadas de viña pro-
ducirán un *a*bato; y un homer de
semilla producirá una efa.

11 ¡Ay de los que se levantan
temprano por la mañana para
*a*seguir la embriaguez; que continúan hasta la noche, hasta que
los enciende el *b*vino!

12 Arpas, vihuelas, tamboriles,
flautas y vino hay en sus banque-
tes; mas no *a*observan la obra del
Señor, ni consideran las obras de
sus manos.

13 Por tanto, mi pueblo ha ido
en cautiverio, porque carece de
*a*conocimiento; y perecen de hambre sus nobles, y su multitud se
seca de sed.

14 Por tanto, el infierno en-
sanchó su seno, y abrió su boca

15 1a Es decir, El profeta
      compone el cántico o
      parábola poética de
      una viña, en el que
      pone de manifiesto
      la misericordia de
      Dios y la indiferencia
      de Israel.
   2a Jer. 2:21.

5a Sal. 80:12.
6a Isa. 7:23; 32:13.
  b Jer. 3:3.
7a GEE Viña del Señor.
8a Miqueas 2:1–2.
  b Es decir, para quedarse
      a morar solos. Los ricos
      terratenientes absorben
      las pequeñas fincas de

      los pobres.
10a Ezeq. 45:10–11.
11a Prov. 23:30–32.
   b GEE Palabra de
      Sabiduría.
12a Sal. 28:5.
13a Oseas 4:6.
   GEE Conocimiento.

desmedidamente; y allá descenderá la gloria de ellos, y su multitud, y su algazara, y el que en ello se huelga.

15 Y el hombre vil será humillado, y el varón poderoso será abatido, y los ojos del altivo serán bajados.

16 Mas el Señor de los Ejércitos será ensalzado en ªjuicio, y el Dios Santo será santificado en justicia.

17 Entonces los corderos pacerán según su costumbre, y los lugares desolados de los ricos los comerán los extraños.

18 ¡Ay de los que arrastran la iniquidad con cuerdas de ªvanidad, y el pecado ᵇcomo si fuera con coyundas de carro;

19 quienes dicen: Dése prisa; ªhaga presto su obra para que podamos ᵇverla; acérquese y venga el consejo del Santo de Israel para que lo conozcamos!

20 ¡Ay de los que a lo malo ªllaman bueno, y a lo bueno malo; que ponen ᵇtinieblas por luz, y luz por tinieblas; que ponen lo amargo por dulce, y lo dulce por amargo!

21 ¡Ay de los que son ªsabios a sus propios ojos, y prudentes delante de sí mismos!

22 ¡Ay de los que son valientes para beber vino, y varones fuertes para mezclar licores;

23 que justifican al inicuo por cohecho, y ªquitan al justo su rectitud!

24 Por tanto, así como el ªfuego devora el ᵇrastrojo, y la llama consume la ᶜpaja, su raíz será podredumbre, y sus flores se desvanecerán como polvo; porque han desechado la ley del Señor de los Ejércitos, y han ᵈdespreciado la palabra del Santo de Israel.

25 Por esta causa se encendió el furor del Señor contra su pueblo, y extendió contra él su mano, y lo hirió; y se estremecieron los collados, y sus cadáveres fueron destrozados en medio de las calles. Con todo esto, no se ha aplacado su ªira, sino que aún está extendida su mano.

26 Y alzará ªestandarte a las naciones de lejos, y les ᵇsilbará desde el cabo de la tierra; y he aquí que ᶜvendrán presto y aceleradamente; y entre ellos no habrá cansado, ni quien tropiece.

27 Nadie dormitará ni se

16a GEE Jesucristo —
  Es juez.
18a GEE Vanidad, vano.
  b Es decir, están
   amarrados a sus
   pecados como las
   bestias a su carga.
19a Jer. 17:15.
  b Es decir, no creerán en
   el Mesías sino hasta
   que lo vean.
20a Moro. 7:14, 18;
   DyC 64:16; 121:16.

b 1 Juan 1:6.
21a Prov. 3:5–7;
   2 Ne. 28:15.
23a Es decir, quitan al justo
   sus derechos legítimos.
24a Abd. 1:18;
   Mal. 4:1–2;
   2 Ne. 20:17.
  b Joel 2:5;
   1 Ne. 22:15, 23;
   2 Ne. 26:4, 6;
   DyC 64:23–24; 133:64.
  c Lucas 3:17;

Mos. 7:29–31.
  d 2 Sam. 12:7–9.
25a DyC 63:32;
   Moisés 6:27.
26a GEE Estandarte.
  b El silbido será la
   señal del recogimiento.
   Isa. 7:18;
   2 Ne. 29:2.
  c GEE Israel — La
   congregación de
   Israel.

dormirá; a ninguno le será desatado el cinto de los lomos, ni se le romperá la correa de sus zapatos;

28 sus flechas estarán aguzadas, y todos sus arcos entesados; y los cascos de sus caballos serán como de pedernal, las ruedas de sus carros como torbellino y su rugido como de león.

29 Rugirán como ªleoncillos; sí, bramarán y se echarán sobre la presa, y la llevarán seguros, y no habrá quien se la quite.

30 Y en aquel día rugirán contra ellos como el bramido del mar; y si miraren hacia la tierra, he aquí, tinieblas y tribulación, y la luz se obscurecerá en sus cielos.

CAPÍTULO 16

Isaías ve al Señor — Son perdonados los pecados de Isaías — Él es llamado a profetizar — Profetiza que los judíos rechazarán las enseñanzas de Cristo — Un resto volverá — Compárese con Isaías 6. Aproximadamente 559–545 a.C.

EN el ªaño en que murió el rey Uzías, vi también al Señor sentado sobre un trono alto y enaltecido, y las faldas de su ropa llenaban el templo.

2 Encima del trono estaban los ªserafines; cada uno de ellos tenía seis alas; con dos se cubrían

el rostro, con dos los pies, y con dos volaban.

3 Y el uno exclamaba al otro, diciendo: ¡Santo, santo, santo es el Señor de los Ejércitos; toda la tierra está llena de su gloria!

4 Y a la voz del que clamaba, se estremecieron los ªquiciales de las puertas, y la casa se llenó de humo.

5 Entonces dije yo: ¡Ay de mí!, pues soy ªperdido; porque soy hombre de labios inmundos, y habito entre un pueblo de labios inmundos; por cuanto mis ojos han visto al Rey, el Señor de los Ejércitos.

6 Entonces voló hacia mí uno de los serafines con un ªcarbón encendido en la mano, el cual había tomado del altar con las tenazas;

7 y tocó con él sobre mi boca, y dijo: He aquí, esto ha tocado tus labios, y tu ªiniquidad es quitada, y borrado es tu pecado.

8 Y luego oí la voz del Señor decir: ¿A quién enviaré, y quién irá por nosotros? Entonces dije: Heme aquí, envíame a mí.

9 Y él dijo: Ve y di a este pueblo: Oíd bien, mas no entendieron; ved por cierto, mas no percibieron.

10 Deja que se endurezca el corazón de este pueblo, y que se entorpezcan sus oídos, y que sean cerrados sus ojos; no sea que vea con sus ojos, y ªoiga con sus

29a 3 Ne. 21:12–13.
16 1a Es decir, hacia 750 a.C.
2a GEE Querubines.
4a En hebreo, temblaron los cimientos de los umbrales.
5a En hebreo, cortado, aniquilado; es decir, acongojado al reconocer tanto sus propios pecados como los de su pueblo.
6a Es decir, un símbolo de purificación.
7a GEE Remisión de pecados.
10a Mateo 13:14–15.

oídos, y entienda con su corazón, y sea convertido y sanado.

11 Yo entonces dije: Señor, ¿hasta cuándo? Y él respondió: Hasta que las ciudades queden asoladas y sin habitantes, y las casas sin hombre, y la tierra enteramente desierta;

12 y el Señor haya ªechado lejos a los hombres, porque habrá gran desolación en medio de la tierra.

13 Mas todavía quedará una décima parte, y volverá, y será consumida; como el terebinto y como la encina que guardan en sí su substancia cuando echan sus hojas; así la santa semilla será su ªsubstancia.

CAPÍTULO 17

Efraín y Siria guerrean contra Judá — Cristo nacerá de una virgen — Compárese con Isaías 7. Aproximadamente 559–545 a.C.

Y EN los días de Acaz hijo de Jotam, hijo de Uzías, rey de Judá, aconteció que Rezín, rey de Siria, y Peca hijo de Remalías, rey de Israel, vinieron sobre Jerusalén para combatirla, mas no pudieron prevalecer contra ella.

2 Y fue dado el aviso a la casa de David, diciendo: Siria se ha confederado con ªEfraín. Y se le estremeció el corazón, y el corazón de su pueblo, como los árboles del bosque se sacuden con el viento.

3 Entonces dijo el Señor a Isaías: Sal ahora a encontrar a Acaz, tú y tu hijo ªSear-jasub, al extremo del conducto del estanque superior, por el camino del campo del lavador;

4 y dile: Ten cuidado, y permanece tranquilo; ªno temas, ni desfallezca tu corazón por estos dos cabos de tizón encendidos que humean, por causa de la furiosa ira de Rezín y de Siria, y del hijo de Remalías.

5 Porque Siria, Efraín y el hijo de Remalías han tomado mal acuerdo contra ti, diciendo:

6 Subamos contra Judá y hostiguémosla, y ªabramos brecha en ella para nosotros, y pongámosle rey en su centro; sí, al hijo de Tabeel.

7 Así dice el Señor Dios: No subsistirá ni acontecerá.

8 Porque la cabeza de Siria es Damasco, y la cabeza de Damasco, Rezín; y dentro de sesenta y cinco años, Efraín será quebrantado hasta dejar de ser pueblo.

9 Y la cabeza de Efraín es Samaria, y la cabeza de Samaria, el hijo de Remalías. Si ªno creéis, de cierto no permaneceréis.

10 Además, habló el Señor otra vez a Acaz, diciendo:

12a 2 Rey. 17:18, 20.
13a Es decir, al igual que el árbol, aunque sus hojas sean esparcidas, la vida y el potencial de producir semilla permanecen en él.
17 2a Es decir, a todo Israel del norte se le conoció por el nombre de Efraín, que era la tribu principal del norte.
3a En hebreo, el remanente volverá.
4a Es decir, no te alarmes ante el ataque; a esos dos reyes les queda poco fuego.
6a En hebreo, dividirla.
9a 2 Cró. 20:20.

11 Pide para ti una ªseñal del Señor tu Dios; pídela ya sea abajo en lo profundo, o en lo alto arriba.

12 Mas dijo Acaz: No pediré, ni ªtentaré al Señor.

13 Y él respondió: Oíd ahora vosotros, ¡oh casa de David! ¿Es cosa pequeña para vosotros molestar a los hombres, que molestéis también a mi Dios?

14 Por tanto, el Señor mismo os dará una señal: He aquí que una ªvirgen concebirá y dará a luz un hijo, y llamará su nombre ᵇEmanuel.

15 Mantequilla y miel comerá, hasta que sepa desechar lo malo y escoger lo bueno.

16 Porque antes que el ªniño sepa desechar lo malo y escoger lo bueno, la tierra que tú aborreces será abandonada de sus ᵇdos reyes.

17 El Señor ªtraerá sobre ti, sobre tu pueblo y sobre la casa de tu padre, días cuales nunca han venido desde el día en que ᵇEfraín se apartó de Judá, esto es, al rey de Asiria.

18 Y acontecerá que en aquel día el Señor ªsilbará a la mosca que está en la parte lejana de Egipto, y a la abeja que se halla en la tierra de Asiria.

19 Y vendrán y se establecerán todas en los valles desolados, y en las hendiduras de las rocas, y en todo zarzal y en toda mata.

20 En aquel día ªafeitará el Señor con navaja alquilada, por los de la otra parte del río, por el ᵇrey de Asiria, la cabeza y pelos de los pies; y también raerá la barba.

21 Y acontecerá en aquel día que un hombre ªcriará una vaca y dos ovejas;

22 y acontecerá que por la abundancia de leche que ellas darán, comerá mantequilla; porque mantequilla y miel comerán todos los que permanecieren en la tierra.

23 Y sucederá que en aquel día, todo lugar en donde había mil vides que valían mil siclos de ªplata, se quedará para cardos y espinas.

24 Con flechas y arcos los hombres entrarán allá, porque toda la tierra será cardos y espinas.

25 Y a todos los collados que fueren cavados con azada, no llegarán por temor a los cardos y espinas, mas serán para pasto de bueyes y para ser pisados de ªganado menor.

CAPÍTULO 18

Cristo será por tropezadero y piedra de tropiezo — Buscad al Señor y no

11a GEE Señal.
12a Es decir, poner a prueba.
14a GEE Virgen.
 b En hebreo, Dios con nosotros. GEE Emanuel.
16a 2 Ne. 18:4.
 b 2 Rey. 15:30; 16:9.
17a 2 Cró. 28:19–21.
 b 1 Rey. 12:16–19.
18a O sea, silbar; es decir, dar la señal, convocar. Isa. 5:26.
20a Es decir, esa tierra será despoblada por un invasor extranjero.
 b 2 Rey. 16:5–9.
21a Es decir, sólo quedarán unos pocos sobrevivientes que se basten a sí mismos.
23a O sea, piezas de plata.
25a En hebreo, ovejas, o cabras.

a los adivinos que atisban — Volveos a la ley y al testimonio para recibir orientación — Compárese con Isaías 8. Aproximadamente 559–545 a.C.

ADEMÁS, la palabra del Señor me dijo: Toma una tabla grande, y escribe en ella con caracteres de hombre tocante a ªMaher-shalal-hash-baz.

2 Y tomé por ªtestigos fieles para atestiguar, al sacerdote Urías y a Zacarías hijo de Jeberequías.

3 Y me allegué a la ªprofetisa, y concibió y dio a luz un hijo. Entonces me dijo el Señor: Llámalo Maher-shalal-hash-baz.

4 Pues he aquí, antes que el ªniño ᵇsepa decir: Padre mío y madre mía, serán quitadas las riquezas de Damasco y el ᶜdespojo de Samaria delante del rey de Asiria.

5 Y me habló el Señor otra vez, diciendo:

6 Por cuanto este pueblo desecha las aguas de ªSiloé, que corren plácidamente, y se huelga con ᵇRezín y el hijo de Remalías;

7 el Señor, pues, hará subir ªsobre ellos las aguas del río, fuertes y muchas, es decir, al rey de Asiria y toda su gloria; y subirá sobre todos sus arroyos y pasará sobre todas sus riberas.

8 Y ªfluirá por Judá; se desbordará e inundará; y llegará hasta la garganta; y la extensión de sus alas llenará la anchura de tu tierra, ¡oh ᵇEmanuel!

9 ª¡Reuníos, oh pueblos, y seréis quebrantados! ¡Escuchad, todos vosotros los de países lejanos; ceñíos, y seréis quebrantados; apercibíos, y seréis quebrantados!

10 Reuníos en consejo, y será anulado; hablad palabra, y no permanecerá; ªporque Dios está con nosotros.

11 Porque el Señor de este modo me habló con mano fuerte, y me instruyó que no anduviese por el camino de este pueblo, diciendo:

12 No llaméis ªconspiración a todo lo que este pueblo llama conspiración; ni temáis lo que ellos temen, ni tengáis miedo.

13 Al Señor de los Ejércitos santificad; y ªsea él vuestro temor, y sea él vuestro miedo.

14 Y él será por ªsantuario; pero por tropezadero y ᵇpiedra de tropiezo a las dos casas de Israel; por trampa y lazo a los habitantes de Jerusalén.

---

18 1a En hebreo, para precipitarse al despojo, se apresura a la presa.
2a GEE Testigo.
3a Es decir, su esposa.
4a 2 Ne. 17:16.
  b Isa. 8:4.
  c 2 Rey. 15:29.
6a Gén. 49:10;
  TJS Gén. 50:24
  (Apéndice — Biblia).

b Isa. 7:1.
7a Es decir, sobre Israel del norte primero.
8a Es decir, Asiria también penetrará en Judá.
  b GEE Emanuel.
9a Es decir, formar alianzas.
10a Es decir, Judá (la tierra de Emanuel) se salvará. Sal. 46:7.

12a Es decir, Judá no debe atenerse a confabulaciones secretas con otras gentes por razones de seguridad.
13a Es decir, ser reverente y humilde ante Dios.
14a Ezeq. 11:15–21.
  b 1 Pe. 2:4–8;
  Jacob 4:14–15.

15 Y muchos de ellos ^atropezarán y caerán; y serán quebrantados, entrampados y apresados.

16 Ata el testimonio; sella la ^aley entre mis discípulos.

17 Y yo esperaré al Señor, el cual ^aoculta su cara de la casa de Jacob, y en él confiaré.

18 He aquí, yo y los hijos que el Señor me ha dado somos a Israel por ^aseñales y presagios de parte del Señor de los Ejércitos, que habita en el monte de Sion.

19 Y cuando os dijeren: Preguntad a los ^aevocadores, y a los ^badivinos que atisban y hablan entre dientes: ^c¿No debe un pueblo consultar a su Dios para que los vivos oigan ^dde los muertos?

20 ¡A la ley y al testimonio! Y si no ^ahablaren conforme a esta palabra, es porque no hay luz en ellos.

21 Y ^apasarán por la tierra, duramente acosados y hambrientos; y acontecerá que cuando tengan hambre, se enojarán y maldecirán a su rey y a su Dios, y alzarán la vista hacia arriba.

22 Y mirarán hacia la tierra, y contemplarán tribulación y tinieblas, obscuridad de angustia;

y serán expulsados a las tinieblas.

CAPÍTULO 19

Isaías habla del Mesías — El pueblo que andaba en tinieblas verá una gran luz — Un niño nos es nacido — Será el Príncipe de Paz y reinará sobre el trono de David — Compárese con Isaías 9. Aproximadamente 559–545 a.C.

SIN embargo, la obscuridad no será como lo fue en su oprobio, cuando él primero afligió ligeramente la ^atierra de Zabulón y la de Neftalí, y después la angustió más penosamente por la costa del mar Rojo, del otro lado del Jordán, en Galilea de las naciones.

2 El pueblo que andaba en ^atinieblas ha visto una gran luz; sobre los que moraban en la tierra de la sombra de muerte, la luz ha resplandecido.

3 Tú has multiplicado la nación y ^aaumentado el gozo; se alegran delante de ti, como se regocijan en la siega; como se alegran los hombres cuando se reparten el despojo.

4 Porque has quebrado el yugo de su carga, y la vara de su hombro, y el cetro de su opresor.

15a Mateo 21:42–44.
16a En hebreo, enseñanzas, o doctrina.
  GEE Evangelio.
17a Isa. 54:8.
18a Es decir, el nombre de Isaías y de sus hijos significan: "Jehová salva", "El remanente volverá"; y "Para

precipitarse al despojo, se apresura a la presa".
  2 Ne. 17:3; 18:3.
19a Lev. 20:6.
  b Es decir, hechiceros, evocadores.
  c 1 Sam. 28:6–20.
  d O sea, a favor de.
20a Es decir, los médiums espiritistas (también en los vers. 21–22).

21a Es decir, Israel sería llevado al cautiverio porque no escucharía y sería desobediente.
19 1a Mateo 4:12–16.
  2a La "obscuridad" y las "tinieblas" eran la apostasía y el cautiverio; la "gran luz" es Cristo.
  3a Isa. 9:3.

5 Porque toda batalla del guerrero es con ruido estruendoso y con vestidos revolcados en sangre; pero esto será con quemadura y pábulo de fuego.

6 Porque un ªniño nos es nacido, un hijo nos es dado; y sobre sus hombros estará el ᵇprincipado; y se llamará su nombre Admirable, Consejero, Dios ᶜFuerte, ᵈPadre Eterno, Príncipe de ᵉPaz.

7 Del aumento de su ªdominio y paz no ᵇhabrá fin, sobre el trono de David y sobre su reino, a fin de disponerlo y confirmarlo con juicio y con justicia, desde ahora y para siempre. El celo del Señor de los Ejércitos hará esto.

8 El Señor envió su palabra a Jacob, y cayó en ªIsrael.

9 Y la sabrá todo el pueblo, hasta Efraín y los habitantes de Samaria, que con soberbia y altivez de corazón dicen:

10 Los ladrillos han caído, mas construiremos con piedra labrada; derribados han sido los sicómoros, mas los repondremos con cedros.

11 Por lo tanto, el Señor dispondrá a los adversarios de ªRezín contra él, y juntará a sus enemigos;

12 los sirios por delante y los filisteos por detrás, y a boca llena ªdevorarán a Israel. Con todo esto, no se ha mitigado su ᵇira, sino que su mano aún está extendida.

13 Pero el pueblo ªno se vuelve hacia aquel que lo castiga, ni busca al Señor de los Ejércitos.

14 Por tanto, el Señor cortará de Israel cabeza y cola, rama y caña, en un mismo día.

15 El anciano es la cabeza; y el profeta que enseña mentiras es la cola.

16 Porque los caudillos de este pueblo lo hacen errar; y los que ellos guían son destruidos.

17 Por tanto, el Señor no se complacerá en sus jóvenes, ni de sus huérfanos y viudas tendrá ªmisericordia; porque todos son hipócritas y malhechores, y toda boca habla ᵇnecedades. Con todo esto, no se ha mitigado su ira, sino que su ᶜmano aún está extendida.

18 Porque la maldad quema como fuego; devorará los cardos y espinas; y levantará llama en lo espeso de los bosques, y ascenderán como humo en remolinos.

19 Por la ira del Señor de los Ejércitos se obscurecerá la tierra, y el pueblo será como pábulo de fuego; ªnadie tendrá piedad de su hermano.

20 Y el hombre arrebatará a su diestra, y sentirá hambre; y

6a Isa. 7:14;
  Lucas 2:11.
 b Mateo 28:18.
 c Tito 2:13–14.
 d Alma 11:38–39, 44.
 e Juan 14:27.
7a GEE Gobierno.
 b Dan. 2:44.

8a Es decir, el mensaje
  profético que sigue
  (vers. 8–21) es una
  amonestación a las
  diez tribus del norte,
  llamadas Israel.
11a 2 Rey. 16:5–9.
12a 2 Rey. 17:6, 18.

 b Isa. 5:25; 10:4.
13a Amós 4:6–12.
17a GEE Misericordia,
  misericordioso.
 b 2 Ne. 9:28–29.
 c Jacob 5:47; 6:4.
19a Miqueas 7:2–6.

^acomerá a su siniestra, y no quedará satisfecho; cada cual comerá la carne de su propio brazo:

21 ^aManasés a ^bEfraín, y Efraín a Manasés; y ambos estarán contra ^cJudá. Con todo esto, no se ha mitigado su ira, sino que su mano aún está extendida.

CAPÍTULO 20

La destrucción de Asiria es un símbolo de la destrucción de los inicuos a la Segunda Venida — Pocas personas quedarán después que el Señor venga de nuevo — El resto de los de Jacob volverán en ese día — Compárese con Isaías 10. Aproximadamente 559–545 a.C.

¡Ay de aquellos que establecen decretos injustos y ponen por escrito la opresión que prescriben,

2 para apartar del ^ajuicio a los necesitados y para quitar el derecho a los pobres de mi pueblo; para que las ^bviudas sean su presa y para robar a los huérfanos!

3 ¿Y qué haréis en el día de la ^avisitación, y en la desolación que vendrá de lejos? ¿A quién iréis para que os ayude? ¿En dónde dejaréis vuestra gloria?

4 Sin mí se doblegarán ante los cautivos, y entre los muertos caerán. Con todo esto, no se ha mitigado su ira, sino que su mano aún está extendida.

5 ¡Oh asirio, la vara de mi ira,

y el báculo en su mano es ^asu indignación!

6 Lo enviaré ^acontra una nación hipócrita, y contra el pueblo de mi ira le encargaré que se lleve los despojos, y arrebate la presa, y los pise como el lodo de las calles.

7 Aunque no es tal su designio, ni en su corazón lo piensa así; en su corazón solo está el destruir y exterminar naciones no pocas.

8 Pues dice: ¿No son reyes todos mis príncipes?

9 ¿No es Calno como Carquemis, Hamat como Arfad, y Samaria como Damasco?

10 Así como ^ami mano ha fundado los reinos de los ídolos, y cuyas imágenes grabadas han sobrepujado a las de Jerusalén y a las de Samaria,

11 ¿no haré con Jerusalén y sus ídolos como hice a Samaria y sus ídolos?

12 Por tanto, sucederá que cuando el Señor haya ejecutado su obra completa sobre el monte de Sion y Jerusalén, yo castigaré el ^afruto del soberbio corazón del rey de ^bAsiria y la gloria de su altiva mirada.

13 Porque ^adice: Mediante el poder de mi mano he hecho estas cosas, y con mi sabiduría, pues soy prudente; y he quitado los confines de los pueblos, y les he

20a Deut. 28:53–57.
21a GEE Manasés.
  b GEE Efraín.
  c GEE Judá.
20 2a O sea, Justicia.
  b GEE Viuda.

3a Es decir, castigo.
5a Isa. 10:5.
6a Es decir, contra Israel.
10a Es decir, la mano del rey de Asiria (vers. 10–11).

12a Es decir, la altiva jactancia.
  b Sof. 2:13.
13a Es decir, el rey de Asiria (habla en los vers. 13–14).

saqueado sus tesoros y he derribado, como hombre valiente, a
los habitantes;

14 y mi mano halló, cual nido,
las riquezas del pueblo; y como
se recogen los huevos abandonados, así recogí de toda la tierra; y
no hubo quien moviese el ala, ni
abriese la boca, ni piase.

15 ^a¿Se jactará el ^bhacha contra aquel que con ella corta? ¿Se
exaltará la sierra contra el que la
mueve? ¡Como si se enalteciese la
vara contra aquel que la levanta, o
se engrandeciese el bastón como
si no fuera palo!

16 Por tanto, el Señor, el Señor
de los Ejércitos, enviará flaqueza
entre sus robustos; y bajo ^asu gloria encenderá una llama, como
llama de fuego.

17 Y la luz de Israel será por
fuego, y su Santo por llama, y
quemarán y abrasarán en un día
sus cardos y espinas;

18 y ^aconsumirán la gloria de su
bosque y de su campo fructífero,
alma y cuerpo; y serán como el
desfallecimiento de un abande-
rado.

19 Y los árboles que ^aqueden de
su bosque serán en número que
un niño podrá contarlos.

20 Y sucederá en ^aaquel día que
el resto de Israel, y los que hayan
escapado de la ^bcasa de Jacob,
nunca más se ^capoyarán en aquel
que los hirió, sino que se apoya-
rán con verdad en el Señor, el
Santo de Israel.

21 El ^aresto retornará, sí, el resto
de Jacob, al Dios fuerte.

22 Porque aunque tu pueblo Israel fuere como la arena del mar,
sin embargo, un resto de él volverá; la ^aconsumación decretada
^brebosará en rectitud.

23 Porque el Señor Dios de
los Ejércitos ^ahará la consuma-
ción ya determinada en toda la
tierra.

24 Por lo tanto, así dice el Señor
Dios de los Ejércitos: Pueblo mío
que moras en Sion, no temas al
asirio. Con vara te herirá, y levantará su palo contra ti a la ^amanera
de Egipto.

25 Mas de aquí a poco tiempo
cesarán la indignación y mi cólera
para su destrucción.

26 Y el Señor de los Ejércitos
levantará un azote contra él,

15a En todas las metáforas
de este versículo se
formula la misma
pregunta: ¿Prevalecerá
el hombre (p. ej., el rey
de Asiria) contra Dios?
b Es decir, ¿Prosperará
el rey contra Dios?
16a Es decir, la del rey de
Asiria (véanse también
los vers. 17–19).
18a Es decir, Asiria

desaparecerá
completamente.
19a Es decir, el remanente
del ejército de Asiria.
20a Es decir, los últimos
días.
b Amós 9:8–9.
c Es decir, depender de.
21a Isa. 11:11–12.
22a DyC 63:34.
GEE Mundo — El fin
del mundo.

b Es decir, aun cuando
sobrevenga el castigo,
habrá misericordia.
23a Es decir, llevará a
cabo la destrucción
decretada.
24a Es decir, como lo
hicieron los egipcios
en tiempos anteriores.
Éx. 1:13–14.

semejante a la matanza de ᵃMadián en la peña de Horeb; y así como su vara fue sobre el mar, así la levantará él a la manera de Egipto.

27 Y acontecerá en aquel día que será quitada su ᵃcarga de sobre tus hombros, y su yugo de tu cerviz; y el yugo será destruido a causa de la ᵇunción.

28 ᵃHa llegado hasta Ayat, ha pasado a Migrón; en Micmas ha guarecido sus carros.

29 Han pasado el paso; se han alojado en Geba; Ramá tiembla; Gabaa de Saúl ha huido.

30 Alza la voz, ¡oh hija de Galim! Haz que se oiga hasta Lais, ¡oh pobre Anatot!

31 Madmena ha sido abandonada; los habitantes de Gebim se juntan para huir.

32 Aún permanecerá él ese día en Nob; levantará su mano contra el monte de la hija de Sion, el collado de Jerusalén.

33 He aquí, el Señor, Jehová de los Ejércitos, desgajará la rama con terror; y serán talados los de ᵃgran estatura, y los altivos serán humillados.

34 Y cortará con hierro las espesuras de los bosques, y el Líbano caerá por mano de uno poderoso.

CAPÍTULO 21

La vara del tronco de Isaí (Cristo) juzgará con justicia — En el Milenio, el conocimiento de Dios cubrirá la tierra — El Señor levantará estandarte a las naciones y recogerá a Israel — Compárese con Isaías 11. Aproximadamente 559–545 a.C.

Y SALDRÁ una ᵃvara del ᵇtronco de ᶜIsaí, y un vástago retoñará de sus raíces.

2 Y sobre él reposará el ᵃEspíritu del Señor; el espíritu de sabiduría y de entendimiento, el espíritu de consejo y de poder, el espíritu de conocimiento y de temor del Señor;

3 y le dará penetrante entendimiento en el temor del Señor; y no ᵃjuzgará según la vista de sus ojos, ni reprenderá por lo que oigan sus oídos;

4 sino que con ᵃjusticia juzgará a los pobres, y ᵇreprenderá con equidad por los ᶜmansos de la tierra; y con la vara de su boca herirá la tierra, y con el aliento de sus labios matará al impío.

5 Y la justicia será el ceñidor de sus lomos, y la fidelidad el cinturón de sus ᵃriñones.

6 Y morará también el lobo con el cordero, y el leopardo con el cabrito se acostará; el becerro, el

26a Gén. 25:1–2; Jue. 7:25.
27a Isa. 14:25.
  b GEE Ungido, el.
28a Se describe el avance de los ejércitos asirios hacia Jerusalén; en seguida (vers. 33–34), se describe, con sentido figurado, el juicio del Señor contra ellos.
33a Hel. 4:12–13.
21 1a DyC 113:3–4.
  b DyC 113:1–2.
  c Isaí era el padre de David; se hace referencia a la línea genealógica de David en la que Jesús había de nacer.
Miqueas 5:2; Heb. 7:14. GEE Isaí.
2a Isa. 61:1–3.
3a Juan 7:24.
4a Sal. 72:2–4; Mos. 29:12.
  b En hebreo, decidir.
  c GEE Mansedumbre, manso.
5a O sea, cintura.

leoncillo y el cebón andarán juntos, y un niño los pastoreará.

7 Y la vaca y la osa pacerán, sus crías se echarán juntas; y el león comerá paja como el buey.

8 Y el niño de pecho jugará sobre la cueva del ᵃáspid, y el recién destetado extenderá su mano sobre la caverna de la víbora.

9 No ᵃdañarán, ni destruirán en todo mi santo monte; porque la tierra estará llena del ᵇconocimiento del Señor, como las aguas cubren el mar.

10 Y en ᵃaquel día habrá una ᵇraíz de Isaí, la cual estará puesta por estandarte ᶜal pueblo; los ᵈgentiles la buscarán, y su descanso será glorioso.

11 Y acontecerá en aquel día, que el Señor volverá a extender su mano, por ᵃsegunda vez, para recobrar los restos de su pueblo que quedaren, de Asiria, y de Egipto, y de Patros, y de Cus, y de Elam, y de Sinar, y de Hamat, y de las islas del mar.

12 Y levantará ᵃestandarte a las naciones, y congregará a los ᵇdesterrados de Israel, y ᶜreunirá a los dispersos de Judá de los cuatro cabos de la tierra.

13 La ᵃenvidia de Efraín también se disipará, y los enemigos de Judá serán talados; ᵇEfraín no envidiará a ᶜJudá, ni Judá hostigará a Efraín;

14 sino que ᵃvolarán sobre los hombros de los filisteos hacia el occidente; saquearán juntos a los de oriente; sobre Edom y Moab pondrán su mano, y los hijos de Ammón los obedecerán.

15 Y el Señor destruirá del todo la ᵃlengua del mar de Egipto; y con su viento impetuoso extenderá su mano sobre el río, y lo herirá en sus siete brazos y hará que los hombres pasen por él a pie enjuto.

16 Y habrá ᵃcamino real, desde Asiria, para el resto de su pueblo que hubiere quedado, como lo hubo para Israel el día en que subió de la tierra de Egipto.

CAPÍTULO 22

En los días del Milenio todos los hombres alabarán al Señor — Él morará entre ellos — Compárese con Isaías 12. Aproximadamente 559–545 a.C.

8a Pequeña serpiente venenosa de Egipto.
9a Isa. 2:4.
   GEE Milenio.
 b DyC 101:32–33; 130:9.
10a Es decir, los últimos días.
   JS—H 1:40.
 b Rom. 15:12;
   DyC 113:5–6.
 c O sea, a él.
 d DyC 45:9–10.
11a 2 Ne. 6:14; 25:17; 29:1.
12a GEE Estandarte.
 b 3 Ne. 15:15; 16:1–4.
 c Neh. 1:9;
   1 Ne. 22:10–12;
   DyC 45:24–25.
   GEE Israel — La congregación de Israel.
13a Jer. 3:18.
 b Las tribus encabezadas por Judá y Efraín eran históricamente adversarias (después de los sucesos que
se describen en 1 Rey. 12:16–20). En los últimos días se reconciliarán. Ezeq. 37:16–22.
   GEE Envidia.
 c GEE Judá.
14a Es decir, atacar las laderas occidentales que eran territorio filisteo.
15a Zac. 10:11.
16a Isa. 35:8; DyC 133:27.

Y DIRÁS en aquel día: ¡Te alabaré, oh Señor! Aunque estabas enojado conmigo, tu ira se ha apartado, y me has consolado.

2 He aquí, Dios es mi salvación; ^aconfiaré y no temeré, porque el Señor ^bJEHOVÁ es mi fortaleza y mi canción; y también ha llegado a ser salvación para mí.

3 Por tanto, con gozo sacaréis ^aagua de las fuentes de la salvación.

4 Y en aquel día diréis: ^a¡Alabad al Señor, aclamad su nombre, sus obras pregonad entre el pueblo, declarad que su nombre es ensalzado!

5 ^a¡Cantad al Señor!, porque él ha hecho cosas admirables; esto es sabido por toda la tierra.

6 ^a¡Da voces y canta, oh moradora de Sion!, porque grande es el Santo de Israel en medio de ti.

CAPÍTULO 23

La destrucción de Babilonia es un símbolo de la destrucción que habrá a la Segunda Venida — Será un día de ira y de venganza — Babilonia (el mundo) caerá para siempre — Compárese con Isaías 13. Aproximadamente 559–545 a.C.

^aCARGA de ^bBabilonia que vio Isaías hijo de Amoz:

2 ¡Levantad ^abandera sobre lo alto del monte, alzadles la voz; señalad con la mano para que entren por las puertas de los nobles!

3 He dado mandamiento a mis ^asantificados; he llamado asimismo a mis valientes, porque mi ira no está sobre los que se huelgan con mi enaltecimiento.

4 El estruendo de la multitud en las montañas, como de un gran pueblo, un tumultuoso ruido de los ^areinos de las naciones ^bcongregadas; el Señor de los Ejércitos dispone las tropas para la batalla.

5 Vienen de un país lejano, de lo postrero de los cielos, sí, el Señor y las armas de su indignación, para destruir toda la tierra.

6 ¡Aullad, porque el día del Señor está cerca! Vendrá como destrucción del Todopoderoso.

7 Por tanto, todas las manos se debilitarán; el corazón de todo hombre desfallecerá;

8 y se llenarán de miedo; angustias y dolores se apoderarán de ellos; se mirarán asombrados los unos a los otros; sus rostros serán como llamas.

9 He aquí que el día del Señor viene, cruel, con indignación e

22 2a Mos. 4:6;
  Hel. 12:1.
  b Éx. 15:2;
  Sal. 83:18.
  GEE Jehová.
  3a GEE Agua(s) viva(s).
  4a GEE Acción de gracias, agradecido, agradecimiento.
  5a DyC 136:28.

6a Isa. 54:1;
  Sof. 3:14.
23 1a Es decir, un mensaje de fatalidad.
  b La histórica destrucción de la malvada Babilonia, profetizada en Isa. 13 y 14, se ha hecho símbolo de la

destrucción final de todo el mundo inicuo.
  DyC 133:5, 7, 14.
  GEE Babel, Babilonia.
2a O sea, pendón.
  GEE Estandarte.
3a O sea, santos.
4a Zac. 14:2–3.
  b Zac. 12:3.

ira ardiente para asolar la tierra; y ^araer de ella a los pecadores.

10 Porque las estrellas de los cielos y sus constelaciones no darán su luz; el ^asol se obscurecerá al salir, y la luna no hará resplandecer su luz.

11 Y ^acastigaré al mundo por su maldad, y a los impíos por su iniquidad; y haré cesar la arrogancia de los ^bsoberbios, y abatiré la altivez de los terribles.

12 Y haré al ^avarón más precioso que el oro fino, y más que el oro de Ofir al hombre.

13 Por tanto, haré temblar los cielos, y la tierra se ^amoverá de su lugar en la ira del Señor de los Ejércitos, y en el día de su furiosa indignación.

14 Y será como la corza ^aperseguida, y como oveja sin pastor; y cada cual se volverá a su propio pueblo, y huirá a su propia tierra.

15 Todo el que fuere orgulloso será traspasado; sí, y todo el que se hubiere juntado con los malos, caerá por la espada.

16 Sus niños también serán estrellados ante sus ojos; sus casas serán saqueadas, y violadas sus mujeres.

17 He aquí, incitaré contra ellos a los medos, quienes no estimarán la plata ni el oro, ni los codiciarán.

18 Sus arcos también destrozarán a los mancebos; y no tendrán compasión del fruto del vientre; ni sus ojos perdonarán a los niños.

19 Y Babilonia, la gloria de los reinos, ^aornamento de la excelencia de los caldeos, vendrá a ser como cuando Dios destruyó a ^bSodoma y a Gomorra.

20 Nunca más será ^ahabitada, ni morarán en ella de generación en generación; el árabe no plantará tienda allí, ni pastores tendrán allí manadas;

21 sino que las fieras del ^adesierto se echarán allí, y sus casas estarán llenas de animales aullantes; y allí morarán búhos y allí danzarán los ^bsátiros.

22 Y los animales silvestres de las islas aullarán en sus desoladas ^acasas, y los ^bdragones en sus palacios deleitosos; y su tiempo está cerca, y su día no será prolongado. Pues la destruiré prestamente; sí, porque tendré misericordia de mi pueblo, mas los impíos perecerán.

CAPÍTULO 24

Israel será recogido y disfrutará de reposo milenario — Lucifer fue echado del cielo por su rebelión — Israel triunfará sobre Babilonia

---

9a GEE Tierra — La purificación de la tierra.
10a GEE Mundo — El fin del mundo.
11a Mal. 4:1.
  b DyC 64:24.
12a Isa. 4:1–4.

13a GEE Tierra — El estado final de la tierra.
14a O sea, el ciervo perseguido.
19a Es decir, vanidad.
  b Gén. 19:24–25;
     Deut. 29:23;
     2 Ne. 13:9.

20a Jer. 50:3, 39–40.
21a Isa. 34:14–15.
  b En hebreo, machos cabríos, o demonios.
22a En hebreo, palacios.
  b En hebreo, (quizá) chacales, perros salvajes.

(el mundo) — *Compárese con Isaías 14. Aproximadamente 559–545 a.C.*

PORQUE el Señor tendrá piedad de Jacob, y todavía ᵃescogerá a Israel, y lo establecerá en su propia tierra; y ᵇextranjeros se juntarán con ellos y se unirán a la casa de Jacob.

2 ᵃY los pueblos los tomarán y los llevarán a su lugar; sí, desde lejos hasta los extremos de la tierra; y retornarán a sus ᵇtierras de promisión. Y la casa de Israel los poseerá, y la tierra del Señor será para ᶜsiervos y siervas; y cautivarán a aquellos de quienes fueron cautivos; y regirán a sus opresores.

3 Y sucederá en aquel día, que el Señor te hará ᵃdescansar de tu angustia y de tu temor, y del duro cautiverio en el que te viste obligado a servir.

4 Y acontecerá en aquel día, que tomarás este proverbio contra el rey de ᵃBabilonia, y dirás: ¡Cómo ha cesado el opresor, cómo ha fenecido la ciudad de oro!

5 El Señor ha quebrantado la vara de los impíos, el cetro de los gobernantes.

6 El que hería al pueblo en ira con golpe continuo, aquel que gobernaba a las naciones con saña, es perseguido, y nadie lo impide.

7 Toda la tierra descansa y está en paz; los hombres prorrumpen en ᵃcantos.

8 Sí, los ᵃabetos se regocijan por causa de ti, y también los cedros del Líbano, diciendo: Desde que tú ᵇcaíste, no ha subido ᶜcortador contra nosotros.

9 El ᵃinfierno abajo se conmueve para recibirte a tu llegada; te ha despertado a los ᵇmuertos, sí, a todos los príncipes de la tierra; a todos los reyes de las naciones ha levantado de sus tronos.

10 Todos estos darán voces y te dirán: ¿También tú te debilitaste como nosotros? ¿Como nosotros has llegado a ser?

11 Tu pompa descendió al sepulcro; ya no se oye sonido de tus liras; gusanos son tu lecho, y gusanos te cubren.

12 ᵃ¡Cómo caíste del cielo, oh ᵇLucifer, hijo de la mañana! ¡Has sido cortado hasta el suelo, tú que debilitabas a las naciones!

13 Porque dijiste en tu corazón: ᵃAscenderé hasta el cielo; por encima de las estrellas de

---

24 1ᵃ Zac. 1:17.
  ᵇ Isa. 60:3–5, 10.
  2ᵃ Es decir, otras naciones ayudarán a Israel.
  ᵇ GEE Tierra prometida.
  ᶜ Isa. 60:14.
  3ᵃ Josué 1:13; DyC 84:24.
  4ᵃ GEE Babel, Babilonia.
  7ᵃ Isa. 55:12.

8ᵃ En hebreo, cipreses.
  ᵇ Es decir, desde que moriste.
  ᶜ En hebreo, el cortador (de árboles) no ha venido contra nosotros.
9ᵃ GEE Infierno.
  ᵇ Es decir, espíritus desincorporados.
12ᵃ DyC 76:26.

  ᵇ En hebreo, lucero matutino, hijo del alba. Se habla de Lucifer como del soberano del mundo inicuo (Babilonia), el que gobierna toda maldad. GEE Diablo; Lucifer o Lucero.
13ᵃ Moisés 4:1–4.

Dios levantaré mi trono, y me sentaré también sobre el monte de la congregación, hacia los lados del [b]norte;

14 ascenderé por encima de las alturas de las nubes; seré semejante al Altísimo.

15 Mas tú precipitado serás hasta el infierno, a los lados del [a]abismo.

16 Te mirarán [a]de cerca los que te vieren, y te contemplarán y dirán: ¿Es este el hombre que hizo temblar la tierra, que sacudió los reinos;

17 que hizo del mundo un desierto, y destruyó sus ciudades, y nunca abrió la cárcel a sus presos?

18 Todos los reyes de las naciones, sí, todos yacen en gloria, cada uno en su [a]propia casa;

19 mas tú echado eres de tu sepulcro como [a]rama abominable, como residuo de aquellos que fueron muertos, atravesados por la espada, que descienden a las piedras del [b]abismo; como cadáver hollado bajo los pies.

20 No serás sepultado junto con ellos, porque has desolado tu tierra y has hecho perecer a tu pueblo; la [a]posteridad de los [b]malhechores para siempre no será reconocida.

21 Preparad matanza para sus hijos por las [a]iniquidades de sus padres; para que no se levanten, ni posean la tierra, ni llenen de ciudades la faz del mundo.

22 Porque yo me levantaré contra ellos, dice el Señor de los Ejércitos; y raeré de Babilonia el [a]nombre y residuo, hijo y [b]sobrino, dice el Señor.

23 Y la convertiré en [a]morada de avetoros y en lagunas de agua; y la barreré con escoba de destrucción, dice el Señor de los Ejércitos.

24 El Señor de los Ejércitos ha jurado, diciendo: Ciertamente como lo he pensado, así sucederá; y como lo he propuesto, así será confirmado;

25 que al [a]asirio traeré a mi tierra, y en [b]mis collados lo hollaré; entonces será apartado de ellos el [c]yugo de él, y la carga de él será quitada de sus hombros.

26 [a]Este es el propósito que se ha determinado sobre toda la tierra; y esta, la mano que se extiende sobre todas las naciones.

27 Porque el Señor de los Ejércitos ha propuesto y, ¿quién lo abrogará? Su mano está

13b Es decir, la morada de los dioses según la creencia de los babilonios. Sal. 48:2.
15a 1 Ne. 14:3.
16a En hebreo, te mirarán con los ojos entrecerrados y reflexionarán sobre ti.
18a Es decir, su sepultura familiar.

19a Es decir, rama rechazada, cortada y desechada.
   b Es decir, el mismísimo fondo.
20a Sal. 21:10–11; 37:28.
   b GEE Inicuo, iniquidad.
21a Éx. 20:5.
22a Prov. 10:7.
   b Job 18:19.
23a Isa. 34:11–15.
25a El tema cambia al

ataque y a la derrota de Asiria en Judá, 701 a.C. (vers. 24–27). 2 Rey. 19:32–37; Isa. 37:33–38.
   b Es decir, los montes de Judá y de Israel.
   c Isa. 10:27.
26a Es decir, al fin todas las naciones mundanas serán así derribadas.

extendida y, ¿quién la hará tornar atrás?

28 El ªaño en que murió el rey ᵇAcaz fue esta carga.

29 No te regocijes tú, Filistea toda, por haberse quebrado la vara del que te hería; porque de la raíz de la culebra saldrá el áspid, y su fruto será una ardiente serpiente voladora.

30 Y los primogénitos de los pobres comerán, y los menesterosos reposarán seguros; y haré morir de hambre a tu raíz, y él matará a tu residuo.

31 ¡Aúlla, oh puerta! ¡Clama, oh ciudad! Tú, Filistea entera, disuelta estás; porque del norte vendrá un humo, y ninguno quedará solo en su tiempo determinado.

32 ¿Qué responderán entonces los mensajeros de las naciones? Que el Señor fundó a ªSion, y que los ᵇpobres de su pueblo se ᶜacogerán a ella.

CAPÍTULO 25

Nefi se deleita en la claridad — En los últimos días se entenderán las profecías de Isaías — Los judíos volverán a Babilonia, crucificarán al Mesías y serán dispersados y azotados — Serán restaurados cuando crean en el Mesías — Este vendrá por vez primera seiscientos años después de haber salido Lehi de Jerusalén — Los nefitas observan la ley de

Moisés y creen en Cristo, que es el Santo de Israel. Aproximadamente 559–545 a.C.

AHORA bien, yo, Nefi, hablo algo con relación a las palabras que he escrito, palabras que fueron pronunciadas por boca de Isaías. Pues he aquí, Isaías habló muchas cosas que a muchos de los de mi pueblo les fue ªdifícil comprender, porque no saben concerniente a la manera de profetizar entre los judíos.

2 Porque yo, Nefi, no les he enseñado muchas cosas respecto de las costumbres de los judíos; porque sus ªobras fueron obras de tinieblas, y sus hechos fueron hechos de abominaciones.

3 Por tanto, escribo a mi pueblo, a todos aquellos que en lo futuro reciban estas cosas que yo escribo, para que conozcan los juicios de Dios y sepan que vienen sobre todas las naciones, según la palabra que él ha declarado.

4 Por tanto, escuchad, oh pueblo mío, que sois de la casa de Israel, y dad oídos a mis palabras; pues aunque las palabras de Isaías no os son claras a vosotros, sin embargo, son claras para todos aquellos que son llenos del ªespíritu de ᵇprofecía. Pero os declaro una profecía, de acuerdo con el espíritu que hay en mí; por tanto, profetizaré

28a Es decir, hacia 720 a.C., se profetizó esta destrucción acerca de los filisteos y se vaticinó que Judá sería protegido.
b 2 Rey. 16:20.
32a GEE Sion.
b Sof. 3:12.
c O sea, buscarán
refugio en ella.
25 1a 2 Ne. 25:5–6.
2a 2 Rey. 17:13–20.
4a GEE Espíritu Santo.
b GEE Profecía, profetizar.

según la ᶜclaridad que en mí ha habido desde la ocasión en que salí de Jerusalén con mi padre; porque, he aquí, mi alma se deleita en la claridad para con mi pueblo, a fin de que aprenda.

5 Sí, y mi alma se deleita en las palabras de ᵃIsaías, porque salí de Jerusalén, y mis ojos han visto las cosas de los ᵇjudíos, y sé que ellos entienden las cosas de los profetas, y no hay ningún otro pueblo que entienda, como ellos, las cosas que fueron pronunciadas a los judíos, salvo que sean instruidos conforme a la manera de las cosas de los judíos.

6 Mas he aquí, yo, Nefi, no he enseñado a mis hijos conforme a la manera de los judíos; pero yo mismo he morado en Jerusalén, por lo que sé acerca de las regiones circunvecinas; y he mencionado a mis hijos acerca de los juicios de Dios que han ᵃacontecido entre los judíos, de acuerdo con todo lo que Isaías ha hablado, y no lo escribo.

7 Mas, he aquí, procedo con mi propia profecía, de acuerdo con mi ᵃclaridad, en la que sé que nadie puede errar; sin embargo, en los días en que se cumplan las profecías de Isaías, en la época que se realicen, los hombres sabrán de seguro.

8 Por tanto, son de ᵃvalor a los hijos de los hombres; y a los que suponen que no lo son, yo hablaré más particularmente, y limitaré mis palabras a mi ᵇpropio pueblo; porque sé que serán de gran valor para ellos en los ᶜpostreros días, porque entonces las entenderán; por consiguiente, es para su bien que las he escrito.

9 Y así como una generación ha sido ᵃdestruida entre los judíos a causa de la iniquidad, de igual manera han sido destruidos de generación en generación, según sus iniquidades; y ninguno de ellos ha sido destruido jamás sin que se lo hayan ᵇpredicho los profetas del Señor.

10 Por tanto, les ha sido dicho concerniente a la destrucción que vendría sobre ellos inmediatamente después que saliera mi padre de Jerusalén; sin embargo, endurecieron sus corazones, y conforme a mi profecía, han sido ᵃdestruidos, salvo aquellos que fueron ᵇllevados cautivos a Babilonia.

11 Y hablo esto a causa del espíritu que está en mí. Y a pesar de que han sido llevados, volverán otra vez y poseerán la tierra

---

4c 2 Ne. 31:3; 33:5–6;
   Jacob 4:13.
5a 1 Ne. 19:23;
   3 Ne. 23:1.
 b GEE Judíos.
6a 2 Ne. 6:8;
   Hel. 8:20–21.
7a 2 Ne. 32:7;
   Alma 13:23.

8a GEE Escrituras — El
   valor de las Escrituras.
 b Enós 1:13–16;
   Morm. 5:12–15;
   DyC 3:16–20.
 c GEE Últimos días,
   postreros días.
9a Jer. 39:4–10;
   Mateo 23:37–38.

 b Amós 3:7;
   1 Ne. 1:13.
10a 1 Ne. 7:13;
   2 Ne. 6:8;
   Omni 1:15;
   Hel. 8:20–21.
 b 2 Rey. 24:14;
   Jer. 52:3–16.

de Jerusalén; por tanto, serán nuevamente ªrestaurados a la tierra de su herencia.

12 Pero he aquí, habrá entre ellos guerras y rumores de guerras; y cuando llegue el día en que el ªUnigénito del Padre, sí, el Padre del cielo y de la tierra, se manifieste él mismo a ellos en la carne, he aquí, lo rechazarán por causa de sus iniquidades, y la dureza de sus corazones, y lo duro de su cerviz.

13 He aquí, lo ªcrucificarán; y después de ser puesto en un ᵇsepulcro por el espacio de ᶜtres días, se ᵈlevantará de entre los muertos, con sanidad en sus alas; y todos los que crean en su nombre serán salvos en el reino de Dios. Por tanto, mi alma se deleita en profetizar concerniente a él, porque he ᵉvisto su día, y mi corazón magnifica su santo nombre.

14 Y he aquí, acontecerá que después que el ªMesías haya resucitado de entre los muertos, y se haya manifestado a su pueblo, a cuantos quieran creer en su nombre, he aquí, Jerusalén será ᵇdestruida otra vez; porque, ¡ay de aquellos que combatan contra Dios y el pueblo de su iglesia!

15 Por tanto, los ªjudíos serán ᵇdispersados entre todas las naciones; sí, y también ᶜBabilonia será destruida; por consiguiente, otras naciones dispersarán a los judíos.

16 Y después que hayan sido dispersados, y el Señor Dios los haya azotado por otros pueblos, por el espacio de muchas generaciones, sí, de generación en generación, hasta que sean persuadidos a ªcreer en Cristo, el Hijo de Dios, y la expiación, que es infinita para todo el género humano; y cuando llegue ese día en que crean en Cristo, y adoren al Padre en su nombre, con corazones puros y manos limpias, y no esperen más a otro Mesías, entonces, en esa época, llegará el día en que sea menester que crean estas cosas.

17 Y el Señor volverá a extender su mano por segunda vez para ªrestaurar a su pueblo de su estado perdido y caído. Por tanto, él procederá a efectuar una ᵇobra maravillosa y un prodigio entre los hijos de los hombres.

18 Por consiguiente, él les manifestará sus ªpalabras, las cuales los ᵇjuzgarán en el postrer día, porque les serán dadas con

11a Esd. 1:1–4;
    Jer. 24:5–7.
12a GEE Unigénito.
13a Lucas 23:33.
  b Juan 19:41–42;
    1 Ne. 19:10.
  c Lucas 24:6–7;
    Mos. 3:10.
  d GEE Resurrección.
  e 1 Ne. 11:13–34.

14a GEE Mesías.
  b Lucas 21:24;
    JS—M 1:1–18.
15a GEE Judíos.
  b Neh. 1:8–9;
    2 Ne. 10:6.
  c GEE Babel, Babilonia.
16a 2 Ne. 10:6–9; 30:7;
    Morm. 5:14.
17a 2 Ne. 21:11–12; 29:1.

  GEE Restauración
    del Evangelio.
  b Isa. 29:14;
    2 Ne. 27:26;
    3 Ne. 28:31–33.
18a 2 Ne. 29:11–12;
    33:11, 14–15.
  b GEE Juicio final.

el fin de ^cconvencerlos del verdadero Mesías que ellos rechazaron; y para convencerlos de que no deben esperar más a un Mesías que ha de venir, pues no ha de venir otro, salvo que sea un ^dMesías falso que engañe al pueblo; porque no hay sino un Mesías de quien los profetas han hablado, y ese Mesías es el que los judíos rechazarán.

19 Pues, según las palabras de los profetas, el ^aMesías viene ^bseiscientos años a partir de la ocasión en que mi padre salió de Jerusalén; y según las palabras de los profetas, y también la palabra del ^cángel de Dios, su nombre será Jesucristo, el Hijo de Dios.

20 Y ahora bien, hermanos míos, he hablado claramente para que no podáis errar; y como vive el Señor Dios, que ^asacó a Israel de la tierra de Egipto, y dio poder a Moisés para ^bsanar a las naciones después de haber sido mordidas por las serpientes ponzoñosas, si ponían sus ojos en la ^cserpiente que él levantó ante ellas, y también le dio poder para que hiriera la ^dpeña y brotara el agua; sí, he aquí os digo que así como estas cosas son verdaderas, y como el Señor Dios vive, no hay otro ^enombre dado debajo del cielo sino el de este Jesucristo, de quien he hablado, mediante el cual el hombre pueda ser salvo.

21 De modo que por esta causa el Señor Dios me ha prometido que estas cosas que ^aescribo serán guardadas, y preservadas y entregadas a los de mi posteridad, de generación en generación, para que se cumpla la promesa hecha a José, que su linaje no ^bperecería jamás, mientras durase la tierra.

22 Por tanto, estas cosas irán de generación en generación mientras dure la tierra; e irán de acuerdo con la voluntad y deseo de Dios; y por ellas serán ^ajuzgadas las naciones que las posean, según las palabras que están escritas.

23 Porque nosotros trabajamos diligentemente para escribir, a fin de ^apersuadir a nuestros hijos, así como a nuestros hermanos, a creer en Cristo y a reconciliarse con Dios; pues sabemos que es por la ^bgracia por la que

18c 2 Ne. 26:12–13.
 d GEE Anticristo.
19a GEE Jesucristo — Profecías acerca de la vida y la muerte de Jesucristo.
 b 1 Ne. 10:4; 3 Ne. 1:1, 13.
 c 2 Ne. 10:3.
20a Éx. 3:7–10; 1 Ne. 17:24, 31; 19:10.
 b Juan 3:14;
1 Ne. 17:41.
 c Núm. 21:8–9; Alma 33:19; Hel. 8:14–15.
 d Éx. 17:6; Núm. 20:11; 1 Ne. 17:29; 20:21.
 e Oseas 13:4; Hech. 4:10–12; Mos. 5:8; Moisés 6:52. GEE Salvador.
21a 2 Ne. 27:6–14.
 b Amós 5:15; 2 Ne. 3:16; Alma 46:24–27.
22a 2 Ne. 29:11; 33:10–15; 3 Ne. 27:23–27.
23a GEE Niño(s).
 b Rom. 3:23–24; 2 Ne. 2:4–10; Mos. 13:32; Alma 42:12–16; DyC 138:4. GEE Gracia.

nos salvamos, después de 'hacer cuanto podamos;

24 y a pesar de que creemos en Cristo, ªobservamos la ley de Moisés, y ᵇesperamos anhelosamente y con firmeza en Cristo, hasta que la ley sea cumplida.

25 Pues para este fin se dio la ªley; por tanto, para nosotros la ley ha ᵇmuerto, y somos vivificados en Cristo a causa de nuestra fe; guardamos, empero, la ley, a causa de los mandamientos.

26 Y ªhablamos de Cristo, nos regocijamos en Cristo, predicamos de Cristo, ᵇprofetizamos de Cristo y escribimos según nuestras profecías, para que 'nuestros hijos sepan a qué fuente han de acudir para la ᵈremisión de sus pecados.

27 Por lo tanto, hablamos concerniente a la ley para que nuestros hijos sepan que la ley ya no rige; y, entendiendo que la ley ya no rige, ªmiren ellos adelante hacia aquella vida que está en Cristo, y sepan con qué fin fue dada la ley. Y para que, después de cumplirse la ley en Cristo, no endurezcan contra él sus corazones, cuando la ley tenga que ser abrogada.

28 Y ahora bien, he aquí, pueblo mío, sois gente ªdura de cerviz; por tanto, os he hablado claramente, para que no podáis malentender. Y las palabras que he hablado quedarán como un ᵇtestimonio contra vosotros; pues bastan para 'enseñar a cualquier hombre la vía correcta; porque la vía correcta consiste en creer en Cristo y no negarlo; porque al negarlo, también negáis a los profetas y la ley.

29 Y ahora bien, he aquí, os digo que la vía correcta es creer en Cristo y no negarlo; y Cristo es el Santo de Israel; por tanto, debéis inclinaros ante él y adorarlo con todo vuestro ªpoder, mente y fuerza, y con toda vuestra alma; y si hacéis esto, de ninguna manera seréis desechados.

30 Y hasta donde fuere necesario, debéis observar las prácticas y las ªordenanzas de Dios hasta que sea cumplida la ley que fue dada a Moisés.

CAPÍTULO 26

Cristo ejercerá Su ministerio entre los nefitas — Nefi prevé la destrucción de los de su pueblo — Estos hablarán desde el polvo — Los gentiles

23c Stg. 2:14–26.
  GEE Obras.
24a Jacob 4:4–5.
  b La expresión en inglés "look forward to" que se traduce aquí significa tanto esperar anhelosamente en Cristo como mirar hacia lo futuro a Cristo.
25a GEE Ley de Moisés.
26a Jacob 4:12; Jarom 1:11; Mos. 3:13.
  b Lucas 10:23–24.
  c GEE Niño(s).
  d GEE Remisión de pecados.
27a La expresión en inglés "look forward to" que se traduce aquí
significa tanto esperar anhelosamente en Cristo como mirar hacia lo futuro a Cristo.
28a Mos. 3:14.
  b GEE Testimonio.
  c 2 Ne. 33:10.
29a Deut. 6:5; Mar. 12:29–31.
30a GEE Ordenanzas.

establecerán iglesias falsas y combinaciones secretas — El Señor prohíbe que los hombres empleen las supercherías sacerdotales. Aproximadamente 559–545 a.C.

Y DESPUÉS que Cristo haya ªresucitado de entre los muertos, se os ᵇmanifestará a vosotros, mis hijos, y mis amados hermanos, y las palabras que él os hable serán la ᶜley que observaréis.

2 Pues he aquí, os digo que he visto que pasarán muchas generaciones, y habrá grandes guerras y contiendas entre mi pueblo.

3 Y después que el Mesías haya venido, se darán a mi pueblo ªseñales de su ᵇnacimiento, y también de su muerte y resurrección; y grande y terrible será aquel día para los malvados, porque perecerán; y perecen porque rechazan a los profetas y a los santos, y los apedrean y los matan; por lo que el clamor de la ᶜsangre de los santos ascenderá desde la tierra hasta Dios en contra de ellos.

4 Por tanto, el día que viene ªabrasará a todos los soberbios y a los que obran inicuamente, dice el Señor de los Ejércitos, porque serán como rastrojo.

5 Y a los que matan a los profetas y a los santos, las profundidades de la tierra los ªtragarán, dice el Señor de los Ejércitos; y ᵇmontañas los cubrirán, y torbellinos los arrebatarán, y edificios caerán sobre ellos y los desmenuzarán y reducirán a polvo.

6 Y serán visitados con truenos, y relámpagos, y terremotos, y con toda clase de destrucciones; porque el fuego de la ira del Señor se encenderá contra ellos, y serán como rastrojo, y el día que viene los consumirá, dice el Señor de los Ejércitos.

7 ¡Oh, el dolor y la angustia de mi alma por la pérdida de los de mi pueblo que serán muertos! Porque yo, Nefi, lo he visto, y casi me consume ante la presencia del Señor; pero tengo que clamar a mi Dios: ¡Tus vías son ªjustas!

8 Pero he aquí, los justos que escuchan las palabras de los profetas y no los destruyen, sino que ªesperan anhelosamente y con firmeza en Cristo, aguardando las señales que son declaradas, a pesar de todas las ᵇpersecuciones, he aquí, son ellos los que ᶜno perecerán.

9 Mas el Hijo de Justicia se les

26 1a 3 Ne. 11:1–12.
  b 1 Ne. 11:7; 12:6.
  c 3 Ne. 15:2–10.
 3a 1 Ne. 12:4–6.
  GEE Señal.
  b GEE Jesucristo —
   Profecías acerca de la
   vida y la muerte de
   Jesucristo.

  c Gén. 4:10;
   2 Ne. 28:10;
   Morm. 8:27.
 4a 3 Ne. 8:14–24; 9:3, 9.
 5a 1 Ne. 19:11;
   3 Ne. 10:14.
  b 3 Ne. 8:10; 9:5–8.
 7a GEE Justicia.
 8a La expresión en inglés

   "look forward to"
   que se traduce aquí
   significa tanto esperar
   anhelosamente en
   Cristo como mirar
   hacia lo futuro a Cristo.
  b GEE Persecución,
   perseguir.
  c 3 Ne. 10:12–13.

^aaparecerá; y él los ^bsanará, y tendrán ^cpaz con él hasta que hayan transcurrido ^dtres generaciones, y muchos de la ^ecuarta generación hayan fallecido en rectitud.

10 Y cuando estas cosas hayan transcurrido, sobrevendrá a mi pueblo una presta ^adestrucción; porque a pesar del dolor de mi alma, yo la he visto; por tanto, sé que acontecerá; y ellos se venden por nada; porque como recompensa de su orgullo y su necedad, segarán destrucción; porque se entregan al diablo, y escogen las obras de tinieblas más bien que la luz; por tanto, tendrán que bajar al ^binfierno.

11 Porque el Espíritu del Señor no ^asiempre luchará con el hombre. Y cuando el Espíritu cesa de luchar con el hombre, entonces viene una presta destrucción, y esto contrista mi alma.

12 Y así como hablé acerca de ^aconvencer a los ^bjudíos de que Jesús es el ^cverdadero Cristo, es menester que los gentiles también sean convencidos de que Jesús es el Cristo, el Dios Eterno;

13 y que se manifiesta por el poder del ^aEspíritu Santo a cuantos en él creen; sí, a toda nación, tribu, lengua y pueblo, obrando grandes milagros,

señales y maravillas entre los hijos de los hombres, según su fe.

14 Mas he aquí, os profetizo concerniente a los ^apostreros días, los días en que el Señor Dios ^bmanifestará estas cosas a los hijos de los hombres.

15 Después que mi posteridad y la posteridad de mis hermanos hayan degenerado en la incredulidad, y hayan sido heridos por los gentiles; sí, después que el Señor Dios haya acampado en contra de ellos por todos lados, y los haya sitiado con baluarte y levantado fuertes contra ellos; y después que hayan sido abatidos hasta el polvo, aun hasta dejar de existir, con todo esto, las palabras de los justos serán escritas, y las oraciones de los fieles serán oídas, y todos los que hayan degenerado en la incredulidad no serán olvidados;

16 porque aquellos que serán destruidos les ^ahablarán desde la tierra, y sus palabras susurrarán desde el polvo, y su voz será como uno que evoca a los espíritus; porque el Señor Dios le dará poder para que susurre concerniente a ellos, como si fuera desde la tierra; y su habla susurrará desde el polvo.

17 Porque así dice el Señor Dios: ^aEscribirán las cosas que se

9a 3 Ne. 11:8–15.
  b 3 Ne. 17:7–9.
  c 4 Ne. 1:1–4.
  d 1 Ne. 12:11–12;
    3 Ne. 27:30–32.
  e Alma 45:10–12;
    Hel. 13:9–10.
10a Alma 45:9–14;
    Morm. 8:1–9.

  b GEE Infierno.
11a Éter 2:15.
12a 2 Ne. 25:18.
  b 2 Ne. 30:7;
    Morm. 5:14.
    GEE Judíos.
  c Morm. 3:21.
13a GEE Espíritu Santo.
14a GEE Últimos días,

    postreros días.
  b GEE Restauración del
    Evangelio.
16a Isa. 29:4;
    Moro. 10:27;
    Moisés 7:62.
    GEE Libro de Mormón.
17a 2 Ne. 29:12.

harán entre ellos, y serán escritas y selladas en un libro; y aquellos que hayan degenerado en la incredulidad no las tendrán, porque [b]procuran destruir las cosas de Dios.

18 Por tanto, así como los que han sido destruidos fueron talados prestamente, y la multitud de sus fuertes será como el [a]rastrojo que desaparece, sí, así dice el Señor Dios: Será en un instante, repentinamente.

19 Y sucederá que los que hayan degenerado en la incredulidad serán [a]heridos por mano de los gentiles.

20 Y los gentiles se ensalzan con la [a]soberbia de sus ojos, y han [b]tropezado a causa de lo grande de su [c]tropezadero, y han establecido muchas [d]iglesias; sin embargo, menosprecian el poder y los milagros de Dios, y se predican su propia sabiduría y su propia [e]instrucción, para enriquecerse y [f]moler la faz de los pobres.

21 Y se edifican muchas iglesias que causan [a]envidias, y contiendas, y malicia.

22 Y también existen [a]combinaciones secretas, como en los tiempos antiguos, según las combinaciones del diablo, porque él es el fundador de todas estas cosas;

sí, el fundador del asesinato y de las obras de tinieblas; sí, y los lleva del cuello con cordel de lino, hasta que los ata para siempre jamás con sus fuertes cuerdas.

23 Porque he aquí, amados hermanos míos, os digo que el Señor Dios no obra en la obscuridad.

24 Él no hace nada a menos que sea para el beneficio del mundo; porque él [a]ama al mundo, al grado de dar su propia vida para traer a [b]todos los hombres a él. Por tanto, a nadie manda él que no participe de su salvación.

25 He aquí, ¿acaso exclama él a alguien, diciendo: Apártate de mí? He aquí, os digo que no; antes bien, dice: [a]Venid a mí, vosotros, todos los extremos de la tierra, [b]comprad leche y miel sin dinero y sin precio.

26 He aquí, ¿ha mandado él a alguno que salga de las sinagogas, o de las casas de adoración? He aquí, os digo que no.

27 ¿Ha mandado él a alguien que no participe de su [a]salvación? He aquí, os digo que no, sino que la ha [b]dado gratuitamente para todos los hombres; y ha mandado a su pueblo que persuada a todos los hombres a que se [c]arrepientan.

28 He aquí, ¿ha mandado el

17b Enós 1:14.
18a Morm. 5:16–18.
19a 3 Ne. 16:8–9; 20:27–28.
20a GEE Orgullo.
  b 1 Ne. 13:29, 34.
    GEE Apostasía.
  c Ezeq. 14:4.
  d 1 Ne. 14:10; 22:23;
    Morm. 8:28.

  e 2 Ne. 9:28;
    Morm. 9:7–8.
  f Isa. 3:15;
    2 Ne. 13:15.
21a GEE Envidia.
22a GEE Combinaciones
    secretas.
24a Juan 3:16.
  b 3 Ne. 27:14–15.

25a Alma 5:33–35;
    3 Ne. 9:13–14.
  b Isa. 55:1–2.
27a GEE Salvación.
  b Efe. 2:8;
    2 Ne. 25:23.
  c GEE Arrepentimiento,
    arrepentirse.

Señor a alguien que no participe de su bondad? He aquí, os digo: No; sino que "todo hombre tiene tanto privilegio como cualquier otro, y a nadie se le prohíbe.

29 Él manda que no haya supercherías; porque he aquí, son "supercherías sacerdotales el que los hombres prediquen y se constituyan a sí mismos como una luz al mundo, con el fin de obtener lucro y "alabanza del mundo; pero no buscan el bien de Sion.

30 He aquí, el Señor ha vedado esto; por tanto, el Señor Dios ha dado el mandamiento de que todos los hombres tengan "caridad, y esta caridad es "amor. Y a menos que tengan caridad, no son nada. Por tanto, si tuviesen caridad, no permitirían que pereciera el obrero en Sion.

31 Mas el obrero en "Sion trabajará para Sion; porque si trabaja por "dinero, perecerá.

32 Y además, el Señor Dios ha "mandado a los hombres no cometer homicidio; no mentir; no robar; no tomar el nombre del Señor su Dios en "vano; no envidiar; no tener malicia; no contender unos con otros; no cometer fornicaciones; y no hacer ninguna de estas cosas; porque los que tal hagan, perecerán.

33 Porque ninguna de estas iniquidades viene del Señor, porque él hace lo que es bueno entre los hijos de los hombres; y nada hace que no sea claro para los hijos de los hombres; y él invita a todos ellos a que vengan a él y participen de su bondad; y a nadie de los que a él vienen "desecha, sean negros o blancos, esclavos o libres, varones o mujeres; y se acuerda de los "paganos; y "todos son iguales ante Dios, tanto los judíos como los gentiles.

CAPÍTULO 27

Tinieblas y apostasía cubrirán la tierra en los últimos días — El Libro de Mormón saldrá a luz — Tres testigos darán testimonio del libro — El hombre instruido dirá que no puede leer el libro sellado — El Señor ejecutará una obra maravillosa y un prodigio — Compárese con Isaías 29. Aproximadamente 559–545 a.C.

Mas he aquí que en los "últimos días, o sea, en los días de los gentiles, sí, he aquí que todas las naciones de los gentiles, y también los judíos, tanto los que vengan a esta tierra como los que se hallen sobre otras tierras, sí, sobre todas las tierras del mundo, he aquí, estarán ebrios

---

28a Rom. 2:11;
   1 Ne. 17:33–35.
29a GEE Supercherías
   sacerdotales.
  b DyC 121:34–37.
30a Moro. 7:47–48.
   GEE Caridad.

  b GEE Amor.
31a GEE Sion.
  b Jacob 2:17–19;
   DyC 11:7; 38:39.
32a GEE Mandamientos
   de Dios.
  b GEE Profanidad.

33a Hech. 10:9–35, 44–45.
  b Alma 26:37.
  c Rom. 2:11;
   1 Ne. 17:35.
27 1a GEE Últimos días,
   postreros días.

de iniquidad y de toda clase de abominaciones.

2 Y cuando venga ese día, los visitará el Señor de los Ejércitos con truenos y con terremotos, y con un gran estruendo, y con borrasca, y con tempestad, y con la *llama de fuego devorador.

3 Y todas las *naciones que *pugnen contra Sion y que la acongojen serán como sueño de visión nocturna; sí, les será como al hambriento que sueña; y he aquí, come, mas despierta y su alma está vacía; o como un sediento que sueña; y he aquí, bebe, pero cuando despierta, está desfallecido, y su alma siente hambre; sí, aun así será con la multitud de todas las naciones que pugnen contra el monte de Sion.

4 Porque he aquí, todos vosotros que obráis iniquidad, deteneos y asombraos, porque gritaréis y clamaréis; sí, estaréis ebrios, mas no de vino; titubearéis, mas no de licor.

5 Porque he aquí, el Señor ha derramado sobre vosotros el espíritu de un profundo sueño; pues he aquí que habéis cerrado vuestros ojos y rechazado a los profetas; y a vuestros gobernantes y a los videntes él ha cubierto a causa de vuestra iniquidad.

6 Y acontecerá que el Señor Dios os *manifestará las palabras de un *libro; y serán las palabras de los que han dormido.

7 Y he aquí, el libro estará *sellado; y en él habrá una *revelación de Dios, desde el principio del mundo, hasta su *fin.

8 Por lo tanto, a causa de las cosas que están *selladas, *no se entregarán estas cosas selladas en el día de las maldades y abominaciones del pueblo. Por tanto, les será retenido el libro;

9 mas el libro será entregado a un *hombre, y él entregará las palabras del libro, que son las palabras de aquellos que han dormido en el polvo, y entregará estas palabras a *otro;

10 mas no entregará las palabras que están selladas, ni tampoco entregará el libro. Porque el libro será sellado por el poder de Dios, y la revelación que fue sellada se guardará en el libro hasta que llegue el propio y debido tiempo del Señor en que aparezcan; porque he aquí, revelan todas las cosas desde la fundación del mundo hasta su fin.

11 Y vendrá el día en que las palabras del libro, que fueron selladas, se leerán desde los techos de las casas; y serán leídas por el poder de Cristo, y se *revelarán a los hijos de los hombres todas las

---

2*a* Isa. 24:6; 66:15–16;
      Jacob 6:3;
      3 Ne. 25:1.
3*a* Isa. 29:7–8.
  b 1 Ne. 22:14.
6*a* Jarom 1:2;
      Morm. 5:12–13.

  b 2 Ne. 26:16–17; 29:12.
      GEE Libro de Mormón.
7*a* Isa. 29:11–12;
      Éter 3:25–27; 4:4–7.
  b Mos. 8:19.
  c Éter 13:1–12.
8*a* Éter 5:1.

  b 3 Ne. 26:9–12;
      Éter 4:5–6.
9*a* DyC 17:5–6.
  b JS—H 1:64–65.
11*a* Lucas 12:3;
       Morm. 5:8;
       DyC 121:26–31.

cosas jamás habidas entre ellos, y cuantas habrá aun hasta el fin de la tierra.

12 Por tanto, el día en que se entregue el libro al hombre de quien he hablado, quedará oculto dicho libro de los ojos del mundo para que no lo vea ojo alguno, salvo ^atres ^btestigos que lo verán por el poder de Dios, además de aquel a quien el libro será entregado; y testificarán de la verdad del libro y de las cosas que contiene.

13 Y nadie más lo verá, sino unos pocos, conforme a la voluntad de Dios, para dar testimonio de su palabra a los hijos de los hombres; porque el Señor Dios ha dicho que las palabras de los fieles hablarían cual si fuera de ^aentre los muertos.

14 Por tanto, el Señor Dios procederá a sacar a luz las palabras del libro; y en la boca de cuantos testigos a él le plazca, establecerá su palabra; y, ¡ay de aquel que ^arechace la palabra de Dios!

15 Mas he aquí, acontecerá que el Señor Dios dirá a aquel a quien entregará el libro: Toma estas palabras que no están selladas y entrégalas a otro, para que las muestre al instruido, diciendo: Te ruego que ^aleas esto. Y el instruido dirá: Trae aquí el libro, y yo las leeré.

16 Y ahora bien, por causa de la gloria del mundo, y para obtener ^alucro dirán esto, y no para la gloria de Dios.

17 Y el hombre dirá: No puedo traer el libro, porque está sellado.

18 Entonces dirá el instruido: No puedo leerlo.

19 Por tanto, acontecerá que el Señor Dios de nuevo entregará el libro y las palabras que contiene al que no es instruido, el cual dirá: No soy instruido.

20 Entonces el Señor Dios le dirá: Los instruidos no las leerán porque las han rechazado, y yo puedo efectuar mi propia obra; por tanto, tú leerás las palabras que yo te daré.

21 ^aNo toques las cosas que están selladas, pues las manifestaré en mi propio y debido tiempo; porque mostraré a los hijos de los hombres que puedo ejecutar mi propia obra.

22 Por tanto, cuando hayas leído las palabras que te he mandado, y obtenido los ^atestigos que te he prometido, entonces sellarás otra vez el libro, y lo esconderás para mis propósitos, a fin de que yo preserve las palabras que no has leído, hasta que en mi propia sabiduría me parezca oportuno revelar todas las cosas a los hijos de los hombres.

23 Porque he aquí, yo soy Dios; y soy un Dios de ^amilagros; y

12a 2 Ne. 11:3;
     Éter 5:2–4;
     DyC 5:11, 15; 17:1.
   b Deut. 19:15.
13a 2 Ne. 3:19–20;
     33:13–15;

Moro. 10:27.
14a 2 Ne. 28:29–30;
     Éter 4:8.
15a Isa. 29:11–12;
     JS—H 1:65.
16a GEE Supercherías

sacerdotales.
21a Éter 5:1.
22a GEE Testigos del Libro
     de Mormón.
23a GEE Milagros.

manifestaré al mundo que soy el [b]mismo ayer, hoy y para siempre; y no obro entre los hijos de los hombres sino de [c]conformidad con su fe.

24 Y otra vez acontecerá que el Señor dirá a aquel que lea las palabras que le han de ser entregadas:

25 [a]Por cuanto este pueblo se me acerca con su boca, y con sus labios me [b]honra, mas su corazón ha alejado de mí, y su temor para conmigo le es inculcado por los [c]preceptos de los hombres,

26 procederé yo, por tanto, a ejecutar una [a]obra maravillosa entre este pueblo; sí, una [b]obra maravillosa y un prodigio; porque la sabiduría de sus sabios e instruidos perecerá, y el entendimiento de sus prudentes será escondido.

27 Y, [a]¡ay de aquellos que procuran con afán esconder sus designios del Señor! Y sus obras se hacen en las tinieblas, y dicen: ¿Quién nos ve, y quién nos conoce? Y dicen también: Ciertamente tu obra de trastornar las cosas de arriba abajo será estimada como el barro del [b]alfarero. Mas he aquí, dice el Señor de los Ejércitos, les mostraré que conozco todas sus obras. ¿Pues acaso dirá la obra del artífice: Él no me hizo? O, ¿dirá lo construido del constructor: No tenía inteligencia?

28 Pero he aquí, dice el Señor de los Ejércitos: Enseñaré a los hijos de los hombres que de aquí a muy poco tiempo el Líbano se convertirá en campo fértil; y el campo fértil será apreciado como un bosque.

29 [a]Y en aquel día los sordos oirán las palabras del libro, y los ojos de los ciegos verán de en medio de la obscuridad y de las tinieblas.

30 Y los [a]mansos también aumentarán, y su [b]gozo será en el Señor; y los pobres entre los hombres se regocijarán en el Santo de Israel.

31 Porque así como vive el Señor, verán que el [a]violento es reducido a la nada, y es consumido el escarnecedor; y todos los que velan por la iniquidad son talados;

32 y los que hacen [a]ofensor al hombre por una palabra, y tienden trampa al que reprende a la [b]puerta, y [c]apartan al justo por una pequeñez.

33 Por tanto, el Señor que redimió a Abraham así dice, respecto a la casa de Jacob: Ahora Jacob no se avergonzará, ni su rostro se pondrá pálido.

34 Mas cuando él [a]vea a sus hijos, obra de mis manos, en su centro, santificarán ellos mi

---

23b Heb. 13:8.
  c Heb. 11;
    Éter 12:7–22.
25a Isa. 29:13.
  b Mateo 15:8.
  c 2 Ne. 28:31.
26a 1 Ne. 22:8;
    2 Ne. 29:1–2.

GEE Restauración del
  Evangelio.
  b Isa. 29:14;
    2 Ne. 25:17.
27a Isa. 29:15.
  b Jer. 18:6.
29a Isa. 29:18.
30a GEE Mansedumbre,

manso.
  b DyC 101:36.
31a Isa. 29:20.
32a Lucas 11:54.
  b Amós 5:10.
  c 2 Ne. 28:16.
34a Isa. 29:23–24.

nombre y santificarán al Santo de Jacob, y temerán al Dios de Israel.

35 Y también los que ^aerraron en espíritu vendrán al entendimiento; y los que murmuraron ^baprenderán doctrina.

CAPÍTULO 28

En los últimos días se establecerán muchas iglesias falsas — Enseñarán doctrinas falsas, vanas e insensatas — Abundará la apostasía por motivo de los maestros falsos — El diablo enfurecerá el corazón de los hombres — Él enseñará todo género de doctrinas falsas. Aproximadamente 559–545 a.C.

Y AHORA bien, hermanos míos, he aquí que os he hablado según el Espíritu me ha constreñido; por tanto, sé que ciertamente se han de verificar.

2 Y las cosas que se escribirán, procedentes del ^alibro, serán de gran ^bvalor para los hijos de los hombres, y particularmente para nuestra posteridad, que es un resto de la casa de Israel.

3 Porque sucederá en aquel día que las ^aiglesias que se hayan establecido, mas no para el Señor, dirán la una a la otra: ¡He aquí que yo, yo soy la del Señor!; y dirán las demás: ¡Yo, yo soy la del

Señor! Y así hablarán todos los que hayan establecido iglesias, mas no para el Señor;

4 y contenderán una con otra; y sus sacerdotes disputarán entre sí, y enseñarán con su ^aconocimiento, y negarán al Espíritu Santo, el cual inspira a hablar.

5 Y ^aniegan el ^bpoder de Dios, el Santo de Israel, y dicen al pueblo: Escuchadnos y oíd nuestro precepto; pues he aquí, hoy ^cno hay Dios, porque el Señor y Redentor ha acabado su obra y ha dado su poder a los hombres;

6 he aquí, escuchad mi precepto: Si dijeren que hay un milagro hecho por la mano del Señor, no lo creáis, pues hoy ya no es un Dios de ^amilagros; ya ha terminado su obra.

7 Sí, y habrá muchos que dirán: ^aComed, bebed y divertíos, porque mañana moriremos; y nos irá bien.

8 Y también habrá muchos que dirán: Comed, bebed y divertíos; no obstante, temed a Dios, pues él ^ajustificará la comisión de unos cuantos pecados; sí, ^bmentid un poco, aprovechaos de alguno por causa de sus palabras, tended ^ctrampa a vuestro prójimo; en esto no hay mal; y haced todas estas cosas, porque mañana moriremos; y si es que somos culpables, Dios nos dará

35*a* 2 Ne. 28:14;
    DyC 33:4.
 b Dan. 12:4.
28 2*a* GEE Libro de Mormón.
 b 1 Ne. 13:34–42; 22:9;
    3 Ne. 21:6.
 3*a* 1 Cor. 1:10–13;
    1 Ne. 22:23;

4 Ne. 1:25–29;
    Morm. 8:28, 32–38.
4*a* 2 Ne. 9:28.
5*a* 2 Ne. 26:20.
 b 2 Tim. 3:5.
 c Alma 30:28.
6*a* Morm. 8:26; 9:15–26.
7*a* 1 Cor. 15:32;

Alma 30:17–18.
8*a* Morm. 8:31.
 b DyC 10:25;
    Moisés 4:4.
    GEE Mentiras.
 c Prov. 26:27;
    1 Ne. 14:3.

algunos azotes, y al fin nos salva-
remos en el reino de Dios.

9 Sí, y habrá muchos que de esta
manera enseñarán falsas, vanas
e ªinsensatas ᵇdoctrinas; y se en-
greirán en sus corazones, y trata-
rán afanosamente de ocultar sus
designios del Señor, y sus obras
se harán en las tinieblas.

10 Y la ªsangre de los santos clamará desde el suelo contra ellos.

11 Sí, todos se han salido de la
ªsenda; se han ᵇcorrompido.

12 A causa del ªorgullo, y a
causa de falsos maestros y falsa
doctrina, sus iglesias se han
corrompido y se ensalzan; se
han infatuado a causa de su orgullo.

13 ªRoban a los ᵇpobres por motivo de sus bellos santuarios; roban a los pobres por razón de sus
ricas vestiduras; y persiguen a los
mansos y a los pobres de corazón, porque se han engreído con
su ᶜorgullo.

14 Llevan ªerguida la cerviz, y
enhiesta la cabeza; sí, y por motivo del orgullo, de la iniquidad,
de abominaciones y fornicaciones, todos se han ᵇextraviado,
salvo unos pocos que son los humildes discípulos de Cristo; sin
embargo, son guiados de tal manera que a menudo yerran porque

son enseñados por los preceptos
de los hombres.

15 ¡Oh los ªsabios, los instruidos
y los ricos que se inflan con el
ᵇorgullo de sus corazones, y todos aquellos que predican falsas
doctrinas, y todos aquellos que
cometen fornicaciones y pervierten la vía correcta del Señor! ᶜ¡Ay,
ay, ay de ellos, dice el Señor Dios
Todopoderoso, porque serán arrojados al infierno!

16 ¡Ay de aquellos que ªrepu-
dian al justo por una pequeñez
y vilipendian lo que es bueno, y
dicen que no vale nada! Porque
llegará el día en que el Señor Dios
visitará súbitamente a los habitantes de la tierra; y el día en que
hayan llegado al ᵇcolmo sus iniquidades, perecerán.

17 Mas he aquí, si los habitantes
de la tierra se arrepienten de sus
iniquidades y abominaciones, no
serán destruidos, dice el Señor de
los Ejércitos.

18 Mas he aquí, esa grande y
abominable iglesia, la ªramera
de toda la tierra, tendrá que
ᵇdesplomarse, y grande será su
caída.

19 Porque el reino del diablo
ha de ªestremecerse, y los que a
él pertenezcan deben ser provocados a arrepentirse, o el ᵇdiablo

9a Ezeq. 13:3;
 Hel. 13:29.
 b Mateo 15:9.
10a Apoc. 6:9–11;
 2 Ne. 26:3;
 Morm. 8:27;
 Éter 8:22–24;
 DyC 87:7.
11a Hel. 6:31.
 b Morm. 8:28–41;
 DyC 33:4.
12a Prov. 28:25.
13a Ezeq. 34:8.
 b Hel. 4:12.
 c Alma 5:53.
14a Prov. 21:4.
 b Isa. 53:6.
15a Prov. 3:5–7.
 b GEE Orgullo.
 c 3 Ne. 29:5.
16a Isa. 29:21.
 b Éter 2:9–10.
18a Apoc. 19:2.
 b 1 Ne. 14:3, 17.
19a 1 Ne. 22:23.
 b Alma 34:35.

los prenderá con sus sempiternas ^ccadenas, y serán movidos a cólera, y perecerán;

20 porque he aquí, en aquel día él ^aenfurecerá los corazones de los hijos de los hombres, y los agitará a la ira contra lo que es bueno.

21 Y a otros los ^apacificará y los adormecerá con seguridad carnal, de modo que dirán: Todo va bien en Sion; sí, Sion prospera, todo va bien. Y así el ^bdiablo engaña sus almas, y los conduce astutamente al infierno.

22 Y he aquí, a otros los lisonjea y les cuenta que no hay ^ainfierno; y les dice: Yo no soy el diablo, porque no lo hay; y así les susurra al oído, hasta que los prende con sus terribles ^bcadenas, de las cuales no hay liberación.

23 Sí, son atrapados por la muerte y el infierno; y la muerte, el infierno y el diablo, y todos los que hayan caído en su poder deben presentarse ante el trono de Dios y ser ^ajuzgados según sus obras, de donde tendrán que ir al lugar preparado para ellos, sí, un ^blago de fuego y azufre, que es tormento sin fin.

24 Por tanto, ¡ay del reposado en Sion!

25 ¡Ay de aquel que exclama: Todo está bien!

26 Sí, ¡ay de aquel que ^aescucha los preceptos de los hombres, y niega el poder de Dios y el don del Espíritu Santo!

27 Sí, ¡ay de aquel que dice: Hemos recibido, y no ^anecesitamos más!

28 Y por fin, ¡ay de todos aquellos que tiemblan, y están ^aenojados a causa de la verdad de Dios! Pues he aquí, aquel que está edificado sobre la ^broca, la recibe con gozo; y el que está fundado sobre un cimiento arenoso, tiembla por miedo de caer.

29 ¡Ay del que diga: Hemos recibido la palabra de Dios, y ^ano ^bnecesitamos más de la palabra de Dios, porque ya tenemos suficiente!

30 Pues he aquí, así dice el Señor Dios: Daré a los hijos de los hombres línea por línea, ^aprecepto por precepto, un poco aquí y un poco allí; y benditos son aquellos que escuchan mis preceptos y prestan atención a mis consejos, porque aprenderán ^bsabiduría; pues a quien ^creciba, le daré ^dmás; y a los que digan: Tenemos bastante, les será quitado aun lo que tuvieren.

31 ¡Maldito es aquel que pone su ^aconfianza en el hombre, o hace de la carne su brazo, o escucha

19c Alma 12:11.
20a DyC 10:20–27.
21a Morm. 8:31.
  b 2 Ne. 9:39.
22a GEE Infierno.
  b Alma 36:18.
23a GEE Jesucristo —
    Es juez;
    Juicio final.

  b 2 Ne. 9:16, 19, 26.
26a 2 Ne. 9:29.
27a Alma 12:10–11.
28a 2 Ne. 9:40; 33:5.
    GEE Rebelión.
  b Mateo 7:24–27.
    GEE Roca.
29a 2 Ne. 27:14;
    Éter 4:8.

  b 2 Ne. 29:3–10.
30a Isa. 28:9–13;
    DyC 98:12.
  b GEE Sabiduría.
  c Lucas 8:18.
  d Alma 12:10;
    DyC 50:24.
31a DyC 1:19–20.

los preceptos de los hombres, salvo cuando sus preceptos sean dados por el poder del Espíritu Santo!

32 ª¡Ay de los gentiles, dice el Señor Dios de los Ejércitos! Porque no obstante que les extenderé mi brazo de día en día, me negarán. Sin embargo, si se arrepienten y vienen a mí, seré misericordioso con ellos, porque mi ᵇbrazo está extendido todo el día, dice el Señor Dios de los Ejércitos.

CAPÍTULO 29

Muchos gentiles rechazarán el Libro de Mormón — Dirán: "No necesitamos más Biblia" — El Señor habla a muchas naciones — Él juzgará al mundo de acuerdo con los libros que se escriban. Aproximadamente 559–545 a.C.

Mas he aquí que habrá muchos —el día en que yo proceda a ejecutar una ªobra maravillosa entre ellos, a fin de que yo recuerde mis ᵇconvenios que he hecho con los hijos de los hombres, para que extienda mi mano por ᶜsegunda vez, para restaurar a los de mi pueblo que son de la casa de Israel;

2 y también para que yo recuerde las promesas que te he

hecho a ti, Nefi, y también a tu padre, que me acordaría de tu posteridad; y que las ªpalabras de tu posteridad procederían de mi boca a tu posteridad; y mis palabras ᵇresonarán hasta los extremos de la tierra, por ᶜestandarte a los de mi pueblo que son de la casa de Israel;

3 y porque mis palabras resonarán— muchos de los gentiles dirán: ¡Una ªBiblia! ¡Una Biblia! ¡Tenemos una Biblia, y no puede haber más Biblia!

4 Mas así dice el Señor Dios: Oh necios, tendrán una Biblia; y procederá de los ªjudíos, mi antiguo pueblo del convenio. ¿Y qué agradecimiento manifiestan a los judíos por la ᵇBiblia que de ellos recibieron? Sí, ¿qué pretenden decir con eso los gentiles? ¿Recuerdan ellos los afanes y los trabajos y las aflicciones de los judíos, y su diligencia para conmigo en llevar la salvación a los gentiles?

5 Oh gentiles, ¿os habéis acordado de los judíos, mi antiguo pueblo del convenio? No; sino que los habéis maldecido y ªaborrecido, y no habéis procurado recuperarlos. Mas he aquí, yo haré volver todas estas cosas sobre vuestra propia cabeza; porque yo, el Señor, no he olvidado a mi pueblo.

32a 1 Ne. 14:6.
  b Jacob 5:47; 6:4.
29 1a 2 Ne. 27:26.
  GEE Restauración del Evangelio.
  b GEE Abraham, convenio de (convenio abrahámico).
  c 2 Ne. 6:14; 21:11–12;
25:17.
  GEE Israel — La congregación de Israel.
2a 2 Ne. 3:18–21.
  b Isa. 5:26;
  2 Ne. 15:26;
  Moro. 10:28.
  c 1 Ne. 21:22.
  GEE Estandarte.
3a 1 Ne. 13:23–25.
  GEE Biblia;
  Libro de Mormón.
4a DyC 3:16.
  GEE Judíos.
  b GEE Judá — El palo de Judá.
5a 3 Ne. 29:8.

6 ¡Oh necio, que dirás: Una *Biblia; tenemos una Biblia y no necesitamos más Biblia! ¿Tendríais una Biblia, de no haber sido por los judíos?

7 ¿No sabéis que hay más de una nación? ¿No sabéis que yo, el Señor vuestro Dios, he *creado a todos los hombres, y que me acuerdo de los que viven en las *islas del mar; y que gobierno arriba en los cielos y abajo en la tierra; y manifiesto mi palabra a los hijos de los hombres, sí, sobre todas las naciones de la tierra?

8 ¿Por qué murmuráis por tener que recibir más de mi palabra? ¿No sabéis que el testimonio de *dos naciones os es un *testigo de que yo soy Dios, que me acuerdo tanto de una nación como de otra? Por tanto, hablo las mismas palabras, así a una como a otra nación. Y cuando las dos *naciones se junten, el testimonio de las dos se juntará también.

9 Y hago esto para mostrar a muchos que soy el *mismo ayer, hoy y para siempre; y que declaro mis palabras según mi voluntad. Y no supongáis que porque hablé una *palabra, no puedo hablar otra; porque aún no está

terminada mi obra; ni se acabará hasta el fin del hombre; ni desde entonces para siempre jamás.

10 Así que no por tener una Biblia debéis suponer que contiene todas mis *palabras; ni tampoco debéis suponer que no he hecho escribir otras más.

11 Porque mando a *todos los hombres, tanto en el este, como en el oeste, y en el norte, así como en el sur y en las islas del mar, que *escriban las palabras que yo les hable; porque de los *libros que se escriban *juzgaré yo al mundo, cada cual según sus obras, conforme a lo que esté escrito.

12 Porque he aquí, hablaré a los *judíos, y lo escribirán; y hablaré también a los nefitas, y estos lo *escribirán; y también hablaré a las otras tribus de la casa de Israel que he conducido lejos, y lo escribirán; y también hablaré a *todas las naciones de la tierra, y ellas lo escribirán.

13 Y acontecerá que los *judíos tendrán las palabras de los nefitas, y los nefitas tendrán las palabras de los judíos; y los nefitas y los judíos tendrán las palabras de las *tribus perdidas de Israel; y estas poseerán las palabras de los nefitas y los judíos.

6a 1 Ne. 13:38.
7a GEE Creación, crear.
  b 1 Ne. 22:4.
8a Ezeq. 37:15-20;
  1 Ne. 13:38-41;
  2 Ne. 3:12.
  b Mateo 18:16.
  GEE Testigo.
  c Oseas 1:11.

9a Heb. 13:8.
  b GEE Revelación.
10a GEE Escrituras — Se
  profetiza la publicación
  de las Escrituras.
11a Alma 29:8.
  b 2 Tim. 3:16.
  c GEE Libro de la vida.
  d 2 Ne. 25:22; 33:11,

14-15. GEE Juicio final.
12a 1 Ne. 13:23-29.
  b 1 Ne. 13:38-42;
  2 Ne. 26:17.
  c 2 Ne. 26:33.
13a Morm. 5:12-14.
  b GEE Israel — Las
  diez tribus perdidas
  de Israel.

14 Y sucederá que mi pueblo, que es de la [a]casa de Israel, será reunido sobre las tierras de sus posesiones; y mi palabra se reunirá también en [b]una. Y manifestaré a los que luchen contra mi palabra y contra mi pueblo, que es de la [c]casa de Israel, que yo soy Dios, y que hice [d]convenio con Abraham de que me acordaría de su [e]posteridad [f]para siempre.

CAPÍTULO 30

Los gentiles convertidos serán contados entre los del pueblo del convenio — Muchos lamanitas y muchos judíos creerán en la palabra y llegarán a ser deleitables — Israel será restaurado y los inicuos serán destruidos. Aproximadamente 559–545 a.C.

Y AHORA bien, he aquí, amados hermanos míos, quisiera hablaros; porque yo, Nefi, no quisiera permitiros suponer que sois más justos de lo que serán los gentiles. Pues he aquí, a no ser que guardéis los mandamientos de Dios, todos pereceréis igualmente; y a causa de las palabras que se han dicho, no debéis suponer que los gentiles serán totalmente destruidos.

2 Porque he aquí, os digo que cuantos de los gentiles se arrepienten son el pueblo del [a]convenio del Señor; y cuantos [b]judíos no se arrepientan serán talados; porque el Señor no hace convenio con nadie sino con aquellos que se [c]arrepienten y creen en su Hijo, que es el Santo de Israel.

3 Y ahora quisiera profetizaros algo más acerca de los judíos y los gentiles. Porque después que aparezca el libro de que he hablado, y se haya escrito para los gentiles y sellado nuevamente para los fines del Señor, habrá muchos que [a]creerán las palabras que estén escritas; y [b]ellos las llevarán al resto de nuestra posteridad.

4 Y entonces el resto de nuestra posteridad sabrá acerca de nosotros: cómo fue que salimos de Jerusalén, y que ellos son descendientes de los judíos;

5 y el evangelio de Jesucristo será declarado entre [a]ellos; por lo que [b]les será restaurado el [c]conocimiento de sus padres, como también el conocimiento de Jesucristo que hubo entre sus padres.

6 Y entonces se regocijarán; porque sabrán que es una bendición para ellos de la mano de Dios; y las escamas de tinieblas empezarán a caer de sus ojos; y antes que pasen muchas generaciones entre ellos, se

---

14a Jer. 3:17–18.
  b Ezeq. 37:16–17.
  c 1 Ne. 22:8–9.
  d Gén. 12:1–3;
    1 Ne. 17:40;
    3 Ne. 20:27;
    Abr. 2:9.
    GEE Abraham,
convenio de (convenio abrahámico).
  e DyC 132:30.
  f Gén. 17:7.
30 2a Gál. 3:26–29.
  b Mateo 8:10–13.
    GEE Judíos.
  c GEE Arrepentimiento,
arrepentirse.
  3a 3 Ne. 16:6–7.
  b 1 Ne. 22:8–9.
  5a 3 Ne. 21:3–7, 24–26.
  b DyC 3:20.
  c 1 Ne. 15:14;
    2 Ne. 3:12;
    Morm. 7:1, 9–10.

convertirán en una gente pura y ªdeleitable.

7 Y acontecerá que los ªjudíos que estén dispersos empezarán también a creer en Cristo; y ᵇcomenzarán a congregarse sobre la faz de la tierra; y cuantos crean en Cristo también llegarán a ser una gente deleitable.

8 Y sucederá que el Señor Dios empezará su obra entre todas las naciones, tribus, lenguas y pueblos, para llevar a cabo la restauración de su pueblo sobre la tierra.

9 Y con justicia ªjuzgará el ᵇSeñor Dios a los pobres, y con equidad reprenderá por los ᶜmansos de la tierra. Y herirá a la tierra con la vara de su boca, y con el aliento de sus labios matará al impío.

10 Porque rápidamente se acerca el ªtiempo en que el Señor Dios ocasionará una gran ᵇdivisión entre el pueblo, y destruirá a los inicuos; y ᶜpreservará a su pueblo, sí, aun cuando tenga que ᵈdestruir a los malvados por fuego.

11 Y la ªjusticia será el ceñidor de sus lomos, y la fidelidad el cinturón de sus riñones.

12 ªY entonces morará el lobo con el cordero; y el leopardo con el cabrito se acostará, y el

becerro, el leoncillo y el cebón andarán juntos; y un niño los pastoreará.

13 Y la vaca y la osa pacerán; sus crías se echarán juntas; y el león comerá paja como el buey.

14 Y el niño de pecho jugará en la cueva del áspid, y el recién destetado extenderá la mano sobre la caverna del basilisco.

15 No dañarán, ni destruirán en todo mi santo monte; porque la tierra estará llena del conocimiento del Señor, como las aguas cubren el mar.

16 Por tanto, las cosas de ªtodas las naciones serán divulgadas; sí, todas las cosas se darán a ᵇconocer a los hijos de los hombres.

17 No hay nada secreto que no haya de ser ªrevelado; no hay obra de tinieblas que no haya de salir a luz; nada hay sellado sobre la tierra que no haya de ser desatado.

18 Por tanto, todas las cosas que han sido reveladas a los hijos de los hombres serán reveladas en aquel día; y Satanás ªno tendrá más poder sobre el corazón de los hijos de los hombres por mucho tiempo. Y ahora, amados hermanos míos, doy fin a mis palabras.

6a DyC 49:24; 109:65.
7a 2 Ne. 29:13–14.
  b 2 Ne. 25:16–17.
9a 2 Ne. 9:15.
  b Isa. 11:4–9.
  c GEE Mansedumbre, manso.
10a GEE Últimos días,
postreros días.
  b DyC 63:53–54.
  c Moisés 7:61.
  d 1 Ne. 22:15–17, 23.
  GEE Tierra — La purificación de la tierra.
11a Isa. 11:5–9.
12a Isa. 65:25.
  GEE Milenio.
16a DyC 101:32–35; 121:28–29.
  b Éter 4:6–7.
17a DyC 1:2–3.
18a Apoc. 20:1–3; Éter 8:26.

CAPÍTULO 31

Nefi explica por qué fue bautizado Cristo — Los hombres deben seguir a Cristo, ser bautizados, recibir el Espíritu Santo y perseverar hasta el fin para ser salvos — El arrepentimiento y el bautismo son la puerta que conduce a la senda estrecha y angosta — Los que guarden los mandamientos después de su bautismo tendrán la vida eterna. Aproximadamente 559–545 a.C.

Y AHORA, amados hermanos míos, yo, Nefi, ceso de ᵃprofetizaros. Y no puedo escribir sino unas cuantas cosas que de cierto sé que han de acontecer; ni tampoco puedo escribir más que unas pocas de las palabras de mi hermano Jacob.

2 Por tanto, las cosas que he escrito me bastan, con excepción de unas pocas palabras que debo hablar acerca de la ᵃdoctrina de Cristo; por tanto, os hablaré claramente, según la claridad de mis profecías.

3 Porque mi alma se deleita en la claridad; porque así es como el Señor Dios obra entre los hijos de los hombres. Porque el Señor Dios ᵃilumina el entendimiento; pues él habla a los hombres de acuerdo con el ᵇidioma de ellos, para que entiendan.

4 Por tanto, quisiera que recordaseis que os he hablado concerniente a ese ᵃprofeta que el Señor me ha mostrado, el cual ha de bautizar al ᵇCordero de Dios, que quitará los pecados del mundo.

5 Ahora bien, si el Cordero de Dios, que es santo, tiene necesidad de ser ᵃbautizado en el agua para cumplir con toda justicia, ¡cuánto mayor es, entonces, la necesidad que tenemos nosotros, siendo impuros, de ser bautizados, sí, en el agua!

6 Y ahora, quisiera preguntaros, amados hermanos míos, ¿cómo cumplió el Cordero de Dios con toda justicia bautizándose en el agua?

7 ¿No sabéis que era santo? Mas no obstante que era santo, él muestra a los hijos de los hombres que, según la carne, él se humilla ante el Padre, y testifica al Padre que le sería ᵃobediente al observar sus mandamientos.

8 Por tanto, después que fue bautizado con agua, el Espíritu Santo descendió sobre él en ᵃforma de ᵇpaloma.

9 Y además, esto muestra a los hijos de los hombres la angostura de la senda, y la estrechez de la ᵃpuerta por la cual ellos deben entrar, habiéndoles él puesto el ejemplo por delante.

10 Y dijo a los hijos de los hombres: ᵃSeguidme. Por tanto, mis

---

31 1*a* 2 Ne. 25:1–4.
  2*a* 2 Ne. 11:6–7.
  3*a* GEE Luz, luz de Cristo.
    b DyC 1:24.
  4*a* 1 Ne. 10:7; 11:27.
    GEE Juan el Bautista.

  b GEE Cordero de Dios.
  5*a* Mateo 3:11–17.
    GEE Bautismo, bautizar.
  7*a* Juan 5:30.
    GEE Obediencia,
    obediente, obedecer.

  8*a* 1 Ne. 11:27.
    b GEE Paloma, señal de la.
  9*a* 2 Ne. 9:41;
    3 Ne. 14:13–14;
    DyC 22:4.
  10*a* Mateo 4:19; 8:22; 9:9.

amados hermanos, ¿podemos ^bseguir a Jesús, a menos que estemos dispuestos a guardar los mandamientos del Padre?

11 Y el Padre dijo: Arrepentíos, arrepentíos y sed bautizados en el nombre de mi Amado Hijo.

12 Y además, vino a mí la voz del Hijo, diciendo: A quien se bautice en mi nombre, el Padre ^adará el Espíritu Santo, como a mí; por tanto, ^bseguidme y haced las cosas que me habéis visto hacer.

13 Por tanto, amados hermanos míos, sé que si seguís al Hijo con íntegro propósito de corazón, sin acción hipócrita y sin engaño ante Dios, sino con verdadera intención, arrepintiéndoos de vuestros pecados, testificando al Padre que estáis dispuestos a tomar sobre vosotros el nombre de Cristo por medio del ^abautismo, sí, siguiendo a vuestro Señor y Salvador y descendiendo al agua, según su palabra, he aquí, entonces recibiréis el Espíritu Santo; sí, entonces viene el ^bbautismo de fuego y del Espíritu Santo; y entonces podéis hablar con ^clengua de ángeles y prorrumpir en alabanzas al Santo de Israel.

14 Mas he aquí, amados hermanos míos, así vino a mí la voz del Hijo, diciendo: Después de haberos arrepentido de vuestros pecados y testificado al Padre, por medio del bautismo de agua, que estáis dispuestos a guardar mis mandamientos, y habéis recibido el bautismo de fuego y del Espíritu Santo y podéis hablar con una nueva lengua, sí, con la lengua de ángeles, si después de esto me ^anegáis, ^bmejor os habría sido no haberme conocido.

15 Y oí la voz del Padre que decía: Sí, las palabras de mi Amado son verdaderas y fieles. Aquel que persevere hasta el fin, este será salvo.

16 Y ahora bien, amados hermanos míos, por esto sé que a menos que el hombre ^apersevere hasta el fin, siguiendo el ^bejemplo del Hijo del Dios viviente, no puede ser salvo.

17 Por tanto, haced las cosas que os he dicho que he visto que hará vuestro Señor y Redentor; porque por esta razón se me han mostrado, para que sepáis cuál es la puerta por la que debéis entrar. Porque la puerta por la cual debéis entrar es el arrepentimiento y el ^abautismo en el agua; y entonces viene una ^bremisión de vuestros pecados por fuego y por el Espíritu Santo.

10b Moro. 7:11; DyC 56:2.
12a GEE Don del Espíritu Santo.
  b Lucas 9:57–62; Juan 12:26.
13a Gál. 3:26–27.
  b GEE Don del Espíritu Santo; Fuego.
  c 2 Ne. 32:2–3.
14a Mateo 10:32–33; Alma 24:30; DyC 101:1–5. GEE Pecado imperdonable.
  b 2 Pe. 2:21.
16a Alma 5:13; 38:2; DyC 20:29.
  b GEE Jesucristo — El ejemplo de Jesucristo.
17a Mos. 18:10. GEE Bautismo, bautizar.
  b GEE Remisión de pecados.

18 Y entonces os halláis en este ^aestrecho y angosto ^bcamino que conduce a la vida eterna; sí, habéis entrado por la puerta; habéis obrado de acuerdo con los mandamientos del Padre y del Hijo; y habéis recibido el Espíritu Santo, que da ^ctestimonio del Padre y del Hijo, para que se cumpla la promesa hecha por él, que lo recibiríais si entrabais en la senda.

19 Y ahora bien, amados hermanos míos, después de haber entrado en esta estrecha y angosta senda, quisiera preguntar si ya quedó ^ahecho todo. He aquí, os digo que no; porque no habéis llegado hasta aquí sino por la palabra de Cristo, con ^bfe inquebrantable en él, ^cconfiando íntegramente en los méritos de aquel que es poderoso para salvar.

20 Por tanto, debéis ^aseguir adelante con firmeza en Cristo, teniendo un fulgor perfecto de ^besperanza y ^camor por Dios y por todos los hombres. Por tanto, si marcháis adelante, ^ddeleitándoos en la palabra de Cristo, y ^eperseveráis hasta el fin, he aquí, así dice el Padre: Tendréis la vida eterna.

21 Y ahora bien, amados hermanos míos, esta es la ^asenda; y ^bno hay otro camino, ni ^cnombre dado debajo del cielo por el cual el hombre pueda salvarse en el reino de Dios. Y ahora bien, he aquí, esta es la ^ddoctrina de Cristo, y la única y verdadera doctrina del ^ePadre, y del Hijo, y del Espíritu Santo, que son ^fun Dios, sin fin. Amén.

CAPÍTULO 32

Los ángeles hablan por el poder del Espíritu Santo — Los hombres deben orar y adquirir así el conocimiento que imparte el Espíritu Santo. Aproximadamente 559–545 a.C.

Y AHORA bien, he aquí, amados hermanos míos, supongo que estaréis meditando en vuestros corazones en cuanto a lo que debéis hacer después que hayáis entrado en la senda. Mas he aquí, ¿por qué meditáis estas cosas en vuestros corazones?

2 ¿No os acordáis que os dije que después que hubieseis ^arecibido el Espíritu Santo, podríais hablar con ^blengua de ángeles? ¿Y cómo podríais hablar con lengua de ángeles sino por el Espíritu Santo?

3 Los ^aángeles hablan por el

18a 1 Ne. 8:20.
  b Prov. 4:18.
    GEE Camino (vía).
  c Hech. 5:29–32.
19a Mos. 4:10.
  b GEE Fe.
  c DyC 3:20.
20a GEE Andar, andar con Dios.
  b GEE Esperanza.
  c GEE Amor.

d Más literalmente: "hacer banquete o festín". Es decir, disfrutar de la palabra de Dios como de un banquete.
  e GEE Perseverar.
21a Hech. 4:10–12;
    2 Ne. 9:41; Alma 37:46;
    DyC 132:22, 25.
  b Mos. 3:17.

c GEE Jesucristo — El tomar sobre sí el nombre de Jesucristo.
  d Mateo 7:28;
    Juan 7:16–17.
  e GEE Trinidad.
  f 3 Ne. 11:27, 35–36.
    GEE Unidad.
32 2a 3 Ne. 9:20.
  b 2 Ne. 31:13.
  3a GEE Ángeles.

poder del Espíritu Santo; por lo que declaran las palabras de Cristo. Por tanto, os dije: ᵇDeleitaos en las palabras de Cristo; porque he aquí, las palabras de Cristo os dirán todas las cosas que debéis hacer.

4 Por tanto, si después de haber hablado yo estas palabras, no podéis entenderlas, será porque no ᵃpedís ni llamáis; así que no sois llevados a la luz, sino que debéis perecer en las tinieblas.

5 Porque he aquí, os digo otra vez, que si entráis por la senda y recibís el Espíritu Santo, él os mostrará todas las cosas que debéis hacer.

6 He aquí, esta es la doctrina de Cristo, y no se dará otra doctrina sino hasta después que él se os ᵃmanifieste en la carne. Y cuando se os manifieste en la carne, las cosas que él os diga os esforzaréis por cumplir.

7 Y ahora bien, yo, Nefi, no puedo decir más; el Espíritu hace cesar mis palabras, y quedo a solas para lamentar a causa de la ᵃincredulidad, y la maldad, y la ignorancia y la obstinación de los hombres; porque no quieren buscar conocimiento, ni entender el gran conocimiento, cuando les es dado con claridad, sí, con toda la ᵇclaridad de la palabra.

8 Y ahora bien, amados hermanos míos, percibo que aún estáis meditando en vuestros corazones; y me duele tener que hablaros concerniente a esto. Porque si escuchaseis al Espíritu que enseña al hombre a ᵃorar, sabríais que os es menester orar; porque el ᵇespíritu malo no enseña al hombre a orar, sino le enseña que no debe orar.

9 Mas he aquí, os digo que debéis ᵃorar siempre, y no desmayar; que nada debéis hacer ante el Señor, sin que primero oréis al Padre en el ᵇnombre de Cristo, para que él os consagre vuestra acción, a fin de que vuestra obra sea para el ᶜbeneficio de vuestras almas.

CAPÍTULO 33

Las palabras de Nefi son verdaderas — Estas testifican de Cristo — Aquellos que crean en Cristo creerán en las palabras de Nefi, las cuales se presentarán como testimonio ante el tribunal del juicio. Aproximadamente 559–545 a.C.

Y AHORA bien, yo, Nefi, no puedo escribir todas las cosas que se enseñaron entre mi pueblo; ni soy tan ᵃpoderoso para escribir como para hablar; porque cuando un hombre ᵇhabla por el poder del Santo Espíritu, el poder del Espíritu Santo lo lleva al

---

3b Más literalmente: "hacer banquete o festín". Es decir, disfrutar de la palabra de Dios como de un banquete. Véase Jer. 15:16.

4a GEE Pedir.
6a 3 Ne. 11:8.
7a GEE Incredulidad.
  b 2 Ne. 31:2–3; Jacob 4:13.
8a GEE Oración.
  b Mos. 4:14.

GEE Diablo.
9a 3 Ne. 20:1; DyC 75:11.
  b Moisés 5:8.
  c Alma 34:27.
33 1a Éter 12:23–24.
  b DyC 100:7–8.

corazón de los hijos de los hombres.

2 Pero he aquí, hay muchos que [a]endurecen sus corazones contra el Espíritu Santo, de modo que no tiene cabida en ellos; por tanto, desechan muchas cosas que están escritas y las consideran como nada.

3 Mas yo, Nefi, he escrito lo que he escrito; y lo estimo de gran [a]valor, especialmente para mi pueblo. Porque continuamente [b]ruego por ellos de día, y mis ojos bañan mi almohada de noche a causa de ellos; y clamo a mi Dios con fe, y sé que él oirá mi clamor.

4 Y sé que el Señor Dios consagrará mis oraciones para el beneficio de mi pueblo. Y las palabras que he escrito en debilidad serán hechas [a]fuertes para ellos; pues los [b]persuaden a hacer el bien; les hacen saber acerca de sus padres; y hablan de Jesús, y los persuaden a creer en él y a perseverar hasta el fin, que es la [c]vida eterna.

5 Y hablan [a]ásperamente contra el pecado, según la [b]claridad de la verdad; por tanto, nadie se enojará con las palabras que he escrito, a menos que sea del espíritu del diablo.

6 Me glorío en la claridad; me glorío en la verdad; me glorío en mi Jesús, porque él ha [a]redimido mi alma del infierno.

7 Tengo [a]caridad para con mi pueblo, y gran fe en Cristo de que ante su tribunal hallaré a muchas almas sin mancha.

8 Tengo caridad para con el [a]judío; digo judío, porque me refiero a aquellos de quienes vine.

9 Tengo también caridad para con los [a]gentiles. Mas he aquí, para ninguno de estos puedo tener esperanza, a menos que se [b]reconcilien con Cristo y entren por la [c]puerta angosta, y [d]caminen por la [e]senda estrecha que guía a la vida, y continúen en la senda hasta el fin del día de probación.

10 Y ahora bien, mis amados hermanos, y también vosotros los judíos y todos los extremos de la tierra, escuchad estas palabras y [a]creed en Cristo; y si no creéis en estas palabras, creed en Cristo. Y si creéis en Cristo, creeréis en estas [b]palabras, porque son las [c]palabras de Cristo, y él me las ha dado; y [d]enseñan a todos los hombres que deben hacer lo bueno.

11 Y si no son las palabras de Cristo, juzgad; porque en el postrer día Cristo os manifestará con

2a Hel. 6:35–36.
3a GEE Escrituras — El valor de las Escrituras.
  b Enós 1:9–12; P. de Morm. 1:8.
4a Éter 12:26–27.
  b Moro. 7:13.
  c GEE Vida eterna.
5a 1 Ne. 16:1–3;

  2 Ne. 9:40.
  b 2 Ne. 31:3; Jacob 4:13.
6a GEE Redención, redimido, redimir.
7a GEE Caridad.
8a GEE Judíos.
9a GEE Gentiles.
  b GEE Expiación, expiar.

  c 2 Ne. 9:41.
  d GEE Andar, andar con Dios.
  e Hel. 3:29–30; DyC 132:22.
10a GEE Creencia, creer.
  b GEE Libro de Mormón.
  c Moro. 10:27–29.
  d 2 Ne. 25:28.

ᵃpoder y gran gloria que son sus palabras; y ante su ᵇtribunal nos veremos cara a cara, vosotros y yo, y sabréis que él me ha mandado escribir estas cosas, a pesar de mi debilidad.

12 Y ruego al Padre en el nombre de Cristo que muchos de nosotros, si no todos, nos salvemos en su ᵃreino, en ese grande y postrer día.

13 Y ahora bien, amados hermanos míos, todos los que sois de la casa de Israel, y todos vosotros, ¡oh extremos de la tierra!, os hablo como la voz de uno que ᵃclama desde el polvo:

Adiós, hasta que venga ese gran día.

14 Y vosotros, los que no queréis participar de la bondad de Dios, ni respetar las ᵃpalabras de los judíos, ni mis ᵇpalabras, ni las palabras que saldrán de la boca del Cordero de Dios, he aquí, me despido de vosotros para siempre, porque estas palabras os ᶜcondenarán en el postrer día.

15 Pues lo que sello en la tierra será presentado contra vosotros ante el ᵃtribunal del juicio; porque así me lo ha mandado el Señor, y yo debo obedecer. Amén.

EL LIBRO DE JACOB

HERMANO DE NEFI

Palabras de su predicación a sus hermanos. Confunde a un hombre que trata de derribar la doctrina de Cristo. Algunas palabras acerca de la historia del pueblo de Nefi.

CAPÍTULO 1

Jacob y José procuran persuadir a los hombres a creer en Cristo y a guardar Sus mandamientos — Muere Nefi — Predomina la iniquidad entre los nefitas. Aproximadamente 544–421 a.C.

PORQUE he aquí, aconteció que ya habían pasado cincuenta y cinco años desde que

Lehi había salido de Jerusalén; por tanto, Nefi me dio a mí, ᵃJacob, un ᵇmandato respecto de las ᶜplanchas menores sobre las cuales estas cosas están grabadas.

2 Y me dio a mí, Jacob, un mandato de que escribiera sobre estas planchas algunas de las cosas que considerara yo más preciosas; y que no tratara más que

---

11a Éter 5:4;
    Moro. 7:35.
  b Apoc. 20:12;
    Moro. 10:34.
12a GEE Gloria celestial.
13a Isa. 29:4;

2 Ne. 26:16.
14a GEE Biblia.
  b GEE Libro de Mormón.
  c 2 Ne. 29:11;
    Éter 4:8–10.
15a P. de Morm. 1:11.

[JACOB]
1 1a GEE Jacob hijo de Lehi.
    b Jacob 7:27.
    c 2 Ne. 5:28–33;
      Jacob 3:13–14.
    GEE Planchas.

ligeramente la historia de este pueblo, llamado el pueblo de Nefi.

3 Porque dijo que la historia de su pueblo debería grabarse sobre sus otras planchas, y que yo debía preservar estas planchas y transmitirlas a mi posteridad, de generación en generación.

4 Y que si hubiese predicaciones que fuesen sagradas, o revelación que fuese grande, o profecías, yo debería grabar sus puntos principales sobre estas planchas, y tratar estas cosas cuanto me fuera posible, por causa de Cristo y por el bien de nuestro pueblo.

5 Porque, por causa de la fe y el gran afán, verdaderamente se nos había hecho saber concerniente a nuestro pueblo y las cosas que le habían de ªsobrevenir.

6 Y también tuvimos muchas revelaciones y el espíritu de mucha profecía; por tanto, sabíamos de ªCristo y su reino, que había de venir.

7 Por lo que trabajamos diligentemente entre los de nuestro pueblo, a fin de persuadirlos a ªvenir a Cristo, y a participar de la bondad de Dios, para que entraran en su ᵇreposo, no fuera que de algún modo él jurase en su ira que no ᶜentrarían, como en la

ªprovocación en los días de tentación, cuando los hijos de Israel estaban en el ᵉdesierto.

8 Por tanto, quisiera Dios que persuadiéramos a todos los hombres a no ªrebelarse contra Dios para ᵇprovocarlo a ira, sino que todos los hombres creyeran en Cristo y contemplaran su muerte, y sufrieran su ᶜcruz, y soportaran la vergüenza del mundo; por tanto, yo, Jacob, tomo a mi cargo cumplir con el mandato de mi hermano Nefi.

9 Y Nefi empezaba a envejecer, y vio que pronto había de ªmorir; por tanto, ᵇungió a un hombre para que fuera rey y director de su pueblo, según los reinados de los ᶜreyes.

10 Y como el pueblo amaba a Nefi en extremo, porque había sido para ellos un gran protector, pues había empuñado la ªespada de Labán en su defensa, y había trabajado toda su vida por su bienestar,

11 por tanto, el pueblo quería conservar la memoria de su nombre, y a quienquiera que gobernara en su lugar, lo llamarían Nefi segundo, Nefi tercero, etcétera, según los reinados de los reyes; y así los llamó el pueblo, cualesquiera que fuesen sus nombres.

5a 1 Ne. 12.
6a 1 Ne. 10:4–11; 19:8–14.
7a 2 Ne. 9:41;
   Omni 1:26;
   Moro. 10:32.
 b GEE Descansar,
   descanso (reposo).
 c Núm. 14:23;
   Deut. 1:35–37;

DyC 84:23–25.
 d Heb. 3:8.
 e Núm. 26:65;
   1 Ne. 17:23–31.
8a GEE Rebelión.
 b 1 Ne. 17:30;
   Alma 12:36–37;
   Hel. 7:18.
 c TJS Mateo 16:25–26

(Apéndice — Biblia);
   Lucas 14:27.
9a 2 Ne. 1:14.
 b GEE Unción.
 c 2 Ne. 6:2;
   Jarom 1:7.
10a 1 Ne. 4:9; 2 Ne. 5:14;
   P. de Morm. 1:13;
   Mos. 1:16; DyC 17:1.

12 Y aconteció que Nefi murió.

13 Ahora bien, los del pueblo que no eran [a]lamanitas eran [b]nefitas; no obstante, se llamaban nefitas, jacobitas, josefitas, [c]zoramitas, lamanitas, lemuelitas e ismaelitas.

14 Mas yo, Jacob, no los distinguiré en adelante por estos nombres, sino que [a]llamaré lamanitas a los que busquen la destrucción del pueblo de Nefi, y a los que simpaticen con Nefi, llamaré [b]nefitas, o [c]pueblo de Nefi, según los reinados de los reyes.

15 Y aconteció que el pueblo de Nefi, bajo el reinado del segundo rey, empezó a ser duro de corazón y a entregarse un tanto a prácticas inicuas, deseando tener muchas [a]esposas y concubinas, a semejanza de David en la antigüedad, y también Salomón, su hijo.

16 Sí, y también empezaron a buscar mucho oro y plata, y a ensalzarse un tanto en el orgullo.

17 Por tanto, yo, Jacob, les hablé estas palabras, mientras les enseñaba en el [a]templo, habiendo primeramente obtenido mi [b]mandato del Señor.

18 Porque yo, Jacob, y mi hermano José, habíamos sido [a]consagrados sacerdotes y maestros de este pueblo, por mano de Nefi.

19 Y magnificamos nuestro [a]oficio ante el Señor, tomando sobre nosotros la [b]responsabilidad, trayendo sobre nuestra propia cabeza los pecados del pueblo si no le enseñábamos la palabra de Dios con toda diligencia; para que, trabajando con todas nuestras fuerzas, su sangre no manchara nuestros vestidos; de otro modo, su [c]sangre caería sobre nuestros vestidos, y no seríamos hallados sin mancha en el postrer día.

CAPÍTULO 2

Jacob condena el amor a las riquezas, el orgullo y la falta de castidad — Los hombres pueden buscar riquezas con el fin de ayudar a sus semejantes — El Señor manda que ningún varón de entre los nefitas puede tener más de una esposa — El Señor se deleita en la castidad de las mujeres. Aproximadamente 544–421 a.C.

PALABRAS que Jacob, hermano de Nefi, dirigió al pueblo de Nefi, después de la muerte de Nefi:

2 Pues bien, mis amados hermanos, yo, Jacob, según la responsabilidad bajo la cual me hallo ante Dios, de magnificar mi oficio con seriedad, y para limpiar mis vestidos de vuestros

---

13a Enós 1:13;
   DyC 3:18.
 b GEE Nefitas.
 c 1 Ne. 4:35;
   4 Ne. 1:36–37.
14a Mos. 25:12;
   Alma 2:11.

 b 2 Ne. 4:11.
 c 2 Ne. 5:9.
15a DyC 132:38–39.
17a 2 Ne. 5:16.
   GEE Templo, Casa del
   Señor.
 b GEE Llamado, llamado

· por Dios, llamamiento.
18a 2 Ne. 5:26.
19a GEE Oficial, oficio.
 b DyC 107:99–100.
   GEE Mayordomía,
   mayordomo.
 c 2 Ne. 9:44.

pecados, he subido hoy hasta el templo para declararos la palabra de Dios.

3 Y vosotros mismos sabéis que hasta aquí he sido diligente en el oficio de mi llamamiento; pero hoy me agobia el peso de un deseo y afán mucho mayor por el bien de vuestras almas, que el que hasta ahora he sentido.

4 Pues he aquí, hasta ahora habéis sido obedientes a la palabra del Señor que os he dado.

5 Mas he aquí, escuchadme y sabed que con la ayuda del omnipotente Creador del cielo y de la tierra, puedo hablaros tocante a vuestros ªpensamientos, cómo es que ya empezáis a obrar en el pecado, pecado que para mí es muy abominable, sí, y abominable para Dios.

6 Sí, contrista mi alma, y me hace encoger de vergüenza ante la presencia de mi Hacedor, el tener que testificaros concerniente a la maldad de vuestros corazones.

7 Y también me apena tener que ser tan ªaudaz en mis palabras relativas a vosotros, delante de vuestras esposas e hijos, muchos de los cuales son de sentimientos sumamente tiernos, ᵇcastos y delicados ante Dios, cosa que agrada a Dios;

8 y supongo que han subido hasta aquí para oír la agradable ªpalabra de Dios; sí, la palabra que sana el alma herida.

9 Por tanto, agobia mi alma el que sea constreñido, por el estricto mandamiento que recibí de Dios, a amonestaros según vuestros delitos y agravar las heridas de los que ya están heridos, en lugar de consolarlos y sanar sus heridas; y a los que no han sido heridos, en lugar de que se ªdeleiten con la placentera palabra de Dios, colocar puñales para traspasar sus almas y herir sus delicadas mentes.

10 Mas a pesar de la magnitud de la tarea, debo obrar según los estrictos ªmandamientos de Dios, y hablaros concerniente a vuestras iniquidades y abominaciones, en presencia de los puros de corazón y los de corazón quebrantado, y bajo la mirada del ojo ᵇpenetrante del Dios Omnipotente.

11 Por tanto, debo deciros la verdad, conforme a la ªclaridad de la palabra de Dios. Porque he aquí, al dirigirme al Señor, la palabra vino a mí, diciendo: Jacob, sube hasta el templo mañana, y declara a este pueblo la palabra que te daré.

12 Y ahora bien, he aquí, hermanos míos, esta es la palabra que os declaro, que muchos de vosotros habéis empezado a buscar oro, plata y toda clase de

---

2 5a Alma 12:3;
    DyC 6:16.
    GEE Trinidad.
7a DyC 121:43.
  b GEE Virtud.
8a Alma 31:5.

9a Más literalmente:
   "hacer banquete
   o festín". Es decir,
   disfrutar de la palabra
   de Dios como de un
   banquete.

10a GEE Mandamientos de
    Dios.
  b 2 Ne. 9:44.
11a 2 Ne. 25:4;
    31:2–3.

ªminerales preciosos que tan copiosamente abundan en esta tierra, que para vosotros y vuestra posteridad es una ᵇtierra de promisión.

13 Y tan benignamente os ha favorecido la mano de la providencia, que habéis obtenido muchas riquezas; y porque algunos de vosotros habéis adquirido más abundantemente que vuestros hermanos, os ªenvanecéis con el orgullo de vuestros corazones, y andáis con el cuello erguido y la cabeza en alto por causa de vuestras ropas costosas, y perseguís a vuestros hermanos porque suponéis que sois mejores que ellos.

14 Y ahora bien, hermanos míos, ¿suponéis que Dios os justifica en esto? He aquí, os digo que no; antes bien, os condena; y si persistís en estas cosas, sus juicios os sobrevendrán aceleradamente.

15 ¡Oh, si él os mostrara que puede traspasaros, y que con una mirada de su ojo puede humillaros hasta el polvo!

16 ¡Oh, si os librara de esta iniquidad y abominación! ¡Oh, si escuchaseis la palabra de sus mandamientos, y no permitieseis que este ªorgullo de vuestros corazones destruyera vuestras almas!

17 Considerad a vuestros hermanos como a vosotros mismos; y sed afables con todos y liberales con vuestros ªbienes, para que ᵇellos sean ricos como vosotros.

18 Pero antes de buscar ªriquezas, buscad el ᵇreino de Dios.

19 Y después de haber logrado una esperanza en Cristo obtendréis riquezas, si las buscáis; y las buscaréis con el fin de ªhacer bien: para vestir al desnudo, alimentar al hambriento, libertar al cautivo y suministrar auxilio al enfermo y al afligido.

20 Y ahora bien, hermanos míos, os he hablado acerca del orgullo; y aquellos de vosotros que habéis afligido a vuestro prójimo, y lo habéis perseguido a causa del orgullo de vuestros corazones por las cosas que Dios os dio, ¿qué tenéis que decir de esto?

21 ¿No creéis que tales cosas son abominables para aquel que creó toda carne? Y ante su vista un ser es tan precioso como el otro. Y toda carne viene del polvo; y con el mismo fin él los ha creado: para que guarden sus ªmandamientos y lo glorifiquen para siempre.

22 Y ahora ceso de hablaros concerniente a este orgullo. Y si no fuera que debo hablaros de un crimen más grave, mi corazón

12a 1 Ne. 18:25;
   Hel. 6:9–11;
   Éter 10:23.
 b 1 Ne. 2:20.
   GEE Tierra prometida.
13a Morm. 8:35–39.
16a GEE Orgullo.
17a GEE Bienestar;
   Limosna.
 b 4 Ne. 1:3.
18a 1 Rey. 3:11–13;
   Marcos 10:17–27;
   2 Ne. 26:31; DyC 6:7.
   GEE Riquezas.
 b Lucas 12:22–31.
19a Mos. 4:26.
21a DyC 11:20;
   Abr. 3:25–26.

se regocijaría grandemente a causa de vosotros.

23 Mas la palabra de Dios me agobia a causa de vuestros delitos más graves. Porque he aquí, dice el Señor: Este pueblo empieza a aumentar en la iniquidad; no entiende las Escrituras, porque trata de justificar sus fornicaciones, a causa de lo que se escribió acerca de David y su hijo Salomón.

24 He aquí, David y ^aSalomón en verdad tuvieron muchas ^besposas y concubinas, cosa que para mí fue abominable, dice el Señor.

25 Por tanto, el Señor dice así: He sacado a este pueblo de la tierra de Jerusalén por el poder de mi brazo, a fin de levantar para mí una rama ^ajusta del fruto de los lomos de José.

26 Por tanto, yo, el Señor Dios, no permitiré que los de este pueblo hagan como hicieron los de la antigüedad.

27 Por tanto, hermanos míos, oídme y escuchad la palabra del Señor: Pues entre vosotros ningún hombre tendrá sino ^auna esposa; y concubina no tendrá ninguna;

28 porque yo, el Señor Dios, me deleito en la ^acastidad de las mujeres. Y las fornicaciones son una abominación para mí; así dice el Señor de los Ejércitos.

29 Por lo tanto, este pueblo guardará mis mandamientos, dice el Señor de los Ejércitos, o ^amaldita sea la tierra por su causa.

30 Porque si yo quiero levantar ^aposteridad para mí, dice el Señor de los Ejércitos, lo mandaré a mi pueblo; de lo contrario, mi pueblo obedecerá estas cosas.

31 Porque yo, el Señor, he visto el dolor y he oído el lamento de las hijas de mi pueblo en la tierra de Jerusalén; sí, y en todas las tierras de mi pueblo, a causa de las iniquidades y abominaciones de sus maridos.

32 Y no permitiré, dice el Señor de los Ejércitos, que el clamor de las bellas hijas de este pueblo, que he conducido fuera de la tierra de Jerusalén, ascienda a mí contra los varones de mi pueblo, dice el Señor de los Ejércitos.

33 Porque no llevarán cautivas a las hijas de mi pueblo, a causa de su ternura, sin que yo los visite con una terrible maldición, aun hasta la destrucción; porque no cometerán ^afornicaciones como los de la antigüedad, dice el Señor de los Ejércitos.

34 Y ahora bien, he aquí, hermanos míos, sabéis que estos mandamientos fueron dados a nuestro padre Lehi; por tanto, los habéis conocido antes; y habéis

---

24a 1 Rey. 11:1;
  Neh. 13:25–27.
 b 1 Rey. 11:1–3;
  Esd. 9:1–2;
  DyC 132:38–39.
25a Gén. 49:22–26;
  Amós 5:15;

2 Ne. 3:5;
  Alma 26:36.
  GEE Lehi, padre
  de Nefi.
27a DyC 42:22; 49:16.
  GEE Matrimonio.
28a GEE Castidad.

29a Éter 2:8–12.
30a Mal. 2:15;
  DyC 132:61–66.
33a GEE Inmoralidad
  sexual;
  Sensual, sensualidad.

incurrido en una gran condenación, porque habéis hecho estas
cosas que no debíais haber hecho.

35 He aquí, habéis cometido
^amayores iniquidades que nues-
tros hermanos los lamanitas.
Habéis quebrantado los corazones de vuestras tiernas esposas
y perdido la confianza de vuestros hijos por causa de los malos
ejemplos que les habéis dado; y
los sollozos de sus corazones as-
cienden a Dios contra vosotros. Y
a causa de lo estricto de la palabra de Dios que desciende contra
vosotros, han perecido muchos
corazones, traspasados de profundas heridas.

CAPÍTULO 3

Los puros de corazón reciben la pla-
centera palabra de Dios — La recti-
tud de los lamanitas es mayor que
la de los nefitas — Jacob amonesta
contra la fornicación, la lascivia y
todo pecado. Aproximadamente 544–
421 a.C.

MAS he aquí que yo, Jacob, quisiera dirigirme a vosotros, los que
sois puros de corazón. Confiad en
Dios con mentes firmes, y orad a
él con suma fe, y él os consolará
en vuestras aflicciones, y abogará
por vuestra causa, y hará que la
justicia descienda sobre los que
buscan vuestra destrucción.

2 ¡Oh todos vosotros que sois

de corazón puro, levantad vuestra cabeza y recibid la placentera
palabra de Dios, y ^adeleitaos en
su amor!; pues podéis hacerlo
para siempre, si vuestras mentes
son ^bfirmes.

3 ¡Pero ay, ay de vosotros que no
sois puros de corazón, que hoy os
halláis ^ainmundos ante Dios!, porque a menos que os arrepintáis,
la tierra será maldecida por causa
vuestra; y los lamanitas, que no
son inmundos como vosotros,
aunque ^bmaldecidos con severa
maldición, os azotarán aun hasta
la destrucción.

4 Y el tiempo velozmente viene
en que, a menos que os arrepintáis, ellos poseerán la tierra de
vuestra herencia, y el Señor Dios
^aapartará a los justos de entre vo-
sotros.

5 He aquí que los lamanitas,
vuestros hermanos, a quienes
aborrecéis por su inmundicia y la
maldición que les ha venido sobre
la piel, son más justos que vosotros; porque no han ^aolvidado el
mandamiento del Señor que fue
dado a nuestro padre, de no tener
sino una esposa y ninguna concubina, y que no se cometieran
fornicaciones entre ellos.

6 Y se esfuerzan por guardar
este mandamiento; por tanto,
a causa de esta observancia en
cumplir con este mandamiento,
el Señor Dios no los destruirá,

35a Jacob 3:5–7.
3 2a Más literalmente:
  "hacer banquete
  o festín". Es decir,
  disfrutar del amor

de Dios como de un
  banquete.
  b Alma 57:26–27.
3a GEE Inmundicia,
  inmundo.

b 1 Ne. 12:23.
4a Omni 1:5–7, 12–13.
5a Jacob 2:35.

sino que será ªmisericordioso
para con ellos, y algún día llegarán a ser un pueblo bendito.

7 He aquí, sus maridos ªaman a
sus esposas, y sus esposas aman
a sus maridos, y sus esposos y
esposas aman a sus hijos; y su
incredulidad y su odio contra
vosotros se deben a la iniquidad
de sus padres; por tanto, ¿cuánto
mejores sois vosotros que ellos a
la vista de vuestro gran Creador?

8 ¡Oh hermanos míos, temo
que a no ser que os arrepintáis
de vuestros pecados, su piel será
más blanca que vuestra piel,
cuando seáis llevados con ellos
ante el trono de Dios!

9 Por tanto, os doy un mandamiento, el cual es la palabra de
Dios, que no los injuriéis más a
causa del color obscuro de su piel,
ni tampoco debéis ultrajarlos por
su inmundicia; antes bien, debéis
recordar vuestra propia inmundicia y recordar que la de ellos vino
por causa de sus padres.

10 Por tanto, debéis recordar a
vuestros ªhijos, cómo habéis afligido sus corazones a causa del
ejemplo que les habéis dado; y
recordad también que por motivo de vuestra inmundicia podéis llevar a vuestros hijos a la
destrucción, y sus pecados serán
acumulados sobre vuestra cabeza
en el postrer día.

11 ¡Oh hermanos míos, escuchad

mis palabras; estimulad las facultades de vuestras almas; sacudíos
para que ªdespertéis del sueño de
la muerte; y libraos de los sufrimientos del ªinfierno para que no
lleguéis a ser ªángeles del diablo,
para ser echados en ese lago de
fuego y azufre que es la segunda
ªmuerte!

12 Ahora bien, yo, Jacob, hablé
muchas cosas más al pueblo de
Nefi, amonestándolo contra la
ªfornicación y la ªlascivia y toda
clase de pecados, declarándole
las terribles consecuencias de estas cosas.

13 Y ni la centésima parte de los
actos de este pueblo, que empezaba ya a ser numeroso, se puede
escribir sobre ªestas planchas; pero
muchos de sus hechos están escritos sobre las planchas mayores, y
sus guerras, y sus contenciones, y
los reinados de sus reyes.

14 Estas planchas se llaman las
planchas de Jacob, y fueron hechas por la mano de Nefi. Y doy
fin a estas palabras.

CAPÍTULO 4

*Todos los profetas adoraron al Padre
en el nombre de Cristo — El acto de
Abraham de ofrecer a su hijo Isaac
fue una semejanza de Dios y de Su
Unigénito — Los hombres deben reconciliarse con Dios por medio de la
Expiación — Los judíos rechazarán*

6a 2 Ne. 4:3, 6–7;
    Hel. 15:10–13.
7a GEE Amor;
    Familia.
10a GEE Niño(s).
11a Alma 5:6–9.
  b GEE Infierno.
  c 2 Ne. 9:8–9.
  d GEE Muerte espiritual.
12a GEE Fornicación.
  b GEE Concupiscencia;
    Inicuo, iniquidad.
13a 1 Ne. 19:1–4;
    Jacob 1:1–4.

la piedra que sirve de fundamento.
Aproximadamente 544–421 a.C.

AHORA bien, he aquí, aconteció que yo, Jacob, había ministrado mucho a mi pueblo de palabra (y no puedo escribir sino muy pocas de mis palabras por lo difícil que es grabar nuestras palabras sobre planchas), y sabemos que lo que escribamos sobre planchas debe permanecer;

2 mas lo que escribamos sobre cualquiera otra cosa que no sea planchas, ha de perecer y desvanecerse; pero podemos escribir sobre planchas unas cuantas palabras que darán a nuestros hijos, y también a nuestros amados hermanos, una pequeña medida de conocimiento concerniente a nosotros, o sea, a sus padres;

3 y en esto nos regocijamos; y obramos diligentemente para grabar estas palabras sobre planchas, esperando que nuestros amados hermanos y nuestros hijos las reciban con corazones agradecidos, y las consideren para que sepan con gozo, no con pesar, ni con desprecio, lo que atañe a sus primeros padres.

4 Porque hemos escrito estas cosas para este fin, que sepan que nosotros ªsabíamos de Cristo y teníamos la esperanza de su gloria muchos siglos antes de su venida; y no solamente teníamos nosotros una esperanza de su gloria, sino también todos los santos ᵇprofetas que vivieron antes que nosotros.

5 He aquí, ellos creyeron en Cristo y ªadoraron al Padre en su nombre; y también nosotros adoramos al Padre en su nombre. Y con este fin guardamos la ᵇley de Moisés, dado que ᶜorienta nuestras almas hacia él; y por esta razón se nos santifica como obra justa, así como le fue contado a Abraham en el desierto el ser obediente a los mandamientos de Dios al ofrecer a su hijo Isaac, que es una semejanza de Dios y de su ᵈHijo Unigénito.

6 Por tanto, escudriñamos los profetas, y tenemos muchas revelaciones y el espíritu de ªprofecía; y teniendo todos estos ᵇtestimonios, logramos una esperanza, y nuestra fe se vuelve inquebrantable, al grado de que verdaderamente podemos ᶜmandar en el ᵈnombre de Jesús, y los árboles mismos nos obedecen, o los montes, o las olas del mar.

7 No obstante, el Señor Dios nos manifiesta nuestra ªdebilidad para que sepamos que es por su gracia y sus grandes

---

4 4a GEE Jesucristo.
  b Lucas 24:25–27;
    Jacob 7:11;
    Mos. 13:33–35;
    DyC 20:26.
 5a Moisés 5:8.
  b 2 Ne. 25:24;

Jarom 1:11;
Mos. 13:27, 30;
Alma 25:15–16.
GEE Ley de Moisés.
 c Gál. 3:24.
 d Gén. 22:1–14;
   Juan 3:16–18.

GEE Unigénito.
6a GEE Profecía, profetizar.
  b GEE Testigo.
  c GEE Poder.
  d Hech. 3:6–16;
    3 Ne. 8:1.
7a Éter 12:27.

condescendencias para con los hijos de los hombres por las que tenemos poder para hacer estas cosas.

8 ¡He aquí, grandes y maravillosas son las obras del Señor! ¡Cuán ^ainescrutables son las profundidades de sus ^bmisterios; y es imposible que el hombre descubra todos sus caminos! Y nadie hay que ^cconozca sus ^dsendas a menos que le sean reveladas; por tanto, no despreciéis, hermanos, las revelaciones de Dios.

9 Pues he aquí, por el poder de su ^apalabra el ^bhombre apareció sobre la faz de la tierra, la cual fue creada por el poder de su palabra. Por tanto, si Dios pudo hablar, y el mundo fue; y habló, y el hombre fue creado, ¿por qué, pues, no ha de poder mandar la ^ctierra o la obra de sus manos sobre su superficie, según su voluntad y placer?

10 Por tanto, hermanos, no procuréis ^aaconsejar al Señor, antes bien aceptad el consejo de su mano. Porque he aquí, vosotros mismos sabéis que él aconseja con ^bsabiduría, con justicia y con gran misericordia sobre todas sus obras.

11 Así pues, amados hermanos,

reconciliaos con él por medio de la ^aexpiación de Cristo, su ^bUnigénito Hijo, y podréis obtener la ^cresurrección, según el poder de la resurrección que está en Cristo, y ser presentados como las ^dprimicias de Cristo a Dios, teniendo fe y habiendo obtenido una buena esperanza de gloria en él, antes que se manifieste en la carne.

12 Y ahora bien, amados míos, no os maravilléis de que os diga estas cosas; pues, ¿por qué no hablar de la ^aexpiación de Cristo, y lograr un perfecto conocimiento de él, así como el conocimiento de una resurrección y del mundo venidero?

13 He aquí, mis hermanos, el que profetizare, profetice al entendimiento de los hombres; porque el ^aEspíritu habla la verdad, y no miente. Por tanto, habla de las cosas como realmente ^bson, y de las cosas como realmente serán; así que estas cosas nos son manifestadas ^cclaramente para la salvación de nuestras almas. Mas he aquí, nosotros no somos los únicos testigos de estas cosas; porque Dios las declaró también a los profetas de la antigüedad.

14 Pero he aquí, los judíos

8*a* Rom. 11:33–36.
 b DyC 19:10; 76:114.
  GEE Misterios de Dios.
 c 1 Cor. 2:9–16;
  Alma 26:21–22.
  GEE Conocimiento.
 d Isa. 55:8–9.
9*a* Morm. 9:17;
  Moisés 1:32.

b GEE Creación, crear;
 Hombre(s).
 c Hel. 12:8–17.
10*a* 2 Ne. 9:28–29;
  Alma 37:12, 37;
  DyC 3:4, 13.
 b GEE Omnisciente;
  Sabiduría.
11*a* GEE Expiación, expiar.

b Heb. 5:9.
 c GEE Resurrección.
 d Mos. 15:21–23; 18:9;
  Alma 40:16–21.
12*a* 2 Ne. 25:26.
13*a* GEE Espíritu Santo;
  Verdad.
 b DyC 93:24.
 c Alma 13:23.

fueron un pueblo de ᵃdura cerviz; y ᵇdespreciaron las palabras de claridad, y mataron a los profetas, y procuraron cosas que no podían entender. Por tanto, a causa de su ᶜceguedad, la cual vino por traspasar lo señalado, es menester que caigan; porque Dios les ha quitado su claridad y les ha entregado muchas cosas que ᵈno pueden entender, porque así lo desearon; y porque así lo desearon, Dios lo ha hecho, a fin de que tropiecen.

15 Y ahora el Espíritu me impulsa a mí, Jacob, a profetizar, porque percibo por las indicaciones del Espíritu que hay en mí, que a causa del ᵃtropiezo de los judíos, ellos ᵇrechazarán la ᶜroca sobre la cual podrían edificar y tener fundamento seguro.

16 Mas he aquí que esta ᵃroca, según las Escrituras, llegará a ser el grande, y el último, y el único y seguro ᵇfundamento sobre el cual los judíos podrán edificar.

17 Y ahora bien, amados míos, ¿cómo será posible que estos, después de haber rechazado el fundamento seguro, puedan ᵃjamás edificar sobre él, para que sea la principal piedra angular?

18 He aquí, amados hermanos míos, os aclararé este misterio, a no ser que de algún modo se debilite mi firmeza en el Espíritu, y tropiece por motivo de mi gran ansiedad por vosotros.

CAPÍTULO 5

Jacob cita las palabras de Zenós en cuanto a la alegoría del olivo cultivado y el olivo silvestre — Estos son una similitud de Israel y los gentiles — Se representan el esparcimiento y el recogimiento de Israel — Se hacen alusiones a los nefitas y a los lamanitas y a toda la casa de Israel — Los gentiles serán injertados en Israel — Finalmente la viña será quemada. Aproximadamente 544–421 a.C.

HE aquí, hermanos míos, ¿no os acordáis de haber leído las palabras del profeta ᵃZenós, las cuales habló a la casa de Israel, diciendo:

2 ¡Escuchad, oh casa de Israel, y oíd las palabras mías, que soy un profeta del Señor!

3 Porque he aquí, así dice el Señor: Te compararé, oh casa de ᵃIsrael, a un ᵇolivo cultivado que un hombre tomó y nutrió en su ᶜviña; y creció y envejeció y empezó a ᵈsecarse.

4 Y acaeció que salió el amo de la viña, y vio que su olivo empezaba a secarse, y dijo: Lo podaré, y cavaré alrededor de él, y lo

14a Mateo 23:37–38;
    2 Ne. 25:2.
  b 2 Cor. 11:3;
    1 Ne. 19:7;
    2 Ne. 33:2.
  c Isa. 44:18;
    Rom. 11:25.
  d 2 Ne. 25:1–2.
15a Isa. 8:13–15;

1 Cor. 1:23;
2 Ne. 18:13–15.
  b 1 Ne. 10:11.
  c GEE Piedra del ángulo;
    Roca.
16a Sal. 118:22–23.
  b Isa. 28:16;
    Hel. 5:12.
17a Mateo 19:30;

DyC 29:30.
5 1a GEE Zenós.
3a Ezeq. 36:8.
    GEE Israel.
  b Rom. 11:17–24.
    GEE Olivo.
  c DyC 101:44.
    GEE Viña del Señor.
  d GEE Apostasía.

nutriré para que tal vez eche ramas nuevas y tiernas, y no perezca.

5 Y aconteció que lo podó, y cavó alrededor de él, y lo nutrió según su palabra.

6 Y sucedió que después de muchos días empezó a echar algunos retoños pequeños y tiernos, mas he aquí, la copa principal empezó a secarse.

7 Y ocurrió que lo vio el amo de la viña, y dijo a su siervo: Me aflige que tenga que perder este árbol; por tanto, ve, y arranca las ramas de un olivo ᵃsilvestre y tráemelas aquí; y arrancaremos esas ramas principales que empiezan a marchitarse, y las echaremos en el fuego para que se quemen.

8 Y he aquí, dijo el Señor de la viña, tomaré muchas de estas ramas nuevas y tiernas y las injertaré donde yo quiera, y no importa si acaso la raíz de este árbol perece, yo puedo preservar su fruto para mí; por tanto, tomaré estas ramas nuevas y tiernas, y las injertaré donde yo quiera.

9 Toma las ramas del olivo silvestre, e injértalas en ᵃlugar de ellas; y estas que he cortado, las echaré al fuego y las quemaré, a fin de que no obstruyan el terreno de mi viña.

10 Y aconteció que el siervo del Señor de la viña hizo según la palabra de su amo, e injertó las ramas del olivo ᵃsilvestre.

11 Y el Señor de la viña hizo que se cavara alrededor, y se podara y se nutriera, y dijo a su siervo: Me aflige que tenga que perder este árbol; por tanto, para que tal vez pueda yo preservar sus raíces a fin de que no perezcan y pueda yo preservarlas para mí, he hecho esto.

12 Por tanto, ve; cuida el árbol y nútrelo, según mis palabras.

13 Y estos yo ᵃpondré en la parte más baja de mi viña, donde bien me parezca, esto no te incumbe; y lo hago a fin de preservar para mí las ramas naturales del árbol; y también con objeto de guardar para mí su fruto para la estación; porque me aflige que tenga que perder este árbol y su fruto.

14 Y aconteció que el Señor de la viña se marchó, y escondió las ramas naturales del olivo cultivado en las partes más bajas de la viña, unas en una parte y otras en otra, según su voluntad y placer.

15 Y sucedió que pasó mucho tiempo, y el Señor de la viña dijo a su siervo: Ven, descendamos a la viña para que podamos trabajar en ella.

16 Y aconteció que el Señor de la viña y también su siervo bajaron a la viña a trabajar; y sucedió que el siervo dijo a su amo: He aquí, mira; contempla el árbol.

17 Y ocurrió que el Señor de la viña miró y vio el árbol en el que se habían injertado las

---

7a Rom. 11:17, 24.
9a Rom. 1:13.
10a GEE Gentiles.
13a 1 Ne. 10:12.

ramas del olivo silvestre; y había retoñado y comenzado a dar ªfruto; y vio que era bueno, y su fruto era semejante al fruto natural.

18 Y dijo al siervo: He aquí, las ramas del árbol silvestre han alcanzado la humedad de la raíz, por lo que la raíz ha producido mucha fuerza; y a causa de la mucha fuerza de la raíz, las ramas silvestres han dado fruto cultivado. Así que, si no hubiéramos injertado estas ramas, el árbol habría perecido. Y he aquí, ahora guardaré mucho fruto que el árbol ha producido; y su fruto lo guardaré para mí mismo, para la estación.

19 Y sucedió que el Señor de la viña dijo al siervo: Ven, vamos a la parte más baja de la viña, y veamos si las ramas naturales del árbol no han dado mucho fruto también, a fin de que pueda yo guardar su fruto para la estación, para mí mismo.

20 Y aconteció que fueron a donde el amo había escondido las ramas naturales del árbol, y dijo al siervo: Mira estas; y vio que la ªprimera había dado mucho fruto, y también vio que era bueno. Y dijo al siervo: Toma de su fruto y guárdalo para la estación, a fin de que yo lo preserve para mí mismo; pues, dijo él, lo he nutrido mucho tiempo, y ha producido fruto abundante.

21 Y aconteció que el siervo dijo

a su amo: ¿Cómo fue que viniste aquí a plantar este árbol, o esta rama del árbol? Porque he aquí, era el sitio más estéril de todo el terreno de tu viña.

22 Y le dijo el Señor de la viña: No me aconsejes. Yo sabía que era un lugar estéril; por eso te dije que lo he nutrido tan largo tiempo, y tú ves que ha dado mucho fruto.

23 Y aconteció que el Señor de la viña dijo a su siervo: Mira acá, he aquí, he plantado otra rama del árbol también; y tú sabes que esta parte del terreno era peor que la primera. Pero mira el árbol. Lo he nutrido todo este tiempo, y ha producido mucho fruto; por tanto, recógelo y guárdalo para la estación a fin de que yo lo preserve para mí mismo.

24 Y aconteció que el Señor de la viña dijo otra vez a su siervo: Mira acá y ve otra ªrama que también he plantado; he aquí, también la he nutrido, y ha producido fruto.

25 Y dijo al siervo: Mira hacia acá y ve la última. He aquí, esta la he plantado en terreno ªbueno, y la he nutrido todo este tiempo; y solo parte del árbol ha dado fruto cultivado, y la ᵇotra parte del árbol ha producido fruto silvestre; he aquí, he nutrido este árbol igual que los otros.

26 Y sucedió que el Señor de la viña dijo al siervo: Arranca las ramas que no han producido

17a Juan 15:16.
20a Jacob 5:39.
24a Ezeq. 17:22–24;
Alma 16:17;
3 Ne. 15:21–24.
25a 1 Ne. 2:20.
b 3 Ne. 10:12–13.

fruto ^abueno y échalas en el fuego.

27 Mas he aquí, el siervo le dijo: Podémoslo, y cavemos alrededor de él, y nutrámoslo un poco más, a fin de que tal vez te dé buen fruto, para que lo guardes para la estación.

28 Y aconteció que el Señor de la viña y su siervo nutrieron todos los árboles frutales de la viña.

29 Y aconteció que había pasado mucho tiempo, y el Señor de la viña dijo a su ^asiervo: Ven, descendamos a la viña para que trabajemos de nuevo en ella. Porque he aquí, se acerca el ^btiempo, y el ^cfin viene pronto; por tanto, debo guardar fruto para la estación, para mí mismo.

30 Y sucedió que el Señor de la viña y el siervo descendieron a la viña; y llegaron al árbol cuyas ramas naturales habían sido arrancadas, y se habían injertado las ramas silvestres en su lugar; y he aquí, estaba cargado de toda ^aclase de fruto.

31 Y aconteció que el Señor de la viña probó el fruto, cada clase según su número. Y el Señor de la viña dijo: He aquí, por largo tiempo hemos nutrido este árbol, y he guardado para mí mucho fruto, para la estación.

32 Pero he aquí, esta vez ha producido mucho fruto, y no hay ^aninguno que sea bueno. Y he aquí, hay toda clase de fruto malo; y no obstante todo nuestro trabajo, de nada me sirve; y me aflige ahora que tenga que perder este árbol.

33 Y el Señor de la viña dijo al siervo: ¿Qué haremos por el árbol, para que de nuevo pueda yo preservar buen fruto de él para mí mismo?

34 Y el siervo dijo a su amo: He aquí, a causa de que injertaste las ramas del olivo silvestre, estas han nutrido sus raíces, de modo que están vivas y no han perecido; por tanto, ves que están buenas todavía.

35 Y aconteció que el Señor de la viña dijo a su siervo: Ningún provecho me deja el árbol, y sus raíces no me benefician nada, en tanto que produzca mal fruto.

36 No obstante, sé que las raíces son buenas; y para mi propio fin las he preservado; y a causa de su mucha fuerza, hasta aquí han producido buen fruto de las ramas silvestres.

37 Mas he aquí, las ramas silvestres han crecido y han ^asobrepujado a sus raíces; y debido a que las ramas silvestres han sobrepujado a las raíces, ha producido mucho fruto malo; y porque ha producido tanto fruto malo, ves que ya empieza a perecer; y pronto llegará a la madurez para ser echado al fuego, a menos que algo hagamos para preservarlo.

38 Y aconteció que el Señor de la viña dijo a su siervo: Descendamos a los parajes más bajos

26a Mateo 7:15–20;
    Alma 5:36;
    DyC 97:7.
29a DyC 101:55; 103:21.
  b GEE Últimos días,
    postreros días.
  c 2 Ne. 30:10;
    Jacob 6:2.
30a GEE Apostasía.
32a JS—H 1:19.
37a DyC 45:28–30.

de la viña, y veamos si las ramas naturales han producido también mal fruto.

39 Y aconteció que descendieron a los parajes más bajos de la viña. Y ocurrió que vieron que el fruto de las ramas naturales se había corrompido también; sí, el ªprimero, y el segundo, y el último también; y todos se habían corrompido.

40 Y el fruto ªsilvestre del último había sobrepujado a esa parte del árbol que produjo buen fruto, de tal modo que la rama se había marchitado y secado.

41 Y aconteció que el Señor de la viña lloró, y dijo al siervo: ª¿Qué más pude haber hecho por mi viña?

42 He aquí, yo sabía que todo el fruto de la viña, exceptuando estos, se había corrompido. Y ahora estos, que en un tiempo habían producido buen fruto, se han corrompido también; y ahora todos los árboles de mi viña para nada sirven sino para ser cortados y echados en el fuego.

43 Y he aquí que este último, cuya rama se ha marchitado, lo planté en un terreno ªfértil; sí, el que para mí era el más escogido de todos los demás parajes de mi viña.

44 Y tú viste que también derribé lo que ªobstruía este pedazo de tierra, a fin de que yo pudiera plantar este árbol en su lugar.

45 Y viste que parte de él produjo buen fruto, y parte de él dio fruto silvestre; y porque no le arranqué sus ramas y las eché al fuego, he aquí, han sobrepujado a la rama buena de modo que esta se ha secado.

46 Y ahora bien, he aquí, no obstante todo el cuidado que hemos dado a mi viña, sus árboles se han corrompido, de modo que no dan buen fruto; y yo había esperado preservar a estos, a fin de haber guardado su fruto para la estación, para mí mismo. Mas he aquí, se han vuelto como el olivo silvestre, y no valen nada sino para ser ªcortados y echados al fuego; y me aflige que tenga que perderlos.

47 ¿Pero qué más pude yo haber hecho en mi viña? ¿He relajado mi mano de modo que no la he nutrido? No, la he nutrido y cavado alrededor; la he podado y abonado; y he ªextendido la mano casi todo el día, y el ᵇfin se acerca. Y me aflige que tenga que talar todos los árboles de mi viña, y echarlos en el fuego para que sean quemados. ¿Quién es el que ha corrompido mi viña?

48 Y acaeció que el siervo dijo a su amo: ¿No será la altura de tu viña? ¿No habrán sobrepujado sus ramas a las raíces que son buenas? Y a causa de que las ramas han sobrepujado a sus raíces, he aquí que aquellas crecieron más aprisa que la fuerza de las raíces, tomando fuerza para sí mismas. He aquí, digo: ¿No

39a Jacob 5:20, 23, 25.
40a Morm. 6:6–18.
41a 2 Ne. 26:24.
43a 2 Ne. 1:5.
44a Éter 13:20–21.
46a 3 Ne. 27:11.
47a 2 Ne. 28:32;
    Jacob 6:4.
  b GEE Mundo — El
    fin del mundo.

será esta la causa de la corrupción de los árboles de tu viña?

49 Y aconteció que el Señor de la viña dijo al siervo: Vayamos y cortemos los árboles de la viña y echémoslos al fuego para que no obstruyan el terreno de mi viña, porque he hecho todo. ¿Qué más pude yo haber hecho por mi viña?

50 Mas he aquí, el siervo dijo al Señor de la viña: Déjala un poco ᵃmás.

51 Y dijo el Señor: Sí, la dejaré un poco más, porque me aflige que tenga que perder los árboles de mi viña.

52 Por tanto, tomemos algunas de las ᵃramas de estos que he plantado en las partes más bajas de mi viña, e injertémoslas en el árbol del cual procedieron; y arranquemos del árbol esas ramas cuyo fruto es el más amargo, e injertemos en su lugar las ramas naturales del árbol.

53 Y haré esto para que no perezca el árbol, a fin de que quizá preserve sus raíces para mi propio fin.

54 Y he aquí, todavía están vivas las raíces de las ramas naturales del árbol que planté donde me pareció bien; por tanto, a fin de que yo las conserve también para mi propio fin, tomaré de las ramas de este árbol, y las ᵃinjertaré en ellas. Sí, injertaré en ellas las ramas de su árbol original, para que yo preserve también las raíces para mí, para que cuando lleguen a tener

suficiente fuerza tal vez me produzcan buen fruto, y me glorié aún en el fruto de mi viña.

55 Y aconteció que tomaron del árbol natural que se había vuelto silvestre, e injertaron en los árboles naturales que también se habían vuelto silvestres.

56 Y también tomaron de los árboles naturales que se habían vuelto silvestres, e injertaron en su árbol original.

57 Y el Señor de la viña dijo al siervo: No arranques las ramas silvestres de los árboles, sino aquellas que son las más amargas; y en ellas injertarás de acuerdo con lo que he dicho.

58 Y de nuevo nutriremos los árboles de la viña, y podaremos sus ramas; y arrancaremos de los árboles aquellas ramas que han madurado, que deben perecer, y las echaremos al fuego.

59 Y hago esto para que quizá sus raíces se fortalezcan a causa de su buena calidad; y que, a causa del cambio de ramas, lo bueno sobrepuje a lo malo.

60 Y porque he preservado las ramas naturales y sus raíces, y he injertado nuevamente las ramas naturales en su árbol original y he preservado las raíces de su árbol original, para que quizá los árboles de mi viña produzcan nuevamente buen ᵃfruto; y que yo tenga de nuevo gozo en el fruto de mi viña, y tal vez me alegre en extremo porque he

---

50ᵃ Jacob 5:27.
52ᵃ GEE Israel — La

congregación de Israel.
54ᵃ 1 Ne. 15:12–16.

60ᵃ Isa. 27:6.

preservado las raíces y las ramas del primer fruto;

61 ve, pues, y llama ªsiervos para que ᵇtrabajemos diligentemente con todo nuestro empeño en la viña, a fin de que podamos preparar el camino para que yo produzca otra vez el fruto natural, el cual es bueno y más precioso que cualquier otro fruto.

62 Por tanto, vayamos y trabajemos con nuestra fuerza esta última vez; porque he aquí, se acerca el fin, y esta es la última vez que podaré mi viña.

63 Injerta las ramas; empieza por las ªúltimas, para que sean las primeras, y que las primeras sean las últimas; y cava alrededor de los árboles, viejos así como nuevos, los primeros y los últimos; y los últimos y los primeros, a fin de que todos sean nutridos de nuevo por la postrera vez.

64 Por tanto, cava alrededor de ellos, y pódalos, y abónalos de nuevo por última vez, porque el fin se acerca. Y si acaso estos últimos injertos crecen y producen el fruto natural, entonces les prepararás el camino para que crezcan.

65 Y a medida que empiecen a crecer, quitarás las ramas que dan fruto amargo, según la fuerza y el tamaño de las buenas; y no ªquitarás todas las ramas malas de una vez, no sea que las raíces

resulten demasiado fuertes para el injerto, y este perezca, y pierda yo los árboles de mi viña.

66 Porque me aflige que tenga que perder los árboles de mi viña; por tanto, quitarás lo malo a medida que crezca lo bueno, para que la raíz y la copa tengan igual fuerza, hasta que lo bueno sobrepuje a lo malo, y lo malo sea talado y echado en el fuego, a fin de que no obstruya el terreno de mi viña; y así barreré lo malo de mi viña.

67 Y de nuevo injertaré las ramas del árbol natural en el árbol natural;

68 e injertaré las ramas del árbol natural en las ramas naturales del árbol; y así las juntaré otra vez para que produzcan el fruto natural, y serán uno.

69 Y lo malo será ªechado fuera, sí, fuera de todo el terreno de mi viña; pues he aquí, tan solo esta vez podaré mi viña.

70 Y aconteció que el Señor de la viña envió a su ªsiervo, y este fue e hizo lo que el Señor le había mandado, y trajo otros siervos; y eran ᵇpocos.

71 Y les dijo el Señor de la viña: Id y ªtrabajad en la viña con vuestro poder. Porque he aquí, esta es la ᵇúltima vez que nutriré mi viña; porque el fin se aproxima y la estación viene rápidamente; y si vosotros trabajáis conmigo con vuestro poder,

61a Jacob 6:2;
    DyC 24:19.
  b DyC 39:11, 13, 17.
63a 1 Ne. 13:42;
    Éter 13:10–12.

65a DyC 86:6–7.
69a 1 Ne. 22:15–17, 23;
    2 Ne. 30:9–10.
70a DyC 101:55; 103:21.
  b 1 Ne. 14:12.

71a Mateo 21:28;
    Jacob 6:2–3;
    DyC 33:3–4.
  b DyC 39:17;
    43:28–30.

os ᶜregocijaréis en el fruto que recogeré para mí mismo, para el tiempo que pronto llegará.

72 Y sucedió que los siervos fueron y trabajaron con todas sus fuerzas; y el Señor de la viña también trabajó con ellos; y en todo obedecieron los mandatos del Señor de la viña.

73 Y empezó de nuevo a producirse el fruto natural en la viña; y las ramas naturales comenzaron a crecer y a medrar en sumo grado; y empezaron luego a arrancarse las ramas silvestres y a echarse fuera; y conservaron iguales la raíz y la copa, según su fuerza.

74 Y así trabajaron con toda diligencia, según los mandamientos del Señor de la viña, sí, hasta que lo malo hubo sido echado de la viña, y el Señor hubo logrado para sí que los árboles volviesen nuevamente al fruto natural; y llegaron a ser como ᵃun cuerpo; y los frutos fueron iguales, y el Señor de la viña había preservado para sí mismo el fruto natural, que fue sumamente precioso para él desde el principio.

75 Y aconteció que cuando el Señor de la viña vio que su fruto era bueno y que su viña ya no estaba corrompida, llamó a sus siervos y les dijo: He aquí, hemos nutrido mi viña esta última vez; y veis que he obrado según mi voluntad; y he preservado el fruto natural que es bueno, aun como lo fue en el principio. Y ᵃbenditos sois, porque a causa de que habéis sido diligentes en obrar conmigo en mi viña, y habéis guardado mis mandamientos, y me habéis traído otra vez el fruto ᵇnatural, de modo que mi viña ya no está más corrompida, y lo malo se ha echado fuera, he aquí, os regocijaréis conmigo a causa del fruto de mi viña.

76 Pues he aquí, por ᵃmucho tiempo guardaré del fruto de mi viña para mí mismo, para la estación, la cual se aproxima velozmente; y por la última vez he nutrido mi viña, y la he podado, y he cavado alrededor de ella, y la he abonado; por tanto, guardaré de su fruto para mí mismo, por mucho tiempo, de acuerdo con lo que he hablado.

77 Y cuando llegue la ocasión en que nuevamente vuelva el mal fruto a mi viña, entonces haré recoger lo bueno y lo malo; y lo bueno preservaré para mí, y lo malo arrojaré a su propio lugar. Y entonces viene la ᵃestación y el fin; y haré que mi viña sea ᵇquemada con fuego.

CAPÍTULO 6

El Señor recobrará a Israel en los últimos días — El mundo será quemado con fuego — Los hombres

---

71c DyC 18:10–16.
74a DyC 38:27.
75a 1 Ne. 13:37.
  b GEE Israel.

76a 1 Ne. 22:24–26.
  GEE Milenio.
77a Apoc. 20:2–10;
  DyC 29:22–24;

43:29–33; 88:110–116.
  b GEE Mundo — El fin del mundo.

deben seguir a Cristo para evitar el lago de fuego y azufre. Aproximadamente 544–421 a.C.

Y ᴀʜᴏʀᴀ bien, he aquí, mis hermanos, como os dije que iba a profetizar, he aquí, esta es mi profecía: Que las cosas que habló este profeta ᵃZenós concernientes a los de la casa de Israel, en las cuales los comparó a un olivo cultivado, ciertamente han de acontecer.

2 Y el día en que el Señor de nuevo extienda su mano por segunda vez para ᵃrecobrar a su pueblo será el día, sí, aun la última vez, en que los ᵇsiervos del Señor saldrán con ᶜpotestad de él para ᵈnutrir y podar su ᵉviña; y después de eso, pronto vendrá el ᶠfin.

3 ¡Y cuán benditos los que hayan trabajado diligentemente en su viña! ¡Y cuán malditos los que sean echados a su propio lugar! Y el mundo será ᵃquemado con fuego.

4 ¡Y cuán misericordioso es nuestro Dios para con nosotros!, porque él se acuerda de la casa de ᵃIsrael, de las raíces así como de las ramas; y les extiende sus ᵇmanos todo el día; y son una gente ᶜobstinada y contenciosa; pero cuantos no endurezcan sus corazones serán salvos en el reino de Dios.

5 Por tanto, amados hermanos míos, os suplico con palabras solemnes que os arrepintáis y vengáis con íntegro propósito de corazón, y os ᵃalleguéis a Dios como él se allega a vosotros. Y mientras su ᵇbrazo de misericordia se extienda hacia vosotros a la luz del día, no endurezcáis vuestros corazones.

6 Sí, hoy mismo, si queréis oír su voz, no endurezcáis vuestros corazones; pues, ¿por qué queréis ᵃmorir?

7 Porque he aquí, después de haber sido nutridos por la buena palabra de Dios todo el día, ¿produciréis mal fruto, para que seáis ᵃtalados y echados en el fuego?

8 He aquí, ¿rechazaréis estas palabras? ¿Rechazaréis las palabras de los profetas; y rechazaréis todas las palabras que se han hablado en cuanto a Cristo, después que tantos han hablado acerca de él?, ¿y negaréis la buena palabra de Cristo y el poder de Dios y el ᵃdon del Espíritu Santo, y apagaréis el Santo Espíritu, y haréis irrisión del gran plan de redención que se ha dispuesto para vosotros?

9 ¿No sabéis que si hacéis estas cosas, el poder de la redención y de la resurrección que está en Cristo os llevará a presentaros

6 1a Jacob 5:1.
2a 1 Ne. 22:10–12;
DyC 110:11.
ɢᴇᴇ Restauración del Evangelio.
b Jacob 5:61.
c 1 Ne. 14:14.
d Jacob 5:71.
e ɢᴇᴇ Viña del Señor.
f 2 Ne. 30:10.
3a 2 Ne. 27:2;
Jacob 5:77;
3 Ne. 25:1.
4a 2 Sam. 7:24.
b Jacob 5:47.
c Mos. 13:29.
5a ɢᴇᴇ Unidad.
b Alma 5:33–34;
3 Ne. 9:14.
6a Ezeq. 18:21–23.
7a Alma 5:51–52;
3 Ne. 27:11–12.
8a ɢᴇᴇ Don del Espíritu Santo.

con vergüenza y con terrible ᵃculpa ante el ᵇtribunal de Dios?

10 Y según el poder de la ᵃjusticia, porque la justicia no puede ser negada, tendréis que ir a aquel ᵇlago de fuego y azufre, cuyas llamas son inextinguibles y cuyo humo asciende para siempre jamás; y este lago de fuego y azufre es ᶜtormento ᵈsin fin.

11 ¡Oh amados hermanos míos, arrepentíos, pues, y entrad por la ᵃpuerta estrecha, y continuad en el camino que es angosto, hasta que obtengáis la vida eterna!

12 ¡Oh, sed ᵃprudentes! ¿Qué más puedo decir?

13 Por último, me despido de vosotros, hasta que os vuelva a ver ante el placentero tribunal de Dios, tribunal que hiere al malvado con ᵃterrible espanto y miedo. Amén.

CAPÍTULO 7

Sherem niega a Cristo, contiende con Jacob, demanda una señal y es herido por Dios — Todos los profetas han hablado de Cristo y Su expiación — Los nefitas han pasado su vida errantes, nacidos en la tribulación, y aborrecidos por los lamanitas. Aproximadamente 544–421 a.C.

Y ᴀᴄᴏɴᴛᴇᴄɪó que después de transcurrir algunos años, vino entre el pueblo de Nefi un hombre que se llamaba Sherem.

2 Y aconteció que empezó a predicar entre los del pueblo, y a declararles que no habría ningún Cristo; y predicó muchas cosas que lisonjeaban al pueblo; e hizo esto para derribar la doctrina de Cristo.

3 Y trabajó diligentemente para desviar el corazón del pueblo, a tal grado que desvió a muchos corazones; y sabiendo él que yo, Jacob, tenía fe en Cristo, que había de venir, buscó mucho una oportunidad para verse conmigo.

4 Y era un hombre instruido, pues tenía un conocimiento perfecto de la lengua del pueblo; por tanto, podía emplear mucha lisonja y mucha elocuencia, según el poder del diablo.

5 Y tenía la esperanza de desprenderme de la fe, a pesar de las muchas ᵃrevelaciones y lo mucho que yo había visto concerniente a estas cosas; porque yo en verdad había visto ángeles, y me habían ministrado. Y también había oído la voz del Señor hablándome con sus propias palabras de cuando en cuando; por tanto, yo no podía ser descarriado.

6 Y aconteció que me vino a ver, y de esta manera me habló, diciendo: Hermano Jacob, mucho he buscado la oportunidad

---

9*a* Mos. 15:26.
  ɢᴇᴇ Culpa.
  b ɢᴇᴇ Juicio final.
10*a* ɢᴇᴇ Justicia.
  b 2 Ne. 28:23.

  ɢᴇᴇ Infierno.
  c ɢᴇᴇ Condenación,
      condenar.
  d DyC 19:10–12.
11*a* 2 Ne. 9:41.

12*a* Morm. 9:28.
13*a* Alma 40:14.
7 5*a* 2 Ne. 11:3;
      Jacob 2:11.

para hablar contigo, porque he oído, y también sé, que mucho andas, predicando lo que llamas el evangelio o la doctrina de Cristo.

7 Y has desviado a muchos de los de este pueblo, de manera que pervierten la vía correcta de Dios y no ªguardan la ley de Moisés, que es la vía correcta; y conviertes la ley de Moisés en la adoración de un ser que dices vendrá de aquí a muchos siglos. Y ahora bien, he aquí, yo, Sherem, te declaro que esto es una blasfemia, pues nadie sabe en cuanto a tales cosas; porque nadie ᵇpuede declarar lo que está por venir. Y así era como Sherem contendía contra mí.

8 Mas he aquí que el Señor Dios derramó su ªEspíritu en mi alma, de tal modo que lo confundí en todas sus palabras.

9 Y le dije: ¿Niegas tú al Cristo que ha de venir? Y él dijo: Si hubiera un Cristo, no lo negaría; mas sé que no hay Cristo, ni lo ha habido, ni jamás lo habrá.

10 Y le dije: ¿Crees tú en las Escrituras? Y dijo él: Sí.

11 Y le dije yo: Entonces no las entiendes; porque en verdad testifican de Cristo. He aquí, te digo que ninguno de los profetas ha escrito ni ªprofetizado sin que haya hablado concerniente a este Cristo.

12 Y esto no es todo. Se me ha manifestado, porque he oído y visto; y también me lo ha manifestado el ªpoder del Espíritu Santo; por consiguiente, yo sé que si no se efectuara una expiación, se ᵇperdería todo el género humano.

13 Y aconteció que me dijo: Muéstrame una ªseñal mediante este poder del Espíritu Santo, por medio del cual sabes tanto.

14 Y le dije: ¿Quién soy yo para que tiente a Dios para que te muestre una señal en esto que tú sabes que es ªverdad? Sin embargo, la negarás, porque eres del ᵇdiablo. No obstante, no sea hecha mi voluntad; mas si Dios te hiriere, séate por señal de que él tiene poder tanto en el cielo como en la tierra; y también de que Cristo vendrá. ¡Y sea hecha tu voluntad, oh Señor, y no la mía!

15 Y sucedió que cuando yo, Jacob, hube hablado estas palabras, el poder del Señor vino sobre él, de tal modo que cayó a tierra. Y sucedió que fue alimentado por el espacio de muchos días.

16 Y aconteció que él dijo al pueblo: Reuníos mañana, porque voy a morir; por tanto, deseo hablar al pueblo antes que yo muera.

17 Y aconteció que a la mañana siguiente la multitud se hallaba

7a Jacob 4:5.
 b Alma 30:13.
8a GEE Inspiración, inspirar.
11a Apoc. 19:10; 1 Ne. 10:5; Jacob 4:4;

Mos. 13:33–35; DyC 20:26.
GEE Jesucristo.
12a GEE Espíritu Santo; Trinidad — Dios el Espíritu Santo.

 b 2 Ne. 2:21.
13a Mateo 16:1–4; Alma 30:43–60.
GEE Señal.
14a Alma 30:41–42.
 b Alma 30:53.

reunida; y les habló claramente y negó las cosas que les había enseñado, y confesó al Cristo y el poder del Espíritu Santo y la ministración de ángeles.

18 Y les dijo claramente que había sido ªengañado por el poder del ᵇdiablo. Y habló del infierno, y de la eternidad, y del castigo eterno.

19 Y dijo: Temo que haya cometido el ªpecado imperdonable, pues he mentido a Dios; porque negué al Cristo, y dije que creía en las Escrituras, y estas en verdad testifican de él. Y porque he mentido a Dios de este modo, temo mucho que mi situación sea ᵇterrible; pero me confieso a Dios.

20 Y acaeció que después que hubo dicho estas palabras, no pudo hablar más, y ªentregó el espíritu.

21 Y cuando los de la multitud hubieron presenciado que él había dicho estas cosas cuando estaba a punto de entregar el espíritu, se asombraron en extremo; tanto así que el poder de Dios descendió sobre ellos, y fueron ªdominados de modo que cayeron a tierra.

22 Y ahora bien, esto me complació a mí, Jacob, porque lo había pedido a mi Padre que estaba en el cielo; pues él había

oído mi clamor y contestado mi oración.

23 Y sucedió que la paz y el amor de Dios nuevamente se restablecieron entre el pueblo; y ªescudriñaron las Escrituras; y no hicieron más caso de las palabras de este hombre inicuo.

24 Y aconteció que se idearon muchos medios para ªrescatar a los lamanitas y restaurarlos al conocimiento de la verdad; mas todo fue en ᵇvano, porque se deleitaban en ᶜguerras y en el ᵈderramamiento de sangre, y abrigaban un ᵉodio eterno contra nosotros, sus hermanos; y de continuo buscaban el modo de destruirnos por el poder de sus armas.

25 Por tanto, el pueblo de Nefi se fortificó contra ellos con sus armas y con todo su poder, confiando en el Dios y ªroca de su salvación; por tanto, pudieron ser, hasta el momento, vencedores de sus enemigos.

26 Y aconteció que yo, Jacob, empecé a envejecer; y como la historia de este pueblo se lleva en las ªotras planchas de Nefi, concluyo, por tanto, esta relación, declarando que la he escrito según mi mejor conocimiento, diciendo que el tiempo se nos ha pasado, y nuestras ᵇvidas también han pasado como si fuera un sueño,

---

18a Alma 30:53.
  GEE Engañar, engaño.
  b GEE Diablo.
19a GEE Pecado
  imperdonable.
  b Mos. 15:26.
20a Jer. 28:15–17.

21a Alma 19:6.
23a Alma 17:2.
24a Enós 1:20.
  b Enós 1:14.
  c Mos. 10:11–18.
  d Jarom 1:6;
  Alma 26:23–25.

e 2 Ne. 5:1–3;
  Mos. 28:2.
25a GEE Roca.
26a 1 Ne. 19:1–6;
  Jarom 1:14–15.
  GEE Planchas.
  b Stg. 4:14.

pues somos un pueblo solitario y solemne, errantes, desterrados de Jerusalén, nacidos en la tribulación, en un desierto, y aborrecidos por nuestros hermanos, cosa que ha provocado guerras y contenciones; de manera que nos hemos lamentado en el curso de nuestras vidas.

27 Y yo, Jacob, vi que pronto tendría que descender al sepulcro.

Por tanto, dije a mi hijo ^aEnós: Toma estas planchas. Y le declaré lo que mi hermano Nefi me había ^bmandado, y prometió obedecer los mandamientos. Y doy fin a mis escritos sobre estas planchas, y lo que he escrito ha sido poco; y me despido del lector, esperando que muchos de mis hermanos lean mis palabras. Adiós, hermanos.

EL LIBRO DE ENÓS

Enós ora con potente oración y logra el perdón de sus pecados — La voz del Señor penetra su mente, y le promete salvación para los lamanitas en un día futuro — Los nefitas procuran restaurar a los lamanitas — Enós se regocija en su Redentor. Aproximadamente 420 a.C.

HE aquí, aconteció que yo, ^aEnós, sabía que mi padre ^bera un varón justo, pues me ^cinstruyó en su idioma y también me crio en ^ddisciplina y amonestación del Señor —y bendito sea el nombre de mi Dios por ello—

2 y os diré de la ^alucha que tuve ante Dios, antes de recibir la ^bremisión de mis pecados.

3 He aquí, salí a cazar bestias en los bosques; y las palabras que frecuentemente había oído a mi padre hablar, en cuanto a la vida eterna y el ^agozo de los santos, ^bpenetraron mi corazón profundamente.

4 Y mi alma tuvo ^ahambre; y me ^barrodillé ante mi Hacedor, y clamé a él con potente ^coración y súplica por mi propia alma; y clamé a él todo el día; sí, y cuando anocheció, aún elevaba mi voz en alto hasta que llegó a los cielos.

5 Y vino a mí una ^avoz, diciendo: Enós, tus pecados te son perdonados, y serás bendecido.

6 Y yo, Enós, sabía que Dios no

27a Enós 1:1.
  b Jacob 1:1–4.

[ENÓS]
1 1a GEE Enós hijo de Jacob.
  b 2 Ne. 2:2–4.
  c 1 Ne. 1:1–2.
  d Efe. 6:4.

2a Gén. 32:24–32;
    Alma 8:10.
    GEE Arrepentimiento, arrepentirse.
  b GEE Remisión de pecados.
3a GEE Gozo.
  b 1 Ne. 10:17–19;

Alma 36:17–21.
4a 2 Ne. 9:51;
    3 Ne. 12:6.
  b GEE Reverencia.
  c GEE Oración.
5a GEE Revelación.

podía mentir; por tanto, mi culpa fue expurgada.

7 Y dije yo: Señor, ¿cómo se lleva esto a efecto?

8 Y él me dijo: Por tu ^afe en Cristo, a quien nunca jamás has oído ni visto. Y pasarán muchos años antes que él se manifieste en la carne; por tanto, ve, tu fe te ha ^bsalvado.

9 Ahora bien, sucedió que cuando hube oído estas palabras, empecé a ^aanhelar el bienestar de mis hermanos los nefitas; por tanto, ^bderramé toda mi alma a Dios por ellos.

10 Y mientras así me hallaba luchando en el espíritu, he aquí, la voz del Señor de nuevo penetró mi ^amente, diciendo: Visitaré a tus hermanos según su diligencia en guardar mis mandamientos. Les he ^bdado esta tierra, y es una tierra santa; y no la ^cmaldigo sino por causa de iniquidad. Por tanto, visitaré a tus hermanos según lo que he dicho; y sus transgresiones haré bajar con dolor sobre su propia cabeza.

11 Y después que yo, Enós, hube oído estas palabras, mi fe en el Señor empezó a ser inquebrantable; y oré a él con mucho y prolongado ahínco por mis hermanos, los lamanitas.

12 Y aconteció que después que hube ^aorado y me hube afanado con toda diligencia, me dijo el Señor: Por tu fe, te concederé conforme a tus ^bdeseos.

13 Y ahora bien, he aquí, este era el deseo que anhelaba de él: Que si acaso mi pueblo, el pueblo nefita, cayera en transgresión, y fuera de algún modo ^adestruido, y los lamanitas no lo fueran, que el Señor Dios ^bpreservara una historia de mi pueblo, los nefitas, aun cuando fuera por el poder de su santo brazo, para que algún día futuro fuera ^cllevada a los lamanitas, para que tal vez fueran ^dconducidos a la salvación;

14 porque por ahora nuestros esfuerzos para restaurarlos a la verdadera fe han sido en ^avano. Y juraron en su ira que, de ser posible, ^bdestruirían nuestros anales junto con nosotros, y también todas las tradiciones de nuestros padres.

15 Por tanto, sabiendo yo que el Señor Dios podía ^apreservar nuestros anales, le suplicaba continuamente, pues él me había dicho: Cualquier cosa que pidas con fe, creyendo que recibirás en el nombre de Cristo, la obtendrás.

16 Y yo tenía fe, y le imploré al

8a Éter 3:12–13.
   GEE Fe.
 b Mateo 9:22.
9a 1 Ne. 8:12;
   Alma 36:24.
 b 2 Ne. 33:3;
   P. de Morm. 1:8;
   Alma 34:26–27.
10a GEE Inspiración,

inspirar; Mente.
 b 1 Ne. 2:20.
 c Éter 2:7–12.
12a Morm. 5:21; 9:36.
 b Sal. 37:4;
   1 Ne. 7:12;
   Hel. 10:5.
13a Morm. 6:1, 6.
 b P. de Morm. 1:6–11;

Alma 37:2.
 c Alma 37:19;
   Éter 12:22; DyC 3:18.
 d Alma 9:17.
14a Jacob 7:24.
 b Morm. 6:6.
15a GEE Escrituras — Las
   Escrituras deben
   preservarse.

Señor que ^apreservara los ^banales; e hizo convenio conmigo de que los ^charía llegar a los lamanitas en el propio y debido tiempo de él.

17 Y yo, Enós, sabía que se haría según el convenio que él había hecho; por tanto, mi alma quedó tranquila.

18 Y me dijo el Señor: Tus padres también me han solicitado esto; y les será concedido según su fe; porque su fe fue semejante a la tuya.

19 Y sucedió que yo, Enós, anduve entre el pueblo de Nefi, profetizando de cosas venideras y dando testimonio de las cosas que yo había oído y visto.

20 Y testifico que el pueblo de Nefi procuró diligentemente restaurar a los lamanitas a la verdadera fe en Dios. Pero nuestros ^aesfuerzos fueron en vano, pues su odio era implacable, y se dejaron llevar de su mala naturaleza, por lo que se hicieron salvajes y feroces, y una gente ^bsanguinaria, llena de ^cidolatría e inmundicia, alimentándose de animales de rapiña, viviendo en tiendas y andando errantes por el desierto, con una faja corta de piel alrededor de los lomos, y con la cabeza afeitada; y su destreza se hallaba en el ^darco, en la cimitarra y en el hacha. Y muchos de ellos no comían más

que carne cruda; y de continuo trataban de destruirnos.

21 Y aconteció que el pueblo de Nefi cultivó la tierra, y ^aprodujo toda clase de granos y de frutos, y crio rebaños de reses, y manadas de toda clase de ganado, y cabras y cabras monteses, y también muchos caballos.

22 Y hubo muchísimos ^aprofetas entre nosotros; y la gente era ^bobstinada y dura de entendimiento.

23 Y no había nada, salvo un extremado ^arigor, ^bpredicación y profecías de guerras y contiendas y destrucciones, y ^crecordándoles continuamente la muerte, y la duración de la eternidad, y los juicios y poder de Dios, y todas estas cosas, agitándolos ^dconstantemente para mantenerlos en el temor del Señor. Y digo que nada, salvo estas cosas y mucha claridad en el habla, podría evitar que se precipitaran rápidamente a la destrucción. Y de esta manera es como escribo acerca de ellos.

24 Y vi guerras entre los nefitas y los lamanitas en el curso de mis días.

25 Y sucedió que empecé a envejecer; y ya habían transcurrido ciento setenta y nueve años desde el tiempo en que nuestro padre Lehi ^asalió de Jerusalén.

26 Y vi que pronto tendría que

16a 3 Ne. 5:13–15;
    DyC 3:19–20; 10:46–50.
  b GEE Libro de Mormón.
  c 2 Ne. 27:6.
20a Moro. 9:6.
  b Jarom 1:6.
  c Mos. 9:12.
    GEE Idolatría.
  d Mos. 10:8.
21a Mos. 9:9.
22a P. de Morm. 1:16–18.
  b Jarom 1:3.
23a 1 Ne. 16:2;
    2 Ne. 33:5.
  b GEE Predicar.
  c Hel. 12:3.
  d Jarom 1:12; Alma 31:5.
25a 1 Ne. 2:2–4.

descender a mi sepultura, habiendo sido influido por el poder de Dios a predicar y a profetizar a este pueblo y declarar la palabra según la verdad que está en Cristo; y la he declarado todos mis días, y en ello me he regocijado más que en lo del mundo.

27 Y pronto iré al lugar de mi *reposo, que es con mi Redentor, porque sé que en él reposaré. Y me regocijo en el día en que mi ser *mortal se vestirá de *inmortalidad, y estaré delante de él; entonces veré su faz con placer, y él me dirá: Ven a mí, tú, que bendito eres; hay un lugar preparado para ti en las *mansiones de mi Padre. Amén.

EL LIBRO DE JAROM

Los nefitas guardan la ley de Moisés, miran adelante hacia la venida de Cristo y prosperan en la tierra — Muchos profetas trabajan con diligencia para conservar al pueblo en el camino de la verdad. Aproximadamente 399–361 a.C.

AHORA bien, he aquí, yo, Jarom, escribo unas pocas palabras de acuerdo con el mandato de mi padre, Enós, para que sea preservada nuestra *genealogía.

2 Y como *estas planchas son *pequeñas, y ya que estas cosas se *escriben con el propósito de beneficiar a nuestros hermanos los *lamanitas, es preciso, pues, que escriba un poco; pero no escribiré lo de mis profecías ni de mis revelaciones. Pues, ¿qué más podría yo escribir de lo que mis padres han escrito? ¿Acaso no han revelado ellos el plan de salvación? Os digo que sí; y esto me basta.

3 He aquí, conviene que se haga mucho entre este pueblo, a causa de la dureza de sus corazones, y la sordera de sus oídos, y la ceguedad de sus mentes, y la *dureza de sus cervices; no obstante, Dios es misericordioso en sumo grado con ellos, y hasta ahora no los ha *barrido de la superficie de la tierra.

4 Y hay muchos entre nosotros que reciben muchas *revelaciones, porque no todos son obstinados. Y todos los que no son de dura cerviz, y tienen fe, gozan de *comunión con el Santo Espíritu, el cual se manifiesta a los hijos de los hombres según su fe.

27*a* GEE Descansar, descanso (reposo).
  b GEE Mortal, mortalidad.
  c GEE Inmortal, inmortalidad.
  d Juan 14:2–3; Éter 12:32–34; DyC 72:4; 98:18.

[JAROM]
1 1*a* 1 Ne. 3:12; 5:14.
  2*a* Jacob 3:14; Omni 1:1.
  b 1 Ne. 6.
  c GEE Escrituras — El valor de las Escrituras.
  d 2 Ne. 27:6; Morm. 5:12.

3*a* Enós 1:22–23.
  b Éter 2:8–10.
4*a* Alma 26:22; Hel. 11:23; DyC 107:18–19.
  GEE Revelación.
  b GEE Espíritu Santo.

5 Y ahora bien, he aquí, habían pasado ya doscientos años, y el pueblo de Nefi se había hecho fuerte en el país. Se esforzaban por *guardar la ley de Moisés y santificar el día de *reposo ante el Señor. Y no *profanaban ni tampoco *blasfemaban; y las leyes del país eran sumamente estrictas.

6 Y estaban esparcidos sobre gran parte de la superficie de la tierra, y los lamanitas también. Y estos eran mucho más numerosos que los nefitas, y se deleitaban en el *asesinato y bebían la sangre de animales.

7 Y sucedió que muchas veces vinieron a la batalla contra nosotros, los nefitas. Pero nuestros *reyes y dirigentes eran grandes hombres en la fe del Señor; y enseñaron a la gente las vías del Señor; por lo tanto, resistimos a los lamanitas y los lanzamos de nuestras *tierras, y empezamos a fortificar nuestras ciudades, y los sitios de nuestra herencia, cualesquiera que fuesen.

8 Y nos multiplicamos en sumo grado, y nos extendimos sobre la superficie de la tierra, y llegamos a ser sumamente ricos en oro, y en plata y en cosas preciosas, y en finas obras de madera, en edificios, y en mecanismos, y también en hierro y cobre, y en bronce y acero, elaborando todo género de herramientas de varias clases para cultivar la tierra, y *armas de guerra, sí, la flecha puntiaguda, y la aljaba, y el dardo, y la jabalina y todo preparativo para la guerra.

9 Y estando así preparados para hacer frente a los lamanitas, estos no prevalecieron contra nosotros, sino que se cumplió la palabra que el Señor habló a nuestros padres, diciendo: Según guardéis mis mandamientos, prosperaréis en la tierra.

10 Y aconteció que los profetas del Señor amonestaron al pueblo de Nefi, según la palabra de Dios, que si ellos no guardaban los mandamientos, sino que caían en transgresión, serían *destruidos de sobre la faz de la tierra.

11 Por tanto, los profetas y los sacerdotes y los maestros trabajaron diligentemente, exhortando con toda longanimidad al pueblo a la diligencia, enseñando la *ley de Moisés y el objeto para el cual fue dada, persuadiéndolos a *mirar adelante hacia el Mesías y a creer en su venida *como si ya se hubiese

5a 2 Ne. 25:24; Alma 34:13–14.
b Éx. 35:2. GEE Día de reposo.
c GEE Profanidad.
d GEE Blasfemar, blasfemia.
6a Jacob 7:24; Enós 1:20.
7a Jacob 1:9, 11, 15.
b P. de Morm. 1:14.
8a Mos. 10:8.
10a 1 Ne. 12:19–20; Omni 1:5.
11a Jacob 4:5; Alma 25:15–16.
b La expresión en inglés "look forward to" que se traduce aquí significa tanto esperar anhelosamente en Cristo como mirar hacia lo futuro a Cristo. Véase 2 Ne. 11:4; Éter 12:18–19.
c 2 Ne. 25:24–27; Mos. 3:13; 16:6.

verificado. Y fue de esta manera como les enseñaron.

12 Y sucedió que por obrar así, evitaron que los del pueblo fuesen ªdestruidos de sobre la faz de la tierra; pues ᵇcompungieron sus corazones con la palabra, exhortándolos sin cesar a que se arrepintieran.

13 Y aconteció que habían transcurrido doscientos treinta y ocho años en guerras y contiendas y disensiones, durante gran parte del tiempo.

14 Y yo, Jarom, no escribo más, porque las planchas son pequeñas. Pero he aquí, hermanos míos, podéis recurrir a las ªotras planchas de Nefi, pues he aquí, sobre ellas está grabada la historia de nuestras guerras, según los escritos de los reyes, o lo que ellos hicieron escribir.

15 Y entrego estas planchas en manos de mi hijo Omni, para que se lleven según los ªmandamientos de mis padres.

EL LIBRO DE OMNI

Omni, Amarón, Quemis, Abinadom y Amalekí, cada uno, a su vez, llevan los anales — Mosíah descubre el pueblo de Zarahemla, el cual había llegado de Jerusalén en la época de Sedequías — Mosíah es nombrado rey — Los mulekitas habían descubierto a Coriántumr, el último de los jareditas — El rey Benjamín sucede a Mosíah — Los hombres deben ofrecer su alma como ofrenda a Cristo. Aproximadamente 323–130 a.C.

HE aquí, sucedió que yo, Omni, habiéndome mandado mi padre Jarom que escribiera algo sobre estas planchas, para preservar nuestra genealogía,

2 quisiera, por tanto, que supieseis que durante el curso de mi vida combatí mucho con la espada para preservar a mi pueblo, los nefitas, de caer en manos de los lamanitas, sus enemigos. Mas he aquí, en cuanto a mí, yo soy inicuo, y no he guardado los estatutos y mandamientos del Señor como debía haberlo hecho.

3 Y sucedió que habían transcurrido doscientos setenta y seis años, y habíamos tenido muchas épocas de paz; y habíamos tenido muchas épocas de serias guerras y derramamiento de sangre. Sí, y en fin habían pasado doscientos ochenta y dos años, y yo había guardado estas planchas según los ªmandatos de mis padres; y las entregué a mi hijo Amarón. Y así termino.

4 Y ahora yo, Amarón, escribo las cosas que vaya a escribir, y

12a Éter 2:10.
 b Alma 31:5.
14a 1 Ne. 9:2–4.
15a Jacob 1:1–4.
[OMNI]
1 3a Jacob 1:1–4; Jarom 1:15.

que son pocas, en el libro de mi padre.

5 He aquí, sucedió que habían pasado ya trescientos veinte años, y la parte más inicua de los nefitas fue ªdestruida.

6 Porque el Señor no quiso permitir, después que los hubo sacado de la tierra de Jerusalén, y guardado y preservado de caer en las manos de sus enemigos, sí, no quiso permitir que dejasen de verificarse las palabras que habló a nuestros padres, diciendo: Si no guardáis mis mandamientos, no prosperaréis en la tierra.

7 Por tanto, el Señor los visitó con grandes juicios; no obstante, preservó a los justos para que no perecieran, y los libró de las manos de sus enemigos.

8 Y sucedió que entregué las planchas a mi hermano Quemis.

9 Ahora yo, Quemis, lo poco que escribo lo hago en el mismo libro que mi hermano; pues he aquí, vi que lo último que escribió, él lo escribió de su propia mano; y lo escribió el mismo día en que me lo entregó. Y de este modo llevamos los anales, porque es según los mandamientos de nuestros padres. Y así termino.

10 He aquí, yo, Abinadom, soy hijo de Quemis. He aquí, sucedió que vi mucha guerra y contención entre mi pueblo, los nefitas, y los lamanitas; y con mi propia espada he quitado la vida a muchos de los lamanitas en defensa de mis hermanos.

11 Y he aquí, la historia de este pueblo está grabada sobre planchas que guardan los reyes, según las generaciones; y yo no sé de ninguna revelación salvo lo que se ha escrito, ni profecía tampoco; por tanto, es suficiente lo que está escrito. Y con esto concluyo.

12 He aquí, soy Amalekí hijo de Abinadom. He aquí, os hablaré algo concerniente a Mosíah, que fue hecho rey de la tierra de Zarahemla; pues he aquí, le advirtió el Señor que huyera de la tierra de ªNefi, y que cuantos quisieran escuchar la voz del Señor también deberían ᵇpartir de la tierra con él hacia el desierto.

13 Y sucedió que obró según el Señor le había mandado. Y cuantos quisieron escuchar la voz del Señor salieron de la tierra para el desierto, y fueron conducidos por muchas predicaciones y profecías. Y continuamente fueron amonestados por la palabra de Dios, y guiados por el poder de su brazo a través del desierto, hasta que llegaron a la tierra que se llama la tierra de Zarahemla.

14 Y descubrieron a un pueblo llamado el pueblo de ªZarahemla. Ahora bien, hubo gran alegría entre el pueblo de Zarahemla; y también Zarahemla se regocijó en extremo porque el

5a Jarom 1:9–10.
12a 2 Ne. 5:6–9.
b Jacob 3:4.
14a GEE Zarahemla.

Señor había enviado al pueblo de Mosíah con las ^bplanchas de bronce que contenían los anales de los judíos.

15 Y he aquí, sucedió que Mosíah descubrió que la ^agente de Zarahemla había salido de Jerusalén en la época en que ^bSedequías, rey de Judá, fue llevado cautivo a Babilonia.

16 Y viajaron por el desierto, y la mano del Señor los condujo, a través de las grandes aguas, a la tierra donde Mosíah los encontró; y allí habían morado desde aquel tiempo.

17 Y en la época en que Mosíah los descubrió, habían llegado a ser numerosos en extremo. No obstante, habían tenido muchas guerras y graves contiendas, y de cuando en cuando habían caído por la espada; y su idioma se había corrompido, y no habían llevado ^aanales consigo, y negaban la existencia de su Creador; y ni Mosíah ni su pueblo podían entenderlos.

18 Pero aconteció que Mosíah hizo que se les enseñara su idioma. Y sucedió que después de haber sido instruidos en el idioma de Mosíah, Zarahemla dio una genealogía de sus padres, según su memoria; y está escrita, mas no en estas planchas.

19 Y aconteció que el pueblo de Zarahemla y el de Mosíah se

unieron; y ^bMosíah fue nombrado para ser su rey.

20 Y acaeció que en los días de Mosíah se le trajo una piedra grande con grabados; y él ^ainterpretó los grabados por el don y poder de Dios.

21 Y relataban la historia de un tal ^aCoriántumr y la matanza de su pueblo. Y el pueblo de Zarahemla descubrió a Coriántumr; y vivió con ellos por el término de nueve lunas.

22 También relataban algunas palabras acerca de los padres de Coriántumr. Y sus primeros padres vinieron de la ^atorre, en la ocasión en que el Señor ^bconfundió el lenguaje del pueblo; y el rigor del Señor cayó sobre ellos, de acuerdo con sus juicios, que son justos; y sus ^chuesos se hallan esparcidos en la tierra del norte.

23 He aquí yo, Amalekí, nací en los días de Mosíah, y he vivido hasta ver su muerte; y su hijo ^aBenjamín reina en su lugar.

24 Y he aquí, he visto una guerra seria en los días del rey Benjamín, y mucho derramamiento de sangre entre nefitas y lamanitas. Mas he aquí, que los nefitas los superaron en gran manera; sí, a tal grado que el rey Benjamín arrojó a los lamanitas de la tierra de Zarahemla.

25 Y aconteció que empecé a

14b 1 Ne. 3:3, 19–20; 5:10–22.
15a Mos. 25:2.
  b Jer. 39:1–10; Hel. 8:21.
17a Mos. 1:2–6.
19a Mos. 25:13.
  b Omni 1:12.
20a Mos. 8:13–19. GEE Vidente.
21a Éter 12:1. GEE Coriántumr.
22a Éter 1:1–5.
  b Gén. 11:6–9; Mos. 28:17; Éter 1:33.
  c Mos. 8:8.
23a P. de Morm. 1:3.

envejecer; y no teniendo descendencia, y sabiendo que el rey ^aBenjamín es un varón justo ante el Señor, le ^bentregaré, por tanto, estas planchas, exhortando a todos los hombres a que vengan a Dios, el Santo de Israel, y crean en la profecía y en revelaciones y en la ministración de ángeles, en el don de hablar en lenguas, en el don de interpretación de lenguas, y en todas las cosas que son ^cbuenas; porque nada hay, que sea bueno, que no venga del Señor; y lo que es malo viene del diablo.

26 Y ahora bien, mis amados hermanos, quisiera que ^avinieseis a Cristo, el cual es el Santo de Israel, y participaseis de su salvación y del poder de su redención. Sí, venid a él y ^bofrecedle vuestras almas enteras como ^cofrenda, y continuad ^dayunando y orando, y perseverad hasta el fin; y así como vive el Señor, seréis salvos.

27 Y ahora quisiera decir algo concerniente a cierto grupo que fue al desierto para volver a la tierra de Nefi; porque había muchos que deseaban poseer la tierra de su herencia.

28 De modo que partieron para el desierto. Y su caudillo, siendo un hombre fuerte, poderoso y obstinado, provocó, por tanto, una contienda entre ellos; y todos, menos cincuenta, fueron ^amuertos en el desierto, y estos retornaron a la tierra de Zarahemla.

29 Y aconteció que también llevaron consigo a otros, hasta un número considerable, y otra vez emprendieron su viaje para el desierto.

30 Y yo, Amalekí, tenía un hermano que también fue con ellos; y desde entonces nada he sabido de ellos. Y estoy para descender a mi sepultura; y ^aestas planchas están llenas. Y doy fin a mi narración.

LAS PALABRAS DE MORMÓN

Mormón compendia las planchas mayores de Nefi — Coloca las planchas menores junto con las otras planchas — El rey Benjamín establece la paz en la tierra. Aproximadamente 385 d.C.

Y AHORA bien, yo, ^aMormón, estando a punto de entregar en manos de mi hijo Moroni los anales que he estado haciendo, he aquí que he presenciado casi

25a P. de Morm. 1:17–18;
    Mos. 29:13.
  b P. de Morm. 1:10.
  c Alma 5:40; Éter 4:12;
    Moro. 7:15–17.
26a Jacob 1:7;

Alma 29:2; Moro. 10:32.
  b GEE Sacrificios.
  c 3 Ne. 9:20.
  d GEE Ayunar, ayuno.
28a Mos. 9:1–4.
30a 1 Ne. 6.

[PALABRAS DE MORMÓN]
1 1a 3 Ne. 5:9–12;
    Morm. 1:1–4; 8:1, 4–5.
    GEE Mormón, profeta
    nefita.

toda la destrucción de mi pueblo, los nefitas.

2 Y es después de ªmuchos siglos de la venida de Cristo, cuando entrego estos anales en manos de mi hijo; y supongo que él presenciará la completa destrucción de los de mi pueblo. Pero Dios conceda que él les sobreviva, a fin de que escriba algo concerniente a ellos, y un poco concerniente a Cristo, para que tal vez algún día pueda ᵇbeneficiarlos.

3 Y ahora hablo algo referente a lo que he escrito; porque después que hube hecho un ªcompendio de las ᵇplanchas de Nefi, hasta el reinado de este rey Benjamín, del cual habló Amalekí, busqué entre los ᶜanales que habían sido entregados en mis manos, y encontré estas planchas que contenían esta breve narración de los profetas, desde Jacob hasta el reinado de este rey ᵈBenjamín, y también muchas de las palabras de Nefi.

4 Y ªcomplacido con las cosas que se hallan escritas en estas planchas, a causa de las profecías de la venida de Cristo, y sabiendo mis padres que muchas de ellas se han cumplido — sí, y yo también sé que se han cumplido cuantas cosas se han profetizado concernientes a nosotros hasta el día de hoy, y cuantas se extienden más allá de este día ciertamente se cumplirán,

5 escogí, por tanto, ªestas cosas para concluir mi relato sobre ellas, y tomaré de las ᵇplanchas de Nefi este resto de mi registro; y no puedo escribir ni la ᶜcentésima parte de las cosas de mi pueblo.

6 Mas he aquí, tomaré estas planchas que contienen estas profecías y revelaciones, y las pondré con el resto de mis anales, porque me son preciosas, y sé que serán preciosas para mis hermanos.

7 Y hago esto para un ªsabio propósito; pues así se me susurra, de acuerdo con las impresiones del Espíritu del Señor que está en mí. Y ahora bien, no sé todas las cosas; mas el Señor ᵇsabe todas las cosas que han de suceder; por tanto, él obra en mí para que yo proceda conforme a su voluntad.

8 Y mi ªoración a Dios es concerniente a mis hermanos, que ellos vuelvan una vez más al conocimiento de Dios, sí, la redención de Cristo, para que de nuevo sean un pueblo ᵇdeleitable.

9 Y ahora yo, Mormón, procedo a concluir mis anales, los cuales tomo de las planchas de Nefi; y lo hago según el saber y

---

2a Morm. 6:5–6.
  b DyC 3:16–20.
3a DyC 10:44.
  b DyC 10:38–40.
  c Mos. 1:6; Hel. 3:13–15;
    Morm. 4:23.
  d Omni 1:23.

4a 1 Ne. 6:5.
5a Es decir, las cosas que
    le han complacido y
    que se mencionan en el
    vers. 4.
  b 1 Ne. 9:2.
  c 3 Ne. 5:8–11; 26:6–12.

7a 1 Ne. 9:5; 19:3;
    DyC 3:12–20; 10:1–19,
    30–47.
  b GEE Omnisciente.
8a 2 Ne. 33:3–4;
    Enós 1:11–12.
  b 2 Ne. 30:6.

el entendimiento que Dios me ha dado.

10 Por lo que, aconteció que después que Amalekí hubo ᵃentregado estas planchas en manos del rey Benjamín, este las tomó y las puso con las ᵇotras planchas que contenían anales que los ᶜreyes habían transmitido de generación en generación, hasta los días del rey Benjamín.

11 Y fueron transmitidas de generación en generación, desde el rey Benjamín hasta que han llegado a ᵃmis manos. Y yo, Mormón, ruego a Dios que sean preservadas desde hoy en adelante. Y sé que serán preservadas, porque sobre ellas están escritas grandes cosas, por las cuales mi pueblo y sus hermanos serán ᵇjuzgados en el grande y postrer día, según la palabra de Dios que está escrita.

12 Y ahora bien, en cuanto a este rey Benjamín, él tuvo algunas contiendas entre su propio pueblo.

13 Y sucedió también que los ejércitos de los lamanitas descendieron de la ᵃtierra de Nefi para pelear contra su pueblo. Mas he aquí, el rey Benjamín reunió a sus ejércitos y les hizo frente; y luchó con la fuerza de su propio brazo, con la ᵇespada de Labán.

14 Y con la fuerza del Señor pugnaron contra sus enemigos, hasta que hubieron matado a muchos miles de los lamanitas. Y sucedió que contendieron contra los lamanitas hasta que los hubieron echado fuera de las tierras de su herencia.

15 Y ocurrió que después de haber habido falsos ᵃCristos, y de haber sido cerradas sus bocas, y ellos castigados según sus delitos;

16 y después de haber habido falsos profetas y falsos predicadores y maestros entre el pueblo, y después de haber sido castigados todos estos según sus delitos; y después de haber habido mucha contención y muchas deserciones a los lamanitas, he aquí, sucedió que el rey Benjamín, con la ayuda de los santos ᵃprofetas que había entre su pueblo

17 —pues he aquí, el rey Benjamín era un hombre ᵃsanto y reinaba sobre su pueblo con justicia; y había muchos santos hombres en el país, y declaraban la palabra de Dios con ᵇpoder y con autoridad; y ejercían mucha ᶜseveridad a causa de la obstinación del pueblo—

18 así pues, con la ayuda de estos, trabajando con todas las fuerzas de su cuerpo y las facultades

---

10a Omni 1:25, 30.
  b 1 Ne. 9:4.
  c Jarom 1:14.
11a 3 Ne. 5:8–12;
   Morm. 1:1–5.
  b 2 Ne. 25:18; 29:11;

33:11–15;
3 Ne. 27:23–27.
13a Omni 1:12.
  b 1 Ne. 4:9; 2 Ne. 5:14;
   Jacob 1:10;
   Mos. 1:16; DyC 17:1.

15a GEE Anticristo.
16a Enós 1:22.
17a Alma 13:26.
  b Alma 17:2–3.
  c Moro. 9:4;
   DyC 121:41–43.

de su alma entera, y lo mismo los profetas, el rey Benjamín

nuevamente estableció la paz en el país.

EL LIBRO DE MOSÍAH

CAPÍTULO 1

El rey Benjamín enseña a sus hijos el idioma y las profecías de sus padres — Se habían preservado su religión y su civilización por motivo de los anales que estaban grabados en las diversas planchas — Mosíah es nombrado rey y se le encomiendan los anales y otras cosas. Aproximadamente 130–124 a.C.

Y ENTONCES no hubo más contiendas en toda la ªtierra de Zarahemla, entre todo el pueblo que pertenecía al rey Benjamín, de modo que el rey Benjamín gozó de una paz continua todo el resto de sus días.

2 Y aconteció que tenía tres hijos; y les puso por nombre Mosíah, Helorum y Helamán. E hizo que fueran ªinstruidos en todo el ᵇidioma de sus padres, a fin de que así llegaran a ser hombres de entendimiento; y que supiesen concerniente a las profecías que habían sido declaradas por boca de sus padres, las cuales les fueron entregadas por la mano del Señor.

3 Y también los instruyó con respecto a los anales que estaban

grabados sobre las planchas de bronce, diciendo: Hijos míos, quisiera que recordaseis que si no fuera por estas ªplanchas, que contienen estos anales y estos mandamientos, habríamos padecido en la ᵇignorancia, aun ahora mismo, no conociendo los misterios de Dios;

4 porque no habría sido posible que nuestro padre Lehi hubiese recordado todas estas cosas para haberlas enseñado a sus hijos, de no haber sido por la ayuda de estas planchas; porque habiendo sido instruido en el ªidioma de los egipcios, él pudo leer estos grabados y enseñarlos a sus hijos, para que así estos los enseñaran a sus hijos, y de este modo cumplieran los mandamientos de Dios, aun hasta el tiempo actual.

5 Os digo, hijos míos, que si no fuera por estas cosas, las cuales se han guardado y ªpreservado por la mano de Dios para que nosotros pudiéramos ᵇleer y entender acerca de sus ᶜmisterios, y siempre tener sus mandamientos ante nuestros ojos, aun nuestros padres habrían degenerado en la

---

1 1a Omni 1:13.
2a Mos. 4:14–15;
DyC 68:25, 28.
b Morm. 9:32.
3a GEE Planchas.
b Alma 37:8–9.
4a JS—H 1:64.
5a GEE Escrituras — Las

Escrituras deben preservarse.
b Deut. 6:6–8.
c GEE Misterios de Dios.

incredulidad, y habríamos sido como nuestros hermanos, los lamanitas, que nada saben de estas cosas, y ni siquiera las creen cuando se las enseñan, a causa de las ^dtradiciones de sus padres, las cuales no son correctas.

6 ¡Oh hijos míos, quisiera que recordaseis que estas palabras son verdaderas, y también que estos anales son ^averdaderos! Y he aquí, también las planchas de Nefi, que contienen los anales y las palabras de nuestros padres desde el tiempo en que salieron de Jerusalén hasta ahora, son verdaderas; y podemos saber de su certeza porque las tenemos ante nuestros ojos.

7 Y ahora bien, hijos míos, quisiera que os acordaseis de ^aescudriñarlas diligentemente, para que en esto os beneficiéis; y quisiera que ^bguardaseis los mandamientos de Dios para que ^cprosperéis en la tierra, de acuerdo con las ^dpromesas que el Señor hizo a nuestros padres.

8 Y muchas cosas más enseñó el rey Benjamín a sus hijos, que no están escritas en este libro.

9 Y aconteció que después que el rey Benjamín hubo acabado de enseñar a sus hijos, envejeció, y vio que muy pronto debía ir por el camino de toda la tierra; por tanto, le pareció oportuno conferir el reino a uno de sus hijos.

10 De modo que mandó traer a Mosíah a su presencia; y estas son las palabras que le habló, diciendo: Hijo mío, quisiera que hicieses una proclamación por toda esta tierra, entre toda esta gente, o sea, el ^apueblo de Zarahemla y el pueblo de Mosíah que viven en la tierra, para que por este medio se reúnan; porque mañana proclamaré a este mi pueblo por mi propia boca, que tú eres ^brey y gobernante de este pueblo que el Señor Dios nos ha dado.

11 Y además, daré a los de este pueblo un ^anombre, para que de ese modo se destaquen sobre todos los pueblos que el Señor Dios ha traído de la tierra de Jerusalén; y lo hago porque han sido diligentes en guardar los mandamientos del Señor.

12 Y les daré un nombre que jamás será borrado, sino por causa de ^atransgresión.

13 Sí, y te digo además, que si este pueblo altamente favorecido del Señor cae en ^atransgresión, y se convierte en una gente perversa y adúltera, el Señor los entregará, para que así lleguen a ser ^bdébiles como sus hermanos; y no los ^cpreservará más por su incomparable y milagroso poder, como hasta aquí ha preservado a nuestros padres.

14 Porque te digo que si no

5d Mos. 10:11–17.
6a 1 Ne. 1:3;
   2 Ne. 33:10–11;
   Moro. 10:27.
7a GEE Escrituras.
 b Mos. 2:22;

Alma 50:20–22.
 c Sal. 122:6;
   1 Ne. 2:20.
 d Alma 9:12–14.
10a Omni 1:14.
 b Mos. 2:30.

11a Mos. 5:8–12.
12a GEE Pecado.
13a Heb. 6:4–6.
 b Hel. 4:24–26.
 c DyC 103:8–10.

hubiese extendido su brazo para la preservación de nuestros padres, estos habrían caído en manos de los lamanitas, y habrían sido víctimas de su odio.

15 Y sucedió que después que el rey Benjamín hubo acabado de hablar estas palabras a su hijo, le encargó todos los asuntos del reino.

16 Y además, le encargó los anales que estaban grabados sobre las ^aplanchas de bronce; y también las planchas de Nefi; y también la ^bespada de Labán y la ^cesfera o director que condujo a nuestros padres por el desierto, la cual la mano del Señor preparó para que por ese medio fuesen dirigidos, cada cual según la atención y diligencia que a él le daban.

17 Por tanto, dado que no fueron fieles, no prosperaron ni progresaron en su viaje, sino que fueron ^aimpelidos hacia atrás e incurrieron en el desagrado de Dios; y por tanto, fueron heridos con hambre y severas aflicciones para hacerles recordar sus deberes.

18 Y aconteció, pues, que Mosíah fue e hizo lo que su padre le había mandado, y proclamó a toda la gente que se hallaba en la tierra de Zarahemla, para que así se reuniera, a fin de subir hasta el templo para oír las palabras que su padre les hablaría.

CAPÍTULO 2

El rey Benjamín habla a los de su pueblo — Refiere la equidad, justicia y espiritualidad de su reino — Les aconseja servir a su Rey Celestial — Los que se rebelen contra Dios padecerán una angustia semejante a un fuego inextinguible. Aproximadamente 124 a.C.

Y SUCEDIÓ que después que Mosíah hubo hecho lo que su padre le había mandado, y hubo proclamado por toda la ^atierra, el pueblo se congregó de todas partes, a fin de subir hasta el templo para oír las palabras que el rey Benjamín les iba a hablar.

2 Y hubo un número muy crecido, sí, tantos así que no los contaron; porque se habían multiplicado extremadamente, y se habían hecho grandes en el país.

3 Y también llevaron de las ^aprimicias de sus rebaños, para que ofrecieran ^bsacrificios y ^cholocaustos ^dsegún la ley de Moisés;

4 y también para que dieran gracias al Señor su Dios, que los había sacado de la tierra de Jerusalén, y los había librado de las manos de sus enemigos, y les había ^adesignado hombres justos

---

16*a* Mos. 1:3.
  b 1 Ne. 4:8–19;
     P. de Morm. 1:13;
     DyC 17:1.
  c 1 Ne. 16:10.

17*a* 1 Ne. 18:12–13.
2 1*a* Es decir, todo el
     territorio nefita.
  3*a* Gén. 4:4.
  b GEE Sacrificios.

  c 1 Ne. 5:9.
  d 2 Ne. 25:24;
     Alma 30:3; 34:13–14.
  4*a* GEE Llamado, llamado
     por Dios, llamamiento.

como ᵇmaestros, y también a un hombre justo para ser su rey, el cual había establecido la paz en la ᶜtierra de Zarahemla, y les había enseñado a ᵈguardar los mandamientos de Dios, a fin de que se regocijaran y estuvieran llenos de ᵉamor para con Dios y todos los hombres.

5 Y aconteció que, cuando llegaron al templo, plantaron sus tiendas en los alrededores, cada hombre según su ᵃfamilia, que se componía de su esposa, y sus hijos y sus hijas, y los hijos e hijas de estos, desde el mayor hasta el menor, cada familia separada la una de la otra.

6 Y plantaron sus tiendas alrededor del templo, cada hombre con la puerta de su ᵃtienda dando hacia el templo, para que así se quedaran en sus tiendas y oyeran las palabras que el rey Benjamín les iba a hablar;

7 porque tan grande era la multitud, que el rey Benjamín no podía enseñarles a todos dentro de los muros del templo; de modo que hizo construir una torre, para que por ese medio su pueblo oyera las palabras que él les iba a hablar.

8 Y aconteció que empezó a hablar a su pueblo desde la torre; y no todos podían oír sus palabras, a causa de lo inmenso de la multitud; por tanto, mandó que las

palabras que él hablase fuesen escritas y enviadas a aquellos que se hallaban fuera del alcance de su voz, para que también estos recibiesen sus palabras.

9 Y estas son las palabras que él ᵃhabló e hizo escribir: Hermanos míos, todos los que os habéis congregado, vosotros que podéis oír las palabras que os declararé hoy; porque no os he mandado subir hasta aquí para ᵇtratar livianamente las palabras que os hable, sino para que me ᶜescuchéis, y abráis vuestros oídos para que podáis oír, y vuestros ᵈcorazones para que podáis entender, y vuestras ᵉmentes para que los ᶠmisterios de Dios sean desplegados a vuestra vista.

10 No os he mandado subir hasta aquí para que me ᵃtemáis, ni para que penséis que yo de mí mismo sea más que un ser mortal.

11 Sino que soy como vosotros, sujeto a toda clase de enfermedades de cuerpo y mente; sin embargo, he sido elegido por este pueblo, y ungido por mi padre, y la mano del Señor permitió que yo fuese gobernante y rey de este pueblo; y su incomparable poder me ha guardado y preservado, para serviros con todo el poder, mente y fuerza que el Señor me ha concedido.

12 Os digo que así se me ha

4b Mos. 18:18–22.
  GEE Enseñar.
c Omni 1:12–15.
d Juan 15:10.
e GEE Amor.
5a GEE Familia.
6a Éx. 33:8–10.
9a Mos. 8:3.
 b DyC 6:12.
 c GEE Escuchar.
d Mos. 12:27;
  3 Ne. 19:33.
e GEE Mente.
f GEE Misterios de Dios.
10a GEE Temor.

permitido emplear mis días en vuestro servicio, aun hasta el día de hoy; y no he procurado de vosotros ªoro, ni plata, ni ninguna otra clase de riquezas;

13 ni he permitido que se os encierre en calabozos, ni que os esclavicéis los unos a los otros, ni que asesinéis, ni depredéis, ni robéis, ni cometáis adulterio; ni tampoco he permitido que cometáis iniquidad en forma alguna, y os he enseñado que debéis guardar los mandamientos del Señor, en todas las cosas que él os ha mandado,

14 y aun yo mismo he ªtrabajado con mis propias manos a fin de poder serviros, y que no fueseis abrumados con tributos, ni que cayera sobre vosotros cosa alguna que fuese pesada de llevar; y de todas estas cosas que he hablado, vosotros mismos sois testigos este día.

15 Con todo, hermanos míos, no he hecho estas cosas para vanagloriarme, ni las digo para acusaros por ese medio, sino que hablo estas cosas para que sepáis que hoy puedo responder ante Dios con la ªconciencia limpia.

16 He aquí, os digo que por haberos dicho que había empleado mi vida en vuestro servicio, no deseo yo jactarme, pues solamente he estado al servicio de Dios.

17 Y he aquí, os digo estas cosas para que aprendáis ªsabiduría; para que sepáis que cuando os halláis al ᵇservicio de vuestros ᶜsemejantes, solo estáis al servicio de vuestro Dios.

18 He aquí, me habéis llamado vuestro rey; y si yo, a quien llamáis vuestro rey, trabajo para ªserviros, ¿no debéis trabajar vosotros para serviros unos a otros?

19 Y he aquí también, si yo, a quien llamáis vuestro rey, quien ha pasado sus días a vuestro servicio, y sin embargo, ha estado al servicio de Dios, merezco algún agradecimiento de vosotros, ¡oh, cómo debéis dar ªgracias a vuestro Rey Celestial!

20 Os digo, mis hermanos, que si diereis todas las gracias y ªalabanza que vuestra alma entera es capaz de poseer, a ese ᵇDios que os ha creado, y os ha guardado y preservado, y ha hecho que os regocijéis, y os ha concedido que viváis en paz unos con otros,

21 os digo que si sirvieseis a aquel que os ha creado desde el principio, y os está preservando día tras día, dándoos aliento para que podáis vivir, moveros y obrar según vuestra ªpropia voluntad, y aun sustentándoos momento tras momento, digo que si lo sirvieseis

12a Hech. 20:33–34.
14a 1 Cor. 9:18.
15a GEE Conciencia.
17a GEE Sabiduría.
  b Mateo 25:40;
    Stg. 1:27;
DyC 42:29–31.
  GEE Servicio.
  c GEE Hermano(s),
    hermana(s).
18a Mateo 20:26–27.
19a GEE Acción de
gracias, agradecido,
agradecimiento.
20a 1 Ne. 18:16.
  b GEE Trinidad.
21a GEE Albedrío.

con toda vuestra alma, todavía seríais servidores [b]improductivos.

22 Y he aquí, todo cuanto él os requiere es que guardéis sus mandamientos; y os ha prometido que si [a]guardáis sus [b]mandamientos, prosperaréis en la tierra; y él nunca [c]varía de lo que ha dicho; por tanto, si [d]guardáis sus mandamientos, él os bendice y os hace prosperar.

23 Y ahora bien, en primer lugar, él os ha creado y os ha concedido vuestras vidas, por lo que le sois deudores.

24 Y en segundo lugar, él requiere que hagáis lo que os ha mandado; y si lo hacéis, él os [a]bendice inmediatamente; y por tanto, os ha pagado. Y aún le sois deudores; y lo sois y lo seréis para siempre jamás; así pues, ¿de qué tenéis que jactaros?

25 Y ahora pregunto: ¿Podéis decir algo de vosotros mismos? Os respondo: No. No podéis decir que sois aun como el polvo de la tierra; sin embargo, fuisteis [a]creados del [b]polvo de la tierra; mas he aquí, este pertenece a quien os creó.

26 Y ni yo, sí, yo, a quien llamáis vuestro rey, soy mejor de lo que sois vosotros, porque soy del polvo también. Y veis que he envejecido, y que estoy para entregar esta forma mortal a su madre tierra.

27 Por tanto, como os dije que os había servido, [a]andando con la conciencia limpia delante de Dios, así en esta ocasión os he hecho congregar, a fin de que se me halle sin culpa, y vuestra [b]sangre no sea sobre mí cuando comparezca para que Dios me juzgue por las cosas que me ha mandado concerniente a vosotros.

28 Os digo que os he hecho congregar para que pueda [a]limpiar mis vestidos de vuestra sangre, en este período de tiempo en que estoy a punto de descender a mi sepultura, para descender en paz, y mi [b]espíritu inmortal se una a los [c]coros celestes, para cantar alabanzas a un Dios justo.

29 Y además, os digo que os he hecho congregar a fin de declararos que ya no puedo ser vuestro maestro ni vuestro rey;

30 porque aun ahora mismo mi cuerpo entero tiembla en extremo, mientras me esfuerzo en hablaros; mas el Señor Dios me sostiene y me ha permitido que os hable; y me ha mandado que os declare hoy que mi hijo Mosíah es rey y gobernante vuestro.

31 Y ahora bien, hermanos míos, quisiera que obraseis como lo habéis hecho hasta ahora. Así como habéis guardado mis mandamientos y también los de

21b Lucas 17:7–10.
22a Lev. 25:18–19;
 2 Ne. 1:9.
 b GEE Mandamientos de
 Dios.
 c DyC 3:1–2.
 d DyC 14:7; 58:2–3.
24a GEE Bendecido,
 bendecir, bendición.
25a GEE Creación, crear.
 b Gén. 3:19;
 Jacob 2:21.
27a GEE Andar, andar con
 Dios.
 b Jacob 1:19.
28a Jacob 2:2.
 b GEE Espíritu.
 c Morm. 7:7.

mi padre, y habéis prosperado, y se os ha librado de caer en manos de vuestros enemigos, de igual manera, si guardáis los mandamientos de mi hijo, o sea, los mandamientos de Dios que él os comunicará, prosperaréis en la tierra, y vuestros enemigos no tendrán poder sobre vosotros.

32 Mas cuidaos, ¡oh pueblo mío!, no sea que surjan ^acontenciones entre vosotros, y optéis por obedecer al espíritu malo, del cual habló mi padre Mosíah.

33 Porque he aquí, se ha decretado un, ¡ay! para aquel que quiera obedecer ese espíritu; pues si opta por obedecerlo, y permanece y muere en sus pecados, bebe ^acondenación para su propia alma; porque recibe como salario un castigo ^beterno, por haber violado la ley de Dios contra su propio conocimiento.

34 Os digo que no hay ninguno de entre vosotros, salvo vuestros niños pequeños que no han sido instruidos en cuanto a estas cosas, que no sepa que estáis eternamente en deuda con vuestro Padre Celestial de entregarle todo lo que tenéis y sois; y además que no haya sido instruido concerniente a los anales que contienen las profecías que han sido declaradas por los santos profetas, aun hasta la época en

que nuestro padre Lehi salió de Jerusalén;

35 y además, todo aquello que nuestros padres han declarado hasta ahora. Y he aquí también, hablaron aquello que el Señor les mandó; por tanto, son justos y verdaderos.

36 Y ahora bien, os digo, hermanos míos, que después de haber sabido y de haber sido instruidos en todas estas cosas, si transgredís y obráis contra lo que se ha hablado, de modo que os separáis del Espíritu del Señor, para que no tenga cabida en vosotros para guiaros por las sendas de la sabiduría, a fin de que seáis bendecidos, prosperados y preservados,

37 os digo que el hombre que esto hace, ese se declara en ^arebelión manifiesta contra Dios; por tanto, prefiere obedecer al mal espíritu y se convierte en enemigo de toda rectitud; por tanto, el Señor no tiene lugar en él, porque no habita en templos ^bimpuros.

38 De manera que si ese hombre no se ^aarrepiente, y permanece y muere enemigo de Dios, las demandas de la divina ^bjusticia despiertan en su alma inmortal un vivo sentimiento de su propia ^cculpa que lo hace retroceder de la presencia del Señor, y le llena el pecho de culpa, dolor y angustia, que es como un

---

32a 3 Ne. 11:29-30.
33a GEE Condenación, condenar.
 b DyC 19:6, 10-12.

37a Mos. 3:12; Hel. 8:24-25. GEE Rebelión.
 b Alma 7:21.

38a GEE Arrepentimiento, arrepentirse.
 b GEE Justicia.
 c GEE Culpa.

fuego inextinguible, cuya llama asciende para siempre jamás.

39 Y ahora os digo que la ªmisericordia no puede reclamar a ese hombre; por tanto, su destino final es padecer un tormento sin fin.

40 ¡Oh todos vosotros, ancianos, y también vosotros, jóvenes, y vosotros, niños, que podéis entender mis palabras, porque os he hablado claramente para que podáis entender, os ruego que despertéis el ªrecuerdo de la terrible situación de aquellos que han caído en transgresión!

41 Y además, quisiera que consideraseis el bendito y ªfeliz estado de aquellos que guardan los mandamientos de Dios. Porque he aquí, ellos son ᵇbendecidos en todas las cosas, tanto temporales como espirituales; y si continúan ᶜfieles hasta el fin, son recibidos en el ᵈcielo, para que así moren con Dios en un estado de interminable felicidad. ¡Oh recordad, recordad que estas cosas son verdaderas!, porque el Señor Dios lo ha declarado.

CAPÍTULO 3

El rey Benjamín continúa su discurso — El Señor Omnipotente ministrará entre los hombres en un tabernáculo de barro — La sangre

le brotará de cada poro al expiar los pecados del mundo — Su nombre es el único mediante el cual llega la salvación — Los seres humanos pueden despojarse del hombre natural y hacerse santos por medio de la Expiación — El tormento de los inicuos será como un lago de fuego y azufre. Aproximadamente 124 a.C.

Y OTRA vez quisiera llamaros la atención, hermanos míos, porque tengo algo más que declararos; pues he aquí, tengo cosas que deciros sobre lo que está por venir.

2 Y las cosas que os diré me han sido reveladas por un ªángel de Dios. Y me dijo: Despierta; y desperté; y he aquí que él estaba ante mí.

3 Y me dijo: Despierta y oye las palabras que te voy a decir; pues he aquí, vengo a declararte ªalegres nuevas de gran gozo.

4 Porque el Señor ha oído tus oraciones, y ha juzgado en cuanto a tu rectitud y me ha enviado para declarártelas, a fin de que te regocijes; y para que las declares a los de tu pueblo, a fin de que ellos también se llenen de gozo.

5 Porque he aquí que viene el tiempo, y no está muy distante, en que con poder, el ªSeñor Omnipotente que reina, que era y que es de eternidad en eternidad, descenderá del cielo entre los hijos de los hombres; y morará

39a Alma 34:8–9, 15–16.
     GEE Misericordia,
     misericordioso.
40a Alma 5:18.
41a 4 Ne. 1:15–18.

     GEE Gozo.
  b GEE Bendecido,
     bendecir, bendición.
  c DyC 6:13.
  d GEE Cielo.

3 2a GEE Ángeles.
  3a Lucas 2:10–11.
  5a GEE Jehová.

en un *b*tabernáculo de barro, e irá entre los hombres efectuando grandes *c*milagros, tales como sanar a los enfermos, levantar a los muertos, hacer que los cojos anden, y que los ciegos reciban su vista, y que los sordos oigan, y curar toda clase de enfermedades.

6 Y echará fuera los *a*demonios, o los malos espíritus que moran en el corazón de los hijos de los hombres.

7 Y he aquí, sufrirá *a*tentaciones, y dolor en el cuerpo, *b*hambre, sed y fatiga, aún más de lo que el hombre puede *c*sufrir sin morir; pues he aquí, la *d*sangre le brotará de cada poro, tan grande será su *e*angustia por la iniquidad y abominaciones de su pueblo.

8 Y se llamará *a*Jesucristo, el *b*Hijo de Dios, el *c*Padre del cielo y de la tierra, el Creador de todas las cosas desde el principio; y su *d*madre se llamará *e*María.

9 Y he aquí, él viene a los suyos, para que la *a*salvación llegue a los hijos de los hombres, mediante la *b*fe en su nombre; y aun después

de todo esto, lo considerarán como hombre, y dirán que está *c*endemoniado, y lo *d*azotarán, y lo *e*crucificarán.

10 Y al *a*tercer día *b*resucitará de entre los muertos; y he aquí, se presenta para *c*juzgar al mundo; y he aquí, todas estas cosas se hacen para que descienda un justo juicio sobre los hijos de los hombres.

11 Pues he aquí, y también su *a*sangre *b*expía los pecados de aquellos que han *c*caído por la transgresión de Adán, que han muerto sin saber la voluntad de Dios concerniente a ellos, o que han pecado por *d*ignorancia.

12 ¡Mas ay, ay de aquel que sabe que se está *a*rebelando contra Dios! Porque a ninguno de estos viene la salvación, sino por medio del arrepentimiento y la fe en el *b*Señor Jesucristo.

13 Y el Señor Dios ha enviado a sus santos profetas entre todos los hijos de los hombres, para declarar estas cosas a toda familia, nación y lengua, para que así, quienes creyesen que Cristo habría de venir, esos mismos

5*b* Mos. 7:27;
   Alma 7:9–13.
c Mateo 4:23–24;
   Hech. 2:22;
   1 Ne. 11:31.
   GEE Milagros.
6*a* Marcos 1:32–34.
7*a* GEE Tentación, tentar.
b Mateo 4:1–2.
c DyC 19:15–18.
d Lucas 22:44.
e Isa. 53:4–5.
8*a* GEE Trinidad — Dios el
   Hijo.

b Alma 7:10.
c Hel. 14:12; 3 Ne. 9:15.
d Mateo 1:16;
   1 Ne. 11:14–21.
e GEE María, madre de
   Jesús.
9*a* GEE Salvación.
b GEE Fe.
c Juan 8:48.
d Marcos 15:15.
e Lucas 18:33;
   1 Ne. 19:10;
   2 Ne. 10:3.
   GEE Crucifixión.

10*a* Mateo 16:21;
   2 Ne. 25:13;
   Hel. 14:20–27.
b GEE Resurrección.
c GEE Juicio, juzgar.
11*a* GEE Sangre.
b GEE Expiación, expiar.
c GEE Caída de Adán y
   Eva.
d 2 Ne. 9:25–26.
12*a* Mos. 2:36–38;
   Hel. 8:25.
   GEE Rebelión.
b GEE Señor.

recibiesen la ªremisión de sus pecados y se regocijasen con un gozo sumamente grande, ᵇaun como si él ya hubiese venido entre ellos.

14 Con todo, el Señor Dios vio que su pueblo era gente de dura cerviz, y les designó una ley, sí, la ªley de Moisés.

15 Y les mostró muchas señales, y maravillas, y ªsímbolos, y figuras, concernientes a su venida; y también les hablaron santos profetas referente a su venida; y sin embargo, endurecieron sus corazones, y no comprendieron que la ᵇley de Moisés nada logra salvo que sea por la expiación de su sangre.

16 Y aun si fuese posible que los ªniños pequeños pecasen, no podrían salvarse; mas te digo que son ᵇbenditos; pues he aquí, así como en Adán, o por naturaleza, ellos caen, así también la sangre de Cristo expía sus pecados.

17 Y además, te digo que ªno se dará otro nombre, ni otra senda ni medio, por el cual la ᵇsalvación llegue a los hijos de los hombres, sino en el nombre de ᶜCristo, el Señor Omnipotente, y por medio de ese nombre.

18 Pues he aquí, él juzga, y su juicio es justo; y el niño que muere en su infancia no perece; mas los hombres beben condenación para sus propias almas, a menos que se humillen y se ªvuelvan como niños pequeños, y crean que la salvación fue, y es, y ha de venir en la sangre ᵇexpiatoria de Cristo, el Señor Omnipotente, y por medio de ella.

19 Porque el hombre ªnatural es enemigo de Dios, y lo ha sido desde la ᵇcaída de Adán, y lo será para siempre jamás, a menos que se ᶜsometa al influjo del ᵈSanto Espíritu, y se despoje del hombre natural, y se haga ᵉsanto por la expiación de Cristo el Señor, y se vuelva como un ᶠniño: sumiso, manso, humilde, paciente, lleno de amor y dispuesto a someterse a cuanto el Señor juzgue conveniente infligir sobre él, tal como un niño se somete a su padre.

20 Y además, te digo que vendrá el día en que el ªconocimiento de un Salvador se esparcirá por ᵇtoda nación, tribu, lengua y pueblo.

21 Y he aquí, cuando llegue ese día, nadie, salvo los niños pequeños, será hallado ªsin culpa

13a GEE Remisión de pecados.
  b 2 Ne. 25:24–27; Jarom 1:11.
14a GEE Ley de Moisés.
15a GEE Jesucristo — Simbolismos o símbolos de Jesucristo.
  b Mos. 13:27–32.
16a GEE Niño(s).
  b Moro. 8:8–9.
17a Hech. 4:10–12; 2 Ne. 31:21.
  b GEE Salvación.
  c GEE Jesucristo — El tomar sobre sí el nombre de Jesucristo.
18a Mateo 18:3.
  b Mos. 4:2; Hel. 5:9.
19a 1 Cor. 2:11–14; Mos. 16:2–3. GEE Hombre natural.
  b GEE Caída de Adán y Eva.
  c 2 Cró. 30:8.
  d Moro. 10:4–5. GEE Espíritu Santo.
  e GEE Santo (sustantivo).
  f 3 Ne. 9:22.
20a DyC 3:16.
  b GEE Obra misional.
21a GEE Responsabilidad, responsable.

ante Dios, sino por el arrepentimiento y la fe en el nombre del Señor Dios Omnipotente.

22 Y aun ahora, cuando hayas enseñado a los de tu pueblo las cosas que el Señor tu Dios te ha mandado, ya no son hallados entonces sin culpa a la vista de Dios, sino de acuerdo con las palabras que te he hablado.

23 Y ahora he declarado las palabras que el Señor Dios me ha mandado.

24 Y así dice el Señor: Estarán como reluciente testimonio contra los de este pueblo en el día del juicio, y por ellas serán juzgados, todo hombre según sus obras, ya sea que fueren buenas o que fueren malas.

25 Y si fueren malas, serán consignados al horrendo ªespectáculo de su propia culpa y abominaciones, que los hará retroceder de la presencia del Señor a un estado de ᵇmiseria y tormento sin fin, de donde no podrán ya volver; por tanto, han bebido condenación para sus propias almas.

26 Por consiguiente, han bebido de la copa de la ira de Dios, la cual tan imposible le sería a la justicia negársela, como haberle negado a ªAdán que cayera por participar del ᵇfruto prohibido; por tanto, la ᶜmisericordia ya no podría reclamarlos para siempre jamás.

27 Y su ªtormento es como un

ᵇlago de fuego y azufre, cuyas llamas son inextinguibles, y cuyo humo asciende para siempre jamás. Así me ha mandado el Señor. Amén.

CAPÍTULO 4

El rey Benjamín continúa su discurso — La salvación llega por causa de la Expiación — Creed en Dios para que seáis salvos — Retened la remisión de vuestros pecados mediante la fidelidad — Impartid de vuestros bienes a los pobres — Haced todas las cosas con prudencia y en orden. Aproximadamente 124 a.C.

Y AHORA bien, aconteció que cuando el rey Benjamín hubo concluido de hablar las palabras que le habían sido comunicadas por el ángel del Señor, miró a su alrededor hacia la multitud, y he aquí, habían caído a tierra, porque el ªtemor del Señor había venido sobre ellos.

2 Y se habían visto a sí mismos en su propio estado ªcarnal, aún ᵇmenos que el polvo de la tierra. Y todos a una voz clamaron, diciendo: ¡Oh, ten misericordia, y aplica la sangre ᶜexpiatoria de Cristo para que recibamos el perdón de nuestros pecados, y sean purificados nuestros corazones; porque creemos en Jesucristo, el Hijo de Dios, que ᵈcreó el cielo y la

---

25*a* Alma 5:18; 12:14–15.
  b Morm. 8:38.
26*a* Morm. 9:12.
  b Gén. 3:1–12;
    2 Ne. 2:15–19;
    Alma 12:21–23.

  c GEE Misericordia, misericordioso.
27*a* GEE Culpa.
  b 2 Ne. 9:16;
    Jacob 6:10;
    DyC 76:36.

4 1*a* GEE Temor.
  2*a* GEE Carnal.
  b Hel. 12:7–8.
  c Mos. 3:18;
    Hel. 5:9.
  d GEE Creación, crear.

tierra y todas las cosas; el cual bajará entre los hijos de los hombres!

3 Y aconteció que después de que hubieron hablado estas palabras, el Espíritu del Señor descendió sobre ellos, y fueron llenos de gozo, habiendo recibido la ªremisión de sus pecados, y teniendo paz de ᵇconciencia a causa de la gran ᶜfe que tenían en Jesucristo que había de venir, según las palabras que el rey Benjamín les había hablado.

4 Y el rey Benjamín abrió otra vez su boca y empezó a hablarles, diciendo: Mis amigos y hermanos, parentela y pueblo mío, quisiera otra vez llamaros la atención, para que podáis oír y entender el resto de las palabras que os hable.

5 Porque he aquí, si el conocimiento de la bondad de ªDios en esta ocasión ha despertado en vosotros el sentido de vuestra nulidad y vuestro estado indigno y caído

6 —os digo que si habéis llegado al ªconocimiento de la bondad de Dios, y de su incomparable poder, y su sabiduría, su paciencia y su longanimidad para con los hijos de los hombres; y también la ᵇexpiación que ha sido preparada desde la ᶜfundación del mundo, a fin de que por ese medio llegara

la salvación a aquel que pusiera su ᵈconfianza en el Señor y fuera diligente en guardar sus mandamientos, y perseverara en la fe hasta el fin de su vida, quiero decir la vida del cuerpo mortal—

7 digo que este es el hombre que recibe la salvación, por medio de la expiación que fue preparada desde la fundación del mundo para todo el género humano que ha existido desde la ªcaída de Adán, o que existe, o que existirá jamás hasta el fin del mundo.

8 Y este es el medio por el cual viene la salvación. Y ªno hay otra salvación aparte de esta de que se ha hablado; ni hay tampoco otras condiciones según las cuales el hombre pueda ser salvo, sino por las que os he dicho.

9 Creed en Dios; creed que él existe, y que creó todas las cosas, tanto en el cielo como en la tierra; creed que él tiene toda ªsabiduría y todo poder, tanto en el cielo como en la tierra; creed que el hombre no ᵇcomprende todas las cosas que el Señor puede comprender.

10 Y además, creed que debéis ªarrepentiros de vuestros pecados, y abandonarlos, y humillaros ante Dios, y pedid con sinceridad de corazón que él os ᵇperdone;

3a GEE Remisión de pecados.
b GEE Conciencia.
c GEE Fe.
5a Moisés 1:10.
6a GEE Trinidad.
b GEE Expiación, expiar.
c Mos. 15:19.

d Sal. 36:7;
2 Ne. 22:2;
Hel. 12:1.
GEE Confianza, confiar.
7a GEE Caída de Adán y Eva.
8a Hech. 4:12;
2 Ne. 31:21;

Mos. 3:17.
9a Rom. 11:33–34;
Jacob 4:8–13.
b Isa. 55:9.
10a GEE Arrepentimiento, arrepentirse.
b DyC 61:2.

y ahora bien, si °creéis todas estas cosas, mirad que las ᵈhagáis.

11 Y otra vez os digo, según dije antes, que así como habéis llegado al conocimiento de la gloria de Dios, o si habéis sabido de su bondad, y ªprobado su amor, y habéis recibido la ᵇremisión de vuestros pecados, lo que ocasiona tan inmenso gozo en vuestras almas, así quisiera que recordaseis y retuvieseis siempre en vuestra memoria la grandeza de Dios, y vuestra propia °nulidad, y su ᵈbondad y longanimidad para con vosotros, indignas criaturas, y os humillaseis aun en las profundidades de la °humildad, ᶠinvocando el nombre del Señor diariamente, y permaneciendo firmes en la fe de lo que está por venir, que fue anunciado por boca del ángel.

12 Y he aquí, os digo que si hacéis esto, siempre os regocijaréis, y seréis llenos del ªamor de Dios y siempre ᵇretendréis la remisión de vuestros pecados; y aumentaréis en el conocimiento de la gloria de aquel que os creó, o sea, en el conocimiento de lo que es justo y verdadero.

13 Y no tendréis deseos de injuriaros el uno al otro, sino de vivir ªpacíficamente, y de dar a cada uno según lo que le corresponda.

14 Ni permitiréis que vuestros ªhijos anden hambrientos ni desnudos, ni consentiréis que quebranten las leyes de Dios, ni que ᵇcontiendan y riñan unos con otros y sirvan al diablo, que es el maestro del pecado, o sea, el espíritu malo de quien nuestros padres han hablado, ya que él es el enemigo de toda rectitud.

15 Mas les ªenseñaréis a ᵇandar por las vías de la verdad y la seriedad; les enseñaréis a °amarse mutuamente y a servirse el uno al otro.

16 Y además, vosotros mismos ªsocorreréis a los que necesiten vuestro socorro; impartiréis de vuestros bienes al necesitado; y no permitiréis que el ᵇmendigo os haga su petición en vano, y sea echado fuera para perecer.

17 Tal vez ªdirás: El hombre ha traído sobre sí su miseria; por tanto, detendré mi mano y no le daré de mi alimento, ni le impartiré de mis bienes para evitar que padezca, porque sus castigos son justos.

18 Mas, ¡oh hombre!, yo te digo que quien esto hiciere tiene gran necesidad de arrepentirse; y a menos que se arrepienta de lo

10c Mateo 7:24–27.
  d 2 Ne. 31:19–21.
11a Alma 36:24–26.
  b GEE Remisión de pecados.
  c Moisés 1:10.
  d Éx. 34:6;
    Moro. 8:3.
  e GEE Humildad, humilde, humillar (afligir).
  f GEE Oración.
12a GEE Amor.
  b Mos. 4:26;
    Alma 4:13–14; 5:26–35;
    DyC 20:31–34.
13a GEE Pacificador.
14a 1 Tim. 5:8;
    DyC 83:4.
  b GEE Contención, contienda.
15a DyC 68:25–28;
    Moisés 6:58.
    GEE Enseñar.
  b GEE Andar, andar con Dios.
  c Mos. 18:21.
16a GEE Caridad;
    Servicio.
  b Deut. 15:7–11;
    Prov. 21:13;
    Isa. 10:1–2.
17a Prov. 17:5.

que ha hecho, perece para siempre, y no tiene parte en el reino de Dios.

19 Pues he aquí, ¿no somos todos mendigos? ¿No dependemos todos del mismo Ser, sí, de Dios, por todos los bienes que tenemos; por alimento y vestido; y por oro y plata y por las riquezas de toda especie que poseemos?

20 Y he aquí, ahora mismo habéis estado invocando su nombre, suplicando la remisión de vuestros pecados. ¿Y ha permitido él que hayáis pedido en vano? No; él ha derramado su Espíritu sobre vosotros, y ha hecho que vuestros corazones se llenaran de ªalegría, y ha hecho callar vuestras bocas de modo que no pudisteis expresaros, tan extremadamente grande fue vuestro gozo.

21 Y ahora bien, si Dios, que os ha creado, de quien dependéis por vuestras vidas y por todo lo que tenéis y sois, os concede cuanta cosa justa le pedís con fe, creyendo que recibiréis, ¡oh cómo debéis entonces ªimpartiros el uno al otro de vuestros bienes!

22 Y si ªjuzgáis al hombre que os pide de vuestros bienes para no perecer, y lo condenáis, cuánto más justa será vuestra condenación por haberle ᵇnegado vuestros bienes, los cuales no os pertenecen a vosotros sino a Dios, a quien

también vuestra vida pertenece; y con todo, ninguna petición hacéis, ni os arrepentís de lo que habéis hecho.

23 Os digo: ¡Ay de tal hombre, porque sus bienes perecerán con él! Y digo estas cosas a los que son ªricos en lo que toca a las cosas de este mundo.

24 Y además, digo a los pobres, vosotros que no tenéis, y sin embargo, tenéis suficiente para pasar de un día al otro; me refiero a todos vosotros que rehusáis al mendigo porque no tenéis; quisiera que en vuestros corazones dijeseis: No doy porque no tengo, mas si tuviera, ªdaría.

25 Ahora bien, si decís esto en vuestros corazones, quedáis sin culpa; de otro modo, sois ªcondenados; y vuestra condenación es justa, pues codiciáis lo que no habéis recibido.

26 Y ahora bien, por causa de estas cosas que os he hablado —es decir, a fin de retener la remisión de vuestros pecados de día en día, para que ªandéis sin culpa ante Dios— quisiera que de vuestros bienes ᵇdieseis al ᶜpobre, cada cual según lo que tuviere, tal como ᵈalimentar al hambriento, vestir al desnudo, visitar al enfermo, y ministrar para su alivio, tanto espiritual como temporalmente, según sus necesidades.

27 Y mirad que se hagan todas

20a GEE Gozo.
21a GEE Bienestar; Servicio.
22a Mateo 7:1–2; Juan 7:24.
  b 1 Juan 3:17.
23a DyC 56:16.
24a Marcos 12:44.
25a DyC 56:17.
26a GEE Andar, andar con Dios.
  b Jacob 2:17–19.
  c Zac. 7:10; Alma 1:27. GEE Limosna.
  d Isa. 58:10–11; DyC 104:17–18.

estas cosas con prudencia y orden; porque no se exige que un hombre corra más ªaprisa de lo que sus fuerzas le permiten. Y además, conviene que sea diligente, para que así gane el galardón; por tanto, todas las cosas deben hacerse en orden.

28 Y quisiera que recordaseis que el que de entre vosotros pida prestado a su vecino, debe devolver aquello que pide prestado, de acuerdo con lo que prometa; pues de lo contrario, cometeréis pecado y tal vez hagáis que vuestro vecino peque también.

29 Y por último, no puedo deciros todas las cosas mediante las cuales podéis cometer pecado; porque hay varios modos y medios, tantos que no puedo enumerarlos.

30 Pero esto puedo deciros, que si no os ªcuidáis a vosotros mismos, y vuestros ᵇpensamientos, y vuestras ᶜpalabras y vuestras obras, y si no observáis los mandamientos de Dios ni perseveráis en la fe de lo que habéis oído concerniente a la venida de nuestro Señor, aun hasta el fin de vuestras vidas, debéis perecer. Y ahora bien, ¡oh hombre!, recuerda, y no perezcas.

CAPÍTULO 5

Los santos llegan a ser hijos e hijas de Cristo por medio de la fe — Entonces son llamados por el nombre de Cristo — El rey Benjamín los exhorta a ser firmes e inmutables en buenas obras. Aproximadamente 124 a.C.

Y AHORA bien, aconteció que cuando el rey Benjamín hubo hablado así a su pueblo, mandó indagar entre ellos, deseando saber si creían las palabras que les había hablado.

2 Y todos clamaron a una voz, diciendo: Sí, creemos todas las palabras que nos has hablado; y además, sabemos de su certeza y verdad por el Espíritu del Señor Omnipotente, el cual ha efectuado un potente ªcambio en nosotros, o sea, en nuestros corazones, por lo que ya no tenemos más disposición a obrar ᵇmal, sino a hacer lo bueno continuamente.

3 Y también nosotros mismos, por medio de la infinita bondad de Dios y las manifestaciones de su Espíritu, tenemos grandes visiones de aquello que está por venir; y si fuere necesario, podríamos profetizar de todas las cosas.

4 Y es la fe que hemos tenido en las cosas que nuestro rey nos ha hablado lo que nos ha llevado a este gran conocimiento, por lo que nos regocijamos con un gozo tan sumamente grande.

5 Y estamos dispuestos a concertar un ªconvenio con nuestro Dios de hacer su voluntad y ser

---

27a DyC 10:4.
30a Alma 12:14.
  GEE Velar.
  b Marcos 7:18–23.

GEE Pensamientos.
  c Mateo 15:18–20.
  GEE Profanidad.
5 2a Alma 5:14.

GEE Nacer de Dios, nacer de nuevo.
  b Alma 19:33.
5a Mos. 18:10.

obedientes a sus mandamientos en todas las cosas que él nos mande, todo el resto de nuestros días, para que no traigamos sobre nosotros un tormento [b]sin fin, como lo ha declarado el [c]ángel, para que no bebamos del cáliz de la ira de Dios.

6 Ahora bien, estas palabras eran las que de ellos deseaba el rey Benjamín; y por lo tanto, les dijo: Habéis declarado las palabras que yo deseaba; y el convenio que habéis hecho es un convenio justo.

7 Ahora pues, a causa del convenio que habéis hecho, seréis llamados [a]progenie de Cristo, hijos e hijas de él, porque he aquí, hoy él os ha [b]engendrado espiritualmente; pues decís que vuestros [c]corazones han cambiado por medio de la fe en su nombre; por tanto, habéis [d]nacido de él y habéis llegado a ser sus [e]hijos y sus hijas.

8 Y bajo este [a]título sois [b]librados, y [c]no hay otro título por medio del cual podáis ser librados. No hay otro [d]nombre dado por el cual venga la salvación; por tanto, quisiera que [e]tomaseis sobre vosotros el nombre de Cristo, todos vosotros que habéis hecho convenio con Dios de ser obedientes hasta el fin de vuestras vidas.

9 Y sucederá que quien hiciere esto, se hallará a la diestra de Dios, porque sabrá el nombre por el cual es llamado; pues será llamado por el nombre de Cristo.

10 Y acontecerá que quien no tome sobre sí el nombre de Cristo, tendrá que ser llamado por algún [a]otro nombre; por tanto, se hallará a la [b]izquierda de Dios.

11 Y quisiera que también recordaseis que este es el [a]nombre que dije que os daría, el cual nunca sería borrado, sino por transgresión; por tanto, tened cuidado de no transgredir, para que el nombre no sea borrado de vuestros corazones.

12 Yo os digo: Quisiera que os acordaseis de [a]conservar siempre escrito este nombre en vuestros corazones para que no os halléis a la izquierda de Dios, sino que oigáis y conozcáis la voz por la cual seréis llamados, y también el nombre por el cual él os llamará.

13 Porque ¿cómo [a]conoce un hombre al amo a quien no ha servido, que es un extraño para él, y se halla lejos de los pensamientos y de las intenciones de su corazón?

5b Mos. 3:25–27.
  c Mos. 3:2.
7a Mos. 27:24–26;
   Moisés 6:64–68.
   GEE Hijos e hijas de
   Dios.
  b GEE Engendrado,
   engendrar.
  c GEE Corazón.
  d Mos. 15:10–11.
   GEE Nacer de Dios,

nacer de nuevo.
  e DyC 11:30.
8a O sea, encabezamiento.
   Es decir, Cristo es la
   cabeza.
  b Rom. 6:18;
   Gál. 5:1;
   Hel. 14:30.
  c Hech. 4:10, 12;
   Alma 21:9.
  d Mos. 26:18.

  e Hech. 11:26;
   Alma 46:15.
10a Alma 5:38–39.
   b Mateo 25:33.
11a Mos. 1:11–12.
   GEE Jesucristo — El
   tomar sobre sí el
   nombre de Jesucristo.
12a DyC 18:23–25.
13a Mos. 26:24–27.

14 Y además, ¿toma un hombre un asno que pertenece a su vecino, y lo guarda? Yo os digo que no; ni siquiera permitirá que pazca entre sus rebaños, sino que lo ahuyentará y lo echará fuera. Os digo que así será entre vosotros si no sabéis el nombre por el cual se os llame.

15 Por tanto, quisiera que fueseis firmes e inmutables, abundando siempre en buenas obras para que Cristo, el Señor Dios Omnipotente, pueda *sellaros como suyos, a fin de que seáis llevados al cielo, y tengáis salvación sin fin, y vida eterna mediante la sabiduría, y poder, y justicia, y misericordia de aquel que *creó todas las cosas en el cielo y en la tierra, el cual es Dios sobre todo. Amén.

CAPÍTULO 6

El rey Benjamín registra los nombres de los del pueblo y nombra sacerdotes para que les enseñen — Mosíah reina como rey justo. Aproximadamente 124–121 a.C.

Y AHORA bien, el rey Benjamín consideró prudente, después de haber acabado de hablar al pueblo, *tomar los nombres de todos los que habían hecho convenio con Dios de guardar sus mandamientos.

2 Y sucedió que no hubo ni un alma, salvo los niños pequeños,

que no hubiese hecho convenio y tomado sobre sí el nombre de Cristo.

3 Y además, aconteció que cuando el rey Benjamín hubo dado fin a todas estas cosas, y hubo consagrado a su hijo *Mosíah para que fuera el gobernante y rey de su pueblo, y le hubo dado todo cargo concerniente al reino, y también hubo *nombrado sacerdotes para *enseñar al pueblo, a fin de que así pudiesen oír y saber los mandamientos de Dios, y despertar en ellos el recuerdo del *juramento que habían hecho, despidió a la multitud; y se volvieron, cada cual, según sus familias, a sus propias casas.

4 Y *Mosíah empezó a reinar en lugar de su padre. Y comenzó a reinar en el trigésimo año de su vida; y en total habían transcurrido unos cuatrocientos setenta y seis años desde el *tiempo en que Lehi salió de Jerusalén.

5 Y el rey Benjamín vivió tres años más, y murió.

6 Y sucedió que el rey Mosíah anduvo en las sendas del Señor, y observó sus juicios y sus estatutos, y guardó sus mandamientos en todas las cosas que el Señor le mandó.

7 Y el rey Mosíah hizo que su pueblo labrara la tierra. Y también él mismo labraba la tierra para que así *no fuese oneroso a

15a GEE Santificación; Vocación (llamamiento) y elección.
b Col. 1:16; Mos. 4:2; Alma 11:39.
6 1a DyC 128:8.
3a Mos. 1:10; 2:30.
b GEE Ordenación, ordenar.
c Alma 4:7.
d Mos. 5:5–7.
4a GEE Mosíah hijo de Benjamín.
b 1 Ne. 1:4.
7a 2 Cor. 11:9.

su pueblo, a fin de obrar de acuerdo con lo que su padre había hecho en todas las cosas. Y no hubo contención entre todo su pueblo por el espacio de tres años.

CAPÍTULO 7

Ammón descubre la tierra de Lehi-Nefi, donde reina Limhi — El pueblo de Limhi se halla bajo el yugo de los lamanitas — Limhi relata la historia de ellos — Un profeta (Abinadí) había testificado que Cristo es el Dios y el Padre de todas las cosas — Aquellos que siembren inmundicia segarán el torbellino, y aquellos que depositen su confianza en el Señor serán librados. Aproximadamente 121 a.C.

Y AHORA bien, aconteció que después que hubo tenido paz continua por el término de tres años, el rey Mosíah tuvo deseos de saber de la gente que ªfue a morar a la tierra de Lehi-Nefi, o sea, a la ciudad de Lehi-Nefi; porque su pueblo nada había sabido de ellos desde la ocasión en que salieron de la tierra de ᵇZarahemla; de modo que lo importunaban con su insistencia.

2 Y sucedió que el rey Mosíah concedió que dieciséis de los hombres fuertes del pueblo subiesen a la tierra de Lehi-Nefi para indagar concerniente a sus hermanos.

3 Y ocurrió que al día siguiente emprendieron el viaje, e iba con

ellos uno llamado Ammón, un hombre fuerte y poderoso, y descendiente de Zarahemla; y también era su caudillo.

4 Y no sabían el rumbo que debían seguir en el desierto para subir a la tierra de Lehi-Nefi; por tanto, anduvieron errantes muchos días por el desierto, sí, hasta cuarenta días anduvieron errantes.

5 Y después que hubieron andado errantes cuarenta días, llegaron a un collado al norte de la tierra de ªShilom, y allí plantaron sus tiendas.

6 Y Ammón tomó a tres de sus hermanos, y se llamaban Amalekí, Helem y Hem, y descendieron a la tierra de ªNefi.

7 Y he aquí que dieron con el rey del pueblo que vivía en la tierra de Nefi y en la tierra de Shilom; y los rodeó la guardia del rey, y fueron apresados y atados y encarcelados.

8 Y ocurrió que después de haber estado en la cárcel dos días, los llevaron otra vez delante del rey, y les soltaron las ligaduras; y estaban ante el rey, y se les permitió, o más bien, se les mandó que respondieran a las preguntas que él les hiciera.

9 Y les dijo: He aquí, yo soy ªLimhi hijo de Noé, que fue hijo de Zeniff, quien salió de la tierra de Zarahemla para heredar esta tierra que era la tierra de sus padres, y el cual fue hecho rey por la voz del pueblo.

10 Y ahora deseo saber la razón

---

7 1a Omni 1:27–30.
   b Omni 1:13.
5a Mos. 9:6, 8, 14.
6a 2 Ne. 5:8.
9a Mos. 11:1.

por la cual os habéis atrevido a aproximaros a los muros de la ciudad, cuando yo mismo me hallaba fuera de la puerta con mis guardias.

11 Y por este motivo he permitido que fueseis preservados, para que yo pudiera interrogaros, pues de otro modo, habría hecho que mis guardias os ejecutaran. Os es permitido hablar.

12 Y ahora bien, cuando Ammón vio que le era permitido hablar, fue y se inclinó ante el rey; y, levantándose otra vez, dijo: ¡Oh rey!, estoy muy agradecido ante Dios hoy día por estar vivo aún, y porque se me permite hablar; y trataré de hablar osadamente;

13 porque estoy seguro de que si me hubieses conocido, no habrías permitido que me pusieran estas ligaduras. Pues soy Ammón, descendiente de Zarahemla, y he subido desde la tierra de ᵃZarahemla para indagar tocante a nuestros hermanos que Zeniff trajo de aquella tierra.

14 Y ocurrió que luego que hubo oído las palabras de Ammón, Limhi se alegró en extremo, y dijo: Ahora sé de seguro que mis hermanos que se hallaban en la tierra de Zarahemla viven aún. Y ahora me regocijaré, y mañana haré que mi pueblo se regocije también.

15 Porque he aquí, nos hallamos bajo el yugo de los lamanitas, y se nos ha ᵃimpuesto un tributo gravoso de soportar. Y he aquí, nuestros hermanos ahora nos librarán de nuestro cautiverio, o sea, de las manos de los lamanitas, y seremos sus esclavos; porque es mejor ser esclavos de los nefitas que pagar tributo al rey de los lamanitas.

16 Y ahora bien, el rey Limhi mandó a sus guardias que no volvieran a atar a Ammón ni a sus hermanos, sino hizo que fueran al collado que se hallaba al norte de Shilom, y trajeran a sus hermanos a la ciudad para que comieran, bebieran y descansaran de los trabajos de su viaje; porque habían padecido muchas cosas; habían padecido hambre, sed y fatiga.

17 Y ahora bien, aconteció que al día siguiente, el rey Limhi envió una proclamación a todos los de su pueblo, a fin de que se congregasen en el ᵃtemplo para oír las palabras que él les iba a hablar.

18 Y acaeció que cuando se hubieron congregado, les habló de este modo, diciendo: ¡Oh pueblo mío, levantad vuestras cabezas y consolaos!, porque he aquí, el tiempo está próximo, o no está muy lejano, cuando ya no estaremos sujetos a nuestros enemigos a pesar de que nuestras muchas luchas han sido en vano; sin embargo, creo que todavía queda por hacer una lucha eficaz.

19 Por tanto, levantad vuestras cabezas y regocijaos, y poned vuestra confianza en ᵃDios, en ese Dios que fue el Dios de Abraham,

13a Omni 1:12–15.
15a Mos. 19:15.
17a 2 Ne. 5:16.
19a Éx. 3:6; 1 Ne. 19:10.

de Isaac y de Jacob; y además, ese Dios que ᵇsacó a los hijos de Israel de la tierra de Egipto, e hizo que cruzaran a pie el mar Rojo sobre tierra seca, y los alimentó con ᶜmaná para que no pereciesen en el desierto; y muchas otras cosas hizo él por ellos.

20 Y además, ese mismo Dios ha ᵃtraído a nuestros padres de la tierra de Jerusalén, y ha sostenido y preservado a su pueblo, aun hasta ahora; y he aquí, es por causa de nuestras iniquidades y abominaciones que él nos ha traído al cautiverio.

21 Y todos vosotros sois hoy testigos de que Zeniff, que fue hecho rey de este pueblo, con un ᵃexceso de celo por heredar la tierra de sus padres, fue engañado por la astucia y estratagema del rey Lamán, quien hizo un tratado con el rey Zeniff, y entregó en sus manos la posesión de parte de la tierra, o sea, la ciudad de Lehi-Nefi, la ciudad de Shilom y la tierra circunvecina;

22 e hizo todo esto con el único objeto de ᵃsubyugar o esclavizar a este pueblo. Y he aquí, nosotros actualmente pagamos tributo al rey de los lamanitas, que equivale a la mitad de nuestro maíz, y de nuestra cebada, y aun de todos nuestros granos, sean de la clase que fueren; y la mitad del aumento de nuestros rebaños y nuestros hatos; y el rey de los lamanitas nos exige la mitad de cuanto tenemos o poseemos, o nuestras vidas.

23 Y bien, ¿no es esto gravoso de soportar? ¿Y no es grande esta aflicción nuestra? He aquí, cuán gran razón tenemos nosotros para lamentarnos.

24 Sí, os digo que grandes son las razones que tenemos para lamentarnos; porque he aquí, cuántos de nuestros hermanos han sido muertos, y su sangre ha sido derramada en vano, y todo por causa de la iniquidad.

25 Porque si este pueblo no hubiese caído en la transgresión, el Señor no habría permitido que este gran mal les hubiera sobrevenido. Mas he aquí, no quisieron oír sus palabras, sino que surgieron contenciones entre ellos, al grado de verter sangre entre ellos mismos.

26 Y han matado a un ᵃprofeta del Señor; sí, un hombre escogido de Dios que les habló de sus iniquidades y abominaciones, y profetizó de muchas cosas que han de acontecer, sí, aun la venida de Cristo.

27 Y porque les declaró que Cristo era el ᵃDios, el Padre de todas las cosas, y que tomaría sobre sí la imagen de hombre, y sería la ᵇimagen conforme a la cual el hombre fue creado en el principio; en otras palabras, dijo

19b Éx. 12:40–41; Alma 36:28.
c Éx. 16:15, 35; Núm. 11:7–8; Josué 5:12.
20a 1 Ne. 2:1–4.
21a Mos. 9:1–3.
22a Mos. 10:18.
26a Mos. 17:12–20.
27a GEE Trinidad.
b Gén. 1:26–28; Éter 3:14–17; DyC 20:17–18.

que el hombre fue creado a imagen de ᶜDios, y que Dios bajaría entre los hijos de los hombres, y tomaría sobre sí carne y sangre, e iría sobre la faz de la tierra.

28 Y ahora bien, porque dijo esto, le quitaron la vida; e hicieron muchas cosas más que trajeron sobre ellos la ira de Dios. Por tanto, ¿quién se puede asombrar de que se hallen en el cautiverio, y sean heridos con tan grandes aflicciones?

29 Porque he aquí, el Señor ha dicho: No ᵃsocorreré a los de mi pueblo en el día de su transgresión, sino que obstruiré sus caminos para que no prosperen; y sus hechos serán como piedra de tropiezo delante de ellos.

30 Y también dice: Si mi pueblo siembra ᵃinmundicia, ᵇsegará el tamo de ella en el torbellino; y su efecto es veneno.

31 Y dice además: Si mi pueblo siembra inmundicia segará el ᵃviento oriental, el cual trae destrucción inmediata.

32 Y ahora bien, he aquí, la promesa del Señor se ha cumplido, y vosotros sois heridos y afligidos.

33 Mas si os ᵃtornáis al Señor con íntegro propósito de corazón, y ponéis vuestra confianza en él, y le servís con toda la diligencia del alma, si hacéis esto, él, de acuerdo con su propia voluntad y deseo, os librará del cautiverio.

CAPÍTULO 8

Ammón enseña al pueblo de Limhi — Se entera de las veinticuatro planchas jareditas — Los videntes pueden traducir anales antiguos — No hay don mayor que el que posee un vidente. Aproximadamente 121 a.C.

Y ACONTECIÓ que después que el rey Limhi hubo acabado de hablar a su pueblo, porque les dijo muchas cosas, y solo algunas de ellas he escrito en este libro, él relató a su pueblo todo lo concerniente a sus hermanos que se hallaban en la tierra de Zarahemla.

2 E hizo que Ammón se presentara ante la multitud, y le refiriese todo cuanto había sucedido a sus hermanos desde la época en que Zeniff partió de la tierra, hasta el tiempo en que él mismo vino de allí.

3 Y Ammón también les declaró las últimas palabras que el rey Benjamín les había enseñado, y las explicó al pueblo del rey Limhi para que entendieran todas las palabras que él habló.

4 Y sucedió que después de haber hecho todo esto, el rey Limhi despidió a la multitud e hizo que cada uno se volviera a su propia casa.

5 Y ocurrió que hizo que le llevaran a Ammón las planchas que contenían los ᵃanales de su pueblo, desde el tiempo en que

---

27c Mos. 13:33–34; 15:1–4.
29a 1 Sam. 12:15;
    2 Cró. 24:20.
30a GEE Inmundicia,

inmundo.
b Gál. 6:7–8;
  DyC 6:33.
GEE Siega.

31a Jer. 18:17;
    Mos. 12:6.
33a Morm. 9:6.
8 5a Mos. 9–22.

salieron de la tierra de Zarahemla, para que él las leyera.

6 Ahora bien, en cuanto Ammón
hubo leído la historia, el rey lo
interrogó para saber si podía interpretar idiomas; y le respondió
Ammón que no podía.

7 Y le dijo el rey: Hallándome
apesadumbrado por las aflicciones de mi pueblo, hice que cuarenta y tres de los de mi pueblo
emprendieran un recorrido por el
desierto, para que por ese medio
hallasen la tierra de Zarahemla,
a fin de apelar a nuestros hermanos para que nos libraran del
cautiverio.

8 Y estuvieron perdidos en el
desierto por el espacio de muchos
días, y a pesar de su diligencia,
no encontraron la tierra de Zarahemla, sino que retornaron aquí
después de haber viajado por
una tierra entre muchas aguas, y
de haber descubierto una región
llena de huesos de hombres y
bestias, y también estaba cubierta
de ruinas de edificios de todas
clases; y descubrieron una tierra
que había sido habitada por un
pueblo tan numeroso como las
huestes de Israel.

9 Y como testimonio de la verdad de las cosas que habían dicho, han traído ᵃveinticuatro
planchas que están llenas de grabados, y son de oro puro.

10 Y he aquí, también han traído
ᵃpetos, los cuales son de gran
tamaño; y son de ᵇbronce y de

cobre, y están perfectamente conservados.

11 Y más aún, han traído espadas cuyas guarniciones se han
consumido, y cuyas hojas estaban
carcomidas de herrumbre; y no
hay en la tierra quien pueda interpretar el lenguaje o los grabados que están sobre las planchas.
Por esto te dije: ¿Puedes traducir?

12 Y te pregunto además: ¿Sabes tú de alguien que pueda traducir? Porque deseo que estos
anales sean traducidos a nuestro
idioma; pues quizá nos darán conocimiento de un resto del pueblo que ha sido destruido, del
cual procedieron estos anales; o
tal vez nos harán saber de este
mismo pueblo que ha sido destruido; y deseo saber la causa de
su destrucción.

13 Luego Ammón le dijo: Puedo
de seguro decirte, oh rey, de un
hombre que puede ᵃtraducir los
anales; pues él tiene algo con lo
que puede mirar y traducir todos
los anales que son de fecha antigua; y es un don de Dios. Y las cosas se llaman ᵇintérpretes, y nadie
puede mirar en ellos a menos que
le sea mandado, no sea que busque lo que no debe, y así perezca.
Y a quien se le manda mirar en
ellos, a ese se le llama ᶜvidente.

14 Y he aquí, el rey del pueblo
que se halla en la tierra de Zarahemla es el hombre a quien se
manda hacer estas cosas, y es el
que tiene este alto don de Dios.

9a Éter 1:1–2.
10a Éter 15:15.

b Éter 10:23.
13a Mos. 28:10–17.

b GEE Urim y Tumim.
c GEE Vidente.

15 Y dijo el rey que un vidente es mayor que un profeta.

16 Y Ammón dijo que un vidente es también revelador y profeta; y que no hay mayor don que un hombre pueda tener, a menos que posea el poder de Dios, que nadie puede tener; sin embargo, el hombre puede recibir gran poder de Dios.

17 Mas un vidente puede saber de cosas que han pasado y también de cosas futuras; y por este medio todas las cosas serán reveladas, o mejor dicho, las cosas secretas serán manifestadas, y las cosas ocultas saldrán a la luz; y lo que no es sabido, ellos lo darán a conocer; y también manifestarán cosas que de otra manera no se podrían saber.

18 Así Dios ha dispuesto un medio para que el hombre, por la fe, pueda efectuar grandes milagros; por tanto, llega a ser un gran beneficio para sus semejantes.

19 Y ahora bien, cuando Ammón hubo acabado de hablar estas palabras, el rey se regocijó en extremo y dio gracias a Dios, diciendo: Sin duda estas planchas encierran un ªgran misterio, y estos intérpretes fueron indudablemente preparados con objeto de desplegar todos los misterios de esta índole a los hijos de los hombres.

20 ¡Oh cuán maravillosas son las obras del Señor, y cuán largo tiempo soporta él a su pueblo; sí, y cuán ciego e impenetrable es el entendimiento de los hijos de los hombres, pues ni buscan sabiduría, ni desean que ªella los rija!

21 Sí, son como un rebaño silvestre que huye del pastor, y se esparce, y es perseguido y devorado por los animales de la selva.

LOS ANALES DE ZENIFF — Un relato de su pueblo desde la época en que salieron de la tierra de Zarahemla hasta la época en que fueron librados de las manos de los lamanitas.

Comprende los capítulos del 9 al 22.

CAPÍTULO 9

Zeniff conduce a un grupo de los de Zarahemla para poseer la tierra de Lehi-Nefi — El rey lamanita les permite poseer la tierra — Hay guerra entre los lamanitas y el pueblo de Zeniff. Aproximadamente 200–187 a.C.

Yo, Zeniff, habiendo sido instruido en todo el idioma de los nefitas y habiendo tenido conocimiento de la ªtierra de Nefi, o sea, la tierra de la primera herencia de nuestros padres, y habiendo sido enviado como espía entre los lamanitas para que observase sus fuerzas —a fin de que nuestro ejército cayera sobre ellos y los destruyera— mas cuando vi lo bueno que había entre ellos, no quise que fuesen destruidos.

2 Por tanto, contendí con mis hermanos en el desierto, pues

19a Éter 3:21–28; 4:4–5.
20a Es decir, sabiduría, también un sustantivo
femenino en hebreo y griego. Prov. 9:1;
Mateo 11:19.
9 1a 2 Ne. 5:5–8; Omni 1:12.

quería que nuestro jefe hiciera un tratado con ellos; pero siendo hombre severo y sanguinario, él mandó que me quitaran la vida; mas fui rescatado por la efusión de mucha sangre; porque padre luchó contra padre, y hermano contra hermano, hasta que la mayor parte de nuestro ejército fue destruida en el desierto; y los que sobrevivimos retornamos a la tierra de Zarahemla a comunicar ese relato a sus esposas y a sus hijos.

3 Y sin embargo, yo, con un exceso de celo por heredar la tierra de nuestros padres, junté a cuantos deseaban ir para poseer la tierra, y de nuevo emprendimos nuestro viaje al desierto para subir a aquella tierra; mas fuimos heridos con hambre y graves aflicciones, pues éramos tardos en acordarnos del Señor nuestro Dios.

4 No obstante, después de andar errantes por el desierto muchos días, plantamos nuestras tiendas en el lugar en que nuestros hermanos habían perecido, el cual se hallaba cerca de la tierra de nuestros padres.

5 Y aconteció que con cuatro de mis hombres entré otra vez en la ciudad hasta donde estaba el rey, a fin de conocer su disposición, y saber si podía ir con mi pueblo y poseer la tierra en paz.

6 Y entré a ver al rey, el cual hizo pacto conmigo para que yo poseyera la tierra de Lehi-Nefi y la tierra de Shilom.

7 Y también mandó que su gente saliera de esa tierra; y yo y mi pueblo entramos en ella a fin de poseerla.

8 Y empezamos a construir edificios y a reparar los muros de la ciudad; sí, las murallas de la ciudad de Lehi-Nefi y de la ciudad de Shilom.

9 Y empezamos a cultivar la tierra, sí, con toda clase de semillas, con semillas de maíz, de trigo y de cebada, con neas y con sheum, y con semillas de toda clase de frutas; y empezamos a multiplicarnos y a prosperar en la tierra.

10 Ahora bien, fue por la astucia y artimaña del rey Lamán, para ᵃreducir a mi pueblo a la servidumbre, que él cedió la tierra para que la poseyéramos nosotros.

11 Por tanto, sucedió que después que hubimos vivido en la tierra por el término de doce años, el rey Lamán empezó a inquietarse, por si de alguna manera mi pueblo se hacía fuerte en la tierra, y así ellos no podrían dominarlo y esclavizarlo.

12 Porque eran una gente perezosa e ᵃidólatra; por tanto, deseaban hacernos sus esclavos a fin de hartarse con el trabajo de nuestras manos; sí, para saciarse con los rebaños de nuestros campos.

13 Por tanto, aconteció que el rey Lamán comenzó a incitar a su pueblo para que contendiera con el mío; por lo que empezó a

haber guerras y contiendas en la tierra.

14 Porque en el decimotercer año de mi reinado en la tierra de Nefi, estando mi pueblo abrevando y apacentando sus rebaños y cultivando sus tierras, allá al sur de la tierra de Shilom vino sobre ellos una numerosa hueste de lamanitas, y empezaron a matarlos y a llevarse sus rebaños y el maíz de sus campos.

15 Sí, y ocurrió que huyeron, todos aquellos a quienes no alcanzaron, hasta la ciudad de Nefi, y me pidieron protección.

16 Y aconteció que los armé con arcos y con flechas, con espadas y con cimitarras, con mazas y con hondas, y con cuanto género de armas pudimos inventar; y yo y mi pueblo salimos a la batalla en contra de los lamanitas.

17 Sí, con la fuerza del Señor salimos a la batalla contra los lamanitas; porque yo y mi pueblo clamamos fervientemente al Señor para que nos librara de las manos de nuestros enemigos, porque se despertó en nosotros el recuerdo de la liberación de nuestros padres.

18 Y Dios ^aoyó nuestro clamor y contestó nuestras oraciones; y salimos con su fuerza; sí, salimos contra los lamanitas, y en un día y una noche matamos a tres mil cuarenta y tres; los matamos hasta que los hubimos expulsado de nuestra tierra.

19 Y yo mismo con mis propias manos ayudé a enterrar a sus muertos. Y he aquí, para nuestro gran pesar y lamentación, doscientos setenta y nueve de nuestros hermanos fueron muertos.

CAPÍTULO 10

Muere el rey Lamán — Los de su pueblo son salvajes y feroces, y creen en tradiciones falsas — Zeniff y su pueblo prevalecen en contra de ellos. Aproximadamente 187–160 a.C.

Y SUCEDIÓ que de nuevo empezamos a establecer el reino y a poseer otra vez la tierra en paz. Y mandé hacer armas de guerra de todas clases, para que de ese modo yo tuviera armas para mi pueblo, para el día en que los lamanitas volvieran a la guerra contra mi pueblo.

2 Y puse guardias alrededor de la tierra, a fin de que los lamanitas no cayesen de nuevo de improviso sobre nosotros y nos destruyesen; y así protegí a mi pueblo y mis rebaños, y evité que cayeran en manos de nuestros enemigos.

3 Y sucedió que heredamos la tierra de nuestros padres durante muchos años; sí, por el espacio de veintidós años.

4 E hice que los hombres cultivaran la tierra y produjeran ^agranos y frutos de todas clases.

5 E hice que las mujeres hilaran y se afanaran, y trabajaran y tejieran toda suerte de linos finos; sí, y ^atelas de todas clases para que cubriéramos nuestra desnudez; y así

---

prosperamos en la tierra, así gozamos de continua paz en la tierra por el espacio de veintidós años.

6 Y aconteció que el rey ªLamán murió, y su hijo empezó a reinar en su lugar. Y empezó a incitar a su pueblo a rebelarse en contra del mío; así que comenzaron a prepararse para la guerra y para venir a la batalla contra mi pueblo.

7 Mas yo había enviado a mis espías a los alrededores de la tierra de ªShemlón, para descubrir sus preparativos, para guardarme de ellos a fin de que no vinieran sobre mi pueblo y lo destruyeran.

8 Y sucedió que subieron por el lado norte de la tierra de Shilom, con sus numerosas huestes: hombres ªarmados con ᵇarcos y con flechas, con espadas y con cimitarras, con piedras y con hondas; y llevaban afeitada y desnuda la cabeza, y estaban ceñidos con una faja de cuero alrededor de sus lomos.

9 Y aconteció que hice que las mujeres y los niños de mi pueblo se ocultaran en el desierto; e hice también que todos mis hombres ancianos que podían llevar armas, así como todos mis hombres jóvenes que podían portar armas, se reunieran para ir a la batalla contra los lamanitas; y los coloqué en sus filas, cada hombre según su edad.

10 Y aconteció que salimos a la batalla contra los lamanitas, y hasta yo, en mi avanzada edad, fui a la batalla contra los lamanitas. Y ocurrió que salimos a la lid con la ªfuerza del Señor.

11 Ahora bien, los lamanitas nada sabían concerniente al Señor ni a la fuerza del Señor; por tanto, confiaban en su propia fuerza. Con todo, eran gente fuerte, según la fuerza del hombre.

12 Eran un pueblo ªsalvaje, feroz y sanguinario, creyentes en la ᵇtradición de sus padres, que era esta: Creían que fueron echados de la tierra de Jerusalén a causa de las iniquidades de sus padres, y que sus hermanos los ultrajaron en el desierto, y que también fueron agraviados mientras cruzaban el mar.

13 Y más aún, que los habían tratado injustamente mientras se hallaban en la tierra de su ªprimera herencia, después de haber atravesado el mar; y todo esto porque Nefi fue más fiel en guardar los mandamientos del Señor; por tanto, fue ᵇfavorecido del Señor porque el Señor oyó sus oraciones y las contestó; y él tomó el mando en su viaje por el desierto.

14 Y sus hermanos se enojaron con él porque no ªentendían la manera de proceder del Señor; y también se ᵇirritaron con él sobre

6a Mos. 9:10–11; 24:3.
7a Mos. 11:12.
8a Jarom 1:8.
  b Alma 3:4–5.
10a GEE Confianza, confiar.
12a Alma 17:14.
  b 2 Ne. 5:1–3.
13a 1 Ne. 18:23.
  b 1 Ne. 17:35.
14a 1 Ne. 15:7–11.
  b 1 Ne. 18:10–11.

las aguas, porque endurecieron sus corazones contra el Señor.

15 Y además, se enfurecieron con él cuando hubieron llegado a la tierra prometida, porque decían que él había arrebatado de sus manos el *mando del pueblo; y trataron de matarlo.

16 Y además, se ensañaron con él porque salió para el desierto, como el Señor le había mandado, y llevó consigo los *anales que estaban grabados en las planchas de bronce, porque decían ellos que él los había *robado.

17 Y por tanto, han enseñado a sus hijos a que los aborrezcan, y que los asesinen, y que les roben y los despojen, y que hagan cuanto puedan para destruirlos; por tanto, sienten un odio eterno contra los hijos de Nefi.

18 Precisamente por esta causa, el rey Lamán, mediante su astucia y mentirosa estratagema, y sus halagadoras promesas, me engañó, para que trajera a mi pueblo a esta tierra, a fin de que ellos lo destruyeran; sí, y hemos padecido todos estos años en la tierra.

19 Y ahora bien, yo, Zeniff, después de haber dicho todas estas cosas acerca de los lamanitas a los de mi pueblo, los animé a que salieran a luchar con toda su fuerza y pusieran su confianza en el Señor; por tanto, luchamos contra ellos cara a cara.

20 Y aconteció que nuevamente los echamos de nuestra tierra, y los matamos con gran mortandad, tantos que no los contamos.

21 Y aconteció que de nuevo volvimos a nuestra propia tierra, y mi pueblo empezó otra vez a guardar sus rebaños y a cultivar sus tierras.

22 Y ahora bien, yo, habiendo envejecido, conferí el reino a uno de mis hijos; por tanto, no digo más. Y ruego que el Señor bendiga a mi pueblo. Amén.

CAPÍTULO 11

El rey Noé reina inicuamente — Se deleita en una vida desenfrenada con sus esposas y concubinas — Abinadí profetiza que el pueblo caerá en el cautiverio — El rey Noé procura quitarle la vida. Aproximadamente 160–150 a.C.

Y SUCEDIÓ que Zeniff confirió el reino a Noé, uno de sus hijos; por tanto, Noé empezó a reinar en su lugar; y no anduvo por las sendas de su padre.

2 Pues he aquí, no guardó los mandamientos de Dios, sino que anduvo en pos de los deseos de su propio corazón. Y tuvo muchas esposas y *concubinas. E *hizo que su pueblo pecara e hiciera lo que era abominable delante del Señor. Sí, cometieron *fornicaciones y toda clase de iniquidades.

3 E impuso un tributo de la quinta parte de cuanto poseían: la quinta parte de su oro y de su

15a 2 Ne. 5:3.
16a 2 Ne. 5:12.
    b Alma 20:10, 13.

11 2a Jacob 3:5.
    b 1 Rey. 14:15–16;
      Mos. 29:31.

c 2 Ne. 28:15.

plata, y la quinta parte de su ^aziff, y de su cobre, y de su bronce y de su hierro; y la quinta parte de sus animales cebados, y también la quinta parte de todos sus granos.

4 E hizo todo esto para sostenerse a sí mismo, y a sus esposas y a sus concubinas; y también a sus sacerdotes y a las esposas y las concubinas de ellos; de este modo había cambiado los asuntos del reino.

5 Pues destituyó a todos los sacerdotes que su padre había consagrado, y en su lugar consagró a otros, aquellos que se envanecían con el orgullo de sus corazones.

6 Sí, y de esta manera eran mantenidos en su pereza y en su idolatría y sus fornicaciones, con los tributos que el rey Noé había impuesto sobre los de su pueblo; de modo que trabajaban mucho para sostener la iniquidad.

7 Sí, y también se volvieron idólatras, porque los engañaron las vanas y lisonjeras palabras del rey y de los sacerdotes, porque les hablaban palabras lisonjeras.

8 Y sucedió que el rey Noé construyó muchos edificios elegantes y espaciosos; y los adornó con obras finas de madera, y con toda clase de cosas preciosas, de oro y de plata, de hierro, de bronce, de ziff y de cobre.

9 Y también edificó para sí un amplio palacio, y un trono en medio, todo lo cual era de madera fina, y estaba adornado de oro y plata y cosas preciosas.

10 Y también mandó que sus artesanos elaboraran toda clase de obras finas dentro de los muros del templo: de madera fina, y de cobre, y de bronce.

11 Y los asientos que se reservaron para los sumos sacerdotes, que eran más altos que todos los demás asientos, él los adornó con oro puro; e hizo construir un antepecho delante de ellos, sobre el cual podían sostener sus cuerpos y sus brazos mientras hablaban falsas y vanas palabras a su pueblo.

12 Y ocurrió que edificó una ^atorre cerca del templo, sí, una torre muy alta, tan alta así que desde su cima podía ver la tierra de Shilom, y también la tierra de Shemlón, que poseían los lamanitas; y aun podía ver toda la región circunvecina.

13 Y aconteció que hizo construir muchos edificios en la tierra de Shilom; e hizo que se construyera una gran torre sobre el collado que estaba al norte de la tierra de Shilom, el cual había sido un refugio para los hijos de Nefi cuando huyeron de la tierra; e hizo esto con las riquezas que obtenía mediante los tributos de su pueblo.

14 Y sucedió que entregó su corazón a sus riquezas; y pasaba el tiempo en vivir desenfrenadamente con sus esposas y sus concubinas; y también sus sacerdotes pasaban el tiempo con rameras.

3a En hebreo, palabra parecida a   "resplandeciente", y a "enchapar en metal".   12a Mos. 19:5–6.

15 Y aconteció que plantó viñas en varias partes del país; y construyó lagares e hizo vino en abundancia; por tanto, se convirtió en ªbebedor de vino, y lo mismo hizo su pueblo.

16 Y sucedió que los lamanitas empezaron a venir sobre su pueblo, sobre grupos pequeños, y a matarlos en sus campos, y mientras cuidaban sus rebaños.

17 Y el rey Noé envió guardias a los alrededores de la tierra para contenerlos, mas no envió un número suficiente, y los lamanitas cayeron sobre ellos y los mataron, y se llevaron muchos de sus rebaños fuera de la tierra; así empezaron los lamanitas a destruirlos y a derramar su odio sobre ellos.

18 Y aconteció que el rey Noé envió a sus tropas en contra de ellos, y los lamanitas fueron rechazados, o sea, los hicieron retroceder por un tiempo, por lo que volvieron, regocijándose con su botín.

19 Y ahora bien, a causa de esta gran victoria, se envanecieron con el orgullo de sus corazones, y se ªjactaron de su propia fuerza, diciendo que cincuenta de ellos podían contra miles de los lamanitas; y así se jactaban y se deleitaban en la sangre y en verter la sangre de sus hermanos; y esto a causa de la iniquidad de su rey y sacerdotes.

20 Y aconteció que había entre ellos un hombre que se llamaba ªAbinadí; y salió entre ellos y empezó a profetizar, diciendo: He aquí, así dice el Señor, y así me ha mandado, diciendo: Ve y di a esta gente: Así dice el Señor: ¡Ay de los de este pueblo!, porque he visto sus abominaciones, y sus iniquidades, y sus fornicaciones, y a menos que se arrepientan, los visitaré con mi ira.

21 Y a menos que se arrepientan y se vuelvan al Señor su Dios, he aquí, los entregaré en manos de sus enemigos; sí, y serán reducidos al ªcautiverio, y serán afligidos por mano de sus enemigos.

22 Y sucederá que sabrán que yo soy el Señor su Dios, y que soy un Dios ªceloso, que visito las iniquidades de mi pueblo.

23 Y acontecerá que a menos que este pueblo se arrepienta y se vuelva al Señor su Dios, será llevado al cautiverio; y nadie lo librará, salvo el Señor, el Dios Todopoderoso.

24 Sí, y acontecerá que cuando ellos clamen a mí, seré ªlento en oír sus lamentos; sí, y permitiré que sus enemigos los aflijan.

25 Y a menos que se arrepientan en cilicio y ceniza, y clamen fuertemente al Señor su Dios, no ªoiré sus ruegos ni los libraré de sus aflicciones; y así dice el Señor, y así me ha mandado.

26 Y acaeció que cuando les

15a GEE Palabra de Sabiduría.
19a DyC 3:4. GEE Orgullo.
20a GEE Abinadí.
21a Mos. 12:2; 20:21; 21:13–15; 23:21–23.
22a Éx. 20:5;
Deut. 6:15; Mos. 13:13.
24a Miqueas 3:4; Mos. 21:15.
25a Isa. 1:15; 59:2.

hubo hablado Abinadí estas palabras, se enojaron con él y trataron de quitarle la vida; mas el Señor lo libró de sus manos.

27 Ahora bien, cuando el rey Noé se hubo enterado de las palabras que Abinadí había hablado al pueblo, también se llenó de ira y dijo: ¿Quién es Abinadí, para que yo y mi pueblo seamos juzgados por él? O, [a]¿quién es el Señor para que traiga sobre mi pueblo tan grande aflicción?

28 Os mando traer aquí a Abinadí para matarlo, porque él ha dicho estas cosas para incitar a los de mi pueblo a la ira unos con otros, y para suscitar contenciones entre los de mi pueblo; por tanto, lo mataré.

29 Y los ojos del pueblo se hallaban [a]cegados; por tanto, [b]endurecieron sus corazones contra las palabras de Abinadí, y trataron de apresarlo desde ese momento en adelante. Y el rey Noé endureció su corazón contra la palabra del Señor, y no se arrepintió de sus malas obras.

CAPÍTULO 12

Abinadí es encarcelado por profetizar la destrucción del pueblo y la muerte del rey Noé — Los sacerdotes falsos citan las Escrituras y fingen observar la ley de Moisés — Abinadí comienza a enseñarles los Diez Mandamientos. Aproximadamente 148 a.C.

Y ACONTECIÓ que después de dos años, Abinadí vino entre ellos disfrazado, de modo que no lo conocieron, y empezó a profetizar entre ellos, diciendo: Así me ha mandado el Señor, diciendo: Abinadí, ve y profetiza a los de mi pueblo, porque han endurecido su corazón en contra de mis palabras; no se han arrepentido de sus malas obras; por lo tanto, los [a]visitaré con mi ira; sí, con mi furiosa ira los visitaré en sus iniquidades y abominaciones.

2 Sí, ¡ay de esta generación! Y el Señor me dijo: Extiende tu mano y profetiza, diciendo: Así dice el Señor: Acontecerá que los de esta generación, a causa de sus iniquidades, serán llevados al [a]cautiverio, y serán heridos en la [b]mejilla; sí, y por los hombres serán impelidos y muertos; y los buitres del aire y los perros, sí, y los animales salvajes devorarán su carne.

3 Y acontecerá que la [a]vida del rey Noé se estimará igual que un vestido en un [b]horno ardiente; porque sabrá que yo soy el Señor.

4 Y acontecerá que heriré a este pueblo mío con penosas aflicciones; sí, con hambre y con [a]pestilencia; y haré que [b]aúllen todo el día.

27a Éx. 5:2;
　　Mos. 12:13.
29a Moisés 4:4.
　 b Alma 33:20;
　　Éter 11:13.

12 1a Isa. 65:6.
　2a Mos. 11:21; 20:21;
　　21:13–15; 23:21–23.
　 b Mos. 21:3–4.
　3a Mos. 12:10.

　 b Mos. 19:20.
4a DyC 97:26.
　 b Mos. 21:9–10.

5 Sí, y haré que les aten ªcargas sobre sus espaldas; y serán arreados como mudos asnos.

6 Y acontecerá que enviaré granizo entre ellos, y los herirá; y también serán heridos por el ªviento oriental; y los ᵇinsectos también abrumarán sus tierras y devorarán su grano.

7 Y serán heridos con gran pestilencia; y haré todo esto por motivo de sus ªiniquidades y sus abominaciones.

8 Y acontecerá que, a menos que se arrepientan, los ªdestruiré totalmente de sobre la faz de la tierra; sin embargo, dejarán tras sí un ᵇregistro, y lo preservaré para otras naciones que poseerán la tierra; sí, esto haré para que yo revele las abominaciones de este pueblo a otras naciones. Y muchas cosas profetizó Abinadí contra este pueblo.

9 Y aconteció que se enojaron con él; y lo aprehendieron y lo llevaron atado ante el rey, y dijeron al rey: He aquí, hemos traído ante ti a un hombre que ha profetizado el mal concerniente a tu pueblo, y dice que Dios lo destruirá.

10 Y también profetiza lo malo en cuanto a tu vida, y dice que tu vida será semejante a un vestido en un horno ardiente.

11 Y más aún, dice que serás como una caña; sí, como una caña seca del campo, la cual las bestias pisan y es hollada con los pies.

12 Y además, dice que serás como la flor del cardo, que cuando está completamente madura, si el viento sopla, es arrastrada sobre la faz de la tierra; y afirma que el Señor lo ha declarado. Y dice que todo esto te sobrevendrá a menos que te arrepientas; y esto a causa de tus iniquidades.

13 Y ahora bien, oh rey, ¿qué gran mal has hecho, o qué grandes pecados ha cometido tu pueblo para que Dios nos condene, o este hombre nos juzgue?

14 Y he aquí, oh rey, nos hallamos sin culpa, y tú, oh rey, no has pecado; por lo tanto, este hombre ha mentido concerniente a ti, y ha profetizado en vano.

15 Y he aquí, somos fuertes; no caeremos en la esclavitud ni seremos llevados cautivos por nuestros enemigos; sí, y tú has prosperado en la tierra, y también has de prosperar.

16 Mira, aquí está el hombre; lo entregamos en tus manos; puedes hacer con él lo que bien te parezca.

17 Y sucedió que el rey Noé hizo que fuese encarcelado Abinadí; y dio órdenes de que se convocara a los ªsacerdotes, para reunirse en concilio con ellos sobre lo que debía hacer con él.

18 Y aconteció que le dijeron al rey: Tráelo aquí para que lo interroguemos; y el rey mandó que fuese traído ante ellos.

5a Mos. 21:3.
6a Jer. 18:17;
    Mos. 7:31.

b Éx. 10:1–12.
7a DyC 3:18.
8a Alma 45:9–14.

b Morm. 8:14–16.
17a Mos. 11:11.

19 Y empezaron a interrogarlo con el fin de confundirlo, para así tener de qué acusarlo; pero él les respondió intrépidamente e hizo frente a todas sus preguntas, sí, los llenó de asombro; pues los ªresistió en todas sus preguntas y los confundió en todas sus palabras.

20 Y sucedió que uno de ellos le dijo: ¿Qué significan las palabras que están escritas, y que nuestros padres han enseñado, diciendo:

21 ª¡Cuán hermosos sobre las montañas son los pies de aquel que trae buenas nuevas; que publica la paz; que trae gratas nuevas del bien; que publica la salvación; que dice a Sion: Tu Dios reina;

22 tus centinelas levantarán la voz; unánimes cantarán, porque verán ojo a ojo cuando el Señor haga volver a Sion!

23 ¡Prorrumpid en alegría! ¡Cantad juntamente lugares desolados de Jerusalén, porque el Señor ha consolado a su pueblo, ha redimido a Jerusalén!;

24 el Señor ha desnudado su santo ªbrazo a la vista de todas las naciones, y todos los extremos de la tierra verán la salvación de nuestro Dios?

25 Y luego les dijo Abinadí: ¿Sois vosotros ªsacerdotes, y decís que enseñáis a este pueblo, y que entendéis el espíritu de profecía, y sin embargo, queréis saber de mí lo que estas cosas significan?

26 Yo os digo: ¡Ay de vosotros por pervertir las vías del Señor! Porque si entendéis estas cosas, no las habéis enseñado. Por tanto, habéis pervertido las vías del Señor.

27 No habéis aplicado vuestros corazones para ªentender; por tanto, no habéis sido sabios. ¿Qué, pues, enseñáis a este pueblo?

28 Y dijeron: Enseñamos la ley de Moisés.

29 Y de nuevo les dijo: Si enseñáis la ªley de Moisés, ¿cómo es que no la cumplís? ¿Por qué entregáis vuestros corazones a las riquezas? ¿Por qué cometéis ᵇfornicaciones y disipáis vuestro vigor con rameras, sí, y hacéis que este pueblo cometa pecado, de modo que el Señor tenga motivo para enviarme a profetizar contra este pueblo, sí, aun un gran mal contra este pueblo?

30 ¿No sabéis que hablo la verdad? Sí, sabéis que hablo la verdad, y deberíais temblar ante Dios.

31 Y sucederá que seréis heridos por vuestras iniquidades, pues habéis dicho que enseñáis la ley de Moisés. Y, ¿qué sabéis concerniente a la ley de Moisés? ª¿Viene la salvación por la ley de Moisés? ¿Qué decís vosotros?

32 Y respondieron y dijeron que

19a DyC 100:5–6.
21a Isa. 52:7–10;
  Nahúm 1:15.
24a 1 Ne. 22:11.
25a Mos. 11:5.
27a GEE Entender,
  entendimiento.
29a GEE Ley de Moisés.
  b GEE Adulterio.
31a Mos. 3:15; 13:27–32;
  Alma 25:16.

la salvación venía por la ley de
Moisés.

33 Mas les dijo Abinadí: Sé que
si guardáis los mandamientos de
Dios, seréis salvos; sí, si guardáis
los mandamientos que el Señor
dio a Moisés en el monte de ᵃSinaí, diciendo:

34 ᵃYo soy el Señor tu Dios,
que te he ᵇsacado de la tierra de
Egipto, de la casa de servidumbre.

35 No tendrás ᵃotro Dios delante de mí.

36 No te harás ninguna imagen
tallada, ni ninguna semejanza de
cosa alguna que esté arriba en el
cielo, ni de cosas que estén abajo
en la tierra.

37 Y luego les dijo Abinadí:
¿Habéis hecho todo esto? Yo os
digo: No; no lo habéis hecho. ¿Y
habéis ᵃenseñado a este pueblo
que debe observar todas estas
cosas? Os digo que no; no lo habéis hecho.

CAPÍTULO 13

*Abinadí es protegido por poder divino — Enseña los Diez Mandamientos — La salvación no viene por
la ley de Moisés únicamente — Dios
mismo efectuará la Expiación y redimirá a Su pueblo. Aproximadamente
148 a.C.*

Y ᴀʜᴏʀᴀ bien, cuando el rey
hubo oído estas palabras, dijo
a sus sacerdotes: Llevaos a este

individuo, y matadlo; porque,
¿qué tenemos que ver con él?
Pues está loco.

2 Y avanzaron y trataron de
echarle mano; mas él los resistió,
y les dijo:

3 No me toquéis, porque Dios os
herirá si me echáis mano, porque
no he comunicado el mensaje que
el Señor me mandó que diera; ni
tampoco os he dicho lo que ᵃpedisteis que dijera; por tanto, Dios
no permitirá que yo sea destruido
en este momento.

4 Mas debo cumplir los mandamientos que Dios me ha mandado; y porque os he dicho la
verdad, estáis enojados conmigo.
Y más aún, porque he hablado la
palabra de Dios, me habéis juzgado de estar loco.

5 Y ahora bien, aconteció que
después que Abinadí hubo
hablado estas palabras, el
pueblo del rey Noé no se atrevió a echarle mano, porque el
Espíritu del Señor estaba sobre
él, y su rostro ᵃresplandecía con
un brillo extraordinario, aun
como el de Moisés en el monte
de Sinaí, mientras hablaba con
el Señor.

6 Y habló Abinadí con ᵃpoder y
autoridad de Dios; y continuó sus
palabras, diciendo:

7 Vosotros veis que no tenéis poder para matarme; por tanto, concluyo mi mensaje. Sí, y percibo
que os ᵃhiere hasta el corazón,

33a Éx. 19:9, 16–20;
     Mos. 13:5.
34a Éx. 20:2–4.
  b Éx. 12:51;

1 Ne. 17:40; Mos. 7:19.
35a Oseas 13:4.
    GEE Idolatría.
37a Mos. 13:25–26.

13 3a Mos. 12:20–24.
  5a Éx. 34:29–35.
  6a GEE Poder.
  7a 1 Ne. 16:2.

porque os digo la verdad acerca de vuestras iniquidades.

8 Sí, y mis palabras os llenan de maravilla, de asombro y de cólera.

9 Mas doy fin a mi mensaje; y entonces no importa a dónde vaya, con tal de que yo sea salvo.

10 Mas esto os digo: Lo que hagáis conmigo después de esto, será como ªsímbolo y sombra de cosas venideras.

11 Y ahora os leo el resto de los ªmandamientos de Dios, porque percibo que no están escritos en vuestros corazones; percibo que habéis estudiado y enseñado la iniquidad la mayor parte de vuestras vidas.

12 Ahora bien, recordaréis que os dije: No te harás ninguna imagen tallada, ni ninguna semejanza de cosas que estén arriba en el cielo, o que estén abajo en la tierra, o en las aguas debajo de la tierra.

13 Y además: No te postrarás ante ellas, ni las servirás; porque yo, el Señor tu Dios, soy un Dios celoso, que visito las iniquidades de los padres sobre los hijos, hasta la tercera y la cuarta generación de los que me aborrecen;

14 y manifiesto misericordia a miles de los que me aman y guardan mis mandamientos.

15 No tomarás el nombre del Señor tu Dios en vano; porque

el Señor no tendrá sin culpa al que tomare su nombre en vano.

16 Acuérdate del día de ªreposo para santificarlo.

17 Seis días trabajarás, y harás toda tu obra;

18 mas el día séptimo, el reposo del Señor tu Dios, no harás ningún trabajo, tú, ni tu hijo, ni tu hija, ni tu criado, ni tu criada, ni tu ganado, ni el extranjero que se halle dentro de tus puertas;

19 porque en ªseis días el Señor hizo el cielo, y la tierra, y el mar, y todo lo que en ellos hay; por consiguiente, el Señor bendijo el día de reposo y lo santificó.

20 ªHonra a tu padre y a tu madre, para que se prolonguen tus días sobre la tierra que el Señor tu Dios te da.

21 No ªmatarás.

22 No cometerás ªadulterio. No ᵇrobarás.

23 No dirás ªfalso testimonio contra tu prójimo.

24 No ªcodiciarás la casa de tu prójimo, no codiciarás la mujer de tu prójimo, ni su criado, ni su criada, ni su buey, ni su asno, ni cosa alguna que sea de tu prójimo.

25 Y aconteció que después que Abinadí hubo dado fin a estas palabras, les dijo: ¿Habéis enseñado a este pueblo que debe procurar hacer todas estas

10a Mos. 17:13–19;
    Alma 25:10.
11a Éx. 20:1–17.
16a GEE Día de reposo.
19a Gén. 1:31.
20a Marcos 7:10.
21a Mateo 5:21–22;
    DyC 42:18.
    GEE Asesinato.
22a GEE Adulterio.
    b GEE Robar, robo, hurtar,
    hurto.
23a Prov. 24:28.
    GEE Mentiras.
24a GEE Codiciar.

cosas, a fin de guardar estos mandamientos?

26 Os digo que no; porque si lo hubieseis hecho, el Señor no habría hecho que yo viniera y profetizara el mal sobre este pueblo.

27 Ahora bien, habéis dicho que la salvación viene por la ley de Moisés. Yo os digo que es preciso que guardéis la *a*ley de Moisés aún; mas os digo que vendrá el tiempo cuando ya *b*no será necesario guardar la ley de Moisés.

28 Y además, os digo que la *a*salvación no viene solo por la *b*ley; y si no fuera por la *c*expiación que Dios mismo efectuará por los pecados e iniquidades de los de su pueblo, estos inevitablemente perecerían, a pesar de la ley de Moisés.

29 Y ahora os digo que se hizo necesario que se diera una ley a los hijos de Israel, sí, una ley muy *a*estricta; porque eran una gente de dura cerviz, *b*presta para hacer el mal y lenta para acordarse del Señor su Dios;

30 por tanto, les fue dada una *a*ley; sí, una ley de prácticas y *b*ordenanzas, una ley que tenían que *c*observar estrictamente de día en día, para conservar vivo en ellos el recuerdo de Dios y su deber para con él.

31 Mas he aquí, os digo que todas estas cosas eran *a*símbolos de cosas futuras.

32 Y bien, ¿entendieron la ley? Os digo que no; no todos entendieron la ley; y esto a causa de la dureza de sus corazones; pues no entendían que ningún hombre podía ser salvo *a*sino por medio de la redención de Dios.

33 Pues he aquí, ¿no les profetizó Moisés concerniente a la venida del Mesías, y que Dios redimiría a su pueblo? Sí, y aun *a*todos los profetas que han profetizado desde el principio del mundo, ¿no han hablado ellos más o menos acerca de estas cosas?

34 ¿No han dicho ellos que *a*Dios mismo bajaría entre los hijos de los hombres, y tomaría sobre sí la forma de hombre, e iría con gran poder sobre la faz de la tierra?

35 Sí, y, ¿no han dicho también que llevaría a efecto la *a*resurrección de los muertos, y que él mismo sería oprimido y afligido?

CAPÍTULO 14

Isaías habla en cuanto al Mesías —
Se exponen la humillación y los su-
frimientos del Mesías — Él hace
de Su alma ofrenda por el pecado e
intercede por los transgresores —

27a GEE Ley de Moisés.
  b 3 Ne. 9:19–20; 15:4–5.
28a Gál. 2:16.
  GEE Redención,
  redimido, redimir;
  Salvación.
  b Gál. 2:21;
  Mos. 3:14–15;

Alma 25:15–16.
  c GEE Expiación, expiar.
29a Josué 1:7–8.
  b Alma 46:8.
30a Éx. 20.
  b GEE Ordenanzas.
  c Jacob 4:5.
31a Mos. 16:14;

Alma 25:15.
  GEE Simbolismo.
32a 2 Ne. 25:23–25.
33a 1 Ne. 10:5;
  Jacob 4:4; 7:11.
34a Mos. 7:27; 15:1–3.
  GEE Trinidad.
35a Isa. 26:19; 2 Ne. 2:8.

*Compárese con Isaías 53. Aproxi-
madamente 148 a.C.*

Sí, ¿no dice Isaías: Quién ha creído nuestro mensaje, y a quién se ha manifestado el brazo del Señor?

2 Porque crecerá delante de él como una planta tierna, y como raíz de tierra seca; no hay en él parecer ni hermosura; y cuando lo veamos, no habrá en él buen parecer para que lo deseemos.

3 Despreciado y rechazado de los hombres; varón de dolores y experimentado en quebranto; y como que escondimos de él el rostro; fue menospreciado y no lo estimamos.

4 Ciertamente él ha ªllevado nuestros ᵇpesares y sufrido nuestros dolores; sin embargo, lo hemos tenido por golpeado, herido de Dios y afligido.

5 Mas él herido fue por nuestras ªtransgresiones, golpeado por nuestras iniquidades; y el castigo de nuestra paz fue sobre él; y con sus llagas somos ᵇsanados.

6 Todos nosotros nos hemos descarriado como ªovejas, nos hemos apartado, cada cual por su propio camino; y el Señor ha puesto sobre él las iniquidades de todos nosotros.

7 Fue oprimido y afligido, pero no ªabrió su boca; fue llevado como ᵇcordero al degolladero, y como la oveja permanece muda ante sus trasquiladores, así él no abrió su boca.

8 De la prisión y del juicio fue quitado; y, ¿quién declarará su generación? Porque fue arrancado de la tierra de los vivientes; por las transgresiones de mi pueblo fue herido.

9 Con los inicuos dispuso él su sepultura, y con los ªricos fue en su muerte; porque no había hecho ᵇmal, ni hubo engaño en su boca.

10 Mas quiso el Señor quebrantarlo; le ha causado aflicción; cuando hagas de su alma ofrenda por el pecado, él verá su ªlinaje, prolongará sus días y el placer del Señor prosperará en su mano.

11 Verá el afán de su alma, y quedará satisfecho; con su conocimiento, mi justo siervo justificará a muchos; porque ªllevará las iniquidades de ellos.

12 Por tanto, le repartiré una porción con los grandes; y él dividirá el botín con los fuertes, porque derramó su alma hasta la muerte, y fue contado con los transgresores; y llevó los pecados de muchos e ªintercedió por los transgresores.

14 4a Alma 7:11–12.
  b Mateo 8:17.
 5a Mos. 15:9;
    Alma 11:40.
  b 1 Pe. 2:24–25.
 6a Mateo 9:36;
    2 Ne. 28:14;
    Alma 5:37.
 7a Marcos 15:3.
   GEE Jesucristo.
  b GEE Cordero de Dios;
    Pascua.
 9a Mateo 27:57–60;
    Marcos 15:27, 43–46.
   GEE José de Arimatea.
  b Juan 19:4.
10a Mos. 15:10–13.
11a Lev. 16:21–22;
    1 Pe. 3:18;
    DyC 19:16–19.
12a 2 Ne. 2:9;
    Mos. 15:8;
    Moro. 7:27–28.

CAPÍTULO 15

Por qué Cristo es el Padre así como el Hijo — Él intercederá por los hijos de los hombres y tomará sobre sí las transgresiones de los de Su pueblo — Ellos y todos los santos profetas son Su posteridad — Él lleva a efecto la Resurrección — Los niños pequeños tienen vida eterna. Aproximadamente 148 a.C.

Y LUEGO les dijo Abinadí: Quisiera que entendieseis que ^aDios mismo descenderá entre los hijos de los hombres, y ^bredimirá a su pueblo.

2 Y porque ^amorará en la carne, será llamado el Hijo de Dios, y habiendo sujetado la carne a la voluntad del ^bPadre, siendo el Padre y el Hijo,

3 el Padre ^aporque fue ^bconcebido por el poder de Dios; y el Hijo, por causa de la carne; por lo que llega a ser el Padre e Hijo;

4 y son ^aun Dios, sí, el verdadero ^bPadre ^cEterno del cielo y de la tierra.

5 Y así la carne, habiéndose sujetado al Espíritu, o el Hijo al Padre, siendo un Dios, ^asufre tentaciones, pero no cede a ellas, sino que permite que su pueblo se burle de él, y lo ^bazote, y lo eche fuera, y lo ^crepudie.

6 Y tras de todo esto, después de obrar muchos grandes milagros entre los hijos de los hombres, será conducido, sí, ^asegún dijo Isaías: Como la oveja permanece muda ante el trasquilador, así él no ^babrió su boca.

7 Sí, aun de este modo será llevado, ^acrucificado y muerto, la carne quedando sujeta hasta la muerte, la ^bvoluntad del Hijo siendo absorbida en la voluntad del Padre.

8 Y así Dios rompe las ^aligaduras de la muerte, habiendo logrado la ^bvictoria sobre la muerte; dando al Hijo poder para ^cinterceder por los hijos de los hombres,

9 habiendo ascendido al cielo, henchidas de misericordia sus entrañas, lleno de compasión por los hijos de los hombres; interponiéndose entre ellos y la justicia; habiendo quebrantado los lazos de la muerte, tomado sobre ^así la iniquidad y las transgresiones de ellos, habiéndolos redimido y ^bsatisfecho las exigencias de la justicia.

10 Y ahora os digo: ¿Quién

---

15 1*a* 1 Tim. 3:16;
    Mos. 13:33–34.
    GEE Jesucristo.
  b GEE Redención,
    redimido, redimir.
  2*a* Mos. 3:5; 7:27;
    Alma 7:9–13.
  b Isa. 64:8;
    Juan 10:30; 14:8–10;
    Mos. 5:7;
    Alma 11:38–39;
    Éter 3:14.

3*a* DyC 93:4.
  b Lucas 1:31–33;
    Mos. 3:8–9; Alma 7:10;
    3 Ne. 1:14.
  4*a* Deut. 6:4; Juan 17:20–23.
    GEE Trinidad.
  b Mos. 3:8; Hel. 14:12;
    3 Ne. 9:15; Éter 4:7.
  c Alma 11:39.
  5*a* Lucas 4:2; Heb. 4:14–15.
  b Juan 19:1.
  c Marcos 8:31; Lucas 17:25.

6*a* Isa. 53:7.
  b Lucas 23:9;
    Juan 19:9; Mos. 14:7.
  7*a* GEE Crucifixión.
  b Lucas 22:42; Juan 6:38;
    3 Ne. 11:11.
  8*a* Mos. 16:7; Alma 22:14.
  b Oseas 13:14;
    1 Cor. 15:55–57.
  c 2 Ne. 2:9.
  9*a* Isa. 53; Mos. 14:5–12.
  b GEE Expiación, expiar.

declarará su generación? He aquí, os digo que cuando su alma haya sido tornada en ofrenda por el pecado, él verá su ᵃposteridad. Y ahora, ¿qué decís vosotros? ¿Quién será su posteridad?

11 He aquí, os digo que quien ha oído las palabras de los ᵃprofetas, sí, todos los santos profetas que han profetizado concerniente a la venida del Señor, os digo que todos aquellos que han escuchado sus palabras y creído que el Señor redimirá a su pueblo, y han esperado anhelosamente ese día para la remisión de sus pecados, os digo que estos son su posteridad, o sea, son los herederos del ᵇreino de Dios.

12 Porque estos son aquellos cuyos pecados ᵃél ha tomado sobre sí; estos son aquellos por quienes ha muerto, para redimirlos de sus transgresiones. Y bien, ¿no son ellos su posteridad?

13 Sí, ¿y no lo son los profetas, todo aquel que ha abierto su boca para profetizar, que no ha caído en transgresión, quiero decir, todos los santos profetas desde el principio del mundo? Os digo que ellos son su posteridad.

14 Y estos son los que han ᵃpublicado la paz, los que han traído gratas nuevas del bien, los que

han publicado la salvación y dicen a Sion: ¡Tu Dios reina!

15 Y, ¡oh cuán hermosos fueron sus pies sobre las montañas!

16 Y más aún: ¡Cuán hermosos son sobre las montañas los pies de aquellos que aún están publicando la paz!

17 Y además: ¡Cuán hermosos son sobre las montañas los pies de aquellos que en lo futuro publicarán la paz; sí, desde hoy en adelante y para siempre!

18 Y he aquí, os digo que esto no es todo. Porque, ¡cuán hermosos son sobre las montañas los ᵃpies de aquel que trae buenas nuevas, que es el fundador de la ᵇpaz, sí, el Señor, que ha redimido a su pueblo; sí, aquel que ha concedido la salvación a su pueblo!

19 Porque si no fuera por la redención que ha hecho por su pueblo, la cual fue preparada desde la ᵃfundación del mundo, os digo que de no haber sido por esto, todo el género humano habría ᵇperecido.

20 Mas he aquí, las ligaduras de la muerte serán quebrantadas; y el Hijo reinará y tendrá poder sobre los muertos; por tanto, llevará a efecto la resurrección de los muertos.

21 Y viene una resurrección, sí, una ᵃprimera resurrección; sí,

---

10a Isa. 53:10;
    Mos. 5:7; 27:25;
    Moro. 7:19.
11a DyC 84:36–38.
  b GEE Reino de Dios o de
    los cielos;
    Salvación.

12a Mos. 14:12;
    Alma 7:13; 11:40–41.
14a Isa. 52:7;
    Rom. 10:15;
    1 Ne. 13:37;
    Mos. 12:21–24.
    GEE Obra misional.

18a 3 Ne. 20:40;
    DyC 128:19.
  b Juan 16:33.
    GEE Paz.
19a Mos. 4:6.
  b 2 Ne. 9:6–13.
21a Alma 40:16–21.

una resurrección de aquellos que han existido, que existen y que existirán hasta la resurrección de Cristo, pues así será llamado él.

22 Y la resurrección de todos los profetas, y todos aquellos que han creído en sus palabras, o sea, todos aquellos que han guardado los mandamientos de Dios, se realizará en la primera resurrección; por tanto, ellos son la primera resurrección.

23 Estos son levantados para ªvivir con Dios, el cual los ha redimido; de modo que tienen vida eterna por medio de Cristo, el cual ha ᵇquebrantado las ataduras de la muerte.

24 Y estos son los que tienen parte en la primera resurrección; y estos son los que han muerto en su ignorancia, antes que Cristo viniese, no habiéndoseles declarado la ªsalvación. Y así el Señor efectúa la restauración de estos; y participan en la primera resurrección, o sea, tienen vida eterna, habiéndolos redimido el Señor.

25 Y los ªniños pequeños también tienen vida eterna.

26 Mas he aquí, ªtemed y temblad ante Dios; porque tenéis razón para temblar; pues el Señor no redime a ninguno de los que se ᵇrebelan contra él, y ᶜmueren en sus pecados; sí, todos

aquellos que han perecido en sus pecados desde el principio del mundo, que por su propia voluntad se han rebelado contra Dios, que han sabido los mandamientos de Dios, y no quisieron observarlos, ᵈestos son los que ᵉno tienen parte en la primera resurrección.

27 Por tanto, ¿no deberíais temblar? Porque la salvación no viene a ninguno de estos, por cuanto el Señor no ha redimido a ninguno de los tales; ni tampoco puede redimirlos; porque el Señor no puede contradecirse a sí mismo; pues no puede negar a la ªjusticia cuando esta reclama lo suyo.

28 Y ahora bien, os digo que vendrá el tiempo en que la salvación del Señor será ªdeclarada a toda nación, tribu, lengua y pueblo.

29 ¡Sí, tus ªcentinelas levantarán sus voces, oh Señor! Unánimes cantarán, porque verán ojo a ojo, cuando el Señor hiciere volver a Sion.

30 ¡Prorrumpid en gozo! ¡Cantad juntamente, soledades de Jerusalén! Porque el Señor ha consolado a su pueblo, ha redimido a Jerusalén.

31 El Señor ha desnudado su santo brazo a la vista de todas las naciones, y todos los extremos

23a Sal. 24:3–4; 1 Ne. 15:33–36; DyC 76:50–70.
b GEE Muerte física.
24a 2 Ne. 9:25–26; DyC 137:7.
25a DyC 29:46; 137:10.

GEE Salvación — La salvación de los niños pequeños.
26a Deut. 5:29; Jacob 6:9.
b 1 Ne. 2:21–24.
c Ezeq. 18:26;

1 Ne. 15:32–33; Moro. 10:26.
d Alma 40:19.
e DyC 76:81–86.
27a Alma 34:15–16; 42:1.
28a GEE Obra misional.
29a GEE Velar.

de la tierra verán la salvación de nuestro Dios.

CAPÍTULO 16

Dios redime a los hombres de su estado caído y perdido — Los que son de naturaleza carnal permanecen como si no hubiera habido redención — Cristo hace posible la resurrección a la vida sin fin o a la condenación sin fin. Aproximadamente 148 a.C.

Y ahora bien, aconteció que después que Abinadí hubo hablado estas palabras, extendió la mano y dijo: Vendrá el día en que todos verán la ªsalvación del Señor; en que toda nación, tribu, lengua y pueblo verán ojo a ojo, y ᵇconfesarán ante Dios que sus juicios son justos.

2 Y entonces los malvados serán ªechados fuera, y tendrán motivo para aullar y ᵇllorar, lamentar y crujir los dientes; y esto porque no quisieron escuchar la voz del Señor; por tanto, el Señor no los redime.

3 Porque son ªcarnales y diabólicos, y el ᵇdiablo tiene poder sobre ellos; sí, aquella antigua serpiente que ᶜengañó a nuestros primeros padres, que fue la causa de su ᵈcaída; que fue la causa de

que toda la humanidad llegara a ser carnal, sensual y diabólica, ᵉdisirniendo el mal del bien, y sujetándose al diablo.

4 De modo que toda la humanidad estaba ªperdida; y he aquí, se habría perdido eternamente si Dios no hubiese rescatado a su pueblo de su estado caído y perdido.

5 Pero recordad que quien persiste en su propia naturaleza ªcarnal, y sigue las sendas del pecado y la rebelión contra Dios, permanece en su estado caído, y el diablo tiene todo poder sobre él. Por tanto, queda como si no se hubiera hecho ninguna ᵇredención, siendo enemigo de Dios; y también el diablo es enemigo de Dios.

6 Ahora bien, si Cristo no hubiese venido al mundo, hablando de cosas futuras ªcomo si ya hubiesen acontecido, no habría habido redención.

7 Y si Cristo no hubiese resucitado de los muertos, o si no hubiese roto las ligaduras de la muerte, para que el sepulcro no tuviera victoria, ni la muerte ªaguijón, no habría habido resurrección.

8 Mas hay una ªresurrección; por tanto, no hay victoria

---

16 1a GEE Salvación.
  b Mos. 27:31.
 2a DyC 63:53–54.
  b Mateo 13:41–42;
   Lucas 13:28;
   Alma 40:13.
 3a Gál. 5:16–25;
   Mos. 3:19.
   GEE Hombre natural.

 b 2 Ne. 9:8–9.
   GEE Diablo.
  c Gén. 3:1–13;
   Moisés 4:5–19.
  d GEE Caída de Adán
   y Eva.
  e 2 Ne. 2:17–18, 22–26.
 4a Alma 42:6–14.
 5a Alma 41:11.

   GEE Carnal.
  b GEE Redención,
   redimido, redimir.
 6a Mos. 3:13.
 7a Oseas 13:14;
   Mos. 15:8, 20.
 8a Alma 42:15.
   GEE Resurrección.

para el sepulcro, y el aguijón de la ᵇmuerte es consumido en Cristo.

9 Él es la ᵃluz y la vida del mundo; sí, una luz que es infinita, que nunca se puede extinguir; sí, y también una vida que es infinita, para que no haya más muerte.

10 Y esto que es mortal se vestirá de ᵃinmortalidad, y esta corrupción se vestirá de incorrupción, y todos serán llevados a ᵇcomparecer ante el tribunal de Dios, para ser ᶜjuzgados por él según sus obras, ya fueren buenas o malas;

11 si fueren buenas, a la resurrección de una ᵃvida sin fin y felicidad, y si fueren malas, a la resurrección de una ᵇcondenación sin fin, pues son entregados al diablo que los ha sujetado, lo cual es la condenación;

12 habiendo obrado según su propia voluntad y deseos carnales; nunca habiendo invocado al Señor mientras los brazos de la ᵃmisericordia se extendían hacia ellos; porque los brazos de la misericordia se extendieron hacia ellos, y no quisieron; habiendo sido amonestados por sus iniquidades, y sin embargo, no las abandonaron; y se les mandó arrepentirse, y con todo, no quisieron arrepentirse.

13 Y ahora bien, ¿no debéis temblar y arrepentiros de vuestros pecados, y recordar que solamente en Cristo y mediante él podéis ser salvos?

14 Así pues, si enseñáis la ᵃley de Moisés, enseñad también que es un símbolo de aquellas cosas que están por venir;

15 enseñadles que la redención viene por medio de Cristo el Señor, que es el verdadero ᵃPadre Eterno. Amén.

CAPÍTULO 17

Alma cree las palabras de Abinadí y las escribe — Abinadí padece la muerte por fuego — Profetiza enfermedades y muerte por fuego sobre sus asesinos. Aproximadamente 148 a.C.

Y ACONTECIÓ que cuando Abinadí hubo concluido estas palabras, el rey mandó a los ᵃsacerdotes que se lo llevaran e hiciesen que padeciera la muerte.

2 Pero había entre ellos uno cuyo nombre era ᵃAlma, también descendiente de Nefi. Y era un hombre joven, y ᵇcreyó las palabras que Abinadí había hablado, porque estaba enterado de la iniquidad que Abinadí había declarado contra ellos; por tanto, empezó a interceder con el rey para que no se enojara con

8b Isa. 25:8;
    1 Cor. 15:54–55;
    Morm. 7:5.
9a DyC 88:5–13.
    GEE Luz, luz de Cristo.
10a Alma 40:2.
    GEE Inmortal,
    inmortalidad.
  b GEE Juicio final.
  c Alma 41:3–6.
11a GEE Vida eterna.
  b GEE Condenación,
    condenar.
12a GEE Misericordia,
    misericordioso.
14a GEE Ley de Moisés.
15a Mos. 3:8; 5:7; Éter 3:14.
17 1a Mos. 11:1, 5–6.
   2a Mos. 23:6, 9–10.
    GEE Alma, padre.
  b Mos. 26:15.

Abinadí, sino que le permitiera partir en paz.

3 Pero el rey se irritó más, e hizo que Alma fuera echado de entre ellos, y envió a sus siervos tras de él para que lo mataran.

4 Mas él huyó de ellos y se escondió, de modo que no lo hallaron. Y estando escondido muchos días, ªescribió todas las palabras que Abinadí había hablado.

5 Y sucedió que el rey mandó a sus guardias que rodearan a Abinadí y se lo llevaran; y lo ataron y lo echaron en la cárcel.

6 Y después de tres días, habiendo consultado con sus sacerdotes, mandó el rey que fuera llevado otra vez ante él.

7 Y le dijo: Abinadí, hemos encontrado una acusación contra ti, y mereces la muerte.

8 Porque has dicho que ªDios mismo bajará entre los hijos de los hombres; y ahora, a causa de esto se te quitará la vida, a menos que te retractes de todas las palabras que has hablado para mal contra mí y mi pueblo.

9 Luego le dijo Abinadí: Te digo que no me retractaré de las palabras que te he hablado concernientes a este pueblo, porque son verdaderas; y para que sepas que son ciertas, he permitido que yo caiga en tus manos.

10 Sí, y padeceré aun hasta la muerte, y no me retractaré de mis palabras, y permanecerán como testimonio en contra de ti.

Y si me matas, derramarás sangre ªinocente, y esto también quedará como testimonio en contra de ti en el postrer día.

11 Y ahora el rey Noé estaba a punto de soltarlo, porque temía su palabra; sí, tenía miedo de que los juicios de Dios cayeran sobre él.

12 Mas los sacerdotes dieron voces contra Abinadí, y empezaron a acusarlo, diciendo: Ha vituperado al rey. Por tanto, el rey fue incitado a la ira en contra de él, y lo entregó para que lo mataran.

13 Y sucedió que se lo llevaron y lo ataron; y torturaron su carne con brasas, sí, hasta la muerte.

14 Y cuando las llamas empezaban a quemarlo, clamó a ellos, diciendo:

15 He aquí, así como habéis obrado conmigo, así acontecerá que vuestros descendientes harán que muchos padezcan los dolores que yo padezco, sí, los dolores de la ªmuerte por fuego; y esto porque creen en la salvación del Señor su Dios.

16 Y ocurrirá que vosotros seréis afligidos con toda clase de enfermedades, a causa de vuestras iniquidades.

17 Sí, y seréis ªheridos por todos lados, y seréis echados y dispersados de un lado al otro, así como una manada de ganado silvestre es acosada por salvajes y feroces bestias.

18 Y en aquel día os cazarán, y caeréis en manos de vuestros

4a GEE Escrituras.
8a Mos. 13:25, 33–34.
10a Alma 60:13.
15a Mos. 13:9–10;
Alma 25:4–12.
17a Mos. 21:1–5, 13.

enemigos; y entonces padeceréis, así como yo padezco, los dolores de la ªmuerte por fuego.

19 Así ejecuta Dios su ªvenganza sobre aquellos que destruyen a su pueblo. ¡Oh Dios, recibe mi alma!

20 Y ahora bien, cuando Abinadí hubo dicho estas palabras, cayó, habiendo padecido la muerte por fuego; sí, habiéndosele ejecutado porque no quiso negar los mandamientos de Dios, habiendo sellado la verdad de sus palabras con su muerte.

CAPÍTULO 18

Alma predica secretamente — Declara el convenio del bautismo y bautiza en las aguas de Mormón — Organiza la Iglesia de Cristo y ordena sacerdotes — Estos se mantienen con el trabajo de sus manos y enseñan al pueblo — Alma y su pueblo huyen del rey Noé al desierto. Aproximadamente 147–145 a.C.

Y SUCEDIÓ que Alma, quien había huido de los siervos del rey Noé, se ªarrepintió de sus pecados e iniquidades, y fue secretamente entre el pueblo, y empezó a enseñar las palabras de Abinadí;

2 sí, concerniente a lo que había de venir, y también acerca de la resurrección de los muertos y la ªredención del pueblo, que iba a realizarse por medio del ᵇpoder, y los padecimientos, y la muerte de Cristo, y su resurrección y ascensión al cielo.

3 Y enseñaba a cuantos querían oír su palabra. Y los instruía secretamente para que no llegara a oídos del rey. Y muchos creyeron en sus palabras.

4 Y aconteció que cuantos le creyeron fueron a un ªlugar llamado Mormón, nombre que había recibido del rey, y el cual se hallaba en las fronteras del país, y a veces, o sea, por estaciones, estaba infestado de animales salvajes.

5 Y ahora bien, había en Mormón una fuente de agua pura, y Alma allí acudía; y cerca del agua había un paraje poblado de árboles pequeños, donde se ocultaba, durante el día, de las pesquisas del rey.

6 Y aconteció que cuantos le creían, se dirigían allí para oír sus palabras.

7 Y sucedió que después de muchos días, se hallaba reunido un buen número en el paraje de Mormón, para oír las palabras de Alma. Sí, todos los que creían en su palabra se habían reunido para oírlo. Y les ªenseñó, y les predicó el arrepentimiento y la redención y la fe en el Señor.

8 Y aconteció que les dijo: He aquí las aguas de Mormón (porque así se llamaban); y ya que ªdeseáis entrar en el ᵇredil de Dios y ser llamados su pueblo, y estáis ᶜdispuestos a llevar las

---

18a Mos. 19:18–20.
19a GEE Venganza.
18 1a Mos. 23:9–10.
2a GEE Redención,

redimido, redimir.
 b GEE Expiación, expiar.
4a Alma 5:3.
7a Alma 5:11–13.

8a DyC 20:37.
 b GEE Iglesia de Jesucristo.
 c GEE Compasión.

cargas los unos de los otros para que sean ligeras;

9 sí, y estáis dispuestos a llorar con los que lloran; sí, y a consolar a los que necesitan de consuelo, y ser ^atestigos de Dios en todo tiempo, y en todas las cosas y en todo lugar en que estuvieseis, aun hasta la muerte, para que seáis redimidos por Dios, y seáis contados con los de la ^bprimera resurrección, para que tengáis ^cvida eterna;

10 os digo ahora, si este es el deseo de vuestros corazones, ¿qué os impide ser ^abautizados en el nombre del Señor, como testimonio ante él de que habéis concertado un ^bconvenio con él de que lo serviréis y guardaréis sus mandamientos, para que él derrame su Espíritu más abundantemente sobre vosotros?

11 Y ahora bien, cuando los del pueblo hubieron oído estas palabras, batieron sus manos de gozo y exclamaron: Ese es el deseo de nuestros corazones.

12 Y luego sucedió que Alma tomó a Helam, que era uno de los primeros, y fue y entró en el agua, y clamó, diciendo: ¡Oh Señor, derrama tu Espíritu sobre tu siervo para que haga esta obra con santidad de corazón!

13 Y cuando hubo dicho estas palabras, el ^aEspíritu del Señor vino sobre él, y dijo: Helam, teniendo ^bautoridad del Dios Todopoderoso, te ^cbautizo como testimonio de que has hecho convenio de servirle hasta que mueras en cuanto al cuerpo mortal; y sea derramado sobre ti el Espíritu del Señor, y concédate él vida eterna mediante la ^dredención de Cristo, a quien él ha preparado desde la ^efundación del mundo.

14 Y después que Alma hubo dicho estas palabras, él y Helam se ^asepultaron juntamente en el agua; y se levantaron y salieron del agua regocijándose, pues fueron llenos del Espíritu.

15 Y de nuevo tomó Alma a otro, y entró por segunda vez en el agua, y lo bautizó como había hecho con el primero, solo que no se sumergió a sí mismo otra vez en el agua.

16 Y de esta manera bautizó a todos los que fueron al paraje de Mormón, y eran en número unas doscientas cuatro almas; sí, y fueron ^abautizados en las aguas de Mormón, y fueron llenos de la ^bgracia de Dios.

17 Y fueron llamados la iglesia de Dios, o la ^aiglesia de Cristo, desde ese tiempo en adelante. Y aconteció que quienquiera que

---

9a GEE Obra misional;
  Testificar;
  Testigo.
 b Mos. 15:21–26.
 c GEE Vida eterna.
10a 2 Ne. 31:17.
  GEE Bautismo, bautizar.
 b GEE Convenio.

13a GEE Espíritu Santo.
 b AdeF 1:5.
  GEE Sacerdocio.
 c 3 Ne. 11:23–26;
  DyC 20:72–74.
 d GEE Redención,
  redimir, redimir.
 e Moisés 4:2; 5:9.

14a GEE Bautismo,
  bautizar — Por
  inmersión.
16a Mos. 25:18.
 b GEE Gracia.
17a 3 Ne. 26:21; 27:3–8.
  GEE Iglesia de
  Jesucristo.

era bautizado por el poder y autoridad de Dios, era agregado a su iglesia.

18 Y aconteció que Alma, teniendo ªautoridad de Dios, ordenó sacerdotes; sí, un sacerdote por cada cincuenta de ellos ordenó él para predicarles y para ᵇenseñarles en cuanto a las cosas pertenecientes al reino de Dios.

19 Y les mandó que no enseñaran nada, sino las cosas que él había enseñado, y que habían sido declaradas por boca de los santos profetas.

20 Sí, les mandó que no ªpredicaran nada, salvo el arrepentimiento y la fe en el Señor, que había redimido a su pueblo.

21 Y les mandó que no hubiera ªcontenciones entre uno y otro, sino que fijasen su vista hacia adelante con ᵇuna sola mira, teniendo una fe y un bautismo, teniendo entrelazados sus corazones con ᶜunidad y amor el uno para con el otro.

22 Y así les mandó predicar. Y así se convirtieron en ªhijos de Dios.

23 Y les mandó que observaran el día de ªreposo y lo santificaran; y también que todos los días dieran gracias al Señor su Dios.

24 Y además, les mandó que los sacerdotes, a quienes él había ordenado, ªtrabajaran con sus propias manos para su sostén.

25 Y se designó un día de cada semana en el que debían reunirse para enseñar al pueblo y para ªadorar al Señor su Dios; y también habían de juntarse cuantas veces les fuera posible.

26 Y los sacerdotes no habían de depender del pueblo para su sostén; sino que por su obra habían de recibir la ªgracia de Dios, a fin de fortalecerse en el Espíritu, teniendo el ᵇconocimiento de Dios, para enseñar con poder y autoridad de Dios.

27 Y además, Alma mandó que el pueblo de la iglesia diera de sus bienes, ªcada uno de conformidad con lo que tuviera; si tenía en más abundancia, debía dar más abundantemente; y del que tenía poco, solo poco se debía requerir; y al que no tuviera, se le habría de dar.

28 Y así debían dar de sus bienes, de su propia y libre voluntad y buenos deseos para con Dios, a aquellos sacerdotes que estuvieran necesitados, sí, y a toda alma desnuda y menesterosa.

29 Y esto les dijo él a ellos, habiéndoselo mandado Dios; y ªanduvieron rectamente ante Dios, ᵇayudándose el uno al otro

---

18a GEE Sacerdocio.
  b GEE Enseñar.
20a DyC 15:6; 18:14–16.
21a 3 Ne. 11:28–30.
    GEE Contención, contienda.
  b Mateo 6:22;
    DyC 88:67–68.

  c GEE Unidad.
22a Mos. 5:5–7;
    Moisés 6:64–68.
23a Mos. 13:16–19;
    DyC 59:9–12.
24a Hech. 20:33–35;
    Mos. 27:3–5;
    Alma 1:26.

25a GEE Adorar.
26a GEE Gracia.
  b GEE Conocimiento.
27a Hech. 2:44–45;
    4 Ne. 1:3.
29a GEE Andar, andar con Dios.
  b GEE Bienestar.

temporal y espiritualmente, según sus necesidades y carencias.

30 Y ahora bien, aconteció que todo esto se hizo en Mormón, sí, al lado de las ªaguas de Mormón, en el bosque inmediato a las aguas de Mormón; sí, el paraje de Mormón, las aguas de Mormón, el bosque de Mormón, ¡cuán hermosos son a los ojos de aquellos que allí llegaron al conocimiento de su Redentor; sí, y cuán benditos son, porque le cantarán alabanzas para siempre!

31 Y se hicieron estas cosas en las ªfronteras del país, para que no llegaran al conocimiento del rey.

32 Mas he aquí, sucedió que el rey, habiendo descubierto un movimiento entre los del pueblo, envió a sus siervos para vigilarlos. Por tanto, el día en que estaban reuniéndose para oír la palabra del Señor fueron denunciados ante el rey.

33 Y el rey dijo que Alma estaba incitando al pueblo a que se rebelara contra él; por tanto, envió a su ejército para que los destruyera.

34 Y aconteció que Alma y el pueblo del Señor se ªenteraron de la venida del ejército del rey; por tanto, tomaron sus tiendas y sus familias, y partieron para el desierto.

35 Y eran en número unas cuatrocientas cincuenta almas.

CAPÍTULO 19

Gedeón intenta matar al rey Noé — Los lamanitas invaden la tierra — El rey Noé padece la muerte por fuego — Limhi reina como monarca tributario. Aproximadamente 145– 121 a.C.

Y ACONTECIÓ que el ejército del rey volvió, después de haber buscado en vano al pueblo del Señor.

2 Y ahora bien, he aquí, las fuerzas del rey eran pequeñas, pues habían sido reducidas, y empezó a haber una división entre el resto del pueblo.

3 Y la parte menor empezó a proferir amenazas contra el rey, y empezó a haber una gran contención entre ellos.

4 Ahora bien, había entre ellos un hombre que se llamaba Gedeón; y como era un hombre fuerte y enemigo del rey, sacó, por tanto, su espada y juró en su ira que mataría al rey.

5 Y aconteció que peleó con el rey, y cuando el rey vio que estaba a punto de vencerlo, huyó, y corrió, y se subió a la ªtorre que estaba cerca del templo.

6 Y Gedeón lo siguió, y estaba a punto de subir a la torre para matar al rey, y este dirigió la mirada hacia la tierra de Shemlón, y he aquí que el ejército de los lamanitas estaba ya dentro de las fronteras del país.

7 Y luego el rey gritó con toda la angustia de su alma, diciendo:

30a Mos. 26:15.
31a Mos. 18:4.
34a Mos. 23:1.
19 5a Mos. 11:12.

Gedeón, perdóname la vida, porque los lamanitas están ya sobre nosotros, y nos destruirán; sí, destruirán a mi pueblo.

8 Ahora bien, el rey no estaba tan interesado en su pueblo, como en su propia vida; sin embargo, Gedeón le perdonó la vida.

9 Y el rey mandó al pueblo que huyera delante de los lamanitas, y él mismo salió delante de ellos; y huyeron al desierto con sus mujeres y sus hijos.

10 Y sucedió que los lamanitas los persiguieron, y los alcanzaron y empezaron a matarlos.

11 Y sucedió que mandó el rey que todos los hombres abandonaran a sus esposas e hijos, y huyesen de los lamanitas.

12 Ahora bien, hubo muchos que no quisieron abandonarlos, sino que prefirieron quedarse y perecer con ellos. Y los demás abandonaron a sus esposas e hijos, y huyeron.

13 Y aconteció que aquellos que permanecieron con sus esposas y sus hijos hicieron que sus bellas hijas avanzaran e intercedieran con los lamanitas para que no los mataran.

14 Y sucedió que los lamanitas se compadecieron de ellos, porque los cautivó la hermosura de sus mujeres.

15 De manera que los lamanitas les perdonaron la vida, y los tomaron cautivos y los llevaron de vuelta a la tierra de Nefi, y les permitieron poseer la tierra con la condición de que pusieran al rey Noé en manos de los lamanitas, y que entregaran sus bienes, sí, la mitad de todo lo que poseían: la mitad de su oro, su plata y todas sus cosas preciosas, y así debían pagar tributo al rey de los lamanitas de año en año.

16 Ahora bien, entre los cautivos se hallaba uno de los hijos del rey, cuyo nombre era ª Limhi.

17 Y Limhi no deseaba que su padre fuese destruido; sin embargo, Limhi, siendo hombre justo, no ignoraba las iniquidades de su padre.

18 Y aconteció que Gedeón envió hombres al desierto secretamente para buscar al rey y a los que estaban con él; y sucedió que dieron con el pueblo en el desierto, con todos menos el rey y sus sacerdotes.

19 Ahora bien, los del pueblo habían jurado en sus corazones que volverían a la tierra de Nefi; y si sus esposas e hijos habían sido asesinados, así como los que se habían quedado con ellos, procurarían vengarse y perecerían también con ellos.

20 Y el rey les mandó que no volvieran; y se enojaron con el rey, e hicieron que padeciera, aun hasta la ª muerte por fuego.

21 Y estaban a punto de prender a los sacerdotes también, y quitarles la vida, y estos huyeron de ellos.

22 Y aconteció que estaban ya para volver a la tierra de Nefi, y dieron con los hombres de

---

16a Mos. 7:9. | 20a Mos. 17:13–19; | Alma 25:11.

Gedeón. Y los hombres de Gedeón les refirieron todo lo que había acontecido a sus esposas y sus hijos, y que los lamanitas les habían concedido que poseyeran la tierra, pagándoles como tributo la mitad de todo cuanto poseyeran.

23 Y el pueblo informó a la gente de Gedeón que habían matado al rey, y que sus sacerdotes habían huido de ellos al interior del desierto.

24 Y aconteció que después de haber terminado la ceremonia, volvieron a la tierra de Nefi, regocijándose porque sus esposas e hijos no habían sido asesinados; y dijeron a Gedeón lo que habían hecho con el rey.

25 Y aconteció que el rey de los lamanitas les ªjuró que su pueblo no los mataría.

26 Y también Limhi, siendo hijo del rey, habiéndole conferido ªel pueblo el reino, juró al rey de los lamanitas que su pueblo le pagaría tributo, sí, la mitad de todo lo que poseían.

27 Y aconteció que Limhi empezó a instituir el reino y a establecer la paz entre el pueblo.

28 Y el rey de los lamanitas puso guardias alrededor de la tierra, para retener al pueblo de Limhi, con objeto de que no partiera para el desierto; y mantenía a sus guardias con el tributo que recibía de los nefitas.

29 Y el rey Limhi gozó de paz continua en su reino por el espacio de dos años, porque los lamanitas no los molestaron ni trataron de destruirlos.

CAPÍTULO 20

Los sacerdotes del rey Noé raptan a algunas de las hijas de los lamanitas — Los lamanitas emprenden la guerra contra Limhi y su pueblo — Los lamanitas son rechazados y pacificados. Aproximadamente 145–123 a.C.

Y HABÍA en Shemlón un paraje donde las hijas de los lamanitas se reunían para cantar, para bailar y para divertirse.

2 Y aconteció que un día se hallaba reunido un reducido número de ellas para cantar y bailar.

3 Ahora bien, los sacerdotes del rey Noé, avergonzados de volver a la ciudad de Nefi, sí, y temiendo también que el pueblo les matara, no se atrevían a volver a sus esposas y sus hijos.

4 Y habiendo permanecido en el desierto, y habiendo descubierto a las hijas de los lamanitas, se ocultaron y las acecharon;

5 y cuando no había más que unas pocas de ellas reunidas para bailar, ellos salieron de sus lugares secretos, y las tomaron y se las llevaron al desierto; sí, se llevaron a veinticuatro de las hijas de los lamanitas al desierto.

6 Y aconteció que cuando los lamanitas echaron de menos a sus hijas, se enojaron contra los

del pueblo de Limhi, pues pensaron que había sido el pueblo de Limhi.

7 Por tanto, hicieron avanzar sus ejércitos; sí, hasta el rey mismo marchó a la cabeza de su pueblo; y subieron a la tierra de Nefi para destruir al pueblo de Limhi.

8 Ahora bien, Limhi los había descubierto desde la torre, sí, él descubrió todos sus preparativos para la guerra; por tanto, reunió a su pueblo y les puso una emboscada en los campos y en los bosques.

9 Y aconteció que cuando llegaron los lamanitas, el pueblo de Limhi empezó a caer sobre ellos desde sus emboscadas, y comenzaron a matarlos.

10 Y ocurrió que la batalla se hizo sumamente violenta, pues pelearon como los leones por su presa.

11 Y sucedió que el pueblo de Limhi empezó a echar a los lamanitas delante de ellos, a pesar de que su número no era ni la mitad del de los lamanitas. Mas ellos ᵃluchaban por sus vidas, y por sus esposas, y por sus hijos; por lo tanto, se esforzaron y combatieron como dragones.

12 Y aconteció que hallaron entre el número de sus muertos al rey de los lamanitas; aunque no estaba muerto, pues había sido herido y abandonado en el campo de batalla, tan precipitada había sido la fuga de su pueblo.

13 Y lo recogieron y le vendaron las heridas, y lo llevaron ante Limhi, y dijeron: He aquí el rey de los lamanitas; habiendo sido herido, cayó entre sus muertos, y lo abandonaron, y he aquí, lo hemos traído ante ti; y ahora matémoslo.

14 Pero les dijo Limhi: No lo mataréis, antes bien traedlo acá para que yo lo vea. Y lo trajeron. Y le dijo Limhi: ¿Por qué razón has venido a la guerra contra mi pueblo? He aquí, mi pueblo no ha violado el ᵃjuramento que te hice; ¿por qué, pues, habríais de quebrantar vosotros el juramento que hicisteis a mi pueblo?

15 Y luego dijo el rey: He quebrantado mi juramento porque los de tu pueblo se llevaron a las hijas de mi pueblo; por tanto, en mi enojo hice que mi pueblo viniese a la guerra contra el tuyo.

16 Ahora bien, Limhi nada había oído respecto de este asunto; por tanto, dijo: Buscaré entre mi pueblo, y quien haya hecho tal cosa perecerá. De manera que mandó hacer una pesquisa entre el pueblo.

17 Y cuando ᵃGedeón, que era el capitán del rey, oyó estas cosas, fue al rey y le dijo: Te ruego que te refrenes y no busques entre este pueblo, ni lo culpes de esto.

18 ¿Pues no te acuerdas de los sacerdotes de tu padre, a quienes este pueblo trató de destruir? ¿Y no están ellos en el desierto? ¿Y no son ellos los que se han robado a las hijas de los lamanitas?

---

20 11a Alma 43:45. | 14a Mos. 19:25–26. | 17a Mos. 19:4–8.

19 Y ahora bien, he aquí, declara al rey estas cosas, para que él las diga a su pueblo, y se pacifiquen con nosotros; porque he aquí, ya se están preparando para venir contra nosotros; y ves también que somos pocos.

20 Y he aquí, vienen con sus numerosas huestes; y a menos que el rey los pacifique con nosotros, pereceremos.

21 ¿Pues no se han ªcumplido las palabras de Abinadí que él profetizó contra nosotros? Y todo esto porque no quisimos oír las palabras del Señor, ni abandonar nuestras iniquidades.

22 Y ahora pacifiquemos al rey, y sujetémonos al juramento que le hemos hecho, porque es mejor que estemos en el cautiverio que perder nuestras vidas; por tanto, demos fin al derramamiento de tanta sangre.

23 Y Limhi declaró al rey todas las cosas concernientes a su padre y a los ªsacerdotes que habían huido al desierto, a quienes atribuyó el rapto de sus hijas.

24 Y aconteció que el rey se pacificó con el pueblo de Limhi, y les dijo: Salgamos sin armas a encontrar a mi pueblo; y os aseguro con juramento, que los de mi pueblo no matarán al vuestro.

25 Y aconteció que siguieron al rey, y salieron sin armas a encontrar a los lamanitas. Y sucedió que los encontraron; y el rey de los lamanitas se inclinó ante ellos, e intercedió a favor del pueblo de Limhi.

26 Y cuando los lamanitas vieron a los del pueblo de Limhi, que venían sin armas, les tuvieron ªcompasión y se pacificaron con ellos, y volvieron con su rey en paz a su propia tierra.

CAPÍTULO 21

Los lamanitas hieren y derrotan al pueblo de Limhi — Llega Ammón y el pueblo de Limhi se convierte — Le hablan a Ammón de las veinticuatro planchas jareditas. Aproximadamente 122–121 a.C.

Y ACONTECIÓ que Limhi y su pueblo volvieron a la ciudad de Nefi, y nuevamente empezaron a habitar la tierra en paz.

2 Y aconteció que después de muchos días, los lamanitas empezaron otra vez a incitarse a la ira contra los nefitas, y empezaron a introducirse por las fronteras de la tierra circunvecina.

3 Ahora bien, no se atrevían a matarlos, a causa del juramento que su rey había hecho a Limhi; pero los golpeaban en las ªmejillas e imponían su autoridad sobre ellos; y empezaron a poner pesadas ᵇcargas sobre sus hombros, y a arrearlos como lo harían a un mudo asno.

4 Sí, se hizo todo esto para que se cumpliera la palabra del Señor.

5 Y las aflicciones de los nefitas eran grandes; y no había manera

21a Mos. 12:1–8.   26a GEE Compasión.   b Mos. 12:5.
23a Mos. 19:21, 23.   21 3a Mos. 12:2.

de que se libraran de las manos de los lamanitas, porque estos los habían cercado por todos lados.

6 Y aconteció que el pueblo empezó a quejarse al rey a causa de sus aflicciones, y empezaron a sentir deseos de salir a la batalla en contra de los lamanitas. Y molestaron gravemente al rey con sus quejas; por lo que él les permitió que obrasen según sus deseos.

7 Y se congregaron otra vez, y se pusieron sus armaduras, y salieron contra los lamanitas para echarlos fuera de su tierra.

8 Y aconteció que los lamanitas los vencieron y los rechazaron, y mataron a muchos de ellos.

9 Y hubo gran ᵃllanto y lamentación entre los del pueblo de Limhi, la viuda llorando por su marido, el hijo y la hija llorando por su padre, y los hermanos por sus hermanos.

10 Ahora bien, había muchas viudas en la tierra, y lloraban con todas sus fuerzas día tras día, porque se había apoderado de ellas un temor inmenso a los lamanitas.

11 Y aconteció que sus continuos llantos provocaron al resto del pueblo de Limhi a la ira contra los lamanitas; y salieron a la batalla otra vez; pero se vieron nuevamente rechazados, sufriendo muchas pérdidas.

12 Sí, y salieron aun por tercera vez, y sufrieron la misma suerte;

y los que no fueron muertos se volvieron a la ciudad de Nefi.

13 Y se humillaron aun hasta el polvo, sujetándose al yugo de la esclavitud, sometiéndose a ser heridos, y a ser arreados de un lado a otro y a llevar cargas, según la voluntad de sus enemigos.

14 Y se ᵃhumillaron hasta lo más profundo de la humildad y clamaron fuertemente a Dios; sí, todo el día clamaban ellos a su Dios para que los librara de sus aflicciones.

15 Ahora bien, el Señor fue ᵃlento en oír su clamor a causa de sus iniquidades; sin embargo, oyó sus clamores y empezó a ablandar el corazón de los lamanitas, de modo que empezaron a aligerar sus cargas; no obstante, el Señor no juzgó oportuno librarlos del cautiverio.

16 Y ocurrió que empezaron a prosperar gradualmente en la tierra, y comenzaron a producir grano con más abundancia, y rebaños y ganados; de modo que no padecieron hambre.

17 Mas había un gran número de mujeres, mayor que el que había de hombres; por tanto, el rey Limhi mandó que cada hombre ᵃdiera para el sostén de las ᵇviudas y sus hijos, a fin de que no perecieran de hambre; e hicieron esto a causa del gran número que había sido muerto.

18 Ahora bien, el pueblo de Limhi se conservaba unido en

9a Mos. 12:4.
14a Mos. 29:20.
    GEE Humildad,
    humilde, humillar
(afligir).
15a Prov. 15:29;
    Mos. 11:23–25;
    DyC 101:7–9.
17a Mos. 4:16, 26.
  b GEE Viuda.

un cuerpo hasta donde le era posible; y aseguraron sus granos y sus rebaños;

19 y el rey mismo no arriesgaba su persona fuera de los muros de la ciudad sin llevar a sus guardias consigo, temiendo caer de una u otra manera en manos de los lamanitas.

20 E hizo que su pueblo vigilara la tierra circunvecina, por si acaso de alguna manera podían aprehender a aquellos sacerdotes que habían huido al desierto, quienes habían raptado a las ^ahijas de los lamanitas, y quienes habían hecho caer sobre ellos tan grande destrucción.

21 Pues deseaban aprehenderlos para castigarlos; porque habían entrado de noche en la tierra de Nefi, y se habían llevado su grano y muchas de sus cosas preciosas; por tanto, los estaban acechando.

22 Y aconteció que no hubo más disturbios entre los lamanitas y el pueblo de Limhi, aun hasta el tiempo en que ^aAmmón y sus hermanos llegaron a la tierra.

23 Y el rey, hallándose fuera de las puertas de la ciudad con sus guardias, descubrió a Ammón y a sus hermanos; y suponiendo que eran los sacerdotes de Noé, hizo que fueran aprehendidos, atados y echados en la ^acárcel. Y si hubieran sido los sacerdotes de Noé, los habría mandado matar.

24 Mas cuando supo que no lo eran, sino que más bien eran sus hermanos, y que estos habían venido de la tierra de Zarahemla, se llenó de un gozo inmenso.

25 Ahora bien, antes de la llegada de Ammón, el rey Limhi había enviado un ^apequeño número de hombres en ^bbusca de la tierra de Zarahemla; mas no pudieron dar con ella, y se perdieron en el desierto.

26 Sin embargo, hallaron una tierra que había sido poblada; sí, una tierra que estaba cubierta de ^ahuesos secos; sí, una tierra que había sido poblada y destruida; y habiendo creído que era la tierra de Zarahemla, ellos se volvieron a la tierra de Nefi, llegando a los confines del país no muchos días antes de la venida de Ammón.

27 Y llevaron consigo una historia, sí, una historia del pueblo cuyos huesos habían hallado; y estaba grabada sobre planchas de metal.

28 Ahora bien, Limhi nuevamente se llenó de alegría al saber, por boca de Ammón, que el rey Mosíah tenía un ^adon de Dios mediante el cual podía interpretar tales grabados; sí, y Ammón se regocijó también.

29 No obstante, Ammón y sus hermanos se llenaron de tristeza porque tantos de sus hermanos habían sido muertos;

30 y también porque el rey Noé

20a Mos. 20:5.
22a Mos. 7:6–13.
23a Hel. 5:21.
25a Mos. 8:7.
  b Mos. 7:14.
26a Mos. 8:8.
28a Omni 1:20–22;
    Mos. 28:11–16.

y sus sacerdotes habían provocado al pueblo a cometer tantos pecados y maldades contra Dios; y también lamentaron la ªmuerte de Abinadí, así como la ᵇpartida de Alma y de la gente que salió con él, los cuales habían formado una iglesia de Dios mediante la fuerza y el poder de Dios, y la fe en las palabras que Abinadí había declarado.

31 Sí, lamentaron su partida, porque no sabían a dónde habían huido. Y gustosamente se habrían unido a ellos, porque también estos habían concertado un convenio con Dios, de servirle y guardar sus mandamientos.

32 Y ahora bien, desde la llegada de Ammón, el rey Limhi también había hecho convenio con Dios, así como muchos de los de su pueblo, de servirle y guardar sus mandamientos.

33 Y aconteció que el rey Limhi y muchos de su pueblo deseaban ser bautizados; mas no había en la tierra quien tuviera la ªautoridad de Dios. Y Ammón se negó a hacer esto, por considerarse un siervo indigno.

34 Por tanto, no se organizaron en iglesia en esa ocasión, esperando en el Espíritu del Señor. Ahora deseaban ser como Alma y sus hermanos, que habían huido al desierto.

35 Estaban deseosos de ser bautizados como atestación y testimonio de que estaban dispuestos a servir a Dios con todo su corazón; no obstante, aplazaron la ocasión; y más adelante se ªdará el relato de su bautismo.

36 Y ahora todo el ªafán de Ammón y sus hombres, y el del rey Limhi y su pueblo, era librarse de las manos de los lamanitas y del cautiverio.

CAPÍTULO 22

Se hacen planes para que el pueblo se libre del yugo de los lamanitas — Se emborracha a los lamanitas — El pueblo se escapa, vuelve a Zarahemla y se hace súbdito del rey Mosíah. Aproximadamente 121–120 a.C.

Y ACONTECIÓ que Ammón y el rey Limhi empezaron a consultar con el pueblo en cuanto a cómo podrían librarse del cautiverio; y aun hicieron reunir a todo el pueblo; y así obraron para saber el parecer del pueblo tocante al asunto.

2 Y aconteció que no hallaron manera de librarse del cautiverio, sino el de tomar a sus mujeres e hijos, y sus rebaños, sus manadas y sus tiendas, y huir al desierto; porque siendo tan numerosos los lamanitas, era imposible que el pueblo de Limhi contendiera con ellos, creyendo poder librarse de la servidumbre por medio de la espada.

3 Y aconteció que Gedeón se adelantó y llegó ante el rey, y le dijo: ¡Oh rey!, hasta ahora has oído muchas veces mis palabras,

---

30a Mos. 17:12–20.
  b Mos. 18:34–35.
33a GEE Autoridad.
35a Mos. 25:17–18.
36a O sea, los estudios, los planes, etc.

cuando hemos combatido con nuestros hermanos los lamanitas.

4 Y ahora bien, ¡oh rey!, si no me has juzgado de ser siervo improductivo, o si hasta aquí tú has escuchado en algún grado mis palabras, y te han sido útiles, así deseo que escuches mis palabras en esta ocasión, y seré tu servidor y rescataré a este pueblo de la servidumbre.

5 Y le concedió el rey que hablara; y Gedeón le dijo:

6 He aquí, el pasaje que queda hacia atrás, que atraviesa el muro posterior, a espaldas de la ciudad. Los lamanitas, o sea, los guardias de los lamanitas, se emborrachan de noche; expidamos, pues, una proclamación entre todos los de este pueblo, que junten sus rebaños y ganados, para arrearlos al desierto durante la noche.

7 Y yo iré conforme a tu mandato, y pagaré el último tributo de vino a los lamanitas, y se emborracharán; y saldremos por el pasaje secreto, a la izquierda de su campo, cuando se hallen borrachos y dormidos.

8 Así partiremos con nuestras mujeres y nuestros hijos, nuestros rebaños y nuestros ganados para el desierto; y viajaremos bordeando la tierra de Shilom.

9 Y sucedió que el rey escuchó las palabras de Gedeón.

10 Y el rey Limhi hizo que su pueblo juntara sus rebaños; y envió el tributo de vino a los lamanitas; y también les envió más vino como regalo; y ellos bebieron abundantemente del vino que el rey Limhi les había enviado.

11 Y aconteció que el pueblo del rey Limhi salió de noche para el desierto con sus rebaños y sus manadas, y rodearon por la tierra de Shilom en el desierto, y fijaron su curso hacia la tierra de Zarahemla, y Ammón y sus hermanos los iban guiando.

12 Y habían llevado consigo al desierto todo su oro, su plata y sus cosas preciosas que podían acarrear, y también sus provisiones; y emprendieron su viaje.

13 Y después de estar en el desierto muchos días, llegaron a la tierra de Zarahemla, y se unieron al pueblo de Mosíah y fueron sus súbditos.

14 Y sucedió que Mosíah los recibió con gozo; y también recibió sus ªanales, así como los ᵇanales que había encontrado el pueblo de Limhi.

15 Y aconteció que cuando los lamanitas descubrieron que el pueblo de Limhi había partido de la tierra durante la noche, enviaron un ejército al desierto para perseguirlos.

16 Y después de perseguirlos dos días, no pudieron seguir más el rastro; por tanto, se perdieron en el desierto.

Una relación de Alma y del pueblo del Señor, que fueron echados al desierto por el pueblo del rey Noé.

Comprende los capítulos 23 y 24.

---

22 14a Mos. 8:5. | b Mos. 8:9.

CAPÍTULO 23

Alma se niega a ser rey — Presta servicio como sumo sacerdote — El Señor disciplina a Su pueblo y los lamanitas se apoderan de la tierra de Helam — Amulón, jefe de los sacerdotes inicuos del rey Noé, gobierna bajo el monarca lamanita. Aproximadamente 145–121 a.C.

AHORA bien, Alma, habiendo sido advertido por el Señor de que las tropas del rey Noé caerían sobre ellos, y habiéndolo hecho saber a su pueblo, por tanto, reunieron sus rebaños, y tomaron de su grano, y salieron para el desierto, seguidos por las tropas del rey Noé.

2 Y el Señor los fortaleció, de modo que la gente del rey Noé no pudo alcanzarlos para destruirlos.

3 Y por el espacio de ocho días huyeron en el desierto.

4 Y llegaron a una tierra, sí, una tierra muy hermosa y placentera, una tierra de aguas puras.

5 Y plantaron sus tiendas, y empezaron a labrar la tierra y comenzaron a construir edificios; sí, eran industriosos y trabajaron mucho.

6 Y la gente deseaba que Alma fuera su rey, porque su pueblo lo amaba.

7 Mas él les dijo: He aquí, no es prudente que tengamos rey; porque así dice el Señor: *a*No estimaréis a una carne más que a otra, ni un hombre se considerará mejor que otro; os digo pues, no conviene que tengáis rey.

8 Sin embargo, si fuera posible que siempre tuvieseis hombres justos por reyes, bien os sería tener rey.

9 Mas recordad la *a*iniquidad del rey Noé y sus sacerdotes; y yo mismo *b*caí en la trampa e hice muchas cosas abominables a la vista del Señor, lo que me ocasionó angustioso arrepentimiento;

10 no obstante, después de mucha *a*tribulación, el Señor oyó mi clamor y contestó mis oraciones, y me ha hecho instrumento en sus manos para traer a *b*tantos de vosotros al conocimiento de su verdad.

11 Sin embargo, en esto no me glorío, porque soy indigno de gloriarme.

12 Y ahora os digo, el rey Noé os ha oprimido, y habéis sido esclavos de él y de sus sacerdotes, y ellos os han conducido a la iniquidad; por tanto, fuisteis atados con las *a*cadenas de la iniquidad.

13 Y ahora bien, ya que habéis sido librados de estas ligaduras por el poder de Dios, sí, de las manos del rey Noé y su pueblo, y también de las ligaduras de la iniquidad, así deseo que os *a*mantengáis firmes en esta *b*libertad con que habéis sido libertados, y que no confiéis en *c*ningún

---

23 7*a* Mos. 27:3–5.
  9*a* Prov. 16:12;
       Mos. 11:1–15.
     b Mos. 17:1–4.
10*a* DyC 58:4.
     b Mos. 18:35.
12*a* 2 Ne. 28:19–22.
13*a* Gál. 5:1.
     b GEE Libertad, libre.
     c Mos. 29:13.

hombre para que sea rey sobre vosotros.

14 Ni confiéis en nadie para que sea vuestro ªmaestro ni vuestro ministro, a menos que sea un hombre de Dios, que ande en sus vías y guarde sus mandamientos.

15 Así instruyó Alma a su pueblo, a fin de que cada uno ªamara a su prójimo como a sí mismo, para que no hubiese ᵇcontención entre ellos.

16 Y Alma era su ªsumo sacerdote, por ser el fundador de su iglesia.

17 Y sucedió que nadie recibía ªautoridad para predicar ni para enseñar, sino de Dios, por medio de Alma. Por tanto, él consagraba a todos los sacerdotes y a todos los maestros de ellos; y nadie era consagrado a menos que fuera hombre justo.

18 Por tanto, velaban por su pueblo, y lo ªsustentaban con cosas pertenecientes a la rectitud.

19 Y ocurrió que empezaron a prosperar grandemente en la tierra; y la llamaron la tierra de Helam.

20 Y aconteció que se multiplicaron y prosperaron en sumo grado en la tierra de Helam; y edificaron una ciudad a la que llamaron la ciudad de Helam.

21 Con todo, el Señor considera conveniente ªdisciplinar a

su pueblo; sí, él prueba su ᵇpaciencia y su fe.

22 Sin embargo, quien pone su ªconfianza en él será ᵇenaltecido en el postrer día. Sí, y así fue con este pueblo.

23 Porque he aquí, os mostraré que fueron reducidos a la servidumbre, y nadie podía librarlos sino el Señor su Dios, sí, el Dios de Abraham e Isaac y Jacob.

24 Y sucedió que los libró, y les manifestó su gran poder; y grande fue el gozo de ellos.

25 Porque he aquí, aconteció que mientras se hallaban en la tierra de Helam, sí, en la ciudad de Helam, mientras labraban el terreno circunvecino, he aquí, un ejército lamanita se hallaba en las fronteras de la tierra.

26 Ocurrió entonces que los hermanos de Alma huyeron de sus campos y se reunieron en la ciudad de Helam; y temieron en gran manera por motivo de la llegada de los lamanitas.

27 Pero salió Alma y fue entre ellos, y los exhortó a que no temieran, sino que se acordaran del Señor su Dios, y él los libraría.

28 Por tanto, calmaron sus temores y empezaron a implorar al Señor que ablandara el corazón de los lamanitas, a fin de que les perdonaran la vida, y la de sus esposas y de sus hijos.

29 Y aconteció que el Señor

14a Mos. 18:18–22.
15a GEE Amor.
  b 3 Ne. 11:28–29.
16a Mos. 26:7.
17a GEE Autoridad;

Sacerdocio.
18a 1 Tim. 4:6.
21a Hel. 12:3;
   DyC 98:21.
   GEE Castigar, castigo.

  b GEE Paciencia.
22a GEE Confianza, confiar.
  b 1 Ne. 13:37.

ablandó el corazón de los lamanitas. Y Alma y sus hermanos avanzaron y se entregaron en manos de ellos; y los lamanitas se posesionaron de la tierra de Helam.

30 Ahora bien, los ejércitos lamanitas que habían seguido al pueblo del rey Limhi habían estado perdidos en el desierto por muchos días.

31 Y he aquí, habían encontrado a aquellos sacerdotes del rey Noé en un paraje que llamaron Amulón; y estos habían empezado a poseer el país de Amulón y a labrar la tierra.

32 Y el nombre del jefe de esos sacerdotes era Amulón.

33 Y aconteció que Amulón suplicó a los lamanitas; y envió también a las mujeres de estos sacerdotes, que eran las *a*hijas de los lamanitas, para que abogaran con sus hermanos por que no destruyesen a sus maridos.

34 Y los lamanitas tuvieron *a*compasión de Amulón y sus hermanos, y no los destruyeron a causa de sus esposas.

35 Y Amulón y sus hermanos se unieron a los lamanitas, y andaban por el desierto buscando la tierra de Nefi cuando descubrieron la tierra de Helam, que poseían Alma y sus hermanos.

36 Y aconteció que los lamanitas prometieron a Alma y a sus hermanos que si les indicaban el camino que conducía a la tierra de Nefi, les concederían su vida y su libertad.

37 Pero después que Alma les hubo enseñado el camino que conducía a la tierra de Nefi, los lamanitas no quisieron cumplir su promesa, sino que pusieron *a*guardias alrededor de la tierra de Helam, sobre Alma y sus hermanos.

38 Y los demás partieron para la tierra de Nefi; y parte de ellos retornaron a la tierra de Helam y llevaron consigo a las esposas y también a los hijos de los guardias que habían dejado atrás.

39 Y el rey de los lamanitas le había concedido a Amulón que fuese rey y gobernante de su pueblo que se hallaba en la tierra de Helam; no obstante, no tendría poder para hacer cosa alguna que fuese contraria a la voluntad del rey de los lamanitas.

CAPÍTULO 24

Amulón persigue a Alma y a su pueblo — Se les quitará la vida si oran — El Señor alivia sus cargas para que les parezcan ligeras — Los libra de la servidumbre y vuelven a Zarahemla. Aproximadamente 145–120 a.C.

Y ACONTECIÓ que Amulón halló gracia a los ojos del rey de los lamanitas; por tanto, este les concedió a él y a sus hermanos que fuesen nombrados maestros de su pueblo; sí, del pueblo que se hallaba en la tierra de Shemlón, y en la tierra de Shilom, y en la tierra de Amulón.

2 Porque los lamanitas habían

33*a* Mos. 20:3–5. | 34*a* GEE Compasión. | 37*a* Mos. 24:8–15.

tomado posesión de todas estas tierras; por lo tanto, el rey de los lamanitas había nombrado reyes en todas estas tierras.

3 Ahora bien, el nombre del rey de los lamanitas era Lamán, habiéndosele dado el nombre de su padre, y se llamaba, por tanto, el rey Lamán. Y era rey de un pueblo numeroso.

4 Y nombró maestros de entre los hermanos de Amulón para todas las tierras que poseía su pueblo; y así se empezó a enseñar el idioma de Nefi entre todo el pueblo de los lamanitas.

5 Y eran gente amigable los unos con los otros; no obstante, no conocían a Dios; ni les enseñaron los hermanos de Amulón cosa alguna concerniente al Señor su Dios, ni la ley de Moisés, ni les enseñaron las palabras de Abinadí;

6 pero sí les enseñaron que debían llevar sus anales, y que se escribiesen unos a otros.

7 Y así los lamanitas empezaron a aumentar en riquezas, y comenzaron a negociar unos con otros y a fortalecerse; y comenzaron a ser gente astuta y sabia, según la sabiduría del mundo; sí, una gente muy sagaz que se deleitaba en todo género de iniquidades y pillaje, menos entre sus propios hermanos.

8 Y ahora bien, sucedió que Amulón empezó a imponer su ᵃautoridad sobre Alma y sus hermanos; y comenzó a perseguirlos y a hacer que sus hijos persiguieran a los hijos de ellos.

9 Porque Amulón conocía a Alma y sabía que había sido ᵃuno de los sacerdotes del rey, y que era el que creyó en las palabras de Abinadí, y fue echado de ante el rey, y por tanto, estaba enojado con él; pues estaba sujeto al rey Lamán; sin embargo, ejerció autoridad sobre ellos y les impuso ᵇtareas y les fijó capataces.

10 Y aconteció que fueron tan grandes sus aflicciones, que empezaron a clamar fervorosamente a Dios.

11 Y Amulón les mandó que cesaran sus clamores, y les puso guardias para vigilarlos, a fin de que al que descubriesen invocando a Dios fuese muerto.

12 Y Alma y su pueblo no alzaron la voz al Señor su Dios, pero sí le ᵃderramaron sus corazones; y él entendió los pensamientos de sus corazones.

13 Y aconteció que la voz del Señor vino a ellos en sus aflicciones, diciendo: Alzad vuestras cabezas y animaos, pues sé del convenio que habéis hecho conmigo; y yo haré convenio con mi pueblo y lo libraré del cautiverio.

14 Y también aliviaré las cargas que pongan sobre vuestros hombros, de manera que no podréis sentirlas sobre vuestras espaldas, mientras estéis en servidumbre; y esto haré yo para que me seáis ᵃtestigos en lo futuro, y

---

24 8a DyC 121:39.
9a Mos. 17:1–4; 23:9.

b Mos. 21:3–6.
12a GEE Oración.

14a GEE Testigo.

para que sepáis de seguro que yo, el Señor Dios, visito a mi pueblo en sus [b]aflicciones.

15 Y aconteció que las cargas que se imponían sobre Alma y sus hermanos fueron aliviadas; sí, el Señor los [a]fortaleció de modo que pudieron soportar sus [b]cargas con facilidad, y se sometieron alegre y [c]pacientemente a toda la voluntad del Señor.

16 Y sucedió que era tan grande su fe y su paciencia, que la voz del Señor vino a ellos otra vez, diciendo: Consolaos, porque mañana os libraré del cautiverio.

17 Y dijo a Alma: Tú irás delante de este pueblo, y yo iré contigo, y libraré a este pueblo del [a]cautiverio.

18 Y aconteció que durante la noche Alma y su pueblo juntaron sus rebaños y también parte de su grano; sí, toda la noche estuvieron reuniendo sus rebaños.

19 Y en la mañana el Señor hizo que cayera un [a]profundo sueño sobre los lamanitas; sí, y todos sus capataces se hallaban profundamente dormidos.

20 Y Alma y su pueblo partieron para el desierto; y luego que hubieron viajado todo el día, plantaron sus tiendas en un valle, y dieron al valle el nombre de Alma, porque él los guio por el desierto.

21 Sí, y en el valle de Alma expresaron efusivamente sus [a]gracias a Dios porque había sido misericordioso con ellos, y aliviado sus cargas, y los había librado del cautiverio; porque estaban en servidumbre, y nadie podía librarlos sino el Señor su Dios.

22 Y dieron gracias a Dios, sí, todos sus hombres y todas sus mujeres y todos sus niños que podían hablar elevaron sus voces en alabanzas a su Dios.

23 Y ahora el Señor dijo a Alma: Date prisa, y sal tú y este pueblo de esta tierra, porque los lamanitas han despertado y te persiguen; por tanto, sal de esta tierra, y yo detendré a los lamanitas en este valle para que no persigan más a este pueblo.

24 Y aconteció que salieron del valle y emprendieron su viaje por el desierto.

25 Y después de haber estado en el desierto doce días, llegaron a la tierra de Zarahemla; y el rey Mosíah también los recibió con gozo.

CAPÍTULO 25

Los del pueblo de Zarahemla (mulekitas) se convierten en nefitas — Se enteran de la gente de Alma y de la de Zeniff — Alma bautiza a Limhi y a todo su pueblo — Mosíah autoriza a Alma para que organice la Iglesia de Dios. Aproximadamente 120 a.C.

ENTONCES el rey Mosíah hizo

14b GEE Adversidad.
15a Mateo 11:28–30.
   b Alma 31:38; 33:23.
   c DyC 54:10.

GEE Paciencia.
17a GEE Cautiverio.
19a 1 Sam. 26:12.
21a GEE Acción de

gracias, agradecido, agradecimiento.

que se congregase todo el pueblo.

2 Ahora bien, no había tantos de los hijos de Nefi, o sea, tantos de aquellos que eran descendientes de Nefi, como de los del ªpueblo de Zarahemla, el cual era descendiente de ᵇMulek, y de aquellos que salieron con él al desierto.

3 Y no eran tantos los del pueblo de Nefi y los del pueblo de Zarahemla, como lo eran los lamanitas; sí, no eran ni la mitad de su número.

4 Y ahora bien, todo el pueblo de Nefi se hallaba reunido, y también todo el pueblo de Zarahemla; y se hallaban congregados en dos grupos.

5 Y sucedió que Mosíah leyó, e hizo que se leyeran los anales de Zeniff a su pueblo; sí, leyó los anales del pueblo de Zeniff desde la época en que salieron de la tierra de Zarahemla, hasta que volvieron otra vez.

6 Y también leyó la narración de Alma y sus hermanos, y todas sus aflicciones, desde el día en que salieron de la tierra de Zarahemla, hasta la ocasión en que volvieron.

7 Y cuando Mosíah hubo terminado de leer los anales, su pueblo que moraba en el país se llenó de admiración y asombro.

8 Pues no sabían ellos qué pensar, porque cuando vieron a aquellos que habían sido ªlibrados del cautiverio, se sintieron

llenos de un gozo sumamente grande.

9 Por otra parte, cuando pensaron en sus hermanos que habían sido muertos por los lamanitas, se llenaron de tristeza, y aun derramaron muchas lágrimas de dolor.

10 Además, cuando pensaron en la cercana bondad de Dios y su poder para libertar a Alma y sus hermanos de las manos de los lamanitas y de la servidumbre, alzaron la voz y dieron gracias a Dios.

11 Y más aún, cuando pensaron en los lamanitas, que eran sus hermanos, y en su condición de pecado y corrupción, se llenaron de ªdolor y angustia por el bienestar de sus ᵇalmas.

12 Y aconteció que aquellos que eran hijos de Amulón y sus hermanos, quienes se habían casado con las hijas de los lamanitas, se disgustaron con la conducta de sus padres y no quisieron llevar más el nombre de sus padres; por consiguiente, adoptaron el nombre de Nefi, para ser llamados hijos de Nefi y ser contados entre los eran llamados nefitas.

13 Ahora bien, todos los del pueblo de Zarahemla fueron ªcontados entre los nefitas, y se hizo así porque el reino no se había conferido a nadie sino a aquellos que eran descendientes de Nefi.

14 Y aconteció que cuando

25 2a Omni 1:13–19.
b Hel. 6:10.
GEE Mulek.
8a Mos. 22:11–13.
11a Mos. 28:3–4;
Alma 13:27.
b GEE Alma — El valor de las almas.
13a Omni 1:19.

Mosíah hubo concluido de hablar y de leer al pueblo, fue su deseo que Alma también les hablara.

15 Y Alma les habló mientras se hallaban reunidos en grandes grupos; y fue de grupo en grupo, predicando al pueblo el arrepentimiento y la fe en el Señor.

16 Y exhortó al pueblo de Limhi y sus hermanos, todos aquellos que habían sido librados de la servidumbre, a que recordaran que fue el Señor quien los libró.

17 Y sucedió que después que Alma hubo enseñado al pueblo muchas cosas, y hubo acabado de hablarles, que el rey Limhi sintió deseos de bautizarse; y todo su pueblo sintió el deseo de bautizarse también.

18 Por tanto, Alma entró en el agua y los ªbautizó; sí, los bautizó de la manera como lo hizo con sus hermanos en las ᵇaguas de Mormón; sí, y cuantos bautizó pertenecieron a la iglesia de Dios; y esto por causa de su creencia en las palabras de Alma.

19 Y aconteció que el rey Mosíah le concedió a Alma que estableciera iglesias por toda la tierra de Zarahemla, y le dio ªpoder para ordenar sacerdotes y maestros en cada iglesia.

20 Ahora bien, se hizo así porque era tanta la gente, que un solo maestro no podía dirigirla; ni todos podían oír la palabra de Dios en una asamblea;

21 se reunían, pues, en diferentes grupos llamados iglesias; y cada iglesia tenía sus sacerdotes y sus maestros; y todo sacerdote predicaba la palabra según le era comunicada por boca de Alma.

22 Y así, a pesar de que había muchas iglesias, todas eran ªuna, sí, la iglesia de Dios; porque nada se predicaba en todas ellas sino el arrepentimiento y la fe en Dios.

23 Ahora pues, eran siete las iglesias que había en la tierra de Zarahemla. Y sucedió que quienes deseaban tomar sobre sí el ªnombre de Cristo, o sea, el de Dios, se unían a las iglesias de Dios;

24 y se llamaban el ªpueblo de Dios. Y el Señor derramó su Espíritu sobre ellos, y fueron bendecidos, y prosperaron en la tierra.

CAPÍTULO 26

Los incrédulos conducen al pecado a muchos miembros de la Iglesia — Se promete a Alma la vida eterna — Aquellos que se arrepientan y sean bautizados lograrán el perdón — Los miembros de la Iglesia que hayan pecado y que se arrepientan y se confiesen a Alma y al Señor serán perdonados; de lo contrario, no serán contados entre los de la Iglesia. Aproximadamente 120– 100 a.C.

Y ACONTECIÓ que había muchos de los de la nueva generación que no pudieron entender las

---

18a Mos. 21:35.
  b Mos. 18:8–17.
19a GEE Sacerdocio.

22a Mos. 18:17.
23a GEE Jesucristo — El tomar sobre sí el

nombre de Jesucristo.
24a GEE Convenio.

palabras del rey Benjamín, pues eran niños pequeños en la ocasión en que él habló a su pueblo; y no creían en la tradición de sus padres.

2 No creían lo que se había dicho tocante a la resurrección de los muertos, ni tampoco creían lo concerniente a la venida de Cristo.

3 Así que, por motivo de su incredulidad no podían ^aentender la palabra de Dios; y se endurecieron sus corazones.

4 Y no quisieron bautizarse ni tampoco unirse a la iglesia. Y constituyeron un pueblo separado en cuanto a su fe, y así quedaron desde entonces, en su estado ^acarnal e inicuo, porque no querían invocar al Señor su Dios.

5 Ahora bien, durante el reinado de Mosíah, sus números no eran ni la mitad de los del pueblo de Dios; mas por causa de las ^adisensiones entre los hermanos, se hicieron más numerosos.

6 Porque sucedió que con sus palabras lisonjeras engañaron a muchos que eran de la iglesia, y les hicieron cometer muchos pecados; de modo que se hizo necesario que cuando aquellos que fueran de la iglesia cometieran pecado, esta debía ^aamonestarlos.

7 Y aconteció que fueron llevados ante los sacerdotes, y los maestros los entregaron a los sacerdotes; y estos los llevaron ante Alma, que era el ^asumo sacerdote.

8 Ahora bien, el rey Mosíah había dado a Alma la autoridad sobre la iglesia.

9 Y aconteció que Alma no sabía nada de ellos; pero había muchos testigos en contra de ellos; sí, la gente se presentaba y testificaba de su iniquidad en abundancia.

10 Tal cosa no había sucedido en la iglesia previamente; por tanto, Alma se turbó en su espíritu, e hizo que fueran llevados ante el rey.

11 Y le dijo al rey: He aquí el gran número que hemos traído ante ti, a quienes sus hermanos acusan; sí, y han sido sorprendidos en diversas iniquidades. Y no se arrepienten de sus maldades; por tanto, los hemos traído ante ti para que tú los juzgues según sus delitos.

12 Mas el rey Mosíah dijo a Alma: He aquí, yo no los juzgo; por tanto, los ^aentrego en tus manos para ser juzgados.

13 Y el espíritu de Alma nuevamente se turbó; y fue y preguntó al Señor qué debía hacer en cuanto a ese asunto, porque temía hacer lo malo a la vista de Dios.

14 Y sucedió que después que hubo derramado su alma entera a Dios, la voz del Señor vino a él, diciendo:

---

26 3a GEE Entender, entendimiento.
4a GEE Hombre natural.
5a GEE Apostasía;

Contención, contienda.
6a Alma 5:57–58; 6:3.
GEE Amonestación, amonestar.

7a Mos. 29:42.
12a DyC 42:78–93.

15 Bendito eres tú, Alma, y benditos son aquellos que fueron bautizados en las ªaguas de Mormón. Bendito eres por causa de tu extremada ᵇfe en tan solo las palabras de mi siervo Abinadí.

16 Y benditos son ellos a causa de su extremada fe en tan solo las palabras que tú les has hablado.

17 Y bendito eres porque has establecido una ªiglesia entre este pueblo; y serán establecidos, y ellos serán mi pueblo.

18 Sí, bendito es este pueblo que está dispuesto a llevar mi ªnombre; porque en mi nombre serán llamados; y son míos.

19 Y porque me has consultado concerniente al transgresor, bendito eres.

20 Mi siervo eres tú; y hago convenio contigo de que tendrás la ªvida eterna; y me servirás y saldrás en mi nombre y reunirás mis ovejas.

21 Y el que quiera oír mi voz será mi ªoveja; y lo recibirás en la iglesia, y yo también lo recibiré.

22 Porque he aquí, esta es mi iglesia: Quienquiera que sea ªbautizado, será bautizado para arrepentimiento. Y aquel a quien

recibas, deberá creer en mi nombre; y yo lo ᵇperdonaré liberalmente.

23 Porque soy yo quien ªtomo sobre mí los pecados del mundo; porque soy yo el que he ᵇcreado al hombre; y soy yo el que concedo un lugar a mi diestra al que crea hasta el fin.

24 Porque he aquí, en mi nombre son llamados; y si me ªconocen, saldrán; y tendrán un lugar a mi diestra eternamente.

25 Y acontecerá que cuando suene la ªsegunda trompeta, entonces saldrán los que nunca me ᵇconocieron, y comparecerán ante mí.

26 Y entonces sabrán que yo soy el Señor su Dios, que soy su Redentor; mas ellos no quisieron ser redimidos.

27 Y entonces les confesaré que jamás los ªconocí; e ᵇirán al fuego ᶜeterno, preparado para el diablo y sus ángeles.

28 Por tanto, te digo que al que no quiera ªescuchar mi voz, no lo admitirás en mi iglesia, porque a este no lo recibiré en el último día.

29 Te digo, por tanto: Ve; y al que transgrediere contra mí, lo ªjuzgarás de ᵇacuerdo con los pecados que haya cometido; y si

---

15a Mos. 18:30.
  b Mos. 17:2. GEE Fe.
17a Mos. 25:19-24.
18a Mos. 1:11; 5:8.
  GEE Jesucristo — El tomar sobre sí el nombre de Jesucristo.
20a GEE Elección; Elegidos;

  Vida eterna.
21a GEE Buen Pastor.
22a 2 Ne. 9:23.
  GEE Bautismo, bautizar.
  b GEE Perdonar; Remisión de pecados.
23a GEE Redentor.
  b GEE Creación, crear.
24a Juan 17:3.

25a DyC 88:99, 109.
  b DyC 76:81-86.
27a Mateo 7:21-23.
  b Lucas 13:27.
  c DyC 76:43-44.
28a 2 Ne. 9:31; DyC 1:14.
29a GEE Juicio, juzgar.
  b GEE Responsabilidad, responsable.

ᶜconfiesa sus pecados ante ti y mí, y se ᵈarrepiente con sinceridad de corazón, a este has de ᵉperdonar, y yo lo perdonaré también.

30 Sí, y ᵃcuantas veces mi pueblo se ᵇarrepienta, le perdonaré sus transgresiones contra mí.

31 Y también os ᵃperdonaréis vuestras ofensas los unos a los otros; porque en verdad os digo que el que no perdona las ofensas de su prójimo, cuando este dice que se arrepiente, tal ha traído sobre sí la condenación.

32 Y ahora te digo: Ve; y el que no quiera arrepentirse de sus pecados no será contado entre mi pueblo; y esto se observará desde ahora en adelante.

33 Y aconteció que cuando Alma hubo oído estas palabras, las escribió para conservarlas, y para juzgar al pueblo de la iglesia según los mandamientos de Dios.

34 Y aconteció que Alma fue y, de acuerdo con la palabra del Señor, juzgó a los que habían sido sorprendidos en la iniquidad.

35 Y a quienes se arrepintieron de sus pecados, y los ᵃconfesaron, él los contó entre el pueblo de la iglesia;

36 y los que no quisieron confesar sus pecados, ni arrepentirse de su iniquidad, tales no fueron contados entre el pueblo de la iglesia; y sus nombres fueron ᵃborrados.

37 Y sucedió que Alma reguló todos los asuntos de la iglesia; y empezaron nuevamente a tener paz y a prosperar grandemente en los asuntos de la iglesia, andando con circunspección ante Dios, admitiendo a muchos y bautizando a muchos.

38 Y todas estas cosas hicieron Alma y sus consiervos que dirigían la iglesia, andando con toda diligencia, enseñando la palabra de Dios en todas las cosas, padeciendo toda clase de aflicciones y sufriendo persecuciones de todos aquellos que no pertenecían a la iglesia de Dios.

39 Y amonestaban a sus hermanos, y también recibían ᵃamonestación, cada uno por la palabra de Dios, de acuerdo con sus pecados, o sea, los pecados que había cometido, habiéndoles mandado Dios que ᵇoraran sin cesar y dieran ᶜgracias en todas las cosas.

CAPÍTULO 27

Mosíah prohíbe la persecución y establece la igualdad — Alma, hijo, y los cuatro hijos de Mosíah procuran destruir la Iglesia — Se les aparece un ángel y les manda que abandonen

---

29c 3 Ne. 1:25.
    GEE Confesar, confesión.
  d GEE Arrepentimiento, arrepentirse.
  e GEE Perdonar.
30a Moro. 6:8.
  b Ezeq. 33:11, 15–16;

Hech. 3:19–20;
Mos. 29:19–20.
31a 3 Ne. 13:14–15;
    DyC 64:9–10.
35a GEE Confesar, confesión.
36a Éx. 32:33;
    Alma 1:24.

GEE Excomunión;
Libro de la vida.
39a GEE Amonestación, amonestar.
  b 2 Ne. 32:8–9.
  c GEE Acción de gracias, agradecido, agradecimiento.

su camino de maldad — Alma queda mudo — Todo el género humano debe nacer otra vez para lograr la salvación — Alma y los hijos de Mosíah proclaman gratas nuevas. Aproximadamente 100–92 a.C.

Y sucedió que las persecuciones que los incrédulos infligían sobre la iglesia llegaron a ser tan graves que los de la iglesia empezaron a murmurar y a quejarse a los que los dirigían concerniente al asunto; y ellos se quejaron a Alma. Y Alma presentó el caso ante el rey de ellos, Mosíah, y este consultó con sus sacerdotes.

2 Y aconteció que el rey Mosíah envió una proclamación por todo el país de que ningún incrédulo debía ^aperseguir a persona alguna que perteneciera a la iglesia de Dios.

3 Y se estableció un estricto mandamiento entre todas las iglesias de que no debía haber persecuciones entre ellos; que debía haber ^aigualdad entre todos los hombres;

4 que no permitieran que el orgullo ni la soberbia alteraran su ^apaz; que todo hombre ^bestimara a su prójimo como a sí mismo, trabajando con sus propias manos para su sostén.

5 Sí, y todos sus sacerdotes y maestros debían ^atrabajar con sus propias manos para su sostén en todos los casos, salvo en los de

enfermedad o de gran necesidad; y haciendo estas cosas, abundaron en la ^bgracia de Dios.

6 Y otra vez empezó a haber mucha paz en el país; y la gente comenzó a ser muy numerosa y a esparcirse sobre la superficie de la tierra, sí, hacia el norte y hacia el sur, al este y al oeste, edificando grandes ciudades y aldeas en todas partes de la tierra.

7 Y el Señor los visitó y los hizo prosperar, y llegaron a ser un pueblo numeroso y rico.

8 Ahora bien, los hijos de Mosíah se hallaban entre los incrédulos; y también se contaba entre ellos uno de los ^ahijos de Alma, llamado Alma, igual que su padre; no obstante, se convirtió en un hombre muy malvado e ^bidólatra. Y era un hombre de muchas palabras, y lisonjeó mucho al pueblo; por lo que indujo a muchos de los del pueblo a que imitaran sus iniquidades.

9 Y llegó a ser un gran estorbo para la prosperidad de la iglesia de Dios, ^agranjeándose el corazón del pueblo, causando mucha disensión entre la gente, dando oportunidad para que el enemigo de Dios ejerciera su poder sobre ellos.

10 Ahora bien, aconteció que mientras se ocupaba en destruir la iglesia de Dios, porque iba secretamente con los hijos de Mosíah, tratando de destruir la

27 2a GEE Persecución, perseguir.
3a Mos. 23:7; 29:32.
4a GEE Paz.
b GEE Estimar.
5a Mos. 18:24, 26.
b GEE Gracia.
8a GEE Alma hijo de
Alma.
b GEE Idolatría.
9a 2 Sam. 15:1–6.

iglesia y descarriar al pueblo del Señor, cosa contraria a los mandamientos de Dios, y aun del rey,

11 pues como ya os dije, mientras iban aquí y allá ^arebelándose contra Dios, he aquí, se les ^bapareció el ^cángel del Señor; y descendió como en una nube; y les habló como con voz de trueno que hizo temblar el suelo sobre el cual estaban;

12 y tan grande fue su asombro que cayeron por tierra, y no comprendieron las palabras que les habló.

13 Sin embargo, clamó otra vez, diciendo: Alma, levántate y acércate, pues, ¿por qué persigues tú la iglesia de Dios? Porque el Señor ha dicho: ^aEsta es mi iglesia, y yo la estableceré; y nada la hará caer sino la transgresión de mi pueblo.

14 Y dijo además el ángel: He aquí, el Señor ha oído las ^aoraciones de su pueblo, y también las oraciones de su siervo Alma, que es tu padre; porque él ha orado con mucha fe en cuanto a ti, para que seas traído al conocimiento de la verdad; por tanto, con este fin he venido para convencerte del poder y la autoridad de Dios, para que las ^boraciones de sus siervos sean contestadas según su fe.

15 Y he aquí, ¿puedes ahora disputar el poder de Dios? Pues, he aquí, ¿no hace mi voz temblar la tierra?, ¿y no me ves ante ti? Y soy enviado de Dios.

16 Ahora te digo: Ve, y recuerda la cautividad de tus padres en la tierra de Helam y en la tierra de Nefi; y recuerda cuán grandes cosas él ha hecho por ellos; pues estaban en servidumbre, y él los ha ^alibertado. Y ahora te digo, Alma, sigue tu camino, y no trates más de destruir la iglesia, para que las oraciones de ellos sean contestadas, aun cuando tú, por ti mismo, quieras ser desechado.

17 Y sucedió que estas fueron las últimas palabras que el ángel habló a Alma, y se fue.

18 Y luego Alma y los que estaban con él cayeron al suelo otra vez, porque grande fue su asombro; pues con sus propios ojos habían visto a un ángel del Señor; y su voz fue como trueno, que conmovió la tierra; y comprendieron que no había nada, sino el poder de Dios, que pudiera sacudir la tierra y hacerla temblar como si fuera a partirse.

19 Ahora bien, fue tan grande el asombro de Alma que quedó mudo, de modo que no pudo abrir la boca; sí, y quedó tan débil que no pudo mover las manos; por tanto, lo alzaron los que estaban con él, y lo llevaron inerte, sí, hasta dejarlo tendido ante su padre.

20 Y repitieron a su padre todo

11a GEE Rebelión.
  b Hech. 9:1–9;
    Alma 8:15.
  c GEE Ángeles.
13a GEE Jesucristo — Es
    cabeza de la Iglesia.
14a Alma 10:22.
  b Morm. 9:36–37.
16a Mos. 23:1–4.

lo que les había sucedido; y su padre se regocijó, porque sabía que era el poder de Dios.

21 E hizo que se reuniera una multitud para que presenciaran lo que el Señor había hecho por su hijo, y también por los que estaban con él.

22 E hizo que se reunieran los sacerdotes; y empezaron a ayunar y a rogar al Señor su Dios que abriera la boca de Alma para que pudiera hablar, y también para que sus miembros recibieran su fuerza, a fin de que los ojos del pueblo fueran abiertos para ver y conocer la bondad y gloria de Dios.

23 Y aconteció que después que hubieron ayunado y orado por el espacio de dos días y dos noches, los miembros de Alma recobraron su fuerza, y se puso de pie y comenzó a hablarles, diciéndoles que se animaran;

24 porque, dijo él, me he arrepentido de mis pecados, y el Señor me ha ^aredimido; he aquí, he nacido del Espíritu.

25 Y el Señor me dijo: No te maravilles de que todo el género humano, sí, hombres y mujeres, toda nación, tribu, lengua y pueblo, deban ^anacer otra vez; sí, nacer de Dios, ser ^bcambiados de su estado ^ccarnal y caído, a un estado de rectitud, siendo redimidos por

Dios, convirtiéndose en sus hijos e hijas;

26 y así llegan a ser nuevas criaturas; y a menos que hagan esto, de ^aningún modo pueden heredar el reino de Dios.

27 Os digo que de no ser así, deberán ser desechados; y esto lo sé, porque yo estaba a punto de ser desechado.

28 No obstante, después de pasar mucha tribulación, arrepintiéndome casi hasta la muerte, el Señor en su misericordia ha tenido a bien arrebatarme de un ^afuego eterno, y he nacido de Dios.

29 Mi alma ha sido redimida de la hiel de amargura, y de los lazos de iniquidad. Me hallaba en el más tenebroso abismo; mas ahora veo la maravillosa luz de Dios. ^aAtormentaba mi alma un suplicio eterno; mas he sido rescatado, y mi alma no siente más dolor.

30 Rechacé a mi Redentor, y negué lo que nuestros padres habían declarado; mas ahora, para que prevean que él vendrá, y que se acuerda de toda criatura que ha creado, él se manifestará a todos.

31 Sí, ^atoda rodilla se doblará, y toda lengua confesará ante él. Sí, en el postrer día, cuando todos los hombres se presenten para ser ^bjuzgados por él, entonces

24a 2 Ne. 2:6–7.
    GEE Redención,
    redimido, redimir.
25a Rom. 6:3–11;
    Mos. 5:7; Alma 5:14;
    Moisés 6:59.

    GEE Nacer de Dios,
    nacer de nuevo.
  b Mos. 3:19; 16:3.
  c GEE Carnal.
26a Juan 3:5.
28a 2 Ne. 9:16.

29a Mos. 2:38.
31a Filip. 2:9–11;
    Mos. 16:1–2;
    DyC 88:104.
  b GEE Jesucristo — Es
    juez.

confesarán que él es Dios; y los que vivan ^csin Dios en el mundo entonces confesarán que el juicio de un castigo eterno sobre ellos es justo; y se estremecerán y temblarán, y se encogerán bajo la mirada de su ojo ^dque todo lo penetra.

32 Y aconteció que de allí en adelante, Alma y los que estaban con él cuando el ángel se les apareció empezaron a enseñar al pueblo, viajando por toda la ^atierra, proclamando a todo el pueblo las cosas que habían oído y visto, y predicando la palabra de Dios con mucha tribulación, perseguidos en gran manera por los que eran incrédulos, y golpeados por muchos de ellos.

33 Pero a pesar de todo esto, impartieron mucho consuelo a los de la iglesia, confirmando su fe y exhortándolos con longanimidad y mucho afán a guardar los mandamientos de Dios.

34 Y cuatro de ellos eran los ^ahijos de Mosíah; y se llamaban Ammón, y Aarón, y Omner e Himni; y estos eran los nombres de los hijos de Mosíah.

35 Y viajaron por toda la tierra de Zarahemla y entre todo el pueblo que se hallaba bajo el reinado del rey Mosíah, esforzándose celosamente por reparar todos los daños que habían causado a la iglesia, confesando todos sus pecados, proclamando todas las cosas que habían visto y explicando las profecías y las Escrituras a cuantos deseaban oírlos.

36 Y así fueron instrumentos en las manos de Dios para llevar a muchos al conocimiento de la verdad, sí, al conocimiento de su Redentor.

37 ¡Y cuán benditos son! Pues ^apublicaron la paz; proclamaron ^bgratas nuevas del bien; y declararon al pueblo que el Señor reina.

CAPÍTULO 28

Los hijos de Mosíah recibirán la vida eterna — Salen a predicar a los lamanitas — Valiéndose de las dos piedras de vidente Mosíah traduce las planchas jareditas. Aproximadamente 92 a.C.

AHORA bien, aconteció que después que los ^ahijos de Mosíah hubieron hecho todas estas cosas, llevaron un pequeño número de personas consigo, y volvieron a su padre el rey, y le expresaron su deseo de que les concediera subir a la tierra de ^bNefi, con aquellos que habían escogido, para predicar las cosas que habían oído, e impartir la palabra de Dios a sus hermanos los lamanitas,

2 para que tal vez los trajeran al conocimiento del Señor su Dios, y los convencieran de la iniquidad de sus padres; y quizá

31c Alma 41:11.
  d GEE Trinidad.
32a Es decir, por todo el territorio nefita.
34a GEE Ammón hijo de Mosíah.
37a Isa. 52:7; Mos. 15:14–17.
  GEE Predicar.
  b GEE Evangelio.
28 1a Mos. 27:34.
  b Omni 1:12–13; Mos. 9:1.

pudieran curarlos de su ^aodio por los nefitas, para que también fueran conducidos a regocijarse en el Señor su Dios, para que fuesen amigables los unos con los otros y no hubiese más contenciones en toda la tierra que el Señor su Dios les había dado.

3 Pues estaban deseosos de que la salvación fuese declarada a toda criatura, porque no podían ^asoportar que ^balma humana alguna pereciera; sí, aun el solo pensamiento de que alma alguna tuviera que padecer un ^ctormento sin fin los hacía estremecer y temblar.

4 Y así obró en ellos el Espíritu del Señor, porque habían sido los más ^aviles pecadores. Y el Señor, en su infinita ^bmisericordia, juzgó prudente perdonarlos; no obstante, padecieron mucha angustia de alma por causa de sus iniquidades, sufriendo mucho, y temiendo ser rechazados para siempre.

5 Y aconteció que durante muchos días le suplicaron a su padre que los dejara subir a la tierra de Nefi.

6 Y el rey Mosíah fue y preguntó al Señor si debía dejar ir a sus hijos entre los lamanitas para predicar la palabra.

7 Y el Señor dijo a Mosíah: Déjalos ir; porque muchos creerán en sus palabras, y tendrán vida eterna; y yo ^alibraré a tus hijos de las manos de los lamanitas.

8 Y aconteció que Mosíah concedió que fuesen e hiciesen de acuerdo con lo que solicitaban.

9 Y ^aemprendieron su viaje hacia el desierto para ir a predicar la palabra entre los lamanitas; y más adelante haré una ^brelación de sus hechos.

10 Ahora bien, el rey Mosíah no tenía a quien conferir el reino, porque no hubo ninguno de sus hijos que quisiera aceptarlo.

11 Por tanto, tomó los anales que estaban grabados sobre las ^aplanchas de bronce, y también las planchas de Nefi, y todas las cosas que él había guardado y preservado de acuerdo con los mandamientos de Dios, después de traducir y hacer que se escribiera la historia que estaba sobre las ^bplanchas de oro que el pueblo de Limhi había encontrado, las cuales le fueron entregadas por mano de Limhi;

12 y esto lo hizo por motivo del gran anhelo de su pueblo; porque estaban deseosos en extremo de saber acerca de aquel pueblo que había sido destruido.

13 Y las tradujo por medio de aquellas dos ^apiedras que estaban colocadas en los dos aros de un arco.

14 Ahora bien, estas cosas fueron preparadas desde el principio,

---

2a Jacob 7:24.
3a Alma 13:27;
　　3 Ne. 17:14;
　　Moisés 7:41.
　b GEE Alma — El valor
　　de las almas.

c Jacob 6:10;
　DyC 19:10–12.
4a Mos. 27:10.
　b GEE Misericordia,
　　misericordioso.
7a Alma 19:22–23.

9a Alma 17:6–9.
　b Alma 17–26.
11a GEE Planchas de bronce.
　b GEE Planchas de oro.
13a GEE Urim y Tumim.

y se transmitieron de generación en generación con objeto de interpretar idiomas;

15 y la mano del Señor las ha preservado y guardado, para que él pudiera manifestar, a toda criatura que ocupase la tierra, las iniquidades y abominaciones de su pueblo;

16 y el que tiene estos objetos es llamado ᵃvidente, según la costumbre de los días antiguos.

17 Ahora bien, después que Mosíah hubo acabado de traducir estos anales, he aquí, daban una historia del pueblo ᵃexterminado, desde la época en que fueron destruidos remontándose hasta la construcción de la ᵇgran torre, cuando el Señor ᶜconfundió el lenguaje del pueblo y fueron esparcidos por toda la superficie de la tierra, sí, y aun desde esa época hasta la creación de Adán.

18 Y esta narración hizo que el pueblo de Mosíah se afligiera en extremo, sí, se llenaron de tristeza; no obstante, les proporcionó mucho conocimiento, y en esto se regocijaron.

19 Y se escribirá este relato más adelante; pues he aquí, conviene que todos se enteren de las cosas que se han escrito en esta historia.

20 Y como ya os he dicho, después que el rey Mosíah hubo hecho esto, tomó las planchas de ᵃbronce y todas las cosas que

había guardado, y las entregó a Alma, el hijo de Alma; sí, todos los anales, y también los ᵇintérpretes, y se los entregó; y le mandó que los guardara y ᶜpreservara, y también que llevara una historia del pueblo, y los transmitiera de generación en generación, así como se habían transmitido desde el tiempo en que Lehi salió de Jerusalén.

CAPÍTULO 29

Mosíah propone que se elijan jueces en lugar de un rey — Los reyes inicuos conducen a su pueblo al pecado — Alma, hijo, es nombrado juez superior por la voz del pueblo — También es el sumo sacerdote encargado de la Iglesia — Mueren Mosíah y el padre de Alma. Aproximadamente 92–91 a.C.

AHORA bien, cuando Mosíah hubo hecho esto, indagó por todo el país, entre todo el pueblo, para enterarse de su parecer concerniente a quién había de ser su rey.

2 Y aconteció que la voz del pueblo se expresó, diciendo: Deseamos que tu hijo Aarón sea nuestro rey y nuestro gobernante.

3 Pero Aarón había subido a la tierra de Nefi, de modo que el rey no podía conferirle el reino; ni lo habría aceptado Aarón; ni ninguno de los otros ᵃhijos de

16a Mos. 8:13–18.
  GEE Vidente.
17a Mos. 8:7–12.
  b Éter 1:1–5.
c Gén. 11:6–9.
20a Alma 37:3–10.
  b GEE Urim y Tumim.
  c GEE Escrituras — Las
Escrituras deben preservarse.
29 3a Mos. 27:34.

Mosíah tampoco estaba dispuesto a asumir el reino.

4 Por tanto, el rey Mosíah se comunicó otra vez con el pueblo; sí, aun les mandó un escrito, y estas fueron las palabras que se escribieron, y decían:

5 He aquí, pueblo mío, o hermanos míos, porque como a tales os estimo, deseo que meditéis sobre el asunto que se os suplica considerar, por cuanto deseáis tener ^arey.

6 Ahora bien, os declaro que aquel a quien el reino pertenece por derecho ha declinado el reino, y no quiere asumir el reino.

7 Y si se nombrara a otro en su lugar, he aquí, temo que surgirían contenciones entre vosotros; y quién sabe si mi hijo, a quien pertenece el reino, se tornaría a la ira y se llevaría tras sí a una parte de este pueblo, lo cual ocasionaría guerras y contiendas entre vosotros, que serían la causa del derramamiento de mucha sangre y de la perversión de las vías del Señor, sí, y destruirían las almas de muchos.

8 Os digo, por tanto, que seamos prudentes y consideremos estas cosas, porque no tenemos ningún derecho de destruir a mi hijo, ni de destruir a otro que fuese nombrado en su lugar.

9 Y si mi hijo se volviese nuevamente a su orgullo y cosas vanas, se retractaría de lo que había dicho y reclamaría su derecho al reino, cosa que haría que él y

también este pueblo cometieran mucho pecado.

10 Ahora bien, seamos prudentes; preveamos estas cosas y hagamos aquello que asegurará la paz de este pueblo.

11 Por tanto, seré vuestro rey el resto de mis días; sin embargo, ^anombremos ^bjueces para que juzguen a este pueblo según nuestra ley; y arreglaremos de otra manera los asuntos de este pueblo, pues nombraremos hombres sabios como jueces, quienes juzgarán a este pueblo según los mandamientos de Dios.

12 Ahora bien, es mejor que el hombre sea juzgado por Dios más bien que por el hombre, porque los juicios de Dios son siempre justos, mas los juicios del hombre no siempre lo son.

13 Por tanto, si fuese posible que tuvieseis por reyes a hombres ^ajustos que establecieran las leyes de Dios y juzgaran a este pueblo según sus mandamientos, sí, si tuvieseis por reyes a hombres que hicieran lo que mi padre ^bBenjamín hizo por este pueblo, os digo que si tal fuese siempre el caso, entonces convendría que siempre tuvieseis reyes para que os gobernaran.

14 Y aun yo mismo he obrado con todo el poder y las facultades que he poseído, para enseñaros los mandamientos de Dios y para establecer la paz en todo el país, a fin de que no hubiera guerras ni contenciones, ni

5a 1 Sam. 8:9–19.   b Éx. 18:13–24.   b P. de Morm. 1:17–18.
11a Mos. 29:25–27.   13a Mos. 23:8, 13–14.

robo, ni rapiña, ni asesinatos, ni iniquidades de ninguna clase.

15 Y a quienquiera que ha cometido iniquidad, he ªcastigado de acuerdo con el delito que ha cometido, según la ley que nos han dado nuestros padres.

16 Ahora bien, os digo que por motivo de que no todos los hombres son justos, no conviene que tengáis un rey o reyes para que os gobiernen.

17 Pues he aquí, ¡cuánta ªiniquidad un rey ᵇmalo hace cometer; sí, y cuán grande destrucción!

18 Sí, acordaos del rey Noé, su ªiniquidad y sus abominaciones, y también la iniquidad y las abominaciones de su pueblo. Considerad la gran destrucción que cayó sobre ellos; y también a causa de sus iniquidades fueron reducidos a la ᵇservidumbre.

19 Y si no hubiese sido por la interposición de su omnisciente Creador, y esto a causa de su sincero arrepentimiento, inevitablemente habrían permanecido en el cautiverio hasta ahora.

20 Mas he aquí, los libró porque se ªhumillaron ante él; y porque ᵇclamaron a él poderosamente, los libró del cautiverio; y así es como en todos los casos el Señor obra con su poder entre los hijos de los hombres, extendiendo su brazo de ᶜmisericordia hacia

aquellos que ponen su ᵈconfianza en él.

21 Y he aquí, os digo que no podéis destronar a un rey inicuo sino mediante mucha contención y el derramamiento de mucha sangre.

22 Pues he aquí, tiene sus ªcómplices en iniquidad y conserva a sus guardias alrededor de él; y deshace las leyes de los que han reinado en justicia antes de él; y huella con sus pies los mandamientos de Dios;

23 y formula leyes y las envía entre su pueblo; sí, leyes según su propia ªmaldad; y al que no las obedece, hace que sea destruido; y contra los que se rebelan envía sus ejércitos para combatirlos, y si puede, los destruye; y de este modo es como un rey inicuo pervierte las vías de toda rectitud.

24 Y ahora bien, he aquí, os digo: No conviene que tales abominaciones vengan sobre vosotros.

25 Por tanto, escoged jueces, por medio de la voz de este pueblo, para que seáis juzgados de acuerdo con las leyes que nuestros padres os han dado, las cuales son correctas, y fueron dadas a ellos por la mano del Señor.

26 Ahora bien, no es cosa común que la voz del pueblo desee algo que sea contrario a lo

15a Alma 1:32–33.
17a Alma 46:9–10.
  b Mos. 23:7–9.
18a Mos. 11:1–15.
  b 1 Sam. 8:10–18;
     Mos. 12:1–8;
     Éter 6:22–23.
20a Mos. 21:13–15.
  b Éx. 2:23–25;
     Alma 43:49–50.
c Ezeq. 33:11, 15–16;
  Mos. 26:30.
d GEE Confianza, confiar.
22a 1 Rey. 12:8–14.
23a GEE Inicuo, iniquidad.

que es justo; pero sí es común que la parte menor del pueblo desee lo que no es justo; por tanto, esto observaréis y tendréis por ley: Trataréis vuestros asuntos según la voz del pueblo.

27 Y ªsi llega la ocasión en que la voz del pueblo escoge la iniquidad, entonces es cuando los juicios de Dios descenderán sobre vosotros; sí, entonces es cuando él os visitará con gran destrucción, sí, como hasta aquí la ha mandado sobre esta tierra.

28 Ahora bien, si tenéis jueces, y ellos no os juzgan según la ley que ha sido dada, podéis hacer que sean juzgados por un juez superior.

29 Y si vuestros jueces superiores no dictaren juicios justos, haréis que un número pequeño de vuestros jueces menores se reúna, y ellos juzgarán a vuestros jueces superiores, según la voz del pueblo.

30 Y os mando que hagáis estas cosas en el temor del Señor; y os ordeno que hagáis esto, y que no tengáis rey; para que si este pueblo comete pecados e iniquidades, estos recaigan sobre su propia cabeza.

31 Pues he aquí, os digo que las iniquidades de sus reyes han causado los pecados de mucha gente; por tanto, sus iniquidades recaen sobre la cabeza de sus reyes.

32 Y ahora deseo yo que esta ªdesigualdad deje de existir en esta tierra, especialmente entre este mi pueblo; mas deseo que esta tierra sea una tierra de ᵇlibertad, y que ᶜtodo hombre goce igualmente de sus derechos y privilegios, en tanto que el Señor juzgue conveniente que habitemos y heredemos la tierra, sí, mientras permanezca cualquiera de los de nuestra posteridad sobre la superficie de la tierra.

33 Y muchas cosas más les escribió el rey Mosíah, haciéndoles ver todas las pruebas y tribulaciones de un rey justo; sí, todas las congojas del alma por su pueblo; y también todas las quejas del pueblo a su rey; y les explicó todo esto.

34 Y les dijo que tales cosas no debían existir; sino que la carga debía estar sobre todo el pueblo, para que todo hombre llevara su parte.

35 Y también les hizo ver todas las desventajas bajo las cuales se afanarían si los gobernaba un rey inicuo;

36 sí, todas las iniquidades y abominaciones, y todas las guerras y contenciones, y derramamiento de sangre, y el hurto y la rapiña, y la comisión de fornicaciones y toda clase de iniquidades que no pueden ser enumeradas, diciéndoles que aquellas cosas no debían existir, que eran expresamente repugnantes a los mandamientos de Dios.

27a Alma 10:19.   b 2 Ne. 1:7; 10:11.   c Alma 27:9.
32a Alma 30:11.   GEE Libertad, libre.

37 Y aconteció que después que el rey Mosíah hubo enviado estas palabras entre los del pueblo, estos quedaron convencidos de la verdad de sus palabras.

38 Por tanto, abandonaron sus deseos de tener rey, y se sintieron ansiosos en extremo de que todo hombre tuviese igual oportunidad por toda la tierra; sí, y todo hombre expresó el deseo de estar dispuesto a responder por sus propios pecados.

39 Aconteció, por tanto, que se reunieron en grupos por toda la tierra, para dar su parecer concerniente a quiénes habrían de ser sus jueces para juzgarlos de acuerdo con la ^aley que les había sido dada; y se alegraron en extremo a causa de la ^blibertad que se les había concedido.

40 Y aumentó el amor que sentían por Mosíah; sí, lo estimaban más que a cualquier otro hombre; porque no lo tenían por un tirano que buscaba ganancias, sí, ese lucro que corrompe el alma; porque él no les había exigido riquezas, ni se había deleitado en derramar sangre; sino que había establecido la ^apaz en la tierra, y había concedido a su pueblo que se librara de toda clase de servidumbre; por tanto, lo estimaban, sí, extraordinariamente, en sumo grado.

41 Y sucedió que nombraron ^ajueces para que los gobernaran o juzgaran según la ley; y así lo hicieron en toda la tierra.

42 Y aconteció que Alma fue nombrado para ser el primer juez superior; y era también el sumo sacerdote, habiéndole conferido su padre el oficio, y habiéndole encargado todos los asuntos de la iglesia.

43 Y ocurrió que Alma ^aanduvo en los caminos del Señor, y guardó sus mandamientos, y juzgó con justicia; y hubo continua paz en la tierra.

44 Y así empezó el gobierno de los jueces en toda la tierra de Zarahemla, entre todo el pueblo que se llamaba nefitas; y Alma fue el primer juez superior.

45 Y sucedió que falleció su padre, teniendo ya ochenta y dos años de edad, y habiendo vivido para cumplir los mandamientos de Dios.

46 Y aconteció que Mosíah falleció también, en el trigésimotercer año de su reinado, a la edad de ^asesenta y tres años; y hacía por todo quinientos nueve años desde la ocasión en que Lehi salió de Jerusalén.

47 Y así terminó el reinado de los reyes sobre el pueblo de Nefi; y así llegaron a su fin los días de Alma, que fue el fundador de la iglesia de ellos.

39a Alma 1:14.
  b GEE Libertad, libre.
40a GEE Pacificador.
41a Mos. 29:11.
43a GEE Andar, andar con
    Dios.
46a Mos. 6:4.

EL LIBRO DE ALMA

HIJO DE ALMA

La narración de Alma, que era hijo de Alma, y el primer juez superior del pueblo de Nefi, y también el sumo sacerdote que presidía la Iglesia. Una relación del gobierno de los jueces y de las guerras y contenciones que hubo entre el pueblo. Además, la narración de una guerra entre los nefitas y los lamanitas, según los anales de Alma, el primer juez superior.

CAPÍTULO 1

Nehor enseña doctrinas falsas, establece una iglesia, introduce la superchería sacerdotal y mata a Gedeón — Nehor es ejecutado por motivo de sus crímenes — Se difunden entre el pueblo la superchería sacerdotal y las persecuciones — Los sacerdotes se sostienen con su propio trabajo, el pueblo cuida de los pobres y la Iglesia prospera. Aproximadamente 91–88 a.C.

AHORA bien, sucedió que en el primer año del gobierno de los jueces, que de allí en adelante continuó sobre el pueblo de Nefi, pues el rey Mosíah se había ªido por la vía de toda la tierra, habiendo peleado la buena batalla, andando rectamente ante Dios, no dejando quien reinara en su lugar; sin embargo, había establecido ᵇleyes que el pueblo reconocía; por tanto, tenían la obligación de someterse a las leyes que él había formulado.

2 Y aconteció que en el primer año del gobierno de Alma en el asiento judicial, le llevaron un ªhombre para ser juzgado, un hombre de gran estatura y notable por su mucha fuerza.

3 Y este había andado entre el pueblo, predicándole lo que él ªdecía ser la palabra de Dios, ᵇimportunando a la iglesia, declarando que todo sacerdote y maestro debía hacerse ᶜpopular; y que no ᵈdebían trabajar con sus manos, sino que el pueblo debía sostenerlos.

4 Y también testificaba al pueblo que todo el género humano se salvaría en el postrer día, y que no tenían por qué temer ni temblar, sino que podían levantar la cabeza y regocijarse; porque el Señor había creado a todos los hombres, y también los había redimido a todos; y al fin todos los hombres tendrían vida eterna.

5 Y sucedió que tanto enseñó estas cosas, que muchos creyeron en sus palabras, y fueron tantos que comenzaron a sostenerlo y a darle dinero.

6 Y empezó a envanecerse con

1 1a Mos. 29:46.
  b Jarom 1:5;
    Alma 4:16;
    Hel. 4:22.

2a Alma 1:15.
3a Ezeq. 13:3.
  b GEE Anticristo.
  c Lucas 6:26;

1 Ne. 22:23.
d Mos. 18:24, 26; 27:5.

el orgullo de su corazón, y a usar ropa muy lujosa; sí, y aun empezó a establecer una ªiglesia de acuerdo con lo que predicaba.

7 Y aconteció que yendo a predicar a los que creían en su palabra, dio con un hombre que pertenecía a la iglesia de Dios, sí, uno de sus maestros, y empezó a disputar vigorosamente con él, a fin de descarriar al pueblo de la iglesia; mas el hombre lo resistió, amonestándolo con las ªpalabras de Dios.

8 Y este hombre se llamaba ªGedeón; y era el mismo que fue el instrumento en las manos de Dios para librar del cautiverio al pueblo de Limhi.

9 Ahora bien, porque Gedeón lo resistió con las palabras de Dios, se encolerizó con Gedeón, y sacó su espada y empezó a darle golpes. Y Gedeón estaba ya muy entrado en años; por tanto, no pudo aguantar sus golpes, de modo que ªmurió por la espada.

10 Y el pueblo de la iglesia aprehendió al hombre que lo mató, y fue llevado ante Alma para ser ªjuzgado según los crímenes que había cometido.

11 Y sucedió que compareció ante Alma y se defendió con mucha audacia.

12 Mas Alma le dijo: He aquí, esta es la primera vez que se ha introducido la ªsuperchería sacerdotal entre este pueblo. Y he aquí, no solo eres culpable de dicha superchería, sino que has tratado de imponerla por la espada; y si la superchería sacerdotal fuese impuesta sobre este pueblo, resultaría en su entera destrucción.

13 Y tú has derramado la sangre de un hombre justo, sí, un hombre que ha hecho mucho bien entre este pueblo; y si te perdonásemos, su sangre vendría sobre nosotros por ªvenganza.

14 Por tanto, se te ªcondena a morir, conforme a la ley que nos ha dado Mosíah, nuestro último rey, y la cual este pueblo ha reconocido; por tanto, este pueblo debe sujetarse a la ley.

15 Y aconteció que lo tomaron —y se llamaba ªNehor— y lo llevaron a la cima del cerro Manti, y allí se le hizo admitir, o mejor dicho, admitió entre los cielos y la tierra, que lo que había enseñado al pueblo era contrario a la palabra de Dios; y allí padeció una ᵇmuerte ignominiosa.

16 No obstante, no cesó con esto la difusión de la superchería sacerdotal en la tierra; porque había muchos que amaban las vanidades del mundo, y salieron predicando doctrinas falsas; y lo hicieron

6a 1 Ne. 14:10.
7a GEE Palabra de Dios.
8a Mos. 20:17; 22:3.
9a Alma 6:7.
10a Mos. 29:42.
12a 2 Ne. 26:29.
   GEE Supercherías sacerdotales.
13a GEE Venganza.
14a GEE Pena de muerte.
15a Alma 1:2.
   b Deut. 13:1–9.

por causa de las ªriquezas y los honores.

17 Sin embargo, no se atrevían a ªmentir, por si llegaba a saberse, por miedo a la ley, porque los embusteros eran castigados; por tanto, aparentaban predicar según su creencia, y la ley no podía ejercer poder alguno en ningún hombre por ᵇsu creencia.

18 Y no se atrevían a ªhurtar, por temor a la ley, porque estos eran castigados; ni tampoco se atrevían a robar ni a asesinar, porque el ᵇasesino era castigado con la pena de ᶜmuerte.

19 Pero aconteció que los que no pertenecían a la iglesia de Dios empezaron a perseguir a los que pertenecían a ella y habían tomado sobre sí el nombre de Cristo.

20 Sí, los perseguían y los injuriaban con toda clase de palabras, y esto a causa de su humildad; porque no eran orgullosos a sus propios ojos, y porque se impartían mutuamente la palabra de Dios, sin ªdinero y sin precio.

21 Ahora bien, había una estricta ley entre el pueblo de la iglesia, que ningún hombre que perteneciese a la iglesia se pusiera a perseguir a aquellos que no pertenecían a la iglesia, y que

no debía haber ªpersecución entre ellos mismos.

22 Sin embargo, hubo entre ellos muchos que empezaron a llenarse de orgullo, y a contender acaloradamente con sus adversarios, aun hasta golpearse; sí, se daban puñetazos el uno al otro.

23 Esto aconteció en el segundo año del gobierno de Alma, y fue causa de mucha aflicción para la iglesia; sí, fue la causa de mucha tribulación en ella.

24 Porque muchos de ellos endurecieron sus corazones, y sus nombres fueron ªborrados, de modo que no los recordaron más entre el pueblo de Dios. Y también muchos se ᵇretiraron de entre ellos.

25 Ahora bien, esto fue una dura prueba para los que se mantuvieron constantes en la fe; sin embargo, fueron firmes e inamovibles en guardar los mandamientos de Dios, y sobrellevaron ªpacientemente la persecución que se les imponía.

26 Y cuando los sacerdotes dejaban su trabajo para impartir la palabra de Dios a los del pueblo, estos también dejaban sus ªlabores para oír la palabra de Dios. Y después que el sacerdote les había impartido la

---

16a GEE Riquezas;
    Vanidad, vano.
17a GEE Honestidad,
    honradez;
    Mentiras.
  b Alma 30:7–12;
    AdeF 1:11.
18a GEE Robar, robo, hurtar,

hurto.
  b GEE Asesinato.
  c GEE Pena de muerte.
20a Isa. 55:1–2.
21a GEE Persecución,
    perseguir.
24a Éx. 32:33;
    Mos. 26:36;

Alma 6:3.
    GEE Excomunión.
  b Alma 46:7.
    GEE Apostasía.
25a GEE Paciencia.
26a Mos. 18:24, 26;
    27:3–5.

palabra de Dios, todos volvían diligentemente a sus labores; y el sacerdote no se consideraba mejor que sus oyentes, porque el predicador no era de más estima que el oyente, ni el maestro era mejor que el discípulo; y así todos eran iguales y todos trabajaban, todo hombre *b*según su fuerza.

27 Y de conformidad con lo que tenía, todo hombre *a*repartía de sus bienes a los *b*pobres, y a los necesitados, y a los enfermos y afligidos; y no usaban ropa costosa; no obstante, eran aseados y atractivos.

28 Y así dispusieron los asuntos de la iglesia; y así empezaron nuevamente a tener continua paz, a pesar de todas sus persecuciones.

29 Ahora bien, debido a la estabilidad de la iglesia, empezaron a *a*enriquecerse en gran manera, teniendo en abundancia todas las cosas que necesitaban: una abundancia de rebaños y manadas, y toda clase de animales cebados, y también una abundancia de grano, y de oro, y de plata y de objetos preciosos, y abundancia de *b*seda y de lino de fino tejido, y de toda clase de buenas telas sencillas.

30 Y así, en sus *a*prósperas circunstancias no desatendían a ninguno que estuviese *b*desnudo, o que estuviese hambriento, o sediento, o enfermo, o que no hubiese sido nutrido; y no ponían el corazón en las riquezas; por consiguiente, eran generosos con todos, ora ancianos, ora jóvenes, esclavos o libres, varones o mujeres, pertenecieran o no a la iglesia, sin hacer *c*distinción de personas, si estaban necesitadas.

31 Y así prosperaron y llegaron a ser mucho más ricos que los que no pertenecían a su iglesia.

32 Porque los que no pertenecían a su iglesia se entregaban a las hechicerías, y a la *a*idolatría o el *b*ocio, y a *c*chismes, *d*envidias y contiendas; vestían ropas costosas, se *e*ensalzaban en el orgullo de sus propios ojos, perseguían, mentían, hurtaban, robaban y cometían fornicaciones y asesinatos y toda clase de maldad; sin embargo, se ponía en vigor la ley contra los transgresores hasta donde era posible.

33 Y sucedió que por aplicárseles así la ley, cada uno padeciendo de acuerdo con lo que había hecho, se apaciguaron más, y no se atrevieron a cometer iniquidad alguna que se supiera, de modo que hubo mucha paz entre el pueblo de Nefi hasta el quinto año del gobierno de los jueces.

26b Mos. 4:27;
  DyC 10:4.
27a GEE Limosna.
  b Lucas 18:22;
  Mos. 4:26;
  DyC 42:29–31.
29a GEE Riquezas.
  b Alma 4:6.
30a Jacob 2:17–19.
  b GEE Pobres.
  c Alma 16:14;
  DyC 1:35.
32a GEE Idolatría.
  b GEE Ociosidad, ocioso.
  c GEE Calumnias.
  d GEE Envidia.
  e Jacob 2:13;
  Alma 31:25;
  Morm. 8:28.
  GEE Orgullo.

CAPÍTULO 2

Amlici intenta hacerse rey y lo rechaza la voz del pueblo — Sus partidarios lo hacen rey — Los amlicitas combaten contra los nefitas y son derrotados — Los lamanitas y los amlicitas unen sus fuerzas y son vencidos — Alma mata a Amlici. Aproximadamente 87 a.C.

Y ACONTECIÓ que al principio del quinto año de su gobierno, empezó a surgir la contención entre el pueblo, pues cierto hombre llamado Amlici —hombre muy astuto, sí, versado en la sabiduría del mundo, siendo de la orden del hombre que asesinó a ªGedeón con la espada, y que fue ejecutado según la ley—

2 y este Amlici se había atraído a muchos con su astucia; sí, a tantos que empezaron a ser muy fuertes; y comenzaron a esforzarse por establecer a Amlici como rey del pueblo.

3 Ahora bien, esto alarmó mucho a la gente de la iglesia, y también a todos aquellos que no habían sido atraídos por las persuasiones de Amlici; porque sabían que, según su ley, la ªvoz del pueblo debía instituir aquellas cosas.

4 Por tanto, si Amlici llegara a granjearse la voz del pueblo, dado que era un hombre perverso, los ªprivaría de sus derechos y privilegios de la iglesia; porque su intención era destruir la iglesia de Dios.

5 Y sucedió que se reunió el pueblo por toda la tierra, todo hombre según su opinión, ya fuera a favor o en contra de Amlici, en grupos separados, ocasionando muchas disputas y grandes ªcontenciones entre unos y otros.

6 Y así se reunieron para expresar sus opiniones concernientes al asunto; y las presentaron ante los jueces.

7 Y aconteció que la voz del pueblo resultó en contra de Amlici, de modo que no fue hecho su rey.

8 Ahora bien, esto causó mucha alegría en el corazón de los que estaban en contra de él; pero Amlici incitó a la ira a aquellos que estaban a su favor en contra de los que no lo apoyaban.

9 Y ocurrió que se reunieron y consagraron a Amlici para que fuese su rey.

10 Y cuando Amlici fue nombrado su rey, les mandó que tomaran las armas en contra de sus hermanos; y lo hizo para subyugarlos a él.

11 Ahora bien, la gente de Amlici se distinguía con el nombre de Amlici, llamándose ªamlicitas; y los demás se llamaban ᵇnefitas o el pueblo de Dios.

12 Por tanto, los nefitas estaban enterados del intento de los amlicitas, y, por consiguiente, se prepararon para enfrentarse a ellos; sí, se armaron con espadas y con cimitarras, con arcos y con

---

2 1*a* Alma 1:8.
  3*a* Mos. 29:25–27;
    Alma 4:16.
  4*a* Alma 10:19;
    Hel. 5:2.
  5*a* 3 Ne. 11:29.
  11*a* Alma 3:4.
    b Jacob 1:13–14;
      Mos. 25:12; Alma 3:11.

flechas, con piedras y con hondas, y con todo género de *armas de guerra de todas clases.

13 Y así quedaron preparados para hacer frente a los amlicitas al tiempo de su llegada. Y se nombraron capitanes, y capitanes mayores, y capitanes en jefe, según sus números.

14 Y aconteció que Amlici armó a sus hombres con todo género de armas de guerra de todas clases; y también nombró jefes y caudillos sobre su gente para que los condujeran a la guerra contra sus hermanos.

15 Y sucedió que los amlicitas llegaron al cerro Amnihu, que quedaba al este del *río Sidón, el cual pasaba junto a la *tierra de Zarahemla, y allí empezaron a hacer la guerra a los nefitas.

16 Ahora bien, Alma, que era *juez superior y gobernador del pueblo de Nefi, fue con su gente, sí, con sus capitanes y capitanes en jefe, sí, a la cabeza de sus ejércitos, a combatir a los amlicitas.

17 Y empezaron a matar a los amlicitas sobre el cerro al este del Sidón. Y los amlicitas contendieron contra los nefitas con gran vigor, al grado que muchos de los nefitas cayeron ante los amlicitas.

18 Sin embargo, el Señor fortaleció la mano de los nefitas, de modo que hirieron a los amlicitas con tan grande mortandad,

que empezaron a huir delante de ellos.

19 Y sucedió que los nefitas persiguieron a los amlicitas todo ese día, y los mataron con tan grande estrago, que el número de los amlicitas *muertos llegó a doce mil quinientas treinta y dos almas; y de los nefitas fueron muertas seis mil quinientas sesenta y dos almas.

20 Y acaeció que cuando Alma ya no pudo perseguir más a los amlicitas, hizo que su gente plantara sus tiendas en el *valle de Gedeón, valle que así se llamaba por Gedeón, a quien *Nehor mató con la espada; y en este valle los nefitas levantaron sus tiendas para pasar la noche.

21 Y Alma envió espías para que siguieran al resto de los amlicitas, a fin de poder saber sus planes y sus conspiraciones, para que por ese medio él se guardara de ellos, a fin de evitar que su pueblo fuese destruido.

22 Y los que envió a vigilar el campo de los amlicitas se llamaban Zeram, y Amnor, y Manti, y Limher; estos fueron los que partieron con sus hombres para espiar el campo de los amlicitas.

23 Y aconteció que por la mañana retornaron al campo de los nefitas con gran prisa, asombrados en gran manera, y llenos de mucho temor, diciendo:

24 He aquí, seguimos el campo

12*a* Mos. 10:8;
    Hel. 1:14.
15*a* Alma 3:3.

b Omni 1:13–15.
16*a* Mos. 29:42.
19*a* Alma 3:1–2, 26; 4:2.

20*a* Alma 6:7.
  b Alma 1:7–15; 14:16.

de los ªamlicitas, y con gran asombro vimos a una numerosa hueste de lamanitas en la tierra de Minón, más allá de la tierra de Zarahemla, en dirección de la tierra de ᵇNefi; y he aquí, los amlicitas se han unido a ellos;

25 y han caído sobre nuestros hermanos en esa tierra; y están huyendo ante ellos con sus rebaños, y sus esposas, y sus niños hacia nuestra ciudad; y a menos que nos demos prisa, se apoderarán de nuestra ciudad, y nuestros padres, y nuestras esposas y nuestros niños serán muertos.

26 Y aconteció que los del pueblo de Nefi alzaron sus tiendas y partieron del valle de Gedeón hacia su ciudad, que era la ciudad de ªZarahemla.

27 Y he aquí, mientras estaban cruzando el río Sidón, los lamanitas y los amlicitas, casi tan ªnumerosos como las arenas del mar, cayeron sobre ellos para destruirlos.

28 Sin embargo, la mano del Señor ªfortaleció a los nefitas, habiéndole ellos rogado fervorosamente que los librara de las manos de sus enemigos; por tanto, el Señor oyó su clamor y los fortaleció, y los lamanitas y los amlicitas cayeron ante ellos.

29 Y aconteció que Alma luchó con Amlici cara a cara con la espada; y lucharon tenazmente uno con otro.

30 Y sucedió que Alma, siendo un hombre de Dios y teniendo mucha ªfe, clamó, diciendo: ¡Oh Señor, ten misericordia y salva mi vida a fin de que yo sea un instrumento en tus manos para salvar y preservar a este pueblo!

31 Y cuando Alma hubo dicho estas palabras, contendió de nuevo contra Amlici; y a tal grado fue fortalecido, que mató a Amlici con la espada.

32 Y también se batió con el rey de los lamanitas, pero el rey huyó de Alma, y envió a sus guardias para contender con él.

33 Mas Alma, con sus guardias, combatió con los guardias del rey de los lamanitas hasta que los mató y los hizo retroceder.

34 Y así despejó el terreno, o más bien la ribera, que se hallaba al oeste del río Sidón, arrojando a las aguas del Sidón los cuerpos de los lamanitas muertos, a fin de que su pueblo tuviera espacio para pasar y contender con los lamanitas y los amlicitas que se hallaban del lado occidental del río Sidón.

35 Y aconteció que cuando todos hubieron cruzado el río Sidón, los lamanitas y los amlicitas empezaron a huir delante de ellos, a pesar de ser tan numerosos que no podían ser contados.

36 Y huyeron delante de los nefitas hacia el desierto que se hallaba al oeste y al norte, más allá de las fronteras de la tierra; y los nefitas los persiguieron con vigor y los mataron.

37 Sí, les salieron por todas partes, y fueron muertos y

24a Alma 3:4, 13–18.
   b 2 Ne. 5:8.
26a Omni 1:14, 18.
27a Jarom 1:6.
28a Deut. 31:6.
30a GEE Fe.

perseguidos, hasta esparcirlos por el oeste y por el norte, hasta que llegaron al desierto que se llamaba Hermounts; y era esa parte del yermo que estaba infestada de animales salvajes y voraces.

38 Y aconteció que muchos murieron de sus heridas en el desierto, y fueron devorados por aquellos animales y también por los buitres del aire; y sus huesos han sido descubiertos y amontonados sobre la tierra.

CAPÍTULO 3

Los amlicitas se habían hecho una marca, de acuerdo con las profecías — Los lamanitas habían sido maldecidos por su rebelión — Los hombres traen sobre sí su propia maldición — Los nefitas derrotan a otro ejército lamanita. Aproximadamente 87–86 a.C.

Y SUCEDIÓ que los nefitas que no fueron ᵃmuertos por las armas de guerra, luego que hubieron sepultado a los que habían perecido —y el número de los muertos no se contó a causa de la magnitud de su número— después que hubieron sepultado a sus muertos, todos se volvieron a sus tierras y sus casas, y a sus esposas y a sus hijos.

2 Ahora bien, muchas mujeres y muchos niños habían perecido por la espada, así como gran cantidad de sus rebaños y manadas; y también fueron destruidos muchos de sus campos de grano, hollados por las huestes de hombres.

3 Y cuantos lamanitas y amlicitas perecieron sobre la ribera del río Sidón fueron arrojados en las ᵃaguas del río; y he aquí, sus huesos se hallan en las ᵇprofundidades del mar, y son muchos.

4 Y los ᵃamlicitas se distinguían de los nefitas porque se habían ᵇmarcado con rojo la frente, a la manera de los lamanitas; sin embargo, no se habían rapado la cabeza como los lamanitas.

5 Pues estos se rapaban la cabeza; y andaban ᵃdesnudos, con excepción de una faja de piel que ceñían alrededor de sus lomos, y también su armadura que llevaban ceñida alrededor de ellos, y sus arcos, y sus flechas, y sus piedras y sus hondas, etcétera.

6 Y la piel de los lamanitas era obscura, conforme a la señal que fue puesta sobre sus padres, la cual fue una ᵃmaldición sobre ellos por motivo de su transgresión y su rebelión en contra de sus hermanos Nefi, Jacob, José y Sam, que fueron hombres justos y santos.

7 Y sus hermanos intentaron destruirlos; por lo tanto, fueron maldecidos; y el Señor Dios puso una ᵃseñal sobre ellos, sí, sobre Lamán y Lemuel, y también sobre los hijos de Ismael y en las mujeres ismaelitas.

8 Y se hizo esto para distinguir

3 1a Alma 2:19; 4:2.
  3a Alma 2:15.
  b Alma 44:22.
  4a Alma 2:11.

  b Alma 3:13–19.
  5a Enós 1:20;
    Mos. 10:8;
    Alma 42:18–21.

  6a 2 Ne. 5:21; 26:33.
    GEE Maldecir,
    maldiciones.
  7a 1 Ne. 12:23.

a su posteridad de la posteridad de sus hermanos, para que por ese medio el Señor Dios preservara a su pueblo, a fin de que no se ªmezclaran ni creyeran en ᵇtradiciones incorrectas que causarían su destrucción.

9 Y aconteció que quien mezclaba su simiente con la de los lamanitas traía la misma maldición sobre sus descendientes.

10 Por tanto, todo el que se dejaba desviar por los lamanitas recibía ese nombre, y le era puesta una señal.

11 Y aconteció que quienes no creían en las ªtradiciones de los lamanitas, sino que creían en aquellos anales que fueron traídos de la tierra de Jerusalén, así como en las tradiciones de sus padres, que eran correctas, y creían en los mandamientos de Dios y los guardaban, eran llamados los nefitas, o el pueblo de Nefi, desde entonces en adelante.

12 Y son ellos los que han llevado los ªanales verdaderos de su pueblo, y también del pueblo de los lamanitas.

13 Ahora volveremos otra vez a los amlicitas, porque también sobre ellos fue puesta una ªseñal; sí, ellos mismos se pusieron la señal; sí, una marca roja sobre la frente.

14 De este modo queda cumplida la palabra de Dios, porque estas son las palabras que él dijo a Nefi: He aquí, he maldecido a los lamanitas, y pondré sobre ellos una señal para que ellos y su posteridad queden separados de ti y de tu posteridad, desde hoy en adelante y para siempre, salvo que se arrepientan de su iniquidad y se ªvuelvan a mí, para que yo tenga misericordia de ellos.

15 Y además: Pondré una señal sobre aquel que mezcle su simiente con la de tus hermanos, para que sean maldecidos también.

16 Y además: Pondré una señal sobre el que pelee contra ti y tu posteridad.

17 Y digo también que quien se separe de ti, no se llamará más tu posteridad; y te bendeciré a ti, y al que fuere llamado tu descendencia, desde hoy en adelante y para siempre; y estas fueron las promesas del Señor a Nefi y a su posteridad.

18 Ahora bien, los amlicitas no sabían que estaban cumpliendo las palabras de Dios cuando empezaron a marcarse la frente; sin embargo, se habían ªrebelado abiertamente contra Dios; por tanto, fue menester que la maldición cayera sobre ellos.

19 Ahora bien, quisiera que entendieseis que ellos trajeron sobre sí mismos la ªmaldición; y de igual manera todo hombre que

8ª GEE Matrimonio —
   El matrimonio entre
   personas de distintas
   religiones.
   b Mos. 10:11–18;
11ª Alma 17:9–11.
12ª Mos. 1:6;
   Éter 4:6–11.
13ª Alma 3:4.
Alma 9:16.
14ª 2 Ne. 30:4–6.
18ª 4 Ne. 1:38.
   GEE Rebelión.
19ª 2 Ne. 5:21–25;
   Alma 17:15.

es maldecido trae sobre sí su propia condenación.

20 Aconteció, pues, que no muchos días después de la batalla que emprendieron en la tierra de Zarahemla los lamanitas y amlicitas, otro ejército lamanita vino sobre el pueblo de Nefi, en el [a]mismo lugar donde el primer ejército se había batido con los amlicitas.

21 Y sucedió que se envió un ejército para echarlos de su tierra.

22 Y el propio Alma, por estar afligido con una [a]herida, no fue esta vez a la batalla contra los lamanitas,

23 sino que envió contra ellos un numeroso ejército, el cual subió y mató a muchos de los lamanitas, y echó al resto de ellos fuera de las fronteras de su tierra.

24 Y entonces volvieron otra vez y empezaron a establecer la paz en la tierra, sin ser molestados por sus enemigos durante algún tiempo.

25 Ahora bien, todas estas cosas se hicieron, sí, todas estas guerras y contiendas comenzaron y terminaron en el quinto año del gobierno de los jueces.

26 Y en un año millares y decenas de millares de almas fueron enviadas al mundo eterno, para recibir su [a]recompensa conforme a sus obras, ya fuesen buenas o fuesen malas; para recibir felicidad eterna o miseria eterna, de

acuerdo con el espíritu que quisieron obedecer, ya fuese un espíritu bueno, ya malo.

27 Pues todo hombre recibe su [a]salario de aquel a quien quiere [b]obedecer, y esto según las palabras del espíritu de profecía; por tanto, sea hecho conforme a la verdad. Y así terminó el quinto año del gobierno de los jueces.

CAPÍTULO 4

Alma bautiza a miles de conversos — Surge la iniquidad en la Iglesia y el progreso de esta disminuye — Nefíah es nombrado juez superior — Alma, en calidad de sumo sacerdote, se dedica al ministerio. Aproximadamente 86–83 a.C.

Y SUCEDIÓ que en el sexto año del gobierno de los jueces sobre el pueblo de Nefi, no hubo contenciones ni guerras en la [a]tierra de Zarahemla.

2 Mas el pueblo estaba afligido, sí, sumamente afligido por la [a]pérdida de sus hermanos, y también por la pérdida de sus rebaños y manadas, y por la pérdida de sus campos de grano que los lamanitas habían hollado y destruido.

3 Y eran tan grandes sus aflicciones, que no había quien no tuviera motivo para lamentarse; y creían que eran los juicios de Dios enviados sobre ellos a causa de sus iniquidades y sus

---

20a Alma 2:24.
22a Alma 2:29–33.
26a GEE Obras.
27a Mos. 2:31–33;

Alma 5:41–42.
b Rom. 6:16;
  Hel. 14:29–31.
  GEE Obediencia,

obediente, obedecer.
4 1a Omni 1:12–19.
  2a Alma 2:19; 3:1–2, 26.

abominaciones; por consiguiente, se despertó en ellos el recuerdo de su deber.

4 Y empezaron a establecer la iglesia más completamente; sí, y muchos fueron ᵃbautizados en las aguas de Sidón y se unieron a la iglesia de Dios; sí, los bautizó Alma, a quien su padre, Alma, había consagrado ᵇsumo sacerdote del pueblo de la iglesia.

5 Y sucedió que en el año séptimo del gobierno de los jueces hubo unas tres mil quinientas almas que se unieron a la ᵃiglesia de Dios y se bautizaron. Y así terminó el séptimo año del gobierno de los jueces sobre el pueblo de Nefi; y hubo continua paz todo ese tiempo.

6 Y aconteció que en el año octavo del gobierno de los jueces, los de la iglesia empezaron a llenarse de orgullo por motivo de sus grandes ᵃriquezas, y sus ᵇdelicadas sedas, y sus linos de tejidos finos, y por motivo de sus muchos rebaños y manadas, y su oro y su plata, y toda clase de objetos preciosos que habían obtenido por su industria; y en todas estas cosas se envanecieron en el orgullo de sus ojos, porque empezaron a usar vestidos muy costosos.

7 Ahora bien, esto fue causa de mucha aflicción para Alma, sí, y para muchos de los que él había ᵃconsagrado para ser maestros, sacerdotes y élderes en la iglesia; sí, muchos de ellos se sintieron afligidos en extremo por la iniquidad que vieron que había surgido entre los de su pueblo.

8 Porque vieron y observaron con gran dolor que los del pueblo de la iglesia empezaban a ensalzarse en el ᵃorgullo de sus ojos, y a fijar sus corazones en las riquezas y en las cosas vanas del mundo, de modo que empezaron a despreciarse unos a otros, y a perseguir a aquellos que ᵇno creían conforme a la propia voluntad y placer de ellos.

9 Y así, en este octavo año del gobierno de los jueces, empezó a haber grandes ᵃcontenciones entre los de la iglesia; sí, había ᵇenvidias y conflictos, malicia, persecución y orgullo, aun excediendo al orgullo de aquellos que no pertenecían a la iglesia de Dios.

10 Y así terminó el año octavo del gobierno de los jueces; y la iniquidad de los de la iglesia fue un gran tropiezo para los que no pertenecían a ella; y así la iglesia empezó a detenerse en su progreso.

11 Y sucedió que al principio del año nono, Alma vio la iniquidad de la iglesia, y también vio que el ᵃejemplo de la iglesia empezaba a conducir a los que eran incrédulos de una iniquidad

4a Mos. 18:10–17.
  b Mos. 29:42.
5a Mos. 25:18–23;
   3 Ne. 26:21.
6a GEE Riquezas.
  b Alma 1:29.
7a GEE Autoridad.
8a GEE Orgullo;
   Vanidad, vano.
  b Alma 1:21.
9a GEE Contención,
   contienda.
  b GEE Envidia.
11a 2 Sam. 12:14;
   Alma 39:11.

a otra, causando con ello la destrucción del pueblo.

12 Sí, vio una desigualdad muy grande entre el pueblo, algunos que se ensalzaban en su orgullo, despreciando a otros, volviendo las espaldas al ªnecesitado y al desnudo, y a aquellos que tenían ᵇhambre, y a los que tenían sed, y a los que estaban enfermos y afligidos.

13 Ahora bien, esto fue un gran motivo de lamentaciones entre el pueblo, mientras que otros se humillaban, socorriendo a los que necesitaban su socorro, a saber, ªrepartiendo de sus bienes al pobre y al necesitado, dando de comer al hambriento y sufriendo toda clase de ᵇaflicciones por ᶜcausa de Cristo, quien había de venir según el espíritu de profecía,

14 ªesperando anhelosamente ese día, ᵇreteniendo de ese modo la remisión de sus pecados; llenándose de gran ᶜalegría a causa de la resurrección de los muertos, de acuerdo con la voluntad y el poder y la liberación de Jesucristo de las ligaduras de la muerte.

15 Y ahora bien, aconteció que Alma, habiendo visto las aflicciones de los humildes discípulos de Dios y las persecuciones que

sobre ellos amontonaba el resto de su pueblo, y viendo toda su ªdesigualdad, comenzó a afligirse en extremo; sin embargo, no le faltó el Espíritu del Señor.

16 Y escogió a un hombre sabio de entre los élderes de la iglesia, y lo facultó, según la ªvoz del pueblo, para que tuviera el poder de decretar ᵇleyes, de conformidad con las que se habían dado, y ponerlas en vigor conforme a la iniquidad y los delitos del pueblo.

17 Y este hombre se llamaba Nefíah, y fue nombrado ªjuez superior; y ocupó el asiento judicial para juzgar y gobernar al pueblo.

18 Ahora bien, Alma no le concedió el oficio de ser sumo sacerdote sobre la iglesia, sino que retuvo el oficio de sumo sacerdote para sí; mas entregó a Nefíah el asiento judicial.

19 E hizo esto para poder salir él ªmismo entre los de su pueblo, o sea, entre el pueblo de Nefi, a fin de predicarles la ᵇpalabra de Dios para ᶜdespertar en ellos el ᵈrecuerdo de sus deberes, y para abatir, por medio de la palabra de Dios, todo el orgullo y las artimañas, y todas las contenciones que había entre su

12a Isa. 3:14; Jacob 2:17.
  b Mos. 4:26.
13a GEE Limosna.
  b GEE Adversidad.
  c 2 Cor. 12:10.
14a La expresión en inglés "look forward to" que se traduce aquí significa tanto esperar anhelosamente en Cristo como mirar hacia lo futuro a Cristo.
  b Mos. 4:12; Alma 5:26–35. GEE Justificación, justificar.
  c GEE Gozo.
15a DyC 38:27; 49:20.
16a Alma 2:3–7.
  b Alma 1:1, 14, 18.
17a Alma 50:37.
19a Alma 7:1.
  b Alma 31:5; DyC 11:21–22.
  c Enós 1:23.
  d Mos. 1:17; Hel. 12:3.

pueblo, porque no vio otra manera de rescatarlos sino con la fuerza de un ᵉtestimonio puro en contra de ellos.

20 Y así, a principios del año nono del gobierno de los jueces sobre el pueblo de Nefi, Alma entregó el asiento judicial a ᵃNefíah, y se concretó completamente al ᵇsumo sacerdocio del santo orden de Dios, y a dar testimonio de la palabra, de acuerdo con el espíritu de revelación y profecía.

———

Las palabras que Alma, el Sumo Sacerdote según el santo orden de Dios, proclamó al pueblo en sus ciudades y aldeas por todo el país.

Comenzando con el capítulo 5.

CAPÍTULO 5

Para lograr la salvación, los hombres deben arrepentirse y guardar los mandamientos, nacer de nuevo, purificar sus vestidos mediante la sangre de Cristo, ser humildes, despojarse del orgullo y de la envidia, y hacer las obras de rectitud — El Buen Pastor llama a Su pueblo — Los que hacen obras malas son hijos del diablo — Alma testifica de la veracidad de su doctrina y manda a los hombres que se arrepientan — Los nombres de los justos serán escritos en el libro de la vida. Aproximadamente 83 a.C.

ACONTECIÓ, pues, que Alma empezó a ᵃproclamar la palabra de ᵇDios al pueblo, primero en la tierra de Zarahemla, y desde allí por toda la tierra.

2 Y estas son las palabras que, según su propio registro, habló al pueblo de la iglesia que se hallaba establecida en la ciudad de Zarahemla, diciendo:

3 Yo, Alma, habiendo sido ᵃconsagrado por mi padre Alma para ser ᵇsumo sacerdote sobre la iglesia de Dios, ya que él tenía el poder y la ᶜautoridad de Dios para hacer estas cosas, he aquí, os digo que él empezó a establecer una iglesia en la tierra que se hallaba en las fronteras de Nefi; sí, la ᵈtierra que era llamada la tierra de Mormón; sí, y bautizó a sus hermanos en las aguas de Mormón.

4 Y he aquí, os digo que fueron ᵃlibrados de las manos del pueblo del rey Noé por la misericordia y el poder de Dios.

5 Y después de esto, he aquí, fueron reducidos a la ᵃservidumbre por la mano de los lamanitas en el desierto; sí, os digo que se hallaban en el cautiverio, y nuevamente el Señor los libró de la ᵇservidumbre por el poder de su palabra; y se nos trajo a esta tierra, y aquí empezamos a establecer la iglesia de Dios por toda esta tierra también.

19e GEE Testimonio.
20a Alma 8:12.
  b Mos. 29:42;
    Alma 5:3, 44, 49.
5 1a Alma 4:19.

  b Alma 5:61.
3a GEE Ordenación, ordenar.
  b Alma 4:4, 18, 20.
  c Mos. 18:13; 3 Ne. 11:25.

d Mos. 18:4;
  3 Ne. 5:12.
4a Mos. 23:1–3.
5a Mos. 23:37–39; 24:8–15.
  b Mos. 24:17.

6 Y ahora, he aquí os digo, hermanos míos, vosotros los que pertenecéis a esta iglesia, ¿habéis retenido suficientemente en la memoria el cautiverio de vuestros padres? Sí, ¿y habéis retenido suficientemente en la memoria la misericordia y longanimidad de Dios para con ellos? Y además, ¿habéis retenido suficientemente en la memoria que él ha rescatado sus almas del infierno?

7 He aquí, él cambió sus corazones; sí, los despertó de un profundo sueño, y despertaron en cuanto a Dios. He aquí, se hallaban en medio de la obscuridad; no obstante, la luz de la sempiterna palabra iluminó sus almas; sí, los tenían ceñidos las ^aligaduras de la muerte y las ^bcadenas del infierno, y los esperaba una eterna destrucción.

8 Y os pregunto ahora, hermanos míos: ¿Fueron destruidos? He aquí, os digo que no; no lo fueron.

9 Y os pregunto también: ¿Fueron quebrantadas las ligaduras de la muerte, y desatadas las cadenas del infierno que los tenían atados? Os digo que sí; fueron desatadas, y sus almas se ensancharon, y cantaron del amor que redime. Y os digo que son salvos.

10 Y os pregunto ahora: ¿Según qué condiciones son ^asalvos? Sí, ¿en qué se fundaban para esperar la salvación? ¿Por qué motivo fueron librados de las ligaduras de la muerte, sí, y de las cadenas del infierno también?

11 He aquí, os lo puedo decir. ¿No creyó mi padre Alma en las palabras que se declararon por boca de ^aAbinadí? ¿Y no fue él un santo profeta? ¿No habló las palabras de Dios, y las creyó mi padre Alma?

12 Y según su fe, se realizó un potente ^acambio en su corazón. He aquí, os digo que todo esto es verdad.

13 Y he aquí, él ^apredicó la palabra a vuestros padres, y en sus corazones también se efectuó un potente cambio; y se humillaron, y pusieron su ^bconfianza en el Dios verdadero y ^cviviente. Y he aquí, fueron fieles hasta el ^dfin; por tanto, fueron salvos.

14 Y ahora os pregunto, hermanos míos de la iglesia: ¿Habéis ^anacido espiritualmente de Dios? ¿Habéis recibido su imagen en vuestros rostros? ¿Habéis experimentado este potente ^bcambio en vuestros corazones?

15 ¿Ejercéis la fe en la redención

7a Mos. 15:8.
 b Alma 12:11; DyC 138:23.
10a GEE Plan de redención; Salvación.
11a Mos. 17:1–4.
12a GEE Conversión, convertir.
13a Mos. 18:7.
 b GEE Confianza, confiar.
 c Morm. 9:28; DyC 20:19.
 d GEE Perseverar.
14a Mos. 27:24–27; Alma 22:15. GEE Nacer de Dios, nacer de nuevo.
 b Rom. 8:11–17; Mos. 5:2; Moisés 6:65. GEE Conversión, convertir.

de aquel que os ᵃcreó? ᵇ¿Miráis hacia adelante con el ojo de la fe y veis este cuerpo mortal levantado en inmortalidad, y esta corrupción ᶜlevantada en incorrupción, para presentaros ante Dios y ser ᵈjuzgados de acuerdo con las obras que se han hecho en el cuerpo mortal?

16 Os digo: ¿Podéis imaginaros oír la voz del Señor en aquel día, diciéndoos: Venid a mí, ᵃbenditos, porque, he aquí, vuestras obras han sido obras de rectitud sobre la faz de la tierra?

17 ¿O suponéis que podréis mentir al Señor en aquel día, y ᵃdecir: Señor, nuestras obras han sido justas sobre la faz de la tierra; y que entonces él os salvará?

18 O de lo contrario, ¿podéis imaginaros llevados ante el tribunal de Dios con vuestras almas llenas de culpa y remordimiento, teniendo un recuerdo de toda vuestra culpa; sí, un ᵃrecuerdo perfecto de todas vuestras iniquidades; sí, un recuerdo de haber desafiado los mandamientos de Dios?

19 Os digo: ¿Podréis mirar a Dios en aquel día con un corazón puro y manos limpias? ¿Podréis alzar la vista, teniendo la ᵃimagen de Dios grabada en vuestros semblantes?

20 Os digo: ¿Podéis pensar en ser salvos cuando os habéis sometido para quedar ᵃsujetos al diablo?

21 Os digo que en aquel día sabréis que no podéis ser ᵃsalvos; porque nadie puede ser salvo a menos que sus ᵇvestidos hayan sido lavados hasta quedar blancos; sí, sus vestidos deben ser ᶜpurificados hasta quedar limpios de toda mancha, mediante la sangre de aquel de quien nuestros padres han hablado, el cual habrá de venir para redimir a su pueblo de sus pecados.

22 Y os pregunto ahora, hermanos míos: ¿Cómo se sentirá cualquiera de vosotros, si comparecéis ante el tribunal de Dios, con vuestros vestidos manchados de ᵃsangre y de toda clase de ᵇinmundicia? He aquí, ¿qué testificarán todas estas cosas contra vosotros?

23 He aquí, ¿no ᵃtestificarán que sois asesinos, sí, y también que sois culpables de todo género de iniquidades?

24 He aquí, hermanos míos, ¿suponéis que semejante ser pueda tener un lugar donde sentarse en el reino de Dios, con ᵃAbraham, con Isaac, y con

15a GEE Creación, crear.
  b La expresión en inglés "look forward to" que se traduce aquí significa tanto esperar anhelosamente en Cristo como mirar hacia lo futuro a Cristo.
  c GEE Resurrección.
  d GEE Juicio final.
16a Mateo 25:31–46.
17a 3 Ne. 14:21–23.
18a Ezeq. 20:43; 2 Ne. 9:14; Mos. 3:25; Alma 11:43.
19a 1 Juan 3:1–3.
20a Mos. 2:32.
21a GEE Salvación.
  b 1 Ne. 12:10; Alma 13:11–13; 3 Ne. 27:19–20.
  c GEE Pureza, puro.
22a Isa. 59:3.
  b GEE Inmundicia, inmundo.
23a Isa. 59:12.
24a Lucas 13:28.

Jacob, y también todos los santos profetas, cuyos vestidos están limpios y se hallan sin mancha, puros y blancos?

25 Os digo que no; y a menos que hagáis a nuestro Creador embustero desde el principio, o penséis que ha mentido desde el principio, no podéis suponer que tales seres puedan hallar lugar en el reino de los cielos; sino que serán echados fuera, porque son ªhijos del reino del diablo.

26 Y ahora os digo, hermanos míos, si habéis experimentado un ªcambio en el corazón, y si habéis sentido el deseo de cantar la ᵇcanción del amor que redime, quisiera preguntaros: ᶜ¿Podéis sentir esto ahora?

27 ¿Habéis caminado, conservándoos ªirreprensibles delante de Dios? Si os tocase morir en este momento, ¿podríais decir, dentro de vosotros, que habéis sido suficientemente ᵇhumildes? ¿que vuestros vestidos han sido lavados y blanqueados mediante la sangre de Cristo, que vendrá para ᶜredimir a su pueblo de sus pecados?

28 He aquí, ¿os halláis despojados del ªorgullo? Si no, yo os digo que no estáis preparados para comparecer ante Dios. He

aquí, debéis disponeros prontamente; porque el reino de los cielos pronto se acerca, y el que no esté preparado no tendrá vida eterna.

29 He aquí, digo: ¿Hay entre vosotros quien no esté despojado de la ªenvidia? Os digo que este no está preparado; y quisiera que se preparase pronto, porque la hora está cerca, y no sabe cuándo llegará el momento; porque tal persona no se halla sin culpa.

30 Y además, os digo: ¿Hay entre vosotros quien se ªburle de su hermano, o que acumule persecuciones sobre él?

31 ¡Ay de tal persona, porque no está preparada; y el tiempo está cerca en que debe arrepentirse, o no puede ser salva!

32 Sí, ¡ay de todos vosotros, ªobradores de iniquidad! ¡Arrepentíos, arrepentíos, porque el Señor Dios lo ha dicho!

33 He aquí, él invita a ªtodos los hombres, pues a todos ellos se extienden los ᵇbrazos de misericordia, y él dice: Arrepentíos, y os recibiré.

34 Sí, dice él: ªVenid a mí, y participaréis del ᵇfruto del árbol de la vida; sí, comeréis y beberéis ᶜlibremente del ᵈpan y de las aguas de la vida;

25a 2 Ne. 9:9.
26a GEE Conversión, convertir.
  b Alma 26:13.
  c Mos. 4:12; DyC 20:31–34.
27a GEE Justificación, justificar.
  b GEE Humildad, humilde, humillar (afligir).
  c GEE Redención, redimido, redimir.
28a GEE Orgullo.
29a GEE Envidia.
30a GEE Calumnias.
32a Sal. 5:5.
33a Alma 19:36;
    3 Ne. 18:25.
  b Jacob 6:5; 3 Ne. 9:14.
34a 2 Ne. 26:24–28; 3 Ne. 9:13–14.
  b 1 Ne. 8:11; 15:36.
  c 2 Ne. 9:50–51; Alma 42:27.
  d GEE Pan de Vida.

35 sí, venid a mí y haced obras de rectitud, y no seréis talados y arrojados al fuego.

36 Porque he aquí, el tiempo está cerca en que todo aquel que no ªdiere buen fruto, o sea, el que no hiciere las obras de rectitud, tendrá razón para gritar y lamentarse.

37 ¡Oh obradores de iniquidad, vosotros que os habéis engreído con las ªvanidades del mundo, vosotros que habéis declarado conocer las sendas de la rectitud, y, sin embargo, os habéis ᵇdescarriado como ᶜovejas sin pastor, no obstante que un pastor os ha ᵈllamado, y os está llamando aún, pero vosotros no queréis ᵉescuchar su voz!

38 He aquí, os digo que el buen ªpastor os llama; sí, y os llama en su propio nombre, el cual es el nombre de Cristo; y si no queréis dar ᵇoídos a la voz del ᶜbuen pastor, al ᵈnombre por el cual sois llamados, he aquí, no sois las ovejas del buen pastor.

39 Y si no sois las ovejas del buen pastor, ¿de qué ªrebaño sois? He aquí, os digo que el ᵇdiablo es vuestro pastor, y vosotros sois de su rebaño; y ahora bien, ¿quién

puede negarlo? He aquí, os digo que quien niega esto es un ᶜembustero e ᵈhijo del diablo.

40 Porque os digo que todo lo que es ªbueno viene de Dios; y todo lo que es malo, del diablo procede.

41 Por lo tanto, si un hombre hace ªbuenas obras, él escucha la voz del buen pastor y lo sigue; pero el que hace malas obras, este se convierte en ᵇhijo del diablo, porque escucha su voz y lo sigue.

42 Y el que hace esto tendrá que recibir de él su ªsalario; por consiguiente, recibe como su ᵇsalario la ᶜmuerte, en cuanto a las cosas que pertenecen a la rectitud, ya que está muerto a toda buena obra.

43 Y ahora bien, hermanos míos, quisiera que me escuchaseis, porque hablo con la fuerza de mi alma; porque, he aquí, os he hablado claramente de modo que no podéis errar, o sea, he hablado según los mandamientos de Dios.

44 Porque soy llamado para hablar de este modo, según el ªsanto orden de Dios que está en Cristo Jesús; sí, se me manda que me levante y testifique a este

36a Mateo 3:10; 7:15–20;
3 Ne. 14:19;
DyC 97:7.
37a GEE Vanidad, vano.
b 2 Ne. 12:5; 28:14;
Mos. 14:6.
c Mateo 9:36.
d Prov. 1:24–27;
Isa. 65:12.
e Jer. 26:4–5;
Alma 10:6.
38a GEE Buen Pastor.

b Lev. 26:14–20;
DyC 101:7.
c 3 Ne. 15:24; 18:31.
d Mos. 5:8;
Alma 34:38.
39a Mateo 6:24;
Lucas 16:13.
b Mos. 5:10.
GEE Diablo.
c 1 Juan 2:22.
d 2 Ne. 9:9.
40a Omni 1:25;

Éter 4:12;
Moro. 7:12, 15–17.
41a 3 Ne. 14:16–20.
GEE Obras.
b Mos. 16:3–5;
Alma 11:23.
42a Alma 3:26–27;
DyC 29:45.
b Rom. 6:23.
c Hel. 14:16–18.
GEE Muerte espiritual.
44a Alma 13:6.

pueblo las cosas que han hablado nuestros padres concernientes a lo que está por venir.

45 Y esto no es todo. ¿No suponéis que ^asé de estas cosas yo mismo? He aquí, os testifico que yo sé que estas cosas de que he hablado son verdaderas. Y, ¿cómo suponéis que yo sé de su certeza?

46 He aquí, os digo que el Santo Espíritu de Dios me las hace ^asaber. He aquí, he ^bayunado y orado muchos días para poder saber estas cosas por mí mismo. Y ahora sé por mí mismo que son verdaderas; porque el Señor Dios me las ha manifestado por su Santo Espíritu; y este es el espíritu de ^crevelación que está en mí.

47 Y además, os digo que así se me ha revelado, que las palabras que nuestros padres han hablado son verdaderas, aun de conformidad con el espíritu de profecía que en mí se halla, el cual también es por la manifestación del Espíritu de Dios.

48 Os digo yo que sé por mí mismo, que cuanto os diga concerniente a lo que ha de venir es verdad; y os digo que sé que Jesucristo vendrá; sí, el Hijo, el Unigénito del Padre, lleno de gracia, de misericordia y de verdad. Y he aquí, él es el que viene a quitar los pecados del mundo,

sí, los pecados de todo hombre que crea firmemente en su nombre.

49 Y ahora os digo que este es el ^aorden según el cual soy llamado, sí, para predicar a mis amados hermanos, sí, y a todo el que mora sobre la tierra; sí, a predicar a todos, ora ancianos o jóvenes, ora esclavos o libres; sí, os digo, a los de edad avanzada y también a los de edad mediana y a la nueva generación; sí, para declararles que deben arrepentirse y ^bnacer de nuevo.

50 Sí, el Espíritu así dice: Arrepentíos todos vosotros, extremos de la tierra, porque el reino de los cielos está cerca; sí, el Hijo de Dios viene en su ^agloria, en su fuerza, majestad, poder y dominio. Sí, amados hermanos míos, os digo que el Espíritu dice: He aquí la gloria del ^bRey de toda la tierra; y también el Rey del cielo brillará muy pronto entre todos los hijos de los hombres.

51 Y me dice también el Espíritu, sí, me clama con voz potente, diciendo: Ve y di a los de este pueblo: Arrepentíos, porque a menos que os arrepintáis, de ningún modo podréis heredar el reino de los ^acielos.

52 Y además, os digo que el Espíritu declara: He aquí, el ^ahacha

---

45a GEE Testimonio.
46a 1 Cor. 2:9–16.
   b GEE Ayunar, ayuno.
   c GEE Revelación.
49a GEE Llamado, llamado por Dios, llamamiento; Sacerdocio.
   b GEE Nacer de Dios,

nacer de nuevo.
50a GEE Gloria; Segunda venida de Jesucristo.
   b Sal. 24; Mateo 2:2; Lucas 23:2; 2 Ne. 10:14;

DyC 38:21–22; 128:22–23; Moisés 7:53. GEE Jesucristo; Reino de Dios o de los cielos.
51a GEE Cielo.
52a Lucas 3:9; DyC 97:7.

ALMA 5:53–60

264

está puesta a la raíz del árbol; por lo tanto, todo árbol que no produzca buen fruto, será *b*talado y echado al fuego; sí, un fuego que no puede ser consumido, un fuego inextinguible. He aquí, y tened presente, el Santo lo ha dicho.

53 Y ahora os digo, amados hermanos míos: ¿Podéis resistir estas palabras? Sí, ¿podéis desechar estas cosas y *a*hollar con los pies al Santo de Israel? Sí, ¿podéis inflaros con el *b*orgullo de vuestros corazones? Sí, ¿persistiréis aún en usar ropas *c*costosas y en poner vuestros corazones en las vanidades del mundo, en vuestras *d*riquezas?

54 Sí, ¿persistiréis en suponer que unos sois mejores que otros? Sí, ¿persistiréis en perseguir a vuestros hermanos que se humillan y caminan según el santo orden de Dios, en virtud de lo cual han entrado en esta iglesia —habiendo sido *a*santificados por el Santo Espíritu— y hacen obras dignas de arrepentimiento?

55 Sí, ¿persistiréis en volver vuestras espaldas al *a*pobre y al necesitado, y en negarles vuestros bienes?

56 Y por último, a todos vosotros que queréis persistir en vuestra iniquidad, os digo que estos son los que serán talados y

arrojados al fuego, a menos que se arrepientan prontamente.

57 Y a todos vosotros que deseáis seguir la voz del *a*buen pastor, ahora os digo: Salid de entre los inicuos, y conservaos *b*aparte, y no toquéis sus cosas inmundas; pues he aquí, sus nombres serán *c*borrados, a fin de que los nombres de los inicuos no sean contados entre los nombres de los justos, para que se cumpla la palabra de Dios, que dice: Los nombres de los inicuos no serán mezclados con los nombres de los de mi pueblo;

58 porque los nombres de los justos serán escritos en el *a*libro de la vida, y a ellos les concederé una herencia a mi diestra. Y ahora bien, hermanos míos, ¿qué tenéis que decir en contra de esto? Os digo que si habláis en contra de ello, nada importa; porque la palabra de Dios debe cumplirse.

59 Pues, ¿qué pastor hay entre vosotros que, teniendo muchas ovejas, no las vigila para que no entren los lobos y devoren su rebaño? Y he aquí, si un lobo entra en medio de su rebaño, ¿no lo echa fuera? Sí, y por último, si puede destruirlo, lo hará.

60 Y ahora os digo que el buen pastor os llama; y si escucháis su voz, os conducirá a su redil y seréis sus ovejas; y él os manda

52*b* Jacob 5:46; 6:7;
   3 Ne. 27:11–12.
53*a* 1 Ne. 19:7.
  b GEE Orgullo.
  c 2 Ne. 28:11–14;
   Morm. 8:36–39.
  d Sal. 62:10;

DyC 56:16–18.
54*a* GEE Santificación.
55*a* Sal. 109:15–16;
   Jacob 2:17;
   Hel. 6:39–40.
57*a* GEE Buen Pastor.
  b Esd. 6:21; 9:1;

Neh. 9:2;
2 Tes. 3:6;
DyC 133:5, 14.
c Deut. 29:20;
  Moro. 6:7;
  DyC 20:8.
58*a* GEE Libro de la vida.

que no dejéis entrar ningún lobo rapaz entre vosotros, para que no seáis destruidos.

61 Y ahora bien, yo, Alma, os mando, con las palabras de [a]aquel que me ha mandado a mí, que os esforcéis por cumplir con las palabras que os he hablado.

62 Os hablo por vía de mandamiento a vosotros que pertenecéis a la iglesia; y por vía de invitación os hablo a los que no pertenecéis a ella, diciendo: Venid y bautizaos para arrepentimiento, a fin de que también participéis del fruto del [a]árbol de la vida.

CAPÍTULO 6

La Iglesia en Zarahemla se purifica y se pone en orden — Alma va a Gedeón a predicar. Aproximadamente 83 a.C.

Y SUCEDIÓ que después que hubo concluido de hablar a los de la iglesia establecida en la ciudad de Zarahemla, Alma [a]ordenó sacerdotes y [b]élderes por la imposición de sus [c]manos, según el orden de Dios, para presidir la iglesia y [d]velar por ella.

2 Y aconteció que de los que no pertenecían a la iglesia, quienes se arrepentían de sus pecados, eran [a]bautizados para arrepentimiento y recibidos en la iglesia.

3 Y también sucedió que aquellos que eran de la iglesia y que no se [a]arrepintieron de sus iniquidades ni se humillaron ante Dios —me refiero a los que se habían ensalzado en el [b]orgullo de sus corazones— estos fueron desechados, y sus nombres fueron [c]borrados, de modo que no los contaban entre los de los justos.

4 Y así empezaron a establecer el orden de la iglesia en la ciudad de Zarahemla.

5 Ahora bien, quisiera que entendieseis que la palabra de Dios era accesible a todos; que a nadie se le negaba el privilegio de congregarse para oír la palabra de Dios.

6 No obstante, se mandó a los hijos de Dios que se congregaran frecuentemente, y se unieran en [a]ayuno y ferviente oración por el bien de las almas de aquellos que no conocían a Dios.

7 Y sucedió que después que hubo formulado estas reglas, Alma se retiró de ellos, sí, de la iglesia que se hallaba en la ciudad de Zarahemla, y cruzó al lado este del río Sidón, al [a]valle de Gedeón, donde se había edificado una ciudad que se llamaba Gedeón, la cual se hallaba en el valle llamado Gedeón, el nombre de aquel a quien Nehor [b]mató con la espada.

61*a* Alma 5:44.
62*a* 1 Ne. 8:10; 11:21–23.
6 1*a* GEE Ordenación, ordenar.
  b GEE Élder (anciano).
  c GEE Imposición de manos.
  d DyC 52:39.
2*a* GEE Bautismo, bautizar.
3*a* Mos. 26:6.
  b GEE Orgullo.
  c Éx. 32:33;
Mos. 26:36;
Alma 1:24; 5:57–58.
GEE Excomunión.
6*a* GEE Ayunar, ayuno.
7*a* Alma 2:20.
  b Alma 1:9.

8 Y Alma fue a la iglesia que se hallaba establecida en el valle de Gedeón, y empezó a declarar la palabra de Dios según la revelación de la verdad de la palabra que sus padres habían hablado y de acuerdo con el espíritu de profecía que estaba en él, conforme al [a]testimonio de Jesucristo, el Hijo de Dios, que habría de venir para redimir a su pueblo de sus pecados, y de acuerdo con el santo orden mediante el cual Alma había sido llamado. Y así está escrito. Amén.

Las palabras de Alma que, según sus propios anales, dirigió al pueblo de Gedeón.

Comprende el capítulo 7.

CAPÍTULO 7

Cristo nacerá de María — Él soltará las ligaduras de la muerte y tomará sobre sí los pecados de Su pueblo — Aquellos que se arrepientan, se bauticen y guarden los mandamientos tendrán la vida eterna — La inmundicia no puede heredar el reino de Dios — Se requieren la humildad, la fe, la esperanza y la caridad. Aproximadamente 83 a.C.

He aquí, amados hermanos míos, ya que se me ha permitido venir a vosotros, trataré, por tanto, de [a]hablaros en mi lenguaje, sí, por mi propia boca, en vista de que es la primera vez que os hablo con las palabras de mi boca, pues me he visto totalmente limitado al [b]tribunal, con tantos asuntos que no pude visitaros antes.

2 Y ni aun en esta ocasión habría podido venir, si no fuera que se ha [a]dado el asiento judicial a otro para que gobierne en mi lugar. Y el Señor con gran misericordia me ha concedido que venga a vosotros.

3 Y he aquí, he venido con grandes esperanzas y con mucho anhelo de hallar que os habíais humillado ante Dios y que habíais continuado suplicando su gracia; de hallar que estabais sin culpa ante él, y de no hallaros en el terrible dilema en que estaban vuestros hermanos en Zarahemla.

4 Pero bendito sea el nombre de Dios, porque me ha dado a saber, sí, me ha concedido el inmenso gozo de saber que nuevamente se hallan fundados en la senda de la justicia de Dios.

5 Y confío en que, según el Espíritu de Dios que está en mí, también pueda yo sentir gozo por causa de vosotros; no obstante, no deseo que mi gozo por vosotros venga a causa de tantas aflicciones y angustia que he sentido por los hermanos de Zarahemla; porque he aquí, mi gozo por causa de ellos viene después de pasar por mucha aflicción y angustia.

6 Mas he aquí, confío en que

8a Apoc. 19:10.
7 1a Alma 4:19.
b Mos. 29:42.
2a Alma 4:16–18.

no os halléis en un estado de tanta incredulidad como lo estaban vuestros hermanos; espero que no os hayáis envanecido con el orgullo de vuestros corazones; sí, confío en que no hayáis puesto vuestros corazones en las riquezas y las vanidades del mundo; sí, confío en que no adoréis ᵃídolos, sino que adoréis al Dios verdadero y ᵇviviente, y que esperéis anhelosamente, con una fe sempiterna, la remisión de vuestros pecados que ha de venir.

7 Pues he aquí, os digo que muchas cosas han de venir; y he aquí, hay una que es más importante que todas las otras, pues he aquí, no está muy lejos el ᵃdía en que el Redentor viva y venga entre su pueblo.

8 He aquí, no digo que vendrá entre nosotros mientras esté morando en su cuerpo terrenal; pues he aquí, el Espíritu no me ha dicho que tal sería el caso. Ahora bien, con respecto a ello, no sé; pero esto sí sé: que el Señor Dios tiene poder para hacer todas las cosas que van de conformidad con su palabra.

9 Mas he aquí, el Espíritu me ha dicho esto: Proclama a este pueblo, diciendo: ᵃArrepentíos y preparad la vía del Señor, y andad por sus sendas, que son rectas; porque he aquí, el reino de los cielos está cerca, y el Hijo de Dios ᵇviene sobre la faz de la tierra.

10 Y he aquí, ᵃnacerá de ᵇMaría, en Jerusalén, que es la ᶜtierra de nuestros antepasados, y siendo ella ᵈvirgen, un vaso precioso y escogido, a quien se hará sombra y ᵉconcebirá por el poder del Espíritu Santo, dará a luz un hijo, sí, aun el Hijo de Dios.

11 Y él saldrá, sufriendo dolores, ᵃaflicciones y tentaciones de todas clases; y esto para que se cumpla la palabra que dice: Tomará sobre sí los dolores y las ᵇenfermedades de su pueblo.

12 Y tomará sobre sí la ᵃmuerte, para soltar las ligaduras de la muerte que sujetan a su pueblo; y sus ᵇdebilidades tomará él sobre sí, para que sus entrañas sean llenas de misericordia, según la carne, a fin de que según la carne sepa cómo ᶜsocorrer a los de su pueblo, de acuerdo con las debilidades de ellos.

13 Ahora bien, el Espíritu ᵃsabe todas las cosas; sin embargo, el Hijo de Dios padece según la carne, a fin de ᵇtomar sobre sí los pecados de su pueblo, para borrar

---

6a 2 Ne. 9:37;
 Hel. 6:31.
 b Dan. 6:26.
7a Alma 9:26.
9a Mateo 3:2–4;
 Alma 9:25.
 b Mos. 3:5; 7:27; 15:1–2.
10a Isa. 7:14;
 Lucas 1:27.
 b Mos. 3:8.

GEE María, madre de Jesús.
 c 1 Cró. 9:3; 2 Cró. 15:9;
 1 Ne. 1:4; 3 Ne. 20:29.
 d 1 Ne. 11:13–21.
 e Mateo 1:20; Mos. 15:3.
11a Isa. 53:3–5;
 Mos. 14:3–5.
 b Es decir, enfermedades físicas.

12a 2 Ne. 2:8;
 Alma 12:24–25.
 GEE Crucifixión.
 b Es decir, enfermedades físicas.
 c Heb. 2:18; 4:15;
 DyC 62:1.
13a GEE Trinidad.
 b Mos. 15:12.
 GEE Expiación, expiar.

sus transgresiones según el poder de su liberación; y he aquí, este es el testimonio que hay en mí.

14 Ahora os digo que debéis arrepentiros y ªnacer de nuevo; pues el Espíritu dice que si no nacéis otra vez, no podéis heredar el reino de los cielos. Venid, pues, y sed bautizados para arrepentimiento, a fin de que seáis lavados de vuestros pecados, para que tengáis fe en el Cordero de Dios, que quita los pecados del mundo, que es poderoso para salvar y para limpiar de toda iniquidad.

15 Sí, os digo, venid y no temáis, y desechad todo pecado, pecado que fácilmente os ªenvuelve, que os liga hasta la destrucción; sí, venid y adelantaos, y manifestad a vuestro Dios que estáis dispuestos a arrepentiros de vuestros pecados y a concertar un convenio con él de guardar sus mandamientos, y testificádselo hoy, yendo a las aguas del bautismo.

16 Y el que hiciere esto y guardare los mandamientos de Dios de allí en adelante, se acordará que le digo, sí, se acordará que le he dicho, según el testimonio del Santo Espíritu que testifica en mí, que tendrá la vida eterna.

17 Y ahora bien, amados hermanos míos, ¿creéis estas cosas? He aquí, os digo que sí, yo sé que las creéis; y la forma en que yo

sé que las creéis es por la manifestación del Espíritu que hay en mí. Y ahora, por motivo de que vuestra fe es grande en esto, sí, concerniente a lo que os he hablado, grande es mi gozo.

18 Porque como os dije desde el principio, deseaba mucho que no estuvieseis en el estado de dilema semejante a vuestros hermanos; y he hallado que se han realizado mis deseos.

19 Porque percibo que andáis por las sendas de la rectitud. Veo que os halláis en el camino que conduce al reino de Dios; sí, percibo que estáis enderezando sus ªsendas.

20 Veo que se os ha hecho saber, por el testimonio de su palabra, que él no puede ªandar en sendas tortuosas; ni se desvía de aquello que ha dicho; ni hay en él sombra de apartarse de la derecha a la izquierda, o del bien al mal; por tanto, su curso es un giro eterno.

21 Y él no habita en templos ªimpuros; y ni la suciedad ni cosa inmunda alguna pueden ser recibidas en el reino de Dios; por tanto, os digo que vendrá el tiempo, sí, y será en el postrer día, en que el que sea ᵇinmundo permanecerá en su inmundicia.

22 Y ahora bien, mis queridos hermanos, os he dicho estas cosas a fin de despertar en vosotros el sentido de vuestro deber para con Dios, para que andéis

14a GEE Nacer de Dios, nacer de nuevo.
15a 2 Ne. 4:18.
19a Mateo 3:3.
20a 1 Ne. 10:19;
Alma 37:12;
DyC 3:2.
21a 1 Cor. 3:16–17; 6:19;
Mos. 2:37;
Alma 34:36.
b 1 Ne. 15:33–35;
2 Ne. 9:16;
Morm. 9:14;
DyC 88:35.

sin culpa delante de él, para que caminéis según el santo orden de Dios, conforme al cual se os ha recibido.

23 Y ahora quisiera que fueseis ªhumildes, que fueseis sumisos y dóciles; fáciles de ser tratables; llenos de paciencia y longanimidad; siendo moderados en todas las cosas; siendo diligentes en guardar los mandamientos de Dios en todo momento; pidiendo las cosas que necesitéis, tanto espirituales como temporales; siempre dando gracias a Dios por las cosas que recibís.

24 Y mirad que tengáis ªfe, esperanza y caridad, y entonces siempre abundaréis en buenas obras.

25 Y el Señor os bendiga y guarde vuestros vestidos sin mancha, para que al fin seáis llevados para sentaros en el reino de los cielos con Abraham, Isaac y Jacob, y los santos profetas que han existido desde el principio del mundo, para jamás salir, conservando vuestros vestidos sin ªmancha, así como los de ellos están sin mancha.

26 Y ahora bien, amados hermanos míos, os he hablado estas palabras de acuerdo con el Espíritu que testifica dentro de mí, y mi alma se regocija en extremo por motivo de la suma diligencia y cuidado con que habéis atendido a mi palabra.

27 Y ahora bien, repose sobre vosotros la ªpaz de Dios, y sobre vuestras casas y tierras, y sobre vuestros rebaños y manadas y todo cuanto poseáis, sobre vuestras mujeres y vuestros hijos, según vuestra fe y buenas obras, desde ahora en adelante y para siempre. Y así he dicho. Amén.

CAPÍTULO 8

Alma predica y bautiza en Melek — Es rechazado en Ammoníah y parte de allí — Un ángel le manda que vuelva y proclame el arrepentimiento al pueblo — Amulek lo recibe y los dos predican en Ammoníah. Aproximadamente 82 a.C.

Y SUCEDIÓ que Alma retornó de la ªtierra de Gedeón, después de haber enseñado al pueblo de Gedeón muchas cosas que no pueden ser escritas, habiendo establecido allí el orden de la iglesia, como lo había hecho anteriormente en la tierra de Zarahemla, sí, volvió a su propia casa en Zarahemla, para descansar de las obras que había efectuado.

2 Y así terminó el año nono del gobierno de los jueces sobre el pueblo de Nefi.

3 Y ocurrió que a principios del décimo año del gobierno de los jueces sobre el pueblo de Nefi, Alma salió de allí y viajó a la tierra de Melek, al oeste del ªrío Sidón, cerca de las fronteras del desierto.

4 Y empezó a enseñar al pueblo

23a GEE Humildad, humilde, humillar (afligir).
24a 1 Cor. 13; Éter 12:30–35; Moro. 7:33–48.
25a 2 Pe. 3:14.
27a GEE Paz.
8 1a Alma 2:20; 6:7.
3a Alma 16:6–7.

en la tierra de Melek de conformidad con el ªsanto orden de Dios, por medio del cual había sido llamado; y empezó a enseñar al pueblo por toda la tierra de Melek.

5 Y sucedió que vino a él la gente de todos los contornos de la tierra que estaba del lado del desierto. Y se bautizaron por toda la tierra;

6 de modo que cuando hubo concluido su obra en Melek, se fue de allí y viajó tres días hacia el norte de la tierra de Melek; y llegó a una ciudad que se llamaba Ammoníah.

7 Ahora bien, entre el pueblo de Nefi era costumbre dar a sus tierras, ciudades y aldeas, sí, a todas sus pequeñas aldeas, el nombre de su primer poseedor; y así fue con la tierra de Ammoníah.

8 Y ocurrió que cuando hubo llegado a la ciudad de Ammoníah, Alma empezó a predicarles la palabra de Dios.

9 Pero Satanás se había ªapoderado en sumo grado del corazón de los habitantes de la ciudad de Ammoníah; por lo tanto, no quisieron escuchar las palabras de Alma.

10 No obstante, Alma se ªesforzó mucho en el espíritu, ᵇbregando con Dios en ᶜferviente oración para que derramara su Espíritu sobre el pueblo que se hallaba en la ciudad; y que también le concediera bautizarlos para arrepentimiento.

11 Sin embargo, endurecieron sus corazones, y le dijeron: He aquí, sabemos que eres Alma; y sabemos que eres sumo sacerdote de la iglesia que has establecido en muchas partes de la tierra, según vuestra tradición; pero nosotros no somos de tu iglesia, y no creemos en tan insensatas tradiciones.

12 Y ahora sabemos que por no ser de tu iglesia, tú no tienes ninguna autoridad sobre nosotros; y tú has entregado el asiento judicial a ªNefíah, de modo que no eres nuestro juez superior.

13 Ahora bien, cuando el pueblo hubo dicho esto y resistido todas sus palabras, y lo hubo ultrajado, y escupido sobre él, y hecho que fuese echado de su ciudad, él partió de allí y se dirigió hacia la ciudad llamada Aarón.

14 Y aconteció que mientras viajaba hacia allá, agobiado por la aflicción, pasando por mucha ªtribulación y angustia en el alma por causa de la iniquidad de la gente que se hallaba en la ciudad de Ammoníah, sucedió que mientras agobiaba a Alma esta aflicción, he aquí, se le apareció un ᵇángel del Señor, diciendo:

15 Bendito eres, Alma; por tanto, levanta la cabeza y regocíjate,

4a DyC 107:2–4.
  GEE Sacerdocio de
  Melquisedec.
9a 2 Ne. 28:19–22;
     DyC 10:20.
10a Alma 17:5.
  b Enós 1:1–12.
  c 3 Ne. 27:1. GEE Oración.
12a Alma 4:20.
14a GEE Adversidad.
  b Alma 10:7–10, 20.
  GEE Ángeles.

pues tienes mucho por qué alegrarte; pues has sido fiel en guardar los mandamientos de Dios, desde la ocasión en que recibiste de él tu primer mensaje. He aquí, yo soy quien te lo ªcomuniqué.

16 Y he aquí, soy enviado para mandarte que vuelvas a la ciudad de Ammoníah y prediques otra vez a los habitantes de esa ciudad; sí, predícales. Sí, diles que a menos que se arrepientan, el Señor Dios los ªdestruirá.

17 Pues he aquí, ahora mismo están proyectando destruir la libertad de tu pueblo (pues así dice el Señor), cosa que es contraria a los estatutos y juicios y mandamientos que él ha dado a su pueblo.

18 Y aconteció que después que hubo recibido su mensaje del ángel del Señor, Alma se volvió prestamente a la tierra de Ammoníah. Y entró en la ciudad por otro camino; sí, por el que queda al sur de la ciudad de Ammoníah.

19 Y tuvo hambre al entrar en la ciudad, y dijo a un hombre: ¿Quieres dar algo de comer a un humilde siervo de Dios?

20 Y le dijo el hombre: Soy nefita, y sé que eres un santo profeta de Dios, porque tú eres el hombre de quien un ªángel dijo en una visión: Tú lo recibirás. Por tanto, ven conmigo a mi casa, y te daré de mi alimento; y sé que serás una bendición para mí y para mi casa.

21 Y sucedió que este hombre lo recibió en su casa; y se llamaba ªAmulek; y trajo pan y carne y los puso delante de Alma.

22 Y ocurrió que Alma comió pan y quedó satisfecho; y ªbendijo a Amulek y a su casa, y dio gracias a Dios.

23 Y después que hubo comido y quedado satisfecho, dijo a Amulek: Soy Alma, y soy el ªsumo sacerdote de la iglesia de Dios en toda esta tierra.

24 Y he aquí, he sido llamado para predicar la palabra de Dios entre todo este pueblo, de acuerdo con el espíritu de revelación y profecía; y estuve en esta tierra, y no quisieron recibirme, sino que me ªecharon fuera y estaba a punto de volver las espaldas a esta tierra para siempre.

25 Mas he aquí, se me ha mandado que vuelva otra vez y profetice a este pueblo; sí, y que testifique en contra de ellos concerniente a sus iniquidades.

26 Y ahora bien, Amulek, bendito eres tú porque me has alimentado y hospedado; porque tenía hambre, pues había ayunado muchos días.

27 Y Alma permaneció muchos días con Amulek, antes de empezar a predicar al pueblo.

28 Y sucedió que el pueblo se envileció aún más en sus iniquidades.

15ª Mos. 27:11–16.
16ª Alma 9:12, 18, 24.
20ª Alma 10:7–9.
21ª GEE Amulek.
22ª Alma 10:11.
23ª Alma 5:3, 44, 49;
13:1–20.
24ª Alma 8:13.

29 Y llegó la palabra a Alma, diciendo: Ve; y también di a mi siervo Amulek que salga y profetice a este pueblo, diciendo: ^aArrepentíos, porque así dice el Señor: A menos que os arrepintáis, visitaré a este pueblo en mi ira; sí, y no desviaré mi furiosa ira.

30 Y salió Alma, y también Amulek, entre el pueblo para declararle las palabras de Dios; y fueron llenos del Espíritu Santo.

31 Y les fue dado tal ^apoder, que no pudieron ser encerrados en calabozos, ni fue posible que hombre alguno los matara; sin embargo, no ejercieron su ^bpoder sino hasta que fueron atados con cuerdas y echados en la cárcel. Y se hizo así para que el Señor manifestara su poder en ellos.

32 Y sucedió que salieron y empezaron a predicar y a profetizar al pueblo, de acuerdo con el espíritu y el poder que el Señor les había dado.

Las palabras de Alma y también las palabras de Amulek, que se declararon al pueblo que se hallaba en la tierra de Ammoníah. Además, son encarcelados y librados por el milagroso poder de Dios que estaba en ellos, según los anales de Alma.

Comprende los capítulos del 9 al 14.

CAPÍTULO 9

Alma manda al pueblo de Ammoníah que se arrepienta — El Señor será misericordioso para con los lamanitas en los últimos días — Si los nefitas abandonan la luz, serán destruidos por los lamanitas — El Hijo de Dios viene pronto — Él redimirá a aquellos que se arrepientan, se bauticen y tengan fe en Su nombre. Aproximadamente 82 a.C.

Y ADEMÁS, yo, Alma, habiéndome mandado Dios que tomara a Amulek y fuera y predicara de nuevo a este pueblo, o sea, el pueblo que vivía en la ciudad de Ammoníah, sucedió que al empezar yo a predicarles, ellos comenzaron a contender conmigo diciendo:

2 ¿Quién eres tú? ¿Te supones que vamos a creer en el testimonio de ^aun hombre, aunque nos predicara que la tierra iba a dejar de ser?

3 Mas no entendían las palabras que hablaban; pues no sabían que la tierra iba a dejar de ser.

4 Y también dijeron: No creeremos en tus palabras, aunque profetices que esta gran ciudad ha de ser destruida en ^aun día.

5 Ahora bien, ellos no sabían que Dios podía hacer tan maravillosas obras, porque eran gente de corazón empedernido y dura cerviz.

6 Y dijeron: ^a¿Quién es Dios,

29a Alma 9:12, 18.
　　 GEE Arrepentimiento,
　　 arrepentirse.
31a 1 Ne. 1:20.
　　 b Alma 14:17–29.
9 2a Deut. 17:6.
4a Alma 16:9–10.
6a Éx. 5:2; Mos. 11:27;
　　 Moisés 5:16.

que [b]no envía a este pueblo más autoridad que la de un hombre para declararle la verdad de cosas tan grandes y maravillosas?

7 Y avanzaron para asirme, mas he aquí, no lo hicieron. Y los enfrenté con intrepidez para declararles, sí, les testifiqué osadamente, diciendo:

8 He aquí, ¡oh [a]generación malvada y perversa, cómo os habéis olvidado de la tradición de vuestros padres! Sí, ¡qué pronto os habéis olvidado de los mandamientos de Dios!

9 ¿No os acordáis que nuestro padre Lehi fue traído de Jerusalén por la [a]mano de Dios? ¿No os acordáis que él guio a todos a través del desierto?

10 ¿Y habéis olvidado tan pronto cuántas veces él libró a nuestros padres de las manos de sus enemigos, y los preservó de ser destruidos, sí, por las manos de sus propios hermanos?

11 Sí, y de no haber sido por su incomparable poder, y su misericordia, y su longanimidad para con nosotros, inevitablemente habríamos sido barridos de la faz de la tierra mucho antes de esta época, y quizá habríamos sido condenados a un estado de [a]interminable miseria y angustia.

12 He aquí, ahora os digo que él os manda que os arrepintáis; y a menos que os arrepintáis, de

ningún modo podréis heredar el reino de Dios. Mas he aquí, no es esto todo: él os ha mandado arrepentir, o de lo contrario, os [a]destruirá completamente de sobre la superficie de la tierra; sí, os visitará con su ira, y en su [b]furiosa ira él no se desviará.

13 He aquí, ¿no os acordáis de las palabras que habló a Lehi, diciendo: [a]Si guardáis mis mandamientos, prosperaréis en la tierra? Y además se ha dicho: Si no guardáis mis mandamientos, seréis separados de la presencia del Señor.

14 Ahora quisiera que recordaseis que los lamanitas, por cuanto no han guardado los mandamientos de Dios, han sido [a]separados de la presencia del Señor. Vemos, pues, que la palabra del Señor se ha cumplido en esto, y los lamanitas han quedado separados de su presencia, desde el principio de sus transgresiones en esta tierra.

15 Os digo, sin embargo, que será más [a]tolerable para ellos en el día del juicio, que para vosotros, si permanecéis en vuestros pecados; sí, y aun más tolerable para ellos en esta vida que para vosotros, a menos que os arrepintáis.

16 Porque son muchas las promesas que se [a]extienden a los lamanitas; pues es por causa de las [b]tradiciones de sus padres que han permanecido en su estado

6b Alma 10:12.
8a Alma 10:17–25.
9a 1 Ne. 2:1–7.
11a Mos. 16:11.
12a Alma 8:16; 10:19, 23, 27.

b Alma 8:29.
13a 2 Ne. 1:20;
    Mos. 1:7;
    Alma 37:13.
14a 2 Ne. 5:20–24;

Alma 38:1.
15a Mateo 11:22, 24.
16a Alma 17:15.
    b Mos. 10:12 (véanse los
       versículos 11–17).

de ᶜignorancia; por tanto, el Señor les será misericordioso y ᵈprolongará su existencia en la tierra.

17 Y un día se les ᵃpersuadirá a creer en su palabra, y a saber de la incorrección de las tradiciones de sus padres; y muchos de ellos se salvarán, porque el Señor será misericordioso con todos los que ᵇinvocaren su nombre.

18 Mas he aquí, os digo que si persistís en vuestra iniquidad, vuestros días no serán prolongados sobre la tierra, porque los ᵃlamanitas serán enviados contra vosotros; y si no os arrepentís, vendrán en un día que no sabéis, y seréis visitados con una ᵇdestrucción completa; y será según la furiosa ᶜira del Señor.

19 Porque no os permitirá que viváis en vuestras iniquidades para destruir a su pueblo. Os digo que no; más bien permitiría que los lamanitas ᵃdestruyesen a todo su pueblo que es llamado el pueblo de Nefi, si acaso llegare a ᵇcaer en pecados y transgresiones, después de haber tenido tanta luz y tanto conocimiento dados por el Señor su Dios;

20 sí, después de haber sido un pueblo tan altamente favorecido del Señor; sí, después de haber sido favorecidos más que cualquiera otra nación, tribu, lengua o pueblo; después de habérseles

ᵃmanifestado, de acuerdo con sus deseos, y su fe y oraciones, todas las cosas concernientes a lo que ha sido, a lo que es y a lo que está por venir;

21 después de haberlos visitado el Espíritu de Dios; habiendo conversado con ángeles y habiéndoles hablado la voz del Señor; y teniendo el espíritu de profecía y el espíritu de revelación, y también muchos dones, el don de hablar en lenguas, y el don de predicar, y el don del Espíritu Santo, y el don de ᵃtraducir;

22 sí, y después que Dios los ᵃrescató de la tierra de Jerusalén por la mano del Señor; después de haber sido librados del hambre y de la enfermedad, y de todo género de dolencias de toda clase; después de haber sido fortalecidos en la guerra para que no fuesen destruidos; después de haber sido librados del ᵇcautiverio una vez tras otra, y guardados y preservados hasta hoy; y han sido prosperados hasta ser ricos en todas las cosas;

23 he aquí, os digo que si este pueblo, que ha recibido tantas bendiciones de la mano del Señor, transgrediere contra la luz y conocimiento que tiene, os digo que si tal fuere el caso, que si cayere en transgresión, será mucho

16c Mos. 3:11.
 d Hel. 15:10–12.
17a Enós 1:13.
 b Alma 38:5; DyC 3:8.
18a Alma 16:2–3.

 b Alma 16:9.
 c Alma 8:29.
19a 1 Ne. 12:15, 19–20;
    Alma 45:10–14.
 b Alma 24:30.

20a GEE Revelación.
21a Omni 1:20;
    Mos. 8:13–19; 28:11–17.
22a 2 Ne. 1:4.
 b Mos. 27:16.

más ^atolerable para los lamanitas que para ellos.

24 Porque he aquí, las ^apromesas del Señor se extienden a los lamanitas, mas no son para vosotros si transgredís; porque, ¿no ha prometido expresamente el Señor, y decretado firmemente, que si os rebeláis contra él, seréis enteramente destruidos de sobre la faz de la tierra?

25 Y por esta causa, para que no seáis destruidos, el Señor ha enviado a su ángel para visitar a muchos de los de su pueblo, declarándoles que deben salir y clamar fuertemente a este pueblo, diciendo: ^aArrepentíos, porque el reino de los cielos está cerca;

26 y de aquí a ^apocos días el Hijo de Dios vendrá en su gloria; y su gloria será la gloria del ^bUnigénito del Padre, lleno de ^cgracia, equidad y verdad; lleno de paciencia, ^dmisericordia y longanimidad, pronto para ^eoír los clamores de su pueblo y contestar sus oraciones.

27 Y he aquí, viene para ^aredimir a aquellos que sean ^bbautizados para arrepentimiento, por medio de la fe en su nombre.

28 Por tanto, preparad la vía del Señor, porque está cerca la hora en que todos los hombres recibirán el pago de sus ^aobras, de acuerdo con lo que hayan sido; si han sido justas, ^bsegarán la salvación de sus almas, según el poder y liberación de Jesucristo; y si han sido malas, segarán la ^ccondenación de sus almas, según el poder y cautividad del diablo.

29 Ahora bien, he aquí, esta es la voz del ángel que proclama al pueblo.

30 Y ahora bien, mis ^aamados hermanos, porque sois mis hermanos y habíais de ser amados, y debíais dar frutos dignos de arrepentimiento, ya que vuestros corazones se han endurecido por completo contra la palabra de Dios, y sois un pueblo ^bperdido y caído.

31 Ahora bien, aconteció que cuando yo, Alma, hube hablado estas palabras, he aquí, el pueblo se enojó conmigo porque les dije que eran gente de corazón obstinado y de dura ^acerviz.

32 Y también se enojaron conmigo porque les dije que eran un pueblo perdido y caído, y trataron de asirme para encarcelarme.

33 Pero sucedió que el Señor no permitió que se apoderaran de mí en esa ocasión y me echaran en la cárcel.

34 Y aconteció que Amulek se adelantó y empezó a predicarles también. Mas no todas las ^apalabras de Amulek se han escrito;

23a Mateo 11:22–24.
24a 2 Ne. 30:4–6; DyC 3:20.
25a Alma 7:9; Hel. 5:32.
26a Alma 7:7.
  b GEE Unigénito.
  c GEE Gracia.
  d GEE Misericordia, misericordioso.
  e Deut. 26:7.
27a GEE Redención, redimido, redimir.
  b GEE Bautismo, bautizar.
28a DyC 1:10; 6:33.
  b Sal. 7:16.
  c GEE Condenación, condenar.
30a 1 Juan 4:11.
  b Alma 12:22.
31a 2 Ne. 25:28; Mos. 3:14.
34a Alma 10.

no obstante, parte de ellas se han escrito en este libro.

CAPÍTULO 10

Lehi era descendiente de Mana-sés — Amulek relata el mandato del ángel de que atendiera a Alma — Las oraciones de los justos hacen que el pueblo sea preservado — Los abogados y los jueces inicuos establecen el fundamento de la destrucción del pueblo. Aproximadamente 82 a.C.

ESTAS son las ªpalabras que ᵇAmulek predicó al pueblo que se hallaba en la tierra de Ammoníah, diciendo:

2 Soy Amulek; soy hijo de Giddona, que era hijo de Ismael, que era descendiente de Aminadí; y fue aquel mismo Aminadí que interpretó la escritura que se hallaba sobre el muro del templo, la cual fue escrita por el dedo de Dios.

3 Y Aminadí era descendiente de Nefi, que era hijo de Lehi, que vino de la tierra de Jerusalén, y el cual era descendiente de ªManasés, que era hijo de ᵇJosé, el que fue ᶜvendido para Egipto por sus hermanos.

4 Y he aquí, soy también hombre de no poca reputación entre todos los que me conocen; sí, tengo muchos parientes y ªamigos, y también he logrado muchas riquezas por medio de mi industria.

5 No obstante todo esto, nunca he sabido mucho acerca de las sendas del Señor ni de sus ªmisterios ni de su maravilloso poder. Dije que nunca había sabido mucho de estas cosas; mas he aquí, me equivoco, porque he visto mucho de sus misterios y de su maravilloso poder; sí, aun en la preservación de la vida de este pueblo.

6 Sin embargo, endurecí mi corazón, porque fui ªllamado muchas veces, y no quise ᵇoír; de modo que sabía concerniente a estas cosas, mas no quería saber; por lo tanto, seguí rebelándome contra Dios, en la iniquidad de mi corazón, hasta el cuarto día de este séptimo mes, en el décimo año del gobierno de los jueces.

7 Mientras me dirigía a ver a un pariente muy cercano, he aquí, se me apareció un ªángel del Señor y me dijo: Amulek, vuélvete a tu propia casa porque darás de comer a un profeta del Señor; sí, un hombre santo que es un varón escogido de Dios; porque ha ᵇayunado muchos días a causa de los pecados de este pueblo, y tiene hambre; y lo ᶜrecibirás en tu casa y lo alimentarás, y él te bendecirá a ti y a tu casa; y la bendición del Señor reposará sobre ti y tu casa.

---

10 1a Alma 9:34.
  b Alma 8:21–29.
  3a Gén. 41:51;
    1 Cró. 9:3.
    b GEE José hijo de Jacob.

  c Gén. 37:29–36.
  4a Alma 15:16.
  5a GEE Misterios de Dios.
  6a Alma 5:37.
    b DyC 39:9.

  7a Alma 8:20.
    b Alma 5:46; 6:6.
    GEE Ayunar, ayuno.
    c Hech. 10:30–35.

8 Y sucedió que obedecí la voz del ángel, y me volví rumbo a mi casa. Y mientras allí me dirigía, encontré al ᵃhombre del cual me dijo el ángel: Lo recibirás en tu casa; y he aquí, era este mismo hombre que os ha estado hablando concerniente a las cosas de Dios.

9 Y me dijo el ángel que es un hombre ᵃsanto; por tanto, yo sé que es un hombre santo, porque lo declaró un ángel de Dios.

10 Y además, sé que las cosas de que ha testificado son verdaderas; porque he aquí, os digo: Así como vive el Señor, ha enviado a su ᵃángel para manifestarme estas cosas; y ha hecho esto mientras este Alma ha ᵇmorado en mi casa.

11 Pues he aquí, ha ᵃbendecido mi casa, me ha bendecido a mí, y a las mujeres de mi casa, y a mis hijos, y a mi padre, y a mis parientes; sí, ha bendecido a todos los de mi parentela, y la bendición del Señor ha descendido sobre nosotros, de acuerdo con las palabras que habló.

12 Ahora bien, cuando Amulek hubo pronunciado estas palabras, el pueblo comenzó a asombrarse, viendo que había ᵃmás de un testigo que daba testimonio de las cosas de que se les acusaba, y también de las cosas que habían de venir, de acuerdo con el espíritu de profecía que había en ellos.

13 Sin embargo, hubo algunos entre ellos que pensaron interrogarlos para que por medio de sus astutas ᵃtretas pudieran enredarlos con sus propias palabras, a fin de obtener testimonio contra ellos, con objeto de entregarlos a sus jueces para que fueran juzgados de acuerdo con la ley, y fueran ejecutados o encarcelados, según el crimen que pudieran fraguar o atestiguar en contra de ellos.

14 Ahora bien, estos hombres que buscaban la manera de destruirlos eran ᵃabogados que el pueblo empleaba o nombraba para administrar la ley cuando había procesos, o sea, cuando se juzgaban los delitos del pueblo ante los jueces.

15 Y estos abogados estaban versados en todos los artificios y astucia del pueblo; y esto era para habilitarlos a fin de que fueran diestros en su profesión.

16 Y sucedió que empezaron a interrogar a Amulek para así hacer que se contradijera en sus palabras, o impugnar las palabras que hablara.

17 Ahora bien, no sabían que Amulek podía conocer sus intenciones. Pero ocurrió que al comenzar a interrogarlo, él ᵃpercibió sus pensamientos, y les dijo: ¡Oh ᵇgeneración malvada y perversa, vosotros, abogados e hipócritas, puesto que estáis poniendo los cimientos del diablo!;

8a Alma 8:19–21.
9a GEE Santo (adjetivo).
10a Alma 11:30–31.
  b Alma 8:27.
11a Alma 8:22.
12a Alma 9:6.
13a Alma 11:21.
14a Alma 10:24; 11:20–21;
14:18.
17a Alma 12:3; 18:20, 32;
DyC 6:16.
  b Mateo 3:7; Alma 9:8.

porque estáis armando ᶜasechanzas y trampas para enredar a los santos de Dios.

18 Estáis tramando planes para ᵃpervertir las sendas de los justos y traer la ira de Dios sobre vuestras cabezas, hasta destruir por completo a este pueblo.

19 Sí, bien dijo Mosíah, nuestro último rey, cuando estaba para entregar el reino —no teniendo a quien dejarlo y mandando que este pueblo se gobernara por su propia voz— sí, bien dijo él que si llegaba el día en que la voz de este pueblo ᵃescogiera la iniquidad, es decir, si llegaba la ocasión en que los de este pueblo cayeran en transgresión, se hallarían prestos para ser destruidos.

20 Y ahora os digo que el Señor bien juzga vuestras iniquidades; bien proclama a este pueblo por la voz de sus ᵃángeles: Arrepentíos, arrepentíos, porque el reino de los cielos está cerca.

21 Sí, bien anuncia por la voz de sus ángeles: ᵃDescenderé entre mi pueblo con equidad y justicia en mis manos.

22 Sí, y os digo que si no fuera por las ᵃoraciones de los justos que actualmente hay en la tierra, ahora mismo seríais visitados con una destrucción completa; sin embargo, no sería por un ᵇdiluvio, como sucedió con la gente en los días de Noé, sino sería por

el hambre, por pestilencia y por la espada.

23 Mas es por las ᵃoraciones de los justos que sois preservados; ahora pues, si desecháis a los justos de entre vosotros, entonces el Señor no detendrá su mano, sino que en su furiosa ira vendrá contra vosotros; entonces seréis afligidos por el hambre, por pestilencia, y por la espada; y el ᵇtiempo pronto viene, a menos que os arrepintáis.

24 Y sucedió que los del pueblo se irritaron aún más contra Amulek, y gritaron, diciendo: Este hombre vilipendia nuestras leyes, que son justas, y a nuestros sabios abogados que hemos elegido.

25 Pero Amulek extendió su mano y les gritó con mayor fuerza, diciendo: ¡Oh generación malvada y perversa! ¿Por qué habrá asido Satanás tan fuertemente vuestros corazones?, ¿por qué queréis someteros a él para que os domine, para ᵃcegar vuestros ojos al grado de no querer entender, de acuerdo con su verdad, las palabras que se hablan?

26 Pues he aquí, ¿he testificado en contra de vuestra ley? Es que no entendéis. Decís que he hablado contra vuestra ley; mas no es así, sino que he hablado a favor de vuestra ley, para vuestra condenación.

17c DyC 10:21–27.
18a Hech. 13:10.
19a Mos. 29:27;
    Alma 2:3–7; Hel. 5:2.
20a Alma 8:14–16; 13:22.
21a Mos. 13:34.
22a Stg. 5:16;
    Mos. 27:14–16.
  b Gén. 8:21;
    3 Ne. 22:8–10.
GEE Diluvio en los
    tiempos de Noé.
23a GEE Oración.
  b Alma 34:32–35.
25a 2 Cor. 4:4; Alma 14:6.

27 Y he aquí, os digo que la iniquidad de vuestros ªabogados y vuestros jueces está empezando a establecer el fundamento de la destrucción de este pueblo.

28 Y aconteció que cuando Amulek hubo hablado estas palabras, el pueblo gritó en contra de él, diciendo: Ahora sabemos que este hombre es hijo del diablo, porque nos ha ªmentido; pues ha vituperado nuestra ley. Y ahora dice que no ha hablado en contra de ella.

29 Y además, ha vituperado a nuestros abogados y a nuestros jueces.

30 Y sucedió que los abogados inculcaron en sus corazones que se acordaran de aquellas cosas contra él.

31 Y había entre ellos uno cuyo nombre era Zeezrom. Y era el principal ªacusador de Amulek y Alma, siendo uno de los más diestros entre ellos, pues tramitaba muchos asuntos entre los del pueblo.

32 Ahora bien, la mira de estos abogados era el lucro; y lograban sus ganancias según su empleo.

CAPÍTULO 11

Se describe el sistema monetario de los nefitas — Amulek disputa con Zeezrom — Cristo no salvará a las personas en sus pecados — Solamente los que hereden el reino de los cielos serán salvos — Todos los hombres se levantarán en inmortalidad — No hay muerte después de la Resurrección. Aproximadamente 82 a.C.

AHORA bien, en la ley de Mosíah constaba que todo el que fuera juez de la ley, o aquellos que fueran nombrados jueces, habían de percibir su salario de acuerdo con el tiempo que emplearan en juzgar a los que les llevaban para ser juzgados.

2 Así que, si un hombre era deudor de otro, y no le pagaba la deuda, se daba la queja al juez; y este ejercía su autoridad y despachaba oficiales para que llevaran al deudor ante él; y él juzgaba al hombre de acuerdo con la ley y la evidencia presentada en contra de él; y así se obligaba al deudor a pagar lo que debía, o se le despojaba de lo que tenía, o se le echaba de entre la gente por estafador y ladrón.

3 Y el juez recibía sus honorarios según su tiempo: un senine de oro por día, o un senum de plata, que equivalía a un senine de oro; y esto de acuerdo con la ley que se había dado.

4 Y estos son los nombres de las diferentes monedas de su oro y de su plata según su valor; y los nombres provienen de los nefitas, porque no contaban según el modo de los judíos que vivían en Jerusalén; ni medían como lo hacían los judíos, sino que habían alterado su modo de contar y medir, de acuerdo con la voluntad y circunstancias del pueblo en cada generación,

---

27a Lucas 11:45–52. | 28a Alma 14:2. | 31a Alma 11:20–36.

hasta el gobierno de los jueces que fueron ªestablecidos por el rey Mosíah.

5 Ahora bien, su computación es la siguiente: Un senine de oro, un seón de oro, un shum de oro y un limna de oro;

6 un senum de plata, un amnor de plata, un ezrom de plata y un ontí de plata.

7 Un senum de plata equivalía a un senine de oro, y el uno o el otro valía una medida de cebada, y también una medida de toda otra clase de grano.

8 Ahora bien, el valor de un seón de oro era el doble del valor de un senine;

9 y el valor de un shum de oro era el doble del de un seón;

10 y un limna de oro equivalía al valor de todos.

11 Y un amnor de plata valía dos senumes;

12 y un ezrom de plata valía cuatro senumes;

13 y un ontí equivalía al valor de todos.

14 Ahora bien, este era el valor de las cantidades menores de su manera de calcular:

15 Un shiblón era la mitad de un senum; por tanto, un shiblón valía media medida de cebada;

16 y un shiblum era la mitad de un shiblón;

17 y un léah era la mitad de un shiblum.

18 Estas, pues, eran sus cantidades según su manera de contar.

19 Y un antión de oro equivalía a tres shiblones.

20 Ahora bien, era con el único objeto de lucrar, pues les pagaban según sus servicios, por lo que incitaban a la gente a motines y a toda clase de desórdenes y maldades, para tener más trabajo con objeto de ªobtener dinero, de acuerdo con los litigios que les eran presentados; por tanto, agitaron al pueblo contra Alma y Amulek.

21 Y este Zeezrom empezó a interrogar a Amulek, diciendo: ¿Me responderás a algunas preguntas que voy a hacerte? Y Zeezrom era un hombre diestro en los ªartificios del diablo a fin de destruir lo que era bueno; por lo que dijo a Amulek: ¿Me contestarás las preguntas que te voy a hacer?

22 Y le dijo Amulek: Sí, si va de acuerdo con el ªEspíritu del Señor que hay en mí; porque nada diré que sea contrario al Espíritu del Señor. Y le dijo Zeezrom: He aquí seis ontíes de plata; te los daré todos si niegas la existencia de un Ser Supremo.

23 Luego dijo Amulek: ª¡Oh hijo del infierno! ¿Por qué me ᵇtientas? ¿Ignoras tú que los justos no ceden a tales tentaciones?

24 ¿Crees que no hay Dios? Yo te digo: No, tú sabes que hay un Dios, pero le tienes más amor a ese ªlucro que a él.

25 Y ahora me has mentido ante Dios. Tú me dijiste: He aquí, te

11 4a Mos. 29:40–44.
20a Alma 10:32.
21a Alma 10:13.
22a GEE Espíritu Santo.
23a Alma 5:41.
 b GEE Tentación, tentar.
24a 1 Tim. 6:10;
Tito 1:11.

daré estos seis ontíes que son de gran valor, cuando en tu corazón tenías la intención de retenerlos; y solo era tu deseo que yo negara al Dios verdadero y viviente, y así tuvieras motivo para destruirme. Mas he aquí que por este gran mal recibirás tu recompensa.

26 Y Zeezrom le dijo: ¿Dices tú que hay un Dios verdadero y viviente?

27 Y dijo Amulek: Sí, hay un Dios verdadero y viviente.

28 Y Zeezrom dijo: ¿Hay más de un Dios?

29 Y él respondió: No.

30 Luego Zeezrom le dijo otra vez: ¿Cómo sabes estas cosas?

31 Y él dijo: Un ªángel me las ha manifestado.

32 Y Zeezrom dijo otra vez: ¿Quién es el que vendrá? ¿Es el Hijo de Dios?

33 Y él le dijo: Sí.

34 Y Zeezrom nuevamente dijo: ¿Salvará a su pueblo ªen sus pecados? Y Amulek contestó y le dijo: Te digo que no, porque le es imposible negar su palabra.

35 Entonces Zeezrom dijo al pueblo: Mirad que recordéis estas cosas; pues él ha dicho que no hay sino un Dios; no obstante, dice que el Hijo de Dios vendrá, mas no salvará a su pueblo, como si tuviese él la autoridad para mandar a Dios.

36 Luego Amulek le dijo de nuevo: He aquí, tú has mentido; pues dices que hablé como si tuviera la autoridad para mandar a Dios, porque dije que no salvará a su pueblo en sus pecados.

37 Y te vuelvo a decir que no puede salvarlos en sus ªpecados; porque yo no puedo negar su palabra, y él ha dicho que ᵇninguna cosa impura puede heredar el ᶜreino del cielo; por tanto, ¿cómo podéis ser salvos a menos que heredéis el reino de los cielos? Así que no podéis ser salvos en vuestros pecados.

38 Luego Zeezrom de nuevo le dijo: ¿Es el Hijo de Dios el mismo Padre Eterno?

39 Y le dijo Amulek: Sí, él es el ªPadre Eterno mismo del cielo y de la tierra, y de ᵇtodas las cosas que en ellos hay; es el principio y el fin, el primero y el último;

40 y vendrá al ªmundo para ᵇredimir a su pueblo; y ᶜtomará sobre sí las transgresiones de aquellos que crean en su nombre; y estos son los que tendrán vida eterna, y a nadie más viene la salvación.

41 Por tanto, los malvados permanecen como si no se hubiese hecho ªninguna redención, a menos que sea el rompimiento de las ligaduras de la muerte; pues he aquí, viene el día en que ᵇtodos se levantarán de los

31a Alma 10:7–10.
34a Hel. 5:10–11.
37a 1 Cor. 6:9–10.
  b 1 Ne. 15:33;
    Alma 40:26;
    3 Ne. 27:19.
  GEE Impío.
  c GEE Reino de Dios o de los cielos.
39a Isa. 9:6.
  b Col. 1:16; Mos. 4:2.
40a GEE Mundo.
  b Rom. 11:26–27.
  c Éx. 34:6–7; Isa. 53:5;
    1 Juan 2:2;
    Mos. 14:5; 15:12;
    DyC 19:16–19.
41a Alma 12:18;
    DyC 88:33.
  b Apoc. 20:12–13;
    Alma 42:23.

muertos y comparecerán delante de Dios, y serán ᶜjuzgados según sus obras.

42 Ahora bien, hay una muerte que se llama la muerte temporal; y la muerte de Cristo desatará las ᵃligaduras de esta muerte temporal, de modo que todos se levantarán de esta muerte.

43 El espíritu y el cuerpo serán ᵃreunidos otra vez en su perfecta forma; los miembros así como las coyunturas serán restaurados a su propia forma, tal como nos hallamos ahora; y seremos llevados ante Dios, conociendo tal como ahora conocemos, y tendremos un vivo ᵇrecuerdo de toda nuestra ᶜculpa.

44 Pues bien, esta restauración vendrá sobre todos, tanto viejos como jóvenes, esclavos así como libres, varones así como mujeres, malvados así como justos; y no se perderá ni un solo pelo de su cabeza, sino que todo será ᵃrestablecido a su perfecta forma, o en el cuerpo, cual se encuentra ahora, y serán llevados a comparecer ante el tribunal de Cristo el Hijo, y Dios el ᵇPadre, y el Santo Espíritu, que son ᶜun Eterno Dios, para ser ᵈjuzgados según sus obras, sean buenas o malas.

45 Ahora bien, he aquí, te he hablado concerniente a la muerte del cuerpo mortal y también acerca de la ᵃresurrección del cuerpo mortal. Te digo que este cuerpo mortal se ᵇlevanta como cuerpo ᶜinmortal, es decir, de la muerte, sí, de la primera muerte a vida, de modo que no pueden ᵈmorir ya más; sus espíritus se unirán a sus cuerpos para no ser separados nunca más; por lo que esta unión se torna ᵉespiritual e inmortal, para no volver a ver corrupción.

46 Ahora bien, cuando Amulek hubo hablado estas palabras, el pueblo comenzó a asombrarse en extremo otra vez, y Zeezrom empezó también a temblar. Y así terminaron las palabras de Amulek, o sea, esto es todo lo que he escrito.

CAPÍTULO 12

Alma habla con Zeezrom — Los misterios de Dios se dan a conocer únicamente a los fieles — Los hombres son juzgados por sus pensamientos, creencias, palabras y obras — Los inicuos padecerán la muerte espiritual — Esta vida terrenal es un estado de probación — El plan de redención lleva a efecto la Resurrección y, por medio de la fe, la remisión de los pecados — Los que se arrepienten tienen derecho a reclamar la

---

41c GEE Juicio final.
42a Alma 12:16.
43a 2 Ne. 9:13;
    Alma 40:23.
  b 2 Ne. 9:14;
    Mos. 3:25; Alma 5:18.
  c GEE Culpa.

44a Alma 41:12–15.
  b GEE Trinidad — Dios el Padre.
  c 3 Ne. 11:27, 36.
    GEE Trinidad.
  d Apoc. 20:12–13.
45a Alma 40:23;

DyC 88:16.
  b GEE Resurrección.
  c GEE Inmortal, inmortalidad.
  d Apoc. 21:4;
    DyC 63:49; 88:116.
  e 1 Cor. 15:44.

misericordia por medio del Hijo Unigénito. Aproximadamente 82 a.C.

ENTONCES Alma, notando que las palabras de Amulek habían callado a Zeezrom, pues vio que Amulek lo había sorprendido en sus ^amentiras y ardides para destruirlo, y viendo que Zeezrom, ^bconsciente de su culpabilidad, empezaba a temblar, Alma abrió su boca y comenzó a hablarle y a afirmar las palabras de Amulek, y a explicar las cosas, o aclarar las Escrituras más de lo que Amulek había hecho.

2 Y las palabras que Alma habló a Zeezrom las oyó la gente que se hallaba alrededor; porque era grande la multitud, y de este modo habló él:

3 Bien, Zeezrom, ya que se te ha sorprendido en tus mentiras y artificios, pues no solamente has mentido a los hombres, sino que has mentido a Dios; porque he aquí, él conoce todos tus ^apensamientos, y ya ves que tus pensamientos nos son manifestados por su Espíritu;

4 y ves que sabemos que tu plan era un plan sutilísimo, según la astucia del diablo, para mentir y engañar a este pueblo, a fin de incitarlo contra nosotros para que nos injuriaran y echaran fuera.

5 Y este fue un plan de tu ^aadversario; y él ha ejercido su poder en ti. Ahora quisiera que

recordaras que lo que a ti te digo, lo digo a todos.

6 Y he aquí, os digo a todos que esto fue una trampa del adversario, la cual ha tendido para entrampar a este pueblo, a fin de sujetaros a él, para ligaros con sus ^acadenas y encadenaros a la destrucción sempiterna, según el poder de su cautiverio.

7 Ahora bien, cuando Alma hubo hablado estas palabras, Zeezrom empezó a temblar sobremanera, porque más y más se convencía del poder de Dios; y también estaba convencido de que Alma y Amulek sabían de él, pues se había convencido de que conocían los pensamientos e intenciones de su corazón; porque les era dado el poder para saber de aquellas cosas de acuerdo con el espíritu de profecía.

8 Y Zeezrom empezó a interrogarlos solícitamente a fin de saber más concerniente al reino de Dios. Y dijo a Alma: ¿Qué significa esto que ha dicho Amulek, con respecto a la resurrección de los muertos, que todos se levantarán de los muertos, justos así como injustos, y que serán llevados para comparecer ante Dios para ser juzgados según sus obras?

9 Y Alma empezó a explicarle estas cosas, diciendo: A muchos les es concedido conocer los ^amisterios de Dios; sin embargo,

---

12 1*a* Alma 11:20–38.
    b GEE Conciencia.
   3*a* Jacob 2:5;

Alma 10:17;
DyC 6:16.
5*a* GEE Diablo.

6*a* Alma 5:7–10.
9*a* Alma 26:22.
    GEE Misterios de Dios.

se les impone un mandamiento estricto de que no han de darlos a conocer ^bsino de acuerdo con aquella porción de su palabra que él concede a los hijos de los hombres, conforme a la atención y la diligencia que le rinden.

10 Y, por tanto, el que ^aendurece su corazón recibe la ^bmenor porción de la palabra; y al que ^cno endurece su corazón le es ^ddada la mayor parte de la palabra, hasta que le es concedido conocer los misterios de Dios al grado de conocerlos por completo.

11 Y a los que endurecen sus corazones les es dada la menor ^aporción de la palabra, hasta que ^bnada saben concerniente a sus misterios; y entonces el diablo los lleva cautivos y los guía según su voluntad hasta la destrucción. Esto es lo que significan las ^ccadenas del ^dinfierno.

12 Y Amulek ha hablado con claridad acerca de la ^amuerte y de ser levantados de esta existencia mortal a un estado de inmortalidad, y ser llevados ante el tribunal de Dios para ser ^bjuzgados según nuestras obras.

13 Así que, si nuestros corazones se han endurecido, sí, si hemos endurecido nuestros corazones contra la palabra, al

grado de que no se halla en nosotros, entonces nuestra condición será terrible, porque seremos condenados.

14 Porque nuestras ^apalabras nos condenarán, sí, todas nuestras obras nos condenarán; no nos hallaremos sin mancha, y nuestros pensamientos también nos condenarán. Y en esta terrible condición no nos atreveremos a mirar a nuestro Dios, sino que nos daríamos por felices si pudiéramos mandar a las piedras y ^bmontañas que cayesen sobre nosotros, para que nos ^cescondiesen de su presencia.

15 Mas esto no puede ser; tendremos que ir y presentarnos ante él en su gloria, y en su poder, y en su fuerza, majestad y dominio, y reconocer, para nuestra eterna ^avergüenza, que todos sus ^bjuicios son rectos; que él es justo en todas sus obras y que es misericordioso con los hijos de los hombres, y que tiene todo poder para salvar a todo hombre que crea en su nombre y dé fruto digno de arrepentimiento.

16 Y ahora bien, he aquí, os digo que entonces viene una muerte, sí, una segunda ^amuerte, la cual es una muerte espiritual; entonces es cuando aquel que muera en sus pecados, en

9b Juan 16:12; Alma 29:8;
   3 Ne. 26:8–11; Éter 4:7.
10a 2 Ne. 28:27;
   Éter 4:8.
  b DyC 93:39.
  c GEE Humildad,
   humilde, humillar
   (afligir).
  d 2 Ne. 28:30; DyC 50:24.

11a Mateo 25:29.
  b GEE Apostasía.
  c Juan 8:34;
   2 Ne. 28:19.
  d Prov. 9:18; 2 Ne. 2:29.
   GEE Infierno.
12a Alma 11:41–45.
  b GEE Juicio final.
14a Mateo 12:36;

   Stg. 3:6;
   Mos. 4:29–30.
  b Oseas 10:8; 2 Ne. 26:5.
  c Job 34:22;
   2 Ne. 12:10.
15a Mos. 3:25.
  b 2 Pe. 2:9.
   GEE Justicia.
16a GEE Muerte espiritual.

5ign

cuanto a la ^bmuerte temporal, ^cpadecerá también una muerte espiritual; sí, morirá en cuanto a las cosas que atañen a la rectitud.

17 Entonces es cuando sus tormentos serán como un ^alago de fuego y azufre, cuya llama asciende para siempre jamás; entonces es cuando serán ligados a una sempiterna destrucción, según el poder y cautividad de Satanás, pues él los habrá sujetado a su voluntad.

18 Os digo que entonces se hallarán como si no se hubiese hecho ^aninguna redención; porque no pueden ser redimidos de acuerdo con la justicia de Dios; y no pueden ^bmorir, dado que no hay más corrupción.

19 Y sucedió que cuando Alma hubo terminado de hablar estas palabras, la gente empezó a asombrarse más;

20 pero había un tal Antiona, el cual era un gobernante principal entre ellos, que se adelantó y le dijo: ¿Qué es esto que has dicho de que el hombre resucitará de los muertos y será cambiado de este estado mortal al ^ainmortal, y que el alma nunca puede morir?

21 ¿Qué significa la Escritura que dice que Dios colocó ^aquerubines y una espada encendida al oriente del Jardín de ^bEdén, no fuese que nuestros primeros padres entrasen y comiesen del fruto del árbol de la vida y viviesen para siempre? Vemos, pues, que ninguna posibilidad había de que viviesen para siempre.

22 Luego le dijo Alma: Esto es lo que estaba a punto de explicar. Vemos que Adán ^acayó por comer del ^bfruto prohibido, según la palabra de Dios; y así vemos que por su caída, toda la humanidad llegó a ser pueblo ^cperdido y caído.

23 Y he aquí, te digo que de haber sido posible que Adán hubiese ^acomido del fruto del árbol de la vida en esa ocasión, no habría habido muerte, y la palabra habría resultado nula, y habría colocado a Dios en el papel de embustero, porque él había dicho: ^bSi comieres, de cierto morirás.

24 Y vemos que la ^amuerte viene sobre el género humano; sí, la muerte de que ha hablado Amulek, que es la muerte temporal; no obstante, se le concedió un tiempo al ^bhombre en el cual pudiera arrepentirse; así que esta vida llegó a ser un estado de probación; un tiempo de ^cpreparación para presentarse

16b Alma 11:40–45.
  c 1 Ne. 15:33;
    Alma 40:26.
17a Apoc. 19:20; 21:8;
    Mos. 3:27.
18a Alma 11:41.
  b Apoc. 21:4;
    Alma 11:45;
    DyC 63:49.
20a GEE Inmortal,
    inmortalidad.
21a Gén. 3:24; Alma 42:2;
    Moisés 4:31.
    GEE Querubines.
  b GEE Edén.
22a GEE Caída de Adán y
    Eva.
  b Gén. 3:6;
    2 Ne. 2:15–19;
    Mos. 3:26.
  c Mos. 16:4–5.
23a Alma 42:2–9.
  b Gén. 2:17.
24a GEE Muerte física.
  b 2 Ne. 2:21;
    Moisés 5:8–12.
  c Alma 34:32–35.

ante Dios; un tiempo de prepararse para ese estado sin fin del cual hemos hablado, que viene después de la resurrección de los muertos.

25 Ahora bien, si no hubiese sido por el ªplan de redención, que fue establecido desde la fundación del mundo, no habría habido ᵇresurrección de los muertos; mas se instituyó un plan de redención que llevará a efecto la resurrección de los muertos, de la cual se ha hablado.

26 Y he aquí, si nuestros primeros padres hubieran podido participar del ªárbol de la vida, habrían sido miserables para siempre, no teniendo un estado preparatorio; y de este modo, el ᵇplan de redención se habría frustrado, y la palabra de Dios hubiera quedado nula y sin efecto.

27 Mas he aquí, no fue así, antes bien se ªdecretó que los hombres deben morir; y después de la muerte deben presentarse para ser ᵇjuzgados, sí, ese mismo juicio de que hemos hablado, que es el fin.

28 Y después que Dios hubo dispuesto que estas cosas sobrevinieran a los hombres, he aquí, vio entonces que era necesario que estos supieran acerca de las cosas que él había dispuesto para ellos;

29 por tanto, envió ªángeles para conversar con ellos, los cuales hicieron que los hombres contemplaran la gloria de Dios.

30 Y de allí en adelante empezaron los hombres a invocar su nombre; por tanto, Dios ªconversó con ellos y les hizo saber del ᵇplan de redención que se había preparado desde la ᶜfundación del mundo; y esto él les manifestó según su fe y arrepentimiento y sus obras santas.

31 Por tanto, dio ªmandamientos a los hombres, habiendo estos transgredido previamente los ᵇprimeros mandamientos concernientes a las cosas que eran temporales, llegando a ser como dioses, ᶜdiscerniendo el bien del mal, colocándose, o siendo colocados, en condiciones de ᵈactuar según su voluntad y placer, ya para hacer el mal, ya para hacer el bien;

32 por tanto, después de haberles dado a ªconocer el plan de redención, Dios les dio mandamientos de no cometer iniquidad, el castigo de lo cual sería una segunda ᵇmuerte, que era una muerte eterna respecto de las cosas pertenecientes a la

---

25a GEE Plan de redención.
  b 2 Ne. 2:8;
    Alma 7:12; 42:23.
26a Gén. 2:9;
    1 Ne. 15:36;
    Alma 32:40.
  b Alma 34:8–16; 42:6–28;
    Moisés 6:59–62.
27a Job 7:1; Heb. 9:27;

DyC 42:48.
  b GEE Juicio final.
29a Moro. 7:25, 31;
    DyC 29:42.
30a Moisés 5:4–5; 6:51.
  b GEE Plan de redención.
  c Mos. 18:13;
    Alma 13:3, 5, 7–8.
31a GEE Mandamientos de

Dios.
  b Gén. 2:16–17;
    2 Ne. 2:18–19.
  c Gén. 3:22–23;
    Moisés 4:11.
  d 2 Ne. 2:16.
    GEE Albedrío.
32a Moisés 5:4–9.
  b GEE Muerte espiritual.

rectitud; porque en estos el plan de redención no tendría poder, pues de acuerdo con la suprema bondad de Dios, las obras de la ᶜjusticia no podían ser destruidas.

33 Pero Dios llamó a los hombres, en el nombre de su Hijo (pues este era el plan de redención que se estableció), diciendo: Si os arrepentís, y no endurecéis vuestros corazones, entonces tendré misericordia de vosotros por medio de mi Hijo Unigénito;

34 por tanto, el que se arrepienta, y no endurezca su corazón, tendrá derecho a reclamar la ᵃmisericordia, por medio de mi Hijo Unigénito, para la ᵇremisión de sus pecados; y ellos entrarán en mi ᶜdescanso.

35 Y el que endureciere su corazón, y cometiere iniquidad, he aquí, juro en mi ira que no entrará en mi descanso.

36 Y ahora bien, hermanos míos, he aquí, os digo que si endurecéis vuestros corazones, no entraréis en el descanso del Señor; por tanto, vuestra iniquidad lo provoca a que él envíe su ira sobre vosotros como en la ᵃprimera provocación, sí, según su palabra en la última provocación como también en la primera, para la eterna ᵇdestrucción de vuestras almas; por tanto, según su palabra, para la última muerte, así como la primera.

37 Así pues, hermanos míos, ya que sabemos estas cosas, y son verdaderas, arrepintámonos y no endurezcamos nuestros corazones para no ᵃprovocar al Señor nuestro Dios a que haga descender su ira sobre nosotros en estos, sus segundos mandamientos que nos ha dado; mas entremos en el ᵇdescanso de Dios, que está preparado según su palabra.

CAPÍTULO 13

Los hombres son llamados a ser sumos sacerdotes por causa de su gran fe y buenas obras — Deben enseñar los mandamientos — Mediante la rectitud son santificados y entran en el reposo del Señor — Melquisedec fue uno de estos — Ángeles declaran alegres nuevas por todas partes — Declararán la realidad de la venida de Cristo. Aproximadamente 82 a.C.

Y ADEMÁS, hermanos míos, quisiera dirigir vuestros pensamientos hacia la época en que el Señor Dios dio estos mandamientos a sus hijos; y quisiera que os acordaseis de que el Señor Dios ᵃordenó sacerdotes, según su santo orden, que era según el orden de su Hijo, para enseñar estas cosas al pueblo.

32c Mos. 15:27;
  Alma 34:15–16; 42:15.
34a GEE Misericordia,
  misericordioso.
  b GEE Remisión de
  pecados.
c GEE Descansar,
  descanso (reposo).
36a Jacob 1:7–8;
  Alma 42:6, 9, 14.
  b GEE Condenación,
  condenar.
37a 1 Ne. 17:30;
  Jacob 1:8;
  Hel. 7:18.
  b Alma 13:6–9.
13 1a Abr. 2:9, 11.

2 Y esos sacerdotes fueron ordenados según el ªorden de su Hijo, de una ᵇmanera que haría saber al pueblo el modo de esperar anhelosamente a su Hijo para recibir la redención.

3 Y esta es la manera conforme a la cual fueron ordenados, habiendo sido ªllamados y ᵇpreparados desde la ᶜfundación del mundo de acuerdo con la ᵈpresciencia de Dios, por causa de su fe excepcional y buenas obras, habiéndoseles concedido primeramente ᵉescoger el bien o el mal; por lo que, habiendo escogido el bien y ejercido una ᶠfe sumamente grande, son ᵍllamados con un santo llamamiento, sí, con ese santo llamamiento que, con una redención preparatoria y de conformidad con ella, se dispuso para tales seres.

4 Y así, por motivo de su fe, han sido ªllamados a este santo llamamiento, mientras que otros rechazaban el Espíritu de Dios a causa de la dureza de sus corazones y la ceguedad de su mente, cuando de no haber sido por esto, hubieran podido tener tan grande ᵇprivilegio como sus hermanos.

5 O en una palabra, al principio se hallaban en la ªmisma posición que sus hermanos; así se preparó este santo llamamiento desde la fundación del mundo para aquellos que no endurecieran sus corazones, haciéndose en la expiación y por medio de la expiación del Hijo Unigénito, que fue preparado;

6 y así son llamados mediante este santo llamamiento y ordenados al sumo sacerdocio del santo orden de Dios, para enseñar sus mandamientos a los hijos de los hombres, para que también entren en su ªreposo;

7 este sumo sacerdocio era según el orden de su Hijo, el cual orden existía desde la fundación del mundo, o en otras palabras, es ªsin principio de días ni fin de años, preparado de eternidad en eternidad, según ᵇsu presciencia de todas las cosas;

8 ahora bien, de esta manera los ªordenaban: Eran llamados con un santo llamamiento, y ordenados con una santa ordenanza, y tomaban sobre sí el sumo sacerdocio del santo orden; y este llamamiento, ordenanza y sumo sacerdocio no tienen principio ni fin;

9 por tanto, llegan a ser ªsumos sacerdotes para siempre, según el orden del Hijo, el Unigénito

2a DyC 107:2–4.
 b Alma 13:16.
3a DyC 127:2.
 GEE Elección;
 Preordenación.
 b DyC 138:55–56.
 c Alma 12:25, 30.
 GEE Vida preterrenal.
 d DyC 38:2.
 e GEE Albedrío.
 f GEE Fe.
 g GEE Llamado, llamado por Dios, llamamiento; Sacerdocio.
4a Éter 12:10.
 b 1 Ne. 17:32–35.
5a 2 Ne. 26:28.
6a Alma 12:37; 16:17.
 GEE Descansar, descanso (reposo).
7a Heb. 7:3.
 b GEE Trinidad.
8a DyC 84:33–42.
 GEE Sacerdocio de Melquisedec.
9a GEE Sumo sacerdote.

del Padre, el cual no tiene principio de días ni fin de años, y es lleno de ^bgracia, equidad y verdad. Y así es. Amén.

10 Pues como decía respecto al santo orden, o sea, este ^asumo sacerdocio, hubo muchos que fueron ordenados y llegaron a ser sumos sacerdotes de Dios; y fue por motivo de su fe excepcional y ^barrepentimiento, y su rectitud ante Dios, porque prefirieron arrepentirse y obrar rectamente más bien que perecer;

11 por tanto, fueron llamados según este santo orden, y fueron ^asantificados, y sus ^bvestidos fueron blanqueados mediante la sangre del Cordero.

12 Ahora bien, ellos, después de haber sido ^asantificados por el ^bEspíritu Santo, habiendo sido blanqueados sus vestidos, encontrándose ^cpuros y sin mancha ante Dios, no podían ver el ^dpecado sino con ^erepugnancia; y hubo muchos, muchísimos, que fueron purificados y entraron en el reposo del Señor su Dios.

13 Y ahora bien, hermanos míos, quisiera que os humillaseis ante Dios y dieseis ^afrutos dignos de arrepentimiento, para que también podáis entrar en ese reposo.

14 Sí, humillaos así como el pueblo en los días de ^aMelquisedec, quien también fue un sumo sacerdote según este mismo orden de que he hablado, que también tomó sobre sí el sumo sacerdocio para siempre.

15 Y fue a este mismo Melquisedec a quien ^aAbraham pagó ^bdiezmos; sí, aun nuestro padre Abraham pagó como diezmo una décima parte de todo lo que poseía.

16 Y estas ^aordenanzas se conferían según esta manera, para que por ese medio el pueblo esperara anhelosamente al Hijo de Dios, ya que era un ^bsímbolo de su orden, es decir, era su orden, y esto para esperar anhelosamente de él la remisión de sus pecados a fin de entrar en el reposo del Señor.

17 Pues bien, este Melquisedec era rey de la tierra de Salem; y su pueblo había aumentado en la iniquidad y abominaciones; sí, se habían extraviado todos; se habían entregado a todo género de iniquidades;

18 pero Melquisedec, habiendo ejercido una fe poderosa, y recibido el oficio del sumo sacerdocio según el ^asanto orden de Dios, predicó el arrepentimiento a su pueblo. Y he aquí,

9b 2 Ne. 2:6.
GEE Gracia.
10a DyC 84:18–22.
  b GEE Arrepentimiento, arrepentirse.
11a Moisés 6:59–60.
  b 1 Ne. 12:10;
    Alma 5:21–27;
    3 Ne. 27:19–20.
12a Rom. 8:1–9.
GEE Santificación.
  b GEE Espíritu Santo.
  c GEE Pureza, puro.
  d Mos. 5:2;
    Alma 19:33.
  e Prov. 8:13;
    Alma 37:29.
13a Lucas 3:8.
14a TJS Gén. 14:25–40
    (Apéndice — Biblia);
DyC 84:14.
GEE Melquisedec.
15a GEE Abraham.
  b Gén. 14:18–20;
    Mal. 3:8–10.
    GEE Diezmar, diezmo.
16a GEE Ordenanzas.
  b GEE Simbolismo.
18a GEE Sacerdocio de Melquisedec.

se arrepintieron; y Melquisedec estableció la paz en la tierra durante sus días; por tanto, fue llamado el príncipe de paz, pues era rey de Salem; y reinó bajo su padre.

19 Hubo ªmuchos antes que él, y también hubo muchos después, mas ᵇninguno fue mayor que él; por tanto, han hecho de él mención más particular.

20 Bien, no necesito detallar el asunto; lo que he dicho puede ser suficiente. He aquí, tenéis las ªEscrituras por delante, y si queréis ᵇtergiversarlas, será para vuestra destrucción.

21 Y ocurrió que cuando les hubo dicho estas palabras, Alma extendió su mano hacia ellos y clamó con voz potente, diciendo: Ahora es el momento de ªarrepentirse, porque el día de la salvación se acerca;

22 sí, y por la ªboca de ángeles la voz del Señor lo declara a todas las naciones; sí, lo declara para que reciban alegres nuevas de gran gozo; sí, y proclama estas alegres nuevas entre todo su pueblo; sí, aun a aquellos que se hallan esparcidos sobre la superficie de la tierra; por tanto, han llegado hasta nosotros.

23 Y nos son manifestadas en términos ªclaros para que entendamos, de modo que no erremos; y se hace así porque somos ᵇperegrinos en una tierra extraña; por tanto, somos altamente favorecidos, porque nos han sido declaradas estas alegres nuevas en todas partes de nuestra viña.

24 Porque he aquí, ªángeles las están declarando a muchos en nuestra tierra en este tiempo, y esto con objeto de preparar el corazón de los hijos de los hombres para recibir su palabra al tiempo de su venida en su gloria.

25 Y ahora solamente esperamos oír las alegres nuevas de su venida que nos serán declaradas por la boca de ángeles; porque el tiempo viene, y ªno sabemos cuán pronto será. Quisiera Dios que fuera en mis días; pero sea más tarde o más temprano, en ello me regocijaré.

26 Y por la boca de ángeles se hará saber a hombres ªjustos y santos, al tiempo de su venida, para que se cumplan las palabras de nuestros padres, de conformidad con lo que han hablado concerniente a él, que fue de acuerdo con el espíritu de profecía que había en ellos.

27 Y ahora bien, hermanos míos, ªdeseo desde lo más íntimo de mi corazón, sí, con gran angustia, aun hasta el dolor, que escuchéis mis palabras, y desechéis vuestros pecados, y no

19a Hel. 8:18;
    DyC 84:6–16;
    107:40–55.
  b DyC 107:1–4.
20a GEE Escrituras.
  b 2 Pe. 3:16; Alma 41:1.
21a GEE Arrepentimiento,
    arrepentirse.
22a Alma 10:20.
23a 2 Ne. 25:7–8; 31:3; 32:7;
    Jacob 4:13; Éter 12:39.
  b Jacob 7:26.
24a Alma 10:10; 39:19.
25a 1 Ne. 10:4;
    3 Ne. 1:13.
26a Amós 3:7;
    Lucas 2:8–11.
27a Mos. 28:3.

demoréis el día de vuestro arrepentimiento;

28 sino que os humilléis ante el Señor, e invoquéis su santo nombre, y ªveléis y oréis incesantemente, para que no seáis ᵇtentados más de lo que podáis resistir, y así seáis guiados por el Santo Espíritu, volviéndoos humildes, ᶜmansos, sumisos, pacientes, llenos de amor y de toda longanimidad;

29 ªteniendo fe en el Señor; teniendo la esperanza de que recibiréis la vida eterna; siempre teniendo el ᵇamor de Dios en vuestros corazones para que en el postrer día seáis enaltecidos y entréis en su ᶜreposo.

30 Y el Señor os conceda el arrepentimiento para que no provoquéis su ira sobre vosotros, para que no seáis atados con las cadenas del ªinfierno, para que no sufráis la segunda ᵇmuerte.

31 Y Alma habló muchas otras palabras al pueblo, las cuales no están escritas en este libro.

CAPÍTULO 14

Alma y Amulek son encarcelados y golpeados — Los creyentes y sus Santas Escrituras son echados al fuego — El Señor recibe a estos mártires en gloria — Los muros de la cárcel se parten y caen — Alma y Amulek son liberados, y sus

perseguidores son muertos. Aproximadamente 82–81 a.C.

Y SUCEDIÓ que después que Alma concluyó de hablar a los del pueblo, muchos de ellos creyeron en sus palabras, y empezaron a arrepentirse y a escudriñar las ªEscrituras.

2 Pero la mayor parte de ellos deseaban destruir a Alma y a Amulek, porque estaban irritados con Alma a causa de la ªclaridad de sus palabras a Zeezrom; y también decían que Amulek les había ᵇmentido, y había vituperado su ley, y también a sus abogados y jueces.

3 Y también estaban enojados con Alma y Amulek; y porque habían testificado tan claramente contra sus maldades, procuraban deshacerse de ellos secretamente.

4 Mas aconteció que no lo hicieron, sino que los tomaron y los ataron con fuertes cuerdas, y los llevaron ante el juez superior de la tierra.

5 Y se presentó el pueblo y testificó contra ellos, declarando que habían vituperado la ley, así como a sus abogados y jueces de la tierra, y a toda la gente que había en la tierra; y que también habían testificado que no había sino un Dios, y que iba a enviar a su Hijo entre los hombres, pero que este no los salvaría; y

---

28a GEE Oración; Velar.
  b 1 Cor. 10:13.
  c GEE Mansedumbre, manso; Paciencia.

29a Alma 7:24.
  b DyC 20:31; 76:116. GEE Caridad.
  c DyC 84:24.
30a GEE Condenación, condenar;

Infierno.
  b GEE Muerte espiritual.
14 1a 2 Rey. 22:8–13. GEE Escrituras.
  2a Alma 12:3–7.
  b Alma 10:27.

muchas otras cosas semejantes testificó la gente contra Alma y Amulek. Y esto se hizo ante el juez superior de la tierra.

6 Y aconteció que Zeezrom se hallaba asombrado de las palabras que se habían hablado; y sabía también acerca de la ceguedad de la mente que él había causado entre el pueblo con sus palabras mentirosas; y su alma empezó a sentirse ªatormentada por la ᵇconciencia de su propia culpa; sí, empezaron a rodearlo los dolores del infierno.

7 Y sucedió que empezó a clamar al pueblo, diciendo: He aquí, yo soy ªculpable, y estos hombres son sin mancha ante Dios. Y empezó a abogar por ellos desde ese momento, mas el pueblo lo escarneció diciendo: ¿Estás tú también poseído del diablo? Y escupieron sobre él y lo ᵇecharon de entre ellos; y también a todos los que creían en las palabras que Alma y Amulek les habían hablado; y los echaron fuera, y enviaron hombres para que los apedrearan.

8 Y juntaron a sus esposas e hijos, y mandaron echar al fuego a todo aquel que creía, o al que se le había enseñado a creer en la palabra de Dios; y también trajeron sus anales, que contenían las Santas Escrituras, y los

arrojaron también al fuego para ser quemados y destruidos por fuego.

9 Y ocurrió que tomaron a Alma y Amulek y los llevaron al lugar del martirio para que presenciaran la destrucción de los que eran consumidos por el fuego.

10 Y cuando Amulek vio los dolores de las mujeres y los niños que se consumían en la hoguera, se condolió también, y dijo a Alma: ¿Cómo podemos presenciar esta horrible escena? Extendamos, pues, nuestras manos y ejerzamos el ªpoder de Dios que está en nosotros, y salvémoslos de las llamas.

11 Mas le dijo Alma: El Espíritu me constriñe a no extender la mano; pues he aquí, el Señor los recibe para sí mismo en ªgloria; y él permite que el pueblo les haga esto, según la dureza de sus corazones, para que los ᵇjuicios que en su ira envíe sobre ellos sean justos; y la ᶜsangre del ᵈinocente será un testimonio en su contra, sí, y clamará fuertemente contra ellos en el postrer día.

12 Entonces Amulek dijo a Alma: He aquí, quizá nos quemen a nosotros también.

13 Y Alma dijo: Hágase según la voluntad del Señor. Mas he aquí, nuestra obra no se ha cumplido; por tanto, no nos quemarán.

14 Y aconteció que cuando se

6a Alma 15:5.
 b GEE Conciencia.
7a Alma 11:21–37.
 b Alma 15:1.
10a Alma 8:30–31.
11a GEE Gloria.
 b Sal. 37:8–13;
   Alma 60:13;
DyC 103:3.
 GEE Justicia.
 c GEE Mártir, martirio.
 d Mos. 17:10.

hubieron consumido los cuerpos de los que habían sido echados al fuego, como también los anales que habían arrojado junto con ellos, el juez superior de la tierra vino y se puso delante de Alma y Amulek, estando ellos atados, y los golpeó en las mejillas con la mano, y les dijo: Después de lo que habéis visto, ¿predicaréis otra vez a los de este pueblo que serán arrojados en un ªlago de fuego y azufre?

15 He aquí, ya veis que no tuvisteis poder para salvar a los que habían sido arrojados al fuego; ni tampoco los ha salvado Dios porque eran de vuestra fe. Y el juez los golpeó otra vez en las mejillas, y les preguntó: ¿Qué decís en favor de vosotros mismos?

16 Y este juez era de la orden y la fe de ªNehor, aquel que mató a Gedeón.

17 Y aconteció que ni Alma ni Amulek le contestaron; y los abofeteó otra vez, y los entregó a los oficiales para que los echaran en la cárcel.

18 Y cuando habían estado tres días en la prisión, vinieron muchos ªabogados, y jueces, y sacerdotes, y maestros, que eran de la fe de Nehor; y entraron en la cárcel para verlos, y les preguntaron en cuanto a muchas palabras; mas no les contestaron nada.

19 Y aconteció que el juez se puso delante de ellos y les dijo: ¿Por qué no respondéis a las palabras de este pueblo? ¿Ignoráis que tengo poder para echaros en las llamas? Y les mandó que hablaran; mas ellos no le contestaron nada.

20 Y sucedió que se retiraron y se fueron, mas volvieron al día siguiente; y el juez golpeó a Alma y a Amulek de nuevo en las mejillas. Y muchos también avanzaron y los golpearon, diciendo: ¿Os pondréis otra vez a juzgar a este pueblo y a condenar nuestra ley? Si tenéis tan grande poder, ¿por qué no os ªlibertáis a vosotros mismos?

21 Y les dijeron muchas cosas semejantes, crujiendo los dientes, y escupiendo sobre ellos, y diciendo: ¿Cómo nos veremos cuando seamos condenados?

22 Y muchas cosas semejantes, sí, toda suerte de cosas parecidas les dijeron; y así se burlaron de ellos por muchos días. Y los privaron de alimento para que padecieran hambre, y de agua para que tuvieran sed; y también les quitaron la ropa para que estuvieran desnudos; y así estaban atados con fuertes cuerdas, y encerrados en la cárcel.

23 Y aconteció, después de haber padecido así por muchos días (y fue el duodécimo día del décimo mes, del décimo año del gobierno de los jueces sobre el pueblo de Nefi), que el juez superior de la tierra de Ammoníah, y muchos de sus maestros

---

14a Alma 12:17.
16a Alma 1:7–15.

18a Alma 10:14; 11:20.
20a Mateo 27:39–43.

y abogados, fueron a la prisión donde Alma y Amulek se hallaban atados con cuerdas.

24 Y llegó ante ellos el juez superior y los golpeó nuevamente, y les dijo: Si tenéis el poder de Dios, libraos de estas ligaduras, y entonces creeremos que el Señor destruirá a este pueblo según vuestras palabras.

25 Y sucedió que todos avanzaron y los golpearon, diciéndoles las mismas palabras, aun hasta el último; y cuando este les hubo hablado, el *poder de Dios descendió sobre Alma y Amulek, y se levantaron y se pusieron de pie.

26 Y Alma clamó, diciendo: ¿Cuánto tiempo, oh Señor, sufriremos estas grandes *aflicciones? ¡Oh Señor!, fortalécenos según nuestra fe que está en Cristo hasta tener el poder para librarnos. Y rompieron las cuerdas con las que estaban atados; y cuando los del pueblo vieron esto, empezaron a huir, porque el temor a la destrucción cayó sobre ellos.

27 Y aconteció que su temor fue tan grande que cayeron al suelo y no llegaron a la puerta que conducía fuera de la *prisión; y la tierra se estremeció fuertemente, y los muros de la cárcel se partieron en dos y cayeron al suelo; y al caer mataron al juez superior y a los abogados y sacerdotes y maestros que habían golpeado a Alma y a Amulek.

28 Y Alma y Amulek salieron de la prisión, y no sufrieron daño, porque el Señor les había concedido poder según su fe que estaba en Cristo. Y salieron luego de la cárcel; y fueron *soltados de sus ligaduras; y la prisión había caído a tierra, y todos los que estaban dentro de sus paredes murieron, menos Alma y Amulek; y estos se dirigieron luego a la ciudad.

29 Y los del pueblo, habiendo oído un gran estruendo, llegaron corriendo en multitudes para saber la causa; y cuando vieron salir a Alma y Amulek de la prisión, y que los muros de esta habían caído, se apoderó de ellos un pavor inmenso, y huyeron de la presencia de Alma y Amulek, así como una cabra con su cría huye de dos leones; y así huyeron ellos de la presencia de Alma y Amulek.

CAPÍTULO 15

Alma y Amulek van a Sidom y establecen una iglesia — Alma sana a Zeezrom, el cual se une a la Iglesia — Muchos son bautizados, y la Iglesia prospera — Alma y Amulek parten para Zarahemla. Aproximadamente 81 a.C.

Y SUCEDIÓ que se mandó a Alma y Amulek que salieran de aquella ciudad; y partieron y llegaron a la tierra de Sidom; y he aquí, en ese lugar hallaron a todos los que habían salido de la

---

25a Alma 8:31.
26a Stg. 5:10–11;
   Mos. 17:10–20;

DyC 121:7–8.
27a Hech. 16:26;
   Éter 12:13.

28a Jacob 4:6;
   3 Ne. 28:19–22.

tierra de ^aAmmoníah, los cuales habían sido ^bexpulsados y apedreados porque creyeron en las palabras de Alma.

2 Y les relataron todo lo que había sido de sus ^aesposas e hijos, y también concerniente a ellos y al ^bpoder que los había librado.

3 Y también Zeezrom yacía enfermo en Sidom, con una fiebre ardiente causada por las grandes tribulaciones mentales que sus ^ainiquidades le habían ocasionado; porque creía que Alma y Amulek ya no existían, y que habían sido muertos a causa de la iniquidad de él. Y este gran pecado, con sus muchos otros pecados, tanto le atormentaban su mente, que se agravó y no hallaba liberación; por tanto, empezó a consumirlo una fiebre abrasadora.

4 Mas cuando oyó que Alma y Amulek se hallaban en la tierra de Sidom, su corazón empezó a animarse, e inmediatamente les envió un mensaje, rogando que fuesen a verlo.

5 Y sucedió que ellos fueron inmediatamente, en atención al mensaje que les había enviado; y entraron en la casa de Zeezrom; y lo hallaron en cama, enfermo y muy grave de una fiebre ardiente; y también su mente estaba sumamente afligida por causa de sus iniquidades; y al verlos les extendió la mano, y les suplicó que lo sanaran.

6 Y aconteció que Alma le dijo, tomándolo de la mano: ^a¿Crees en el poder de Cristo para salvar?

7 Y él respondió y dijo: Sí, creo todas las palabras que has enseñado.

8 Y dijo Alma: Si crees en la redención de Cristo, tú puedes ser ^asanado.

9 Y él dijo: Sí, yo creo según tus palabras.

10 Entonces Alma clamó al Señor, diciendo: ¡Oh Señor Dios nuestro, ten misericordia de este hombre y ^asánalo según su fe que está en Cristo!

11 Y cuando Alma hubo dicho estas palabras, Zeezrom de un ^asalto se puso de pie y empezó a andar; y esto causó un gran asombro entre todo el pueblo, y la noticia de ello se extendió por toda la tierra de Sidom.

12 Y Alma bautizó a Zeezrom en el Señor; y desde entonces empezó Zeezrom a predicar al pueblo.

13 Y Alma estableció una iglesia en la tierra de Sidom, y consagró sacerdotes y maestros en la tierra para que bautizaran en el Señor a todos los que desearan bautizarse.

14 Y aconteció que hubo muchos; porque llegaron en grupos de toda la comarca alrededor de Sidom, y fueron bautizados.

15 Mas en cuanto a los habitantes que se hallaban en la tierra de Ammoníah, continuaron siendo

15 1a Alma 16:2–3, 9, 11.
   b Alma 14:7.
  2a Alma 14:8–14.
   b Alma 14:28.
  3a Alma 14:6–7.
  6a Marcos 9:23.
  8a GEE Sanar, sanidades.
 10a Marcos 2:1–12.
 11a Hech. 3:1–11.

una gente de corazón empedernido y dura cerviz; y no se arrepintieron de sus pecados, pues atribuían al diablo todo el poder de Alma y Amulek; porque eran de la fe de *a*Nehor, y no creían en el arrepentimiento de sus pecados.

16 Y sucedió que Alma y Amulek —y Amulek había *a*abandonado todo su oro, su plata y sus objetos preciosos que se hallaban en la tierra de Ammoníah, por la palabra de Dios; y había sido *b*rechazado por los que antes eran sus amigos, y también por su padre y sus parientes.

17 Por tanto, después que Alma hubo establecido la iglesia en Sidom, viendo un gran *a*cambio, sí, viendo que el pueblo había refrenado el orgullo de sus corazones y que había empezado a *b*humillarse ante Dios, y a reunirse en sus santuarios para *c*adorar a Dios ante el altar, *d*velando y orando sin cesar que fuesen librados de Satanás, y de la *e*muerte y de la destrucción—

18 pues como dije, habiendo visto Alma todas estas cosas, tomó consigo a Amulek y se dirigió a la tierra de Zarahemla, y lo llevó a su propia casa, y lo atendió en sus tribulaciones y lo fortaleció en el Señor.

19 Y así terminó el año décimo del gobierno de los jueces sobre el pueblo de Nefi.

CAPÍTULO 16

Los lamanitas destruyen a la gente de Ammoníah — Zoram dirige a los nefitas al triunfo sobre los lamanitas — Alma, Amulek y muchos otros predican la palabra — Enseñan que, después de Su resurrección, Cristo se aparecerá a los nefitas. Aproximadamente 81–77 a.C.

Y SUCEDIÓ que en el año undécimo del gobierno de los jueces sobre el pueblo de Nefi, el día cinco del segundo mes —habiendo existido mucha paz en la tierra de Zarahemla, pues no había habido guerras ni contenciones por determinado número de años, aun hasta el quinto día del segundo mes del año undécimo— resonó por todo el país el grito de guerra.

2 Porque he aquí, los ejércitos de los lamanitas habían pasado las fronteras del país, por el lado del desierto, sí, hasta la ciudad de *a*Ammoníah, y empezaron a matar a la gente y a destruir la ciudad.

3 Y aconteció que antes que los nefitas pudieran levantar un ejército suficiente para rechazarlos del país, ya habían *a*destruido a la gente que se hallaba en la ciudad de Ammoníah, como también a algunos en las fronteras de la tierra de Noé, y a otros los llevaron cautivos al desierto.

15a Alma 1:2–15.
16a Lucas 14:33;
  Alma 10:4.
  b GEE Persecución,
  perseguir.
17a Alma 16:21.
  b GEE Humildad,
  humilde, humillar
  (afligir).
  c GEE Adorar.
d GEE Oración;
  Velar.
e GEE Muerte espiritual.
16 2a Alma 15:1, 15–16.
  3a Alma 9:18.

4 Y sucedió que los nefitas deseaban rescatar a los que habían sido llevados cautivos al desierto.

5 Por tanto, aquel que había sido nombrado capitán en jefe de los ejércitos de los nefitas (y se llamaba Zoram, y tenía dos hijos, Lehi y Aha), sabiendo él y sus dos hijos que Alma era el sumo sacerdote de la iglesia, y habiendo oído que tenía el espíritu de profecía, se dirigieron a él y desearon saber de él a dónde quería el Señor que fueran en el desierto en busca de sus hermanos que los lamanitas se habían llevado cautivos.

6 Y ocurrió que Alma ªpreguntó al Señor concerniente al asunto. Y Alma volvió y les dijo: He aquí, los lamanitas cruzarán el río Sidón en la tierra desierta del sur, bien lejos, más allá de las fronteras de la tierra de Manti. Y he aquí, allí los encontraréis, al este del río Sidón, y allí el Señor os entregará a vuestros hermanos que los lamanitas han llevado cautivos.

7 Y sucedió que Zoram y sus hijos cruzaron el río Sidón con sus ejércitos y marcharon más allá de las fronteras de Manti, en la tierra desierta del sur que quedaba al este del río Sidón.

8 Y embistieron a los ejércitos de los lamanitas, y los lamanitas fueron esparcidos y echados al desierto; y rescataron a sus hermanos que los lamanitas se habían llevado, y no se había perdido ni uno solo de los cautivos. Y sus hermanos los llevaron para que poseyeran sus propias tierras.

9 Y así terminó el año undécimo de los jueces, y los lamanitas habían sido echados del país, y el pueblo de Ammoníah había sido ªdestruido; sí, toda alma viviente de los ammoniahitas había sido ᵇdestruida, y también su gran ciudad, la cual decían que Dios no podía destruir a causa de su grandeza.

10 Mas he aquí que en un ªsolo día quedó desolada; y los perros y las bestias feroces del desierto destrozaron los cadáveres.

11 Sin embargo, después de muchos días se amontonaron sus cadáveres sobre la faz de la tierra, y los cubrieron superficialmente. Y tan grande era la hediondez, que por muchos años la gente no fue a tomar posesión de la tierra de Ammoníah. Y la llamaron la Desolación de los Nehores; porque eran de la fe de ªNehor los que perecieron; y sus tierras quedaron desoladas.

12 Y los lamanitas no volvieron a la guerra contra los nefitas hasta el año decimocuarto del gobierno de los jueces sobre el pueblo de Nefi. Y así, durante tres años, el pueblo de Nefi gozó de continua paz en toda la tierra.

13 Y Alma y Amulek salieron a predicar el arrepentimiento al

6a Alma 43:23–24.
9a Alma 8:16; 9:18–24;

Morm. 6:15–22.
b Alma 25:1–2.

10a Alma 9:4.
11a Alma 1:15; 24:28–30.

pueblo en sus "templos, y en sus santuarios, y también en sus "sinagogas, las cuales se habían construido a la manera de los judíos.

14 Y comunicaban la palabra de Dios sin cesar a cuantos querían oírlos, y no hacían "acepción de personas.

15 Y así salieron Alma, Amulek y también muchos otros que habían sido elegidos para la obra, a predicar la palabra en todo el país. Y se generalizó el establecimiento de la iglesia por toda la comarca, en toda la región circunvecina, entre todo el pueblo de los nefitas.

16 Y "no había desigualdad entre ellos; y el Señor derramó su Espíritu sobre toda la faz de la tierra a fin de preparar la mente de los hijos de los hombres, o sea, preparar sus "corazones para recibir la palabra que se enseñaría entre ellos en el día de su venida,

17 a fin de que no se endurecieran contra la palabra, para que no fuesen incrédulos y procediesen a la destrucción; sino que recibieran la palabra con gozo, y que, como "rama, fuesen injertados en la verdadera "vid para que entraran en el "reposo del Señor su Dios.

18 Y los "sacerdotes que salieron entre la gente predicaron contra toda mentira, y "engaños, y

"envidias, y contiendas, y malicia y vituperios; y el hurto, el robo, el pillaje, el asesinato, la comisión de adulterio, y todo género de lujuria, proclamando que tales cosas no debían existir;

19 declarando las cosas que pronto habían de acontecer; sí, proclamando la "venida del Hijo de Dios, sus padecimientos y muerte, y también la resurrección de los muertos.

20 Y muchos del pueblo preguntaron acerca del lugar donde el Hijo de Dios había de venir; y se les enseñó que se "aparecería a ellos "después de su resurrección; y el pueblo oyó esto con gran gozo y alegría.

21 Y después que la iglesia quedó establecida por toda la tierra —habiéndose logrado la "victoria sobre el diablo, y predicándose la palabra de Dios en su pureza en toda la tierra y derramando el Señor sus bendiciones sobre la gente— así terminó el año decimocuarto del gobierno de los jueces sobre el pueblo de Nefi.

Una relación de los hijos de Mosíah, que renunciaron a sus derechos al reino por la palabra de Dios y subieron a la tierra de Nefi para predicar a los lamanitas; sus

13a 2 Ne. 5:16.
  b Alma 21:4–6, 20.
14a Alma 1:30.
16a Mos. 18:19–29;
  4 Ne. 1:3.
  b GEE Corazón
  quebrantado.

17a Jacob 5:24.
  b GEE Viña del Señor.
  c Alma 12:37; 13:10–13.
18a Alma 15:13.
  b GEE Engañar, engaño.
  c GEE Envidia.
19a GEE Jesucristo —

Profecías acerca de la
  vida y la muerte de
  Jesucristo.
20a 2 Ne. 26:9;
  3 Ne. 11:7–14.
  b 1 Ne. 12:4–6.
21a Alma 15:17.

padecimientos y liberación, según los anales de Alma.

Comprende los capítulos del 17 al 27.

CAPÍTULO 17

Los hijos de Mosíah tienen el espíritu de profecía y de revelación — Cada cual va por su propio camino para declarar la palabra a los lamanitas — Ammón va a la tierra de Ismael y se hace siervo del rey Lamoni — Ammón salva los rebaños del rey y mata a los enemigos de este junto a las aguas de Sebús. Versículos 1–3, aproximadamente 77 a.C.; versículo 4, aproximadamente 91–77 a.C.; y versículos 5–39, aproximadamente 91 a.C.

Y ACONTECIÓ que mientras Alma iba viajando hacia el sur, de la tierra de Gedeón a la tierra de Manti, he aquí, para asombro suyo, ᵃencontró a los ᵇhijos de Mosíah que viajaban hacia la tierra de Zarahemla.

2 Estos hijos de Mosíah estaban con Alma en la ocasión en que el ángel se le apareció por ᵃprimera vez; por tanto, Alma se alegró muchísimo de ver a sus hermanos; y lo que aumentó más su gozo fue que aún eran sus hermanos en el Señor; sí, y se habían fortalecido en el conocimiento de la verdad; porque eran hombres de sano entendimiento, y habían ᵇescudriñado diligentemente las Escrituras para conocer la palabra de Dios.

3 Mas esto no es todo; se habían dedicado a mucha ᵃoración y ayuno; por tanto, tenían el espíritu de profecía y el espíritu de revelación, y cuando ᵇenseñaban, lo hacían con poder y autoridad de Dios.

4 Y habían estado enseñando la palabra de Dios entre los lamanitas por el espacio de catorce años, y habían logrado mucho ᵃéxito en ᵇtraer a muchos al conocimiento de la verdad; sí, por el poder de sus palabras muchos fueron traídos ante el altar de Dios para invocar su nombre y ᶜconfesar sus pecados ante él.

5 Y estas son las circunstancias que los acompañaron en sus viajes, pues pasaron muchas aflicciones; padecieron mucho, tanto corporal como mentalmente, tal como hambre, sed, fatiga y también se ᵃesforzaron mucho en el espíritu.

6 Ahora bien, estos fueron sus viajes: Se ᵃdespidieron de su padre Mosíah en el primer año de los jueces, después de haber ᵇrehusado el reino que su padre deseaba conferirles, y que también era la voluntad del pueblo;

7 no obstante, partieron de la tierra de Zarahemla, y llevaron sus espadas, y sus lanzas, sus arcos, sus flechas y sus hondas; e hicieron esto para proveerse de alimento mientras estuvieran en el desierto.

8 Y así partieron para el desierto, con su grupo que habían

17 1a Alma 27:16.
  b Mos. 27:34.
 2a Mos. 27:11–17.
  b GEE Escrituras.
 3a GEE Ayunar, ayuno;

Oración.
  b GEE Enseñar — Enseñar con el Espíritu.
 4a Alma 29:14.
  b GEE Obra misional.

  c GEE Confesar, confesión.
 5a Alma 8:10.
 6a Mos. 28:1, 5–9.
  b Mos. 29:3.

escogido, para subir a la tierra de Nefi a predicar la palabra de Dios a los lamanitas.

9 Y sucedió que viajaron muchos días por el desierto, y ayunaron y ªoraron mucho para que el Señor concediera que una porción de su Espíritu los acompañase y estuviese con ellos, a fin de que fuesen un ᵇinstrumento en las manos de Dios para llevar a sus hermanos, los lamanitas, si posible fuese, al conocimiento de la verdad, al conocimiento de la depravación de las ᶜtradiciones de sus padres, las cuales no eran correctas.

10 Y sucedió que el Señor los ªvisitó con su ᵇEspíritu, y les dijo: Sed ᶜconsolados; y fueron consolados.

11 Y les dijo también el Señor: Id entre los lamanitas, vuestros hermanos, y estableced mi palabra; empero seréis ªpacientes en las congojas y aflicciones, para que les deis buenos ejemplos en mí; y os haré instrumentos en mis manos, para la salvación de muchas almas.

12 Y aconteció que se animaron los corazones de los hijos de Mosíah, así como los que estaban con ellos, para ir a los lamanitas a declararles la palabra de Dios.

13 Y sucedió que cuando hubieron llegado a las fronteras de la tierra de los lamanitas, se ªsepararon unos de otros, confiando en el Señor en que se volverían a reunir al fin de su ᵇcosecha; porque creían que la obra que habían emprendido era grande.

14 Y ciertamente era grande, porque habían emprendido la predicación de la palabra de Dios a un pueblo ªsalvaje, empedernido y feroz; un pueblo que se deleitaba en asesinar a los nefitas, y en robarles y despojarlos; y tenían el corazón puesto en las riquezas, o sea, en el oro, y la plata y las piedras preciosas; sí, además, procuraban posesionarse de estas cosas asesinando y despojando, para no tener que trabajar por ellas con sus propias manos.

15 De modo que eran un pueblo muy indolente; muchos de ellos adoraban ídolos, y la ªmaldición de Dios había caído sobre ellos a causa de las ᵇtradiciones de sus padres; sin embargo, las promesas del Señor se extendían a ellos mediante las condiciones del arrepentimiento.

16 Por esta ªcausa, pues, fue que los hijos de Mosíah habían emprendido la obra, para que quizá los condujeran al arrepentimiento; para que tal vez los trajeran al conocimiento del plan de redención.

17 De manera que se separaron

9a Alma 25:17.
   GEE Oración.
  b Mos. 23:10;
    Alma 26:3.
  c Alma 3:10–12.
10a DyC 5:16.

  b GEE Espíritu Santo.
  c Alma 26:27.
11a Alma 20:29.
    GEE Paciencia.
13a Alma 21:1.
  b Mateo 9:37.

14a Mos. 10:12.
15a Alma 3:6–19;
    3 Ne. 2:15–16.
  b Alma 9:16–24; 18:5.
16a Mos. 28:1–3.

unos de otros, y fueron entre ellos, cada uno a solas, según la palabra y poder de Dios que le era concedido.

18 Ahora bien, siendo Ammón el principal entre ellos, o más bien él les ministraba, se separó de ellos después de haberlos ᵃbendecido según sus varias circunstancias, habiéndoles comunicado la palabra de Dios, o ministrado a ellos antes de su partida; y así iniciaron sus respectivos viajes por el país.

19 Y Ammón fue a la tierra de Ismael, que así se llamaba por los hijos de ᵃIsmael, los cuales también se hicieron lamanitas.

20 Y al entrar Ammón en la tierra de Ismael, los lamanitas lo tomaron y lo ataron como acostumbraban atar a todos los nefitas que caían en sus manos y llevarlos ante el rey; y así se dejaba al gusto del rey matarlos, o retenerlos en el cautiverio, o echarlos en la cárcel, o desterrarlos, según su voluntad y placer.

21 Y así Ammón fue llevado ante el rey que gobernaba en la tierra de Ismael; y se llamaba Lamoni, y era descendiente de Ismael.

22 Y el rey preguntó a Ammón si era su deseo vivir en esa tierra entre los lamanitas, o sea, entre el pueblo del rey.

23 Y le dijo Ammón: Sí; deseo morar entre este pueblo por algún tiempo; sí, y quizá hasta el día que muera.

24 Y sucedió que el rey Lamoni quedó muy complacido con Ammón, e hizo que le soltaran las ligaduras; y quería que él tomara por esposa a una de sus hijas.

25 Mas le dijo Ammón: No, sino seré tu siervo. Por tanto, Ammón se hizo siervo del rey Lamoni. Y sucedió que lo pusieron con otros siervos para que cuidara los rebaños de Lamoni, según la costumbre de los lamanitas.

26 Y después de haber estado tres días al servicio del rey, mientras iba con los siervos lamanitas, llevando sus rebaños al abrevadero que se llamaba las aguas de Sebús, y todos los lamanitas llevaban allí sus rebaños para que bebieran,

27 de modo que mientras Ammón y los siervos del rey llevaban sus rebaños al abrevadero, he aquí, un cierto número de lamanitas, que ya habían estado allí para abrevar sus rebaños, se levantaron y dispersaron los rebaños de Ammón y los siervos del rey, y los esparcieron de tal modo que huyeron por todas partes.

28 Entonces los siervos del rey empezaron a murmurar, diciendo: Ahora el rey nos matará como lo ha hecho con nuestros hermanos, porque sus rebaños fueron dispersados por la maldad de estos hombres. Y empezaron a llorar amargamente, diciendo: ¡He aquí, nuestros rebaños ya están esparcidos!

29 Y lloraban por temor a perder la vida. Ahora bien, cuando

Ammón vio esto, se le llenó de gozo el corazón, porque dijo: Manifestaré mi poder, o sea, el poder que está en mí, a estos mis consiervos, recogiendo estos rebaños para el rey, a fin de ganar el corazón de mis consiervos, para encaminarlos a creer en mis palabras.

30 Y tales eran los pensamientos de Ammón, al ver las aflicciones de aquellos a quienes él llamaba sus hermanos.

31 Y ocurrió que los alentó con sus palabras, diciendo: Hermanos míos, sed de buen ánimo, y vayamos a buscar los rebaños, y los recogeremos y los traeremos otra vez al abrevadero; y así preservaremos los rebaños del rey, y no nos matará.

32 Y sucedió que salieron a buscar los rebaños, y siguieron a Ammón; y corrieron con mucha ligereza y atajaron los rebaños del rey y los juntaron en el abrevadero otra vez.

33 Y aquellos hombres se dispusieron otra vez para esparcir sus rebaños; pero Ammón dijo a sus hermanos: Cercad los rebaños para que no huyan; yo voy a contender con estos hombres que dispersan nuestros rebaños.

34 Hicieron, por tanto, lo que Ammón les mandó, y él avanzó y se dispuso a contender con los que estaban cerca de las aguas de Sebús; y eran no pocos en número.

35 Por tanto, no temían a Ammón, porque suponían que uno de sus hombres podía matarlo a su gusto, pues no sabían que el Señor había prometido a Mosíah que ªlibraría a sus hijos de las manos de ellos; ni sabían nada en cuanto al Señor; por tanto, se deleitaban en la destrucción de sus hermanos, y por esta razón avanzaron para esparcir los rebaños del rey.

36 Pero ªAmmón se adelantó y empezó a arrojarles piedras con su honda; sí, con gran fuerza lanzó piedras contra ellos; y así mató a ᵇcierto número de ellos, de modo que empezaron a asombrarse de su poder; no obstante, estaban enojados por causa de sus hermanos muertos, y estaban resueltos a hacerlo caer; viendo, pues, que ᶜno podían pegarle con sus piedras, avanzaron con mazas para matarlo.

37 Mas he aquí, que con su espada Ammón le cortaba el brazo a todo el que levantaba la maza para herirlo; porque resistió sus golpes, hiriéndoles los brazos con el filo de su espada, al grado que empezaron a asombrarse y a huir delante de él; sí, y eran no pocos en número; y los hizo huir por la fuerza de su brazo.

38 Y habían caído seis de ellos por la honda, mas solo a su cabecilla mató con la espada; y Ammón cortó cuantos brazos se levantaron contra él, y no fueron pocos.

39 Y cuando los hubo hecho huir bastante lejos, regresó; y dieron agua a sus rebaños, y los

---

35a Mos. 28:7;
    Alma 19:22–23.
36a Éter 12:15.
  b Alma 18:16.
c Alma 18:3.

llevaron otra vez a los pastos del rey; y entonces se presentaron delante del rey llevando los brazos que Ammón había cortado con su espada, que eran los de aquellos que intentaron matarlo; y los llevaron al rey como testimonio de las cosas que habían hecho.

CAPÍTULO 18

El rey Lamoni supone que Ammón es el Gran Espíritu — Ammón enseña al rey acerca de la Creación, los tratos de Dios con los hombres y la redención que viene por medio de Cristo — Lamoni cree y cae a tierra como si estuviera muerto. Aproximadamente 90 a.C.

Y ACONTECIÓ que el rey Lamoni hizo que sus siervos se presentaran y testificaran de todas las cosas que habían visto concernientes al asunto.

2 Y cuando todos hubieron dado testimonio de lo que habían presenciado, y el rey se enteró de la fidelidad de Ammón al defender sus rebaños, y también de su gran poder en luchar contra aquellos que trataron de matarlo, se asombró en extremo y dijo: Seguramente es algo más que un hombre. He aquí, ¿no será este el Gran Espíritu, que envía tan grandes castigos sobre este pueblo por motivo de sus asesinatos?

3 Y respondieron ellos al rey, y dijeron esto: Si es el Gran Espíritu o un hombre, no sabemos; mas esto sí sabemos, que los enemigos del rey ᵃno lo pueden matar; ni pueden esparcir los rebaños del rey cuando él se halla con nosotros, por causa de su destreza y gran fuerza; por tanto, sabemos que es amigo del rey. Y ahora bien, ¡oh rey!, no creemos que un hombre tenga tanto poder, pues sabemos que no se le puede matar.

4 Y cuando el rey oyó estas palabras, les dijo: Ahora sé que es el Gran Espíritu; y ha descendido en esta ocasión para preservar vuestras vidas, a fin de que ᵃno os matara como lo hice con vuestros hermanos. Este es el Gran Espíritu de quien han hablado nuestros padres.

5 Y esta era la tradición de Lamoni, la cual había recibido de su padre, que había un ᵃGran Espíritu. Pero a pesar de que creían que había un Gran Espíritu, suponían que todo lo que hacían era justo; no obstante, Lamoni empezó a temer en sumo grado por miedo de haber hecho mal con matar a sus siervos;

6 pues había quitado la vida a muchos de ellos porque sus hermanos les habían dispersado sus rebaños en el abrevadero; y porque les habían esparcido sus rebaños fueron muertos.

7 Y era la costumbre de estos lamanitas colocarse cerca de las aguas de Sebús para esparcir los rebaños del pueblo, y así llevarse a su propia tierra muchos de los que eran esparcidos, pues

---

18 3*a* Alma 17:34–38.
    4*a* Alma 17:28–31.

5*a* Alma 19:25–27.
    GEE Trinidad.

entre ellos era una manera de robar.

8 Y sucedió que el rey Lamoni preguntó a sus siervos, diciendo: ¿En dónde está este hombre que tiene tan grande poder?

9 Y le dijeron: He aquí, está dando de comer a tus caballos. Ahora bien, antes que salieran a abrevar sus rebaños, el rey había mandado a sus siervos que prepararan sus caballos y carros y lo llevaran a la tierra de Nefi; porque el padre de Lamoni, que era el rey de toda esa tierra, había mandado preparar una gran fiesta en la tierra de Nefi.

10 Y cuando oyó el rey Lamoni que Ammón estaba preparando sus caballos y sus carros, se asombró más a causa de la fidelidad de Ammón, y dijo: Ciertamente no ha habido entre todos mis siervos ninguno que haya sido tan fiel como este hombre; pues se acuerda de todas mis órdenes para ejecutarlas.

11 Ahora de seguro sé que es el Gran Espíritu, y quisiera que viniese a verme, pero no me atrevo.

12 Y aconteció que cuando hubo alistado los caballos y los carros para el rey y sus siervos, Ammón entró en donde estaba el rey, y observó que el semblante del rey había cambiado; por tanto, estaba a punto de retirarse de su presencia.

13 Y le dijo uno de los siervos del rey: Rabbánah, que interpretado significa poderoso o gran

rey, pues consideraban que sus reyes eran poderosos; y por eso le dijo: Rabbánah, el rey desea que te quedes.

14 De modo que Ammón se volvió hacia el rey y le dijo: ¿Qué quieres que haga por ti, oh rey? Mas el rey no le contestó por el espacio de una hora, según el tiempo de ellos, porque no sabía qué decirle.

15 Y sucedió que Ammón le dijo otra vez: ¿Qué deseas de mí? Mas el rey no le contestó.

16 Y aconteció que Ammón, estando lleno del Espíritu de Dios, percibió los ªpensamientos del rey. Y le dijo: ¿Es porque has oído que defendí a tus siervos y tus rebaños, y maté a siete de sus hermanos con la honda y con la espada, y les corté los brazos a otros, a fin de defender tus rebaños y tus siervos? ¿He aquí, es esto lo que causa tu asombro?

17 Yo te digo: ¿A qué se debe que te maravilles tanto? He aquí, soy un hombre, y soy tu siervo; por tanto, cualquier cosa que desees, que sea justa, yo la haré.

18 Y cuando el rey hubo oído estas palabras, se maravilló de nuevo, porque vio que Ammón podía ªdiscernir sus pensamientos; mas no obstante, el rey Lamoni abrió su boca, y le dijo: ¿Quién eres? ¿Eres tú ese Gran Espíritu que ᵇsabe todas las cosas?

19 Le respondió Ammón, y dijo: No lo soy.

20 Y dijo el rey: ¿Cómo sabes

16a Alma 12:3.
18a GEE Discernimiento,   don de.
                                 b GEE Trinidad.

los pensamientos de mi corazón? Puedes hablar sin temor y decirme concerniente a estas cosas; y dime, también, con qué poder mataste y cortaste los brazos a mis hermanos que esparcieron mis rebaños.

21 Ahora bien, si me explicas concerniente a estas cosas, te daré cuanto deseares; y si necesario fuere, te protegeré con mis ejércitos; pero sé que eres más poderoso que todos ellos; no obstante, te concederé cuanto de mí desees.

22 Entonces Ammón, siendo prudente pero sin malicia, dijo a Lamoni: ¿Escucharás mis palabras, si te digo mediante qué poder hago estas cosas? Esto es lo que de ti deseo.

23 Y le respondió el rey, y dijo: Sí, creeré todas tus palabras. Y así ingeniosamente lo ªcomprometió.

24 Y Ammón empezó a hablarle ªosadamente, y le dijo: ¿Crees que hay un Dios?

25 Y él respondió, y le dijo: Ignoro lo que eso significa.

26 Y entonces dijo Ammón: ¿Crees tú que existe un Gran Espíritu?

27 Y él contestó: Sí.

28 Y dijo Ammón: Este es Dios. Y dijo de nuevo Ammón: ¿Crees que este Gran Espíritu, que es Dios, creó todas las cosas que hay en el cielo y en la tierra?

29 Y él dijo: Sí, creo que ha creado todas las cosas que hay sobre la tierra; mas no sé de los cielos.

30 Y le dijo Ammón: El cielo es un lugar donde moran Dios y todos sus santos ángeles.

31 Y el rey Lamoni dijo: ¿Está por encima de la tierra?

32 Y dijo Ammón: Sí, y su mirada está sobre todos los hijos de los hombres; y conoce todos los ªpensamientos e intenciones del corazón; porque por su mano todos fueron creados desde el principio.

33 Y dijo el rey Lamoni: Creo todas estas cosas que has hablado. ¿Eres enviado por Dios?

34 Y Ammón le dijo: Soy un hombre; y en el principio el ªhombre fue creado a imagen de Dios; y su Santo Espíritu me ha llamado para ᵇenseñar estas cosas a los de este pueblo, a fin de que lleguen al conocimiento de lo que es justo y verdadero;

35 y mora en mí parte de ese ªEspíritu, el cual me da ᵇconocimiento, y también poder, de conformidad con mi fe y mis deseos que están en Dios.

36 Y cuando Ammón hubo dicho estas palabras, empezó por la creación del mundo, y también la creación de Adán; y le declaró todas las cosas concernientes a la caída del hombre, y le ªrepitió y explicó los anales y las Santas ᵇEscrituras del pueblo,

23a Y así ingeniosamente Ammón lo comprometió.
24a Alma 38:12.
32a Amós 4:13; 3 Ne. 28:6; DyC 6:16.
34a Mos. 7:27; Éter 3:13–16. b GEE Enseñar — Enseñar con el Espíritu.
35a GEE Inspiración, inspirar. b GEE Conocimiento.
36a Mos. 1:4; Alma 22:12; 37:9. b GEE Escrituras.

las cuales los ᶜprofetas habían declarado, aun hasta la época en que su padre Lehi salió de Jerusalén.

37 Y también les relató (porque se dirigía al rey y a sus siervos) todos los viajes de sus padres por el desierto, y todos sus padecimientos de hambre y sed, y sus afanes, etcétera.

38 Y les refirió también concerniente a las rebeliones de Lamán y Lemuel y los hijos de Ismael, sí, les relató todas sus rebeliones; y les explicó todos los anales y las Escrituras, desde la época en que Lehi salió de Jerusalén hasta entonces.

39 Mas eso no es todo; porque les explicó el ᵃplan de redención que fue preparado desde la fundación del mundo; y también les hizo saber concerniente a la venida de Cristo, y les dio a conocer todas las obras del Señor.

40 Y sucedió que después que hubo dicho todas estas cosas, y las explicó al rey, este creyó todas sus palabras;

41 y empezó a clamar al Señor, diciendo: ¡Oh Señor, ten misericordia! ¡Según tu abundante ᵃmisericordia que has tenido para con el pueblo de Nefi, tenla para mí y mi pueblo!

42 Y cuando hubo dicho esto, cayó a tierra como si estuviera muerto.

43 Y aconteció que sus siervos lo levantaron y lo llevaron a su esposa, y lo tendieron sobre una cama; y permaneció como si estuviera muerto por el espacio de dos días y dos noches; y su esposa y sus hijos e hijas lloraron por él según la costumbre de los lamanitas, lamentando en extremo su pérdida.

CAPÍTULO 19

Lamoni recibe la luz de la vida sempiterna y ve al Redentor — Los de su casa caen a tierra dominados por el Espíritu y muchos de ellos ven ángeles — Ammón es preservado milagrosamente — Bautiza a muchos y establece una iglesia entre ellos. Aproximadamente 90 a.C.

Y SUCEDIÓ que después de dos días y dos noches, estaban ya para llevar su cuerpo y ponerlo en un sepulcro que habían hecho con el fin de sepultar a sus muertos.

2 Y la reina, habiendo oído de la fama de Ammón, le mandó decir que deseaba que él fuera a verla.

3 Y ocurrió que Ammón hizo lo que se le mandó, y entró a ver a la reina y le preguntó qué deseaba que él hiciera.

4 Y le dijo ella: Los siervos de mi marido me han hecho saber que eres un ᵃprofeta de un Dios Santo, y que tienes el poder de hacer muchas obras grandes en su nombre.

5 Por tanto, si tal es el caso, quisiera que fueses a ver a mi marido, porque ha estado tendido en su cama por el espacio de dos días y dos noches; y dicen

---

36c Hech. 3:18–21.
39a GEE Plan de redención.

41a GEE Misericordia, misericordioso.

19 4a GEE Profeta.

algunos que no está muerto, pero otros afirman que está muerto, y que hiede, y que debería ser sepultado; mas según mi parecer no hiede.

6 Y esto era lo que Ammón deseaba, pues sabía que el rey Lamoni se hallaba bajo el poder de Dios; sabía que el obscuro *a*velo de incredulidad se estaba disipando de su mente, y la *b*luz que iluminaba su mente, que era la luz de la gloria de Dios, que era una maravillosa luz de su bondad, sí, esta luz había infundido tal gozo en su alma, que la nube de obscuridad se había desvanecido, y la luz de la vida sempiterna se había encendido dentro de su alma; sí, sabía que esto había dominado el cuerpo natural del rey, y que había sido transportado en Dios.

7 Por tanto, esto que la reina le solicitó era lo único que él deseaba. Así pues, entró para ver al rey según lo que la reina había deseado de él; y vio al rey, y supo que no estaba muerto.

8 Y dijo a la reina: No está muerto, sino que duerme en Dios, y mañana se levantará otra vez; por tanto, no lo enterréis.

9 Y le dijo Ammón: ¿Crees tú esto? Y ella le dijo: No tengo más testimonio que tu palabra y la palabra de nuestros siervos; no obstante, creo que se hará según lo que has dicho.

10 Y le dijo Ammón: Bendita eres por tu fe excepcional; y te digo, mujer, que nunca ha habido tan grande *a*fe entre todo el pueblo nefita.

11 Y sucedió que ella veló cerca de la cama de su marido, desde ese momento hasta la hora del día siguiente que Ammón había señalado para que él se levantara.

12 Y sucedió que se levantó, según las palabras de Ammón; y al levantarse, extendió la mano hacia la mujer, y le dijo: ¡Bendito sea el nombre de Dios, y bendita eres tú!

13 Porque ciertamente como tú vives, he aquí, he visto a mi Redentor; y vendrá, y *a*nacerá de una *b*mujer, y redimirá a todo ser humano que crea en su nombre. Y cuando hubo dicho estas palabras, se le hinchió el corazón, y cayó otra vez de gozo; y cayó también la reina, dominada por el Espíritu.

14 Y viendo Ammón que el Espíritu del Señor se derramaba, según sus *a*oraciones, sobre los lamanitas, sus hermanos, que habían sido la causa de tanta tristeza entre los nefitas, o sea, entre todo el pueblo de Dios, por motivo de sus iniquidades y de sus *b*tradiciones, cayó él de rodillas y empezó a derramar su alma en oración y acción de gracias a Dios por lo que había hecho por sus hermanos; y también

---

6a 2 Cor. 4:3–4.
  GEE Velo.
  b GEE Luz, luz de Cristo.
10a Lucas 7:9.

13a GEE Jesucristo —
  Profecías acerca de la
  vida y la muerte de

Jesucristo.
  b 1 Ne. 11:13–21.
14a DyC 42:14.
  b Mos. 1:5.

cayó, dominado de ^cgozo; de modo que los tres habían ^dcaído a tierra.

15 Ahora bien, cuando los siervos del rey vieron que habían caído, empezaron también a clamar a Dios, porque el temor del Señor se había apoderado de ellos también, pues eran ^alos que se habían presentado delante del rey y le habían testificado del gran poder de Ammón.

16 Y sucedió que invocaron con ahínco el nombre del Señor, hasta que todos hubieron caído a tierra, salvo una mujer lamanita cuyo nombre era Abish, la cual se había convertido al Señor muchos años antes a causa de una notable visión de su padre;

17 de modo que se había convertido al Señor, y nunca lo había dado a conocer. Por tanto, cuando vio que todos los siervos de Lamoni habían caído a tierra, y que también su ama, la reina, y el rey y Ammón se hallaban caídos en el suelo, supo que era el poder de Dios, y pensando que esa oportunidad de hacer saber a la gente lo que había sucedido entre ellos, y que el contemplar aquella escena los ^aharía creer en el poder de Dios, corrió, pues, de casa en casa, haciéndolo saber al pueblo.

18 Y empezaron a juntarse en la casa del rey. Y vino una multitud, y para su asombro, vieron caídos en tierra al rey y a la reina y sus siervos; y todos yacían allí como si estuvieran muertos; y también vieron a Ammón, y he aquí, era nefita.

19 Y comenzó la gente a murmurar entre sí, diciendo algunos que era un gran mal que había caído sobre ellos o sobre el rey y su casa, porque él había permitido que el nefita ^apermaneciera en la tierra.

20 Mas otros los reprendieron diciendo: El rey ha traído este mal sobre su casa porque mató a sus siervos cuyos rebaños habían sido dispersados en las ^aaguas de Sebús.

21 Y también los reprendieron aquellos hombres que habían estado en las aguas de Sebús y habían ^aesparcido los rebaños que pertenecían al rey; porque estaban enfurecidos con Ammón a causa del número de sus hermanos que él había matado en las aguas de Sebús, mientras defendía los rebaños del rey.

22 Y uno de ellos, cuyo hermano había ^acaído por la espada de Ammón, enojado en extremo con este, sacó su espada y avanzó para dejarla caer sobre Ammón, a fin de matarlo; y al levantar la espada para herirlo, he aquí, cayó muerto.

23 Así vemos que a Ammón no se le podía matar, porque el ^aSeñor había dicho a Mosíah, su

14c GEE Gozo.
  d Alma 27:17.
15a Alma 18:1–2.

17a Mos. 27:14.
19a Alma 17:22–23.
20a Alma 17:26; 18:7.

21a Alma 17:27; 18:3.
22a Alma 17:38.
23a Mos. 28:7; Alma 17:35.

padre: Lo protegeré, y será hecho con él según tu fe; por tanto, Mosíah lo ^bencomendó al Señor.

24 Y sucedió que cuando la multitud vio que el hombre que levantó la espada para matar a Ammón había caído muerto, el terror se apoderó de ellos, y no se atrevieron a extender la mano para tocarlo, ni a ninguno de aquellos que habían caído; y empezaron a maravillarse nuevamente entre sí acerca de cuál sería la causa de ese gran poder, o qué significarían todas aquellas cosas.

25 Y aconteció que hubo muchos entre ellos que dijeron que Ammón era el ^aGran Espíritu, y otros decían que lo había enviado el Gran Espíritu;

26 pero otros los reprendían a todos, diciendo que era un monstruo enviado por los nefitas para atormentarlos.

27 Y había algunos que decían que el Gran Espíritu había enviado a Ammón para afligirlos por causa de sus iniquidades; y que era el Gran Espíritu que siempre había atendido a los nefitas, que siempre los había librado de sus manos; y decían que ese Gran Espíritu era el que había destruido a tantos de sus hermanos, los lamanitas.

28 Y así la contención entre ellos empezó a ser sumamente acalorada. Y mientras así se hallaban contendiendo, llegó la ^acriada que había hecho que se reuniera la multitud, y cuando vio la contención que había entre ellos, se contristó hasta derramar lágrimas.

29 Y sucedió que fue y tomó a la reina de la mano, para tal vez levantarla del suelo; y en cuanto le tocó la mano, ella se puso de pie y clamó en alta voz, diciendo: ¡Oh bendito Jesús, que me ha salvado de un ^aterrible infierno! ¡Oh Dios bendito, ten ^bmisericordia de este pueblo!

30 Y cuando hubo dicho esto, trabó las manos, rebosando de gozo y hablando muchas palabras que no fueron comprendidas; y hecho esto, tomó de la mano al rey Lamoni, y he aquí, este se levantó y se puso en pie.

31 Y en el acto, viendo él la contención entre los de su pueblo, se adelantó y empezó a reprenderlos y a enseñarles las ^apalabras que había oído de la boca de Ammón; y cuantos oyeron sus palabras creyeron y se convirtieron al Señor.

32 Pero hubo muchos entre ellos que no quisieron oír sus palabras; por tanto, siguieron su camino.

33 Y aconteció que cuando Ammón se levantó, también él les ministró, y lo mismo hicieron todos los siervos de Lamoni; y todos declararon al pueblo la misma cosa: Que había habido un ^acambio en sus corazones, y

---

23b GEE Confianza, confiar.
25a Alma 18:2–5.
28a Alma 19:16.
29a 1 Ne. 14:3.
  b GEE Misericordia, misericordioso.
31a Alma 18:36–39.
33a GEE Nacer de Dios, nacer de nuevo.

que ya no tenían más deseos de hacer lo [b]malo.

34 Y he aquí, muchos declararon al pueblo que habían visto [a]ángeles y habían conversado con ellos; y así les habían hablado acerca de Dios y de su justicia.

35 Y sucedió que hubo muchos que creyeron en sus palabras; y cuantos creyeron, fueron [a]bautizados; y se convirtieron en un pueblo justo, y establecieron una iglesia entre ellos.

36 Y así se inició la obra del Señor entre los lamanitas; así empezó el Señor a derramar su Espíritu sobre ellos; y vemos que su brazo se extiende a [a]todo pueblo que quiera arrepentirse y creer en su nombre.

CAPÍTULO 20

El Señor envía a Ammón a Middoni para que libre a sus hermanos encarcelados — Ammón y Lamoni se encuentran con el padre de Lamoni, que es rey de toda esa tierra — Ammón obliga al anciano rey a aprobar la liberación de sus hermanos. Aproximadamente 90 a.C.

Y sucedió que después que hubieron establecido una iglesia en esa tierra, el rey Lamoni deseó que Ammón lo acompañara a la tierra de Nefi, para presentarlo a su padre.

2 Y la voz del Señor llegó a Ammón, diciendo: No subirás a la tierra de Nefi, pues he aquí, el rey tratará de quitarte la vida; pero irás a la tierra de Middoni; pues he aquí, tu hermano Aarón y también Muloki y Amma se hallan en la cárcel.

3 Y aconteció que cuando hubo oído esto, Ammón dijo a Lamoni: He aquí, mi hermano y mis compañeros se hallan encarcelados en Middoni, y voy para libertarlos.

4 Entonces Lamoni le dijo a Ammón: Sé que con la [a]fuerza del Señor puedes hacer todas las cosas. Mas he aquí, iré contigo a la tierra de Middoni, porque el rey de esa tierra, cuyo nombre es Antiomno, es mi amigo; por tanto, voy a la tierra de Middoni para congraciarme con el rey, y él sacará a tus hermanos de la [b]cárcel. Luego le dijo Lamoni: ¿Quién te dijo que tus hermanos estaban encarcelados?

5 Y Ammón le dijo: Nadie me lo ha dicho sino Dios; y me dijo: Ve y libra a tus hermanos, porque están en la cárcel en la tierra de Middoni.

6 Y cuando Lamoni hubo oído esto, hizo que sus siervos alistaran sus [a]caballos y sus carros.

7 Y dijo a Ammón: Ven, iré contigo a la tierra de Middoni, y allí abogaré con el rey para que saque a tus hermanos de la cárcel.

8 Y acaeció que mientras Ammón y Lamoni se dirigían allá, encontraron al padre de

33b Mos. 5:2;
 Alma 13:12.
34a GEE Ángeles.
35a GEE Bautismo, bautizar.
36a 2 Ne. 26:33;
 Alma 5:33.
20 4a Alma 26:12.
 b Alma 20:28–30.
6a Alma 18:9–10.

Lamoni, que era rey *de toda esa tierra.

9 Y he aquí, el padre de Lamoni le dijo: ¿Por qué no concurriste a la *fiesta el gran día en que festejé a mis hijos y a mi pueblo?

10 Y también dijo: ¿Adónde vas con este nefita, que es uno de los hijos de un *mentiroso?

11 Y aconteció que Lamoni le dijo adonde iba, porque tenía miedo de ofenderlo.

12 Y también le explicó la causa de su demora en su propio reino, por lo que no había asistido a la fiesta que su padre había preparado.

13 Y cuando Lamoni le hubo dicho todas estas cosas, he aquí, para asombro de él, su padre se enojó con él y dijo: Lamoni, vas a librar a estos nefitas que son hijos de un embustero. He aquí, él robó a nuestros padres; y ahora sus hijos han venido también entre nosotros a fin de engañarnos con sus astucias y sus mentiras, para despojarnos otra vez de nuestros bienes.

14 Luego el padre de Lamoni le ordenó que matara a Ammón con la espada. Y también le mandó que no fuera para la tierra de Middoni, sino que volviera con él a la tierra de *Ismael.

15 Mas le dijo Lamoni: No mataré a Ammón, ni volveré a la tierra de Ismael, sino que iré a la tierra de Middoni para librar a los hermanos de Ammón, porque sé

que son hombres justos y profetas santos del Dios verdadero.

16 Y cuando su padre hubo oído estas palabras, se enojó con él y sacó su espada para derribarlo a tierra.

17 Pero Ammón se adelantó, y le dijo: He aquí, no matarás a tu hijo; no obstante, *mejor sería que él cayera y no tú; porque he aquí, él se ha *arrepentido de sus pecados; mas si tú, en este momento cayeses en tu ira, tu alma no podría ser salva.

18 Y conviene, además, que te reprimas; porque si *mataras a tu hijo, siendo él inocente, su sangre clamaría desde el suelo al Señor su Dios, para que la venganza cayera sobre ti; y tal vez perderías tu *alma.

19 Y cuando Ammón le hubo dicho estas palabras, aquel respondió, diciendo: Sé que si yo matase a mi hijo, derramaría sangre inocente; porque eres tú quien has tratado de destruirlo.

20 Y extendió su mano para matar a Ammón; pero este le resistió sus golpes, y además le hirió el brazo de manera que no pudo hacer uso de él.

21 Y cuando el rey vio que Ammón podía matarlo, empezó a suplicarle que le perdonara la vida.

22 Pero Ammón levantó su espada y le dijo: He aquí, te heriré a menos que me concedas que saquen a mis hermanos de la prisión.

8a Alma 22:1.
9a Alma 18:9.
10a Mos. 10:12–17.
14a Alma 17:19.
17a Alma 48:23.
b Alma 19:12–13.
18a GEE Asesinato.
b DyC 42:18.

23 Entonces el rey, temiendo perder la vida, dijo: Si me perdonas la vida, te concederé cuanto me pidas, hasta la mitad del reino.

24 Y cuando Ammón vio que había hecho según su voluntad con el anciano rey, le dijo: Si concedes que mis hermanos sean sacados de la prisión, y también que Lamoni retenga su reino, y que ya no estés enojado con él, sino que le permitas obrar según sus propios deseos en ªcualquier cosa que él considere, entonces te perdonaré la vida; de otro modo, te derribaré a tierra.

25 Y cuando Ammón hubo dicho estas palabras, empezó el rey a alegrarse a causa de su vida.

26 Y cuando vio que Ammón no tenía ningún deseo de destruirlo, y cuando vio también el gran amor que tenía por su hijo Lamoni, se asombró en sumo grado, y dijo: Porque todo lo que has deseado es que libre a tus hermanos y permita que mi hijo Lamoni retenga su reino, he aquí, te concederé que mi hijo retenga su reino desde ahora y para siempre; y no lo gobernaré más.

27 Y te concederé también que tus hermanos sean sacados de la cárcel, y que tú y tus hermanos vengáis a verme en mi reino, porque tendré muchos deseos de verte. Pues el rey estaba sumamente asombrado de las palabras que Ammón había hablado, así como de las palabras que había hablado su hijo Lamoni; por tanto, estaba ªdeseoso de aprenderlas.

28 Y aconteció que Ammón y Lamoni prosiguieron su viaje hacia la tierra de Middoni. Y Lamoni halló gracia a los ojos del rey de esa tierra; por tanto, sacaron de la prisión a los hermanos de Ammón.

29 Y cuando Ammón los vio, se entristeció mucho, porque he aquí, se hallaban desnudos y tenían la piel sumamente excoriada, por haber estado atados con fuertes cuerdas; y también habían padecido hambre, sed y toda clase de aflicciones; sin embargo, fueron ªpacientes en todos sus sufrimientos.

30 Pues resultó que fue su suerte haber caído en manos de gente más obstinada y más dura de cerviz; por tanto, no quisieron hacer caso de sus palabras, y los habían expulsado, y los habían golpeado, y echado de casa en casa y de lugar en lugar hasta que llegaron a la tierra de Middoni; y allí los aprehendieron y echaron en la cárcel, y los ataron con ªfuertes cuerdas, y los tuvieron encarcelados muchos días, y fueron librados por Lamoni y Ammón.

Una relación de la predicación de Aarón y Muloki y sus compañeros entre los lamanitas.

Comprende los capítulos del 21 al 25.

24a Alma 21:21–22.
27a GEE Humildad,
       humilde, humillar
       (afligir).
29a Alma 17:11.
30a Alma 26:29.

CAPÍTULO 21

Aarón enseña a los amalekitas acerca de Cristo y Su expiación — Aarón y sus hermanos son encarcelados en Middoni — Después de ser librados, enseñan en las sinagogas y logran convertir a muchas personas — Lamoni concede la libertad religiosa al pueblo en la tierra de Ismael. Aproximadamente 90–77 a.C.

AHORA bien, cuando Ammón y sus hermanos se ᵃsepararon en las fronteras de la tierra de los lamanitas, he aquí que Aarón emprendió su viaje a la tierra que los lamanitas llamaban Jerusalén, nombre dado en memoria del país natal de sus padres; y se encontraba allá, en las fronteras de Mormón.

2 Y los lamanitas, los amalekitas y el pueblo de ᵃAmulón habían edificado una gran ciudad que se llamaba Jerusalén.

3 Ahora bien, los lamanitas eran de por sí bastante obstinados, más los amalekitas y los amulonitas lo eran aún más; por tanto, hicieron endurecer el corazón de los lamanitas para que aumentaran en la maldad y en sus abominaciones.

4 Y sucedió que Aarón llegó a la ciudad de Jerusalén, y primero empezó a predicar a los amalekitas. Y comenzó a predicarles en sus sinagogas, pues habían edificado sinagogas según la ᵃorden de los nehores; porque muchos de los amalekitas y de los amulonitas pertenecían a la orden de los nehores.

5 Por tanto, al entrar Aarón en una de sus sinagogas para predicar a la gente, y mientras les estaba hablando, he aquí, se levantó un amalekita y empezó a contender con él, diciendo: ¿Qué es eso que has testificado? ¿Has visto tú a un ᵃángel? ¿Por qué a nosotros no se nos aparecen ángeles? He aquí, ¿no es esta gente tan buena como la tuya?

6 También dices que a menos que nos arrepintamos, pereceremos. ¿Cómo es que sabes tú el pensamiento e intención de nuestros corazones? ¿Cómo sabes que tenemos de qué arrepentirnos? ¿Cómo sabes que no somos un pueblo justo? He aquí, hemos edificado santuarios, y nos reunimos para adorar a Dios. Creemos por cierto que Dios salvará a todos los hombres.

7 Entonces le dijo Aarón: ¿Crees que el Hijo de Dios vendrá para redimir al género humano de sus pecados?

8 Y le dijo el hombre: No creemos que sepas tal cosa. No creemos en estas insensatas tradiciones. No creemos que tú sepas de ᵃcosas futuras, ni tampoco creemos que tus padres ni nuestros padres supieron concerniente a

las cosas que hablaron, de lo que está por venir.

9 Y Aarón empezó a explicarles las Escrituras concernientes a la venida de Cristo y también la resurrección de los muertos; y que ªno habría redención para la humanidad, salvo que fuese por la muerte y padecimientos de Cristo, y la ᵇexpiación de su sangre.

10 Y aconteció que al empezar a explicarles estas cosas, se enojaron con él y empezaron a hacerle burla; y no quisieron escuchar las palabras que hablaba.

11 Por tanto, cuando vio que no querían oír sus palabras, salió de la sinagoga y llegó a una aldea que se llamaba Ani-Anti, y allí encontró a Muloki, predicándoles la palabra; y también a Amma y sus hermanos. Y contendieron con muchos sobre la palabra.

12 Y aconteció que vieron que los del pueblo endurecían sus corazones; por tanto, partieron y llegaron a la tierra de Middoni; y predicaron la palabra a muchos, y pocos creyeron en las palabras que enseñaban.

13 Sin embargo, Aarón y cierto número de sus hermanos fueron aprehendidos y encarcelados; y los demás huyeron de la tierra de Middoni a las regiones inmediatas.

14 Y los que fueron encarcelados ªpadecieron muchas cosas; y fueron librados por la intervención de Lamoni y Ammón, y fueron alimentados y vestidos.

15 Y salieron otra vez para declarar la palabra; y así fueron librados de la cárcel por primera vez; y así habían padecido.

16 E iban por dondequiera que los guiaba el ªEspíritu del Señor, predicando la palabra de Dios en toda sinagoga de los amalekitas, o en toda asamblea de los lamanitas, en donde los admitían.

17 Y sucedió que el Señor empezó a bendecirlos de tal modo que llevaron a muchos al conocimiento de la verdad; sí, ªconvencieron a muchos de que habían pecado, y de que las tradiciones de sus padres no eran correctas.

18 Y aconteció que Ammón y Lamoni volvieron de la tierra de Middoni a la tierra de Ismael, que era la tierra de su herencia.

19 Y el rey Lamoni no quiso permitir que Ammón lo sirviera ni que fuera su siervo,

20 sino que hizo edificar sinagogas en la tierra de Ismael; e hizo que se reunieran los de su pueblo, o sea, aquellos a quienes él gobernaba.

21 Y se regocijó en ellos y les enseñó muchas cosas. Y también les declaró que eran un pueblo que se hallaba bajo la autoridad de él, y que eran un pueblo libre; que se hallaban libres de las opresiones del rey, su padre; porque su padre le había

---

9a Mos. 5:8;
   Alma 38:9.
b GEE Expiación, expiar.
14a Alma 20:29.
16a Alma 22:1.
17a DyC 18:44.

concedido que gobernara al pueblo que se hallaba en la tierra de Ismael y en toda la región circunvecina.

22 Y también les declaró que gozarían de la ªlibertad de adorar al Señor su Dios según sus deseos, en cualquier lugar en que estuvieran, si este se encontraba en la tierra que estaba bajo la autoridad del rey Lamoni.

23 Y Ammón predicó al pueblo del rey Lamoni; y aconteció que les enseñó todas las cosas concernientes a la rectitud. Y los exhortaba diariamente con toda diligencia, y ellos prestaban atención a su palabra, y eran celosos en guardar los mandamientos de Dios.

CAPÍTULO 22

Aarón enseña al padre de Lamoni acerca de la Creación, la Caída de Adán y el plan de redención por medio de Cristo — El rey y todos los de su casa se convierten — Se explica la forma en que se dividía la tierra entre los nefitas y los lamanitas. Aproximadamente 90–77 a.C.

Y AHORA bien, mientras Ammón así enseñaba al pueblo de Lamoni continuamente, volveremos a la historia de Aarón y sus hermanos; porque después que partió de la tierra de Middoni, el Espíritu lo ªguio a la tierra de Nefi hasta la casa del rey que gobernaba toda esa tierra, ᵇsalvo

la tierra de Ismael; y era el padre de Lamoni.

2 Y sucedió que entró a verlo en el palacio del rey, con sus hermanos, y se inclinó delante del rey, y le dijo: He aquí, ¡oh rey!, somos los hermanos de Ammón, a quienes tú has ªlibrado de la cárcel.

3 Y ahora, ¡oh rey!, si tú nos concedes la vida, seremos tus siervos. Y les dijo el rey: Levantaos, porque os concederé vuestras vidas, y no permitiré que seáis mis siervos; pero sí insistiré en que me ministréis, porque mi mente ha estado algo perturbada por razón de la generosidad y grandeza de las palabras de vuestro hermano Ammón; y deseo saber la causa por la cual él no ha subido desde Middoni contigo.

4 Y Aarón dijo al rey: He aquí, el Espíritu del Señor lo ha llamado a otra parte; ha ido a la tierra de Ismael a instruir al pueblo de Lamoni.

5 Luego el rey les dijo: ¿Qué es esto que habéis dicho concerniente al Espíritu del Señor? He aquí, esto es lo que me turba.

6 Y además, ¿qué significa esto que Ammón dijo: ªSi os arrepentís, seréis salvos, y si no os arrepentís, seréis desechados en el postrer día?

7 Y Aarón le respondió y le dijo: ¿Crees que hay un Dios? Y le dijo el rey: Sé que los amalekitas dicen que hay un Dios, y les he

---

22a DyC 134:1–4;
    AdeF 1:11.
  GEE Libertad, libre.

22 1a Alma 21:16–17.
    b Alma 21:21–22.
   2a Alma 20:26.

6a Alma 20:17–18.

concedido que edifiquen santuarios a fin de que se reúnan para adorarlo. Y si ahora tú dices que hay un Dios, he aquí, yo ªcreeré.

8 Y cuando Aarón oyó esto, su corazón empezó a regocijarse y dijo: He aquí, ciertamente como tú vives, ¡oh rey!, hay un Dios.

9 Y dijo el rey: ¿Es Dios aquel ªGran Espíritu que trajo a nuestros padres de la tierra de Jerusalén?

10 Y Aarón le dijo: Sí, él es ese Gran Espíritu, y él ha ªcreado todas las cosas, tanto en el cielo como en la tierra. ¿Crees esto?

11 Y dijo él: Sí, creo que el Gran Espíritu creó todas las cosas, y deseo que me informes concerniente a todas estas cosas y ªcreeré tus palabras.

12 Y aconteció que al ver que el rey creería sus palabras, Aarón empezó por la creación de Adán, ªleyendo al rey las Escrituras, de cómo creó Dios al hombre a su propia imagen, y que Dios le dio mandamientos, y que, a causa de la transgresión, el hombre había caído.

13 Y Aarón le explicó las Escrituras, desde la ªcreación de Adán, exponiéndole la caída del hombre, y su estado carnal, y también el ᵇplan de redención que fue preparado ᶜdesde la fundación del mundo, por medio de Cristo, para cuantos quisieran creer en su nombre.

14 Y en vista de que el hombre había ªcaído, este no podía ᵇmerecer nada de sí mismo; mas los padecimientos y muerte de Cristo ᶜexpían sus pecados mediante la fe y el arrepentimiento, etcétera; y que él quebranta las ligaduras de la muerte, para arrebatarle la victoria a la ᵈtumba, y que el aguijón de la muerte sea consumido en la esperanza de gloria; y Aarón le explicó todas estas cosas al rey.

15 Y aconteció que después que Aarón le hubo explicado estas cosas, dijo el rey: ª¿Qué haré para lograr esta vida eterna de que has hablado? Sí, ¿qué haré para ᵇnacer de Dios, desarraigando de mi pecho este espíritu inicuo, y recibir el Espíritu de Dios para que sea lleno de gozo, y no sea desechado en el postrer día? He aquí, dijo él, daré ᶜcuanto poseo; sí, abandonaré mi reino a fin de recibir este gran gozo.

16 Mas Aarón le dijo: Si tú ªdeseas esto, si te arrodillas delante de Dios, sí, si te arrepientes de todos tus pecados y te postras ante Dios e invocas con fe su

7a DyC 46:13–14.
9a Alma 18:18–28.
10a GEE Creación, crear.
11a GEE Creencia, creer.
12a 1 Ne. 5:10–18;
    Alma 37:9.
13a Gén. 1:26–28.
  b GEE Plan de redención.

  c 2 Ne. 9:18.
14a GEE Caída de Adán y
    Eva.
  b 2 Ne. 25:23;
    Alma 42:10–25.
  c Alma 34:8–16.
    GEE Expiación, expiar.
  d Isa. 25:8;

  1 Cor. 15:55.
15a Hech. 2:37.
  b Alma 5:14, 49.
  c Mateo 13:44–46;
    19:16–22.
16a GEE Conversión,
    convertir.

nombre, creyendo que recibirás, entonces obtendrás la ^besperanza que deseas.

17 Y sucedió que cuando Aarón hubo dicho estas palabras, el rey se ^ainclinó de rodillas ante el Señor, sí, se postró hasta el polvo, y ^bclamó fuertemente diciendo:

18 ¡Oh Dios!, Aarón me ha dicho que hay un Dios; y si hay un Dios, y si tú eres Dios, ¿te darías a conocer a mí?, y abandonaré todos mis pecados para conocerte, y para que sea levantado de entre los muertos y sea salvo en el postrer día. Y cuando el rey hubo dicho estas palabras, cayó como herido de muerte.

19 Y aconteció que sus siervos corrieron e informaron a la reina de lo que le había pasado al rey. Y fue ella a donde estaba el rey; y cuando lo vio tendido como si estuviera muerto, y también a Aarón y a sus hermanos de pie allí como si ellos hubiesen sido la causa de su caída, se enojó con ellos y mandó que sus siervos, o sea, los siervos del rey, los prendieran y los mataran.

20 Mas los siervos habían visto la causa de la caída del rey; por tanto, no se atrevieron a echar mano a Aarón y sus hermanos, e intercedieron ante la reina, diciendo: ¿Por qué nos mandas matar a estos hombres, cuando uno de ellos es más ^apoderoso que todos nosotros? Por tanto, caeremos ante ellos.

21 Y cuando la reina vio el temor de los siervos, también ella empezó a sentir gran miedo de que le sobreviniera algún mal. Y mandó a sus siervos que fueran y llamaran al pueblo para que mataran a Aarón y a sus hermanos.

22 Ahora bien, cuando Aarón vio la determinación de la reina, y conociendo también la dureza de corazón del pueblo, temió que se reuniera una multitud y que hubiera una gran contienda y disturbio entre ellos; por tanto, extendió su mano y levantó al rey del suelo, y le dijo: Levántate. Y él se puso de pie y recobró su fuerza.

23 Esto se efectuó en presencia de la reina y muchos de los siervos. Y cuando lo vieron, se maravillaron en gran manera y empezaron a temer. Y el rey se adelantó y empezó a ^aministrarles. Y a tal grado ejerció su ministerio, que toda su casa se ^bconvirtió al Señor.

24 Y se había reunido una multitud, a causa de la orden de la reina, y empezaron a surgir serias murmuraciones entre ellos por causa de Aarón y sus hermanos.

25 Mas el rey se adelantó entre ellos y les asistió. Y se apaciguaron con Aarón y los que estaban con él.

26 Y sucedió que cuando el rey vio que el pueblo se había pacificado, hizo que Aarón y sus

16b Éter 12:4.
17a DyC 5:24.
    b GEE Oración.

20a Alma 18:1–3.
23a GEE Enseñar;
    Ministrar, ministro;

Predicar.
    b GEE Conversión,
    convertir.

hermanos se pusieran en medio de la multitud, y que les predicaran la palabra.

27 Y aconteció que el rey envió una ᵃproclamación por toda la tierra, entre todos los de su pueblo que vivían en sus dominios, los que se hallaban en todas las regiones circunvecinas, los cuales colindaban con el mar por el este y el oeste, y estaban separados de la tierra de ᵇZarahemla por una angosta faja de terreno desierto que se extendía desde el mar del este hasta el mar del oeste, y por las costas del mar, y los límites del desierto que se hallaba hacia el norte, cerca de la tierra de Zarahemla, por las fronteras de Manti, cerca de los manantiales del río Sidón, yendo del este hacia el oeste; y así estaban separados los lamanitas de los nefitas.

28 Ahora bien, la parte más ᵃperezosa de los lamanitas vivía en el desierto, y moraba en tiendas; y se hallaban esparcidos por el desierto hacia el oeste, en la tierra de Nefi; sí, y también al oeste de la tierra de Zarahemla, en las fronteras a orillas del mar, y en el oeste en la tierra de Nefi, en el sitio de la primera herencia de sus padres, y así a lo largo del mar.

29 Y también había muchos lamanitas hacia el este cerca del mar, donde los nefitas los habían echado. Y así los nefitas se hallaban casi rodeados por los lamanitas; sin embargo, los nefitas se habían posesionado de toda la parte norte de la tierra que colindaba con el desierto, en los manantiales del río Sidón, del este al oeste, por el lado del desierto; por el norte hasta llegar a la tierra que llamaban ᵃAbundancia.

30 Y lindaba con la tierra que ellos llamaban ᵃDesolación, la cual estaba tan al norte, que llegaba hasta la tierra que había sido poblada y sus habitantes destruidos, de ᵇcuyos huesos ya hemos hablado, la cual fue descubierta por el pueblo de Zarahemla, por ser el sitio de su ᶜprimer desembarque.

31 Y de allí llegaron hasta el desierto del sur. De modo que a la tierra hacia el norte se la llamó ᵃDesolación, y a la tierra hacia el sur, se la llamó Abundancia, que es la tierra que está llena de toda clase de animales silvestres, parte de los cuales habían llegado de la tierra del norte en busca de alimento.

32 Pues bien, la ᵃdistancia no era sino de día y medio de viaje para un nefita, por la línea de Abundancia y la tierra de Desolación, desde el mar del este al del oeste; y así la tierra de Nefi y la tierra de Zarahemla casi se hallaban rodeadas de agua, y

27a Alma 23:1–4.
 b Omni 1:13–17.
28a 2 Ne. 5:22–25.
29a Alma 52:9; 63:5.
30a Alma 50:34;
   Morm. 4:1–3.
 b Mos. 8:7–12; 28:11–19.
 c Hel. 6:10.
31a Hel. 3:5–6.
32a Hel. 4:7.

había una pequeña ᵇlengua de tierra entre la tierra hacia el norte y la tierra hacia el sur.

33 Y sucedió que los nefitas habían poblado la tierra de Abundancia, desde el mar del este hasta el del oeste; y así los nefitas, en su sabiduría, habían cercado con sus guardias y ejércitos a los lamanitas por el sur, para que de ese modo no tuvieran más posesiones en el norte, y así no pudieran invadir la tierra hacia el norte.

34 Por tanto, los lamanitas no podían tener más posesiones sino en la tierra de Nefi y en el desierto que la rodeaba. Así que en esto fueron prudentes los nefitas, pues como los lamanitas eran sus enemigos, así no los acometerían por todos lados; y también tendrían un país donde refugiarse según sus deseos.

35 Y ahora, después de haber dicho esto, vuelvo a la historia de Ammón y Aarón, Omner e Himni y sus hermanos.

CAPÍTULO 23

Se proclama la libertad religiosa — Se convierten los lamanitas de siete tierras y ciudades — Se ponen el nombre de anti-nefi-lehitas y son librados de la maldición — Los amalekitas y los amulonitas rechazan la verdad. Aproximadamente 90–77 a.C.

Y HE aquí, sucedió que el rey de los lamanitas envió una ᵃproclamación entre todo su pueblo, que no debían echar mano a Ammón, ni a Aarón, ni a Omner, ni a Himni, ni a ninguno de sus hermanos que anduviesen predicando la palabra de Dios, en cualquier lugar donde se hallaran, en la parte de su tierra que fuese.

2 Sí, envió un decreto entre ellos, que no debían prenderlos para atarlos, ni echarlos a la cárcel; ni tampoco debían escupir sobre ellos, ni golpearlos, ni echarlos de sus sinagogas, ni azotarlos; ni tampoco debían apedrearlos, sino que tendrían entrada libre a sus casas y también a sus templos y santuarios;

3 y así podrían salir a predicar la palabra según sus deseos; porque el rey se había convertido al Señor, así como toda su casa; por tanto, envió su proclamación a su pueblo por toda la tierra, a fin de que la palabra de Dios no fuese obstruida, sino que se extendiera por toda esa tierra, para que su pueblo se convenciera concerniente a las inicuas ᵃtradiciones de sus padres, y se convencieran de que todos ellos eran hermanos, y que no habían de matar, ni despojar, ni robar, ni cometer adulterio, ni cometer ninguna clase de iniquidad.

4 Y aconteció que cuando el rey hubo enviado esta proclamación, Aarón y sus hermanos fueron de ciudad en ciudad, y de una casa de adoración a otra, estableciendo iglesias y consagrando sacerdotes y maestros

---

32b Alma 50:34. | **23** 1a Alma 22:27. | 3a Alma 26:24.

entre los lamanitas por toda esa tierra, para que predicaran y enseñaran la palabra de Dios entre ellos; y así fue como empezaron ellos a lograr mucho éxito.

5 Y miles llegaron al conocimiento del Señor, sí, miles llegaron a creer en las ^atradiciones de los nefitas; y se les enseñó lo que contenían los ^banales y las profecías que se han transmitido aun hasta estos días.

6 Y tan cierto como vive el Señor, que cuantos creyeron, o sea, cuantos llegaron al conocimiento de la verdad por la predicación de Ammón y sus hermanos, según el espíritu de revelación y de profecía, y el poder de Dios que obraba milagros en ellos, sí, os digo, que así como vive el Señor, cuantos lamanitas creyeron en su predicación y fueron ^aconvertidos al Señor, ^bnunca más se desviaron.

7 Porque se convirtieron en un pueblo justo; abandonaron las armas de su rebelión de modo que no pugnaron más en contra de Dios, ni tampoco en contra de ninguno de sus hermanos.

8 Y estos son ^alos que fueron convertidos al Señor:

9 El pueblo lamanita que se hallaba en la tierra de Ismael;

10 y también el pueblo lamanita que se hallaba en la tierra de Middoni;

11 y también el pueblo lamanita que se hallaba en la ciudad de Nefi;

12 y también el pueblo lamanita que se hallaba en la tierra de ^aShilom, y los que se hallaban en la tierra de Shemlón, y en la ciudad de Lemuel, y en la ciudad de Shimnilom.

13 Y estos son los nombres de las ciudades lamanitas que se ^aconvirtieron al Señor; y son estos los que abandonaron las armas de su rebelión; sí, todas sus armas de guerra; y todos eran lamanitas.

14 Y los amalekitas no se ^aconvirtieron, salvo uno solo; ni ninguno de los ^bamulonitas; antes bien endurecieron sus corazones, como también el corazón de los lamanitas en esa parte de la tierra donde vivían; sí, y todas sus aldeas y todas sus ciudades.

15 Por tanto, hemos nombrado todas las ciudades de los lamanitas en las que se arrepintieron y llegaron al conocimiento de la verdad, y fueron convertidos.

16 Y aconteció que el rey y los que se convirtieron deseaban tener un nombre, para que por ese medio se distinguieran de sus hermanos; por tanto, consultó el rey con Aarón y muchos de sus sacerdotes, concerniente al nombre que debían adoptar para distinguirse.

17 Y sucedió que se pusieron el nombre de ^aanti-nefi-lehitas; y

5a Alma 37:19.
  b Alma 63:12.
  GEE Escrituras.
6a GEE Conversión,

convertir.
  b Alma 27:27.
8a Alma 26:3, 31.
12a Mos. 22:8, 11.

13a Alma 53:10.
14a Alma 24:29.
  b Mos. 23:31–39.
17a GEE Anti-nefi-lehitas.

fueron llamados por ese nombre, y dejaron de ser llamados lamanitas.

18 Y empezaron a ser una gente muy industriosa; sí, y se volvieron amistosos con los nefitas; por lo tanto, establecieron relaciones con ellos, y la ªmaldición de Dios no los siguió más.

CAPÍTULO 24

Los lamanitas atacan al pueblo de Dios — Los anti-nefi-lehitas se regocijan en Cristo y son visitados por ángeles — Prefieren padecer la muerte antes que defenderse — Se convierten más lamanitas. Aproximadamente 90–77 a.C.

Y ACONTECIÓ que los amalekitas y los amulonitas y los lamanitas que se hallaban en la tierra de Amulón, y también en la tierra de Helam, y los que estaban en la tierra de ªJerusalén, y en resumen, en todas las tierras circunvecinas, que no habían sido convertidos ni habían tomado sobre sí el nombre de ᵇAnti-Nefi-Lehi, fueron provocados a ira contra sus hermanos por los amalekitas y los amulonitas.

2 Y su odio contra ellos llegó a ser sumamente intenso, a tal grado que empezaron a rebelarse contra su rey, al punto de que ya no quisieron que fuera su rey; por tanto, tomaron las armas contra el pueblo de Anti-Nefi-Lehi.

3 Y el rey confirió el reino a su hijo, y le dio el nombre de Anti-Nefi-Lehi.

4 Y murió el rey precisamente el año en que los lamanitas empezaron sus preparativos para la guerra contra el pueblo de Dios.

5 Ahora bien, cuando Ammón y sus hermanos, y todos los que lo habían acompañado, vieron los preparativos de los lamanitas para destruir a sus hermanos, se dirigieron a la tierra de Midián, donde Ammón encontró a todos sus hermanos; y de allí fueron a la tierra de Ismael a fin de reunirse en ªconsejo con Lamoni y también con su hermano Anti-Nefi-Lehi acerca de lo que debían hacer para defenderse de los lamanitas.

6 Y no hubo uno solo de los que se habían convertido al Señor que quisiera tomar las armas contra sus hermanos; ni siquiera preparativos de guerra quisieron hacer; sí, y también su rey les mandó que no lo hicieran.

7 Y estas son las palabras que dirigió al pueblo concerniente al asunto: Doy gracias a mi Dios, amado pueblo mío, porque nuestro gran Dios en su bondad nos ha enviado estos hermanos nuestros, los nefitas, para predicarnos y para convencernos concerniente a las ªtradiciones de nuestros inicuos padres.

8 Y he aquí, doy gracias a mi gran Dios por habernos dado una porción de su Espíritu para

---

18a 1 Ne. 2:23;
2 Ne. 30:5–6;
3 Ne. 2:14–16.
24 1a Alma 21:1.
b Alma 25:1, 13.
5a Alma 27:4–13.
7a Mos. 1:5.

ablandar nuestros corazones, de modo que hemos iniciado relaciones con estos hermanos, los nefitas.

9 Y he aquí, también le agradezco a mi Dios que, por haber iniciado estas relaciones, nos hayamos convencido de nuestros *pecados y de los muchos asesinatos que hemos cometido.

10 Y también le doy gracias a mi Dios, sí, a mi gran Dios, porque nos ha concedido que nos arrepintamos de estas cosas, y también porque nos ha *perdonado nuestros muchos pecados y asesinatos que hemos cometido, y ha depurado nuestros corazones de toda *culpa, por los méritos de su Hijo.

11 Pues he aquí, hermanos míos, en vista de que (por ser nosotros los más perdidos de todos los hombres) nos ha costado tanto arrepentirnos de todos nuestros pecados y de los muchos asesinatos que hemos cometido, y lograr que Dios los *quitara de nuestros corazones, porque a duras penas pudimos arrepentirnos lo suficiente ante Dios para que él quitara nuestra mancha;

12 ahora pues, muy amados hermanos míos, ya que Dios ha quitado nuestras manchas, y nuestras espadas se han vuelto lustrosas, no las manchemos más con la sangre de nuestros hermanos.

13 He aquí, os digo que no.

Retengamos nuestras espadas para que no se manchen con la sangre de nuestros hermanos; porque si las manchásemos otra vez, quizá ya no podrían ser *limpiadas por medio de la sangre del Hijo de nuestro gran Dios, que será derramada para la expiación de nuestros pecados.

14 Y el gran Dios ha tenido misericordia de nosotros, y nos ha dado a conocer estas cosas para que no perezcamos; sí, nos ha dado a conocer estas cosas anticipadamente, porque él ama nuestras *almas así como ama a nuestros hijos; por consiguiente, en su misericordia nos visita por medio de sus ángeles, para que el *plan de salvación nos sea dado a conocer, tanto a nosotros como a las generaciones futuras.

15 ¡Oh cuán misericordioso es nuestro Dios! Y he aquí, ya que nos ha costado tanto lograr que nos sean quitadas nuestras manchas, y que nuestras espadas se vuelvan lustrosas, escondámoslas a fin de que conserven su brillo, como testimonio a nuestro Dios en el día final, el día en que seamos llevados para comparecer ante él para ser juzgados, de que no hemos manchado nuestras espadas en la sangre de nuestros hermanos, desde que él nos comunicó su palabra y nos limpió por ello.

16 Y ahora bien, hermanos míos, si nuestros hermanos intentan

9a DyC 18:44.
10a Dan. 9:9.
    b GEE Culpa.
11a Isa. 53:4–6.
13a Apoc. 1:5.
14a GEE Alma — El valor
    de las almas.
    b GEE Plan de redención.

destruirnos, he aquí, esconderemos nuestras espadas, sí, las enterraremos en lo profundo de la tierra para que se conserven lustrosas, como testimonio en el último día, de que nunca las hemos usado; y si nuestros hermanos nos destruyen, he aquí, ^airemos a nuestro Dios y seremos salvos.

17 Y aconteció que cuando el rey hubo dado fin a estas palabras, estando reunido todo el pueblo, tomaron ellos sus espadas y todas las armas que se usaban para derramar sangre humana, y las ^aenterraron profundamente en la tierra.

18 E hicieron esto porque, a su modo de ver, era un testimonio a Dios, y también a los hombres, de que ^anunca más volverían a usar armas para derramar sangre humana; y esto hicieron, prometiendo y haciendo ^bconvenio con Dios de que antes que derramar la sangre de sus hermanos, ellos ^cdarían sus propias vidas; y antes que privar a un hermano, ellos le darían; y antes que pasar sus días en la ociosidad, trabajarían asiduamente con sus manos.

19 Y así vemos que cuando estos lamanitas llegaron a conocer la verdad y a creer en ella, se mantuvieron ^afirmes, y prefirieron padecer hasta la muerte antes que pecar; y así vemos que enterraron sus armas de paz, o sea, enterraron sus armas de guerra en bien de la paz.

20 Y sucedió que sus hermanos, los lamanitas, hicieron los preparativos para la guerra, y llegaron a la tierra de Nefi con la intención de destruir al rey y poner a otro en su lugar, y también destruir al pueblo de Anti-Nefi-Lehi en toda la tierra.

21 Ahora bien, cuando los del pueblo vieron que venían contra ellos, salieron a encontrarlos, y se ^apostraron hasta la tierra ante ellos y empezaron a invocar el nombre del Señor; y en esta actitud se hallaban cuando los lamanitas empezaron a caer sobre ellos y a matarlos con la espada.

22 Y así, sin encontrar resistencia alguna, mataron a mil y cinco de ellos; y sabemos que son benditos, porque han ido a morar con su Dios.

23 Y cuando los lamanitas vieron que sus hermanos no huían de la espada, ni se volvían a la derecha ni a la izquierda, sino que se tendían y ^aperecían, y alababan a Dios aun en el acto mismo de perecer por la espada,

24 sí, cuando los lamanitas vieron esto, se ^aabstuvieron de matarlos; y hubo muchos cuyos corazones se habían ^bconmovido dentro de ellos por los de sus hermanos que habían caído por la espada, pues se arrepintieron de lo que habían hecho.

16a Alma 40:11–15.
17a Hel. 15:9.
18a Alma 53:11.
  b GEE Convenio.

c GEE Sacrificios.
19a GEE Fe.
21a Alma 27:3.
23a Alma 26:32.

24a Alma 25:1.
  b GEE Compasión.

25 Y aconteció que arrojaron al suelo sus armas de guerra y no las quisieron volver a tomar, porque los atormentaban los asesinatos que habían cometido; y se postraron, igual que sus hermanos, confiando en la clemencia de aquellos que tenían las armas alzadas para matarlos.

26 Y sucedió que el número de los que se unieron al pueblo de Dios aquel día fue mayor que el de los que habían sido muertos; y aquellos que habían muerto eran personas justas; por tanto, no tenemos razón para dudar que se ^asalvaron.

27 Y no había un solo hombre inicuo entre los que perecieron; pero hubo más de mil que llegaron al conocimiento de la verdad; así vemos que el Señor obra de muchas ^amaneras para la salvación de su pueblo.

28 Y la mayoría de los lamanitas que mataron a tantos de sus hermanos eran amalekitas y amulonitas, de los cuales la mayor parte pertenecía a la ^aorden de los ^bnehores.

29 Y entre los que se unieron al pueblo del Señor, no hubo ^aninguno que fuese amalekita o amulonita, o que perteneciese a la orden de Nehor, sino que eran descendientes directos de Lamán y Lemuel.

30 Y así podemos discernir claramente que después que un pueblo ha sido ^ailuminado por el Espíritu de Dios, y ha poseído un gran ^bconocimiento de las cosas concernientes a la rectitud, y entonces ^ccae en el pecado y la transgresión, llega a ser más empedernido, y así su condición es ^dpeor que si nunca hubiese conocido estas cosas.

CAPÍTULO 25

Se extienden las agresiones lamanitas — Los descendientes de los sacerdotes de Noé perecen, tal como lo profetizó Abinadí — Se convierten muchos lamanitas y se unen al pueblo de Anti-Nefi-Lehi — Creen en Cristo y observan la ley de Moisés. Aproximadamente 90–77 a.C.

Y HE aquí, aconteció que aquellos lamanitas se irritaron más porque habían matado a sus hermanos; por tanto, juraron vengarse de los nefitas; y por lo pronto no intentaron más destruir al pueblo de ^aAnti-Nefi-Lehi,

2 sino que tomaron sus ejércitos y fueron a las fronteras de la tierra de Zarahemla, y cayeron sobre los que se hallaban en la tierra de Ammoníah, y los ^adestruyeron.

3 Y después de esto tuvieron muchas batallas con los nefitas, en las cuales fueron rechazados y destruidos.

4 Y entre los lamanitas que

26a Apoc. 14:13.
27a Isa. 55:8–9;
    Alma 37:6–7.
28a Alma 21:4.
  b Alma 1:15; 2:1, 20.

29a Alma 23:14.
30a Mateo 12:45.
  b Heb. 10:26;
    Alma 47:36.
  c 2 Ne. 31:14;

Alma 9:19.
  GEE Apostasía.
  d 2 Pe. 2:20–21.
25 1a GEE Anti-nefi-lehitas.
  2a Alma 8:16; 16:9.

murieron, se hallaban casi todos los [a]descendientes de Amulón y sus hermanos, que eran los sacerdotes de Noé; y perecieron por mano de los nefitas;

5 y el resto de ellos, habiendo huido al desierto del este, y habiendo usurpado el poder y la autoridad sobre los lamanitas, hicieron que muchos de los lamanitas [a]muriesen por fuego a causa de su creencia;

6 porque muchos de [a]ellos, después de haber padecido muchas pérdidas y tantas aflicciones, empezaron a recordar las [b]palabras que Aarón y sus hermanos les habían predicado en su tierra; de modo que empezaron a descreer las [c]tradiciones de sus padres, y a creer en el Señor, y que él daba gran poder a los nefitas; y así se convirtieron muchos de ellos en el desierto.

7 Y aconteció que aquellos caudillos que eran el resto de los descendientes de [a]Amulón hicieron que se aplicara la pena de [b]muerte, sí, a cuantos creyeran en estas cosas.

8 Ahora bien, este martirio hizo que muchos de sus hermanos se llenaran de ira; y empezó a haber contiendas en el desierto; y los lamanitas empezaron a [a]perseguir y a matar a los descendientes de Amulón y sus hermanos; y estos huyeron al desierto del este.

9 Y he aquí, los lamanitas los persiguen hasta el día de hoy; y así se cumplieron las palabras de Abinadí respecto de los descendientes de los sacerdotes que hicieron que él padeciera la muerte por fuego.

10 Porque les dijo: Lo que [a]hagáis conmigo será un símbolo de cosas futuras.

11 Y Abinadí fue el primero que padeció la [a]muerte por fuego, por causa de su fe en Dios; y lo que quiso decir fue que muchos padecerían la muerte por fuego, así como él había padecido.

12 Y dijo a los sacerdotes de Noé que sus descendientes causarían que a muchos los mataran de la misma manera como él lo fue, y que ellos serían esparcidos y muertos, así como la oveja que no tiene pastor es perseguida y muerta por animales feroces; y he aquí, se cumplieron estas palabras, porque fueron dispersados por los lamanitas, y acosados y heridos.

13 Y aconteció que cuando los lamanitas vieron que no podían dominar a los nefitas, se volvieron a su propia tierra; y muchos se fueron a vivir a la tierra de Ismael y a la tierra de Nefi, y se unieron al pueblo de Dios, que era el pueblo de [a]Anti-Nefi-Lehi.

14 Y también ellos [a]enterraron sus armas de guerra, como lo

4a Mos. 23:35.
5a Mos. 17:15.
6a Es decir, los lamanitas.
  b Alma 21:9.
  c Alma 26:24.
7a Alma 21:3; 24:1, 28–30.
  b GEE Mártir, martirio.
8a Mos. 17:18.
10a Mos. 13:10.
11a Mos. 17:13.
13a Alma 23:16–17.
14a Alma 24:15; 26:32.

habían hecho sus hermanos; y empezaron a ser una gente justa; y caminaron por las vías del Señor y se esforzaron por observar sus mandamientos y estatutos.

15 Sí, y observaban la ley de Moisés; porque era necesario que la observaran todavía, pues no se había cumplido enteramente. Mas a pesar de la ᵃley de Moisés, esperaban anhelosamente la venida de Cristo, considerando la ley mosaica como un ᵇsímbolo de su venida y creyendo que debían guardar aquellas prácticas ᶜexteriores hasta que él les fuese revelado.

16 Pero no creían que la ᵃsalvación viniera por la ᵇley de Moisés, sino que la ley de Moisés servía para fortalecer su fe en Cristo; y así, mediante la fe, retenían la ᶜesperanza de salvación eterna, confiando en el espíritu de profecía que habló de aquellas cosas que habían de venir.

17 Y he aquí que Ammón, Aarón, Omner, Himni y sus hermanos se regocijaron grandemente por el éxito que habían logrado entre los lamanitas, viendo que el Señor les había concedido conforme a sus ᵃoraciones, y que también les había cumplido su palabra en cada detalle.

CAPÍTULO 26

Ammón se gloría en el Señor — El Señor fortalece a los fieles y les da conocimiento — Por medio de la fe, los hombres pueden llevar a miles de almas al arrepentimiento — Dios tiene todo poder y comprende todas las cosas. Aproximadamente 90–77 a.C.

Y ESTAS son las palabras de Ammón a sus hermanos, las cuales dicen así: Mis hermanos, y hermanos míos en la fe, he aquí, os digo, cuán gran motivo tenemos para regocijarnos, porque, ¿pudimos habernos imaginado, cuando ᵃsalimos de la tierra de Zarahemla, que Dios nos concedería tan grandes bendiciones?

2 Y ahora os pregunto: ¿Qué bendiciones grandes nos ha concedido? ¿Podéis decirlo?

3 He aquí, respondo por vosotros; porque nuestros hermanos los lamanitas se hallaban en la obscuridad, sí, aun en el más tenebroso abismo; mas he aquí, ᵃ¡cuántos de ellos han sido guiados a ver la maravillosa luz de Dios! Y esta es la bendición que se ha conferido sobre nosotros, que hemos sido hechos ᵇinstrumentos en las manos de Dios para realizar esta gran obra.

4 He aquí, ᵃmiles de ellos se regocijan, y han sido traídos al redil de Dios.

5 He aquí, el ᵃcampo estaba

15a Jacob 4:5;
    Jarom 1:11.
    GEE Ley de Moisés.
  b Mos. 3:14–15; 16:14.
  c Mos. 13:29–32.
16a Mos. 12:31–37;

    13:27–33.
  b 2 Ne. 11:4.
  c 1 Tes. 5:8–9.
17a Alma 17:9.
26 1a Mos. 28:9;
    Alma 17:6–11.

3a Alma 23:8–13.
  b 2 Cor. 4:5;
    Mos. 23:10.
4a Alma 23:5.
5a Juan 4:35–37;
    DyC 4:4.

maduro, y benditos sois vosotros, porque metisteis la ^bhoz y segasteis con vuestro poder; sí, trabajasteis todo el día; ¡y he aquí el número de vuestras ^cgavillas! Y serán recogidas en los graneros para que no se desperdicien.

6 Sí, las tormentas no las abatirán en el postrer día; sí, ni serán perturbadas por los torbellinos; mas cuando venga la ^atempestad, serán reunidas en su lugar para que la tempestad no penetre hasta donde estén; sí, ni serán impelidas por los fuertes vientos a donde el enemigo quiera llevarlas.

7 Mas he aquí, se hallan en manos del Señor de la ^acosecha, y son suyas, y las ^blevantará en el postrer día.

8 ¡Bendito sea el nombre de nuestro Dios! ^a¡Cantémosle loor; sí, demos ^bgracias a su santo nombre, porque él obra rectitud para siempre!

9 Porque si no hubiésemos subido desde la tierra de Zarahemla, estos, nuestros carísimos y amados hermanos que tanto nos han amado, aún se hallarían atormentados por su ^aodio contra nosotros, sí, y habrían sido también extranjeros para con Dios.

10 Y aconteció que cuando Ammón hubo dicho estas palabras, lo reprendió su hermano Aarón, diciendo: Ammón, temo que tu gozo te conduzca a la jactancia.

11 Pero Ammón le dijo: No me ^ajacto de mi propia fuerza ni en mi propia sabiduría, mas he aquí, mi ^bgozo es completo; sí, mi corazón rebosa de gozo, y me regocijaré en mi Dios.

12 Sí, yo sé que nada soy; en cuanto a mi fuerza, soy débil; por tanto, no me ^ajactaré de mí mismo, sino que me gloriaré en mi Dios, porque con su ^bfuerza puedo hacer todas las cosas; sí, he aquí que hemos obrado muchos grandes milagros en esta tierra, por los cuales alabaremos su nombre para siempre jamás.

13 He aquí, a cuántos miles de nuestros hermanos ha librado él de los tormentos del ^ainfierno, y se sienten movidos a ^bcantar del amor redentor; y esto por el poder de su palabra que está en nosotros; por consiguiente, ¿no tenemos mucha razón para regocijarnos?

14 Sí, tenemos razón de alabarlo para siempre, porque es el Más Alto Dios, y ha soltado a nuestros hermanos de las ^acadenas del infierno.

15 Sí, se hallaban rodeados de eternas tinieblas y destrucción;

5b Joel 3:13.
  c DyC 33:7–11; 75:2, 5.
6a Hel. 5:12;
  3 Ne. 14:24–27.
7a GEE Siega.
  b Mos. 23:22;
  Alma 36:28.
8a DyC 25:12.
  b GEE Acción de gracias, agradecido, agradecimiento.
9a Mos. 28:1–2.
11a 2 Cor. 7:14.
  b DyC 18:14–16.
  GEE Gozo.
12a Jer. 9:24;
  Alma 29:9.
  b Sal. 18:32–40;
  Filip. 4:13;
  1 Ne. 17:3.
13a GEE Infierno.
  b Alma 5:26.
14a Alma 12:11.

mas he aquí, él los ha traído a su ªluz eterna; sí, a eterna salvación; y los circunda la incomparable munificencia de su amor; sí, y hemos sido instrumentos en sus manos para realizar esta grande y maravillosa obra.

16 Por lo tanto, ªgloriémonos; sí, nos ᵇgloriaremos en el Señor; sí, nos regocijaremos porque es completo nuestro gozo; sí, alabaremos a nuestro Dios para siempre. He aquí, ¿quién puede gloriarse demasiado en el Señor? Sí, ¿y quién podrá decir demasiado de su gran poder, y de su ᶜmisericordia y de su longanimidad para con los hijos de los hombres? He aquí, os digo que no puedo expresar ni la más mínima parte de lo que siento.

17 ¿Quién se hubiera imaginado que nuestro Dios fuera tan misericordioso como para sacarnos de nuestro estado terrible, pecaminoso y corrompido?

18 He aquí, salimos aun con ira, con potentes amenazas, para ªdestruir su iglesia.

19 ¿Por qué, entonces, no nos entregó a una terrible destrucción? Sí, ¿por qué no dejó caer la espada de su justicia sobre nosotros y nos condenó a la desesperación eterna?

20 ¡Oh, casi se me va el alma, por así decirlo, cuando pienso en ello! He aquí, él no ejerció su justicia sobre nosotros, sino que en su gran misericordia nos ha hecho salvar ese sempiterno ªabismo de muerte y de miseria, para la salvación de nuestras almas.

21 Y he aquí, hermanos míos, ¿qué ªhombre natural hay que conozca estas cosas? Os digo que no hay quien ᵇconozca estas cosas sino el compungido.

22 Sí, al que se ªarrepiente y ejerce la ᵇfe y produce buenas obras y ora continuamente sin cesar, a este le es permitido conocer los ᶜmisterios de Dios; sí, a este le será permitido revelar cosas que nunca han sido reveladas; sí, y a este le será concedido llevar a miles de almas al arrepentimiento, así como a nosotros se nos ha permitido traer a estos nuestros hermanos al arrepentimiento.

23 ¿No os acordáis, hermanos míos, que dijimos a nuestros hermanos en la tierra de Zarahemla que subíamos a la tierra de Nefi para predicar a nuestros hermanos los lamanitas, y que se burlaron de nosotros?

24 Pues nos dijeron: ¿Suponéis que podéis traer a los lamanitas al conocimiento de la verdad? ¿Suponéis que podéis convencer a los lamanitas de la incorrección

15a GEE Luz, luz de Cristo.
16a Rom. 15:17;
   1 Cor. 1:31.
  b 2 Cor. 10:15–18;
   DyC 76:61.
  c Sal. 36:5–6.

18a Mos. 27:8–10.
20a 2 Ne. 1:13;
   Hel. 3:29–30.
21a GEE Hombre natural.
  b 1 Cor. 2:9–16;
   Jacob 4:8.

22a Alma 36:4–5.
   GEE Arrepentimiento,
   arrepentirse.
  b GEE Fe.
  c GEE Misterios de Dios.

de las ªtradiciones de sus padres, cuando son un pueblo tan ᵇobstinado, cuyo corazón se deleita en el derramamiento de sangre; cuyos días los han pasado en la más vil iniquidad; cuyas sendas han sido las sendas del transgresor desde el principio? Recordaréis, hermanos míos, que así se expresaron.

25 Y además dijeron: Tomemos las armas contra ellos para que los destruyamos a ellos y su iniquidad de sobre la tierra, no sea que nos invadan y nos destruyan.

26 Mas he aquí, amados hermanos míos, vinimos al desierto, no con la intención de destruir a nuestros hermanos, sino con objeto de salvar, tal vez, algunas de sus almas.

27 Y cuando nuestros corazones se hallaban desanimados, y estábamos a punto de regresar, he aquí, el Señor nos ªconsoló, y nos dijo: Id entre vuestros hermanos los lamanitas, y sufrid con ᵇpaciencia vuestras ᶜaflicciones, y os daré el éxito.

28 Y he aquí, hemos venido y hemos estado entre ellos, y hemos sido pacientes en nuestros padecimientos, y hemos soportado todo género de privaciones; sí, hemos viajado de casa en casa, confiando en las misericordias del mundo; no solamente en las misericordias del mundo, sino en las de Dios.

29 Y hemos entrado en sus casas y les hemos enseñado; y los hemos instruido en sus calles, sí, y los hemos instruido sobre sus collados; y también hemos entrado en sus templos y sus sinagogas y les hemos enseñado; y nos han echado fuera, y hemos sido objeto de burlas, y han escupido sobre nosotros y golpeado nuestras mejillas, y hemos sido apedreados y aprehendidos y atados con fuertes cuerdas y puestos en la prisión; y por el poder y sabiduría de Dios hemos salido libres otra vez.

30 Y hemos sufrido toda clase de aflicciones, y todo esto para que tal vez pudiéramos ser el medio de salvar a algún alma; y nos imaginamos que nuestro ªgozo sería completo, si quizá pudiéramos ser el medio de salvar a algunos.

31 He aquí, ahora podemos extender la vista y ver los frutos de nuestra labor; y, ¿son pocos? Os digo que no; son ªmuchos. Sí, y podemos testificar de su sinceridad, por motivo de su amor por sus hermanos y por nosotros también.

32 Porque, he aquí, prefieren ªsacrificar sus vidas antes que arrebatar la vida aun a su enemigo; y han ᵇenterrado sus armas de guerra profundamente en la tierra a causa de su amor por sus hermanos.

33 Y he aquí, ahora os pregunto: ¿Ha habido amor tan grande en toda la tierra? He aquí, os digo

24a Mos. 10:11–17.
 b Mos. 13:29.
27a Alma 17:9–11.
 b GEE Paciencia.
 c Alma 20:29–30.
  GEE Adversidad.
30a DyC 18:15–16.
31a Alma 23:8–13.
32a Alma 24:20–24.
 b Alma 24:15.

que no, no lo ha habido, ni aun entre los nefitas.

34 Porque he aquí, ellos tomarían las armas contra sus hermanos; no se dejarían matar. Pero he aquí cuántos de estos han sacrificado sus vidas; y sabemos que han ido a su Dios por causa de su amor y por su odio al pecado.

35 Ahora bien, ¿no tenemos razón para regocijarnos? Sí, os digo que desde el principio del mundo no ha habido hombres que tuviesen tan grande razón para regocijarse como nosotros la tenemos; sí, y mi gozo se desborda, hasta el grado de gloriarme en mi Dios; porque él tiene todo ªpoder, toda sabiduría y todo entendimiento; él ᵇcomprende todas las cosas, y es un Ser ᶜmisericordioso, aun hasta la salvación, para con aquellos que quieran arrepentirse y creer en su nombre.

36 Ahora bien, si esto es jactancia, así me jactaré; porque esto es mi vida y mi luz, mi gozo y mi salvación, y mi redención de la angustia eterna. Sí, bendito sea el nombre de mi Dios que ha tenido presente a este pueblo, el cual es una ªrama del árbol de Israel, y se ha perdido de su tronco en una tierra extraña; sí, digo yo, bendito sea el nombre de mi Dios que ha velado por nosotros, ᵇperegrinos en una tierra extraña.

37 Ahora bien, hermanos míos, vemos que Dios se acuerda de todo ªpueblo, sea cual fuere la tierra en que se hallaren; sí, él tiene contado a su pueblo, y sus entrañas de misericordia cubren toda la tierra. Este es mi gozo y mi gran agradecimiento; sí, y daré gracias a mi Dios para siempre. Amén.

CAPÍTULO 27

El Señor manda a Ammón que conduzca al pueblo de Anti-Nefi-Lehi a un lugar donde esté seguro — Al encontrarse con Alma, el gozo de Ammón es tan grande que se le agotan las fuerzas — Los nefitas ceden a sus hermanos del pueblo de Anti-Nefi-Lehi la tierra de Jersón — Se les llama el pueblo de Ammón. Aproximadamente 90–77 a.C.

Y ACONTECIÓ que cuando aquellos lamanitas que habían ido a la guerra contra los nefitas vieron, después de sus muchos esfuerzos por destruirlos, que era en vano procurar su destrucción, se volvieron otra vez a la tierra de Nefi.

2 Y sucedió que los amalekitas estaban llenos de ira a causa de sus pérdidas; y cuando vieron que no podían vengarse de los nefitas, empezaron a agitar al pueblo a la ira en contra de sus ªhermanos, el pueblo de ᵇAnti-Nefi-Lehi;

35a GEE Poder.
  b DyC 88:41.
  c GEE Misericordia, misericordioso.

36a Gén. 49:22–26;
    Jacob 2:25; 5:25.
  b Jacob 7:26.
37a Hech. 10:34–35;

    2 Ne. 26:33.
27 2a Alma 43:11.
   b Alma 25:1.
   GEE Anti-nefi-lehitas.

por lo tanto, empezaron a destruirlos otra vez.

3 Y este pueblo ªnuevamente se negó a tomar las armas, y se dejaron matar según la voluntad de sus enemigos.

4 Ahora bien, cuando Ammón y sus hermanos vieron esta obra de destrucción entre aquellos que tanto amaban, y entre aquellos que tanto los habían amado —porque los trataban como si fuesen ángeles enviados de Dios para salvarlos de una eterna destrucción— por tanto, cuando Ammón y sus hermanos vieron esta extensa obra de destrucción, fueron movidos a compasión y ªdijeron al rey:

5 Reunamos a este pueblo del Señor y descendamos a la tierra de Zarahemla, a nuestros hermanos los nefitas, y huyamos de las manos de nuestros enemigos para que no seamos destruidos.

6 Mas les dijo el rey: He aquí, los nefitas nos destruirán a causa de los muchos asesinatos y pecados que contra ellos hemos cometido.

7 Y dijo Ammón: Iré y preguntaré al Señor, y si él nos dice que vayamos a nuestros hermanos, ¿iréis vosotros?

8 Y le dijo el rey: Sí, si el Señor nos dice que vayamos, iremos a nuestros hermanos y seremos sus esclavos hasta compensarlos por los muchos asesinatos y pecados que hemos cometido en contra de ellos.

9 Mas le dijo Ammón: Es contra la ley de nuestros hermanos, que fue establecida por mi padre, que haya ªesclavos entre ellos; por tanto, descendamos y confiemos en la misericordia de nuestros hermanos.

10 Mas el rey le dijo: Pregunta al Señor; y si él nos dice que vayamos, iremos; de otro modo, pereceremos en la tierra.

11 Y aconteció que Ammón fue y preguntó al Señor, y el Señor le dijo:

12 Saca a este pueblo de esta tierra para que no perezca; pues Satanás tiene fuertemente asido el corazón de los amalekitas, quienes incitan a los lamanitas a la ira en contra de sus hermanos, para que los maten; por tanto, sal de esta tierra; y benditos son los de este pueblo en esta generación, porque los preservaré.

13 Y sucedió que Ammón fue y le declaró al rey todas las palabras que el Señor le había dicho.

14 Y reunieron a toda su gente, sí, a todo el pueblo del Señor; y juntaron todos sus rebaños y hatos, y salieron de la tierra, y llegaron al desierto que dividía la tierra de Nefi de la de Zarahemla, y llegaron cerca de las fronteras de la tierra.

15 Y aconteció que Ammón les dijo: He aquí, yo y mis hermanos iremos a la tierra de Zarahemla, y vosotros os quedaréis aquí hasta que volvamos; y probaremos

---

3a Alma 24:21–26.   4a Alma 24:5.   9a Mos. 2:13; 29:32, 38, 40.

el corazón de nuestros hermanos para ver si quieren que entréis en su tierra.

16 Y mientras Ammón viajaba por la tierra, sucedió que él y sus hermanos se encontraron con Alma en el ªlugar de que se ha hablado; y he aquí, fue un encuentro gozoso.

17 Y tan grande fue el ªgozo de Ammón que lo colmó; sí, se extasió en el gozo de su Dios, al grado de que se le ᵇagotaron las fuerzas; y cayó a tierra ᶜotra vez.

18 ¿Y no fue este un gozo inmenso? He aquí, este es un gozo que nadie recibe sino el que verdaderamente se arrepiente y humildemente busca la felicidad.

19 Y el gozo de Alma, al encontrar a sus hermanos, fue verdaderamente grande, como también el gozo de Aarón, de Omner y de Himni; mas he aquí que su gozo no sobrepujó a sus fuerzas.

20 Y sucedió, entonces, que Alma condujo a sus hermanos de regreso a la tierra de Zarahemla, aun hasta su propia casa. Y fueron y relataron al ªjuez superior todo cuanto les había acontecido en la tierra de Nefi, entre sus hermanos los lamanitas.

21 Y aconteció que el juez superior envió una proclamación por todo el país, en la que deseaba saber la voz del pueblo respecto a la admisión de sus hermanos, que eran el pueblo de Anti-Nefi-Lehi.

22 Y sucedió que vino la voz del pueblo diciendo: He aquí, cederemos la tierra de Jersón, que se halla al este junto al mar, y colinda con la tierra de Abundancia, y queda al sur de la tierra de Abundancia; y esta tierra de Jersón es la que daremos a nuestros hermanos por herencia.

23 Y he aquí, colocaremos a nuestros ejércitos entre la tierra de Jersón y la tierra de Nefi para proteger a nuestros hermanos en la tierra de Jersón; y hacemos esto por nuestros hermanos a causa de su temor a empuñar las armas en contra de sus hermanos, no sea que cometan pecado; y este gran temor suyo provino a causa del profundo arrepentimiento habido en ellos por motivo de sus muchos asesinatos y su terrible iniquidad.

24 Y he aquí, haremos esto por nuestros hermanos, para que hereden la tierra de Jersón; y los protegeremos de sus enemigos con nuestros ejércitos, con la condición de que nos den una parte de sus bienes para ayudarnos, a fin de sostener nuestros ejércitos.

25 Y aconteció que cuando Ammón hubo oído esto, se volvió, y también Alma con él, al pueblo de Anti-Nefi-Lehi en el desierto, donde habían plantado sus tiendas, y les hizo saber todas estas cosas. Y Alma también les relató su ªconversión,

---

16ª Alma 17:1–4.
17ª GEE Gozo.

b 1 Ne. 1:7.
c Alma 19:14.

20ª Alma 4:16–18.
25ª Mos. 27:10–24.

con Ammón, Aarón y sus hermanos.

26 Y sucedió que causó un gozo inmenso entre ellos. Y descendieron a la tierra de Jersón, y tomaron posesión de esa tierra; y los nefitas los llamaron el pueblo de Ammón; por tanto, se distinguieron por ese nombre de allí en adelante.

27 Y se hallaban entre el pueblo de Nefi, y también eran contados entre el pueblo que era de la iglesia de Dios. Y se distinguían por su celo para con Dios, y también para con los hombres; pues eran completamente *a*honrados y rectos en todas las cosas; y eran *b*firmes en la fe de Cristo, aun hasta el fin.

28 Y miraban con el mayor horror el derramar la sangre de sus hermanos; y nunca se les pudo inducir a tomar las armas contra sus hermanos; y no veían la muerte con ningún grado de terror, a causa de su esperanza y conceptos de Cristo y la resurrección; por tanto, para ellos la muerte era consumida por la victoria de Cristo sobre ella.

29 Por consiguiente, padecían la *a*muerte más terrible y afrentosa que sus hermanos pudieran infligirles, antes que tomar la espada o la cimitarra para herirlos.

30 De modo que eran un pueblo celoso y amado, un pueblo altamente favorecido del Señor.

CAPÍTULO 28

Los lamanitas son derrotados en una batalla tremenda — Decenas de millares mueren — Los malos son condenados a un estado de angustia interminable; los justos logran una felicidad perpetua. Aproximadamente 77–76 a.C.

Y ACONTECIÓ que después que el pueblo de Ammón quedó establecido en la tierra de *a*Jersón, y se hubo organizado también una iglesia en la tierra de Jersón, y los ejércitos de los nefitas fueron colocados alrededor de la tierra de Jersón, sí, por todas las fronteras que circundaban la tierra de Zarahemla, he aquí, los ejércitos de los lamanitas habían seguido a sus hermanos al desierto.

2 De modo que se libró una batalla tremenda; sí, como nunca se había conocido entre todos los habitantes de la tierra, desde el día en que Lehi salió de Jerusalén; sí, y decenas de millares de los lamanitas fueron muertos y esparcidos.

3 Sí, y también hubo una matanza tremenda entre el pueblo de Nefi; sin embargo, los lamanitas fueron *a*rechazados y dispersados, y el pueblo de Nefi volvió otra vez a su tierra.

4 Y fue un tiempo en que se oyó gran llanto y lamentación por toda la tierra, entre todo el pueblo de Nefi;

27*a* GEE Honestidad, honradez.   *b* Alma 23:6.
29*a* Alma 24:20–23.

28 1*a* Alma 27:22; 30:1, 19.
3*a* Alma 30:1.

5 sí, el lamento de las viudas llorando por sus maridos, y de los padres llorando por sus hijos, y la hija por el hermano, sí, y el hermano por el padre; de modo que el grito de angustia se oía entre todos ellos, llorando por sus parientes que habían perecido.

6 Y ciertamente fue un día lúgubre; sí, un tiempo de solemnidad, y un tiempo de mucho ^aayuno y oración.

7 Y así termina el año decimoquinto del gobierno de los jueces sobre el pueblo de Nefi;

8 y este es el relato de Ammón y sus hermanos, sus jornadas en la tierra de Nefi, sus padecimientos en la tierra, sus congojas y sus aflicciones, su ^aincomprensible gozo, y la acogida y seguridad de los hermanos en la tierra de Jersón. Y el Señor, el Redentor de todos los hombres, bendiga sus almas para siempre.

9 Y esta es la narración de las guerras y contenciones entre los nefitas, y también de las guerras entre los nefitas y lamanitas; y el año decimoquinto del gobierno de los jueces ha concluido.

10 Y desde el año primero al decimoquinto, se ha consumado la destrucción de muchos miles de vidas; sí, se ha desarrollado una escena terrible de efusión de sangre.

11 Y los cuerpos de muchos miles yacen bajo la tierra, mientras que los cuerpos de muchos miles están ^aconsumiéndose en montones sobre la superficie de la tierra; sí, y muchos miles ^blloran por la pérdida de sus parientes, porque tienen motivo para temer, según las promesas del Señor, que sean condenados a un estado de angustia interminable.

12 Por otra parte, muchos otros miles lamentan por cierto la pérdida de sus parientes; no obstante, se regocijan y se alegran en la esperanza, y aun saben, según las ^apromesas del Señor, que serán levantados para morar a la diestra de Dios, en un estado de felicidad perpetua.

13 Y así vemos cuán grande es la ^adesigualdad del hombre a causa del pecado y la transgresión y el poder del diablo, que viene por los astutos ^bplanes que ha urdido para enredar el corazón de los hombres.

14 Y así vemos el gran llamamiento de diligencia a los hombres para obrar en las ^aviñas del Señor; y así vemos el gran motivo del dolor, como también del gozo: dolor a causa de la muerte y destrucción entre los hombres, y gozo a causa de la ^bluz de Cristo para vida.

CAPÍTULO 29

Alma desea proclamar el arrepentimiento con celo angélico — El Señor concede maestros a todas las naciones — Alma se regocija en la obra del

---

6a Alma 30:2.
8a Alma 27:16–19.
11a Alma 16:11.
  b Alma 48:23;

  DyC 42:45–46.
12a Alma 11:41.
13a 1 Ne. 17:35.
  b 2 Ne. 9:28.

14a GEE Viña del Señor.
  b GEE Luz, luz de Cristo.

Señor y en el éxito de Ammón y sus hermanos. Aproximadamente 76 a.C.

¡Oh, si fuera yo un ángel y se me concediera el deseo de mi corazón, para salir y hablar con la trompeta de Dios, con una voz que estremeciera la tierra, y proclamar el arrepentimiento a todo pueblo!

2 Sí, declararía yo a toda alma, como con voz de trueno, el arrepentimiento y el plan de redención: Que deben arrepentirse y ᵃvenir a nuestro Dios, para que no haya más dolor sobre toda la superficie de la tierra.

3 Mas he aquí, soy hombre, y peco en mi deseo; porque debería estar conforme con lo que el Señor me ha concedido.

4 No debería, en mis deseos, perturbar los firmes decretos de un Dios justo, porque sé que él concede a los hombres según lo que ᵃdeseen, ya sea para muerte o para vida; sí, sé que él concede a los hombres, sí, les decreta decretos que son inalterables, según la ᵇvoluntad de ellos, ya sea para salvación o destrucción.

5 Sí, y sé que el bien y el mal han llegado ante todos los hombres; y quien no puede discernir el bien del mal, no es culpable; mas el que ᵃconoce el bien y el mal, a este le es dado según sus deseos, sea que desee el bien o el mal, la vida o la muerte, el gozo o el remordimiento de ᵇconciencia.

6 Ahora bien, en vista de que sé estas cosas, ¿por qué he de desear algo más que hacer la obra a la que he sido llamado?

7 ¿Por qué he de desear ser un ángel para poder hablar a todos los extremos de la tierra?

8 Pues he aquí, el Señor les concede a ᵃtodas las naciones que, de su propia nación y ᵇlengua, enseñen su palabra, sí, con sabiduría, cuanto él ᶜjuzgue conveniente que tengan; por lo tanto, vemos que el Señor aconseja en sabiduría, de conformidad con lo que es justo y verdadero.

9 Sé lo que el Señor me ha mandado, y en ello me glorío. Y no me ᵃglorío en mí mismo, sino en lo que el Señor me ha mandado; sí, y esta es mi gloria, que quizá sea un instrumento en las manos de Dios para conducir a algún alma al arrepentimiento; y este es mi gozo.

10 Y he aquí, cuando veo a muchos de mis hermanos verdaderamente arrepentidos, y que vienen al Señor su Dios, mi alma se llena de gozo; entonces recuerdo ᵃlo que el Señor ha hecho por mí, sí, que ha oído mi oración; sí, entonces recuerdo su misericordioso brazo que extendió hacia mí.

11 Sí, y me acuerdo también de la cautividad de mis padres; porque ciertamente sé que el

---

29 2a Omni 1:26;
        3 Ne. 21:20.
    4a Sal. 37:4.
      b GEE Albedrío.
    5a 2 Ne. 2:18, 26;

        Moro. 7:15–19.
      GEE Discernimiento,
        don de.
      b GEE Conciencia.
    8a 2 Ne. 29:12.

      b DyC 90:11.
      c Alma 12:9–11.
    9a Alma 26:12.
   10a Mos. 27:11–31.

ªSeñor los libró de la servidumbre, y así estableció su iglesia; sí, el Señor Dios, el Dios de Abraham, el Dios de Isaac, y el Dios de Jacob, los libró del cautiverio.

12 Sí, siempre he recordado el cautiverio de mis padres, y ese mismo Dios que los ªlibró de las manos de los egipcios, los libró de la servidumbre.

13 Sí, y ese mismo Dios estableció su iglesia entre ellos, sí, y ese mismo Dios me ha llamado con un santo llamamiento para que predique la palabra a este pueblo, y me ha concedido mucho éxito, en lo cual mi ªgozo es cabal.

14 Pero no me regocijo en mi propio éxito solamente, sino que mi gozo es más completo a causa del ªéxito de mis hermanos que han subido a la tierra de Nefi.

15 He aquí, han trabajado sobremanera, y han producido mucho fruto; y cuán grande será su recompensa.

16 Y cuando pienso en el éxito de estos mis hermanos, se transporta mi alma como si fuera a separarse del cuerpo, tan grande es mi gozo.

17 Y ahora conceda Dios que estos mis hermanos se sienten en el reino de Dios; sí, y también todos aquellos que son el fruto de sus obras, para que ya no salgan más, sino que lo alaben para siempre; y Dios conceda que se haga según

mis palabras, así como he dicho. Amén.

CAPÍTULO 30

Korihor, el anticristo, se burla de Cristo, de la Expiación y del espíritu de profecía — Enseña que no hay Dios, ni caída del hombre, ni castigo por el pecado, ni Cristo — Alma testifica que Cristo vendrá y que todas las cosas indican que hay un Dios — Korihor exige una señal y queda mudo — El diablo se le había aparecido a Korihor en forma de ángel y le había enseñado lo que debía decir — Atropellan a Korihor y lo pisotean hasta que muere. Aproximadamente 76–74 a.C.

HE aquí, aconteció que después que el ªpueblo de Ammón quedó establecido en la tierra de Jersón, sí, y también después que los lamanitas fueron ᵇarrojados del país, y sus muertos fueron sepultados por la gente de esa tierra

2 —y no fueron contados sus muertos por ser tan numerosos, ni tampoco lo fueron los de los nefitas— aconteció que después que hubieron sepultado a sus muertos, y también después de los días de ayuno, de llanto y de oración (y fue durante el año decimosexto del gobierno de los jueces sobre el pueblo de Nefi), empezó a haber continua paz por toda la tierra.

3 Sí, y el pueblo se esforzaba en

11a Mos. 24:16–21;
    Alma 5:3–5.
12a Éx. 14:30–31.

13a DyC 18:14–16.
14a Alma 17:1–4.
30 1a Alma 27:25–26.

GEE Anti-nefi-lehitas.
  b Alma 28:1–3.

guardar los mandamientos del Señor; y obedecía estrictamente las ªordenanzas de Dios, según la ley de Moisés; porque se le enseñaba a ᵇobservar la ley de Moisés hasta que fuese cumplida.

4 Y así fue que no hubo disturbios entre el pueblo en todo el año decimosexto del gobierno de los jueces sobre el pueblo de Nefi.

5 Y sucedió que a principios del año decimoséptimo del gobierno de los jueces hubo continua paz.

6 Pero sucedió que a fines del año decimoséptimo llegó un hombre a la tierra de Zarahemla, y era un ªanticristo, porque empezó a predicar al pueblo contra las profecías que habían declarado los profetas concernientes a la venida de Cristo.

7 Pues no había ley alguna contra la ªcreencia de ningún hombre; porque era expresamente contrario a los mandamientos de Dios que hubiera una ley que colocara a los hombres en posición desigual.

8 Porque así dicen las Escrituras: ªEscogeos hoy a quién sirváis.

9 De modo que si un hombre deseaba servir a Dios, tenía el privilegio; o más bien, si creía en Dios, tenía el privilegio de servirlo; pero si no creía en él, no había ley que lo castigara.

10 Mas si asesinaba, era castigado con la pena de ªmuerte; y si

robaba, también se le castigaba; y si hurtaba, también era castigado; y si cometía adulterio, era también castigado; sí, por todas estas iniquidades se le castigaba.

11 Porque había una ley de que todos los hombres debían ser juzgados según sus delitos. Sin embargo, no había ninguna ley contra la creencia de un hombre; por tanto, era castigado solo por los delitos que hubiese cometido; por tanto, todos se hallaban en posición ªigual.

12 Y este anticristo, cuyo nombre era Korihor (y la ley no podía constreñirlo), empezó a predicar al pueblo que no habría ningún Cristo. Y de esta manera predicaba, diciendo:

13 ¡Oh vosotros que estáis subyugados por una loca y vana esperanza! ¿Por qué os sujetáis con semejantes locuras? ¿Por qué esperáis a un Cristo? Pues ningún hombre puede saber acerca de lo porvenir.

14 He aquí, estas cosas que llamáis profecías, que decís que las transmiten los santos profetas, he aquí, no son más que insensatas tradiciones de vuestros padres.

15 ¿Cómo sabéis que son ciertas? He aquí, no podéis saber de las cosas que no ªveis; por lo tanto, no podéis saber si habrá un Cristo.

16 Miráis hacia lo futuro, y

3a GEE Ley de Moisés.
b 2 Ne. 25:24–27;
Alma 25:15.
6a GEE Anticristo.
7a Alma 1:17.
8a Josué 24:15.
GEE Albedrío.
10a GEE Pena de muerte.
11a Mos. 29:32.
15a Éter 12:5–6.

decís que veis la remisión de vuestros pecados. Mas he aquí, esto no es sino el efecto de una mente desvariada; y este trastorno mental resulta de las tradiciones de vuestros padres que os inducen a creer en cosas que no existen.

17 Y muchas otras cosas parecidas les habló, diciéndoles que no se podía hacer ninguna expiación por los pecados de los hombres, sino que en esta vida a cada uno le tocaba de acuerdo con su habilidad; por tanto, todo hombre prosperaba según su genio, todo hombre conquistaba según su fuerza; y no era ningún crimen el que un hombre hiciese cosa cualquiera.

18 Y así les predicaba, desviando el corazón de muchos, haciéndoles erguir sus cabezas en su iniquidad; sí, incitando a muchas mujeres, y también hombres, a cometer fornicaciones, diciéndoles que cuando moría el hombre, allí terminaba todo.

19 Y este hombre fue también a la tierra de Jersón para predicar estas cosas entre los del pueblo de Ammón, que en un tiempo fueron el pueblo de los lamanitas.

20 Mas he aquí, estos fueron más prudentes que muchos de los nefitas, porque lo tomaron y lo ataron y lo llevaron ante Ammón, que era un sumo sacerdote de ese pueblo.

21 Y sucedió que hizo que fuese echado de esa tierra. Y llegó a la tierra de Gedeón, y empezó a predicarles también; y he aquí, no tuvo mucho éxito, porque lo tomaron y lo ataron y lo llevaron ante el sumo sacerdote, y también el juez superior del país.

22 Y aconteció que el sumo sacerdote le dijo: ¿Por qué andas pervirtiendo las vías del Señor? ¿Por qué enseñas a este pueblo que no habrá Cristo, para interrumpir su gozo? ¿Por qué hablas contra todas las profecías de los santos profetas?

23 Y el nombre del sumo sacerdote era Giddona. Y Korihor le dijo: Porque no enseño las insensatas tradiciones de vuestros padres, y porque no enseño a este pueblo a subyugarse bajo las insensatas ordenanzas y prácticas establecidas por antiguos sacerdotes para usurpar poder y autoridad sobre ellos, para tenerlos en la ignorancia, a fin de que no levanten la cabeza, sino que se humillen de acuerdo con vuestras palabras.

24 Decís que este es un pueblo libre. He aquí, os digo que se halla en el cautiverio. Decís que esas antiguas profecías son verdaderas. He aquí, os digo que no sabéis si son verdaderas.

25 Decís que este es un pueblo culpable y caído a causa de la transgresión de un padre. He aquí, os digo que un niño no es culpable por causa de sus padres.

26 También decís que Cristo

vendrá. Mas he aquí, os digo que no sabéis si habrá un Cristo. Y también decís que será muerto por los ªpecados del mundo;

27 y así lleváis a este pueblo en pos de las insensatas tradiciones de vuestros padres y conforme a vuestros propios deseos; y los tenéis sometidos, como si fuera en el cautiverio, para saciaros del trabajo de sus manos, de modo que no se atreven a levantar la vista con valor, ni se atreven a gozar de sus propios derechos y privilegios.

28 Sí, no se atreven a hacer uso de lo que les pertenece, no sea que ofendan a sus sacerdotes, los cuales los uncen al yugo según sus deseos, y les han hecho creer, por sus tradiciones, y sus sueños, caprichos, visiones y misterios fingidos, que si no obran conforme a sus palabras, ofenderán a algún ser desconocido que dicen que es Dios, un ser que nunca se ha visto ni conocido, que nunca existió ni existirá.

29 Ahora bien, cuando el sumo sacerdote y el juez superior vieron la dureza de su corazón, sí, cuando vieron que vilipendiaba aun a Dios, no quisieron responder a sus palabras, sino que hicieron que fuese atado; y lo entregaron en manos de los oficiales, y lo enviaron a la tierra de Zarahemla, para que allí compareciera ante Alma y ante el juez superior que gobernaba todo el país.

30 Y aconteció que cuando fue llevado ante Alma y el juez superior, continuó del mismo modo que en la tierra de Gedeón; sí, prosiguió hasta ªblasfemar.

31 Y prorrumpió en palabras muy ªaltaneras delante de Alma, y vilipendió a los sacerdotes y a los maestros, acusándolos de desviar al pueblo en pos de las tontas tradiciones de sus padres, a fin de hartarse con el trabajo del pueblo.

32 Entonces le dijo Alma: Tú sabes que no nos aprovechamos del trabajo de este pueblo; pues he aquí, yo he trabajado, desde el principio del gobierno de los jueces hasta ahora, con mis propias manos para mi sostén, a pesar de mis muchos viajes por el país para declarar la palabra de Dios a mi pueblo.

33 Y a pesar del mucho trabajo que he hecho en la iglesia, nunca he recibido ni siquiera un ªsenine por mi trabajo, ni tampoco ninguno de mis hermanos, sino al ocupar el asiento judicial; y en este caso, hemos recibido solamente según la ley por nuestro tiempo.

34 De modo que si no recibimos nada por nuestro trabajo en la iglesia, ¿qué nos beneficia trabajar en la iglesia, aparte de declarar la verdad para regocijarnos en el ªgozo de nuestros hermanos?

26a Isa. 53:4–7.
30a GEE Blasfemar, blasfemia.
31a Hel. 13:22.
33a Alma 11:3.
34a GEE Gozo.

35 ¿Por qué dices, pues, que le predicamos a este pueblo para lucrar, cuando tú de ti mismo sabes que no recibimos nada? ¿Crees tú que engañamos a este pueblo y que eso es lo que causa tanto gozo en sus corazones?

36 Y Korihor le respondió: Sí.

37 Y entonces Alma le dijo: ¿Crees que hay un Dios?

38 Y él contestó: No.

39 Y Alma le dijo: ¿Negarás nuevamente que hay un Dios, y negarás también al Cristo? Pues he aquí, te digo: Yo sé que hay un Dios, y también que Cristo vendrá.

40 Ahora bien, ¿qué evidencia tienes de que no hay ªDios, o de que Cristo no va a venir? Te digo que no tienes ninguna salvo tu propia palabra únicamente.

41 Mas he aquí, yo tengo todas las cosas como ªtestimonio de que estas cosas son verdaderas; y también tú tienes todas las cosas como testimonio para ti de que son verdaderas; y, ¿las negarás? ¿Crees que estas cosas son verdaderas?

42 He aquí, yo sé que lo crees, pero estás poseído de un espíritu de mentira, y has desechado el Espíritu de Dios de manera que no puede tener cabida en ti; pero el diablo tiene poder sobre ti, y te lleva de un lado al otro, inventando artimañas para destruir a los hijos de Dios.

43 Y Korihor le dijo a Alma: Si me muestras una ªseñal para que me convenza de que hay un Dios, sí, muéstrame que tiene poder, y entonces quedaré convencido de la verdad de tus palabras.

44 Mas Alma le dijo: Ya has tenido bastantes señales; ¿quieres tentar a tu Dios? ¿Dirás: Muéstrame una señal, cuando tienes el testimonio de ªtodos estos tus hermanos, y también de todos los santos profetas? Las Escrituras están delante de ti; sí, y ᵇtodas las cosas indican que hay un Dios, sí, aun la ᶜtierra y todo cuanto hay sobre ella, sí, y su ᵈmovimiento, sí, y también todos los ᵉplanetas que se mueven en su orden regular testifican que hay un Creador Supremo.

45 ¿Y a pesar de esto andas desviando el corazón de este pueblo, testificándole que no hay Dios? ¿Negarás todavía, a pesar de todos estos testimonios? Y dijo él: Sí, negaré, a menos que me muestres una señal.

46 Y aconteció que Alma le dijo: He aquí, estoy afligido por causa de la dureza de tu corazón, sí, que aún quieras resistir al espíritu de la verdad, para que sea destruida tu alma.

47 Mas he aquí, ªmejor es que tu alma se pierda a que seas el medio de llevar a muchas almas a la destrucción por tus mentiras y tus palabras lisonjeras; por tanto, si vuelves a negar, he

40a Sal. 14:1.
41a GEE Testigo.
43a Jacob 7:13–21;
    DyC 46:8–9.
44a GEE Señal.
44a Mos. 13:33–34.
  b Sal. 19:1;
    DyC 88:47.
  c Job 12:7–10.
  d Hel. 12:11–15.
  e Moisés 6:63.
47a 1 Ne. 4:13.

aquí, Dios te herirá a fin de que quedes mudo, para que nunca más abras la boca para engañar otra vez a los de este pueblo.

48 Entonces Korihor le dijo: No niego la existencia de un Dios, mas no creo que haya un Dios; y también digo que tú no sabes que hay un Dios; y a menos que me muestres una señal, no creeré.

49 Y Alma le dijo: Esto te daré por señal: ªQuedarás mudo según mis palabras; y digo que en el nombre de Dios quedarás mudo de modo que no podrás expresarte más.

50 Y cuando Alma hubo dicho estas palabras, Korihor quedó mudo, según las palabras de Alma, de modo que ya no podía expresarse.

51 Ahora bien, cuando el juez superior vio esto, extendió su mano y escribió a Korihor, diciendo: ¿Estás convencido del poder de Dios? ¿En quién querías que Alma te manifestara su señal? ¿Querías que afligiera a otros para mostrarte una señal? He aquí, te ha mostrado una señal; y ahora, ¿disputarás más?

52 Y Korihor extendió la mano y escribió, diciendo: Sé que estoy mudo, porque no puedo hablar; y sé que nada, sino el poder de Dios, pudo haber traído esto sobre mí; sí, y yo siempre ªhe sabido que había un Dios.

53 Mas he aquí, me ha ªengañado el diablo; pues se me

ᵇapareció en forma de ángel, y me dijo: Ve y rescata a este pueblo, porque todos se han extraviado en pos de un Dios desconocido. Y me dijo: ᶜNo hay Dios; sí, y me enseñó lo que había de decir. Y he enseñado sus palabras; y las enseñé porque deleitaban a la mente ᵈcarnal; y las enseñé hasta que hube logrado mucho éxito, al grado que realmente llegué a creer que eran ciertas; y por esta razón me opuse a la verdad, hasta traer esta gran maldición sobre mí.

54 Y cuando hubo expresado esto, le suplicó a Alma que rogara a Dios, para que le fuese quitada la maldición.

55 Mas le dijo Alma: Si te fuera quitada esta maldición, de nuevo volverías a desviar el corazón de este pueblo; por tanto, hágase contigo según la voluntad del Señor.

56 Y sucedió que la maldición no fue quitada a Korihor; sino que lo echaron fuera, y andaba de casa en casa, mendigando sus alimentos.

57 Y la noticia de lo que le había sucedido a Korihor fue publicada inmediatamente por todo el país; sí, el juez superior envió la proclamación a todo el pueblo de la tierra, declarando a los que habían creído en las palabras de Korihor que debían arrepentirse sin demora, no fuese que les sobrevinieran los mismos castigos.

49a 2 Cró. 13:20.
52a Alma 30:42.
53a Jacob 7:14.
  b 2 Cor. 11:14; 2 Ne. 9:9.
c Sal. 10:4.
d GEE Carnal.

58 Y aconteció que todos se convencieron de la iniquidad de Korihor; por tanto, todos se convirtieron de nuevo al Señor; y esto dio fin a la iniquidad que Korihor promulgó. Y Korihor iba de casa en casa, mendigando pan para su sostén.

59 Y aconteció que mientras iba entre el pueblo, sí, entre unos que se habían separado de los nefitas y habían tomado el nombre de zoramitas, por ser guiados por un hombre llamado Zoram, y mientras iba entre ellos, he aquí, lo atropellaron y lo pisotearon hasta que murió.

60 Y así vemos el fin de aquel que pervierte las vías del Señor; y así vemos que el ªdiablo no ᵇamparará a sus hijos en el postrer día, sino que los arrastra aceleradamente al ᶜinfierno.

CAPÍTULO 31

Alma encabeza una misión para traer de nuevo al redil a los zoramitas apóstatas — Los zoramitas niegan a Cristo, creen en un concepto falso de elección y adoran con oraciones fijas — Los misioneros se ven llenos del Espíritu Santo — Sus aflicciones son consumidas en el gozo de Cristo. Aproximadamente 74 a.C.

Y SUCEDIÓ que después del fin de Korihor, habiendo recibido Alma noticias de que los zoramitas estaban pervirtiendo las vías del Señor, y que Zoram, su jefe, estaba induciendo el corazón de los del pueblo a que se ªpostraran ante ᵇídolos mudos, su corazón empezó nuevamente a ᶜafligirse a causa de la iniquidad del pueblo.

2 Porque le era motivo de mucho ªpesar a Alma saber de la iniquidad entre su pueblo; por tanto, su corazón se afligió en extremo por causa de la separación de los zoramitas de los nefitas.

3 Ahora bien, los zoramitas se habían reunido en una tierra que llamaban Antiónum, situada al este de la tierra de Zarahemla, que se hallaba casi contigua a la costa del mar, al sur de la tierra de Jersón, que también colindaba con el desierto del sur, el cual estaba lleno de lamanitas.

4 Y los nefitas temían en gran manera que los zoramitas establecieran relaciones con los lamanitas, y resultara en una pérdida muy grande para los nefitas.

5 Y como la ªpredicación de la ᵇpalabra tenía gran propensión a ᶜimpulsar a la gente a hacer lo que era justo —sí, había surtido un efecto más potente en la mente del pueblo que la espada o cualquier otra cosa que les había acontecido— por tanto, Alma consideró prudente que pusieran

60a GEE Diablo.
  b Alma 3:26–27; 5:41–42; DyC 29:45.
  c GEE Infierno.
31 1a Éx. 20:5; Mos. 13:13.
  b 2 Ne. 9:37. GEE Idolatría.
  c Alma 35:15.
2a Mos. 28:3; 3 Ne. 17:14; Moisés 7:41.
5a Enós 1:23;
Alma 4:19. GEE Predicar.
  b Heb. 4:12; Jacob 2:8; Alma 36:26.
  c Jarom 1:11–12; DyC 11:2.

a prueba la virtud de la palabra de Dios.

6 Así pues, tomó a Ammón, a Aarón y a Omner; y dejó a Himni en la iglesia de Zarahemla; mas llevó consigo a los primeros tres, y también a Amulek y a Zeezrom, los cuales se hallaban en Melek; y también llevó a dos de sus hijos.

7 Pero no llevó al mayor de sus hijos, que se ^allamaba Helamán; y los nombres de los que llevó consigo eran Shiblón y Coriantón; y estos son los nombres de los que fueron con él entre los ^bzoramitas para predicarles la palabra.

8 Y los zoramitas eran ^adisidentes nefitas; por lo tanto, les había sido predicada la palabra de Dios.

9 Pero habían ^acaído en grandes errores, pues no se esforzaban por guardar los mandamientos de Dios ni sus estatutos, según la ley de Moisés.

10 Ni tampoco observaban las prácticas de la iglesia, de perseverar en la oración y súplicas a Dios diariamente para no entrar en tentación.

11 Sí, y en fin, pervertían las vías del Señor en muchísimos casos; por lo tanto, por esta razón, Alma y sus hermanos fueron a su tierra para predicarles la palabra.

12 Y cuando llegaron a su tierra, he aquí, para su asombro hallaron que los zoramitas habían edificado sinagogas, y que se congregaban un día de la semana, el cual llamaban el día del Señor; y adoraban de una manera que Alma y sus hermanos nunca habían visto;

13 porque habían erigido en el centro de su sinagoga una plataforma que llegaba más alto que la cabeza, y en cuya parte superior solo cabía una persona.

14 De manera que el que deseaba ^aadorar, tenía que ir y ocupar esta parte superior, y extender las manos hacia el cielo, y clamar en voz alta, diciendo:

15 ¡Santo, Santo Dios; creemos que eres Dios, y creemos que eres santo, y que fuiste un espíritu, y que eres un espíritu y que serás un espíritu para siempre!

16 ¡Santo Dios, creemos que tú nos has separado de nuestros hermanos; y no creemos en la tradición de nuestros hermanos que les fue transmitida por las puerilidades de sus padres; mas creemos que nos has ^aescogido para ser tus ^bsantos hijos; y también nos has dado a conocer que no habrá Cristo!

17 ¡Mas tú eres el mismo ayer, hoy y para siempre; y nos has ^aelegido para que seamos salvos, mientras que todos los que nos rodean son elegidos para ser arrojados por tu ira al infierno; y por esta santidad, oh Dios, te damos gracias; y también te damos gracias porque nos has

---

7a GEE Helamán hijo de Alma.
 b Alma 30:59.

8a Alma 24:30.
9a GEE Apostasía.
14a Mateo 6:1–7.

16a Alma 38:13–14.
 b Isa. 65:3, 5.
17a GEE Vanidad, vano.

elegido, a fin de que no seamos llevados en pos de las necias tradiciones de nuestros hermanos que los someten a una creencia en Cristo, lo que conduce sus corazones a apartarse lejos de ti, Dios nuestro!

18 Y de nuevo te damos las gracias, oh Dios, porque somos un pueblo electo y santo. Amén.

19 Y aconteció que después que Alma, sus hermanos y sus hijos hubieron oído estas oraciones, se asombraron sobremanera.

20 Pues he aquí, cada uno iba y ofrecía estas mismas oraciones.

21 Y el nombre que daban a este sitio era Rameúmptom, que interpretado quiere decir el santo púlpito.

22 Y desde este púlpito ofrecía, cada uno de ellos, la misma oración a Dios, dando las gracias a su Dios porque los había escogido, y porque no los llevó en pos de la tradición de sus hermanos, y porque sus corazones no fueron cautivados para creer en cosas venideras, de las cuales nada sabían.

23 Y después que todos los del pueblo daban gracias de esta manera, regresaban a sus casas, ªsin volver a hablar de su Dios hasta que nuevamente se juntaban alrededor del santo púlpito para ofrecer gracias según su manera.

24 Ahora bien, cuando Alma vio esto, se ªangustió su corazón, pues vio que eran una gente inicua y perversa; sí, vio que sus corazones estaban puestos en el oro, y en la plata, y en toda clase de objetos finos.

25 Sí, y también vio que por motivo de su orgullo sus corazones se ªensalzaban con gran jactancia.

26 Y elevó su voz al cielo y ªexclamó, diciendo: ¡Oh Señor!, ¿hasta cuándo permitirás que tus siervos moren aquí en la carne, para presenciar tan grave iniquidad entre los hijos de los hombres?

27 He aquí, ¡oh Dios!, te ªinvocan; y sin embargo, sus corazones son consumidos en su orgullo. He aquí, ¡oh Dios!, te llaman con su boca a la vez que se han engreído, hasta ᵇinflarse grandemente, con las vanidades del mundo.

28 He ahí, ¡oh Dios mío!, sus suntuosos vestidos, y sus anillos, sus ªbrazaletes, sus ornamentos de oro y todos sus objetos preciosos con que se adornan; y he aquí, sus corazones están puestos en estas cosas, y aun así te invocan, diciendo: Gracias te damos, ¡oh Dios!, porque te somos un pueblo escogido, mientras que los otros perecerán.

29 Sí, y dicen que tú les has dado a conocer que no habrá Cristo.

30 ¡Oh Señor Dios!, ¿hasta cuándo consentirás que exista

23a Stg. 1:21–25.
24a Gén. 6:5–6.
25a Jacob 2:13;

Alma 1:32.
26a Moisés 7:41–58.
27a Isa. 29:13.

b GEE Orgullo.
28a Isa. 3:16–24.

tal perversidad e infidelidad entre este pueblo? ¡Oh Señor, dame fuerzas para sobrellevar mis flaquezas; porque soy débil, y semejante iniquidad entre este pueblo contrista mi alma!

31 ¡Oh Señor, mi corazón se halla afligido en sumo grado; consuela mi alma [a]en Cristo! ¡Oh Señor, concédeme que tenga fuerzas para sufrir con paciencia estas aflicciones que vendrán sobre mí, a causa de la iniquidad de este pueblo!

32 ¡Oh Señor, consuela mi alma y concédeme el éxito, así como a mis consiervos que se hallan conmigo; sí, Ammón y Aarón y Omner, como también Amulek y Zeezrom, y también mis [a]dos hijos! Sí, conforta a todos estos, ¡oh Señor! Sí, consuela sus almas en Cristo.

33 ¡Concédeles que tengan fuerza para poder sobrellevar las aflicciones que les sobrevendrán por motivo de las iniquidades de este pueblo!

34 ¡Oh Señor, [a]concédenos lograr el éxito al traerlos nuevamente a ti en Cristo!

35 ¡He aquí, sus [a]almas son preciosas, oh Señor, y muchos de ellos son nuestros hermanos; por tanto, danos, oh Señor, poder y sabiduría para que podamos traer a estos, nuestros hermanos, nuevamente a ti!

36 Y aconteció que cuando Alma hubo dicho estas palabras, [a]puso sus [b]manos sobre todos aquellos que estaban con él. Y he aquí, al imponerles las manos, fueron llenos del Espíritu Santo.

37 Y tras esto se separaron unos de otros, [a]sin preocuparse por lo que habían de comer, ni por lo que habían de beber, ni por lo que habían de vestir.

38 Y el Señor les proveyó a fin de que no padeciesen hambre, ni tuviesen sed; sí, y también les dio fuerza para que no padeciesen ningún género de [a]aflicciones que no fuesen consumidas en el gozo de Cristo. Y esto aconteció según la oración de Alma; y esto porque oró con [b]fe.

CAPÍTULO 32

Alma enseña a los pobres, cuyas aflicciones los habían humillado — La fe es una esperanza en aquello que no se ve y que es verdadero — Alma testifica que ángeles ministran a hombres, a mujeres y a niños — Alma compara la palabra a una semilla — Esta se debe plantar y nutrir — Entonces crece hasta llegar a ser un árbol del cual se recoge el fruto de la vida eterna. Aproximadamente 74 a.C.

Y ACAECIÓ que salieron y empezaron a predicar al pueblo la palabra de Dios, entrando en sus sinagogas y en sus casas; sí,

31a Juan 16:33.
32a Alma 31:7.
34a 2 Ne. 26:33.
35a GEE Alma — El valor de las almas.
36a 3 Ne. 18:36–37.
  b GEE Imposición de manos.
37a Mateo 6:25–34; 3 Ne. 13:25–34.
38a Mateo 5:10–12; Mos. 24:13–15; Alma 33:23.
  b GEE Fe.

y aun predicaron la palabra en sus calles.

2 Y sucedió que después de trabajar mucho entre ellos, empezaron a tener éxito entre la clase ªpobre; pues he aquí, estos eran echados de las sinagogas a causa de la pobreza de sus ropas.

3 Por tanto, no les era permitido entrar en sus sinagogas para adorar a Dios porque eran considerados como la hez; por tanto, eran pobres; sí, sus hermanos los consideraban como la escoria; de modo que eran ªpobres en cuanto a las cosas del mundo, y también eran pobres de corazón.

4 Y mientras Alma estaba enseñando y hablando al pueblo sobre el cerro Onida, fue a él una gran multitud compuesta de aquellos de quienes hemos estado hablando, de aquellos que eran ªpobres de corazón a causa de su pobreza en cuanto a las cosas del mundo.

5 Y llegaron a Alma; y el principal entre ellos le dijo: He aquí, ª¿qué harán estos, mis hermanos? Pues son despreciados por todos los hombres a causa de su pobreza; sí, y más particularmente por nuestros sacerdotes, porque nos han ᵇechado de nuestras sinagogas, que con tanto trabajo hemos edificado con nuestras propias manos; y nos han echado

a causa de nuestra suma pobreza; y no tenemos un lugar para adorar a nuestro Dios. He aquí, ᶜ¿qué haremos?

6 Y cuando Alma oyó esto, volvió su rostro directamente hacia él, y los observó con gran gozo; porque vio que sus ªaflicciones realmente los habían ᵇhumillado, y que se hallaban ᶜpreparados para oír la palabra.

7 Por tanto, no dijo más a la otra multitud; sino que extendió la mano y clamó a los que veía, aquellos que en verdad estaban arrepentidos, y les dijo:

8 Veo que sois ªmansos de corazón; y si es así, benditos sois.

9 He aquí, vuestro hermano ha dicho: ¿Qué haremos?, porque somos echados de nuestras sinagogas, de modo que no podemos adorar a nuestro Dios.

10 He aquí, os digo: ¿Suponéis que no podéis ªadorar a Dios más que en vuestras sinagogas?

11 Y además, quisiera preguntar: ¿Suponéis que no debéis adorar a Dios sino una vez por semana?

12 Yo os digo que está bien que seáis echados de vuestras sinagogas, para que seáis humildes y aprendáis ªsabiduría; porque es necesario que aprendáis sabiduría; porque es por motivo de que sois echados, debido a que vuestros hermanos os desprecian

---

32 2a GEE Pobres.
3a Alma 34:40.
4a GEE Pobres — Pobres en espíritu.
5a Prov. 18:23.
b Alma 33:10.

c Hech. 2:37–38.
6a GEE Adversidad.
b GEE Humildad, humilde, humillar (afligir).
c Alma 16:16–17;

DyC 101:8.
8a Mateo 5:3–5.
10a GEE Adorar.
12a Ecle. 4:13.

a causa de vuestra suma ᵇpobreza, que habéis llegado a la humildad de corazón; pues necesariamente se os hace ser humildes.

13 Y porque sois obligados a ser humildes, benditos sois; porque en ocasiones el hombre, si se ve obligado a ser humilde, busca el arrepentimiento; y de seguro, el que se arrepienta hallará misericordia; y quien halle misericordia y ᵃpersevere hasta el fin, será salvo.

14 Y como ya os he dicho, que por haber sido obligados a ser humildes, fuisteis bendecidos, ¿no suponéis que son más bendecidos aún aquellos que se humillan verdaderamente a causa de la palabra?

15 Sí, el que verdaderamente se humille y se arrepienta de sus pecados, y persevere hasta el fin, será bendecido; sí, bendecido mucho más que aquellos que se ven obligados a ser humildes por causa de su extrema pobreza.

16 Por tanto, benditos son aquellos que se ᵃhumillan sin verse obligados a ser humildes; o más bien, en otras palabras, bendito es el que cree en la palabra de Dios, y es bautizado sin obstinación de corazón; sí, sin habérsele llevado a conocer la palabra, o siquiera compelido a saber, antes de creer.

17 Sí, hay muchos que dicen: Si nos muestras una ᵃseñal del cielo, de seguro luego sabremos; y entonces creeremos.

18 Ahora yo os pregunto: ¿Es fe esto? He aquí, os digo que no; porque si un hombre sabe una cosa, no tiene necesidad de ᵃcreer, porque la sabe.

19 Y ahora bien, ¿cuánto más maldito es aquel que ᵃconoce la voluntad de Dios y no la cumple, que el que solo cree o solamente tiene motivo para creer, y cae en transgresión?

20 Ahora bien, sobre este asunto vosotros habéis de juzgar. He aquí, os digo que así es por una parte como lo es por la otra; y a todo hombre se hará según sus obras.

21 Y ahora bien, como decía concerniente a la ᵃfe: La fe no es tener un conocimiento perfecto de las cosas; de modo que si tenéis fe, tenéis ᵇesperanza en cosas que ᶜno se ven, y que son verdaderas.

22 Y ahora bien, he aquí, ahora os digo, y quisiera que recordaseis, que Dios es misericordioso para con todos los que creen en su nombre; por tanto, él desea ante todo que creáis, sí, en su palabra.

23 Y ahora bien, él comunica su palabra a los hombres por medio de ángeles; sí, ᵃno solo a los hombres, sino a las mujeres también. Y esto no es todo; muchas veces les son dadas a los

---

12b Prov. 16:8.
13a Alma 38:2.
16a GEE Humildad, humilde, humillar (afligir).

17a GEE Señal.
18a Éter 12:12, 18.
19a Juan 15:22–24.
21a Juan 20:29; Heb. 11.

b GEE Esperanza.
c Éter 12:6.
23a Joel 2:28–29.

ᵇniños palabras que confunden al sabio y al erudito.

24 Y ahora bien, amados hermanos míos, ya que habéis deseado saber de mí qué debéis hacer, porque sois afligidos y desechados —y no quiero que penséis que es mi intención juzgaros sino de acuerdo con lo que es verdad—

25 porque no quiero decir que todos vosotros habéis sido compelidos a humillaros; porque verdaderamente creo yo que entre vosotros hay algunos que se humillarían, pese a las circunstancias en que se hallaran.

26 Pues como dije acerca de la fe, que no era un conocimiento perfecto, así es con mis palabras. No podéis, al principio, saber a la perfección acerca de su veracidad, así como tampoco la fe es un conocimiento perfecto.

27 Mas he aquí, si despertáis y aviváis vuestras facultades hasta experimentar con mis palabras, y ejercitáis un poco de fe, sí, aunque no sea más que un ªdeseo de creer, dejad que este deseo obre en vosotros, sí, hasta creer de tal modo que deis cabida a una porción de mis palabras.

28 Compararemos, pues, la palabra a una ªsemilla. Ahora bien, si dais lugar para que sea sembrada una ᵇsemilla en vuestro ᶜcorazón, he aquí, si es una semilla verdadera, o semilla buena, y no la echáis fuera por vuestra ᵈincredulidad, resistiendo al Espíritu del Señor, he aquí, empezará a hincharse en vuestro pecho; y al sentir esta sensación de crecimiento, empezaréis a decir dentro de vosotros: Debe ser que esta es una semilla buena, o que la palabra es buena, porque empieza a ensanchar mi alma; sí, empieza a iluminar mi ᵉentendimiento; sí, empieza a ser deliciosa para mí.

29 He aquí, ¿no aumentaría esto vuestra fe? Os digo que sí; sin embargo, no ha llegado a ser un conocimiento perfecto.

30 Mas he aquí, al paso que la semilla se hincha y brota y empieza a crecer, entonces no podéis menos que decir que la semilla es buena; pues he aquí, se hincha y brota y empieza a crecer. Y, he aquí, ¿no fortalecerá esto vuestra fe? Sí, fortalecerá vuestra fe, porque diréis: Sé que esta es una buena semilla; porque, he aquí, brota y empieza a crecer.

31 Y he aquí, ¿estáis seguros ahora de que es una semilla buena? Os digo que sí; porque toda semilla produce según su propia ªespecie.

32 Por tanto, si una semilla crece, es semilla buena; pero si no crece, he aquí que no es buena; por lo tanto, es desechada.

33 Y he aquí, por haber probado el experimento y sembrado

23b Mateo 11:25;
    Lucas 10:21;
    3 Ne. 26:14–16;
    DyC 128:18.
27a Marcos 11:24.
28a Alma 33:1.
  b Lucas 8:11.
  c GEE Corazón.
 d Mateo 17:20.
 e GEE Entender,
   entendimiento.
31a Gén. 1:11–12.

la semilla, y porque esta se hincha, y brota, y empieza a crecer, sabéis por fuerza que la semilla es buena.

34 Y ahora bien, he aquí, ¿es perfecto vuestro ªentendimiento? Sí, vuestro conocimiento es perfecto en esta cosa, y vuestra ᵇfe queda inactiva; y esto porque sabéis, pues sabéis que la palabra ha henchido vuestras almas, y también sabéis que ha brotado, que vuestro entendimiento empieza a iluminarse y vuestra ᶜmente comienza a ensancharse.

35 Luego, ¿no es esto verdadero? Os digo que sí, porque es ªluz; y lo que es luz, es bueno, porque se puede discernir; por tanto, debéis saber que es bueno; y ahora bien, he aquí, ¿es perfecto vuestro conocimiento después de haber gustado esta luz?

36 He aquí, os digo que no; ni tampoco debéis dejar a un lado vuestra fe, porque tan solo habéis ejercitado vuestra fe para sembrar la semilla, a fin de llevar a cabo el experimento para saber si la semilla era buena.

37 Y he aquí, a medida que el árbol empiece a crecer, diréis: Nutrámoslo con gran cuidado para que eche raíz, crezca y nos produzca fruto. Y he aquí, si lo cultiváis con mucho cuidado, echará raíz, y crecerá, y dará fruto.

38 Mas si ªdesatendéis el árbol, y sois negligentes en nutrirlo, he aquí, no echará raíz; y cuando el calor del sol llegue y lo abrase, se secará porque no tiene raíz, y lo arrancaréis y lo echaréis fuera.

39 Y esto no es porque la semilla no haya sido buena, ni tampoco es porque su fruto no sea deseable; sino porque vuestro ªterreno es estéril y no queréis nutrir el árbol; por tanto, no podréis obtener su fruto.

40 Y por lo mismo, si no cultiváis la palabra, mirando hacia adelante con el ojo de la fe a su fruto, nunca podréis recoger el fruto del ªárbol de la vida.

41 Pero si cultiváis la palabra, sí, y nutrís el árbol mientras empiece a crecer, mediante vuestra fe, con gran diligencia y con ªpaciencia, mirando hacia adelante a su fruto, echará raíz; y he aquí, será un árbol que ᵇbrotará para vida sempiterna.

42 Y a causa de vuestra ªdiligencia, y vuestra fe y vuestra paciencia al nutrir la palabra para que eche raíz en vosotros, he aquí que con el tiempo recogeréis su ᵇfruto, el cual es sumamente precioso, y el cual es más dulce que todo lo dulce, y más blanco que todo lo blanco, sí, y más puro que todo lo puro; y comeréis de este fruto hasta quedar satisfechos, de modo

---

34a GEE Conocimiento.
  b Éter 3:19.
  c GEE Mente.
35a Juan 3:18–21.
  GEE Luz, luz de Cristo.

38a GEE Apostasía.
39a Mateo 13:5.
40a Gén. 2:9;
  1 Ne. 15:36.
41a GEE Paciencia.

  b Alma 33:23;
    DyC 63:23.
42a GEE Diligencia.
  b 1 Ne. 8:10–12.

que no tendréis hambre ni tendréis sed.

43 Entonces, hermanos míos, segaréis el galardón de vuestra fe, y vuestra diligencia, y paciencia, y longanimidad, esperando que el árbol os dé fruto.

CAPÍTULO 33

Zenós enseñó que los hombres deben orar y adorar en todo lugar, y que los juicios se apartan a causa del Hijo — Zenoc enseñó que la misericordia se concede a causa del Hijo — Moisés levantó en el desierto un símbolo del Hijo de Dios. Aproximadamente 74 a.C.

Y DESPUÉS que Alma hubo hablado estas palabras, le mandaron preguntar si habían de creer en ªun Dios para obtener este fruto del cual había hablado, o cómo debían sembrar la ᵇsemilla, o sea, la palabra a que se había referido, la cual él dijo que debía sembrarse en sus corazones, o de qué manera debían empezar a ejercitar su fe.

2 Y Alma les dijo: He aquí, habéis dicho que ªno podéis adorar a vuestro Dios porque sois echados de vuestras sinagogas. Mas he aquí, os digo que si suponéis que no podéis adorar a Dios, os equivocáis gravemente, y debéis escudriñar las ᵇEscrituras; si suponéis que esto es lo que os han enseñado, es que no las entendéis.

3 ¿No recordáis haber leído lo que ªZenós, el profeta de la antigüedad, ha dicho concerniente a la oración o ᵇadoración?

4 Porque dijo: Eres misericordioso, ¡oh Dios!, porque has oído mi oración, aun cuando me hallaba en el desierto; sí, fuiste misericordioso cuando oré concerniente a aquellos que eran mis ªenemigos, y tú los volviste a mí.

5 Sí, ¡oh Dios!, y fuiste misericordioso conmigo cuando te invoqué en mi ªcampo, cuando clamé a ti en mi oración, y tú me oíste.

6 Y además, ¡oh Dios!, cuando volví a mi casa, me oíste en mi oración.

7 Y cuando entré en mi ªaposento y oré a ti, ¡oh Señor!, tú me oíste.

8 Sí, eres misericordioso con tus hijos, cuando te invocan para ser oídos de ti, y no de los hombres; y tú los oirás.

9 Sí, ¡oh Dios!, tú has sido misericordioso conmigo y has oído mis súplicas en medio de tus congregaciones.

10 Sí, y también me has escuchado cuando mis enemigos me han ªdesechado y despreciado; sí, oíste mis lamentos, y se encendió tu enojo contra mis enemigos, y los visitaste en tu ira con acelerada destrucción.

---

33 1a 2 Ne. 31:21;
  Mos. 15:2–4.
 b Alma 32:28–43.
 2a Alma 32:5.
 b Alma 37:3–10.

3a GEE Escrituras —
   Escrituras que se han
   perdido;
   Zenós.
 b GEE Adorar.

4a Mateo 5:44.
 5a Alma 34:20–25.
 7a Mateo 6:5–6;
   Alma 34:26.
10a Alma 32:5.

11 Y me oíste por motivo de mis aflicciones y mi sinceridad; y es a causa de tu Hijo que has sido tan misericordioso conmigo; por tanto, clamaré a ti en todas mis aflicciones, porque en ti está mi gozo; pues a causa de tu Hijo has apartado tus juicios de mí.

12 Y entonces les dijo Alma: ¿Creéis estas ªEscrituras que los antiguos escribieron?

13 He aquí, si las creéis, debéis creer lo que ªZenós dijo; pues he aquí, declaró: A causa de tu Hijo has apartado tus juicios.

14 Y ahora bien, hermanos míos, quisiera preguntar si habéis leído las Escrituras. Y si lo habéis hecho, ¿cómo podéis no creer en el Hijo de Dios?

15 Porque ªno está escrito que solamente Zenós habló de estas cosas, sino también ᵇZenoc habló de ellas.

16 Pues he aquí que él dijo: Estás enojado, ¡oh Señor!, con los de este pueblo, porque no quieren comprender tus misericordias que les has concedido a causa de tu Hijo.

17 Y así veis, hermanos míos, que un segundo profeta de la antigüedad ha testificado del Hijo de Dios, y porque la gente no quiso entender sus palabras, lo ªapedrearon hasta la muerte.

18 Mas he aquí, esto no es todo; no son estos los únicos que han hablado concerniente al Hijo de Dios.

19 He aquí, ªMoisés habló de él; sí, y he aquí, fue ᵇlevantado un ᶜsímbolo en el desierto, para que quien mirara a él, viviera; y muchos miraron y vivieron.

20 Pero fueron pocos los que comprendieron el significado de esas cosas, y esto a causa de la dureza de sus corazones. Mas hubo muchos que fueron tan obstinados que no quisieron mirar; por tanto, perecieron. Ahora bien, la razón por la que no quisieron mirar fue que no creyeron que los ªsanaría.

21 Oh hermanos míos, si fuerais sanados con tan solo mirar para quedar sanos, ¿no miraríais inmediatamente?; o, ¿preferiríais endurecer vuestros corazones en la incredulidad, y ser perezosos y no mirar, para así perecer?

22 Si es así, ¡ay de vosotros! Pero si no, mirad y ªempezad a creer en el Hijo de Dios, que vendrá para redimir a los de su pueblo, y que padecerá y morirá para ᵇexpiar los pecados de ellos; y que se ᶜlevantará de entre los muertos, lo cual efectuará la ᵈresurrección, a fin de que todos los hombres comparezcan ante él, para ser juzgados en el día postrero, sí, el día del juicio, según sus ᵉobras.

12a GEE Escrituras.
13a Alma 34:7.
15a Jacob 4:4.
   b 1 Ne. 19:10;
     Alma 34:7.
17a GEE Mártir, martirio.
19a Deut. 18:15, 18;
     Alma 34:7.
   b Juan 3:14;
     Hel. 8:14–15.
   c Núm. 21:9;
     2 Ne. 25:20; Mos. 3:15.
20a 1 Ne. 17:40–41.
22a Alma 32:27–28.
   b Alma 22:14; 34:8–9.
   c GEE Resurrección.
   d Alma 11:44.
   e GEE Obras.

23 Y ahora bien, hermanos míos, quisiera que ªplantaseis esta palabra en vuestros corazones, y al empezar a hincharse, nutridla con vuestra fe. Y he aquí, llegará a ser un árbol que ᵇcrecerá en vosotros para vida sempiterna. Y entonces Dios os conceda que sean ligeras vuestras ᶜcargas mediante el gozo de su Hijo. Y todo esto lo podéis hacer si queréis. Amén.

CAPÍTULO 34

Amulek testifica que la palabra está en Cristo para la salvación — Si no se efectúa una expiación, todo el género humano deberá perecer — Toda la ley de Moisés señala hacia el sacrificio del Hijo de Dios — El plan eterno de la redención se basa en la fe y en el arrepentimiento — Orad por bendiciones materiales y espirituales — Esta vida es cuando el hombre debe prepararse para comparecer ante Dios — Labrad vuestra salvación con temor ante Dios. Aproximadamente 74 a.C.

Y ᴀᴄᴏɴᴛᴇᴄɪó que después que Alma les hubo hablado estas palabras, se sentó en el suelo, y ªAmulek se levantó y empezó a instruirlos, diciendo:

2 Hermanos míos, me parece imposible que ignoréis las cosas que se han hablado concernientes a la venida de Cristo, de quien nosotros enseñamos que es el Hijo de Dios; sí, yo sé que se os enseñaron ampliamente ªestas cosas antes de vuestra disensión de entre nosotros.

3 Y como le habéis pedido a mi amado hermano que os haga saber lo que debéis hacer, a causa de vuestras aflicciones; y él os ha dicho algo para preparar vuestras mentes; sí, y os ha exhortado a que tengáis fe y paciencia;

4 sí, a que tengáis la fe suficiente para ªplantar la palabra en vuestros corazones, para que probéis el experimento de su bondad.

5 Y hemos visto que el gran interrogante que ocupa vuestras mentes es si la palabra está en el Hijo de Dios, o si no ha de haber Cristo.

6 Y también habéis visto que mi hermano os ha comprobado muchas veces, que la ªpalabra está en Cristo para la salvación.

7 Mi hermano ha recurrido a las palabras de Zenós, de que la redención viene por medio del Hijo de Dios; y también a las palabras de Zenoc; y también se ha referido a Moisés, para probar que estas cosas son verdaderas.

8 Y he aquí, ahora yo os ªtestificaré de mí mismo que estas cosas son verdaderas. He aquí, os digo que yo sé que Cristo vendrá entre los hijos de los hombres para tomar sobre sí las transgresiones de su pueblo, y que ᵇexpiará los pecados del mundo,

23a Alma 33:1; 34:4.
  b Alma 32:41; DyC 63:23.
  c Alma 31:38.
34 1a Alma 8:21.
  2a Alma 16:13–21.
  4a Alma 33:23.
  6a Juan 1:1, 14.
8a GEE Testificar.
  b GEE Expiación, expiar.

porque el Señor Dios lo ha dicho.

9 Porque es necesario que se realice una ªexpiación; pues según el gran ᵇplan del Dios Eterno, debe efectuarse una expiación, o de lo contrario, todo el género humano inevitablemente debe perecer; sí, todos se han endurecido; sí, todos han ᶜcaído y están perdidos, y, de no ser por la expiación que es necesario que se haga, deben perecer.

10 Porque es preciso que haya un gran y postrer ªsacrificio; sí, no un sacrificio de hombre, ni de bestia, ni de ningún género de ave; pues no será un sacrificio humano, sino debe ser un ᵇsacrificio ᶜinfinito y eterno.

11 Y no hay hombre alguno que sacrifique su propia sangre, la cual expíe los pecados de otro. Y si un hombre mata, he aquí, ¿tomará nuestra ley, que es ªjusta, la vida de su hermano? Os digo que no.

12 Sino que la ley exige la vida de aquel que ha cometido ªhomicidio; por tanto, no hay nada, a no ser una expiación infinita, que responda por los pecados del mundo.

13 De modo que es menester que haya un gran y postrer sacrificio; y entonces se pondrá, o será preciso que se ponga, ªfin al derramamiento de sangre; entonces quedará cumplida la ᵇley de Moisés; sí, será totalmente cumplida, sin faltar ni una jota ni una tilde, y nada se habrá perdido.

14 Y he aquí, este es el ªsignificado entero de la ᵇley, pues todo ápice señala a ese gran y postrer ᶜsacrificio; y ese gran y postrer sacrificio será el Hijo de Dios, sí, infinito y eterno.

15 Y así él trae la ªsalvación a cuantos crean en su nombre; ya que es el propósito de este último sacrificio poner en efecto las entrañas de misericordia, que sobrepujan a la justicia y proveen a los hombres la manera de tener ᵇfe para arrepentimiento.

16 Y así la ªmisericordia satisface las exigencias de la ᵇjusticia, y ciñe a los hombres con brazos de seguridad; mientras que aquel que no ejerce la fe para arrepentimiento queda expuesto a las exigencias de toda la ley de la ᶜjusticia; por lo tanto, únicamente para aquel que tiene fe para arrepentimiento se realizará el gran y eterno ᵈplan de la redención.

17 Por tanto, hermanos míos, Dios os conceda empezar a

9a Alma 33:22.
  b Alma 12:22–33; Moisés 6:62.
  c GEE Caída de Adán y Eva.
10a Moisés 5:6–7.
  b GEE Sacrificios.
  c 2 Ne. 9:7.
11a Deut. 24:16;

Mos. 29:25.
12a GEE Asesinato; Pena de muerte.
13a 3 Ne. 9:17, 19–20.
  b 3 Ne. 15:5.
14a Alma 30:3.
  b GEE Ley de Moisés.
  c DyC 138:35.
15a GEE Salvación.

  b O sea, la fe que conduce al arrepentimiento.
16a GEE Misericordia, misericordioso.
  b GEE Justicia.
  c Alma 12:32.
  d GEE Plan de redención.

ejercitar vuestra ªfe para arrepentimiento, para que empecéis a ᵇimplorar su santo nombre, a fin de que tenga misericordia de vosotros;

18 sí, imploradle misericordia, porque es poderoso para salvar.

19 Sí, humillaos y persistid en la oración a él.

20 Clamad a él cuando estéis en vuestros campos, sí, por todos vuestros rebaños.

21 ªClamad a él en vuestras casas, sí, por todos los de vuestra casa, tanto por la mañana, como al mediodía y al atardecer.

22 Sí, clamad a él contra el poder de vuestros enemigos.

23 Sí, ªclamad a él contra el ᵇdiablo, que es el enemigo de toda ᶜrectitud.

24 Clamad a él por las cosechas de vuestros campos, a fin de que prosperéis en ellas.

25 Clamad por los rebaños de vuestros campos para que aumenten.

26 Mas esto no es todo; debéis derramar vuestra alma en vuestros ªaposentos, en vuestros sitios secretos y en vuestros yermos.

27 Sí, y cuando no estéis clamando al Señor, dejad que ªrebosen vuestros ᵇcorazones, entregados continuamente en oración a él por vuestro bienestar, así como por el bienestar de los que os rodean.

28 Y he aquí, amados hermanos míos, os digo que no penséis que esto es todo; porque si después de haber hecho todas estas cosas, volvéis la espalda al ªindigente y al desnudo, y no visitáis al enfermo y afligido, y si no ᵇdais de vuestros bienes, si los tenéis, a los necesitados, os digo que si no hacéis ninguna de estas cosas, he aquí, vuestra ᶜoración es en ᵈvano y no os vale nada, y sois como los hipócritas que niegan la fe.

29 Por tanto, si no os acordáis de ser ªcaritativos, sois como la escoria que los refinadores desechan (por no tener valor) y es hollada por los hombres.

30 Y ahora bien, hermanos míos, después de haber recibido vosotros tantos testimonios, ya que las Santas Escrituras testifican de estas cosas, yo quisiera que vinieseis y dieseis ªfruto para arrepentimiento.

31 Sí, quisiera que vinieseis y no endurecieseis más vuestros corazones; porque he aquí, hoy es el tiempo y el ªdía de vuestra salvación; y por tanto, si os arrepentís y no endurecéis vuestros corazones, inmediatamente obrará para vosotros el gran plan de redención.

32 Porque he aquí, esta vida

17a GEE Fe.
  b GEE Oración.
21a Sal. 5:1–3;
    3 Ne. 18:21.
23a 3 Ne. 18:15, 18.
  b GEE Diablo.

  c GEE Rectitud, recto.
26a Mateo 6:5–6.
27a GEE Meditar.
  b GEE Corazón.
28a GEE Pobres.
  b GEE Limosna.

  c Mateo 15:7–8.
  d Moro. 7:6–8.
29a GEE Caridad.
30a Mateo 3:8;
    Alma 13:13.
31a Rom. 13:11–12.

es cuando el hombre debe ªprepararse para comparecer ante Dios; sí, el día de esta vida es el día en que el hombre debe ejecutar su obra.

33 Y como os dije antes, ya que habéis tenido tantos testimonios, os ruego, por tanto, que no ªdemoréis el día de vuestro ᵇarrepentimiento hasta el fin; porque después de este día de vida, que se nos da para prepararnos para la eternidad, he aquí que si no mejoramos nuestro tiempo durante esta vida, entonces viene la ᶜnoche de ᵈtinieblas en la cual no se puede hacer obra alguna.

34 No podréis decir, cuando os halléis ante esa terrible ªcrisis: Me arrepentiré, me volveré a mi Dios. No, no podréis decir esto; porque el mismo espíritu que posea vuestros cuerpos al salir de esta vida, ese mismo espíritu tendrá poder para poseer vuestro cuerpo en aquel mundo eterno.

35 Porque si habéis demorado el día de vuestro arrepentimiento, aun hasta la muerte, he aquí, os habéis ªsujetado al espíritu del diablo y él os ᵇsella como cosa suya; por tanto, se ha retirado de vosotros el Espíritu del Señor y no tiene cabida en vosotros, y el diablo tiene todo poder sobre

vosotros; y este es el estado final del malvado.

36 Y sé esto, porque el Señor ha dicho que no mora en templos ªimpuros, sino en los corazones de los ᵇjustos es donde mora; sí, y también ha dicho que los justos se sentarán en su reino, para ya no volver a salir; y sus vestidos serán blanqueados por medio de la sangre del Cordero.

37 Y ahora bien, amados hermanos míos, quisiera que recordaseis estas cosas, y que ªlabraseis vuestra salvación con temor ante Dios; y que no negaseis más la venida de Cristo;

38 que no ªcontendieseis más en contra del Espíritu Santo, sino que lo recibieseis, y que tomaseis sobre vosotros el ᵇnombre de Cristo; que os humillaseis aun hasta el polvo y ᶜadoraseis a Dios, en cualquier lugar en que estuviereis, en espíritu y en verdad; y que vivieseis cada día en ᵈacción de gracias por las muchas misericordias y bendiciones que él confiere sobre vosotros.

39 Sí, y también os exhorto, hermanos míos, a estar continuamente ªprontos para orar para que no seáis desviados por las ᵇtentaciones del diablo, para que no os venza, ni lleguéis a ser

32a 2 Ne. 2:21; Alma 12:24; 42:4–6.
33a Hel. 13:38; DyC 45:2.
  b GEE Arrepentimiento, arrepentirse.
  c Juan 9:4; DyC 45:17.
  d GEE Muerte espiritual; Tinieblas espirituales.
34a Alma 40:13–14.
35a 2 Ne. 28:19–23.
  b 2 Ne. 9:9.
36a Mos. 2:37; Alma 7:21; Hel. 4:24.
  b GEE Justo.
37a Filip. 2:12.
38a GEE Contención, contienda.
  b Mos. 5:8; Alma 5:38.
  c GEE Adorar.
  d Sal. 69:30; DyC 59:7. GEE Acción de gracias, agradecido, agradecimiento.
39a GEE Velar.
  b GEE Tentación, tentar.

sus súbditos en el último día; porque he aquí, él no os recompensa con ^cninguna cosa buena.

40 Y ahora bien, amados hermanos míos, quisiera exhortaros a que tengáis ^apaciencia, y que soportéis toda clase de aflicciones; que no ^bvituperéis a aquellos que os desechan a causa de vuestra suma pobreza, no sea que lleguéis a ser pecadores como ellos;

41 sino que tengáis paciencia y soportéis esas congojas, con una firme esperanza de que algún día descansaréis de todas vuestras aflicciones.

CAPÍTULO 35

La predicación de la palabra destruye las artimañas de los zoramitas — Expulsan a los convertidos, los cuales se unen al pueblo de Ammón en Jersón — Alma se aflige por la iniquidad de su pueblo. Aproximadamente 74 a.C.

Y ACONTECIÓ que después que Amulek hubo dado fin a estas palabras, se separaron de la multitud y se fueron a la tierra de Jersón.

2 Sí, y el resto de los hermanos, después que hubieron predicado la palabra a los zoramitas, llegaron también a la tierra de Jersón.

3 Y sucedió que cuando los más influyentes de entre los zoramitas se hubieron consultado concerniente a las palabras que les habían sido predicadas, se irritaron

a causa de la palabra, porque destruía sus ^aartimañas; por tanto, no quisieron escuchar las palabras.

4 Y enviaron y reunieron por toda esa tierra a todos los habitantes, y consultaron con ellos acerca de las palabras que se habían hablado.

5 Mas sus gobernantes, sus sacerdotes y sus maestros no permitieron que el pueblo conociera sus deseos; por tanto, inquirieron privadamente la opinión de todo el pueblo.

6 Y aconteció que después de haberse enterado de la opinión de todo el pueblo, los que estaban a favor de las palabras que habían hablado Alma y sus hermanos fueron desterrados del país; y eran muchos; y también llegaron a la tierra de Jersón.

7 Y sucedió que Alma y sus hermanos les ministraron.

8 Ahora bien, el pueblo de los zoramitas se enojó con el pueblo de Ammón que estaba en Jersón; y el gobernante principal de los zoramitas, siendo un hombre muy inicuo, se comunicó con los del pueblo de Ammón, instándolos a que echaran fuera de su tierra a cuantos de los de ellos llegaran a esa tierra.

9 Y profirió muchas amenazas contra ellos. Mas el pueblo de Ammón no tuvo miedo de sus palabras; por tanto, no los echaron fuera, sino que recibieron a todos los zoramitas pobres

---

39c Alma 30:60.
40a GEE Paciencia.

35 3a GEE Supercherías
b DyC 31:9.

sacerdotales.

que llegaron a ellos; y los *alimentaron y los vistieron y les dieron tierras por herencia y los atendieron según sus necesidades.

10 Y esto provocó a los zoramitas a la ira contra el pueblo de Ammón, y empezaron a mezclarse con los lamanitas, y a incitarlos también a ira contra ellos.

11 Y así los zoramitas y los lamanitas empezaron a hacer preparativos para la guerra contra el pueblo de Ammón y también contra los nefitas.

12 Y así acabó el año decimoséptimo del gobierno de los jueces sobre el pueblo de Nefi.

13 Y el pueblo de Ammón partió de la tierra de Jersón y se fue a la tierra de Melek, y dio lugar en la tierra de Jersón a los ejércitos de los nefitas, a fin de que contendieran con los ejércitos de los lamanitas y los ejércitos de los zoramitas; y así empezó una guerra entre los lamanitas y los nefitas en el decimoctavo año del gobierno de los jueces; y más adelante se hará una *relación de sus guerras.

14 Y Alma, Ammón y sus hermanos, y también los dos hijos de Alma, regresaron a la tierra de Zarahemla, después de haber sido instrumentos en las manos de Dios para llevar a *muchos de los zoramitas al arrepentimiento; y cuantos se arrepintieron fueron expulsados de su tierra; pero tienen tierras para su herencia en la tierra de Jersón, y han tomado las armas para defenderse a sí mismos, y a sus esposas, sus hijos y sus tierras.

15 Y Alma estaba afligido por la iniquidad de su pueblo, sí, por las guerras, y la efusión de sangre y contiendas que existían entre ellos; y habiendo salido a declarar la palabra, o enviado para declarar la palabra a los habitantes de todas las ciudades, y viendo que el corazón del pueblo empezaba a endurecerse y a sentirse *ofendido a causa de lo estricto de la palabra, su corazón se angustió en extremo.

16 Por tanto, hizo que sus hijos se reunieran para dar a cada uno de ellos su *encargo, separadamente, respecto de las cosas concernientes a la rectitud. Y tenemos una relación de sus mandamientos que les dio, según su propia historia.

Los mandamientos de Alma a su hijo Helamán.

Comprende los capítulos 36 y 37.

CAPÍTULO 36

Alma testifica a Helamán acerca de su conversión tras haber visto a un ángel — Padeció las penas de un alma condenada, invocó el nombre de Jesús y entonces nació de Dios — Un dulce gozo llenó su alma — Vio concursos de ángeles que alababan a Dios — Muchos conversos han

---

9a Mos. 4:26.
  GEE Bienestar.
13a Alma 43:3.

14a Alma 35:6.
15a GEE Apostasía.
16a GEE Mayordomía,

mayordomo.

probado y visto como él ha probado y visto. Aproximadamente 74 a.C.

ªHᴵᴶᴼ mío, da oído a mis palabras, porque te juro que al grado que guardes los mandamientos de Dios, prosperarás en la tierra.

2 Quisiera que hicieses lo que yo he hecho, recordando el cautiverio de nuestros padres; porque estaban en el ªcautiverio, y nadie podía rescatarlos salvo que fuese el ᵇDios de Abraham, y el Dios de Isaac, y el Dios de Jacob; y él de cierto, los libró en sus aflicciones.

3 Y ahora bien, ¡oh mi hijo Helamán!, he aquí, estás en tu juventud, y te suplico, por tanto, que escuches mis palabras y aprendas de mí; porque sé que quienes pongan su confianza en Dios serán sostenidos en sus ªtribulaciones, y sus dificultades y aflicciones, y serán ᵇenaltecidos en el postrer día.

4 Y no quisiera que pensaras que yo ªsé de mí mismo; no de lo temporal, sino de lo espiritual; no de la mente ᵇcarnal, sino de Dios.

5 Ahora bien, he aquí, te digo que si no hubiese ªnacido de Dios, ᵇno habría sabido estas cosas; pero por boca de su santo ángel, Dios me ha hecho saber estas cosas, no por ᶜdignidad alguna en mí.

6 Porque yo andaba con los hijos de Mosíah, tratando de ªdestruir la iglesia de Dios; mas he aquí, Dios envió a su santo ángel para detenernos en el camino.

7 Y he aquí, nos habló como con voz de trueno, y toda la tierra ªtembló bajo nuestros pies; y todos caímos al suelo porque el ᵇtemor del Señor nos sobrevino.

8 Mas he aquí, la voz me dijo: ¡Levántate! Y me levanté y me puse de pie y vi al ángel.

9 Y me dijo: A menos que tú, por ti mismo, quieras ser destruido, no trates más de destruir la iglesia de Dios.

10 Y aconteció que caí al suelo; y por el espacio de ªtres días y tres noches no pude abrir mi boca, ni hacer uso de mis miembros.

11 Y el ángel me dijo más cosas que mis hermanos oyeron, mas yo no las oí. Porque al oír las palabras —a menos que tú, por ti mismo, quieras ser destruido, no trates más de destruir la iglesia de Dios— me sentí herido de tan grande temor y asombro de que tal vez fuese destruido, que caí al suelo y no oí más.

12 Pero me martirizaba un tormento ªeterno, porque mi alma estaba atribulada en sumo

---

36 1a Hel. 5:9–14.
  2a Mos. 23:23;
     24:17–21.
   b Éx. 3:6;
     Alma 29:11.
  3a Rom. 8:28.
   b Mos. 23:21–22.

  4a 1 Cor. 2:11;
     Alma 5:45–46.
     GEE Conocimiento.
   b GEE Carnal.
  5a GEE Nacer de Dios,
     nacer de nuevo.
   b Alma 26:21–22.

   c GEE Dignidad, digno.
  6a Mos. 27:10.
  7a Mos. 27:18.
   b GEE Temor —
     Temor de Dios.
 10a Mos. 27:19–23.
 12a DyC 19:11–15.

grado, y atormentada por todos mis pecados.

13 Sí, me acordaba de todos mis pecados e iniquidades, por causa de los cuales yo era ªatormentado con las penas del infierno; sí, veía que me había rebelado contra mi Dios y que no había guardado sus santos mandamientos.

14 Sí, y había asesinado a muchos de sus hijos, o más bien, los había conducido a la destrucción; sí, y por último, mis iniquidades habían sido tan grandes que el solo pensar en volver a la presencia de mi Dios atormentaba mi alma con indecible horror.

15 ¡Oh si ªfuera desterrado —pensaba yo— y aniquilado en cuerpo y alma, a fin de no ser llevado para comparecer ante la presencia de mi Dios para ser juzgado por mis ᵇobras!

16 Y por tres días y tres noches me vi atormentado, sí, con las penas de un alma ªcondenada.

17 Y aconteció que mientras así me agobiaba este tormento, mientras me ªatribulaba el recuerdo de mis muchos pecados, he aquí, también me acordé de haber oído a mi padre profetizar al pueblo concerniente a la venida de un Jesucristo, un Hijo de Dios, para expiar los pecados del mundo.

18 Y al concentrarse mi mente en este pensamiento, clamé dentro de mi corazón: ¡Oh Jesús, Hijo de Dios, ten misericordia de mí que estoy ªen la hiel de amargura, y ceñido con las eternas ᵇcadenas de la muerte!

19 Y he aquí que cuando pensé esto, ya no me pude acordar más de mis dolores; sí, dejó de ªatormentarme el recuerdo de mis pecados.

20 Y, ¡oh qué ªgozo, y qué luz tan maravillosa fue la que vi! Sí, mi alma se llenó de un gozo tan profundo como lo había sido mi dolor.

21 Sí, hijo mío, te digo que no podía haber cosa tan intensa ni tan amarga como mis dolores. Sí, hijo mío, y también te digo que por otra parte no puede haber cosa tan intensa y dulce como lo fue mi gozo.

22 Sí, me pareció ver —así como nuestro padre ªLehi vio— a Dios sentado en su trono, rodeado de innumerables concursos de ángeles en actitud de estar cantando y alabando a su Dios; sí, y mi alma anheló estar allí.

23 Mas he aquí, mis miembros recobraron su ªfuerza, y me puse de pie, y manifesté al pueblo que había ᵇnacido de Dios.

24 Sí, y desde ese día, aun hasta ahora, he trabajado sin cesar para traer almas al arrepentimiento; para traerlas a ªprobar

---

13a GEE Culpa.
15a Apoc. 6:15–17;
    Alma 12:14.
  b Alma 41:3;
    DyC 1:9–10.
16a GEE Condenación,
    condenar.

17a 2 Cor. 7:10.
18a Es decir, con intenso
    remordimiento.
  b 2 Ne. 9:45; 28:22;
    Alma 12:11;
    Moisés 7:26.
19a GEE Culpa.

20a GEE Gozo.
22a 1 Ne. 1:8.
23a Moisés 1:10.
  b Alma 5:14.
    GEE Nacer de Dios,
    nacer de nuevo.
24a 1 Ne. 8:12; Mos. 4:11.

el sumo gozo que yo probé; para que también nazcan de Dios y sean [b]llenas del Espíritu Santo.

25 Sí, y he aquí, ¡oh hijo mío!, el Señor me concede un gozo extremadamente grande en el fruto de mis obras;

26 porque a causa de la [a]palabra que él me ha comunicado, he aquí, muchos han nacido de Dios, y han probado como yo he probado, y han visto ojo a ojo, como yo he visto; por tanto, ellos saben acerca de estas cosas de que he hablado, como yo sé; y el conocimiento que tengo viene de Dios.

27 Y he sido sostenido en tribulaciones y dificultades de todas clases, sí, y en todo género de aflicciones; sí, Dios me ha librado de la cárcel, y de ligaduras, y de la muerte; sí, y pongo mi confianza en él, y todavía me [a]librará.

28 Y sé que me [a]levantará en el postrer día para morar con él en [b]gloria; sí, y lo alabaré para siempre; porque ha [c]sacado a nuestros padres de Egipto y ha hundido a los [d]egipcios en el mar Rojo; y por su poder guio a nuestros padres a la tierra prometida; sí, y los ha librado de la servidumbre y del cautiverio de cuando en cuando.

29 Sí, y también ha sacado a nuestros padres de la tierra de Jerusalén; y por su sempiterno poder también los ha librado de la [a]servidumbre y del cautiverio de cuando en cuando, hasta este día. Y yo siempre he retenido el recuerdo de su cautiverio; sí, y tú también debes recordar su cautiverio como lo he hecho yo.

30 Mas he aquí, hijo mío, esto no es todo; porque tú debes saber, como yo sé, que al [a]grado que guardes los mandamientos de Dios, prosperarás en la tierra; y debes saber también que si no guardas los mandamientos de Dios, serás separado de su presencia. Y esto es según su palabra.

CAPÍTULO 37

Las planchas de bronce y otras Escrituras se conservan para conducir a las almas a la salvación — Los jareditas fueron destruidos por motivo de su iniquidad — Los juramentos y los convenios secretos de ellos deben esconderse del pueblo — Consulta al Señor en todos tus hechos — Así como la Liahona guio a los nefitas, de igual manera la palabra de Cristo guía a los hombres a la vida eterna. Aproximadamente 74 a.C.

Y AHORA, Helamán, hijo mío, te mando que tomes los [a]anales que me han sido [b]confiados;

2 y también te mando que lleves una historia de este pueblo, como lo he hecho yo, sobre las planchas de Nefi; y que conserves sagradas todas estas cosas

---

24b 2 Ne. 32:5;
　　3 Ne. 9:20.
　　GEE Espíritu Santo.
26a Alma 31:5.
27a Sal. 34:17.

28a 3 Ne. 15:1.
　　b GEE Gloria.
　　c Éx. 12:51.
　　d Éx. 14:26–27.
29a Mos. 24:17; 27:16;

Alma 5:5–6.
30a 2 Ne. 1:9–11;
　　Alma 50:19–22.
37 1a Alma 45:2–8.
　　b Mos. 28:20.

que he guardado, así como yo las he preservado; porque se conservan para un ^asabio propósito.

3 Y estas ^aplanchas de bronce que contienen estos grabados, que tienen sobre ellas la narración de las Sagradas Escrituras y la genealogía de nuestros antecesores, aun desde el principio,

4 he aquí, nuestros padres han profetizado que deben ser conservadas y entregadas de una generación a otra, y que deben ser guardadas y preservadas por la mano del Señor hasta que vayan a toda nación, tribu, lengua y pueblo, a fin de que lleguen a saber de los ^amisterios que contienen.

5 Y he aquí, si son conservadas, deben retener su brillo; sí, y retendrán su brillo; sí, y también todas las planchas que contienen lo que es escritura sagrada.

6 Ahora bien, tal vez pienses que esto es ^alocura de mi parte; mas he aquí, te digo que por medio de cosas ^bpequeñas y sencillas se realizan grandes cosas; y en muchos casos, los pequeños medios confunden a los sabios.

7 Y el Señor Dios se vale de ^amedios para realizar sus grandes y eternos designios; y por medios muy ^bpequeños el Señor confunde a los sabios y realiza la salvación de muchas almas.

8 Y hasta aquí ha sido según la sabiduría de Dios que estas cosas sean preservadas; pues he aquí, han ^aensanchado la memoria de este pueblo, sí, y han convencido a muchos del error de sus caminos, y los han traído al conocimiento de su Dios para la salvación de sus almas.

9 Sí, te digo que si no ^ahubiese sido por estas cosas que estos anales contienen, las cuales están sobre estas planchas, Ammón y sus hermanos no habrían podido ^bconvencer a tantos miles de los lamanitas de las tradiciones erróneas de sus padres; sí, estos anales y sus ^cpalabras los llevaron al arrepentimiento, es decir, los llevaron al conocimiento del Señor su Dios, y a regocijarse en Jesucristo su Redentor.

10 ¿Y quién sabe si no serán el medio para traer a muchos miles de ellos al conocimiento de su Redentor, sí, y también a muchos miles de nuestros obstinados hermanos nefitas que hoy endurecen sus corazones en el pecado y las iniquidades?

11 Y todavía no me han sido revelados plenamente estos misterios; por tanto, me refrenaré.

12 Y quizás sea suficiente si solamente digo que se conservan para un sabio propósito, el cual es conocido por Dios; porque él

2a Enós 1:13–18;
   P. de Morm. 1:6–11;
   Alma 37:9–12.
3a 1 Ne. 5:10–19.
   GEE Planchas de
   bronce.

4a GEE Misterios de Dios.
6a 1 Cor. 2:14.
   b 1 Ne. 16:28–29;
     DyC 64:33; 123:15–17.
7a Isa. 55:8–9.
   b 2 Rey. 5:1–14.

8a 2 Tim. 3:15–17;
   Mos. 1:3–5.
9a Mos. 1:5.
   b Alma 18:36; 22:12.
   c GEE Evangelio.

[a]dirige con sabiduría todas sus obras, y sus sendas son rectas, y su curso es [b]un giro eterno.

13 ¡Oh recuerda, recuerda, hijo mío, Helamán, cuán [a]estrictos son los mandamientos de Dios! Y él ha dicho: [b]Si guardáis mis mandamientos, [c]prosperaréis en la tierra; pero si no guardáis sus mandamientos, seréis desechados de su presencia.

14 Y ahora recuerda, hijo mío, que Dios te ha [a]confiado estas cosas que son [b]sagradas, que él ha conservado sagradas, y que también guardará y preservará para un [c]sabio propósito suyo, para manifestar su poder a las generaciones futuras.

15 Y ahora bien, he aquí, te digo por el espíritu de profecía, que si quebrantas los mandamientos de Dios, he aquí, estas cosas que son sagradas te serán quitadas por el poder de Dios, y serás entregado a Satanás para que te zarandee como tamo ante el viento.

16 Pero si guardas los mandamientos de Dios y cumples con estas cosas que son sagradas, según el Señor te mande (pues debes recurrir al Señor en todas las cosas que tengas que hacer con ellas), he aquí, ningún poder de la tierra ni del infierno te las puede [a]quitar, porque Dios es poderoso para cumplir todas sus palabras.

17 Porque él cumplirá todas las promesas que te haga, pues ha cumplido sus promesas que él ha hecho a nuestros padres.

18 Porque les prometió que [a]preservaría estas cosas para un sabio propósito suyo, a fin de manifestar su poder a las generaciones futuras.

19 Y he aquí, ha cumplido un propósito, sí, la restauración de [a]muchos miles de los lamanitas al conocimiento de la verdad; y en ellas él ha manifestado su poder, y también manifestará aún en ellas su poder a generaciones [b]futuras; por tanto, serán preservadas.

20 Por lo que te mando, hijo mío, Helamán, que seas diligente en cumplir todas mis palabras, y que seas diligente en guardar los mandamientos de Dios tal como están escritos.

21 Y ahora te hablaré acerca de aquellas [a]veinticuatro planchas; que las guardes para que sean manifestados a este pueblo los misterios, y las obras de tinieblas, y sus hechos [b]secretos, o sea, los hechos secretos de aquel pueblo que fue destruido; sí, que todos sus asesinatos, y robos, y sus pillajes, y todas sus maldades y abominaciones puedan ser manifestados a este

12a 2 Ne. 9:28; Jacob 4:10.
  b 1 Ne. 10:19;
    Alma 7:20.
13a 2 Ne. 9:41.
  b Alma 9:13; 3 Ne. 5:22.
  c Mos. 1:7;

    Alma 50:20.
14a DyC 3:5.
  b GEE Santo (adjetivo).
  c 1 Ne. 9:3–6.
16a JS—H 1:59.
18a DyC 5:9.

19a Alma 23:5.
  b Enós 1:13;
    Morm. 7:8–10.
21a Éter 1:1–5.
  b GEE Combinaciones
    secretas.

pueblo; sí, y que preserves estos ^cintérpretes.

22 Porque he aquí, el Señor vio que su pueblo empezaba a obrar en tinieblas, sí, a cometer asesinatos y abominaciones en secreto; por tanto, dijo el Señor que si no se arrepentían, serían destruidos de sobre la superficie de la tierra.

23 Y dijo el Señor: Prepararé para mi siervo Gazelem una ^apiedra que brillará en las tinieblas hasta dar luz, a fin de manifestar a los de mi pueblo que me sirven, sí, para manifestarles los hechos de sus hermanos, sí, sus obras secretas, sus obras de obscuridad, y sus maldades y abominaciones.

24 Y se prepararon estos intérpretes, hijo mío, para que se cumpliera la palabra que Dios habló, diciendo:

25 ^aSacaré de las tinieblas a la luz todos sus hechos secretos y sus abominaciones; y a menos que se arrepientan, los ^bdestruiré de sobre la superficie de la tierra; y descubriré todos sus secretos y abominaciones a toda nación que en lo futuro posea la tierra.

26 Y vemos, hijo mío, que no se arrepintieron; por tanto, han sido destruidos, y hasta ahora se ha cumplido la palabra de Dios; sí, sus abominaciones secretas han salido de las tinieblas, y nos han sido reveladas.

27 Y ahora bien, hijo mío, te mando que retengas todos sus juramentos, y sus pactos, y sus acuerdos en sus abominaciones secretas; y todas sus ^aseñales y sus prodigios retendrás para que este pueblo no los conozca, no sea que por ventura también caigan en las tinieblas y sean destruidos.

28 Porque he aquí, hay una ^amaldición sobre toda esta tierra de que sobrevendrá una destrucción a todos los obradores de tinieblas, según el poder de Dios, cuando lleguen al colmo; por tanto, es mi deseo que este pueblo no sea destruido.

29 Por consiguiente, esconderás de este pueblo esos planes secretos de sus juramentos y sus ^apactos, y solamente le darás a conocer sus maldades, sus asesinatos y sus abominaciones; y le enseñarás a ^baborrecer tales maldades y abominaciones y asesinatos; y también debes enseñarle que esta gente fue destruida por motivo de sus maldades y abominaciones y asesinatos.

30 Porque he aquí, asesinaron a todos los profetas del Señor que llegaron entre ellos para declararles en cuanto a sus iniquidades; y la sangre de los que asesinaron clamó al Señor su Dios para que los vengara de aquellos que fueron sus asesinos; y así los juicios de Dios descendieron sobre estos

21c GEE Urim y Tumim.
23a Mos. 8:13.
25a DyC 88:108–110.
b Mos. 21:26.
27a Hel. 6:22.
28a Alma 45:16;
Éter 2:7–12.
29a Hel. 6:25.
b Alma 13:12.

obradores de tinieblas y de combinaciones secretas.

31 Sí, y maldita sea la tierra por siempre jamás para esos obradores de tinieblas y combinaciones secretas, aun hasta su destrucción, a menos que se arrepientan antes que lleguen al colmo.

32 Y ahora bien, hijo mío, recuerda las palabras que te he hablado; no confíes esos planes secretos a este pueblo, antes bien, inculca en ellos un ᵃodio perpetuo contra el pecado y la iniquidad.

33 ᵃPredícales el arrepentimiento y la fe en el Señor Jesucristo; enséñales a humillarse, y a ser ᵇmansos y humildes de corazón; enséñales a resistir toda ᶜtentación del diablo, con su fe en el Señor Jesucristo.

34 Enséñales a no cansarse nunca de las buenas obras, sino a ser mansos y humildes de corazón; porque estos hallarán ᵃdescanso para sus almas.

35 ¡Oh recuerda, hijo mío, y aprende ᵃsabiduría en tu juventud; sí, aprende en tu juventud a guardar los mandamientos de Dios!

36 Sí, e ᵃimplora a Dios todo tu sostén; sí, sean todos tus hechos en el Señor, y dondequiera que fueres, sea en el Señor; deja que todos tus pensamientos se dirijan al Señor; sí, deja que los afectos de tu corazón se funden en el Señor para siempre.

37 ᵃConsulta al Señor en todos tus hechos, y él te dirigirá para bien; sí, cuando te acuestes por la noche, acuéstate en el Señor, para que él te cuide en tu sueño; y cuando te levantes por la mañana, rebose tu corazón de ᵇgratitud a Dios; y si haces estas cosas, serás enaltecido en el postrer día.

38 Y ahora, hijo mío, tengo algo que decir concerniente a lo que nuestros padres llaman esfera o director, o que ellos llamaron ᵃLiahona, que interpretado quiere decir brújula; y el Señor la preparó.

39 Y he aquí, ningún hombre puede trabajar con tan singular maestría. Y he aquí, fue preparada para mostrar a nuestros padres el camino que habían de seguir por el desierto.

40 Y obró por ellos según su ᵃfe en Dios; por tanto, si tenían fe para creer que Dios podía hacer que aquellas agujas indicaran el camino que debían seguir, he aquí, así sucedía; por tanto, se obró para ellos este milagro, así como muchos otros milagros que diariamente se obraban por el poder de Dios.

41 Sin embargo, por motivo de que se efectuaron estos milagros por medios ᵃpequeños, se les manifestaron obras maravillosas.

32a 2 Ne. 4:31.
33a GEE Predicar.
   b GEE Mansedumbre, manso.
   c GEE Tentación, tentar.
34a Mateo 11:28–30.
35a GEE Sabiduría.
36a GEE Oración.
37a Jacob 4:10; DyC 3:4.
   b DyC 46:32.
38a 1 Ne. 16:10; 18:12; DyC 17:1.
40a 1 Ne. 16:28.
41a Alma 37:6–7.

Mas fueron perezosos y se olvidaron de ejercer su fe y diligencia, y entonces esas obras maravillosas cesaron, y no progresaron en su viaje.

42 Por tanto, se demoraron en el desierto, o sea, no siguieron un curso directo, y fueron afligidos con hambre y sed por causa de sus transgresiones.

43 Y ahora quisiera que entendieses, hijo mío, que estas cosas tienen un significado simbólico; porque así como nuestros padres no prosperaron por ser lentos en prestar atención a esta brújula (y estas cosas eran temporales), así es con las cosas que son espirituales.

44 Pues he aquí, tan fácil es prestar atención a la ᵃpalabra de Cristo, que te indicará un curso directo a la felicidad eterna, como lo fue para nuestros padres prestar atención a esta brújula que les señalaba un curso directo a la tierra prometida.

45 Y ahora digo: ¿No se ve en esto un símbolo? Porque tan cierto como este director trajo a nuestros padres a la tierra prometida por haber seguido sus indicaciones, así las palabras de Cristo, si seguimos su curso, nos llevan más allá de este valle de dolor a una tierra de promisión mucho mejor.

46 Oh hijo mío, no seamos ᵃperezosos por la facilidad que presenta la ᵇsenda; porque así sucedió con nuestros padres; pues

así les fue dispuesto, para que ᶜviviesen si miraban; así también es con nosotros. La vía está preparada, y si queremos mirar, podremos vivir para siempre.

47 Y ahora bien, hijo mío, asegúrate de cuidar estas cosas sagradas; sí, asegúrate de acudir a Dios para que vivas. Ve entre este pueblo y declara la palabra y sé sensato. Adiós, hijo mío.

————————

Los mandamientos de Alma a su hijo Shiblón.

Comprende el capítulo 38.

CAPÍTULO 38

Shiblón fue perseguido por causa de la rectitud — La salvación está en Cristo, el cual es la vida y la luz del mundo — Refrena todas tus pasiones. Aproximadamente 74 a.C.

HIJO mío, da oído a mis palabras, porque te digo, como dije a Helamán, que al grado que guardes los mandamientos de Dios, prosperarás en la tierra; y si no guardas los mandamientos de Dios, serás separado de su presencia.

2 Y ahora bien, hijo mío, confío en que tendré gran gozo en ti, por tu firmeza y tu fidelidad para con Dios; porque así como has empezado en tu juventud a confiar en el Señor tu Dios, así espero que ᵃcontinúes obedeciendo sus mandamientos;

44ᵃ Sal. 119:105; 1 Ne. 11:25;
       Hel. 3:29–30.
46ᵃ 1 Ne. 17:40–41.

   ᵇ Juan 14:5–6;
       2 Ne. 9:41; 31:17–21;
       DyC 132:22, 25.

   ᶜ Juan 11:25;
       Hel. 8:15; 3 Ne. 15:9.
38 2ᵃ Alma 63:1–2.

porque bendito es el que ^bpersevera hasta el fin.

3 Te digo, hijo mío, que ya he tenido gran gozo en ti por razón de tu fidelidad y tu diligencia, tu paciencia y tu longanimidad entre los ^azoramitas.

4 Porque sé que estuviste atado; sí, y también sé que fuiste apedreado por motivo de la palabra; y sobrellevaste con ^apaciencia todas estas cosas, porque el Señor estaba ^bcontigo; y ahora sabes que el Señor te libró.

5 Y ahora bien, hijo mío, Shiblón, quisiera que recordaras que en proporción a tu ^aconfianza en Dios, serás ^blibrado de tus tribulaciones, y tus ^cdificultades, y tus aflicciones, y serás enaltecido en el postrer día.

6 Y no quisiera que pensaras, hijo mío, que sé estas cosas de mí mismo, sino que el Espíritu de Dios que está en mí es el que me da a conocer estas cosas; porque si no hubiera ^anacido de Dios, no las habría sabido.

7 Mas he aquí, el Señor en su gran misericordia envió a su ^aángel para declararme que debía cesar la obra de ^bdestrucción entre su pueblo. Sí, y he visto a un ángel cara a cara, y me habló, y su voz fue como el trueno, y sacudió toda la tierra.

8 Y ocurrió que durante tres días y tres noches me vi en el más amargo dolor y angustia de alma; y no fue sino hasta que imploré misericordia al Señor Jesucristo que recibí la ^aremisión de mis pecados. Pero he aquí, clamé a él y hallé paz para mi alma.

9 Y te he dicho esto, hijo mío, para que aprendas sabiduría, para que aprendas de mí que ^ano hay otro modo o medio por el cual el hombre pueda ser salvo, sino en Cristo y por medio de él. He aquí, él es la vida y la ^bluz del mundo. He aquí, él es la palabra de verdad y de rectitud.

10 Y así como has empezado a enseñar la palabra, así quisiera yo que continuases enseñando; y quisiera que fueses diligente y moderado en todas las cosas.

11 Procura no ensalzarte en el orgullo; sí, procura no ^ajactarte de tu propia sabiduría, ni de tu mucha fuerza.

12 Usa valentía, mas no prepotencia; y procura también refrenar todas tus pasiones para que estés lleno de amor; procura evitar la ociosidad.

13 No ores como lo hacen los zoramitas, pues has visto que ellos oran para ser oídos de los hombres y para ser alabados por su sabiduría.

14 No digas: Oh Dios, te doy gracias porque somos ^amejores

2b 2 Ne. 31:15–20; 3 Ne. 15:9; 27:6, 16–17.
3a Alma 31:7.
4a GEE Paciencia.
 b Rom. 8:35–39.
5a Alma 36:27. GEE Confianza, confiar.
 b Mateo 11:28–30.
 c DyC 3:8; 121:7–8.
6a Alma 36:26; DyC 5:16. GEE Nacer de Dios, nacer de nuevo.
7a Mos. 27:11–17.
 b Alma 26:17–18; 36:6–11.
8a GEE Remisión de pecados.
9a Hel. 5:9.
 b Mos. 16:9.
11a GEE Orgullo.
14a Alma 31:16.

que nuestros hermanos, sino di más bien: Oh Señor, perdona mi [b]indignidad, y acuérdate de mis hermanos con misericordia. Sí, reconoce tu indignidad ante Dios en todo tiempo.

15 Y el Señor bendiga tu alma y te reciba en el postrer día en su reino, para sentarte en paz. Ahora ve, hijo mío, y enseña la palabra a este pueblo. Sé sensato. Adiós, hijo mío.

Los mandamientos de Alma a su hijo Coriantón.

Comprende los capítulos del 39 al 42.

CAPÍTULO 39

El pecado sexual es una abominación — Los pecados de Coriantón impidieron que los zoramitas recibieran la palabra — La redención de Cristo es retroactiva para la salvación de los fieles que la antecedieron. Aproximadamente 74 a.C.

HIJO mío, tengo algo más que decirte de lo que dije a tu hermano; porque he aquí, ¿no has observado la constancia de tu hermano, su fidelidad y su diligencia al guardar los mandamientos de Dios? He aquí, ¿no te ha dado un buen ejemplo?

2 Porque tú no hiciste tanto caso de mis palabras, entre el pueblo de los [a]zoramitas, como lo hizo tu hermano. Y esto es lo que tengo en contra de ti: Tú seguiste jactándote de tu fuerza y tu sabiduría.

3 Y esto no es todo, hijo mío. Tú hiciste lo que para mí fue penoso; porque abandonaste el ministerio y te fuiste a la tierra de Sirón, en las fronteras de los lamanitas, tras la [a]ramera Isabel.

4 Sí, ella se [a]conquistó el corazón de muchos; pero no era excusa para ti, hijo mío. Tú debiste haber atendido al ministerio que se te confió.

5 ¿No sabes tú, hijo mío, que [a]estas cosas son una abominación a los ojos del Señor; sí, más abominables que todos los pecados, salvo el derramar sangre inocente o el negar al Espíritu Santo?

6 Porque he aquí, si [a]niegas al Espíritu Santo, una vez que haya morado en ti, y sabes que lo niegas, he aquí, es un pecado que es [b]imperdonable; sí, y al que asesina contra la luz y el conocimiento de Dios, no le es fácil obtener [c]perdón; sí, hijo mío, te digo que no le es fácil obtener perdón.

7 Y ahora bien, hijo mío, quisiera Dios que no hubieses sido [a]culpable de tan gran delito. No persistiría en hablar de tus delitos, para atormentar tu alma, si no fuera para tu bien.

8 Mas he aquí, tú no puedes ocultar tus delitos de Dios; y a

14b Lucas 18:10–14.
39 2a Alma 38:3.
   3a GEE Sensual, sensualidad.
   4a Prov. 7:6–27.
5a GEE Inmoralidad sexual.
6a DyC 76:35–36.
  b GEE Pecado imperdonable.
c DyC 64:10.
  GEE Perdonar.
7a GEE Culpa.

menos que te arrepientas, se levantarán como testimonio contra ti en el postrer día.

9 Hijo mío, quisiera que te arrepintieses y abandonases tus pecados, y no te dejases llevar más por las [a]concupiscencias de tus ojos, sino que te [b]refrenaras de todas estas cosas; porque a menos que hagas esto, de ningún modo podrás heredar el reino de Dios. ¡Oh recuerda, y comprométete, y abstente de estas cosas!

10 Y te mando que te comprometas a consultar con tus hermanos mayores en tus empresas; porque he aquí, eres joven, y necesitas ser nutrido por tus hermanos. Y atiende a sus consejos.

11 No te dejes llevar por ninguna cosa vana ni insensata; no permitas que el diablo incite tu corazón otra vez en pos de esas inicuas rameras. He aquí, oh hijo mío, cuán gran iniquidad has traído sobre los [a]zoramitas; porque al observar ellos tu [b]conducta, no quisieron creer en mis palabras.

12 Y ahora el Espíritu del Señor me dice: [a]Manda a tus hijos que hagan lo bueno, no sea que desvíen el corazón de muchos hasta la destrucción. Por tanto, hijo mío, te mando, en el temor de Dios, que te abstengas de tus iniquidades;

13 que te vuelvas al Señor con toda tu mente, poder y fuerza; que no induzcas más el corazón de los demás a hacer lo malo, sino más bien, vuelve a ellos, y [a]reconoce tus faltas y la maldad que hayas cometido.

14 [a]No busques las riquezas ni las vanidades de este mundo, porque he aquí, no las puedes llevar contigo.

15 Y ahora bien, hijo mío, quisiera decirte algo concerniente a la venida de Cristo. He aquí, te digo que él es el que ciertamente vendrá a quitar los pecados del mundo; sí, él viene para declarar a su pueblo las gratas nuevas de la salvación.

16 Y este fue, hijo mío, el ministerio al cual fuiste llamado, para declarar estas alegres nuevas a este pueblo, a fin de preparar sus mentes; o más bien, para que la salvación viniera a ellos, a fin de que preparen la mente de sus [a]hijos para oír la palabra en el tiempo de su venida.

17 Y ahora tranquilizaré un poco tu mente sobre este punto. He aquí, te maravillas de por qué se deben saber estas cosas tan anticipadamente. He aquí te digo, ¿no es un alma tan preciosa para Dios ahora, como lo será en el tiempo de su venida?

18 ¿No es tan necesario que el plan de redención se dé a conocer

9a GEE Carnal.
  b 3 Ne. 12:30.
11a Alma 35:2–14.
  b Rom. 2:21–23; 14:13;
    Alma 4:11.
12a GEE Enseñar;
    Mandamientos de
    Dios.
13a Mos. 27:34–35.
14a Mateo 6:25–34;
Jacob 2:18–19;
DyC 6:6–7; 68:31–32.
16a GEE Familia — Las
    responsabilidades de
    los padres.

a este pueblo, así como a sus hijos?

19 ¿No le es tan fácil al Señor enviar a su ángel en esta época para declarar estas gozosas nuevas a nosotros tanto como a nuestros hijos, como lo será después del tiempo de su venida?

CAPÍTULO 40

Cristo lleva a cabo la resurrección de todos los hombres — Los muertos que han sido justos van al paraíso y los malvados a las tinieblas de afuera para esperar el tiempo de su resurrección — Todo será restablecido a su propia y perfecta forma en la Resurrección. Aproximadamente 74 a.C.

Y AHORA bien, hijo mío, he aquí algo más que quisiera decirte, porque veo que tu mente está preocupada con respecto a la resurrección de los muertos.

2 He aquí, te digo que no hay resurrección, o en otras palabras, quiero decir que este cuerpo mortal no se reviste de ªinmortalidad, esta corrupción no se ᵇreviste de incorrupción, sino ᶜhasta después de la venida de Cristo.

3 He aquí, él efectúa la ªresurrección de los muertos. Mas he aquí, hijo mío, la resurrección no ha llegado aún. Ahora bien, te descubro un misterio; no obstante, hay muchos ᵇmisterios que ᶜpermanecen ocultos, que nadie los

conoce sino Dios mismo. Pero te manifiesto una cosa que he preguntado diligentemente a Dios para saber concerniente a la resurrección.

4 He aquí, se ha señalado una época en que todos se ªlevantarán de los muertos. Mas cuándo vendrá este tiempo, nadie lo sabe; pero Dios sabe la hora que está señalada.

5 Ahora bien, con respecto a que si habrá una primera, o una ªsegunda o una tercera vez en que los hombres han de resucitar de los muertos, nada importa; pues Dios ᵇsabe todas estas cosas; y bástame saber que tal es el caso: que hay un tiempo señalado en que todos se levantarán de los muertos.

6 Debe haber, pues, un intervalo entre el tiempo de la muerte y el de la resurrección.

7 Y ahora quisiera preguntar: ¿Qué sucede con las ªalmas de los hombres desde este tiempo de la muerte hasta el momento señalado para la resurrección?

8 Ahora bien, nada importa si hay más de una época señalada para que resuciten los hombres, porque no todos mueren de una vez, y esto no importa; todo es como un día para Dios, y solo para los hombres está medido el tiempo.

9 Por tanto, se ha designado a los hombres una época en que

---

40 2*a* Mos. 16:10–13.
    GEE Inmortal, inmortalidad.
  b 1 Cor. 15:53–54.
  c 1 Cor. 15:20.

3*a* GEE Resurrección.
  b GEE Misterios de Dios.
  c DyC 25:4; 124:41.
4*a* Juan 5:28–29.
5*a* Mos. 26:24–25;

DyC 43:18; 76:85.
  b GEE Trinidad.
7*a* Alma 40:21;
  DyC 138.
  GEE Alma.

han de resucitar de los muertos; y hay un intervalo entre el tiempo de la muerte y el de la resurrección. Y ahora bien, concerniente a este espacio de tiempo, qué sucede con las almas de los hombres es lo que he preguntado diligentemente al Señor para saber; y es acerca de esto de lo que yo sé.

10 Y cuando llegue el tiempo en que todos resuciten, entonces sabrán que Dios conoce todas las ^aépocas que le están señaladas al hombre.

11 Ahora bien, respecto al estado del alma entre la ^amuerte y la resurrección, he aquí, un ángel me ha hecho saber que los espíritus de todos los hombres, en cuanto se separan de este cuerpo mortal, sí, los espíritus de todos los hombres, sean buenos o malos, son llevados de ^bregreso a ese Dios que les dio la vida.

12 Y sucederá que los espíritus de los que son justos serán recibidos en un estado de ^afelicidad que se llama ^bparaíso: un estado de ^cdescanso, un estado de ^dpaz, donde descansarán de todas sus aflicciones, y de todo cuidado y pena.

13 Y entonces acontecerá que los espíritus de los malvados, sí, los que son malos —pues he aquí, no tienen parte ni porción del Espíritu del Señor, porque escogieron las malas obras en lugar de las buenas; por lo que el espíritu del diablo entró en ellos y se posesionó de su casa— estos serán echados a las ^atinieblas de afuera; habrá ^bllantos y lamentos y el crujir de dientes, y esto a causa de su propia iniquidad, pues fueron llevados cautivos por la voluntad del diablo.

14 Así que este es el estado de las almas de los ^amalvados; sí, en tinieblas y en un estado de terrible y ^bespantosa espera de la ardiente indignación de la ira de Dios sobre ellos; y así permanecen en este ^cestado, como los justos en el paraíso, hasta el tiempo de su resurrección.

15 Ahora bien, hay algunos que han entendido que este estado de felicidad y este estado de miseria del alma, antes de la resurrección, era una primera resurrección. Sí, admito que puede llamarse resurrección, el levantarse del espíritu o el alma, y su consignación a la felicidad o a la miseria, de acuerdo con las palabras que se han hablado.

16 Y he aquí, también se ha dicho que hay una ^aprimera ^bresurrección, una resurrección de todos cuantos hayan existido,

10a Hech. 17:26.
11a Lucas 16:22–26;
　　1 Pe. 3:18–19; 4:6;
　　DyC 76:71–74; 138.
　　b Ecle. 12:7; 2 Ne. 9:38.
12a GEE Gozo.
　　b GEE Paraíso.

c GEE Descansar,
　　descanso (reposo).
d DyC 45:46.
　　GEE Paz.
13a GEE Infierno.
　　b Mateo 8:12;
　　Mos. 16:2.

14a DyC 138:20.
　　b Jacob 6:13;
　　Moisés 7:1.
　　c Alma 34:34.
16a Jacob 4:11;
　　Mos. 15:21–23.
　　b GEE Resurrección.

existen o existirán, hasta la resurrección de Cristo de entre los muertos.

17 Ahora bien, no suponemos que esta primera resurrección, de que se ha hablado en estos términos, sea la resurrección de las almas y su ªconsignación a la felicidad o a la miseria. No puedes suponer que esto es lo que quiere decir.

18 He aquí, te digo que no; sino que significa la reunión del alma con el cuerpo, de los que hayan existido desde los días de Adán hasta la ªresurrección de Cristo.

19 Mas si las almas y los cuerpos de aquellos de quienes se ha hablado serán reunidos todos de una vez, los malos así como los justos, no lo digo; bástame decir que todos se levantarán; o en otras palabras, su resurrección se verificará ªantes que la de aquellos que mueran después de la resurrección de Cristo.

20 Y no digo, hijo mío, que su resurrección venga al tiempo de la de Cristo; mas, he aquí, lo doy como mi opinión, que las almas y los cuerpos de los justos serán reunidos al tiempo de la resurrección de Cristo y su ªascensión al cielo.

21 Mas si esto sucederá al tiempo de la resurrección de él o después, no lo digo; pero esto

sí digo, que hay un ªintervalo entre la muerte y la resurrección del cuerpo, y un estado del alma en ᵇfelicidad o en ᶜmiseria, hasta el tiempo que Dios ha señalado para que se levanten los muertos, y sean reunidos el alma y el cuerpo, y ᵈllevados a comparecer ante Dios, y ser juzgados según sus obras.

22 Sí, esto lleva a efecto la restauración de aquellas cosas que se han declarado por boca de los profetas.

23 El ªalma será ᵇrestaurada al ᶜcuerpo, y el cuerpo al alma; sí, y todo miembro y coyuntura serán restablecidos a su cuerpo; sí, ni un cabello de la cabeza se perderá, sino que todo será restablecido a su propia y perfecta forma.

24 Y ahora bien, hijo mío, esta es la restauración que se ha ªanunciado por boca de los profetas.

25 Y entonces los justos resplandecerán en el reino de Dios.

26 Mas he aquí, una terrible ªmuerte sobreviene a los inicuos; porque mueren en cuanto a las cosas concernientes a la rectitud; pues son impuros, y nada ᵇimpuro puede heredar el reino de Dios; sino que son echados fuera y consignados a participar de los frutos de sus labores o sus obras, que han sido

---

17a DyC 76:17, 32, 50–51.
18a Mateo 27:52–53.
19a Mos. 15:26.
20a GEE Ascensión.
21a Lucas 23:39–43.
  b GEE Paraíso.

  c GEE Infierno.
  d Alma 42:23.
23a Es decir, el espíritu.
    DyC 88:15–17.
    GEE Alma.
  b 2 Ne. 9:12–13;

    Alma 11:40–45.
  c GEE Cuerpo.
24a Isa. 26:19.
26a 1 Ne. 15:33;
    Alma 12:16.
  b Alma 11:37.

malas; y beben los sedimentos de una amarga copa.

CAPÍTULO 41

En la Resurrección, los hombres resucitan a un estado de felicidad sin fin o a una miseria interminable — La maldad nunca fue felicidad — Los hombres que se hallan en un estado carnal se encuentran sin Dios en el mundo — En la Restauración, toda persona recibe de nuevo las características y los atributos que haya logrado en el estado terrenal. Aproximadamente 74 a.C.

Y AHORA bien, hijo mío, tengo algo que decirte sobre la restauración de que se ha hablado; porque he aquí, algunos han ᵃtergiversado las Escrituras y se han ᵇdesviado lejos a causa de esto. Y veo que tu mente también ha estado preocupada en cuanto a este asunto; mas he aquí, te lo explicaré.

2 Te digo, hijo mío, que el plan de la restauración es indispensable en la justicia de Dios, porque es necesario que todas las cosas sean restablecidas a su propio orden. He aquí, es preciso y justo, según el poder y la resurrección de Cristo, que el alma del hombre sea restituida a su cuerpo, y que al cuerpo le sean restauradas todas sus ᵃpartes.

3 Y es indispensable en la ᵃjusticia de Dios que los hombres sean ᵇjuzgados según sus ᶜobras; y si sus hechos fueron buenos en esta vida, y buenos los deseos de sus corazones, que también sean ellos ᵈrestituidos a lo que es bueno en el postrer día.

4 Y si sus obras son malas, les serán ᵃrestituidas para mal. Por tanto, todas las cosas serán restablecidas a su propio orden; todo a su forma natural — la ᵇmortalidad levantada en inmortalidad; la ᶜcorrupción en incorrupción — levantado a una felicidad ᵈsin fin para heredar el reino de Dios, o a una miseria interminable para heredar el reino del diablo; uno por una parte y otro por la otra;

5 uno levantado a la dicha, de acuerdo con sus deseos de felicidad, o a lo bueno, según sus deseos del bien; y el otro al mal, según sus deseos de maldad; porque así como ha deseado hacer mal todo el día, así recibirá su recompensa de maldad cuando venga la noche.

6 Y así sucede por la otra parte. Si se ha arrepentido de sus pecados y ha deseado la rectitud hasta el fin de sus días, de igual manera será recompensado en rectitud.

7 ᵃEstos son los redimidos del Señor; sí, los que son librados, los que son rescatados de esa interminable noche de tinieblas, y

---

41 1*a* 2 Pe. 1:20; 3:16;
　　　Alma 13:20.
　　b GEE Apostasía.
　2*a* Alma 40:23.
　3*a* GEE Justicia.
　　b GEE Juicio, juzgar;

Responsabilidad,
responsable.
　c GEE Obras.
　d Hel. 14:31.
4*a* Alma 42:28.
　b 2 Ne. 9:12–13;

DyC 138:17.
　GEE Resurrección.
　c 1 Cor. 15:51–55.
　d GEE Vida eterna.
7*a* DyC 76:50–70.

así se sostienen o caen; pues he aquí, son sus *b*propios jueces, ya para obrar el bien o para obrar el mal.

8 Y los decretos de Dios son *a*inalterables; por tanto, se ha preparado el camino para que todo aquel que quiera, ande por él y sea salvo.

9 Y ahora bien, he aquí, hijo mío, no te arriesgues a *a*una ofensa más contra tu Dios sobre esos puntos de doctrina, en los cuales hasta ahora te has arriesgado a cometer pecados.

10 No vayas a suponer, porque se ha hablado concerniente a la restauración, que serás restaurado del pecado a la felicidad. He aquí, te digo que la *a*maldad nunca fue felicidad.

11 Y así, hijo mío, todos los hombres que se hallan en un estado *a*natural, o más bien diría, en un estado *b*carnal, están en la hiel de amargura y en las ligaduras de la iniquidad; se encuentran *c*sin Dios en el mundo, y han obrado en contra de la naturaleza de Dios; por tanto, se hallan en un estado que es contrario a la naturaleza de la felicidad.

12 Y he aquí, ¿significa la palabra restauración tomar una cosa de un estado natural y colocarla en un estado innatural, o sea,

ponerla en una condición que se opone a su naturaleza?

13 Oh, hijo mío, tal no es el caso; sino que el significado de la palabra restauración es volver de nuevo mal por mal, o carnal por carnal, o diabólico por diabólico; bueno por lo que es bueno, recto por lo que es recto, justo por lo que es justo, misericordioso por lo que es misericordioso.

14 Por tanto, hijo mío, procura ser misericordioso con tus hermanos; trata con *a*justicia, *b*juzga con rectitud, y haz lo *c*bueno sin cesar; y si haces todas estas cosas, entonces recibirás tu galardón; sí, la *d*misericordia te será restablecida de nuevo; la justicia te será restaurada otra vez; se te restituirá un justo juicio nuevamente; y se te recompensará de nuevo con lo bueno.

15 Porque lo que de ti salga, volverá otra vez a ti, y te será restituido; por tanto, la palabra restauración condena al pecador más plenamente, y en nada lo justifica.

CAPÍTULO 42

El estado terrenal es un tiempo de probación que permite al hombre arrepentirse y servir a Dios — La Caída trajo la muerte temporal y

---

7*b* 2 Ne. 2:26; Alma 42:27;
  Hel. 14:30.
  GEE Albedrío.
8*a* DyC 1:38.
9*a* DyC 42:23–28.
10*a* Sal. 32:10;

Isa. 57:20–21;
  Hel. 13:38.
11*a* Mos. 3:19.
  GEE Hombre natural.
  b GEE Carnal.
  c Efe. 2:12.

14*a* GEE Honestidad,
  honradez.
  b Juan 7:24; DyC 11:12.
  c DyC 6:13; 58:27–28.
  d GEE Misericordia,
  misericordioso.

espiritual sobre todo el género hu-
mano — La redención se realiza
por medio del arrepentimiento —
Dios mismo expía los pecados del
mundo — La misericordia es para
aquellos que se arrepienten — Todos
los demás quedan sujetos a la justicia
de Dios — La misericordia viene a
causa de la Expiación — Solo se sal-
van los que verdaderamente se arre-
pienten. Aproximadamente 74 a.C.

Y AHORA bien, hijo mío, percibo que hay algo más que inquieta tu mente, algo que no puedes comprender, y es concerniente a la ªjusticia de Dios en el castigo del pecador; porque tratas de suponer que es una injusticia que el pecador sea consignado a un estado de miseria.

2 He aquí, hijo mío, te explicaré esto. Pues, he aquí, luego que el Señor Dios ªexpulsó a nuestros primeros padres del Jardín de ᵇEdén, para cultivar la tierra de la que fueron tomados, sí, sacó al hombre, y colocó al extremo oriental del Jardín de Edén ᶜquerubines, y una espada encendida que daba vueltas por todos lados, para guardar el ᵈárbol de la vida,

3 vemos, pues, que el hombre había llegado a ser como Dios, conociendo el bien y el mal; y para que no extendiera su mano,

y tomara también del árbol de la vida, y comiera y viviera para siempre, el Señor Dios colocó querubines y la espada encendida, para que el hombre no comiera del fruto.

4 Y así vemos que le fue concedido al hombre un tiempo para que se arrepintiera; sí, un ªtiempo de probación, un tiempo para arrepentirse y servir a Dios.

5 Porque he aquí, si Adán hubiese extendido su mano inmediatamente, y comido del árbol de la vida, habría vivido para siempre, según la palabra de Dios, sin tener un tiempo para arrepentirse; sí, y también habría sido vana la palabra de Dios, y se habría frustrado el gran plan de salvación.

6 Mas he aquí, le fue señalado al hombre que ªmuriera —por tanto, como fueron separados del árbol de la vida, así iban a ser separados de la faz de la tierra— y el hombre se vio perdido para siempre; sí, se tornó en ᵇhombre caído.

7 Y ahora bien, ves por esto que nuestros primeros padres fueron ªseparados de la presencia del Señor, tanto temporal como espiritualmente; y así vemos que llegaron a ser personas libres de seguir su propia ᵇvoluntad.

8 Y he aquí, no era prudente que el hombre fuese rescatado

42 1a 2 Ne. 26:7;
　　Mos. 15:26–27.
　　GEE Justicia.
　2a Gén. 3:23–24;
　　Moisés 4:28–31.
　b GEE Edén.
　c GEE Querubines.
　d Gén. 2:9.
　4a Alma 34:32–33.
　6a GEE Muerte física.
　b Mos. 16:3–5.
　　GEE Caída de Adán y
　　　Eva.
　7a 2 Ne. 2:5; 9:6;
　　Hel. 14:16.
　　GEE Muerte espiritual.
　b GEE Albedrío.

de esta muerte temporal, porque esto habría destruido el gran ªplan de felicidad.

9 Por tanto, como el alma nunca podía morir, y ya que la ªcaída había traído una muerte espiritual, así como una temporal, sobre todo el género humano, es decir, fueron separados de la presencia del Señor, se hizo menester que la humanidad fuese rescatada de esta muerte espiritual.

10 Por tanto, ya que se habían vuelto ªcarnales, sensuales y diabólicos por ᵇnaturaleza, este ᶜestado de probación llegó a ser para ellos un estado para prepararse; se tornó en un estado preparatorio.

11 Y ten presente, hijo mío, que de no ser por el plan de redención (dejándolo a un lado), sus almas serían ªmiserables en cuanto ellos murieran, por estar separados de la presencia del Señor.

12 Y no habría medio de redimir al hombre de este estado caído, que él mismo se había ocasionado por motivo de su propia desobediencia;

13 por tanto, según la justicia, el ªplan de redención no podía realizarse sino de acuerdo con las condiciones del ᵇarrepentimiento del hombre en este estado probatorio, sí, este estado preparatorio; porque a menos que fuera por estas condiciones, la misericordia no podría surtir efecto, salvo que destruyese la obra de la justicia. Pero la obra de la justicia no podía ser destruida; de ser así, Dios ᶜdejaría de ser Dios.

14 Y así vemos que toda la humanidad se hallaba ªcaída, y que estaba en manos de la ᵇjusticia; sí, la justicia de Dios que los sometía para siempre a estar separados de su presencia.

15 Ahora bien, no se podría realizar el plan de la misericordia salvo que se efectuase una expiación; por tanto, Dios mismo ªexpía los pecados del mundo, para realizar el plan de la ᵇmisericordia, para apaciguar las demandas de la ᶜjusticia, para que Dios sea un Dios ᵈperfecto, justo y misericordioso también.

16 Mas el arrepentimiento no podía llegar a los hombres a menos que se fijara un castigo, igualmente ªeterno como la vida del alma, opuesto al plan de la felicidad, tan eterno también como la vida del alma.

17 Y, ¿cómo podría el hombre arrepentirse, a menos que ªpecara? ¿Cómo podría pecar, si no hubiese ᵇley? Y, ¿cómo podría

---

8a Alma 34:9; Moisés 6:62.
9a GEE Caída de Adán y Eva.
10a GEE Carnal.
   b GEE Hombre natural.
   c GEE Mortal, mortalidad.
11a 2 Ne. 9:7–9.

13a GEE Plan de redención.
   b GEE Arrepentimiento, arrepentirse.
   c 2 Ne. 2:13–14.
14a Alma 22:13–14.
   b 2 Ne. 2:5.
15a 2 Ne. 9:7–10; Mos. 16:7–8.

   GEE Expiación, expiar.
   b GEE Misericordia, misericordioso.
   c GEE Justicia.
   d 3 Ne. 12:48.
16a DyC 19:10–12.
17a GEE Pecado.
   b Rom. 4:15.

haber una ley sin que hubiese un castigo?

18 Mas se fijó un castigo, y se dio una ley justa, la cual trajo el remordimiento de ªconciencia al hombre.

19 Ahora bien, de no haberse dado una ley de que el hombre que ªasesina debe morir, ¿tendría miedo de morir si matase?

20 Y también, si no hubiese ninguna ley contra el pecado, los hombres no tendrían miedo de pecar.

21 Y si no se hubiese dado ªninguna ley, ¿qué podría hacer la justicia si los hombres pecasen? ¿O la misericordia? Pues no tendrían derecho a reclamar al hombre.

22 Mas se ha dado una ley, y se ha fijado un castigo, y se ha concedido un ªarrepentimiento, el cual la misericordia reclama; de otro modo, la justicia reclama al ser humano y ejecuta la ley, y la ley impone el castigo; pues de no ser así, las obras de la justicia serían destruidas, y Dios dejaría de ser Dios.

23 Mas Dios no cesa de ser Dios, y la ªmisericordia reclama al que se arrepiente; y la misericordia viene a causa de la ᵇexpiación; y la expiación lleva a efecto la ᶜresurrección de los muertos; y la resurrección de los muertos lleva a los hombres de ᵈregreso a la presencia de Dios; y así son restaurados a su presencia, para ser ᵉjuzgados según sus obras, de acuerdo con la ley y la justicia.

24 Pues he aquí, la justicia ejerce todos sus derechos, y también la misericordia reclama cuanto le pertenece; y así, nadie se salva sino los que verdaderamente se arrepienten.

25 ¿Qué, supones tú que la misericordia puede robar a la ªjusticia? Te digo que no, ni un ápice. Si fuera así, Dios dejaría de ser Dios.

26 Y de este modo realiza Dios sus grandes y eternos ªpropósitos, que fueron preparados ᵇdesde la fundación del mundo. Y así se realiza la salvación y la redención de los hombres, y también su destrucción y miseria.

27 Por tanto, oh hijo mío, ªel que quiera venir, puede venir a beber libremente de las aguas de la vida; y quien no quiera venir, no está obligado a venir; pero en el postrer día le será ᵇrestaurado según sus ᶜhechos.

28 Si ha deseado hacer lo ªmalo, y no se ha arrepentido durante sus días, he aquí, lo malo le será

18a GEE Conciencia.
19a GEE Asesinato.
21a 2 Ne. 9:25–26;
    Mos. 3:11.
22a GEE Arrepentimiento,
    arrepentirse.
23a GEE Misericordia,
    misericordioso.
  b GEE Expiación, expiar.

c 2 Ne. 2:8; 9:4;
    Alma 7:12; 11:41–45;
    12:24–25; Hel. 14:15–18;
    Morm. 9:13.
d Alma 40:21–24.
e GEE Juicio final.
25a GEE Justicia.
26a 2 Ne. 2:14–30;
    Moisés 1:39.

b Alma 13:3;
    3 Ne. 1:14.
27a Alma 5:34;
    Hel. 14:30.
    GEE Albedrío.
  b Alma 41:15.
  c Isa. 59:18;
    Apoc. 20:12.
28a Alma 41:2–5.

devuelto, según la restauración de Dios.

29 Y ahora bien, hijo mío, quisiera que no dejaras que te perturbaran más estas cosas, y solo deja que te preocupen tus pecados, con esa zozobra que te conducirá al arrepentimiento.

30 ¡Oh hijo mío, quisiera que no negaras más la justicia de Dios! No trates de excusarte en lo más mínimo a causa de tus pecados, negando la justicia de Dios. Deja, más bien, que la justicia de Dios, y su misericordia y su longanimidad dominen por completo tu corazón; y permite que esto te ^ahumille hasta el polvo.

31 Y ahora bien, oh hijo mío, eres llamado por Dios para predicar la palabra a este pueblo. Ve, hijo mío; declara la palabra con verdad y con circunspección, para que lleves almas al arrepentimiento, a fin de que el gran plan de misericordia pueda reclamarlas. Y Dios te conceda según mis palabras. Amén.

CAPÍTULO 43

Alma y sus hijos predican la palabra — Los zoramitas y otros disidentes nefitas se hacen lamanitas — Los lamanitas emprenden la guerra contra los nefitas — Moroni arma a los nefitas con armadura protectora — El Señor revela a Alma la estrategia de los lamanitas — Los nefitas defienden sus hogares, su libertad, sus familias y su religión — Los ejércitos de Moroni y de Lehi rodean a los lamanitas. Aproximadamente 74 a.C.

Y ACONTECIÓ que los hijos de Alma salieron entre el pueblo para declararle la palabra. Y el mismo Alma no pudo descansar, y también salió.

2 Y no diremos más acerca de su predicación, sino que predicaron la palabra y la verdad de acuerdo con el espíritu de profecía y revelación; y predicaron según el ^asanto orden de Dios, mediante el cual se les había llamado.

3 Y vuelvo ahora a una narración de las guerras entre los nefitas y los lamanitas, en el año decimoctavo del gobierno de los jueces.

4 Porque he aquí, aconteció que los ^azoramitas se hicieron lamanitas; por tanto, al principio del año decimoctavo, los nefitas vieron que los lamanitas venían contra ellos; de modo que hicieron preparativos para la guerra, sí, reunieron sus ejércitos en la tierra de Jersón.

5 Y ocurrió que los lamanitas vinieron con sus miles; y llegaron a la tierra de Antiónum, que es la tierra de los zoramitas; y era su caudillo un hombre llamado Zerahemna.

6 Y como los amalekitas eran por naturaleza de una disposición más ruin y sanguinaria que los lamanitas, Zerahemna, por tanto, nombró capitanes en jefe

---

30a GEE Humildad,
    humilde, humillar
(afligir).
43 2a GEE Sacerdocio de

Melquisedec.
4a Alma 35:2–14; 52:33.

sobre los lamanitas, y todos eran amalekitas y zoramitas.

7 E hizo esto con objeto de preservar el odio que sentían contra los nefitas, a fin de subyugarlos para realizar sus designios.

8 Pues he aquí, sus intenciones eran incitar a la ira a los lamanitas contra los nefitas; e hizo esto para usurpar un gran poder sobre ellos, y también para subyugar a los nefitas, sometiéndolos al cautiverio.

9 Ahora bien, el propósito de los nefitas era proteger sus tierras y sus casas, sus ªesposas y sus hijos, para preservarlos de las manos de sus enemigos; y también preservar sus derechos y sus privilegios, sí, y también su ᵇlibertad, para poder adorar a Dios según sus deseos.

10 Porque sabían que si llegaban a caer en manos de los lamanitas, estos destruirían a cualquiera que en ªespíritu y en verdad ᵇadorara a Dios, el Dios verdadero y viviente.

11 Sí, y también sabían del extremado odio de los lamanitas para con sus ªhermanos, quienes eran el pueblo de Anti-Nefi-Lehi, los cuales se llamaban el pueblo de Ammón. Y estos no querían tomar las armas, sí, habían hecho un convenio y no lo querían quebrantar; por tanto, si caían en manos de los lamanitas serían destruidos.

12 Y los nefitas no iban a permitir que fuesen destruidos; por

tanto, les dieron tierras para su herencia.

13 Y el pueblo de Ammón entregó a los nefitas gran parte de sus bienes para sostener a sus ejércitos; y así los nefitas se vieron compelidos a hacer frente ellos solos a los lamanitas, los cuales eran un conjunto de los hijos de Lamán y Lemuel y los hijos de Ismael, y todos los disidentes nefitas, que eran amalekitas y zoramitas, y los ªdescendientes de los sacerdotes de Noé.

14 Y estos descendientes eran casi tan numerosos como los nefitas; y así los nefitas se vieron obligados a combatir contra sus hermanos hasta la efusión de sangre.

15 Y ocurrió que al juntarse los ejércitos de los lamanitas en la tierra de Antiónum, he aquí, los ejércitos de los nefitas estaban preparados para hacerles frente en la tierra de Jersón.

16 Y el jefe de los nefitas, o sea, el hombre que había sido nombrado capitán en jefe de los nefitas —y el capitán en jefe tomó el mando de todos los ejércitos de los nefitas— y se llamaba Moroni;

17 y Moroni tomó todo el mando y dirección de sus guerras. Y no tenía más que veinticinco años de edad cuando fue nombrado capitán en jefe de los ejércitos de los nefitas.

18 Y aconteció que se encontró

9a Alma 44:5; 46:12.
  b GEE Libertad, libre.
10a Juan 4:23–24.

b GEE Adorar.
11a Alma 24:1–3, 5, 20; 25:1,
    13; 27:2, 21–26.

13a Alma 25:4.

con los lamanitas en las fronteras de Jersón, y su gente estaba armada con espadas, con cimitarras y con toda clase de armas de guerra.

19 Y cuando los ejércitos de los lamanitas vieron que el pueblo de Nefi, o que Moroni, había preparado a su gente con petos y con broqueles, sí, y con escudos también para protegerse la cabeza, y también estaban vestidos con ropa gruesa

20 —y el ejército de Zerahemna no se hallaba preparado con ninguna de estas cosas; solamente tenían sus espadas y sus cimitarras, sus arcos y sus flechas, sus piedras y sus hondas; y estaban ªdesnudos, con excepción de una piel que llevaban ceñida alrededor de sus lomos; sí, todos estaban desnudos, menos los zoramitas y los amalekitas;

21 mas no iban armados con petos ni con escudos— por tanto, temieron en gran manera a los ejércitos de los nefitas por causa de su armadura, a pesar de ser su número mucho mayor que el de los nefitas.

22 Y he aquí, aconteció que no se atrevieron a avanzar contra los nefitas en las fronteras de Jersón; por tanto, salieron de la tierra de Antiónum para el desierto, e hicieron un rodeo en el desierto, allá por los manantiales del río Sidón, para llegar a la tierra de Manti y tomar posesión de ella; porque no suponían que

los ejércitos de Moroni supieran hacia dónde se habían dirigido.

23 Pero sucedió que tan pronto como salieron para el desierto, Moroni envió espías a vigilar su campo; y sabiendo también de las profecías de Alma, Moroni le envió ciertos hombres para pedirle que preguntara al Señor ªhacia dónde habían de marchar los ejércitos de los nefitas para defenderse de los lamanitas.

24 Y ocurrió que la palabra del Señor vino a Alma, y él informó a los mensajeros de Moroni que los ejércitos de los lamanitas estaban rodeando por el desierto para llegar a la tierra de Manti, a fin de iniciar un ataque contra la parte más débil del pueblo. Y esos mensajeros fueron y comunicaron la noticia a Moroni.

25 Y Moroni, dejando parte de su ejército en la tierra de Jersón, no fuese que de algún modo una parte de los lamanitas entrase en esa tierra y tomase posesión de la ciudad, tomó el resto de su ejército y marchó a la tierra de Manti.

26 E hizo que toda la gente de aquella parte del país se reuniera para la lucha contra los lamanitas, a fin de ªdefender sus tierras y su país, sus derechos y sus libertades; por tanto, estaban preparados para la hora de la llegada de los lamanitas.

27 Y ocurrió que Moroni hizo que su ejército se escondiera en el valle que se hallaba cerca de la ribera del río Sidón, del lado

---

20a Enós 1:20. | 23a Alma 48:16. | 26a DyC 134:11.

oeste del mismo río, en el desierto.

28 Y Moroni colocó espías alrededor, a fin de saber cuándo llegaría el ejército de los lamanitas.

29 Y como Moroni conocía la intención de los lamanitas, que era destruir a sus hermanos, o dominarlos y llevarlos al cautiverio, a fin de establecer un reino para sí mismos en toda esa tierra;

30 y sabiendo también que el único deseo de los nefitas era preservar sus tierras, su *libertad y su iglesia, no consideró, por tanto, que fuera pecado defenderlos mediante la estratagema; de modo que se enteró, por medio de sus espías, del rumbo que iban a tomar los lamanitas.

31 Por consiguiente, dividió su ejército, y trajo una parte de ellos al valle y los escondió al este y al sur del cerro Ripla;

32 y ocultó al resto en el valle del oeste, al oeste del río Sidón, y así hasta las fronteras de la tierra de Manti.

33 Y habiendo colocado así a su ejército según su deseo, quedó preparado para recibirlos.

34 Y acaeció que los lamanitas subieron por el norte del cerro, donde se hallaba escondida una parte del ejército de Moroni.

35 Y luego que los lamanitas hubieron pasado el cerro Ripla, y entrado en el valle, y empezado a cruzar el río Sidón, el ejército que se hallaba escondido al sur del cerro, que era dirigido por un hombre llamado *Lehi, y este condujo a sus tropas por el lado del este y rodeó a los lamanitas por la retaguardia.

36 Y ocurrió que cuando vieron que los nefitas venían contra ellos por la retaguardia, los lamanitas se volvieron y empezaron a contender con el ejército de Lehi.

37 Y empezó la mortandad en ambos lados, pero fue más terrible entre los lamanitas, porque su *desnudez quedaba expuesta a los fuertes golpes de los nefitas con sus espadas y cimitarras, que herían de muerte casi a cada golpe.

38 Mientras que de la otra parte, de cuando en cuando caía un hombre entre los nefitas por la espada y la pérdida de sangre, ya que tenían protegidas las partes más vitales del cuerpo, o sea, que las partes más vitales del cuerpo estaban protegidas de los golpes de los lamanitas por sus *petos, sus escudos y sus cascos; y así los nefitas sembraron la muerte entre los lamanitas.

39 Y aconteció que los lamanitas se espantaron a causa de la gran destrucción entre ellos, al grado de que empezaron a huir hacia el río Sidón.

40 Y Lehi y sus hombres los persiguieron; y fueron ahuyentados por Lehi hasta dentro de las aguas de Sidón, y atravesaron las aguas de Sidón; y Lehi

---

30a Alma 46:12, 35.
35a Alma 49:16.
37a Alma 3:5.
38a Alma 44:8–9.

detuvo a sus ejércitos en la ribera del río Sidón, para que no lo cruzaran.

41 Y sucedió que Moroni y sus fuerzas salieron al encuentro de los lamanitas en el valle del lado opuesto del río Sidón, y empezaron a caer sobre ellos y a matarlos.

42 Y los lamanitas huyeron de ellos otra vez hacia la tierra de Manti; y de nuevo los acometieron los ejércitos de Moroni.

43 Ahora bien, en esta ocasión los lamanitas lucharon extraordinariamente; sí, jamás se había sabido que los lamanitas combatieran con tan extremadamente grande fuerza y valor; no, ni aun desde el principio.

44 Y los animaban los ªzoramitas y los amalekitas, que eran sus principales capitanes y caudillos, y también Zerahemna, su capitán en jefe, o caudillo principal y comandante; sí, pelearon como dragones, y muchos de los nefitas perecieron por su mano; sí, porque partieron en dos muchos de sus cascos, y atravesaron muchos de sus petos, y a muchos les cortaron los brazos; y de este modo fue como los lamanitas atacaron en su furiosa ira.

45 No obstante, inspiraba a los nefitas una causa mejor, pues no estaban ªluchando por monarquía ni poder, sino que luchaban por sus hogares y sus ᵇlibertades, sus esposas y sus hijos, y todo cuanto poseían; sí, por sus ritos de adoración y su iglesia.

46 Y estaban haciendo lo que sentían que era su ªdeber para con su Dios; porque el Señor les había dicho, y también a sus padres: ᵇSi no sois culpables de la ᶜprimera ofensa, ni de la segunda, no os dejaréis matar por mano de vuestros enemigos.

47 Y además, el Señor ha dicho: ªDefenderéis a vuestras familias aun hasta la efusión de sangre. Así que, por esta causa los nefitas luchaban contra los lamanitas, para defenderse a sí mismos, y a sus familias, y sus tierras, su país, sus derechos y su religión.

48 Y aconteció que cuando los hombres de Moroni vieron la ferocidad e ira de los lamanitas, estuvieron a punto de retroceder y huir de ellos. Y Moroni, percibiendo su intención, envió e inspiró sus corazones con estos pensamientos, sí, pensamientos de sus tierras, de su libertad, sí, de estar libres del cautiverio.

49 Y aconteció que se volvieron contra los lamanitas, y ªclamaron a una voz al Señor su Dios, a favor de su libertad y de estar libres del cautiverio.

50 Y empezaron a resistir a los lamanitas con vigor; y en esa misma hora en que oraron al

---

44a Alma 43:6.
45a Alma 44:5.
  b gee Libertad, libre.
46a gee Deber.

b Alma 48:14;
   DyC 98:33–36.
c 3 Ne. 3:21;
   DyC 98:23–24.

47a DyC 134:11.
49a Éx. 2:23–25;
   Mos. 29:20.

Señor por su libertad, los lamanitas empezaron a huir delante de ellos, y huyeron hasta las aguas de Sidón.

51 Ahora bien, los lamanitas eran más numerosos, sí, eran más del doble del número de los nefitas; no obstante, fueron perseguidos hasta quedar reunidos en un grupo, en el valle sobre la ribera del río Sidón.

52 De modo que los ejércitos de Moroni los cercaron; sí, por ambos lados del río, pues he aquí que al este se hallaban los hombres de Lehi.

53 Por tanto, cuando Zerahemna vio a los hombres de Lehi al este del río Sidón, y a los ejércitos de Moroni al oeste del río, y que los nefitas los tenían cercados, el terror se apoderó de ellos.

54 Y Moroni, viendo su terror, mandó a sus hombres que pararan de derramar su sangre.

CAPÍTULO 44

Moroni manda a los lamanitas hacer un pacto de paz o resignarse a ser destruidos — Zerahemna rechaza la oferta y la batalla se reanuda — Los ejércitos de Moroni derrotan a los lamanitas. Aproximadamente 74–73 a.C.

Y sucedió que pararon y se retiraron a un paso de ellos. Y Moroni dijo a Zerahemna: He aquí, Zerahemna, ªno queremos ser sanguinarios. Tú sabes que estáis en nuestras manos; sin embargo, no queremos mataros.

2 He aquí, no hemos venido a luchar contra vosotros para derramar vuestra sangre en busca de poder; ni tampoco deseamos imponer el yugo del cautiverio sobre ninguno. Pero esta es precisamente la razón por la cual habéis venido contra nosotros; sí, y estáis enfurecidos con nosotros a causa de nuestra religión.

3 Mas ya veis que el Señor está con nosotros, y veis que os ha entregado en nuestras manos. Y ahora quisiera que entendieseis que esto se hace con nosotros por causa de nuestra religión y nuestra fe en Cristo. Y ya veis que no podéis destruir esta, nuestra fe.

4 Veis ahora que esta es la verdadera fe de Dios; sí, veis que Dios nos sostendrá y guardará y preservará mientras le seamos fieles a él, a nuestra fe y a nuestra religión; y nunca permitirá el Señor que seamos destruidos, a no ser que caigamos en transgresión y neguemos nuestra fe.

5 Y ahora yo os mando, Zerahemna, en el nombre de ese omnipotente Dios que ha fortalecido nuestros brazos de modo que hemos logrado poder sobre vosotros, por nuestra fe, por nuestra religión, y por ªnuestros ritos de adoración, y por nuestra iglesia, y por el sagrado sostén que debemos a nuestras esposas y nuestros hijos, por esa ᵇlibertad que nos une a nuestras

tierras y a nuestra patria; sí, y también por la conservación de la sagrada palabra de Dios, a la que debemos toda nuestra felicidad; y por todo lo que más amamos;

6 sí, y esto no es todo; por todo el anhelo que tenéis de vivir, os mando que nos entreguéis vuestras armas de guerra, y no derramaremos vuestra sangre, sino que os perdonaremos la vida, si os vais por vuestro camino y no volvéis más a guerrear contra nosotros.

7 Y si no hacéis esto, he aquí, estáis en nuestras manos, y mandaré a mis hombres que caigan sobre vosotros e inflijan en vuestros cuerpos las heridas de muerte, de modo que seáis exterminados; y entonces veremos quién tendrá poder sobre este pueblo; sí, veremos quiénes serán llevados al cautiverio.

8 Y acaeció que cuando Zerahemna hubo oído estas palabras, se adelantó y entregó su espada y su cimitarra y su arco en manos de Moroni, y le dijo: He aquí nuestras armas de guerra; te las entregaremos, mas no nos permitiremos haceros un ªjuramento que sabemos que quebrantaremos, y también nuestros hijos; mas toma nuestras armas de guerra, y déjanos salir para el desierto; de otro modo, retendremos nuestras espadas, y venceremos o moriremos.

9 He aquí, no somos de vuestra fe; no creemos que sea Dios el que nos ha entregado en vuestras manos; sino que creemos que es vuestra astucia lo que os ha preservado de nuestras espadas. He aquí, son vuestros ªpetos y vuestros escudos lo que os ha preservado.

10 Y cuando Zerahemna hubo acabado de hablar estas palabras, Moroni le devolvió la espada y las armas de guerra que había recibido, diciendo: He aquí, terminaremos la lucha.

11 Porque no puedo retractarme de las palabras que he hablado; por tanto, así como vive el Señor, no os iréis, a menos que os vayáis con un juramento de que no volveréis a la lucha contra nosotros. Y ya que estáis en nuestras manos, derramaremos vuestra sangre en el suelo, u os someteréis a las condiciones que os he propuesto.

12 Y cuando Moroni hubo dicho estas palabras, Zerahemna recogió su espada, y se enojó con Moroni, y se lanzó hacia él para matarlo; mas al levantar su espada, he aquí, uno de los soldados de Moroni le asestó un golpe que la echó por tierra y le quebró la empuñadura; y también hirió a Zerahemna, de modo que le cortó el cuero cabelludo, el cual cayó al suelo. Y Zerahemna se retiró de ellos entre sus soldados.

13 Y sucedió que el soldado que se hallaba cerca, el mismo que había herido a Zerahemna, tomó del cabello la piel que había caído al suelo, y la colocó en

la punta de su espada, y la extendió hacia ellos, diciendo en voz alta:

14 Así como ha caído al suelo este cuero cabelludo, que es el de vuestro caudillo, así caeréis vosotros a tierra, si no entregáis vuestras armas de guerra y salís con un convenio de paz.

15 Y hubo muchos que, al oír estas palabras y al ver el cuero cabelludo sobre la espada, fueron heridos de temor; y muchos avanzaron y echaron sus armas de guerra a los pies de Moroni, e hicieron un ªpacto de paz. Y a cuantos hicieron pacto se les permitió salir para el desierto.

16 Ahora bien, aconteció que Zerahemna estaba enfurecido, e incitó al resto de sus soldados a la ira, para que lucharan con mayor fuerza contra los nefitas.

17 Y Moroni estaba irritado por la terquedad de los lamanitas; por tanto, mandó a su gente que cayera encima de ellos y los exterminara. Y acaeció que empezaron a matarlos; sí, y los lamanitas combatieron con sus espadas y con su fuerza.

18 Mas he aquí, su piel desnuda y sus cabezas descubiertas estaban expuestas a las afiladas espadas de los nefitas. Sí, he aquí, fueron acribillados y heridos; sí, y cayeron con suma rapidez ante las espadas de los nefitas y empezaron a ser derribados, tal como lo había profetizado el soldado de Moroni.

19 Entonces Zerahemna, al ver que todos estaban a punto de ser destruidos, clamó fuertemente a Moroni, prometiéndole que él y su pueblo harían un pacto con ellos de que ªnunca más volverían a la guerra contra ellos, si les perdonaban la vida a los que quedaban.

20 Y aconteció que Moroni hizo que cesara otra vez la matanza entre el pueblo. Y recogió las armas de guerra de los lamanitas; y después que hubieron hecho un ªpacto de paz con él, se les permitió salir para el desierto.

21 Y no se contó el número de sus muertos a causa de ser tan inmenso; sí, el número de sus muertos fue grande en extremo, así entre los nefitas como entre los lamanitas.

22 Y aconteció que echaron sus muertos en las aguas de Sidón, y han sido llevados y han quedado sepultados en las profundidades del mar.

23 Y los ejércitos de los nefitas, o sea, de Moroni, se volvieron y llegaron a sus hogares y a sus tierras.

24 Y así terminó el año decimoctavo del gobierno de los jueces sobre el pueblo de Nefi. Y así concluyeron los anales de Alma que fueron escritos sobre las planchas de Nefi.

La historia del pueblo de Nefi y sus guerras y disensiones en los días de Helamán, según los anales que Helamán escribió en sus días.

Comprende los capítulos del 45 al 62.

CAPÍTULO 45

Helamán cree las palabras de Alma — Alma profetiza la destrucción de los nefitas — Bendice y maldice la tierra — Puede ser que Alma haya sido arrebatado por el Espíritu, como lo fue Moisés — Aumenta la disensión en la Iglesia. Aproximadamente 73 a.C.

Y HE aquí, aconteció que el pueblo de Nefi se regocijó en extremo porque el Señor de nuevo lo había librado de las manos de sus enemigos; por tanto, le dieron gracias al Señor su Dios; sí, y ª ayunaron y oraron mucho, y adoraron a Dios con un gozo inmensamente grande.

2 Y sucedió en el año decimonoveno del gobierno de los jueces sobre el pueblo de Nefi, que Alma fue a su hijo Helamán, y le dijo: ¿Crees las palabras que te hablé concernientes a estos ª anales que se han llevado?

3 Y Helamán le dijo: Sí; yo creo.

4 Y agregó Alma: ¿Crees en Jesucristo, que ha de venir?

5 Y él dijo: Sí, creo todas las palabras que tú has hablado.

6 Y Alma añadió enseguida: ª ¿Guardarás mis mandamientos?

7 Y él dijo: Sí, guardaré tus mandamientos con todo mi corazón.

8 Entonces le dijo Alma: Bendito eres; y el Señor te hará ª prosperar en esta tierra.

9 Mas he aquí, tengo algo que ª profetizarte; pero lo que yo te profetice, no lo divulgarás; sí, lo que yo te profetice no se dará a conocer sino hasta que la profecía sea cumplida; por tanto, escribe las palabras que voy a decir.

10 Y estas son las palabras: He aquí, según el espíritu de revelación que hay en mí, yo percibo que este mismo pueblo, los nefitas, degenerará en la ª incredulidad dentro de ᵇ cuatrocientos años a partir de la época en que Jesucristo se manifieste a ellos.

11 Sí, y entonces verán guerras y pestilencias; sí, hambres y el derramamiento de sangre, hasta que el pueblo de Nefi sea ª exterminado.

12 Sí, y esto porque degenerarán en la incredulidad, y se tornarán a las obras de tinieblas y ª lascivia y toda clase de iniquidades; sí, te digo que porque pecarán contra tan grande luz y conocimiento, sí, te digo que desde ese día, no morirá toda la cuarta generación antes que venga esta gran iniquidad.

13 Y cuando llegue ese gran día, he aquí, rápidamente se aproxima la hora en que los que hoy son,

45 1*a* GEE Ayunar, ayuno.
2*a* Alma 37:1–5; 50:38.
6*a* GEE Mandamientos de Dios; Obediencia, obediente, obedecer.
8*a* 1 Ne. 4:14; Alma 48:15–16, 25.
9*a* GEE Profecía, profetizar.
10*a* GEE Apostasía; Incredulidad.
b 1 Ne. 12:10–15; Hel. 13:9; Morm. 8:6–7.
11*a* Jarom 1:10; Morm. 8:2–3, 6–7.
12*a* GEE Concupiscencia.

o sea, la posteridad de los que hoy se cuentan entre el pueblo de Nefi, ªno se contarán más entre el pueblo de Nefi.

14 Mas quienes quedaren, y no fueren destruidos en ese grande y terrible día, serán ªcontados entre los lamanitas, y se volverán como ellos, todos, menos unos pocos que se llamarán los discípulos del Señor; y a estos los lamanitas los perseguirán ᵇhasta que sean exterminados. Y a causa de la iniquidad, esta profecía será cumplida.

15 Y sucedió que después que Alma hubo dicho estas cosas a Helamán, lo bendijo, y a sus otros hijos también; asimismo bendijo la tierra por el bien de los ªjustos.

16 Y declaró: Así dice el Señor Dios: ªMaldita será la tierra, sí, esta tierra, para la destrucción de toda nación, tribu, lengua y pueblo que obre inicuamente, cuando haya llegado al colmo; y así como he dicho acontecerá, porque esta es la maldición y la ᵇbendición de Dios sobre la tierra, porque el Señor no puede considerar el pecado con el más ᶜmínimo grado de tolerancia.

17 Y cuando Alma hubo dicho estas palabras, bendijo a la ªiglesia; sí, a todos aquellos que permaneciesen firmes en la fe desde ese tiempo en adelante.

18 Y cuando Alma hubo hecho esto, salió de la tierra de Zarahemla como si fuera a la tierra de Melek. Y ocurrió que no se volvió a saber de él; y de su muerte y de su entierro, nada sabemos.

19 He aquí, esto sí sabemos, que fue un hombre justo; y se afirmó en la iglesia que fue arrebatado por el Espíritu, o ªsepultado por la mano del Señor, así como lo fue Moisés. Mas he aquí, las Escrituras dicen que el Señor tomó a Moisés para sí; y suponemos que también ha recibido a Alma para sí en el espíritu; por tanto, es por esta razón que nada sabemos concerniente a su muerte y entierro.

20 Y aconteció, al principio del año decimonoveno del gobierno de los jueces sobre el pueblo de Nefi, que Helamán salió entre el pueblo para declararle la palabra.

21 Pues he aquí, a causa de sus guerras con los lamanitas, y las muchas pequeñas disensiones y disturbios que había habido entre los del pueblo, se hizo necesario que se declarase entre ellos la ªpalabra de Dios; sí, y que se estableciera una reglamentación en toda la iglesia.

22 Por tanto, Helamán y sus hermanos salieron para establecer la iglesia de nuevo en toda la tierra, sí, en toda ciudad por toda la tierra que poseía el pueblo de Nefi. Y acaeció que nombraron sacerdotes y maestros por

13a Hel. 3:16.
14a Moro. 9:24.
  b Moro. 1:1–3.
15a Alma 46:10; 62:40.
16a 2 Ne. 1:7; Alma 37:31;
     Éter 2:8–12.
  b DyC 130:21.
  c DyC 1:31.
17a GEE Iglesia de
     Jesucristo.
19a GEE Seres trasladados.
21a Alma 31:5.

toda la tierra, en todas las iglesias.

23 Y sucedió que después que Helamán y sus hermanos hubieron nombrado sacerdotes y maestros en las iglesias, surgió una ᵃdisensión entre ellos, y no quisieron hacer caso de las palabras de Helamán y sus hermanos;

24 sino que se volvieron orgullosos, envaneciéndose su corazón por motivo de sus enormes ᵃriquezas; por tanto, se hicieron ricos a sus ᵇpropios ojos, y no quisieron hacer caso de las palabras de ellos, para andar rectamente ante Dios.

CAPÍTULO 46

Amalickíah conspira para hacerse rey — Moroni levanta el estandarte de la libertad — Anima al pueblo a defender su religión — Los creyentes verdaderos son llamados cristianos — Se preservará un resto de la posteridad de José — Amalickíah y los disidentes huyen a la tierra de Nefi — Los que no sostienen la causa de la libertad son ejecutados. Aproximadamente 73–72 a.C.

Y ᴀᴄᴏɴᴛᴇᴄɪó que cuantos no quisieron escuchar las palabras de Helamán y sus hermanos se unieron contra ellos.

2 Y he aquí, estaban irritados en extremo, a tal grado que estaban resueltos a quitarles la vida.

3 Y el jefe de los que estaban llenos de ira contra sus hermanos era un hombre grande y fuerte; y se llamaba Amalickíah.

4 Y Amalickíah ambicionaba ser rey; y los que estaban irritados también querían que él fuera su rey; y estos eran, en su mayoría, los ᵃjueces menores del país, y codiciaban el poder.

5 Y los habían persuadido las adulaciones de Amalickíah, de que si lo apoyaban y lo instituían como su rey, él los pondría por gobernantes sobre el pueblo.

6 Así los arrastró Amalickíah a las disensiones, a pesar de las predicaciones de Helamán y sus hermanos; sí, a pesar del sumamente atento cuidado con que velaban por la iglesia, pues eran sumos sacerdotes de la iglesia.

7 Y hubo muchos en la iglesia que creyeron en las lisonjeras palabras de Amalickíah; por tanto, se separaron de la iglesia; y así, los asuntos del pueblo de Nefi se hallaban sumamente inestables y peligrosos, no obstante su gran ᵃvictoria que habían logrado sobre los lamanitas, y sus grandes alegrías que habían sentido por haberlos librado la mano del Señor.

8 Así vemos cuán rápidamente se olvidan del Señor su Dios los hijos de los hombres; sí, cuán ᵃprestos son para cometer iniquidad y dejarse llevar por el maligno.

9 Sí, y también vemos la gran ᵃmaldad que un hombre

23a 3 Ne. 11:28–29.
24a ɢᴇᴇ Riquezas.
  b ɢᴇᴇ Orgullo.

46 4a Mos. 29:11, 28–29.
  7a Alma 44:19–20.
  8a Hel. 12:2, 4–5.

9a Mos. 29:17–18.

sumamente inicuo hace que ocurra entre los hijos de los hombres.

10 Sí, vemos que por ser un hombre de sutiles artimañas, y un hombre de muchas palabras lisonjeras, Amalickíah incitó el corazón de mucha gente a obrar inicuamente; sí, y a tratar de destruir la iglesia de Dios, y destruir el fundamento de ªlibertad que Dios les había concedido, o sea, la bendición que Dios había enviado sobre la faz de la tierra por el bien de los ᵇjustos.

11 Y aconteció que cuando Moroni, que era el comandante en ªjefe de los ejércitos nefitas, supo de estas disensiones, se enojó con Amalickíah.

12 Y sucedió que rasgó su túnica; y tomó un trozo y escribió en él: ªEn memoria de nuestro Dios, nuestra religión, y libertad, y nuestra paz, nuestras esposas y nuestros hijos; y lo colocó en el extremo de un asta.

13 Y se ajustó su casco y su peto y sus escudos, y se ciñó los lomos con su armadura; y tomó el asta, en cuyo extremo se hallaba su túnica rasgada (y la llamó el estandarte de la libertad), y se inclinó hasta el suelo y rogó fervorosamente a su Dios, que las bendiciones de libertad descansaran sobre sus hermanos mientras permaneciese un grupo de cristianos para poseer la tierra,

14 porque todos los creyentes verdaderos de Cristo, quienes pertenecían a la iglesia, así eran llamados por aquellos que no eran de la iglesia de Dios.

15 Y los que pertenecían a la iglesia eran fieles; sí, todos los que eran creyentes verdaderos en Cristo gozosamente tomaron sobre sí el ªnombre de Cristo, o sea, ᵇcristianos, como les decían, por motivo de su creencia en Cristo que había de venir.

16 Y por tanto, Moroni rogó en esa ocasión que fuese favorecida la causa de los cristianos y la libertad de la tierra.

17 Y sucedió que después que hubo derramado su alma a Dios, dio a todo el territorio que se hallaba al sur de la tierra de ªDesolación, sí, y en una palabra, a toda esa tierra, así en el norte como en el sur el nombre: Una tierra escogida y la tierra de libertad.

18 Y dijo: Ciertamente Dios no permitirá que nosotros, que somos despreciados porque tomamos sobre nosotros el nombre de Cristo, seamos hollados y destruidos sino hasta que lo provoquemos por nuestras propias transgresiones.

19 Y cuando Moroni hubo dicho estas palabras, fue entre el pueblo, haciendo ondear en el aire el trozo rasgado de su ªropa, para que todos vieran la inscripción que había escrito sobre la parte rasgada, y clamando en alta voz, diciendo:

20 He aquí, todos aquellos que

10a 2 Ne. 1:7; Mos. 29:32.
  b 2 Ne. 1:7.
11a Alma 43:16–17.
12a Neh. 4:14;
    Alma 44:5.
15a Mos. 5:7–9.
  b Hech. 11:26; 1 Pe. 4:16.
17a Alma 22:30–31.
19a GEE Estandarte.

quieran preservar este estandarte sobre la tierra, vengan con la fuerza del Señor y hagan convenio de que mantendrán sus derechos y su religión, para que el Señor Dios los bendiga.

21 Y aconteció que cuando Moroni hubo proclamado estas palabras, he aquí, los del pueblo vinieron corriendo, ceñidos sus lomos con sus armaduras, rasgando sus vestidos en señal o como convenio de que no abandonarían al Señor su Dios; o en otras palabras, que si llegaban a quebrantar los mandamientos de Dios, o caían en transgresión, y se ªavergonzaban de tomar sobre ellos el nombre de Cristo, el Señor los destrozaría así como ellos habían rasgado sus vestidos.

22 Y este fue el convenio que hicieron, y arrojaron sus vestidos a los pies de Moroni, diciendo: Hacemos convenio con nuestro Dios de que seremos destruidos, como lo fueron nuestros hermanos en la tierra del norte, si llegamos a caer en transgresión; sí, él puede arrojarnos a los pies de nuestros enemigos, así como hemos arrojado nuestros vestidos a tus pies, para ser hollados, si caemos en transgresión.

23 Y Moroni les dijo: He aquí, somos un resto de la posteridad de Jacob; sí, somos un resto de la ªposteridad de ᵇJosé, cuya ᶜtúnica

sus hermanos hicieron pedazos; sí, y ahora acordémonos de guardar los mandamientos de Dios, o nuestros hermanos harán pedazos nuestras ropas, y seremos echados en la cárcel, o vendidos, o muertos.

24 Sí, preservemos nuestra libertad como un ªresto de José. Sí, recordemos las palabras de Jacob, antes de su muerte, pues he aquí, vio que parte del resto de la túnica de José se había conservado y no se había deteriorado. Y dijo: Así como este resto de la ropa de mi hijo se ha conservado, así preservará Dios un ᵇresto de la posteridad de mi hijo, y la tomará para sí, mientras que el resto de la posteridad de José perecerá, así como el resto de su túnica.

25 Y he aquí, esto entristece mi alma; no obstante, se deleita mi alma en mi hijo por esa parte de su posteridad que Dios tomará para sí.

26 He aquí, así fue como se expresó Jacob.

27 Y ahora bien, ¿quién puede saber si el resto de los descendientes de José, que perecerán como su túnica, no son estos que se han separado de nosotros? Sí, y aun lo seremos nosotros mismos si no nos mantenemos firmes en la fe de Cristo.

28 Y aconteció que cuando Moroni hubo dicho estas palabras, fue, y también envió a todas las

21a 1 Ne. 8:25–28;
    Morm. 8:38.
23a Gén. 49:22–26;

    1 Ne. 5:14–15.
 b GEE José hijo de Jacob.
 c Gén. 37:3, 31–36.

24a Amós 5:15;
    3 Ne. 5:21–24; 10:17.
 b 2 Ne. 3:5–24; Éter 13:6–7.

partes del país en donde había disensiones, y reunió a todos los que estaban deseosos de conservar su libertad, con objeto de oponerse a Amalickíah y a los que se habían separado, que se llamaban amalickiahitas.

29 Y ocurrió que cuando Amalickíah vio que los del pueblo de Moroni eran más numerosos que los amalickiahitas, y también vio que su gente estaba dudando de la justicia de la causa que habían emprendido, temiendo, por tanto, no lograr su objeto, tomó a los de su pueblo que quisieron ir y partió para la tierra de Nefi.

30 Pero a Moroni no le pareció conveniente que los lamanitas fuesen fortalecidos más; por consiguiente, pensó atajar a los del pueblo de Amalickíah, o tomarlos y hacerlos volver, y ejecutar a Amalickíah; sí, porque sabía que este provocaría a los lamanitas a la ira contra ellos, y los incitaría a que salieran a combatirlos; y sabía que Amalickíah lo haría para lograr sus propósitos.

31 Por tanto, Moroni juzgó prudente tomar sus ejércitos, que se habían reunido y armado, y habían hecho pacto de conservar la paz. Y acaeció que tomó su ejército y marchó con sus tiendas para el desierto a fin de detener el paso de Amalickíah en el desierto.

32 Y aconteció que obró de acuerdo con lo que había dispuesto; y se dirigió al desierto y atajó las fuerzas de Amalickíah.

33 Y sucedió que huyó Amalickíah con un pequeño número de sus hombres, y los demás fueron entregados en manos de Moroni y llevados a la tierra de Zarahemla.

34 Ahora bien, Moroni, habiendo sido ᵃnombrado por los jueces superiores y la voz del pueblo, tenía, por consiguiente, poder, de acuerdo con su voluntad, entre los ejércitos de los nefitas, para establecer y ejercer autoridad sobre ellos.

35 Y aconteció que a todo amalickiahita que se negaba a hacer pacto de sostener la causa de la libertad, a fin de preservar un gobierno libre, él hizo que tal fuese ejecutado; y muy pocos hubo que rechazaron el pacto de libertad.

36 Y sucedió, también, que hizo que se enarbolara el estandarte de la libertad sobre todas las torres que se hallaban en toda la tierra que poseían los nefitas; y así, Moroni plantó el estandarte de la libertad entre los nefitas.

37 Y de nuevo empezaron a tener paz en el país, y así preservaron la paz en la tierra hasta cerca del fin del año decimonoveno del gobierno de los jueces.

38 Y Helamán y los ᵃsumos sacerdotes también mantuvieron el orden en la iglesia; sí, por el espacio de cuatro años tuvieron mucha paz y gozo en la iglesia.

39 Y acaeció que hubo muchos que murieron, ªcreyendo firmemente que el Señor Jesucristo había redimido sus almas; por lo que salieron del mundo con regocijo.

40 Y hubo algunos que murieron de fiebres, que en ciertas épocas del año eran muy frecuentes en el país —pero no murieron tantos de las fiebres, por razón de las excelentes cualidades de las muchas ªplantas y raíces que Dios había preparado para destruir la causa de aquellas enfermedades, a las cuales la gente estaba sujeta por la naturaleza del clima—

41 pero hubo muchos que murieron de vejez; y los que murieron en la fe de Cristo son ªfelices en él, como debemos suponer.

CAPÍTULO 47

Amalickíah se vale de la traición, el asesinato y la intriga para hacerse rey de los lamanitas — Los disidentes nefitas son más inicuos y feroces que los lamanitas. Aproximadamente 72 a.C.

VOLVEMOS ahora, en nuestros anales, a Amalickíah y a los que ªhuyeron con él al desierto; pues he aquí, él había tomado a los que lo habían seguido, y se fue a la ᵇtierra de Nefi entre los lamanitas, e incitó a los lamanitas a la ira contra el pueblo de Nefi, al grado de que el rey de los lamanitas expidió una proclamación por toda su tierra, entre todo su pueblo, de que se juntasen otra vez para ir a la lucha contra los nefitas.

2 Y ocurrió que después que se hubo circulado la proclamación entre ellos, tuvieron gran temor; sí, temían disgustar al rey, y también temían ir a la lucha contra los nefitas, no fuera que les costara la vida. Y sucedió que no quisieron, o sea, la mayor parte de ellos no quiso obedecer las órdenes del rey.

3 Y luego aconteció que el rey se encolerizó por motivo de su desobediencia; por tanto, dio a Amalickíah el mando de la parte de su ejército que fue obediente a sus órdenes, y le mandó que fuera y los obligara a tomar las armas.

4 Y he aquí, esto era lo que Amalickíah deseaba; pues siendo un hombre muy hábil para lo malo, ideó en su corazón un plan para destronar al rey de los lamanitas.

5 Y ahora bien, había logrado el mando de esas partes de los lamanitas que estaban a favor del rey, y buscó granjearse la voluntad de aquellos que no eran obedientes; de modo que avanzó al sitio que se llamaba ªOnida, porque allí habían huido todos los lamanitas; pues habían descubierto que el ejército se acercaba, y pensando que iba para destruirlos, huyeron, por

39*a* Moro. 7:3, 41.
40*a* DyC 89:10.
41*a* Apoc. 14:13.

47 1*a* Alma 46:33.
  b 2 Ne. 5:5–8;
    Omni 1:12–13.

5*a* Alma 32:4.

tanto, a Onida, al lugar de las armas.

6 Y habían nombrado a un hombre como rey y caudillo sobre ellos, habiendo fijado en sus mentes una firme resolución de que no los obligarían a ir contra los nefitas.

7 Y sucedió que se habían reunido en la cima de la montaña que se llamaba Antipas, en preparación para la batalla.

8 Mas no era la intención de Amalickíah entrar en batalla con ellos de acuerdo con las órdenes del rey; sino que, he aquí, su designio era granjearse la buena voluntad de los ejércitos de los lamanitas, a fin de colocarse a la cabeza de ellos, y destronar al rey y apoderarse del reino.

9 Y he aquí, hizo que su ejército plantara sus tiendas en el valle que se encontraba cerca del monte Antipas.

10 Y aconteció que al llegar la noche envió una embajada secreta al monte Antipas, pidiendo al jefe de los que se hallaban sobre el monte, cuyo nombre era Lehonti, que bajara al pie de la montaña porque deseaba hablar con él.

11 Y sucedió que cuando Lehonti recibió el mensaje, no se atrevió a bajar al pie de la montaña. Y ocurrió que Amalickíah le envió una segunda comunicación, solicitando que bajara. Y acaeció que Lehonti no quiso bajar; y Amalickíah envió por tercera vez.

12 Y aconteció que cuando vio que no podía conseguir que Lehonti bajara de la montaña, Amalickíah ascendió al monte casi hasta el campo de Lehonti; y envió por cuarta vez su comunicación a Lehonti, pidiéndole que bajara y que llevara a sus guardias consigo.

13 Y sucedió que cuando Lehonti hubo descendido con sus guardias hasta donde estaba Amalickíah, este le propuso que bajara con su ejército durante la noche, y cercara en sus campamentos a aquellos sobre quienes el rey le había dado el mando, y que los entregaría en manos de Lehonti, si este lo nombraba a él (Amalickíah) jefe segundo de todo el ejército.

14 Y ocurrió que Lehonti bajó con sus hombres y cercaron a los hombres de Amalickíah; de modo que antes de despertar, al romper el día, estaban rodeados por los ejércitos de Lehonti.

15 Y aconteció que cuando se vieron cercados, le suplicaron a Amalickíah que les permitiera unirse a sus hermanos para que no fuesen destruidos. Y esto era precisamente lo que Amalickíah deseaba.

16 Y acaeció que entregó a sus hombres, ᵃcontrario a las órdenes del rey. Y esto era lo que procuraba Amalickíah, para realizar su proyecto de destronar al rey.

17 Ahora bien, era costumbre de los lamanitas, si mataban a su

caudillo principal, nombrar al jefe segundo en su lugar.

18 Y sucedió que Amalickíah hizo que uno de sus siervos administrase veneno a Lehonti, poco a poco, hasta que murió.

19 Y cuando murió Lehonti, los lamanitas nombraron a Amalickíah como su jefe y comandante general.

20 Y ocurrió que Amalickíah marchó con sus ejércitos (porque había logrado sus deseos) a la tierra de Nefi, a la ciudad de Nefi, que era la ciudad principal.

21 Y el rey salió con sus guardias para recibirlo, pues suponía que Amalickíah había obedecido sus órdenes, y que había reunido a tan grande ejército para ir a la batalla contra los nefitas.

22 Mas he aquí, al salir el rey a recibirlo, Amalickíah hizo que sus siervos salieran a encontrar al rey. Y fueron y se postraron delante del rey, como para reverenciarlo a causa de su grandeza.

23 Y sucedió que el rey extendió la mano para levantarlos, como se acostumbraba entre los lamanitas, en señal de paz, costumbre que habían tomado de los nefitas.

24 Y aconteció que cuando hubo levantado del suelo al primero, he aquí, este apuñaló al rey en el corazón; y el rey cayó a tierra.

25 Y los siervos del rey huyeron, y los siervos de Amalickíah pregonaron, diciendo:

26 He aquí, los siervos del rey le han dado una puñalada en el corazón; y ha caído, y ellos han huido. He aquí, venid y ved.

27 Y sucedió que Amalickíah dio órdenes de que sus ejércitos avanzaran para ver qué le había sucedido al rey; y cuando llegaron al lugar y hallaron al rey tendido en su sangre, Amalickíah fingió estar lleno de ira, y dijo: Quienquiera que haya amado al rey salga a perseguir a sus siervos para quitarles la vida.

28 Y aconteció que al oír estas palabras, todos los que amaban al rey avanzaron y salieron tras los siervos del rey.

29 Y cuando estos vieron que los perseguía un ejército, nuevamente se llenaron de miedo; y huyeron al desierto, y llegaron a la tierra de Zarahemla, y se unieron al ªpueblo de Ammón.

30 Y el ejército que los perseguía se volvió, habiéndolos seguido en vano; y así Amalickíah se conquistó el corazón del pueblo por medio de su fraude.

31 Y sucedió que a la mañana siguiente entró en la ciudad de Nefi con sus ejércitos y tomó posesión de la ciudad.

32 Y aconteció que cuando la reina supo que habían matado al rey —porque Amalickíah había enviado una embajada a la reina para informarle que el rey había sido asesinado por sus

---

29 a Alma 43:11–12.   GEE Anti-nefi-lehitas.

siervos, y que él los había perseguido con su ejército, pero que fue en vano porque lograron escaparse—

33 de manera que cuando la reina recibió este mensaje, contestó a Amalickíah, pidiéndole que perdonara a los habitantes de la ciudad; y también le manifestó su deseo de que fuera a verla, y también le pidió que llevara testigos con él para testificar concerniente a la muerte del rey.

34 Y acaeció que Amalickíah llevó al mismo siervo que había asesinado al rey, y a todos los que estuvieron con él; y entraron en donde estaba la reina, al lugar donde se sentaba; y todos le testificaron que el rey había sido asesinado por sus propios siervos; y dijeron también: Han huido; ¿no testifica esto en contra de ellos? Y así convencieron a la reina, concerniente a la muerte del rey.

35 Y sucedió que Amalickíah procuró el favor de la reina, y la tomó por esposa; y así, por medio de su fraude, y con la ayuda de sus astutos siervos, consiguió el reino; sí, fue reconocido como rey en toda esa tierra, entre todo el pueblo lamanita, que se ᵃcomponía de los lamanitas y los lemuelitas y los ismaelitas, y todos los disidentes nefitas, desde el reinado de Nefi hasta el tiempo presente.

36 Ahora bien, estos ᵃdisidentes, teniendo la misma instrucción y la misma información que los nefitas, sí, habiendo sido instruidos en el mismo ᵇconocimiento del Señor, no obstante, es extraño relatar que no mucho después de sus disensiones, ellos se volvieron más duros e ᶜimpenitentes, y más salvajes, inicuos y feroces que los lamanitas, empapándose en las tradiciones de los lamanitas, entregándose a la indolencia y a toda clase de lascivias; sí, olvidándose enteramente del Señor su Dios.

CAPÍTULO 48

Amalickíah incita a los lamanitas contra los nefitas — Moroni prepara a su pueblo para defender la causa de los cristianos — Moroni se regocija en la libertad e independencia, y es un poderoso hombre de Dios. Aproximadamente 72 a.C.

Y ACONTECIÓ que en cuanto hubo logrado Amalickíah el reino, empezó a incitar el corazón de los lamanitas contra el pueblo de Nefi; sí, nombró algunos hombres para que desde sus torres hablaran a los lamanitas en contra de los nefitas.

2 Y así incitó sus corazones en contra de los nefitas, a tal grado que para fines del año decimonoveno del gobierno de los jueces, habiendo realizado sus designios hasta este punto, sí, habiendo sido nombrado rey de los lamanitas, también quiso reinar sobre toda la tierra, sí, sobre

---

35a Jacob 1:13–14.
36a GEE Apostasía.

b Heb. 10:26–27;
   Alma 24:30.

c Jer. 8:12.

todos los que se hallaban en esa tierra, nefitas así como lamanitas.

3 Había, por tanto, logrado su propósito, pues había endurecido el corazón de los lamanitas y cegado sus mentes, y los había incitado a la ira, a tal grado que había reunido una hueste numerosa para ir a la batalla en contra de los nefitas.

4 Porque estaba resuelto, debido al crecido número de los de su pueblo, a subyugar a los nefitas y reducirlos al cautiverio.

5 De modo que nombró capitanes en ªjefe de entre los zoramitas, por estar estos más familiarizados con la fuerza de los nefitas, y sus sitios de refugio, y los puntos más vulnerables de sus ciudades; por tanto, los puso por capitanes en jefe sobre sus ejércitos.

6 Y sucedió que levantaron su campo y se dirigieron hacia la tierra de Zarahemla por el desierto.

7 Ahora bien, aconteció que mientras Amalickíah así había estado adquiriendo poder por medio del fraude y del engaño, Moroni, por otra parte, había estado ªpreparando la mente de los del pueblo para que fueran fieles al Señor su Dios.

8 Sí, él había estado fortaleciendo los ejércitos de los nefitas y construyendo pequeños fuertes o sitios de refugio, levantando parapetos de tierra alrededor de sus ejércitos, y erigiendo también muros de piedra para cercarlos, en los contornos de sus ciudades y en las fronteras de sus tierras; sí, por toda la tierra.

9 Y en sus fortificaciones más débiles colocó el mayor número de hombres; y así fortificó y reforzó la tierra que poseían los nefitas.

10 Y de este modo se estuvo preparando para ªdefender su libertad, sus tierras, sus esposas, sus hijos y su paz, a fin de vivir para el Señor su Dios, y preservar lo que sus enemigos llamaban la causa de los cristianos.

11 Y era Moroni un hombre fuerte y poderoso, un hombre de un ªentendimiento perfecto; sí, un hombre que no se deleitaba en derramar sangre; un hombre cuya alma se regocijaba en la libertad e independencia de su país, y en que sus hermanos se libraran de la servidumbre y la esclavitud;

12 sí, un hombre cuyo corazón se henchía de agradecimiento a su Dios por los muchos privilegios y bendiciones que otorgaba a su pueblo; un hombre que trabajaba en gran manera por el ªbienestar y la seguridad de su pueblo.

13 Sí, y era un hombre firme en la fe de Cristo; y había ªjurado defender a su pueblo, sus derechos, su país y su religión, aun cuando tuviera que derramar su sangre.

48 5a Alma 43:6.
7a Alma 49:8.
10a Alma 46:12–13.
11a GEE Entender, entendimiento.
12a GEE Bienestar.
13a Alma 46:20–22.

14 Ahora bien, se enseñaba a los nefitas a defenderse contra sus enemigos, aun hasta la efusión de sangre, si necesario fuese; sí, y también se les enseñaba a ªnunca provocar a nadie, sí, y a nunca levantar la espada, salvo que fuese contra un enemigo, y que fuese para defender sus vidas.

15 Y esta era su fe, que si lo hacían, Dios los prosperaría en la tierra, o en otras palabras, si eran fieles en guardar los mandamientos de Dios, él los prosperaría en la tierra; sí, los amonestaría a huir o a prepararse para la guerra, según el peligro en que se vieran;

16 y también, que Dios les manifestaría a dónde debían ir para defenderse de sus enemigos, y haciendo esto, el Señor los libraría; y esta era la fe de Moroni, y su corazón se gloriaba en ello; no en la ªefusión de sangre, sino en hacer bien, en preservar a su pueblo, sí, en obedecer los mandamientos de Dios, sí, y en resistir la iniquidad.

17 Sí, en verdad, en verdad os digo que si todos los hombres hubieran sido, y fueran y pudieran siempre ser como Moroni, he aquí, los poderes mismos del infierno se habrían sacudido para siempre; sí, el ªdiablo jamás tendría poder sobre el corazón de los hijos de los hombres.

18 He aquí, era un hombre semejante a Ammón, el hijo de Mosíah; sí, y como los otros hijos de Mosíah; sí, y también como Alma y sus hijos, porque todos ellos eran hombres de Dios.

19 Y he aquí, Helamán y sus hermanos no prestaban menor servicio al pueblo que Moroni; porque predicaban la palabra de Dios y bautizaban para arrepentimiento a cuantos querían oír sus palabras.

20 Y así fue que salieron, y los del pueblo se ªhumillaron a causa de las palabras de ellos, al grado de que fueron altamente ᵇfavorecidos del Señor, y así se vieron libres de guerras y contenciones entre ellos, sí, por el espacio de cuatro años.

21 Mas como ya he dicho, a fines del año decimonoveno, sí, a pesar de la paz que había entre ellos, se vieron obligados, contra su voluntad, a contender con sus hermanos los lamanitas.

22 Sí, y en resumen, no obstante su mucha renuencia, sus guerras con los lamanitas no cesaron durante muchos años.

23 Y les ªpesaba tener que tomar las armas en contra de los lamanitas, porque no se deleitaban en la efusión de sangre; sí, y no solo eso, sino que los afligía ser ellos el medio por el cual tantos de sus hermanos serían enviados de este mundo a un mundo eterno, sin estar

14a Alma 43:46–47;
   3 Ne. 3:20–21;
   Morm. 3:10–11;
   DyC 98:16.
16a Alma 55:19.
17a 1 Ne. 22:26;
   3 Ne. 6:15.
20a GEE Humildad,
   humilde, humillar
   (afligir).
 b 1 Ne. 17:35.
23a DyC 42:45.

preparados para presentarse ante su Dios.

24 Sin embargo, no podían permitirse entregar sus vidas para que sus ªesposas e hijos fueran masacrados por la bárbara crueldad de aquellos que en un tiempo fueron sus hermanos; sí, y se habían ᵇseparado de su iglesia, y se habían ido de entre ellos y salido para destruirlos, uniéndose a los lamanitas.

25 Sí, no podían soportar que sus hermanos se regocijaran en la sangre de los nefitas, mientras hubiese quien guardara los mandamientos de Dios, pues la promesa del Señor era que si guardaban sus mandamientos prosperarían en la tierra.

CAPÍTULO 49

Los invasores lamanitas no pueden tomar las ciudades fortificadas de Ammoníah y Noé — Amalickíah maldice a Dios y jura beber la sangre de Moroni — Helamán y sus hermanos continúan fortaleciendo a la Iglesia. Aproximadamente 72 a.C.

Y SUCEDIÓ que en el undécimo mes del año decimonoveno, el día diez del mes, se vio que los ejércitos de los lamanitas se acercaban hacia la tierra de Ammoníah.

2 Y he aquí, la ciudad había sido reconstruida, y Moroni había colocado un ejército cerca de los límites de la ciudad, y habían levantado un parapeto de tierra para defenderse de las flechas y piedras de los lamanitas, pues he aquí, luchaban con piedras y con flechas.

3 He aquí, dije que la ciudad de ªAmmoníah había sido reconstruida. Os digo que sí, que fue reconstruida en parte; y porque los lamanitas la habían destruido una vez, a causa de la iniquidad del pueblo, pensaron que nuevamente les sería presa fácil.

4 Mas he aquí, cuán grande fue su desengaño; porque los nefitas habían levantado un parapeto de tierra alrededor de ellos, tan alto que los lamanitas no podían lanzar contra ellos sus piedras y flechas con buen efecto, ni tampoco podían caer sobre ellos sino por la entrada.

5 Y en esta ocasión los capitanes principales de los lamanitas se asombraron en extremo, a causa del acierto de los nefitas en preparar sus plazas fuertes.

6 Pues los caudillos de los lamanitas habían pensado, a causa de su gran número, sí, habían supuesto que tendrían el privilegio de caer sobre ellos como antes lo habían hecho; sí, y también se habían preparado con escudos y con petos; y también se habían preparado con vestidos de pieles, sí, vestidos muy gruesos para cubrir su desnudez.

7 Y habiéndose preparado de esta manera, pensaron que fácilmente dominarían y sujetarían a sus hermanos bajo el yugo del

---

24a Alma 46:12.   b GEE Apostasía.   **49** 3a Alma 16:2–3, 9, 11.

cautiverio, o los matarían y los masacrarían a su gusto.

8 Pero he aquí, para su mayor asombro, ellos estaban ªpreparados para recibirlos de una manera como nunca se había conocido entre los hijos de Lehi. Y estaban preparados para combatir a los lamanitas según las instrucciones de Moroni.

9 Y sucedió que los lamanitas, o sea, los amalickiahitas, se asombraron en sumo grado de ver su manera de prepararse para la guerra.

10 Ahora bien, si el rey Amalickíah hubiera llegado de la ªtierra de Nefi a la cabeza de su ejército, quizás habría hecho que los lamanitas atacaran a los nefitas en la ciudad de Ammoníah, porque he aquí, a él no le importaba la sangre de su pueblo.

11 Mas he aquí, Amalickíah no vino en persona a la batalla. Y sus capitanes principales no osaron atacar a los nefitas en la ciudad de Ammoníah, pues Moroni había alterado el manejo de los asuntos entre los nefitas, al grado de que los lamanitas se vieron frustrados a causa de sus lugares de refugio y no pudieron asaltarlos.

12 Por tanto, se retiraron al desierto, y levantaron su campo y marcharon hacia la tierra de Noé, pensando que sería el segundo sitio más favorable para atacar a los nefitas.

13 Pues no sabían que Moroni había fortificado, o sea, que había construido ªfortalezas para cada ciudad en toda la tierra circunvecina; por tanto, marcharon adelante a la tierra de Noé con una firme resolución; sí, sus capitanes principales se adelantaron y juraron que destruirían a la gente de aquella ciudad.

14 Mas he aquí, para su asombro, la ciudad de Noé, que antes había sido un punto débil, ahora, debido a Moroni, se había hecho fuerte, sí, y aun excedía a la fuerza de la ciudad de Ammoníah.

15 Y he aquí, en esto Moroni fue sabio; pues había supuesto que se espantarían ante la ciudad de Ammoníah; y como la ciudad de Noé previamente había sido la parte más débil de la tierra, consiguientemente marcharían allí para dar batalla; y así sucedió conforme a sus deseos.

16 Y he aquí, Moroni había nombrado a Lehi para ser el capitán en jefe de los hombres de esa ciudad; y era el ªmismo Lehi que luchó con los lamanitas en el valle al este del río Sidón.

17 Y he aquí, sucedió que cuando los lamanitas descubrieron que Lehi tenía el mando de la ciudad, se vieron otra vez contrariados, pues temían a Lehi en sumo grado; sin embargo, sus capitanes en jefe habían jurado atacar la ciudad; por tanto, hicieron avanzar a sus ejércitos.

18 Pero he aquí, los lamanitas

8a Alma 48:7–10.
10a 2 Ne. 5:8;
Omni 1:12;
Alma 47:1.
13a Alma 48:8.
16a Alma 43:35.

no podían entrar en sus plazas fuertes sino por la entrada, a causa de la altura del parapeto que se había erigido, y la profundidad del foso que se había cavado alrededor, excepto a la entrada.

19 Y así los nefitas estaban preparados para destruir a todos los que intentaran ascender por cualquier otro lado para penetrar en el fuerte, lanzándoles piedras y flechas.

20 Y así se hallaban preparados, sí, un grupo de sus hombres más fuertes, con sus espadas y sus hondas, para derribar a cuantos intentaran penetrar en su plaza fuerte por la entrada; y así estaban preparados para defenderse contra los lamanitas.

21 Y sucedió que los capitanes de los lamanitas llevaron a sus ejércitos frente al lugar de la entrada, y empezaron a contender con los nefitas, con objeto de penetrar en su plaza fuerte; pero he aquí, fueron rechazados varias veces, de tal manera que fueron heridos con una inmensa mortandad.

22 Y cuando vieron que no podían dominar a los nefitas por la entrada, empezaron a socavar sus terraplenes, a fin de hacer un pasaje para llegar a los ejércitos de ellos, para combatir con igualdad; pero he aquí que en esta tentativa fueron arrasados por las piedras y las flechas que les lanzaron; y en lugar de llenar sus fosos, derrumbando los terraplenes, los

llenaron en parte con sus cuerpos muertos y heridos.

23 Y así los nefitas dominaron en todo a sus enemigos; y así intentaron los lamanitas destruir a los nefitas hasta que fueron muertos todos sus capitanes en jefe; sí, y murieron más de mil lamanitas, mientras que, por otra parte, no fue muerta ni una sola alma de los nefitas.

24 Hubo unos cincuenta que fueron heridos, los cuales habían estado expuestos a las flechas de los lamanitas en la entrada, pero los protegieron sus escudos, y sus petos, y sus cascos, de modo que solo recibieron heridas en las piernas, muy graves muchas de ellas.

25 Y aconteció que cuando los lamanitas vieron que todos sus capitanes en jefe habían sido muertos, huyeron al desierto. Y sucedió que volvieron a la tierra de Nefi para informar a su rey Amalickíah, que era nefita de nacimiento, concerniente a sus grandes pérdidas.

26 Y ocurrió que se enfureció en extremo con su pueblo, porque no había realizado su deseo en cuanto a los nefitas; no los había sujetado al yugo del cautiverio.

27 Sí, se enfureció en extremo; y ᵃmaldijo a Dios, y también a Moroni, haciendo ᵇjuramento de que bebería su sangre; y esto porque Moroni había guardado los mandamientos de Dios,

27a GEE Blasfemar, blasfemia.   b Hech. 23:12.

haciendo los preparativos para salvaguardar a su pueblo.

28 Y sucedió, por otra parte, que el pueblo de Nefi dio ªgracias al Señor su Dios por su incomparable poder en librarlos de las manos de sus enemigos.

29 Y así concluyó el año decimonoveno del gobierno de los jueces sobre el pueblo de Nefi.

30 Sí, y hubo paz continua entre ellos, y sumamente grande prosperidad en la iglesia a causa de su atención y diligencia que daban a la palabra de Dios, la cual les era declarada por Helamán, Shiblón, Coriantón, y Ammón y sus hermanos, sí, y por todos los que habían sido ordenados según el ªsanto orden de Dios, habiendo sido bautizados para arrepentimiento y enviados a predicar entre el pueblo.

CAPÍTULO 50

Moroni fortifica las tierras de los nefitas — Construyen muchas ciudades nuevas — Los nefitas padecieron guerras y destrucciones en los días de sus iniquidades y abominaciones — Teáncum derrota a Moriantón y a sus disidentes — Muere Nefíah y su hijo Pahorán ocupa el asiento judicial. Aproximadamente 72–67 a.C.

Y ACONTECIÓ que Moroni no cesó de hacer preparativos para la guerra ni para defender a su pueblo de los lamanitas, porque al principio del año veinte del gobierno de los jueces, él hizo que sus ejércitos

empezaran a levantar montones de tierra alrededor de todas las ciudades, por toda la tierra que poseían los nefitas.

2 Y sobre estos montones de tierra hizo colocar vigas, sí, obras de maderos erigidas a la altura de un hombre, alrededor de las ciudades.

3 E hizo que sobre estas obras de maderos se construyeran estacadas por todos lados; y eran altas y fuertes.

4 E hizo que se erigieran torres más altas que estas estacadas, e hizo construir resguardos en estas torres, para que las piedras y las flechas de los lamanitas no los hirieran.

5 Y las dispusieron para lanzar piedras desde su cumbre, según su voluntad y fuerza, y matar a quien intentara aproximarse a las murallas de la ciudad.

6 Así fue como Moroni preparó fortificaciones alrededor de todas las ciudades en toda esa tierra, contra la llegada de sus enemigos.

7 Y aconteció que Moroni hizo que avanzaran sus ejércitos al desierto del este; sí, y fueron y arrojaron a todos los lamanitas que estaban en el desierto del este hasta sus propias tierras, las cuales se hallaban al sur de la tierra de Zarahemla;

8 y la tierra de Nefi se extendía en línea recta del mar del este al del oeste.

9 Y sucedió que cuando Moroni hubo echado a todos los

28a GEE Acción de gracias, agradecido, agradecimiento.
30a Alma 43:2.

lamanitas del desierto del este, que se hallaba al norte de las tierras de sus propias posesiones, hizo que los habitantes que estaban en la tierra de Zarahemla y en el territorio circunvecino se fuesen al desierto del este, hasta las fronteras cercanas al mar, y tomaran posesión del país.

10 Y también colocó ejércitos al sur, en las fronteras de sus posesiones, e hizo que levantaran ªfortificaciones para proteger a sus ejércitos y a su pueblo de las manos de sus enemigos.

11 Y así aisló todas las fortificaciones de los lamanitas en el desierto del este; sí, y también en el oeste, fortificando la línea divisoria entre los nefitas y lamanitas, entre la tierra de Zarahemla y la tierra de Nefi, desde el mar del oeste, pasando por los manantiales del río Sidón; y los nefitas poseían toda la tierra hacia el norte; sí, toda la tierra que se hallaba al norte de la tierra de Abundancia, según la voluntad de ellos.

12 Y así Moroni, con sus ejércitos, que aumentaban de día en día a causa de la seguridad de la protección que sus obras les ocasionaban, trató de hacer cesar la fuerza y el poder de los lamanitas sobre las tierras de sus posesiones, para que no tuvieran ninguna potestad sobre ellas.

13 Y aconteció que los nefitas iniciaron la fundación de una ciudad, y dieron a la ciudad el nombre de Moroni; y se hallaba cerca del mar del este, y hacia el sur, cerca de la línea de las posesiones de los lamanitas.

14 E iniciaron también la fundación de una ciudad entre la de Moroni y la de Aarón, uniendo las fronteras de Aarón y Moroni; y a la ciudad o tierra, ellos dieron el nombre de Nefíah.

15 Y en ese mismo año también empezaron a construir muchas ciudades en el norte, una de un modo particular, a la que dieron el nombre de Lehi, la cual se hallaba en el norte junto a la orilla del mar.

16 Y así concluyó el año veinte.

17 Y en estas prósperas circunstancias se encontraba el pueblo de Nefi a principios del año veintiuno del gobierno de los jueces sobre el pueblo de Nefi.

18 Y prosperaron muchísimo, y se hicieron muy ricos; sí, y se multiplicaron y se hicieron fuertes en la tierra.

19 Y así vemos cuán misericordiosos y justos son todos los actos del Señor para el cumplimiento de todas sus palabras a los hijos de los hombres; sí, podemos ver que aun en esta ocasión se confirman sus palabras que él habló a Lehi, diciendo:

20 Benditos sois tú y tus hijos; y ellos serán bendecidos, y al grado que guarden mis mandamientos, ellos prosperarán en la tierra. Mas recuerda que si no guardan mis mandamientos, serán ªseparados de la presencia del Señor.

21 Y vemos que estas promesas se han verificado en el pueblo de

Nefi; porque han sido sus riñas y sus contenciones, sí, sus asesinatos y sus robos, su idolatría, sus fornicaciones y sus abominaciones que había entre ellos, lo que les trajo sus guerras y sus destrucciones.

22 Y aquellos que fueron fieles en guardar los mandamientos del Señor fueron librados en toda ocasión, mientras que millares de sus hermanos inicuos han sido condenados al cautiverio, o a perecer por la espada, o a degenerar en la incredulidad y mezclarse con los lamanitas.

23 Pero he aquí, jamás hubo época más ªdichosa entre el pueblo de Nefi, desde el tiempo de Nefi, que en los días de Moroni, sí, en esta época, en el año veintiuno del gobierno de los jueces.

24 Y aconteció que el año veintidós del gobierno de los jueces terminó también en paz; sí, y también el año veintitrés.

25 Y sucedió que al principiar el año veinticuatro del gobierno de los jueces, también hubiera habido paz entre el pueblo de Nefi, de no haber sido por una ªcontención que surgió entre ellos concerniente a la tierra de Lehi y la tierra de Moriantón, que colindaba con la de Lehi; y ambas se hallaban junto a la orilla del mar.

26 Porque he aquí, el pueblo que poseía tierra de Moriantón reclamaba parte de la tierra de Lehi; por lo que empezó a haber una acalorada contención entre ellos, al grado de que los de Moriantón tomaron las armas contra sus hermanos, y estaban resueltos a matarlos con la espada.

27 Mas he aquí, los que poseían la tierra de Lehi huyeron al campamento de Moroni y le pidieron ayuda, pues he aquí, en ellos no estaba el mal.

28 Y sucedió que cuando los del pueblo de Moriantón, que eran guiados por un hombre llamado Moriantón, se enteraron de que el pueblo de Lehi había huido al campamento de Moroni, temieron en extremo, no fuese que el ejército de Moroni diera sobre ellos y los destruyera.

29 Por tanto, Moriantón inculcó en sus corazones que debían huir a la tierra que quedaba al norte, la cual se hallaba cubierta de grandes extensiones de agua, y tomar posesión de la tierra hacia el norte.

30 Y he aquí, habrían realizado este plan (cosa que habría sido motivo de lamentar), mas he aquí, Moriantón, siendo muy iracundo, se enojó con una de sus siervas, a la cual acometió y golpeó mucho.

31 Y aconteció que ella huyó y llegó al campamento de Moroni, y le comunicó todo lo concerniente al asunto, y también las intenciones de ellos de huir a la tierra hacia el norte.

32 Y he aquí, el pueblo que se hallaba en la tierra de Abundancia, o mejor dicho, Moroni, temía que estos escucharan las

---

23a Mos. 2:41. | 25a GEE Contención, contienda.

palabras de Moriantón y se unieran a la gente de él, y así tomaran posesión de aquellas partes de la tierra, cosa que hubiera originado graves consecuencias entre el pueblo de Nefi, sí, consecuencias que hubieran ocasionado la pérdida de su ^alibertad.

33 Por tanto, Moroni envió un ejército con sus pertrechos, para atajar al pueblo de Moriantón a fin de contener su fuga hacia la tierra del norte.

34 Y aconteció que no los alcanzaron sino hasta que hubieron llegado a las fronteras de la tierra de ^aDesolación; y allí los atajaron, cerca del estrecho paso que conducía, por el lado del mar, a la tierra del norte, sí, por el mar, al oeste y al este.

35 Y sucedió que el ejército que fue enviado por Moroni, al mando de un hombre llamado Teáncum, se encontró con el pueblo de Moriantón; y tan obstinado se mostró el pueblo de Moriantón (incitado por su iniquidad y sus palabras lisonjeras), que empezó una batalla entre ellos, en la cual Teáncum mató a Moriantón, y derrotó a los de su ejército, y los tomó prisioneros y regresó al campamento de Moroni. Y así concluyó el año veinticuatro del gobierno de los jueces sobre el pueblo de Nefi.

36 Y así fue llevado de regreso el pueblo de Moriantón. Y habiendo ellos hecho pacto de guardar la paz, fueron restablecidos en la tierra de Moriantón, y se efectuó

una unión entre ellos y los del pueblo de Lehi; y también ellos fueron restablecidos en sus tierras.

37 Y aconteció que en el mismo año en que volvió a establecerse la paz entre el pueblo de Nefi, murió Nefíah, el segundo juez superior, habiendo ocupado el asiento judicial con perfecta rectitud delante de Dios.

38 Sin embargo, se había negado a recibir de Alma esos anales y esas cosas que Alma y sus padres estimaban como sumamente sagrados; por tanto, Alma los había entregado a su hijo Helamán.

39 He aquí, sucedió que nombraron al hijo de Nefíah para ocupar el asiento judicial en el lugar de su padre; sí, fue nombrado juez superior y gobernador del pueblo, con un juramento y la ordenanza sagrada de juzgar con rectitud, y de preservar la paz y la libertad del pueblo, y concederle sus sagrados privilegios de adorar al Señor su Dios, sí, de sostener y mantener la causa de Dios toda su vida, y juzgar a los malvados según sus delitos.

40 Y he aquí, se llamaba Pahorán. Y Pahorán ocupó el asiento de su padre, y empezó a gobernar al pueblo de Nefi a la conclusión del año veinticuatro.

CAPÍTULO 51

Los realistas procuran modificar la ley y establecer un rey — Pahorán y

32a GEE Libertad, libre. | 34a Alma 46:17.

los hombres libres reciben el apoyo de la voz del pueblo — Moroni obliga a los realistas a defender su país o padecer la muerte — Amalickíah y los lamanitas se apoderan de muchas ciudades fortificadas — Teáncum rechaza la invasión lamanita y mata a Amalickíah en su tienda. Aproximadamente 67–66 a.C.

Y ACONTECIÓ que a principios del año veinticinco del gobierno de los jueces sobre el pueblo de Nefi, habiendo ellos establecido la paz entre el pueblo de Lehi y el pueblo de Moriantón, en lo concerniente a sus tierras, y habiendo comenzado el año veinticinco en paz,

2 aunque no conservaron por mucho tiempo una paz completa en la tierra, porque empezó a surgir entre el pueblo una disensión concerniente a Pahorán, el juez superior; porque he aquí, parte del pueblo deseaba que se modificaran algunos puntos particulares de la ley.

3 Pero he aquí, Pahorán no quiso modificar ni permitir que se modificara la ley; de modo que no atendió a los que habían expresado su parecer en un memorial con respecto a la modificación de la ley.

4 Por tanto, aquellos que estaban deseosos de que se modificara la ley se enojaron con él, y no quisieron que continuase como juez superior de la tierra; de modo que se provocó una disputa acalorada sobre el asunto; pero no llegó a la efusión de sangre.

5 Y sucedió que aquellos que querían que Pahorán fuese destituido del asiento judicial fueron llamados realistas, porque deseaban que se modificara la ley de tal manera que se derribara el gobierno libre y se estableciera un rey sobre el país.

6 Y los que deseaban que Pahorán continuase como juez superior de la tierra tomaron sobre sí el nombre de hombres libres; y así hubo esta división entre ellos, porque los hombres libres habían jurado o hecho pacto de mantener sus derechos y los privilegios de su religión mediante un gobierno libre.

7 Y sucedió que la voz del pueblo decidió este asunto de su contención. Y aconteció que la voz del pueblo se declaró a favor de los hombres libres, y Pahorán retuvo el asiento judicial, lo cual causó mucho regocijo entre los hermanos de Pahorán, así como entre muchos de los amigos de la libertad, los cuales también hicieron callar a los realistas, de modo que no se atrevieron a oponerse, sino que se vieron obligados a mantener la causa de la libertad.

8 Ahora bien, los que estaban a favor de los reyes eran personas de ªilustre linaje que deseaban ser reyes; y los apoyaban aquellos que ambicionaban poder y autoridad sobre el pueblo.

9 Pero he aquí, fue esta una época muy crítica para que hubiera tales disensiones entre el pueblo de Nefi; pues he aquí,

Amalickíah de nuevo había incitado el corazón del pueblo lamanita contra el pueblo de los nefitas, y estaba reuniendo soldados de todas partes de su tierra, y armándolos, y preparándose para la guerra con toda diligencia; porque había [a]jurado beber la sangre de Moroni.

10 Mas he aquí, ya veremos que la promesa que él hizo resultó desatinada; no obstante, se preparó a sí mismo y a sus ejércitos para ir a la batalla contra los nefitas.

11 Mas sus ejércitos no eran tan numerosos como antes lo habían sido, a causa de los muchos miles que habían perecido por mano de los nefitas; mas no obstante sus grandes pérdidas, Amalickíah había reunido a un ejército admirablemente grande, por lo que no tuvo miedo de ir a la tierra de Zarahemla.

12 Sí, aun Amalickíah mismo llegó al frente de los lamanitas. Y fue en el año veinticinco del gobierno de los jueces; y esto fue al mismo tiempo en que empezaban a allanar sus contenciones concernientes a Pahorán, el juez superior.

13 Y aconteció que cuando los hombres que eran llamados realistas supieron que los lamanitas venían a la batalla contra ellos, se alegraron en su corazón; y se negaron a tomar las armas; porque tan irritados estaban con el juez superior, y también con los [a]hombres libres, que no quisieron tomar las armas para defender su país.

14 Y sucedió que cuando Moroni vio esto, y también vio que los lamanitas estaban llegando a las fronteras de la tierra, se enojó en extremo a causa de la obstinación de aquellos a quienes él tan diligentemente había procurado preservar; sí, se enojó en extremo; se le llenó el alma de ira en contra de ellos.

15 Y aconteció que envió un memorial, con la voz del pueblo, al gobernador del país, pidiéndole que lo leyera, y le diera a él (Moroni) la facultad o para obligar a aquellos disidentes a defender su país o para quitarles la vida.

16 Porque su primera consideración era hacer cesar aquellas contiendas y disensiones entre el pueblo; pues he aquí, esto había sido previamente una causa de toda su destrucción. Y sucedió que fue concedido de acuerdo con la voz del pueblo.

17 Y aconteció que Moroni dio órdenes de que su ejército marchara contra aquellos realistas para abatir su orgullo y su grandeza, y humillarlos hasta el polvo, o hacerles tomar las armas y apoyar la causa de la libertad.

18 Y ocurrió que los ejércitos marcharon en contra de ellos; y abatieron su orgullo y su grandeza, al grado de que al levantar sus armas de guerra para pelear contra los hombres de Moroni, fueron talados y derribados a tierra.

9a Alma 49:26–27.   13a Alma 46:10–16.

19 Y sucedió que hubo cuatro mil de esos ªdisidentes que fueron talados por la espada; y sus jefes que no murieron en la batalla fueron tomados y encarcelados, porque no hubo tiempo para juzgarlos en esa ocasión.

20 Y el resto de aquellos disidentes, más bien que caer a tierra por la espada, se rindieron al ªestandarte de la libertad, y se les obligó a izar el estandarte sobre sus torres, y en sus ciudades, y a tomar las armas en defensa de su país.

21 Y así acabó Moroni con aquellos realistas, de modo que no hubo nadie que fuese conocido por el apelativo de realista; y así dio fin a la obstinación y orgullo de aquellos que decían tener sangre noble; y fueron obligados a humillarse igual que sus hermanos y a luchar valientemente por su libertad del cautiverio.

22 Pero he aquí, ocurrió que mientras ªMoroni estaba resolviendo las guerras y contiendas entre los de su propio pueblo, e imponiéndoles la paz y la civilización, y haciendo arreglos para prepararse para la guerra contra los lamanitas, he aquí, estos habían entrado en la tierra de Moroni, que estaba situada junto al mar.

23 Y sucedió que los nefitas no tenían suficientes fuerzas en la ciudad de Moroni; por tanto, Amalickíah los desalojó, matando a muchos de ellos; y sucedió que Amalickíah se apoderó de la ciudad, sí, se posesionó de todas sus fortificaciones.

24 Y los que huyeron de la ciudad de Moroni llegaron a la ciudad de Nefíah; y también los habitantes de la ciudad de Lehi se reunieron y se prepararon, y quedaron listos para hacer frente a los lamanitas en la batalla.

25 Pero aconteció que Amalickíah no permitió que los lamanitas marcharan contra la ciudad de Nefíah para combatir, sino que los detuvo junto a las costas del mar, dejando hombres en cada ciudad para mantenerla y defenderla.

26 Y así avanzó, apoderándose de muchas ciudades: la ciudad de Nefíah, y la ciudad de Lehi, y la ciudad de Moriantón, y la ciudad de Omner, y la ciudad de Gid, y la ciudad de Mulek, todas las cuales se hallaban situadas en las fronteras del este, junto al mar.

27 Y así, por la astucia de Amalickíah, los lamanitas con sus innumerables huestes se habían apoderado de muchas ciudades, todas las cuales estaban fortificadas sólidamente de acuerdo con las ªfortificaciones de Moroni; y todas las cuales proporcionaban plazas fuertes para los lamanitas.

28 Y sucedió que avanzaron hasta las fronteras de la tierra de Abundancia, arrojando a los nefitas delante de ellos y matando a muchos.

19a Alma 60:16.
20a Alma 46:12–13.
22a GEE Moroni, capitán.
27a Alma 48:8–9.

29 Pero ocurrió que les salió al encuentro Teáncum, el mismo que había ªmatado a Moriantón y atajado a su pueblo en su fuga.

30 Y sucedió que igualmente detuvo a Amalickíah, mientras este marchaba con su numeroso ejército para posesionarse de la tierra de Abundancia, como también de la tierra hacia el norte.

31 Mas he aquí que se contrarió al ser rechazado por Teáncum y sus hombres, porque eran grandes guerreros; pues cada uno de los hombres de Teáncum sobrepujaba a los lamanitas en su fuerza y en su destreza guerrera, al grado de que lograron aventajar a los lamanitas.

32 Y sucedió que los acosaron, a tal grado que los mataron aun hasta que obscureció. Y aconteció que Teáncum y sus hombres plantaron sus tiendas en las fronteras de la tierra de Abundancia; y Amalickíah plantó sus tiendas sobre las playas, en los linderos a orillas del mar; y así fueron rechazados.

33 Y sucedió que cuando hubo anochecido, Teáncum y su siervo salieron furtivamente de noche, y entraron en el campamento de Amalickíah; y he aquí, el sueño había vencido a los lamanitas por motivo de su mucha fatiga, causada por los trabajos y el calor del día.

34 Y sucedió que Teáncum se introdujo secretamente en la tienda del rey, y le hincó una jabalina en el corazón; y causó instantáneamente la muerte del rey, de modo que no despertó a sus siervos.

35 Y volvió a escondidas a su propio campamento; y he aquí, sus hombres estaban durmiendo; y los despertó y les dijo todo lo que había hecho.

36 Y mandó que su ejército se aprestara, no fuese que los lamanitas hubieran despertado y vinieran contra ellos.

37 Y así concluye el año veinticinco del gobierno de los jueces sobre el pueblo de Nefi; y así terminan los días de Amalickíah.

CAPÍTULO 52

Ammorón sucede a Amalickíah como rey de los lamanitas — Moroni, Teáncum y Lehi dirigen a los nefitas en una guerra victoriosa contra los lamanitas — Se vuelve a tomar la ciudad de Mulek, y Jacob el zoramita cae muerto. Aproximadamente 66–64 a.C.

Y SUCEDIÓ que en el año veintiséis del gobierno de los jueces sobre el pueblo de Nefi, he aquí, cuando despertaron los lamanitas en la primera mañana del primer mes, he aquí, descubrieron que Amalickíah yacía muerto en su propia tienda; y vieron también que Teáncum estaba listo para combatirlos ese día.

2 Y cuando los lamanitas vieron esto, tuvieron miedo; y abandonaron su propósito de

29a Alma 50:35.

marchar a la tierra del norte, y retrocedieron con todo su ejército a la ciudad de Mulek, y buscaron protección en sus fortificaciones.

3 Y sucedió que el hermano de Amalickíah fue nombrado rey del pueblo; y se llamaba Ammorón; de modo que se nombró al rey Ammorón, hermano del rey Amalickíah, para reinar en su lugar.

4 Y acaeció que dio órdenes de que su pueblo conservara aquellas ciudades que ellos habían tomado por la efusión de sangre; porque no habían tomado ninguna ciudad sin que hubieran perdido mucha sangre.

5 Y ahora bien, Teáncum vio que los lamanitas estaban resueltos a conservar esas ciudades que habían tomado, así como aquellas partes de la tierra de las que se habían apoderado; y viendo también la enormidad de su número, no le pareció conveniente a Teáncum intentar atacarlos en sus fuertes,

6 sino que detuvo a sus hombres en los alrededores, como si estuviera preparándose para la guerra; sí, y verdaderamente se estaba preparando para defenderse contra ellos, *levantando muros alrededor y disponiendo sitios de refugio.

7 Y aconteció que así continuó preparándose para la guerra, hasta que Moroni le hubo enviado un gran número de hombres para reforzar su ejército.

8 Y Moroni también le envió órdenes de retener a todos los prisioneros que cayeran en sus manos; porque como los lamanitas habían tomado a muchos prisioneros, él debía retener a todos los prisioneros lamanitas como rescate de aquellos que los lamanitas habían capturado.

9 Y también le envió órdenes de que fortificara la tierra de Abundancia y asegurara el *estrecho paso que conducía a la tierra del norte, no fuese que los lamanitas tomasen ese punto y tuvieran el poder para acosarlos por todos lados.

10 Y Moroni también le hizo saber sus deseos de que fuera fiel en conservar esa parte de la tierra, y que aprovechara toda oportunidad para acometer a los lamanitas en aquella parte, hasta donde pudiera, por si tal vez lograba volver a tomar, por estratagema o de alguna otra manera, las ciudades que les habían arrebatado de sus manos; y que también fortificara y reforzara las ciudades circunvecinas que no habían caído en manos de los lamanitas.

11 Y también le dijo: Me uniría a vosotros, mas he aquí, los lamanitas están sobre nosotros en las fronteras de la tierra por el mar del oeste; y he aquí, marcho contra ellos; por lo tanto, no puedo ir a vosotros.

12 Y el rey (Ammorón) había salido de la tierra de Zarahemla, y había informado a la

reina concerniente a la muerte de su hermano; y había reunido un gran número de hombres, y había marchado contra los nefitas en las fronteras junto al mar del oeste.

13 Y de este modo estaba tratando de hostigar a los nefitas y llevarse tras de sí a una parte de las fuerzas nefitas a aquella parte de la tierra, y al mismo tiempo había mandado a aquellos que había dejado para ocupar las ciudades que había tomado, que también ellos acosaran a los nefitas en las fronteras cerca del mar del este, y tomaran posesión de sus tierras hasta donde les fuera posible, según la fuerza de sus ejércitos.

14 Y en esas peligrosas circunstancias se encontraban los nefitas a la conclusión del año veintiséis del gobierno de los jueces sobre el pueblo de Nefi.

15 Pero he aquí, aconteció que en el año veintisiete del gobierno de los jueces, Teáncum, por órdenes de Moroni —y este había colocado ejércitos para proteger las fronteras del sur y del oeste de la tierra, y había iniciado la marcha hacia la tierra de Abundancia para ayudar a Teáncum con sus hombres a reconquistar las ciudades que habían perdido—

16 y ocurrió que Teáncum había recibido órdenes de atacar la ciudad de Mulek, y reconquistarla, de ser posible.

17 Y sucedió que Teáncum hizo los preparativos para atacar la ciudad de Mulek y avanzar con su ejército contra los lamanitas; pero vio que era imposible vencerlos mientras estuviesen dentro de sus fortificaciones; por tanto, abandonó su propósito y se volvió a la ciudad de Abundancia para esperar la llegada de Moroni, a fin de reforzar su ejército.

18 Y aconteció que Moroni llegó con su ejército a la tierra de Abundancia, a fines del año veintisiete del gobierno de los jueces sobre el pueblo de Nefi.

19 Y a principios del año veintiocho, Moroni, Teáncum y muchos de los capitanes en jefe tuvieron un consejo de guerra para decidir qué debían hacer para que los lamanitas salieran a la batalla contra ellos, o de algún modo atraerlos para sacarlos de sus fuertes, a fin de vencerlos y tomar otra vez la ciudad de Mulek.

20 Y sucedió que mandaron embajadas al ejército de los lamanitas, que protegía la ciudad de Mulek, a su caudillo, cuyo nombre era Jacob, invitándolo a que saliera con sus ejércitos para enfrentarse con ellos en las llanuras entre las dos ciudades. Mas he aquí, Jacob, que era zoramita, no quiso salir con su ejército para enfrentarse con ellos en el llano.

21 Y aconteció que Moroni, no teniendo esperanzas de enfrentarse con ellos en iguales circunstancias, ideó, por tanto, un plan para engañar a los lamanitas

para que salieran de sus fortalezas.

22 Por lo tanto, hizo que Teáncum tomara un pequeño número de hombres y marchara cerca de la costa del mar; y Moroni y su ejército marcharon de noche por el desierto, al oeste de la ciudad de Mulek; y así, por la mañana, cuando los guardias de los lamanitas hubieron descubierto a Teáncum, corrieron y se lo dijeron a Jacob, su caudillo.

23 Y acaeció que los ejércitos de los lamanitas avanzaron contra Teáncum, suponiendo que con su número podrían vencer a Teáncum por motivo de su reducido número. Y al ver Teáncum que los ejércitos de los lamanitas venían contra él, empezó a retroceder hacia el norte por la costa del mar.

24 Y ocurrió que cuando los lamanitas vieron que empezaba a huir, cobraron ánimo y lo persiguieron vigorosamente. Y mientras Teáncum iba así alejando a los lamanitas, que lo perseguían en vano, he aquí, Moroni dio órdenes de que parte de su ejército que lo acompañaba, entrara en la ciudad y tomara posesión de ella.

25 Y así lo hicieron, y mataron a todos los que habían quedado para proteger la ciudad, sí, a todos los que no quisieron entregar sus armas de guerra.

26 Y así se había apoderado Moroni de la ciudad de Mulek con parte de su ejército, mientras él marchaba con el resto al encuentro de los lamanitas, cuando volvieran de perseguir a Teáncum.

27 Y sucedió que los lamanitas persiguieron a Teáncum hasta que llegaron cerca de la ciudad de Abundancia, y entonces les salieron al encuentro Lehi y un pequeño ejército, que habían quedado para proteger la ciudad.

28 Y he aquí, cuando los capitanes en jefe de los lamanitas vieron que Lehi con su ejército marchaba contra ellos, huyeron con mucha confusión, temiendo no poder llegar a la ciudad de Mulek antes que los alcanzara Lehi; porque estaban fatigados a causa de su marcha, y los hombres de Lehi se hallaban descansados.

29 Ahora bien, los lamanitas no sabían que Moroni había estado a su retaguardia con su ejército; y todo lo que temían era a Lehi y a sus hombres.

30 Y Lehi no deseaba alcanzarlos sino hasta que encontrasen a Moroni y su ejército.

31 Y sucedió que antes que los lamanitas hubiesen retrocedido mucho, los nefitas los rodearon, los hombres de Moroni por un lado, y los de Lehi por el otro, todos ellos descansados y llenos de vigor; mas los lamanitas estaban fatigados a causa de su larga marcha.

32 Y Moroni mandó a sus hombres que cayeran sobre ellos hasta que hubiesen entregado sus armas de guerra.

33 Y aconteció que Jacob, siendo su caudillo, siendo también ªzoramita, y teniendo un espíritu indomable, encabezó a los lamanitas a la batalla con extremada furia contra Moroni.

34 Pues como Moroni estorbaba el curso de su marcha, por tanto, Jacob estaba resuelto a matarlos y a abrirse paso hasta la ciudad de Mulek. Mas he aquí, Moroni y sus hombres eran más fuertes; por lo tanto, no cedieron el paso a los lamanitas.

35 Y aconteció que pelearon de ambos lados con mucha furia; y hubo muchos muertos, tanto de una parte como de otra; sí, y Moroni fue herido, y Jacob cayó muerto.

36 Y con tal ímpetu acometió Lehi su retaguardia, con sus hombres fuertes, que los lamanitas de la retaguardia entregaron sus armas de guerra; y los demás, en su mucha confusión, no sabían por dónde ir o atacar.

37 Y Moroni, viendo su confusión, les dijo: Si traéis vuestras armas de guerra y las entregáis, he aquí, cesaremos de derramar vuestra sangre.

38 Y acaeció que cuando los lamanitas hubieron oído estas palabras, sus capitanes en jefe, todos los que no habían muerto en la batalla, avanzaron y echaron sus armas de guerra a los pies de Moroni, y también mandaron a sus hombres que hicieran lo mismo.

39 Mas he aquí, hubo muchos que no quisieron; y aquellos que no quisieron entregar sus espadas fueron prendidos y atados, y les fueron quitadas sus armas de guerra, y los obligaron a marchar con sus hermanos a la tierra de Abundancia.

40 Y el número de prisioneros que tomaron fue mayor que el número de los que habían muerto; sí, mayor que el número de los que habían muerto de ambas partes.

CAPÍTULO 53

Se emplea a los prisioneros lamanitas para fortificar la ciudad de Abundancia — Las disensiones entre los nefitas dan lugar a las victorias lamanitas — Helamán toma el mando de los dos mil jóvenes del pueblo de Ammón. Aproximadamente 64–63 a.C.

Y SUCEDIÓ que les pusieron guardias a los prisioneros lamanitas, y los obligaron a que fueran y enterraran a sus muertos, sí, y también a los muertos de los nefitas, y Moroni les puso guardias para vigilarlos mientras desempeñaban sus trabajos.

2 Y ªMoroni fue a la ciudad de Mulek, acompañado de Lehi, y tomó el mando de la ciudad, y lo confirió a Lehi. Y he aquí, este Lehi era el que había estado con Moroni en la mayor parte de todas sus batallas; y era un hombre semejante a Moroni, y se regocijaban en la seguridad del uno y del otro; sí, se amaban el

uno al otro; y también los amaba todo el pueblo de Nefi.

3 Y sucedió que después que los lamanitas hubieron acabado de enterrar a sus muertos, como también a los muertos de los nefitas, los condujeron de regreso a la tierra de Abundancia; y Teáncum, por órdenes de Moroni, les hizo emprender la obra de cavar un foso alrededor de la tierra, o sea, la ciudad de Abundancia.

4 E hizo que levantaran un ^aparapeto de maderos sobre el borde interior del foso; y echaron la tierra del foso contra el parapeto de vigas; y así hicieron trabajar a los lamanitas hasta que hubieron cercado la ciudad de Abundancia con una fuerte muralla de vigas y tierra de una altura extraordinaria.

5 Y esta ciudad se convirtió desde entonces en una plaza sumamente fuerte; y en esta ciudad guardaron a los prisioneros lamanitas; sí, dentro de una muralla que les habían hecho levantar con sus propias manos. Pues Moroni se vio obligado a hacer que los lamanitas trabajaran porque era fácil vigilarlos mientras trabajaban; y él quería disponer de todas sus fuerzas cuando atacara a los lamanitas.

6 Y aconteció que de este modo Moroni había logrado una victoria sobre uno de los mayores ejércitos de los lamanitas, y se había apoderado de la ciudad de Mulek, que era una de las plazas más fuertes de los lamanitas en la tierra de Nefi; y así también había construido un fuerte para retener a sus prisioneros.

7 Y sucedió que no intentó más presentar batalla contra los lamanitas ese año, sino que empleó a sus hombres en preparativos de guerra, sí, y en la construcción de fortificaciones para protegerse de los lamanitas, sí, y en la tarea de liberar a sus mujeres e hijos del hambre y de la aflicción, y en la de proveer víveres para su ejército.

8 Y aconteció que los ejércitos de los lamanitas sobre el mar del oeste, hacia el sur, durante la ausencia de Moroni motivada por algunas intrigas entre los nefitas, las que causaron disensiones entre ellos, habían ganado algún terreno a los nefitas, sí, al grado de que se habían apoderado de varias de sus ciudades en aquella parte de la tierra.

9 Y así, por causa de la iniquidad entre ellos, sí, por las disensiones e intrigas entre ellos mismos, los nefitas se vieron en las más críticas circunstancias.

10 Y he aquí, ahora tengo algo que decir concerniente a ^alos del pueblo de Ammón, que en un principio eran lamanitas, pero que se habían ^bconvertido al Señor mediante Ammón y sus hermanos, o mejor dicho, por el poder y la palabra de Dios; y habían sido conducidos a la tierra de Zarahemla, y los nefitas

---

los habían protegido desde entonces.

11 Y por motivo de su juramento, se les había refrenado de tomar las armas contra sus hermanos; porque habían hecho juramento de ªno verter más sangre; y de acuerdo con su juramento, hubieran perecido; sí, ellos se habrían dejado caer en manos de sus hermanos, si no hubiera sido por la compasión y gran amor que Ammón y sus hermanos habían sentido por ellos.

12 Y por esta razón fueron conducidos a la tierra de Zarahemla; y desde entonces los habían ªprotegido los nefitas.

13 Pero sucedió que cuando vieron el peligro, y las muchas aflicciones y tribulaciones que los nefitas padecían por ellos, se llenaron de compasión y sintieron ªdeseos de tomar las armas en defensa de su país.

14 Pero he aquí, cuando estaban ya para tomar sus armas de guerra, los convencieron las persuasiones de Helamán y sus hermanos, pues estaban a punto de ªquebrantar el ᵇjuramento que habían hecho.

15 Y Helamán temía que de hacerlo perderían sus almas. Por tanto, todos los que habían concertado este convenio se vieron obligados a ver a sus hermanos vadear sus dificultades, en sus peligrosas circunstancias en esta época.

16 Mas he aquí, aconteció que tenían muchos hijos que no habían concertado ningún convenio de que no tomarían sus armas de guerra para defenderse contra sus enemigos; por tanto, cuantos podían portar armas se reunieron en esa ocasión, y se hicieron llamar nefitas.

17 E hicieron un convenio de luchar por la libertad de los nefitas, sí, de proteger la tierra hasta con su vida; sí, hicieron convenio de que jamás renunciarían a su ªlibertad, sino que lucharían en toda ocasión para proteger a los nefitas y a sí mismos del cautiverio.

18 Y he aquí, hubo dos mil de estos jóvenes que concertaron este convenio y tomaron sus armas de guerra para defender su patria.

19 Y he aquí, como hasta entonces nunca habían sido desventaja alguna para los nefitas, se tornaron, en esta ocasión, en un fuerte apoyo; porque tomaron sus armas de guerra y quisieron que Helamán fuese su caudillo.

20 Y todos ellos eran jóvenes, y sumamente valientes en cuanto a ªintrepidez, y también en cuanto a vigor y actividad; mas he aquí, esto no era todo; eran hombres que en todo momento se mantenían ᵇfieles a cualquier cosa que les fuera confiada.

21 Sí, eran hombres verídicos y serios, pues se les había enseñado

11a Alma 24:17–19.
12a Alma 27:23.
13a Alma 56:7.
14a Núm. 30:2.
  b GEE Juramento.
17a Alma 56:47.
GEE Libertad, libre.
20a GEE Valor, valiente.
  b GEE Integridad.

a guardar los mandamientos de Dios y a *andar rectamente ante él.

22 Y aconteció que Helamán marchó al frente de sus *dos mil soldados jóvenes para ayudar al pueblo en las fronteras de la tierra hacia el sur, cerca del mar del oeste.

23 Y así concluyó el año veintiocho del gobierno de los jueces sobre el pueblo de Nefi.

CAPÍTULO 54

Ammorón y Moroni hacen gestiones para efectuar el canje de prisioneros — Moroni exige que los lamanitas se retiren y cesen sus ataques asesinos — Ammorón exige que los nefitas entreguen sus armas y se sujeten a los lamanitas. Aproximadamente 63 a.C.

Y SUCEDIÓ que a principios del año veintinueve del gobierno de los jueces, *Ammorón mandó decir a Moroni que deseaba un canje de prisioneros.

2 Y aconteció que para Moroni esta solicitud fue motivo de mucho gozo, porque deseaba que las provisiones que se impartían para el sostén de los prisioneros lamanitas fuesen para el sostén de su propio pueblo; y además, deseaba contar con su propio pueblo para reforzar su ejército.

3 Ahora bien, los lamanitas habían tomado cautivos a muchas mujeres y niños, y entre todos los prisioneros de Moroni, o sea, los

prisioneros que él había tomado, no se hallaba ni una sola mujer ni un solo niño; por lo tanto, Moroni recurrió a una estratagema para conseguir de los lamanitas el mayor número posible de prisioneros nefitas.

4 De modo que escribió una epístola y la envió con el siervo de Ammorón, el mismo que había traído una epístola a Moroni. Y estas son las palabras que escribió a Ammorón, diciendo:

5 He aquí, Ammorón, te he escrito algunas palabras tocante a esta guerra que has emprendido contra mi pueblo, o mejor dicho, que tu *hermano ha emprendido en contra de ellos, y la cual estás aún resuelto a continuar después de su muerte.

6 He aquí, quisiera decirte algo concerniente a la *justicia de Dios y la espada de su omnipotente ira que se cierne sobre vosotros, a menos que os arrepintáis y retiréis vuestros ejércitos hasta vuestras propias tierras, o sea, la tierra de vuestras posesiones, que es la tierra de Nefi.

7 Sí, quisiera decirte estas cosas si fueras capaz de hacerles caso; sí, te diría concerniente a ese horrible *infierno que está pronto para recibir a tales *asesinos como tú y tu hermano lo habéis sido, a menos que os arrepintáis y renunciéis a vuestros propósitos asesinos, y os retiréis con

21a GEE Andar, andar con Dios.
22a Alma 56:3–5.
54 1a Alma 52:3.
5a Alma 48:1.
6a GEE Justicia.
7a GEE Infierno.
b Alma 47:18, 22–24.
GEE Asesinato.

vuestras tropas a vuestras propias tierras.

8 Pero así como anteriormente habéis desechado estas cosas, y habéis luchado contra el pueblo del Señor, de igual manera puedo esperar que lo volváis a hacer.

9 Mas he aquí, estamos preparados para recibiros; sí, y a menos que renunciéis a vuestros propósitos, he aquí, causaréis que la ira de ese Dios que habéis rechazado caiga sobre vosotros para vuestra completa destrucción.

10 Pero así como vive el Señor, nuestros ejércitos vendrán sobre vosotros, a menos que os retiréis, y de aquí a poco seréis visitados con muerte, porque retendremos nuestras ciudades y nuestras tierras; sí, y preservaremos nuestra religión y la causa de nuestro Dios.

11 Pero he aquí, me parece que te hablo de estas cosas en vano; o me parece que eres un ªhijo del infierno; concluiré, pues, mi epístola, diciéndote que no canjearé prisioneros, sino con la condición de que entreguéis un hombre y su esposa y sus hijos por cada prisionero; si tal fuere el caso, haré el canje.

12 Y he aquí, si no haces esto, marcharé contra vosotros con mis ejércitos; sí, armaré aun a las mujeres y los niños, e iré contra vosotros y os seguiré hasta vuestra propia tierra, que es la tierra de ªnuestra primera herencia; sí, y será sangre por sangre, sí, vida por vida; y os acometeré hasta que seáis destruidos de sobre la faz de la tierra.

13 He aquí, estoy con ira, lo mismo que mi pueblo; habéis intentado asesinarnos, y nosotros solo hemos procurado defendernos. Mas he aquí, si intentáis de nuevo destruirnos, nosotros procuraremos destruiros a vosotros; sí, y nos esforzaremos por obtener nuestra tierra, la tierra de nuestra primera herencia.

14 Ahora concluyo mi epístola. Soy Moroni, uno de los jefes del pueblo de los nefitas.

15 Y aconteció que al recibir Ammorón esta epístola, se enojó; y escribió otra epístola a Moroni, y estas son las palabras que escribió, diciendo:

16 Soy Ammorón, rey de los lamanitas; soy hermano de Amalickíah, a quien habéis ªasesinado. He aquí, vengaré su sangre sobre vosotros; sí, y caeré sobre vosotros con mis ejércitos, porque no temo vuestras amenazas.

17 Pues he aquí, vuestros padres agraviaron a sus hermanos, al grado de robarles su ªderecho de gobernar, cuando justamente les pertenecía.

18 Mas he aquí, si entregáis vuestras armas, y os sujetáis a que os gobiernen aquellos a quienes legítimamente pertenece el gobierno, entonces haré

11a Juan 8:42–44.
12a 2 Ne. 5:5–8.
16a Alma 51:34.
17a 2 Ne. 5:1–4;
Mos. 10:12–17.

que mi pueblo abandone sus armas y deje de estar en guerra.

19 He aquí, has proferido muchas amenazas contra mí y contra mi pueblo; mas he aquí, tus amenazas no nos intimidan.

20 No obstante, con gusto concederé el canje de prisioneros, de acuerdo con tu proposición, a fin de conservar mis provisiones para mis hombres de guerra; y emprenderemos una guerra que será sin fin, ya para subyugar a los nefitas a nuestra autoridad, o exterminarlos para siempre.

21 Y concerniente a ese Dios que, según dices, hemos rechazado, he aquí, no conocemos a tal ser; ni vosotros tampoco; pero aun suponiendo que existiera semejante ser, bien puede ser que él nos haya hecho a nosotros así como a vosotros.

22 Y si es que hay un diablo y un infierno, he aquí, ¿no os enviará él allí para vivir con mi hermano al cual habéis asesinado, de quien insinuáis que ha ido a tal lugar? Pero he aquí, estas cosas no importan.

23 Soy Ammorón, y soy descendiente de ªZoram, aquel a quien vuestros padres obligaron y trajeron de Jerusalén.

24 Y he aquí, soy un intrépido lamanita; he aquí, se ha emprendido esta guerra para vengar sus agravios, y para mantener y obtener sus derechos al gobierno; y concluyo mi epístola a Moroni.

CAPÍTULO 55

Moroni se niega a canjear prisioneros — Se induce a los guardias lamanitas a embriagarse y se libera a todos los prisioneros nefitas — Se toma la ciudad de Gid sin derramamiento de sangre. Aproximadamente 63–62 a.C.

Y SUCEDIÓ que cuando Moroni hubo recibido esta epístola, se enojó aún más, porque sabía que Ammorón tenía un conocimiento perfecto de su ªfraude; sí, sabía que Ammorón sabía que no era una causa justa la que lo había llevado a emprender la guerra contra el pueblo de Nefi.

2 Y dijo: He aquí, no canjearé prisioneros con Ammorón, a menos que renuncie a su propósito, como le he expresado en mi epístola; porque no le permitiré que adquiera más poder del que ha conseguido.

3 He aquí, conozco el lugar donde guardan los lamanitas a los de mi pueblo que han tomado prisioneros; y ya que Ammorón no ha aceptado lo de mi epístola, he aquí, le haré según mis palabras; sí, sembraré muerte entre ellos hasta que pidan la paz.

4 Y ocurrió que cuando Moroni hubo dicho estas palabras, hizo que se buscara entre sus hombres, por si acaso hallaba entre ellos a uno que fuera descendiente de Lamán.

5 Y sucedió que encontraron a uno, cuyo nombre era Lamán; y

23*a* 1 Ne. 4:31–35. | **55** 1*a* Alma 47:12–35.

era ªuno de los siervos del rey que Amalickíah había asesinado.

6 Y Moroni hizo que Lamán y un pequeño número de sus hombres fueran a los guardias que vigilaban a los nefitas.

7 Y los nefitas estaban bajo custodia en la ciudad de Gid; por lo tanto, Moroni designó a Lamán, e hizo que lo acompañara un reducido número de hombres.

8 Y cuando anocheció, Lamán fue a los guardias que estaban vigilando a los nefitas, y he aquí, lo vieron venir y le gritaron; pero él les dijo: No temáis; he aquí, soy lamanita. Nos hemos escapado de los nefitas, y están dormidos; y he aquí, hemos traído de su vino con nosotros.

9 Y cuando los lamanitas oyeron estas palabras, lo recibieron con gozo, y le dijeron: Danos de tu vino para que bebamos; nos alegramos de que hayas traído vino contigo, porque estamos cansados.

10 Pero Lamán les dijo: Guardemos nuestro vino hasta que salgamos a la batalla contra los nefitas. Pero estas palabras solo les estimularon sus deseos de beber del vino;

11 porque, dijeron ellos, estamos cansados; por tanto, bebamos del vino, y dentro de poco recibiremos nuestra ración de vino, la cual nos fortalecerá para salir contra los nefitas.

12 Y Lamán les dijo: Podéis hacer lo que bien os parezca.

13 Y sucedió que bebieron del vino liberalmente; y les fue agradable al gusto; por lo tanto, bebieron más abundantemente; y era fuerte, pues se había preparado para que tuviera fuerza.

14 Y aconteció que bebieron y se alegraron; y dentro de poco todos estaban ebrios.

15 Y cuando Lamán y sus hombres vieron que todos estaban borrachos y durmiendo profundamente, se volvieron a Moroni, y le refirieron todas las cosas que habían acontecido.

16 Ahora bien, esto resultó de acuerdo con el proyecto de Moroni, y él había preparado a sus hombres con armas de guerra; y fue a la ciudad de Gid, mientras los lamanitas se hallaban profundamente dormidos y ebrios, y echaron armas de guerra a los prisioneros, de modo que todos quedaron armados

17 —sí, hasta sus mujeres, y cuantos de sus niños eran capaces de manejar armas de guerra— cuando Moroni hubo armado a todos aquellos prisioneros; y se hizo todo esto en profundo silencio.

18 Sin embargo, si hubieran despertado a los lamanitas, he aquí estaban borrachos, y los nefitas los habrían podido matar.

19 Mas he aquí, este no era el deseo de Moroni; pues no se deleitaba en el asesinato ni en el ªderramamiento de sangre, antes

5a Alma 47:29.   19a Alma 48:16.

bien se deleitaba en salvar a su pueblo de la destrucción; y por esta razón, para no incurrir en una injusticia, no quiso caer sobre los lamanitas en su borrachera y destruirlos.

20 Pero había logrado sus deseos; pues había armado a los prisioneros nefitas que estaban dentro de las murallas de la ciudad, y los había habilitado para que tomaran posesión de aquellos sitios que estaban dentro de las murallas.

21 Y entonces hizo que los hombres que estaban con él se apartaran a un paso de ellos y cercaran a los ejércitos lamanitas.

22 Y he aquí, esto se hizo de noche, de modo que al despertar los lamanitas a la mañana siguiente, vieron que estaban cercados por los nefitas por fuera, y que por dentro sus prisioneros estaban armados.

23 Y así vieron que los nefitas los tenían en su poder; y en estas circunstancias comprendieron que no era conveniente que pelearan contra los nefitas; de modo que sus capitanes en jefe les pidieron sus armas de guerra, y las llevaron y las echaron a los pies de los nefitas, pidiendo misericordia.

24 Y he aquí, esto era lo que Moroni deseaba. Los hizo prisioneros de guerra y tomó posesión de la ciudad, e hizo libertar a todos los prisioneros nefitas; y se unieron al ejército de Moroni, y lo reforzaron en gran manera.

25 Y aconteció que hizo que los lamanitas, a quienes había hecho prisioneros, emprendieran la ᵃobra de reforzar las fortificaciones alrededor de la ciudad de Gid.

26 Y sucedió que cuando hubo fortificado la ciudad de Gid conforme a sus deseos, hizo que sus prisioneros fuesen conducidos a la ciudad de Abundancia; y también resguardó esa ciudad con una fuerza sumamente poderosa.

27 Y ocurrió que a pesar de todas las intrigas de los lamanitas, los nefitas retuvieron y protegieron a todos los prisioneros que habían tomado, y también conservaron todo el terreno y la ventaja que habían reconquistado.

28 Y ocurrió que así empezaron otra vez los nefitas a triunfar y a recuperar sus derechos y sus privilegios.

29 Muchas veces intentaron los lamanitas rodearlos de noche, pero en estas tentativas perdieron muchos prisioneros.

30 Y muchas veces intentaron hacer beber de su vino a los nefitas, a fin de matarlos con veneno o por embriaguez.

31 Pero he aquí, los nefitas no fueron lentos en ᵃacordarse del Señor su Dios en su hora de aflicción. No podían hacerlos caer en sus trampas; sí, no bebían de su vino sin que primero dieran de él a algunos de los prisioneros lamanitas.

32 Y así tuvieron cuidado de no dejarse administrar veneno;

25a Alma 53:3–5.   31a Alma 62:49–51.

porque si el vino envenenaba a un lamanita, también envenenaría a un nefita; y así hacían con todos sus licores.

33 Y aconteció que llegó a ser preciso que Moroni hiciera preparativos para atacar la ciudad de Moriantón, pues he aquí, los lamanitas, con su trabajo, habían fortificado la ciudad de Moriantón, de tal manera que se había convertido en una plaza sumamente fuerte.

34 Y continuamente estaban trayendo nuevas fuerzas a esa ciudad, y también nuevos abastecimientos de provisiones.

35 Y así concluyó el año veintinueve del gobierno de los jueces sobre el pueblo de Nefi.

CAPÍTULO 56

Helamán envía una epístola a Moroni en la que le relata el estado de la guerra con los lamanitas — Antipus y Helamán logran una gran victoria sobre los lamanitas — Los dos mil jóvenes bajo el mando de Helamán luchan con fuerza milagrosa, y ninguno de ellos muere. Versículo 1, aproximadamente 62 a.C.; versículos 2–19, aproximadamente 66 a.C.; y versículos 20–57, aproximadamente 65–64 a.C.

Y SUCEDIÓ que al principiar el año treinta del gobierno de los jueces, el segundo día del primer mes, Moroni recibió una epístola de Helamán en la que le relataba los asuntos del pueblo en aquella parte de la tierra.

2 Y estas son las palabras que

escribió, diciendo: Mi muy amado hermano Moroni, tanto en el Señor como en las tribulaciones de nuestra guerra; he aquí, mi querido hermano, tengo algo que decirte concerniente a nuestra guerra en esta parte de la tierra.

3 He aquí, *a*dos mil de los hijos de aquellos hombres que Ammón trajo de la tierra de Nefi —y ya estás enterado de que estos eran descendientes de Lamán, el hijo mayor de nuestro padre Lehi;

4 y no necesito repetirte concerniente a sus tradiciones ni a su incredulidad, pues tú sabes acerca de todas estas cosas—

5 por tanto, bástame decirte que dos mil de estos jóvenes han tomado sus armas de guerra, y pidieron que yo fuese su jefe; y hemos salido para defender nuestro país.

6 Y también sabes del *a*convenio que hicieron sus padres de que no tomarían las armas de guerra en contra de sus hermanos para derramar sangre.

7 Mas en el año veintiséis, cuando vieron nuestras aflicciones y tribulaciones que padecíamos por ellos, se hallaban a punto de *a*violar el convenio que habían hecho, y tomar sus armas de guerra en nuestra defensa.

8 Pero yo no quise permitirles que violaran este convenio que habían hecho, creyendo que Dios nos fortalecería, de tal modo que no padeceríamos más por motivo de la observancia

---

56 3*a* Alma 53:22. | 6*a* Alma 24:17–18. | 7*a* Alma 53:13–15.

del juramento que habían hecho.

9 Pero he aquí una cosa en la cual podemos regocijarnos mucho; porque sucedió que en el año veintiséis, yo, Helamán, marché al frente de estos dos mil jóvenes hasta la ciudad de Judea para ayudar a Antipus, a quien habías nombrado jefe sobre el pueblo en aquella parte de la tierra.

10 E incorporé a mis dos mil hijos (porque son dignos de ser llamados hijos) al ejército de Antipus, y con esta fuerza él se regocijó en extremo; pues he aquí, los lamanitas habían reducido su ejército, porque las fuerzas de ellos habían matado a un gran número de nuestros hombres, por lo cual tenemos motivo para lamentarnos.

11 No obstante, podemos consolarnos en esto, que han muerto en la causa de su patria y de su Dios; sí, y son ªfelices.

12 Y los lamanitas también habían retenido a muchos prisioneros, todos los cuales son capitanes en jefe, porque a ningún otro han dejado con vida. Y suponemos que se hallan en este momento en la tierra de Nefi, si es que no los han matado.

13 Y estas son las ciudades de las cuales los lamanitas se han posesionado derramando la sangre de tantos de nuestros valientes hombres:

14 La tierra de Manti o ciudad de Manti, y la ciudad de Zeezrom,

y la ciudad de Cumeni, y la ciudad de Antipara.

15 Y estas son las ciudades que poseían cuando llegué a la ciudad de Judea; y hallé a Antipus y sus hombres trabajando con todas sus fuerzas para fortificar la ciudad.

16 Sí, y se hallaban abatidos, tanto en el cuerpo como en el espíritu, porque habían combatido valientemente durante el día y trabajado de noche para conservar sus ciudades; así que habían padecido grandes aflicciones de todas clases.

17 Y ahora estaban resueltos a vencer en ese sitio, o a morir; por tanto, bien podrás imaginarte que esta pequeña fuerza que traje conmigo, sí, esos hijos míos, les proporcionó gran esperanza y mucho gozo.

18 Y aconteció que cuando los lamanitas vieron que Antipus había recibido más fuerzas para su ejército, se vieron obligados, por órdenes de Ammorón, a no salir a la batalla contra la ciudad de Judea, ni contra nosotros.

19 Y así el Señor nos favoreció; porque si nos hubieran acometido en nuestra debilidad, tal vez habrían destruido nuestro pequeño ejército; pero en esto fuimos preservados.

20 Ammorón les había mandado que conservaran aquellas ciudades que habían tomado. Y así terminó el año veintiséis. Y a principios del año veintisiete, nos habíamos preparado para

la defensa, tanto nuestra ciudad como nosotros mismos.

21 Y deseábamos que los lamanitas viniesen contra nosotros; porque no queríamos atacarlos en sus plazas fuertes.

22 Y aconteció que mantuvimos espías en los alrededores, con objeto de reconocer los movimientos de los lamanitas, para que no nos pasaran de noche ni de día para lanzar un ataque contra nuestras otras ciudades que se hallaban al norte.

23 Porque sabíamos que en aquellas ciudades no eran suficientemente fuertes para hacerles frente; por tanto, queríamos caer sobre su retaguardia, en caso de que pasaran junto a nosotros, y así acometerlos por la retaguardia al mismo tiempo que fuesen atacados por la vanguardia. Pensábamos que los podríamos vencer; mas, he aquí, nos vimos frustrados en estos nuestros deseos.

24 No se atrevían a pasar con todo su ejército por donde estábamos, ni se atrevían a pasar con parte de él, no fuese que no tuvieran la fuerza suficiente y cayeran.

25 Ni tampoco se atrevían a marchar contra la ciudad de Zarahemla; ni osaban atravesar los manantiales del río Sidón, hacia la ciudad de Nefíah;

26 y así, con sus fuerzas estaban resueltos a conservar las ciudades que habían tomado.

27 Y ocurrió que en el segundo mes de este año, nos llegaron muchas provisiones de los padres de mis dos mil hijos.

28 Y también nos fueron enviados dos mil hombres de la tierra de Zarahemla. Y así quedamos prevenidos con diez mil hombres, y provisiones para ellos, y también para sus mujeres y sus hijos.

29 Y los lamanitas, viendo que así de día en día nuestras fuerzas aumentaban, y que llegaban provisiones para nuestro sostén, empezaron a temer, y comenzaron a salir para ver si les era posible acabar con el suministro de provisiones y refuerzos que nos llegaba.

30 Y cuando vimos que los lamanitas empezaban a inquietarse de esta manera, quisimos emplear contra ellos alguna estratagema. Por lo tanto, Antipus me dio la orden de salir con mis pequeños hijos hacia una ciudad inmediata, como si estuviéramos llevando provisiones allá.

31 Y habíamos de pasar cerca de la ciudad de Antipara, como si fuéramos a la ciudad más allá, sobre las orillas del mar.

32 Y sucedió que salimos, como si lleváramos nuestras provisiones, para ir a aquella ciudad.

33 Y ocurrió que salió Antipus con parte de su ejército, dejando el resto para la defensa de la ciudad. Pero no salió hasta que yo hube partido con mi pequeño ejército, y me acerqué a la ciudad de Antipara.

34 Y el ejército más fuerte de

los lamanitas se hallaba apostado en la ciudad de Antipara; sí, el más numeroso.

35 Y aconteció que cuando sus espías se lo hubieron informado, salieron con su ejército y marcharon contra nosotros.

36 Y sucedió que huimos delante de ellos hacia el norte. Y así llevamos en pos de nosotros al ejército más fuerte de los lamanitas;

37 sí, hasta una distancia considerable, de tal modo que cuando vieron al ejército de Antipus que los perseguía vigorosamente, no se volvieron ni a la derecha ni a la izquierda, sino que continuaron su marcha en línea recta tras de nosotros; y suponemos que su intención era matarnos antes que Antipus los alcanzara, y esto para no ser rodeados por nuestros hombres.

38 Y viendo Antipus nuestro peligro, aceleró la marcha de su ejército; pero he aquí, llegó la noche; por tanto, ellos no nos alcanzaron, ni pudo Antipus alcanzarlos a ellos; por lo tanto, acampamos durante la noche.

39 Y aconteció que antes de rayar el alba, he aquí, ya venían los lamanitas detrás de nosotros. Ahora bien, no teníamos la fuerza suficiente para contender con ellos; sí, yo no quise permitir que mis hijitos cayesen en sus manos; por tanto, continuamos nuestra marcha, y nos dirigimos hacia el desierto.

40 Y ellos no se atrevían a volverse a la derecha ni a la izquierda por temor a quedar rodeados; ni yo tampoco quería volverme a un lado ni al otro por miedo de que me alcanzaran, y no pudiéramos sostenernos en contra de ellos, y nos mataran y se escaparan; de modo que huimos por el desierto todo ese día hasta que obscureció.

41 Y acaeció que nuevamente, al rayar el alba, vimos a los lamanitas encima de nosotros, y huimos delante de ellos.

42 Pero aconteció que no nos habían perseguido gran distancia cuando hicieron alto; y era la mañana del tercer día del séptimo mes.

43 Y no sabíamos si los había alcanzado Antipus, pero dije a mis hombres: He aquí no sabemos si se han detenido con objeto de que marchemos contra ellos para apresarnos en su trampa;

44 por lo tanto, ¿qué decís, hijos míos? ¿Queréis ir a combatirlos?

45 Y te digo, mi amado hermano Moroni, que jamás había visto yo tan grande *valor, no, ni aun entre todos los nefitas.

46 Pues como yo siempre los había llamado hijos míos (pues eran todos muy jóvenes), he aquí, me contestaron de esta manera: Padre, he aquí, nuestro Dios está con nosotros y no nos dejará caer; así pues, avancemos. No mataríamos a nuestros hermanos si nos dejasen en paz; por tanto, avancemos, no sea

que derroten al ejército de Antipus.

47 Hasta entonces nunca habían combatido; no obstante, no temían la muerte, y estimaban más la ^alibertad de sus padres que sus propias vidas; sí, sus ^bmadres les habían enseñado que si no dudaban, Dios los libraría.

48 Y me repitieron las palabras de sus madres, diciendo: No dudamos que nuestras madres lo sabían.

49 Y aconteció que me volví con mis dos mil jóvenes contra esos lamanitas que nos habían perseguido. Y he aquí, los ejércitos de Antipus los habían alcanzado, y había principiado una batalla terrible.

50 Y el ejército de Antipus, fatigado de tan larga marcha en tan poco tiempo, estaba a punto de caer en manos de los lamanitas; y si yo no hubiera vuelto con mis dos mil, los lamanitas habrían logrado su propósito.

51 Porque Antipus había caído por la espada, así como muchos de sus caudillos, por motivo de su fatiga ocasionada por la rapidez de su marcha; por tanto, los hombres de Antipus, confusos por la muerte de sus caudillos, empezaron a ceder ante los lamanitas.

52 Y sucedió que los lamanitas se animaron y comenzaron a perseguirlos; y así los lamanitas estaban persiguiéndolos con gran vigor, cuando Helamán cayó sobre su retaguardia con sus dos mil, y empezaron a matarlos en gran cantidad, al grado que todo el ejército de los lamanitas se detuvo y se volvió contra Helamán.

53 Y cuando la gente de Antipus vio que los lamanitas se habían vuelto, reconcentraron a sus hombres y otra vez acometieron la retaguardia de los lamanitas.

54 Y aconteció, entonces, que nosotros, el pueblo de Nefi, la gente de Antipus y yo con mis dos mil, rodeamos a los lamanitas y los matamos; sí, al grado de que se vieron obligados a entregar sus armas y rendirse como prisioneros de guerra.

55 Y aconteció que cuando se nos rindieron, he aquí, conté a aquellos jóvenes que habían combatido conmigo, temiendo que muchos de ellos hubiesen perdido la vida.

56 Pero he aquí, para mi mayor alegría hallé que ^ani una sola alma había caído a tierra; sí, y habían combatido como con la fuerza de Dios; sí, nunca se había sabido que hombres combatieran con tan milagrosa fuerza; y con tanto ímpetu cayeron sobre los lamanitas, que los llenaron de espanto; y por esta razón los lamanitas se rindieron como prisioneros de guerra.

57 Y como no teníamos lugar para nuestros prisioneros, a fin de vigilarlos para que no se los llevaran los ejércitos de los

47a Alma 53:16–18.
  b Alma 57:21.
GEE Madre.
56a Alma 57:25; 58:39.

lamanitas, los enviamos, por tanto, a la tierra de Zarahemla, y con ellos a una parte de los hombres de Antipus que no murieron; y tomé al resto y los incorporé con mis jóvenes ^aammonitas, y marchamos de regreso a la ciudad de Judea.

CAPÍTULO 57

Helamán relata la toma de la ciudad de Antipara, la rendición de la ciudad de Cumeni y la defensa posterior de esta — Los jóvenes ammonitas luchan con valentía; todos son heridos, pero ninguno de ellos muere — Gid da un informe de la muerte y huida de los prisioneros lamanitas. Aproximadamente 63 a.C.

Y ACONTECIÓ que recibí una epístola del rey Ammorón, en la que me decía que si yo le entregaba los prisioneros de guerra que habíamos tomado, él nos entregaría la ciudad de Antipara.

2 Pero envié una epístola al rey, de que estábamos seguros de que nuestras fuerzas eran suficientes para tomar la ciudad de Antipara con nuestras tropas; y que con entregarle los prisioneros por esa ciudad nos consideraríamos imprudentes, y que solo entregaríamos nuestros prisioneros a canje de otros.

3 Y Ammorón rechazó mi epístola, porque no quería hacer el canje de prisioneros; por lo tanto, empezamos los preparativos para marchar contra la ciudad de Antipara.

4 Pero la gente de Antipara abandonó la ciudad, y huyó a las otras ciudades que poseían, para fortificarlas; y de este modo la ciudad de Antipara cayó en nuestras manos.

5 Y así concluyó el año veintiocho del gobierno de los jueces.

6 Y sucedió que a principios del año veintinueve, recibimos un abastecimiento de provisiones de la tierra de Zarahemla y sus alrededores, y también un refuerzo de seis mil hombres para nuestro ejército, además de sesenta de los ^ahijos de los ammonitas que habían llegado para unirse a sus hermanos, mi pequeña compañía de dos mil. Y he aquí, éramos fuertes; sí, y nos trajeron abundancia de provisiones.

7 Y aconteció que era nuestro deseo trabar batalla con el ejército que estaba colocado para proteger la ciudad de Cumeni.

8 Y he aquí, te manifestaré que no tardamos en realizar nuestro deseo; sí, con nuestro fuerte ejército, o sea, con una parte de nuestro fuerte ejército, rodeamos la ciudad de Cumeni durante la noche, un poco antes que recibieran un abastecimiento de provisiones.

9 Y ocurrió que estuvimos acampados alrededor de la ciudad durante varias noches; pero dormíamos sobre nuestras espadas y poníamos guardias, a fin de que los lamanitas no cayeran

---

57 *a* Alma 27:26; 53:10–11, 16. | **57** 6 *a* Alma 53:16–18.

sobre nosotros durante la noche y nos mataran, cosa que intentaron muchas veces; pero cuantas veces lo intentaron, se vertió su sangre.

10 Llegaron por fin sus provisiones, y estaban ya a punto de entrar en la ciudad durante la noche. Y en lugar de ser lamanitas, éramos nosotros los nefitas; por tanto, nos apoderamos de ellos y de sus provisiones.

11 Y no obstante que los lamanitas quedaron privados de su sostén de esta manera, aún estaban resueltos a retener la ciudad; por tanto, se hizo necesario que tomáramos aquellas provisiones y las enviáramos a Judea, y nuestros prisioneros a la tierra de Zarahemla.

12 Y acaeció que no habían pasado muchos días, cuando los lamanitas empezaron a perder toda esperanza de recibir ayuda; por tanto, entregaron la ciudad en nuestras manos; y así habíamos realizado nuestros proyectos de apoderarnos de la ciudad de Cumeni.

13 Pero ocurrió que nuestros prisioneros eran tan numerosos que, a pesar de nuestro gran número, nos vimos obligados a emplear todas nuestras fuerzas para vigilarlos, o quitarles la vida.

14 Porque he aquí, se sublevaban en grandes números, y peleaban con piedras, con palos o cualquier cosa que llegara a sus manos, de modo que matamos a más de dos mil de ellos después

que se hubieron entregado como prisioneros de guerra.

15 Por tanto, nos fue menester o quitarles la vida o custodiarlos, espada en mano, hasta la tierra de Zarahemla; y además, nuestras provisiones apenas eran suficientes para nuestra propia gente, a pesar de lo que habíamos tomado de los lamanitas.

16 Y en estas circunstancias críticas, llegó a ser un asunto grave determinar concerniente a estos prisioneros de guerra. No obstante, determinamos enviarlos a la tierra de Zarahemla; por tanto, escogimos una parte de nuestros hombres, y les encargamos nuestros prisioneros para descender con ellos a la tierra de Zarahemla.

17 Pero sucedió que volvieron a la mañana siguiente; mas no les preguntamos acerca de los prisioneros, porque he aquí, los lamanitas ya estaban sobre nosotros, y volvieron oportunamente para salvarnos de caer en manos de los lamanitas. Pues he aquí, Ammorón había enviado en su auxilio un nuevo abastecimiento de provisiones y también un numeroso ejército.

18 Y sucedió que los hombres que habíamos enviado con los prisioneros llegaron oportunamente para contenerlos cuando estaban a punto de vencernos.

19 Pero he aquí, mi pequeña compañía de dos mil sesenta combatió desesperadamente; sí, se mantuvieron firmes ante los

lamanitas e hicieron morir a cuantos se les oponían.

20 Y mientras que el resto de nuestro ejército se encontraba a punto de ceder ante los lamanitas, he aquí, estos dos mil sesenta permanecieron firmes e impávidos.

21 Sí, y obedecieron y procuraron cumplir con exactitud toda orden; sí, y les fue hecho según su fe; y me acordé de las palabras que, según me dijeron, sus ^amadres les habían enseñado.

22 Y he aquí, es a estos, mis hijos, y a los hombres que habíamos elegido para escoltar a los prisioneros, a quienes debemos esta gran victoria; porque fueron ellos los que vencieron a los lamanitas; por tanto, los hicieron retroceder hasta la ciudad de Manti.

23 Y nosotros retuvimos nuestra ciudad de Cumeni, y no fuimos todos destruidos por la espada; no obstante, habíamos sufrido grandes bajas.

24 Y aconteció que después de haber huido los lamanitas, inmediatamente di órdenes de que mis hombres que habían sido heridos fuesen recogidos de entre los muertos, e hice que les vendaran sus heridas.

25 Y aconteció que doscientos, de mis dos mil sesenta, se habían desmayado por la pérdida de sangre. Sin embargo, mediante la bondad de Dios, y para nuestro gran asombro, y también para el gozo de todo nuestro ejército, ^ani

uno solo de ellos había perecido; sí, y no hubo entre ellos uno solo que no hubiese recibido muchas heridas.

26 Y su preservación fue asombrosa para todo nuestro ejército; sí, que ellos hubiesen sido librados mientras que hubo un millar de nuestros hermanos que fueron muertos. Y lo atribuimos con justicia al milagroso ^apoder de Dios, por motivo de su extraordinaria ^bfe en lo que se les había enseñado a creer: que había un Dios justo, y que todo aquel que no dudara, sería preservado por su maravilloso poder.

27 Esta, pues, fue la fe de aquellos de que he hablado; son jóvenes, y sus mentes son firmes, y ponen su confianza en Dios continuamente.

28 Y ocurrió que después de haber atendido a nuestros heridos, y de haber enterrado a nuestros muertos, y también a los muertos de los lamanitas, que eran muchos, he aquí, interrogamos a Gid concerniente a los prisioneros con los que habían empezado a descender a la tierra de Zarahemla.

29 Y era Gid el capitán en jefe de la escolta que se había nombrado para custodiarlos hasta allá.

30 Y estas son las palabras que Gid me dijo: He aquí, partimos para descender a la tierra de Zarahemla con nuestros prisioneros. Y aconteció que encontramos a los espías de nuestros

---

21a Alma 56:47–48.
25a Alma 56:56.
26a GEE Poder.
b GEE Fe.

ejércitos, que habían sido enviados para vigilar el campamento de los lamanitas.

31 Y nos gritaron, diciendo: He aquí, los ejércitos de los lamanitas marchan hacia la ciudad de Cumeni; y he aquí, caerán sobre ellos, sí, y destruirán a nuestra gente.

32 Y sucedió que nuestros prisioneros oyeron sus gritos, lo que hizo que cobraran ánimo; y se rebelaron contra nosotros.

33 Y aconteció que por motivo de su rebelión, hicimos que nuestras espadas descendieran sobre ellos. Y ocurrió que se lanzaron en masa contra nuestras espadas, con lo cual resultó muerta la mayor parte de ellos; y los demás se abrieron paso y huyeron de nosotros.

34 Y he aquí, cuando huyeron y no los pudimos alcanzar, emprendimos la marcha rápidamente hacia la ciudad de Cumeni; y he aquí, llegamos a tiempo para ayudar a nuestros hermanos a retener la ciudad.

35 Y he aquí, nuevamente somos librados de las manos de nuestros enemigos. Y bendito es el nombre de nuestro Dios porque, he aquí, él es quien nos ha librado; sí, el que ha hecho esta gran cosa por nosotros.

36 Y acaeció que cuando yo, Helamán, hube oído estas palabras de Gid, me llené de un gozo muy grande a causa de la bondad de Dios en protegernos para que no pereciéramos todos; sí, y confío

en que las almas de los que han muerto hayan ªentrado en el reposo de su Dios.

CAPÍTULO 58

Helamán, Gid y Teómner se apoderan de la ciudad de Manti por medio de una estratagema — Huyen los lamanitas — Los hijos del pueblo de Ammón son preservados al defender firmemente su libertad y su fe. Aproximadamente 63–62 a.C.

Y HE aquí, aconteció que ahora nuestro siguiente objetivo era tomar la ciudad de Manti; pero he aquí, no había manera de hacerles salir de la ciudad con nuestras pequeñas fuerzas. Pues he aquí, se acordaban de lo que previamente les habíamos hecho; por consiguiente, no podíamos ªengañarlos para que salieran de sus plazas fuertes.

2 Y tan numerosos eran, mucho más que nuestro ejército, que no nos atrevíamos a atacarlos en sus plazas fuertes.

3 Sí, y se hizo necesario que pusiéramos a nuestros hombres a defender aquellas partes de la tierra que habíamos recuperado de nuestras posesiones; de manera que fue menester esperar hasta que recibiéramos más refuerzos de la tierra de Zarahemla, y también un nuevo abastecimiento de provisiones.

4 Y sucedió que envié una embajada al gobernador de nuestra tierra para darle a conocer las circunstancias de nuestro pueblo.

Y ocurrió que esperamos para recibir provisiones y fuerzas de la tierra de Zarahemla.

5 Pero he aquí que esto nos benefició muy poco; porque los lamanitas también estaban recibiendo muchas fuerzas de día en día, y también muchas provisiones; y tales eran nuestras circunstancias en esta época.

6 Y los lamanitas salían en contra de nosotros de cuando en cuando, resueltos a destruirnos por estratagema; no obstante, no podíamos ir a la batalla contra ellos por motivo de sus refugios y sus plazas fuertes.

7 Y sucedió que esperamos en estas difíciles circunstancias por el espacio de muchos meses, hasta que estábamos a punto de perecer por falta de alimentos.

8 Pero acaeció que recibimos víveres, los cuales venían custodiados por un ejército de dos mil hombres para auxiliarnos; y esta fue toda la ayuda que recibimos para defendernos nosotros mismos y a nuestro país de caer en manos de nuestros enemigos; sí, para contender contra un enemigo que era innumerable.

9 Y la causa de estos aprietos nuestros, o sea, el motivo por el cual no nos mandaban más fuerzas, nosotros lo ignorábamos; por tanto, nos afligimos y también nos llenamos de temor, no fuese que de algún modo los juicios de Dios descendieran sobre nuestra tierra para nuestra caída y entera destrucción.

10 Por lo tanto, derramamos nuestras almas a Dios en oración, pidiéndole que nos fortaleciera y nos librara de las manos de nuestros enemigos, sí, y que también nos diera la fuerza para retener nuestras ciudades, nuestras tierras y nuestras posesiones para el sostén de nuestro pueblo.

11 Sí, y sucedió que el Señor nuestro Dios nos consoló con la seguridad de que nos libraría; sí, de tal modo que habló paz a nuestras almas, y nos concedió una gran fe, e hizo que en él pusiéramos la esperanza de nuestra liberación.

12 Y cobramos ánimo con nuestro pequeño refuerzo que habíamos recibido, y se hizo fija en nosotros la determinación de vencer a nuestros enemigos, y ªpreservar nuestras tierras y posesiones, nuestras esposas y nuestros hijos, y la causa de nuestra ᵇlibertad.

13 Y así avanzamos con toda nuestra fuerza contra los lamanitas que estaban en la ciudad de Manti; y plantamos nuestras tiendas por el lado del desierto que se hallaba cerca de la ciudad.

14 Y sucedió que a la mañana siguiente, cuando los lamanitas vieron que estábamos a la orilla del desierto que se hallaba cerca de la ciudad, mandaron sus espías

alrededor de nosotros para descubrir el número y la fuerza de nuestro ejército.

15 Y aconteció que, cuando vieron que no éramos muy fuertes según nuestro número, y temiendo que los aisláramos de sus provisiones a menos que salieran a luchar contra nosotros y nos mataran, y suponiendo también que podrían destruirnos fácilmente con sus numerosas huestes, empezaron, por tanto, sus preparativos para salir a la batalla contra nosotros.

16 Y cuando vimos que se estaban preparando para venir contra nosotros, he aquí, hice que Gid se escondiese en el desierto con un pequeño número de hombres, y que también Teómner y un pequeño número de hombres se ocultaran en el desierto.

17 Y Gid y sus hombres estaban a la derecha, y los otros a la izquierda; y cuando se hubieron ocultado de esa manera, he aquí, yo permanecí, con el resto de mi ejército, en el mismo lugar donde primeramente habíamos plantado nuestras tiendas, para la ocasión en que los lamanitas salieran a la batalla.

18 Y aconteció que salieron los lamanitas con su numeroso ejército en contra de nosotros. Y cuando hubieron salido, y estaban a punto de caer sobre nosotros con la espada, hice que mis hombres, aquellos que estaban conmigo, retrocedieran hacia el desierto.

19 Y sucedió que los lamanitas nos persiguieron con gran rapidez, porque estaban sumamente deseosos de alcanzarnos para matarnos; por lo tanto, nos siguieron hasta el desierto; y pasamos por en medio de Gid y Teómner de tal manera que los lamanitas no los descubrieron.

20 Y aconteció que cuando hubieron pasado los lamanitas, o sea, cuando hubo pasado el ejército, Gid y Teómner salieron de donde estaban escondidos y cortaron el paso a los espías lamanitas para que no volviesen a la ciudad.

21 Y ocurrió que, habiéndolos aislado, corrieron a la ciudad y cayeron sobre los guardias que habían quedado para defender la ciudad, de tal manera que los destruyeron y ocuparon la ciudad.

22 Y se logró esto porque los lamanitas permitieron que todo su ejército, salvo unos cuantos guardias, se dejara llevar al desierto.

23 Y ocurrió que por este medio Gid y Teómner se habían apoderado de sus plazas fuertes. Y aconteció que después de haber viajado mucho por el desierto, fijamos nuestro curso hacia la tierra de Zarahemla.

24 Y cuando los lamanitas vieron que iban marchando hacia la tierra de Zarahemla, temieron en gran manera, no fuese que se tratara de un plan para llevarlos a la destrucción; por tanto,

empezaron a retroceder de nuevo al desierto, sí, por el mismo camino por el que habían venido.

25 Y he aquí, llegó la noche y plantaron sus tiendas, porque los capitanes en jefe de los lamanitas habían supuesto que los nefitas estarían rendidos por motivo de su marcha; y pensando que habían perseguido a todo el ejército, ningún cuidado tenían concerniente a la ciudad de Manti.

26 Y aconteció que al caer la noche, hice que mis hombres no durmieran, sino que emprendieran la marcha por otro camino hacia la tierra de Manti.

27 Y debido a esta, nuestra marcha nocturna, he aquí, cuando amaneció nos encontrábamos más allá de los lamanitas, de manera que llegamos antes que ellos a la ciudad de Manti.

28 Y así sucedió que, por medio de esta estratagema, nos apoderamos de la ciudad de Manti sin la efusión de sangre.

29 Y aconteció que cuando los ejércitos de los lamanitas se acercaron a la ciudad, y vieron que estábamos preparados para resistirlos, se asombraron en extremo y les sobrevino un gran temor, a tal grado que huyeron al desierto.

30 Sí, y acaeció que los ejércitos de los lamanitas huyeron de toda esta parte de la tierra. Pero he aquí, se han llevado consigo a muchas mujeres y niños.

31 Y ªlas ciudades que los lamanitas habían tomado, todas se hallan en esta ocasión en nuestro poder; y nuestros padres, y nuestras mujeres, y nuestros hijos están volviendo a sus casas, todos menos aquellos que los lamanitas han tomado presos y se han llevado.

32 Mas he aquí, nuestros ejércitos son pequeños para retener tan gran número de ciudades y tan grandes posesiones.

33 Mas he aquí, confiamos en nuestro Dios, que nos ha dado la victoria en esas tierras, a tal grado que hemos adquirido aquellas ciudades y tierras que eran nuestras.

34 Ahora bien, no sabemos el motivo por el cual el gobierno no nos concede más fuerzas; ni estos hombres que han venido a nosotros saben por qué no hemos recibido mayores fuerzas.

35 He aquí, no sabemos si habéis fracasado y os habéis llevado las fuerzas para esa parte de la tierra; si así es, no es nuestro deseo murmurar.

36 Mas si no es así, he aquí, tememos que haya alguna ªdisensión en el gobierno, de modo que no mandan más hombres en nuestro auxilio; porque sabemos que son más numerosos que los que han enviado.

37 Mas he aquí, no importa. Confiamos en que Dios nos ªlibrará, no obstante lo débiles que estén nuestros ejércitos, sí, y nos librará de las manos de nuestros enemigos.

38 He aquí, estamos en el año veintinueve, en las postrimerías,

---

31a Alma 56:14.   36a Alma 61:1–5.   37a 2 Rey. 17:38–39.

y ocupamos nuestras tierras; y los lamanitas han huido a la tierra de Nefi.

39 Y estos hijos del pueblo de Ammón, de quienes he hablado tan favorablemente, están conmigo en la ciudad de Manti; y el Señor los ha sostenido, sí, y los ha librado de caer por la espada, a tal grado que ªni uno solo de ellos ha muerto.

40 Mas he aquí, han recibido muchas heridas; no obstante, permanecen firmes en esa ªlibertad con la que Dios los ha hecho libres; y son diligentes en acordarse del Señor su Dios de día en día; sí, se esfuerzan por obedecer sus estatutos y sus juicios y sus mandamientos continuamente; y su fe es fuerte en las profecías concernientes a lo que está por venir.

41 Y ahora bien, mi amado hermano Moroni, que el Señor nuestro Dios, que nos ha redimido y nos ha hecho libres, te conserve continuamente en su presencia; sí, y que favorezca a este pueblo, al grado de que tengáis éxito en posesionaros de todo lo que los lamanitas nos han quitado, que era para nuestro sostén. Y ahora, he aquí, concluyo mi epístola. Soy Helamán hijo de Alma.

CAPÍTULO 59

Moroni pide a Pahorán que refuerce los ejércitos de Helamán — Los lamanitas se apoderan de la ciudad de Nefíah — Moroni se irrita contra el gobierno. Aproximadamente 62 a.C.

Y ACONTECIÓ que en el año treinta del gobierno de los jueces sobre el pueblo de Nefi, después que Moroni hubo recibido y leído la ªepístola de Helamán, se regocijó en sumo grado por el bienestar, sí, el gran éxito que Helamán había tenido en apoderarse de las tierras que habían perdido.

2 Sí, y lo dio a conocer a toda su gente, en toda la tierra que rodeaba la parte donde él se hallaba, para que se regocijaran también.

3 Y sucedió que inmediatamente envió ªuna epístola a ᵇPahorán, solicitando que hiciera reunir hombres para fortalecer a Helamán, o sea, los ejércitos de Helamán, de modo que este pudiera fácilmente defender aquella parte del país que tan milagrosamente había logrado reconquistar.

4 Y aconteció que cuando Moroni hubo enviado esta epístola a la tierra de Zarahemla, él empezó otra vez a idear un plan para conquistar el resto de las posesiones y ciudades que los lamanitas les habían quitado.

5 Y sucedió que mientras Moroni así se estaba preparando para ir a la batalla contra los lamanitas, he aquí, el pueblo de Nefíah, que se había congregado de la ciudad de Moroni, de la ciudad de Lehi y de la ciudad de

39a Alma 56:56.
40a GEE Libertad, libre.
59 1a Alma 56:1.
3a Alma 60:1–3.
b Alma 50:40.

Moriantón, fue acometido por los lamanitas.

6 Sí, incluso los que habían sido obligados a huir de la tierra de Manti y de las regiones inmediatas habían llegado y se habían unido a los lamanitas en esta parte de la tierra.

7 Así que, siendo sumamente numerosos, y llegándoles refuerzos día tras día, avanzaron contra el pueblo de Nefíah, por órdenes de Ammorón, y empezaron a matarlos con extremada mortandad.

8 Y eran tan numerosos sus ejércitos, que el resto del pueblo de Nefíah se vio obligado a huir delante de ellos; y llegaron y se unieron al ejército de Moroni.

9 Ahora bien, como Moroni había supuesto que mandarían hombres a la ciudad de Nefíah para ayudar al pueblo a retener esa ciudad, y sabiendo que era más fácil impedir que la ciudad cayese en manos de los lamanitas que volvérsela a quitar, pensó que defenderían esa ciudad con facilidad.

10 Por lo tanto, retuvo todas sus tropas para preservar los sitios que había reconquistado.

11 Y ahora bien, cuando vio Moroni que se había perdido la ciudad de Nefíah, se apesadumbró en extremo y empezó a dudar, a causa de las maldades del pueblo, si no caerían en manos de sus hermanos.

12 Y así sucedió con todos sus capitanes en jefe. También dudaron y se maravillaron a causa de las maldades del pueblo; y esto por razón de los triunfos de los lamanitas sobre ellos.

13 Y sucedió que Moroni se irritó contra el gobierno a causa de su ª indiferencia en lo concerniente a la libertad de su país.

CAPÍTULO 60

Moroni se queja a Pahorán de la negligencia del gobierno para con los ejércitos — El Señor permite que los justos sean muertos — Los nefitas deben usar todo su poder y medios para librarse de sus enemigos — Moroni amenaza luchar contra el gobierno a menos que se proporcione ayuda a sus ejércitos. Aproximadamente 62 a.C.

Y SUCEDIÓ que escribió otra vez al gobernador de la tierra, que era Pahorán, y estas son las palabras que escribió, diciendo: He aquí, dirijo mi epístola a Pahorán, de la ciudad de Zarahemla, el cual es el ª juez superior y gobernador de la tierra, y también a todos los que este pueblo ha elegido para gobernar y dirigir los asuntos de esta guerra.

2 Porque he aquí, tengo algo que decirles por vía de reprobación; pues he aquí, vosotros mismos sabéis que se os ha nombrado para reclutar hombres y armarlos con espadas y con cimitarras, y con todo género de armas de guerra de todas clases, y enviarlos contra los lamanitas, en cualquier parte que invadiesen nuestra tierra.

3 Y he aquí, os digo que yo

13a Alma 58:34; 61:2–3. | **60** 1a Alma 50:39–40.

mismo, y también mis hombres, así como Helamán y sus hombres, hemos padecido sumamente grandes sufrimientos; sí, aun hambre, sed, fatiga y aflicciones de toda clase.

4 Mas he aquí, no murmuraríamos ni nos quejaríamos, si esto fuera todo lo que hemos padecido.

5 Mas he aquí, grande ha sido la matanza entre nuestro pueblo; sí, miles han caído por la espada, mientras que pudo haber sido diferente, si hubieseis proporcionado a nuestros ejércitos suficiente fuerza y ayuda. Sí, grande ha sido vuestra negligencia para con nosotros.

6 Y he aquí, ahora deseamos saber la causa de esta sumamente grande negligencia; sí, deseamos conocer el motivo de vuestro estado insensible.

7 ¿Creéis que podéis sentaros sobre vuestros tronos en un estado de insensible estupor, mientras vuestros enemigos están sembrando la muerte alrededor de vosotros? Sí, mientras asesinan a miles de vuestros hermanos;

8 sí, los mismos que han confiado en que les deis protección, sí, que os han colocado en posición tal que podíais haberlos ayudado, sí, podíais haberles enviado tropas para haberlos reforzado, y haber salvado a miles de ellos de caer por la espada.

9 Mas he aquí, esto no es todo;

les habéis negado vuestras provisiones, a tal grado que muchos han combatido y dado sus vidas por motivo de su gran ansiedad que sentían por el bienestar de este pueblo, sí, y lo han hecho cuando estaban a punto de ªperecer de hambre, a causa de vuestra gran negligencia para con ellos.

10 Y ahora bien, amados hermanos míos —porque deberíais ser amados; sí, y deberíais haberos preocupado más diligentemente por el bienestar y la libertad de los de este pueblo; pero he aquí, los habéis descuidado a tal grado que la sangre de miles de ellos descenderá sobre vuestra cabeza pidiendo venganza; sí, porque conocidos le eran a Dios todos sus clamores y todos sus padecimientos—

11 he aquí, ¿os imagináis que podríais sentaros en vuestros tronos y que, debido a la inmensa bondad de Dios, vosotros podríais no hacer nada y él os libraría? He aquí, si habéis supuesto esto, lo habéis hecho en vano.

12 ª¿Suponéis que, por haber sido muertos tantos de vuestros hermanos, ha sido a causa de su iniquidad? Os digo que si habéis supuesto esto, habéis supuesto en vano; porque os digo, hay muchos que han caído por la espada; y he aquí, es para vuestra condenación;

13 porque el Señor permite

9a Alma 58:7.   12a Lucas 13:1–5.

que los ^ajustos sean muertos para que su justicia y juicios sobrevengan a los malos. Por tanto, no debéis suponer que se pierden los justos porque los matan; mas he aquí, entran en el reposo del Señor su Dios.

14 Y he aquí, os digo que mucho temo que los castigos de Dios desciendan sobre este pueblo por razón de su extremada desidia; sí, por la desidia de nuestro gobierno y su extremada negligencia para con sus hermanos, sí, para con los que han perecido.

15 Porque si no hubiera sido por la ^aperversidad que comenzó primeramente por los que están a la cabeza, habríamos resistido a nuestros enemigos y así no hubieran logrado poder sobre nosotros.

16 Sí, de no haber sido por la ^aguerra que surgió entre nosotros; sí, si no hubiese sido por esos ^brealistas que causaron tanta efusión de sangre entre nosotros mismos; sí, si cuando estábamos contendiendo entre nosotros mismos, hubiésemos unido nuestras fuerzas como previamente lo hemos hecho; sí, de no haber sido por ese anhelo de poder y autoridad que sobre nosotros tuvieron esos realistas; si hubiesen sido fieles a la causa de nuestra libertad y se hubiesen unido a nosotros y salido en contra de nuestros enemigos, en lugar de alzar sus espadas contra nosotros, que fue la causa de tanta efusión de sangre entre nosotros; sí, si hubiésemos avanzado contra ellos con la fuerza del Señor, habríamos dispersado a nuestros enemigos porque se habría efectuado según el cumplimiento de la palabra de él.

17 Mas he aquí, ahora los lamanitas vienen sobre nosotros, apoderándose de nuestras tierras y asesinando a nuestro pueblo con la espada, sí, a nuestras mujeres y a nuestros hijos, y también se los están llevando cautivos, haciéndoles padecer aflicciones de todas clases; y esto a causa de la gran perversidad de aquellos que aspiran al poder y a la autoridad, sí, esos realistas.

18 Pero, ¿por qué he de extenderme tanto concerniente a este asunto? Porque no sabemos si a lo mejor vosotros mismos estáis ambicionando la autoridad. No sabemos si a lo mejor vosotros mismos sois traidores a vuestro país.

19 ¿O es que nos habéis desatendido porque os halláis en el centro de nuestro país y estáis rodeados de seguridad, por lo que no hacéis que se nos manden alimentos, así como hombres, para fortalecer nuestros ejércitos?

20 ¿Os habéis olvidado de los mandamientos del Señor vuestro Dios? Sí, ¿habéis olvidado la cautividad de nuestros padres? ¿Habéis olvidado las muchas

---

13a Alma 14:10–11;
    DyC 42:46–47.
15a Alma 51:9, 13.
16a Alma 51:16–19.
b Alma 51:5, 8.

veces que hemos sido librados de las manos de nuestros enemigos?

21 ¿O suponéis que el Señor aún nos librará mientras nosotros nos sentamos sobre nuestros tronos sin hacer uso de los medios que el Señor ha dispuesto para nosotros?

22 Sí, ¿os sentaréis ociosos mientras os rodean millares, sí, decenas de millares que también se sientan ociosos, mientras que alrededor, en las fronteras del país, millares están cayendo por la espada, sí, heridos y sangrientos?

23 ¿Os suponéis que Dios os tendrá sin culpa mientras os sentáis inertes y presenciáis estas cosas? He aquí, os digo que no. Ahora bien, quisiera que recordaseis que Dios ha dicho que lo ªinterior del vaso se ha de limpiar primero, y entonces lo exterior se limpiará también.

24 Y a menos que os arrepintáis de lo que habéis hecho, y empecéis a ser diligentes, y nos enviéis víveres y hombres, y también a Helamán, para que él conserve las partes de nuestro país que ha reconquistado, y para que nosotros también reconquistemos el resto de nuestras posesiones en estas partes, he aquí, será conveniente que no luchemos más contra los lamanitas hasta que primero hayamos limpiado lo interior de nuestro vaso, sí, la gran cabeza de nuestro gobierno.

25 Y a menos que aceptéis mi epístola, y declaréis y me manifestéis un ªespíritu verdadero de libertad, y os esforcéis por fortalecer y reforzar nuestros ejércitos, y les suministréis alimentos para su manutención, he aquí, dejaré parte de mis hombres libres para preservar esta parte de nuestra tierra, y los encomendaré a la fuerza y las bendiciones de Dios, para que ningún otro poder obre contra ellos,

26 y esto por motivo de su gran fe y de su paciencia en sus tribulaciones,

27 y vendré a vosotros; y si hubiere entre vosotros quien aspirare a la libertad, sí, aun cuando quede siquiera una chispa de libertad, he aquí, instigaré insurrecciones entre vosotros hasta que aquellos que quieren usurpar el poder y la autoridad dejen de existir.

28 Sí, he aquí, no temo ni vuestro poder ni vuestra autoridad, sino es mi ªDios a quien yo temo; y es de acuerdo con sus mandamientos que yo tomo mi espada para defender la causa de mi país; y es por motivo de vuestra iniquidad que hemos sufrido tantas pérdidas.

29 He aquí, ya es tiempo, sí, la hora está cerca en que, salvo que os afanéis por la defensa de vuestro país y de vuestros pequeñitos, la ªespada de la justicia ya se cierne sobre vosotros; sí, y caerá sobre vosotros y os

---

23a Mateo 23:25–26.
25a Alma 51:6; 61:15.
28a Hech. 5:26–29.
29a Hel. 13:5;
3 Ne. 2:19.

visitará hasta vuestra completa destrucción.

30 He aquí, espero ayuda de vosotros; y a menos que nos suministréis auxilio, he aquí, vengo contra vosotros, sí, en la tierra de Zarahemla, y os heriré con la espada al grado de que no tendréis más poder para impedir el progreso de este pueblo en la causa de nuestra libertad.

31 Pues he aquí, el Señor no consentirá que viváis y aumentéis en vuestras iniquidades para destruir a su justo pueblo.

32 He aquí, ¿podéis suponer que el Señor os preservará a vosotros y vendrá a juicio contra los lamanitas, cuando han sido las tradiciones de sus padres lo que ha provocado su odio, sí, y lo han intensificado aquellos disidentes que se han separado de nosotros, mientras que vuestra iniquidad proviene de vuestro amor por la gloria y las vanidades del mundo?

33 Sabéis que transgredís las leyes de Dios, y sabéis que las holláis con vuestros pies. He aquí, el Señor me dice: Si los que habéis nombrado gobernadores no se arrepienten de sus pecados e iniquidades, iréis a la batalla contra ellos.

34 Y he aquí, yo, Moroni, estoy obligado, según el convenio que he hecho de obedecer los mandamientos de mi Dios; por lo tanto, quisiera que os sujetaseis a la palabra de Dios, y me enviaseis rápidamente de vuestras provisiones y de vuestros hombres, y también a Helamán.

35 Y he aquí, si no lo hacéis así, marcharé al instante hacia vosotros; porque Dios no permitirá que perezcamos de hambre; por tanto, él nos dará de vuestros alimentos, aunque tenga que ser a fuerza de espada. Mirad, pues, que cumpláis la palabra de Dios.

36 He aquí, soy Moroni, vuestro capitán en jefe. No [a]busco poder, sino que trato de abatirlo. No busco los honores del mundo, sino la gloria de mi Dios y la libertad y el bienestar de mi país. Y así concluyo mi epístola.

CAPÍTULO 61

Pahorán informa a Moroni de la insurrección y rebelión contra el gobierno — Los realistas se apoderan de Zarahemla y conciertan una alianza con los lamanitas — Pahorán solicita ayuda militar contra los rebeldes. Aproximadamente 62 a.C.

Y HE aquí, aconteció que poco después que hubo enviado su epístola al gobernador del país, Moroni recibió una epístola de [a]Pahorán, el gobernador. Y estas son las palabras que recibió:

2 Yo, Pahorán, gobernador de este país, envío estas palabras a Moroni, capitán en jefe del ejército. He aquí, Moroni, te digo que no me regocijo por vuestras grandes [a]aflicciones, sí, ello contrista mi alma.

3 Mas he aquí, hay quienes se

36a DyC 121:39–42. | **61** 1a Alma 50:39–40. | 2a Alma 60:3–9.

regocijan en vuestras aflicciones; sí, al grado de que se han sublevado contra mí, y también los de mi pueblo que son ^ahombres libres; sí, y los que se han sublevado son sumamente numerosos.

4 Y son esos que han tratado de arrebatarme el asiento judicial los que han sido los causantes de esta gran iniquidad; porque se han valido de muchas lisonjas y han desviado el corazón de mucha gente, lo cual será la causa de grave aflicción entre nosotros; ellos han detenido nuestras provisiones, y han intimidado a nuestros hombres libres de modo que no han ido a vosotros.

5 Y he aquí, me han hecho retroceder ante ellos, y he huido a la tierra de Gedeón con cuantos hombres me ha sido posible reunir.

6 Y he aquí, he enviado una proclamación por toda esta parte de la tierra; y he aquí, se nos están uniendo diariamente a tomar las armas en defensa de su país y su ^alibertad, y para vengar nuestros agravios.

7 Y han venido a nosotros, a tal grado que aquellos que se han alzado en rebeldía contra nosotros son desafiados; sí, al punto de que nos temen, y no se atreven a salir a la batalla contra nosotros.

8 Se han apoderado de la tierra, o sea, de la ciudad de Zarahemla; se han nombrado un rey, y este ha escrito al rey de los lamanitas, y ha concertado una alianza con él; y en esta alianza ha convenido en retener la ciudad de Zarahemla, retención que él supone hará posible que los lamanitas conquisten el resto de la tierra, y él sería nombrado rey de este pueblo, cuando los lamanitas lo hayan conquistado.

9 Ahora bien, me has censurado en tu epístola, pero no importa; no estoy enojado, antes bien, me regocijo en la grandeza de tu corazón. Yo, Pahorán, no ambiciono el poder, sino únicamente retener mi asiento judicial, a fin de conservar los derechos y la libertad de mi pueblo. Mi alma permanece firme en esa libertad en la que Dios nos ha hecho ^alibres.

10 Y he aquí, resistiremos la iniquidad aun hasta el derramamiento de sangre. Nosotros no verteríamos la sangre de los lamanitas si permaneciesen en su propia tierra.

11 No verteríamos la sangre de nuestros hermanos, si no se alzaran en rebeldía y tomaran la espada contra nosotros.

12 Nos someteríamos al yugo de la servidumbre si lo exigiera la justicia de Dios, o si él nos mandara que lo hiciéramos.

13 Mas he aquí, él no nos manda que nos sujetemos a nuestros enemigos, sino que pongamos en él nuestra ^aconfianza, y él nos librará.

14 Por lo tanto, mi querido

3a Alma 51:6–7.
6a GEE Libertad, libre.
9a Juan 8:31–36;
DyC 88:86.
13a GEE Confianza, confiar;
Fe.

hermano Moroni, resistamos al mal, y el mal que no podamos resistir con nuestras palabras, sí, tal como las rebeliones y disensiones, ^aresistámoslo con nuestras espadas para que retengamos nuestra libertad, para que nos regocijemos en el gran privilegio de nuestra iglesia y en la causa de nuestro Redentor y nuestro Dios.

15 Por lo tanto, ven a mí rápidamente con unos pocos de tus hombres, y deja el resto al mando de Lehi y de Teáncum; dales facultad para conducir la guerra en esa parte de la tierra, según el ^aEspíritu de Dios, que también es el espíritu de libertad que está en ellos.

16 He aquí, les he enviado algunas provisiones para que no perezcan hasta que puedas venir a mí.

17 Reúne cuantas fuerzas puedas en el curso de tu marcha hacia acá, y marcharemos rápidamente contra esos disidentes, con la fuerza de nuestro Dios según la fe que hay en nosotros.

18 Y nos apoderaremos de la ciudad de Zarahemla a fin de obtener más víveres para enviar a Lehi y a Teáncum; sí, marcharemos contra ellos con la fuerza del Señor, y daremos fin a esta gran iniquidad.

19 Así pues, Moroni, me alegro de haber recibido tu epístola, porque me hallaba algo inquieto concerniente a lo que deberíamos hacer, si sería justo marchar contra nuestros hermanos.

20 Pero has dicho que a menos que se arrepientan, el Señor te ha mandado ir contra ellos.

21 Procura ^afortalecer a Lehi y a Teáncum en el Señor; diles que no teman porque Dios los librará, sí, y también a todos aquellos que se mantienen firmes en esa libertad con que Dios los ha hecho libres. Y ahora concluyo mi epístola a mi amado hermano Moroni.

CAPÍTULO 62

Moroni parte para ayudar a Pahorán en la tierra de Gedeón — Se ejecuta a los realistas que se niegan a defender su país — Pahorán y Moroni se apoderan nuevamente de la ciudad de Nefíah — Muchos de los lamanitas se unen al pueblo de Ammón — Teáncum mata a Ammorón y es muerto a su vez — Los lamanitas son arrojados de la tierra, y se establece la paz — Helamán vuelve al ministerio y edifica a la Iglesia. Aproximadamente 62–57 a.C.

Y ACONTECIÓ que cuando Moroni hubo recibido esta epístola, su corazón cobró ánimo y se llenó de un gozo sumamente grande a causa de la fidelidad de Pahorán, de que no era él también un ^atraidor a la libertad ni a la causa de su patria.

2 Pero también se afligió en extremo por la iniquidad de los que habían desalojado a Pahorán del

14a Alma 43:47.
15a 2 Cor. 3:17.   GEE Espíritu Santo.   **62** 1a Alma 60:18.
21a Zac. 10:12.

asiento judicial; sí, en una palabra, por motivo de aquellos que
se habían sublevado contra su
país y también contra su Dios.

3 Y sucedió que Moroni llevó
consigo a un pequeño número
de hombres, según los deseos de
Pahorán, y dio a Lehi y Teáncum
el mando del resto de su ejército,
y emprendió su marcha hacia la
tierra de Gedeón.

4 Y enarboló el ªestandarte de
ᵇlibertad en cuanto lugar entró, y
reunió a cuantos refuerzos pudo
en su marcha hacia la tierra de
Gedeón.

5 Y sucedió que miles se congregaron en torno de su estandarte y
tomaron sus espadas en defensa
de su libertad para no caer en el
cautiverio.

6 Y así, cuando Moroni hubo
reunido a cuantos hombres pudo
durante su marcha, llegó a la tierra de Gedeón; y juntando sus
fuerzas con las de Pahorán, llegaron a ser sumamente fuertes,
sí, más fuertes aún que los hombres de Pacus, que era el ªrey de
aquellos disidentes que habían
expulsado a los ᵇhombres libres
de la tierra de Zarahemla y se
habían apoderado de esa tierra.

7 Y aconteció que Moroni y Pahorán descendieron con sus ejércitos hasta la tierra de Zarahemla,
y marcharon contra la ciudad, y
se enfrentaron con los hombres
de Pacus, de modo que salieron
a la batalla.

8 Y he aquí que Pacus fue
muerto y sus hombres fueron tomados prisioneros; y Pahorán fue
restablecido en su asiento judicial.

9 Y a los hombres de Pacus se
les hizo su juicio, según la ley, y
también a esos realistas que habían sido tomados y encarcelados;
y los ªejecutaron según la ley; sí,
todos esos hombres de Pacus y
esos realistas, que más bien que
tomar las armas en defensa de
su país querían luchar contra él,
fueron ejecutados.

10 Y así se hizo preciso que se
observara estrictamente esta ley
para la seguridad de su patria;
sí, y a cualquiera que hallaban
negando su libertad, le ejecutaban sin dilación, de acuerdo
con la ley.

11 Y así concluyó el año treinta
del gobierno de los jueces sobre
el pueblo de Nefi; y Moroni y
Pahorán habían restaurado la
paz a la tierra de Zarahemla, entre su propio pueblo, habiendo
impuesto la muerte a todos los
que no eran fieles a la causa de
la libertad.

12 Y aconteció que a principios
del año treinta y uno del gobierno
de los jueces sobre el pueblo de
Nefi, Moroni inmediatamente
hizo que se mandasen provisiones a Helamán, y que también
se enviara un ejército de seis mil
hombres para ayudarle a preservar aquella parte de la tierra.

13 Y también hizo que se

4a Alma 46:12–13, 36.
    GEE Estandarte.
    b GEE Libertad, libre.
6a Alma 61:4–8.
    b Alma 51:5–7.
9a GEE Pena de muerte.

mandara un ejército de seis mil hombres, con cantidad suficiente de víveres, a los ejércitos de Lehi y de Teáncum. Y aconteció que se hizo esto con objeto de fortificar el país contra los lamanitas.

14 Y sucedió que Moroni y Pahorán, dejando un grupo considerable de hombres en la tierra de Zarahemla, emprendieron su marcha con un ejército numeroso hacia la tierra de Nefíah, resueltos a conquistar a los lamanitas de esa ciudad.

15 Y sucedió que mientras avanzaban hacia esa tierra, capturaron a un grupo grande de lamanitas, y mataron a muchos de ellos y se apoderaron de sus provisiones y sus armas de guerra.

16 Y acaeció que después de haberlos capturado, les hicieron concertar un pacto de que no volverían a tomar sus armas de guerra contra los nefitas.

17 Y cuando hubieron hecho este pacto, los enviaron a habitar con el pueblo de Ammón; y eran como unos cuatro mil los que no habían perecido.

18 Y sucedió que cuando los hubieron enviado, continuaron su marcha hacia la tierra de Nefíah. Y aconteció que cuando hubieron llegado a la ciudad, plantaron sus tiendas en las llanuras de Nefíah, cerca de esa ciudad.

19 Y Moroni deseaba que los lamanitas salieran a la batalla contra ellos en las llanuras; pero conociendo su extraordinario valor, y viendo sus grandes multitudes, los lamanitas no se atrevieron a salir contra ellos; por tanto, no salieron a la batalla ese día.

20 Y al caer la noche, Moroni salió en la obscuridad de la noche y subió a lo alto de la muralla para espiar en qué parte de la ciudad acampaban los lamanitas con sus ejércitos.

21 Y ocurrió que se hallaban hacia el oriente, cerca de la entrada; y todos estaban dormidos. Y Moroni se volvió a su ejército e hizo que prepararan rápidamente fuertes cuerdas y escalas, para descolgarse desde lo alto de la muralla a la parte interior.

22 Y aconteció que Moroni hizo que sus hombres avanzaran y subieran a lo alto de la muralla, y se descolgaran en esa parte de la ciudad, sí, el lado occidental, donde no estaban acampados los lamanitas con sus ejércitos.

23 Y sucedió que todos se descolgaron dentro de la ciudad durante la noche, por medio de sus fuertes cuerdas y sus escalas; de modo que al amanecer, ya todos estaban dentro de los muros de la ciudad.

24 Y cuando despertaron los lamanitas y vieron que los ejércitos de Moroni estaban dentro de los muros, se atemorizaron en extremo, a tal grado que huyeron por el paso.

25 Y cuando vio Moroni que huían delante de él, hizo que sus hombres avanzaran contra

ellos; y mataron a muchos, y a muchos otros los cercaron y los tomaron prisioneros; y el resto de ellos huyó a la tierra de Moroni, que se hallaba cerca de las playas del mar.

26 Y así Moroni y Pahorán se habían apoderado de la ciudad de Nefíah sin la pérdida de una sola alma; y hubo muchos de los lamanitas que fueron muertos.

27 Y aconteció que muchos de los lamanitas que eran prisioneros desearon unirse al ªpueblo de Ammón y ser un pueblo libre.

28 Y sucedió que a cuantos lo desearon, les fue concedido según sus deseos.

29 De modo que todos los prisioneros lamanitas se unieron al pueblo de Ammón, y empezaron a trabajar en sumo grado, labrando la tierra, cultivando toda especie de granos y criando rebaños y ganados de todas clases; y así se vieron los nefitas aliviados de un gran peso; sí, al grado de que fueron aliviados de todos los prisioneros lamanitas.

30 Y ahora bien, aconteció que después que hubo ocupado la ciudad de Nefíah —habiendo tomado muchos prisioneros, lo cual redujo apreciablemente los ejércitos de los lamanitas, y habiendo rescatado a muchos nefitas que habían sido prisioneros, cosa que reforzó considerablemente su ejército— Moroni partió de la tierra de Nefíah para la tierra de Lehi.

31 Y acaeció que cuando vieron los lamanitas que Moroni marchaba contra ellos, nuevamente se atemorizaron y huyeron ante el ejército de Moroni.

32 Y sucedió que Moroni y su ejército los persiguieron de ciudad en ciudad, hasta que se encontraron con Lehi y Teáncum; y los lamanitas huyeron de Lehi y Teáncum por las tierras cerca de las orillas del mar, hasta que llegaron a la tierra de Moroni.

33 Y los ejércitos de los lamanitas se habían reunido todos, de modo que se hallaban en un solo grupo en la tierra de Moroni; y Ammorón, el rey de los lamanitas, estaba también con ellos.

34 Y aconteció que Moroni y Lehi y Teáncum acamparon con sus ejércitos en los alrededores de las fronteras de la tierra de Moroni, de modo que los lamanitas quedaron rodeados en la frontera por el desierto al sur, y en la frontera por el desierto al este.

35 Y así acamparon durante la noche. Pues he aquí, los nefitas, y los lamanitas también, se hallaban fatigados por motivo de la extensa marcha; por tanto, no intentaron ninguna estratagema durante la noche, excepto Teáncum; porque estaba irritado en extremo en contra de Ammorón, al punto de que él consideraba que Ammorón y su hermano Amalickíah habían sido la ªcausa de aquella grande y larga guerra entre ellos y los lamanitas,

27a GEE Anti-nefi-lehitas. | 35a Alma 48:1.

la cual había sido el motivo de tantas batallas y efusión de sangre, sí, y de tanta hambre.

36 Y sucedió que Teáncum, en su ira, entró en el campo de los lamanitas, y se descolgó de las murallas de la ciudad. Y fue de sitio en sitio, con una cuerda, de modo que halló al rey; y le ªarrojó una jabalina que lo hirió cerca del corazón. Pero he aquí, el rey despertó a sus siervos antes de morir, por lo que persiguieron a Teáncum y lo mataron.

37 Y sucedió que cuando Lehi y Moroni supieron que Teáncum había muerto, se afligieron en extremo; porque he aquí, había sido un hombre que había luchado valerosamente por su patria, sí, un verdadero amigo de la libertad; y había padecido muchísimas aflicciones sumamente graves. Mas he aquí, había muerto, y había seguido el camino de toda la tierra.

38 Y ocurrió que a la mañana siguiente, Moroni avanzó y cayó sobre los lamanitas, a tal grado que los hirieron con gran estrago; y los arrojaron de la tierra; y los lamanitas huyeron, así que no volvieron contra los nefitas en esa época.

39 Y así llegó a su fin el año treinta y uno del gobierno de los jueces sobre el pueblo de Nefi; y así habían tenido guerras, y efusión de sangre, y hambre, y aflicción por el espacio de muchos años.

40 Y había habido asesinatos, y contenciones, y disensiones, y toda clase de iniquidades entre el pueblo de Nefi; no obstante, por el bien de los ªjustos, sí, a causa de las oraciones de los justos, fueron preservados.

41 Mas he aquí, por motivo de la sumamente larga continuación de la guerra entre los nefitas y los lamanitas, muchos se habían vuelto insensibles por motivo de la extremadamente larga duración de la guerra; y muchos se ablandaron a causa de sus ªaflicciones, al grado de que se humillaron delante de Dios con la más profunda humildad.

42 Y ocurrió que después que hubo fortificado aquellas partes de la tierra que más expuestas estaban a los lamanitas, hasta que quedaron suficientemente fuertes, Moroni volvió a la ciudad de Zarahemla; y Helamán también se volvió al lugar de su herencia; y nuevamente quedó establecida la paz entre el pueblo de Nefi.

43 Y Moroni entregó el mando de sus ejércitos a su hijo, cuyo nombre era Moroníah; y se retiró a su propia casa a fin de pasar el resto de sus días en paz.

44 Y Pahorán volvió a su asiento judicial; y Helamán emprendió otra vez la predicación de la palabra de Dios al pueblo; pues por causa de tantas guerras y contenciones, se había hecho necesario que de nuevo se

hiciera una reglamentación en la iglesia.

45 Por tanto, Helamán y sus hermanos salieron y declararon la palabra de Dios con mucho poder, ^aconvenciendo a mucha gente de sus iniquidades, lo que los hizo arrepentirse de sus pecados y ser bautizados para el Señor su Dios.

46 Y ocurrió que otra vez establecieron la iglesia de Dios por toda la tierra.

47 Sí, y se establecieron reglamentos concernientes a la ley; y fueron elegidos sus ^ajueces y jueces superiores.

48 Y el pueblo de Nefi una vez más empezó a ^aprosperar en la tierra, y de nuevo comenzó a multiplicarse y a hacerse sumamente fuerte en la tierra. Y comenzaron a hacerse muy ricos.

49 Mas no obstante sus riquezas, su poder y su prosperidad, no se ensalzaron en el orgullo de sus ojos, ni fueron lentos en acordarse del Señor su Dios, sino que se humillaron profundamente delante de él.

50 Sí, recordaban cuán grandes cosas había hecho el Señor por ellos: cómo los había librado de la muerte, y del cautiverio, y de cárceles, y de todo género de aflicciones, y los había rescatado de las manos de sus enemigos.

51 Y oraban al Señor su Dios continuamente, al grado de que él los bendijo de acuerdo con su palabra, de modo que se

hicieron fuertes y prosperaron en la tierra.

52 Y sucedió que se hicieron todas estas cosas. Y murió Helamán en el año treinta y cinco del gobierno de los jueces sobre el pueblo de Nefi.

CAPÍTULO 63

Shiblón y, después de él, Helamán se hacen cargo de los anales sagrados — Muchos nefitas viajan a la tierra del norte — Hagot construye barcos que navegan en el mar del oeste — Moroníah vence a los lamanitas en una batalla. Aproximadamente 56–52 a.C.

Y OCURRIÓ que a principios del año treinta y seis del gobierno de los jueces sobre el pueblo de Nefi, ^aShiblón se hizo cargo de los ^bsagrados objetos que Alma había entregado a Helamán.

2 Y Shiblón era un hombre justo; y anduvo rectamente ante Dios, y procuró hacer el bien continuamente, y guardar los mandamientos del Señor su Dios; y su hermano también lo hizo.

3 Y sucedió que murió Moroni también; y así concluyó el año treinta y seis del gobierno de los jueces.

4 Y aconteció que en el año treinta y siete del gobierno de los jueces, hubo una compañía numerosa de hombres, sí, la cantidad de cinco mil cuatrocientos hombres, con sus esposas

45a DyC 18:44.
47a Mos. 29:39.
48a Alma 50:20.
63 1a Alma 38:1–2.
b Alma 37:1–12.
GEE Santo (adjetivo).

y sus hijos, que salieron de la tierra de Zarahemla para la tierra que se hallaba al ªnorte.

5 Y acaeció que Hagot, siendo un hombre de extraordinaria curiosidad, fue, por tanto, y construyó un barco sumamente grande en los confines de la tierra de Abundancia, cerca de la tierra de Desolación, y lo echó a la mar del oeste, cerca de la ªestrecha lengua de tierra que conducía a la tierra del norte.

6 Y he aquí, entraron en él muchos de los nefitas y se hicieron a la mar con muchas provisiones, y también muchas mujeres y niños; y se dirigieron hacia el norte. Y así concluyó el año treinta y siete.

7 Y en el año treinta y ocho, este hombre construyó otros barcos. Y el primer barco también volvió, y muchos otros entraron en él; y también llevaron consigo gran cantidad de provisiones, y partieron otra vez hacia la tierra del norte.

8 Y acaeció que nunca más se volvió a saber de ellos; y suponemos que se ahogaron en las profundidades del mar. Y sucedió que otro barco también se hizo a la vela; y adónde fue no lo sabemos.

9 Y sucedió que en este año hubo mucha gente que salió hacia la tierra del ªnorte; y así concluyó el año treinta y ocho.

10 Y aconteció que en el año treinta y nueve del gobierno de los jueces, también murió Shiblón; y Coriantón había partido para la tierra del norte en un barco, para llevar provisiones a la gente que había ido a aquella tierra.

11 Por tanto, fue menester que Shiblón entregara, antes de morir, aquellos objetos sagrados al hijo de ªHelamán, que también se llamaba Helamán, habiéndosele dado el nombre de su padre.

12 Y he aquí, todos aquellos ªgrabados que se hallaban en manos de Helamán se escribieron y se enviaron entre los hijos de los hombres por toda la tierra, con excepción de aquellas partes que Alma había mandado que ᵇno se enviaran.

13 No obstante, aquellas cosas debían guardarse sagradas, y ªtransmitirse de una generación a otra; por tanto, se habían entregado en este año a Helamán, antes de la muerte de Shiblón.

14 Y también ocurrió que en este año hubo algunos disidentes que se habían unido a los lamanitas; y de nuevo fueron provocados a la ira contra los nefitas.

15 Y también en este mismo año llegaron con un ejército numeroso para la guerra contra el pueblo de ªMoroníah, o sea, el ejército de Moroníah, en la cual fueron vencidos y arrojados

---

4a Alma 22:31.
5a Alma 22:32;
     Éter 10:20.
9a Hel. 3:11–12.
11a Véase el
      encabezamiento del
      libro de Helamán.
12a Alma 18:36.
b Alma 37:27–32.
13a Alma 37:4.
15a Alma 62:43.

otra vez a sus propias tierras, sufriendo grandes pérdidas.

16 Y así terminó el año treinta y
nueve del gobierno de los jueces
sobre el pueblo de Nefi.

17 Y así concluyó la narración
de Alma y de Helamán, su hijo, y
también de Shiblón, que era hijo
de Alma.

EL LIBRO DE HELAMÁN

Un relato de los nefitas. Sus guerras, contiendas y disensiones. También
las profecías de muchos santos profetas, antes de la venida de Cristo, según los anales de Helamán, que era hijo de Helamán, y también según
los anales de sus hijos, hasta la venida de Cristo. Además, se convierten
muchos lamanitas. Un relato de la conversión de estos. Un relato de la
rectitud de los lamanitas y de las iniquidades y las abominaciones de los
nefitas, según los anales de Helamán y de sus hijos, hasta la venida de
Cristo, relato que se llama el Libro de Helamán.

CAPÍTULO 1

*Pahorán, hijo, llega a ser el juez su-
perior y es asesinado por Kishkumen — Pacumeni ocupa el asiento
judicial — Coriántumr dirige los
ejércitos lamanitas, se apodera de
Zarahemla y mata a Pacumeni —
Moroníah derrota a los lamanitas y
se vuelve a apoderar de Zarahemla;
Coriántumr es muerto. Aproximadamente 52–50 a.C.*

Y HE aquí, aconteció que al
principiar el año cuarenta
del gobierno de los jueces sobre
el pueblo de Nefi, empezó a surgir una grave dificultad entre el
pueblo nefita.

2 Porque he aquí, ᵃPahorán
había muerto, y había seguido
el camino de toda la tierra; por
tanto, comenzó a haber una grave

contención concerniente a cuál de
los hermanos, que eran hijos de
Pahorán, iba a ocupar el asiento
judicial.

3 Y estos son los nombres de los
que se disputaban el asiento judicial, quienes también causaron la
contención entre el pueblo: Pahorán, Paanqui y Pacumeni.

4 Ahora bien, estos no eran
todos los hijos de Pahorán,
porque tenía muchos, sino que
eran los que se disputaban el
asiento judicial; por tanto, oca-
sionaron tres divisiones entre
el pueblo.

5 Sucedió, sin embargo, que la
ᵃvoz del pueblo eligió a Pahorán
para ser juez superior y gobernador del pueblo de Nefi.

6 Y sucedió que cuando Pacumeni vio que no podía obtener

---

1 2ᵃ Alma 50:40.   5ᵃ Mos. 29:26–29.

el asiento judicial, se unió a la voz del pueblo.

7 Pero he aquí, Paanqui y aquellos del pueblo que querían que él los gobernara, se enojaron en extremo; por tanto, estaba a punto de incitarlos a que se sublevaran contra sus hermanos.

8 Y aconteció que cuando estaba para hacer esto, he aquí, lo apresaron y lo juzgaron según la voz del pueblo, y fue condenado a muerte, porque se había rebelado y había intentado destruir la ^alibertad del pueblo.

9 Mas cuando aquellos que querían que él fuese su gobernador vieron que había sido condenado a muerte, se enojaron; y he aquí, enviaron a un tal Kishkumen al asiento judicial de Pahorán, el cual asesinó a Pahorán mientras ocupaba el asiento judicial.

10 Y los siervos de Pahorán lo persiguieron; pero he aquí, fue tan rápida la fuga de Kishkumen, que nadie pudo alcanzarlo.

11 Y volvió a aquellos que lo habían enviado, y todos hicieron pacto, jurando por su eterno Hacedor, que no dirían a nadie que Kishkumen había asesinado a Pahorán.

12 Por lo tanto, Kishkumen no fue reconocido entre el pueblo de Nefi, porque se hallaba disfrazado en la ocasión en que asesinó a Pahorán. Y Kishkumen y los de su banda, que habían hecho pacto con él, se mezclaron entre el pueblo de tal manera que no pudieron descubrirlos a todos; pero a cuantos hallaron, los condenaron a ^amuerte.

13 Y he aquí, de acuerdo con la voz del pueblo, nombraron a Pacumeni para que fuera juez superior y gobernador del pueblo, para regir en lugar de su hermano Pahorán; y fue según su derecho. Y todo esto ocurrió en el año cuarenta del gobierno de los jueces; y llegó a su fin.

14 Y acaeció que en el año cuarenta y uno del gobierno de los jueces, los lamanitas juntaron un ejército innumerable, y lo armaron con espadas, y con cimitarras, y con arcos, y flechas, y cascos, y con petos, y con toda especie de escudos de varias clases.

15 Y llegaron otra vez para trabar la batalla con los nefitas; y los guiaba un hombre que se llamaba Coriántumr, y era descendiente de Zarahemla; y era un disidente de entre los nefitas, y un hombre fuerte y de grande estatura.

16 Por lo que, el rey de los lamanitas, cuyo nombre era Tubalot hijo de ^aAmmorón, suponiendo que Coriántumr, por ser tan poderoso, podría hacer frente a los nefitas con su fuerza y gran sabiduría, al grado de que con mandarlo sometería a los nefitas,

17 incitó, por tanto, a los lamanitas a la ira, y reunió a sus ejércitos, y les nombró a Coriántumr para que fuera su caudillo, y les mandó que emprendieran

---

8a GEE Libertad, libre. | 12a GEE Pena de muerte. | 16a Alma 52:3.

la marcha hacia la tierra de Zarahemla para luchar contra los nefitas.

18 Y sucedió que por razón de tanta contención y tanta dificultad en el gobierno, no habían conservado guardias suficientes en la tierra de Zarahemla; porque no se habían supuesto que los lamanitas se atreverían a invadir el centro de sus tierras para atacar la gran ciudad de Zarahemla.

19 Pero sucedió que Coriántumr marchó al frente de su numerosa hueste, y cayó sobre los habitantes de la ciudad; y su marcha fue tan sumamente rápida, que no hubo tiempo para que los nefitas reunieran sus ejércitos.

20 Por lo tanto, Coriántumr mató a los guardias que estaban a la entrada de la ciudad, y con todo su ejército entró en ella, y mataron a cuantos los resistían, a tal grado que tomaron toda la ciudad.

21 Y sucedió que Pacumeni, que era el juez superior, huyó delante de Coriántumr hasta los muros de la ciudad. Y aconteció que Coriántumr lo hirió contra la muralla de tal modo que murió; y así llegaron a su fin los días de Pacumeni.

22 Y ahora bien, cuando Coriántumr vio que tenía en su poder la ciudad de Zarahemla, y vio que los nefitas habían huido delante de ellos, y que los habían matado, y que los habían encerrado en prisiones, y que él se había apoderado de la plaza más

fuerte de toda esa tierra, cobró ánimo su corazón al grado de que se dispuso a avanzar contra toda la tierra.

23 Así que no se detuvo en la tierra de Zarahemla, sino que emprendió la marcha con un ejército grande hacia la ciudad de Abundancia; pues tenía la determinación de avanzar y abrirse paso con la espada para apoderarse de las partes de la tierra hacia el norte.

24 Y creyendo que las fuerzas principales de los nefitas se encontraban en el centro de la tierra, marchó adelante sin darles tiempo para reunirse, sino en pequeños grupos; y de esta manera se lanzaban sobre ellos y los hacían caer a tierra.

25 Pero he aquí que esta marcha de Coriántumr por el centro de sus tierras dio a Moroníah una gran ventaja, a pesar de la magnitud del número de nefitas que habían perecido.

26 Pues he aquí, Moroníah no había supuesto que los lamanitas se atreverían a invadir el centro de la tierra, sino que asaltarían las ciudades fronterizas como lo habían hecho hasta entonces; por tanto, Moroníah había hecho que sus ejércitos fuertes protegieran aquellas partes cerca de las fronteras.

27 Mas he aquí, los lamanitas no se habían atemorizado, como él quería, sino que habían entrado en el centro de la tierra y se habían apoderado de la capital,

que era la ciudad de Zarahemla; y marchaban por las partes principales de la tierra, matando al pueblo con gran mortandad, tanto hombres, como mujeres y niños, apoderándose de muchas ciudades y de muchas plazas fuertes.

28 Pero cuando Moroníah se dio cuenta de esto, envió inmediatamente a Lehi con un ejército para que los atajara antes que llegaran a la tierra de Abundancia.

29 Y así lo hizo; y los atajó antes que llegaran a la tierra de Abundancia, y les dio la batalla, de modo que empezaron a retroceder hacia la tierra de Zarahemla.

30 Y sucedió que Moroníah los atajó en su retirada y los combatió, de modo que se tornó en una batalla muy sangrienta; sí, perecieron muchos, y entre el número de los que murieron también fue hallado ªCoriántumr.

31 Y he aquí, los lamanitas no podían retroceder, ni por el norte, ni por el sur, ni por el este, ni por el oeste, porque los nefitas los tenían rodeados por todas partes.

32 Y así Coriántumr había precipitado a los lamanitas en medio de los nefitas, a tal grado que estaban en su poder; y él mismo pereció, y los lamanitas se rindieron en manos de los nefitas.

33 Y ocurrió que Moroníah se apoderó nuevamente de la ciudad de Zarahemla, e hizo que los prisioneros lamanitas abandonaran el país en paz.

34 Y así concluyó el año cuarenta y uno del gobierno de los jueces.

CAPÍTULO 2

Helamán hijo de Helamán, llega a ser juez superior — Gadiantón dirige la banda de Kishkumen — Un siervo de Helamán mata a Kishkumen y la banda de Gadiantón huye al desierto. Aproximadamente 50–49 a.C.

Y ACONTECIÓ que en el año cuarenta y dos del gobierno de los jueces, después que Moroníah hubo restablecido la paz entre los nefitas y los lamanitas, he aquí que no había quien ocupase el asiento judicial; por tanto, empezó a haber de nuevo una contención entre el pueblo concerniente a quién debía ocupar el puesto.

2 Y ocurrió que la voz del pueblo eligió a Helamán hijo de Helamán, para ocupar el asiento judicial.

3 Mas he aquí, ªKishkumen, que había asesinado a Pahorán, se puso al acecho para destruir también a Helamán; y lo apoyaron los de su banda, quienes habían concertado un pacto para que nadie supiera de su iniquidad.

4 Porque había un tal ªGadiantón, el cual era sumamente

30ª Hel. 1:15.
2 3ª Hel. 1:9.

4ª GEE Gadiantón, ladrones de.

experto en muchas palabras, y también en su sutileza para llevar a cabo la obra secreta de asesinato y robo; por tanto, llegó a ser jefe de la banda de Kishkumen.

5 De manera que los lisonjeó, así como a Kishkumen, diciéndoles que si lo colocaban en el asiento judicial, concedería que los que pertenecían a su banda fuesen colocados en puestos de poder y autoridad entre el pueblo; por tanto, Kishkumen procuró destruir a Helamán.

6 Y sucedió que mientras se dirigía hacia el asiento judicial para destruir a Helamán, he aquí, uno de los siervos de Helamán, que había ido de noche y había logrado, usando un disfraz, un conocimiento de los planes que había urdido esta banda para destruir a Helamán,

7 aconteció que al encontrar a Kishkumen, le dio una señal; por lo que este le divulgó el objeto de su pretensión, suplicándole que lo condujera al asiento judicial para asesinar a Helamán.

8 Y cuando el siervo de Helamán se enteró de todo lo que había en el corazón de Kishkumen, y que su intención era asesinar, y que también el objeto de los que pertenecían a su banda era matar, y robar, y obtener poder (y este era su ᵃsecreto plan y su combinación), el siervo de Helamán le dijo a Kishkumen: Vamos al asiento judicial.

9 Y esto agradó extremadamente a Kishkumen, pues pensó que iba a poder cumplir su designio; pero he aquí, mientras se dirigían al asiento judicial, el siervo de Helamán apuñaló a Kishkumen en el corazón, de manera que cayó muerto sin un solo gemido. Corrió entonces el siervo y le comunicó a Helamán todo lo que había visto, y oído, y hecho.

10 Y aconteció que Helamán mandó aprehender a esa banda de ladrones y asesinos secretos, a fin de ejecutarlos según la ley.

11 Mas he aquí, cuando Gadiantón se enteró de que Kishkumen no volvía, temió ser destruido; por lo tanto, hizo que su banda lo siguiera. Y huyeron de la tierra, por un camino secreto, al desierto; de modo que cuando Helamán los mandó aprehender, no pudieron hallarlos en ninguna parte.

12 Y en adelante se dirá más de este Gadiantón; y de este modo concluyó el año cuarenta y dos del gobierno de los jueces sobre el pueblo de Nefi.

13 Y he aquí, a la conclusión de este libro veréis que este ᵃGadiantón probó ser la ruina, sí, casi la completa destrucción del pueblo de Nefi.

14 He aquí, no me refiero al fin del libro de Helamán, sino al fin del libro de Nefi, del cual he tomado toda la relación que he escrito.

8a 2 Ne. 10:15.
GEE Combinaciones secretas.
13a Hel. 6:18; 4 Ne. 1:42.

CAPÍTULO 3

Muchos nefitas emigran a la tierra del norte — Construyen casas de cemento y llevan muchos anales — Decenas de miles de personas se convierten y son bautizadas — La palabra de Dios conduce a los hombres a la salvación — Nefi hijo de Helamán, ocupa el asiento judicial. Aproximadamente 49–39 a.C.

Y ACONTECIÓ que en el año cuarenta y tres del gobierno de los jueces, no hubo contenciones entre el pueblo de Nefi, aparte de un poco de orgullo que se manifestó en la iglesia, lo que causó unas leves disensiones entre la gente, las cuales quedaron resueltas hacia fines del año cuarenta y tres.

2 Y no hubo contención entre la gente durante el año cuarenta y cuatro; ni hubo mucha contención en el año cuarenta y cinco.

3 Y ocurrió que en el año cuarenta y seis, sí, hubo mucha contención y muchas disensiones, por las cuales hubo muchísimos que salieron de la tierra de Zarahemla, y se dirigieron a la tierra del ᵃnorte, para heredar la tierra.

4 Y viajaron una inmensa distancia, a tal grado que llegaron a ᵃgrandes extensiones de aguas y muchos ríos.

5 Sí, y se esparcieron por todas partes de aquella tierra, por todos los parajes que no habían quedado desolados y sin madera, por motivo de los numerosos habitantes que habían heredado la tierra previamente.

6 Y no había parte del país que estuviese desolada, salvo por falta de madera; pero a causa de la inmensidad de la ᵃdestrucción del pueblo que antes había habitado la tierra, la llamaron ᵇdesolada.

7 Y no había sino muy poca madera sobre la superficie de la tierra, por lo que la gente que fue allá se volvió sumamente experta en obras de cemento; por tanto, construyeron casas de cemento en las cuales habitaron.

8 Y sucedió que se multiplicaron y se extendieron, y salieron de la tierra del sur para la tierra del norte, y se diseminaron a tal grado que empezaron a cubrir la superficie de toda esa tierra, desde el mar del sur hasta el mar del norte, y desde el ᵃmar del oeste hasta el mar del este.

9 Y los que se hallaban en la tierra del norte vivían en tiendas y en casas de cemento, y dejaban crecer cuanto árbol brotara de la faz de la tierra, para que en lo sucesivo tuvieran madera para construir sus casas, sí, sus ciudades, y sus templos, y sus sinagogas, y sus santuarios, y toda clase de edificios.

10 Y aconteció que por estar tan sumamente escasa la madera en la tierra del norte, enviaban mucha por medio de ᵃembarcaciones.

11 Y así habilitaron a la gente de la tierra del norte para que

---

3 3a Alma 63:4.
   4a Mos. 8:8; Morm. 6:4.

6a Mos. 21:25–27.
   b Alma 22:31.

8a Alma 22:27, 32.
10a Alma 63:5–8.

edificasen muchas ciudades, tanto de madera como de cemento.

12 Y aconteció que muchos que eran del ªpueblo de Ammón, que eran lamanitas de nacimiento, partieron también para esa tierra.

13 Y hay muchos anales de los hechos de este pueblo, conservados por muchos de los de este pueblo, anales particulares y muy extensos concernientes a ellos.

14 Mas he aquí, no puede incluirse en esta obra la centésima parte de los hechos de este pueblo, sí, la historia de los lamanitas y de los nefitas, y sus guerras, y contiendas, y disensiones, y sus predicaciones, y sus profecías, y sus embarcaciones y construcción de barcos, y su edificación de ªtemplos, y de sinagogas, y de sus santuarios; y su rectitud, y sus iniquidades, y sus asesinatos, y sus robos, y sus pillajes, y todo género de abominaciones y fornicaciones.

15 Pero he aquí, hay muchos libros y muchos anales de todas clases; y los han llevado mayormente los nefitas.

16 Y los nefitas los han ªtransmitido de una generación a otra, sí, hasta que han caído en transgresión y han sido asesinados, robados y perseguidos, y echados, y muertos, y esparcidos sobre la superficie de la tierra, y se han mezclado con los lamanitas hasta ᵇdejar de llamarse nefitas, volviéndose inicuos, y salvajes, y feroces, sí, hasta convertirse en lamanitas.

17 Y vuelvo ahora a mi narración; por tanto, lo que he referido había sucedido después de haber habido grandes contiendas, y alborotos, y guerras, y disensiones entre el pueblo de Nefi.

18 Y concluyó el año cuarenta y seis del gobierno de los jueces.

19 Y aconteció que hubo todavía gran contención en la tierra durante el año cuarenta y siete, sí, y también en el año cuarenta y ocho.

20 No obstante, Helamán ocupó el asiento judicial con justicia y equidad; sí, se esforzó por observar los estatutos, y los juicios, y los mandamientos de Dios; e hizo lo que era recto a la vista de Dios continuamente; y anduvo en las vías de su padre, de tal modo que prosperó en la tierra.

21 Y ocurrió que tuvo dos hijos. Al mayor dio el nombre de ªNefi, y al menor el nombre de ᵇLehi. Y empezaron a crecer en el Señor.

22 Y aconteció que hacia fines del año cuarenta y ocho del gobierno de los jueces sobre el pueblo de Nefi, empezaron a cesar, en grado pequeño, las guerras y contiendas entre el pueblo de los nefitas.

12a Alma 27:21–26.
14a 2 Ne. 5:16;
    Jacob 1:17;
    3 Ne. 11:1.
16a 1 Ne. 5:16–19;
    Alma 37:4.
  b Alma 45:12–14.
21a GEE Nefi hijo de Helamán.
  b GEE Lehi, misionero nefita.

23 Y sucedió que en el año cuarenta y nueve del gobierno de los jueces se estableció una paz continua en la tierra, todo menos las combinaciones secretas que ªGadiantón, el ladrón, había establecido en las partes más pobladas de la tierra, combinaciones que en aquel tiempo no eran del conocimiento de aquellos que estaban a la cabeza del gobierno; por tanto, no fueron destruidas.

24 Y ocurrió que en este mismo año hubo una prosperidad sumamente grande en la iglesia, de tal modo que miles se unieron a la iglesia y fueron bautizados para arrepentimiento.

25 Y tan grande fue la prosperidad de la iglesia, y tantas las bendiciones que se derramaron sobre el pueblo, que aun los propios sumos sacerdotes y maestros se maravillaron en extremo.

26 Y aconteció que la obra del Señor prosperó, a tal grado que se bautizaron muchas almas e ingresaron a la iglesia de Dios, sí, hasta decenas de miles.

27 Así vemos que el Señor es misericordioso para con todos aquellos que, con la sinceridad de su corazón, quieran invocar su santo nombre.

28 Sí, así vemos que la ªpuerta del cielo está abierta para ᵇtodos, sí, para todos los que quieran

creer en el nombre de Jesucristo, que es el Hijo de Dios.

29 Sí, vemos que todo aquel que quiera, puede asirse a la ªpalabra de Dios, que es ᵇviva y poderosa, que partirá por medio toda la astucia, los lazos y las artimañas del diablo, y guiará al hombre de Cristo por un camino estrecho y ᶜangosto, a través de ese eterno ᵈabismo de miseria que se ha dispuesto para hundir a los inicuos,

30 y depositará su alma, sí, su alma inmortal, a la ªdiestra de Dios en el reino de los cielos, para sentarse con Abraham, con Isaac, y con Jacob, y con todos nuestros santos padres, para no salir más.

31 Y en este año hubo gozo continuo en la tierra de Zarahemla, y en todas las regiones circunvecinas, sí, en toda la tierra que poseían los nefitas.

32 Y aconteció que hubo paz y un gozo inmenso durante el resto del año cuarenta y nueve; sí, y también hubo continua paz y gran gozo en el año cincuenta del gobierno de los jueces.

33 Y en el año cincuenta y uno del gobierno de los jueces también hubo paz, con excepción del orgullo que empezó a insinuarse en la iglesia; no dentro de la iglesia de Dios, sino en el corazón de aquellos que profesaban pertenecer a ella.

34 Y se ensalzaron en el ªorgullo,

23a Hel. 2:4.
28a 2 Ne. 31:9, 17.
  b Hech. 10:28;
    Rom. 2:10–11.
29a GEE Palabra de Dios.
  b Heb. 4:12;
    DyC 11:2.
  c 2 Ne. 9:41; 33:9.
d 1 Ne. 15:28–30.
30a Mateo 25:33–34.
34a GEE Orgullo.

al grado de perseguir a muchos de sus hermanos. Y esta fue una iniquidad muy grande que hizo que la parte más humilde del pueblo sufriera grandes persecuciones y pasara muchas aflicciones.

35 No obstante, ^aayunaron y ^boraron frecuentemente, y se volvieron más y más fuertes en su ^chumildad, y más y más firmes en la fe de Cristo, hasta henchir sus almas de gozo y de consolación; sí, hasta la ^dpurificación y ^esantificación de sus corazones, santificación que viene de ^fentregar el corazón a Dios.

36 Y sucedió que el año cincuenta y dos también concluyó en paz, salvo el desmedidamente grande orgullo que había entrado en el corazón del pueblo; y fue por motivo de sus grandes ^ariquezas y su prosperidad en la tierra; y aumentaba en ellos día tras día.

37 Y aconteció que Helamán murió en el año cincuenta y tres del gobierno de los jueces; y Nefi, su hijo mayor, empezó a gobernar en su lugar. Y ocurrió que ocupó el asiento judicial con justicia y equidad; sí, guardó los mandamientos de Dios y anduvo en las vías de su padre.

CAPÍTULO 4

Los disidentes nefitas y los lamanitas unen sus fuerzas y se apoderan de la tierra de Zarahemla — Las derrotas les sobrevienen a los nefitas por motivo de su maldad — La Iglesia decae, y el pueblo se vuelve débil, igual que los lamanitas. Aproximadamente 38–30 a.C.

Y SUCEDIÓ que en el año cincuenta y cuatro hubo muchas disensiones en la iglesia, y también hubo una ^acontienda entre el pueblo, al grado de que se derramó mucha sangre.

2 Y los rebeldes fueron muertos y echados de la tierra, y se fueron al rey de los lamanitas.

3 Y aconteció que trataron de incitar a los lamanitas a la guerra contra los nefitas; mas he aquí, los lamanitas temían en extremo, a tal grado que no quisieron escuchar las palabras de aquellos disidentes.

4 Pero acaeció que en el año cincuenta y seis del gobierno de los jueces, hubo ^adisidentes que se pasaron de los nefitas a los lamanitas; y junto con los otros lograron provocarlos a la ira contra los nefitas; y todo aquel año se estuvieron preparando para la guerra.

5 Y en el año cincuenta y siete fueron a la batalla contra los nefitas, y dieron principio a la obra de muerte; sí, al grado de que en el año cincuenta y ocho del gobierno de los jueces lograron apoderarse de la tierra de Zarahemla; sí, y también de todas las tierras, hasta la que se

---

35*a* GEE Ayunar, ayuno.
  b GEE Oración.
  c GEE Humildad, humilde, humillar

(afligir).
  d GEE Pureza, puro.
  e GEE Santificación.
  f 2 Cró. 30:8;

Mos. 3:19.
36*a* GEE Riquezas.
4 1*a* 3 Ne. 11:29.
  4*a* Hel. 5:17.

encontraba cerca de la tierra de Abundancia.

6 Y los nefitas y los ejércitos de Moroníah fueron rechazados hasta la tierra de Abundancia.

7 Y allí se fortificaron contra los lamanitas desde el mar del oeste hasta el este; y esta línea que habían fortificado, y en la cual habían apostado sus tropas para defender su país del norte, era una jornada de un día para un nefita.

8 Y así fue como esos disidentes nefitas, con la ayuda de un numeroso ejército lamanita, se habían apoderado de todas las posesiones de los nefitas que se hallaban en la tierra del sur; y todo esto aconteció en los años cincuenta y ocho y cincuenta y nueve del gobierno de los jueces.

9 Y sucedió que en el año sesenta del gobierno de los jueces, Moroníah y sus ejércitos lograron ocupar muchas partes del país; sí, reconquistaron muchas ciudades que habían caído en manos de los lamanitas.

10 Y aconteció que en el año sesenta y uno del gobierno de los jueces, lograron recuperar hasta la mitad de sus posesiones.

11 Ahora bien, ni estas grandes pérdidas para los nefitas ni la terrible mortandad que hubo entre ellos habrían acontecido, de no haber sido por su maldad y su abominación que había entre ellos; sí, y se hallaba también entre aquellos que profesaban pertenecer a la iglesia de Dios.

12 Y fue por el ªorgullo de sus corazones, por razón de sus inmensas ᵇriquezas, sí, fue a causa de haber oprimido a los ᶜpobres, negando su alimento a los que tenían hambre, y sus vestidos a los que estaban desnudos, e hiriendo a sus humildes hermanos en sus mejillas, burlándose de lo que era sagrado, negando el espíritu de profecía y de revelación, asesinando, robando, mintiendo, hurtando, cometiendo adulterio, levantándose en grandes contiendas y desertando y yéndose a la tierra de Nefi, entre los lamanitas.

13 Y a causa de su gran perversidad y su ªjactancia de su propio poder, fueron abandonados a su propia fuerza; de modo que no prosperaron, sino que los lamanitas los afligieron, e hirieron, y echaron delante de ellos, hasta que los nefitas habían perdido la posesión de casi todas sus tierras.

14 Pero he aquí, Moroníah predicó muchas cosas al pueblo por motivo de su iniquidad, y también ªNefi y Lehi, que eran los hijos de Helamán, predicaron muchas cosas a los del pueblo, sí, y les profetizaron muchas cosas concernientes a sus iniquidades, y lo que les sobrevendría si no se arrepentían de sus pecados.

12a Abd. 1:3–4;
    DyC 101:42.
  b 1 Tim. 6:17;
                    2 Ne. 9:42.
                  c DyC 42:30–31.
                 13a GEE Orgullo.
                                    14a Hel. 3:21.

15 Y sucedió que se arrepintieron; y a medida que se arrepentían, comenzaban a prosperar.

16 Porque cuando vio Moroníah que se arrepintieron, se aventuró a conducirlos de un lugar a otro, y de ciudad en ciudad, hasta que lograron recuperar la mitad de todas sus propiedades y la mitad de todas sus tierras.

17 Y así concluyó el año sesenta y uno del gobierno de los jueces.

18 Y aconteció que en el año sesenta y dos del gobierno de los jueces, Moroníah no pudo recuperar más posesiones de los lamanitas.

19 De manera que abandonaron su proyecto de reconquistar el resto de sus tierras, porque tan numerosos eran los lamanitas, que les fue imposible a los nefitas sobrepujarlos; por lo que Moroníah puso a todos sus ejércitos a defender aquellas partes que él había tomado.

20 Y sucedió, por motivo de la magnitud del número de los lamanitas, que los nefitas temieron en gran manera, no fuese que los vencieran, y fueran hollados, y muertos y destruidos.

21 Sí, empezaron a recordar las profecías de Alma, y también las palabras de Mosíah; y vieron que habían sido una gente dura de cerviz, y que habían despreciado los mandamientos de Dios;

22 y que habían alterado y hollado con los pies las ªleyes de Mosíah, o sea, aquello que el Señor le mandó que diera al pueblo; y vieron que se habían corrompido sus leyes, y que ellos se habían vuelto un pueblo inicuo, a tal grado que eran inicuos a semejanza de los lamanitas.

23 Y por motivo de su iniquidad, la iglesia había empezado a ªdecaer; y comenzaron a dejar de creer en el espíritu de profecía y en el espíritu de revelación; y los juicios de Dios se cernían sobre ellos.

24 Y vieron que se habían vuelto ªdébiles como sus hermanos los lamanitas, y que el Espíritu del Señor no los preservaba más; sí, se había apartado de ellos, porque el ᵇEspíritu del Señor no habita en templos ᶜimpuros;

25 por lo tanto, el Señor cesó de preservarlos por su milagroso e incomparable poder, porque habían caído en un estado de ªincredulidad y terrible iniquidad; y vieron que los lamanitas eran sumamente más numerosos que ellos, y que a menos que se ᵇallegaran al Señor su Dios, tendrían que perecer inevitablemente.

26 Pues he aquí, vieron que la fuerza de los lamanitas era tan grande como la suya propia, hombre por hombre. Y de este modo habían caído en esta gran transgresión; sí, de esta manera

---

22a Alma 1:1.
23a GEE Apostasía.
24a Mos. 1:13.

b GEE Espíritu Santo.
c Mos. 2:37;
   Alma 7:21; 34:36.

25a GEE Incredulidad.
b Jacob 6:5.

se habían vuelto débiles, a causa de su transgresión, en el término de ªno muchos años.

CAPÍTULO 5

Nefi y Lehi se dedican a predicar — Sus nombres los inducen a regir sus vidas conforme al modelo de sus antepasados — Cristo redime a aquellos que se arrepienten — Nefi y Lehi logran convertir a muchos, son encarcelados y son envueltos como por fuego — Una nube de obscuridad cubre a trescientas personas — Tiembla la tierra, y una voz manda a los hombres que se arrepientan — Nefi y Lehi conversan con ángeles, y los de la multitud son rodeados por fuego. Aproximadamente 30 a.C.

Y ACONTECIÓ que en este mismo año, he aquí, ªNefi entregó el asiento judicial a un hombre llamado Cezóram.

2 Porque como la ªvoz del pueblo establecía sus leyes y sus gobiernos, y los que ᵇescogieron lo malo eran más numerosos que los que eligieron lo bueno, estaban, por tanto, madurando para la destrucción, porque se habían corrompido las leyes.

3 Sí, y no solo esto; eran un pueblo de dura cerviz, a tal grado que no podían ser gobernados por la ley ni por la justicia, sino para su destrucción.

4 Y sucedió que Nefi estaba fastidiado a causa de la iniquidad

de ellos; y ªrenunció al asiento judicial, y se dedicó a predicar la palabra de Dios todo el resto de sus días, y también su hermano Lehi, todo el resto de sus días;

5 porque se acordaban de las palabras que su padre Helamán les había hablado. Y estas son las palabras que había hablado:

6 He aquí, hijos míos, quiero que os acordéis de guardar los mandamientos de Dios; y quisiera que declaraseis al pueblo estas palabras. He aquí, os he dado los nombres de nuestros primeros ªpadres que salieron de la tierra de Jerusalén; y he hecho esto para que cuando recordéis vuestros nombres, los recordéis a ellos; y cuando os acordéis de ellos, recordéis sus obras; y cuando recordéis sus obras, sepáis por qué se dice y también se escribe, que eran ᵇbuenos.

7 Por lo tanto, hijos míos, quisiera que hicieseis lo que es bueno, a fin de que se diga, y también se escriba, de vosotros, así como se ha dicho y escrito de ellos.

8 Y ahora bien, hijos míos, he aquí, hay algo más que deseo de vosotros, y este deseo es que no hagáis estas cosas para vanagloriaros, sino que hagáis estas cosas para haceros un ªtesoro en el cielo; sí, el cual es eterno y no se desvanece; sí, para que tengáis ese ᵇprecioso don de la vida eterna que, según tenemos

26a Alma 46:8; Hel. 12:3–4.
5 1a Hel. 3:37.
2a Mos. 29:25–27.
b Alma 10:19.
4a Alma 4:15–20.
6a 1 Ne. 1:1, 5.
b 2 Ne. 33.
8a 3 Ne. 13:19–21.
b DyC 14:7.

motivo para suponer, se ha concedido a nuestros padres.

9 ¡Oh recordad, recordad, hijos míos, las ªpalabras que el rey Benjamín habló a su pueblo! Sí, recordad que no hay otra manera ni medio por los cuales el hombre pueda ser salvo, sino por la sangre ᵇexpiatoria de Jesucristo, que ha de venir; sí, recordad que él viene para ᶜredimir al ᵈmundo.

10 Y acordaos también de las ªpalabras que Amulek habló a Zeezrom en la ciudad de Ammoníah; pues le dijo que el Señor de cierto vendría para redimir a su pueblo; pero que no vendría para redimirlos en sus pecados, sino para redimirlos de sus pecados.

11 Y ha recibido poder, que le ha sido dado del Padre, para redimir a los hombres de sus pecados por motivo del arrepentimiento; por tanto, ha ªenviado a sus ángeles para declarar las nuevas de las condiciones del arrepentimiento, el cual conduce al poder del Redentor, para la salvación de sus almas.

12 Y ahora bien, recordad, hijos míos, recordad que es sobre la ªroca de nuestro Redentor, el cual es Cristo, el Hijo de Dios, donde debéis establecer vuestro ᵇfundamento, para que cuando

el diablo lance sus impetuosos vientos, sí, sus dardos en el torbellino, sí, cuando todo su granizo y furiosa ᶜtormenta os azoten, esto no tenga poder para arrastraros al abismo de miseria y angustia sin fin, a causa de la roca sobre la cual estáis edificados, que es un fundamento seguro, un fundamento sobre el cual, si los hombres edifican, no caerán.

13 Y sucedió que estas fueron las palabras que Helamán ªenseñó a sus hijos; sí, les enseñó muchas cosas que no se han escrito, y también muchas cosas que están escritas.

14 Y se acordaron de sus palabras; y por tanto, guardando los mandamientos de Dios, salieron a enseñar la palabra de Dios entre todo el pueblo de Nefi, comenzando por la ciudad de Abundancia.

15 Y de allí fueron a la ciudad de Gid; y de la ciudad de Gid a la ciudad de Mulek;

16 y así, de una ciudad a otra, hasta que hubieron ido entre todo el pueblo de Nefi que se hallaba en la tierra del sur; y de allí fueron a la tierra de Zarahemla, entre los lamanitas.

17 Y sucedió que predicaron con gran poder, a tal grado que confundieron a muchos de

9a Mos. 2:9.
  b Mos. 3:17–18.
    GEE Expiación, expiar.
  c GEE Redención, redimido, redimir.
  d GEE Mundo — Las
personas que no obedecen los mandamientos.
10a Alma 11:34.
11a Alma 13:24–25.
12a Mateo 7:24–27;
DyC 6:34; Moisés 7:53.
  GEE Piedra del ángulo; Roca.
  b Isa. 28:16; Jacob 4:16.
  c 3 Ne. 14:25, 27.
13a Mos. 1:4.

aquellos ªdisidentes que se habían apartado de los nefitas, de modo que se adelantaron y confesaron sus pecados, y fueron bautizados para arrepentimiento, e inmediatamente volvieron a los nefitas para tratar de repararles los agravios que habían causado.

18 Y acaeció que Nefi y Lehi predicaron a los lamanitas con tan gran poder y autoridad, porque se les había dado poder y autoridad para ªhablar, y también les había sido indicado lo que debían hablar,

19 por lo tanto, hablaron, para el gran asombro de los lamanitas, hasta ªconvencerlos, a tal grado que ocho mil de los lamanitas que se hallaban en la tierra de Zarahemla y sus alrededores fueron bautizados para arrepentimiento, y se convencieron de la iniquidad de las tradiciones de sus padres.

20 Y sucedió que Nefi y Lehi partieron de allí para ir a la tierra de Nefi.

21 Y aconteció que los capturó un ejército lamanita, y los echaron en la ªprisión, sí, en la misma prisión en que los siervos de Limhi habían echado a Ammón y sus hermanos.

22 Y después de haber estado muchos días en la prisión, sin alimento, he aquí, llegaron a la prisión para sacarlos a fin de matarlos.

23 Y sucedió que Nefi y Lehi fueron envueltos como por ªfuego, de modo que no se atrevieron a echarles mano por miedo de ser quemados. No obstante, Nefi y Lehi no se quemaban; y se hallaban como si estuviesen en medio del fuego, y no se quemaban.

24 Y cuando vieron que los rodeaba un ªpilar de fuego, y que no los quemaba, sus corazones cobraron ánimo.

25 Porque vieron que los lamanitas no se atrevían a echarles mano; ni se atrevían a acercárseles, sino que estaban como si hubieran quedado mudos de asombro.

26 Y ocurrió que Nefi y Lehi se adelantaron y empezaron a hablarles, diciendo: No temáis, porque he aquí, es Dios quien os ha manifestado esta maravilla, con lo cual os es mostrado que no podéis echar mano de nosotros para matarnos.

27 Y he aquí, cuando hubieron dicho estas palabras, tembló la tierra fuertemente, y los muros de la prisión se sacudieron como si estuviesen a punto de caer al suelo; pero he aquí, no cayeron; y los que se hallaban en la prisión eran lamanitas y nefitas que eran disidentes.

28 Y sucedió que los cubrió una nube de ªobscuridad, y se

17a Hel. 4:4.
18a DyC 100:5–8.
    GEE Profecía, profetizar.
19a GEE Conversión,

convertir;
Obra misional.
21a Mos. 7:6–7; 21:23.
23a Éx. 3:2.

24a Éx. 14:24; 1 Ne. 1:6;
    DyC 29:12;
    JS—H 1:16.
28a Éx. 14:20.

apoderó de ellos un espantoso e imponente temor.

29 Y aconteció que llegó una ^avoz como si hubiera provenido de encima de la nube de obscuridad, diciendo: Arrepentíos, arrepentíos, y no intentéis más destruir a mis siervos, a quienes os he enviado para declarar buenas nuevas.

30 Y ocurrió que cuando oyeron esta voz, y percibieron que no era una voz de trueno, ni una voz de un gran ruido tumultuoso, mas he aquí, era una ^avoz apacible de perfecta suavidad, cual si hubiese sido un susurro, y penetraba hasta el alma misma;

31 y a pesar de la suavidad de la voz, he aquí, la tierra tembló fuertemente, y otra vez se sacudieron los muros de la prisión como si fueran a derribarse; y he aquí, no se disipó la nube de tinieblas que los había envuelto.

32 Y he aquí, nuevamente vino la voz, diciendo: Arrepentíos, arrepentíos, porque el reino de los cielos está cerca; y no procuréis más destruir a mis siervos. Y sucedió que la tierra tembló de nuevo y los muros se sacudieron.

33 Y también por tercera vez vino la voz, y les habló palabras maravillosas que el hombre no puede expresar; y temblaron otra vez los muros, y se estremeció la tierra, como si fuera a partirse.

34 Y aconteció que los lamanitas no podían huir a causa de la nube de tinieblas que los cubría; sí, y también estaban sin poder moverse debido al temor que les había sobrevenido.

35 Y había entre ellos uno que era nefita de nacimiento, que había pertenecido en otro tiempo a la iglesia de Dios, pero se había separado de ella.

36 Y sucedió que se volvió y, he aquí, vio los semblantes de Nefi y Lehi a través de la nube de tinieblas; y he aquí, ^abrillaban en gran manera, aun como los rostros de ángeles. Y vio que alzaron sus ojos al cielo; y se hallaban en actitud de estar hablando o dirigiendo la voz a algún ser a quien contemplaban.

37 Y ocurrió que este hombre gritó a los de la multitud para que se volvieran y miraran. Y he aquí, les fue dado poder para volverse y mirar; y vieron las caras de Nefi y de Lehi.

38 Y dijeron al hombre: He aquí, ¿qué significan todas estas cosas, y con quién conversan estos hombres?

39 Y este hombre se llamaba Amínadab, y les dijo: Conversan con los ángeles de Dios.

40 Y sucedió que le dijeron los lamanitas: ^a¿Qué haremos para que sea quitada esta nube de tinieblas que nos cubre?

41 Y les dijo Amínadab: Debéis ^aarrepentiros y clamar a la voz, hasta que tengáis ^bfe en Cristo,

29a 3 Ne. 11:3–14.
30a 1 Rey. 19:12;
    DyC 85:6.
36a Éx. 34:29–35;
    Hech. 6:15.
40a Hech. 2:37–39.
41a GEE Arrepentimiento,
    arrepentirse.
  b GEE Fe.

de quien os enseñaron Alma, Amulek y Zeezrom; y cuando hagáis esto, será quitada la nube de tinieblas que os cubre.

42 Y aconteció que empezaron todos a clamar a la voz de aquel que había hecho temblar la tierra; sí, clamaron hasta que se dispersó la nube de tinieblas.

43 Y sucedió que cuando miraron a su derredor, y vieron que se había disipado la nube de tinieblas que los cubría, he aquí, vieron que estaban ªrodeados, sí, cada uno de ellos, por una columna de fuego.

44 Y Nefi y Lehi estaban en medio de ellos; sí, se hallaban rodeados; sí, se hallaban como si estuvieran en medio de llamas de fuego; sin embargo, ni los dañó ni incendió los muros de la prisión; y fueron llenos de ese ªgozo que es inefable y lleno de gloria.

45 Y he aquí, el ªSanto Espíritu de Dios descendió del cielo y entró en sus corazones; y fueron llenos como de fuego, y ᵇexpresaron palabras maravillosas.

46 Y sucedió que llegó a ellos una voz; sí, una voz agradable, cual si fuera un susurro, diciendo:

47 ª¡Paz, paz a vosotros por motivo de vuestra fe en mi Bien Amado, que era desde la fundación del mundo!

48 Y cuando oyeron esto, alzaron la vista como para ver de dónde venía la voz; y he aquí, vieron abrirse los ªcielos; y descendieron ángeles del cielo y les ministraron.

49 Y eran como unas trescientas almas las que vieron y oyeron estas cosas; y les fue mandado que fueran y no se maravillaran, ni tampoco dudaran.

50 Y ocurrió que fueron, y ejercieron su ministerio entre el pueblo, declarando en todas las regiones inmediatas las cosas que habían oído y visto, de tal manera que se convencieron de ellas la mayor parte de los lamanitas, a causa de la grandeza de las evidencias que habían recibido.

51 Y cuantos se ªconvencieron dejaron sus armas de guerra, así como su odio y las tradiciones de sus padres.

52 Y sucedió que entregaron a los nefitas las tierras de sus posesiones.

CAPÍTULO 6

Los lamanitas justos predican a los nefitas inicuos — Ambos pueblos prosperan durante una época de paz y abundancia — Lucifer, el autor del pecado, incita el corazón de los inicuos y el de los ladrones de Gadiantón al asesinato y a las abominaciones — Los ladrones se apoderan del gobierno nefita. Aproximadamente 29–23 a.C.

Y ACONTECIÓ que todas estas cosas se habían efectuado para cuando concluyó el año sesenta

---

43a 3 Ne. 17:24; 19:14.
44a GEE Gozo.
45a 3 Ne. 9:20;

Éter 12:14.
b GEE Dones del Espíritu.
47a GEE Paz.

48a 1 Ne. 1:8.
51a Alma 31:5.

y dos del gobierno de los jueces, y los lamanitas, la mayoría de ellos, se habían vuelto un pueblo justo, al grado de que su ªrectitud excedía a la de los nefitas, debido a su firmeza y su constancia en la fe.

2 Porque he aquí, había muchos de los nefitas que se habían vuelto ªinsensibles e impenitentes y extremadamente inicuos, a tal extremo que rechazaban la palabra de Dios y toda predicación y profecía que llegaba entre ellos.

3 No obstante, los miembros de la iglesia se alegraron muchísimo por la conversión de los lamanitas, sí, por la iglesia de Dios que se había establecido entre ellos. Y unos y otros se ªhermanaron, y se regocijaron unos con otros, y sintieron gran gozo.

4 Y ocurrió que muchos de los lamanitas descendieron a la tierra de Zarahemla, y declararon a los nefitas la forma en que fueron ªconvertidos, y los exhortaron a la fe y al arrepentimiento.

5 Sí, y muchos predicaron con sumamente grande poder y autoridad, de modo que condujeron a muchos a la más profunda humildad, para ser los humildes discípulos de Dios y el Cordero.

6 Y sucedió que muchos de los lamanitas partieron para la tierra del norte; y Nefi y Lehi fueron también a la ªtierra del norte para predicar al pueblo. Y así concluyó el año sesenta y tres.

7 Y he aquí, hubo paz en toda la tierra, de modo que los nefitas iban a cualquier parte de la tierra que querían, ya fuera entre los nefitas o los lamanitas.

8 Y aconteció que también los lamanitas iban a donde querían, bien fuese entre los lamanitas, o entre los nefitas; y así tenían intercambio libre los unos con los otros, para comprar y vender, y para sacar utilidades, según sus deseos.

9 Y sucedió que tanto los lamanitas como los nefitas se hicieron sumamente ricos; y tenían gran abundancia de oro, y de plata, y de toda clase de metales preciosos, tanto en la tierra del sur como en la tierra del norte.

10 Ahora bien, la tierra del sur se llamaba Lehi, y la del norte se llamaba ªMulek, por el hijo de Sedequías; porque el Señor condujo a Mulek a la tierra del norte, y a Lehi a la tierra del sur.

11 Y he aquí, había en ambas tierras toda clase de oro, y de plata, y de minerales preciosos de todo género; y había también ingeniosos artífices que trabajaban y refinaban toda especie de minerales; y de este modo se hicieron ricos.

12 Cultivaron grano en abundancia, tanto en el norte como en el sur; y prosperaron sobremanera, así en el norte como en el sur. Y se multiplicaron y se hicieron sumamente fuertes en

---

6 1a Hel. 13:1.
  2a Rom. 1:28–32.
  3a GEE Hermandad.

4a GEE Conversión,
     convertir.
6a Alma 63:4–9;

Hel. 3:11–12.
10a Mos. 25:2–4;
     Hel. 8:21.

la tierra. Y criaron muchos rebaños y hatos, sí, muchos animales gordos.

13 Y he aquí, sus mujeres trabajaban e hilaban, y elaboraban toda clase de telas, de lino finamente tejido y ropa de toda especie para cubrir su desnudez. Y así pasó en paz el año sesenta y cuatro.

14 Y en el año sesenta y cinco también tuvieron gran gozo y paz, sí, y mucha predicación y muchas profecías concernientes a lo que estaba por venir. Y así pasó el año sesenta y cinco.

15 Y ocurrió que en el año sesenta y seis del gobierno de los jueces, he aquí, ªCezóram fue asesinado por mano desconocida mientras se hallaba en el asiento judicial. Y aconteció que en ese mismo año también fue asesinado su hijo, a quien el pueblo había nombrado en su lugar. Y así terminó el año sesenta y seis.

16 Y a principios del año sesenta y siete, empezó de nuevo el pueblo a tornarse sumamente inicuo.

17 Porque he aquí, el Señor los había bendecido tan largo tiempo con las riquezas del mundo, que no habían sido provocados a la ira, a guerras, ni al derramamiento de sangre; por consiguiente, empezaron a poner sus corazones en sus riquezas; sí, empezaron a buscar la manera de obtener el lucro a fin de elevarse unos sobre otros; por tanto, empezaron a cometer asesinatos ªsecretos, y a robar y hurtar, para obtener riquezas.

18 Y he aquí, estos asesinos y ladrones eran una banda que habían formado Kishkumen y ªGadiantón. Y sucedió que aun entre los nefitas había muchos de los de la banda de Gadiantón. Mas he aquí, eran más numerosos entre la parte más inicua de los lamanitas; y eran conocidos como los ladrones y asesinos de Gadiantón.

19 Y fueron ellos los que asesinaron a Cezóram, el juez superior, y a su hijo, mientras ocupaban el asiento judicial; y he aquí, no los descubrieron.

20 Y sucedió que cuando los lamanitas descubrieron que había ladrones entre ellos, se afligieron en extremo; y se valieron de cuantos medios había en su poder para destruirlos de sobre la faz de la tierra.

21 Mas he aquí, Satanás incitó el corazón de la mayoría de los nefitas, a tal grado que se unieron a esas bandas de ladrones, y participaron en sus pactos y sus juramentos de que se protegerían y se preservarían unos a otros en cualesquiera circunstancias difíciles en que se encontrasen, a fin de que no fuesen castigados por sus asesinatos, y sus robos, y sus hurtos.

22 Y acaeció que tenían sus ªseñas, sí, sus señas y sus palabras secretas; y esto a fin de reconocer al hermano que hubiese

---

15a Hel. 5:1.
17a 3 Ne. 9:9.

18a Hel. 2:4, 12–13.
22a GEE Combinaciones

secretas.

concertado el pacto, para que, cualquiera que fuese la iniquidad que su hermano cometiera, no lo perjudicara su hermano, ni tampoco aquellos que pertenecieran a la banda y hubieran hecho este pacto.

23 Y así podrían asesinar, y robar, y hurtar, y cometer fornicaciones y toda clase de iniquidades en oposición a las leyes de su patria, así como a las leyes de su Dios.

24 Y cualquiera de los que perteneciesen a esa banda que revelase al mundo sus ªiniquidades y sus abominaciones, debía ser juzgado, no según las leyes de su patria, sino de acuerdo con las leyes de su iniquidad, las cuales les habían dado Gadiantón y Kishkumen.

25 Y he aquí, son estos ªjuramentos y pactos secretos los que Alma mandó a su hijo que nunca se divulgaran al mundo, no fuera que llegasen a ser un medio para conducir al pueblo a la destrucción.

26 Y he aquí, estos juramentos y pactos ªsecretos no llegaron a Gadiantón de los anales confiados a Helamán; mas he aquí, los inculcó en el corazón de Gadiantón aquel ᵇmismo ser que indujo a nuestros primeros padres a que comiesen del fruto prohibido;

27 sí, aquel mismo ser que conspiró con ªCaín, que si asesinaba a

su hermano Abel, el mundo no lo sabría. Y desde entonces conspiró con Caín y sus secuaces.

28 Y es también aquel mismo ser el que inculcó en el corazón del pueblo el ªconstruir una torre suficientemente alta para llegar al cielo. Y fue el mismo ser que engañó a ese pueblo que vino a esta tierra de aquella torre; el que esparció las obras de tinieblas y de abominaciones sobre toda la superficie de la tierra, hasta que arrastró al pueblo a una destrucción ᵇcompleta y a un infierno eterno.

29 Sí, es el mismo ser que inculcó en el corazón de ªGadiantón que continuara las obras de tinieblas y de asesinatos secretos; y él lo ha propagado desde el principio del hombre hasta hoy.

30 Y he aquí, es él el ªautor de todo pecado; y he aquí, él propaga sus obras de tinieblas y asesinatos secretos, y les transmite sus conspiraciones, y sus juramentos, y sus pactos, y sus planes de terrible maldad, de generación en generación, de acuerdo con el dominio que logre en el corazón de los hijos de los hombres.

31 Y he aquí, él había logrado mucho dominio en el corazón de los nefitas; sí, al grado de que se habían vuelto sumamente inicuos; sí, y la mayor parte de ellos se habían apartado del camino

---

24a GEE Inicuo, iniquidad.
25a Alma 37:27-32.
26a Moisés 5:29, 49-52.
  b 3 Ne. 6:28;

Moisés 4:6-12.
27a Moisés 5:18-33.
28a Gén. 11:1-4; Éter 1:3.
  b Éter 8:9, 15-25.

29a Hel. 2:4-13.
30a Alma 5:39-42;
  Moro. 7:12, 17;
  Moisés 4:4.

de la rectitud, y ªhollaron con los pies los mandamientos de Dios, y se apartaron a sus propios caminos, y se fabricaron ídolos con su oro y su plata.

32 Y sucedió que todas estas iniquidades vinieron sobre ellos en el término de ªno muchos años, al grado de que la mayor parte había venido sobre ellos en el año sesenta y siete del gobierno de los jueces sobre el pueblo de Nefi.

33 Y aumentaron en sus iniquidades en el año sesenta y ocho también, para la gran tristeza y lamentación de los justos.

34 Y así vemos que los nefitas empezaron a degenerar en la incredulidad, y a aumentar en la perversidad y abominaciones, mientras que los lamanitas empezaron a crecer en gran manera en el conocimiento de su Dios; sí, empezaron a guardar sus estatutos y mandamientos, y a caminar en verdad y rectitud delante de él.

35 Y así vemos que el Espíritu del Señor empezó a ªretirarse de los nefitas a causa de la iniquidad y la dureza de sus corazones.

36 Y así vemos que el Señor comenzó a derramar su Espíritu sobre los lamanitas, por motivo de su inclinación y disposición a creer en sus palabras.

37 Y sucedió que los lamanitas persiguieron a la banda de ladrones de Gadiantón; y predicaron la palabra de Dios entre la parte más inicua de ellos, de modo que esta banda de ladrones quedó enteramente destruida entre los lamanitas.

38 Y aconteció, por otra parte, que los nefitas los reforzaron y los apoyaron, empezando por los más perversos de entre ellos, hasta que se hubieron extendido por toda la tierra de los nefitas, y hubieron seducido a la mayor parte de los justos, hasta que hubieron llegado a creer en sus obras, y participar de su botín, y unirse a ellos en sus secretos asesinatos y combinaciones.

39 Y de este modo lograron la administración exclusiva del gobierno, al grado de que hollaron con los pies, e hirieron y maltrataron y volvieron la espalda a los ªpobres y a los mansos, y a los humildes discípulos de Dios.

40 Y así vemos que se hallaban en un estado terrible, y que estaban ªmadurando para una destrucción sempiterna.

41 Y sucedió que así concluyó el año sesenta y ocho del gobierno de los jueces sobre el pueblo de Nefi.

LA PROFECÍA DE NEFI, EL HIJO DE HELAMÁN — Dios amenaza al pueblo de Nefi con visitarlo en su ira, hasta su entera destrucción, a menos que se arrepienta de sus iniquidades. Dios hiere a los del pueblo de Nefi con una peste; se

---

31a 1 Ne. 19:7.
32a Alma 46:8.
35a Mos. 2:36;

DyC 121:37.
39a Sal. 109:16;
    Alma 5:54–56;

DyC 56:16.
40a Hel. 5:2; 11:37;
    DyC 18:6.

arrepienten y vuelven a él. Samuel, un lamanita, profetiza a los nefitas.

Comprende los capítulos del 7 al 16.

CAPÍTULO 7

Nefi es rechazado en el norte y vuelve a Zarahemla — Ora en la torre de su jardín y luego dice al pueblo que si no se arrepiente perecerá. Aproximadamente 23–21 a.C.

He aquí, aconteció que en el año sesenta y nueve del gobierno de los jueces sobre los nefitas, Nefi, el hijo de Helamán, ªvolvió de la tierra del norte a la tierra de Zarahemla,

2 porque había ido entre los que se hallaban en la tierra del norte, y les predicó la palabra de Dios, y les profetizó muchas cosas;

3 y ellos rechazaron todas sus palabras, de modo que no pudo permanecer entre ellos, y volvió a su país natal.

4 Y al ver al pueblo en un estado de tan terrible iniquidad, y que aquellos ladrones de Gadiantón ocupaban los asientos judiciales —habiendo usurpado el poder y la autoridad del país, pasando por alto los mandamientos de Dios y en ningún sentido siendo rectos ante él, negando la justicia a los hijos de los hombres,

5 condenando a los justos por motivo de su rectitud, dejando ir impunes al culpable y al malvado por causa de su dinero; y además de esto, siendo sostenidos en sus puestos, a la cabeza del gobierno, para regir y obrar según su voluntad, a fin de obtener riquezas y la gloria del ªmundo, y además, para más fácilmente cometer adulterio, y robar, y matar, y obrar según sus propios deseos—

6 y esta gran iniquidad había sobrevenido a los nefitas en el espacio de no muchos años; y cuando Nefi vio esto, su corazón se llenó de dolor dentro de su pecho, y exclamó con la angustia de su alma:

7 ¡Oh, si hubiese vivido en los días en que mi padre Nefi primero salió de la tierra de Jerusalén, para haberme regocijado con él en la tierra de promisión! Entonces su pueblo era fácil de tratar, firme en guardar los mandamientos de Dios, y tardo en dejarse llevar a la iniquidad; y era pronto para escuchar las palabras del Señor.

8 Sí, si hubiesen sido aquellos días los míos, entonces mi alma se habría regocijado en la rectitud de mis hermanos.

9 Pero he aquí, es mi comisión que estos sean mis días, y que mi alma sea llena de angustia por la iniquidad de mis hermanos.

10 Y he aquí, esto aconteció en una torre que se hallaba en el jardín de Nefi, jardín que estaba cerca del camino real que conducía al mercado principal que había en la ciudad de Zarahemla; así que Nefi se había arrodillado en esta torre que estaba en su jardín, la cual también se hallaba cerca de la

---

7 1*a* Hel. 6:6. | 5*a* Mateo 13:22; 16:26.

puerta del jardín que daba al camino real.

11 Y sucedió que pasaron ciertos hombres por allí, y vieron a Nefi en la torre mientras derramaba su alma a Dios; y corrieron y dijeron al pueblo lo que habían visto; y vino la gente en multitudes para conocer la causa de tanta lamentación por las maldades del pueblo.

12 Y cuando se levantó Nefi, vio las multitudes de personas que se habían reunido.

13 Y sucedió que abrió su boca y les dijo: He aquí, ^a¿por qué razón os habéis congregado? ¿para qué os hable de vuestras iniquidades?

14 ¡Sí, porque he subido a mi torre para derramar mi alma a mi Dios, a causa del gran pesar de mi corazón por motivo de vuestras iniquidades!

15 Y por razón de mi llanto y lamentaciones os habéis reunido, y os maravilláis; sí, y tenéis gran necesidad de estar admirados; sí, deberíais estar maravillados de haberos dejado llevar de modo que el diablo ha asido tan fuertemente vuestros corazones.

16 Sí, ¿cómo pudisteis haber cedido a las seducciones de aquel que está tratando de lanzar vuestras almas a una miseria sin fin y angustia interminable?

17 ¡Oh, arrepentíos, arrepentíos!

^a¿Por qué deseáis morir? ¡Volveos, volveos al Señor vuestro Dios! ¿Por qué os ha abandonado él?

18 Es porque habéis endurecido vuestros corazones; sí, no queréis escuchar la voz del ^abuen pastor; sí, lo habéis ^bprovocado a la ira contra vosotros.

19 Y a menos que os arrepintáis, he aquí, en lugar de ^ajuntaros, él os dispersará, de modo que seréis por comida a los perros y a los animales salvajes.

20 Oh, ¿cómo pudisteis haber olvidado a vuestro Dios, el mismo día en que os ha librado?

21 Mas he aquí, lo hacéis para obtener lucro, para ser alabados por los hombres, sí, y para adquirir oro y plata. Y habéis puesto vuestros corazones en las riquezas y en las cosas vanas de este ^amundo, por las cuales asesináis, y robáis, y hurtáis, y levantáis ^bfalso testimonio contra vuestro prójimo, y cometéis toda clase de iniquidades.

22 Y por esta causa os sobrevendrá el infortunio, a menos que os arrepintáis. Porque si no os arrepentís, he aquí, esta gran ciudad, y también todas esas grandes ciudades que están alrededor, que se hallan en la tierra de nuestra posesión, os serán quitadas de modo que no habrá lugar en ellas para vosotros; porque he aquí, el Señor

---

13a Mateo 3:5–8.
17a Ezeq. 18:23, 31–32.
18a Ezeq. 34:12;
   Juan 10:14–16;

Alma 5:38–41, 57–60.
GEE Buen Pastor.
b Jacob 1:8;
   Alma 12:36–37.

19a 3 Ne. 10:4–7.
21a GEE Mundano, lo.
b Éx. 20:16;
   Mateo 15:19–20.

no os dará la ªfuerza para resistir a vuestros enemigos, como lo ha hecho hasta ahora.

23 Porque he aquí, así dice el Señor: No manifestaré mi fuerza a los inicuos, a uno más que al otro, salvo a los que se arrepientan de sus pecados y escuchen mis palabras. Por tanto, quisiera que comprendieseis, hermanos míos, que será ªmejor para los lamanitas que para vosotros, a menos que os arrepintáis.

24 Porque he aquí, ellos son más justos que vosotros, porque no han pecado en contra de ese gran conocimiento que vosotros habéis recibido; por lo tanto, el Señor será misericordioso con ellos; sí, ªprolongará sus días y aumentará su posteridad, aun cuando vosotros seáis completamente ᵇdestruidos, a menos que os arrepintáis.

25 Sí, ¡ay de vosotros a causa de esa gran abominación que ha surgido entre vosotros; y os habéis unido a ella, sí, a esa banda ªsecreta que fue establecida por Gadiantón!

26 Sí, ¡os sobrevendrá el ªinfortunio por motivo de ese orgullo que habéis dejado que entre en vuestros corazones, que os ha ensalzado más de lo que es bueno, por motivo de vuestras grandes ᵇriquezas!

27 Sí, ¡ay de vosotros a causa de vuestras iniquidades y abominaciones!

28 Y a menos que os arrepintáis, pereceréis; sí, aun vuestras tierras os serán arrebatadas, y seréis destruidos de sobre la faz de la tierra.

29 He aquí, no os digo de mí mismo que sucederán estas cosas, porque no es de mí mismo que ªsé estas cosas; mas he aquí, sé que son verdaderas porque el Señor Dios me las ha hecho saber; por tanto, testifico que sucederán.

CAPÍTULO 8

Los jueces corruptos procuran incitar al pueblo en contra de Nefi — Abraham, Moisés, Zenós, Zenoc, Ezías, Isaías, Jeremías, Lehi y Nefi, todos ellos testificaron de Cristo — Por inspiración, Nefi anuncia el asesinato del juez superior. Aproximadamente 23–21 a.C.

Y ACONTECIÓ que cuando Nefi hubo dicho estas palabras, he aquí, estaban presentes unos hombres que eran jueces, los cuales también pertenecían a la banda secreta de Gadiantón; y se llenaron de ira y gritaron contra él, diciendo al pueblo: ¿Por qué no prendéis a este hombre, y lo lleváis para que sea condenado según el delito que ha cometido?

2 ¿Por qué miráis a este hombre, y lo escucháis vilipendiar a este pueblo y nuestra ley?

3 Porque he aquí, Nefi les había hablado concerniente a la corrupción de su ley; sí, muchas

22a Mos. 7:29.
23a Hel. 15:11–15.
24a Alma 9:16;
DyC 5:33.
 b Alma 9:19.
25a Hel. 3:23.
26a Isa. 5:8–25.
 b Jacob 2:13.
29a Alma 5:45–46.

cosas les declaró Nefi que no se pueden escribir; y nada dijo que fuese contrario a los mandamientos de Dios.

4 Y aquellos jueces estaban irritados contra él, porque les ªhabló claramente concerniente a sus obras secretas de tinieblas; sin embargo, no osaron ellos mismos echar mano de él, pues temían que el pueblo clamara contra ellos.

5 Por tanto, gritaron al pueblo, diciendo: ¿Por qué permitís que nos injurie este hombre? Pues, he aquí, él condena a todo este pueblo hasta la destrucción; sí, y también dice que estas grandes ciudades nuestras nos han de ser arrebatadas, de modo que no habrá lugar en ellas para nosotros.

6 Y sabemos que esto es imposible, porque he aquí, somos poderosos, y nuestras ciudades son grandes; por tanto, nuestros enemigos no pueden tener dominio sobre nosotros.

7 Y ocurrió que así incitaron al pueblo a la ira en contra de Nefi, y suscitaron contenciones entre ellos; porque hubo algunos que gritaron: Dejad a este hombre en paz, porque es un hombre bueno y las cosas que él dice ciertamente acontecerán, a menos que nos arrepintamos;

8 sí, he aquí, todos los castigos de que nos ha testificado caerán sobre nosotros; porque sabemos que nos ha testificado con acierto

tocante a nuestras iniquidades. Y he aquí, son muchas, y él ªsabe todas las cosas que nos sobrevendrán tan cierto como conoce nuestras iniquidades;

9 sí, y he aquí, si no hubiese sido profeta, no habría podido testificar concerniente a esas cosas.

10 Y sucedió que los que querían destruir a Nefi se contuvieron a causa de su temor, de modo que no le echaron mano. Por tanto, empezó a hablarles de nuevo, viendo que se había granjeado el favor de algunos, a tal grado que los otros tuvieron miedo.

11 De modo que se sintió constreñido a hablarles más, diciendo: He aquí, hermanos míos, ¿no habéis leído que Dios dio poder a un hombre, sí, a Moisés, para herir las aguas del ªmar Rojo, y se dividieron a un lado y a otro, de tal modo que los israelitas, que fueron nuestros padres, pasaron por tierra seca, y las aguas volvieron sobre los ejércitos de los egipcios y se los tragaron?

12 Y he aquí, si Dios dio a este hombre tanto poder, ¿por qué, pues, disputáis entre vosotros, y decís que él no me ha dado poder para saber acerca de los juicios que caerán sobre vosotros si no os arrepentís?

13 Mas he aquí, no solamente negáis mis palabras, sino también negáis todas las palabras que nuestros padres han declarado, y también las palabras que

---

habló este hombre, Moisés, a quien le fue dado tanto poder, sí, las palabras que él ha hablado concernientes a la venida del Mesías.

14 Sí, ¿no testificó él que vendría el Hijo de Dios? Y así como él ªlevantó la serpiente de bronce en el desierto, así será levantado aquel que ha de venir.

15 Y así como cuantos miraron a esa serpiente ªvivieron, de la misma manera cuantos miraren al Hijo de Dios con fe, teniendo un espíritu contrito, ᵇvivirán, sí, esa vida que es eterna.

16 Y he aquí, no solo Moisés testificó de estas cosas, sino también ªtodos los santos profetas, desde los días de él aun hasta los días de Abraham.

17 Sí, y he aquí, ªAbraham vio la venida del Mesías, y se llenó de alegría y se regocijó.

18 Sí, y he aquí, os digo que Abraham no fue el único que supo de estas cosas, sino que hubo ªmuchos, antes de los días de Abraham, que fueron llamados según el orden de Dios, sí, según el ᵇorden de su Hijo; y esto con objeto de que se mostrase a los del pueblo, muchos miles de años antes de su venida, que la redención vendría a ellos.

19 Y ahora bien, quisiera que supieseis que aun desde la época de Abraham ha habido muchos profetas que han testificado de estas cosas; sí, he aquí, el profeta ªZenós testificó osadamente; y por tal razón lo mataron;

20 y he aquí, también ªZenoc, y también Ezías, y también ᵇIsaías, y ᶜJeremías (Jeremías fue el mismo profeta que testificó de la destrucción de ᵈJerusalén), y ahora sabemos que Jerusalén fue destruida, según las palabras de Jeremías. ¿Entonces, por qué no ha de venir el Hijo de Dios, según su profecía?

21 ¿Y negaréis ahora que la ciudad de ªJerusalén fue destruida? ¿Diréis que los ᵇhijos de Sedequías no fueron muertos, todos salvo ᶜMulek? Sí, ¿y no veis que la posteridad de Sedequías está con nosotros, y que fue echada de la tierra de Jerusalén? Mas he aquí esto no es todo:

22 Nuestro padre Lehi fue echado de Jerusalén porque testificó de estas cosas. Nefi también dio testimonio de estas cosas, y también casi todos nuestros padres, sí, hasta el día de hoy; sí, han dado testimonio de

14a Núm. 21:6–9;
  2 Ne. 25:20;
  Alma 33:19–22.
  GEE Jesucristo —
  Simbolismos o
  símbolos de Jesucristo.
15a 1 Ne. 17:41;
  Alma 37:45–47;
  3 Ne. 15:9.
  b Juan 11:25.

16a Jacob 4:4–5; 7:11.
17a Gén. 22:8–14; Juan 8:56.
18a Alma 13:19;
  DyC 84:6–16; 136:37.
  b GEE Sacerdocio de
  Melquisedec.
19a Alma 34:7.
20a 1 Ne. 19:10;
  3 Ne. 10:15–16.
  GEE Escrituras —

  Escrituras que se han
  perdido.
  b Isa. 53.
  c 1 Ne. 5:13; 7:14.
  d Jer. 26:18; 1 Ne. 1:4.
21a 2 Ne. 6:8; Omni 1:15.
  b 2 Rey. 25:7;
  Jer. 39:6; 52:10.
  c Ezeq. 17:22–23;
  Hel. 6:10.

la ªvenida de Cristo, y han mirado hacia adelante, y se han regocijado en su día que está por venir.

23 Y he aquí, él es Dios, y está con ellos, y se manifestó a ellos, de modo que él los redimió; y ellos lo glorificaron a causa de lo que está por venir.

24 Y ahora bien, ya que sabéis estas cosas, y no las podéis negar a menos que mintáis, habéis, por tanto, pecado en esto, porque habéis rechazado todas estas cosas a pesar de tantas evidencias que habéis recibido; sí, vosotros habéis recibido ªtodas las cosas, tanto las cosas que están en el cielo como todas las cosas que están en la tierra, como testimonio de que son verdaderas.

25 Mas he aquí, habéis rechazado la verdad y os habéis ªrebelado contra vuestro santo Dios; y aun hoy mismo, en lugar de haceros ᵇtesoros en los cielos, donde nada corrompe, y donde nada impuro puede entrar, estáis acumulando ira para vosotros, para el día del ᶜjuicio.

26 Sí, aun ahora mismo, a causa de vuestros asesinatos, y vuestra ªfornicación e iniquidad, estáis madurando para la eterna destrucción; sí, y os sobrevendrá pronto, a menos que os arrepintáis.

27 Sí, he aquí, está ahora a vuestras puertas; sí, id al asiento

judicial e investigad; he aquí, vuestro juez ha sido asesinado, y ªyace en su propia sangre; y lo ha asesinado su ᵇhermano, que ambiciona ocupar el asiento judicial.

28 Y he aquí, ambos pertenecen a vuestra banda secreta, cuyos ªautores son Gadiantón y ese ser maligno que trata de destruir las almas de los hombres.

CAPÍTULO 9

Los mensajeros encuentran al juez superior muerto en el asiento judicial — Son encarcelados y más adelante se les pone en libertad — Por inspiración, Nefi identifica a Seántum como el asesino — Algunos aceptan a Nefi como profeta. Aproximadamente 23–21 a.C.

Y HE aquí, aconteció que cuando Nefi hubo hablado estas palabras, ciertos hombres que estaban entre ellos corrieron al asiento judicial; sí, y eran cinco los que fueron, y decían entre sí, mientras iban:

2 He aquí, ahora sabremos con certeza si este hombre es profeta y si Dios le ha mandado que nos profetice cosas tan maravillosas. He aquí, nosotros no creemos que lo haya hecho; ni creemos que sea profeta; no obstante, si resulta cierto lo que ha dicho concerniente al juez superior,

22a GEE Jesucristo — Profecías acerca de la vida y la muerte de Jesucristo.
24a Alma 30:44;
Moisés 6:63.
25a Mos. 2:36–38; 3:12.
b Hel. 5:8;
3 Ne. 13:19–21.
c DyC 10:20–23;
121:23–25.
26a GEE Fornicación.
27a Hel. 9:3, 15.
b Hel. 9:6, 26–38.
28a Hel. 6:26–30.

que está muerto, entonces creeremos que las otras palabras que ha hablado son también verdaderas.

3 Y ocurrió que corrieron con todas sus fuerzas, y llegaron al asiento judicial; y he aquí, el juez superior había caído a tierra, y ªyacía en su propia sangre.

4 Y he aquí, cuando vieron esto, se asombraron en extremo, a tal grado que cayeron al suelo; porque no habían creído las palabras de Nefi concernientes al juez superior.

5 Pero ahora, cuando vieron, creyeron; y se apoderó de ellos el temor de que descendieran sobre el pueblo todos los castigos que Nefi había declarado; por tanto, temblaron y cayeron al suelo.

6 E inmediatamente después que el juez fue asesinado —y su hermano, disfrazado, lo había apuñalado y había huido— los siervos del juez corrieron y avisaron al pueblo, pregonando el asesinato entre ellos;

7 y he aquí, el pueblo se juntó en el sitio del asiento judicial; y he aquí, para su asombro vieron a aquellos cinco hombres que habían caído al suelo.

8 Y he aquí, el pueblo no sabía nada acerca de la multitud que se había reunido en el ªjardín de Nefi; por tanto, dijeron entre sí: Estos hombres son los que han asesinado al juez, y Dios los ha herido para que no huyan de nosotros.

9 Y aconteció que se apoderaron de ellos, y los ataron y los encarcelaron. Y se expidió una proclamación de que el juez había sido asesinado, y que se había aprehendido y encarcelado a los homicidas.

10 Y sucedió que a la mañana siguiente, el pueblo se juntó para hacer duelo y para ªayunar en el sepelio del gran juez superior que había sido asesinado.

11 Y asimismo, aquellos jueces que estuvieron presentes en el jardín de Nefi y oyeron sus palabras también asistieron al sepelio.

12 Y sucedió que inquirieron entre el pueblo, diciendo: ¿Dónde están los cinco que fueron enviados para indagar concerniente a que si estaba muerto el juez superior? Y contestaron y dijeron: Respecto de esos cinco hombres que decís que habéis enviado, nada sabemos; pero hay cinco que son los asesinos, a quienes hemos echado en la cárcel.

13 Y aconteció que los jueces pidieron que los trajeran; y los trajeron, y he aquí, eran los cinco que fueron enviados; y he aquí, los jueces los interrogaron para saber concerniente al asunto, y ellos les refirieron todo cuanto habían hecho, diciendo:

14 Corrimos y llegamos al sitio del asiento judicial, y cuando vimos todas las cosas, precisamente cual Nefi las había testificado, nos asombramos a tal grado que caímos al suelo; y cuando nos recobramos de nuestro

---

9 3a Hel. 8:27. | 8a Hel. 7:10. | 10a GEE Ayunar, ayuno.

asombro, he aquí, nos encerraron en la prisión.

15 Ahora bien, en cuanto al asesinato de este hombre, no sabemos quién lo habrá hecho; y solo sabemos esto, que corrimos y vinimos, según vuestros deseos, y he aquí, estaba muerto, según las palabras de Nefi.

16 Aconteció, entonces, que los jueces explicaron el asunto al pueblo, y clamaron contra Nefi, diciendo: He aquí, sabemos que este Nefi debe haberse convenido con alguien para matar al juez, y luego divulgárnoslo, a fin de convertirnos a su fe, para enaltecerse como un gran hombre, elegido de Dios y un profeta.

17 Y he aquí, ahora descubriremos a este hombre, y confesará su delito, y nos hará saber el verdadero asesino de este juez.

18 Y ocurrió que el día del sepelio pusieron en libertad a aquellos cinco. No obstante, estos riñeron a los jueces por las palabras que habían proferido contra Nefi, y contendieron con ellos, uno por uno, al grado de que los confundieron.

19 No obstante, los jueces hicieron que Nefi fuese aprehendido y atado y llevado ante la multitud; y empezaron a interrogarlo de diferentes maneras, a fin de hacerle contradecirse para condenarlo a muerte;

20 y le dijeron: Tú eres cómplice; ¿quién es el hombre que ha cometido este asesinato? Dínoslo, y reconoce tu delito; he aquí este dinero, y además, te perdonaremos la vida, si nos lo haces saber y admites el pacto que has hecho con él.

21 Pero Nefi les dijo: ¡Oh ^ainsensatos, incircuncisos de corazón, pueblo ciego y ^bduro de cerviz! ¿Sabéis cuánto tiempo el Señor vuestro Dios os permitirá que continuéis en vuestro estado pecaminoso?

22 Ya deberíais empezar a gritar y a ^alamentaros a causa de la gran destrucción que ahora mismo os espera, a menos que os arrepintáis.

23 He aquí, decís que me he puesto de acuerdo con un hombre para que asesinara a Seezóram, nuestro juez superior. Mas he aquí, os digo que esto se debe a que os he testificado para que supieseis de este asunto; sí, como testimonio a vosotros de que tenía conocimiento de la perversidad y las abominaciones que hay entre vosotros.

24 Y porque he hecho esto, decís que me he puesto de acuerdo con un hombre para que hiciera esta cosa; sí, porque os he mostrado esta señal, estáis enojados conmigo, y procuráis destruir mi vida.

25 Y he aquí, ahora os mostraré otra señal, y veré si en esto procuraréis destruirme.

26 He aquí, os digo: Id a la casa de Seántum, que es el ^ahermano de Seezóram, y decidle:

27 ¿Se ha puesto de acuerdo

21a Hech. 7:51.
  b GEE Rebelión.
22a Mos. 7:24.
26a Hel. 8:27.

contigo Nefi, el profeta fingido, que profetiza tanto mal sobre este pueblo, para asesinar a Seezóram, tu hermano?

28 Y he aquí, él os dirá: No.

29 Entonces le diréis: ¿Has asesinado tú a tu hermano?

30 Y se llenará de miedo, y no sabrá qué responder. Y he aquí, os lo negará; y aparentará estar asombrado y os declarará que es inocente.

31 Mas he aquí, lo examinaréis, y hallaréis sangre en las faldas de su manto.

32 Y cuando hayáis visto esto, diréis: ¿De dónde viene esta sangre? ¿Acaso no sabemos que es la sangre de tu hermano?

33 Entonces temblará, y se pondrá pálido, como si le hubiese llegado la muerte.

34 Y luego diréis vosotros: Por este temor y esta palidez que ha venido a tu semblante, he aquí, sabemos que eres culpable.

35 Y entonces vendrá sobre él mayor temor; y luego os confesará, y no negará más que él ha cometido este asesinato.

36 Y luego os dirá que yo, Nefi, no sé nada concerniente al asunto a menos que me haya sido dado por el poder de Dios. Y entonces sabréis que soy un hombre honrado, y que soy enviado de Dios a vosotros.

37 Y aconteció que fueron e hicieron de acuerdo con lo que Nefi les había dicho. Y he aquí, las palabras que él había dicho resultaron ciertas; pues según las palabras,

Seántum negó; y también según las palabras, él confesó.

38 Y fue traído para comprobar que él era el verdadero asesino, de modo que dieron su libertad a los cinco, lo mismo que a Nefi.

39 Y hubo algunos de los nefitas que creyeron en las palabras de Nefi; y hubo también algunos que creyeron por causa del testimonio de los cinco, porque estos se habían convertido mientras estuvieron en la prisión.

40 Y hubo algunos de los del pueblo que dijeron que Nefi era profeta.

41 Y hubo otros que dijeron: He aquí, es un dios; porque si no fuera un dios, no podría saber de todas las cosas; pues he aquí, nos ha declarado los pensamientos de nuestros corazones, y también nos ha dicho cosas; y aun ha traído a nuestro conocimiento el verdadero asesino de nuestro juez superior.

CAPÍTULO 10

El Señor da a Nefi el poder para sellar — Recibe el poder para atar y desatar en la tierra y en el cielo — Manda al pueblo que se arrepienta, o si no, perecerá — El Espíritu lo lleva de multitud en multitud. Aproximadamente 21–20 a.C.

Y ACONTECIÓ que surgió una división entre el pueblo, de tal modo que se separaron, unos por un lado y otros por otro, y siguieron sus caminos, dejando a Nefi solo mientras se hallaba en medio de ellos.

2 Y sucedió que Nefi se dirigió hacia su propia casa, ^ameditando sobre las cosas que le había manifestado el Señor.

3 Y acaeció que mientras así meditaba —hallándose muy desanimado por motivo de la perversidad de los nefitas, sus secretas obras de tinieblas, y sus asesinatos, y sus robos, y toda clase de iniquidades— sucedió que mientras meditaba de esta manera en su corazón, he aquí, llegó a él una voz, diciendo:

4 Bienaventurado eres tú, Nefi, por las cosas que has hecho; porque he visto que has declarado ^ainfatigablemente a este pueblo la palabra que te he dado. Y no les has tenido miedo, ni te has afanado por tu ^bpropia vida, antes bien, has procurado mi ^cvoluntad y el cumplimiento de mis mandamientos.

5 Y porque has hecho esto tan infatigablemente, he aquí, te bendeciré para siempre, y te haré poderoso en palabra y en hecho, en fe y en obras; sí, al grado de que ^atodas las cosas te serán hechas según tu ^bpalabra, porque tú ^cno pedirás lo que sea contrario a mi voluntad.

6 He aquí, tú eres Nefi, y yo soy Dios. He aquí, te lo declaro, en presencia de mis ángeles, que tendrás poder sobre este pueblo, y herirás

la tierra con ^ahambre, y con pestilencia y destrucción, de acuerdo con la iniquidad de este pueblo.

7 He aquí, te doy poder, de que cuanto ^asellares en la tierra, sea sellado en los cielos; y cuanto desatares en la tierra, sea desatado en los cielos; y así tendrás poder entre este pueblo.

8 De manera que si dijeres a este templo que se parta por la mitad, será hecho.

9 Y si dijeres a esta ^amontaña: Derrúmbate y vuélvete llana, así será hecho.

10 Y he aquí, si dijeres que Dios herirá a este pueblo, así acontecerá.

11 Y ahora bien, he aquí, te mando que vayas y declares a este pueblo que así dice el Señor Dios, que es el Todopoderoso: A menos que os arrepintáis, seréis heridos, sí, hasta la ^adestrucción.

12 Y he aquí, sucedió que cuando el Señor hubo hablado estas palabras a Nefi, este se detuvo y no llegó a su propia casa, sino que se volvió a las multitudes que se hallaban esparcidas sobre la superficie de la tierra y empezó a declararles la palabra del Señor que se le había hablado concerniente a su destrucción, si no se arrepentían.

13 Y he aquí, a pesar del gran milagro que Nefi había efectuado en hacerles saber tocante a la muerte del juez superior,

10 2*a* GEE Meditar.
 4*a* GEE Diligencia.
  b GEE Sacrificios.
  c 3 Ne. 11:11.
 5*a* 3 Ne. 18:20;
    DyC 88:63–65.

 b Enós 1:12.
 c 2 Ne. 4:35;
   DyC 46:30.
 6*a* Hel. 11:4–18.
 7*a* Mateo 16:19.
   GEE Sellamiento,

sellar.
 9*a* Mateo 17:20;
   Jacob 4:6;
   Morm. 8:24;
   Éter 12:30.
11*a* Hel. 5:2.

endurecieron sus corazones y no escucharon las palabras del Señor.

14 Por tanto, Nefi les declaró la palabra del Señor, diciendo: A menos que os arrepintáis, así dice el Señor, seréis heridos aun hasta la destrucción.

15 Y aconteció que cuando Nefi les hubo declarado la palabra, he aquí, aun así endurecieron sus corazones, y no quisieron escuchar sus palabras; por tanto, lo vituperaron y trataron de apoderarse de él para arrojarlo en la prisión.

16 Mas he aquí, el poder de Dios fue con él; y no pudieron apoderarse de él para encarcelarlo, porque el Espíritu lo arrebató y lo llevó de entre ellos.

17 Y sucedió que así fue en el Espíritu, de multitud en multitud, declarando la palabra de Dios, hasta que se la hubo declarado a todos ellos, o sea, la hubo mandado entre todo el pueblo.

18 Y aconteció que no quisieron escuchar sus palabras; y comenzó a haber disensiones, de tal modo que hubo división entre ellos y empezaron a matarse unos a otros con la espada.

19 Y así concluyó el año setenta y uno del gobierno de los jueces sobre el pueblo de Nefi.

CAPÍTULO 11

Nefi persuade al Señor a que cambie la guerra por el hambre — Muchas personas perecen — Se arrepienten, y Nefi clama al Señor para que envíe lluvia — Nefi y Lehi reciben muchas revelaciones — Los ladrones de Gadiantón se hacen fuertes en la tierra. Aproximadamente 20–6 a.C.

Y ACONTECIÓ que en el año setenta y dos del gobierno de los jueces, aumentaron las contenciones, de tal modo que hubo guerras por toda la tierra, entre todo el pueblo de Nefi.

2 Y era esta banda ᵃsecreta de ladrones la que perpetraba esta obra de destrucción e iniquidad; y esta guerra duró todo aquel año; y también continuó durante el año setenta y tres.

3 Y sucedió que en este año Nefi clamó al Señor, diciendo:

4 ¡Oh Señor, no permitas que este pueblo sea destruido por la espada! Más bien, ¡oh Señor!, haya ᵃhambre sobre la tierra para hacerles recordar al Señor su Dios, y tal vez se arrepientan y se vuelvan a ti.

5 Y así fue hecho, según las palabras de Nefi. Y hubo un hambre muy severa en la tierra, entre todo el pueblo de Nefi. Y así continuó el hambre en el año setenta y cuatro; y cesó la destrucción por la espada, pero se agravó por causa del hambre.

6 Y continuó esta obra de destrucción también en el año setenta y cinco; porque la tierra fue herida de modo que quedó seca, y no produjo grano en la época del grano; y toda la tierra fue herida, así entre los lamanitas como entre los nefitas, de modo que fueron afligidos a tal

grado que perecieron por millares en las partes más inicuas del país.

7 Y ocurrió que los del pueblo vieron que estaban a punto de perecer de hambre, y empezaron a ªacordarse del Señor su Dios, y también empezaron a acordarse de las palabras de Nefi.

8 Y los del pueblo empezaron a suplicar a sus jueces superiores y a sus jefes que dijeran a Nefi: He aquí, sabemos que eres un hombre de Dios; suplica, pues, al Señor nuestro Dios que aparte de nosotros esta hambre, no sea que se cumplan todas las ªpalabras que has hablado concernientes a nuestra destrucción.

9 Y aconteció que los jueces hablaron a Nefi según las palabras que se habían solicitado. Y sucedió que cuando Nefi vio que el pueblo se había arrepentido, y se había humillado y vestido de cilicio, clamó otra vez al Señor, diciendo:

10 Oh Señor, he aquí, este pueblo se arrepiente; y ha exterminado de entre ellos la banda de Gadiantón, de modo que ha desaparecido; y han escondido sus planes secretos en la tierra.

11 Y ahora, oh Señor, apártese de ellos tu ira a causa de su humildad, y apacígüese tu enojo con la destrucción de esos hombres inicuos que ya has talado.

12 ¡Oh Señor, desvía tu ira, sí, tu ardiente ira, y haz que cese esta hambre en esta tierra!

13 ¡Oh Señor, escúchame y concede que sea hecho según mis palabras, y envía ªlluvia sobre la faz de la tierra para que produzca su fruto, y su grano en la época del grano!

14 Oh Señor, tú escuchaste ªmis palabras cuando dije: Haya hambre, para que cese la destrucción por la espada. Y sé que también en esta ocasión escucharás mis palabras, porque dijiste: Si este pueblo se arrepiente, lo perdonaré.

15 Sí, ¡oh Señor!, tú ves que se han arrepentido a causa del hambre y la peste y la destrucción que les han sobrevenido.

16 Y ahora, oh Señor, ¿no apartarás tu ira y probarás otra vez si te servirán? Y si así fuere, oh Señor, puedes bendecirlos de acuerdo con tus palabras que has hablado.

17 Y aconteció que en el año setenta y seis, el Señor apartó su indignación del pueblo e hizo que la ªlluvia cayera sobre la tierra, de modo que produjo su fruto en la época de su fruto. Y sucedió que produjo su grano en la época de su grano.

18 Y he aquí, el pueblo se regocijó y glorificó a Dios, y se llenó de alegría toda la faz de la tierra; y no intentaron más destruir a Nefi, sino que lo estimaron como un ªgran profeta y varón de Dios, que tenía gran poder y autoridad que Dios le había dado.

7a Hel. 12:3.
8a Hel. 10:11–14.
13a 1 Rey. 18:1, 41–46.
14a Hel. 11:4.
17a Deut. 11:13–17.
18a Hel. 10:5–11.

19 Y he aquí, su hermano Lehi no era ªmenos grande que él en cuanto a las cosas concernientes a la rectitud.

20 Y así aconteció que el pueblo de Nefi empezó a prosperar de nuevo en la tierra, y comenzaron a edificar sus lugares desiertos, y empezaron a multiplicarse y a extenderse hasta que cubrieron toda la superficie de la tierra, tanto hacia el norte como hacia el sur, desde el mar del oeste hasta el mar del este.

21 Y ocurrió que el año setenta y seis concluyó en paz. Y el año setenta y siete también comenzó en paz; y la ªiglesia se extendió por toda la faz de la tierra, y la mayor parte del pueblo, tanto lamanitas como nefitas, pertenecía a la iglesia; y hubo una paz muy grande en la tierra; y así concluyó el año setenta y siete.

22 Y también gozaron de paz en el año setenta y ocho, con excepción de unas pocas controversias concernientes a los puntos de doctrina que los profetas habían establecido.

23 Y en el año setenta y nueve empezó a haber muchas contenciones. Pero sucedió que Nefi, Lehi y muchos de sus hermanos que sabían concerniente a los verdaderos puntos de la doctrina, pues recibían muchas ªrevelaciones diariamente; por lo tanto, predicaron al pueblo, de modo que hicieron cesar sus contenciones ese mismo año.

24 Y aconteció que en el año ochenta del gobierno de los jueces sobre el pueblo de Nefi, hubo un cierto número de los disidentes nefitas que algunos años antes se habían pasado a los lamanitas y habían tomado sobre sí el nombre de lamanitas, y también cierto número que eran descendientes verdaderos de los lamanitas, habiendo sido incitados a la ira por aquellos, es decir, aquellos disidentes, que emprendieron, por tanto, una guerra contra sus hermanos.

25 Y cometían asesinatos y robos; y entonces se refugiaban en las montañas, y en el desierto, y en parajes secretos, ocultándose para que no los descubriesen, aumentando sus números diariamente a causa de que había disidentes que se unían a ellos.

26 Y así con el tiempo, sí, en el término de no muchos años, se convirtieron en una banda sumamente grande de ladrones; y buscaron todos los planes secretos de Gadiantón; y así llegaron ellos a ser los ladrones de Gadiantón.

27 Y he aquí, estos ladrones causaron grandes estragos, sí, una gran destrucción, así entre el pueblo de Nefi, como también entre el pueblo de los lamanitas.

28 Y sucedió que se hizo necesario que se diera fin a esta obra de destrucción; de modo que enviaron un ejército de hombres fuertes al desierto y a las

---

19a Hel. 5:36–44. | 21a GEE Iglesia de Jesucristo. | 23a Alma 26:22; DyC 107:19.

montañas, a fin de buscar esa banda de ladrones y destruirlos.

29 Mas he aquí, sucedió que en ese mismo año el ejército fue rechazado aun hasta sus propias tierras; y así concluyó el año ochenta del gobierno de los jueces sobre el pueblo de Nefi.

30 Y ocurrió que al comenzar el año ochenta y uno, salieron otra vez contra esta banda de ladrones, y destruyeron a muchos; y también entre ellos hubo mucha destrucción.

31 Y de nuevo se vieron obligados a volver del desierto y de las montañas a sus propias tierras, por razón del extremadamente crecido número de esos ladrones que infestaban las montañas y el desierto.

32 Y aconteció que así concluyó este año. Y continuaron aumentando los ladrones y haciéndose fuertes, al grado de que desafiaron a todos los ejércitos de los nefitas, y de los lamanitas también; e hicieron descender un temor muy grande sobre la gente por toda la superficie de la tierra.

33 Sí, porque cayeron sobre muchas partes de la tierra, y les causaron grandes destrozos; sí, mataron a muchos, y a otros se llevaron cautivos al desierto; sí, y más particularmente a sus mujeres y sus niños.

34 Ahora bien, esta gran calamidad que sobrevino a los del pueblo por causa de sus iniquidades,

de nuevo los hizo acordarse del Señor su Dios.

35 Y así concluyó el año ochenta y uno del gobierno de los jueces.

36 Y en el año ochenta y dos, empezaron otra vez a ªolvidarse del Señor su Dios. Y empezaron a aumentar en su iniquidad durante el año ochenta y tres; y no enmendaron su conducta en el año ochenta y cuatro.

37 Y aconteció que en el año ochenta y cinco, se afianzaron cada vez más en su orgullo y en su iniquidad; y así, otra vez estaban madurando para la destrucción.

38 Y así concluyó el año ochenta y cinco.

CAPÍTULO 12

Los hombres son inconstantes, insensatos y prontos a cometer iniquidad — El Señor disciplina a Su pueblo — La insignificancia de los hombres se compara con el poder de Dios — En el día del juicio, los hombres tendrán la vida sempiterna o la condenación sempiterna. Aproximadamente 6 a.C.

Y ASÍ podemos ver cuán falso e inconstante es el corazón de los hijos de los hombres; sí, podemos ver que el Señor en su grande e infinita bondad bendice y hace ªprosperar a aquellos que en él ponen su ᵇconfianza.

2 Sí, y podemos ver que es precisamente en la ocasión en que

36a Alma 46:8.
12 1a 2 Cró. 26:5; Sal. 1:2–3.
b Sal. 36:7–8; 2 Ne. 22:2; Mos. 4:6.
GEE Confianza, confiar.

hace prosperar a su pueblo, sí, en el aumento de sus campos, sus hatos y sus rebaños, y en oro, en plata y en toda clase de objetos preciosos de todo género y arte; preservando sus vidas y librándolos de las manos de sus enemigos; ablandando el corazón de sus enemigos para que no les declaren guerras; sí, y en una palabra, haciendo todas las cosas para el bienestar y felicidad de su pueblo; sí, entonces es la ocasión en que ᵃendurecen sus corazones, y se olvidan del Señor su Dios, y ᵇhuellan con los pies al Santo; sí, y esto a causa de su comodidad y su extrema prosperidad.

3 Y así vemos que excepto que el Señor ᵃdiscipline a su pueblo con muchas aflicciones, sí, a menos que lo visite con muerte y con terror, y con hambre y con toda clase de pestilencias, no se ᵇacuerda de él.

4 ¡Oh cuán insensatos y cuán vanos, cuán malignos y diabólicos, y cuán ᵃprontos a cometer iniquidad y cuán lentos en hacer lo bueno son los hijos de los hombres! ¡Sí, cuán prestos son a escuchar las palabras del maligno y a poner su ᵇcorazón en las vanidades del mundo!

5 ¡Sí, cuán prestos están para ensalzarse en el ᵃorgullo; sí, cuán prestos para jactarse y cometer toda clase de aquello que es iniquidad; y cuán lentos son en acordarse del Señor su Dios y en dar oído a sus consejos; sí, cuán lentos son en ᵇandar por las vías de la prudencia!

6 He aquí, no desean que los ᵃgobierne y reine sobre ellos el Señor su Dios que los ha ᵇcreado; a pesar de su gran benevolencia y su misericordia para con ellos, desprecian sus consejos, y no quieren que él sea su guía.

7 ¡Oh cuán grande es la ᵃinsignificancia de los hijos de los hombres; sí, son menos aún que el polvo de la tierra!

8 Porque he aquí, el polvo de la tierra se mueve acá y allá, partiéndose por la mitad según el mandato de nuestro gran y sempiterno Dios.

9 Sí, he aquí, ante su voz tiemblan y se ᵃestremecen las colinas y las montañas.

10 Y por el ᵃpoder de su voz son despedazadas y se vuelven llanas, sí, semejantes a un valle.

11 Sí, por el poder de su voz tiembla ᵃtoda la tierra;

12 sí, por el poder de su voz, se cimbran los fundamentos, aun hasta el mismo centro.

13 Sí, y si dice a la tierra: Muévete, se mueve.

2a GEE Apostasía.
  b Alma 5:53;
    3 Ne. 28:35.
3a Mos. 23:21;
    DyC 98:21; 101:8.
  b Amós 4:6–11.
4a Éx. 32:8.
  b Mateo 15:19;
     Heb. 3:12.
5a Prov. 29:23.
    GEE Orgullo.
  b GEE Andar, andar con Dios.
6a Isa. 45:9;
    DyC 58:30;
    Moisés 7:32–33.
  b DyC 60:4.
7a Isa. 40:15, 17;
    Mos. 4:19;
    Moisés 1:10.
9a 3 Ne. 22:10.
10a 1 Ne. 17:46.
11a Morm. 5:23;
     Éter 4:9.

14 Sí, y si dice a la *a*tierra: *b*Vuélvete atrás, para que se *c*alargue el día muchas horas, es hecho.

15 Y así, según su palabra, la tierra se vuelve hacia atrás, y al hombre le parece que el sol se ha quedado estacionario; sí, y he aquí, así es, porque ciertamente la tierra es la que se mueve y no el sol.

16 Y he aquí, también, si dice a las *a*aguas del gran mar: *b*Secaos, así es hecho.

17 He aquí, si dice a esta montaña: Levántate y *a*ve y cae sobre esa ciudad, para que sea enterrada, he aquí, se hace.

18 Y he aquí, si un hombre *a*oculta un tesoro en la tierra, y el Señor dijere: *b*Maldito sea, por motivo de la iniquidad de aquel que lo ha escondido, he aquí, será maldito.

19 Y si el Señor dijere: Maldito seas para que nadie te encuentre desde hoy para siempre jamás, he aquí, nadie lo obtiene desde entonces para siempre jamás.

20 Y he aquí, si el Señor dijere a un hombre: Maldito seas para siempre por causa de tus iniquidades, será hecho.

21 Y si el Señor dijere: Por causa de tus iniquidades serás separado de mi presencia, él hará que así sea.

22 ¡Y ay de aquel a quien él dijere esto! Porque así se hará con aquel que obre iniquidad, y no podrá ser salvo. De modo que por esta razón, para que los hombres sean salvos, se ha declarado el arrepentimiento.

23 Por tanto, benditos son aquellos que quieran arrepentirse y escuchar la voz del Señor su Dios, porque son estos los que serán *a*salvos.

24 Y Dios conceda, en su gran plenitud, que los hombres sean llevados al arrepentimiento y las buenas obras, para que les sea restaurada gracia por *a*gracia, según sus obras.

25 Y yo quisiera que todos los hombres fuesen salvos. Pero leemos que habrá algunos que serán desechados en el gran y postrer día, sí, que serán echados de la presencia del Señor;

26 sí, que serán condenados a un estado de miseria sin fin, en cumplimiento de las palabras que dicen: Los que hayan hecho el bien, tendrán *a*vida sempiterna; y los que hayan hecho el mal, recibirán *b*condenación sempiterna. Y así es. Amén.

La profecía de Samuel el Lamanita a los nefitas.

Comprende los capítulos del 13 al 15.

CAPÍTULO 13

Samuel el Lamanita profetiza la destrucción de los nefitas, a menos que

14a Josué 10:12–14.
  b Isa. 38:7–8.
  c 2 Rey. 20:8–11.
16a Mateo 8:27.
  b Isa. 44:27; 51:10.
17a 3 Ne. 8:10.
18a Morm. 1:18; Éter 14:1.
  b Hel. 13:17.
23a GEE Salvación.
24a GEE Gracia.
26a Mateo 25:46;
    Juan 5:28–29;
    Rom. 6:13.
  b GEE Condenación,
    condenar.

se arrepientan — Ellos y sus rique-
zas son maldecidos — Rechazan y
apedrean a los profetas, los rodean
los demonios y buscan la felicidad
cometiendo iniquidades. Aproxima-
damente 6 a.C.

Y SUCEDIÓ que en el año ochenta
y seis persistieron los nefitas todavía en sus maldades, sí, en
gran iniquidad, mientras que los
ᵃlamanitas se esforzaron riguro-
samente por guardar los mandamientos de Dios, según la ley de
Moisés.

2 Y aconteció que en este año un
tal Samuel, un lamanita, llegó a la
tierra de Zarahemla y empezó a
predicar al pueblo. Y ocurrió que
por muchos días predicó el arrepentimiento al pueblo, y lo echaron fuera, y se hallaba a punto de
regresar a su propia tierra.

3 Mas he aquí, vino a él la voz
del Señor de que volviera otra
vez y profetizara al pueblo todas las cosas que le vinieran al
ᵃcorazón.

4 Y aconteció que no permitieron que él entrase en la ciudad;
por tanto, fue y se subió sobre la
muralla, y extendió la mano y
clamó en alta voz, y profetizó al
pueblo todas las cosas que el Señor le puso en el corazón.

5 Y les dijo: He aquí, yo, Samuel,
un lamanita, declaro las palabras
del Señor que él pone en mi corazón; y he aquí, él me ha puesto

en el corazón que diga a los de
este pueblo que la ᵃespada de la
justicia se cierne sobre ellos; y no
pasarán cuatrocientos años sin
que caiga sobre ellos la espada
de la justicia.

6 Sí, una grave ᵃdestrucción espera a los de este pueblo, y ciertamente les sobrevendrá, y nada
puede salvar a los de este pueblo sino el arrepentimiento y la
fe en el Señor Jesucristo, que de
seguro vendrá al mundo, y padecerá muchas cosas y morirá por
su pueblo.

7 Y he aquí, un ᵃángel del Señor
me lo ha declarado, y él impartió
ᵇalegres nuevas a mi alma. Y he
aquí, fui enviado a vosotros para
declarároslo también, a fin de que
recibieseis buenas nuevas; pero
he aquí, no quisisteis recibirme.

8 Por tanto, así dice el Señor:
Debido a la dureza del corazón
del pueblo de los nefitas, a menos
que se arrepientan, les quitaré mi
palabra, y les ᵃretiraré mi Espíritu,
y no los toleraré más, y volveré
el corazón de sus hermanos en
contra de ellos.

9 Y no pasarán ᵃcuatrocientos
años sin que yo haga que sean
heridos; sí, los visitaré con la espada, y con hambre, y con pestilencia.

10 Sí, los visitaré en mi ardiente
ira, y habrá algunos de la ᵃcuarta
generación, de vuestros enemigos, que vivirán para presenciar

13 1ᵃ Hel. 15:4–5.
3ᵃ DyC 100:5.
5ᵃ Alma 60:29;
3 Ne. 2:19.
6ᵃ Alma 45:10–14;
Hel. 15:17.
7ᵃ Alma 13:26.
ᵇ Isa. 52:7.
8ᵃ Hel. 6:35.
9ᵃ Alma 45:10–12.
10ᵃ 1 Ne. 12:12; 2 Ne. 26:9;
3 Ne. 27:32.

vuestra completa destrucción; y esto de seguro sucederá, a menos que os arrepintáis, dice el Señor; y los de la cuarta generación causarán vuestra destrucción.

11 Pero si os arrepentís y os volvéis al Señor vuestro Dios, yo desviaré mi ira, dice el Señor; sí, así dice el Señor: Benditos son los que se arrepienten y se ^avuelven a mí; pero, ¡ay del que no se arrepienta!

12 Sí, ^a¡ay de esta gran ciudad de Zarahemla, porque he aquí, es por causa de los que son justos que se ha salvado! Sí, ¡ay de esta gran ciudad, porque yo percibo, dice el Señor, que hay muchos, sí, la mayor parte de los de esta gran ciudad, que endurecerán su corazón contra mí, dice el Señor!

13 Pero benditos son los que se arrepientan, porque a ellos los salvaré. Pues he aquí, si no fuera por los justos que hay en esta gran ciudad, he aquí, yo haría que descendiera ^afuego del cielo y la destruyera.

14 Mas he aquí, es por el bien de los justos que es perdonada. Pero he aquí, viene el tiempo, dice el Señor, que cuando echéis a los justos de entre vosotros, entonces os hallaréis maduros para la destrucción. Sí, ¡ay de esta gran ciudad por motivo de la iniquidad y abominaciones que hay en ella!

15 Sí, y, ¡ay de la ciudad de Gedeón, por la iniquidad y abominaciones que hay en ella!

16 Sí, ¡ay de todas las ciudades que se hallan en la tierra circunvecina, que están en posesión de los nefitas, por causa de la iniquidad y abominaciones que hay en ellas!

17 Y he aquí, vendrá una ^amaldición sobre la tierra, dice el Señor de los Ejércitos, por causa del pueblo que se halla sobre la tierra; sí, por motivo de sus iniquidades y sus abominaciones.

18 Y acontecerá, dice el Señor de los Ejércitos, sí, nuestro grande y verdadero Dios, que quienes ^aoculten sus tesoros en la tierra no los encontrarán más, por causa de la gran maldición de la tierra, a menos que sea un hombre justo y los esconda para los fines del Señor.

19 Porque yo dispongo, dice el Señor, que escondan sus tesoros para mis fines; y malditos sean aquellos que no los escondan para mis propósitos; porque nadie esconde sus tesoros para mí, a menos que sean los justos; y aquel que no oculte su tesoro para mí, maldito es, y también el tesoro; y nadie lo redimirá a causa de la maldición de la tierra.

20 Y llegará el día en que ocultarán sus tesoros, porque han puesto sus corazones en las riquezas; y porque tienen puesto el corazón en sus riquezas, y ocultarán sus tesoros cuando

11a 3 Ne. 10:5–7.
12a 3 Ne. 8:8, 24; 9:3.
13a Gén. 19:24;

2 Rey. 1:9–16;
3 Ne. 9:11.
17a Hel. 12:18.

18a Morm. 1:18;
Éter 14:1.

huyan de sus enemigos; y porque no los ocultarán para mis fines, malditos serán ellos y también sus tesoros; y en aquel día serán heridos, dice el Señor.

21 He aquí, vosotros, los habitantes de esta gran ciudad, *escuchad mis palabras; sí, escuchad las palabras que el Señor habla; porque he aquí, él dice que sois malditos por motivo de vuestras riquezas, y vuestras riquezas son malditas también, porque habéis puesto vuestro corazón en ellas, y no habéis escuchado las palabras de aquel que os las dio.

22 No os acordáis del Señor vuestro Dios en las cosas con que os ha bendecido, mas siempre recordáis vuestras *riquezas, no para dar gracias al Señor vuestro Dios por ellas; sí, vuestros corazones no se allegan al Señor, sino que se hinchan con desmedido *orgullo hasta la jactancia, y la mucha vanidad, *envidias, riñas, malicia, persecuciones, asesinatos, y toda clase de iniquidades.

23 Por esta razón el Señor Dios ha hecho venir una maldición sobre esta tierra, y también sobre vuestras riquezas, y esto por motivo de vuestras iniquidades.

24 Sí, ¡ay de este pueblo, a causa de este tiempo que ha llegado en que *echáis fuera a los profetas, y os burláis de ellos, y les arrojáis piedras, y los matáis, y les hacéis toda suerte de iniquidades, así como lo hacían los de la antigüedad!

25 Y ahora bien, cuando habláis, decís: Si hubiéramos vivido en los días de nuestros *padres de la antigüedad, no habríamos muerto a los profetas; no los hubiéramos apedreado ni echado fuera.

26 He aquí, sois peores que ellos; porque así como vive el Señor, si viene un *profeta entre vosotros y os declara la palabra del Señor, la cual testifica de vuestros pecados e iniquidades, os *irritáis con él, y lo echáis fuera y buscáis toda clase de maneras para destruirlo; sí, decís que es un *profeta falso, que es un pecador y que es del diablo, porque *testifica que vuestras obras son malas.

27 Mas he aquí, si un hombre llegare entre vosotros y dijere: Haced esto, y no hay mal; haced aquello, y no padeceréis; sí, dirá: Andad según el orgullo de vuestros propios corazones; sí, id en pos del orgullo de vuestros ojos, y haced cuanto vuestro corazón desee; y si un hombre viniere entre vosotros y dijere esto, lo recibiréis y diréis que es *profeta.

28 Sí, lo engrandeceréis y le daréis de vuestros bienes; le daréis de vuestro oro y de vuestra

---

21a GEE Escuchar.
22a Lucas 12:34.
    GEE Mundano, lo;
    Riquezas.
  b GEE Orgullo.
  c GEE Envidia.
24a 2 Cró. 36:15–16;
    1 Ne. 1:20.
25a Hech. 7:51.
26a 2 Cró. 18:7;
    Lucas 16:31.
  b Isa. 30:9–10.
  c Mateo 13:57.
  d Gál. 4:16.
27a Miqueas 2:11.
    GEE Supercherías
    sacerdotales.

484

plata, y lo cubriréis con vestidos suntuosos; y porque os habla palabras ^alisonjeras y dice que todo está bien, no halláis falta alguna en él.

29 ¡Oh generación inicua y perversa; pueblo empedernido y duro de cerviz! ¿Cuánto tiempo suponéis que el Señor os va a tolerar? Sí, ¿hasta cuándo os dejaréis llevar por guías ^ainsensatos y ^bciegos? Sí, ¿hasta cuándo ^cpreferiréis las tinieblas a la ^dluz?

30 Sí, he aquí, la ira del Señor ya está encendida contra vosotros; he aquí, él ha maldecido la tierra por motivo de vuestra iniquidad.

31 Y he aquí, se acerca la hora en que maldecirá vuestras riquezas, de modo que se volverán ^adeleznables, al grado que no las podréis conservar; y en los días de vuestra pobreza no las podréis retener.

32 Y en los días de vuestra pobreza, clamaréis al Señor; y clamaréis en vano, porque vuestra desolación ya está sobre vosotros, y vuestra destrucción está asegurada; y entonces lloraréis y gemiréis en ese día, dice el Señor de los Ejércitos; y entonces os lamentaréis y diréis:

33 ¡Oh, ^asi me hubiese arrepentido, y no hubiese muerto a los profetas, ni los hubiese ^bapedreado ni echado fuera! Sí, en ese día diréis: ¡Oh, si nos hubiésemos acordado del Señor nuestro Dios

el día en que nos dio nuestras riquezas, y entonces no se habrían vuelto deleznables para que las perdiéramos; porque he aquí, nuestras riquezas han huido de nosotros!

34 ¡He aquí, dejamos aquí una herramienta, y para la mañana ya no está; y he aquí, se nos despoja de nuestras espadas el día en que las hemos buscado para la batalla!

35 Sí, hemos escondido nuestros tesoros, y se nos han escurrido por causa de la maldición de la tierra.

36 ¡Oh, si nos hubiésemos arrepentido el día en que vino a nosotros la palabra del Señor! Porque he aquí, la tierra está maldita, y todas las cosas se han vuelto deleznables, y no podemos retenerlas.

37 He aquí, nos rodean los demonios; sí, cercados estamos por los ángeles de aquel que ha tratado de destruir nuestras almas. He aquí, grandes son nuestras iniquidades. ¡Oh Señor!, ¿no puedes apartar tu ira de nosotros? Y estas serán vuestras palabras en aquellos días.

38 Mas he aquí, vuestros ^adías de probación ya pasaron; habéis ^bdemorado el día de vuestra salvación hasta que es eternamente tarde ya, y vuestra destrucción está asegurada; sí, porque todos los días de vuestra vida

28a 2 Tim. 4:3–4.
29a 2 Ne. 28:9.
 b Mateo 15:14.
 c Juan 3:19.
d Job 24:13.
31a Morm. 1:17–18.
33a Morm. 2:10–15.
 b Mateo 23:37.
38a Morm. 2:15.
 b Alma 34:33–34.

habéis procurado aquello que no podíais obtener, y habéis buscado la ᶜfelicidad cometiendo iniquidades, lo cual es contrario a la naturaleza de esa justicia que existe en nuestro gran y Eterno Caudillo.

39 ¡Oh habitantes del país, oh, si escuchaseis mis palabras! Y ruego que se aparte de vosotros la ira del Señor, y que os arrepintáis y seáis salvos.

CAPÍTULO 14

Samuel predice que habrá luz durante la noche y que aparecerá una estrella nueva cuando nazca Cristo — Cristo redime al género humano de la muerte temporal y de la espiritual — Entre las señales de Su muerte, habrá tres días de tinieblas, se partirán las rocas y habrá grandes cataclismos. Aproximadamente 6 a.C.

Y ACONTECIÓ que ᵃSamuel el Lamanita profetizó muchísimas otras cosas que no pueden escribirse.

2 Y les dijo: He aquí, os doy una señal; porque han de pasar cinco años más y, he aquí, entonces viene el Hijo de Dios para redimir a todos los que crean en su nombre.

3 Y he aquí, esto os daré por ᵃseñal al tiempo de su venida: porque he aquí, habrá grandes luces en el cielo, de modo que

no habrá obscuridad en la noche anterior a su venida, al grado de que a los hombres les parecerá que es de día.

4 Por tanto, habrá un día y una noche y un día, como si fuera un solo día y no hubiera noche; y esto os será por señal; porque os percataréis de la salida del sol y también de su puesta; por tanto, sabrán de seguro que habrá dos días y una noche; sin embargo, no se obscurecerá la noche; y será la noche antes que ᵃél nazca.

5 Y he aquí, aparecerá una ᵃestrella nueva, tal como nunca habéis visto; y esto también os será por señal.

6 Y he aquí, esto no es todo, habrá muchas señales y prodigios en el cielo.

7 Y acontecerá que os llenaréis de asombro y admiración, a tal grado que ᵃcaeréis al suelo.

8 Y sucederá que el que ᵃcreyere en el Hijo de Dios, tendrá vida sempiterna.

9 Y he aquí, así me ha mandado el Señor, por medio de su ángel, que viniera y os dijera esto; sí, me ha mandado que os profetizara estas cosas; sí, me ha dicho: Clama a este pueblo: Arrepentíos, y preparad la vía del Señor.

10 Y ahora bien, porque soy lamanita, y os he hablado las palabras que el Señor me ha mandado, y porque fue duro para vosotros, os enojáis conmigo, y

38c Alma 41:10–11.
14 1a Hel. 13:2.
  3a 3 Ne. 1:15.
  4a GEE Jesucristo —

Profecías acerca de la vida y la muerte de Jesucristo.
5a Mateo 2:1–2;

  3 Ne. 1:21.
7a 3 Ne. 1:16–17.
8a Juan 3:16.

tratáis de destruirme, y me habéis ªechado de entre vosotros.

11 Y oiréis mis palabras, pues para este propósito me he subido a las murallas de esta ciudad, a fin de que oigáis y sepáis de los juicios de Dios que os esperan por causa de vuestras iniquidades, y también para que conozcáis las condiciones del arrepentimiento;

12 y también para que sepáis de la venida de Jesucristo, el Hijo de Dios, el ªPadre del cielo y de la tierra, el Creador de todas las cosas desde el principio; y para que sepáis acerca de las señales de su venida, con objeto de que creáis en su nombre.

13 Y si ªcreéis en su nombre, os arrepentiréis de todos vuestros pecados, para que de ese modo logréis una remisión de ellos por medio de los ᵇméritos de él.

14 Y he aquí, os doy, además, otra señal, sí, una señal de su muerte.

15 Pues he aquí, de cierto tiene que morir para que venga la ªsalvación; sí, a él le corresponde y se hace necesario que muera para efectuar la ᵇresurrección de los muertos, a fin de que por este medio los hombres sean llevados a la presencia del Señor.

16 Sí, he aquí, esta muerte lleva a efecto la resurrección, y ªredime a todo el género humano de la primera muerte, esa muerte espiritual; porque, hallándose ᵇseparados de la presencia del Señor por la ᶜcaída de Adán, todos los hombres son considerados como si estuvieran ᵈmuertos, tanto en lo que respecta a cosas temporales como a cosas espirituales.

17 Pero he aquí, la resurrección de Cristo ªredime al género humano, sí, a toda la humanidad, y la trae de vuelta a la presencia del Señor.

18 Sí, y lleva a efecto la condición del arrepentimiento, que aquel que se arrepienta no será talado y arrojado al fuego; pero el que no se arrepienta será talado y echado en el fuego; y viene otra vez sobre ellos una muerte espiritual; sí, una segunda muerte, porque quedan nuevamente separados de las cosas que conciernen a la justicia.

19 Por tanto, arrepentíos, arrepentíos, no sea que por saber estas cosas, y por no cumplirlas, os dejéis caer bajo condenación, y seáis arrastrados a esta segunda muerte.

20 Mas he aquí, como os dije concerniente a otra ªseñal, una señal de su muerte, he aquí, el día en que padezca la muerte, se ᵇobscurecerá el sol, y rehusará daros su luz; y también la luna y las estrellas; y no habrá luz

---

10a Hel. 13:2.
12a Mos. 3:8;
     3 Ne. 9:15; Éter 4:7.
     GEE Jesucristo.
13a Hech. 16:30–31.
  b DyC 19:16–20.

15a GEE Salvador.
  b Alma 42:23.
     GEE Resurrección.
16a GEE Plan de redención.
  b Alma 42:6–9.
  c GEE Caída de Adán y

Eva.
  d GEE Muerte espiritual.
17a GEE Redención,
     redimido, redimir.
20a 3 Ne. 8:5–25.
  b Lucas 23:44.

sobre la superficie de esta tierra durante ᶜtres días, sí, desde la hora en que sufra la muerte, hasta el momento en que resucite de entre los muertos.

21 Sí, en el momento en que entregue el espíritu, habrá ªtruenos y relámpagos por el espacio de muchas horas, y la tierra se conmoverá y temblará; y las rocas que están sobre la faz de la tierra, que se hallan tanto sobre la tierra como por debajo, y que hoy sabéis que son macizas, o que la mayor parte son una masa sólida, se harán ᵇpedazos;

22 sí, se partirán por la mitad, y para siempre jamás después se ªhallarán con grietas y hendiduras, y en fragmentos sobre la superficie de toda la tierra, sí, tanto encima de la tierra como por debajo.

23 Y he aquí, habrá grandes tempestades; y habrá muchas montañas que serán hechas llanas, a semejanza de un valle, y habrá muchos parajes que ahora se llaman valles, que se convertirán en montañas de una altura inmensa.

24 Y muchas calzadas se harán pedazos, y muchas ªciudades quedarán desoladas.

25 Y se abrirán muchos ªsepulcros, y entregarán a un gran número de sus muertos; y muchos santos se aparecerán a muchos.

26 Y he aquí, así me ha hablado el ªángel; porque me dijo que habría truenos y relámpagos por el espacio de muchas horas.

27 Y me dijo que mientras durasen los truenos y relámpagos y la tempestad, se verificarían estas cosas; y que ªtinieblas cubrirían la faz de toda la tierra por el espacio de tres días.

28 Y me dijo el ángel que muchos verán mayores cosas que estas, con el fin de que crean que ªestas señales y prodigios se habrían de verificar por toda la superficie de esta tierra, con objeto de que no haya más motivo para la incredulidad entre los hijos de los hombres,

29 y esto con objeto de que aquellos que crean sean salvos, y sobre los que no crean descienda un justo ªjuicio; y también, si son condenados, traen sobre sí su propia condenación.

30 Así pues, recordad, recordad, mis hermanos, que el que perece, perece por causa de sí mismo; y quien comete iniquidad, lo hace contra sí mismo; pues he aquí, sois ªlibres; se os permite obrar por vosotros mismos; pues he aquí, Dios os ha dado el ᵇconocimiento y os ha hecho libres.

31 Él os ha concedido que ªdiscernáis el bien del mal, y os ha concedido que ᵇescojáis la vida o la muerte; y podéis hacer lo

20c Mos. 3:10.
21a 3 Ne. 8:6.
  b 3 Ne. 10:9.
22a 3 Ne. 8:18.
24a 3 Ne. 9:3–12.
25a Mateo 27:50–54;

3 Ne. 23:9–11.
26a Alma 13:26.
27a 1 Ne. 19:10; 3 Ne. 8:3.
28a 1 Ne. 12:4–5.
29a GEE Juicio final.
30a 2 Ne. 2:26–29;

Moisés 6:56.
  GEE Albedrío.
  b GEE Conocimiento.
31a Moro. 7:16.
  b 2 Ne. 2:28–29;
    Alma 3:26–27.

bueno, y ser ᶜrestaurados a lo que es bueno, es decir, que os sea restituido lo que es bueno; o podéis hacer lo malo, y hacer que lo que es malo os sea restituido.

CAPÍTULO 15

El Señor disciplinó a los nefitas porque los amaba — Los lamanitas convertidos son firmes e inmutables en la fe — El Señor será misericordioso con los lamanitas en los días postreros. Aproximadamente 6 a.C.

Y ᴀʜᴏʀᴀ bien, amados hermanos míos, he aquí, os declaro que a menos que os arrepintáis, vuestras casas os quedarán ᵃdesiertas.

2 Sí, a menos que os arrepintáis, vuestras mujeres tendrán sobrado motivo para lamentarse el día en que estén criando; porque intentaréis escapar, y no habrá lugar de refugio; sí, ¡ay de las que estén ᵃencintas, porque con el peso no podrán huir; por tanto, serán atropelladas y abandonadas para perecer!

3 Sí, ¡ay de los de este pueblo llamado el pueblo de Nefi, a menos que se arrepientan cuando vean todas estas señales y prodigios que les serán manifestados! Pues he aquí, han sido un pueblo escogido del Señor; sí, él ha amado a los del pueblo de Nefi, y los ha ᵃdisciplinado también; sí, los ha disciplinado

en los días de sus iniquidades, porque los ama.

4 Mas he aquí, hermanos míos, ha aborrecido a los lamanitas porque sus obras han sido continuamente malas, y esto por motivo de la iniquidad de la ᵃtradición de sus padres. Mas he aquí, les ha llegado la salvación por medio de la predicación de los nefitas; y para este fin el Señor ha ᵇprolongado sus días.

5 Y quisiera que os fijaseis en que la ᵃmayor parte de ellos se hallan en la senda de su deber, y andan con circunspección delante de Dios, y se esfuerzan por guardar sus mandamientos y sus estatutos y sus juicios, de acuerdo con la ley de Moisés.

6 Sí, os digo que la mayor parte de ellos están haciendo esto, y con infatigable diligencia se están esforzando por traer al resto de sus hermanos al conocimiento de la verdad; por tanto, son muchos los que se unen a su número diariamente.

7 Y he aquí, sabéis por vosotros mismos, porque lo habéis presenciado, que cuantos de ellos llegan al conocimiento de la verdad, y a saber de las inicuas y abominables tradiciones de sus padres, y son conducidos a creer las Santas Escrituras, sí, las profecías escritas de los santos profetas, que los llevan a la fe en el Señor y al arrepentimiento, esa fe y arrepentimiento

31c Alma 41:3–5.
15 1a Mateo 23:37–38.
2a Mateo 24:19.
3a Prov. 3:12;
Heb. 12:5–11;
DyC 95:1.
4a GEE Tradiciones.
b Alma 9:16.
5a Hel. 13:1.

que efectúan un ªcambio de corazón en ellos;

8 por lo tanto, cuantos han llegado a este punto, sabéis por vosotros mismos que son ªfirmes e inmutables en la fe, y en aquello con lo que se les ha hecho libres.

9 Y también sabéis que han ªenterrado sus armas de guerra, y temen empuñarlas, no sea que de alguna manera ellos pequen; sí, veis que tienen miedo de pecar, pues he aquí, se dejan hollar y matar por sus enemigos, y no alzan la espada en contra de ellos; y esto a causa de su fe en Cristo.

10 Y por motivo de su firmeza, cuando llegan a creer en aquello que creen, por causa, pues, de su firmeza, una vez que son iluminados, he aquí, el Señor los bendecirá y prolongará sus días a pesar de su iniquidad.

11 Sí, aunque degeneraren en la incredulidad, el Señor ªprolongará sus días hasta que llegue el tiempo del cual han hablado nuestros padres, y también el profeta ᵇZenós y muchos otros profetas, concerniente a la ᶜrestauración de nuestros hermanos, los lamanitas, nuevamente al conocimiento de la verdad.

12 Sí, os digo que en los postreros tiempos se han extendido las ªpromesas del Señor a nuestros hermanos los lamanitas; y a pesar de las muchas aflicciones que experimentarán, y no obstante que serán ᵇechados de un lado al otro sobre la superficie de la tierra, y serán perseguidos y heridos y dispersados, sin tener lugar donde refugiarse, el Señor será ᶜmisericordioso con ellos.

13 Y esto de acuerdo con la profecía de que serán ªtraídos otra vez al conocimiento verdadero, que es el conocimiento de su Redentor y de su gran y verdadero ᵇpastor, y serán contados entre sus ovejas.

14 Por tanto, os digo que será ªmejor para ellos que para vosotros, a menos que os arrepintáis.

15 Porque he aquí, si a ellos les ªhubiesen sido mostradas las poderosas obras que os han sido manifestadas a vosotros, sí, a estos que han degenerado en la incredulidad por motivo de las tradiciones de sus padres, podéis ver por vosotros mismos que jamás habrían vuelto a degenerar en la incredulidad.

16 Por tanto, dice el Señor: No los destruiré completamente, sino que haré que en el día de mi prudencia se vuelvan a mí de nuevo, dice el Señor.

17 Y he aquí, ahora dice el Señor concerniente al pueblo de los nefitas: Si no se arrepienten y se esfuerzan por cumplir mi

---

7a GEE Conversión, convertir.
8a Alma 23:6; 27:27; 3 Ne. 6:14.
9a Alma 24:17–19.
11a Alma 9:16.

b Hel. 8:19.
c 2 Ne. 30:5–8.
12a Enós 1:12–13.
b Morm. 5:15.
c 1 Ne. 13:31; 2 Ne. 10:18–19;

Jacob 3:5–6.
13a 3 Ne. 16:12.
b GEE Buen Pastor.
14a Hel. 7:23.
15a Mateo 11:20–23.

voluntad, los ªdestruiré completamente por su incredulidad, dice el Señor, no obstante las muchas poderosas obras que yo he realizado entre ellos; y así como vive el Señor, acontecerán estas cosas, dice el Señor.

CAPÍTULO 16

Nefi bautiza a los nefitas que creen a Samuel — Las piedras y las flechas de los nefitas inicuos no pueden matar a Samuel — Algunos endurecen su corazón y otros ven ángeles — Los incrédulos dicen que no es razonable creer en Cristo ni en Su venida a Jerusalén. Aproximadamente 6–1 a.C.

Y SUCEDIÓ que hubo muchos que oyeron las palabras que Samuel el Lamanita habló desde las murallas de la ciudad. Y cuantos creyeron en su palabra fueron y buscaron a Nefi; y cuando fueron y lo hallaron, le confesaron sus pecados y no negaron, deseando ser bautizados en el Señor.

2 Pero cuantos no creyeron en las palabras de Samuel se enojaron con él; y le arrojaron piedras sobre la muralla, y también muchos lanzaron flechas contra él mientras se hallaba sobre la muralla; mas el Espíritu del Señor estaba con él, de modo que no pudieron herirlo con sus piedras ni con sus flechas.

3 Y cuando vieron que no podían herirlo, hubo muchos más que creyeron en sus palabras, al

grado de que fueron a Nefi para ser bautizados.

4 Porque he aquí, Nefi estaba bautizando, y profetizando, y predicando, proclamando el arrepentimiento al pueblo, mostrando señales y prodigios, y obrando ªmilagros entre el pueblo, a fin de que supieran que el Cristo ᵇpronto debía venir,

5 hablándoles de cosas que en breve se verificarían, para que supieran y se acordaran, en el día de su cumplimiento, que se las habían hecho saber de antemano, a fin de que creyeran; por tanto, cuantos creyeron en las palabras de Samuel fueron a Nefi para ser bautizados, pues llegaban arrepintiéndose y confesando sus pecados.

6 Pero la mayor parte de ellos no creyeron en las palabras de Samuel; por tanto, cuando vieron que no podían herirlo con sus piedras ni con sus flechas, gritaron a sus capitanes, diciendo: Prended a este individuo y atadlo, porque está poseído de un diablo; y por el poder del diablo que está en él, no podemos herirlo con nuestras piedras ni con nuestras flechas; por tanto, tomadlo y atadlo, y llevadlo.

7 Y mientras avanzaban para echarle mano, he aquí, se dejó caer desde la muralla, y huyó de sus tierras, sí, hasta su propio país, y empezó a predicar y a profetizar entre su propio pueblo.

17ª Hel. 13:6–10.   **16** 4ª GEE Milagros.   ᵇ Hel. 14:2.

8 Y he aquí, nunca más se volvió a saber de él entre los nefitas; y así se hallaban los asuntos del pueblo.

9 Y así concluyó el año ochenta y seis del gobierno de los jueces sobre el pueblo de Nefi.

10 Y así concluyó también el año ochenta y siete del gobierno de los jueces, permaneciendo la mayoría del pueblo en su orgullo e iniquidad, y la menor parte andando con más circunspección ante Dios.

11 Y estas fueron las condiciones que prevalecieron también en el año ochenta y ocho del gobierno de los jueces.

12 Y en el año ochenta y nueve del gobierno de los jueces hubo muy poco cambio en los asuntos del pueblo, salvo que la gente empezó a obstinarse más en la iniquidad, y a cometer más y más de aquello que era contrario a los mandamientos de Dios.

13 Pero aconteció que en el año noventa del gobierno de los jueces, se manifestaron ªgrandes señales y prodigios al pueblo; y ᵇempezaron a cumplirse las palabras de los profetas.

14 Y se aparecieron ªángeles a los hombres, a hombres sabios, y les declararon buenas nuevas de gran gozo; de modo que en este año empezaron a cumplirse las Escrituras.

15 No obstante, el pueblo empezó a endurecer su corazón, todos salvo la parte más creyente de ellos, tanto entre los nefitas como entre los lamanitas, y empezaron a confiar en su propia fuerza y en su ªpropia sabiduría, diciendo:

16 Algunas cosas, de entre tantas, pudieron haber adivinado acertadamente; mas he aquí, sabemos que todas estas obras grandes y maravillosas de que se ha hablado no pueden suceder.

17 Y empezaron a raciocinar y a disputar entre sí, diciendo:

18 ªNo es razonable que venga tal ser como un Cristo; si así es, y si fuere el Hijo de Dios, el Padre del cielo y de la tierra, como se ha dicho, ¿por qué no se nos ha de manifestar a nosotros así como a aquellos que estén en Jerusalén?

19 Sí, ¿por qué no se ha de mostrar en esta tierra, así como en la tierra de Jerusalén?

20 Mas he aquí, nosotros sabemos que esta es una inicua ªtradición que nos han transmitido nuestros padres, para hacernos creer en una cosa grande y maravillosa que ha de acontecer, pero no entre nosotros, sino en una tierra que se halla muy lejana, tierra que no conocemos; por tanto, pueden mantenernos en la ignorancia, porque no podemos ᵇdar fe con nuestros propios ojos de que son verdaderas.

21 Y ellos, por medio de la astucia y misteriosos artificios del maligno, obrarán algún gran

---

13ª 3 Ne. 1:4.
  b Hel. 14:3–7.
14ª Alma 13:26.
15ª Isa. 5:21.
18ª Alma 30:12–13.
20ª GEE Tradiciones.
  b Éter 12:5–6, 19.

misterio que nosotros no podemos comprender, el cual nos sujetará para que seamos siervos de sus palabras y siervos de ellos también, puesto que dependemos de ellos para que nos enseñen la palabra; y así nos conservarán en la ignorancia todos los días de nuestra vida si nos sometemos a ellos.

22 Y muchas más cosas insensatas y ªvanas se imaginaron en sus corazones; y se hallaban muy agitados porque Satanás los incitaba continuamente a cometer iniquidades; sí, anduvo sembrando rumores y contenciones sobre toda la faz de la tierra, a fin de endurecer el corazón de la gente contra lo que era bueno y contra lo que estaba por venir.

23 Y a pesar de las señales y los prodigios que se realizaban entre los del pueblo del Señor, y los muchos milagros que obraban, Satanás logró gran poder sobre el corazón del pueblo en toda la faz de la tierra.

24 Y así concluyó el año noventa del gobierno de los jueces sobre el pueblo de Nefi.

25 Y así terminó el libro de Helamán, de acuerdo con los anales de Helamán y sus hijos.

TERCER NEFI
EL LIBRO DE NEFI

HIJO DE NEFI, QUE ERA HIJO DE HELAMÁN

Y Helamán era hijo de Helamán, que era hijo de Alma, el hijo de Alma, el cual era descendiente de Nefi, que era hijo de Lehi, quien salió de Jerusalén el primer año del reinado de Sedequías, rey de Judá.

CAPÍTULO 1

Nefi hijo de Helamán, parte de la tierra, y su hijo Nefi conserva los anales — Aunque abundan las señales y las maravillas, los inicuos hacen planes para matar a los justos — Llega la noche del nacimiento de Cristo — Se da la señal y aparece una nueva estrella — Aumentan las mentiras y los engaños, y los ladrones de Gadiantón asesinan a muchos. Aproximadamente 1–4 d.C.

Y ACONTECIÓ que el año noventa y uno había concluido, y habían pasado ªseiscientos años de la época en que Lehi salió de Jerusalén; y fue el año en que Laconeo era juez superior y gobernador en toda la tierra.

2 Y Nefi hijo de Helamán,

había partido de la tierra de Zarahemla, dando a su hijo ªNefi, que era su hijo mayor, el cargo concerniente a las ᵇplanchas de bronce y todos los anales que habían sido conservados, y todas aquellas cosas que se habían guardado sagradas desde la salida de Lehi de Jerusalén.

3 Entonces salió de esa tierra, y nadie sabe ªadónde se fue; y su hijo Nefi llevó los anales en su lugar, sí, los anales de este pueblo.

4 Y sucedió que a principios del año noventa y dos, he aquí, empezaron a cumplirse más plenamente las profecías de los profetas; porque empezó a haber mayores señales y mayores milagros entre el pueblo.

5 Pero hubo algunos que empezaron a decir que ya había pasado el tiempo para que se cumplieran las palabras que ªhabló Samuel el Lamanita.

6 Y empezaron a reírse de sus hermanos, diciendo: He aquí, ya se pasó el tiempo, y no se han cumplido las palabras de Samuel; de modo que han sido en vano vuestro gozo y vuestra fe concernientes a esto.

7 Y aconteció que hicieron un gran alboroto por toda la tierra; y las personas que creían empezaron a apesadumbrarse en gran manera, no fuese que de algún modo no llegaran a verificarse aquellas cosas que se habían declarado.

8 Mas he aquí, esperaban firmemente la llegada de ese día y esa noche y otro día, que serían como un solo día, como si no hubiera noche, a fin de saber que su fe no había sido en vano.

9 Y sucedió que los incrédulos fijaron un día en el cual se habría de aplicar la ªpena de muerte a todos aquellos que creyeran en esas tradiciones, a menos que se verificase la señal que había indicado el profeta Samuel.

10 Y ocurrió que cuando Nefi hijo de Nefi, vio esta iniquidad de su pueblo, su corazón se afligió en extremo.

11 Y acaeció que fue y se postró en tierra y clamó fervorosamente a su Dios a favor de su pueblo, sí, aquellos que estaban a punto de ser destruidos por motivo de su fe en la tradición de sus padres.

12 Y sucedió que ªtodo ese día imploró fervorosamente al Señor, y he aquí, la voz del Señor vino a él, diciendo:

13 Alza la cabeza y sé de buen ánimo, pues he aquí, ha llegado el momento; y esta noche se dará la señal, y ªmañana vengo al mundo para mostrar al mundo que he de cumplir todas las cosas que he hecho ᵇdeclarar por boca de mis santos profetas.

14 He aquí, ªvengo a los míos

2ª GEE Nefi hijo de Nefi, hijo de Helamán.
  ᵇ Alma 37:3–5.
3ª 3 Ne. 2:9.
5ª Hel. 14:2–4.
9ª GEE Mártir, martirio.
12ª Enós 1:4; Alma 5:46.
13ª Lucas 2:10–11.
  ᵇ GEE Jesucristo —
Profecías acerca de la vida y la muerte de Jesucristo.
14ª Juan 1:11.

para ^bcumplir todas las cosas que he dado a conocer a los hijos de los hombres desde la ^cfundación del mundo, y para hacer la voluntad ^dasí la del Padre como la del Hijo: la del Padre por causa de mí, y la del Hijo por causa de mi carne. He aquí, ha llegado el momento y esta noche se dará la señal.

15 Y aconteció que se cumplieron las palabras que se dieron a Nefi, tal como fueron dichas; porque he aquí, a la puesta del sol, ^ano hubo obscuridad; y el pueblo empezó a asombrarse porque no hubo obscuridad al caer la noche.

16 Y hubo muchos, que no habían creído las palabras de los profetas, que ^acayeron a tierra y se quedaron como si estuviesen muertos, pues sabían que se había frustrado el gran ^bplan de destrucción que habían tramado contra aquellos que creían en las palabras de los profetas; porque la señal que se había indicado estaba ya presente.

17 Y empezaron a comprender que el Hijo de Dios pronto aparecería; sí, en una palabra, todos los habitantes sobre la faz de toda la tierra, desde el oeste hasta el este, tanto en la tierra del norte como en la tierra del sur, se asombraron a tal extremo que cayeron al suelo;

18 porque sabían que los profetas habían dado testimonio de esas cosas por muchos años, y que la señal que se había indicado ya estaba a la vista; y empezaron a temer por motivo de su iniquidad e incredulidad.

19 Y sucedió que no hubo obscuridad durante toda esa noche, sino que estuvo tan claro como si fuese mediodía. Y aconteció que en la mañana el sol salió de nuevo, según su orden natural; y entendieron que ese era el día en que había de ^anacer el Señor, por motivo de la señal que se había dado.

20 Y habían acontecido, sí, todas las cosas, toda partícula, según las palabras de los profetas.

21 Y aconteció también que apareció una nueva ^aestrella, de acuerdo con la palabra.

22 Y sucedió que de allí en adelante Satanás empezó a esparcir mentiras entre el pueblo, para endurecer sus corazones, a fin de que no creyeran en aquellas señales y prodigios que habían visto; pero a pesar de estas mentiras y engaños, la mayor parte del pueblo creyó y se convirtió al Señor.

23 Y ocurrió que Nefi salió entre el pueblo, y también muchos otros, bautizando para arrepentimiento, con lo cual hubo una gran ^aremisión de pecados. Y así, el pueblo de nuevo empezó a gozar de paz en la tierra.

24 Y no hubo contenciones, con excepción de unos pocos

14b Mateo 5:17–18.
  c Alma 42:26.
  d DyC 93:3–4.
15a Hel. 14:3.

16a Hel. 14:7.
  b 3 Ne. 1:9.
19a Lucas 2:1–7.
21a Mateo 2:1–2;

    Hel. 14:5.
23a GEE Remisión de
    pecados.

que empezaron a predicar, intentando probar por medio de las Escrituras, que ya no era [a]necesario observar la ley de Moisés; mas en esto erraron, por no haber entendido las Escrituras.

25 Pero acaeció que no tardaron en convertirse, y se convencieron del error en que se hallaban, porque se les hizo saber que la ley no se había [a]cumplido todavía, y que era necesario que se cumpliera sin faltar un ápice; sí, llegó a ellos la palabra de que era necesario que se cumpliese; sí, que ni una jota ni una tilde pasaría sin que todo se cumpliese; por tanto, en este mismo año se les hizo saber su error, y [b]confesaron sus faltas.

26 Y así concluyó el año noventa y dos, trayendo alegres nuevas al pueblo por motivo de las señales que se manifestaron, conforme a las palabras de profecía de todos los santos profetas.

27 Y aconteció que el año noventa y tres también pasó en paz, con excepción de los [a]ladrones de Gadiantón, que habitaban las montañas e infestaban el país; porque tan fuertes eran sus guaridas y escondrijos, que el pueblo no pudo vencerlos; por tanto, cometieron muchos asesinatos y causaron gran mortandad entre el pueblo.

28 Y sucedió que empezaron a aumentar considerablemente en el año noventa y cuatro, porque hubo muchos disidentes nefitas que se refugiaron entre ellos; y esto causó mucha tristeza a los nefitas que permanecieron en la tierra.

29 Y también hubo causa de mucha tristeza entre los lamanitas; porque he aquí, tenían muchos hijos que crecieron y aumentaron en años hasta actuar por sí mismos, y unos que eran [a]zoramitas los indujeron, con sus mentiras y sus palabras aduladoras, a unirse a esos ladrones de Gadiantón.

30 Y así fueron afligidos también los lamanitas, y empezaron a decaer en cuanto a su fe y rectitud, por causa de la iniquidad de la nueva generación.

CAPÍTULO 2

La iniquidad y las abominaciones aumentan entre el pueblo — Los nefitas y los lamanitas se unen para defenderse de los ladrones de Gadiantón — Los lamanitas convertidos se vuelven blancos y son llamados nefitas. Aproximadamente 5–16 d.C.

Y SUCEDIÓ que así pasó el año noventa y cinco también, y el pueblo comenzó a olvidarse de aquellas señales y prodigios que había presenciado, y a asombrarse cada vez menos de una señal o prodigio del cielo, de tal modo que comenzaron a endurecer sus corazones, y a cegar

24a Alma 34:13.
25a Mateo 5:17–18.
b Mos. 26:29.
27a GEE Gadiantón,
ladrones de.
29a Alma 30:59.

sus mentes, y a no creer todo lo que habían visto y oído,

2 imaginándose alguna cosa vana en sus corazones, que aquello se efectuaba por los hombres y por el poder del diablo para extraviar y ªengañar el corazón del pueblo. De este modo Satanás de nuevo se apoderó del corazón de los del pueblo, al grado que les cegó los ojos y los condujo a creer que la doctrina de Cristo era una cosa insensata y vana.

3 Y ocurrió que el pueblo empezó a aumentar en la iniquidad y en las abominaciones; y no creyeron que se manifestarían más señales ni prodigios; y Satanás ªandaba por todas partes extraviando el corazón de los del pueblo, tentándolos y haciéndoles cometer grandes iniquidades en la tierra.

4 Y así pasó el año noventa y seis; y también el año noventa y siete; asimismo el año noventa y ocho, y el noventa y nueve;

5 y también habían transcurrido cien años desde los días de ªMosíah, que había sido rey de los nefitas.

6 Y habían pasado seiscientos nueve años desde que Lehi había salido de Jerusalén.

7 Y habían pasado nueve años desde la ocasión en que se manifestó la señal de que hablaron los profetas, tocante a que Cristo vendría al mundo.

8 Ahora bien, los nefitas empezaron a calcular su tiempo desde esta ocasión en que se manifestó la señal, o sea, desde la venida de Cristo; por tanto, habían pasado ya nueve años.

9 Y Nefi, el padre de aquel Nefi que tenía a su cargo los anales, ªno volvió a la tierra de Zarahemla, ni se le pudo hallar en toda la tierra.

10 Y sucedió que a pesar de las muchas predicaciones y profecías que se difundieron entre ellos, el pueblo perseveró en su iniquidad; y así pasó también el año décimo; y el año once igualmente pasó en la iniquidad.

11 Y sucedió que en el año trece empezó a haber guerras y contiendas por toda la tierra; porque los ladrones de Gadiantón se habían hecho tan numerosos, y mataban a tantos de los del pueblo, y asolaban tantas ciudades, y causaban tanta mortandad y estragos por toda la tierra, que fue menester que todo el pueblo, nefitas así como lamanitas, tomase las armas contra ellos.

12 Por tanto, todos los lamanitas que se habían convertido al Señor se unieron a sus hermanos, los nefitas, y se vieron obligados, para proteger sus vidas, y a sus mujeres y sus hijos, a tomar las armas contra aquellos ladrones de Gadiantón; sí, y también para preservar sus derechos, y los privilegios de su iglesia y de su adoración a

---

2 2a GEE Engañar, engaño.
  3a DyC 10:27.
  5a Mos. 29:46–47.
  9a 3 Ne. 1:2–3.

Dios, y su ªindependencia y su ᵇlibertad.

13 Y sucedió que antes que hubiese concluido este año trece, amenazó a los nefitas una destrucción completa a causa de esta guerra, que había llegado a ser grave en extremo.

14 Y aconteció que aquellos lamanitas que se habían unido con los nefitas fueron contados entre estos.

15 Y les fue quitada su ªmaldición, y su piel se tornó ᵇblanca como la de los nefitas;

16 y sus jóvenes varones y sus hijas llegaron a ser sumamente bellos, y fueron contados entre los nefitas, y fueron llamados nefitas. Y así concluyó el año trece.

17 Y sucedió que al empezar el año catorce continuó la guerra entre los ladrones y el pueblo de Nefi, y se agravó en extremo; no obstante, los nefitas aventajaron en algo a los bandidos, al grado de que los echaron de sus tierras a las montañas y a sus escondrijos.

18 Y así concluyó el año catorce. Y en el año quince vinieron contra el pueblo de Nefi; y debido a la iniquidad de los nefitas, y sus muchas contenciones y disensiones, los ladrones de Gadiantón lograron aventajarlos de muchas maneras.

19 Y así concluyó el año quince, y así se encontraba el pueblo en un estado de muchas aflicciones; y la ªespada de la destrucción se cernía sobre ellos, al grado de que estaban a punto de ser heridos por ella; y esto a causa de su iniquidad.

CAPÍTULO 3

Giddiani, el jefe de la banda de Gadiantón, exige que Laconeo y los nefitas se rindan y que entreguen sus tierras — Laconeo nombra a Gidgiddoni para que sea el capitán principal de los ejércitos — Los nefitas se congregan en Zarahemla y en la tierra de Abundancia para defenderse. Aproximadamente 16–18 d.C.

Y sᴜᴄᴇᴅɪó que en el año dieciséis desde la venida de Cristo, Laconeo, gobernador de la tierra, recibió una epístola del jefe y caudillo de esta banda de ladrones; y estas eran las palabras que habían sido escritas, y decían:

2 Laconeo, excelentísimo gobernador principal de la tierra: He aquí, te escribo esta epístola, y te doy el más amplio elogio por causa de tu firmeza, y también por la firmeza de tu pueblo, al mantener lo que suponéis que es vuestro derecho y libertad; sí, bien perseveráis, como si os sostuviese la mano de un dios, en la defensa de vuestra libertad, y vuestras propiedades y vuestro país, o lo que así llamáis vosotros.

3 Y me parece una lástima, excelentísimo Laconeo, que seáis tan insensatos y tan vanos para suponer que podéis sosteneros

---

12a GEE Libertad, libre.
 b GEE Libertad, libre.

15a Alma 17:15; 23:18.
 b 2 Ne. 5:21; 30:6;

 Jacob 3:8.
19a Alma 60:29.

contra tantos hombres valientes que tengo bajo mis órdenes, que en estos momentos están sobre las armas, y que esperan con gran ansiedad la orden: Caed sobre los nefitas, y destruidlos.

4 Y yo conozco su indomable espíritu, habiéndolos puesto a prueba en el campo de batalla, y sabiendo del odio eterno que os tienen, por motivo de los numerosos agravios que les habéis causado; por tanto, si descendieran sobre vosotros, os visitarían con una completa destrucción.

5 Por tanto, he escrito esta epístola, sellándola con mi propia mano, interesándome en vuestro bienestar, por motivo de vuestra firmeza en lo que creéis ser justo, y vuestro noble espíritu en el campo de batalla.

6 Por tanto, te escribo pidiendo que entreguéis vuestras ciudades, vuestras tierras y vuestras posesiones a este pueblo mío, antes que caiga sobre vosotros con la espada y os sobrevenga la destrucción.

7 O en otros términos, someteos y uníos a nosotros, y familiarizaos con nuestras obras ªsecretas, y convertíos en hermanos nuestros para que seáis iguales a nosotros; no nuestros esclavos, sino nuestros hermanos y consocios de toda nuestra substancia.

8 Y he aquí, te ªafirmo con juramento que si hacéis esto, no seréis destruidos; pero si no hacéis esto, te aseguro con juramento que el mes que viene daré órdenes de que mis ejércitos vengan contra vosotros; y no detendrán su mano ni perdonarán, sino que os matarán y os herirán con la espada hasta que seáis aniquilados.

9 He aquí, soy Giddiani; y soy el caudillo de esta ªsociedad secreta de Gadiantón; y sé que esta sociedad y sus obras son ᵇbuenas; y son de ᶜfecha antigua y nos han sido transmitidas.

10 Y te escribo esta epístola, Laconeo, y confío en que entregaréis vuestras tierras y vuestras posesiones sin efusión de sangre, a fin de que recuperen sus derechos y gobierno los de mi pueblo, que se han separado de vosotros por causa de vuestra iniquidad al privarlos de sus derechos al gobierno; y a menos que hagáis esto, yo vengaré sus agravios. Soy Giddiani.

11 Y aconteció que cuando Laconeo recibió esta epístola, se asombró en extremo por motivo de la audacia de Giddiani en exigir la tierra de los nefitas, y también en amenazar al pueblo y vengar los agravios de aquellos que jamás habían recibido agravio alguno, a no ser que se hubieran ªagraviado a sí mismos pasándose a aquellos perversos y abominables ladrones.

12 Mas he aquí, este Laconeo, el gobernador, era un hombre

3 7a Hel. 6:22–26.
8a Éter 8:13–14.
9a GEE Combinaciones

secretas.
b Alma 30:53.
c Hel. 6:26–30;

Moisés 5:29, 49–52.
11a Hel. 14:30.

justo, y no se amedrentó por las amenazas y demandas de un ªladrón; por tanto, no hizo caso de la epístola de Giddiani, el caudillo de los ladrones, antes bien, hizo que su pueblo le suplicara fuerza al Señor, para cuando los ladrones descendieran contra ellos.

13 Sí, envió una proclamación entre todo el pueblo de que juntasen a sus mujeres y a sus hijos, sus hatos y sus rebaños y toda su substancia, excepto sus terrenos, en un lugar.

14 E hizo que se construyeran fortificaciones alrededor de ellos, y que la fuerza de ellas fuese grande en extremo; e hizo que los ejércitos, tanto de los nefitas como de los lamanitas, o sea, de todos los que se contaban entre los nefitas, se colocasen alrededor como guardias para vigilarlos y para protegerlos de los ladrones día y noche.

15 Sí, y les dijo: Así como vive el Señor, a menos que os arrepintáis de todas vuestras iniquidades, e imploréis al Señor, de ningún modo seréis librados de las manos de esos ladrones de Gadiantón.

16 Y tan grandes y maravillosas fueron las palabras y las profecías de Laconeo, que infundieron temor en todo el pueblo; y se esforzaron con todo su vigor por obrar de acuerdo con las palabras de Laconeo.

17 Y sucedió que Laconeo nombró capitanes en jefe sobre todos los ejércitos de los nefitas para que los dirigiesen en la ocasión en que los ladrones salieran del desierto en contra de ellos.

18 Y fue nombrado el que había de ser el principal de todos los capitanes en jefe y comandante supremo de todos los ejércitos de los nefitas, y se llamaba ªGidgiddoni.

19 Y era costumbre entre todos los nefitas escoger como capitanes en jefe (salvo en sus épocas de iniquidad) a alguno que tuviese el espíritu de revelación y también de ªprofecía; por tanto, este Gidgiddoni era un gran profeta entre ellos, como también lo era el juez superior.

20 Y el pueblo dijo a Gidgiddoni: Ora al Señor, y subamos a las montañas y al desierto para caer sobre los ladrones y destruirlos en sus propias tierras.

21 Pero Gidgiddoni les dijo: No lo ªpermita el Señor; porque si marchásemos contra ellos, el Señor nos ᵇentregaría en sus manos; por consiguiente, nos prepararemos en el centro de nuestras tierras y reuniremos a todos nuestros ejércitos; y no saldremos en contra de ellos, sino que esperaremos hasta que vengan contra nosotros; por tanto, así como vive el Señor que si así lo hacemos, él los entregará en nuestras manos.

22 Y sucedió que en el año diecisiete, hacia fines del año,

12a Alma 54:5–11; 3 Ne. 4:7–10.
18a 3 Ne. 6:6.
19a GEE Profecía, profetizar.
21a Alma 48:14.
b 1 Sam. 14:12.

la proclamación de Laconeo había circulado por toda la superficie de la tierra; y habían reunido sus caballos, y sus carros, y su ganado, y todos sus hatos y rebaños, y su grano, y todos sus bienes, y se dirigieron por miles y decenas de miles hasta que todos hubieron llegado al sitio que se había señalado para que se juntasen, a fin de defenderse de sus enemigos.

23 Y el lugar señalado fue la tierra de Zarahemla y la tierra que estaba entre la tierra de Zarahemla y la de Abundancia, sí, hasta la línea que corría entre la tierra de Abundancia y la tierra de Desolación.

24 Y hubo muchos miles de los que se llamaban nefitas que se congregaron en esta tierra; y Laconeo hizo que se reunieran en la tierra del sur por motivo de la gran maldición que había sobre la ªtierra del norte.

25 Y se fortificaron contra sus enemigos; y moraron en una región y como un solo grupo; y temieron las palabras que Laconeo había pronunciado, al grado de que se arrepintieron de todos sus pecados, y elevaban sus oraciones al Señor su Dios para que los ªlibrara en la ocasión en que sus enemigos vinieran a la batalla contra ellos.

26 Y estaban sumamente afligidos a causa de sus enemigos. Y Gidgiddoni mandó que hicieran ªarmas de guerra de toda clase,

y que se fortalecieran con armadura, y con escudos y con broqueles, según sus instrucciones.

CAPÍTULO 4

Los ejércitos nefitas derrotan a los ladrones de Gadiantón — Matan a Giddiani y cuelgan a Zemnaríah, su sucesor — Los nefitas alaban al Señor por sus triunfos. Aproximadamente 19–22 d.C.

Y ACONTECIÓ que a fines del año dieciocho, aquellos ejércitos de ladrones se habían apercibido para la batalla, y empezaron a bajar y a salir de las colinas, y de las montañas, y del desierto, y de sus fortalezas y sus lugares secretos, y empezaron a apoderarse de las tierras, tanto las que se hallaban en la tierra del sur como en la tierra del norte, y comenzaron a ocupar todos los terrenos que habían sido ªabandonados por los nefitas, y las ciudades que habían quedado desiertas.

2 Mas he aquí, no había ni animales silvestres ni caza en aquellas tierras que los nefitas habían abandonado; y no había caza para los ladrones sino en el desierto.

3 Y los ladrones no podían subsistir sino en el desierto, por la falta de alimento; porque los nefitas habían dejado asoladas sus tierras, y habían recogido sus hatos y sus rebaños y todo cuanto tenían, y se hallaban reunidos en un solo grupo.

24a Alma 22:31.
25a GEE Confianza, confiar.
26a 2 Ne. 5:14.
4 1a 3 Ne. 3:13–14, 22.

4 Por consiguiente, no había manera de que los ladrones robaran ni obtuvieran alimentos, a no ser que fueran a la batalla contra los nefitas; y los nefitas se hallaban en un solo grupo, y era grande su número, y se habían provisto de víveres y de caballos, y ganado, y rebaños de toda clase, para poder subsistir por el término de siete años, durante el cual tenían la esperanza de destruir a los ladrones de sobre la faz de la tierra; y así concluyó el año dieciocho.

5 Y sucedió que en el año diecinueve, Giddiani vio que era preciso que fuera a la batalla contra los nefitas, porque no tenían otro medio de subsistir sino por el robo, el pillaje y el asesinato.

6 Y no se atrevían a extenderse sobre la faz de la tierra para cultivar grano, no fuese que los nefitas cayeran sobre ellos y los mataran. De modo que Giddiani dio órdenes a sus ejércitos de que fueran a la batalla contra los nefitas ese año.

7 Y ocurrió que fueron a la batalla; y fue en el sexto mes; y he aquí, grande y terrible fue el día en que se presentaron para la batalla; e iban ceñidos a la manera de ladrones; y llevaban una piel de cordero alrededor de los lomos, y se habían teñido con sangre, y llevaban rapada la cabeza, y se habían cubierto con cascos; y grande y terrible era el aspecto de los ejércitos de Giddiani por

causa de su armadura y por haberse teñido con sangre.

8 Y aconteció que cuando vieron la apariencia del ejército de Giddiani, todos los ejércitos de los nefitas cayeron al suelo, y alzaron sus voces al Señor su Dios para que los preservara y los librara de las manos de sus enemigos.

9 Y sucedió que cuando vieron esto, los ejércitos de Giddiani empezaron a gritar fuertemente a causa de su gozo, pues habían supuesto que los nefitas habían caído de miedo, por el terror de sus ejércitos.

10 Pero en esto se engañaron, porque los nefitas no les tenían miedo; pero sí ªtemían a su Dios, y le suplicaron su protección; por tanto, cuando los ejércitos de Giddiani los arremetieron, se hallaban preparados para resistirlos, sí, les hicieron frente con la fuerza del Señor.

11 Y empezó la batalla en este sexto mes; y grande y terrible fue la batalla, sí, grande y terrible fue la carnicería, a tal grado que nunca se había conocido tan grande mortandad entre todo el pueblo de Lehi desde que salió de Jerusalén.

12 Y no obstante las ªamenazas y juramentos que había proferido Giddiani, he aquí, los nefitas los batieron, al grado que retrocedieron ante ellos.

13 Y ocurrió que ªGidgiddoni dio órdenes de que sus ejércitos habían de perseguirlos hasta los

---

10a GEE Temor. | 12a 3 Ne. 3:1–10. | 13a 3 Ne. 3:18.

confines del desierto, y que no perdonaran a ninguno de los que cayeran en sus manos por el camino; y así los persiguieron y los mataron hasta los confines del desierto, sí, hasta que hubieron cumplido las órdenes de Gidgiddoni.

14 Y sucedió que Giddiani, que se había sostenido y luchado con intrepidez, fue perseguido cuando huyó; y hallándose fatigado de tanto pelear, lo alcanzaron y lo mataron. Y así llegó a su fin Giddiani el ladrón.

15 Y aconteció que los ejércitos de los nefitas se volvieron a su plaza fuerte. Y se pasó ese año diecinueve, y los ladrones no volvieron a la batalla; ni volvieron tampoco en el año veinte.

16 Y ni en el año veintiuno vinieron a la batalla, sino que llegaron por todos lados para poner sitio al pueblo nefita; porque suponían que si aislaban al pueblo de Nefi de sus tierras, y los rodeaban por todas partes y les cortaban todos sus privilegios con el exterior, los obligarían a rendirse según sus deseos.

17 Y se habían nombrado a otro caudillo que se llamaba Zemnaríah; por tanto, fue Zemnaríah el que hizo que se pusiera el sitio.

18 Mas he aquí, esto resultó ventajoso para los nefitas; porque era imposible que los ladrones sostuvieran el sitio el tiempo suficiente para causar efecto alguno en los nefitas, por motivo de sus muchas provisiones que tenían almacenadas,

19 y por la falta de víveres entre los ladrones; pues he aquí, no tenían nada sino carne con qué subsistir, y obtenían esta carne en el desierto.

20 Y aconteció que escaseó la ªcaza en el desierto, a tal extremo que los ladrones estaban a punto de perecer de hambre.

21 Y los nefitas continuamente estaban haciendo salidas, de día y de noche, y cayendo sobre sus ejércitos, y destrozándolos por miles y por decenas de miles.

22 Y así se implantó en la gente de Zemnaríah el deseo de abandonar su proyecto, debido a la destrucción tan grande que les sobrevenía de día y de noche.

23 Y sucedió que Zemnaríah mandó a sus fuerzas que levantaran el sitio y emprendieran la marcha hacia las partes más lejanas de la tierra del norte.

24 Y Gidgiddoni, enterado de su propósito, y sabiendo de su debilidad, por motivo de la falta de víveres y el grande estrago que se había hecho entre ellos, envió, por tanto, sus tropas durante la noche y les cortó la retirada, y colocó a sus ejércitos por donde habían de retroceder.

25 E hicieron esto durante la noche, y se adelantaron a los ladrones, de modo que al amanecer, cuando estos se pusieron en marcha, se encontraron con las fuerzas de los nefitas, tanto a su frente como a su retaguardia.

26 Y los bandidos que estaban

hacia el sur también quedaron aislados de sus guaridas. Y todas estas cosas se hicieron por órdenes de Gidgiddoni.

27 Y hubo muchos miles de ellos que se entregaron como prisioneros a los nefitas, y al resto de ellos los mataron.

28 Y tomaron a Zemnaríah, su caudillo, y lo colgaron de un árbol, sí, de la copa del árbol hasta que murió. Y después de haberlo colgado, talaron el árbol y clamaron en alta voz, diciendo:

29 El Señor conserve a los de su pueblo en rectitud y en santidad de corazón, para que se eche por tierra a todos los que procuren matarlos por medio del poder y de las secretas combinaciones, tal como se ha echado por tierra a este hombre.

30 Y se regocijaron, y de nuevo clamaron a una voz, diciendo: El ªDios de Abraham, y el Dios de Isaac, y el Dios de Jacob proteja a este pueblo en justicia, en tanto que ᵇinvoque el nombre de su Dios, pidiéndole protección.

31 Y sucedió que prorrumpieron unánimes en cantos y ªalabanzas a su Dios, por el gran beneficio que les había otorgado, guardándolos de caer en las manos de sus enemigos.

32 Sí, y clamaron: ª¡Hosanna al Más Alto Dios! Y dieron voces, diciendo: ¡Bendito sea el nombre del Señor Dios ᵇTodopoderoso, el Más Alto Dios!

33 Y sus corazones rebosaron de alegría, hasta el derramamiento de muchas lágrimas, por razón de la inmensa bondad de Dios en librarlos de las manos de sus enemigos; y sabían que había sido por su arrepentimiento y humildad que habían sido librados de una destrucción eterna.

CAPÍTULO 5

Los nefitas se arrepienten y abandonan sus pecados — Mormón escribe la historia de su pueblo y le declara la palabra sempiterna — Israel será recogido de su larga dispersión. Aproximadamente 22–26 d.C.

Y HE aquí, no hubo alma viviente, entre todo el pueblo de los nefitas, que dudara en lo más mínimo de las palabras que todos los santos profetas habían hablado; porque sabían que era necesario que se cumplieran.

2 Y sabían que era menester que Cristo hubiese venido, por motivo de las muchas señales que se habían dado, de acuerdo con las palabras de los profetas; y por causa de las cosas que ya se habían verificado, todos sabían que era necesario que se cumplieran todas las cosas de acuerdo con lo que se había hablado.

3 Por tanto, abandonaron todos sus pecados, y sus abominaciones, y sus fornicaciones, y

---

30ª Alma 29:11.
  b Éter 4:15.
31ª Alma 26:8.

GEE Acción de gracias, agradecido, agradecimiento.

32ª GEE Hosanna.
  b 1 Ne. 1:14.
  GEE Trinidad.

sirvieron a Dios con toda diligencia de día y de noche.

4 Y después de haber tomado cautivos a todos los ladrones, a tal grado que no se escapó ninguno de los que no murieron, encerraron a sus presos en la prisión, e hicieron que se les predicase la palabra de Dios; y cuantos se arrepintieron de sus pecados e hicieron pacto de que no cometerían más asesinatos, fueron puestos en ᵃlibertad.

5 Pero todos cuantos no hicieron pacto y continuaron con aquellos asesinatos secretos en el corazón, sí, a todo el que hallaban profiriendo amenazas contra sus hermanos, lo condenaban y castigaban según la ley.

6 Y así acabaron con todas aquellas inicuas, secretas y abominables combinaciones, mediante las cuales se habían cometido tantas iniquidades y tantos asesinatos.

7 Y así había concluido el año ᵃveintidós, y el año veintitrés también; y el veinticuatro y el veinticinco; y así habían pasado veinticinco años.

8 Y habían sucedido muchas cosas que, a los ojos de algunos, habían sido grandes y maravillosas; sin embargo, no todas se pueden escribir en este libro; sí, este libro no puede contener ni la ᵃcentésima parte de lo que se llevó a cabo entre tanta gente en el término de veinticinco años.

9 Pero he aquí, hay ᵃanales que contienen todos los hechos de este pueblo; y Nefi hizo una narración más breve pero verdadera.

10 De manera que he escrito mi registro de estas cosas según los anales de Nefi, los cuales se grabaron sobre las planchas que se llamaban las planchas de Nefi.

11 Y he aquí, hago el registro sobre planchas que he hecho con mis propias manos.

12 Y he aquí, me llamo ᵃMormón, llamado así por la ᵇtierra de Mormón, la tierra en la cual Alma estableció la iglesia entre el pueblo, sí, la primera iglesia que se estableció entre ellos después de su transgresión.

13 He aquí, soy discípulo de Jesucristo, el Hijo de Dios. He sido llamado por él para declarar su palabra entre los de su pueblo, a fin de que alcancen la vida sempiterna.

14 Y ha sido menester, de acuerdo con la voluntad de Dios, a fin de que se cumplan, según su fe, las oraciones de los que han muerto, que fueron santos, que yo haga una ᵃrelación de estas cosas que se han verificado;

15 sí, una breve historia de lo que ha transcurrido desde la época en que Lehi salió de Jerusalén, hasta el presente.

16 Así que hago mi narración de los anales que han escrito aquellos que fueron antes de mí, hasta que empezó mi época;

---

5 4a GEE Libertad, libre.
7a 3 Ne. 2:8.
8a 3 Ne. 26:6–12.

9a Hel. 3:13–15.
12a Morm. 1:1–5.
b Mos. 18:4;

Alma 5:3.
14a Enós 1:13–18;
DyC 3:19–20.

17 y luego hago una ^arelación de lo que he visto con mis propios ojos.

18 Y sé que el relato que hago es un relato cierto y verdadero; sin embargo, hay muchas cosas que, de acuerdo con nuestro idioma, no podemos ^aescribir.

19 Y ahora concluyo mis palabras concernientes a mí, y procedo a dar mi relato de las cosas que han ocurrido antes de mí.

20 Soy Mormón, y soy descendiente directo de Lehi. Tengo motivo para bendecir a mi Dios y a mi Salvador Jesucristo, porque sacó a nuestros padres de la tierra de Jerusalén (y ^anadie lo supo sino él y aquellos a quienes sacó de esa tierra), y porque nos ha dado, a mí y a mi pueblo, tanto conocimiento para la salvación de nuestras almas.

21 Ciertamente él ha bendecido a la ^acasa de ^bJacob, y ha sido ^cmisericordioso para con los descendientes de José.

22 Y al ^agrado que los hijos de Lehi han guardado sus mandamientos, él los ha bendecido y los ha hecho prosperar de acuerdo con su palabra.

23 Sí, y de seguro volverá a traer a un ^aresto de la posteridad de José al ^bconocimiento del Señor su Dios.

24 Y tan cierto como vive el Señor, ^areunirá de las cuatro partes de la tierra a todo el resto de los descendientes de Jacob que se hallan dispersos sobre toda la superficie de la tierra.

25 Y tal como ha hecho convenio con toda la casa de Jacob, así se cumplirá, en su debido tiempo, el convenio que ha concertado con la casa de Jacob, para la ^arestauración de toda la casa de Jacob al conocimiento del convenio que él ha hecho con ellos.

26 Y entonces ^aconocerán a su Redentor, que es Jesucristo, el Hijo de Dios; y entonces serán recogidos de las cuatro partes de la tierra a sus propios países, de donde han sido dispersados; sí, así como vive el Señor, así sucederá. Amén.

CAPÍTULO 6

Los nefitas prosperan — Surgen el orgullo, las riquezas y la distinción de clases — La Iglesia se deshace por motivo de las disensiones — Satanás lleva al pueblo a rebelarse abiertamente — Muchos profetas proclaman el arrepentimiento y son muertos — Sus asesinos conspiran para apoderarse del gobierno. Aproximadamente 26–30 d.C.

Y SUCEDIÓ que en el año veintiséis los nefitas volvieron todos a sus propias tierras, todo hombre con su familia, sus rebaños y hatos, sus caballos y su ganado, y cuantas cosas le pertenecían.

2 Y aconteció que no habían consumido todas sus provisiones;

17*a* Morm. 1:1.
18*a* Éter 12:25.
20*a* 1 Ne. 4:36.
21*a* GEE Israel.
  b Gén. 32:28.

c Deut. 33:13–17.
22*a* 2 Ne. 1:20.
23*a* Alma 46:24.
  b 2 Ne. 3:12.
24*a* GEE Israel —

La congregación de Israel.
25*a* 3 Ne. 16:5.
26*a* 2 Ne. 30:5–8;
  3 Ne. 20:29–34.

por tanto, llevaron consigo todo cuanto no habían comido, de todo su grano de todas clases, y su oro, y su plata y todas sus cosas preciosas, y volvieron a sus propias tierras y posesiones, tanto hacia el norte como hacia el sur, así en la tierra del norte como en la tierra del sur.

3 Y a los ladrones que habían hecho pacto de observar la paz de la tierra, que deseaban seguir siendo lamanitas, les concedieron terrenos, según su número, a fin de que mediante su trabajo tuvieran de qué vivir; y así establecieron la paz en toda la tierra.

4 Y de nuevo empezaron a prosperar y a hacerse grandes; y pasaron los años veintiséis y veintisiete, y hubo gran orden en la tierra; y habían formulado sus leyes de acuerdo con la equidad y la justicia.

5 Y no había nada en toda la tierra que impidiera que el pueblo prosperase continuamente, a no ser que cayeran en transgresión.

6 Y fueron Gidgiddoni y el juez Laconeo y los que habían sido nombrados jefes, los que establecieron esta paz tan grande en la tierra.

7 Y sucedió que hubo muchas ciudades que se construyeron de nuevo, y se repararon muchas ciudades antiguas.

8 Y se construyeron muchas calzadas, y se abrieron muchos caminos que conducían de ciudad a ciudad, de tierra a tierra y de un sitio a otro.

9 Y así se pasó el año veintiocho, y la gente tuvo paz continua.

10 Pero aconteció que en el año veintinueve empezaron a surgir algunas disputas entre los del pueblo; y algunos se ensalzaron hasta el ᵃorgullo y la jactancia, por razón de sus sumamente grandes riquezas, sí, al grado de causar grandes persecuciones;

11 porque había muchos comerciantes en la tierra, y también muchos abogados y muchos oficiales.

12 Y empezó el pueblo a distinguirse por clases, según sus ᵃriquezas y sus oportunidades para instruirse; sí, algunos eran ignorantes a causa de su pobreza, y otros recibían abundante instrucción por motivo de sus riquezas.

13 Algunos se ensalzaban en el orgullo, y otros eran sumamente humildes; unos devolvían injuria por injuria, mientras que otros sufrían injuria y ᵃpersecución y toda clase de aflicciones, y no se volvían e ᵇinjuriaban a su vez, sino que eran humildes y contritos delante de Dios.

14 Y así surgió una gran desigualdad en toda la tierra, de tal modo que empezó a deshacerse la iglesia; sí, a tal grado que en el año treinta se deshizo la iglesia en toda la tierra, con excepción de entre

6 10a GEE Orgullo.
12a 1 Tim. 6:17–19;
   Hel. 4:12.
13a GEE Persecución,
   perseguir.
  b Mateo 5:39;
4 Ne. 1:34;
DyC 98:23–25.

unos pocos lamanitas que se habían convertido a la verdadera fe; y no quisieron separarse de ella, porque eran firmes, inquebrantables e inmutables; y estaban dispuestos a guardar los mandamientos del Señor con toda ^adiligencia.

15 Ahora bien, la causa de esta iniquidad del pueblo era esta: Satanás tenía gran poder, al grado de incitar a los del pueblo a cometer toda clase de iniquidades y a inflarlos de orgullo, tentándolos a que procuraran poder, y autoridad, y riquezas, y las cosas vanas del mundo.

16 Y así desvió Satanás el corazón del pueblo para que cometiera todo género de iniquidades; de modo que no había gozado de paz sino pocos años.

17 Y así, al principiar el año treinta —habiendo sido entregados los del pueblo, durante mucho tiempo, a ser llevados por las ^atentaciones del diablo doquier que él quería llevarlos, y a cometer cualquier iniquidad que él deseaba— a principios de este año, el año treinta, se hallaban en un estado de terrible iniquidad.

18 Y no pecaban en la ^aignorancia, porque conocían la voluntad de Dios tocante a ellos, pues se la habían enseñado; de modo que se ^brebelaban intencionalmente contra Dios.

19 Y fue en los días de Laconeo hijo de Laconeo, porque ocupaba Laconeo el asiento de su padre y gobernaba al pueblo ese año.

20 Y empezó a haber hombres ^ainspirados del cielo y enviados, que anduvieron entre el pueblo en toda la tierra, predicando y testificando intrépidamente de los pecados e iniquidades del pueblo, y testificándoles concerniente a la redención que el Señor haría por su pueblo, o en otros términos, la resurrección de Cristo; y testificaron intrépidamente acerca de su ^bmuerte y sus padecimientos.

21 Y hubo muchos de los del pueblo que se enojaron en extremo a causa de aquellos que testificaban de estas cosas; y los que se enojaban eran principalmente los jueces superiores y aquellos que ^ahabían sido sumos sacerdotes y abogados; sí, todos aquellos que eran abogados se irritaron contra los que daban testimonio de estas cosas.

22 Y no había abogado, ni juez, ni sumo sacerdote, que tuviera el poder para condenar a muerte a una persona, a menos que el gobernador de la tierra firmara la sentencia.

23 Y hubo muchos de aquellos que testificaron de las cosas concernientes a Cristo, y que testificaron intrépidamente, a quienes los jueces prendieron y ejecutaron secretamente, de modo que el conocimiento de su muerte

---

14a GEE Diligencia.
17a GEE Tentación, tentar.
18a Mos. 3:11.
   b GEE Rebelión.

20a GEE Inspiración,
      inspirar;
      Profeta.
   b GEE Crucifixión;

Expiación, expiar.
21a DyC 121:36-37.
   GEE Apostasía.

no llegó al gobernador de la tierra sino hasta después de estar muertos.

24 Y ahora bien, he aquí, esto era contrario a las leyes de la tierra, que se le quitara la vida a un hombre a menos que se tuviera autorización del gobernador de la tierra.

25 Por tanto, se presentó una queja en la tierra de Zarahemla, ante el gobernador de la tierra, contra esos jueces que habían condenado a muerte a los profetas del Señor en contravención de la ley.

26 Y sucedió que los tomaron y los llevaron ante el juez para ser juzgados del crimen que habían cometido, según la ªley que había sido dada por el pueblo.

27 Y aconteció que aquellos jueces tenían muchos amigos y parientes; y el resto, sí, casi todos los abogados y sumos sacerdotes se juntaron y se unieron a los parientes de aquellos jueces que iban a ser juzgados según la ley.

28 E hicieron un ªpacto unos con otros, sí, ese pacto que imponían los de la antigüedad, pacto que el ᵇdiablo dio y administró para combinarse contra toda rectitud.

29 De modo que se combinaron contra el pueblo del Señor, e hicieron un pacto de destruirlo y de librar del poder de la justicia, que estaba a punto de administrarse de acuerdo con la ley, a aquellos que eran culpables de asesinato.

30 Y desafiaron la ley y los derechos de su patria; e hicieron un pacto uno con otro de destruir al gobernador y de establecer un ªrey sobre la tierra, a fin de que ya no fuese libre, sino que estuviera sujeta a reyes.

CAPÍTULO 7

Asesinan al juez superior, destruyen el gobierno, y el pueblo se divide en tribus — Jacob, un anticristo, llega a ser rey de una confederación de tribus — Nefi predica el arrepentimiento y la fe en Cristo — Ángeles le ministran diariamente y él levanta a su hermano de los muertos — Muchos se arrepienten y son bautizados. Aproximadamente 30–33 d.C.

AHORA bien, he aquí, os mostraré que no establecieron rey en la tierra; pero en este mismo año, sí, en el año treinta, destruyeron sobre el asiento judicial, sí, asesinaron al juez superior de la tierra.

2 Y hubo división entre el pueblo, unos en contra de otros; y se separaron los unos de los otros en tribus, cada hombre según su familia y sus parientes y amigos; y así destruyeron el gobierno de la tierra.

3 Y cada tribu nombró a un jefe o caudillo para que la gobernase; y así se convirtieron en tribus y jefes de tribus.

26a Mos. 29:25; Alma 1:14.
28a GEE Combinaciones
secretas.
b Hel. 6:26–30.
30a 1 Sam. 8:5–7;
Alma 51:5.

4 Y he aquí, no había hombre entre ellos que no tuviese mucha familia y muchos parientes y amigos; por tanto, sus tribus llegaron a ser sumamente grandes.

5 Y se hizo todo esto, y aún no había guerras entre ellos; y toda esta iniquidad había venido sobre el pueblo porque se había ªentregado al poder de Satanás.

6 Y fueron destruidos los reglamentos del gobierno, debido a las ªcombinaciones secretas de los amigos y parientes de aquellos que habían asesinado a los profetas.

7 Y causaron una fuerte contención en la tierra, al grado de que casi toda la parte más justa del pueblo se había vuelto inicua; sí, entre ellos no había sino unos pocos hombres justos.

8 Y así, no habían transcurrido ni seis años, cuando ya la mayor parte del pueblo se había apartado de su rectitud, como el perro que vuelve a su ªvómito, o la puerca a revolcarse en el fango.

9 Y los de esta combinación secreta, que habían traído tan grande iniquidad sobre el pueblo, se reunieron y pusieron a la cabeza de ellos a un hombre que llamaban Jacob;

10 y lo llamaron su rey; por tanto, quedó constituido en rey de esta banda perversa; y era uno de los principales que habían alzado la voz contra los profetas que testificaron de Jesús.

11 Y sucedió que no eran tan fuertes en número como lo eran las tribus del pueblo, que se mantenían unidas, salvo que eran sus jefes los que establecían sus leyes, cada cual según su tribu; no obstante, eran enemigos; pero a pesar de que no eran una gente justa, estaban unidos, sin embargo, en su odio por los que habían hecho pacto para destruir el gobierno.

12 Por lo que Jacob, viendo que sus enemigos eran más numerosos que ellos, siendo rey de la banda, mandó, por tanto, a los de su pueblo que huyeran a la parte más lejana del norte, y allí establecieran un ªreino para sí mismos, hasta que se unieran a ellos los disidentes (porque los halagó, diciéndoles que habría muchos disidentes), y tuvieran la fuerza suficiente para luchar contra las tribus del pueblo; y así lo hicieron.

13 Y fue tan rápida su marcha, que no se pudo impedir hasta que ya habían avanzado fuera del alcance del pueblo. Y así concluyó el año treinta; y así se hallaban los asuntos del pueblo de Nefi.

14 Y aconteció que en el año treinta y uno se hallaban divididos en tribus, cada hombre según su familia, parientes y amigos; no obstante, habían llegado a un acuerdo de que no irían a

---

7 5a Rom. 6:13–16;
   Alma 10:25.
6a 2 Ne. 9:9.
8a Prov. 26:11;
2 Pe. 2:22.
12a 3 Ne. 6:30.

la guerra unos contra otros; pero no estaban unidos en lo que concernía a sus leyes y su sistema de gobierno, porque se habían establecido según la voluntad de los que eran sus jefes y sus caudillos. Pero sí establecieron leyes muy estrictas de que una tribu no debía agraviar a otra; de modo que hasta cierto punto tuvieron paz en la tierra; no obstante, sus corazones se apartaron del Señor su Dios, y apedreaban a los profetas y los echaban fuera de entre ellos.

15 Y sucedió que ªNefi —habiéndolo visitado ángeles, y también la voz del Señor; por tanto, habiendo visto ángeles, y siendo testigo ocular, y habiéndosele dado poder para saber concerniente al ministerio de Cristo, y siendo también testigo ocular del rápido retroceso del pueblo de la rectitud a sus iniquidades y abominaciones;

16 afligido, pues, por la dureza de sus corazones y la ceguedad de sus mentes— salió entre ellos ese mismo año, y empezó a proclamar, osadamente, el arrepentimiento y la remisión de los pecados por medio de la fe en el Señor Jesucristo.

17 Y les ministró muchas cosas a ellos; y no todas se pueden escribir, y parte de ellas no bastaría; por tanto, no se escriben en este libro. Y Nefi ministró con ªpoder y gran autoridad.

18 Y aconteció que se enojaron con él, sí, porque tenía mayor poder que ellos; pues ªno era posible que descreyeran sus palabras, pues tan grande era su fe en el Señor Jesucristo que ángeles le ministraban diariamente.

19 Y en el nombre de Jesús echaba fuera demonios y ªespíritus inmundos; y aun levantó a un hermano suyo de los muertos, después que el pueblo lo hubo apedreado y matado.

20 Y el pueblo lo vio y lo presenció, y se irritó contra él a causa de su poder; y también obró él ªmuchos otros milagros en el nombre de Jesús a la vista del pueblo.

21 Y aconteció que concluyó el año treinta y uno, y no hubo sino unos pocos que se convirtieron al Señor; pero cuantos se convirtieron, manifestaron en verdad al pueblo que los había visitado el poder y el Espíritu de Dios que había en Jesucristo, en quien creían.

22 Y todos aquellos de quienes echaron demonios, y fueron sanados de sus enfermedades y sus dolencias, manifestaron con toda verdad al pueblo que el Espíritu de Dios había obrado en ellos, y que habían sido sanados; y también mostraron señales y efectuaron algunos milagros entre el pueblo.

23 Y así concluyó el año treinta y dos también. Y al principiar el año treinta y tres, Nefi clamó a los del pueblo, y les predicó el

---

15a 3 Ne. 1:2.
17a GEE Poder.
18a 2 Ne. 33:1; Alma 4:19.
19a GEE Espíritu —
　　Espíritus inmundos.
20a 3 Ne. 8:1.

arrepentimiento y la remisión de pecados.

24 Ahora bien, quisiera que recordaseis también, que no hubo ni uno de los que llegaron a arrepentirse que no fuese ^abautizado en el agua.

25 Por tanto, Nefi ordenó a hombres a este ministerio, a fin de que cuantos viniesen a ellos fuesen bautizados en el agua; y esto como atestación y testimonio ante Dios, y para el pueblo, de que se habían arrepentido y habían recibido la ^aremisión de sus pecados.

26 Y hubo muchos, al comenzar este año, que se bautizaron para arrepentimiento; y así pasó la mayor parte del año.

CAPÍTULO 8

Tempestades, terremotos, incendios, torbellinos y convulsiones naturales testifican de la crucifixión de Cristo — Muchas personas son destruidas — Las tinieblas cubren la tierra durante tres días — Los sobrevivientes lamentan su destino. Aproximadamente 33–34 d.C.

AHORA bien, aconteció que según nuestros anales, y sabemos que son verdaderos, porque, he aquí, un hombre justo llevaba los anales, porque en verdad hizo muchos ^amilagros en el ^bnombre de Jesús, y no había hombre alguno que pudiera hacer un milagro en el nombre de Jesús, a menos que estuviese enteramente limpio de su iniquidad;

2 sucedió, pues, que si este hombre no se equivocó en el cálculo de nuestro tiempo, el año ^atreinta y tres había pasado;

3 y el pueblo se puso a aguardar con gran anhelo la señal que había dado el profeta Samuel el Lamanita, sí, la ocasión en que habría tres días de ^atinieblas sobre la faz de la tierra.

4 Y empezaron a surgir graves dudas y disputas entre el pueblo, a pesar de tantas ^aseñales que se habían manifestado.

5 Y sucedió que en el año treinta y cuatro, en el cuarto día del primer mes, se desató una gran tormenta, como jamás se había conocido en toda la tierra.

6 Y hubo también una grande y horrenda tempestad; y hubo terribles ^atruenos de tal modo que ^bsacudían toda la tierra como si estuviera a punto de dividirse.

7 Y hubo relámpagos extremadamente resplandecientes, como nunca se habían visto en toda la tierra.

8 Y se incendió la ^aciudad de Zarahemla.

9 Y se hundió la ciudad de Moroni en las profundidades del

24a GEE Bautismo, bautizar.
25a DyC 20:37.
  GEE Remisión de pecados.
8 1a 3 Ne. 7:19–20;
Morm. 9:18–19.
  b Hech. 3:6; Jacob 4:6.
2a 3 Ne. 2:8.
3a 1 Ne. 19:10;
  Hel. 14:20, 27;
3 Ne. 10:9.
4a GEE Crucifixión.
6a 1 Ne. 19:11; Hel. 14:21.
  b Mateo 27:45, 50–51.
8a 4 Ne. 1:7–8.

mar, y sus habitantes se ahogaron.

10 Y se amontonó la tierra sobre la ciudad de Moroníah, de modo que en lugar de la ciudad, apareció una enorme montaña.

11 Y hubo una destrucción grande y terrible en la tierra del sur.

12 Pero he aquí, hubo una destrucción mucho más grande y terrible en la tierra del norte; pues he aquí, toda la faz de la tierra fue alterada por causa de la tempestad, y los torbellinos, y los truenos, y los relámpagos, y los sumamente violentos temblores de toda la tierra;

13 y se rompieron las ^acalzadas, y se desnivelaron los caminos, y muchos terrenos llanos se hicieron escabrosos.

14 Y se ^ahundieron muchas grandes y notables ciudades, y muchas se incendiaron, y muchas fueron sacudidas hasta que sus edificios cayeron a tierra, y sus habitantes murieron, y los sitios quedaron desolados.

15 Y hubo algunas ciudades que permanecieron; pero el daño que sufrieron fue sumamente grande, y muchos de sus habitantes murieron.

16 Y hubo algunos que fueron arrebatados por el torbellino; y nadie sabe a dónde fueron a parar, solo saben que fueron arrebatados.

17 Y así quedó desfigurada la superficie de toda la tierra por motivo de las tempestades, y los truenos, y los relámpagos, y los temblores de tierra.

18 Y he aquí, las ^arocas se partieron; fueron despedazadas sobre la superficie de toda la tierra, de tal modo que se hallaron hechas pedazos, y partidas y hendidas, sobre toda la faz de la tierra.

19 Y aconteció que cuando cesaron los truenos, y los relámpagos, y la tormenta, y la tempestad, y los temblores de la tierra —pues he aquí, duraron como unas ^atres horas; y algunos dijeron que fue más tiempo; no obstante, todas estas grandes y terribles cosas acontecieron en el espacio de unas tres horas— he aquí, entonces hubo tinieblas sobre la faz de la tierra.

20 Y sucedió que hubo densa obscuridad sobre toda la faz de la tierra, de tal manera que los habitantes que no habían caído podían ^asentir el ^bvapor de tinieblas;

21 y no podía haber luz por causa de la obscuridad, ni velas, ni antorchas; ni podía encenderse el fuego con su leña menuda y bien seca, de modo que no podía haber ninguna luz.

22 Y no se veía luz alguna, ni fuego, ni vislumbre, ni el sol, ni la luna, ni las estrellas, por ser tan densos los vapores de obscuridad que había sobre la faz de la tierra.

23 Y sucedió que duró por el espacio de ^atres días, de modo

13a Hel. 14:24;
    3 Ne. 6:8.
14a 1 Ne. 12:4.
18a Hel. 14:21–22.
19a Lucas 23:44.
20a Éx. 10:21–22.
  b 1 Ne. 12:5; 19:11.
23a 1 Ne. 19:10.

que no se vio ninguna luz; y hubo grandes lamentaciones, gritos y llantos continuamente entre todo el pueblo; sí, grandes fueron los gemidos del pueblo por motivo de las tinieblas y la gran destrucción que les había sobrevenido.

24 Y en un lugar se les oía lamentarse, diciendo: ¡Oh, si nos hubiésemos arrepentido antes de este grande y terrible día, y entonces se habrían salvado nuestros hermanos, y no se hubieran quemado en aquella gran ciudad de ªZarahemla!

25 Y en otro lugar se les oía quejarse y lamentarse, diciendo: ¡Oh, si nos hubiésemos arrepentido antes de este grande y terrible día, y no hubiésemos matado y apedreado y echado fuera a los profetas, entonces nuestras madres y nuestras bellas hijas y nuestros niños habrían sido preservados, y no enterrados en esa gran ciudad de Moroníah! Y así, grandes y terribles eran los gemidos del pueblo.

CAPÍTULO 9

En medio de las tinieblas, la voz de Cristo proclama la destrucción de muchas personas y ciudades por motivo de sus iniquidades — Cristo también proclama Su divinidad, anuncia que la ley de Moisés se ha cumplido e invita a los hombres a venir a Él y ser salvos. Aproximadamente 34 d.C.

Y SUCEDIÓ que se oyó una ªvoz entre todos los habitantes de la tierra, por toda la superficie de esta tierra, clamando:

2 ¡Ay, ay, ay de este pueblo! ª¡Ay de los habitantes de toda la tierra, a menos que se arrepientan; porque el diablo se ᵇríe y sus ángeles se regocijan, a causa de la muerte de los bellos hijos e hijas de mi pueblo; y es por motivo de sus iniquidades y abominaciones que han caído!

3 He aquí, he quemado con fuego la gran ciudad de Zarahemla, y los habitantes de ella.

4 Y he aquí, he hecho que esa gran ciudad de Moroni se hunda en las profundidades del mar, y que se ahoguen sus habitantes.

5 Y he aquí, he cubierto de tierra esa gran ciudad de Moroníah, y los habitantes de ella, para ocultar sus iniquidades y sus abominaciones de ante mi faz, para que la sangre de los profetas y de los santos no ascienda más hasta mí en contra de ellos.

6 Y he aquí, hice que se hundiera la ciudad de Gilgal, y que sus habitantes fueran sepultados en lo profundo de la tierra;

7 sí, y la ciudad de Oníah y sus habitantes, y la de Mocum y sus habitantes, y la ciudad de Jerusalén y sus habitantes; y he hecho que las ªaguas ocupen sus lugares, para ocultar sus maldades y abominaciones de ante mi faz, a fin de que la sangre de los

24a Hel. 13:12.
9 1a 1 Ne. 19:11;   3 Ne. 11:10.
2a Mateo 11:20–21.   b Moisés 7:26.
7a Ezeq. 26:19.

profetas y de los santos no suba más hasta mí en contra de ellos.

8 Y he aquí, la ciudad de Gadiandi, y la ciudad de Gadiomna, y la ciudad de Jacob, y la ciudad de Gimgimno, todas estas he hecho que se hundan y he formado ªlomas y valles en su lugar; y he enterrado a sus habitantes en las entrañas de la tierra para ocultar sus maldades y abominaciones de ante mi faz, para que la sangre de los profetas y de los santos no ascienda más hasta mí en contra de ellos.

9 Y he aquí, esa gran ciudad de Jacobugat, donde habitaba el pueblo del rey Jacob, he hecho quemar con fuego por causa de sus pecados y sus iniquidades que sobrepujaban a toda la iniquidad de la tierra entera, por motivo de sus ªsecretos asesinatos y combinaciones; porque fueron ellos los que destruyeron la paz de mi pueblo y el gobierno de la tierra; por tanto, los he hecho quemar, para ᵇdestruirlos de ante mi faz, para que la sangre de los profetas y de los santos no ascienda más hasta mí en contra de ellos.

10 Y he aquí, he hecho que sean quemadas con fuego la ciudad de Lamán, y la ciudad de Josh, y la ciudad de Gad, y la ciudad de Kishkumen, y los habitantes de ellas, por sus maldades al echar fuera a los profetas y apedrear a los que envié para declararles concerniente a sus iniquidades y sus abominaciones.

11 Y por haberlos expulsado a todos, de modo que no había justos entre ellos, envié ªfuego y los destruí, para que sus maldades y sus abominaciones quedaran ocultas de ante mi faz, a fin de que la sangre de los profetas y de los santos que envié entre ellos no clamara a mí ᵇdesde la tierra en contra de ellos.

12 Y he hecho que vengan ªmuchas grandes destrucciones sobre esta tierra, y sobre este pueblo, a causa de su iniquidad y sus abominaciones.

13 ¡Oh vosotros, todos los que habéis sido ªpreservados porque fuisteis más justos que ellos!, ¿no os volveréis a mí ahora, y os arrepentiréis de vuestros pecados, y os convertiréis para que yo os ᵇsane?

14 Sí, en verdad os digo que si ªvenís a mí, tendréis ᵇvida eterna. He aquí, mi ᶜbrazo de misericordia se extiende hacia vosotros; y a cualquiera que venga, yo lo recibiré; y benditos son los que vienen a mí.

15 He aquí, soy Jesucristo, el Hijo de Dios. Yo ªcreé los cielos y la tierra, y todas las cosas que en ellos hay. Era con el Padre

---

8a 1 Ne. 19:11.
9a Hel. 6:17–18, 21.
  b Mos. 12:8.
11a 2 Rey. 1:9–16;
    Hel. 13:13.
  b Gén. 4:10.

12a 3 Ne. 8:8–10, 14.
13a 3 Ne. 10:12.
  b Jer. 3:22;
    3 Ne. 18:32.
14a 2 Ne. 26:24–28;
    Alma 5:33–36.

  b Juan 3:16.
  c Alma 19:36.
15a Juan 1:1–3;
    Col. 1:16;
    Hel. 14:12;
    Éter 4:7; DyC 14:9.

desde el principio. [b]Yo soy en el Padre, y el Padre en mí; y en mí ha glorificado el Padre su nombre.

16 Vine a los míos, y los míos [a]no me recibieron. Y las Escrituras concernientes a mi venida se han cumplido.

17 Y a cuantos me han recibido, les he [a]concedido llegar a ser hijos de Dios; y así haré yo con cuantos crean en mi nombre, porque he aquí, la [b]redención viene por mí, y en mí se ha cumplido la [c]ley de Moisés.

18 Yo soy la [a]luz y la vida del mundo. Soy el [b]Alfa y la Omega, el principio y el fin

19 Y vosotros ya [a]no me ofreceréis más el derramamiento de sangre; sí, vuestros sacrificios y vuestros holocaustos cesarán, porque no aceptaré ninguno de vuestros sacrificios ni vuestros holocaustos.

20 Y me ofreceréis como [a]sacrificio un corazón quebrantado y un espíritu contrito. Y al que venga a mí con un corazón quebrantado y un espíritu contrito, lo [b]bautizaré con fuego y con el Espíritu Santo, así como los lamanitas fueron bautizados con fuego y con el Espíritu Santo al tiempo de su conversión, por

motivo de su fe en mí, y no lo supieron.

21 He aquí, he venido al mundo para traer redención al mundo, para salvar al mundo del pecado.

22 Por tanto, al que se [a]arrepintiere y viniere a mí como un [b]niño pequeñito, yo lo recibiré, porque de los tales es el reino de Dios. He aquí, por estos he [c]dado mi vida, y la he vuelto a tomar; así pues, arrepentíos y venid a mí, vosotros, extremos de la tierra, y sed salvos.

CAPÍTULO 10

Reina el silencio en la tierra durante muchas horas — La voz de Cristo promete juntar a los de Su pueblo así como la gallina junta a sus polluelos — La parte más justa del pueblo es preservada. Aproximadamente 34–35 d.C.

Y HE aquí, aconteció que todos los habitantes de la tierra oyeron estas palabras, y fueron testigos de ello. Y después de estas palabras, hubo silencio en la tierra por el término de muchas horas;

2 porque tan grande fue el asombro de los del pueblo, que cesaron de lamentarse y de gemir

---

15b Juan 17:20–22;
    3 Ne. 11:27; 19:23, 29.
16a Juan 1:11;
    DyC 6:21.
17a Juan 1:12.
    GEE Hijos e hijas de Dios; Hombre(s) — Su potencial para llegar a ser como nuestro Padre

Celestial.
  b GEE Redención, redimido, redimir.
  c 3 Ne. 12:19, 46–47;
    15:2–9.
18a GEE Luz, luz de Cristo.
  b Apoc. 1:8.
  GEE Alfa y Omega.
19a Alma 34:13.

20a 3 Ne. 12:19;
    DyC 20:37.
  b 2 Ne. 31:13–14.
22a GEE Arrepentimiento, arrepentirse.
  b Marcos 10:15;
    Mos. 3:19;
    3 Ne. 11:37–38.
  c Juan 10:15–18.

por la pérdida de sus parientes que habían perecido; de manera que hubo silencio en toda la tierra por el espacio de muchas horas.

3 Y aconteció que llegó de nuevo una voz al pueblo, y todo el pueblo oyó y dio testimonio de ella, que decía:

4 ¡Oh pueblo de estas *grandes ciudades que han caído, que sois descendientes de Jacob, sí, que sois de la casa de Israel, cuántas veces os he juntado como la gallina junta sus polluelos bajo las alas, y os he *nutrido!

5 Y además, *¡cuántas veces os hubiera juntado como la gallina junta sus polluelos bajo las alas, oh pueblo de la casa de Israel que habéis caído; sí, oh pueblo de la casa de Israel, que habitáis en Jerusalén, así como vosotros los que habéis caído; sí, cuántas veces os hubiera juntado como la gallina junta sus polluelos, y no quisisteis!

6 ¡Oh vosotros de la casa de Israel, a quienes he *preservado, cuántas veces os juntaré como la gallina junta sus polluelos bajo las alas, si os arrepentís y *volvéis a mí con íntegro propósito de *corazón!

7 Pero si no, oh casa de Israel, los lugares de tus habitaciones serán hechos desiertos hasta la época del cumplimiento del *convenio hecho con tus padres.

8 Y sucedió que después que la gente hubo oído estas palabras, he aquí, empezaron a llorar y a gemir otra vez por la pérdida de sus parientes y amigos.

9 Y aconteció que así pasaron los tres días. Y era la mañana, y se disipó la *obscuridad de sobre la faz de la tierra, y cesó la tierra de temblar, y dejaron de hendirse las rocas, y terminaron los espantosos gemidos, y se acabaron todos los sonidos tumultuosos.

10 Y se integró la tierra otra vez, y se afirmó; y cesaron los lamentos, y el llanto, y los gemidos de los que quedaron vivos; y su lloro se tornó en gozo, y sus lamentaciones en alabanzas y en acción de gracias al Señor Jesucristo, su Redentor.

11 Y hasta aquí se *cumplieron las Escrituras que los profetas habían declarado.

12 Y fue la parte *más justa del pueblo la que se salvó, y fueron los que recibieron a los profetas y no los apedrearon; y fueron los que no habían vertido la sangre de los santos, los que no murieron.

13 Y fueron preservados y no fueron hundidos y sepultados en la tierra; ni fueron ahogados en las profundidades del mar; ni fueron quemados por el fuego, ni murieron aplastados bajo algún peso; ni fueron arrebatados

10 4a 3 Ne. 8:14.
  b 1 Ne. 17:3.
 5a Mateo 23:37;
    DyC 43:24–25.
 6a 3 Ne. 9:13.
  b 1 Sam. 7:3; Hel. 13:11;
    3 Ne. 24:7.
  c Ezeq. 36:26.
 7a GEE Convenio.
 9a 3 Ne. 8:19.
11a Hech. 3:18–20.
12a 2 Ne. 26:8; 3 Ne. 9:13.

por el torbellino; ni fueron dominados por el vapor de humo y de obscuridad.

14 Y ahora bien, quien lea, entienda; el que tenga las Escrituras, ªescudríñelas, y vea y considere si todas estas muertes y destrucciones causadas por el fuego, y por el humo, y por las tempestades, y por los torbellinos, y por la tierra que se ᵇabrió para recibirlos, y todas estas cosas, no son para dar cumplimiento a las profecías de muchos de los santos profetas.

15 He aquí, os digo: Sí, muchos han testificado de estas cosas a la venida de Cristo, y los ªmataron porque testificaron de estas cosas.

16 Sí, el profeta ªZenós testificó de estas cosas, y también Zenoc habló concerniente a ellas, porque ellos testificaron particularmente tocante a nosotros, que somos el resto de su posteridad.

17 He aquí, nuestro padre Jacob también testificó concerniente a un ªresto de la posteridad de José. Y he aquí, ¿no somos un resto de la posteridad de José? Y estas cosas que testifican de nosotros, ¿no están escritas en las planchas de bronce que nuestro padre Lehi trajo de Jerusalén?

18 Y sucedió que a la conclusión del año treinta y cuatro, he aquí, os mostraré que a los del pueblo de Nefi que fueron preservados, y también a aquellos que habían sido llamados lamanitas,

que habían sido preservados, les fueron manifestados grandes favores, y se derramaron grandes bendiciones sobre su cabeza, al grado que poco después de la ªascensión de Cristo al cielo, él verdaderamente se manifestó a ellos,

19 ªmostrándoles su cuerpo y ejerciendo su ministerio a favor de ellos; y más adelante se hará una relación de su ministerio. Por tanto, concluyo mis palabras por ahora.

———

Jesucristo se manifestó a los del pueblo de Nefi, mientras se hallaba reunida la multitud en la tierra de Abundancia, y les ministró; y de esta manera se les manifestó.

Comprende los capítulos del 11 al 26.

CAPÍTULO 11

El Padre da testimonio de Su Hijo Amado — Cristo aparece y proclama Su expiación — Los del pueblo palpan las marcas de las heridas en Sus manos, en Sus pies y en Su costado — La multitud exclama ¡Hosanna! — Él establece el método y la manera del bautismo — El espíritu de contención es del diablo — La doctrina de Cristo es que los hombres deben creer, ser bautizados y recibir el Espíritu Santo. Aproximadamente 34 d.C.

14a GEE Escrituras — El valor de las Escrituras.
  b 1 Ne. 19:11;
    2 Ne. 26:5.
15a GEE Mártir, martirio.
16a Hel. 8:19–20.
17a 2 Ne. 3:4–5;
    Alma 46:24;
3 Ne. 5:23–24.
18a Hech. 1:9–11.
19a 3 Ne. 11:12–15.

Y ACONTECIÓ que se hallaba reunida una gran multitud del pueblo de Nefi en los alrededores del templo que se encontraba en la tierra de Abundancia, y estaban maravillándose y asombrándose entre sí, y mostrándose los unos a los otros el *grande y maravilloso cambio que se había verificado.

2 Y también estaban conversando acerca de este Jesucristo, de quien se había dado la *señal tocante a su muerte.

3 Y aconteció que mientras así conversaban, unos con otros, oyeron una *voz como si viniera del cielo; y miraron alrededor, porque no entendieron la voz que oyeron; y no era una voz áspera ni una voz fuerte; no obstante, y a pesar de ser una voz *suave, penetró hasta lo más profundo de los que la oyeron, de tal modo que no hubo parte de su cuerpo que no hiciera estremecer; sí, les penetró hasta el alma misma, e hizo arder sus corazones.

4 Y sucedió que de nuevo oyeron la voz, y no la entendieron.

5 Y nuevamente por tercera vez oyeron la voz, y aguzaron el oído para escucharla; y tenían la vista fija en dirección del sonido; y miraban atentamente hacia el cielo, de donde venía el sonido.

6 Y he aquí, la tercera vez entendieron la voz que oyeron; y les dijo:

7 He aquí a mi *Hijo Amado, *en quien me complazco, en quien he glorificado mi nombre: a él oíd.

8 Y aconteció que al entender, dirigieron la vista hacia el cielo otra vez; y he aquí, *vieron a un Hombre que descendía del cielo; y estaba vestido con una túnica blanca; y descendió y se puso en medio de ellos. Y los ojos de toda la multitud se fijaron en él, y no se atrevieron a abrir la boca, ni siquiera el uno al otro, y no sabían lo que significaba, porque suponían que era un ángel que se les había aparecido.

9 Y aconteció que extendió la mano, y habló al pueblo, diciendo:

10 He aquí, yo soy Jesucristo, de quien los profetas testificaron que vendría al mundo.

11 Y he aquí, soy la *luz y la vida del mundo; y he bebido de la amarga *copa que el Padre me ha dado, y he glorificado al Padre, *tomando sobre mí los pecados del mundo, con lo cual me he sometido a la *voluntad del Padre en todas las cosas desde el principio.

12 Y sucedió que cuando Jesús hubo hablado estas palabras,

11 1a 3 Ne. 8:11–14.
2a Hel. 14:20–27.
3a Deut. 4:33–36;
   Hel. 5:29–33.
 b 1 Rey. 19:11–13;
   DyC 85:6.
7a Mateo 3:17; 17:5;
   JS—H 1:17.
 b 3 Ne. 9:15.
8a 1 Ne. 12:6;
   2 Ne. 26:1.
11a GEE Luz, luz de Cristo.
 b Mateo 26:39, 42.
 c Juan 1:29;
   DyC 19:18–19.
 d Marcos 14:36;
   Juan 6:38;
   DyC 19:2.

toda la multitud cayó al suelo; pues recordaron que se había ªprofetizado entre ellos que Cristo se les manifestaría después de su ascensión al cielo.

13 Y ocurrió que les habló el Señor, diciendo:

14 Levantaos y venid a mí, para que ªmetáis vuestras manos en mi costado, y para que también ᵇpalpéis las marcas de los clavos en mis manos y en mis pies, a fin de que sepáis que soy el ᶜDios de Israel, y el Dios de toda la ᵈtierra, y que he sido muerto por los pecados del mundo.

15 Y aconteció que los de la multitud se adelantaron y metieron las manos en su costado, y palparon las marcas de los clavos en sus manos y en sus pies; y esto hicieron, yendo uno por uno, hasta que todos hubieron llegado; y vieron con los ojos y palparon con las manos, y supieron con certeza, y dieron testimonio de que ªera él, de quien habían escrito los profetas que había de venir.

16 Y cuando todos hubieron ido y comprobado por sí mismos, exclamaron a una voz, diciendo:

17 ¡Hosanna! ¡Bendito sea el nombre del Más Alto Dios! Y cayeron a los pies de Jesús, y lo ªadoraron.

18 Y aconteció que le habló a ªNefi (porque Nefi se hallaba entre la multitud), y le mandó que se acercara.

19 Y se levantó Nefi, y se acercó y se inclinó ante el Señor, y le besó los pies.

20 Y el Señor le mandó que se levantara; y se levantó y se puso de pie ante él.

21 Y el Señor le dijo: Te doy ªpoder para que ᵇbautices a los de este pueblo cuando yo haya ascendido al cielo otra vez.

22 Y además, el Señor llamó a ªotros, y les habló de igual manera, y les dio poder para bautizar. Y les dijo: De esta manera bautizaréis; y ᵇno habrá disputas entre vosotros.

23 De cierto os digo que a quienes se arrepientan de sus pecados a causa de vuestras ªpalabras, y ᵇdeseen ser bautizados en mi nombre, de esta manera los bautizaréis: He aquí, descenderéis y, ᶜestando de pie en el agua, en mi nombre los bautizaréis.

24 Y he aquí, estas son las palabras que pronunciaréis, llamándolos por su nombre, diciendo:

25 Habiéndoseme dado ªautoridad de Jesucristo, yo te bautizo

12a Alma 16:20.
14a Juan 20:27.
  b Lucas 24:36–39; DyC 129:2.
  c Isa. 45:3; 3 Ne. 15:5.
  d 1 Ne. 11:6.
15a GEE Jesucristo — Las apariciones de Cristo
después de Su muerte.
17a GEE Adorar.
18a 3 Ne. 1:2, 10.
21a GEE Poder.
  b GEE Bautismo, bautizar.
22a 1 Ne. 12:7; 3 Ne. 12:1.
  b 3 Ne. 18:34.
23a 3 Ne. 12:2.
  b GEE Bautismo, bautizar — Requisitos del bautismo.
  c 3 Ne. 19:10–13.
25a Mos. 18:13; DyC 20:73. GEE Bautismo, bautizar — Con la debida autoridad.

en el nombre del [b]Padre, y del Hijo, y del Espíritu Santo. Amén.

26 Y entonces los [a]sumergiréis en el agua, y saldréis del agua.

27 Y según esta manera bautizaréis en mi nombre, porque he aquí, de cierto os digo que el Padre, y el Hijo, y el Espíritu Santo son [a]uno; y yo soy en el Padre, y el Padre en mí, y el Padre y yo somos uno.

28 Y de acuerdo con lo que os he mandado, así bautizaréis; y no habrá [a]disputas entre vosotros, como hasta ahora ha habido; ni habrá disputas entre vosotros concernientes a los puntos de mi doctrina, como hasta aquí las ha habido.

29 Porque en verdad, en verdad os digo que aquel que tiene el [a]espíritu de [b]contención no es mío, sino es del diablo, que es el padre de la contención, y él irrita los corazones de los hombres, para que contiendan con ira unos con otros.

30 He aquí, esta no es mi doctrina, agitar con ira el corazón de los hombres, el uno contra el otro; antes bien mi doctrina es esta, que se acaben tales cosas.

31 He aquí, en verdad, en verdad os digo que os declararé mi [a]doctrina.

32 Y esta es mi [a]doctrina, y es la doctrina que el Padre me ha dado; y yo doy [b]testimonio del Padre, y el Padre da testimonio de mí, y el [c]Espíritu Santo da testimonio del Padre y de mí; y yo testifico que el Padre manda a todos los hombres, en todo lugar, que se arrepientan y crean en mí.

33 Y cualquiera que crea en mí, y sea [a]bautizado, este será [b]salvo; y son ellos los que [c]heredarán el reino de Dios.

34 Y quien no crea en mí, ni sea bautizado, será condenado.

35 De cierto, de cierto os digo que esta es mi doctrina, y del Padre yo doy testimonio de ella; y quien en mí [a]cree, también cree en el Padre; y el Padre le testificará a él de mí, porque lo visitará [b]con fuego y con el [c]Espíritu Santo.

36 Y así dará el Padre testimonio de mí, y el Espíritu Santo le dará testimonio del Padre y de mí, porque el Padre, y yo, y el Espíritu Santo somos uno.

37 Y también os digo que debéis arrepentiros, y [a]volveros como un niño pequeñito, y ser bautizados en mi nombre, o de

---

25b GEE Trinidad.
26a GEE Bautismo, bautizar — Por inmersión.
27a Juan 17:20–22; 3 Ne. 28:10; Morm. 7:7; DyC 20:28.
28a 1 Cor. 1:10; Efe. 4:11–14; DyC 38:27.
29a 2 Tim. 2:23–24;

Mos. 23:15.
GEE Contención, contienda.
   b TJS Efe. 4:26 (Apéndice — Biblia); Mos. 2:32–33.
31a 2 Ne. 31:2–21.
32a GEE Doctrina de Cristo.
   b 1 Juan 5:7.
   c 3 Ne. 28:11; Éter 5:4.
33a Marcos 16:16.

GEE Bautismo, bautizar — Indispensable.
   b GEE Salvación.
   c GEE Gloria celestial.
35a Éter 4:12.
   b 3 Ne. 9:20; 12:2.
   c GEE Espíritu Santo.
37a Marcos 10:15; Lucas 18:17; Mos. 3:19; 3 Ne. 9:22.

ninguna manera recibiréis estas cosas.

38 Y otra vez os digo que debéis arrepentiros, y ser bautizados en mi nombre, y volveros como un niño pequeñito, o de ningún modo heredaréis el reino de Dios.

39 De cierto, de cierto os digo que esta es mi doctrina; y los que ªedifican sobre esto, edifican sobre mi roca, y las ᵇpuertas del infierno no prevalecerán en contra de ellos.

40 Y quienes declaren más o menos que esto, y lo establezcan como mi doctrina, tales proceden del mal, y no están fundados sobre mi roca; sino que edifican sobre un cimiento de ªarena, y las puertas del infierno estarán abiertas para recibirlos, cuando vengan las inundaciones y los azoten los vientos.

41 Por tanto, id a este pueblo, y declarad las palabras que he hablado, hasta los extremos de la tierra.

CAPÍTULO 12

Jesús llama a los doce discípulos y los comisiona — Pronuncia ante los nefitas un discurso semejante al Sermón del Monte — Expone las Bienaventuranzas — Sus enseñanzas superan la ley de Moisés y tienen precedencia sobre ella — Manda a los hombres que sean perfectos, así

como Él y Su Padre son perfectos — Compárese con Mateo 5. Aproximadamente 34 d.C.

Y ACONTECIÓ que cuando Jesús hubo hablado estas palabras a Nefi y a los que habían sido llamados (y llegaba a ªdoce el número de los que habían sido llamados, y recibieron el poder y la autoridad para bautizar), he aquí, él extendió la mano hacia la multitud, y les proclamó, diciendo: ᵇBienaventurados sois si prestáis atención a las palabras de estos doce que yo he ᶜescogido de entre vosotros para ejercer su ministerio en bien de vosotros y ser vuestros siervos; y a ellos les he dado poder para que os bauticen en el agua; y después que seáis bautizados en el agua, he aquí, os bautizaré con fuego y con el Espíritu Santo. Por tanto, bienaventurados sois si creéis en mí y sois bautizados, después que me habéis visto y sabéis que yo soy.

2 Y también, más bienaventurados son aquellos que ªcrean en vuestras palabras por razón de que testificaréis que me habéis visto y que sabéis que yo soy. Sí, bienaventurados son los que crean en vuestras palabras, y ᵇdesciendan a lo profundo de la humildad y sean bautizados, porque serán visitados ᶜcon fuego y con el Espíritu Santo, y

---

39a Mateo 7:24–29;
  Hel. 5:12.
  GEE Roca.
 b 3 Ne. 18:12–13.
40a 3 Ne. 14:24–27.

12 1a 3 Ne. 13:25.
  b GEE Bendecido,
    bendecir, bendición.
  c GEE Llamado, llamado
    por Dios,

    llamamiento.
2a DyC 46:13–14.
  GEE Creencia, creer.
 b Éter 4:13–15.
 c 3 Ne. 11:35; 19:13.

recibirán una remisión de sus pecados.

3 Sí, bienaventurados son los ^apobres en espíritu que ^bvienen a mí, porque de ellos es el reino de los cielos.

4 Y además, bienaventurados son todos los que lloran, porque ellos serán consolados.

5 Y bienaventurados son los ^amansos, porque ellos heredarán la ^btierra.

6 Y bienaventurados son todos los que padecen ^ahambre y ^bsed de ^crectitud, porque ellos serán llenos del Espíritu Santo.

7 Y bienaventurados son los ^amisericordiosos, porque ellos alcanzarán misericordia.

8 Y bienaventurados son todos los de corazón ^apuro, porque ellos ^bverán a Dios.

9 Y bienaventurados son todos los ^apacificadores, porque ellos serán llamados ^bhijos de Dios.

10 Y bienaventurados son todos los que son ^aperseguidos por causa de mi nombre, porque de ellos es el reino de los cielos.

11 Y bienaventurados sois cuando por mi causa los hombres os vituperen y os persigan, y falsamente digan toda clase de mal contra vosotros;

12 porque tendréis gran gozo y os alegraréis en extremo, pues grande será vuestro ^agalardón en los cielos; porque así persiguieron a los profetas que fueron antes de vosotros.

13 De cierto, de cierto os digo que os doy a vosotros ser la ^asal de la tierra; pero si la sal pierde su sabor, ¿con qué será salada la tierra? De allí en adelante la sal no servirá para nada sino para ser echada fuera y hollada por los hombres.

14 En verdad, en verdad os digo que os doy a vosotros ser la luz de este pueblo. Una ciudad que se asienta sobre una colina no se puede ocultar.

15 He aquí, ¿encienden los hombres una ^avela y la ponen debajo de un almud? No, sino en un candelero; y da luz a todos los que están en la casa;

16 por lo tanto, así alumbre vuestra ^aluz delante de este pueblo, de modo que vean vuestras buenas obras, y glorifiquen a vuestro Padre que está en los cielos.

17 No penséis que he venido para abrogar la ley ni los profetas. No he venido para abrogar, sino para cumplir;

18 porque en verdad os digo que ni una jota ni una tilde ha

3a DyC 56:17–18.
  GEE Humildad,
  humilde, humillar
  (afligir).
 b Mateo 11:28–30.
5a Rom. 12:16; Mos. 3:19.
  GEE Mansedumbre,
  manso.
 b GEE Tierra.

6a 2 Ne. 9:51; Enós 1:4.
 b Jer. 29:13.
 c Prov. 21:21.
7a GEE Misericordia,
  misericordioso.
8a GEE Pureza, puro.
 b DyC 93:1.
9a GEE Pacificador.
 b GEE Hijos e hijas de

  Dios.
10a DyC 122:5–9.
  GEE Persecución,
  perseguir.
12a Éter 12:4.
13a DyC 101:39–40.
  GEE Sal.
15a Lucas 8:16.
16a 3 Ne. 18:24.

pasado de la ªley, sino en mí toda se ha cumplido.

19 Y he aquí, os he dado la ley y los mandamientos de mi Padre para que creáis en mí, que os arrepintáis de vuestros pecados y vengáis a mí con un ªcorazón quebrantado y un espíritu contrito. He aquí, tenéis los mandamientos ante vosotros, y la ᵇley se ha cumplido.

20 Por tanto, venid a mí y sed salvos; porque en verdad os digo que a menos que guardéis mis mandamientos, que ahora os he dado, de ningún modo entraréis en el reino de los cielos.

21 Habéis oído que ha sido dicho por los de tiempos antiguos, y también lo tenéis escrito ante vosotros: No ªmatarás; y cualquiera que matare estará expuesto al juicio de Dios.

22 Pero yo os digo que quien se enoje con su hermano corre peligro de su juicio. Y cualquiera que diga a su hermano: Raca, quedará expuesto al concilio; y el que le diga: Insensato, estará en peligro del fuego del infierno.

23 Por tanto, si vienes a mí, o deseas venir a mí, y te acuerdas de que tu hermano tiene algo contra ti,

24 ve luego a tu hermano, y ªreconcíliate primero con él, y luego ven a mí con íntegro propósito de corazón, y yo te recibiré.

25 Reconcíliate cuanto antes con tu adversario, mientras te encuentres en el camino con él, no sea que en cualquier momento te prenda, y seas echado en la cárcel.

26 En verdad, en verdad te digo que de ningún modo saldrás de allí hasta que hayas pagado el último senine. Y mientras te halles en la prisión, ¿podrás pagar aun siquiera un ªsenine? De cierto, de cierto te digo que no.

27 He aquí, fue escrito por los antiguos que no cometerás ªadulterio;

28 mas yo os digo que quien mire a una mujer para ªcodiciarla ya ha cometido adulterio en su corazón.

29 He aquí, os doy el mandamiento de que no permitáis que ninguna de estas cosas entre en vuestro ªcorazón,

30 porque mejor es que os privéis de estas cosas, tomando así vuestra ªcruz, que ser arrojados en el infierno.

31 Ha sido escrito, que quien repudiare a su esposa, le dé carta de ªdivorcio.

32 En verdad, en verdad os digo que el que ªrepudie a su esposa, salvo por causa de ᵇfornicación, hace que ella cometa ᶜadulterio; y cualquiera que se

18a GEE Ley de Moisés.
19a 3 Ne. 9:20.
  GEE Corazón quebrantado.
  b 3 Ne. 9:17.
21a Éx. 20:13; Mos. 13:21;
DyC 42:18.
24a GEE Perdonar.
26a Alma 11:3.
27a 2 Ne. 9:36; DyC 59:6.
28a DyC 42:23.
  GEE Concupiscencia.
29a Hech. 8:22.
30a Mateo 10:38; 16:24; Lucas 9:23.
31a GEE Divorcio.
32a Marcos 10:11–12.
  b GEE Fornicación.
  c GEE Adulterio.

case con la divorciada, comete adulterio.

33 Y además está escrito: No te perjurarás, sino que cumplirás al Señor tus [a]juramentos;

34 mas en verdad, en verdad os digo: No [a]juréis de ninguna manera; ni por el cielo, porque es el trono de Dios;

35 ni por la tierra, porque es el estrado de sus pies;

36 ni tampoco jurarás por tu cabeza, porque no puedes hacer negro o blanco un solo cabello;

37 antes bien, sea vuestro hablar: Sí, sí; No, no; porque lo que sea más que esto, es malo.

38 Y he aquí, está escrito: [a]Ojo por ojo y diente por diente;

39 mas yo os digo que no debéis [a]resistir al mal, antes bien al que te hiera en la mejilla derecha, [b]vuélvele también la otra.

40 Y si alguien te demanda ante la ley, y te quita la túnica, déjale también la capa.

41 Y quien te obligue a ir una milla, ve con él dos.

42 Al que te pida, [a]dale; y al que quiera de ti tomar prestado, no se lo rehúses.

43 Y he aquí, está escrito también que amarás a tu prójimo, y aborrecerás a tu enemigo;

44 mas he aquí, yo os digo: Amad a vuestros [a]enemigos, bendecid a los que os maldicen, haced bien a los que os aborrecen, y [b]orad por los que os ultrajan y os persiguen;

45 para que seáis hijos de vuestro Padre que está en los cielos; pues él hace salir su sol sobre los malos y sobre los buenos.

46 Por tanto, estas cosas que existían en la antigüedad, que se hallaban bajo la ley, se han cumplido todas en mí.

47 Las cosas [a]antiguas han pasado, y todas las cosas se han vuelto nuevas.

48 Por tanto, quisiera que fueseis [a]perfectos así como yo, o como vuestro Padre que está en los cielos es perfecto.

CAPÍTULO 13

Jesús enseña a los nefitas la manera de orar — Deben acumular tesoros en los cielos — Manda a los doce discípulos que en su ministerio no se afanen por las cosas temporales — Compárese con Mateo 6. Aproximadamente 34 d.C.

EN verdad, en verdad os digo, quisiera que dieseis [a]limosnas a los pobres; mas guardaos de dar vuestras limosnas delante de los hombres para ser vistos de ellos; de otra manera, ningún galardón tenéis de vuestro Padre que está en los cielos.

2 Por tanto, cuando hagáis vuestra limosna, no toquéis trompeta delante de vosotros,

---

33a GEE Juramento.
34a GEE Profanidad.
38a Lev. 24:20.
39a 3 Ne. 6:13;
    4 Ne. 1:34;
    DyC 98:23–32.

b GEE Paciencia.
42a Jacob 2:17–19;
    Mos. 4:22–26.
44a Prov. 24:17;
    Alma 48:23.
b Hech. 7:59–60.

47a 3 Ne. 15:2, 7;
    DyC 22:1.
48a Mateo 5:48;
    3 Ne. 27:27.
    GEE Perfecto.
13 1a GEE Limosna.

como lo hacen los hipócritas en las sinagogas y en las calles, para tener ªgloria de los hombres. En verdad os digo que ya tienen su recompensa.

3 Mas cuando tú hagas limosna, no sepa tu mano izquierda lo que hace tu derecha;

4 a fin de que tu limosna sea en secreto; y tu Padre que ve en lo secreto, te recompensará en público.

5 Y cuando ªores, no seas como los hipócritas, porque les gusta orar de pie en las sinagogas y en las esquinas de las calles, para ser vistos de los hombres. En verdad os digo que ya tienen su recompensa.

6 Mas tú, cuando ores, entra en tu aposento, y cuando hayas cerrado la puerta, ora a tu Padre que está en secreto; y tu Padre, que ve en lo secreto, te recompensará en público.

7 Y al orar, no uséis vanas repeticiones, como los paganos; pues ellos creen que por su mucha parlería serán oídos.

8 No seáis, por tanto, como ellos; porque vuestro Padre ªsabe las cosas que necesitáis antes que le pidáis.

9 De esta ªmanera, pues, ᵇorad: ᶜPadre nuestro que estás en los cielos, santificado sea tu nombre.

10 Sea hecha tu voluntad en la tierra así como en el cielo.

11 Y perdónanos nuestras deudas, como nosotros perdonamos a nuestros deudores.

12 Y ªno nos dejes caer en tentación, mas líbranos del mal.

13 Porque tuyo es el reino, y el poder, y la gloria, para siempre. Amén.

14 Porque si ªperdonáis a los hombres sus ofensas, os perdonará también a vosotros vuestro Padre Celestial;

15 mas si no perdonáis a los hombres sus ofensas, vuestro Padre tampoco perdonará vuestras ofensas.

16 Además, cuando ªayunéis, no seáis como los hipócritas, de semblante triste, porque desfiguran sus rostros para mostrar a los hombres que ayunan. En verdad os digo que ya tienen su galardón.

17 Mas tú, cuando ayunes, unge tu cabeza y lava tu rostro;

18 para que no muestres a los hombres que ayunas, sino a tu Padre, que está en ªsecreto; y tu Padre, que ve en lo secreto, te recompensará en público.

19 No os acumuléis tesoros sobre la tierra, donde la polilla y el moho corrompen, y los ladrones minan y roban;

20 sino acumulaos ªtesoros en los cielos, donde ni la polilla ni el moho corrompen, y donde los ladrones no minan ni roban.

21 Porque donde esté vuestro

2a DyC 121:34–35.
5a GEE Oración.
8a DyC 84:83.
9a Mateo 6:9–13.
 b GEE Oración.

 c GEE Trinidad — Dios el
   Padre.
12a TJS Mateo 6:14
   (Apéndice — Biblia).
14a Mos. 26:30–31;

   DyC 64:9. GEE Perdonar.
16a Isa. 58:5–7.
   GEE Ayunar, ayuno.
18a DyC 38:7.
20a Hel. 5:8; 8:25.

tesoro, allí estará también vuestro corazón.

22 La ªluz del cuerpo es el ojo; por tanto, si tu ojo es puro, todo tu cuerpo estará lleno de luz.

23 Pero si tu ojo es malo, todo tu cuerpo estará lleno de tinieblas. Por tanto, si la luz que hay en ti es tinieblas, ¡cuán grandes no serán esas tinieblas!

24 Ningún hombre puede ªservir a dos señores, porque o aborrecerá al uno y amará al otro, o se allegará al uno y despreciará al otro. No podéis servir a Dios y a ᵇMamón.

25 Y aconteció que cuando Jesús hubo hablado estas palabras, miró hacia los doce que había elegido, y les dijo: Acordaos de las palabras que he hablado. Porque he aquí, vosotros sois aquellos a quienes he escogido para ejercer el ªministerio entre este pueblo. Os digo, pues: ᵇNo os afanéis por vuestra vida, qué habéis de comer o qué habéis de beber; ni tampoco por vuestro cuerpo, con qué lo habéis de vestir. ¿No es la vida más que el alimento, y el cuerpo más que el vestido?

26 Mirad las aves del cielo, pues no siembran, ni tampoco siegan, ni recogen en alfolíes; sin embargo, vuestro Padre Celestial las alimenta. ¿No sois vosotros mucho mejores que ellas?

27 ¿Quién de vosotros, por mucho que se afane, podrá añadir un codo a su estatura?

28 Y por el vestido, ¿por qué os afanáis? Considerad los lirios del campo cómo crecen: No trabajan, ni hilan;

29 y sin embargo, os digo, que ni aun Salomón, en toda su gloria, se vistió como uno de estos.

30 Por tanto, si Dios viste así la hierba del campo, que hoy es, y mañana se echa en el horno, así os vestirá él, si vosotros no sois de poca fe.

31 No os afanéis, pues, diciendo: ¿Qué comeremos o qué beberemos, o con qué nos hemos de vestir?

32 Porque vuestro Padre Celestial sabe que tenéis necesidad de todas estas cosas.

33 Mas buscad primeramente el ªreino de Dios y su justicia, y todas estas cosas os serán añadidas.

34 Así que, no os afanéis por el día de mañana, porque el día de mañana traerá su afán por sus propias cosas. Basta el día para su propio mal.

CAPÍTULO 14

Jesús manda: No juzguéis; pedid a Dios; guardaos de los falsos profetas — Él promete la salvación a aquellos que hagan la voluntad del Padre — Compárese con Mateo 7. Aproximadamente 34 d.C.

Y ACONTECIÓ que cuando Jesús hubo hablado estas palabras, se volvió de nuevo hacia la multitud y abrió otra vez su boca,

22a DyC 88:67.
24a 1 Sam. 7:3.
  b Palabra aramea que
significa riquezas.
25a GEE Ministrar, ministro.
  b Alma 31:37–38;
DyC 84:79–85.
33a Lucas 12:31.

diciendo: De cierto, de cierto os digo: ^aNo juzguéis, para que no seáis juzgados.

2 ^aPorque con el juicio con que juzguéis, seréis juzgados; y con la medida con que midáis, se os volverá a medir.

3 Y, ¿por qué miras la paja que está en el ojo de tu hermano, mas no te fijas en la viga que está en tu propio ojo?

4 O, ¿cómo dirás a tu hermano: Déjame sacar la paja de tu ojo, y he aquí, hay una viga en tu propio ojo?

5 ¡Hipócrita!, saca primero la ^aviga de tu propio ojo; y entonces verás claramente para sacar la paja del ojo de tu hermano.

6 No deis lo que es ^asanto a los perros, ni echéis vuestras perlas delante de los cerdos; no sea que las huellen con sus pies y se vuelvan y os despedacen.

7 ^aPedid, y se os dará; buscad, y hallaréis; llamad, y se os abrirá.

8 Porque todo el que pide, recibe; y el que busca, halla; y al que llama, se le abrirá.

9 O, ¿qué hombre hay de vosotros, que si su hijo pide pan, le dará una piedra,

10 o si pide un pescado, le dará una serpiente?

11 Pues si vosotros, siendo malos, sabéis dar buenas dádivas a vuestros hijos, ¿cuánto más vuestro Padre que está en los cielos dará buenas cosas a los que le piden?

12 Así que, cuantas cosas queráis que los hombres os hagan a vosotros, así ^ahaced vosotros con ellos, porque esto es la ley y los profetas.

13 Entrad por la ^apuerta estrecha; porque ^bancha es la puerta, y espacioso el camino, que conduce a la perdición, y muchos son los que entran por ella;

14 porque estrecha es la ^apuerta, y ^bangosto el camino que conduce a la vida, y ^cpocos son los que la hallan.

15 Guardaos de los ^afalsos profetas, que vienen a vosotros con vestidos de ovejas, mas por dentro son lobos rapaces.

16 Por sus frutos los conoceréis. ¿Se recogen uvas de los espinos, o higos de los cardos?

17 De igual manera, todo árbol bueno produce buen fruto; mas un árbol malo da mal fruto.

18 Un árbol bueno no puede producir mal fruto, ni un árbol malo puede producir buen fruto.

19 Todo árbol que ^ano da buen fruto es cortado y echado en el fuego.

20 Así que, por sus ^afrutos los conoceréis.

21 No todo el que me dice: Señor, Señor, entrará en el reino de los cielos; sino el que hace la

---

14 1a TJS Mateo 7:1–2
(Apéndice — Biblia);
Juan 7:24.
2a Morm. 8:19.
5a Juan 8:3–11.
6a GEE Santo (adjetivo).
7a 3 Ne. 27:29.
GEE Oración.

12a GEE Compasión.
13a Lucas 13:24;
3 Ne. 27:33.
b DyC 132:25.
14a 2 Ne. 9:41; 31:9, 17–18;
DyC 22.
b 1 Ne. 8:20.
c 1 Ne. 14:12.

15a Jer. 23:21–32;
2 Ne. 28:9, 12, 15.
19a Mateo 3:10;
Alma 5:36–41;
DyC 97:7.
20a Lucas 6:43–45;
Moro. 7:5.

voluntad de mi Padre que está en los cielos.

22 En aquel día muchos me ᵃdirán: Señor, Señor, ¿no hemos profetizado en tu nombre, y en tu nombre no hemos echado demonios, y no hemos hecho, en tu nombre, muchas obras milagrosas?

23 Y entonces les declararé: Nunca os ᵃconocí, ᵇapartaos de mí, obradores de iniquidad.

24 Por tanto, cualquiera que oye estas palabras mías, y las hace, lo compararé a un hombre prudente que edificó su casa sobre una ᵃroca;

25 y descendió la ᵃlluvia, y vinieron los torrentes, y soplaron los vientos, y dieron con ímpetu contra aquella casa; y no ᵇcayó, porque estaba fundada sobre una roca.

26 Y todo el que me oye estas palabras, y no las hace, será comparado al hombre insensato que edificó su casa sobre la ᵃarena:

27 y descendió la lluvia, y vinieron los torrentes, y soplaron los vientos, y dieron con ímpetu contra aquella casa; y cayó, y grande fue su caída.

CAPÍTULO 15

Jesús anuncia que la ley de Moisés se ha cumplido en Él — Los nefitas son las otras ovejas a quienes Él se refirió en Jerusalén — Por causa de la iniquidad, el pueblo del Señor en Jerusalén no sabe acerca de las ovejas esparcidas de Israel. Aproximadamente 34 d.C.

Y ACONTECIÓ que cuando Jesús hubo concluido estas palabras, miró alrededor a la multitud, y les dijo: He aquí, habéis oído las cosas que enseñé antes que ascendiera a mi Padre; por tanto, a cualquiera que se acuerde de estas palabras mías, y las ᵃhaga, lo ᵇexaltaré en el postrer día.

2 Y sucedió que cuando Jesús hubo dicho estas palabras, percibió que había algunos entre ellos que se maravillaban, y se preguntaban qué deseaba él concerniente a la ᵃley de Moisés; porque no entendían la palabra de que las cosas viejas habían pasado, y que todas las cosas se habían vuelto nuevas.

3 Y les dijo: No os maravilléis de que os dije que las cosas antiguas habían pasado, y que todas las cosas se habían vuelto nuevas.

4 He aquí, os digo que se ha cumplido la ᵃley que fue dada a Moisés.

5 He aquí, soy ᵃyo quien di la ley, y soy el que hice convenio con mi pueblo Israel; por tanto, la ley se cumple en mí, porque he venido para ᵇcumplir la ley; por tanto, tiene fin.

22a Alma 5:17.
23a Mos. 5:13; 26:24–27.
   b Lucas 13:27.
24a GEE Roca.
25a Alma 26:6;
   Hel. 5:12.
   b Prov. 12:7.
26a 3 Ne. 11:40.
15 1a Stg. 1:22.
   b 1 Ne. 13:37;
      DyC 5:35.
2a GEE Ley de Moisés.
4a Mos. 13:27–31;
   3 Ne. 9:17–20.
5a 1 Cor. 10:1–4;
   3 Ne. 11:14.
   GEE Jehová.
   b Alma 34:13.

6 He aquí, yo ^ano abrogo a los profetas; porque cuantos no se han cumplido en mí, en verdad os digo que todos se cumplirán.

7 Y porque os dije que las cosas antiguas han pasado, no abrogo lo que se ha hablado concerniente a las cosas que están por venir.

8 Porque he aquí, el ^aconvenio que hice con mi pueblo no se ha cumplido enteramente; mas la ley que se dio a Moisés tiene su fin en mí.

9 He aquí, yo soy la ^aley y la ^bluz. Mirad hacia mí, y perseverad hasta el fin, y ^cviviréis; porque al que ^dpersevere hasta el fin, le daré vida eterna.

10 He aquí, os he dado los ^amandamientos; guardad, pues, mis mandamientos. Y esto es la ley y los profetas, porque ellos en verdad ^btestificaron de mí.

11 Y sucedió que cuando Jesús hubo hablado estas palabras, dijo a aquellos doce que él había escogido:

12 Vosotros sois mis discípulos; y sois una luz a este pueblo, que es un resto de la casa de ^aJosé.

13 Y he aquí, esta es la ^atierra de vuestra herencia; y el Padre os la ha dado.

14 Y en ninguna ocasión me ha dado mandamiento el Padre de que lo ^arevelase a vuestros hermanos en Jerusalén.

15 Ni en ningún tiempo me ha dado mandamiento el Padre de que les hablara concerniente a las ^aotras tribus de la casa de Israel, que el Padre ha conducido fuera de su tierra.

16 Solo esto me mandó el Padre que les dijera:

17 Que tengo otras ovejas que no son de este redil; aquellas también debo yo traer, y oirán mi voz; y habrá un rebaño y un ^apastor.

18 Ahora bien, por motivo de la obstinación y la incredulidad, no ^acomprendieron mi palabra; por tanto, me mandó el Padre que no les dijese más tocante a esto.

19 Pero de cierto os digo que el Padre me ha mandado, y yo os lo digo, que fuisteis separados de entre ellos por motivo de su iniquidad; por tanto, es debido a su iniquidad que no saben de vosotros.

20 Y en verdad, os digo, además, que el Padre ha separado de ellos a las otras tribus; y es a causa de su iniquidad que no saben de ellas.

21 Y de cierto os digo que vosotros sois aquellos de quienes dije: Tengo ^aotras ovejas que no son de este redil; aquellas también debo yo traer, y oirán mi voz; y habrá un rebaño y un pastor.

6a 3 Ne. 23:1–5.
8a 3 Ne. 5:24–26.
9a 2 Ne. 26:1.
  b GEE Luz, luz de Cristo.
  c Juan 11:25; DyC 84:44.
  d GEE Perseverar.
10a 3 Ne. 12:20.
  b Mos. 13:33.
12a GEE José hijo de Jacob.
13a 1 Ne. 18:22–23.
14a 3 Ne. 5:20.
15a 3 Ne. 16:1–4.
GEE Israel — Las diez tribus perdidas de Israel.
17a GEE Buen Pastor.
18a DyC 10:59.
21a Juan 10:14–16.

22 Y no me comprendieron, porque pensaron que eran los ᵃgentiles; porque no entendieron que, por medio de su predicación, los gentiles se ᵇconvertirían.

23 Ni me entendieron que dije que oirán mi voz; ni me comprendieron que los ᵃgentiles en ningún tiempo habrían de oír mi voz; que no me manifestaría a ellos sino por el ᵇEspíritu Santo.

24 Mas he aquí, vosotros habéis oído ᵃmi voz, y también me habéis visto; y sois mis ovejas, y contados sois entre los que el Padre me ha ᵇdado.

CAPÍTULO 16

Jesús visitará a otras ovejas perdidas de Israel — En los últimos días, el Evangelio irá a los gentiles y después a la casa de Israel — Los del pueblo del Señor verán ojo a ojo cuando Él haga volver a Sion. Aproximadamente 34 d.C.

Y EN verdad, en verdad os digo que tengo ᵃotras ovejas que no son de esta tierra, ni de la tierra de Jerusalén, ni de ninguna de las partes de esa tierra circundante donde he estado para ejercer mi ministerio.

2 Porque aquellos de quienes hablo son los que todavía no han oído mi voz; ni en ningún tiempo me he manifestado a ellos.

3 Mas he recibido el mandamiento del Padre de que vaya a ᵃellos, para que oigan mi voz y sean contados entre mis ovejas, a fin de que haya un rebaño y un pastor; por tanto, voy para manifestarme a ellos.

4 Y os mando que escribáis estas ᵃpalabras después que me vaya, para que si se da el caso de que mi pueblo en Jerusalén, aquellos que me han visto y han estado conmigo en mi ministerio, no le piden al Padre en mi nombre recibir conocimiento por medio del Espíritu Santo, acerca de vosotros, como también de las otras tribus, de las cuales nada saben, estas palabras que escribáis se preserven y sean manifestadas a los ᵇgentiles, para que mediante la plenitud de los gentiles, el resto de la posteridad de aquellos, que será esparcido sobre la faz de la tierra a causa de su incredulidad, sea recogido, o sea, llevado al ᶜconocimiento de mí, su Redentor.

5 Entonces los ᵃreuniré de las cuatro partes de la tierra; y entonces cumpliré el ᵇconvenio que el Padre ha hecho con todo el pueblo de la ᶜcasa de Israel.

22a GEE Gentiles.
  b Hech. 10:34–48.
23a Mateo 15:24.
  b 1 Ne. 10:11.
  GEE Espíritu Santo.
24a Alma 5:38;
    3 Ne. 16:1–5.
  b Juan 6:37; DyC 27:14.

16 1a 3 Ne. 15:15.
    GEE Israel — Las diez tribus perdidas de Israel.
  3a 3 Ne. 17:4.
  4a GEE Escrituras.
  b 1 Ne. 10:14;
    3 Ne. 21:6.

  c Ezeq. 20:42–44;
    3 Ne. 20:13.
  5a GEE Israel — La congregación de Israel.
  b 3 Ne. 5:24–26.
  c 1 Ne. 22:9;
    3 Ne. 21:26–29.

6 Y benditos son los ^agentiles por motivo de su creencia en mí, mediante el ^bEspíritu Santo, que les testifica de mí y del Padre.

7 He aquí que debido a su creencia en mí, dice el Padre, y a causa de vuestra incredulidad, oh casa de Israel, la verdad llegará a los gentiles en los ^aúltimos días, para que les sea manifestada la plenitud de estas cosas.

8 Pero, ¡ay de los gentiles incrédulos!, dice el Padre —pues aun cuando han venido sobre la superficie de esta tierra, y han ^adispersado a mi pueblo que es de la casa de Israel; y han ^bechado de entre ellos a mi pueblo que es de la casa de Israel, y lo han hollado;

9 y a causa de las misericordias del Padre para con los gentiles, así como de los juicios del Padre sobre mi pueblo que es de la casa de Israel, de cierto, de cierto os digo que después de todo esto, y luego que yo haya hecho que los de mi pueblo que son de la casa de Israel sean heridos, y afligidos, y ^amuertos, y que sean echados de entre ellos, y que sean aborrecidos por ellos, y sean entre ellos objeto de escarnio y oprobio—

10 y así manda el Padre que os diga: El día en que los gentiles pequen contra mi evangelio, y rechacen la plenitud de mi evangelio, y se ^aenvanezcan por el orgullo de su corazón sobre todas las naciones y sobre todos los pueblos de la tierra, y estén llenos de toda clase de mentiras, y de engaños, y de maldades, y de todo género de hipocresía, y asesinatos, y ^bsupercherías sacerdotales, y fornicaciones, y abominaciones secretas; y si cometen todas estas cosas, y rechazan la plenitud de mi evangelio, he aquí, dice el Padre, retiraré la plenitud de mi evangelio de entre ellos.

11 Y entonces ^arecordaré mi convenio que he concertado con los de mi pueblo, oh casa de Israel, y les llevaré mi evangelio.

12 Y te mostraré, oh casa de Israel, que los gentiles no tendrán poder sobre ti, antes bien me acordaré de mi convenio contigo, oh casa de Israel, y llegarás al ^aconocimiento de la plenitud de mi evangelio.

13 Pero si los gentiles se arrepienten y vuelven a mí, dice el Padre, he aquí, serán ^acontados entre los de mi pueblo, oh casa de Israel.

14 Y no permitiré que los de mi pueblo, que son de la casa de Israel, vayan entre ellos y los huellen bajo sus pies, dice el Padre.

15 Pero si no se vuelven a mí, ni escuchan mi voz, yo les

6a 1 Ne. 13:30–42;
     2 Ne. 30:3.
  b 2 Ne. 32:5;
     3 Ne. 11:32, 35–36.
     GEE Espíritu Santo.
7a GEE Restauración del
     Evangelio.

8a 1 Ne. 13:14;
     Morm. 5:9, 15.
  b 3 Ne. 20:27–29.
9a Amós 9:1–4.
10a Morm. 8:35–41.
  b 2 Ne. 26:29.
11a 3 Ne. 21:1–11;

     Morm. 5:20.
12a Hel. 15:12–13.
13a Gál. 3:7, 29;
     1 Ne. 15:13–17;
     2 Ne. 10:18;
     3 Ne. 30:2;
     Abr. 2:9–11.

permitiré, sí, permitiré que los de mi pueblo, oh casa de Israel, pasen por en medio de ellos y los ^ahuellen, y serán como la sal que ha perdido su sabor, que desde entonces para nada es buena sino para ser arrojada y hollada bajo los pies de mi pueblo, oh casa de Israel.

16 De cierto, de cierto os digo que así me ha mandado el Padre: Que dé a este pueblo esta tierra por herencia.

17 Y entonces se cumplirán las ^apalabras del profeta Isaías, que dicen:

18 ^aTus ^bcentinelas levantarán la voz; unánimes cantarán, porque verán ojo a ojo cuando el Señor hiciere volver a Sion.

19 ¡Prorrumpid en alegría! ¡Cantad juntamente, lugares desolados de Jerusalén! Porque el Señor ha consolado a su pueblo, ha redimido a Jerusalén.

20 El Señor ha desnudado su santo brazo a la vista de todas las naciones, y todos los extremos de la tierra verán la salvación de Dios.

CAPÍTULO 17

Jesús exhorta a los del pueblo a meditar en Sus palabras y a pedir entendimiento en sus oraciones — Sana a los enfermos — Ora por el pueblo con palabras que no se pueden escribir — Los ángeles ministran a los pequeñitos y estos son rodeados de fuego. Aproximadamente 34 d.C.

HE aquí, sucedió que cuando Jesús hubo hablado estas palabras, de nuevo miró alrededor hacia la multitud, y les dijo: He aquí, mi ^atiempo está cerca.

2 Veo que sois débiles, que no podéis ^acomprender todas mis palabras que el Padre me ha mandado que os hable en esta ocasión.

3 Por tanto, id a vuestras casas, y ^ameditad las cosas que os he dicho, y pedid al Padre en mi nombre que podáis entender; y ^bpreparad vuestras mentes para ^cmañana, y vendré a vosotros otra vez.

4 Pero ahora ^avoy al Padre, y también voy a ^bmostrarme a las ^ctribus perdidas de Israel, porque no están perdidas para el Padre, pues él sabe a dónde las ha llevado.

5 Y sucedió que cuando Jesús hubo hablado así, de nuevo dirigió la vista alrededor hacia la multitud, y vio que estaban llorando, y lo miraban fijamente, como si le quisieran pedir que permaneciese un poco más con ellos.

6 Y les dijo: He aquí, mis

15a Miqueas 5:8–15;
       3 Ne. 20:16–19;
       21:12–21;
       DyC 87:5.
17a 3 Ne. 20:11–12.
18a Isa. 52:8–10.
   b Ezeq. 33:1–7.

   GEE Velar.
17 1a Para regresar a la
       presencia del Padre.
       Véase el vers. 4.
 2a Juan 16:12;
       DyC 78:17–18.
 3a GEE Meditar.

   b DyC 132:3.
   c 3 Ne. 19:2.
 4a 3 Ne. 18:39.
   b 3 Ne. 16:1–3.
   c GEE Israel — Las diez
       tribus perdidas de
       Israel.

entrañas rebosan de ªcompasión por vosotros.

7 ¿Tenéis enfermos entre vosotros? Traedlos aquí. ¿Tenéis cojos, o ciegos, o lisiados, o mutilados, o leprosos, o atrofiados, o sordos, o quienes estén afligidos de manera alguna? Traedlos aquí y yo los sanaré, porque tengo compasión de vosotros; mis entrañas rebosan de misericordia.

8 Pues percibo que deseáis que os muestre lo que he hecho por vuestros hermanos en Jerusalén, porque veo que vuestra ªfe es ᵇsuficiente para que yo os sane.

9 Y sucedió que cuando hubo hablado así, toda la multitud, de común acuerdo, se acercó, con sus enfermos, y sus afligidos, y sus cojos, y sus ciegos, y sus mudos, y todos los que padecían cualquier aflicción; y los ªsanaba a todos, según se los llevaban.

10 Y todos ellos, tanto los que habían sido sanados, como los que estaban sanos, se postraron a sus pies y lo adoraron; y cuantos, por la multitud pudieron acercarse, le ªbesaron los pies, al grado de que le bañaron los pies con sus lágrimas.

11 Y aconteció que mandó que trajesen a sus ªniños pequeñitos.

12 De modo que trajeron a sus niños pequeñitos, y los colocaron en el suelo alrededor de él, y Jesús estuvo en medio; y la multitud cedió el paso hasta que todos le fueron traídos.

13 Y aconteció que cuando los hubieron traído a todos, y Jesús estaba en medio, mandó a los de la multitud que se ªarrodillasen en el suelo.

14 Y sucedió que cuando se hubieron arrodillado en el suelo, gimió Jesús dentro de sí, y dijo: Padre, ªturbado estoy por causa de la iniquidad del pueblo de la casa de Israel.

15 Y cuando hubo pronunciado estas palabras, se arrodilló él mismo también en el suelo; y he aquí, oró al Padre, y las cosas que oró no se pueden escribir, y los de la multitud que lo oyeron, dieron testimonio.

16 Y de esta manera testifican: Jamás el ªojo ha visto ni el oído escuchado, antes de ahora, tan grandes y maravillosas cosas como las que vimos y oímos que Jesús habló al Padre;

17 y no hay ªlengua que pueda hablar, ni hombre alguno que pueda escribir, ni corazón de hombre que pueda concebir tan grandes y maravillosas cosas como las que vimos y oímos a Jesús hablar; y nadie puede conceptuar el gozo que llenó nuestras almas cuando lo oímos rogar por nosotros al Padre.

6ª GEE Compasión.
8ª Lucas 18:42.
  b 2 Ne. 27:23;
    Éter 12:12.
9ª Mos. 3:5;

3 Ne. 26:15.
10ª Lucas 7:38.
11ª Mateo 19:13–14;
    3 Ne. 26:14, 16.
13ª Lucas 22:41;

Hech. 20:36.
14ª Moisés 7:41.
16ª Isa. 64:4; 1 Cor. 2:9;
    DyC 76:10, 114–119.
17ª 2 Cor. 12:4.

18 Y aconteció que cuando Jesús hubo concluido de orar al Padre, se levantó; pero era tan grande el ªgozo de la multitud, que fueron dominados.

19 Y sucedió que Jesús les habló, y mandó que se levantaran.

20 Y se levantaron del suelo, y les dijo: Benditos sois a causa de vuestra fe. Y ahora he aquí, es completo mi gozo.

21 Y cuando hubo dicho estas palabras, ªlloró, y la multitud dio testimonio de ello; y tomó a sus niños pequeños, uno por uno, y los ᵇbendijo, y rogó al Padre por ellos.

22 Y cuando hubo hecho esto, lloró de nuevo;

23 y habló a la multitud, y les dijo: Mirad a vuestros pequeñitos.

24 Y he aquí, al levantar la vista para ver, dirigieron la mirada al cielo, y vieron abrirse los cielos, y vieron ángeles que descendían del cielo cual si fuera en medio de fuego; y bajaron y ªcercaron a aquellos pequeñitos, y fueron rodeados de fuego; y los ángeles les ministraron.

25 Y la multitud vio y oyó y dio testimonio; y saben que su testimonio es verdadero, porque todos ellos vieron y oyeron, cada cual por sí mismo; y llegaba su número a unas dos mil quinientas almas; y se componía de hombres, mujeres y niños.

CAPÍTULO 18

Jesús instituye la Santa Cena entre los nefitas — Les manda orar siempre en Su nombre — Los que comen Su carne y beben Su sangre indignamente son condenados — Da a los discípulos el poder para conferir el Espíritu Santo. Aproximadamente 34 d.C.

Y ACONTECIÓ que Jesús mandó a sus discípulos que le llevasen ªpan y vino.

2 Y mientras fueron a traer el pan y el vino, mandó a la multitud que se sentara en el suelo.

3 Y cuando los discípulos hubieron llegado con ªpan y vino, tomó el pan y lo partió y lo bendijo; y dio a los discípulos y les mandó que comiesen.

4 Y cuando hubieron comido y fueron llenos, mandó que dieran a la multitud.

5 Y cuando la multitud comió y fue llena, dijo a los discípulos: He aquí, uno de vosotros será ordenado; y a él le daré poder para ªpartir pan y bendecirlo y darlo a los de mi iglesia, a todos los que crean y se bauticen en mi nombre.

6 Y siempre procuraréis hacer esto, tal como yo lo he hecho, así como he partido pan y lo he bendecido y os lo he dado.

7 Y haréis esto en ªmemoria de mi cuerpo que os he mostrado. Y será un testimonio al Padre de que siempre os acordáis de mí. Y si os acordáis siempre de mí,

18a GEE Gozo.
21a Juan 11:35.
  b Marcos 10:14–16.
24a Hel. 5:23–24, 43–45.
18 1a Mateo 26:26–28.
  3a GEE Santa Cena.
5a Moro. 4.
7a Moro. 4:3.

tendréis mi Espíritu para que esté con vosotros.

8 Y sucedió que cuando hubo dicho estas palabras, mandó a sus discípulos que tomaran del vino de la copa y bebieran de él, y que dieran también a los de la multitud para que bebiesen.

9 Y aconteció que así lo hicieron, y bebieron y fueron llenos; y dieron a los de la multitud, y estos bebieron y fueron llenos.

10 Y cuando los discípulos hubieron hecho esto, Jesús les dijo: Benditos sois por esto que habéis hecho; porque esto cumple mis mandamientos, y esto testifica al Padre que estáis dispuestos a hacer lo que os he mandado.

11 Y siempre haréis esto por todos los que se arrepientan y se bauticen en mi nombre; y lo haréis en memoria de mi sangre, que he vertido por vosotros, para que testifiquéis al Padre que siempre os acordáis de mí. Y si os acordáis siempre de mí, tendréis mi Espíritu para que esté con vosotros.

12 Y os doy el mandamiento de que hagáis estas cosas. Y si hacéis siempre estas cosas, benditos sois, porque estáis edificados sobre mi *a*roca.

13 Pero aquellos que de entre vosotros hagan más o menos que esto, no están edificados sobre mi roca, sino sobre un cimiento arenoso; y cuando caiga la lluvia, y vengan los torrentes, y soplen los vientos, y den contra ellos, *a*caerán, y las *b*puertas del infierno están ya abiertas para recibirlos.

14 Por tanto, benditos sois vosotros, si guardáis mis mandamientos que el Padre me ha mandado que os dé.

15 De cierto, de cierto os digo que debéis velar y *a*orar siempre, no sea que el diablo os tiente, y seáis llevados cautivos por él.

16 Y así como he orado entre vosotros, así oraréis en mi iglesia, entre los de mi pueblo que se arrepientan y se bauticen en mi nombre. He aquí, yo soy la *a*luz; yo os he dado el *b*ejemplo.

17 Y ocurrió que cuando Jesús hubo hablado estas palabras a sus discípulos, se volvió de nuevo a la multitud, y dijo:

18 He aquí, en verdad, en verdad os digo que debéis velar y orar siempre, no sea que entréis en tentación; porque *a*Satanás desea poseeros para zarandearos como a trigo.

19 Por tanto, siempre debéis orar al Padre en mi nombre;

20 y *a*cualquier cosa que pidáis al Padre en mi nombre, si es justa, creyendo que recibiréis, he aquí, os será concedida.

21 *a*Orad al Padre en vuestras familias, siempre en mi nombre,

12*a* GEE Roca.
13*a* GEE Apostasía.
  b 3 Ne. 11:39.
15*a* Alma 34:17–27.
  GEE Oración.
16*a* GEE Luz, luz de Cristo.
  b GEE Jesucristo — El ejemplo de Jesucristo.
18*a* Lucas 22:31;
  2 Ne. 2:17–18;
DyC 10:22–27.
20*a* Mateo 21:22;
  Hel. 10:5; Moro. 7:26;
  DyC 88:63–65.
21*a* Alma 34:21.

para que sean bendecidos vuestras esposas y vuestros hijos.

22 Y he aquí, os reuniréis con frecuencia; y a nadie le prohibiréis estar con vosotros cuando os reunáis, sino permitidles que se alleguen a vosotros, y no los vedéis;

23 sino que ^aoraréis por ellos, y no los echaréis fuera; y si sucede que vienen a vosotros a menudo, rogaréis al Padre por ellos en mi nombre.

24 Alzad, pues, vuestra ^aluz para que brille ante el mundo. He aquí, yo soy la ^bluz que debéis sostener en alto: aquello que me habéis visto hacer. He aquí, habéis visto que he orado al Padre, y todos vosotros habéis sido testigos.

25 Y habéis visto que he mandado que ^aninguno de vosotros se alejara, sino más bien he mandado que vinieseis a mí, a fin de que ^bpalpaseis y vieseis; así haréis vosotros al mundo; y el que quebranta este mandamiento, se deja llevar a la tentación.

26 Y sucedió que cuando Jesús hubo hablado estas palabras, volvió de nuevo la vista a los discípulos que había escogido, y les dijo:

27 He aquí, de cierto, de cierto os digo, os doy otro mandamiento, y luego debo ir a mi ^aPadre para cumplir ^botros mandamientos que él me ha dado.

28 Y he aquí, este es el mandamiento que yo os doy, que no permitáis que ninguno a sabiendas ^aparticipe ^bindignamente de mi carne y de mi sangre, cuando las administréis;

29 porque quien come mi carne y bebe mi ^asangre ^bindignamente, come y bebe condenación para su alma; por tanto, si sabéis que un hombre no es digno de comer y beber de mi carne y de mi sangre, se lo prohibiréis.

30 No obstante, no lo ^aecharéis de entre vosotros, sino que le ministraréis y oraréis al Padre por él en mi nombre; y si acontece que se arrepiente y es bautizado en mi nombre, entonces lo recibiréis, y le daréis de mi carne y sangre.

31 Pero si no se arrepiente, no será contado entre los de mi pueblo, a fin de que no destruya a mi pueblo, pues he aquí, conozco a ^amis ovejas, y están contadas.

32 No obstante, no lo echaréis de vuestras sinagogas ni de vuestros lugares donde adoráis, porque debéis continuar ministrando por estos; pues no sabéis si tal vez vuelvan, y se arrepientan, y vengan a mí con íntegro propósito de corazón, y yo los ^asane;

23a 3 Ne. 18:30.
24a Mateo 5:16.
  b Mos. 16:9.
25a Alma 5:33.
  b 3 Ne. 11:14–17.
27a GEE Trinidad — Dios el

    Padre.
  b 3 Ne. 16:1–3.
28a 1 Cor. 11:27–30.
  b Morm. 9:29.
29a GEE Sangre;
    Santa Cena.

  b DyC 46:4.
30a DyC 46:3.
31a Juan 10:14;
    Alma 5:38; 3 Ne. 15:24.
32a 3 Ne. 9:13–14;
    DyC 112:13.

y vosotros seréis el medio de traerles la salvación.

33 Por tanto, observad estas palabras que yo os he mandado, para que no incurráis en ᵃcondenación; porque, ¡ay de aquel a quien el Padre condene!

34 Y os doy estos mandamientos por motivo de las disputas que ha habido entre vosotros. Y benditos sois si ᵃno hubiere disputas entre vosotros.

35 Y ahora voy al Padre, porque conviene que vaya al Padre ᵃpor el bien de vosotros.

36 Y aconteció que cuando Jesús hubo dado fin a estas palabras, tocó con la ᵃmano a los ᵇdiscípulos que había elegido, uno por uno, hasta que los hubo tocado a todos, y les hablaba a medida que los tocaba.

37 Y la multitud no oyó las palabras que él habló; por tanto, no dio testimonio; pero los discípulos dieron testimonio de que les dio el ᵃpoder para conferir el ᵇEspíritu Santo. Y más adelante os mostraré que este testimonio es verdadero.

38 Y sucedió que cuando Jesús los hubo tocado a todos, llegó una ᵃnube y cubrió a la multitud, de modo que no veían a Jesús.

39 Y mientras los cubría, él partió de entre ellos y ascendió al cielo. Y los discípulos vieron y dieron testimonio de que ascendió de nuevo al cielo.

CAPÍTULO 19

Los doce discípulos ministran al pueblo y oran para recibir el Espíritu Santo — Los discípulos son bautizados y reciben el Espíritu Santo y la ministración de ángeles — Jesús ora, con palabras que no se pueden escribir — Él da testimonio de la fe extremadamente grande de esos nefitas. Aproximadamente 34 d.C.

Y sucedió que cuando Jesús hubo ascendido al cielo, se dispersó la multitud, y todo hombre tomó a su esposa y sus hijos, y volvió a su propia casa.

2 Y se divulgó inmediatamente entre el pueblo, antes que llegara la noche, que la multitud había visto a Jesús, y que él había ejercido su ministerio entre ellos, y que por la mañana otra vez se iba a mostrar a la multitud.

3 Sí, y aun durante toda la noche se divulgaron las nuevas concernientes a Jesús; y a tal grado se esparcieron entre el pueblo, que hubo muchos, sí, un número extremadamente grande, que trabajaron afanosamente toda la noche para poder estar a la mañana siguiente en el paraje donde Jesús se iba a mostrar a la multitud.

4 Y sucedió que por la mañana, cuando la multitud se hallaba reunida, he aquí, Nefi y su hermano, a quien él había

---

33a GEE Condenación, condenar.
34a 3 Ne. 11:28–30.
35a 1 Juan 2:1; 2 Ne. 2:9;

Moro. 7:27–28; DyC 29:5.
36a GEE Imposición de manos.
b 1 Ne. 12:7; 3 Ne. 19:4.

37a GEE Poder.
b GEE Don del Espíritu Santo.
38a Éx. 19:9, 16.

levantado de entre los muertos, y cuyo nombre era Timoteo, como también su hijo, cuyo nombre era Jonás, y también Matoni, y Matoníah, su hermano, y Kumen, y Kumenoni, y Jeremías, y Shemnón, y Jonás, y Sedequías, e Isaías —y estos eran los nombres de los discípulos que Jesús había escogido— y aconteció que avanzaron y se colocaron en medio de la multitud.

5 Y he aquí, tan grande era la multitud, que hicieron que se dividiese en doce grupos.

6 Y los doce instruyeron a la multitud; y he aquí, hicieron que la multitud se arrodillase en el suelo y orase al Padre en el nombre de Jesús.

7 Y los discípulos oraron también al Padre en el nombre de Jesús. Y aconteció que se levantaron y ministraron al pueblo.

8 Y cuando hubieron ministrado las mismas palabras que Jesús había hablado, sin variar en nada las palabras que Jesús había hablado, he aquí, se arrodillaron de nuevo y oraron al Padre en el nombre de Jesús.

9 Y oraron por lo que más deseaban; y su deseo era que les fuese dado el ᵃEspíritu Santo.

10 Y cuando hubieron orado de este modo, descendieron a la orilla del agua, y los siguió la multitud.

11 Y sucedió que Nefi ᵃentró en el agua, y fue bautizado.

12 Y salió del agua y empezó a bautizar; y bautizó a todos aquellos a quienes Jesús había escogido;

13 y aconteció que cuando todos fueron ᵃbautizados, y hubieron salido del agua, el Espíritu Santo descendió sobre ellos, y fueron llenos del ᵇEspíritu Santo y de fuego.

14 Y he aquí, fueron ᵃenvueltos cual si fuera por fuego; y descendió del cielo, y la multitud lo vio y dio testimonio; y descendieron ángeles del cielo, y les ministraron.

15 Y sucedió que mientras los ángeles estaban ministrando a los discípulos, he aquí, Jesús llegó y se puso en medio de ellos y les ministró.

16 Y aconteció que habló a la multitud, y mandó que se arrodillaran otra vez en el suelo, y que sus discípulos se arrodillasen también.

17 Y sucedió que cuando todos se hubieron puesto de rodillas en el suelo, mandó a sus discípulos que orasen.

18 Y he aquí, empezaron a orar; y oraron a Jesús, llamándolo su Señor y su Dios.

19 Y sucedió que Jesús se apartó de entre ellos, y se alejó de ellos un poco y se inclinó a tierra, y dijo:

20 Padre, gracias te doy porque has dado el Espíritu Santo

19 9ᵃ 3 Ne. 9:20.
11ᵃ 3 Ne. 11:23.
13ᵃ GEE Bautismo, bautizar.
ᵇ 3 Ne. 12:2;
Morm. 7:10.
GEE Don del Espíritu
Santo.
14ᵃ Hel. 5:23–24, 43–45;
3 Ne. 17:24.

a estos que he escogido; y es
por su creencia en mí que los he
escogido de entre el mundo.

21 Padre, te ruego que des el Espíritu Santo a todos los que crean
en sus palabras.

22 Padre, les has dado el Espíritu Santo porque creen en mí; y
ves que creen en mí, porque los
oyes, y oran a mí; y oran a mí
porque estoy con ellos.

23 Y ahora, Padre, te ruego por
ellos, y también por todos aquellos que han de creer en sus palabras, para que crean en mí, para
que yo sea en ellos ᵃcomo tú, Padre, eres en mí, para que seamos
ᵇuno.

24 Y aconteció que cuando Jesús
hubo orado así al Padre, volvió a
sus discípulos, y he aquí, continuaban orando a él sin cesar; y no
ᵃmultiplicaban muchas palabras,
porque les era manifestado lo que
debían ᵇsuplicar, y estaban llenos
de anhelo.

25 Y ocurrió que Jesús los bendijo mientras le dirigían sus oraciones; y la sonrisa de su faz
fue sobre ellos, y los iluminó
la luz de su ᵃsemblante; y he
aquí, estaban tan ᵇblancos como
el semblante y como los
vestidos de Jesús; y he aquí, su
blancura excedía a toda blancura, sí, no podía haber sobre
la tierra cosa tan blanca como
su blancura.

26 Y Jesús les dijo: Seguid
orando; y ellos no cesaban de
orar.

27 Y otra vez se apartó de ellos
y se alejó un poco y se inclinó a
tierra; y oró de nuevo al Padre,
diciendo:

28 Padre, te doy las gracias por
haber ᵃpurificado a los que he
escogido, por causa de su fe, y
ruego por ellos, y también por
los que han de creer en sus palabras, para que sean purificados
en mí, mediante la fe en sus palabras, así como ellos son purificados en mí.

29 Padre, no te ruego por el
mundo, sino por los que me has
dado ᵃdel mundo, a causa de su
fe, para que sean purificados en
mí, para que yo sea en ellos como
tú, Padre, eres en mí, para que
seamos uno, para que yo sea glorificado en ellos.

30 Y cuando Jesús hubo hablado estas palabras, vino otra
vez a sus discípulos, y he aquí,
oraban a él constantemente, sin
cesar; y de nuevo él les sonrió;
y he aquí, estaban ᵃblancos, aun
como Jesús.

31 Y aconteció que otra vez se
alejó un poco y oró al Padre;

32 y la lengua no puede expresar
las palabras que oró, ni pueden
ser ᵃescritas por hombre alguno
las palabras que oró.

33 Y la multitud oyó y da

23a 3 Ne. 9:15.
  b Juan 17:21–23.
  GEE Unidad.
24a Mateo 6:7.
  b DyC 46:30.
25a Núm. 6:23–27.
  b GEE Transfiguración —
  Seres transfigurados.
28a Moro. 7:48;
  DyC 50:28–29;
88:74–75.
  GEE Pureza, puro.
29a Juan 17:6.
30a Mateo 17:2.
32a DyC 76:116.

testimonio; y se abrieron sus corazones, y comprendieron en sus corazones las palabras que él oró.

34 No obstante, tan grandes y maravillosas fueron las palabras que oró, que no pueden ser escritas, ni tampoco puede el hombre ^aexpresarlas.

35 Y aconteció que cuando Jesús hubo concluido de orar, volvió a sus discípulos, y les dijo: Jamás he visto ^afe tan grande entre todos los judíos; por tanto, no pude mostrarles tan grandes milagros, por motivo de su ^bincredulidad.

36 En verdad os digo que no hay ninguno de ellos que haya visto cosas tan grandes como las que habéis visto vosotros, ni que haya oído tan grandes cosas como las que vosotros habéis oído.

CAPÍTULO 20

Jesús proporciona milagrosamente pan y vino, y de nuevo administra el sacramento a los del pueblo — El resto de Jacob será llevado al conocimiento del Señor su Dios y heredará las Américas — Jesús es el profeta semejante a Moisés, y los nefitas son hijos de los profetas — Otros de los del pueblo del Señor serán recogidos en Jerusalén. Aproximadamente 34 d.C.

Y SUCEDIÓ que mandó a la multitud y también a sus discípulos que dejasen de orar; y les mandó que no cesaran de ^aorar en sus corazones.

2 Y les mandó que se levantaran y se pusieran de pie. Y se levantaron y se pusieron de pie.

3 Y sucedió que partió pan de nuevo y lo bendijo, y dio de comer a los discípulos.

4 Y cuando hubieron comido, les mandó que partieran pan, y dieran a la multitud;

5 y cuando hubieron dado a la multitud, les dio también vino para que bebiesen, y les mandó que dieran a la multitud.

6 Ahora bien, ni los discípulos ni la multitud habían llevado ^apan ni vino;

7 pero verdaderamente les ^adio de comer pan y de beber vino también.

8 Y les dijo: El que ^acome de este pan, come de mi cuerpo para su alma; y el que bebe de este vino, bebe de mi sangre para su alma; y su alma nunca tendrá hambre ni sed, sino que será llena.

9 Y cuando toda la multitud hubo comido y bebido, he aquí, fueron llenos del Espíritu; y clamaron a una voz y dieron gloria a Jesús, a quien veían y oían.

10 Y sucedió que cuando todos le hubieron dado gloria, Jesús les dijo: He aquí, ahora cumplo el mandamiento que el Padre me ha dado concerniente a este pueblo, que es un resto de la casa de Israel.

34a 2 Cor. 12:4;
   3 Ne. 17:17.
35a GEE Fe.
   b Mateo 13:58.

GEE Incredulidad.
20 1a 2 Ne. 32:9;
   Mos. 24:12.
6a Mateo 14:19–21.

7a Juan 6:9–14.
8a Juan 6:50–58;
   3 Ne. 18:7.
GEE Santa Cena.

11 Os acordaréis que os hablé y dije que cuando se cumpliesen las ªpalabras de ᵇIsaías —he aquí, están escritas, las tenéis ante vosotros; por lo tanto, escudriñadlas—

12 y en verdad, en verdad os digo que cuando se cumplan, entonces será el cumplimiento del ªconvenio que el Padre ha hecho con su pueblo, oh casa de Israel.

13 Y entonces los ªrestos, que estarán ᵇdispersados sobre la faz de la tierra, serán ᶜrecogidos del este y del oeste, y del sur y del norte; y serán llevados al ᵈconocimiento del Señor su Dios, que los ha redimido.

14 Y el Padre me ha mandado que os dé esta ªtierra por herencia.

15 Y os digo que si los gentiles no se ªarrepienten después de la bendición que reciban, después que hayan dispersado a mi pueblo,

16 entonces vosotros, que sois un resto de la casa de Jacob, iréis entre ellos; y estaréis en medio de aquellos que serán muchos; y seréis entre ellos como un león entre los animales del bosque, y como cachorro de ªleón entre las manadas de ovejas, el cual, si pasa por en medio, ᵇhuella y despedaza, y nadie las puede librar.

17 Tu mano se levantará sobre tus adversarios, y todos tus enemigos serán talados.

18 Y yo ªrecogeré a mi pueblo como el hombre que junta sus gavillas en la era.

19 Porque haré a mi pueblo, con el cual el Padre ha hecho convenio, sí, tu ªcuerno yo haré de hierro, y tus uñas de bronce. Y desmenuzarás a muchos pueblos; y consagraré al Señor sus riquezas, y sus bienes al Señor de toda la tierra. Y he aquí, yo soy quien lo hago.

20 Y sucederá, dice el Padre, que en aquel día la ªespada de mi justicia se cernerá sobre ellos; y a menos que se arrepientan caerá sobre ellos, dice el Padre, sí, sobre todas las naciones de los gentiles.

21 Y acontecerá que estableceré a mi ªpueblo, oh casa de Israel.

22 Y he aquí, estableceré a este pueblo en esta tierra, para el cumplimiento del ªconvenio que hice con Jacob, vuestro padre; y será una ᵇNueva Jerusalén.

11a 3 Ne. 16:17–20; 23:1–3.
  b 2 Ne. 25:1–5; Morm. 8:23.
12a 3 Ne. 15:7–8.
13a 3 Ne. 16:11–12; 21:2–7.
  b GEE Israel — El esparcimiento de Israel.
  c GEE Israel — La congregación de Israel.
  d 3 Ne. 16:4–5.
14a GEE Tierra prometida.
15a 3 Ne. 16:10–14.
16a Morm. 5:24; DyC 19:27.
  b Miqueas 5:8–9; 3 Ne. 16:14–15; 21:12.
18a Miqueas 4:12.
19a Miqueas 4:13.
20a 3 Ne. 29:4.
21a 3 Ne. 16:8–15.
22a Gén. 49:22–26; DyC 57:2–3.
  b Isa. 2:2–5; 3 Ne. 21:23–24; Éter 13:1–12; DyC 84:2–4.
  GEE Nueva Jerusalén.

Y los poderes del cielo estarán entre este pueblo; sí, ᶜyo mismo estaré en medio de vosotros.

23 He aquí, yo soy aquel de quien Moisés habló, diciendo: El Señor vuestro Dios os levantará a un ᵃprofeta, de vuestros hermanos, semejante a mí; a él oiréis en todas las cosas que os dijere. Y sucederá que toda alma que no escuchare a ese profeta será desarraigada de entre el pueblo.

24 En verdad os digo, sí, y ᵃtodos los profetas desde Samuel y los que le siguen, cuantos han hablado, han testificado de mí.

25 Y he aquí, vosotros sois los hijos de los profetas; y sois de la casa de Israel; y sois del ᵃconvenio que el Padre concertó con vuestros padres, diciendo a Abraham: Y ᵇen tu posteridad serán benditas todas las familias de la tierra.

26 Porque el Padre me ha levantado para venir a vosotros primero, y me envió a bendeciros, ᵃapartando a cada uno de vosotros de vuestras iniquidades; y esto, porque sois los hijos del convenio.

27 Y después que hayáis sido bendecidos, entonces cumplirá el Padre el convenio que hizo con Abraham, diciendo: ᵃEn tu posteridad serán benditas todas las familias de la tierra, hasta el derramamiento del Espíritu Santo sobre los gentiles por medio de mí, y esta bendición a los ᵇgentiles los hará más fuertes que todos, por lo que dispersarán a mi pueblo, oh casa de Israel.

28 Y serán un ᵃazote al pueblo de esta tierra. No obstante, si cuando hayan recibido la plenitud de mi evangelio endurecen sus corazones en contra de mí, haré volver sus iniquidades sobre sus propias cabezas, dice el Padre.

29 Y me ᵃacordaré del convenio que he hecho con mi pueblo; y he hecho convenio con ellos de que los ᵇrecogería en mi propio y debido tiempo, y que otra vez les daría por herencia la ᶜtierra de sus padres, que es la tierra de ᵈJerusalén, que para ellos es la tierra prometida para siempre, dice el Padre.

30 Y sucederá que llegará el día en que les será predicada la plenitud de mi evangelio;

31 y ᵃcreerán en mí, que soy Jesucristo, el Hijo de Dios; y orarán al Padre en mi nombre.

32 Entonces levantarán la voz

22c Isa. 59:20–21;
     Mal. 3:1;
     3 Ne. 24:1.
23a Deut. 18:15–19;
     Hech. 3:22–23;
     1 Ne. 22:20–21.
24a Hech. 3:24–26;
     1 Ne. 10:5;
     Jacob 7:11.
25a GEE Abraham,
     convenio de (convenio
     abrahámico).
  b Gén. 12:1–3; 22:18.
26a Prov. 16:6.
27a Gál. 3:8;
     2 Ne. 29:14;
     Abr. 2:9.
  b 3 Ne. 16:6–7.
28a 3 Ne. 16:8–9.
29a Isa. 44:21;
     3 Ne. 16:11–12.
  b GEE Israel — La
     congregación de Israel.
  c Amós 9:14–15.
  d GEE Jerusalén.
31a 3 Ne. 5:21–26;
     21:26–29.

sus ªcentinelas, y cantarán unánimes; porque verán ojo a ojo.

33 Entonces los juntará de nuevo
el Padre, y les dará Jerusalén por
tierra de su herencia.

34 Entonces prorrumpirán
en gozo: ª¡Cantad juntamente,
lugares desolados de Jerusalén;
porque el Padre ha consolado
a su pueblo, ha redimido a Jerusalén!

35 El Padre ha desnudado su
santo brazo a la vista de todas
las naciones; y todos los extremos de la tierra verán la salvación del Padre; y el Padre y yo
somos uno.

36 Entonces se realizará lo que
está escrito: ª¡Despierta, despierta
otra vez, y vístete de tu fortaleza, oh Sion; vístete tus ropas de
hermosura, oh Jerusalén, ciudad
santa; porque nunca más vendrá
a ti incircunciso ni inmundo!

37 ¡Sacúdete del polvo; levántate, toma asiento, oh Jerusalén;
suéltate las ataduras de tu cuello,
oh cautiva hija de Sion!

38 Porque así dice el Señor: Os
habéis vendido por nada, y sin
dinero seréis redimidos.

39 En verdad, en verdad os digo
que los de mi pueblo conocerán
mi nombre, sí, en aquel día sabrán
que yo soy el que hablo.

40 Y entonces dirán: ª¡Cuán
hermosos sobre las montañas

son los pies del que les trae
buenas nuevas; que ᵇpublica
la paz; que les trae gratas
nuevas del bien; que publica
salvación; que dice a Sion: Tu
Dios reina!

41 Y entonces se oirá el pregón:
ª¡Apartaos, apartaos, salid de ahí,
no toquéis lo que es ᵇinmundo;
salid de en medio de ella; sed
ᶜlimpios los que lleváis los vasos
del Señor!

42 Porque ªno saldréis con prisa
ni iréis huyendo; porque el Señor irá delante de vosotros, y el
Dios de Israel será vuestra retaguardia.

43 He aquí, mi siervo obrará
prudentemente; será exaltado y
alabado y puesto muy en alto.

44 Así como muchos se admira-
ron de ti —tan desfigurado era su
aspecto, más que cualquier hombre, y su forma más que la de los
hijos de los hombres—

45 así ªrociará él a muchas naciones; ante él los reyes cerrarán la
boca; porque verán lo que no les
había sido contado, y considerarán lo que no habían oído.

46 En verdad, en verdad os
digo que todas estas cosas ciertamente se verificarán, tal como
el Padre me lo ha mandado. Entonces se cumplirá este convenio
que el Padre ha hecho con su
pueblo; y entonces ªJerusalén

32a Isa. 52:8;
    3 Ne. 16:18–20.
    GEE Velar.
34a Isa. 52:9.
36a Isa. 52:1–3;
    DyC 113:7–10.

    GEE Sion.
40a Isa. 52:7; Nahúm 1:15;
    Mos. 15:13–18;
    DyC 128:19.
  ᵇ Marcos 13:10;
    1 Ne. 13:37.

41a Isa. 52:11–15.
  ᵇ GEE Limpio e inmundo.
  ᶜ DyC 133:5.
42a 3 Ne. 21:29.
45a Isa. 52:15.
46a Éter 13:5, 11.

volverá a ser habitada por mi pueblo, y será la tierra de su herencia.

CAPÍTULO 21

Israel será recogido cuando salga a luz el Libro de Mormón — Los gentiles serán establecidos como pueblo libre en América — Si creen y obedecen, se salvarán; de lo contrario, serán talados y destruidos — Israel edificará la Nueva Jerusalén y las tribus perdidas volverán. Aproximadamente 34 d.C.

Y DE cierto os digo, os doy una señal para que sepáis la ᵃépoca en que estarán a punto de acontecer estas cosas —que recogeré a mi pueblo de su larga dispersión, oh casa de Israel, y estableceré otra vez entre ellos mi Sion;

2 y he aquí, esto es lo que os daré por señal— porque en verdad os digo que cuando se den a conocer a los gentiles estas cosas que os declaro, y que más adelante os declararé de mí mismo, y por el poder del Espíritu Santo que os será dado por el Padre, a fin de que ellos sepan acerca de este pueblo que es un resto de la casa de Jacob, y concerniente a este pueblo mío que será esparcido por ellos;

3 en verdad, en verdad os digo, que cuando el Padre les haga saber ᵃestas cosas, y del Padre procedan de ellos a vosotros,

4 porque es según la sabiduría del Padre que sean establecidos en esta tierra e instituidos como pueblo ᵃlibre por el poder del Padre, para que estas cosas procedan de ellos a un resto de vuestra posteridad, a fin de que se cumpla el ᵇconvenio del Padre, el cual ha hecho con su pueblo, oh casa de Israel;

5 por tanto, cuando estas obras, y las obras que desde ahora en adelante se hagan entre vosotros, procedan ᵃde los gentiles a vuestra ᵇposteridad, que degenerará en la incredulidad por causa de la maldad,

6 porque así conviene al Padre que proceda de los ᵃgentiles, para que muestre su poder a los gentiles, a fin de que estos, si no endurecen sus corazones, se arrepientan y vengan a mí y sean bautizados en mi nombre y conozcan los verdaderos puntos de mi doctrina, para que sean ᵇcontados entre los de mi pueblo, oh casa de Israel;

7 y cuando sucedan estas cosas, de modo que vuestra ᵃposteridad empiece a conocerlas, entonces les será por señal, para que sepan que la obra del Padre ha empezado ya, para dar cumplimiento al convenio que ha

---

21 1*a* GEE Últimos días, postreros días.
3*a* Éter 4:17;
JS—H 1:34–36.
4*a* 1 Ne. 13:17–19;
DyC 101:77–80.
b Morm. 5:20.

GEE Abraham, convenio de (convenio abrahámico).
5*a* 3 Ne. 26:8.
b 2 Ne. 30:4–5;
Morm. 5:15;
DyC 3:18–19.

6*a* 1 Ne. 10:14;
Jacob 5:54;
3 Ne. 16:4–7.
b Gál. 3:7, 29;
3 Ne. 16:13;
Abr. 2:9–11.
7*a* 3 Ne. 5:21–26.

hecho al pueblo que es de la casa de Israel.

8 Y cuando venga ese día, sucederá que los reyes cerrarán su boca; porque verán lo que no les había sido declarado, y considerarán lo que no habían oído.

9 Porque en aquel día hará el Padre, por mi causa, una obra que será una obra grande y *maravillosa entre ellos; y habrá entre ellos quienes no lo creerán, aun cuando un hombre se lo declare.

10 Mas he aquí, la vida de mi siervo estará en mi mano; por tanto, no lo dañarán, aunque sea *herido por causa de ellos. No obstante, yo lo sanaré, porque les mostraré que mi *sabiduría es mayor que la astucia del diablo.

11 Acontecerá, pues, que los que no crean en mis palabras, que soy Jesucristo, las cuales el Padre hará que *él lleve a los gentiles, y le otorgará el poder para que las lleve a los gentiles (se hará aun como dijo Moisés), serán *desarraigados de entre los de mi pueblo que son del convenio.

12 Y los de mi pueblo, que son un resto de Jacob, estarán en medio de los gentiles, sí, en medio de ellos como *león entre los animales del bosque, y como cachorro de león entre las manadas de ovejas, el cual, si pasa por en medio, *huella y despedaza, y nadie las puede librar.

13 Su mano se levantará sobre sus adversarios, y todos sus enemigos serán talados.

14 Sí, ¡ay de los gentiles, a menos que se *arrepientan! Porque sucederá en aquel día, dice el Padre, que haré matar tus caballos de en medio de ti, y haré destruir tus carros;

15 y talaré las ciudades de tu tierra, y derribaré todas tus plazas fuertes;

16 y exterminaré de tu tierra las hechicerías, y no tendrás más adivinos;

17 tus *imágenes grabadas también destruiré, así como tus esculturas de en medio de ti, y nunca más adorarás las obras de tus manos;

18 y arrancaré tus bosques de entre ti, y asolaré tus ciudades.

19 Y acontecerá que todas las *mentiras, y falsedades, y envidias, y contiendas, y supercherías sacerdotales, y fornicaciones, serán extirpadas.

20 Porque sucederá, dice el Padre, que en aquel día talaré de entre mi pueblo a cualquiera que no se arrepienta y venga a mi Hijo Amado, oh casa de Israel.

21 Y ejecutaré venganza y furor sobre ellos, así como sobre

9a Isa. 29:14;
   Hech. 13:41; 1 Ne. 22:8.
   GEE Restauración del Evangelio.
10a DyC 135:1–3.
 b DyC 10:43.
11a 2 Ne. 3:6–15;
   Morm. 8:16, 25.
 b DyC 1:14.
12a Miqueas 5:8–15;
   3 Ne. 20:16.
 b 3 Ne. 16:13–15.
14a 2 Ne. 10:18; 33:9.
17a Éx. 20:3–4;
   Mos. 13:12–13;
   DyC 1:16.
   GEE Idolatría.
19a 3 Ne. 30:2.

los paganos, tal como nunca ha llegado a sus oídos.

22 Pero si se arrepienten y escuchan mis palabras, y no endurecen sus corazones, ªestableceré mi iglesia entre ellos; y entrarán en el convenio, y serán ᵇcontados entre este resto de Jacob, al cual he dado esta tierra por herencia.

23 Y ayudarán a mi pueblo, el resto de Jacob, y también a cuantos de la casa de Israel vengan, a fin de que construyan una ciudad que será llamada la ªNueva Jerusalén.

24 Y entonces ayudarán a mi pueblo que esté disperso sobre toda la faz de la tierra, para que sean congregados en la Nueva Jerusalén.

25 Y entonces el ªpoder del cielo descenderá entre ellos, y también ᵇyo estaré en medio.

26 Y entonces empezará la obra del Padre en aquel día, sí, cuando sea predicado este evangelio entre el resto de este pueblo. De cierto os digo que en ese día ªempezará la obra del Padre entre todos los dispersos de mi pueblo, sí, aun entre las tribus que han estado ᵇperdidas, las cuales el Padre ha sacado de Jerusalén.

27 Sí, empezará la obra entre todos los ªdispersos de mi pueblo, y el Padre preparará la vía por la cual puedan venir a mí, a

fin de que invoquen al Padre en mi nombre.

28 Sí, y entonces empezará la obra, y el Padre preparará la vía, entre todas las naciones, por la cual su pueblo pueda ªvolver a la tierra de su herencia.

29 Y saldrán de todas las naciones; y no saldrán de ªprisa, ni irán huyendo, porque yo iré delante de ellos, dice el Padre, y seré su retaguardia.

CAPÍTULO 22

En los últimos días, Sion y sus estacas serán establecidas, e Israel será recogido con misericordia y ternura — Ellos triunfarán — Compárese con Isaías 54. Aproximadamente 34 d.C.

ENTONCES se realizará lo que está escrito: ¡Canta, oh estéril, tú que no dabas a luz! ¡Prorrumpe en ªcánticos, y da voces de júbilo, tú que nunca estuviste de parto!, porque más son los hijos de la desolada que los de la casada, dice el Señor.

2 Ensancha el sitio de tu tienda, y extiéndanse las cortinas de tus habitaciones; no seas escasa, alarga tus cuerdas, y haz más fuertes tus ªestacas;

3 porque hacia la mano derecha y hacia la izquierda te extenderás; y tu posteridad heredará

22a GEE Dispensaciones.
  b 2 Ne. 10:18–19;
    3 Ne. 16:13.
23a 3 Ne. 20:22;
    Éter 13:1–12.
    GEE Nueva Jerusalén.
25a 1 Ne. 13:37.

  b Isa. 2:2–4;
    3 Ne. 24:1.
26a 1 Ne. 14:17;
    3 Ne. 21:6–7.
  b GEE Israel — Las diez tribus perdidas de Israel.

27a 3 Ne. 16:4–5.
28a GEE Israel — La congregación de Israel.
29a Isa. 52:12;
    3 Ne. 20:42.
22 1a GEE Cantar.
  2a GEE Estaca.

las naciones ^agentiles, y hará que se habiten las ciudades desoladas.

4 No temas, porque no serás avergonzada, ni te perturbes, porque no serás ^aabochornada; porque te olvidarás del oprobio de tu juventud, y no te acordarás del reproche de tu juventud, y del reproche de tu viudez nunca más te acordarás.

5 Porque tu Hacedor, tu Marido, el Señor de los Ejércitos es su nombre; y tu Redentor, el Santo de Israel, será llamado el Dios de toda la tierra.

6 Porque como a mujer dejada y afligida de espíritu, te llamó el Señor, y como a esposa de la juventud, cuando fuiste repudiada, dice tu Dios.

7 Por un breve momento te dejé, mas con grandes misericordias te recogeré.

8 Con un poco de ira escondí mi rostro de ti por un momento, mas con misericordia eterna tendré ^acompasión de ti, dice el Señor tu Redentor.

9 Porque ^aasí como las ^baguas de Noé; porque así como he jurado que las aguas de Noé nunca más cubrirán la tierra, asimismo he jurado que contigo no me enojaré.

10 Porque los ^amontes desaparecerán y los collados serán quitados, pero mi bondad no se ^bapartará de ti, ni será quitado el

convenio de mi paz, dice el Señor que tiene misericordia de ti.

11 ¡Oh afligida, azotada por la tempestad, y sin hallar consuelo! He aquí que yo cimentaré tus ^apiedras con bellos colores, y con zafiros echaré tus cimientos.

12 Tus ventanas haré de ágatas, y tus puertas de carbúnculos, y todos tus recintos haré de piedras deleitables.

13 Y ^atodos tus hijos serán instruidos por el Señor; y grande será la paz de tus hijos.

14 En ^arectitud serás establecida; estarás lejos de la opresión, porque no temerás, y del terror, porque no se acercará a ti.

15 He aquí, de cierto se han de reunir en contra de ti, mas no por parte mía; quien se juntare en contra de ti, caerá por tu causa.

16 He aquí, he creado al herrero que sopla el carbón en el fuego, y que saca la herramienta para su obra; y he creado al asolador para destruir.

17 Ninguna arma forjada en contra de ti prosperará; y toda lengua que se levantare contra ti en juicio, tú condenarás. Esta es la herencia de los siervos del Señor, y su rectitud viene de mí, dice el Señor.

CAPÍTULO 23

Jesús aprueba las palabras de Isaías — Manda al pueblo que

3a GEE Gentiles.
4a 2 Ne. 6:7, 13.
8a GEE Misericordia, misericordioso.
9a Isa. 54:9.
 b GEE Diluvio en los tiempos de Noé.
10a Isa. 40:4.
 b Sal. 94:14; DyC 35:25.
11a Apoc. 21:18–21.
13a Jer. 31:33–34.
14a GEE Rectitud, recto.

escudriñe los profetas — Se agregan a los anales de ellos las palabras de Samuel el Lamanita concernientes a la Resurrección. Aproximadamente 34 d.C.

Y he aquí, ahora os digo que debéis ^aescudriñar estas cosas. Sí, un mandamiento os doy de que escudriñéis estas cosas diligentemente, porque grandes son las palabras de ^bIsaías.

2 Pues él ciertamente habló en lo que respecta a todas las cosas concernientes a mi pueblo que es de la casa de Israel; por tanto, es menester que él hable también a los gentiles.

3 Y todas las cosas que habló se han cumplido, y se ^acumplirán, de conformidad con las palabras que habló.

4 Por tanto, escuchad mis palabras; escribid las cosas que os he dicho; y de acuerdo con el tiempo y la voluntad del Padre, irán a los gentiles.

5 Y quienes escuchen mis palabras, y se arrepientan y sean bautizados, se salvarán. Escudriñad los ^aprofetas, porque muchos son los que testifican de estas cosas.

6 Y aconteció que cuando Jesús hubo dicho estas palabras, les volvió a hablar, después que les hubo explicado todas las Escrituras que habían recibido, y les dijo: He aquí, quisiera que escribieseis otras Escrituras que no tenéis.

7 Y aconteció que dijo a Nefi: Trae los anales que habéis llevado.

8 Y cuando Nefi llevó los anales, y los puso ante él, Jesús los miró y dijo:

9 En verdad os digo que yo mandé a mi siervo, ^aSamuel el Lamanita, que testificara a este pueblo que el día en que el Padre glorificara su nombre en mí habría ^bmuchos ^csantos que se ^dlevantarían de entre los muertos, y aparecerían a muchos, y les ministrarían. Y les dijo: ¿No fue así?

10 Y sus discípulos le contestaron, y dijeron: Sí, Señor, Samuel profetizó según tus palabras, y todas se cumplieron.

11 Y Jesús les dijo: ¿Por qué no habéis escrito esto, que muchos santos se levantaron, y se aparecieron a muchos, y les ministraron?

12 Y sucedió que Nefi se acordó de que aquello no se había escrito.

13 Y acaeció que Jesús mandó que se escribiera; de modo que se escribió, de acuerdo con lo que él mandó.

14 Y aconteció que cuando Jesús hubo ^aexplicado en una todas las Escrituras que ellos habían escrito, les mandó que enseñaran las cosas que él les había explicado.

23 1a GEE Escrituras.
b 2 Ne. 25:1–5; Morm. 8:23. GEE Isaías.
3a 3 Ne. 20:11–12.
5a Lucas 24:25–27.
9a Hel. 13:2.
b Hel. 14:25.
c GEE Santo (sustantivo).
d Mateo 27:52–53. GEE Resurrección.
14a Lucas 24:44–46.

CAPÍTULO 24

El mensajero del Señor preparará el camino para la Segunda Venida — Cristo se sentará para juzgar — Se manda a Israel que pague los diezmos y las ofrendas — Se escribe un libro de memorias — Compárese con Malaquías 3. Aproximadamente 34 d.C.

Y SUCEDIÓ que les mandó escribir las palabras que el Padre había dado a Malaquías, las cuales él les diría. Y aconteció que después que fueron escritas, él las explicó. Y estas son las palabras que les habló, diciendo: Así dijo el Padre a Malaquías: He aquí, enviaré a mi ªmensajero, y él preparará el camino delante de mí, y repentinamente vendrá a su templo el Señor a quien buscáis, sí, el mensajero del convenio, en quien os deleitáis; he aquí, vendrá, dice el Señor de los Ejércitos.

2 ¿Y quién podrá ªsoportar el día de su venida? ¿Y quién podrá estar en pie cuando él aparezca? Porque es como ᵇfuego purificador y como jabón de lavadores.

3 Y se sentará como refinador y purificador de plata; y purificará a los ªhijos de Leví, y los refinará como al oro y a la plata, para que ᵇofrezcan al Señor una ofrenda en rectitud.

4 Entonces la ofrenda de Judá y de Jerusalén será grata al Señor, como en los días antiguos, y como en años anteriores.

5 Y yo me acercaré a vosotros para juicio; y seré pronto testigo contra los hechiceros, y los adúlteros, y contra los que juran en falso, y contra los que defraudan en su salario al jornalero, a la viuda y al ªhuérfano, y agravian al extranjero, y no me temen, dice el Señor de los Ejércitos.

6 Porque yo soy el Señor, y no cambio; por consiguiente, no sois consumidos, hijos de Jacob.

7 Aun desde los días de vuestros padres os habéis ªapartado de mis ordenanzas, y no las habéis guardado. ᵇVolveos a mí, y yo me volveré a vosotros, dice el Señor de los Ejércitos. Mas vosotros decís: ¿En qué hemos de volvernos?

8 ¿Robará el hombre a Dios? Mas vosotros me habéis robado. Pero decís: ¿En qué te hemos robado? En los ªdiezmos y en las ᵇofrendas.

9 Malditos sois con maldición, porque vosotros, toda esta nación, me habéis robado.

10 Traed todos los ªdiezmos al alfolí para que haya alimento en mi casa; y probadme ahora en esto, dice el Señor de los Ejércitos, si no os abriré las ventanas

24 1a DyC 45:9.
2a 3 Ne. 25:1.
  b Zac. 13:9;
    DyC 128:24.
    GEE Segunda venida de Jesucristo;
    Tierra — La

purificación de la tierra.
3a Deut. 10:8;
    DyC 84:31–34.
  b DyC 13.
5a Stg. 1:27.
7a GEE Apostasía.

  b Hel. 13:11;
    3 Ne. 10:6;
    Moro. 9:22.
8a GEE Diezmar, diezmo.
  b GEE Ofrenda.
10a DyC 64:23; 119.

de los cielos, y derramaré sobre vosotros una ^bbendición tal que no haya donde contenerla.

11 Y reprenderé al devorador por el bien de vosotros, y no destruirá los frutos de vuestra tierra; ni vuestra viña en los campos dará su fruto antes de tiempo, dice el Señor de los Ejércitos.

12 Y todas las naciones os llamarán bienaventurados, porque seréis tierra deleitosa, dice el Señor de los Ejércitos.

13 Fuertes han sido vuestras palabras contra mí, dice el Señor. No obstante, vosotros decís: ¿Qué hemos hablado contra ti?

14 Habéis dicho: En vano es servir a Dios; ¿y qué nos aprovecha haber guardado sus ordenanzas, y haber andado afligidos delante del Señor de los Ejércitos?

15 Y ahora llamamos dichosos a los soberbios; sí, los que obran iniquidad son ensalzados; sí, aun son librados los que tientan a Dios.

16 Entonces los que temían al Señor ^ahablaron a menudo, cada uno a su compañero; y el Señor escuchó y oyó; y fue escrito un ^blibro de memorias delante de él para aquellos que temían al Señor y pensaban en su nombre.

17 Y serán míos, dice el Señor de los Ejércitos, el día en que yo ^aintegre mis joyas; y los perdonaré como el hombre que perdona a su hijo que le sirve.

18 Entonces vosotros os volveréis y ^adiscerniréis entre los justos y los malos; entre el que sirve a Dios y el que no le sirve.

CAPÍTULO 25

En la Segunda Venida, los soberbios y los inicuos serán quemados como rastrojo — Elías el Profeta volverá antes de ese día grande y terrible — Compárese con Malaquías 4. Aproximadamente 34 d.C.

PORQUE he aquí, viene el día que ^aarderá como un horno; y todos los ^bsoberbios, sí, y todos los que obran inicuamente serán rastrojo; y aquel día que viene los abrasará, dice el Señor de los Ejércitos, de modo que no les dejará ni raíz ni rama.

2 Pero para vosotros que teméis mi nombre, surgirá el ^aHijo de Justicia, con sanidad en sus alas; y saldréis, y os ^bcriaréis como ^cterneros en el establo.

3 Y ^ahollaréis a los malvados; porque serán como cenizas bajo las plantas de vuestros pies el día en que yo haga esto, dice el Señor de los Ejércitos.

4 Recordad la ley de Moisés, mi siervo, la cual le decreté en ^aHoreb

10*b* GEE Bendecido, bendecir, bendición.
16*a* Moro. 6:5.
   b DyC 85:9; Moisés 6:5. GEE Libro de memorias.
17*a* DyC 101:3.
18*a* GEE Discernimiento, don de.
25 1*a* Isa. 24:6; 1 Ne. 22:15; 3 Ne. 24:2; DyC 29:9; 64:23–24; 133:64; JS—H 1:37. GEE Tierra — La purificación de la tierra.
   b 2 Ne. 20:33. GEE Orgullo.
2*a* Éter 9:22.
   b DyC 45:58.
   c Amós 6:4; 1 Ne. 22:24.
3*a* 3 Ne. 21:12.
4*a* Éx. 3:1–6.

para todo Israel, con los estatutos
y juicios.

5 He aquí, yo os enviaré a [a]Elías
el Profeta antes que venga el [b]día
grande y terrible del Señor;

6 y él [a]volverá el corazón de los
padres a los hijos, y el corazón de
los hijos a sus padres, no sea que
yo venga y hiera la tierra con una
maldición.

CAPÍTULO 26

*Jesús explica todas las cosas desde el
principio hasta el fin — Los niños,
aun los más pequeñitos, hablan cosas maravillosas que no se pueden
escribir — Los de la Iglesia de Cristo
tienen todas las cosas en común.
Aproximadamente 34 d.C.*

Y ACAECIÓ que cuando Jesús hubo
declarado estas cosas, las explicó
a la multitud; y les explicó todas
las cosas, grandes así como pequeñas.

2 Y dijo: [a]Estas Escrituras que
no habíais tenido con vosotros, el
Padre mandó que yo os las diera;
porque en su sabiduría dispuso
que se dieran a las generaciones
futuras.

3 Y les explicó todas las cosas,
aun desde el principio hasta la

época en que él viniera en su
[a]gloria; sí, todas las cosas que
habrían de suceder sobre la faz
de la tierra, hasta que los [b]ele-
mentos se derritieran con calor
abrasador, y la tierra se [c]plegara
como un rollo, y pasaran los cielos y la tierra;

4 y hasta el [a]grande y postrer día
en que todos los pueblos, y todas
las familias, y todas las naciones y
lenguas [b]comparezcan ante Dios
para ser juzgados por sus obras,
ya fueren buenas o malas;

5 si fueren buenas, a la [a]resu-
rrección de vida sempiterna; y si
fueren malas, a la resurrección de
condenación; por lo que constituyen un paralelo, lo uno por un
lado y lo otro por el otro, según
la misericordia, y la [b]justicia, y
la santidad que hay en Cristo, el
cual existía desde [c]antes del principio del mundo.

6 Y ahora bien, no puede escribirse en este libro ni la [a]centésima
parte de las cosas que Jesús verdaderamente enseñó al pueblo;

7 pero he aquí, las [a]planchas de
Nefi contienen la mayor parte de
las cosas que enseñó al pueblo.

8 Y he escrito estas cosas, que
son la menor parte de lo que

5a 2 Rey. 2:1–2;
    DyC 2:1; 110:13–16;
    128:17–18.
    GEE Elías el Profeta;
    Salvación de los
    muertos;
    Sellamiento, sellar.
  b GEE Segunda venida
    de Jesucristo.
6a DyC 2:2.
26 2a Es decir, Mal. 3–4,
    citados en

3 Ne. 24–25.
3a GEE Jesucristo — La
    gloria de Jesucristo.
  b Amós 9:13;
    2 Pe. 3:10, 12;
    Morm. 9:2.
    GEE Mundo — El fin
    del mundo; Tierra — La
    purificación de la tierra.
  c Morm. 5:23.
4a Hel. 12:25;
    3 Ne. 28:31.

  b Mos. 16:10–11.
    GEE Juicio final.
5a Dan. 12:2;
    Juan 5:29.
  b GEE Justicia.
  c Éter 3:14.
    GEE Jesucristo — La
    existencia premortal de
    Cristo.
6a Juan 21:25;
    3 Ne. 5:8.
7a GEE Planchas.

enseñó al pueblo; y las he escrito con objeto de que nuevamente lleguen ªde los gentiles a este pueblo, según las palabras que Jesús ha hablado.

9 Y cuando hayan recibido esto, que conviene que obtengan primero para probar su fe, y si sucede que creen estas cosas, entonces les serán manifestadas las ªcosas mayores.

10 Y si sucede que no creen estas cosas, entonces les serán ªretenidas las cosas mayores, para su condenación.

11 He aquí, estaba a punto de escribirlas, cuantas se grabaron sobre las planchas de Nefi, pero el Señor lo prohibió, diciendo: Pondré a ªprueba la fe de mi pueblo.

12 Por lo que, yo, Mormón, escribo las cosas que el Señor me ha mandado. Y ahora yo, Mormón, concluyo mis palabras, y procedo a escribir las cosas que se me han mandado.

13 Por tanto, quisiera que entendieseis que el Señor verdaderamente enseñó al pueblo por el espacio de tres días; y tras esto, se les ªmanifestaba con frecuencia, y partía ᵇpan a menudo, y lo bendecía, y se lo daba.

14 Y sucedió que enseñó y ministró a los ªniños de la multitud de que se ha hablado; y ᵇsoltó la lengua de ellos, y declararon cosas grandes y maravillosas a sus padres, mayores aún que las que él había revelado al pueblo; y desató la lengua de ellos de modo que pudieron expresarse.

15 Y acontició que después que hubo ascendido al cielo —la segunda vez que se había manifestado a ellos, y había vuelto al Padre, después de haber ªsanado a todos sus enfermos y sus cojos, y abierto los ojos de sus ciegos, y destapado los oídos de los sordos, y aun había efectuado toda clase de sanidades entre ellos, y levantado a un hombre de entre los muertos, y manifestado a ellos su poder, y ascendido al Padre—

16 he aquí, sucedió que al día siguiente se reunió la multitud, y oyó y vio a estos niños; sí, aun los más ªpequeñitos abrieron su boca y hablaron cosas maravillosas; y las cosas que dijeron, se prohibió que hombre alguno las escribiera.

17 Y acontició que los ªdiscípulos que Jesús había escogido empezaron desde entonces a ᵇbautizar y enseñar a cuantos venían a ellos; y cuantos se bautizaron en el nombre de Jesús fueron llenos del Espíritu Santo.

18 Y muchos de ellos vieron y oyeron cosas indecibles, que ªno es lícito escribir.

19 Y enseñaron y se ministraron

8ª 3 Ne. 21:5–6.
9ª Éter 4:4–10.
10ª Alma 12:9–11.
11ª Éter 12:6.
13ª Juan 21:14.
  b 3 Ne. 20:3–9.
GEE Santa Cena.
14ª 3 Ne. 17:11–12.
  b Alma 32:23;
    3 Ne. 26:16.
15ª 3 Ne. 17:9.
GEE Milagros;
Sanar, sanidades.
16ª Mateo 11:25.
17ª 3 Ne. 19:4–13.
  b 4 Ne. 1:1.
18ª 3 Ne. 26:11.

el uno al otro; y tenían ªtodas las cosas en ᵇcomún, todo hombre obrando en justicia uno con otro.

20 Y sucedió que hicieron todas las cosas, así como Jesús se lo había mandado.

21 Y los que fueron bautizados en el nombre de Jesús, fueron llamados la ªiglesia de Cristo.

CAPÍTULO 27

Jesús les manda que den el nombre de Él a la Iglesia — Su misión y su sacrificio expiatorio constituyen Su Evangelio — Se manda a los hombres que se arrepientan y sean bautizados para que sean santificados por el Espíritu Santo — Ellos han de ser aun como Jesús. Aproximadamente 34–35 d.C.

Y SUCEDIÓ que mientras los discípulos de Jesús andaban viajando y predicando las cosas que habían oído y visto, y bautizando en el nombre de Jesús, sucedió que se hallaban congregados los discípulos y ªunidos en poderosa oración y ᵇayuno.

2 Y Jesús se les ªmanifestó de nuevo, porque pedían al Padre en su nombre; y vino Jesús y se puso en medio de ellos, y les dijo: ¿Qué queréis que os dé?

3 Y ellos le dijeron: Señor, deseamos que nos digas el nombre por el cual hemos de llamar esta iglesia; porque hay disputas entre el pueblo concernientes a este asunto.

4 Y el Señor les dijo: De cierto, de cierto os digo: ¿Por qué es que este pueblo ha de murmurar y disputar a causa de esto?

5 ¿No han leído las Escrituras que dicen que debéis tomar sobre vosotros el ªnombre de Cristo, que es mi nombre? Porque por este nombre seréis llamados en el postrer día;

6 y el que tome sobre sí mi nombre, y ªpersevere hasta el fin, este se salvará en el postrer día.

7 Por tanto, cualquier cosa que hagáis, la haréis en mi nombre, de modo que daréis mi nombre a la iglesia; y en mi nombre pediréis al Padre que bendiga a la iglesia por mi causa.

8 ¿Y cómo puede ser ªmi ᵇiglesia salvo que lleve mi nombre? Porque si una iglesia lleva el nombre de Moisés, entonces es la iglesia de Moisés; o si se le da el nombre de algún hombre, entonces es la iglesia de ese hombre; pero si lleva mi nombre, entonces es mi iglesia, si es que están fundados sobre mi evangelio.

9 En verdad os digo que vosotros estáis edificados sobre mi evangelio. Por tanto, cualesquiera cosas que llaméis, las

19a 4 Ne. 1:3.
  b GEE Consagrar, ley de consagración.
21a Mos. 18:17.
  GEE Iglesia de Jesucristo.
27 1a DyC 29:6.

b Alma 6:6.
  GEE Ayunar, ayuno.
2a 3 Ne. 26:13.
  GEE Jesucristo — Las apariciones de Cristo después de Su muerte.
5a GEE Jesucristo — El

tomar sobre sí el nombre de Jesucristo.
6a 3 Ne. 15:9.
8a DyC 115:4.
  b GEE Jesucristo — Es cabeza de la Iglesia.

llamaréis en mi nombre; de modo que si pedís al Padre, por la iglesia, si lo hacéis en mi nombre, el Padre os escuchará;

10 y si es que la iglesia está edificada sobre mi evangelio, entonces el Padre manifestará sus propias obras en ella.

11 Pero si no está edificada sobre mi evangelio, y está fundada en los hechos de los hombres, o en las obras del diablo, de cierto os digo que gozarán de su obra por un tiempo, y de aquí a poco viene el fin, y son ªcortados y echados en el fuego, de donde no se vuelve.

12 Pues sus obras los ªsiguen, porque es por sus obras que son talados; recordad, pues, las cosas que os he dicho.

13 He aquí, os he dado mi ªevangelio, y este es el evangelio que os he dado: que vine al mundo a cumplir la ᵇvoluntad de mi Padre, porque mi Padre me envió.

14 Y mi Padre me envió para que fuese ªlevantado sobre la cruz; y que después de ser levantado sobre la cruz, pudiese ᵇatraer a mí mismo a todos los hombres, para que así como he sido levantado por los hombres, así también los hombres sean levantados por el Padre, para

comparecer ante mí, para ser ᶜjuzgados por sus obras, ya fueren buenas o malas;

15 y por esta razón he sido ªlevantado; por consiguiente, de acuerdo con el poder del Padre, atraeré a mí mismo a todos los hombres, para que sean juzgados según sus obras.

16 Y sucederá que cualquiera que se ªarrepienta y se ᵇbautice en mi nombre, será lleno; y si ᶜpersevera hasta el fin, he aquí, yo lo tendré sin culpa ante mi Padre el día en que me presente para juzgar al mundo.

17 Y aquel que no persevera hasta el fin, este es el que también es cortado y echado en el fuego, de donde nunca más puede volver, por motivo de la ªjusticia del Padre.

18 Y esta es la palabra que él ha dado a los hijos de los hombres; y por esta razón él cumple las palabras que ha dado; y no miente, sino que cumple todas sus palabras.

19 Y ªnada impuro puede entrar en su reino; por tanto, nada entra en su ᵇreposo, sino aquellos que han ᶜlavado sus vestidos en mi sangre, mediante su fe, y el arrepentimiento de todos sus pecados y su fidelidad hasta el fin.

11a Alma 5:52.
12a Apoc. 14:13; DyC 59:2.
13a DyC 76:40–42. GEE Evangelio. b Juan 6:38–39.
14a 1 Ne. 11:32–33; Moisés 7:55. b Juan 6:44;

2 Ne. 9:5; DyC 27:18. c GEE Jesucristo — Es juez.
15a GEE Expiación, expiar.
16a GEE Arrepentimiento, arrepentirse. b GEE Bautismo, bautizar. c 1 Ne. 13:37.

GEE Perseverar.
17a GEE Justicia.
19a Alma 11:37. b DyC 84:24. GEE Descansar, descanso (reposo). c Apoc. 1:5; 7:14; Alma 5:21, 27; 13:11–13.

20 Y este es el mandamiento: [a]Arrepentíos, todos vosotros, extremos de la tierra, y venid a mí y sed [b]bautizados en mi nombre, para que seáis [c]santificados por la recepción del Espíritu Santo, a fin de que en el postrer día os presentéis ante mí [d]sin mancha.

21 En verdad, en verdad os digo que este es mi evangelio; y vosotros sabéis las cosas que debéis hacer en mi iglesia; pues las obras que me habéis visto hacer, esas también las haréis; porque aquello que me habéis visto hacer, eso haréis vosotros.

22 De modo que si hacéis estas cosas, benditos sois, porque seréis enaltecidos en el postrer día.

23 Escribid las cosas que habéis visto y oído, salvo aquellas que están [a]prohibidas.

24 Escribid los hechos de este pueblo, que serán, tal como se ha escrito, de aquello que ya ha pasado.

25 Pues he aquí, por los libros que se han escrito, y los que se escribirán, será [a]juzgado este pueblo, porque por medio de ellos serán dadas a conocer sus [b]obras a los hombres.

26 Y he aquí, todas las cosas son [a]escritas por el Padre; por consiguiente, el mundo será juzgado por los libros que se escriban.

27 Y sabed que [a]vosotros seréis los jueces de este pueblo, según el juicio que yo os daré, el cual será justo. Por lo tanto, ¿qué [b]clase de hombres habéis de ser? En verdad os digo, aun [c]como yo soy.

28 Y ahora [a]voy al Padre. Y de cierto os digo, cualesquiera cosas que pidáis al Padre en mi nombre, os serán concedidas.

29 Por consiguiente, [a]pedid, y recibiréis; llamad, y se os abrirá; porque el que pide, recibe; y al que llama, se le abrirá.

30 Y, he aquí, mi gozo es grande, aun hasta la plenitud, por causa de vosotros, y también de esta generación; sí, y aun el Padre se regocija, y también todos los santos ángeles, por causa de vosotros y los de esta generación; porque [a]ninguno de ellos se pierde.

31 He aquí, quisiera que me entendieseis, porque me refiero a los de [a]esta generación que [b]ahora viven; y ninguno de ellos se pierde; y mi [c]gozo es completo en ellos.

32 Pero he aquí, me aflijo por motivo de los de la [a]cuarta generación a partir de esta, porque serán llevados cautivos por él,

---

20a Éter 4:18.
  b GEE Bautismo, bautizar — Indispensable.
  c GEE Santificación.
  d DyC 4:2.
23a 3 Ne. 26:16.
25a 2 Ne. 33:10–15; P. de Morm. 1:11.

b 1 Ne. 15:32–33.
26a 3 Ne. 24:16.
   GEE Libro de la vida.
27a 1 Ne. 12:9–10; Morm. 3:19.
  b GEE Jesucristo — El ejemplo de Jesucristo.
  c Mateo 5:48; 3 Ne. 12:48.

28a Juan 20:17.
29a Mateo 7:7; 3 Ne. 14:7.
30a Juan 17:12.
31a 3 Ne. 28:23.
  b 3 Ne. 9:11–13; 10:12.
  c GEE Gozo.
32a 2 Ne. 26:9–10; Alma 45:10, 12.

así como lo fue el hijo de perdición; porque me venderán por plata y por oro, y por aquello que la ᵇpolilla corrompe, y que los ladrones minan y hurtan. Y en aquel día los visitaré, sí, haciendo volver sus obras sobre sus propias cabezas.

33 Y aconteció que cuando Jesús hubo concluido estas palabras, dijo a sus discípulos: Entrad por la ᵃpuerta estrecha, porque estrecha es la puerta, y angosto el camino que conduce a la vida, y pocos son los que lo hallan; pero ancha es la puerta, y espacioso el camino que conduce a la muerte, y muchos son los que lo transitan, hasta que llega la noche, en la que nadie puede trabajar.

CAPÍTULO 28

Nueve de los doce discípulos desean, y se les promete una herencia en el reino de Cristo cuando mueran — Los Tres Nefitas desean, y se les concede, poder sobre la muerte para permanecer en la tierra hasta que Jesús venga de nuevo — Son trasladados y ven cosas que no es lícito declarar, y ahora se encuentran ministrando entre los hombres. Aproximadamente 34–35 d.C.

Y SUCEDIÓ que cuando Jesús hubo dicho estas palabras, habló a sus discípulos, uno por uno,

diciéndoles: ¿Qué es lo que deseáis de mí después que haya ido al Padre?

2 Y contestaron todos, salvo tres, diciendo: Deseamos que después que hayamos vivido hasta la edad del hombre, que nuestro ministerio al cual nos has llamado se termine, a fin de que vengamos presto a ti en tu reino.

3 Y él les dijo: Benditos sois porque deseasteis esto de mí; por tanto, después que hayáis llegado a los setenta y dos años de edad, vendréis a mí en mi reino; y conmigo hallaréis ᵃreposo.

4 Y cuando les hubo hablado, se volvió hacia los tres y les dijo: ¿Qué queréis que haga por vosotros, cuando haya ido al Padre?

5 Y se contristó el corazón de ellos, porque no se atrevían a decirle lo que deseaban.

6 Y él les dijo: He aquí, ᵃconozco vuestros pensamientos, y habéis deseado lo que de mí deseó ᵇJuan, mi amado, quien me acompañó en mi ministerio, antes que yo fuese levantado por los judíos.

7 Por tanto, más benditos sois vosotros, porque ᵃnunca probaréis la ᵇmuerte; sino que viviréis para ver todos los hechos del Padre para con los hijos de los hombres, aun hasta que se cumplan todas las cosas según la

32b Mateo 6:19–21; 3 Ne. 13:19–21.
33a Mateo 7:13–14; 3 Ne. 14:13–14; DyC 22.
28 3a GEE Descansar, descanso (reposo).
6a Amós 4:13; Alma 18:32.
b Juan 21:21–23;
DyC 7:1–4.
7a 4 Ne. 1:14; Morm. 8:10–11; Éter 12:17.
b GEE Seres trasladados.

voluntad del Padre, cuando yo venga en mi gloria con los ᶜpoderes del cielo.

8 Y nunca padeceréis los dolores de la muerte; sino que cuando yo venga en mi gloria, seréis cambiados de la ᵃmortalidad a la ᵇinmortalidad en un abrir y cerrar de ojos; y entonces seréis bendecidos en el reino de mi Padre.

9 Y además, no sentiréis dolor mientras viváis en la carne, ni pesar, sino por los pecados del mundo; y haré todo esto por motivo de lo que habéis deseado de mí, porque habéis deseado ᵃtraer a mí las almas de los hombres, mientras exista el mundo.

10 Y por esta causa tendréis ᵃplenitud de gozo; y os sentaréis en el reino de mi Padre; sí, vuestro gozo será completo, así como el Padre me ha dado plenitud de gozo; y seréis tal como yo soy, y yo soy tal como el Padre; y el Padre y yo somos ᵇuno.

11 Y el ᵃEspíritu Santo da testimonio del Padre y de mí; y el Padre da el Espíritu Santo a los hijos de los hombres por mi causa.

12 Y sucedió que cuando Jesús hubo hablado estas palabras, tocó a cada uno de ellos con su dedo, menos a los tres que habían de quedar, y entonces partió.

13 Y he aquí, se abrieron los cielos, y ellos fueron ᵃarrebatados al cielo, y oyeron y vieron cosas inefables.

14 Y se les ᵃprohibió hablar; ni tampoco les fue dado el poder para declarar las cosas que vieron y oyeron;

15 y no supieron decir si estaban en el cuerpo o fuera del cuerpo; porque les pareció como una ᵃtransfiguración habida en ellos, como que fueron cambiados de este cuerpo de carne a un estado inmortal, de modo que pudieron contemplar las cosas de Dios.

16 Pero sucedió que de nuevo ejercieron su ministerio sobre la faz de la tierra; sin embargo, no ministraron en cuanto a las cosas que habían visto y oído, por causa del mandamiento que les fue dado en el cielo.

17 Ahora bien, si fueron mortales o inmortales, desde el día de su transfiguración, no lo sé;

18 pero esto sí sé, según la historia que se ha dado, que salieron sobre la superficie de la tierra, y ministraron a todo el pueblo, agregando a la iglesia a cuantos creían en sus predicaciones, bautizándolos; y cuantos fueron bautizados recibieron el Espíritu Santo.

19 Y eran arrojados en la prisión por aquellos que no pertenecían

7c 3 Ne. 20:22.
8a 3 Ne. 28:36–40.
   GEE Mortal, mortalidad.
 b GEE Inmortal, inmortalidad.
9a Filip. 1:23–24; DyC 7:5–6.
10a DyC 84:36–38.
  b Juan 17:20–23.
11a 2 Ne. 31:17–21; 3 Ne. 11:32.
13a 2 Cor. 12:2–4.
14a DyC 76:114–116.
15a Moisés 1:11.
   GEE Transfiguración.

a la iglesia. Y las ªprisiones no podían contenerlos, porque se partían por la mitad.

20 Y eran arrojados en la tierra; pero herían la tierra con la palabra de Dios, de tal modo que por su ªpoder eran librados de las profundidades de la tierra; y, por tanto, no podían cavar fosos de hondura suficiente para contenerlos.

21 Y tres veces fueron arrojados en un ªhorno, y no recibieron daño alguno.

22 Y dos veces fueron arrojados en un ªfoso de animales feroces; y he aquí, jugaron con las fieras como un niño con un cordero de leche, y no recibieron ningún daño.

23 Y ocurrió que así anduvieron entre todo el pueblo de Nefi, y predicaron el ªevangelio de Cristo a todos los habitantes sobre la faz de la tierra; y estos se convirtieron al Señor, y se unieron a la iglesia de Cristo; y así fue bendecido el pueblo de ᵇesa generación, según las palabras de Jesús.

24 Y ahora yo, Mormón, dejo de escribir concerniente a estas cosas por un tiempo.

25 He aquí, estaba a punto de escribir los ªnombres de aquellos que nunca habían de probar la muerte, pero el Señor lo prohibió; por lo tanto, no los escribo,

porque están escondidos del mundo.

26 Mas he aquí, yo los he visto, y ellos me han ministrado.

27 Y he aquí, se hallarán entre los gentiles, y los gentiles no los conocerán.

28 También estarán entre los judíos, y los judíos no los conocerán.

29 Y cuando el Señor lo considere propio en su sabiduría, sucederá que ejercerán su ministerio entre todas las tribus ªesparcidas de Israel, y entre todas las naciones, tribus, lenguas y pueblos; y de entre ellos llevarán muchas almas a Jesús, a fin de que se cumplan sus deseos, y también por causa del poder convincente de Dios que hay en ellos.

30 Y son como los ªángeles de Dios; y si ruegan al Padre en el nombre de Jesús, pueden manifestarse a cualquier hombre que les parezca conveniente.

31 Por tanto, ellos efectuarán obras grandes y maravillosas, antes del día ªgrande y futuro, cuando todos ciertamente tendrán que comparecer ante el tribunal de Cristo;

32 sí, aun entre los gentiles ejecutarán ellos una obra ªgrande y maravillosa, antes de ese día de juicio.

33 Y si tuvieseis todas las

19a Hech. 16:26;
   Alma 14:26–28.
20a Morm. 8:24.
21a Dan. 3:22–27;
   4 Ne. 1:32.
22a Dan. 6:16–23;

4 Ne. 1:33.
23a GEE Evangelio.
   b 3 Ne. 27:30–31.
25a 3 Ne. 19:4.
29a GEE Israel — El
   esparcimiento de

Israel; Israel — Las
diez tribus perdidas
de Israel.
30a GEE Angeles.
31a Hel. 12:25; 3 Ne. 26:4–5.
32a 2 Ne. 25:17.

Escrituras que relatan todas las obras maravillosas de Cristo, sabríais, según las palabras de Cristo, que estas cosas ciertamente vendrán.

34 Y, ¡ay de aquel que ªno escuche las palabras de Jesús, ni a ᵇaquellos que él haya escogido y enviado entre ellos! Porque quienes no reciben las palabras de Jesús ni las palabras de aquellos que él ha enviado, no lo reciben a él; y por consiguiente, él no recibirá a los tales en el postrer día;

35 y mejor sería para ellos no haber nacido. ¿Pues suponéis que os será posible evitar la justicia de un Dios ofendido, que ha sido ªhollado bajo los pies de los hombres, para que por ese medio viniese la salvación?

36 Y ahora bien, he aquí, respecto de lo que hablé concerniente a aquellos que el Señor ha escogido, sí, los tres que fueron arrebatados a los cielos, que no sabía yo si habían sido purificados de la mortalidad a la inmortalidad,

37 he aquí, después que escribí, he preguntado al Señor, y él me ha manifestado que es necesario que se efectúe un cambio en sus cuerpos, o de lo contrario, será menester que prueben la muerte;

38 por tanto, para que no tuviesen que probar la muerte, se verificó un ªcambio en sus cuerpos, a fin de que no padeciesen dolor ni pesar, sino por los pecados del mundo.

39 Mas este cambio no fue igual al que se verificará en el postrer día; pero se efectuó un cambio en ellos, de modo que Satanás no tuviera poder sobre ellos, para que no pudiera ªtentarlos; y fueron ᵇsantificados en la carne, a fin de que fuesen ᶜsantos, y no los pudiesen contener los poderes de la tierra.

40 Y en este estado habrían de permanecer hasta el día del juicio de Cristo; y en ese día habrían de pasar por un cambio mayor, y ser recibidos en el reino del Padre para nunca más salir, sino para morar con Dios eternamente en los cielos.

CAPÍTULO 29

La aparición del Libro de Mormón es una señal de que el Señor ha empezado a recoger a Israel y a cumplir Sus convenios — Los que rechacen Sus revelaciones y dones de los postreros días serán maldecidos. Aproximadamente 34–35 d.C.

Y AHORA bien, he aquí os digo que cuando el Señor, en su sabiduría, juzgue prudente que ªlleguen estas cosas a los gentiles, según su palabra, entonces sabréis que ya empieza a cumplirse el ᵇconvenio que el Padre ha hecho con los hijos de Israel, concerniente a su restauración a las tierras de su herencia.

2 Y podréis saber que las

34a Éter 4:8–12.
  b GEE Profeta.
35a Hel. 12:2.
38a GEE Seres trasladados.
39a GEE Tentación, tentar.
  b GEE Santificación.
  c GEE Santidad.
29 1a 2 Ne. 30:3–8.
  b Morm. 5:14, 20.

palabras del Señor, que han declarado los santos profetas, se cumplirán todas; y no tendréis que decir que el Señor ^ademora su venida a los hijos de Israel.

3 Y no tenéis por qué imaginaros en vuestros corazones que son en vano las palabras que se han hablado, pues he aquí, el Señor se acordará del convenio que ha hecho con su pueblo de la casa de Israel.

4 Y cuando veáis que estas palabras aparecen entre vosotros, no desdeñéis ya más los hechos del Señor, porque la ^aespada de su ^bjusticia se halla en su diestra; y he aquí, si en aquel día despreciáis sus obras, él hará que pronto os alcance.

5 ^a¡Ay de aquel que ^bdesdeñe los hechos del Señor; sí, ay de aquel que ^cniegue al Cristo y sus obras!

6 Sí, ^a¡ay de aquel que niegue las revelaciones del Señor, y del que diga que el Señor ya no obra por revelación, ni por profecía, ni por ^bdones, ni por lenguas, ni por sanidades, ni por el poder del Espíritu Santo!

7 Sí, y, ¡ay de aquel que en ese día diga, para obtener ^alucro, que Jesucristo no puede hacer ^bningún milagro! Porque el que diga esto vendrá a ser como el ^chijo de

perdición, para quien no hubo misericordia, según la palabra de Cristo.

8 Sí, y ya no tenéis que ^aescarnecer ni ^bdesdeñar a los judíos, ni hacer burla de ^cellos, ni de ninguno del resto de la casa de Israel; porque he aquí, el Señor se acuerda de su convenio con ellos, y hará con ellos según lo que ha jurado.

9 Por tanto, no vayáis a suponer que podéis volver la mano derecha del Señor a la izquierda, para que no ejecute su juicio para el cumplimiento del convenio que ha hecho a la casa de Israel.

CAPÍTULO 30

Se manda a los gentiles de los últimos días arrepentirse, venir a Cristo y ser contados entre los de la casa de Israel. Aproximadamente 34–35 d.C.

¡OÍD, oh gentiles, y escuchad las palabras de Jesucristo, el Hijo del Dios viviente, las cuales él me ha ^amandado que hable concerniente a vosotros! Pues he aquí, él me manda escribir, diciendo:

2 ¡Tornaos, todos vosotros ^agentiles, de vuestros caminos de maldad; y ^barrepentíos de vuestras obras malas, de vuestras mentiras y engaños, y de vuestras

---

2a Lucas 12:45–48.
4a 3 Ne. 20:20.
  b GEE Justicia.
5a 2 Ne. 28:15–16.
  b Morm. 8:17;
    Éter 4:8–10.
  c Mateo 10:32–33.

6a Morm. 9:7–11, 15.
  b GEE Dones del Espíritu.
7a GEE Supercherías
    sacerdotales.
  b 2 Ne. 28:4–6;
    Morm. 9:15–26.
  c GEE Hijos de perdición.

8a 1 Ne. 19:14.
  b 2 Ne. 29:4–5.
  c GEE Judíos.
30 1a 3 Ne. 5:12–13.
  2a GEE Gentiles.
    b GEE Arrepentimiento,
      arrepentirse.

fornicaciones, y de vuestras abominaciones secretas, y vuestras idolatrías, y vuestros asesinatos, y vuestras supercherías sacerdotales, y vuestras envidias, y vuestras contiendas, y de todas vuestras iniquidades y abominaciones, y

venid a mí, y sed bautizados en mi nombre para que recibáis la remisión de vuestros pecados, y seáis llenos del Espíritu Santo, para que seáis ^ccontados entre los de mi pueblo que son de la casa de Israel!

CUARTO NEFI
EL LIBRO DE NEFI

QUE ES HIJO DE NEFI, UNO DE LOS DISCÍPULOS DE JESUCRISTO

Una relación del pueblo de Nefi, según sus anales.

Todos los nefitas y los lamanitas se convierten al Señor — Tienen todas las cosas en común, obran milagros y prosperan en la tierra — Al cabo de dos siglos, surgen divisiones, iniquidades, iglesias falsas y persecuciones — Después de trescientos años, tanto los nefitas como los lamanitas se vuelven inicuos — Ammarón esconde los anales sagrados. Aproximadamente 35–321 d.C.

Y ACONTECIÓ que pasó el año treinta y cuatro, y también el treinta y cinco; y he aquí, los discípulos de Jesús habían establecido una iglesia de Cristo en todas las tierras circunvecinas. Y cuantos iban a ellos, y se arrepentían verdaderamente de sus pecados, eran bautizados en el nombre de Jesús; y también recibían el Espíritu Santo.

2 Y ocurrió que en el año treinta y seis se convirtió al Señor toda la gente sobre toda la faz de la tierra, tanto nefitas como lamanitas; y no había contenciones ni disputas entre ellos, y obraban rectamente unos con otros.

3 Y tenían en común ^atodas las cosas; por tanto, no había ricos ni pobres, esclavos ni libres, sino que todos fueron hechos libres, y participantes del don celestial.

4 Y sucedió que pasó el año treinta y siete también, y continuó la paz en la tierra.

5 Y los discípulos de Jesús efectuaban grandes y maravillosas obras, de tal manera que ^asanaban a los enfermos, y resucitaban a los muertos, y hacían que los cojos anduvieran, y que los ciegos recibieran su vista, y que

---

2c Gál. 3:27–29;
   2 Ne. 10:18–19;
   3 Ne. 16:10–13;
   21:22–25;

Abr. 2:10.

[4 NEFI]
1 3a Hech. 4:32;

3 Ne. 26:19.
   GEE Consagrar, ley de consagración.
5a GEE Sanar, sanidades.

los sordos oyeran; y obraban toda clase de ^bmilagros entre los hijos de los hombres; y no obraban milagros salvo que fuera en el nombre de Jesús.

6 Y así pasó el año treinta y ocho, y también los años treinta y nueve, y cuarenta y uno y cuarenta y dos, sí, hasta el año cuarenta y nueve, y también el cincuenta y uno, y el cincuenta y dos; sí, hasta que hubieron pasado cincuenta y nueve años.

7 Y el Señor los prosperó en gran manera sobre la tierra; sí, al grado de que nuevamente edificaron ciudades donde se habían incendiado las otras.

8 Sí, y aun la gran ^aciudad de Zarahemla hicieron reconstruir.

9 Pero hubo muchas ciudades que se habían ^ahundido, y las aguas habían aparecido en su lugar; por tanto, estas ciudades no pudieron ser reedificadas.

10 Y he aquí, aconteció que el pueblo de Nefi se hizo fuerte, y se multiplicó con gran rapidez, y llegó a ser un pueblo ^ahermoso y deleitable en extremo.

11 Y se casaban y se daban en matrimonio, y fueron bendecidos de acuerdo con la multitud de las promesas que el Señor les había hecho.

12 Y ya no se guiaban por las ^aprácticas y ordenanzas de la ^bley de Moisés, sino que se guiaban por los mandamientos que habían recibido de su Señor y su Dios, perseverando en el ^cayuno y en la oración, y reuniéndose a menudo, tanto para orar como para escuchar la palabra del Señor.

13 Y sucedió que no hubo contención entre todos los habitantes sobre toda la tierra, mas los discípulos de Jesús obraban grandes milagros.

14 Y ocurrió que pasó el año setenta y uno, y también el año setenta y dos; sí, y por último, hasta que hubo pasado el año setenta y nueve; sí, y aun cien años habían pasado, y los discípulos que Jesús había seleccionado se habían ido todos al ^aparaíso de Dios, con excepción de los ^btres que habían de permanecer; y fueron ^cordenados otros ^ddiscípulos en lugar de ellos; y también muchos de los de aquella generación habían muerto ya.

15 Y ocurrió que ^ano había contenciones en la tierra, a causa del amor de Dios que moraba en el corazón del pueblo.

16 Y ^ano había envidias, ni contiendas, ni tumultos, ni fornicaciones, ni mentiras, ni asesinatos, ni ^blascivias de ninguna especie; y ciertamente no podía

---

5b Juan 14:12.
    GEE Milagros.
8a 3 Ne. 8:8.
9a 3 Ne. 9:4, 7.
10a Morm. 9:6.
12a 2 Ne. 25:30;
    3 Ne. 15:2–8.

b GEE Ley de Moisés.
c Moro. 6:5;
    DyC 88:76–77.
14a GEE Paraíso.
    b 3 Ne. 28:3–9.
    GEE Seres trasladados.
    c GEE Ordenación,

ordenar.
    d GEE Discípulo.
15a GEE Paz.
16a GEE Unidad.
    b GEE Concupiscencia.

haber un pueblo más ^cdichoso entre todos los que habían sido creados por la mano de Dios.

17 No había ladrones, ni asesinos, ni lamanitas, ni ninguna especie de -itas, sino que eran ^auno, hijos de Cristo y herederos del reino de Dios.

18 ¡Y cuán bendecidos fueron! Porque el Señor los bendijo en todas sus obras; sí, fueron bendecidos y prosperaron hasta que hubieron transcurrido ciento diez años; y la primera generación después de Cristo había muerto ya, y no había contención en toda la tierra.

19 Y sucedió que Nefi, el que llevaba estos últimos anales, murió (y llevaba la historia sobre las ^aplanchas de Nefi); y su hijo Amós la continuó en su lugar; y también lo hizo sobre las planchas de Nefi.

20 Y la llevó ochenta y cuatro años, y todavía continuaba la paz en el país, con excepción de una pequeña parte del pueblo que se había rebelado contra la iglesia y tomado sobre sí el nombre de lamanitas; así que otra vez empezó a haber lamanitas en la tierra.

21 Y aconteció que Amós también murió (y fue a los ciento noventa y cuatro años de la venida de Cristo), y su hijo, Amós, llevó la historia en su lugar; y también la escribió sobre las planchas de Nefi, y también está escrita en el libro de Nefi, que es este libro.

22 Y sucedió que habían transcurrido doscientos años; y todos los de la segunda generación habían muerto, con excepción de unos pocos.

23 Y yo, Mormón, quiero que sepáis que el pueblo se había multiplicado de tal manera que se hallaba esparcido por toda la faz de la tierra, y que habían llegado a ser sumamente ricos, por razón de su prosperidad en Cristo.

24 Y ahora bien, en este año, el doscientos uno, empezó a haber entre ellos algunos que se ensalzaron en el ^aorgullo, tal como el lucir ropas costosas, y toda clase de perlas finas, y de las cosas lujosas del mundo.

25 Y de ahí en adelante ya no tuvieron sus bienes y posesiones en ^acomún entre ellos.

26 Y empezaron a dividirse en clases; y empezaron a establecer ^aiglesias para sí con objeto de ^blucrar; y comenzaron a negar la verdadera iglesia de Cristo.

27 Y sucedió que cuando hubieron transcurrido doscientos diez años, ya había en la tierra un gran número de iglesias; sí, había muchas iglesias que profesaban conocer al Cristo, y sin embargo, ^anegaban la mayor parte de su evangelio, de tal

16c Mos. 2:41; Alma 50:23. GEE Gozo. 17a Juan 17:21. GEE Sion. 19a GEE Planchas. 24a GEE Orgullo. 25a 4 Ne. 1:3. 26a 1 Ne. 22:23; 2 Ne. 28:3; Morm. 8:32–38. b DyC 10:56. GEE Supercherías sacerdotales. 27a GEE Apostasía.

modo que toleraban toda clase de iniquidades, y administraban lo que era sagrado a quienes les estaba ^bprohibido por motivo de no ser dignos.

28 Y esta ^aiglesia se multiplicó en gran manera por causa de la iniquidad, y por el poder de Satanás que se apoderó de sus corazones.

29 Y además, había otra iglesia que negaba al Cristo; y estos ^aperseguían a los de la verdadera iglesia de Cristo por su humildad y creencia en Cristo, y los despreciaban por causa de los muchos milagros que se efectuaban entre ellos.

30 Por tanto, ejercían poder y autoridad sobre los discípulos de Jesús que permanecieron con ellos, y los echaban en ^aprisiones; pero por el poder de la palabra de Dios, que estaba en ellos, las prisiones se partían en dos, y salían ellos haciendo grandes milagros entre el pueblo.

31 No obstante, y a pesar de todos estos milagros, el pueblo endureció su corazón e intentó matarlos, así como los judíos de Jerusalén procuraron matar a Jesús, según la palabra de él.

32 Y los arrojaban en ^ahornos encendidos; y salían sin recibir ningún daño.

33 Y también los echaban en ^afosos de animales feroces, y jugaban con las fieras como un niño con un cordero; y salían de entre ellos sin recibir daño alguno.

34 No obstante, los del pueblo endurecieron su corazón, porque los guiaron muchos sacerdotes y profetas falsos a establecer muchas iglesias y a cometer toda clase de iniquidades. Y ^aherían al pueblo de Jesús; pero el pueblo de Jesús no les devolvía el mal. Y así degeneraron en la incredulidad e iniquidad de año en año, hasta que hubieron pasado doscientos treinta años.

35 Y sucedió que en este año, sí, en el año doscientos treinta y uno, hubo una gran división entre el pueblo.

36 Y aconteció que en este año se levantó un grupo que fue llamado nefitas, y eran verdaderos creyentes en Cristo; y entre estos se encontraban aquellos que los lamanitas llamaban jacobitas, y josefitas, y zoramitas;

37 por tanto, los verdaderos creyentes en Cristo y los verdaderos adoradores de Cristo (entre los cuales se hallaban los ^atres discípulos de Jesús que habían de quedar) eran llamados nefitas, y jacobitas, y josefitas, y zoramitas.

38 Y aconteció que aquellos que rechazaban el evangelio eran llamados lamanitas, lemuelitas e ismaelitas; y estos no degeneraron en la incredulidad, sino que intencionalmente se

27b 3 Ne. 18:28–29.
28a GEE Diablo — La iglesia del diablo.
29a GEE Persecución, perseguir.
30a 3 Ne. 28:19–20.
32a Dan. 3:26–27;
       3 Ne. 28:21.
33a 3 Ne. 28:22.
34a 3 Ne. 12:39;
       DyC 98:23–27.
37a 3 Ne. 28:6–7;
       Morm. 8:10–11.

ᵃrebelaron contra el evangelio de Cristo; y enseñaron a sus hijos a no creer, así como sus padres degeneraron desde el principio.

39 Y fue por motivo de la iniquidad y abominación de sus padres, así como fue en el principio. Y les ᵃenseñaron a odiar a los hijos de Dios, tal como se había enseñado a los lamanitas a aborrecer a los hijos de Nefi desde el principio.

40 Y ocurrió que habían transcurrido doscientos cuarenta y cuatro años, y así se hallaban los asuntos del pueblo. Y la parte más inicua del pueblo se hizo fuerte, y llegó a ser mucho más numerosa que los del pueblo de Dios.

41 Y continuaron estableciendo iglesias para sí, y adornándolas con todo género de objetos preciosos. Y así transcurrieron doscientos cincuenta años, y también doscientos sesenta años.

42 Y sucedió que la parte inicua del pueblo empezó otra vez a reconstituir los juramentos y las ᵃcombinaciones secretas de Gadiantón.

43 Y también los del pueblo, que eran llamados el pueblo de Nefi, empezaron a tener orgullo en su corazón, a causa de sus inmensas riquezas, y se envanecieron igual que sus hermanos, los lamanitas.

44 Y desde entonces empezaron a afligirse los discípulos por los ᵃpecados del mundo.

45 Y ocurrió que, cuando hubieron pasado trescientos años, tanto el pueblo de los nefitas como el de los lamanitas se habían vuelto sumamente inicuos, los unos iguales que los otros.

46 Y aconteció que los ladrones de Gadiantón se extendieron por toda la superficie de la tierra; y no había quien fuese justo salvo los discípulos de Jesús. Y acumulaban y guardaban oro y plata en abundancia; y traficaban en mercaderías de toda clase.

47 Y sucedió que cuando hubieron transcurrido trescientos cinco años (y el pueblo seguía todavía en su iniquidad), murió Amós; y su hermano Ammarón llevó los anales en su lugar.

48 Y aconteció que cuando hubieron pasado trescientos veinte años, Ammarón, siendo constreñido por el Espíritu Santo, ocultó los ᵃanales que eran sagrados —sí, todos los anales sagrados que se habían transmitido de generación en generación, los cuales eran sagrados— aun hasta el año trescientos veinte desde la venida de Cristo.

49 Y los ocultó para los fines del Señor, con objeto de que ᵃvolvieran otra vez al resto de la casa de Jacob, según las profecías y las promesas del Señor. Y así concluyen los anales de Ammarón.

38a GEE Rebelión.
39a Mos. 10:17.
42a GEE Combinaciones

secretas.
44a 3 Ne. 28:9.
48a Hel. 3:13, 15–16.

49a Enós 1:13.

EL LIBRO DE MORMÓN

CAPÍTULO 1

Ammarón da instrucciones a Mormón concernientes a los anales sagrados — Comienza la guerra entre los nefitas y los lamanitas — Se retira a los Tres Nefitas — Prevalecen la iniquidad, la incredulidad, los sortilegios y las hechicerías. Aproximadamente 321–326 d.C.

Y AHORA yo, ªMormón, hago una ᵇrelación de las cosas que he visto y oído; y la llamo el Libro de Mormón.

2 Y más o menos en la época en que ªAmmarón ocultó los anales para los fines del Señor, vino a mí (tendría yo unos diez años de edad, y empezaba a ᵇadquirir alguna instrucción en la ciencia de mi pueblo), y me dijo Ammarón: Veo que eres un niño sensato, y presto para observar;

3 por lo tanto, cuando tengas unos veinticuatro años de edad, quisiera que recordaras las cosas que hayas observado concernientes a este pueblo, y cuando llegues a esa edad, ve a la tierra de Antum, a una colina que se llamará ªShim; y allí he depositado para los fines del Señor todos los santos grabados concernientes a este pueblo.

4 Y he aquí, tomarás contigo las ªplanchas de Nefi, y las demás las dejarás en el lugar donde se hallan; y sobre las planchas de Nefi grabarás todas las cosas que hayas observado concernientes a este pueblo.

5 Y yo, Mormón, siendo descendiente de ªNefi (y el nombre de mi padre era Mormón), recordé las cosas que Ammarón me mandó.

6 Y sucedió que teniendo yo once años de edad, mi padre me llevó a la tierra del sur, sí, hasta la tierra de Zarahemla.

7 Toda la superficie de la tierra había quedado cubierta de edificios, y los habitantes eran casi tan numerosos como las arenas del mar.

8 Y sucedió que en este año empezó a haber una guerra entre los nefitas, que se componían de los nefitas, y los jacobitas, y los josefitas y los zoramitas; y esta guerra fue entre los nefitas, y los lamanitas, los lemuelitas y los ismaelitas.

9 Ahora bien, los lamanitas, lemuelitas e ismaelitas se llamaban lamanitas; y los dos partidos eran los nefitas y los lamanitas.

10 Y aconteció que empezó la guerra entre ellos en las fronteras de Zarahemla, junto a las aguas de Sidón.

11 Y sucedió que los nefitas habían reunido un número muy crecido de hombres, que pasaba aun de treinta mil. Y acaeció que

---

1 1a GEE Mormón, profeta nefita.
b 3 Ne. 5:11–18.
2a 4 Ne. 1:47–49.
b Mos. 1:3–5.
3a Éter 9:3.
4a P. de Morm. 1:1, 11.
GEE Planchas.
5a 3 Ne. 5:12, 20.

en este mismo año hubo un número de batallas, en las cuales los nefitas derrotaron a los lamanitas y mataron a muchos de ellos.

12 Y ocurrió que los lamanitas abandonaron su propósito, y hubo paz en la tierra; y duró la paz por el término de unos cuatro años, de modo que no hubo efusión de sangre.

13 Pero prevaleció la maldad sobre la faz de toda la tierra, de manera que el Señor retiró a sus ªamados discípulos, y cesó la obra de milagros y sanidades debido a la iniquidad del pueblo.

14 Y no hubo ªdones del Señor, y el ᵇEspíritu Santo no descendió sobre ninguno, por causa de su iniquidad e ᶜincredulidad.

15 Y habiendo llegado yo a la edad de quince años, y siendo de carácter algo serio, por tanto, me visitó el Señor, y probé y conocí la bondad de Jesús.

16 E intenté predicar a este pueblo, pero me fue cerrada la boca, y se me prohibió que les predicara; pues he aquí, se habían ªrebelado intencionalmente contra su Dios; y los amados discípulos fueron ᵇretirados de la tierra, a causa de la iniquidad del pueblo.

17 Mas yo permanecí entre ellos, pero me fue prohibido que les predicara por motivo de la dureza de sus corazones; y debido a la dureza de sus corazones, la tierra fue ªmaldecida por causa de ellos.

18 Y estos ladrones de Gadiantón, que se hallaban entre los lamanitas, infestaban la tierra, a tal grado que los habitantes empezaron a ocultar sus ªtesoros en la tierra; y se hicieron deleznables, porque el Señor había maldecido la tierra, de tal manera que no podían conservarlos ni recuperarlos.

19 Y aconteció que hubo sortilegios, y hechicerías, y encantamientos; y el poder del maligno se extendió por toda la faz de la tierra, hasta cumplirse todas las palabras de Abinadí y también de Samuel el Lamanita.

CAPÍTULO 2

Mormón encabeza los ejércitos de los nefitas — Hay sangre y mortandad por la faz de la tierra — Los nefitas se quejan y se lamentan con la aflicción de los condenados — Su día de gracia ha pasado — Mormón obtiene las planchas de Nefi — Continúan las guerras. Aproximadamente 327–350 d.C.

Y sucedió que en ese mismo año empezó de nuevo a haber guerra entre los nefitas y los lamanitas. Y a pesar de mi juventud, yo era de grande estatura; por tanto, el pueblo de Nefi me nombró para que fuese su caudillo, o sea, el caudillo de sus ejércitos.

13a 3 Ne. 28:2, 12.
14a Moro. 10:8–18, 24.
  b GEE Espíritu Santo.
  c GEE Incredulidad.
16a GEE Rebelión.
  b Morm. 8:10.
17a 2 Ne. 1:7;
    Alma 45:10–14, 16.
18a Hel. 13:18–20;
    Éter 14:1–2.

2 Aconteció, pues, que a los dieciséis años de edad salí contra los lamanitas a la cabeza de un ejército nefita; de modo que ya habían transcurrido trescientos veintiséis años.

3 Y ocurrió que en el año trescientos veintisiete, los lamanitas vinieron contra nosotros con una fuerza sumamente grande, al grado de que llenaron de temor a mis ejércitos; de modo que no quisieron luchar, y empezaron a retroceder hacia los países del norte.

4 Y sucedió que llegamos a la ciudad de Angola, y tomamos posesión de la ciudad, e hicimos los preparativos para defendernos de los lamanitas. Y aconteció que fortificamos la ciudad con nuestra fuerza; pero a pesar de todas nuestras fortificaciones, los lamanitas vinieron sobre nosotros y nos echaron de la ciudad.

5 Y también nos arrojaron de la tierra de David.

6 Y emprendimos la marcha y llegamos a la tierra de Josué, que se hallaba en las fronteras del oeste cerca del mar.

7 Y aconteció que reunimos a nuestro pueblo con toda la rapidez posible, para concentrarlo en un solo grupo.

8 Pero he aquí, la tierra estaba llena de ladrones y lamanitas; y no obstante la gran destrucción que se cernía sobre los de mi pueblo, no se arrepintieron de sus iniquidades; de modo que hubo sangre y mortandad por toda la faz de la tierra, así entre los nefitas como entre los lamanitas; y por toda la superficie de la tierra había una revolución completa.

9 Y los lamanitas tenían un rey, y se llamaba Aarón; y vino contra nosotros con un ejército de cuarenta y cuatro mil. Y he aquí, yo le hice frente con cuarenta y dos mil. Y aconteció que lo derroté con mi ejército, de modo que huyó delante de mí. Y he aquí, ocurrió todo esto, y habían pasado ya trescientos treinta años.

10 Y sucedió que los nefitas empezaron a arrepentirse de su iniquidad, y a llorar tal como lo había profetizado el profeta Samuel; porque he aquí, nadie podía conservar lo que era suyo, por motivo de los ladrones, y los bandidos, y los asesinos, y las artes mágicas, y las brujerías que había en la tierra.

11 De modo que empezó a haber quejidos y lamentaciones en toda la tierra a causa de estas cosas; y con más particularidad entre el pueblo de Nefi.

12 Y sucedió que cuando yo, Mormón, vi sus lamentos, y sus quejidos, y su pesar delante del Señor, mi corazón empezó a regocijarse dentro de mí, conociendo las misericordias y la longanimidad del Señor, suponiendo, por tanto, que él sería misericordioso con ellos para que se tornaran de nuevo en un pueblo justo.

13 Pero he aquí, fue en vano

este gozo mío, porque su ^aaflicción no era para arrepentimiento, por motivo de la bondad de Dios, sino que era más bien el pesar de los ^bcondenados, porque el Señor no siempre iba a permitirles que hallasen ^cfelicidad en el pecado.

14 Y no venían a Jesús con ^acorazones quebrantados y espíritus contritos, antes bien, ^bmaldecían a Dios, y deseaban morir. No obstante, luchaban con la espada por sus vidas.

15 Y aconteció que mi aflicción nuevamente volvió a mí, y vi que el ^adía de ^bgracia ^chabía pasado para ellos, tanto temporal como espiritualmente; porque vi que miles de ellos eran talados en rebelión manifiesta contra su Dios, y amontonados como estiércol sobre la superficie de la tierra. Y así habían pasado trescientos cuarenta y cuatro años.

16 Y ocurrió que en el año trescientos cuarenta y cinco, los nefitas empezaron a huir delante de los lamanitas; y fueron perseguidos aun hasta que llegaron a la tierra de Jasón antes que fuera posible detenerlos en su retirada.

17 Y la ciudad de Jasón se hallaba situada no lejos de la ^atierra donde Ammarón había depositado los anales para los fines del Señor, con objeto de que no fuesen destruidos. Y he aquí, yo había ido, de acuerdo con la palabra

de Ammarón, y tomado las planchas de Nefi, y preparé una historia según sus palabras.

18 Y sobre las planchas de Nefi hice una relación completa de todas las iniquidades y abominaciones; mas sobre estas ^aplanchas me abstuve de hacer un relato completo de sus iniquidades y sus abominaciones; porque he aquí, desde que he sido capaz de observar las vías de los hombres, ha estado delante de mis ojos una escena continua de maldades y abominaciones.

19 Y, ¡ay de mí por causa de sus iniquidades; porque mi corazón se ha visto lleno de pesar por razón de sus maldades, todos mis días! No obstante, sé que yo seré ^aenaltecido en el postrer día.

20 Y sucedió que en este año, el pueblo de Nefi otra vez fue perseguido y echado. Y aconteció que fuimos acosados hasta que hubimos llegado al norte, a la tierra que se llamaba Shem.

21 Y ocurrió que fortificamos la ciudad de Shem, y recogimos a cuantos nos fue posible de nuestro pueblo para que tal vez los libráramos de la destrucción.

22 Y aconteció que en el año trescientos cuarenta y seis, los lamanitas empezaron a acometernos otra vez.

23 Y aconteció que hablé a los de mi pueblo, y los exhorté con

---

2 13*a* 2 Cor. 7:10;
    Alma 42:29.
  b GEE Condenación,
    condenar.
  c Alma 41:10.

14*a* GEE Corazón
    quebrantado.
  b GEE Blasfemar,
    blasfemia.
15*a* Hel. 13:38.

  b GEE Gracia.
  c Jer. 8:20; DyC 56:16.
17*a* Morm. 1:1–4.
18*a* GEE Planchas.
19*a* Mos. 23:22; Éter 4:19.

mucha energía, para que resistieran valientemente frente a los lamanitas, y ªlucharan por sus mujeres, y sus hijos, y sus casas, y sus hogares.

24 Y mis palabras los impulsaron un tanto a tener vigor, al grado de que no huyeron de los lamanitas, sino que los resistieron osadamente.

25 Y ocurrió que con un ejército de treinta mil hombres, combatimos contra una fuerza de cincuenta mil; y sucedió que los resistimos con tal firmeza que huyeron delante de nosotros.

26 Y aconteció que cuando huyeron, los perseguimos con nuestros ejércitos, y de nuevo tuvimos un encuentro con ellos y los derrotamos. No obstante, la fuerza del Señor no estaba con nosotros; sí, nos vimos abandonados a tal grado que el Espíritu del Señor no moraba en nosotros; por tanto, nos habíamos vuelto débiles como nuestros hermanos.

27 Y se afligió mi corazón por motivo de esta gran calamidad de mi pueblo, causada por su iniquidad y sus abominaciones. Mas he aquí, avanzamos contra los lamanitas y los ladrones de Gadiantón, hasta que de nuevo tomamos posesión de las tierras de nuestra herencia.

28 Y había pasado el año trescientos cuarenta y nueve. Y en el año trescientos cincuenta concertamos un tratado con los lamanitas y los ladrones de Gadiantón,

mediante el cual quedaron divididas las tierras de nuestra herencia.

29 Y los lamanitas nos cedieron la región del norte, sí, hasta el ªestrecho pasaje que conducía a la región del sur; y nosotros dimos a los lamanitas toda la tierra del sur.

CAPÍTULO 3

Mormón proclama el arrepentimiento a los nefitas — Logran una gran victoria y se jactan de su propia fuerza — Mormón se niega a dirigirlos, y sus oraciones por ellos carecen de fe — El Libro de Mormón invita a las doce tribus de Israel a creer en el Evangelio. Aproximadamente 360–362 d.C.

Y SUCEDIÓ que los lamanitas no volvieron de nuevo a la batalla sino hasta después de haber transcurrido diez años más. Y he aquí, yo había ocupado a mi pueblo, los nefitas, en preparar sus tierras y sus armas para el día de la batalla.

2 Y aconteció que el Señor me dijo: Clama a este pueblo: Arrepentíos, y venid a mí, y sed bautizados, y estableced de nuevo mi iglesia, y seréis preservados.

3 Y amonesté a este pueblo, pero fue en vano; y no comprendieron que era el Señor el que los había librado, y les había concedido una oportunidad para arrepentirse. Y he aquí, endurecieron sus corazones contra el Señor su Dios.

4 Y aconteció que después de

23a Mos. 20:11; Alma 43:45. | 29a Alma 22:32.

haber pasado este décimo año, haciendo, en total, trescientos sesenta años desde la venida de Cristo, el rey de los lamanitas me envió una epístola en la que me hizo saber que se estaban preparando para venir de nuevo a la batalla contra nosotros.

5 Y sucedió que hice que mi pueblo se congregara en la tierra de Desolación, en una ciudad que se hallaba en las fronteras, cerca del pasaje estrecho que conducía a la tierra del sur.

6 Y allí situamos a nuestros ejércitos para detener los ejércitos de los lamanitas, para que no se apoderaran de ninguna de nuestras tierras; por tanto, nos fortificamos contra ellos con toda nuestra fuerza.

7 Y aconteció que en el año trescientos sesenta y uno, los lamanitas llegaron a la ciudad de Desolación para luchar contra nosotros; y sucedió que los derrotamos ese año, de manera que se volvieron a sus propias tierras.

8 Y en el año trescientos sesenta y dos, volvieron otra vez a la batalla; y de nuevo los derrotamos, y matamos a un gran número de ellos, y sus muertos fueron arrojados al mar.

9 Ahora bien, por motivo de esta cosa notable que mi pueblo, los nefitas, había logrado, empezaron a *jactarse de su propia fuerza, y comenzaron a jurar ante

los cielos que vengarían la sangre de sus hermanos que habían sido muertos por sus enemigos.

10 Y juraron por los cielos, y también por el trono de Dios, que *irían a la batalla contra sus enemigos, y los talarían de sobre la faz de la tierra.

11 Y sucedió que desde esa ocasión yo, Mormón, me negué por completo a ser comandante y caudillo de este pueblo, a causa de su iniquidad y sus abominaciones.

12 He aquí, yo los había dirigido; a pesar de sus iniquidades, muchas veces los había dirigido a la batalla; y los había amado con todo mi corazón, de acuerdo con el *amor de Dios que había en mí; y todo el día se había derramado mi alma en oración a Dios a favor de ellos; sin embargo, fue *sin fe, debido a la dureza de sus corazones.

13 Y tres veces los he librado de las manos de sus enemigos, y no se han arrepentido de sus pecados.

14 Y cuando hubieron jurado por todo lo que nuestro Señor y Salvador Jesucristo les había *prohibido, que irían contra sus enemigos para combatir y vengar la sangre de sus hermanos, he aquí, la voz del Señor vino a mí, diciendo:

15 Mía es la *venganza, y yo *pagaré; y porque este pueblo

3 9a 2 Ne. 4:34.
   10a 3 Ne. 3:20–21;
      Morm. 4:4.
12a GEE Amor.
   b Morm. 5:2.
14a 3 Ne. 12:34–37.
15a GEE Venganza.
   b DyC 82:23.

no se arrepintió después que lo hube librado, he aquí, será destruido de sobre la faz de la tierra.

16 Y sucedió que terminantemente me negué a marchar contra mis enemigos, e hice lo que el Señor me había mandado; y fui testigo pasivo para manifestar al mundo las cosas que yo vi y oí, según las manifestaciones del Espíritu que había dado testimonio de cosas venideras.

17 Por tanto, os escribo ^aa vosotros, gentiles, y también a vosotros, casa de Israel, que cuando comience la obra, os halléis a punto de prepararos para volver a la tierra de vuestra herencia;

18 sí, he aquí, escribo a todos los extremos de la tierra; sí, a vosotras, doce tribus de Israel, que seréis ^ajuzgadas según vuestras obras por los doce que Jesús escogió en la tierra de Jerusalén para que fuesen sus discípulos.

19 Y escribo también al resto de este pueblo, que igualmente será juzgado por los ^adoce que Jesús escogió en esta tierra; y estos serán juzgados por los otros doce que Jesús escogió en la tierra de Jerusalén.

20 Y el Espíritu me manifiesta estas cosas; por lo tanto, os escribo a todos vosotros. Y por esta razón os escribo, para que sepáis que todos tendréis que comparecer ante el ^atribunal de Cristo, sí,

toda alma que pertenece a toda la ^bfamilia humana de Adán; y debéis presentaros para ser juzgados por vuestras obras, ya sean buenas o malas;

21 y también para que ^acreáis en el evangelio de Jesucristo que tendréis entre vosotros; y también para que los ^bjudíos, el pueblo del convenio del Señor, tengan otro ^ctestigo, aparte de aquel a quien vieron y oyeron, de que Jesús, a quien mataron, era el ^dverdadero Cristo y el verdadero Dios.

22 Y si tan solo pudiera persuadiros a ^atodos vosotros, extremos de la tierra, a que os arrepintieseis y os preparaseis para comparecer ante el tribunal de Cristo.

CAPÍTULO 4

Continúan la guerra y las matanzas — Los inicuos castigan a los inicuos — Jamás había habido una iniquidad mayor entre toda la casa de Israel — Se ofrecen mujeres y niños en sacrificio a los ídolos — Los lamanitas empiezan a ahuyentar a los nefitas delante de ellos. Aproximadamente 363–375 d.C.

Y ACONTECIÓ que en el año trescientos sesenta y tres, los nefitas salieron de la tierra de Desolación con sus ejércitos para combatir a los lamanitas.

2 Y aconteció que los ejércitos de los nefitas fueron rechazados

---

17a 2 Ne. 30:3–8;
    3 Ne. 29:1.
18a Mateo 19:28;
    Lucas 22:29–30;
    DyC 29:12.

19a 1 Ne. 12:9–10.
20a GEE Juicio final.
   b DyC 27:11.
21a DyC 3:20.
   b GEE Judíos.

   c 2 Ne. 25:18.
   d 2 Ne. 26:12;
    Mos. 7:27.
22a Alma 29:1.

hasta la tierra de Desolación; y mientras todavía se hallaban cansados, cayó sobre ellos una nueva tropa de lamanitas; y hubo una recia batalla, al grado de que los lamanitas se posesionaron de la ciudad de Desolación, y mataron a muchos de los nefitas, y tomaron un gran número de prisioneros.

3 Y el resto huyó y se incorporó a los habitantes de la ciudad de Teáncum; y esta se hallaba situada en la frontera, por la costa del mar, y también estaba próxima a la ciudad de Desolación.

4 Y fue ᵃporque los ejércitos de los nefitas acometieron a los lamanitas, que empezaron a ser destruidos; pues de no haber sido por eso, los lamanitas no los habrían vencido.

5 Pero he aquí, los castigos de Dios sobrevendrán a los inicuos; y es por los inicuos que los inicuos son ᵃcastigados; porque son ellos los que incitan el corazón de los hijos de los hombres a derramar sangre.

6 Y sucedió que los lamanitas hicieron preparativos para avanzar contra la ciudad de Teáncum.

7 Y ocurrió que en el año trescientos sesenta y cuatro los lamanitas avanzaron contra la ciudad de Teáncum, con objeto de apoderarse de ella también.

8 Y aconteció que los nefitas los rechazaron y los hicieron huir. Y cuando los nefitas vieron que habían hecho huir a los lamanitas, se jactaron otra vez de su fuerza; y salieron confiados en su propio poder, y nuevamente tomaron la ciudad de Desolación.

9 Y todas estas cosas habían acontecido, y perecieron miles de ambas partes, tanto entre los nefitas como entre los lamanitas.

10 Y sucedió que ya había pasado el año trescientos sesenta y seis, y vinieron otra vez los lamanitas a la batalla contra los nefitas; y sin embargo, los nefitas no se arrepentían de lo malo que habían cometido, sino que persistían continuamente en su iniquidad.

11 Y es imposible que la lengua relate, o que el hombre escriba una descripción completa de la horrible escena de sangre y mortandad que existía entre el pueblo, así nefitas como lamanitas; y todo corazón se había endurecido, de modo que se deleitaban en derramar sangre continuamente.

12 Y jamás había habido tan grande ᵃiniquidad entre todos los hijos de Lehi, ni aun entre toda la casa de Israel, según las palabras del Señor, como la que había entre este pueblo.

13 Y sucedió que los lamanitas se apoderaron de la ciudad de Desolación, y fue porque su ᵃnúmero excedía al de los nefitas.

14 Y también marcharon contra la ciudad de Teáncum, y

---

arrojaron de ella a sus habitantes, y tomaron muchos prisioneros, tanto mujeres como niños, y los ofrecieron como sacrificio a sus ªídolos.

15 Y en el año trescientos sesenta y siete aconteció que los nefitas, furiosos porque los lamanitas habían sacrificado a sus mujeres y a sus hijos, marcharon contra los lamanitas, poseídos de una ira sumamente grande, de manera que nuevamente vencieron a los lamanitas y los echaron fuera de sus tierras.

16 Y los lamanitas no volvieron contra los nefitas sino hasta el año trescientos setenta y cinco.

17 Y en este año cayeron sobre los nefitas con todas sus fuerzas; y no fueron contados a causa de su inmenso número.

18 Y ªdesde esa ocasión no volvieron los nefitas a aventajar a los lamanitas, sino que empezaron a ser arrasados por ellos, así como el rocío ante el sol.

19 Y aconteció que los lamanitas cayeron sobre la ciudad de Desolación; y se libró una batalla sumamente violenta en la tierra de Desolación, en la cual vencieron a los nefitas.

20 Y huyeron nuevamente delante de los lamanitas, y llegaron a la ciudad de Boaz; y allí hicieron frente a los lamanitas con extraordinario valor, al grado de que los lamanitas no los vencieron sino hasta que vinieron sobre ellos por segunda vez.

21 Y cuando los acometieron por segunda vez, los nefitas fueron rechazados y destrozados con una mortandad grande en extremo; y sus mujeres y sus hijos de nuevo fueron sacrificados a los ídolos.

22 Y sucedió que los nefitas huyeron de ellos otra vez, llevando consigo a todos los habitantes, tanto de las ciudades como de las aldeas.

23 Y ahora bien, yo, Mormón, viendo que los lamanitas estaban a punto de subyugar la tierra, fui, por consiguiente, a la colina de ªShim, y recogí todos los anales que Ammarón había escondido para los fines del Señor.

CAPÍTULO 5

Mormón nuevamente dirige a los ejércitos nefitas en cruentas batallas de terrible mortandad — El Libro de Mormón aparecerá para convencer a todo Israel de que Jesús es el Cristo — Por motivo de su incredulidad, los lamanitas serán dispersados, y el Espíritu dejará de luchar con ellos — En los últimos días, recibirán el Evangelio de parte de los gentiles. Aproximadamente 375–384 d.C.

Y ACONTECIÓ que fui entre los nefitas, y me arrepentí del ªjuramento que había hecho de que nunca más volvería a ayudarles; y otra vez me dieron el mando de sus ejércitos, pues me veían como si yo pudiera librarlos de sus aflicciones.

2 Pero he aquí, yo no abrigaba

14a GEE Idolatría.
18a Morm. 3:3.
23a Morm. 1:3.
5 1a Morm. 3:11.

[a]ninguna esperanza, porque conocía los juicios del Señor que habrían de venir sobre ellos; porque no se arrepentían de sus iniquidades, sino que luchaban por sus vidas sin invocar a aquel Ser que los creó.

3 Y aconteció que los lamanitas vinieron contra nosotros luego que hubimos huido a la ciudad de Jordán; pero he aquí, fueron rechazados, de modo que no tomaron la ciudad en esa ocasión.

4 Y aconteció que vinieron otra vez contra nosotros, y retuvimos la ciudad. Y había otras ciudades que los nefitas retenían, plazas fuertes que les impedían el paso, de modo que no podían penetrar en el país que se hallaba ante nosotros, para destruir a los habitantes de nuestra tierra.

5 Y ocurrió que aquellas tierras que habíamos dejado atrás, cuyos habitantes no fueron recogidos, los lamanitas las destruyeron; y sus pueblos, y aldeas, y ciudades fueron quemados con fuego; y así pasaron trescientos setenta y nueve años.

6 Y sucedió que en el año trescientos ochenta, los lamanitas vinieron a la batalla contra nosotros otra vez, y les hicimos frente con valor; pero todo fue en vano, porque eran tan grandes sus números que hollaron al pueblo nefita bajo sus pies.

7 Y ocurrió que nuevamente huimos, y aquellos cuya huida fue más veloz que la marcha de los lamanitas se libraron, y aquellos cuya huida no superó a los lamanitas fueron derribados y destruidos.

8 Y he aquí que yo, Mormón, no deseo atormentar las almas de los hombres, pintándoles tan terrible escena de sangre y mortandad que se presentó ante mis ojos; pero, sabiendo yo que estas cosas ciertamente se darán a conocer, y que toda cosa que está oculta será [a]revelada desde los techos de las casas,

9 y además, que el conocimiento de estas cosas debe [a]llegar al resto de este pueblo, y también a los gentiles que el Señor ha dicho que [b]dispersarán a este pueblo, y lo considerarán como nada entre ellos, escribo, por lo tanto, un [c]breve compendio, no atreviéndome a dar cuenta completa de las cosas que he visto, por motivo del mandamiento que he recibido, y también para que no os aflijáis demasiado por la iniquidad de este pueblo.

10 Y ahora bien, he aquí, declaro esto a su posteridad y también a los gentiles que se preocupan por la casa de Israel, que comprenden y saben de dónde vienen sus bendiciones.

11 Porque sé que ellos sentirán pesar por la calamidad de la casa de Israel; sí, se afligirán por la destrucción de este pueblo; se lamentarán de que este pueblo no se hubiera arrepentido para ser recibido en los brazos de Jesús.

2a Morm. 3:12.
8a Lucas 12:2–3;
2 Ne. 27:11; DyC 1:3.
9a 4 Ne. 1:49.
b 3 Ne. 16:8.
c Morm. 1:1.

12 Y se escriben ªestas cosas para el ᵇresto de la casa de Jacob; y se escriben de esta manera porque Dios sabe que la iniquidad no se las manifestará a ellos; y se ᶜocultarán para los propósitos del Señor, a fin de que aparezcan en su debido tiempo.

13 Y este es el mandamiento que he recibido; y he aquí, aparecerán según el mandamiento del Señor, cuando él, en su sabiduría, lo juzgue prudente.

14 Y he aquí, irán a los incrédulos entre los ªjudíos; e irán con este fin: que sean ᵇconvencidos de que Jesús es el Cristo, el Hijo del Dios viviente; para que el Padre realice, por medio de su muy Amado, su grande y eterno propósito de restaurar a los judíos, o sea, a toda la casa de Israel, a la tierra de su herencia, que el Señor su Dios les ha dado, para el cumplimiento de su ᶜconvenio;

15 y también para que la posteridad de ªeste pueblo crea más plenamente su evangelio, el cual ᵇirá de los gentiles a ellos; porque este pueblo será ᶜdispersado, y ᵈllegará a ser una gente de color obscuro, inmunda y aborrecible, sobrepujando a la descripción de cuanto se haya visto entre nosotros; sí, y aun lo que haya

habido entre los lamanitas; y esto a causa de su incredulidad y su idolatría.

16 Pues he aquí, el Espíritu del Señor ya ha dejado de ªluchar con sus padres; y están sin Cristo y sin Dios en el mundo; y son echados de un lado para otro como ᵇpaja que se lleva el viento.

17 En un tiempo fueron un pueblo deleitable; y tuvieron a Cristo por ªpastor suyo; sí, Dios el Padre los guiaba.

18 Mas ahora, he aquí que Satanás los ªlleva, tal como tamo que se lleva el viento, o como el barco que, sin velas ni ancla, ni cosa alguna con qué dirigirlo, es azotado por las olas; y así como la nave son ellos.

19 Y he aquí, el Señor ha reservado sus bendiciones, que ellos pudieron haber recibido en la tierra, para los ªgentiles que poseerán la tierra.

20 Mas he aquí, sucederá que los gentiles los perseguirán y esparcirán; y después que hayan sido perseguidos y esparcidos por los gentiles, he aquí, entonces el Señor se ªacordará del ᵇconvenio que hizo con Abraham y con toda la casa de Israel.

21 Y el Señor también recordará las ªoraciones de los justos, las

12a Enós 1:16;
  Hel. 15:11–13.
  GEE Libro de Mormón.
  b DyC 3:16–20.
  c Morm. 8:4, 13–14;
  Moro. 10:1–2.
14a 2 Ne. 29:13; 30:7–8.
  GEE Judíos.
  b 2 Ne. 25:16–17.

c 3 Ne. 29:1–3.
15a 3 Ne. 21:3–7, 24–26.
  b 1 Ne. 13:20–29, 38;
  Morm. 7:8–9.
  c 1 Ne. 10:12–14;
  3 Ne. 16:8.
  d 2 Ne. 26:33.
16a Gén. 6:3; Éter 2:15.
  b Sal. 1:4.

17a GEE Buen Pastor.
18a 2 Ne. 28:21.
19a 3 Ne. 20:27–28.
20a 3 Ne. 16:8–12.
  b GEE Abraham,
  convenio de (convenio
  abrahámico).
21a Enós 1:12–18;
  Morm. 9:36–37.

cuales se han dirigido a él a favor de ellos.

22 Y entonces, oh gentiles, ¿cómo podréis hallaros ante el poder de Dios sin que os arrepintáis y os volváis de vuestros inicuos caminos?

23 ¿No sabéis que estáis en las manos de Dios? ¿No sabéis que él tiene todo poder, y que por su gran ªmandato la tierra se ᵇplegará como un rollo?

24 Por tanto, arrepentíos y humillaos ante él, no sea que se levante en justicia contra vosotros; no sea que un resto de la posteridad de Jacob vaya entre vosotros como ªleón, y os despedace, y no haya nadie para librar.

CAPÍTULO 6

Los nefitas se reúnen en la tierra de Cumorah para las batallas finales — Mormón esconde los anales sagrados en el cerro Cumorah — Los lamanitas triunfan, y la nación nefita es destruida — Centenas de millares de personas perecen por la espada. Aproximadamente 385 d.C.

Y ahora concluyo mi relato concerniente a la ªdestrucción de mi pueblo, los nefitas. Y sucedió que marchamos delante de los lamanitas.

2 Y yo, Mormón, escribí una epístola al rey de los lamanitas, y le pedí que nos permitiera juntar a nuestro pueblo en la ªtierra de Cumorah, en las inmediaciones de un cerro llamado Cumorah, y allí les presentáramos la batalla.

3 Y sucedió que el rey de los lamanitas me concedió aquello que había solicitado.

4 Y ocurrió que emprendimos la marcha a la tierra de Cumorah, y plantamos nuestras tiendas en derredor del cerro Cumorah; y se hallaba en una región de muchas aguas, ríos y fuentes; y aquí esperábamos obtener ventaja sobre los lamanitas.

5 Y cuando habían transcurrido trescientos ochenta y cuatro años, nosotros habíamos recogido a todo el resto de nuestro pueblo en la tierra de Cumorah.

6 Y ocurrió que cuando hubimos reunido en uno a todo nuestro pueblo en la tierra de Cumorah, he aquí que yo, Mormón, empezaba a envejecer; y sabiendo que iba a ser la última lucha de mi pueblo, y habiéndome mandado el Señor que no permitiera que los sagrados anales transmitidos por nuestros padres cayesen en manos de los lamanitas (porque los lamanitas los destruirían), hice, por tanto, ªesta relación de las planchas de Nefi, y ᵇescondí en el cerro Cumorah todos los anales que se me habían confiado por la mano del Señor, con excepción

---

23ª Hel. 12:8–17.
  b 3 Ne. 26:3.
24ª Miqueas 5:8;
  3 Ne. 20:15–16.

6 1ª 1 Ne. 12:19;
  Jarom 1:10;
  Alma 45:9–14;
  Hel. 13:5–11.

2ª Éter 9:3.
6ª GEE Planchas.
  b Éter 15:11.

de ᶜestas pocas planchas que entregué a mi hijo ᵈMoroni.

7 Y sucedió que mi pueblo, con sus esposas y sus hijos, vieron a los ᵃejércitos de los lamanitas que marchaban hacia ellos; y con ese horrible temor a la muerte que llena el pecho de todos los inicuos, esperaron que llegaran.

8 Y aconteció que vinieron a la batalla contra nosotros, y toda alma se llenó de espanto a causa de la inmensidad de sus números.

9 Y sucedió que cayeron sobre mi pueblo con la espada, y con el arco, y con la flecha, y con el hacha, y con toda clase de armas de guerra.

10 Y ocurrió que talaron a mis hombres, sí, a los diez mil que se hallaban conmigo, y yo caí herido en medio de ellos; y pasaron de largo por donde yo estaba, de modo que no acabaron con mi vida.

11 Y cuando hubieron pasado por en medio y derribado a ᵃtodos los de mi pueblo, salvo a veinticuatro de nosotros (entre los cuales se hallaba mi hijo Moroni), y habiendo sobrevivido nosotros a los que murieron de nuestro pueblo, a la mañana siguiente, después que los lamanitas hubieron vuelto a sus campamentos, vimos, desde la cima del cerro Cumorah, a los diez mil de mi pueblo que fueron talados, al frente de los cuales había estado yo.

12 Y también vimos a los diez mil de mi pueblo que había acaudillado mi hijo Moroni.

13 Y he aquí, los diez mil de Gidgiddona habían caído, y él en medio de ellos.

14 Y había caído Lámah con sus diez mil; y Gilgal había caído con sus diez mil; y Límhah había caído con sus diez mil; y Jeneum había caído con sus diez mil; y habían caído Cumeníah, y Moroníah, y Antiónum, y Shiblom, y Shem, y Josh, cada uno con sus diez mil.

15 Y sucedió que hubo diez más que cayeron por la espada, cada uno con sus diez mil, sí, había caído ᵃtodo mi pueblo, salvo los veinticuatro que estaban conmigo, y también unos pocos que se habían escapado a los países del sur, y otros pocos que se habían pasado a los lamanitas; y su carne, y sus huesos, y su sangre yacen sobre la faz de la tierra, habiéndolos abandonado las manos de los que los mataron, para descomponerse en el suelo, y para deshacerse y regresar a su madre tierra.

16 Y mi alma se partió de angustia a causa de los de mi pueblo que habían muerto, y exclamé:

17 ¡Oh bello pueblo, cómo pudisteis apartaros de las vías del Señor! ¡Oh bello pueblo, cómo pudisteis rechazar a ese Jesús que esperaba con los brazos abiertos para recibiros!

18 He aquí, si no hubieseis

---

hecho esto, no habríais caído. Mas he aquí, habéis caído, y lloro vuestra pérdida.

19 ¡Oh bellos hijos e hijas, vosotros, padres y madres, vosotros, esposos y esposas, pueblo bello, cómo pudisteis haber caído!

20 Pero he aquí, habéis desaparecido, y mi dolor no puede haceros volver.

21 Y pronto viene el día en que vuestra parte mortal se revestirá de inmortalidad, y estos cuerpos que hoy se descomponen en corrupción, pronto se transformarán en ᵃincorruptibles; y entonces tendréis que presentaros ante el tribunal de Cristo para ser juzgados según vuestras obras; y si tal fuere que sois justos, entonces benditos sois con vuestros padres que os han precedido.

22 ¡Oh, si os hubieseis arrepentido antes que cayera sobre vosotros esta grande destrucción! Mas he aquí, habéis desaparecido, y el Padre, sí, el Padre Eterno del cielo, conoce vuestro estado; y él obra con vosotros de acuerdo con su ᵃjusticia y ᵇmisericordia.

CAPÍTULO 7

Mormón invita a los lamanitas de los postreros días a creer en Cristo, aceptar Su Evangelio y ser salvos — Todos los que crean en la Biblia creerán también en el Libro

de Mormón. Aproximadamente 385 d.C.

Y AHORA bien, he aquí, quisiera hablar un poco al ᵃresto de este pueblo que ha sido preservado, si es que Dios les concede mis palabras, para que sepan acerca de las cosas de sus padres; sí, os hablo a vosotros, un resto de la casa de Israel, y estas son las palabras que yo hablo:

2 Sabed que sois de la ᵃcasa de Israel.

3 Sabed que debéis llegar hasta el arrepentimiento, o no podéis ser salvos.

4 Sabed que debéis abandonar vuestras armas de guerra; y no deleitaros más en el derramamiento de sangre, y no volver a tomarlas, salvo que Dios os lo mande.

5 Sabed que debéis llegar al ᵃconocimiento de vuestros padres, y a arrepentiros de todos vuestros pecados e iniquidades, y ᵇcreer en Jesucristo, que él es el Hijo de Dios, y que los judíos lo mataron, y que por el poder del Padre ha resucitado, con lo cual ha logrado la ᶜvictoria sobre la tumba; y en él también es consumido el aguijón de la muerte.

6 Y él lleva a efecto la ᵃresurrección de los muertos, mediante la cual los hombres se levantarán para presentarse ante su ᵇtribunal.

21a 1 Cor. 15:53–54.
22a GEE Justicia.
  b GEE Misericordia, misericordioso.

7 1a Hel. 15:11–13.
2a Alma 10:3.
5a 2 Ne. 3:12.
  b GEE Creencia, creer; Fe.

c Isa. 25:8; Mos. 16:7–8.
6a GEE Resurrección.
  b GEE Jesucristo — Es juez; Juicio final.

7 Y él ha efectuado la ªredención del mundo, por lo cual a aquel que en el día del juicio sea hallado ᵇsin culpa ante él, le será concedido ᶜmorar en la presencia de Dios, en su reino, para cantar alabanzas eternas con los ᵈcoros celestes, al Padre, y al Hijo, y al Espíritu Santo, que son ᵉun Dios, en un estado de ᶠfelicidad que no tiene fin.

8 Por tanto, arrepentíos y sed bautizados en el nombre de Jesús, y asíos al ªevangelio de Cristo, que no solo en estos anales os será presentado, sino también en los ᵇanales que llegarán ᶜde los judíos a los gentiles, anales que vendrán de los gentiles ᵈa vosotros.

9 Porque he aquí, se escriben ªestos con el fin de que ᵇcreáis en aquellos; y si creéis en aquellos, también creeréis en estos; y si creéis en estos, sabréis concerniente a vuestros padres, y también las obras maravillosas que se efectuaron entre ellos por el poder de Dios.

10 Y sabréis también que sois un resto de la descendencia de Jacob; por tanto, sois contados entre los del pueblo del primer convenio; y si es que creéis en Cristo, y sois bautizados, primero en el agua, y después con fuego y con el Espíritu Santo,

siguiendo el ªejemplo de nuestro Salvador, de conformidad con lo que él nos ha mandado, entonces os irá bien en el día del juicio. Amén.

CAPÍTULO 8

Los lamanitas persiguen y destruyen a los nefitas — El Libro de Mormón aparecerá por el poder de Dios — Se declaran calamidades sobre los que respiren ira y contiendas contra la obra del Señor — La historia nefita aparecerá en una época de iniquidad, degeneración y apostasía. Aproximadamente 400–421 d.C.

HE aquí que yo, ªMoroni, doy fin al ᵇregistro de mi padre Mormón. He aquí, no tengo sino pocas cosas que escribir, cosas que mi padre me ha mandado.

2 Sucedió, pues, que tras la ªgrande y tremenda batalla en Cumorah, he aquí, los ᵇlamanitas persiguieron a los nefitas que se habían escapado a las tierras del sur, hasta que todos fueron destruidos.

3 Y mi padre también murió a manos de ellos, y yo quedo ªsolo para escribir el triste relato de la destrucción de mi pueblo. Mas he aquí, han desaparecido, y yo cumplo el mandamiento de mi

7a GEE Redención, redimir.
  b GEE Justificación, justificar.
  c 1 Ne. 10:21; DyC 76:62; Moisés 6:57.
  d Mos. 2:28.
  e DyC 20:28. GEE Trinidad.
  f GEE Gozo.
8a GEE Evangelio.
  b GEE Biblia.
  c 2 Ne. 29:4–13.
  d 1 Ne. 13:38.
9a GEE Libro de Mormón.
  b 1 Ne. 13:38–41.
10a 2 Ne. 31:5–9.
8 1a GEE Moroni hijo de Mormón.
  b GEE Planchas.
2a Morm. 6:2–15.
  b DyC 3:18.
3a Moro. 9:22.

padre. Y no sé si me matarán o no.

4 Por tanto, escribiré y esconderé los anales en la tierra; y no importa a dónde yo vaya.

5 He aquí, mi padre ha preparado ᵃestos anales, y ha escrito el objeto de ellos. Y he aquí, yo también lo escribiría, si tuviera espacio en las ᵇplanchas; pero no lo tengo, y mineral no tengo, porque me hallo solo. Mi padre ha sido muerto en la batalla, y todos mis parientes, y no tengo amigos ni adónde ir; y cuánto tiempo el Señor permitirá que yo viva, no lo sé.

6 He aquí, han pasado ᵃcuatrocientos años desde la venida de nuestro Señor y Salvador.

7 Y he aquí, los lamanitas han perseguido a mi pueblo, los nefitas, de ciudad en ciudad y de lugar en lugar, hasta que no existen ya; y grande ha sido su ᵃcaída; sí, grande y asombrosa es la destrucción de mi pueblo, los nefitas.

8 Y he aquí, es la mano del Señor lo que lo ha hecho. Y he aquí, también los lamanitas están en ᵃguerra unos contra otros; y toda la superficie de esta tierra es un ciclo continuo de asesinatos y de derramamiento de sangre; y nadie sabe el fin de la guerra.

9 Y he aquí, no digo más de ellos, porque ya no hay sino lamanitas y ᵃladrones que existen sobre la faz de la tierra.

10 Y no hay quien conozca al verdadero Dios salvo los ᵃdiscípulos de Jesús, quienes permanecieron en la tierra hasta que la iniquidad de la gente fue tan grande que el Señor no les permitió ᵇpermanecer con el pueblo; y nadie sabe si están o no sobre la faz de la tierra.

11 Mas he aquí, mi ᵃpadre y yo los hemos visto, y ellos nos han ministrado.

12 Y quien reciba esta historia, y no la condene por las imperfecciones que haya en ella, tal persona sabrá de ᵃcosas mayores que estas. He aquí, soy Moroni; y si fuera posible, os daría a conocer todas las cosas.

13 He aquí, ceso de hablar concerniente a este pueblo. Soy hijo de Mormón y mi padre era ᵃdescendiente de Nefi.

14 Y soy el mismo que ᵃesconde esta historia para los fines del Señor; mas las planchas en que se halla no tienen ningún valor, por causa del mandamiento del Señor. Porque él ciertamente dice que nadie las obtendrá ᵇpara lucrar; mas la historia que contienen es de gran valor, y a aquel que la saque a luz, el Señor lo bendecirá.

15 Porque nadie puede tener el poder para sacarla a luz salvo

---

5a Morm. 2:17–18.
 b Morm. 6:6.
6a Alma 45:10.
7a 1 Ne. 12:2–3.
8a 1 Ne. 12:20–23.

9a Morm. 2:8.
10a 3 Ne. 28:7; Éter 12:17.
 GEE Discípulos nefitas,
 los tres.
 b Morm. 1:16.

11a 3 Ne. 28:24–26.
12a 3 Ne. 26:6–11.
13a 3 Ne. 5:20.
14a Moro. 10:1–2.
 b JS—H 1:46.

que le sea dado de Dios; porque Dios dispone que se haga con la ªmira puesta únicamente en la gloria de Dios, o para el beneficio del antiguo y por tan largo tiempo dispersado pueblo del convenio del Señor.

16 Y bendito sea ªaquel que saque esto a luz; porque se ᵇsacará de las tinieblas a la luz, según la palabra de Dios; sí, será sacado de la tierra, y brillará de entre las tinieblas y llegará al conocimiento del pueblo; y se realizará por el poder de Dios.

17 Y si hay ªerrores, son errores del hombre. Mas he aquí, no sabemos que haya errores; no obstante, Dios sabe todas las cosas; por tanto, cuídese aquel que ᵇcondene, no sea que corra peligro del fuego del infierno.

18 Y el que diga: Mostradme o seréis heridos, cuídese, no sea que mande lo que el Señor ha prohibido.

19 Porque he aquí, el que precipitadamente ªjuzgue, precipitadamente será también juzgado; pues según sus obras, será su paga; por tanto, aquel que hiera será, a su vez, herido del Señor.

20 He aquí lo que dicen las Escrituras: El hombre no herirá ni tampoco juzgará; porque el juicio es mío, dice el Señor, y la venganza es mía también, y yo pagaré.

21 Y el que respire iras y contiendas contra la obra del Señor, y contra el pueblo del convenio del Señor, que es la casa de Israel, y diga: Destruiremos la obra del Señor, y el Señor no se acordará del convenio que ha hecho con la casa de Israel, tal persona está en peligro de ser talada y arrojada al fuego;

22 porque los eternos ªdesignios del Señor han de seguir adelante, hasta que se cumplan todas sus promesas.

23 Escudriñad las profecías de ªIsaías. He aquí, no puedo escribirlas. Sí, he aquí, os digo que aquellos santos que me han precedido, que han poseído esta tierra, ᵇclamarán, sí, desde el polvo clamarán al Señor; y así como vive el Señor, se acordará del convenio que ha hecho con ellos.

24 Y él conoce sus ªoraciones, que se hicieron a favor de sus hermanos. Y él conoce su fe, porque en su nombre pudieron mover ᵇmontañas; y en su nombre pudieron hacer que temblara la tierra; y por el poder de su palabra hicieron que se derribaran las ᶜprisiones; sí, ni aun el horno ardiente pudo dañarlos, ni las bestias salvajes, ni las serpientes venenosas, por motivo del poder de su palabra.

25 Y he aquí, sus ªoraciones

15a DyC 4:5.
16a 2 Ne. 3:6–7, 11, 13–14.
  b Isa. 29:18;
    2 Ne. 27:29.
17a Morm. 9:31, 33;
    Éter 12:23–28.
  b 3 Ne. 29:5;

Éter 4:8.
19a TJS Mateo 7:1–2
    (Apéndice — Biblia);
    3 Ne. 14:1–2;
    Moro. 7:14.
22a DyC 3:3.
23a 3 Ne. 20:11; 23:1.

  b Isa. 29:4;
    2 Ne. 3:19–20; 26:16.
24a Enós 1:12–18;
    Morm. 9:36; DyC 10:46.
  b Jacob 4:6; Hel. 10:9.
  c Alma 14:27–29.
25a Morm. 5:21.

también fueron a favor de aquel a quien el Señor habría de conceder sacar a luz estas cosas.

26 Y no es menester que nadie diga que no saldrán, pues ciertamente saldrán, porque el Señor lo ha dicho; porque ^ade la tierra han de salir, por mano del Señor, y nadie puede impedirlo; y sucederá en una época en que se dirá que ya no existen los ^bmilagros; y será como si alguien hablase de ^centre los muertos.

27 Y sucederá en un día en que la ^asangre de los santos clamará al Señor, por motivo de las ^bcombinaciones secretas y las obras de obscuridad.

28 Sí, sucederá en un día en que se negará el poder de Dios; y las ^aiglesias se habrán corrompido y ensalzado en el orgullo de sus corazones; sí, en un día en que los directores y maestros de las iglesias se envanecerán con el orgullo de sus corazones, hasta el grado de envidiar a aquellos que pertenecen a sus iglesias.

29 Sí, sucederá en un día en que ^ase oirá de fuegos, y tempestades, y ^bvapores de humo en países extranjeros;

30 y también se oirá de ^aguerras, rumores de guerras y terremotos en diversos lugares.

31 Sí, sucederá en un día en que habrá grandes contaminaciones sobre la superficie de la tierra: habrá asesinatos, y robos, y mentiras, y engaños, y fornicaciones, y toda clase de abominaciones; cuando habrá muchos que dirán: Haz esto, o haz aquello, y no ^aimporta, porque en el postrer día el Señor ^bsostendrá al que tal hiciere. Pero, ¡ay de tales, porque se hallan en la ^chiel de amargura y en los lazos de la iniquidad!

32 Sí, sucederá en un día en que se habrán establecido iglesias que dirán: Venid a mí, y por vuestro dinero seréis perdonados de vuestros pecados.

33 ¡Oh pueblo inicuo, y perverso, y obstinado! ¿Por qué os habéis establecido iglesias para obtener ^alucro? ¿Por qué habéis ^btergiversado la santa palabra de Dios, para traer la ^ccondenación sobre vuestras almas? He aquí, examinad las revelaciones de Dios; pues, he aquí, llegará el tiempo, en aquel día, en que se cumplirán todas estas cosas.

34 He aquí, el Señor me ha mostrado cosas grandes y maravillosas concernientes a lo que se realizará en breve, en ese día en que aparezcan estas cosas entre vosotros.

26a Isa. 29:4; 2 Ne. 33:13.
  b Morm. 9:15–26;
    Moro. 7:27–29, 33–37.
  c 2 Ne. 26:15–16;
    Morm. 9:30;
    Moro. 10:27.
27a Éter 8:22–24;
    DyC 87:6–7.
  b GEE Combinaciones

secretas.
28a 2 Tim. 3:1–7;
    1 Ne. 14:9–10;
    2 Ne. 28:3–32; DyC 33:4.
29a Joel 2:28–32;
    2 Ne. 27:2–3.
  b 1 Ne. 19:11;
    DyC 45:39–42.
30a Mateo 24:6;

1 Ne. 14:15–17.
31a 2 Ne. 28:21–22.
  b 2 Ne. 28:8.
  c Alma 41:11.
33a GEE Supercherías
    sacerdotales.
  b 1 Ne. 13:26–29.
  c GEE Condenación,
    condenar.

35 He aquí, os hablo como si os hallaseis presentes, y sin embargo, no lo estáis. Pero he aquí, Jesucristo me os ha mostrado, y conozco vuestras obras.

36 Y sé que ^aandáis según el orgullo de vuestros corazones; y no hay sino unos pocos que no se ^benvanecen por el orgullo de sus corazones, al grado de vestir ^cropas suntuosas, y de llegar a la envidia, las contiendas, la malicia y las persecuciones, y toda clase de iniquidades; y vuestras iglesias, sí, sin excepción, se han contaminado a causa del orgullo de vuestros corazones.

37 Porque he aquí, amáis el ^adinero, y vuestros bienes, y vuestros costosos vestidos, y el adorno de vuestras iglesias, más de lo que amáis a los pobres y los necesitados, los enfermos y los afligidos.

38 ¡Oh vosotros, corruptos, vosotros, hipócritas, vosotros, maestros, que os vendéis por lo que se corrompe! ¿Por qué habéis mancillado la santa iglesia de Dios? ¿Por qué os ^aavergonzáis de tomar sobre vosotros el nombre de Cristo? ¿Por qué no consideráis que es mayor el valor de una felicidad sin fin que esa ^bmiseria que jamás termina? ¿Es acaso por motivo de la ^calabanza del mundo?

39 ¿Por qué os adornáis con lo que no tiene vida, y sin embargo, permitís que el hambriento, y el necesitado, y el desnudo, y el enfermo, y el afligido pasen a vuestro lado, sin hacerles caso?

40 Sí, ¿por qué formáis vuestras ^aabominaciones secretas para obtener lucro, y dais lugar a que las viudas y también los huérfanos lloren ante el Señor, y también que la sangre de sus padres y sus maridos clame al Señor, desde el suelo, venganza sobre vuestra cabeza?

41 He aquí, la espada de la venganza se cierne sobre vosotros; y pronto viene el día en que él ^avengará la sangre de los santos en vosotros, porque no soportará más sus clamores.

CAPÍTULO 9

Moroni llama al arrepentimiento a aquellos que no creen en Cristo — Él proclama a un Dios de milagros, que da revelaciones y derrama dones y señales sobre los fieles — Los milagros cesan por causa de la incredulidad — Las señales siguen a aquellos que creen — Se exhorta a los hombres a ser prudentes y guardar los mandamientos. Aproximadamente 401–421 d.C.

Y AHORA hablo también concerniente a aquellos que no creen en Cristo.

2 He aquí, ¿creeréis en el día de vuestra visitación —he aquí, cuando venga el Señor, sí, ese

36a GEE Andar, andar con Dios.
  b Jacob 2:13.
  c Alma 5:53.
37a 2 Ne. 28:9–16.
38a Rom. 1:16; 2 Tim. 1:8; 1 Ne. 8:25–28; Alma 46:21.
  b Mos. 3:25.
  c 1 Ne. 13:9.
40a GEE Combinaciones secretas.
41a 1 Ne. 22:14.

ᵃgran día cuando la ᵇtierra se plegará como un rollo, y los elementos se ᶜderretirán con ardiente calor, sí, ese gran día en que seréis llevados para comparecer ante el Cordero de Dios— diréis entonces que no hay Dios?

3 ¿Seguiréis entonces negando al Cristo, o podréis mirar al Cordero de Dios? ¿Suponéis que moraréis con él, estando conscientes de vuestra culpa? ¿Suponéis que podríais ser felices morando con ese santo Ser, mientras atormentara vuestras almas una sensación de culpa de haber siempre violado sus leyes?

4 He aquí, os digo que seríais más desdichados, morando en la presencia de un Dios santo y justo, con la conciencia de vuestra impureza ante él, que si vivierais con las almas ᵃcondenadas en el ᵇinfierno.

5 Porque he aquí, cuando se os haga ver vuestra ᵃdesnudez delante de Dios, y también la gloria de Dios y la santidad de Jesucristo, ello encenderá una llama de fuego inextinguible en vosotros.

6 ᵃVolveos, pues, oh ᵇincrédulos, volveos al Señor; clamad fervientemente al Padre en el nombre de Jesús, para que quizá se os halle sin mancha, ᶜpuros, hermosos y blancos, en aquel grande y postrer día, habiendo sido purificados por la sangre del ᵈCordero.

7 Y también os hablo a vosotros que ᵃnegáis las revelaciones de Dios y decís que ya han cesado, que no hay revelaciones, ni profecías, ni dones, ni sanidades, ni hablar en lenguas, ni la ᵇinterpretación de lenguas.

8 He aquí, os digo que aquel que niega estas cosas no conoce el ᵃevangelio de Cristo; sí, no ha leído las Escrituras; y si las ha leído, no las ᵇcomprende.

9 Pues, ¿no leemos que Dios es el ᵃmismo ayer, hoy y para siempre, y que en él no hay variación ni sombra de cambio?

10 Ahora bien, si os habéis imaginado a un dios que varía, y en quien hay sombra de cambio, entonces os habéis imaginado a un dios que no es un Dios de milagros.

11 Mas he aquí, yo os mostraré a un Dios de milagros, sí, el Dios de Abraham, y el Dios de Isaac, y el Dios de Jacob; y es ese mismo ᵃDios que creó los cielos y la tierra, y todas las cosas que hay en ellos.

12 He aquí, él creó a Adán, y

---

9 2a Mal. 4:5;
　　 3 Ne. 28:31.
　 b Morm. 5:23;
　　 DyC 63:20–21.
　　 GEE Mundo — El fin
　　 del mundo.
　 c Amós 9:13;
　　 3 Ne. 26:3.
　 4a GEE Condenación,
　　 condenar.

　 b GEE Infierno.
　 5a 2 Ne. 9:14.
　 6a Ezeq. 18:23, 32;
　　 DyC 98:47.
　 b GEE Incredulidad.
　 c GEE Pureza, puro.
　 d GEE Cordero de Dios.
　 7a 3 Ne. 29:6–7.
　 b 1 Cor. 12:7–10;
　　 AdeF 1:7.

　 8a GEE Evangelio.
　 b Mateo 22:29.
　 9a Heb. 13:8;
　　 1 Ne. 10:18–19;
　　 Alma 7:20; Moro. 8:18;
　　 DyC 20:12.
　 11a Gén. 1:1;
　　 Mos. 4:2;
　　 DyC 76:20–24.
　　 GEE Jesucristo.

por ªAdán vino la ᵇcaída del hombre. Y por causa de la caída del hombre, vino Jesucristo, sí, el Padre y el Hijo; y a causa de Jesucristo vino la ᶜredención del hombre.

13 Y a causa de la redención del hombre, que vino por Jesucristo, son llevados de vuelta a la presencia del Señor; sí, en esto son redimidos todos los hombres, porque la muerte de Cristo hace efectiva la ªresurrección, la cual lleva a cabo una redención de un ᵇsueño eterno, del cual todos los hombres despertarán, por el poder de Dios cuando suene la trompeta; y saldrán, pequeños así como grandes, y todos comparecerán ante su tribunal, redimidos y libres de esta ᶜligadura eterna de la muerte, la cual es una muerte temporal.

14 Y entonces viene el ªjuicio del Santo sobre ellos; y entonces viene el momento en que el que es ᵇimpuro continuará siendo impuro; y el que es justo continuará siendo justo; el que es feliz permanecerá feliz y el que es infeliz será infeliz todavía.

15 Y ahora bien, a todos vosotros que os habéis imaginado a un dios que ªno puede hacer milagros, quisiera preguntaros: ¿Han pasado ya todas estas cosas de que he hablado? ¿Ha llegado ya el fin? He aquí, os digo que no; y Dios no ha cesado de ser un Dios de milagros.

16 He aquí, ¿no son maravillosas a nuestros ojos las cosas que Dios ha hecho? Sí, y, ¿quién puede comprender las maravillosas ªobras de Dios?

17 ¿Quién dirá que no fue un milagro que por su ªpalabra existan los cielos y la tierra; que por el poder de su palabra el hombre haya sido ᵇcreado del ᶜpolvo de la tierra, y que por el poder de su palabra se hayan verificado milagros?

18 ¿Y quién dirá que Jesucristo no obró muchos grandes ªmilagros? Y hubo muchos grandes milagros que se efectuaron por mano de los apóstoles.

19 Y si entonces se hicieron ªmilagros, ¿por qué ha dejado Dios de ser un Dios de milagros, y sigue siendo todavía un Ser inmutable? Y he aquí, os digo que él no cambia; si así fuese, dejaría de ser Dios; y él no cesa de ser Dios, y es un Dios de milagros.

20 Y el motivo por el cual cesa de obrar ªmilagros entre los hijos de los hombres es porque ellos degeneran en la incredulidad, y se apartan de la vía correcta,

12a Mos. 3:26.
 b GEE Caída de Adán y Eva.
 c GEE Redención, redimido, redimir.
13a Hel. 14:15–18.
 b DyC 43:18.
 c DyC 138:16.
14a GEE Juicio final.
 b Alma 7:21; DyC 88:35.
15a Moro. 7:35–37; DyC 35:8. GEE Milagros.
16a Sal. 40:5; DyC 76:114; Moisés 1:3–5.
17a Jacob 4:9.
 b GEE Creación, crear.
 c Gén. 2:7; Mos. 2:25.
18a Juan 6:14.
19a DyC 63:7–10.
20a Jue. 6:11–13; Éter 12:12–18; Moro. 7:35–37.

y desconocen al Dios en quien debían poner su ^bconfianza.

21 He aquí, os digo que quien crea en Cristo, sin dudar nada, ^acuanto pida al Padre en el nombre de Cristo, le será concedido; y esta promesa es para todos, aun hasta los extremos de la tierra.

22 Porque he aquí, así dijo Jesucristo, el Hijo de Dios, a sus discípulos que iban a permanecer, sí, y también a todos sus discípulos, a oídos de la multitud: ^aId por todo el mundo, y predicad el evangelio a toda criatura;

23 y el que creyere y fuere bautizado, será salvo; mas el que no creyere, será ^acondenado;

24 y estas ^aseñales seguirán a los que crean: En mi nombre echarán fuera ^bdemonios; hablarán nuevas lenguas; alzarán serpientes, y si bebieren cosa mortífera, no los dañará; pondrán sus ^cmanos sobre los enfermos, y ellos sanarán;

25 y a quien crea en mi nombre, sin dudar nada, yo le ^aconfirmaré todas mis palabras, aun hasta los extremos de la tierra.

26 Y ahora bien, he aquí, ¿quién puede resistir las obras del Señor? ^a¿Quién puede negar sus palabras? ¿Quién se levantará contra la omnipotente fuerza del Señor? ¿Quién despreciará las obras del Señor? ¿Quién despreciará a los hijos de Cristo? Considerad, todos vosotros que sois ^bdespreciadores de las obras del Señor, porque os asombraréis y pereceréis.

27 Oh, no despreciéis, pues, ni os asombréis, antes bien, escuchad las palabras del Señor, y pedid al Padre, en el nombre de Jesús, cualquier cosa que necesitéis. No dudéis, mas sed creyentes; y empezad, como en los días antiguos, y ^aallegaos al Señor con todo vuestro ^bcorazón, y ^clabrad vuestra propia salvación con temor y temblor ante él.

28 Sed ^aprudentes en los días de vuestra probación; despojaos de toda impureza; no pidáis para dar satisfacción a vuestras ^bconcupiscencias, sino pedid con una resolución inquebrantable, para que no cedáis a ninguna tentación, sino que sirváis al verdadero ^cDios viviente.

29 Cuidaos de ser bautizados ^aindignamente; cuidaos de tomar el sacramento de Cristo ^bindignamente, antes bien, mirad que hagáis todas las cosas ^cdignamente, y hacedlo en el nombre de Jesucristo, el Hijo del

---

20b GEE Confianza, confiar.
21a Mateo 21:22;
　　3 Ne. 18:20.
22a Marcos 16:15–16.
　　GEE Obra misional.
23a GEE Condenación,
　　condenar.
24a Marcos 16:17–18.
　　GEE Señal.
　b Hech. 16:16–18.

　c GEE Bendición de los
　　enfermos.
25a GEE Revelación;
　　Testimonio.
26a 3 Ne. 29:4–7.
　b Prov. 13:13.
27a Moro. 10:30–32.
　b Josué 22:5;
　　DyC 64:22, 34.
　　GEE Corazón.

　c Filip. 2:12.
28a Jacob 6:12.
　b GEE Concupiscencia.
　c Alma 5:13.
29a GEE Bautismo,
　　bautizar — Requisitos
　　del bautismo.
　b 1 Cor. 11:27–30;
　　3 Ne. 18:28–32.
　c GEE Dignidad, digno.

Dios viviente; y si hacéis esto, y perseveráis hasta el fin, de ninguna manera seréis desechados.

30 He aquí, os hablo como si ªhablara de entre los muertos; porque sé que tendréis mis palabras.

31 No me condenéis por mi ªimperfección, ni a mi padre por causa de su imperfección, ni a los que han escrito antes de él; más bien, dad gracias a Dios que os ha manifestado nuestras imperfecciones, para que aprendáis a ser más sabios de lo que nosotros lo hemos sido.

32 Y he aquí, hemos escrito estos anales según nuestro conocimiento, en los caracteres que entre nosotros se llaman egipcio ªreformado; y los hemos transmitido y alterado conforme a nuestra manera de hablar.

33 Y si nuestras planchas hubiesen sido suficientemente amplias, habríamos escrito en hebreo; pero también hemos alterado el hebreo; y si hubiésemos podido escribir en hebreo, he aquí, no habríais tenido ninguna imperfección en nuestros anales.

34 Pero el Señor sabe las cosas que hemos escrito, y también que ningún otro pueblo conoce nuestra lengua; y por motivo de que ningún otro pueblo conoce nuestra lengua, por lo tanto, él ha preparado los ªmedios para su interpretación.

35 Y se escriben estas cosas para que limpiemos nuestros vestidos de la sangre de nuestros hermanos, que han degenerado en la ªincredulidad.

36 Y he aquí, estas cosas que hemos ªdeseado concernientes a nuestros hermanos, sí, aun su restauración al conocimiento de Cristo, están de acuerdo con las oraciones de todos los santos que han morado en la tierra.

37 Y el Señor Jesucristo les conceda que sean contestadas sus oraciones según su fe; y Dios el Padre se acuerde del convenio que ha hecho con la casa de Israel, y los bendiga para siempre, mediante la fe en el nombre de Jesucristo. Amén.

EL LIBRO DE ÉTER

La historia de los jareditas, tomada de las veinticuatro planchas que encontró el pueblo de Limhi en la época del rey Mosíah.

30a Morm. 8:26;
     Moro. 10:27.
31a Morm. 8:17;
     Éter 12:22–28, 35.

32a 1 Ne. 1:2;
     Mos. 1:4.
34a Mos. 8:13–18;
     Éter 3:23, 28;

DyC 17:1.
35a 2 Ne. 26:15.
36a Morm. 8:24–26;
     DyC 10:46–49.

CAPÍTULO 1

Moroni compendia los escritos de Éter — Se declara la genealogía de Éter — No se confunde el lenguaje de los jareditas en la Torre de Babel — El Señor promete conducirlos a una tierra escogida y hacer de ellos una gran nación.

Y AHORA yo, [a]Moroni, procedo a hacer una relación de esos antiguos habitantes que fueron destruidos por la [b]mano del Señor sobre la superficie de este país del norte.

2 Y tomo mi relación de las [a]veinticuatro planchas que encontró el pueblo de Limhi; y se llama el Libro de Éter.

3 Y como supongo que la primera parte de esta narración —que habla concerniente a la creación del mundo, y también de Adán, y una relación desde esa época aun hasta la gran [a]torre, y cuantas cosas acontecieron entre los hijos de los hombres hasta ese tiempo— se halla entre los judíos,

4 no escribo, pues, esas cosas que ocurrieron desde los [a]días de Adán hasta esa época; pero se hallan sobre las planchas, y el que las encuentre estará facultado para obtener la historia completa.

5 Mas he aquí, no hago la relación completa, sino una parte de la narración, desde la torre hasta la época en que fueron destruidos.

6 Y de esta manera hago la relación: El que escribió estos anales fue [a]Éter, y él era descendiente de Coriantor.

7 Coriantor era hijo de Morón;

8 y Morón era hijo de Etem;

9 y Etem era hijo de Ahah;

10 y Ahah era hijo de Set;

11 y Set era hijo de Shiblón;

12 y Shiblón era hijo de Com;

13 y Com era hijo de Coriántum;

14 y Coriántum era hijo de Amnigadda;

15 y Amnigadda era hijo de Aarón;

16 y Aarón era descendiente de Het, que era hijo de Heartom;

17 y Heartom era hijo de Lib;

18 y Lib era hijo de Kish;

19 y Kish era hijo de Corom;

20 y Corom era hijo de Leví;

21 y Leví era hijo de Kim;

22 y Kim era hijo de Moriantón;

23 y Moriantón era descendiente de Riplákish;

24 y Riplákish era hijo de Shez;

25 y Shez era hijo de Het;

26 y Het era hijo de Com;

27 y Com era hijo de Coriántum;

28 y Coriántum era hijo de Emer;

29 y Emer era hijo de Omer;

30 y Omer era hijo de Shule;

31 y Shule era hijo de Kib;

---

1 1a GEE Moroni hijo de
    Mormón.
  b Morm. 5:23;
    DyC 87:6–7.
  2a Alma 37:21;
      Éter 15:33.
  3a Omni 1:22;
    Mos. 28:17;
    Hel. 6:28.
  4a Es decir, lo que abarca
      el mismo período de
      Génesis 1–10.
  6a Éter 12:2; 15:34.

32 y Kib era hijo de Oríah, que era hijo de Jared.

33 Y dicho ^aJared vino de la gran torre con su hermano y sus familias, y con algunos otros y sus familias, en la época en que el Señor ^bconfundió el lenguaje del pueblo, y juró en su ira que serían dispersados por toda la ^csuperficie de la tierra; y conforme a la palabra del Señor fue dispersada la gente.

34 Y como el ^ahermano de Jared era un hombre grande y dotado de mucha fuerza, y altamente favorecido del Señor, Jared, su hermano, le dijo: Suplica al Señor que no nos confunda de modo que no entendamos nuestras palabras.

35 Y sucedió que el hermano de Jared suplicó al Señor, y el Señor se compadeció de Jared; por tanto, no confundió el lenguaje de Jared; y Jared y su hermano no fueron confundidos.

36 Entonces Jared dijo a su hermano: Suplica de nuevo al Señor, pues tal vez aparte su ira de aquellos que son nuestros amigos, para que no confunda su lenguaje.

37 Y ocurrió que el hermano de Jared suplicó al Señor, y el Señor tuvo compasión de sus amigos y de las familias de ellos también, y no fueron confundidos.

38 Y aconteció que Jared habló otra vez a su hermano, diciendo: Ve y pregunta al Señor si nos va a echar de esta tierra, y si nos va a echar de la tierra, suplícale que nos indique a dónde hemos de ir. ¿Y quién sabe si el Señor no nos llevará a una región que sea la más ^afavorecida de toda la tierra? Y si así fuere, seámosle fieles al Señor, a fin de que la recibamos por herencia nuestra.

39 Y sucedió que el hermano de Jared suplicó al Señor conforme a lo dicho por boca de Jared.

40 Y ocurrió que el Señor escuchó al hermano de Jared, y se compadeció de él, y le dijo:

41 Ve y recoge tus rebaños, macho y hembra de cada especie, y también de las semillas de la tierra, de toda clase; y tus ^afamilias; y también tu hermano Jared y su familia; y también tus ^bamigos y sus familias, y los amigos de Jared y sus familias.

42 Y cuando hayas hecho esto, ^airás a la cabeza de ellos al valle que está al norte. Y allí te encontraré, e iré ^bdelante de ti a una región que es ^cfavorecida sobre todas las regiones de la tierra.

43 Y allí os bendeciré a ti y a tus descendientes; y de tu posteridad, y de la posteridad de tu hermano, y de los que irán contigo, levantaré para mí una nación grande. Y no habrá sobre toda la superficie de la tierra nación mayor que la que yo levantaré para mí de tu posteridad. Y

33a GEE Jared.
  b Gén. 11:6–9.
  c Mos. 28:17.
34a GEE Jared, hermano de.

38a GEE Tierra prometida.
41a Éter 6:20.
  b Éter 6:16.
42a 1 Ne. 2:1–2;

Abr. 2:3.
  b DyC 84:88.
  c 1 Ne. 13:30.

así obraré contigo, porque me has suplicado todo este largo tiempo.

CAPÍTULO 2

Los jareditas se preparan para su viaje a una tierra prometida — Es una tierra escogida en la cual los hombres deben servir a Cristo o, de lo contrario, serán exterminados — El Señor habla al hermano de Jared durante tres horas — Los jareditas construyen barcos — El Señor le indica al hermano de Jared que proponga la manera de iluminar los barcos.

Y sucedió que Jared y su hermano, y sus familias, y también los amigos de Jared y de su hermano, y sus familias, descendieron al valle que se hallaba al norte (y el nombre del valle era ªNimrod, nombre tomado del gran cazador), junto con sus rebaños que habían recogido, macho y hembra de toda especie.

2 Y también tendieron trampas para coger aves del cielo; y prepararon una vasija en la que llevaron consigo los peces de las aguas.

3 Y también llevaron con ellos deseret, que interpretado significa abeja obrera; y así llevaron consigo enjambres de abejas, y toda variedad de cuanto había sobre la faz de la tierra, semillas de todas clases.

4 Y sucedió que cuando hubieron llegado al valle de Nimrod,

descendió el Señor y habló con el hermano de Jared; y estaba en una ªnube, y el hermano de Jared no lo vio.

5 Y ocurrió que el Señor les mandó que salieran para el desierto; sí, a aquella parte donde ningún hombre jamás había estado. Y sucedió que el Señor fue delante de ellos, y les habló mientras estaba en una ªnube, y les dio instrucciones por dónde habían de viajar.

6 Y aconteció que viajaron por el desierto, y construyeron barcos, en los cuales atravesaron muchas aguas, y la mano del Señor los guiaba continuamente.

7 Y no quiso el Señor permitir que se detuvieran del otro lado del mar, en el desierto, sino dispuso que avanzaran hasta llegar a la ªtierra de promisión, que era una tierra escogida sobre todas las demás, la cual el Señor Dios había preservado para un pueblo justo.

8 Y había jurado en su ira al hermano de Jared que quienes poseyeran esta tierra de promisión, desde entonces y para siempre, deberían ªservirlo a él, el verdadero y único Dios, o serían ᵇexterminados cuando cayera sobre ellos la plenitud de su ira.

9 Y así podemos ver los decretos de Dios concernientes a esta tierra: Que es una tierra de promisión; y cualquier nación que

---

2 1a Gén. 10:8.
4a Núm. 11:25;
   DyC 34:7–9;
   JS—H 1:68.

5a Éx. 13:21–22.
7a 1 Ne. 4:14.
   GEE Tierra prometida.
8a Éter 13:2.

b Jarom 1:3, 10;
  Alma 37:28;
  Éter 9:20.

la posea servirá a Dios, o será exterminada cuando la plenitud de su ira caiga sobre ella. Y la plenitud de su ira descenderá sobre ella cuando haya madurado en la iniquidad.

10 Porque he aquí, esta es una tierra escogida sobre todas las demás; por tanto, aquel que la posea servirá a Dios o será exterminado, porque es el eterno decreto de Dios. Y no es sino hasta cuando llega al ᵃcolmo la iniquidad entre los hijos de la tierra, que son ᵇexterminados.

11 Y esto viene a vosotros, oh ᵃgentiles, para que conozcáis los decretos de Dios, para que os arrepintáis y no continuéis en vuestras iniquidades hasta llegar al colmo, para que no hagáis venir sobre vosotros la plenitud de la ira de Dios, como lo han hecho hasta ahora los habitantes de la tierra.

12 He aquí, esta es una tierra escogida, y cualquier nación que la posea se verá ᵃlibre de la esclavitud, y del cautiverio, y de todas las otras naciones debajo del cielo, si tan solo ᵇsirve al Dios de la tierra, que es Jesucristo, el cual ha sido manifestado por las cosas que hemos escrito.

13 Y ahora prosigo mi narración; porque he aquí, aconteció que el Señor condujo a Jared y a sus hermanos hasta ese gran mar que separa las tierras. Y al llegar al mar, plantaron sus tiendas; y dieron al paraje el nombre de Moriáncumer; y vivían en tiendas; y vivieron en tiendas a la orilla del mar por el término de cuatro años.

14 Y aconteció que a la conclusión de los cuatro años, el Señor vino otra vez al hermano de Jared, y estaba en una nube, y habló con él. Y por el espacio de tres horas habló el Señor con el hermano de Jared, y lo ᵃreprendió porque no se había acordado de ᵇinvocar el nombre del Señor.

15 Y el hermano de Jared se arrepintió del mal que había cometido, e invocó el nombre del Señor a favor de sus hermanos que estaban con él. Y el Señor le dijo: Os perdonaré vuestros pecados a ti y a tus hermanos; pero no pecaréis más, porque debéis recordar que mi ᵃEspíritu no siempre ᵇluchará con el hombre; por tanto, si pecáis hasta llegar al colmo, seréis desechados de la presencia del Señor. Y estos son mis pensamientos tocante a la tierra que os daré por herencia; porque será una tierra ᶜescogida sobre todas las demás.

16 Y dijo el Señor: Poneos a trabajar y construid barcos a semejanza de los que hasta ahora habéis hecho. Y sucedió que el hermano de Jared se puso a trabajar, y sus hermanos también, y construyeron barcos a la manera de los que habían hecho antes, de acuerdo con las ᵃinstrucciones

---

10a 2 Ne. 28:16.
   b 1 Ne. 17:37–38.
11a 2 Ne. 28:32.
12a GEE Libertad, libre.

   b Isa. 60:12.
14a GEE Castigar, castigo.
   b GEE Oración.
15a Éter 15:19.

   b Gén. 6:3; 2 Ne. 26:11;
     Morm. 5:16.
   c Éter 9:20.
16a 1 Ne. 17:50–51.

del Señor. Y eran pequeños, y eran ligeros sobre las aguas, así como la ligereza de un ave sobre el agua.

17 Y se construyeron de una manera sumamente ªajustada, de modo que podían contener agua como un vaso; y el fondo estaba ajustado como un vaso, y los costados estaban ajustados de la misma manera; y los extremos terminaban en punta; y también la cubierta estaba ajustada como un vaso; y su longitud era la de un árbol; y la puerta, al cerrarse, quedaba ajustada a semejanza de un vaso.

18 Y sucedió que el hermano de Jared clamó al Señor, diciendo: ¡Oh Señor!, he efectuado la obra que me has mandado, y he construido los barcos según tú me has dirigido.

19 Y he aquí, oh Señor, no hay luz en ellos; ¿a dónde nos hemos de dirigir? Y también pereceremos, porque en ellos no podremos respirar sino el aire que contengan; por consiguiente, pereceremos.

20 Y el Señor dijo al hermano de Jared: He aquí, harás una abertura en la cubierta, y también en el fondo; y cuando te falte aire, destaparás la abertura y recibirás aire. Y si sucede que os entra el agua, he aquí, cerrarás la abertura para que no perezcáis en el mar.

21 Y ocurrió que el hermano de Jared así lo hizo, según lo que el Señor le había mandado.

22 Y clamó de nuevo al Señor, diciendo: He aquí, oh Señor, he obrado según me lo has mandado; y he preparado los barcos para mi pueblo, y he aquí, no hay luz en ellos. ¿Vas a permitir, oh Señor, que crucemos estas grandes aguas en la obscuridad?

23 Y el Señor dijo al hermano de Jared: ¿Qué quieres que yo haga para que tengáis luz en vuestros barcos? Porque he aquí, no podéis tener ventanas, pues serían hechas pedazos; ni llevaréis fuego con vosotros, porque no os dirigiréis por la luz del fuego.

24 Pues he aquí, seréis como una ballena en medio del mar; porque las inmensas olas estallarán contra vosotros. No obstante, yo os sacaré otra vez de las profundidades del mar; porque de mi boca han salido los ªvientos, y también he enviado yo las ᵇlluvias y los diluvios.

25 Y he aquí, yo os preparo contra todas estas cosas; porque no podéis atravesar este gran mar, a menos que yo os prepare contra las olas del mar, y los vientos que han salido, y los diluvios que vendrán. Por tanto, ¿qué deseas que prepare para vosotros, a fin de que tengáis luz cuando seáis sumergidos en las profundidades del mar?

CAPÍTULO 3

El hermano de Jared ve el dedo del Señor al tocar Este las dieciséis piedras — Cristo le muestra el cuerpo

---

17a Éter 6:7. 24a Éter 6:5. b Sal. 148:8.

de Su espíritu al hermano de Jared —
Es imposible impedir que penetren el
velo aquellos que poseen un conoci-
miento perfecto — Se proporcionan
intérpretes para que puedan salir a
luz los anales de los jareditas.

Y SUCEDIÓ que el hermano de Jared (y era ocho el número de los
barcos que habían sido preparados) subió al monte que llamaban
el monte de Shelem, a causa de su
extremada altura, y de una roca
fundió dieciséis piedras pequeñas; y eran blancas y diáfanas,
como cristal transparente; y las
llevó en sus manos a la cima del
monte, y nuevamente clamó al
Señor, diciendo:

2 ¡Oh Señor, has dicho que hemos de estar rodeados por las
olas! Y ahora, he aquí, oh Señor,
no te enojes con tu siervo a causa
de su debilidad delante de ti; porque sabemos que tú eres santo y
habitas en los cielos, y que somos
indignos delante de ti; por causa
de la ^acaída nuestra ^bnaturaleza se
ha tornado mala continuamente;
no obstante, oh Señor, tú nos has
dado el mandamiento de invo-
carte, para que recibamos de ti
según nuestros deseos.

3 He aquí, oh Señor, tú nos has
castigado por causa de nuestra
iniquidad; y nos has echado, y
durante estos muchos años hemos
estado en el desierto; no obstante,
has sido ^amisericordioso para con

nosotros. ¡Oh Señor!, ten piedad
de mí, y aparta tu ira de este tu
pueblo, y no permitas que atra-
viese este furioso abismo en la
obscuridad; sino mira estas cosas
que he fundido de la roca.

4 Y sé, oh Señor, que tú tienes
todo ^apoder, y que puedes hacer
cuanto quieras para el beneficio
del hombre. Por tanto, toca estas
piedras con tu dedo, oh Señor, y
disponlas para que brillen en la
obscuridad; y nos iluminarán en
los barcos que hemos preparado,
para que tengamos luz mientras
atravesemos el mar.

5 He aquí, oh Señor, tú puedes
hacer esto. Sabemos que puedes
manifestar gran poder, que ^apa-
rece pequeño al entendimiento
de los hombres.

6 Y sucedió que cuando el hermano de Jared hubo dicho estas
palabras, he aquí, el ^aSeñor extendió su mano y tocó las pie-
dras, una por una, con su dedo.
Y fue quitado el ^bvelo de ante los
ojos del hermano de Jared, y vio
el dedo del Señor; y era como el
dedo de un hombre, a semejanza
de carne y sangre; y el hermano
de Jared cayó delante del Señor,
porque fue herido de temor.

7 Y el Señor vio que el hermano
de Jared había caído al suelo, y le
dijo el Señor: Levántate, ¿por qué
has caído?

8 Y dijo al Señor: Vi el dedo del
Señor, y tuve miedo de que me

---

3 2a GEE Caída de Adán y
    Eva.
  b Mos. 3:19.

3a Éter 1:34–43.
4a GEE Poder.
5a Isa. 55:8–9;

1 Ne. 16:29.
6a GEE Jesucristo.
  b Éter 12:19, 21.

hiriese; porque no sabía que el Señor tuviese carne y sangre.

9 Y el Señor le dijo: A causa de tu fe has visto que tomaré sobre mí ªcarne y sangre; y jamás ha venido a mí hombre alguno con tan grande fe como la que tú tienes; porque de no haber sido así, no hubieras podido ver mi dedo. ¿Viste más que esto?

10 Y él contestó: No; Señor, muéstrate a mí.

11 Y le dijo el Señor: ¿Creerás las palabras que hablaré?

12 Y él le respondió: Sí, Señor, sé que hablas la verdad, porque eres un Dios de verdad, y ªno puedes mentir.

13 Y cuando hubo dicho estas palabras, he aquí, el Señor se le ªmostró, y dijo: ᵇPorque sabes estas cosas, eres redimido de la caída; por tanto, eres traído de nuevo a mi presencia; por consiguiente yo me ᶜmanifiesto a ti.

14 He aquí, yo soy el que fue preparado desde la fundación del mundo para ªredimir a mi pueblo. He aquí, soy Jesucristo. Soy el ᵇPadre y el Hijo. En mí todo el género humano tendrá ᶜvida, y la tendrá eternamente, sí, aun cuantos crean en mi nombre; y llegarán a ser mis ᵈhijos y mis hijas.

15 Y nunca me he mostrado al hombre a quien he creado, porque jamás ha ªcreído en mí el hombre como tú lo has hecho. ¿Ves que eres creado a mi propia ᵇimagen? Sí, en el principio todos los hombres fueron creados a mi propia imagen.

16 He aquí, este cuerpo que ves ahora es el cuerpo de mi ªespíritu; y he creado al hombre a semejanza del cuerpo de mi espíritu; y así como me aparezco a ti en el espíritu, apareceré a mi pueblo en la carne.

17 Y ahora bien, dado que yo, Moroni, dije que no podía hacer una relación completa de estas cosas que están escritas, bástame, por tanto, decir que Jesús se mostró a este hombre en el espíritu, según la manera y a semejanza del mismo cuerpo con que se ªmostró a los nefitas.

18 Y ejerció su ministerio por él, tal como ministró a los nefitas; y todo esto para que este hombre supiera que era Dios, por causa de las muchas grandes obras que el Señor le había mostrado.

19 Y debido al conocimiento de este hombre, no se le pudo impedir que viera dentro del ªvelo; y vio el dedo de Jesús, y cuando vio, cayó de temor, porque sabía que era el dedo del Señor; y para él dejó de ser fe, porque supo sin ninguna duda.

20 Por lo que, teniendo este conocimiento perfecto de Dios,

9a GEE Carne;
    Jesucristo;
    Mortal, mortalidad.
12a Heb. 6:18.
13a DyC 67:10–11.
   b Enós 1:6–8.
   c GEE Jesucristo — La
     existencia premortal de
     Cristo.
14a GEE Redención,
    redimido, redimir;
    Redentor.
   b Mos. 15:1–4.
   c Mos. 16:9.
   d GEE Hijos e hijas de
     Dios.
15a GEE Creencia, creer.
   b Gén. 1:26–27;
     Mos. 7:27;
     DyC 20:17–18.
16a GEE Espíritu.
17a 3 Ne. 11:8–10.
19a GEE Velo.

fue imposible ªimpedirle ver dentro del velo; por tanto, vio a Jesús, y él le ministró.

21 Y sucedió que el Señor dijo al hermano de Jared: He aquí, no permitirás que vayan al mundo estas cosas que has visto y oído, sino hasta que llegue el ªtiempo en que he de glorificar mi nombre en la carne; de modo que guardarás las cosas que has visto y oído, y no las manifestarás a ningún hombre.

22 Y he aquí, cuando vengas a mí, las escribirás y las sellarás a fin de que nadie pueda interpretarlas; porque las escribirás en un lenguaje que no se podrá leer.

23 Y he aquí, te daré estas ªdos piedras, y también las sellarás junto con las cosas que escribas.

24 Porque he aquí, he confundido el idioma que escribirás; por tanto, haré que en mi propio y debido tiempo estas piedras clarifiquen a los ojos de los hombres las cosas que tú escribirás.

25 Y cuando el Señor hubo hablado estas palabras, mostró al hermano de Jared ªtodos los habitantes de la tierra que había habido, y también todos los que había de haber; y no los ocultó de su vista, aun hasta los cabos de la tierra.

26 Porque le había dicho anteriormente que ªsi ᵇcreía en él y

en que podía mostrarle ᶜtodas las cosas, estas le serían manifestadas; por tanto, el Señor no podía ocultarle nada, porque sabía que el Señor podía mostrarle todas las cosas.

27 Y el Señor le dijo: Escribe estas cosas y ªséllalas; y en mi propio y debido tiempo las mostraré a los hijos de los hombres.

28 Y sucedió que el Señor le mandó que sellara las dos ªpiedras que había recibido, y que no las mostrara sino hasta que el Señor las manifestase a los hijos de los hombres.

CAPÍTULO 4

Se le manda a Moroni sellar los escritos del hermano de Jared — No serán revelados sino hasta que los hombres tengan fe aun como la del hermano de Jared — Cristo manda a los hombres creer en Sus palabras y en las de Sus discípulos — Se da a los hombres el mandamiento de arrepentirse, creer en el Evangelio y ser salvos.

Y EL Señor mandó al hermano de Jared que descendiera del monte, de la presencia del Señor, y ªescribiera las cosas que había visto; y fue prohibido que se dieran a los hijos de los hombres, sino ᵇhasta después que él fuese levantado sobre la cruz; y por esta causa las guardó el rey Mosíah, para que no llegasen al mundo sino hasta

---

20a Éter 12:19–21.
21a Éter 4:1.
23a GEE Urim y Tumim.
25a Moisés 1:8.

26a Éter 3:11–13.
 b GEE Creencia, creer.
 c Éter 4:4.
27a 2 Ne. 27:6–8.

28a DyC 17:1.
4 1a Éter 12:24.
 GEE Escrituras.
 b Éter 3:21.

después que Cristo se manifestara a su pueblo.

2 Y después que Cristo verdaderamente se hubo manifestado a su pueblo, él mandó que se dieran a conocer.

3 Y ahora bien, después de esto, todos han degenerado en la incredulidad; y no queda nadie sino los lamanitas, y estos han desechado el evangelio de Cristo; por tanto, se me manda que las ªoculte otra vez en la tierra.

4 He aquí, he escrito sobre estas planchas las mismas cosas que vio el hermano de Jared; y jamás se manifestaron cosas mayores que las que le fueron mostradas al hermano de Jared.

5 Por tanto, el Señor me ha mandado que las escriba; y las he escrito. Y me mandó que las ªsellara; y también me ha mandado que selle su interpretación; así que he sellado los ᵇintérpretes, de acuerdo con el mandamiento del Señor.

6 Porque el Señor me dijo: No irán a los gentiles sino hasta el día en que se arrepientan de su iniquidad, y se vuelvan puros ante el Señor.

7 Y el día en que ejerzan la fe en mí, dice el Señor, así como lo hizo el hermano de Jared, para que se ªsantifiquen en mí, entonces les manifestaré las cosas que vio el hermano de Jared, aun hasta

desplegar ante ellos todas mis revelaciones, dice Jesucristo, el Hijo de Dios, el ᵇPadre de los cielos y de la tierra, y de todas las cosas que en ellos hay.

8 Y el que ªcontienda contra la palabra del Señor, maldito sea; y el que ᵇniegue estas cosas, maldito sea; porque a estos no mostraré ᶜcosas mayores, dice Jesucristo; porque yo soy el que habla.

9 Y por mi mandato se abren y se ªcierran los cielos; y por mi palabra temblará la ᵇtierra; y por mi mandato sus habitantes pasarán, como si fuera por fuego.

10 Y el que no cree mis palabras no cree a mis discípulos; y si es que yo no hablo, juzgad vosotros; porque en el ªpostrer día sabréis que yo soy el que habla.

11 Pero al que ªcrea estas cosas que he hablado, yo lo visitaré con las manifestaciones de mi Espíritu, y sabrá y dará testimonio. Porque por mi Espíritu ᵇsabrá que estas cosas son ᶜverdaderas; porque persuade a los hombres a hacer lo bueno.

12 Y cualquier cosa que persuada a los hombres a hacer lo bueno viene de mí; porque el ªbien de nadie procede, sino de mí. Yo soy el mismo que conduce a los hombres a todo lo bueno; el que ᵇno crea mis palabras,

3a Morm. 8:14.
5a Éter 5:1.
  b DyC 17:1;
    JS—H 1:52.
  GEE Urim y Tumim.
7a GEE Santificación.
  b Mos. 3:8.
8a 3 Ne. 29:5–6;

  Morm. 8:17.
  b 2 Ne. 27:14; 28:29–30.
  c Alma 12:10–11;
    3 Ne. 26:9–10.
9a 1 Rey. 8:35;
    DyC 77:8.
  b Hel. 12:8–18;
    Morm. 5:23.

10a 2 Ne. 33:10–15.
11a DyC 5:16.
  b GEE Testimonio.
  c Éter 5:3–4;
    Moro. 10:4–5.
12a Alma 5:40;
    Moro. 7:16–17.
  b 3 Ne. 28:34.

tampoco me creerá a mí: que yo soy; y aquel que no me crea, no creerá al Padre que me envió. Pues he aquí, yo soy el Padre, yo soy la ^cluz, y la ^dvida, y la verdad del mundo.

13 ^a¡Venid a mí, oh gentiles, y os mostraré las cosas mayores, el conocimiento que se ha ocultado a causa de la incredulidad!

14 ¡Venid a mí, oh casa de Israel, y os será ^amanifestado cuán grandes cosas el Padre ha reservado para vosotros desde la fundación del mundo; y no han llegado a vosotros por motivo de la incredulidad!

15 He aquí, cuando rasguéis ese velo de incredulidad que os hace permanecer en vuestro espantoso estado de iniquidad, y dureza de corazón, y ceguedad de mente, entonces las cosas grandes y maravillosas que han estado ^aocultas de vosotros desde el principio del mundo, sí, cuando invoquéis al Padre en mi nombre, con un corazón quebrantado y un espíritu contrito, entonces sabréis que el Padre se ha acordado del convenio que hizo con vuestros padres, oh casa de Israel.

16 Entonces serán manifestadas a los ojos de todo el pueblo mis ^arevelaciones que he hecho que sean escritas por mi siervo Juan.

Acordaos, cuando veáis estas cosas, sabréis que el tiempo está cerca en que efectivamente serán manifestadas.

17 Por tanto, ^acuando recibáis esta historia, sabréis que la obra del Padre ha empezado sobre toda la faz de la tierra.

18 ^aArrepentíos, pues, todos vosotros los extremos de la tierra, y venid a mí, y creed en mi evangelio y sed ^bbautizados en mi nombre; porque el que crea y sea bautizado, será salvo; mas el que no crea, será condenado; y las ^cseñales seguirán a los que crean en mi nombre.

19 Y bendito es aquel que sea hallado ^afiel a mi nombre en el postrer día, porque será enaltecido para morar en el reino preparado para él ^bdesde la fundación del mundo. Y he aquí, yo soy quien lo ha hablado. Amén.

CAPÍTULO 5

Tres testigos y la obra misma constituirán un testimonio de la veracidad del Libro de Mormón.

Y yo, Moroni, he escrito las palabras que se me mandaron, según mi memoria; y te he dicho las cosas que he ^asellado; por tanto, no las toques con el fin de traducirlas; porque esto te está prohibido,

---

12c GEE Luz, luz de Cristo.
  d Juan 8:12;
    Alma 38:9.
13a 3 Ne. 12:2–3.
14a DyC 121:26–29.
15a 2 Ne. 27:10.
16a Apoc. 1:1;
    1 Ne. 14:18–27.

17a 3 Ne. 21:1–9, 28.
18a 3 Ne. 27:20;
    Moro. 7:34.
  b Juan 3:3–5.
    GEE Bautismo,
    bautizar —
    Indispensable.
  c GEE Dones del Espíritu.

19a Mos. 2:41;
    DyC 6:13.
    GEE Jesucristo — El
    tomar sobre sí el
    nombre de Jesucristo.
  b 2 Ne. 9:18.
5 1a 2 Ne. 27:7–8, 21;
    Éter 4:4–7.

a menos que en lo futuro Dios lo juzgue prudente.

2 Y he aquí, tal vez tengas el privilegio de mostrar las planchas a ªaquellos que ayudarán a sacar a luz esta obra;

3 y por el poder de Dios se mostrarán a ªtres; por tanto, ᵇsabrán con certeza que estas cosas son ᶜverdaderas.

4 Y en boca de tres ªtestigos se establecerán estas cosas; y el testimonio de tres, y esta obra, en la cual se mostrará el poder de Dios y también su palabra, de la cual el Padre, y el Hijo, y el Espíritu Santo dan testimonio; y todo esto se levantará como testimonio contra el mundo en el postrer día.

5 Y si es que se arrepienten y ªvienen al Padre en el nombre de Jesús, serán recibidos en el reino de Dios.

6 Y ahora bien, si es que no tengo autoridad para estas cosas, juzgad vosotros; porque sabréis que tengo autoridad cuando me veáis, y comparezcamos delante de Dios en el postrer día. Amén.

CAPÍTULO 6

Los vientos impelen los barcos jareditas a la tierra prometida — El pueblo alaba al Señor por Su bondad — Oríah es nombrado rey — Mueren Jared y su hermano.

Y AHORA yo, Moroni, procedo a dar la historia de Jared y su hermano.

2 Porque sucedió que después que el Señor hubo preparado las ªpiedras que el hermano de Jared había llevado al monte, el hermano de Jared descendió del monte, y colocó las piedras en los barcos que se habían preparado, una en cada extremo; y he aquí, dieron luz a los barcos.

3 Y así hizo el Señor que las piedras brillaran en las tinieblas para dar luz a los hombres, mujeres y niños, a fin de que no atravesaran las grandes aguas en la obscuridad.

4 Y sucedió que cuando hubieron preparado todo género de alimentos, para que con ellos pudieran subsistir sobre las aguas, así como alimentos para sus rebaños y hatos, y cualquier bestia o animal o ave que llevasen consigo, he aquí, cuando hubieron hecho todas estas cosas, entraron en sus naves o barcos y se hicieron a la mar, encomendándose al Señor su Dios.

5 Y ocurrió que el Señor Dios hizo que soplara un ªviento furioso sobre la superficie de las aguas, hacia la tierra prometida; y así fueron echados de un lado a otro por el viento sobre las olas del mar.

2a 2 Ne. 27:12–14;
   DyC 5:9–15.
3a 2 Ne. 11:3; 27:12.
  b DyC 5:25.
  c Éter 4:11.
4a Véase el

encabezamiento
de DyC 17 y los
versículos 1–3; véase
también ''El Testimonio
de Tres Testigos'' en las
primeras páginas del

Libro de Mormón.
5a Morm. 9:27;
   Moro. 10:30–32.
6 2a Éter 3:3–6.
  5a Éter 2:24–25.

6 Y aconteció que muchas veces fueron sepultados en las profundidades del mar, a causa de las gigantescas olas que rompían sobre ellos, y también por las grandes y terribles tempestades causadas por la fuerza del viento.

7 Y sucedía que, cuando eran sepultados en el abismo, no había agua que los dañara, pues sus barcos estaban ªajustados como un ᵇvaso, y también estaban ajustados como el ᶜarca de Noé; por tanto, cuando los envolvían las muchas aguas, imploraban al Señor, y él los sacaba otra vez a la superficie de las aguas.

8 Y ocurrió que el viento no dejó de soplar hacia la tierra prometida mientras estuvieron sobre las aguas; y de este modo fueron impelidos ante el viento.

9 Y le ªcantaban alabanzas al Señor; sí, el hermano de Jared le cantaba alabanzas al Señor, y le daba ᵇgracias y loor todo el día; y cuando llegaba la noche, no cesaban de alabar al Señor.

10 Y así fueron impulsados hacia adelante; y ningún monstruo del mar podía despedazarlos, ni ballena alguna podía hacerles daño; y tenían luz continuamente, así cuando se hallaban encima del agua como cuando estaban debajo de ella.

11 Y de este modo fueron impelidos sobre las aguas por trescientos cuarenta y cuatro días.

12 Y desembarcaron en las playas de la tierra prometida. Y al pisar sus pies las playas de la tierra prometida, se postraron sobre la faz de la tierra y se humillaron ante el Señor, y vertieron lágrimas de gozo ante el Señor, por causa de la abundancia de sus tiernas misericordias sobre ellos.

13 Y aconteció que salieron sobre la faz de la tierra, y empezaron a cultivar el terreno.

14 Y Jared tenía cuatro hijos; y se llamaban Jacom, y Gilga, y Maha, y Oríah.

15 Y el hermano de Jared también engendró hijos e hijas.

16 Y los ªamigos de Jared y de su hermano eran en total unas veintidós almas; y también ellos engendraron hijos e hijas antes de llegar a la tierra de promisión; y así empezaron a ser numerosos.

17 Y se les enseñó a ªandar humildemente delante del Señor; y también recibían ᵇinstrucción de lo alto.

18 Y aconteció que empezaron a extenderse sobre la faz de la tierra, y a multiplicarse, y a cultivar el terreno; y se hicieron fuertes en la tierra.

19 Y el hermano de Jared empezó a envejecer, y vio que pronto tendría que descender a

---

7a Éter 2:17.
 b O sea, como un cuenco
   o plato hondo.
 c Gén. 6:14;
   Moisés 7:43.

9a GEE Cantar.
 b 1 Cró. 16:7–9;
   Alma 37:37;
   DyC 46:32.
16a Éter 1:41.

17a GEE Andar, andar con
   Dios.
 b GEE Revelación.

la tumba; por tanto, dijo a Jared: Reunamos a nuestro pueblo para contarlo, a fin de saber qué desea de nosotros antes que bajemos a nuestra sepultura.

20 Y, consiguientemente, se hizo reunir al pueblo. Y el número de los hijos e hijas del hermano de Jared era veintidós almas; y el número de los hijos e hijas de Jared era doce, cuatro de ellos varones.

21 Y aconteció que contaron a los de su pueblo; y después de haberlos contado, desearon saber de ellos qué querían que ellos hicieran antes que descendiesen a la tumba.

22 Y sucedió que el pueblo les pidió que ªungieran a uno de sus hijos para que fuese rey sobre ellos.

23 Y he aquí, esto los afligió. Y el hermano de Jared les dijo: Esto ciertamente ªconduce al cautiverio.

24 Pero Jared dijo a su hermano: Permíteles tener rey. Y, por tanto, les dijo: Elegid un rey de entre nuestros hijos, al que queráis.

25 Y ocurrió que eligieron al primogénito del hermano de Jared; y su nombre era Pagag. Y aconteció que este rehusó, y no quiso ser su rey. Y el pueblo quería que su padre lo obligara, mas su padre no quiso; y les mandó que nunca obligaran a nadie a ser su rey.

26 Y sucedió que eligieron a todos los hermanos de Pagag, y no quisieron aceptar.

27 Y ocurrió que tampoco los hijos de Jared quisieron, todos menos uno; y Oríah fue ungido para que fuera rey del pueblo.

28 Y empezó a reinar, y el pueblo comenzó a prosperar; y se hicieron sumamente ricos.

29 Y sucedió que murió Jared, y su hermano también.

30 Y aconteció que Oríah anduvo humildemente delante del Señor, y tuvo presente cuán grandes cosas el Señor había hecho por su padre, y también enseñó a su pueblo cuán grandes cosas el Señor había hecho por sus padres.

CAPÍTULO 7

Oríah reina con rectitud — Se establecen los reinos rivales de Shule y Cohor en medio de la usurpación y las contiendas — Los profetas condenan la iniquidad y la idolatría del pueblo, que luego se arrepiente.

Y OCURRIÓ que Oríah juzgó sobre la tierra con rectitud todos sus días, que fueron muchos.

2 Y engendró hijos e hijas; sí, engendró treinta y uno, de los cuales veintitrés eran varones.

3 Y aconteció que también engendró a Kib en su vejez. Y aceció que Kib reinó en su lugar. Y Kib engendró a Corihor.

4 Y cuando Corihor tenía treinta y dos años de edad, se rebeló contra su padre, y fue y habitó en la tierra de Nehor; y engendró hijos e hijas, los cuales fueron muy bellos; por tanto,

---

22a GEE Unción. | 23a 1 Sam. 8:10–18; Mos. 29:16–23.

Corihor atrajo a muchos en pos de él.

5 Y cuando hubo reunido un ejército, subió a la tierra de Morón, donde habitaba el rey, y lo tomó cautivo, con lo cual se cumplió la ªpalabra del hermano de Jared de que serían conducidos al cautiverio.

6 Y la tierra de Morón, donde moraba el rey, estaba situada cerca de la tierra que los nefitas llamaban Desolación.

7 Y sucedió que Kib vivió en el cautiverio, así como su pueblo, bajo su hijo Corihor, hasta llegar a una edad muy avanzada; no obstante, Kib engendró a Shule en su vejez, mientras todavía se hallaba cautivo.

8 Y sucedió que Shule se enojó con su hermano; y Shule se hizo fuerte, y llegó a ser potente en cuanto a la fuerza del hombre; y también fue potente en criterio.

9 Por tanto, fue a la colina de Efraín, donde fundió mineral de la colina, e hizo espadas de acero para aquellos que había llevado tras de sí; y después que los hubo armado con espadas, volvió a la ciudad de Nehor y presentó batalla contra su hermano Corihor; y por este medio conquistó el reino, y lo restituyó a su padre Kib.

10 Y por esto que Shule había hecho, su padre le confirió el reino; por tanto, empezó a reinar en lugar de su padre.

11 Y aconteció que juzgó con justicia; y extendió su reino sobre toda la faz de la tierra, porque el pueblo se había hecho sumamente numeroso.

12 Y sucedió que Shule también engendró muchos hijos e hijas.

13 Y Corihor se arrepintió de los muchos males que había cometido; por tanto, Shule le dio autoridad en su reino.

14 Y aconteció que Corihor tuvo muchos hijos e hijas; y entre los hijos de Corihor había uno que se llamaba Noé.

15 Y sucedió que Noé se rebeló en contra del rey Shule, y también contra su padre Corihor, y se atrajo a su hermano Cohor, y también a todos sus hermanos y a muchos de los del pueblo.

16 Y aconteció que presentó batalla contra el rey Shule, en la que conquistó la tierra de su primera herencia; y se hizo rey de esa parte de la tierra.

17 Y sucedió que de nuevo combatió al rey Shule; y tomó a Shule, el rey, y lo llevó cautivo a Morón.

18 Y sucedió que estando él a punto de quitarle la vida, los hijos de Shule entraron furtivamente de noche en la casa de Noé y lo mataron, y derribaron la puerta de la prisión, y sacaron a su padre, y lo colocaron sobre su trono en su propio reino.

19 Por lo que el hijo de Noé edificó su reino en su lugar; sin embargo, no obtuvieron más dominio sobre el rey Shule; y el pueblo que se hallaba bajo el gobierno del rey Shule prosperó grandemente y se hizo fuerte.

7 5a Éter 6:23.

20 Y el país quedó dividido; y hubo dos reinos: el reino de Shule, y el reino de Cohor hijo de Noé.

21 Y Cohor hijo de Noé, hizo que su pueblo fuera a la batalla contra Shule, en la que este los derrotó y mató a Cohor.

22 Y Cohor tenía un hijo llamado Nimrod; y Nimrod entregó el reino de Cohor a Shule, y halló gracia ante los ojos de Shule; por tanto, este lo colmó de favores y obró en el reino de Shule según sus deseos.

23 Y en el reinado de Shule también llegaron entre el pueblo profetas, enviados del Señor, profetizando que las iniquidades y la ªidolatría del pueblo estaban trayendo una maldición sobre la tierra, y que serían destruidos si no se arrepentían.

24 Y aconteció que el pueblo ultrajó a los profetas, y se burló de ellos. Y sucedió que el rey Shule sometió a juicio a todos los que injuriaban a los profetas.

25 Y expidió una ley por toda la tierra, la cual facultaba a los profetas para ir a donde quisieran; y a causa de esto se logró que el pueblo se arrepintiera.

26 Y por haberse arrepentido el pueblo de sus iniquidades e idolatrías, el Señor los perdonó, y empezaron otra vez a prosperar en la tierra. Y aconteció que Shule engendró hijos e hijas en su vejez.

27 Y no hubo más guerras en los días de Shule; y recordó las grandes cosas que el Señor había hecho por sus padres, trayéndolos a ªtravés del gran mar a la tierra prometida; de modo que juzgó con justicia todos sus días.

CAPÍTULO 8

Hay luchas y contiendas por el reino — Para matar al rey, Akish establece una combinación secreta regida por un juramento — Las combinaciones secretas son del diablo y causan la destrucción de las naciones — Se amonesta a los gentiles modernos en cuanto a la combinación secreta que procurará destruir la libertad de todas las tierras, naciones y países.

Y SUCEDIÓ que Shule engendró a Omer, y este reinó en su lugar. Y Omer engendró a Jared; y Jared engendró hijos e hijas.

2 Y Jared se sublevó contra su padre, y fue y habitó en la tierra de Het. Y sucedió que lisonjeó a muchos, por motivo de sus palabras astutas, hasta que hubo logrado la mitad del reino.

3 Y cuando hubo logrado la mitad del reino, le hizo la guerra a su padre, y llevó cautivo a su padre; y lo hizo servir en el cautiverio;

4 y en los días del reinado de Omer, este permaneció cautivo la mitad de sus días. Y ocurrió que engendró hijos e hijas, entre ellos a Esrom y Coriántumr;

5 y estos se enojaron en extremo por los actos de Jared, su hermano, al grado de que reunieron un ejército y le hicieron

---

23a GEE Idolatría.   27a Éter 6:4, 12.

la guerra a Jared. Y aconteció que lo combatieron de noche.

6 Y sucedió que cuando hubieron destruido al ejército de Jared, estaban a punto de matarlo a él también; y les suplicó que no lo mataran, y que él entregaría el reino a su padre. Y sucedió que le perdonaron la vida.

7 Y Jared se apesadumbró en gran manera por causa de la pérdida del reino, porque tenía puesto el corazón en el reino y en la gloria del mundo.

8 Entonces la hija de Jared, siendo hábil en extremo, y viendo la tristeza de su padre, se propuso idear un plan mediante el cual devolvería el reino a su padre.

9 Ahora bien, la hija de Jared era sumamente bella. Y sucedió que habló con su padre, y le dijo: ¿Por qué está mi padre tan triste? ¿No ha leído él los anales que nuestros padres trajeron a través del gran mar? He aquí, ¿no hay en ellos una relación concerniente a los antiguos, de cómo por medio de sus ᵃplanes secretos lograron reinos y gran gloria?

10 Ahora pues, envíe mi padre por Akish, el hijo de Kimnor; y he aquí, soy bella, y ᵃbailaré delante de él, y le agradaré, de modo que me deseará por esposa. Por tanto, si te pide que me des a él por esposa, entonces le dirás: Te la daré, si me traes la cabeza de mi padre, el rey.

11 Y Omer era amigo de Akish; por tanto, cuando Jared hubo mandado llamar a Akish, la hija de Jared bailó delante de él y le agradó, de tal modo que la deseó por esposa. Y aconteció que dijo a Jared: Dámela por esposa.

12 Y Jared le dijo: Te la daré si me traes la cabeza de mi padre, el rey.

13 Y sucedió que Akish reunió a toda su parentela en la casa de Jared, y les dijo: ¿Me juraréis que me seréis fieles en lo que exija de vosotros?

14 Y aconteció que todos le ᵃjuraron por el Dios del cielo, y también por los cielos, y también por la tierra y por su cabeza, que el que se opusiera a la ayuda que Akish deseara, perdería la cabeza; y quien divulgara cualquiera de las cosas que Akish les diera a conocer, perdería la vida.

15 Y ocurrió que así se pusieron de acuerdo con Akish. Y él les administró los ᵃjuramentos que fueron dados por los antiguos que también ambicionaban poder, juramentos que habían sido transmitidos desde ᵇCaín, que fue asesino desde el principio.

16 Y los preservó el poder del diablo para administrar estos juramentos a los del pueblo, a fin de conservarlos en la obscuridad, para ayudar a quienes ambicionaran el poder a obtenerlo y a asesinar, y robar, y mentir, y

---

8 9ᵃ Hel. 6:26–30;
　　　3 Ne. 6:28;
　　　Moisés 5:51–52.
10ᵃ Marcos 6:22–28.
14ᵃ GEE Blasfemar,
　　　blasfemia.
15ᵃ GEE Juramento.
　　ᵇ Gén. 4:7–8;
　　　Moisés 5:28–30.

cometer toda clase de iniquidades y fornicaciones.

17 Y fue la hija de Jared quien le puso en el corazón que indagara esas cosas de tiempo antiguo; y Jared lo puso en el corazón de Akish; por lo que Akish las administró a sus parientes y amigos, desviándolos por medio de lisonjeras promesas para que hicieran cuanto él deseaba.

18 Y aconteció que formaron una ᵃcombinación secreta, tal como los de tiempo antiguo, la cual combinación es lo más abominable y perverso sobre todas las cosas, a la vista de Dios;

19 porque el Señor no obra por medio de combinaciones secretas, ni quiere que los hombres viertan sangre, sino que lo ha prohibido en todas las cosas, desde el principio del hombre.

20 Y yo, Moroni, no escribo la manera de sus juramentos y combinaciones, porque se me ha hecho saber que existen entre todos los pueblos, y se hallan entre los lamanitas;

21 y han causado la ᵃdestrucción de este pueblo del cual ahora estoy hablando, y también la destrucción del pueblo de Nefi.

22 Y cualquier nación que favorezca tales combinaciones secretas para adquirir poder y riquezas, hasta que se extiendan sobre la nación, he aquí, será destruida; porque el Señor no permitirá que

la ᵃsangre de sus santos, que fuere vertida por ellos, clame siempre a él desde el suelo pidiendo ᵇvenganza, sin que él los vengue.

23 Por lo tanto, oh gentiles, está en la sabiduría de Dios que se os muestren estas cosas, a fin de que así os arrepintáis de vuestros pecados, y no permitáis que os dominen estas combinaciones asesinas, que se instituyen para adquirir ᵃpoder y riquezas, ni que os sobrevenga la obra, sí, la obra misma de destrucción; sí, aun la espada de la justicia del Dios Eterno caerá sobre vosotros para vuestra derrota y destrucción, si permitís que existan estas cosas.

24 Por consiguiente, el Señor os manda que cuando veáis surgir estas cosas entre vosotros, que despertéis a un conocimiento de vuestra terrible situación, por motivo de esta combinación secreta que existirá entre vosotros; o, ¡ay de ella, a causa de la sangre de los que han sido asesinados! Porque desde el polvo claman ser vengados de ella, y también de los que la establecieron.

25 Porque sucede que quien la establece procura destruir la ᵃlibertad de todas las tierras, naciones y países; y lleva a cabo la destrucción de todo pueblo, porque la edifica el diablo, que es el padre de todas las mentiras; sí, ese mismo embustero que ᵇsedujo a nuestros primeros

18a GEE Combinaciones secretas.
21a Hel. 6:28.
22a Morm. 8:27, 40–41.
b GEE Venganza.
23a 1 Ne. 22:22–23; Moisés 6:15.
25a GEE Libertad, libre.
b Gén. 3:1–13; 2 Ne. 9:9; Mos. 16:3; Moisés 4:5–19.

padres; sí, ese mismo mentiroso que ha provocado al hombre a asesinar desde el principio; que ha endurecido el corazón de los hombres al grado de que han asesinado a los profetas, y los han apedreado y desechado desde el principio.

26 Por lo tanto, se me manda a mí, Moroni, escribir estas cosas, para que sea destruido el mal, y llegue el tiempo en que Satanás ^ano tenga más poder en el corazón de los hijos de los hombres, sino que sean ^bpersuadidos a hacer el bien constantemente, a fin de que vengan a la fuente de toda rectitud y sean salvos.

CAPÍTULO 9

El reino pasa de uno a otro por descendencia, intrigas y asesinatos — Emer vio al Hijo de Justicia — Muchos profetas proclaman el arrepentimiento — Un hambre muy grande y serpientes venenosas afligen al pueblo.

Y AHORA yo, Moroni, prosigo mi relación. Sucedió, pues, que a causa de las ^acombinaciones secretas de Akish y sus amigos, he aquí, derrocaron el reino de Omer.

2 No obstante, el Señor tuvo misericordia de Omer, y también de sus hijos e hijas que no procuraban su destrucción.

3 Y el Señor avisó a Omer en un sueño que saliera de la tierra; de modo que se alejó de la tierra con su familia, y viajó por muchos días, y pasó a un lado del cerro ^aShim, y pasó por el sitio ^bdonde fueron destruidos los nefitas; y de allí se dirigió hacia el este, y llegó a un paraje llamado Ablom, a orillas del mar; y allí plantó su tienda, y sus hijos y sus hijas, y toda su familia también, salvo Jared y su familia.

4 Y aconteció que Jared fue ungido rey sobre el pueblo, por manos inicuas; y dio a su hija por esposa a Akish.

5 Y sucedió que Akish procuró quitarle la vida a su suegro; y se dirigió a aquellos a quienes había juramentado con el juramento de los antiguos, y le cortaron la cabeza a su suegro mientras se hallaba sentado sobre su trono dando audiencia a su pueblo.

6 Porque tan grande había sido la diseminación de esta inicua y secreta sociedad, que había corrompido el corazón de todo el pueblo; de modo que Jared fue asesinado sobre su trono, y Akish reinó en su lugar.

7 Y sucedió que Akish empezó a tener celos de su hijo; de modo que lo encerró en la prisión, y lo tuvo con poco o nada que comer, hasta que murió.

8 Y el hermano del que murió (y se llamaba Nimra) se irritó contra su padre por lo que había hecho con su hermano.

9 Y aconteció que Nimra juntó a un pequeño número de

26a 1 Ne. 22:26.
b 2 Ne. 33:4;
Moro. 7:12–17.
9 1a Éter 8:13–17.
3a Morm. 1:3; 4:23.
b Morm. 6:1–15.

hombres y huyó de la tierra, y se fue a vivir con Omer.

10 Y sucedió que Akish engendró a otros hijos, y estos se granjearon el corazón del pueblo, a pesar de que ellos le habían jurado cometer toda clase de iniquidades de conformidad con lo que él deseara.

11 Y los del pueblo de Akish codiciaban las riquezas, así como Akish ambicionaba el poder; por tanto, los hijos de Akish les ofrecieron dinero, por medio de lo cual se ganaron a la mayor parte del pueblo.

12 Y empezó a haber una guerra entre Akish y los hijos de Akish, la cual duró por el espacio de muchos años, sí, hasta la destrucción de casi toda la gente del reino, sí, todos salvo treinta almas y aquellos que huyeron con la familia de Omer.

13 Por tanto, Omer fue restituido a la tierra de su herencia.

14 Y sucedió que Omer empezó a envejecer; no obstante, en su vejez engendró a Emer; y ungió a Emer por rey para que reinara en su lugar.

15 Y después de haber ungido a Emer por rey, gozó de paz en la tierra por el espacio de dos años, y murió, habiendo visto días extremadamente numerosos, los cuales fueron llenos de angustia. Y ocurrió que Emer reinó en su lugar, y siguió los pasos de su padre.

16 Y el Señor de nuevo empezó a retirar la maldición de sobre la tierra, y la casa de Emer prosperó grandemente bajo su reinado; y en el espacio de sesenta y dos años se habían hecho fuertes en extremo, de modo que llegaron a ser sumamente ricos,

17 pues tenían toda clase de frutas y granos, y de sedas, y de lino fino, y de oro, y de plata, y de objetos preciosos;

18 y también todo género de ganado, de bueyes, y vacas, y de ovejas, y de cerdos, y de cabras, y también muchas otras clases de animales que eran útiles para el sustento del hombre.

19 Y también tenían ªcaballos y asnos, y había elefantes y curelomes y cumomes, todos los cuales eran útiles para el hombre, y más particularmente los elefantes y curelomes y cumomes.

20 Y así fue como el Señor derramó sus bendiciones sobre esta tierra, que era ªescogida sobre todas las demás tierras; y mandó que quienes poseyeran la tierra, la poseyeran para los fines del Señor, o serían ᵇdestruidos cuando hubiesen madurado en la iniquidad; porque sobre estos, dice el Señor, derramaré la plenitud de mi ira.

21 Y Emer juzgó con rectitud todos los días de su vida, y engendró muchos hijos e hijas; y engendró a Coriántum, y ungió a Coriántum para que reinara en su lugar.

22 Y después que hubo ungido a Coriántum para que reinara en su lugar, vivió cuatro años, y gozó de paz en la tierra; sí, aun

---

19a 1 Ne. 18:25. | 20a Éter 2:15. | b Éter 2:8–11.

vio al ªHijo de Justicia, y se regocijó, y se glorió en su día; y murió en paz.

23 Y acaeció que Coriántum anduvo por las sendas de su padre, y edificó muchas grandes ciudades, y administró lo que era bueno a su pueblo todos los días de su vida. Y sucedió que no tuvo hijos sino hasta una edad muy avanzada.

24 Y aconteció que murió su esposa, de ciento y dos años de edad. Y sucedió que Coriántum, en su vejez, tomó a una joven por esposa, y engendró hijos e hijas; y vivió hasta ciento cuarenta y dos años de edad.

25 Y aconteció que engendró a Com, y Com reinó en su lugar; y reinó cuarenta y nueve años, y engendró a Het; y engendró también otros hijos e hijas.

26 Y el pueblo se había extendido de nuevo sobre toda la faz de la tierra, y otra vez empezó a haber una iniquidad sumamente grande sobre la faz de la tierra; y Het comenzó a adoptar nuevamente los planes secretos de los tiempos antiguos, para destruir a su padre.

27 Y sucedió que destronó a su padre, pues lo mató con su propia espada; y reinó en su lugar.

28 Y de nuevo llegaron profetas a la tierra, proclamándoles el arrepentimiento, sí, que debían preparar el camino del Señor, o caería una maldición sobre la faz de la tierra; sí, que habría un hambre muy grande, en la que serían destruidos si no se arrepentían.

29 Pero el pueblo no creyó en las palabras de los profetas, sino que los echaron fuera; y arrojaron a algunos en fosos y los dejaron para que muriesen. Y aconteció que hicieron todas estas cosas según el mandato del rey Het.

30 Y ocurrió que empezó a haber una gran escasez en la tierra, y los habitantes empezaron a ser destruidos con suma rapidez por razón de la escasez, pues no había lluvia sobre la faz de la tierra.

31 Y también aparecieron serpientes venenosas sobre la superficie de la tierra, y envenenaron a mucha gente. Y sucedió que sus rebaños empezaron a huir de las serpientes venenosas hacia la tierra del sur, que los nefitas llamaban ªZarahemla.

32 Y aconteció que muchos de ellos perecieron en el camino; no obstante, hubo algunos que huyeron a la tierra del sur.

33 Y ocurrió que el Señor hizo que no los persiguieran más las ªserpientes, sino que obstruyeran el camino para que la gente no pudiera pasar, y para que cualquiera que intentara pasar, cayera por las serpientes venenosas.

34 Y sucedió que el pueblo siguió el rastro de los animales, y devoró los cuerpos muertos de los que caían por el camino hasta que los consumieron todos.

22a 3 Ne. 25:2.   31a Omni 1:13.   33a Núm. 21:6–9.

Ahora bien, cuando los del pueblo vieron que iban a morir, empezaron a ªarrepentirse de sus iniquidades, y a clamar al Señor.

35 Y aconteció que cuando se hubieron ªhumillado suficientemente ante el Señor, él envió la lluvia sobre la faz de la tierra; y el pueblo comenzó a revivir, y empezó a haber frutos en las tierras del norte, y en todas las tierras circunvecinas. Y les mostró el Señor su poder para librarlos del hambre.

CAPÍTULO 10

Un rey sucede a otro — Algunos de los reyes son justos; otros son inicuos — Cuando la rectitud prevalece, el Señor bendice al pueblo y lo hace prosperar.

Y sucedió que Shez, que era descendiente de Het — pues Het había perecido por motivo del hambre, como también toda su familia, menos Shez — empezó, pues, Shez a restablecer a un pueblo abatido.

2 Y aconteció que Shez recordó la destrucción de sus padres, y estableció un reino justo; porque recordó lo que el Señor había hecho al traer a Jared y a su hermano a ªtravés del mar; y anduvo por las sendas del Señor; y engendró hijos e hijas.

3 Y su hijo mayor, que se llamaba Shez, se rebeló contra él; pero Shez fue herido por mano de un ladrón, a causa de sus inmensas riquezas, lo cual de nuevo trajo la paz a su padre.

4 Y sucedió que su padre fundó muchas ciudades sobre la superficie de esa tierra, y el pueblo otra vez comenzó a esparcirse por toda la tierra. Y vivió Shez hasta una edad sumamente avanzada, y engendró a Riplákish, y murió; y Riplákish reinó en su lugar.

5 Y ocurrió que Riplákish no hizo lo que era recto a los ojos del Señor, porque tuvo muchas esposas y ªconcubinas; e impuso sobre los hombros del pueblo lo que era difícil de sobrellevar; sí, les impuso pesados tributos; y con los tributos construyó muchos suntuosos edificios.

6 Y se edificó un trono extremadamente hermoso; y construyó muchas prisiones, y a los que no querían sujetarse a los tributos, los echaba en la prisión; y a quienes no podían pagar tributos, los encerraba en la prisión; y hacía que trabajaran continuamente para su sostén; y al que se negaba a trabajar, hacía que lo mataran.

7 De modo que logró toda su obra exquisita, sí, aun su oro fino hacía que se refinara en la prisión, y hacía que allí fuese elaborada toda suerte de obras preciosas. Y sucedió que afligió al pueblo con sus fornicaciones y sus abominaciones.

8 Y cuando hubo reinado por el espacio de cuarenta y dos años, el pueblo se levantó en rebelión en contra de él; y empezó

34a Alma 34:34;   35a DyC 5:24.   5a Jacob 3:5;
    DyC 101:8.   10 2a Éter 6:1–12.   Mos. 11:2.

a haber guerra otra vez en la tierra, al grado de que mataron a Riplákish, y echaron a sus descendientes de la tierra.

9 Y sucedió que después del transcurso de muchos años, Moriantón, que era descendiente de Riplákish, reunió un ejército de desterrados, y fue e hizo la guerra al pueblo, y se apoderó de muchas ciudades; y la guerra se agravó muchísimo, y duró por el espacio de muchos años; y él logró subyugar a toda la tierra, y se estableció como rey de toda la tierra.

10 Y después de haberse establecido como rey, aligeró las cargas del pueblo, con lo cual se atrajo la simpatía del pueblo, y lo ungieron para que fuera su rey.

11 Y obró rectamente con el pueblo, mas no consigo mismo, por motivo de sus muchas fornicaciones; por consiguiente, fue desechado de la presencia del Señor.

12 Y sucedió que Moriantón edificó muchas ciudades, y durante su reinado el pueblo se hizo sumamente rico, tanto en edificios como en oro y plata, y en cosechas de granos, y en hatos y rebaños, y en aquellas cosas que les habían sido restituidas.

13 Y vivió Moriantón hasta una edad muy avanzada, y entonces engendró a Kim; y Kim reinó en lugar de su padre, y reinó ocho años, y murió su padre. Y aconteció que Kim no reinó con rectitud,

por lo que no fue favorecido por el Señor.

14 Y su hermano se levantó en rebelión en contra de él, y por este medio lo redujo al cautiverio; y permaneció cautivo todos sus días; y engendró hijos e hijas en el cautiverio; y en su vejez engendró a Leví, y murió.

15 Y ocurrió que Leví sirvió en el cautiverio durante cuarenta y dos años, tras la muerte de su padre. Y le hizo la guerra al rey de la tierra, y por este medio logró para sí el reino.

16 Y después que hubo logrado para sí el reino, hizo lo que era justo a los ojos del Señor; y el pueblo prosperó en la tierra; y él vivió hasta una edad muy avanzada, y engendró hijos e hijas; y también engendró a Corom, a quien ungió por rey en su lugar.

17 Y sucedió que Corom hizo lo que era recto a los ojos del Señor todos sus días; y engendró muchos hijos e hijas; y después de haber vivido muchos años, murió, así como el resto de los de la tierra; y Kish reinó en su lugar.

18 Y ocurrió que Kish también murió, y Lib reinó en su lugar.

19 Y aconteció que Lib también hizo lo que era recto a los ojos del Señor. Y en los días de Lib fueron destruidas las serpientes ªvenenosas; de modo que fueron a las tierras del sur con objeto de procurar alimento para la gente del país, porque la región abundaba en animales del bosque. Y

___

19a Éter 9:31.

el mismo Lib llegó a ser gran cazador.

20 Y construyeron una ciudad grande cerca de la estrecha lengua de tierra, cerca del paraje donde el mar divide la tierra.

21 Y reservaron la tierra del sur como despoblado para la caza. Y toda la faz de la tierra del norte se hallaba cubierta de habitantes.

22 Y eran sumamente industriosos; y compraban y vendían y traficaban unos con otros, a fin de sacar ganancia.

23 Y trabajaban toda clase de minerales, y elaboraban el oro, la plata, el ªhierro, el bronce y toda clase de metales; y los sacaban de la tierra; por tanto, levantaron inmensos montones de tierra para obtener minerales, de oro, y de plata, y de hierro, y de cobre; e hicieron toda clase de obras finas.

24 Y tenían sedas y lino finamente tejido; y hacían toda clase de telas para cubrir su desnudez.

25 Y fabricaban toda clase de herramientas para cultivar la tierra, tanto para arar, como para sembrar, para segar, como para azadonar, como también para trillar.

26 Y hacían toda clase de herramientas, con las cuales hacían trabajar sus animales.

27 Y elaboraban toda clase de armas de guerra. Y confeccionaban toda clase de artículos de una elaboración sumamente fina.

28 Y nunca pudo haber un pueblo más bendecido que ellos, ni que hubiera prosperado más por la mano del Señor; y se hallaban en una tierra escogida sobre todas las demás, porque el Señor lo había dicho.

29 Y sucedió que Lib vivió muchos años, y engendró hijos e hijas; y asimismo engendró a Heartom.

30 Y acaeció que Heartom reinó en lugar de su padre. Y cuando Heartom hubo reinado veinticuatro años, he aquí, le fue quitado el reino. Y sirvió muchos años en el cautiverio, sí, aun el resto de sus días.

31 Y engendró a Het; y Het vivió en el cautiverio toda su vida. Y Het engendró a Aarón, y Aarón pasó todos sus días en el cautiverio; y engendró a Amnigadda, y también Amnigadda vivió cautivo todos sus días; y engendró a Coriántum, y Coriántum moró en la cautividad todos sus días; y engendró a Com.

32 Y aconteció que Com se atrajo la mitad del reino. Y cuarenta y dos años reinó sobre la mitad del reino; y salió a la guerra contra el rey Amgid, y lucharon por el término de muchos años, durante los cuales Com venció a Amgid, y logró apoderarse del resto del reino.

33 Y en los días de Com empezó a haber ladrones en la tierra; y adoptaron los planes antiguos, y administraron ªjuramentos a la manera de los antiguos,

23a 2 Ne. 5:15.   33a GEE Combinaciones secretas; Juramento.

y procuraron otra vez destruir el reino.

34 Y Com los combatió mucho; sin embargo, no prevaleció sobre ellos.

CAPÍTULO 11

Guerras, disensiones e iniquidad predominan en la vida de los jareditas — Profetas predicen la completa destrucción de los jareditas a menos que se arrepientan — El pueblo rechaza las palabras de los profetas.

Y también en los días de Com vinieron muchos profetas, y profetizaron de la destrucción de aquel gran pueblo, a menos que se arrepintieran, se volvieran al Señor, y abandonaran sus asesinatos e iniquidades.

2 Y sucedió que el pueblo rechazó a los profetas, y huyeron a Com para que los protegiera, pues el pueblo quería destruirlos.

3 Y le profetizaron a Com muchas cosas; y fue bendecido todo el resto de sus días.

4 Y vivió hasta una edad muy avanzada, y engendró a Shiblom; y Shiblom reinó en su lugar. Y el hermano de Shiblom se rebeló en contra de él, y empezó a haber una guerra sumamente grande por toda la tierra.

5 Y sucedió que el hermano de Shiblom hizo que mataran a todos los profetas que profetizaban de la destrucción del pueblo;

6 y hubo una gran calamidad en toda la tierra, porque habían

testificado que vendría una maldición muy grande sobre esa tierra, y también sobre el pueblo; y que habría una inmensa destrucción entre ellos, como jamás había habido sobre la faz de la tierra, y sus huesos serían como ªmontones de tierra sobre la faz del país, a menos que se arrepintiesen de sus iniquidades.

7 Y no escucharon la voz del Señor por razón de sus inicuas combinaciones; por tanto, empezó a haber guerras y contiendas en toda la tierra, y también muchas hambres y pestilencias, al grado que hubo una gran destrucción como nunca se había conocido sobre la superficie de la tierra; y todo esto aconteció en los días de Shiblom.

8 Y empezó el pueblo a arrepentirse de su iniquidad; y a medida que lo hacían, el Señor tenía ªmisericordia de ellos.

9 Y sucedió que Shiblom fue asesinado, y Set fue reducido al cautiverio; y vivió cautivo todos sus días.

10 Y sucedió que Ahah, su hijo, se apoderó del reino; y reinó sobre el pueblo toda su vida. Y cometió toda clase de iniquidades en sus días, con lo cual hizo que se vertiera mucha sangre; y sus días fueron pocos.

11 Y Etem, que era descendiente de Ahah, tomó posesión del reino; y en sus días también hizo lo que era inicuo.

12 Y sucedió que en los días de Etem llegaron muchos profetas,

---

11 6*a* Omni 1:22; Éter 14:21. | 8*a* GEE Misericordia, misericordioso.

y profetizaron de nuevo al pueblo; sí, profetizaron que el Señor los destruiría completamente de sobre la faz de la tierra, a menos que se arrepintieran de sus iniquidades.

13 Y acaeció que el pueblo endureció su corazón, y no quiso ªhacer caso de sus palabras; y los profetas se lamentaron y se retiraron de entre el pueblo.

14 Y sucedió que Etem juzgó inicuamente todos sus días; y engendró a Morón. Y sucedió que Morón reinó en su lugar; y también él hizo lo malo a los ojos del Señor.

15 Y aconteció que surgió una ªrebelión entre el pueblo, a causa de aquella combinación secreta que se instituyó para adquirir poder y riquezas; y se levantó entre ellos un hombre muy diestro en la iniquidad, y le hizo la guerra a Morón, en la cual conquistó la mitad del reino; y retuvo la mitad del reino por muchos años.

16 Y ocurrió que Morón lo venció y recuperó otra vez el reino.

17 Y aconteció que se levantó otro hombre poderoso; y era descendiente del hermano de Jared.

18 Y sucedió que derrocó a Morón, y se apoderó del reino; de modo que Morón vivió en el cautiverio todo el resto de sus días; y engendró a Coriantor.

19 Y ocurrió que Coriantor vivió en el cautiverio todos sus días.

20 Y en los días de Coriantor también vinieron muchos profetas, y profetizaron cosas grandes y maravillosas; y proclamaron el arrepentimiento al pueblo, y que a menos que se arrepintieran, el Señor Dios ejecutaría ªjuicio contra ellos hasta su completa destrucción;

21 y que el Señor Dios, por su poder, enviaría o traería a ªotro pueblo a poseer la tierra, del mismo modo que había traído a sus padres.

22 Y ellos rechazaron todas las palabras de los profetas, por causa de su sociedad secreta y sus inicuas abominaciones.

23 Y acaeció que Coriantor engendró a ªÉter y murió, después de haber vivido en el cautiverio todos sus días.

CAPÍTULO 12

El profeta Éter exhorta al pueblo a creer en Dios — Moroni relata las maravillas y los milagros que se efectúan por medio de la fe — La fe permitió al hermano de Jared ver a Cristo — El Señor da debilidad a los hombres para que sean humildes — Por medio de la fe, el hermano de Jared causó que el monte de Zerín se apartara — La fe, la esperanza y la caridad son esenciales para la salvación — Moroni vio a Jesús cara a cara.

Y SUCEDIÓ que Éter vivió en los días de Coriántumr; y ªCoriántumr era rey de toda la tierra.

13a Mos. 16:2.
15a GEE Rebelión.
20a GEE Juicio, juzgar.
21a Éter 13:20–21.
23a Éter 1:6; 15:33–34.
12 1a Éter 13:13–31.

2 Y ªÉter era profeta del Señor; por tanto, Éter salió en los días de Coriántumr y empezó a profetizar al pueblo, porque no se le podía ᵇrestringir, debido al Espíritu del Señor que había en él.

3 Porque ªclamaba desde la mañana hasta la puesta del sol, exhortando a los del pueblo a creer en Dios para arrepentimiento, no fuese que quedaran ᵇdestruidos, diciéndoles que por medio de la ᶜfe todas las cosas se cumplen:

4 de modo que los que creen en Dios pueden tener la firme ªesperanza de un mundo mejor, sí, aun un lugar a la diestra de Dios; y esta esperanza viene por la fe, proporciona un ᵇancla a las almas de los hombres y los hace seguros y firmes, abundando siempre en ᶜbuenas obras, siendo impulsados a ᵈglorificar a Dios.

5 Y acaeció que Éter profetizó al pueblo cosas grandes y maravillosas, las cuales no creyeron, porque no las veían.

6 Y ahora yo, Moroni, quisiera hablar algo concerniente a estas cosas. Quisiera mostrar al mundo que la ªfe es las cosas que se ᵇesperan y ᶜno se ven; por tanto, no contendáis porque no

veis, porque no recibís ningún testimonio sino hasta después de la ªprueba de vuestra fe.

7 Porque fue por la fe que Cristo se manifestó a nuestros padres, después que él hubo resucitado de los muertos; y no se manifestó a ellos sino hasta después que tuvieron fe en él; por consiguiente, fue indispensable que algunos tuvieran fe en él, puesto que no se mostró al mundo.

8 Pero por motivo de la fe de los hombres, él se ha manifestado al mundo, y ha glorificado el nombre del Padre, y preparado un medio por el cual otros pueden ser partícipes del don celestial, para que tengan esperanza en las cosas que no han visto.

9 Por lo tanto, vosotros también podéis tener esperanza, y participar del don, si tan solo tenéis fe.

10 He aquí, fue por la fe que los de la antigüedad fueron ªllamados según el santo orden de Dios.

11 Por tanto, la ley de Moisés se dio por la fe. Mas en el don de su Hijo, Dios ha preparado un camino más ªexcelente; y es por la fe que se ha cumplido.

12 Porque si no hay ªfe entre los hijos de los hombres, Dios no puede hacer ningún ᵇmilagro

---

2a GEE Éter.
  b Jer. 20:9; Enós 1:26; Alma 43:1.
3a DyC 112:5.
  b Éter 11:12, 20–22.
  c GEE Fe.
4a GEE Esperanza.
  b Heb. 6:19.

c 1 Cor. 15:58.
d 3 Ne. 12:16.
6a Heb. 11:1.
  b Rom. 8:24–25.
  c Alma 32:21.
  d 3 Ne. 26:11; DyC 105:19; 121:7–8.
10a Alma 13:3–4.

GEE Llamado, llamado por Dios, llamamiento.
11a 1 Cor. 12:31.
12a 2 Ne. 27:23; Mos. 8:18; Moro. 7:37; DyC 35:8–11.
  b Mateo 13:58; Morm. 9:20.

entre ellos; por tanto, no se mostró sino hasta después de su fe.

13 He aquí, fue la fe de Alma y de Amulek lo que hizo que se derribara la ªprisión.

14 He aquí, fue la fe de Nefi y de Lehi lo que obró el ªcambio en los lamanitas, de modo que fueron bautizados con fuego y con el ᵇEspíritu Santo.

15 He aquí, fue la fe de ªAmmón y de sus hermanos lo que ᵇobró tan gran milagro entre los lamanitas.

16 Sí, y todos cuantos han obrado ªmilagros los han obrado por la ᵇfe, tanto aquellos que fueron antes de Cristo, como los que fueron después de él.

17 Y fue por la fe que los tres discípulos obtuvieron la promesa de que ªno gustarían la muerte; y no obtuvieron la promesa sino hasta después de tener fe.

18 Y en ningún tiempo persona alguna ha obrado milagros sino hasta después de su fe; por tanto, primero creyeron en el Hijo de Dios.

19 Y hubo muchos cuya fe era tan sumamente fuerte, aun ªantes de la venida de Cristo, que no se les pudo impedir penetrar el ᵇvelo, sino que realmente vieron con sus propios ojos las cosas que habían visto con el ojo de la fe; y se regocijaron.

20 Y he aquí, hemos visto en estos anales que uno de estos fue el hermano de Jared; porque tan grande era su fe en Dios, que cuando Dios extendió su ªdedo, no lo pudo ocultar de la vista del hermano de Jared, por motivo de la palabra que le había hablado, palabra que había logrado por medio de la fe.

21 Y después que el hermano de Jared hubo visto el dedo del Señor, debido a la ªpromesa que por la fe había obtenido el hermano de Jared, el Señor no pudo ocultarle nada de su vista; por consiguiente, le mostró todas las cosas, porque ya no se le podía mantener fuera del ᵇvelo.

22 Y es por la fe que mis padres han obtenido la ªpromesa de que estas cosas han de llegar a sus hermanos por medio de los gentiles; por tanto, el Señor me ha mandado, sí, aun Jesucristo mismo.

23 Y le dije: Señor, los gentiles se burlarán de estas cosas, debido a nuestra ªdebilidad en escribir; porque tú, Señor, nos has hecho fuertes en palabras por la fe, pero no nos has hecho ᵇfuertes para escribir; porque concediste que todos los de este pueblo declarasen mucho, por motivo del Espíritu Santo que tú les has dado;

24 y tú has hecho que no

13a Alma 14:26–29.
14a Hel. 5:50–52.
  b Hel. 5:45;
    3 Ne. 9:20.
15a Alma 17:29–39.
  b Es decir, como se relata en Alma 17–26.
16a GEE Milagros.

  b Heb. 11:7–40.
17a 3 Ne. 28:7;
    Morm. 8:10–12.
19a 2 Ne. 11:1–4;
    Jacob 4:4–5;
    Jarom 1:11;
    Alma 25:15–16.
  b Éter 3:6.

  GEE Velo.
20a Éter 3:4.
21a Éter 3:25–26.
  b Éter 3:20;
    DyC 67:10–13.
22a Enós 1:13.
23a Morm. 8:17; 9:33.
  b 2 Ne. 33:1.

podamos escribir sino poco, a causa de la torpeza de nuestras manos. He aquí, no nos has hecho fuertes en ᵃescribir, como al hermano de Jared; porque le concediste que las cosas que él escribiera fuesen tan potentes como tú lo eres, al grado de dominar al hombre al leerlas.

25 También has hecho grandes y potentes nuestras palabras, al grado de que no las podemos escribir; así que, cuando escribimos, vemos nuestra debilidad, y tropezamos por la manera de colocar nuestras palabras; y temo que los gentiles se ᵃburlen de nuestras palabras.

26 Y cuando hube dicho esto, el Señor me habló, diciendo: Los insensatos hacen ᵃburla, mas se lamentarán; y mi gracia es suficiente para los mansos, para que no saquen provecho de vuestra debilidad;

27 y si los hombres vienen a mí, les mostraré su ᵃdebilidad. ᵇDoy a los hombres debilidad para que sean humildes; y basta mi ᶜgracia a todos los hombres que se ᵈhumillan ante mí; porque si se humillan ante mí, y tienen fe en mí, entonces haré que las cosas ᵉdébiles sean fuertes para ellos.

28 He aquí, mostraré a los gentiles su debilidad, y les mostraré que la ᵃfe, la esperanza y la caridad conducen a mí, la fuente de toda rectitud.

29 Y yo, Moroni, habiendo oído estas palabras, me consolé, y dije: ¡Oh Señor, hágase tu justa voluntad!, porque sé que obras con los hijos de los hombres según su fe;

30 porque el hermano de Jared dijo al monte de Zerín: ᵃ¡Apártate!; y se apartó. Y si él no hubiera tenido fe, el monte no se habría movido; por tanto, tú obras después que los hombres tienen fe.

31 Pues así te manifestaste a tus discípulos; porque después que tuvieron ᵃfe y hablaron en tu nombre, te mostraste a ellos con gran poder.

32 Y también me acuerdo de que has dicho que tienes preparada una morada para el hombre, sí, entre las ᵃmansiones de tu Padre, en lo cual el hombre puede tener una ᵇesperanza más excelente; por tanto, el hombre debe tener esperanza, o no puede recibir una herencia en el lugar que tú has preparado.

33 Y además, recuerdo que tú has dicho que has ᵃamado al mundo, aun al grado de dar tu vida por el mundo, a fin de volverla a tomar, con objeto de

24a GEE Lenguaje (o lengua).
25a 1 Cor. 2:14.
26a Gál. 6:7.
27a Jacob 4:7.
   b Éx. 4:11; 1 Cor. 1:27.
   c GEE Gracia.
   d Lucas 18:10–14;

DyC 1:28.
   GEE Humildad, humilde, humillar (afligir).
   e Lucas 9:46–48; 2 Cor. 12:9.
28a 1 Cor. 13; Moro. 7:39–47.

30a Mateo 17:20; Jacob 4:6; Hel. 10:6, 9. GEE Poder.
31a GEE Fe.
32a Juan 14:2; Enós 1:27; DyC 72:4; 98:18.
   b GEE Esperanza.
33a Juan 3:16–17.

preparar un lugar para los hijos de los hombres.

34 Y ahora sé que este ᵃamor que has tenido por los hijos de los hombres es la caridad; por tanto, a menos que los hombres tengan caridad, no pueden heredar ese lugar que has preparado en las mansiones de tu Padre.

35 Por lo que sé, por esto que has dicho, que si los gentiles no tienen caridad, por motivo de nuestra debilidad, tú los probarás y les quitarás su ᵃtalento, sí, aun lo que hayan recibido, y lo darás a los que tengan más abundantemente.

36 Y sucedió que le imploré al Señor que diera ᵃgracia a los gentiles, para que tuvieran caridad.

37 Y aconteció que el Señor me dijo: Si no tienen caridad, es cosa que nada tiene que ver contigo; tú has sido fiel; por tanto, tus vestidos estarán ᵃlimpios. Y porque has visto tu ᵇdebilidad, serás fortalecido, aun hasta sentarte en el lugar que he preparado en las mansiones de mi Padre.

38 Y ahora yo, Moroni, me despido de los gentiles, sí, y también de mis hermanos a quienes amo, hasta que nos encontremos ante el ᵃtribunal de Cristo, donde todos

los hombres sabrán que mis ᵇvestidos no se han manchado con vuestra sangre.

39 Y entonces sabréis que he ᵃvisto a Jesús, y que él ha hablado conmigo ᵇcara a cara, y que me dijo con sencilla humildad, en mi propio idioma, así como un hombre lo dice a otro, concerniente a estas cosas.

40 Y no he escrito sino unas pocas, a causa de mi debilidad en escribir.

41 Y ahora quisiera exhortaros a ᵃbuscar a este Jesús de quien han escrito los profetas y apóstoles, a fin de que la gracia de Dios el Padre, y también del Señor Jesucristo, y del Espíritu Santo, que da ᵇtestimonio de ellos, esté y permanezca en vosotros para siempre jamás. Amén.

CAPÍTULO 13

Éter habla de una Nueva Jerusalén que edificaría en América la posteridad de José — Profetiza, lo echan fuera, escribe la historia de los jareditas y predice la destrucción de estos — La guerra se extiende por toda la tierra.

Y AHORA yo, Moroni, procedo a concluir mi relato concerniente a la destrucción del pueblo del cual he estado escribiendo.

2 Pues he aquí, rechazaron

34a Moro. 7:47.
  GEE Amor;
  Caridad.
35a Mateo 25:14–30.
  GEE Don; Talento.
36a GEE Gracia.

37a DyC 38:42; 88:74–75;
  135:4–5.
  b Éter 12:27.
38a GEE Jesucristo —
  Es juez.
  b Jacob 1:19.

39a GEE Jesucristo — Las
  apariciones de Cristo
  después de Su muerte.
  b Gén. 32:30; Éx. 33:11.
41a DyC 88:63; 101:38.
  b 3 Ne. 11:32.

todas las palabras de Éter; porque él verdaderamente les habló de todas las cosas, desde el principio del hombre; y de que después que se hubieron ªretirado las aguas de la superficie de esta tierra, llegó a ser una tierra escogida sobre todas las demás, una tierra escogida del Señor; por tanto, el Señor quiere que lo ᵇsirvan a él todos los hombres que habiten sobre la faz de ella;

3 y de que era el sitio de la ªNueva Jerusalén que ᵇdescendería del cielo, y el santo santuario del Señor.

4 He aquí, Éter vio los días de Cristo, y habló de una ªNueva Jerusalén sobre esta tierra.

5 Y habló también concerniente a la casa de Israel, y la ªJerusalén de donde ᵇLehi habría de venir — que después que fuese destruida, sería reconstruida, una ciudad santa para el Señor; por tanto, no podría ser una nueva Jerusalén, porque ya había existido en la antigüedad; pero sería reconstruida, y llegaría a ser una ᶜciudad santa del Señor; y sería edificada para la casa de Israel—

6 y que sobre esta tierra se edificaría una ªNueva Jerusalén para el resto de la posteridad de ᵇJosé, para lo cual ha habido un ᶜsímbolo.

7 Porque así como José llevó a su padre a la tierra de ªEgipto, de modo que allí murió, el Señor consiguientemente sacó a un resto de la descendencia de José de la tierra de Jerusalén, para ser misericordioso con la posteridad de José, a fin de que no ᵇpereciera, tal como fue misericordioso con el padre de José para que no pereciera.

8 De manera que el resto de los de la casa de José se establecerán sobre esta ªtierra, y será la tierra de su herencia; y levantarán una ciudad santa para el Señor, semejante a la Jerusalén antigua; y ᵇno serán confundidos más, hasta que llegue el fin, cuando la tierra deje de ser.

9 Y habrá un cielo ªnuevo, y una tierra nueva; y serán semejantes a los antiguos, salvo que los antiguos habrán dejado de ser, y todas las cosas se habrán vuelto nuevas.

10 Y entonces viene la Nueva Jerusalén; y benditos son los que moren en ella, porque son aquellos cuyos vestidos son hechos ªblancos mediante la sangre del Cordero; y son ellos los que están contados entre el resto de los de la posteridad de José, que eran de la casa de Israel.

11 Y entonces viene también la antigua Jerusalén; y benditos

13 2a Gén. 7:11–24; 8:3.
    b Éter 2:8.
  3a 3 Ne. 20:22; 21:23–24.
     GEE Nueva Jerusalén.
    b Apoc. 3:12; 21:2.
  4a GEE Sion.
  5a GEE Jerusalén.
    b 1 Ne. 1:18–20.
    c Apoc. 21:10;

      3 Ne. 20:29–36.
  6a DyC 42:9; 45:66–67;
     84:2–5;
     AdeF 1:10.
    b GEE José hijo de Jacob.
    c Alma 46:24.
     GEE Simbolismo.
  7a Gén. 46:2–7; 47:6.
    b 2 Ne. 3:5.

  8a GEE Tierra prometida.
    b Moro. 10:31.
  9a 2 Pe. 3:10–13;
     Apoc. 21:1;
     3 Ne. 26:3;
     DyC 101:23–25.
  10a Apoc. 7:14;
     1 Ne. 12:10–11;
     Alma 5:27.

son sus habitantes, porque han sido lavados en la sangre del Cordero; y son los que fueron esparcidos y ªrecogidos de las cuatro partes de la tierra y de los países del ᵇnorte, y participan del cumplimiento del convenio que Dios hizo con ᶜAbraham, su padre.

12 Y cuando sucedan estas cosas, se cumplirá la Escritura que dice: Hay quienes fueron los ªprimeros, que serán los postreros; y quienes fueron los postreros, que serán los primeros.

13 Y estaba a punto de escribir más, pero me está prohibido; pero grandes y maravillosas fueron las profecías de Éter; mas los del pueblo lo tuvieron en poco y lo echaron fuera; y él se ocultaba en el hueco de una roca durante el día, y salía de noche para ver las cosas que sobrevendrían al pueblo.

14 Y mientras vivía en el hueco de una roca, anotó el resto de esta historia, presenciando de noche las destrucciones que descendían sobre el pueblo.

15 Y sucedió que en ese mismo año en que lo echaron de entre el pueblo, empezó una guerra muy grande entre el pueblo, porque hubo muchos que se levantaron, los cuales eran hombres poderosos, e intentaron destruir a Coriántumr por medio de sus secretos planes

de iniquidad, de que ya se ha hablado.

16 Y Coriántumr, habiéndose adiestrado en todas las artes de guerra, y en toda la astucia del mundo, combatió, por tanto, a los que trataban de destruirlo.

17 Pero no se arrepintió, ni tampoco sus bellos hijos e hijas; ni los bellos hijos e hijas de Cohor; ni los bellos hijos e hijas de Corihor; y en fin, no hubo ninguno de los bellos hijos e hijas sobre la faz de toda la tierra que se arrepintiese de sus pecados.

18 Aconteció, pues, que en el primer año en que moró Éter en la cavidad de la roca, hubo mucha gente que murió por la espada de aquellas ªcombinaciones secretas, que peleaban contra Coriántumr para lograr apoderarse del reino.

19 Y sucedió que los hijos de Coriántumr combatieron mucho y se desangraron mucho.

20 Y en el segundo año, la palabra del Señor vino a Éter de que debía ir y profetizar a ªCoriántumr que si se arrepentía él, y toda su casa, el Señor le daría el reino y perdonaría la vida a los del pueblo;

21 de lo contrario, serían destruidos, así como toda su casa, con excepción de él. Y él viviría solamente para presenciar el cumplimiento de las profecías que se habían hablado concernientes a ªotro pueblo que recibiría la

11a GEE Israel — La congregación de Israel.
ᵇ DyC 133:26–35.
ᶜ GEE Abraham, convenio de (convenio

abrahámico).
12a Marcos 10:31;
1 Ne. 13:42;
Jacob 5:63;
DyC 90:9.

18a Éter 8:9–26.
20a Éter 12:1–2.
21a Omni 1:19–21;
Éter 11:21.

tierra por herencia suya; y Coriántumr sería sepultado por ellos; y toda alma sería destruida, salvo ^bCoriántumr.

22 Y sucedió que Coriántumr no se arrepintió, ni los de su casa, ni los del pueblo; y las guerras no cesaron; e intentaron matar a Éter, pero él huyó de ellos y se refugió otra vez en la cavidad de la roca.

23 Y sucedió que se levantó Shared, el cual también hizo la guerra a Coriántumr; y lo derrotó, al grado de que en el tercer año lo redujo al cautiverio.

24 Y en el cuarto año, los hijos de Coriántumr vencieron a Shared, y de nuevo entregaron el reino a su padre.

25 Y empezó a haber guerra sobre toda la superficie de la tierra, cada cual, con su banda, combatiendo por lo que deseaba.

26 Y había ladrones, y en resumen, toda clase de iniquidades sobre toda la faz de la tierra.

27 Y aconteció que Coriántumr estaba irritado en extremo contra Shared, y marchó a la batalla contra él con sus ejércitos; y con gran ira tuvieron un encuentro, y fue en el valle de Gilgal; y la batalla se agravó muchísimo.

28 Y ocurrió que Shared peleó contra él por el término de tres días. Y sucedió que Coriántumr lo derrotó y lo persiguió hasta que llegó a las llanuras de Heslón.

29 Y aconteció que Shared de nuevo le salió a la batalla en las llanuras; y he aquí, venció a Coriántumr, y lo hizo retroceder hasta el valle de Gilgal.

30 Y Coriántumr volvió a la batalla contra Shared en el valle de Gilgal, en la cual derrotó a Shared y lo mató.

31 Y Shared hirió a Coriántumr en el muslo, por lo que no salió a la batalla por el término de dos años, durante los cuales toda la gente sobre la faz de la tierra estaba derramando sangre, y no había quien la detuviera.

CAPÍTULO 14

La iniquidad del pueblo trae una maldición sobre la tierra — Coriántumr emprende la guerra contra Gilead, después contra Lib y después contra Shiz — Sangre y mortandad cubren la tierra.

Y EMPEZÓ a haber una grande ^amaldición sobre toda la tierra a causa de la iniquidad del pueblo, por lo cual, si un hombre dejaba su herramienta o espada sobre su alacena, o en el lugar donde solía guardarla, he aquí, a la mañana siguiente, no la podía encontrar, tan grande era la maldición sobre esa tierra.

2 Así que todo hombre tomó entre sus manos lo que era suyo, y ni pedía prestado ni prestaba; y todo hombre conservaba el puño de su espada en su mano derecha, en defensa de su propiedad,

su vida y la de sus esposas e hijos.

3 Y ahora bien, después del espacio de dos años, y después de la muerte de Shared, he aquí, se levantó el hermano de Shared y fue a la batalla contra Coriántumr, en la cual este lo venció y lo persiguió hasta el desierto de Akish.

4 Y acaeció que el hermano de Shared le dio batalla en el desierto de Akish; y la lucha se agravó en extremo, y muchos miles cayeron por la espada.

5 Y sucedió que Coriántumr le puso sitio en el desierto; y el hermano de Shared salió del desierto durante la noche, y mató a una parte del ejército de Coriántumr, mientras estaban borrachos.

6 Y avanzó a la tierra de Morón, y se colocó sobre el trono de Coriántumr.

7 Y sucedió que Coriántumr moró con su ejército en el desierto por el término de dos años, y durante este tiempo recibió gran fuerza para su ejército.

8 Y el hermano de Shared, que se llamaba Gilead, también recibió gran fuerza para su ejército, por causa de las combinaciones secretas.

9 Y aconteció que su sumo sacerdote lo asesinó mientras se hallaba sentado sobre el trono.

10 Y sucedió que a él lo asesinó uno de los miembros de las combinaciones secretas en un paso oculto, y obtuvo el reino para sí;

y se llamaba Lib, y era un hombre de gran estatura, mayor que la de cualquier otro hombre entre todo el pueblo.

11 Y aconteció que en el primer año de Lib, Coriántumr subió a la tierra de Morón y dio batalla a Lib.

12 Y acaeció que sostuvo una lucha con Lib, en la cual Lib le asestó un golpe en el brazo y lo dejó herido; no obstante, el ejército de Coriántumr arremetió contra Lib, por lo que este huyó hacia la frontera a orillas del mar.

13 Y ocurrió que Coriántumr lo persiguió; y Lib le hizo frente a orillas del mar.

14 Y sucedió que Lib hirió al ejército de Coriántumr, de modo que huyeron de nuevo al desierto de Akish.

15 Y sucedió que Lib lo persiguió hasta que llegó a las llanuras de Agosh. Y Coriántumr se había llevado consigo a todo el pueblo mientras huía de Lib en aquella parte de la tierra por donde huía.

16 Y cuando llegó a las llanuras de Agosh, dio batalla a Lib, y lo hirió hasta que murió; no obstante, el hermano de Lib vino contra Coriántumr en su lugar, y la batalla se agravó en extremo, por lo cual Coriántumr huyó otra vez delante del ejército del hermano de Lib.

17 Y el nombre del hermano de Lib era Shiz. Y sucedió que Shiz persiguió a Coriántumr, y destruyó muchas ciudades; y mataba

tanto a mujeres como a niños, e incendiaba las ciudades.

18 Y el temor a Shiz se esparció por toda la tierra; sí, por toda la tierra se oía el grito: ¿Quién puede resistir al ejército de Shiz? ¡He aquí, barre la tierra por donde pasa!

19 Y sucedió que los del pueblo empezaron a congregarse en ejércitos por toda la superficie de la tierra.

20 Y se dividieron; y parte de ellos huyeron al ejército de Shiz, y parte de ellos al ejército de Coriántumr.

21 Y tan grande y tan larga había sido la guerra, y tanto había durado aquel cuadro de efusión de sangre y mortandad, que toda la superficie de la tierra se hallaba cubierta de ªcadáveres.

22 Y tan rápida y acelerada era la guerra, que no quedaba nadie para sepultar a los muertos, sino que marchaban de una efusión de sangre a otra, dejando los cadáveres, tanto de hombres como de mujeres y de niños, tirados a flor de tierra, para convertirse en presa de los ªgusanos de la carne.

23 Y el hedor se extendió por la faz de la tierra, sí, por toda la superficie de la tierra; por lo que el pueblo se sintió molesto de día y de noche por causa del mal olor.

24 No obstante, Shiz no cesó de perseguir a Coriántumr; porque había jurado vengarse de Coriántumr por la sangre de su hermano que había sido muerto; y la voz

del Señor que llegó a Éter fue que Coriántumr no caería por la espada.

25 Y así vemos que el Señor los visitó con la plenitud de su ira, y su iniquidad y abominaciones habían preparado la vía para su eterna destrucción.

26 Y sucedió que Shiz persiguió a Coriántumr hacia el este, aun hasta las fronteras junto al mar, y allí combatió a Shiz por el espacio de tres días.

27 Y tan terrible fue la destrucción entre los ejércitos de Shiz, que las gentes empezaron a tener miedo, y comenzaron a huir ante los ejércitos de Coriántumr; y huyeron a la tierra de Corihor, y exterminaban a los habitantes delante de ellos, a todos los que no querían unirse a ellos.

28 Y plantaron sus tiendas en el valle de Corihor; y Coriántumr plantó las suyas en el valle de Shurr. Este valle de Shurr estaba situado cerca del cerro Comnor; por tanto, Coriántumr reunió a sus ejércitos sobre el cerro Comnor, e hizo tocar la trompeta a los ejércitos de Shiz para invitarlos al combate.

29 Y sucedió que avanzaron, pero fueron rechazados; y volvieron por segunda vez, y de nuevo fueron rechazados. Y sucedió que llegaron por tercera vez, y el combate se agravó en extremo.

30 Y aconteció que Shiz hirió a Coriántumr de modo que le ocasionó muchas heridas profundas;

21a Éter 11:6. 22a Isa. 14:9–11.

y se desmayó Coriántumr por la pérdida de sangre, y lo llevaron como si estuviese muerto.

31 Y tan grande fue la pérdida de hombres, mujeres y niños en ambos partidos, que Shiz dio órdenes a su pueblo de no perseguir a los ejércitos de Coriántumr; de modo que se volvieron a su campamento.

CAPÍTULO 15

Millones de jareditas mueren en las batallas — Shiz y Coriántumr reúnen a toda la gente para un combate mortal — El Espíritu del Señor deja de luchar con ellos — La nación jaredita es completamente destruida — Solo Coriántumr queda con vida.

Y OCURRIÓ que cuando Coriántumr se hubo recuperado de sus heridas, empezó a recordar las ᵃpalabras que Éter le había hablado.

2 Vio que ya habían sido muertos por la espada cerca de dos millones de los de su pueblo, y empezó a afligírsele el corazón; sí, habían sido muertos dos millones de hombres valientes, y también sus esposas y sus hijos.

3 Y empezó a arrepentirse del mal que había hecho; empezó a recordar las palabras que por boca de todos los profetas se habían hablado, y vio que hasta entonces se habían cumplido sin faltar un ápice; y su alma se afligió y no quiso ser consolada.

4 Y acaeció que escribió una epístola a Shiz, pidiéndole que perdonara al pueblo, y él renunciaría al reino por consideración a las vidas de los del pueblo.

5 Y aconteció que cuando Shiz hubo recibido su epístola, él escribió una epístola a Coriántumr, de que si se entregaba, a fin de que él lo matara con su propia espada, perdonaría la vida de los del pueblo.

6 Y sucedió que el pueblo no se arrepintió de su iniquidad; y la gente de Coriántumr se llenó de ira contra la gente de Shiz; y la gente de Shiz se llenó de ira contra la gente de Coriántumr; por lo que la gente de Shiz fue a la batalla contra la de Coriántumr.

7 Y cuando Coriántumr vio que estaba a punto de caer, de nuevo huyó delante de la gente de Shiz.

8 Y aconteció que llegó a las aguas de Ripliáncum, que interpretado significa grande, o que sobrepuja a todo; así que al llegar a estas aguas, plantaron sus tiendas; y Shiz también plantó sus tiendas cerca de ellos; y, por tanto, al día siguiente salieron al combate.

9 Y sucedió que se libró una batalla sumamente violenta, en la cual Coriántumr fue herido de nuevo, y se desmayó por la pérdida de sangre.

10 Y ocurrió que los ejércitos de

Coriántumr arremetieron contra los hombres de Shiz, de modo que los vencieron y los hicieron retroceder ante ellos; y huyeron hacia el sur, y plantaron sus tiendas en un lugar llamado Ogat.

11 Y aconteció que el ejército de Coriántumr plantó sus tiendas junto al cerro Rama; y era el mismo cerro en donde mi padre Mormón ªocultó los anales que eran sagrados, para los fines del Señor.

12 Y sucedió que reunieron a toda la gente que no había perecido sobre toda la faz de la tierra, con excepción de Éter.

13 Y aconteció que Éter presenció todos los hechos del pueblo; y vio que la gente que estaba por Coriántumr se juntó al ejército de Coriántumr; y que la gente que estaba por Shiz se unió al ejército de Shiz.

14 De manera que durante cuatro años estuvieron recogiendo al pueblo, a fin de juntar a todos los que se hallaban sobre la superficie de la tierra, y para recibir cuanta fuerza les fuera posible lograr.

15 Y sucedió que cuando todos se hubieron unido, cada cual al ejército que prefería, con sus esposas y sus hijos —habiendo armado a los hombres, así como a las mujeres y a los niños, con armas de guerra, con escudos, y ªpetos, y cascos, y estando vestidos para la guerra— marcharon el uno contra el otro a la batalla; y

lucharon todo ese día, y no triunfaron.

16 Y aconteció que al llegar la noche, se hallaban rendidos de cansancio y se retiraron a sus campamentos; y después que se hubieron retirado a sus campamentos, empezaron a gemir y a lamentarse por los que habían muerto entre su pueblo; y tan grandes eran sus gritos, gemidos y lamentos, que hendían el aire en sumo grado.

17 Y sucedió que a la mañana siguiente de nuevo salieron a la batalla; y grande y terrible fue aquel día; sin embargo, no triunfaron; y cuando llegó la noche, otra vez hendieron el aire con sus lamentos, sus gritos y gemidos por la pérdida de los que habían muerto de su pueblo.

18 Y sucedió que Coriántumr de nuevo escribió una epístola a Shiz, pidiendo que no volviera al combate, sino que tomara el reino y perdonara la vida de los del pueblo.

19 Y he aquí, el Espíritu del Señor había dejado de luchar con ellos, y ªSatanás se había apoderado completamente de sus corazones; porque se habían entregado a la dureza de sus corazones y a la ceguedad de sus mentes, a fin de que fuesen destruidos; por tanto, volvieron a la batalla.

20 Y ocurrió que combatieron todo ese día, y al llegar la noche durmieron sobre sus espadas.

---

21 Y a la mañana siguiente lucharon hasta que llegó la noche.

22 Y cuando llegó la noche, estaban ªebrios de ira, así como el hombre que está borracho de vino; y de nuevo durmieron sobre sus espadas.

23 Y a la mañana siguiente volvieron a luchar; y cuando llegó la noche, todos habían caído por la espada salvo cincuenta y dos de la gente de Coriántumr, y sesenta y nueve de la gente de Shiz.

24 Y sucedió que durmieron sobre sus espadas aquella noche, y a la mañana siguiente reanudaron el combate, y lucharon con todas sus fuerzas con sus espadas y sus escudos todo ese día.

25 Y cuando llegó la noche quedaban treinta y dos de la gente de Shiz, y veintisiete de la gente de Coriántumr.

26 Y sucedió que comieron y durmieron, y se prepararon para morir a la mañana siguiente. Y eran hombres grandes y fuertes en cuanto a la fuerza del hombre.

27 Y ocurrió que pelearon por el espacio de tres horas, y cayeron desmayados por la pérdida de sangre.

28 Y aconteció que, habiéndose recobrado lo suficiente para caminar, los hombres de Coriántumr estaban a punto de huir por sus vidas; pero he aquí, se levantó Shiz, y también sus hombres, y juró en su ira que mataría a Coriántumr o perecería por la espada.

29 Por tanto, los persiguió, y a la mañana siguiente los alcanzó; y pelearon otra vez con sus espadas. Y aconteció que cuando ªtodos hubieron caído por la espada, menos Coriántumr y Shiz, he aquí, Shiz se había desmayado por la pérdida de sangre.

30 Y ocurrió que después de haberse apoyado Coriántumr sobre su espada, de modo que descansó un poco, le cortó la cabeza a Shiz.

31 Y sucedió que después que le hubo cortado a Shiz la cabeza, este se alzó sobre sus manos y cayó; y después de esforzarse por alcanzar aliento, murió.

32 Y aconteció que ªCoriántumr cayó a tierra, y se quedó como si no tuviera vida.

33 Y el Señor habló a Éter y le dijo: Sal. Y salió, y vio que se habían cumplido todas las palabras del Señor; y concluyó sus ªanales (y ni la centésima parte he escrito yo); y los escondió de tal modo que el pueblo de Limhi los encontró.

34 Y las últimas palabras que ªÉter escribió son estas: Si el Señor quiere que yo sea trasladado, o que sufra la voluntad del Señor en la carne, no importa, con tal que yo me salve en el reino de Dios. Amén.

22a Moro. 9:23.
29a Éter 13:20–21.
32a Omni 1:20–22.
33a Mos. 8:9;
    Alma 37:21–31;
    Éter 1:1–5.
34a Éter 12:2.

EL LIBRO DE MORONI

CAPÍTULO 1

Moroni escribe para el beneficio de los lamanitas — Se mata a todo nefita que no niegue al Cristo. Aproximadamente 401–421 d.C.

AHORA bien, yo, ^aMoroni, después de haber acabado de compendiar los anales del pueblo de Jared, había pensado no escribir más, pero no he perecido todavía; y no me doy a conocer a los lamanitas, no sea que me destruyan.

2 Porque he aquí, sus ^aguerras entre ellos mismos son extremadamente furiosas; y por motivo de su odio, ^bmatan a todo nefita que no niegue al Cristo.

3 Y yo, Moroni, no ^anegaré al Cristo; de modo que ando errante por donde puedo, para proteger mi propia vida.

4 Por consiguiente, escribo unas pocas cosas más, contrario a lo que había supuesto; porque había pensado no escribir más; pero escribo unas cuantas cosas más, que tal vez sean de valor a mis hermanos los lamanitas en algún día futuro, según la voluntad del Señor.

CAPÍTULO 2

Jesús dio a los doce discípulos nefitas poder para conferir el don del Espíritu Santo. Aproximadamente 401–421 d.C.

LAS palabras de Cristo, las cuales habló a sus ^adiscípulos, los doce que había escogido, al imponerles las manos.

2 Y los llamó por su nombre, diciendo: Pediréis al Padre en mi nombre, con poderosa oración; y después que hayáis hecho esto, tendréis ^apoder para que a aquel a quien impongáis las ^bmanos, ^cle confiráis el Espíritu Santo; y en mi nombre lo conferiréis, porque así lo hacen mis apóstoles.

3 Y Cristo les habló estas palabras al tiempo de su primera aparición; y la multitud no las oyó, mas los discípulos sí las oyeron; y sobre todos aquellos a los que ^aimpusieron las manos, descendió el Espíritu Santo.

CAPÍTULO 3

Los élderes ordenan presbíteros y maestros mediante la imposición de manos. Aproximadamente 401–421 d.C.

---

1 1*a* GEE Moroni hijo de Mormón.
  2*a* 1 Ne. 12:20–23.
  b Alma 45:14.

3*a* Mateo 10:32–33;
      3 Ne. 29:5.
2 1*a* 3 Ne. 13:25.
  2*a* GEE Poder.

  b GEE Imposición de manos.
  c 3 Ne. 18:37.
3*a* Hech. 19:6.

Lᴀ forma en que los discípulos, que eran llamados los ᵃélderes de la iglesia, ᵇordenaban presbíteros y maestros:

2 Después de haber orado al Padre en el nombre de Cristo, les imponían las manos, y decían:

3 En el nombre de Jesucristo, te ordeno para que seas presbítero (o si fuera maestro, te ordeno para que seas maestro) para predicar el arrepentimiento y la ᵃremisión de pecados, por medio de Jesucristo, mediante la perseverancia en la fe en su nombre hasta el fin. Amén.

4 Y de este modo ᵃordenaban presbíteros y maestros, según los ᵇdones y llamamientos de Dios a los hombres; y los ordenaban por el ᶜpoder del Espíritu Santo que había en ellos.

CAPÍTULO 4

Se expone la forma en que los élde-res y los presbíteros administran el pan sacramental. Aproximadamente 401–421 d.C.

Lᴀ ᵃforma en que sus ᵇélderes y presbíteros administraban la carne y la sangre de Cristo a la iglesia; y las ᶜadministraban de acuerdo con los mandamientos de Cristo; por tanto, sabemos que la manera es correcta; y el élder o el presbítero las administraba.

2 Y se arrodillaban con la iglesia, y oraban al Padre en el nombre de Cristo, diciendo:

3 Oh Dios, Padre Eterno, en el nombre de Jesucristo, tu Hijo, te pedimos que bendigas y santifi-ques este ᵃpan para las almas de todos los que participen de él, para que lo coman en ᵇmemo-ria del cuerpo de tu Hijo, y testifiquen ante ti, oh Dios, Padre Eterno, que están dispuestos a tomar sobre sí el ᶜnombre de tu Hijo, y a recordarle siempre, y a guardar sus mandamientos que él les ha dado, para que siempre puedan tener su ᵈEspíritu con-sigo. Amén.

CAPÍTULO 5

Se expone la forma de administrar el vino sacramental. Aproximadamente 401–421 d.C.

Lᴀ ᵃmanera de administrar el vino. He aquí, tomaban la copa y decían:

2 Oh Dios, Padre Eterno, en el nombre de Jesucristo, tu Hijo, te pedimos que bendigas y santi-fiques este ᵃvino para las almas de todos los que lo beban, para que lo hagan en ᵇmemoria de la sangre de tu Hijo, que por ellos se derramó; para que testifiquen ante ti, oh Dios, Padre Eterno, que siempre se acuerdan de él,

---

3 1*a* Alma 6:1.
    GEE Élder (anciano).
  b GEE Ordenación,
    ordenar.
  3*a* GEE Remisión de
    pecados.
  4*a* DyC 18:32; 20:60.
  b GEE Don.
  c 1 Ne. 13:37;

    Moro. 6:9.
4 1*a* 3 Ne. 18:1–7.
  b GEE Élder (anciano).
  c DyC 20:76–77.
  3*a* GEE Santa Cena.
  b Lucas 22:19;
    1 Cor. 11:23–24;
    3 Ne. 18:7.
  c GEE Jesucristo — El

    tomar sobre sí el
    nombre de Jesucristo.
  d GEE Espíritu Santo.
5 1*a* 3 Ne. 18:8–11;
    DyC 20:78–79.
  2*a* DyC 27:2–4.
    GEE Santa Cena.
  b Lucas 22:19–20;
    1 Cor. 11:25.

para que puedan tener su Espíritu consigo. Amén.

CAPÍTULO 6

Las personas que se arrepienten son bautizadas y hermanadas en la Iglesia — Los miembros de la Iglesia que se arrepienten son perdonados — Las reuniones se dirigen por el poder del Espíritu Santo. Aproximadamente 401–421 d.C.

Y AHORA hablo concerniente al ᵃbautismo. He aquí, eran bautizados élderes, presbíteros y maestros; y no eran bautizados a menos que dieran frutos apropiados para manifestar que eran ᵇdignos de ello.

2 Ni tampoco recibían a nadie para el bautismo, a menos que viniese con un ᵃcorazón quebrantado y un espíritu contrito, y testificase a la iglesia que verdaderamente se había arrepentido de todos sus pecados.

3 Y a nadie recibían para el bautismo, a menos que ᵃtomara sobre sí el nombre de Cristo, teniendo la determinación de servirle hasta el fin.

4 Y después que habían sido recibidos por el bautismo, y el poder del Espíritu Santo había obrado en ellos y los había

ᵃpurificado, eran contados entre los del pueblo de la iglesia de Cristo; y se inscribían sus ᵇnombres, a fin de que se hiciese memoria de ellos y fuesen nutridos por la buena palabra de Dios, para guardarlos en la vía correcta, para conservarlos continuamente ᶜatentos a orar, ᵈconfiando solamente en los méritos de Cristo, que era el ᵉautor y perfeccionador de su fe.

5 Y la ᵃiglesia se reunía a ᵇmenudo para ᶜayunar y orar, y para hablar unos con otros concerniente al bienestar de sus almas.

6 Y se reunían con frecuencia para participar del pan y vino, en memoria del Señor Jesús.

7 Y se esforzaban estrictamente por que ᵃno hubiese iniquidad entre ellos; y a quienes hallaban que habían cometido iniquidad, y eran condenados ante los ᵇélderes por ᶜtres testigos de la iglesia, y si no se arrepentían ni ᵈconfesaban, sus nombres eran ᵉborrados, y no eran contados entre el pueblo de Cristo.

8 Mas ᵃcuantas veces se arrepentían y pedían perdón, con verdadera intención, se les ᵇperdonaba.

9 Y los de la iglesia ᵃdirigían sus reuniones de acuerdo con las

---

6 1a GEE Bautismo, bautizar.
  b GEE Dignidad, digno.
  2a GEE Corazón quebrantado.
  3a GEE Jesucristo — El tomar sobre sí el nombre de Jesucristo.
  4a GEE Pureza, puro.
  b DyC 20:82.
  c Alma 34:39;

3 Ne. 18:15–18.
  d 2 Ne. 31:19; DyC 3:20.
  e Heb. 12:2.
  5a GEE Iglesia de Jesucristo.
  b 3 Ne. 18:22; 4 Ne. 1:12; DyC 88:76.
  c GEE Ayunar, ayuno.
  7a DyC 20:54.
  b Alma 6:1.

GEE Élder (anciano).
  c DyC 42:80–81.
  GEE Testigo.
  d GEE Confesar, confesión.
  e Éx. 32:33; DyC 20:83.
  GEE Excomunión.
  8a Mos. 26:30–31.
  b GEE Perdonar.
  9a DyC 20:45; 46:2.

manifestaciones del Espíritu, y por el poder del ^{b}Espíritu Santo; porque conforme los guiaba el poder del Espíritu Santo, bien fuese predicar, o exhortar, orar, suplicar o cantar, así se hacía.

CAPÍTULO 7

Se hace la invitación a entrar en el reposo del Señor — Orad con verdadera intención — El Espíritu de Cristo habilita a los hombres para discernir el bien del mal — Satanás persuade a los hombres a negar a Cristo y hacer lo malo — Los profetas manifiestan la venida de Cristo — Por medio de la fe, se efectúan los milagros y los ángeles ministran — Los hombres deben tener la esperanza de obtener la vida eterna y deben allegarse a la caridad. Aproximadamente 401–421 d.C.

Y ahora yo, Moroni, escribo unas pocas de las palabras que mi padre Mormón habló concernientes a la ^{a}fe, a la esperanza y a la caridad; porque de esta manera habló al pueblo, mientras les enseñaba en la sinagoga que habían construido como sitio donde adorar.

2 Y ahora yo, Mormón, os hablo a vosotros, amados hermanos míos; y es por la gracia de Dios el Padre, y nuestro Señor Jesucristo, y su santa voluntad, debido al don del ^{a}llamamiento que me hizo, que se me

permite hablaros en esta ocasión.

3 Por tanto, quisiera hablaros a vosotros que sois de la iglesia, que sois los pacíficos discípulos de Cristo, y que habéis logrado la esperanza necesaria mediante la cual podéis entrar en el ^{a}reposo del Señor, desde ahora en adelante, hasta que tengáis reposo con él en el cielo.

4 Y juzgo esto de vosotros, mis hermanos, por razón de vuestra ^{a}conducta pacífica para con los hijos de los hombres.

5 Porque me acuerdo de la palabra de Dios, que dice: Por sus obras los ^{a}conoceréis; porque si sus obras son buenas, ellos también son buenos.

6 Porque he aquí, Dios ha dicho que un hombre, siendo ^{a}malo, no puede hacer lo que es bueno; porque si presenta una ofrenda, o si ^{b}ora a Dios, a menos que lo haga con verdadera intención, de nada le aprovecha.

7 Porque he aquí, no se le cuenta como obra buena.

8 Pues he aquí, si un hombre, siendo ^{a}malo, presenta una ofrenda, lo hace de ^{b}mala gana; de modo que le es contado como si hubiese retenido la ofrenda; por tanto, se le tiene por malo ante Dios.

9 E igualmente le es contado por mal a un hombre si ora y

9b GEE Espíritu Santo.
7 1a 1 Cor. 13;
    Éter 12:3–22, 27–37;
    Moro. 8:14; 10:20–23.
  2a GEE Llamado, llamado
        por Dios, llamamiento.
  3a GEE Descansar,
        descanso (reposo).
  4a 1 Juan 2:6; DyC 19:23.
  5a 3 Ne. 14:15–20.
  6a Mateo 7:15–18.
    b Alma 34:28.
      GEE Oración.
  8a Prov. 15:8.
    b DyC 64:34.

no lo hace con "verdadera intención de corazón; sí, y nada le aprovecha, porque Dios no recibe a ninguno de estos.

10 Por tanto, un hombre, siendo malo, no puede hacer lo que es bueno; ni presentará una ofrenda buena.

11 Porque he aquí, una "fuente amarga no puede dar agua buena; ni tampoco puede una fuente buena dar agua amarga; de modo que si un hombre es siervo del diablo, no puede seguir a Cristo; y si "sigue a Cristo, no puede ser siervo del diablo.

12 Por consiguiente, todo lo que es "bueno viene de Dios, y lo que es "malo viene del diablo; porque el diablo es enemigo de Dios, y lucha contra él continuamente, e invita e induce a "pecar y a hacer lo que es malo sin cesar.

13 Mas he aquí, lo que es de Dios invita e induce a hacer lo bueno continuamente; de manera que todo aquello que "invita e induce a hacer lo bueno, y a amar a Dios y a servirle, es "inspirado por Dios.

14 Tened cuidado, pues, amados hermanos míos, de que no juzguéis que lo que es "malo sea de Dios, ni que lo que es bueno y de Dios sea del diablo.

15 Pues he aquí, mis hermanos, os es concedido "juzgar, a fin de que podáis discernir el bien del mal; y la manera de juzgar es tan clara, a fin de que sepáis con un perfecto conocimiento, como la luz del día lo es de la obscuridad de la noche.

16 Pues he aquí, a todo hombre se da el "Espíritu de Cristo para que sepa "discernir el bien del mal; por tanto, os muestro la manera de juzgar; porque toda cosa que invita a hacer lo bueno, y persuade a creer en Cristo, es enviada por el poder y el don de Cristo, por lo que sabréis, con un conocimiento perfecto, que es de Dios.

17 Pero cualquier cosa que persuade a los hombres a hacer lo "malo, y a no creer en Cristo, y a negarlo, y a no servir a Dios, entonces sabréis, con un conocimiento perfecto, que es del diablo; porque de este modo obra el diablo, porque él no persuade a ningún hombre a hacer lo bueno, no, ni a uno solo; ni lo hacen sus ángeles; ni los que a él se sujetan.

18 Ahora bien, mis hermanos, en vista de que conocéis la luz por la cual podéis juzgar, la cual es la "luz de Cristo, cuidaos de juzgar equivocadamente; porque

9a Stg. 1:6–7; 5:16;
Moro. 10:4.
11a Stg. 3:11–12.
b Mateo 6:24;
2 Ne. 31:10–13;
DyC 56:2.
12a Stg. 1:17;
1 Juan 4:1–2;
Éter 4:12.
b Alma 5:39–42.
c Hel. 6:30.
GEE Pecado.
13a 2 Ne. 33:4;
Éter 8:26.
b GEE Inspiración,
inspirar.
14a Isa. 5:20;
2 Ne. 15:20.
15a GEE Discernimiento,
don de.
16a GEE Conciencia;
Luz, luz de Cristo.
b Gén. 3:5;
2 Ne. 2:5, 18, 26;
Mos. 16:3; Alma 29:5;
Hel. 14:31.
17a GEE Pecado.
18a Mos. 16:9;
DyC 50:24; 88:7–13.
GEE Luz, luz de Cristo.

con el mismo [b]juicio con que juzguéis, seréis también juzgados.

19 Por tanto, os suplico, hermanos, que busquéis diligentemente en la [a]luz de Cristo, para que podáis discernir el bien del mal; y si os aferráis a todo lo bueno, y no lo condenáis, ciertamente seréis [b]hijos de Cristo.

20 Y ahora bien, hermanos míos, ¿cómo es posible que os aferréis a todo lo bueno?

21 Ahora llegamos a esa fe de la cual dije que hablaría; y os indicaré la forma en que podéis aferraros a todo lo bueno.

22 Porque he aquí, [a]sabiendo Dios todas las cosas, dado que existe de eternidad en eternidad, he aquí, él envió [b]ángeles para ministrar a los hijos de los hombres, para manifestar concerniente a la venida de Cristo; y que en Cristo habría de venir todo lo bueno.

23 Y Dios también declaró a los profetas, por su propia boca, que Cristo vendría.

24 Y he aquí, de diversos modos manifestó cosas que eran buenas a los hijos de los hombres; y todas las cosas que son buenas vienen de Cristo; de lo contrario, los hombres se hallaban [a]caídos, y ninguna cosa buena podía llegar a ellos.

25 De modo que por la ministración de [a]ángeles, y por toda palabra que salía de la boca de Dios, empezaron los hombres a ejercitar la fe en Cristo; y así, por medio de la fe, se aferraron a todo lo bueno; y así fue hasta la venida de Cristo.

26 Y después que vino, los hombres también fueron salvos por la fe en su nombre; y por la fe llegan a ser hijos de Dios. Y tan ciertamente como Cristo vive, habló estas palabras a nuestros padres, diciendo: [a]Cuanto le pidáis al Padre en mi nombre, que sea bueno, con fe creyendo que recibiréis, he aquí os será concedido.

27 Por tanto, amados hermanos míos, ¿han cesado los [a]milagros porque Cristo ha subido a los cielos, y se ha sentado a la diestra de Dios para [b]reclamar del Padre sus derechos de misericordia que él tiene sobre los hijos de los hombres?

28 Porque él ha cumplido los fines de la ley, y reclama a todos los que tienen fe en él; y los que tienen fe en él se [a]allegarán a todo lo bueno; por tanto, él [b]aboga por la causa de los hijos de los hombres; y mora eternamente en los cielos.

29 Y porque ha hecho esto, ¿han cesado los milagros, mis queridos hermanos? He aquí, os digo que no; ni han cesado los

18b TJS Mateo 7:1–2
     (Apéndice — Biblia);
     Lucas 6:37;
     Juan 7:24.
19a DyC 84:45–46.
   b Mos. 15:10–12; 27:25.
     GEE Hijos e hijas de
     Dios.
22a GEE Trinidad.
   b Moisés 5:58.
     GEE Ángeles.
24a 2 Ne. 2:5.
25a Alma 12:28–30.
26a 3 Ne. 18:20.
     GEE Oración.
27a GEE Milagros.
   b Isa. 53:12;
     Mos. 14:12.
28a Rom. 12:9;
     DyC 98:11.
   b 1 Juan 2:1;
     2 Ne. 2:9.
     GEE Abogado.

ángeles de ministrar a los hijos de los hombres.

30 Porque he aquí, se sujetan a él para ejercer su ministerio de acuerdo con la palabra de su mandato, manifestándose a los que tienen una fe fuerte y una mente firme en toda forma de santidad.

31 Y el oficio de su ministerio es llamar a los hombres al arrepentimiento; y cumplir y llevar a efecto la obra de los convenios del Padre, los cuales él ha hecho con los hijos de los hombres; y preparar la vía entre los hijos de los hombres, declarando la palabra de Cristo a los vasos escogidos del Señor, para que den testimonio de él.

32 Y obrando de este modo, el Señor Dios prepara la senda para que el resto de los hombres tengan *fe en Cristo, a fin de que el Espíritu Santo tenga cabida en sus corazones, según su poder; y de este modo el Padre lleva a efecto los convenios que ha hecho con los hijos de los hombres.

33 Y Cristo ha dicho: *Si tenéis fe en mí, tendréis poder para hacer cualquier cosa que me sea *conveniente.

34 Y él ha dicho: *Arrepentíos, todos vosotros, extremos de la tierra, y venid a mí, y sed bautizados en mi nombre, y tened fe en mí, para que seáis salvos.

35 Y ahora bien, amados hermanos míos, si resulta que estas cosas de que os hablo son verdaderas, y en el *postrer día Dios os mostrará con *poder y gran gloria que son verdaderas, y si son verdaderas, ¿ha cesado el día de los milagros?

36 ¿O han cesado los ángeles de aparecer a los hijos de los hombres? ¿O les ha *retenido él el poder del Espíritu Santo? ¿O lo hará, mientras dure el tiempo, o exista la tierra, o haya sobre la faz de ella un hombre a quien salvar?

37 He aquí, os digo que no; porque es por la fe que se obran *milagros; y es por la fe que aparecen ángeles y ejercen su ministerio a favor de los hombres; por tanto, si han cesado estas cosas, ¡ay de los hijos de los hombres, porque es a causa de la *incredulidad, y todo es inútil!

38 Porque, según las palabras de Cristo, ningún hombre puede ser salvo a menos que tenga fe en su nombre; por tanto, si estas cosas han cesado, la fe también ha cesado; y terrible es la condición del hombre, pues se halla como si no se hubiera efectuado redención alguna.

39 Mas he aquí, mis amados hermanos, opino de vosotros cosas mejores, porque juzgo que tenéis fe en Cristo a causa de vuestra mansedumbre; porque si no tenéis fe en él, entonces no

---

32a GEE Fe.
33a Mateo 17:20.
  b DyC 88:64–65.
34a 3 Ne. 27:20;

Éter 4:18.
35a DyC 35:8.
  b 2 Ne. 33:11.
36a Moro. 10:4–5, 7, 19.

37a Mateo 13:58;
  Morm. 9:20;
  Éter 12:12–18.
  b Moro. 10:19–24.

sois ªdignos de ser contados entre el pueblo de su iglesia.

40 Y además, amados hermanos míos, quisiera hablaros concerniente a la ªesperanza. ¿Cómo podéis lograr la fe, a menos que tengáis esperanza?

41 Y, ¿qué es lo que habéis de ªesperar? He aquí, os digo que debéis tener ᵇesperanza, por medio de la expiación de Cristo y el poder de su resurrección, en que seréis levantados a ᶜvida eterna, y esto por causa de vuestra fe en él, de acuerdo con la promesa.

42 De manera que si un hombre tiene ªfe, es ᵇnecesario que tenga esperanza; porque sin fe no puede haber esperanza.

43 Y además, he aquí os digo que el hombre no puede tener fe ni esperanza, a menos que sea ªmanso y humilde de corazón.

44 Porque si no, su ªfe y su esperanza son vanas, porque nadie es aceptable a Dios sino los mansos y humildes de corazón; y si un hombre es manso y humilde de corazón, y ᵇconfiesa por el poder del Espíritu Santo que Jesús es el Cristo, es menester que tenga caridad; porque

si no tiene caridad, no es nada; por tanto, es necesario que tenga caridad.

45 Y la ªcaridad es sufrida y es benigna, y no tiene ᵇenvidia, ni se envanece, no busca lo suyo, no se irrita fácilmente, no piensa el mal, no se regocija en la iniquidad, sino se regocija en la verdad; todo lo sufre, todo lo cree, todo lo espera, todo lo soporta.

46 Por tanto, amados hermanos míos, si no tenéis caridad, no sois nada, porque la caridad nunca deja de ser. Allegaos, pues, a la caridad, que es mayor que todo, porque todas las cosas han de perecer;

47 pero la ªcaridad es el ᵇamor puro de Cristo, y permanece para siempre; y a quien la posea en el postrer día, le irá bien.

48 Por consiguiente, amados hermanos míos, ªpedid al Padre con toda la energía de vuestros corazones, que seáis llenos de este amor que él ha otorgado a todos los que son ᵇdiscípulos verdaderos de su Hijo Jesucristo; para que lleguéis a ser hijos de Dios; para que cuando él aparezca, ᶜseamos semejantes a él, porque lo veremos tal como es; para que tengamos esta

39a GEE Dignidad, digno.
40a Éter 12:4.
   GEE Esperanza.
41a DyC 138:14.
   b Tito 1:2; Jacob 4:4;
     Alma 25:16;
     Moro. 9:25.
   c GEE Vida eterna.
42a GEE Fe.
   b Moro. 10:20.

43a GEE Mansedumbre,
     manso.
44a Alma 7:24;
     Éter 12:28–34.
   b Lucas 12:8–9.
     GEE Confesar,
     confesión; Testimonio.
45a 1 Cor. 13.
   b GEE Envidia.
47a 2 Ne. 26:30.

   GEE Caridad.
   b Josué 22:5.
     GEE Amor.
48a GEE Oración.
   b GEE Jesucristo — El
     ejemplo de Jesucristo;
     Obediencia, obediente,
     obedecer.
   c 1 Juan 3:1–3;
     3 Ne. 27:27.

esperanza; para que seamos ªpurificados así como él es puro. Amén.

CAPÍTULO 8

El bautismo de los niños pequeños es una terrible iniquidad — Los niños pequeños viven en Cristo por motivo de la Expiación — La fe, el arrepentimiento, la mansedumbre y la humildad de corazón, la recepción del Espíritu Santo y la perseverancia hasta el fin conducen a la salvación. Aproximadamente 401–421 d.C.

UNA epístola de mi ªpadre Mormón, escrita a mí, Moroni; y me la escribió poco después de mi llamamiento al ministerio; y de esta manera me escribió él, diciendo:

2 Mi amado hijo Moroni, me regocijo en extremo de que tu Señor Jesucristo te haya tenido presente, y te haya llamado a su ministerio y a su santa obra.

3 Yo siempre te tengo presente en mis oraciones, rogando sin cesar a Dios el Padre, en el nombre de su Santo Hijo, Jesús, que por su infinita ªbondad y ᵇgracia te conserve mediante la perseverancia en la fe en su nombre hasta el fin.

4 Y ahora, hijo mío, te hablaré concerniente a lo que me aflige

en extremo, porque me aflige que surjan ªcontenciones entre vosotros.

5 Porque, si he sabido la verdad, ha habido disputas entre vosotros concernientes al bautismo de vuestros niños pequeños.

6 Hijo mío, quisiera que trabajaras diligentemente para extirpar de entre vosotros este craso error; porque para tal propósito he escrito esta epístola.

7 Porque inmediatamente después que hube sabido estas cosas de vosotros, pregunté al Señor concerniente al asunto. Y la ªpalabra del Señor vino a mí por el poder del Espíritu Santo, diciendo:

8 Escucha las palabras de Cristo, tu Redentor, tu Señor y tu Dios: He aquí, vine al mundo no para llamar a los justos al arrepentimiento, sino a los pecadores; los ªsanos no necesitan de médico sino los que están enfermos; por tanto, los niños ᵇpequeños son ᶜsanos, porque son incapaces de cometer ᵈpecado; por tanto, la maldición de ᵉAdán les es quitada en mí, de modo que no tiene poder sobre ellos; y la ley de la ᶠcircuncisión se ha abrogado en mí.

9 Y de esta manera me manifestó el Espíritu Santo la palabra de Dios; por tanto, amado hijo mío, sé que es una solemne

---

48*d* 3 Ne. 19:28–29.
   GEE Pureza, puro.
8 1*a* P. de Morm. 1:1.
   3*a* Mos. 4:11.
    b GEE Gracia.
   4*a* 3 Ne. 11:22, 28; 18:34.

7*a* GEE Palabra de Dios.
8*a* Marcos 2:17.
 b Marcos 10:13–16.
 c Mos. 3:16;
    DyC 74:7.
 d GEE Pecado.

e 2 Ne. 2:25–27.
   GEE Caída de Adán
   y Eva.
f Gén. 17:10–11.
   GEE Circuncisión.

burla ante Dios que bauticéis a los niños pequeños.

10 He aquí, te digo que esto enseñarás: El arrepentimiento y el bautismo a los que son ^aresponsables y capaces de cometer pecado; sí, enseña a los padres que deben arrepentirse y ser bautizados, y humillarse como sus ^bniños pequeños, y se salvarán todos ellos con sus pequeñitos.

11 Y sus ^aniños pequeños no necesitan el arrepentimiento, ni tampoco el bautismo. He aquí, el bautismo es para arrepentimiento a fin de cumplir los mandamientos para la ^bremisión de pecados.

12 Mas los ^aniños pequeños viven en Cristo, aun desde la fundación del mundo; de no ser así, Dios es un Dios parcial, y también un Dios variable que hace ^bacepción de personas; porque, ¡cuántos son los pequeñitos que han muerto sin el bautismo!

13 De modo que si los niños pequeños no pudieran salvarse sin ser bautizados, estos habrían ido a un infierno sin fin.

14 He aquí, te digo que el que supone que los niños pequeños tienen necesidad del bautismo se halla en la hiel de la amargura y en las cadenas de la iniquidad,

porque no tiene ^afe, ni esperanza, ni caridad; por tanto, si fuere talado mientras tenga tal pensamiento, tendrá que bajar al infierno.

15 Porque terrible es la iniquidad de suponer que Dios salva a un niño a causa del bautismo, mientras que otro debe perecer porque no tuvo bautismo.

16 ¡Ay de aquellos que perviertan de esta manera las vías del Señor!, porque perecerán, salvo que se arrepientan. He aquí, hablo con valentía, porque tengo ^aautoridad de Dios; y no temo lo que el hombre haga, porque el ^bamor perfecto ^cdesecha todo temor.

17 Y me siento lleno de ^acaridad, que es amor eterno; por tanto, todos los niños son iguales ante mí; por tanto, amo a los ^bniños pequeñitos con un amor perfecto; y son todos iguales y participan de la salvación.

18 Porque yo sé que Dios no es un Dios parcial, ni un ser variable; sino que es ^ainmutable de ^beternidad en eternidad.

19 Los ^aniños pequeños no pueden arrepentirse; por consiguiente, es una terrible iniquidad negarles las misericordias puras de Dios, porque todos

10a GEE Responsabilidad, responsable.
  b GEE Humildad, humilde, humillar (afligir); Niño(s).
11a GEE Bautismo, bautizar — Requisitos del bautismo; Niño(s).
  b GEE Remisión de pecados.
12a DyC 29:46–47; 93:38.
  b Efe. 6:9; 2 Ne. 26:33; DyC 38:16.
14a 1 Cor. 13; Éter 12:6; Moro. 7:25–28; 10:20–23.
16a GEE Autoridad.
  b GEE Amor.
  c 1 Juan 4:18.
17a GEE Caridad.
  b Mos. 3:16–19.
18a Alma 7:20; Morm. 9:9. GEE Trinidad.
  b Moro. 7:22.
19a Lucas 18:15–17.

viven en él por motivo de su ^bmisericordia.

20 Y el que diga que los niños pequeños necesitan el bautismo niega las misericordias de Cristo y desprecia su ^aexpiación y el poder de su redención.

21 ¡Ay de estos, porque están en peligro de muerte, ^ainfierno y un ^btormento sin fin! Lo digo osadamente; Dios me lo ha mandado. Escuchad estas palabras y obedecedlas, o testificarán contra vosotros ante el ^ctribunal de Cristo.

22 Porque he aquí, todos los niños pequeñitos ^aviven en Cristo, y también todos aquellos que están sin ^bley. Porque el poder de la ^credención surte efecto en todos aquellos que no tienen ley; por tanto, el que no ha sido condenado, o sea, el que no está bajo condenación alguna, no puede arrepentirse; y para tal el bautismo de nada sirve;

23 antes bien, es una burla ante Dios, el negar las misericordias de Cristo y el poder de su Santo Espíritu, y el poner la confianza en ^aobras muertas.

24 He aquí, hijo mío, esto no debe ser así; porque el ^aarrepenti-

miento es para aquellos que están bajo condenación y bajo la maldición de una ley violada.

25 Y las primicias del ^aarrepentimiento es el ^bbautismo; y el bautismo viene por la fe para cumplir los mandamientos; y el cumplimiento de los mandamientos trae la ^cremisión de los pecados;

26 y la remisión de los pecados trae la ^amansedumbre y la humildad de corazón; y por motivo de la mansedumbre y la humildad de corazón viene la visitación del ^bEspíritu Santo, el cual ^cConsolador llena de ^desperanza y de ^eamor perfecto, amor que perdura por la ^fdiligencia en la ^goración, hasta que venga el fin, cuando todos los ^hsantos morarán con Dios.

27 He aquí, hijo mío, te escribiré otra vez, si no salgo pronto contra los lamanitas. He aquí, el ^aorgullo de esta nación, o sea, el pueblo de los nefitas, ha sido la causa de su destrucción a menos que se arrepientan.

28 Ruega por ellos, hijo mío, a fin de que venga a ellos el arrepentimiento. Pero he aquí, temo que el Espíritu ya ha dejado de

---

19b GEE Misericordia, misericordioso.
20a GEE Expiación, expiar; Plan de redención.
21a GEE Infierno.
  b Jacob 6:10; Mos. 28:3; DyC 19:10–12.
  c GEE Jesucristo — Es juez.
22a GEE Salvación — La salvación de los niños pequeños.

  b Hech. 17:30; DyC 76:71–72.
  c GEE Redención, redimido, redimir.
23a DyC 22:2.
24a GEE Arrepentimiento, arrepentirse.
25a GEE Bautismo, bautizar — Requisitos del bautismo.
  b Moisés 6:58–60.
  c DyC 76:52. GEE Remisión de

pecados.
26a GEE Mansedumbre, manso.
  b GEE Espíritu Santo.
  c GEE Consolador.
  d GEE Esperanza.
  e 1 Pe. 1:22; 1 Ne. 11:22–25.
  f GEE Diligencia.
  g GEE Oración.
  h GEE Santo (sustantivo).
27a DyC 38:39. GEE Orgullo.

ªluchar con ellos; y en esta parte de la tierra están procurando también destruir todo poder y autoridad que viene de Dios; y están ᵇnegando al Espíritu Santo.

29 Y después de rechazar tan grande conocimiento, hijo mío, deben perecer en breve, para que se cumplan las profecías que hablaron los profetas, así como las palabras de nuestro Salvador mismo.

30 Adiós, hijo mío, hasta que te escriba, o te vuelva a ver. Amén.

La segunda epístola de Mormón a su hijo Moroni.

Comprende el capítulo 9.

CAPÍTULO 9

Tanto los nefitas como los lamanitas se han depravado y degenerado — Se torturan y se asesinan unos a otros — Mormón suplica que la gracia y la bondad de Dios acompañen a Moroni para siempre. Aproximadamente 401 d.C.

Mɪ amado hijo, te escribo otra vez para que sepas que estoy vivo todavía; pero escribo algo de aquello que es penoso.

2 Porque he aquí, he tenido una reñida batalla con los lamanitas, en la cual no vencimos; y Arqueanto ha caído por la espada, y también Luram y Emrón; sí, y hemos perdido un gran número de nuestros mejores hombres.

3 Y ahora bien, he aquí, hijo mío, temo que los lamanitas destruyan a los de este pueblo; porque no se arrepienten, y Satanás de continuo los está provocando a la ira unos contra otros.

4 He aquí, continuamente estoy afanándome con ellos; y cuando les hablo la palabra de Dios con ªseveridad, tiemblan y se enojan conmigo; y cuando no empleo la severidad, endurecen el corazón contra la palabra; por tanto, temo que el Espíritu del Señor ha cesado de ᵇluchar con ellos.

5 Porque es tan grande su ira, que me parece que no temen la muerte; y han perdido su amor, el uno para con el otro; y siempre están ªsedientos de sangre y de venganza.

6 Y ahora bien, mi querido hijo, pese a su dureza, trabajemos ªdiligentemente; porque si dejamos de ᵇobrar, incurriremos en la condenación. Porque tenemos una obra que debemos efectuar mientras estemos en este tabernáculo de barro, a fin de vencer al enemigo de toda rectitud, y dar reposo a nuestras almas en el reino de Dios.

7 Y ahora escribo un poco concerniente a los padecimientos de este pueblo, porque según las noticias que he recibido de Amorón, he aquí, los lamanitas tienen muchos prisioneros que tomaron de la torre de Sherriza;

28a Morm. 5:16.
  b Alma 39:6.
  GEE Pecado imperdonable.
9 4a 2 Ne. 1:26–27;
  DyC 121:41–43.
  b DyC 1:33.
5a Morm. 4:11–12.
6a GEE Diligencia.
  b Jacob 1:19;
  Enós 1:20.
  GEE Deber.

y había entre ellos hombres, mujeres y niños.

8 Y a los maridos y padres de estas mujeres y niños los han matado; y alimentan a las mujeres con la carne de sus esposos, y a los niños con la carne de sus padres; y no les dan sino un poco de agua.

9 Mas no obstante esta gran abominación de los lamanitas, no excede a la de nuestro pueblo en Moriántum. Pues he aquí, han tomado cautivas a muchas de las hijas de los lamanitas; y después de privarlas de lo que era más caro y precioso que todas las cosas, que es la ᵃcastidad y la ᵇvirtud,

10 después de haber hecho esto, las asesinaron de la manera más cruel, torturando sus cuerpos hasta la muerte; y después que han hecho esto, devoran sus cuerpos como bestias salvajes, a causa de la dureza de sus corazones; y lo hacen como señal de valor.

11 Oh mi amado hijo, ¿cómo puede un pueblo como este, que está sin civilización

12 (y solo han pasado unos pocos años desde que era un pueblo deleitable y civilizado),

13 oh hijo mío, cómo puede un pueblo como este, que se deleita en tanta abominación,

14 cómo podemos esperar que Dios ᵃdetenga su mano en juicio contra nosotros?

15 He aquí, mi corazón exclama: ¡Ay de este pueblo! ¡Ven en juicio, oh Dios, y oculta sus pecados, e iniquidad, y abominaciones, de ante tu faz!

16 Y además, hijo mío, hay muchas ᵃviudas y sus hijas que permanecen en Sherriza; y la parte de las provisiones que los lamanitas no se llevaron, he aquí, el ejército de Zenefi la ha tomado consigo, y a ellas las ha dejado para que anden errando por donde puedan hallar alimento; y muchas ancianas se desmayan por el camino, y mueren.

17 Y el ejército que está conmigo es débil; y los ejércitos de los lamanitas me separan de Sherriza; y cuantos se han pasado al ejército de ᵃAarón han sido víctimas de su espantosa brutalidad.

18 ¡Oh, la depravación de mi pueblo! No tienen ni orden ni misericordia. He aquí, no soy más que un hombre, y no tengo más fuerza que la de un hombre, y ya no me es posible poner en vigor mis órdenes.

19 Y ellos se han empedernido en su perversidad; y son igualmente brutales, pues no perdonan a nadie, ni a jóvenes ni a ancianos; y se deleitan en todo menos en lo que es bueno; y los padecimientos de nuestras mujeres y nuestros hijos por toda la faz de esta tierra sobrepujan a todas las cosas; sí, la lengua no lo puede expresar, ni se puede escribir.

20 Ahora bien, hijo mío, no hablo más de esta horrible escena.

9a GEE Castidad.
  b GEE Virtud.
14a Alma 10:23.
16a GEE Viuda.
17a Morm. 2:9.

He aquí, tú conoces la iniquidad de los de este pueblo; sabes que no tienen principios y han perdido toda sensibilidad; y sus iniquidades ^asobrepujan a las de los lamanitas.

21 He aquí, hijo mío, no puedo encomendarlos a Dios, no sea que él me castigue.

22 Mas he aquí, hijo mío, te encomiendo a Dios, y confío en Cristo que te salvarás; y le pido a Dios que te ^aconserve la vida para que seas testigo o del regreso de este pueblo a él, o de su entera destrucción; porque yo sé que deben perecer, a menos que se ^barrepientan y vuelvan a él.

23 Y si perecen, será como los jareditas, por motivo de la obstinación de sus corazones en ^abuscar sangre y ^bvenganza.

24 Y si es que perecen, sabemos que un gran número de nuestros hermanos se han ^apasado a los lamanitas, y que muchos otros también desertarán a ellos. Escribe, pues, algunas cosas, si eres preservado y yo muero y no te veo más; pero confío en que pueda verte pronto, porque tengo unos anales sagrados que quisiera ^bentregarte.

25 Hijo mío, sé fiel en Cristo; y que las cosas que he escrito no te aflijan, para apesadumbrarte

hasta la muerte; sino Cristo te anime, y sus ^apadecimientos y muerte, y la manifestación de su cuerpo a nuestros padres, y su misericordia y longanimidad, y la esperanza de su gloria y de la ^bvida eterna, reposen en tu ^cmente para siempre.

26 Y la gracia de Dios el Padre, cuyo trono está en las alturas de los cielos, y de nuestro Señor Jesucristo, que se sienta a la ^adiestra de su poder, hasta que todas las cosas le sean sujetas, te acompañe y quede contigo para siempre. Amén.

CAPÍTULO 10

Se recibe un testimonio del Libro de Mormón por el poder del Espíritu Santo — Los dones del Espíritu se dan a los fieles — Los dones espirituales siempre acompañan a la fe — Las palabras de Moroni hablan desde el polvo — Venid a Cristo, perfeccionaos en Él y santificad vuestras almas. Aproximadamente 421 d.C.

Y AHORA yo, Moroni, escribo algo según me parezca bien; y escribo a mis hermanos los ^alamanitas; y quiero que sepan que ya han pasado más de cuatrocientos veinte años desde que se dio la señal de la venida de Cristo.

2 Y ^asello estos anales, después

20a Hel. 6:34–35.
22a Morm. 8:3.
  b Mal. 3:7;
    Hel. 13:11;
    3 Ne. 10:6; 24:7.
23a Morm. 4:11–12.
  b Éter 15:15–31.
24a Alma 45:14.
  b Morm. 6:6.
25a GEE Expiación, expiar.
  b GEE Vida eterna.
  c GEE Mente.
26a Lucas 22:69;
    Hech. 7:55–56;
Mos. 5:9; Alma 28:12.
10 1a DyC 10:48.
  2a Morm. 8:4, 13–14.
    GEE Escrituras —
    Se profetiza la
    publicación de las
    Escrituras.

que os haya hablado unas palabras por vía de exhortación.

3 He aquí, quisiera exhortaros a que, cuando leáis estas cosas, si Dios juzga prudente que las leáis, recordéis cuán misericordioso ha sido el Señor con los hijos de los hombres, desde la creación de Adán hasta el tiempo en que recibáis estas cosas, y que lo *mediéis en vuestros *corazones.

4 Y cuando recibáis estas cosas, quisiera exhortaros a que *preguntéis a Dios el Eterno Padre, en el nombre de Cristo, si *no son verdaderas estas cosas; y si pedís con un corazón *sincero, con *verdadera intención, teniendo *fe en Cristo, él os *manifestará la *verdad de ellas por el poder del Espíritu Santo;

5 y por el poder del Espíritu Santo podréis *conocer la *verdad de todas las cosas.

6 Y cualquier cosa que es buena, es justa y verdadera; por lo tanto, nada que sea bueno niega al Cristo, antes bien, reconoce que él existe.

7 Y por el poder del Espíritu Santo podréis saber que él existe; por lo que quisiera exhortaros a que no neguéis el poder de Dios; porque él obra por poder, *de acuerdo con la fe de los hijos de los hombres, lo mismo hoy, y mañana, y para siempre.

8 Y además os exhorto, hermanos míos, a que no neguéis los *dones de Dios, porque son muchos, y vienen del mismo Dios. Y hay *diversas maneras de administrar estos dones, pero es el mismo Dios que obra todas las cosas en todo; y se dan a los hombres por las manifestaciones del Espíritu de Dios para beneficiarlos.

9 Porque he aquí, *a uno le es dado por el Espíritu de Dios *enseñar la palabra de sabiduría;

10 y a otro, enseñar la palabra de conocimiento por el mismo Espíritu;

11 y a otro, una *fe sumamente grande; y a otro, los dones de *sanar por el mismo Espíritu;

12 y además, a otro, obrar poderosos *milagros;

13 y además, a otro, profetizar concerniente a todas las cosas;

14 y además, a otro, ver ángeles y espíritus ministrantes;

15 y además, a otro, todo género de lenguas;

16 y además, a otro, la interpretación de idiomas y diversas clases de *lenguas.

17 Y todos estos dones vienen por el Espíritu de Cristo; y vienen a todo hombre, respec-

---

3a Deut. 11:18–19.
   GEE Meditar.
 b Deut. 6:6–7.
4a GEE Oración.
 b 1 Ne. 13:39; 14:30;
   Mos. 1:6;
   Éter 4:10–11; 5:3.
 c GEE Honestidad,
   honradez.

d Stg. 1:5–7; Moro. 7:9.
 e GEE Fe.
 f GEE Revelación.
 g GEE Verdad.
5a DyC 35:19.
   GEE Discernimiento,
   don de; Testimonio.
 b Juan 8:32.
7a 1 Ne. 10:17–19.

8a GEE Dones del Espíritu.
 b DyC 46:15.
9a 1 Cor. 12:8–11;
   DyC 46:8–29.
 b DyC 88:77–79, 118.
11a GEE Fe.
 b GEE Sanar, sanidades.
12a GEE Milagros.
16a GEE Lenguas, don de.

tivamente, de acuerdo con su voluntad.

18 Y quisiera exhortaros, mis amados hermanos, a que tengáis presente que [a]toda buena dádiva viene de Cristo.

19 Y quisiera exhortaros, mis amados hermanos, a que recordéis que él es el [a]mismo ayer, hoy y para siempre, y que todos estos dones de que he hablado, que son espirituales, jamás cesarán, mientras permanezca el mundo, sino por la [b]incredulidad de los hijos de los hombres.

20 Por tanto, debe haber [a]fe; y si debe haber fe, también debe haber esperanza; y si debe haber esperanza, debe haber caridad también.

21 Y a menos que tengáis [a]caridad, de ningún modo seréis salvos en el reino de Dios; ni seréis salvos en el reino de Dios si no tenéis fe; ni tampoco, si no tenéis esperanza.

22 Y si no tenéis esperanza, os hallaréis en la desesperación; y la desesperación viene por causa de la iniquidad.

23 Y Cristo verdaderamente dijo a nuestros padres: [a]Si tenéis fe, podréis hacer todas las cosas que me sean convenientes.

24 Y ahora hablo a todos los extremos de la tierra: Si llega el día en que dejen de existir entre vosotros el poder y los dones de Dios, será [a]por causa de la [b]incredulidad.

25 Y, ¡ay de los hijos de los hombres si tal fuere el caso; porque [a]no habrá entre vosotros quien haga lo bueno, no, ni uno solo! Porque si hubiere entre vosotros quien hiciere lo bueno, será por el poder y los dones de Dios.

26 Y, ¡ay de aquellos que hagan cesar estas cosas y [a]mueran, porque mueren en sus [b]pecados y no pueden ser salvos en el reino de Dios! Y lo digo de acuerdo con las palabras de Cristo, y no miento.

27 Y os exhorto a que recordéis estas cosas; pues se acerca rápidamente el día en que sabréis que no miento, porque me veréis ante el tribunal de Dios; y el Señor Dios os dirá: ¿No os declaré mis [a]palabras, que fueron escritas por este hombre, como uno que [b]clamaba de entre los muertos, sí, como uno que hablaba desde el [c]polvo?

28 Declaro estas cosas para el cumplimiento de las profecías. Y he aquí, procederán de la boca del Dios sempiterno; y su palabra [a]resonará de generación en generación.

29 Y Dios os mostrará que lo que he escrito es verdadero.

18a Stg. 1:17.
19a Heb. 13:8.
  b Moro. 7:37.
20a Éter 12:3–37.
21a 1 Cor. 13;
     Moro. 7:1, 42–48.
     GEE Caridad.
23a Moro. 7:33.

24a Moro. 7:37.
  b GEE Incredulidad.
25a TJS Sal. 14:1–7
     (Apéndice — Biblia);
     Rom. 3:10–12.
26a Ezeq. 18:26–27;
     1 Ne. 15:32–33;
     Mos. 15:26.

  b Juan 8:21.
27a 2 Ne. 33:10–11.
  b 2 Ne. 3:19–20;
     27:13; 33:13;
     Morm. 9:30.
  c Isa. 29:4.
28a 2 Ne. 29:2.

30 Y otra vez quisiera exhortaros a que ªvinieseis a Cristo, y procuraseis toda buena dádiva; y que ᵇno tocaseis el don malo, ni la cosa impura.

31 ¡Y ªdespierta y levántate del polvo, oh Jerusalén; sí, y vístete tus ropas hermosas, oh hija de ᵇSion; y ᶜfortalece tus ᵈestacas, y extiende tus linderos para siempre, a fin de que ya ᵉno seas más confundida, y se cumplan los convenios que el Padre Eterno te ha hecho, oh casa de Israel!

32 Sí, ªvenid a Cristo, y ᵇperfeccionaos en él, y absteneos de toda impiedad, y si os abstenéis de toda impiedad, y ᶜamáis a Dios con todo vuestro poder, mente y fuerza, entonces su gracia os es suficiente, para que por su ᵈgracia seáis perfectos en Cristo; y si por la gracia de Dios sois perfectos en Cristo, de ningún modo podréis negar el poder de Dios.

33 Y además, si por la gracia de Dios sois perfectos en Cristo y no negáis su poder, entonces sois ªsantificados en Cristo por la gracia de Dios, mediante el derramamiento de la ᵇsangre de Cristo, que está en el convenio del Padre para la ᶜremisión de vuestros pecados, a fin de que lleguéis a ser ᵈsantos, sin mancha.

34 Y ahora me despido de todos. Pronto iré a ªdescansar en el ᵇparaíso de Dios, hasta que mi ᶜespíritu y mi cuerpo de nuevo se ᵈreúnan, y sea llevado triunfante por el ᵉaire, para encontraros ante el ᶠagradable tribunal del gran ᵍJehová, el ʰJuez Eterno de vivos y muertos. Amén.

30a 1 Ne. 6:4;
    Morm. 9:27;
    Éter 5:5.
  b Alma 5:57.
31a Isa. 52:1–2.
  b GEE Sion.
  c Isa. 54:2.
  d GEE Estaca.
  e Éter 13:8.
32a Mateo 11:28;
    2 Ne. 26:33;

Jacob 1:7;
Omni 1:26.
  b Mateo 5:48;
    3 Ne. 12:48.
    GEE Perfecto.
  c DyC 4:2; 59:5–6.
  d 2 Ne. 25:23.
33a GEE Santificación.
  b GEE Expiación, expiar.
  c GEE Remisión de
    pecados.

  d GEE Santidad.
34a GEE Descansar,
    descanso (reposo).
  b GEE Paraíso.
  c GEE Espíritu.
  d GEE Resurrección.
  e 1 Tes. 4:17.
  f Jacob 6:13.
  g GEE Jehová.
  h GEE Jesucristo — Es
    juez.

FIN

APÉNDICE

GUÍA PARA EL ESTUDIO DE LAS ESCRITURAS

CRONOLOGÍA

CONCORDANCIA ENTRE LOS EVANGELIOS

GUÍA PARA EL ESTUDIO DE LAS ESCRITURAS

En la serie de temas que aparecen por orden alfabético en la Guía para el Estudio de las Escrituras se definen ciertas doctrinas, principios, personas y lugares que se mencionan en la Santa Biblia, el Libro de Mormón, Doctrina y Convenios y la Perla de Gran Precio. También se proporcionan referencias importantes de las Escrituras sobre dichos temas para el estudio individual. Esta Guía servirá al lector de fuente de consulta en el estudio individual y familiar de las Escrituras, así como para responder a preguntas acerca del Evangelio, estudiar determinados temas en las Escrituras, preparar discursos y lecciones, y aumentar su conocimiento y testimonio del Evangelio.

A continuación figura una muestra del texto de esta Guía con explicaciones acerca de su presentación:

Los temas están escritos en negrilla.

Se da una breve definición de cada tema.

Algunos temas tienen subtítulos, los cuales figuran en letra cursiva.

Las referencias que se dan entre paréntesis tienen relación con el pasaje citado.

Algunos temas de la lista alfabética no presentan definiciones ni referencias, pero la palabra en cursiva *Véase* indica al lector otros temas donde puede encontrar información pertinente.

Tierra. *Véase también* Creación, crear; Mundo

El planeta sobre el cual vivimos, creado por Dios por medio de Jesucristo para el uso del hombre durante su probación mortal. El destino final de la tierra es ser glorificada y exaltada (DyC 77:1–2; 130:7–9). La tierra se convertirá en la herencia eterna de los que sean dignos de heredar una gloria celestial (DyC 88:14–26), donde disfrutarán también de la presencia del Padre y del Hijo (DyC 76:62).

Se creó para el hombre: Dios dio al hombre dominio sobre la tierra, **Gén.** 1:28 (Moisés 2:28). De Jehová es la tierra, **Éx.** 9:29 (Sal. 24:1). El Señor ha dado la tierra a los hijos de los hombres, **Sal.** 115:16. Yo hice la tierra y creé sobre ella al hombre, **Isa.** 45:12.

Por el poder de su palabra el hombre apareció sobre la faz de la tierra, **Jacob** 4:9.

A los que han tomado al Santo Espíritu por guía les será dada la tierra, **DyC** 45:56–58 (DyC 103:7). Los que han obedecido el Evangelio recibirán como recompensa las cosas buenas de la tierra, **DyC** 59:3. Los pobres y los mansos de la tierra la heredarán, **DyC** 88:17 (Mateo 5:5; 3 Ne. 12:5).

Tinieblas de afuera. *Véase* Diablo; Hijos de perdición; Infierno; Muerte espiritual

Tribus perdidas. *Véase* Israel — Las diez tribus perdidas de Israel

A veces, otros temas de la guía contienen información relacionada con el tema que se está estudiando. Las palabras en cursiva *Véase también* indican los temas correlacionados.

En este párrafo, las referencias que aparecen entre paréntesis sirven al lector para comprender mejor la definición.

Antes de cada referencia de las Escrituras, aparece una breve cita del pasaje o un resumen de este.

Cuando se hace referencia a un subtítulo en los temas correlacionados después de *Véase* o *Véase también*, siempre se cita en combinación con el tema principal. Por ejemplo: *Véase* Israel — Las diez tribus perdidas de Israel.

Aarón, hermano de Moisés.
Véase también Moisés; Sacerdocio
Aarónico

En el Antiguo Testamento, hijo de
Amram y Jocabed, de la tribu de Leví
(Éx. 6:16–20); hermano mayor de Moisés (Éx. 7:7).

Jehová lo nombró para ayudar a Moisés a sacar de Egipto a los hijos de Israel
y para ser el portavoz de su hermano,
Éx. 4:10–16, 27–31; 5:1–12:51. En el monte
Sinaí, Moisés recibió instrucciones en
cuanto al nombramiento de Aarón y sus
cuatro hijos para ejercer el Sacerdocio
Aarónico, **Éx.** 28:1–4. Hizo un becerro
de oro a petición del pueblo, **Éx.** 32:1–6,
21, 24, 35. Murió en el monte de Hor a
los 123 años de edad, **Núm.** 20:22–29
(Núm. 33:38–39).

El Señor también confirmó un sacerdocio sobre Aarón y su descendencia,
DyC 84:18, 26–27, 30. Aquellos que magnifiquen su llamamiento en el sacerdocio llegan a ser los hijos de Moisés y de
Aarón, **DyC** 84:33–34.

Aarón hijo de Mosíah. *Véase también*
Mosíah hijo de Benjamín; Mosíah,
hijos de

En el Libro de Mormón, uno de los
hijos del rey Mosíah. Aarón sirvió de
misionero, y sus esfuerzos diligentes
dieron como resultado la conversión de
muchas almas a Cristo.

Fue un incrédulo que procuró destruir la Iglesia, **Mos.** 27:8–10, 34. A él
y a sus compañeros se les apareció un
ángel, **Mos.** 27:11. Se arrepintió y comenzó a predicar la palabra de Dios,
Mos. 27:32–28:8. Rehusó ser nombrado
rey y, en lugar de ello, fue a la tierra de
los lamanitas a predicar la palabra de
Dios, **Alma** 17:6–9. Ayunó y oró para
recibir guía, **Alma** 17:8–11. Enseñó al
padre del rey Lamoni, **Alma** 22:1–26. Fue
a predicar a los zoramitas, **Alma** 31:6–7.

Aarón, Sacerdocio de. *Véase*
Sacerdocio Aarónico

Abdías

Profeta de la época del Antiguo Testamento que predijo el fin de Edom.
Posiblemente haya profetizado durante
el reinado de Joram (848–844 a.C.) o durante la invasión babilónica en 586 a.C.

El libro de Abdías: Libro del Antiguo
Testamento que contiene un solo capítulo, en el cual Abdías escribió sobre la
caída de Edom y profetizó que subirían
salvadores al monte de Sion.

Abed-nego. *Véase también* Daniel

En el Antiguo Testamento, Sadrac,
Mesac y Abed-nego eran tres jóvenes
israelitas que, junto con Daniel, fueron
llevados al palacio de Nabucodonosor,
rey de Babilonia. El nombre hebreo de
Abed-nego era Azarías. Los cuatro jóvenes rehusaron contaminarse participando de la carne y el vino del rey (Dan.
1). Por orden del rey, Sadrac, Mesac y
Abed-nego fueron arrojados a un horno
de fuego ardiente, mas fueron preservados milagrosamente (Dan. 3).

Abel. *Véase también* Adán; Caín

En el Antiguo Testamento, hijo de
Adán y Eva.

Ofreció a Dios un sacrificio mejor que
el que hizo su hermano Caín, **Gén.** 4:4–5
(Heb. 11:4; Moisés 5:16–21). Fue asesinado
por Caín, **Gén.** 4:8 (Moisés 5:32).

Recibió el sacerdocio de manos de
Adán, **DyC** 84:16.

Satanás conspiró con Caín para que
este asesinara a Abel, **Moisés** 5:28–31
(Hel. 6:27).

Abinadí. *Véase también* Mártir,
martirio

Profeta nefita del Libro de Mormón.

Profetizó que, a menos que se arrepintieran, Dios castigaría a los del pueblo del inicuo rey Noé, **Mos.** 11:20–25.
Fue encarcelado por haber profetizado
la destrucción del rey Noé y su pueblo,
Mos. 12:1–17. Explicó a los sacerdotes
inicuos del rey Noé la ley de Moisés y
les enseñó acerca de Cristo, **Mos.** 12–16.

Alma creyó sus palabras y las escribió, **Mos.** 17:2–4. Padeció la muerte por fuego a manos del rey Noé, **Mos.** 17:20.

Abogado. *Véase también* Jesucristo

Jesucristo es nuestro abogado para con el Padre (Moro. 7:28) y aboga por nuestra causa ante Él.

Jesucristo es nuestro abogado para con el Padre, **1 Juan** 2:1 (DyC 110:4).

Jesús intercederá por todos los hijos de los hombres, **2 Ne.** 2:9 (Heb. 7:25). Jesús logró la victoria sobre la muerte, dándole ello poder para interceder por los hijos de los hombres, **Mos.** 15:8.

Soy vuestro intercesor ante el Padre, **DyC** 29:5. Jesucristo aboga por nuestra causa, **DyC** 45:3–5.

Abominable, abominación. *Véase también* Pecado

En las Escrituras, algo que provoca repugnancia u odio en los rectos y puros.

Los labios mentirosos son abominación a Jehová, **Prov.** 12:22.

El orgullo es una abominación ante el Señor, **Jacob** 2:13–22. Los inicuos son consignados al espectáculo de sus propias abominaciones, **Mos.** 3:25. La falta de castidad es el más abominable de todos los pecados, salvo el de asesinar y el de negar al Espíritu Santo, **Alma** 39:3–5.

La indignación del Señor está encendida en contra de las abominaciones, **DyC** 97:24.

Abominable, iglesia. *Véase* Diablo — La iglesia del diablo

Aborrecer. *Véase* Amor; Odio, aborrecimiento

Abraham. *Véase también* Abraham, convenio de (convenio abrahámico)

Hijo de Taré, nació en Ur de los caldeos (Gén. 11:26, 31; 17:5). Profeta del Señor con quien nuestro Señor hizo convenios eternos, por medio de los cuales son bendecidas todas las naciones de la tierra. El nombre original de Abraham era Abram.

Emigró a Harán, en donde murió Taré,

Gén. 11:31–32 (Abr. 2:1–5). Fue llamado por Dios para viajar hasta Canaán y recibir un convenio divino, **Gén.** 12:1–8 (Abr. 2:4, 15–17). Viajó a Egipto, **Gén.** 12:9–20 (Abr. 2:21–25). Se estableció en Hebrón, **Gén.** 13:18. Libertó a Lot, **Gén.** 14:1–16. Se reunió con Melquisedec, **Gén.** 14:18–20. Agar dio a luz un hijo (Ismael) a Abraham, **Gén.** 16:15–16. Se le cambió el nombre de Abram a Abraham, **Gén.** 17:5. El Señor reveló a Abraham y a Sara que tendrían un hijo, **Gén.** 17:15–22; 18:1–14. Sara dio a luz a su hijo Isaac, **Gén.** 21:2–3. Se le mandó sacrificar a Isaac, **Gén.** 22:1–18. Muerte y sepultura de Sara, **Gén.** 23:1–2, 19. Muerte y sepultura de Abraham, **Gén.** 25:8–10.

La obediencia de Abraham al ofrecer a Isaac fue una semejanza de Dios y de su Hijo Unigénito, **Jacob** 4:5. Pagó diezmos a Melquisedec, **Alma** 13:15. Previó la venida de Cristo y testificó de ella, **Hel.** 8:16–17.

Recibió el sacerdocio de manos de Melquisedec, **DyC** 84:14. Los fieles llegan a ser la descendencia de Abraham, **DyC** 84:33–34 (Gál. 3:27–29). Recibió todas las cosas por revelación y ha entrado en su exaltación, **DyC** 132:29.

Buscó las bendiciones de los patriarcas y el nombramiento en el sacerdocio, **Abr.** 1:1–4. Lo persiguieron los sacerdotes falsos de Caldea, **Abr.** 1:5–15. Fue librado por el Señor, **Abr.** 1:16–20. Aprendió acerca del sol, la luna y las estrellas, **Abr.** 3:1–14. Aprendió acerca de la vida preterrenal y de la Creación, **Abr.** 3:22–28.

El libro de Abraham: Provino de registros antiguos escritos por Abraham, los cuales llegaron a manos de la Iglesia en 1835. Antonio Lebolo descubrió los registros y algunas momias en unas catacumbas egipcias, y al morir se los dejó a Michael Chandler, quien los exhibió en los Estados Unidos en 1835. Unos amigos de José Smith los compraron a Chandler y los entregaron al Profeta, que tradujo los escritos. Algunos de esos registros se encuentran actualmente en la Perla de Gran Precio.

En el capítulo 1 se relatan las experiencias de Abraham en Ur de los caldeos, en donde los sacerdotes inicuos trataron de ofrecerlo como sacrificio. En el capítulo 2, Abraham relata su viaje a Canaán. El Señor se le apareció e hizo convenios con él. En el capítulo 3, Abraham relata que vio el universo y percibió la relación que existe entre los cuerpos celestes. Los capítulos 4 y 5 contienen otro relato de la Creación.

La descendencia de Abraham: Son las personas que, por su obediencia a las leyes y las ordenanzas del evangelio de Jesucristo, reciben las promesas y los convenios que Dios hizo con Abraham. Hombres y mujeres pueden recibir estas bendiciones si son del linaje de Abraham o si son adoptados en su familia al aceptar el Evangelio y ser bautizados (Gál. 3:26–29; 4:1–7; DyC 84:33–34; 103:17; 132:30–32; Abr. 2:9–11). Los descendientes literales de Abraham pueden perder sus bendiciones por la desobediencia (Rom. 4:13; 9:6–8).

Abraham, convenio de (convenio abrahámico). *Véase también* Abraham; Circuncisión; Convenio

Abraham recibió el Evangelio y fue ordenado al sacerdocio mayor (DyC 84:14; Abr. 2:11), y entró en el convenio del matrimonio celestial, el cual es el convenio de la exaltación (DyC 131:1–4; 132:19, 29). Abraham recibió la promesa de que todas las bendiciones de estos convenios se ofrecerían a su posteridad terrenal (DyC 132:29–31; Abr. 2:6–11). A esos convenios y promesas, en conjunto, se les da el nombre de convenio de Abraham. La restauración de ese convenio se efectuó con la restauración del Evangelio en los últimos días, ya que por medio de él son bendecidas todas las naciones de la tierra (Gál. 3:8–9, 29; DyC 110:12; 124:58; Abr. 2:10–11).

Abram. *Véase* Abraham

Acab. *Véase también* Jezabel

En el Antiguo Testamento, uno de los reyes más inicuos y más poderosos de Israel, el reino del norte. Se casó con Jezabel, princesa de Sidón, mediante cuya influencia se estableció en Israel la adoración a Baal y a Astoret (1 Rey. 11:33; 1 Rey. 16:29–33; 2 Rey. 3:2), y procuró exterminar a los profetas y acabar con la adoración a Jehová (1 Rey. 18:13).

Reinó sobre Israel en Samaria veintidós años, **1 Rey.** 16:29 (1 Rey. 16–22). Hizo lo malo ante los ojos de Jehová, más que todos los que reinaron antes de él, **1 Rey.** 16:30. Murió en una batalla, **1 Rey.** 22:29–40.

Acción de gracias, agradecido, agradecimiento. *Véase también* Adorar; Alabanza, alabar; Bendecido, bendecir, bendición

Gratitud por las bendiciones que se reciben de Dios. A Dios le agrada la expresión de gratitud, y la verdadera adoración supone el darle gracias. Debemos dar gracias al Señor por todas las cosas.

Es bueno dar gracias al Señor, **Sal.** 92:1. Entrad por sus puertas con acción de gracias, **Sal.** 100.

No ceséis de dar gracias, **Efe.** 1:15–16. Sed agradecidos, **Col.** 3:15. La bendición y la gloria y la acción de gracias y la honra sean a nuestro Dios, **Apoc.** 7:12.

¡Oh, cómo debíais dar gracias a vuestro Rey Celestial!, **Mos.** 2:19–21. Vivid cada día en acción de gracias, **Alma** 34:38. Cuando te levantes por la mañana, rebose tu corazón de gratitud a Dios, **Alma** 37:37.

Haced todas las cosas con oración y acción de gracias, **DyC** 46:7. Habéis de dar gracias a Dios, **DyC** 46:32. Haced estas cosas con acción de gracias, **DyC** 59:15–21. Recibid esta bendición de mano del Señor con un corazón agradecido, **DyC** 62:7. El que reciba todas las cosas con gratitud será glorificado, **DyC** 78:19. En todas las cosas dad gracias, **DyC** 98:1 (1 Tes. 5:18). Alaba al Señor con oración de alabanza y acción de gracias, **DyC** 136:28.

Aceite. *Véase también* Bendición de los enfermos; Olivo; Unción

Cuando en las Escrituras se hace mención del aceite, usualmente se refiere al aceite de oliva. Desde los tiempos del Antiguo Testamento, se ha usado el aceite de oliva para los ritos del templo y del tabernáculo, así como para las unciones, en las lámparas y como alimento. En algunas ocasiones aparece también como símbolo de pureza y del Espíritu Santo y su influencia (1 Sam. 10:1, 6; 16:13; Isa. 61:1–3).

El sacerdote pondrá del aceite sobre el lóbulo de la oreja derecha, **Lev.** 14:28–29. Jehová me envió a que te ungiese por rey sobre su pueblo, **1 Sam.** 15:1. El aceite de la vasija de la viuda no menguó, **1 Rey.** 17:10–16. Unges mi cabeza con aceite, **Sal.** 23:5.

Ungían con aceite a muchos enfermos, **Mar.** 6:13. Oren por el enfermo los ancianos, ungiéndole con aceite, **Stg.** 5:13–15.

Llevad aderezadas y encendidas vuestras lámparas, y una provisión de aceite, **DyC** 33:17 (Mateo 25:1–13).

Aconsejar

En las Escrituras se utiliza este vocablo también en el sentido de instruir.

Yo te aconsejaré, **Éx.** 18:19.

Yo te aconsejo que de mí compres oro refinado en fuego, **Apoc.** 3:18.

No procuréis aconsejar al Señor, **Jacob** 4:10. El Señor aconseja en sabiduría, **Alma** 29:8. Porque él dirige con sabiduría todas sus obras, **Alma** 37:12.

Vuestros pecados han ascendido hasta mí porque procuráis aconsejaros de acuerdo con vuestras propias maneras, **DyC** 56:14.

Adán. *Véase también* Adán-ondi-Ahmán; Arcángel; Caída de Adán y Eva; Edén; Eva; Miguel

El primer hombre creado sobre la tierra.

Adán es el padre y patriarca de la raza humana en la tierra. Su transgresión en el Jardín de Edén (Gén. 3; DyC 29:40–42; Moisés 4) hizo que cayera y se volviera mortal, un paso necesario para que la humanidad progresara sobre esta tierra (2 Ne. 2:14–29; Alma 12:21–26). Por consiguiente, se debe honrar a Adán y a Eva por la función que desempeñaron, lo cual hizo posible nuestro progreso eterno. Adán es el Anciano de Días del que habló Daniel y también se le conoce como Miguel (Dan. 7; DyC 27:11; 107:53–54; 116; 138:38). Él es el arcángel (DyC 107:54) que vendrá nuevamente a la tierra como el patriarca de la familia humana (DyC 116).

Dios creó al hombre a su propia imagen, **Gén.** 1:26–28 (Moisés 2:26–28; Abr. 4:26–28). Dios dio al hombre dominio sobre todas las cosas y le mandó multiplicarse y llenar la tierra, **Gén.** 1:28–31 (Moisés 2:28–31; Abr. 4:28–31). Dios puso a Adán y a Eva en el Jardín de Edén y les prohibió comer del árbol de la ciencia del bien y del mal, **Gén.** 2:7–9, 15–17 (Moisés 3:7–9, 15–17; Abr. 5:7–13). Adán puso nombre a toda criatura viviente, **Gén.** 2:19–20 (Moisés 3:19–20; Abr. 5:20–21). Adán y Eva fueron casados por Dios, **Gén.** 2:18–25 (Moisés 3:18–25; Abr. 5:14–21). Adán y Eva fueron tentados por Satanás, comieron del fruto prohibido y fueron expulsados del Jardín de Edén, **Gén.** 3 (Moisés 4). Adán murió a los 930 años de edad, **Gén.** 5:5 (Moisés 6:12).

Fue el primer hombre, **DyC** 84:16. Antes de morir, llamó a los de su posteridad que eran justos, los congregó en Adán-ondi-Ahmán y los bendijo, **DyC** 107:53–57.

Ofreció sacrificios, **Moisés** 5:4–8. Fue bautizado, recibió el Espíritu Santo y fue ordenado al sacerdocio, **Moisés** 6:51–68.

Adán-ondi-Ahmán. *Véase también* Adán

El lugar donde Adán, tres años antes

de morir, bendijo a los de su posteridad que eran justos (DyC 107:53–56) y adonde vendrá antes de la Segunda Venida (DyC 116).

Adopción. *Véase también* Abraham — La descendencia de Abraham; Hijos de Cristo; Hijos e hijas de Dios; Israel

En las Escrituras se mencionan dos tipos de adopción:

(1) La persona que no es de linaje israelita llega a ser miembro de la familia de Abraham y de la casa de Israel por medio de la fe en Jesucristo, del arrepentimiento, del bautismo por inmersión y de la recepción del Espíritu Santo (2 Ne. 31:17–18; DyC 84:73–74; Abr. 2:6, 10–11).

(2) Todos los que hayan recibido las ordenanzas salvadoras del Evangelio llegan a ser hijos e hijas de Jesucristo mediante la continua obediencia a Sus mandamientos (Rom. 8:15–17; Gál. 3:24–29; 4:5–7; Mos. 5:7–8).

Adorar. *Véase también* Trinidad

Es amar y reverenciar a Dios y rendirle servicio y devoción (DyC 20:19). La adoración comprende la oración, el ayuno, el servicio en la Iglesia, la participación en las ordenanzas del Evangelio y las demás prácticas que pongan de manifiesto devoción y amor a Dios.

No tendrás dioses ajenos delante de mí, **Éx.** 20:3 (Éx. 32:1–8, 19–35; Sal. 81:9). Adorad al Padre en espíritu y en verdad, **Juan** 4:23. Adorad a aquel que hizo el cielo y la tierra, **Apoc.** 14:7 (DyC 133:38–39). Debéis adorarlo con todo vuestro poder, mente y fuerza, **2 Ne.** 25:29. Creyeron en Cristo y adoraron al Padre en su nombre, **Jacob** 4:5. Zenós enseñó que el hombre debe orar y adorar en todo lugar, **Alma** 33:3–11. Adorad a Dios, en cualquier lugar en que estuviereis, en espíritu y en verdad, **Alma** 34:38. Los del pueblo cayeron a los pies de Jesús, y lo adoraron, **3 Ne.** 11:17. Todos los hombres deben arrepentirse y creer en el nombre de Jesucristo,

y adorar al Padre en su nombre, **DyC** 20:29. Os digo estas palabras para que podáis comprender y saber cómo adorar, y sepáis qué adoráis, **DyC** 93:19. Solamente a este único Dios adoraré, **Moisés** 1:12–20. Nosotros reclamamos el derecho de adorar a Dios Todopoderoso, **AdeF** 1:11.

Adulterio. *Véase también* Castidad; Fornicación; Homosexual, comportamiento; Inmoralidad sexual; Sensual, sensualidad

La relación sexual ilícita entre el hombre y la mujer. Aunque generalmente se refiere a la relación sexual entre una persona casada y otra que no es su cónyuge, en las Escrituras también puede referirse a los que no tienen cónyuge.

En algunas ocasiones se emplea el adulterio como símbolo para ilustrar la apostasía de una nación o de todo un pueblo que se aparta de las vías del Señor (Núm. 25:1–3; Jer. 3:6–10; Ezeq. 16:15–59; Oseas 4).

José no quiso cometer este gran mal, y pecar contra Dios, **Gén.** 39:7–12. No cometerás adulterio, **Éx.** 20:14. Cualquiera que mira a una mujer para codiciarla, ya adulteró con ella en su corazón, **Mateo** 5:28. Ni los fornicarios ni los adúlteros heredarán el reino de Dios, **1 Cor.** 6:9–10. A los fornicarios y a los adúlteros los juzgará Dios, **Heb.** 13:4. El adulterio es el más abominable de todos los pecados, salvo el de derramar sangre inocente o el de negar al Espíritu Santo, **Alma** 39:3–5. El que cometa adulterio y no se arrepienta, será expulsado, **DyC** 42:23–26. Si alguien comete adulterio en su corazón, no tendrá el Espíritu, **DyC** 63:14–16.

Adversario. *Véase* Diablo

Adversidad. *Véase también* Castigar, castigo; Persecución, perseguir; Perseverar; Tentación, tentar

Por medio de la adversidad, las tribulaciones, los problemas y la angustia, el hombre tendrá muchas experiencias que le conducirán al desarrollo espiritual y al progreso eterno si se vuelve al Señor.

Vuestro Dios, que os guarda de todas vuestras aflicciones y angustias, **1 Sam.** 10:19. Clamaron a Jehová en su angustia, **Sal.** 107:6, 13, 19, 28. Aunque el Señor nos dé pan de congoja, no nos serán quitados nuestros maestros, **Isa.** 30:20–21.

Es preciso que haya una oposición en todas las cosas, **2 Ne.** 2:11.

Si nunca tuviesen lo amargo, no podrían conocer lo dulce, **DyC** 29:39. Tu adversidad no será más que por un breve momento, **DyC** 121:7–8. Todas estas cosas te servirán de experiencia, y serán para tu bien, **DyC** 122:5–8.

Prueban lo amargo para saber apreciar lo bueno, **Moisés** 6:55.

Agar. *Véase también* Abraham; Ismael hijo de Abraham

En el Antiguo Testamento, sierva egipcia de Sara. Fue esposa de Abraham y la madre de Ismael (Gén. 16; 25:12; DyC 132:34, 65). El Señor le prometió que la descendencia de su hijo se convertiría en una gran nación (Gén. 21:9–21).

Agripa. *Véase también* Pablo

Herodes Agripa II, en el Nuevo Testamento, hijo de Herodes Agripa I y hermano de Berenice y Drusila. Fue rey de Calcis, región del monte Líbano. Escuchó al apóstol Pablo y dijo que este casi le había persuadido a ser cristiano (Hech. 25–26; JS—H 1:24).

Agua(s) viva(s). *Véase también* Jesucristo

Símbolo del Señor Jesucristo y de Sus enseñanzas. Así como el agua es esencial para sostener la vida terrenal, el Salvador y Sus enseñanzas (aguas vivas) son esenciales para la vida eterna.

Sacaréis con gozo aguas de las fuentes de la salvación, **Isa.** 12:3. Me dejaron a mí, fuente de agua viva, **Jer.** 2:13.

El que bebiere del agua que yo le daré, no tendrá sed jamás, **Juan** 4:6–15.

Si alguno tiene sed, venga a mí y beba, **Juan** 7:37.

La barra de hierro conducía a la fuente de aguas vivas, **1 Ne.** 11:25.

Bebed de las aguas de la vida libremente, **DyC** 10:66. Mis mandamientos serán un manantial de aguas vivas, **DyC** 63:23.

Alabanza, alabar. *Véase* Acción de gracias, agradecido, agradecimiento; Adorar; Gloria

Expresión de gratitud y veneración a Dios. Reconocimiento de su poder y su grandeza. Las alabanzas son parte de la adoración al Señor.

Jehová es mi Dios, y lo alabaré, **Éx.** 15:2. Alabad a Jehová, invocad su nombre, **1 Cró.** 16:8. Alabaré a Jehová conforme a su justicia, **Sal.** 7:17. Lleguemos ante su presencia con alabanza, **Sal.** 95:2.

Te alabo, Padre, Señor del cielo y de la tierra, **Mateo** 11:25 (Lucas 10:21). Sed llenos del Espíritu, cantando y alabando al Señor, **Efe.** 5:18–19. ¿Está alguno alegre? Cante alabanzas, **Stg.** 5:13.

Confiaba en mi Dios, y lo alababa todo el día, **1 Nefi** 18:16. Alabaré el santo nombre de mi Dios, **2 Nefi** 9:49 (2 Nefi 22:4).

El que reconozca el poder de Dios le dará alabanza, **DyC** 52:17. Si te sientes alegre, alaba al Señor con cantos, y con oración y acción de gracias, **DyC** 136:28.

Albedrío. *Véase también* Libertad, libre; Responsabilidad, responsable

La facultad y el privilegio que Dios da a las personas de escoger y actuar por sí mismas.

De todo árbol podrás comer, **Gén.** 2:16. Escogeos hoy a quién sirváis, **Josué** 24:15 (Alma 30:8; Moisés 6:33).

El hombre no podía actuar por sí a menos que fuera tentado, **2 Ne.** 2:15–16. Los hombres son libres para escoger la libertad y la vida eterna, o la cautividad y la muerte, **2 Ne.** 2:27. Sois libres; se os permite obrar por vosotros mismos, **Hel.** 14:30.

Alejó de mí a la tercera parte de las

huestes del cielo, a causa de su albedrío, **DyC** 29:36. Es menester que el diablo tiente a los hijos de los hombres, o estos no podrían ser sus propios agentes, **DyC** 29:39. Escoja todo varón por sí mismo, **DyC** 37:4. Para que todo hombre pueda obrar de acuerdo con el albedrío moral que yo le he dado, **DyC** 101:78.

Satanás pretendió destruir el albedrío del hombre, **Moisés** 4:3. El Señor dio al hombre su albedrío, **Moisés** 7:32.

Alfa y Omega. *Véase también* Jesucristo

Alfa es la primera letra del alfabeto griego; Omega es la última. Son también nombres que se han dado a Jesucristo, y se emplean como símbolos para indicar que Cristo es el principio y el fin (Apoc. 1:8; DyC 19:1).

Alma. *Véase también* Cuerpo; Espíritu

En las Escrituras se habla de las almas en tres sentidos: (1) refiriéndose a los seres espirituales, tanto antes de nacer como después de morir (Alma 40:11–14; Abr. 3:23), (2) hablando del espíritu y el cuerpo mortal, unidos en la vida terrenal (DyC 88:15; Abr. 5:7) y (3) cuando se trata de un ser inmortal y resucitado cuyo espíritu y cuerpo se han unido inseparablemente (2 Ne. 9:13; DyC 88:15–16).

La sangre hace expiación por el alma, **Lev.** 17:11. Jehová confortará mi alma, **Sal.** 23:1–3.

Amarás al Señor tu Dios con toda tu alma, **Mateo** 22:37 (Mar. 12:30).

El diablo engaña sus almas, **2 Ne.** 28:21. Ofrecedle vuestras almas enteras como ofrenda, **Omni** 1:26. La palabra empieza a ensanchar mi alma, **Alma** 32:28. Su alma nunca tendrá hambre ni sed, **3 Ne.** 20:8. El pan y el agua sacramentales son santificados para las almas de todos los que participen de ellos, **Moro.** 4–5 (DyC 20:77–79).

Los obreros del reino traen salvación a su alma por medio de su servicio, **DyC** 4:2, 4. El valor de las almas es grande, **DyC** 18:10.

Habéis nacido en el mundo mediante

el agua, y la sangre, y el espíritu, y así habéis llegado a ser alma viviente, **Moisés** 6:59.

El valor de las almas: Todos los seres humanos son hijos espirituales de Dios, quien se interesa en cada uno de ellos y considera importante a cada uno. Por ser Sus hijos, tienen el potencial de llegar a ser como Él. Por consiguiente, grande es el valor de ellos.

Hay gozo delante de los ángeles de Dios por un pecador que se arrepiente, **Lucas** 15:10. Porque de tal manera amó Dios al mundo, que ha dado a su Hijo Unigénito, **Juan** 3:16.

No podían soportar que alma humana alguna pereciera, **Mos.** 28:3. ¿No es un alma tan preciosa para Dios ahora, como lo será en el tiempo de su venida?, **Alma** 39:17.

Lo que será de mayor valor para ti será traer almas a mí, **DyC** 15:6. Recordad que el valor de las almas es grande a la vista de Dios, **DyC** 18:10–15.

Esta es mi obra y mi gloria: Llevar a cabo la inmortalidad y la vida eterna del hombre, **Moisés** 1:39.

Alma hijo de Alma. *Véase también* Alma, padre; Amulek; Mosíah, hijos de

En el Libro de Mormón, el primer juez superior y profeta de la nación nefita. En su juventud procuró destruir la Iglesia (Mos. 27:8–10). No obstante, se le apareció un ángel y se convirtió al Evangelio (Mos. 27:8–24; Alma 36:6–27). Posteriormente, renunció al puesto de juez superior para dedicarse a enseñar al pueblo (Alma 4:11–20).

El libro de Alma: Uno de los libros que se encuentran en el Libro de Mormón, el cual consta de un compendio de los registros de los profetas Alma hijo de Alma, y su hijo Helamán. Los acontecimientos que se describen en el libro tuvieron lugar aproximadamente entre los años 91 y 52 a.C. El libro contiene 63 capítulos; en los primeros cuatro se describe la rebelión de los seguidores de Nehor y

Amlici contra los nefitas. Las resultantes guerras fueron de las más destructivas de la historia nefita hasta esa época. Los capítulos del 5 al 16 contienen el relato de los primeros viajes misionales de Alma, incluso el sermón sobre el Buen Pastor (Alma 5) y su predicación con Amulek en la ciudad de Ammoníah. Los capítulos del 17 al 27 contienen el relato sobre los hijos de Mosíah y su ministerio entre los lamanitas. Los capítulos del 28 al 44 contienen algunos de los sermones más importantes de Alma. En el capítulo 32, Alma compara la palabra a una semilla; en el 36, se encuentra el relato que hizo a su hijo Helamán de la historia de su propia conversión. En los capítulos del 39 al 42, se encuentran los consejos de Alma a su hijo Coriantón, que había faltado a la moral; en este importante sermón, explica la justicia, la misericordia, la Resurrección y la Expiación. En los capítulos del 45 al 63 se describen las guerras nefitas de aquellos tiempos y las migraciones bajo la dirección de Hagot. Grandes líderes como el capitán Moroni, Teáncum y Lehi ayudaron a preservar a los nefitas con sus actos valerosos y oportunos.

Alma, padre

Profeta nefita del Libro de Mormón que organizó la Iglesia en los tiempos del inicuo rey Noé.

Sacerdote del inicuo rey Noé y descendiente de Nefi, **Mos.** 17:1–2. Después de escuchar Alma a Abinadí y de haber creído en sus palabras, el rey hizo que le echaran de entre ellos. Él huyó, se escondió y escribió todo lo que Abinadí había dicho, **Mos.** 17:3–4. Se arrepintió y enseñó las palabras de Abinadí, **Mos.** 18:1. Fue bautizado y bautizó a muchas personas en las aguas de Mormón, **Mos.** 18:12–16. Organizó la Iglesia, **Mos.** 18:17–29. Llegó a Zarahemla con su pueblo, **Mos.** 24:25. Le fue dada la autoridad sobre la Iglesia, **Mos.** 26:8. Juzgó a los miembros y dirigió la Iglesia, **Mos.** 26:34–39. Confirió a su hijo el oficio de sumo sacerdote, **Alma** 4:4 (Mos. 29:42; Alma 5:3).

Almacén. *Véase también* Bienestar

Lugar donde el obispo recibe y mantiene en depósito las ofrendas consagradas de los Santos de los Últimos Días y de donde las reparte a los pobres. Este almacén puede ser grande o pequeño según lo que dicten las circunstancias. Los santos fieles contribuyen con sus talentos, habilidades, materiales y medios económicos, que ponen a disposición del obispo para atender a los pobres en los momentos de necesidad. Por lo tanto, entre lo que contenga un almacén puede haber una lista de servicios disponibles, dinero, alimentos y otros artículos. El obispo es el agente del almacén y reparte los bienes y los servicios de acuerdo con las necesidades y según las indicaciones del Espíritu del Señor (DyC 42:29–36; 82:14–19).

Junten toda la provisión para los siete años de hambre, **Gén.** 41:34–36, 46–57. Traed todos los diezmos al alfolí, **Mal.** 3:10 (3 Ne. 24:10). Desígnele el obispo un almacén a esta Iglesia, **DyC** 51:13. El exceso de bienes se entregará al almacén del Señor, **DyC** 70:7–8. Los santos deben organizarse y establecer un almacén, **DyC** 78:1–4. Los niños tienen derecho a los bienes del almacén del Señor si sus padres no tienen los medios para mantenerlos, **DyC** 83:5.

Altar. *Véase también* Sacrificios

Un retablo que se usaba para hacer sacrificios, ofrendas, y también para la adoración.

Noé edificó un altar ante el Señor y ofreció holocaustos, **Gén.** 8:20. Abraham edificó un altar a Jehová, **Gén.** 12:7–8. Abraham ató a Isaac, su hijo, sobre el altar, **Gén.** 22:9 (Gén. 22:1–13). Jacob edificó allí un altar, y llamó al lugar El-bet-el, **Gén.** 35:6–7. Elías el Profeta edificó un altar y desafió a los sacerdotes de Baal, **1 Rey.** 18:17–40. Si traes tu ofrenda al altar, reconcíliate

primero con tu hermano, **Mateo** 5:23–24.
Vi bajo el altar las almas de los que habían sido muertos por causa de la palabra de Dios, **Apoc.** 6:9 (DyC 135:7).

Lehi erigió un altar de piedras y dio gracias al Señor, **1 Ne.** 2:7.

Abraham fue librado de la muerte después que lo habían puesto sobre un altar de Elkénah, **Abr.** 1:8–20.

Amalecitas

En el Antiguo Testamento, tribu árabe que vivía en el desierto de Parán entre el Arabá y el Mediterráneo. Los amalecitas estuvieron constantemente en guerra con los hebreos desde los días de Moisés (Éx. 17:8) hasta los tiempos de Saúl y David (1 Sam. 15; 27:8; 30; 2 Sam. 8:11–12).

Amalekitas

En el Libro de Mormón, grupo de apóstatas nefitas que dirigió a los lamanitas en guerra contra los nefitas (Alma 21–24; 43).

Amalickíah

En el Libro de Mormón, traidor nefita que ascendió al poder entre los lamanitas y los dirigió en guerra contra los nefitas (Alma 46–51).

Amén. *Véase también* Oración

Significa "que así sea" o "así es". El vocablo *amén* se usa para expresar una aceptación y un acuerdo sinceros o solemnes (Deut. 27:14–26) o para afirmar la verdad (1 Rey. 1:36). En la actualidad, al final de las oraciones, los testimonios y los discursos, los que escuchan la oración o el mensaje pronuncian un *amén* audible para indicar su acuerdo y aceptación de lo dicho.

En los tiempos del Antiguo Testamento, *amén* era la respuesta correcta de la persona a quien se proponía un juramento (1 Cró. 16:7, 35–36; Neh. 5:12–13; 8:2–6). Se le llama a Cristo "el Amén, el testigo fiel y verdadero" (Apoc. 3:14). En la escuela de los profetas, *amén* también servía de señal de convenio (DyC 88:133–135).

Amlici, amlicitas

En el Libro de Mormón, un hombre que dirigió a un grupo de nefitas que deseaba tener rey durante el reinado de los jueces. Esos nefitas, llamados amlicitas, se rebelaron abiertamente contra Dios, por lo que fueron maldecidos (Alma 2–3).

Ammón, descendiente de Zarahemla. *Véase también* Limhi

En el Libro de Mormón, hombre fuerte y poderoso que dirigió una expedición desde Zarahemla hasta la tierra de Lehi-Nefi (Mos. 7:1–16). Le mostraron unos registros antiguos, y Ammón explicó lo que es un vidente (Mos. 8:5–18). Posteriormente ayudó a rescatar al rey Limhi y a su pueblo de los lamanitas y a llevarlos de regreso a Zarahemla (Mos. 22).

Ammón hijo de Mosíah. *Véase también* Anti-nefi-lehitas; Mosíah hijo de Benjamín; Mosíah, hijos de

En el Libro de Mormón, hijo del rey Mosíah. Ammón fue un misionero cuyos esfuerzos diligentes dieron como resultado la conversión de muchas almas a Cristo.

En una época fue un incrédulo que se ocupaba en destruir la Iglesia, **Mos.** 27:8–10, 34. A él y a sus compañeros se les apareció un ángel, **Mos.** 27:11. Se arrepintió y comenzó a predicar la palabra de Dios, **Mos.** 27:32–28:8. Rehusó ser nombrado rey y, en lugar de ello, fue a la tierra de los lamanitas para predicar la palabra de Dios, **Alma** 17:6–9. Ayunó y oró para recibir guía, **Alma** 17:8–11. Los lamanitas lo ataron y lo llevaron ante el rey Lamoni, **Alma** 17:20–21. Salvó los rebaños del rey, **Alma** 17:26–39. Predicó a Lamoni, **Alma** 18:1–19:13. Dio gracias a Dios y cayó dominado por el gozo, **Alma** 19:14. Sus conversos nunca más se desviaron, **Alma** 23:6. Se regocijó de ser un instrumento en las manos de Dios para llevar a miles de lamanitas a la verdad, **Alma** 26:1–8 (Alma 26). Condujo al pueblo de Anti-Nefi-Lehi a un lugar seguro,

Alma 27. Sintió gran gozo al reunirse con Alma, **Alma** 27:16–18.

Amonestación, amonestar. *Véase también* Atalaya, atalayar; Velar

Advertir o prevenir. Los profetas, los líderes y los padres amonestan y enseñan a otras personas a ser obedientes al Señor y a Sus enseñanzas.

Jacob amonestó al pueblo de Nefi acerca de toda clase de pecados, **Jacob** 3:12.

La voz de amonestación irá a todo pueblo, **DyC** 1:4. Sea vuestra predicación la voz de amonestación, **DyC** 38:41. Este es un día de amonestación, **DyC** 63:58. Todo hombre que ha sido amonestado, amoneste a su prójimo, **DyC** 88:81. Os he amonestado y os prevengo, dándoos esta palabra de sabiduría, **DyC** 89:4.

Amor. *Véase también* Caridad; Compasión; Enemistad

Profunda devoción y afecto. El amor a Dios comprende devoción, adoración, reverencia, ternura, misericordia, perdón, compasión, gracia, servicio, gratitud y bondad. El máximo ejemplo del amor de Dios hacia Sus hijos se encuentra en la expiación infinita de Jesucristo.

Amarás a tu prójimo como a ti mismo, **Lev.** 19:18 (Mateo 5:43–44; 22:37–40; Rom. 13:9; Gál. 5:14; Stg. 2:8; Mos. 23:15; DyC 59:6). Amarás a Jehová tu Dios de todo tu corazón, **Deut.** 6:5 (Moro. 10:32; DyC 59:5). Jehová vuestro Dios os está probando, para saber si amáis a Jehová vuestro Dios, **Deut.** 13:3. Jehová al que ama castiga, **Prov.** 3:12. En todo tiempo ama el amigo, **Prov.** 17:17.

De tal manera amó Dios al mundo, que ha dado a su Hijo Unigénito, **Juan** 3:16 (DyC 138:3). Que os améis unos a otros; como yo os he amado, **Juan** 13:34 (Juan 15:12, 17; Moisés 7:33). Si me amáis, guardad mis mandamientos, **Juan** 14:15 (DyC 42:29). Nadie tiene mayor amor que este, que uno ponga su vida por sus amigos, **Juan** 15:13. Simón, ¿me amas más que estos? Apacienta mis corderos,

Juan 21:15–17. Nada nos podrá separar del amor de Dios, que es en Cristo, **Rom.** 8:35–39. Ojo no vio las cosas que Dios ha preparado para los que le aman, **1 Cor.** 2:9. Servíos por amor los unos a los otros, **Gál.** 5:13. Maridos, amad a vuestras mujeres, **Efe.** 5:25 (Col. 3:19). No améis al mundo, **1 Juan** 2:15. Dios es amor, **1 Juan** 4:8. Nosotros le amamos a él, porque él nos amó primero, **1 Juan** 4:19.

Cristo sufrió por motivo de su amorosa bondad para con los hombres, **1 Ne.** 19:9. Debéis seguir adelante teniendo amor por Dios y por todos los hombres, **2 Ne.** 31:20. Enseñad a vuestros hijos a amarse mutuamente y a servirse el uno al otro, **Mos.** 4:15. Si habéis sentido el deseo de cantar la canción del amor que redime: ¿Podéis sentir esto ahora?, **Alma** 5:26. Sed guiados por el Santo Espíritu, volviéndoos pacientes, llenos de amor, **Alma** 13:28. Procura refrenar todas tus pasiones para que estés lleno de amor, **Alma** 38:12. No había contenciones en la tierra, a causa del amor de Dios que moraba en el corazón del pueblo, **4 Ne.** 1:15. Todo aquello que invita a amar a Dios y servirlo, es inspirado por Dios, **Moro.** 7:13–16. La caridad es el amor puro de Cristo, **Moro.** 7:47. El amor perfecto desecha todo temor, **Moro.** 8:16 (1 Juan 4:18).

El amor es un requisito para efectuar la obra de Dios, **DyC** 4:5 (DyC 12:8). Todos los que aman y sirven a Dios reciben la santificación, **DyC** 20:31. Si me amas, me servirás y guardarás todos mis mandamientos, **DyC** 42:29 (Juan 14:15). Demostrad mayor amor hacia el que hayáis corregido o reprendido, **DyC** 121:43.

Amaron a Satanás más que a Dios, **Moisés** 5:13, 18, 28.

Amós

Profeta del Antiguo Testamento que profetizó desde aproximadamente 792 hasta 740 a.C., en los días de Uzías, rey de Judá, y Jeroboam, rey de Israel.

El libro de Amós: Libro del Antiguo Testamento. Muchas de las profecías de

Amós amonestan a Israel y a las naciones circunvecinas a volver a la rectitud.

En los capítulos del 1 al 5, se llama al arrepentimiento a Israel y a las naciones circunvecinas. En el capítulo 3, se explica que el Señor revela Sus secretos a los profetas y se advierte a Israel que, por causa de su transgresión, será destruido por un adversario. En los capítulos del 6 al 8, se profetiza la caída de Israel, muchos años antes de la invasión asiria. En el capítulo 9, se profetiza que Israel sería restaurado en su propia tierra.

Amulek. *Véase también* Alma hijo de Alma

En el Libro de Mormón, compañero misional de Alma, hijo.

Recibió la visita de un ángel, **Alma** 8:20; 10:7. Recibió a Alma en su hogar, **Alma** 8:21–27. Predicó con poder al pueblo de Ammoníah, **Alma** 8:29–32; 10:1–11. Era descendiente de Nefi, Lehi y Manasés, **Alma** 10:2–3. Testificó de la verdad, **Alma** 10:4–11. Llamó al pueblo al arrepentimiento y fue rechazado, **Alma** 10:12–32. Disputó con Zeezrom, **Alma** 11:20–40. Enseñó acerca de la resurrección, el juicio y la restauración, **Alma** 11:41–45. Quiso detener el martirio de los creyentes, **Alma** 14:9–10. Fue encarcelado junto con Alma, **Alma** 14:14–23. Por medio de la fe, se libró de la prisión, **Alma** 14:24–29. Testificó de la Expiación, la misericordia y la justicia, **Alma** 34:8–16. Enseñó acerca de la oración, **Alma** 34:17–28. Instó al pueblo a no demorar el arrepentimiento, **Alma** 34:30–41. La fe de Alma y Amulek hizo que se derribaran los muros de la prisión, **Éter** 12:13.

Ana, madre de Samuel. *Véase también* Samuel, profeta del Antiguo Testamento

Madre de Samuel, profeta del Antiguo Testamento e hijo que el Señor dio a Ana en respuesta a sus oraciones (1 Sam. 1:11, 20–28). Ana dedicó su hijo Samuel al Señor. Su cántico de gratitud se puede comparar con el de María, la madre de Jesús (1 Sam. 2:1–10; Lucas 1:46–55).

Ana, profetisa

En el Nuevo Testamento, profetisa de la tribu de Aser. En la época del nacimiento de nuestro Señor, era una viuda de edad avanzada. Vio al niño Jesús cuando lo presentaron en el templo y lo reconoció como el Redentor (Lucas 2:36–38).

Ananías de Damasco. *Véase también* Pablo

Discípulo cristiano de Damasco que bautizó a Pablo (Hechos 9:10–18; 22:12).

Ananías de Jerusalén

En el Nuevo Testamento, se relata que él y su esposa Safira mintieron al Señor, reteniendo una porción del dinero que debían consagrar al Señor. Cuando Pedro los confrontó, ambos cayeron al suelo y murieron (Hechos 5:1–11).

Anás. *Véase también* Caifás

En el Nuevo Testamento, hombre de gran influencia en el Sanedrín. Cuando se aprehendió a Jesús, se le llevó primero ante él (Juan 18:13); también desempeñó un papel importante en el juicio de los Apóstoles (Hech. 4:3–6).

Anciano. *Véase* Élder (anciano)

Anciano de Días. *Véase* Adán

Andar, andar con Dios. *Véase también* Camino (vía); Obediencia, obediente, obedecer; Rectitud, recto

Estar en armonía con las enseñanzas de Dios y vivir como Dios desea que viva Su pueblo; ser receptivo y obediente a la inspiración del Espíritu Santo.

El Señor probó al pueblo, para ver si andaba en su ley, o no, **Éx.** 16:4. Jehová no quitará el bien a los que andan en integridad, **Sal.** 84:11. Los que anden en las ordenanzas del Señor y guarden sus decretos y los cumplan, serán su pueblo, **Ezeq.** 11:20–21 (Deut. 8:6). Lo que pide Jehová de ti: solamente es... humillarte para andar con Dios, **Miq.** 6:8 (DyC 11:12).

Andad en la luz, como él está en luz, **1 Juan** 1:7 (2 Juan 1:6; 3 Juan 1:4; 4 Ne. 1:12).

Caminen por la senda estrecha que guía a la vida, **2 Ne.** 33:9. El rey Benjamín anduvo con la conciencia limpia delante de Dios, **Mos.** 2:27. Nuestro deber es andar sin culpa según el santo orden de Dios, **Alma** 7:22.

Los miembros de la Iglesia manifestarán buen comportamiento y proceder, **DyC** 20:69. Dad oído al profeta y andad con toda santidad delante del Señor, **DyC** 21:4. Enseñad a vuestros hijos a orar y a andar rectamente delante del Señor, **DyC** 68:28.

Permanecerás en mí, y yo en ti; por tanto, anda conmigo, **Moisés** 6:34.

Andrés

En el Nuevo Testamento, hermano de Simón Pedro y uno de los Doce Apóstoles llamados por Jesús durante Su ministerio terrenal (Mateo 4:18–19; Mar. 1:16–18, 29).

Ángeles

Hay dos clases de seres celestiales llamados ángeles: los que son solamente espíritus y los que tienen un cuerpo de carne y huesos. Los ángeles que son solo espíritus son aquellos seres que todavía no han obtenido un cuerpo de carne y huesos, o los que una vez lo tuvieron pero han muerto y esperan la resurrección. Los ángeles que poseen un cuerpo de carne y huesos son los que han resucitado de entre los muertos o han sido trasladados.

En las Escrituras hay muchas referencias en cuanto a la obra de los ángeles. En algunos pasajes los ángeles hablan con voz de trueno al comunicar los mensajes de Dios (Mos. 27:11–16). También se puede llamar ángeles a hombres mortales justos (TJS, Gén. 19:15 [Apéndice — Biblia]). Algunos ángeles prestan servicio alrededor del trono de Dios en los cielos (Alma 36:22).

En las Escrituras se habla también de los ángeles del demonio. Estos son los espíritus que siguieron a Lucifer en la batalla de los cielos y fueron lanzados fuera de la presencia de Dios en la vida preterrenal y arrojados a la tierra (Apoc. 12:1–9; 2 Ne. 9:9, 16; DyC 29:36–37).

Jacob vio ángeles de Dios que subían y descendían por una escalera, **Gén.** 28:12. Ángeles de Dios salieron al encuentro de Jacob, **Gén.** 32:1–2. Gedeón vio un ángel del Señor cara a cara, **Jue.** 6:22. Un ángel extendió su mano sobre Jerusalén para destruirla, **2 Sam.** 24:16. Un ángel tocó al profeta Elías y le dijo: Levántate, come, **1 Rey.** 19:5–7. Daniel vio al ángel Gabriel en una visión, **Dan.** 8:15–16. El ángel Miguel ayudó a Daniel, **Dan.** 10:13.

El ángel Gabriel fue enviado por Dios, **Lucas** 1:19, 26–27. A los ángeles indignos los puso en prisiones hasta el juicio, **Judas** 1:6 (2 Pe. 2:4).

La multitud vio ángeles que descendían del cielo, **3 Ne.** 17:24. Moroni escribió acerca de la ministración de ángeles, **Moro.** 7:25–32.

El Sacerdocio Aarónico tiene las llaves del ministerio de ángeles, **DyC** 13. Moroni, Juan el Bautista, Pedro, Santiago, Juan, Moisés, Elías el Profeta y Elías fueron todos ángeles que ministraron a José Smith, **DyC** 27:5–12. No podéis aguantar ahora la ministración de ángeles, **DyC** 67:13. Miguel, el arcángel, es Adán, **DyC** 107:54. Los ángeles que son seres resucitados tienen cuerpo de carne y huesos, **DyC** 129. No hay ángeles que ministren en esta tierra sino los que pertenecen a ella, **DyC** 130:5. Los que no obedecen la ley de Dios del matrimonio eterno ni se casan ni se dan en casamiento, sino que son nombrados ángeles en el cielo, **DyC** 132:16–17.

Ángeles ministrantes. *Véase* Ángeles

Anticristo. *Véase también* Diablo

Toda persona o todo aquello que sea una representación falsa del verdadero plan de salvación del Evangelio, y que manifiesta o secretamente se oponga a Cristo. Juan el Revelador describió al anticristo diciendo que es un mentiroso

(1 Juan 2:18–22; 4:3–6; 2 Juan 1:7). El mayor anticristo es Lucifer, pero tiene muchos colaboradores, tanto entre los seres mortales como entre los espíritus.

El hijo de perdición se opone y se levanta contra todo lo que se llama Dios, **2 Tes.** 2:1–12. Engaña a los moradores de la tierra con grandes señales, **Apoc.** 13:13–17.

Sherem negó a Cristo y engañó a muchos, **Jacob** 7:1–23. Nehor enseñó doctrinas falsas, estableció una iglesia e introdujo la superchería sacerdotal entre el pueblo, **Alma** 1:2–16. Korihor, el anticristo, se burló de Cristo, de la Expiación y del espíritu de profecía, **Alma** 30:6–60.

Antiguo Testamento. *Véase también* Biblia; Escrituras; Pentateuco

Escritos de profetas antiguos que actuaron bajo la influencia del Espíritu Santo y que, en el transcurso de muchos siglos, testificaron de Cristo y de Su futuro ministerio. También contiene un registro de la historia de Abraham y sus descendientes, partiendo de Abraham y el convenio, o *testamento*, que hizo el Señor con él y su posteridad.

Los primeros cinco libros del Antiguo Testamento fueron escritos por Moisés y son: Génesis, Éxodo, Levítico, Números y Deuteronomio. En Génesis se refiere el origen de la tierra, del género humano, de los idiomas y las razas, y del comienzo de la casa de Israel.

Los libros históricos relatan los acontecimientos que ocurrieron a Israel. Estos libros son: Josué, Jueces, Rut, 1 y 2 Samuel, 1 y 2 Reyes, 1 y 2 Crónicas, Esdras, Nehemías y Ester.

Los libros poéticos contienen algo de la sabiduría y la aptitud literaria de los profetas. Estos son: Job, Salmos, Proverbios, Eclesiastés, Cantares de Salomón y Lamentaciones.

Los profetas amonestaron a Israel tocante a sus pecados y testificaron de las bendiciones que se reciben mediante la obediencia. Profetizaron de la venida de Cristo, quien expiaría los pecados de los que se arrepintieran, recibieran las ordenanzas y vivieran el Evangelio. Los libros de los profetas son: Isaías, Jeremías, Ezequiel, Daniel, Oseas, Joel, Amós, Abdías, Jonás, Miqueas, Nahúm, Habacuc, Sofonías, Hageo, Zacarías y Malaquías.

La mayor parte de los libros del Antiguo Testamento se escribieron en hebreo, aunque unos pocos contienen escritos en arameo, otro idioma semítico de la época.

Anti-nefi-lehitas. *Véase también* Ammón hijo de Mosíah; Helamán, hijos de; Mosíah, hijos de

En el Libro de Mormón, nombre que tomaron los lamanitas convertidos por los hijos de Mosíah. Después de su conversión, los de este pueblo, llamado también el pueblo de Ammón, fueron fieles hasta el fin de sus vidas. (Alma 23:4–7, 16–17; 27:20–27).

Se pusieron el nombre de anti-nefi-lehitas, **Alma** 23:16–17; 24:1. Rehusaron derramar sangre y enterraron sus armas, **Alma** 24:6–19. Sus hijos se prepararon para la guerra y escogieron a Helamán para ser su caudillo, **Alma** 53:16–19; 56–58 (a estos jóvenes también se les conoce como los dos mil jóvenes ammonitas).

Apartamiento. *Véase también* Imposición de manos; Llamado, llamado por Dios, llamamiento

Ser elegido y consagrado para fines santos. Este nombramiento se da para prestar un servicio específico dentro de la organización de la Iglesia mediante la imposición de manos de uno que tenga la debida autoridad. Solamente los que presiden los cuórums del sacerdocio reciben llaves al ser apartados. Las personas a las que se aparta para cualquier cargo que no sea el de presidente de un cuórum pueden recibir una bendición del sacerdocio, pero con dicha bendición no se les confieren llaves del sacerdocio.

Apartadme a Bernabé y a Saulo para la obra, **Hech.** 13:2–3.

Quedan por ser apartados otros obispos, **DyC** 68:14. El obispo es un juez común y debe ser apartado para ese ministerio, **DyC** 107:17, 74.

El hombre debe ser llamado por Dios, por profecía y la imposición de manos, **AdeF** 1:5.

Apocalipsis. *Véase también* Juan hijo de Zebedeo

El título del último libro del Nuevo Testamento; también puede significar cualquier revelación extraordinaria. Deriva de una palabra griega que significa "revelación". El libro se compone de una revelación que recibió el apóstol Juan, en la cual se le permitió ver la historia del mundo, en especial los últimos días (Apoc. 1:1–2; 1 Ne. 14:18–27; DyC 77).

Juan recibió esta revelación en el día del Señor mientras se encontraba en la isla de Patmos (Apoc. 1:9–10), cerca de la costa de Asia, no muy lejos de Éfeso. Se desconoce la fecha exacta de la revelación.

El pasaje de 1 Nefi 14:18–27 y la sección 77 de Doctrina y Convenios (Éter 4:15–16) son claves para comprender el libro.

Los capítulos del 1 al 3 constituyen una introducción al libro y cartas a las siete iglesias de Asia, las cuales escribió Juan para ayudar a los santos a resolver ciertos problemas. En los capítulos 4 y 5, se registran visiones que Juan recibió y que muestran la majestuosidad y el poder justo de Dios y de Cristo. En los capítulos del 6 al 9 y el 11, Juan habla de haber visto un libro sellado con siete sellos, cada uno de los cuales representaba mil años de la historia temporal de la tierra. Estos capítulos tienen que ver principalmente con los acontecimientos encerrados en el séptimo sello (véase Apoc. 8–9; 11:1–15). En el capítulo 10, se describe un libro que Juan comió, el cual representa una misión futura que el Apóstol cumpliría. En el capítulo 12, se relata la visión del mal que comenzó en el cielo cuando Satanás se rebeló y fue expulsado. La guerra que comenzó allí continúa sobre la tierra. En los capítulos

13 y del 17 al 19, Juan describe los inicuos reinos terrenales controlados por Satanás y menciona el destino de esos reinos, incluso la destrucción final del mal. En los capítulos del 14 al 16, se habla de los santos justos en medio del mal poco antes de la segunda venida de Cristo. En los capítulos del 20 al 22, se describen el Milenio, la hermosa ciudad de la Nueva Jerusalén y los acontecimientos finales de la historia de la tierra.

Apócrifos. *Véase también* Biblia; Escrituras

Libros sagrados del pueblo judío que no fueron incluidos en la Biblia hebrea pero que se han conservado en las de algunas iglesias cristianas. A menudo son útiles para emplear como eslabón que une los dos Testamentos (Antiguo y Nuevo); en la Iglesia se les considera lectura provechosa.

En general, los libros apócrifos se han traducido correctamente, pero contienen interpolaciones incorrectas, **DyC** 91:1–3. El que sea iluminado por el Espíritu logrará beneficio de estos libros, **DyC** 91:4–6.

Apostasía. *Véase también* Rebelión; Restauración del Evangelio

El hecho de que las personas, la Iglesia o naciones enteras se aparten de la verdad.

Apostasía general: Israel tenía que cuidarse de que su corazón no se apartara del Señor, **Deut.** 29:18. Sin profecía el pueblo se desenfrena, **Prov.** 29:18. Quebrantaron el convenio sempiterno, **Isa.** 24:5.

Soplaron vientos contra aquella casa; y cayó, **Mateo** 7:27. Estoy maravillado de que tan pronto os hayáis alejado para seguir un evangelio diferente, **Gál.** 1:6.

Los que habían entrado en el sendero correcto se perdieron en el vapor de tinieblas, **1 Ne.** 8:23 (1 Ne. 12:17). Después que hubieron probado el fruto, cayeron en senderos prohibidos, **1 Ne.** 8:28. La apostasía de los nefitas fue un gran tropiezo para los que no eran de la Iglesia, **Alma** 4:6–12. Muchos miembros de la Iglesia se volvieron orgullosos y persiguieron a otros miembros, **Hel.** 3:33–34 (Hel. 4:11–13; 5:2–3). Cuando el Señor hace prosperar a los de su pueblo, ellos a veces endurecen sus corazones y se olvidan de Él, **Hel.** 12:2; 13:38. Los nefitas endurecieron sus corazones y cayeron bajo el poder de Satanás, **3 Ne.** 2:1–3. Moroni profetizó acerca de la apostasía de los últimos días, **Morm.** 8:28, 31–41.

La apostasía precederá a la Segunda Venida, **DyC** 1:13–16.

Apostasía de la Iglesia cristiana primitiva: Este pueblo se acerca a mí con su boca, **Isa.** 29:10, 13. He aquí que tinieblas cubrirán la tierra, **Isa.** 60:2. El Señor enviará hambre de oír la palabra de Jehová, **Amós** 8:11.

Se levantarán falsos Cristos, y falsos profetas, **Mateo** 24:24. Entrarán en medio de vosotros lobos rapaces, **Hech.** 20:29. Estoy maravillado de que tan pronto os hayáis alejado del que os llamó, **Gál.** 1:6. Habrá una apostasía antes de la Segunda Venida, **2 Tes.** 2:3. Algunas personas se desviaron de la verdad, **2 Tim.** 2:18. Habrá hombres que tendrán apariencia de piedad, pero negarán la eficacia de ella, **2 Tim.** 3:2–5. Vendrá tiempo cuando no sufrirán la sana doctrina, **2 Tim.** 4:3–4. Habrá falsos profetas y falsos maestros entre el pueblo, **2 Pe.** 2:1. Algunos hombres han entrado encubiertamente y niegan a Dios y a nuestro Señor Jesucristo, **Judas** 1:4. Algunos hombres dijeron ser apóstoles, y no lo eran, **Apoc.** 2:2.

Nefi vio el establecimiento de una iglesia grande y abominable, **1 Ne.** 13:26. Los gentiles han tropezado y establecido muchas iglesias, **2 Ne.** 26:20.

Se han desviado de mis ordenanzas y han violado mi convenio sempiterno, **DyC** 1:15. Tinieblas cubren la tierra, y densa obscuridad la mente del pueblo, **DyC** 112:23.

Se le dijo a José Smith que todas las iglesias estaban en error; que el corazón de la gente estaba lejos de Dios, **JS—H** 1:19.

Apóstol. *Véase también* Discípulo; Revelación

En griego, el vocablo *apóstol* significa "el que es enviado". Fue el título que Jesús dio a los Doce a quienes eligió y ordenó para ser los discípulos y ayudantes más allegados a Él durante Su ministerio en la tierra (Lucas 6:13; Juan 15:16). Los mandó para que lo representaran y ministraran por Él después de Su Ascensión a los cielos. Tanto en la antigüedad como actualmente, en el Cuórum de los Doce Apóstoles de la Iglesia restaurada, un apóstol es un testigo especial de Jesucristo en todo el mundo para dar testimonio de Su divinidad y Su resurrección de entre los muertos (Hech. 1:22; DyC 107:23).

La iglesia de Cristo está edificada sobre el fundamento de los apóstoles y profetas, **Efe.** 2:20; 4:11.

Lehi y Nefi vieron a los Doce Apóstoles que seguían a Jesús, **1 Ne.** 1:10; 11:34. Los apóstoles juzgarán a la casa de Israel, **Morm.** 3:18.

Los que no presten atención a las palabras de los profetas y apóstoles serán desarraigados, **DyC** 1:14 (3 Ne. 12:1). Se revelaron el llamamiento y la misión de los Doce, **DyC** 18:26–36. José Smith fue ordenado apóstol, **DyC** 20:2; 21:1. Los apóstoles son testigos especiales del nombre de Cristo y poseen las llaves del ministerio, **DyC** 27:12 (DyC 112:30–32). Los Doce Apóstoles constituyen un cuórum igual en autoridad que la Primera Presidencia, **DyC** 107:23–24. Los Doce son un Sumo Consejo Presidente Viajante, **DyC** 107:33. Los apóstoles poseen las llaves de la obra misional, **DyC** 107:35. Se describen algunos de los deberes de los apóstoles, **DyC** 107:58. Digo a todos los Doce: venid en pos de mí y apacentad mis ovejas, **DyC** 112:14–15.

Creemos en los apóstoles, **AdeF** 1:6.

La selección de los Apóstoles: Los

apóstoles son escogidos por el Señor (Juan 6:70; 15:16).

De entre Sus discípulos, Jesús escogió a Doce Apóstoles, **Lucas** 6:13–16. Matías fue escogido para ser apóstol, **Hech.** 1:21–26.

A Oliver Cowdery y a David Whitmer se les mandó buscar a los Doce, **DyC** 18:37–39.

Árbol de la vida. *Véase también* Edén

Árbol en el Jardín de Edén y en el paraíso de Dios (Gén. 2:9; Apoc. 2:7). En el sueño de Lehi, el árbol de la vida representa el amor de Dios, al que se refiere como el más grande de todos los dones de Dios (1 Ne. 8; 11:21–22, 25; 15:36).

Querubines y una espada encendida guardaban el camino del árbol de la vida, **Gén.** 3:24 (Alma 12:21–23; 42:2–6).

Juan vio el árbol de la vida y las hojas eran para la sanidad de las naciones, **Apoc.** 22:2.

Lehi vio el árbol de la vida, **1 Ne.** 8:10–35. Nefi vio el árbol que había visto su padre, **1 Ne.** 11:8–9. La barra de hierro conduce al árbol de la vida, **1 Ne.** 11:25 (1 Ne. 15:22–24). Un abismo horroroso separa del árbol de la vida a los inicuos, **1 Ne.** 15:28, 36. Era menester el fruto prohibido en oposición al árbol de la vida, **2 Ne.** 2:15. Venid a mí y participaréis del fruto del árbol de la vida, **Alma** 5:34, 62. Si nuestros primeros padres hubieran participado del árbol de la vida, habrían sido miserables para siempre, **Alma** 12:26. Si no cultiváis la palabra, nunca podréis recoger el fruto del árbol de la vida, **Alma** 32:40.

El Señor plantó el árbol de la vida en medio del jardín, **Moisés** 3:9 (Abr. 5:9). Dios sacó a Adán del Jardín de Edén, para que no extendiera la mano y tomara del árbol de la vida y viviera para siempre, **Moisés** 4:28–31.

Arboleda Sagrada. *Véase* Primera Visión

Arca. *Véase también* Arco iris; Diluvio en los tiempos de Noé; Noé, patriarca bíblico

En el Antiguo Testamento, navío que construyó Noé para preservar la vida durante el Diluvio.

Hazte un arca de madera de gofer, **Gén.** 6:14. Reposó el arca sobre los montes de Ararat, **Gén.** 8:4.

Los barcos jareditas estaban ajustados como el arca de Noé, **Éter** 6:7.

Arca del convenio. *Véase también* Tabernáculo

Conocida también como el arca de Jehová, arca del testimonio, de la alianza o del pacto, el arca del convenio era un cofre o caja oblonga de madera recubierta de oro. Era el más antiguo y más sagrado de los símbolos religiosos de los israelitas. El propiciatorio colocado encima del arca se consideraba la morada terrenal de Jehová (Éx. 25:22). Al terminarse la construcción del templo, el arca se colocó en el Lugar Santísimo, el lugar más sagrado del santuario (1 Rey. 8:1–8).

Moisés hizo el arca por mandato de Dios, **Éx.** 25. A los hijos de Leví se les dio el mandato de encargarse del arca, **Núm.** 3:15, 31. El arca del convenio fue delante de ellos, **Núm.** 10:33. Tomad este libro de la ley, y ponedlo al lado del arca del convenio, **Deut.** 31:24–26. Las aguas del Jordán se dividieron ante el arca del convenio, **Josué** 3:13–17; 4:1–7. Los sacerdotes llevaron el arca del convenio cuando Israel fue a conquistar Jericó, **Josué** 6:6–20. Los filisteos capturaron el arca de Dios, **1 Sam.** 5. El Señor bendijo la casa de Obed-edom a causa del arca de Dios, **2 Sam.** 6:11–12. Uza fue muerto por el Señor cuando desobedeció e intentó sostener el arca, **1 Cró.** 13:9–12 (DyC 85:8). Edificad el santuario de Jehová Dios, para traer el arca del convenio, **1 Cró.** 22:19.

Se describe el contenido del arca del convenio, **Heb.** 9:4.

Arca del pacto. *Véase* Arca del convenio

Arca de la alianza. *Véase* Arca del convenio

Arcángel. *Véase también* Adán; Miguel

Miguel, o Adán, es el arcángel, o ángel mayor.

El Señor descenderá del cielo con voz de mando, con voz de arcángel, **1 Tes.** 4:16. Miguel es el arcángel, **Judas** 1:9 (DyC 29:26; 88:112; 128:20–21).

Arco iris. *Véase también* Arca; Diluvio en los tiempos de Noé; Noé, patriarca bíblico

Señal visible del convenio de Dios con Noé (Gén. 9:11–17). En TJS, Génesis 9:21–25 (Apéndice — Biblia), se explica que el convenio abarcaba además de la promesa de que la tierra nunca más sería cubierta por las aguas, que la Sion de Enoc volverá y que el Señor volverá a morar en la tierra.

Armadura

Especie de traje que se llevaba puesto para proteger el cuerpo de golpes y de estocadas de armas. El término también se usa para representar los atributos espirituales que nos protegen de la tentación y del mal.

Vestíos de toda la armadura de Dios, **Efe.** 6:10–18 (DyC 27:15–18).

Armagedón. *Véase también* Gog; Magog; Segunda venida de Jesucristo

El nombre *Armagedón* deriva de la expresión hebrea *Har Megiddon*, que significa "montaña de Meguido". El valle de Meguido se encuentra en la parte occidental de la llanura de Esdraelón, a 80 kilómetros al norte de Jerusalén, y es el lugar de varias batallas decisivas en los tiempos del Antiguo Testamento. El gran conflicto final que se efectuará poco antes de la segunda venida del Señor lleva el nombre de batalla de Armagedón, porque la lucha comenzará en el sitio que lleva ese nombre. (Véase Ezeq. 39:11; Zac. 12–14, particularmente 12:11; Apoc. 16:14–21).

Arrepentimiento, arrepentirse.
Véase también Confesar, confesión; Corazón quebrantado; Expiación, expiar; Jesucristo; Perdonar; Remisión de pecados

Un cambio que se efectúa en el corazón y en el modo de pensar, lo cual significa adoptar una nueva actitud en cuanto a Dios, en cuanto a uno mismo y en cuanto a la vida en general. El arrepentimiento implica que la persona se aleje del pecado y entregue su corazón y su voluntad a Dios, sometiéndose a los mandamientos y deseos del Padre y abandonando el pecado. El verdadero arrepentimiento nace del amor por el Señor y del deseo sincero de obedecer Sus mandamientos. Toda persona responsable de sus actos ha pecado en alguna forma y debe arrepentirse a fin de progresar hacia la salvación. Nuestro arrepentimiento se hace efectivo y es aceptado por Dios solamente mediante la expiación de Jesucristo.

Quitad la iniquidad de vuestras obras de delante de mis ojos; dejad de hacer lo malo, **Isa.** 1:16. Convertíos, y apartaos de todas vuestras transgresiones, **Ezeq.** 18:30–31.

Arrepentíos, porque el reino de los cielos se ha acercado, **Mateo** 3:2. Habrá más gozo en el cielo por un pecador que se arrepiente, **Lucas** 15:7. Dios manda a todos los hombres en todo lugar, que se arrepientan, **Hech.** 17:30 (2 Ne. 9:23; 3 Ne. 11:31–40; DyC 133:16). La tristeza que es según Dios produce arrepentimiento para salvación, **2 Cor.** 7:10.

El Espíritu del Señor Omnipotente ha efectuado un potente cambio en nuestros corazones, por lo que ya no tenemos más disposición a obrar mal, **Mos.** 5:2. Si confiesa sus pecados y se arrepiente, a este has de perdonar, **Mos.** 26:29. Después de la predicación de Alma, muchos

empezaron a arrepentirse, **Alma** 14:1.
No demoréis el día de vuestro arrepentimiento, **Alma** 34:33. Alma testificó a Helamán de su arrepentimiento
y conversión, **Alma** 36 (Mos. 27:8–32).
El arrepentimiento no podía llegar a
los hombres a menos que se fijara un
castigo, **Alma** 42:16. Deja que te preocupen tus pecados, con esa zozobra que
te conducirá al arrepentimiento, **Alma**
42:29. Me ofreceréis como sacrificio un
corazón quebrantado y un espíritu contrito, **3 Ne.** 9:20. Al que se arrepintiere y
viniere a mí como un niño pequeñito, yo
lo recibiré, **3 Ne.** 9:22. Arrepentíos, todos
vosotros, extremos de la tierra, **3 Ne.**
27:20. Cuantas veces se arrepentían, se
les perdonaba, **Moro.** 6:8.

No prediquéis sino el arrepentimiento
a esta generación, **DyC** 6:9 (DyC 11:9).
¡Cuán grande es su gozo por el alma que
se arrepiente!, **DyC** 18:13. Todo hombre
tiene que arrepentirse o padecer, **DyC**
19:4. El que peque, y no se arrepienta,
será expulsado, **DyC** 42:28. El que confiese y abandone sus pecados es perdonado, **DyC** 58:42–43. Los muertos que
se arrepientan serán redimidos, **DyC**
138:58.

Nosotros creemos en el arrepentimiento, **AdeF** 1:4.

Artículos de Fe. *Véase también* Perla
de Gran Precio; Smith, hijo, José

Trece puntos básicos de creencia a los
cuales se adhieren los miembros de La
Iglesia de Jesucristo de los Santos de los
Últimos Días.

José Smith los escribió originalmente
en una carta dirigida a John Wentworth,
editor del periódico *Chicago Democrat*, en
respuesta al deseo que este expresó de
saber lo que creían los miembros de la
Iglesia. Ese documento llegó a conocerse
como la Carta a Wentworth, y se publicó
por primera vez en el periódico de la
Iglesia *Times and Seasons*, en marzo de
1842. El 10 de octubre de 1880, por el voto
de los miembros de la Iglesia, los Artículos de Fe se aceptaron formalmente como

Escritura y pasaron a formar parte de la
Perla de Gran Precio.

Asa

En el Antiguo Testamento, tercer rey
de Judá. En las Escrituras se nos dice
que "el corazón de Asa fue perfecto para
con Jehová toda su vida" (1 Rey. 15:14).
Durante su reinado elevó la calidad del
ejército aumentando su eficiencia, se
deshizo del yugo egipcio, eliminó los
falsos ídolos y mandó al pueblo que hiciera convenio de seguir a Jehová (1 Rey.
15–16; 2 Cró. 14–16). No obstante, cuando
enfermó de los pies, no solicitó la ayuda
del Señor, y murió (1 Rey. 15:23–24; 2 Cró.
16:12–13).

Ascensión. *Véase también* Jesucristo;
Segunda venida de Jesucristo

Momento en el cual el Salvador partió
formalmente de la tierra cuarenta días
después de Su resurrección. La Ascensión ocurrió en el monte de los Olivos, en
presencia de los discípulos (Mar. 16:19;
Lucas 24:51). En esa ocasión, dos ángeles
del cielo testificaron que en el futuro, el
Señor volvería, tal "como le habéis visto
ir al cielo" (Hech. 1:9–12).

Aser. *Véase también* Israel; Jacob hijo
de Isaac

En el Antiguo Testamento, hijo de Jacob y Zilpa, sierva de Lea (Gén. 30:12–13).

La tribu de Aser: Jacob bendijo a Aser
(Gén. 49:20), y Moisés bendijo a los descendientes de Aser (Deut. 33:1, 24–29). A
estos descendientes se les llamó "escogidos, esforzados" (1 Cró. 7:40).

Asesinato. *Véase también* Caín; Pena
de muerte

El acto deliberado e injustificado de
quitar la vida a un ser humano. El asesinato es un pecado que se ha condenado
desde el principio (Gén. 4:1–12; Moisés
5:18–41).

El que derramare sangre de hombre,
por el hombre su sangre será derramada,
Gén. 9:6 (TJS, Gén. 9:12–13; Éx. 21:12;

Alma 34:12). No matarás, **Éx.** 20:13 (Deut. 5:17; Mateo 5:21–22; Mos. 13:21; DyC 59:6).

Jesús dijo: No matarás, **Mateo** 19:18. Los homicidas tendrán su parte en la segunda muerte, **Apoc.** 21:8.

Sois homicidas en vuestros corazones, **1 Ne.** 17:44. ¡Ay del asesino que mata intencionalmente!, **2 Ne.** 9:35. Dios ha mandado que los hombres no cometan homicidio, **2 Ne.** 26:32. El asesinato es una abominación a los ojos del Señor, **Alma** 39:5–6.

El que matare no tendrá perdón, **DyC** 42:18. Si alguien matare, será entregado para ser juzgado, de acuerdo con las leyes del país, **DyC** 42:79.

Asiria

Antiguo imperio que, así como su rival, Babilonia, gobernó gran parte de los antiguos reinos y pueblos de Siria y Palestina durante la mayor parte de los tiempos del Antiguo Testamento. Aunque los asirios fueron una gran potencia desde mediados del siglo 12 a.C. hasta fines del siglo 7 a.C., nunca pudieron formar una estructura política estable. Gobernaron mediante el terror, aplastando a sus enemigos con el fuego y la espada o debilitándolos al deportar grandes porciones de la población a otras partes del imperio. Los pueblos sometidos al dominio asirio lucharon constantemente contra el imperio (véase 2 Rey. 18–19; 2 Cró. 32; Isa. 7:17–20; 10; 19; 37).

Atalaya, atalayar. *Véase también* Amonestación, amonestar; Velar

Persona que vela, vigila y obedece, y que está lista y preparada. En el sentido religioso, los atalayas son líderes llamados por los representantes del Señor para encargarse específicamente del bienestar de otros. Los que son llamados a ser líderes también tienen la responsabilidad especial de ser atalayas para el resto del mundo.

Te he puesto por atalaya, **Ezeq.** 3:17–21. El atalaya que alce la voz de amonestación librará su vida, **Ezeq.** 33:7–9.

El Señor puso un atalaya sobre la viña, **DyC** 101:44–58.

Autoridad. *Véase también* Llamado, llamado por Dios, llamamiento; Llaves del sacerdocio; Ordenación, ordenar; Poder; Sacerdocio

El permiso que se otorga en la tierra a los hombres que han sido llamados u ordenados para actuar en el nombre de Dios el Padre o de Jesucristo a fin de llevar a cabo la obra de Dios.

Yo te he enviado, **Éx.** 3:12–15. Dirás todas las cosas que yo te mande, **Éx.** 7:2. Jesús dio autoridad a los doce discípulos, **Mateo** 10:1. No me elegisteis vosotros a mí, sino que yo os elegí a vosotros, y os he puesto, **Juan** 15:16.

Nefi y Lehi predicaron con gran autoridad, **Hel.** 5:18. Nefi hijo de Helamán era varón de Dios, que tenía gran poder y autoridad que Dios le había dado, **Hel.** 11:18 (3 Ne. 7:17). Jesús dio poder y autoridad a doce nefitas, **3 Ne.** 12:1–2.

José Smith fue llamado por Dios y ordenado, **DyC** 20:2. Nadie predicará el evangelio ni edificará la iglesia, a menos que sea ordenado por alguien que tenga autoridad, y sepa la iglesia que la tiene, **DyC** 42:11. Los élderes deben predicar el evangelio, obrando mediante la autoridad, **DyC** 68:8. El Sacerdocio de Melquisedec tiene autoridad para administrar en las cosas espirituales, **DyC** 107:8, 18–19. Lo que se hace con autoridad divina llega a ser ley, **DyC** 128:9.

Los que prediquen o administren en nombre de Dios deben ser llamados por Él, por medio de aquellos que tengan la autoridad, **AdeF** 1:5.

Autoridades Generales. *Véase* Apóstol; Obispo Presidente; Primera Presidencia; Setenta

Avaricia. *Véase* Codiciar

Ayunar, ayuno. *Véase también* Bienestar; Limosna; Ofrenda; Pobres

Abstenerse voluntariamente de ingerir

alimentos y bebidas con el fin de acercarse al Señor e invocar Sus bendiciones. Cuando se ayuna, ya sea individualmente o en grupo, también se debe orar para comprender la voluntad de Dios y para desarrollar mayor fortaleza espiritual. Los verdaderos creyentes siempre han practicado el ayuno.

Actualmente, en la Iglesia se designa un domingo del mes con el fin de ayunar. En ese día, los miembros de la Iglesia se abstienen de ingerir alimentos y bebidas durante un período y donan a la Iglesia el dinero que habrían gastado en dichos alimentos. A esa donación se le llama ofrenda de ayuno. La Iglesia utiliza las ofrendas para ayudar a los pobres y a los necesitados.

Ayunamos y pedimos a nuestro Dios, **Esd.** 8:21–23, 31. Ayuné y oré delante del Dios de los cielos, **Neh.** 1:4. Ayunad por mí, y no comáis ni bebáis en tres días, **Ester** 4:16. Afligí con ayuno mi alma, **Sal.** 35:13. ¿No es más bien el ayuno que yo escogí?, **Isa.** 58:3–12. Y volví mi rostro a Dios el Señor, buscándole en oración y ruego, en ayuno, **Dan.** 9:3. Convertíos a mí con todo vuestro corazón, con ayuno, **Joel** 2:12. Los hombres de Nínive creyeron a Dios, y proclamaron ayuno, **Jonás** 3:5.

Jesucristo ayunó cuarenta días y cuarenta noches, **Mateo** 4:2 (Éx. 34:28; 1 Rey. 19:8; Lucas 4:1–2). Lava tu rostro, para no mostrar a los hombres que ayunas, **Mateo** 6:18 (3 Ne. 13:16). Este género no sale sino con oración y ayuno, **Mateo** 17:21.

Continuad ayunando y orando, **Omni** 1:26 (4 Ne. 1:12). Empezaron a ayunar y a rogar al Señor su Dios, **Mos.** 27:22. He ayunado y orado muchos días para poder saber estas cosas, **Alma** 5:46. Mandó a los hijos de Dios que se unieran en ayuno y ferviente oración, **Alma** 6:6. Los hijos de Mosíah se habían dedicado a mucha oración y ayuno, **Alma** 17:3, 9. Después de la muerte de muchos nefitas, hubo un tiempo de mucho ayuno y oración, **Alma** 28:5–6. Ayunaron y oraron mucho, **Alma** 45:1 (Hel. 3:35).

Prepararás tus alimentos con sencillez de corazón, a fin de que tus ayunos sean perfectos, **DyC** 59:13–14. Os doy el mandamiento de perseverar en la oración y el ayuno, **DyC** 88:76.

Baal. *Véase también* Idolatría

El dios Sol que adoraban principalmente los sidonios en Fenicia (1 Rey. 16:31); también lo adoraban en formas diferentes en otros lugares: los moabitas lo adoraban como Baal-peor (Núm. 25:1–3); en Siquem era adorado como Baal-berit (Jue. 8:33; 9:4); en Ecrón, como Baal-zebub (2 Rey. 1:2). Es posible que Baal, Bel de Babilonia y Zeus de Grecia sean el mismo dios. El vocablo *Baal* expresa la relación que existe entre el señor y su esclavo. El símbolo que usualmente se utilizaba para representar a Baal era el toro. Astoret era la diosa que generalmente se adoraba junto con Baal.

En ocasiones se combinaba el vocablo *Baal* con otro nombre o palabra para indicar la conexión que tenía con el dios, tal como un lugar donde se le adoraba o una persona con atributos similares a los de Baal. Posteriormente, como el nombre se relacionaba con significados sumamente inicuos, se le reemplazó con el vocablo *Boset* en dichos nombres compuestos. *Boset* significa "vergüenza".

Babel, Babilonia. *Véase también* Mundo; Nabucodonosor

Capital del Imperio de Babilonia.

Babel fue fundada por Nimrod y era una de las ciudades más antiguas de la tierra de Mesopotamia, o Sinar (Gén. 10:8–10). El Señor confundió el lenguaje de la gente en los tiempos en que el pueblo edificaba la Torre de Babel (Gén. 11:1–9; Éter 1:3–5, 33–35). Posteriormente, Babilonia fue la capital y sede del reino de Nabucodonosor, quien edificó una enorme ciudad de la cual todavía existen las ruinas. Babilonia llegó a ser una ciudad sumamente inicua, por lo que ha llegado a simbolizar la iniquidad del mundo.

Huid de en medio de Babilonia, **Jer.** 51:6.

Babilonia se establecerá y caerá, **Apoc.** 17–18.

Babilonia será destruida, **2 Ne.** 25:15.

Babilonia caerá, **DyC** 1:16. No perdonaré a ninguno que se quede en Babilonia, **DyC** 64:24. Salid de Babilonia, **DyC** 133:5, 7, 14.

Balaam

Profeta del Antiguo Testamento a quien se le instó a maldecir a Israel a cambio de dinero, pero el Señor le mandó no hacerlo (Núm. 22–24).

El asna de Balaam rehusó avanzar porque un ángel se le apareció en el camino, **Núm.** 22:22–35.

Bálsamo de Galaad

Resina o especia aromática usada para sanar heridas (Gén. 43:11; Jer. 8:22; 46:11; 51:8). El arbusto que producía la resina con la cual se preparaba el bálsamo crecía tan abundantemente en Galaad en la época del Antiguo Testamento que llegó a conocerse como "bálsamo de Galaad" (Gén. 37:25; Ezeq. 27:17).

Barrabás

Nombre del preso que soltaron en lugar de Jesús el día de la Crucifixión. Era un insurrecto, asesino y ladrón (Mateo 27:16–26; Mar. 15:6–15; Lucas 23:18–25; Juan 18:40).

Bartolomé. *Véase también* Natanael

En el Nuevo Testamento, uno de los Doce Apóstoles originales de Jesucristo (Mateo 10:2–4).

Bautismo, bautizar. *Véase también* Bautismo de los niños pequeños; Espíritu Santo; Nacer de Dios, nacer de nuevo; Ordenanzas

La palabra usada en el texto griego original significa "meter en un líquido" o "sumergir". El bautismo por inmersión en el agua, efectuado por alguien que tenga la debida autoridad, es la ordenanza introductoria del Evangelio y es

necesario para ser miembro de La Iglesia de Jesucristo de los Santos de los Últimos Días. Lo preceden la fe en Jesucristo y el arrepentimiento, y después del bautismo se debe recibir el don del Espíritu Santo a fin de que aquel sea completo (2 Ne. 31:13–14). Recibir el bautismo de agua y del Espíritu es un requisito para entrar en el reino celestial. Adán fue la primera persona que se bautizó (Moisés 6:64–65). Jesús se bautizó también para cumplir toda justicia y para mostrar el camino a todo el género humano (Mateo 3:13–17; 2 Ne. 31:5–12).

Debido a que no todas las personas tienen la oportunidad de aceptar el Evangelio durante su vida terrenal, el Señor ha autorizado para que se efectúen, por medio de representantes, bautismos por los muertos. Por tanto, las personas que acepten el Evangelio en el mundo de los espíritus pueden llenar los requisitos para entrar en el reino de Dios.

Indispensable: Deja ahora, porque así conviene que cumplamos toda justicia, **Mateo** 3:15. Jesús vino y fue bautizado por Juan, **Mar.** 1:9. Los fariseos y los intérpretes de la ley desecharon los designios de Dios, no siendo bautizados, **Lucas** 7:30. El que no naciere de agua y del Espíritu, no puede entrar en el reino de Dios, **Juan** 3:5. Arrepentíos, y bautícese cada uno de vosotros, **Hech.** 2:38.

Él manda a todos los hombres que se bauticen en su nombre, **2 Ne.** 9:23–24. Los hombres deben seguir a Cristo, ser bautizados, recibir el Espíritu Santo y perseverar hasta el fin para poder ser salvos, **2 Ne.** 31. La doctrina de Cristo es que los hombres deben creer y ser bautizados, **3 Ne.** 11:20–40.

Aquellos que no crean en vuestras palabras, ni se bauticen en el agua en mi nombre, serán condenados, **DyC** 84:74.

Dios le explicó a Adán por qué son necesarios el arrepentimiento y el bautismo, **Moisés** 6:52–60.

Por inmersión: Jesús, después que fue bautizado, subió luego del agua, **Mateo** 3:16 (Marcos 1:10). Juan bautizaba en

Enón, porque había allí muchas aguas, **Juan** 3:23. Y descendieron al agua, Felipe y el eunuco, y le bautizó, **Hech.** 8:38. Somos sepultados juntamente con él por el bautismo, **Rom.** 6:4 (Col. 2:12).

Seguid a vuestro Señor y Salvador y descended al agua, **2 Ne.** 31:13. Alma, Helam y otras personas se sepultaron en el agua, **Mos.** 18:12–16. Y entonces los sumergiréis en el agua, **3 Ne.** 11:25–26.

Se explica el modo correcto de bautizar, **DyC** 20:72–74. Son los que fueron bautizados según la manera de su sepultura, siendo sepultados en el agua en su nombre, **DyC** 76:50–51.

Adán fue sumergido en el agua, y sacado del agua, **Moisés** 6:64. Creemos en el bautismo por inmersión para la remisión de pecados, **AdeF** 1:4.

Para la remisión de pecados: Levántate y bautízate, y lava tus pecados, **Hech.** 22:16.

Entonces viene una remisión de vuestros pecados por fuego y por el Espíritu Santo, **2 Ne.** 31:17. Venid y sed bautizados para arrepentimiento, a fin de que seáis lavados de vuestros pecados, **Alma** 7:14. Bienaventurados son los que crean y sean bautizados, porque recibirán una remisión de sus pecados, **3 Ne.** 12:1–2.

Declararás el arrepentimiento y la fe en el Salvador, y la remisión de pecados por el bautismo, **DyC** 19:31.

Creemos en el bautismo por inmersión para la remisión de pecados, **AdeF** 1:4.

Con la debida autoridad: Id, y haced discípulos a todas las naciones, bautizándolos en el nombre del Padre, y del Hijo, y del Espíritu Santo, **Mateo** 28:19 (DyC 68:8).

Limhi y muchos de su pueblo deseaban ser bautizados; mas no había en la tierra quien tuviera la autoridad de Dios, **Mos.** 21:33. Te doy poder para que bautices, **3 Ne.** 11:19–21.

El Sacerdocio de Aarón tiene las llaves del bautismo por inmersión para la remisión de pecados, **DyC** 13. Son ellos los que de mí son ordenados para bautizar en mi nombre, **DyC** 18:29.

Juan el Bautista dio a José Smith y a Oliver Cowdery la autoridad para bautizar, **JS—H** 1:68–69.

Requisitos del bautismo: Arrepentíos, arrepentíos y sed bautizados en el nombre de mi Amado Hijo, **2 Ne.** 31:11. Debéis arrepentiros y nacer de nuevo, **Alma** 7:14. Cuidaos de ser bautizados indignamente, **Morm.** 9:29. Enseña a los padres que deben arrepentirse y ser bautizados, y humillarse, **Moro.** 8:10.

Se indican los requisitos para los que deseen bautizarse, **DyC** 20:37. Los niños serán bautizados para la remisión de sus pecados cuando tengan ocho años, **DyC** 68:25, 27.

El convenio del bautismo: Habéis concertado un convenio con él de que lo serviréis y guardaréis sus mandamientos, **Mos.** 18:8–10, 13.

Los que se arrepientan, tomen sobre sí el nombre de Jesucristo y tengan la determinación de servirle serán recibidos por el bautismo, **DyC** 20:37.

Bautismo por los muertos: ¿Qué harán los que se bautizan por los muertos?, **1 Cor.** 15:29.

Se realizan bautismos por los muertos para la remisión de los pecados, **DyC** 124:29; 127:5–9; 128:1; 138:33.

Bautismo de los niños pequeños.
Véase también Bautismo, bautizar — Requisitos del bautismo; Niño(s); Responsabilidad, responsable; Salvación — La salvación de los niños pequeños

La práctica innecesaria de bautizar a los bebés y a los niños pequeños antes de que lleguen a la edad de responsabilidad, o sea, los ocho años. El Señor condena el bautismo de los niños pequeños (Moro. 8:10–21). Al nacer, los niños son inocentes y libres de pecado, y Satanás no tiene poder para tentarlos hasta que comiencen a ser responsables (DyC 29:46–47), por lo que no tienen necesidad del arrepentimiento ni del bautismo. Se les debe bautizar a la edad de ocho años (DyC 68:25–27).

Es una solemne burla ante Dios que bauticéis a los niños pequeños, **Moro.** 8:4–23.

Los niños serán bautizados cuando tengan ocho años de edad, **DyC** 68:27. Todos los niños que mueren antes de llegar a la edad de responsabilidad se salvan en el reino celestial, **DyC** 137:10.

Bautista. *Véase* Juan el Bautista

Beber, embriaguez. *Véase* Palabra de Sabiduría

Bebidas alcohólicas. *Véase* Palabra de Sabiduría

Belén

Pequeña ciudad situada a unos ocho kilómetros al sur de Jerusalén. En hebreo, Belén significa "casa de pan"; también se le llama Efrata, lo cual significa "fructífera". Jesucristo nació en Belén (Miq. 5:2; Mateo 2:1–8). Raquel fue sepultada en Belén (Gén. 35:19; 48:7).

Rut y Booz vivieron en Belén, **Rut** 1:22. David vivía en Belén y allí lo ungió Samuel, **1 Sam.** 16:1–13; 17:12, 15; 20:6, 28.

Herodes mandó matar a los niños pequeños de Belén, **Mateo** 2:16.

Belsasar. *Véase también* Babel, Babilonia

En el Antiguo Testamento, último rey de Babilonia, que gobernó antes de la conquista de Babilonia efectuada por Ciro; hijo y sucesor de Nabucodonosor (Dan. 5:1–2).

Bendecido, bendecir, bendición.
Véase también Acción de gracias, agradecido, agradecimiento; Bendición de los enfermos; Bendiciones patriarcales; Gracia; Ley

Conferir sobre una persona un favor divino. Todo lo que contribuya a la verdadera felicidad, al bienestar o a la prosperidad es una bendición.

Todas las bendiciones se basan en leyes eternas (DyC 130:20–21). Dios desea que Sus hijos encuentren gozo en la vida (2 Ne. 2:25), por lo que les da bendiciones como resultado de la obediencia de estos a Sus mandamientos (DyC 82:10), como respuesta a una oración u ordenanza del sacerdocio (DyC 19:38; 107:65–67), o por la gracia de Él (2 Ne. 25:23).

Una serie bien conocida de afirmaciones referente al tema de las bendiciones se conoce como las Bienaventuranzas (Mateo 5:1–12; 3 Ne. 12:1–12).

Bendiciones en general: Haré de ti una nación grande, y te bendeciré, **Gén.** 12:2–3 (1 Ne. 15:18; Abr. 2:9–11). Hay bendiciones sobre la cabeza del justo, **Prov.** 10:6. El hombre de verdad tendrá muchas bendiciones, **Prov.** 28:20. Os abriré las ventanas de los cielos y derramaré sobre vosotros bendición, **Mal.** 3:10 (3 Ne. 24:10).

En las Bienaventuranzas se prometen bendiciones, **Mateo** 5:1–12 (3 Ne. 12:1–12). Bienaventurados los que son llamados a la cena de las bodas del Cordero, **Apoc.** 19:9.

El que es justo es favorecido de Dios, **1 Ne.** 17:35 (Mos. 10:13). Si lo escucháis, os dejo una bendición, **2 Ne.** 1:28. Os dejo la misma bendición, **2 Ne.** 4:9. Él os bendice inmediatamente, **Mos.** 2:24. El Señor bendice y hace prosperar a aquellos que en Él ponen su confianza, **Hel.** 12:1.

Ayudad a que salga a luz mi obra, y seréis bendecidos, **DyC** 6:9. Ora siempre, y grande será tu bendición, **DyC** 19:38. Bautízate, y recibirás mi Espíritu y una bendición mayor que cualquiera que hayas conocido, **DyC** 39:10. Tras mucha tribulación vienen las bendiciones, **DyC** 58:4. Mando, y los hombres no obedecen; revoco, y no reciben la bendición, **DyC** 58:32. No habéis entendido cuán grandes bendiciones el Padre ha preparado para vosotros, **DyC** 78:17. Del sumo sacerdocio procede la administración de las ordenanzas y las bendiciones para la iglesia, **DyC** 107:65–67. Hay una ley sobre la cual todas las bendiciones se basan, **DyC** 130:20. Todos los que quieran recibir una bendición de mi mano han de obedecer la ley, **DyC** 132:5. El Señor tiene bendiciones reservadas para aquellos que lo aman, **DyC** 138:52.

Abraham buscó las bendiciones de los patriarcas, y el derecho de administrarlas, **Abr.** 1:2.

Bendición de los niños: Tomándolos en los brazos, los bendecía, **Mar.** 10:16.

Tomó a sus niños pequeños, uno por uno, y los bendijo, **3 Ne.** 17:21.

Los élderes bendecirán a los niños en el nombre de Jesucristo, **DyC** 20:70.

Bendición de los enfermos.
Véase también Aceite; Imposición de manos; Sacerdocio; Sanar, sanidades; Unción

Bendición que dan a los enfermos hombres que poseen el Sacerdocio de Melquisedec, valiéndose del aceite consagrado.

Ven y pon tu mano sobre ella, **Mateo** 9:18. Jesús sanó a unos pocos enfermos, poniendo sobre ellos las manos, **Mar.** 6:5. Los doce ungían con aceite a muchos enfermos, y los sanaban, **Mar.** 6:13. Los enfermos debían llamar a los ancianos de la Iglesia (élderes) para que los ungieran y los sanaran, **Stg.** 5:14–15.

No sanaréis enfermos a menos que os lo pidan aquellos que deseen, **DyC** 24:13–14. Los élderes impondrán las manos sobre los enfermos, **DyC** 42:44. Pon tus manos sobre los enfermos, y sanarán, **DyC** 66:9.

Bendiciones patriarcales. *Véase*
también Evangelista; Padre terrenal; Patriarca, patriarcal

Bendiciones que dan los patriarcas ordenados a los miembros dignos de la Iglesia. La bendición patriarcal es el consejo del Señor a la persona que la reciba y en ella se declara el linaje de esta dentro de la casa de Israel. Los padres de familia también pueden dar bendiciones especiales, en calidad de patriarcas de su familia, pero dichas bendiciones no las registra ni conserva la Iglesia.

Israel extendió su mano derecha, y la puso sobre la cabeza de Efraín, **Gén.**

48:14. Jacob bendijo a sus hijos y a su posteridad, **Gén.** 49.

Lehi bendijo a su posteridad, **2 Ne.** 4:3–11.

Benjamín hijo de Jacob. *Véase*
también Israel; Jacob hijo de Isaac

En el Antiguo Testamento, segundo hijo de Jacob y Raquel (Gén. 35:16–20).

La tribu de Benjamín: Jacob bendijo a Benjamín (Gén. 49:27). Los descendientes de Benjamín eran un pueblo inclinado a la guerra. Saúl, el primer rey de Israel (1 Sam. 9:1–2), y Pablo, el Apóstol del Nuevo Testamento (Rom. 11:1), eran benjamitas.

Benjamín, padre de Mosíah. *Véase*
también Mosíah hijo de Benjamín

Profeta y rey del Libro de Mormón (Mos. 1–6).

Enfrentó problemas serios al tratar de establecer la paz en la tierra, **Omni** 1:23–25 (P. de Morm. 1:12–18). Enseñó a sus hijos, **Mos.** 1:1–8. Confirió el reino a su hijo Mosíah, **Mos.** 1:9–18. El pueblo se congregó para escuchar su discurso final, **Mos.** 2:1–8. Habló a su pueblo, **Mos.** 2:9–4:30. Su pueblo hizo convenio con el Señor, **Mos.** 5–6.

Bernabé

Nombre que se dio a José, un levita natural de Chipre que vendió sus posesiones y dio a los Apóstoles el dinero procedente de la venta de su heredad (Hech. 4:36–37). No era uno de los Doce Apóstoles originales, pero fue apóstol en la época de Pablo (Hech. 14:4, 14) y salió en varios viajes misionales (Hech. 11:22–30; 12:25; 13–15; 1 Cor. 9:6; Gál. 2:1, 9; Col. 4:10).

Betania

Aldea donde se quedó nuestro Señor durante la última semana de Su vida mortal (Mateo 21:17; Mar. 11:11). Se encuentra sobre la ladera sudeste del monte de los Olivos y era el lugar de residencia de Lázaro, María y Marta (Juan 11:1–46; 12:1).

Bet-el

En hebreo significa "casa de Dios", y es uno de los lugares más sagrados de Israel. Se encuentra a unos dieciséis kilómetros al norte de Jerusalén. Allí fue donde erigió Abraham su altar cuando por primera vez llegó a Canaán (Gén. 12:8; 13:3). Allí Jacob vio en visión una escalera cuyo extremo tocaba el cielo (Gén. 28:10–19). También era un santuario en los días de Samuel (1 Sam. 7:16; 10:3).

Betsabé. *Véase también* David

Esposa de Urías; posteriormente esposa de David y madre de Salomón. El rey David cometió adulterio con ella y mandó matar a su esposo en la batalla (2 Sam. 11), pecado que tuvo consecuencias eternas para David (DyC 132:39).

Biblia. *Véase también* Antiguo Testamento; Apócrifos; Canon; Efraín — El palo de Efraín o palo de José; Escrituras; Judá — El palo de Judá; Nuevo Testamento

Colección de escritos hebreos y cristianos que contienen revelaciones divinas. El vocablo *Biblia* significa "los libros". La Biblia es obra de muchos profetas y escritores inspirados que obraron bajo la influencia del Espíritu Santo (2 Pe. 1:21).

La Biblia cristiana contiene dos partes, conocidas familiarmente como el Antiguo Testamento y el Nuevo Testamento. El Antiguo Testamento se compone del canon de Escrituras de uso corriente entre los judíos de Palestina en la época del ministerio terrenal del Señor. El Nuevo Testamento contiene escritos correspondientes a la época apostólica, y se considera tan sagrado como las Escrituras judaicas y con la misma autoridad. Los libros del Antiguo Testamento se han tomado de una literatura nacional que cubre varios siglos. Esos libros se escribieron casi enteramente en hebreo, mientras que los libros del Nuevo Testamento son la obra de una sola generación y se escribieron mayormente en griego.

En el Antiguo Testamento, el vocablo *testamento* representa una palabra hebrea que significa "convenio". El Antiguo Convenio es la ley que se le dio a Moisés cuando Israel rechazó la plenitud del Evangelio que el pueblo de Dios había conocido desde el comienzo de la vida terrenal. El Nuevo Convenio es el Evangelio según lo enseñó Jesucristo.

En la Biblia hebrea (el Antiguo Testamento), los libros estaban divididos en tres grupos: la Ley, los Profetas y los Escritos. En la Biblia que usa el mundo cristiano, los libros están ordenados de acuerdo con el tema que contienen; por ejemplo, históricos, poéticos y proféticos.

Los libros del Nuevo Testamento generalmente se encuentran en el siguiente orden: los cuatro Evangelios y Hechos; las Epístolas de Pablo; las Epístolas generales de Santiago, Pedro, Juan y Judas; y el Apocalipsis o Revelación de Juan.

La Iglesia de Jesucristo de los Santos de los Últimos Días venera y respeta la Biblia, afirmando a la vez que el Señor continúa dando revelación adicional en los últimos días por medio de Sus profetas, la cual sostiene, apoya y verifica el relato bíblico de los hechos de Dios para con la humanidad.

El palo de Judá (la Biblia) y el palo de José (el Libro de Mormón) serán uno solo en la mano del Señor, **Ezeq.** 37:15–20.

Las Escrituras de los últimos días establecerán la verdad de la Biblia, **1 Ne.** 13:38–40. El Libro de Mormón se unirá a la Biblia para confundir las falsas doctrinas, **2 Ne.** 3:12. ¡Una Biblia! ¡Una Biblia! ¡Tenemos una Biblia!, **2 Ne.** 29:3–10. Todos los que crean en la Biblia también creerán en el Libro de Mormón, **Morm.** 7:8–10.

Los élderes enseñarán los principios de mi evangelio, que se encuentran en la Biblia y en el Libro de Mormón, **DyC** 42:12.

Creemos que la Biblia es la palabra de

Dios hasta donde esté traducida correctamente, **AdeF** 1:8.

Biblia, Traducción de José Smith (TJS). *Véase* José Smith, Traducción de (TJS)

Bienaventuranzas. *Véase también* Sermón del Monte

Serie de enseñanzas que dio Jesús en el Sermón del Monte y que describen los atributos de un carácter refinado y espiritual (Mateo 5:3–12; Lucas 6:20–23). Las Bienaventuranzas están ordenadas de tal manera que cada una de ellas se basa en la anterior. En 3 Nefi 12, se encuentran en forma más precisa y amplia.

Bienestar. *Véase también* Almacén; Ayunar, ayuno; Limosna; Ofrenda; Pobres; Servicio

El proceso y el medio por los cuales se atiende a las necesidades espirituales y temporales de las personas.

Abrirás tu mano a tu hermano, al pobre y al menesteroso en tu tierra, **Deut.** 15:11. El que da al pobre no tendrá pobreza, **Prov.** 28:27. ¿No es el ayuno que yo escogí, que partas tu pan con el hambriento, y a los pobres albergues en casa?, **Isa.** 58:6–7.

Tuve hambre, y me disteis de comer; fui forastero, y me recogisteis. En cuanto lo hicisteis a uno de estos mis hermanos más pequeños, a mí lo hicisteis, **Mateo** 25:35–40.

Impartiréis de vuestros bienes al necesitado, **Mos.** 4:16–26. Los de la Iglesia se ayudaban el uno al otro temporal y espiritualmente, según sus necesidades y carencias, **Mos.** 18:29. Se mandó a los hijos de Dios que se unieran en ayuno y oración por el bien de aquellos que no conocían a Dios, **Alma** 6:6. Orad por vuestro bienestar y por el bienestar de los que os rodean, **Alma** 34:27–28. Tenían en común todas las cosas, **4 Ne.** 1:3. Te acordarás de los pobres, **DyC** 42:30–31. Debéis visitar a los pobres y a los necesitados, **DyC** 44:6. Recordad en todas las cosas a los pobres y a los necesitados,

DyC 52:40. ¡Ay de vosotros, hombres ricos, que no queréis dar de vuestros bienes a los pobres, y ay de vosotros los pobres que no estáis satisfechos, que sois codiciosos y no queréis trabajar!, **DyC** 56:16–17.

En Sion no había pobres, **Moisés** 7:18.

Blasfemar, blasfemia. *Véase también* Pecado imperdonable; Profanidad

Hablar en forma irrespetuosa o irreverente de Dios o de lo que es sagrado.

En varias ocasiones, los judíos acusaron a nuestro Señor de proferir blasfemias por decir que tenía potestad para perdonar pecados (Mateo 9:2–3; Lucas 5:20–21), porque afirmaba ser el Hijo de Dios (Juan 10:22–36; 19:7), y porque decía que lo verían "sentado a la diestra del poder de Dios, y viniendo en las nubes del cielo" (Mateo 26:64–65). Estas acusaciones habrían sido válidas si en realidad Él no hubiera sido todo lo que afirmaba ser. La acusación presentada contra Él por los testigos falsos en el juicio ante el concilio (Mateo 26:59–61) fue de haber blasfemado contra el templo de Dios. La blasfemia contra el Espíritu Santo, que consiste en negar deliberadamente a Cristo después de haber recibido un conocimiento perfecto de Él por medio del Espíritu, constituye el pecado imperdonable (Mateo 12:31–32; Mar. 3:28–29; DyC 132:27).

El que blasfemare el nombre de Jehová, ha de ser muerto, **Lev.** 24:11–16.

Los enemigos del Señor no quedarán para blasfemar su nombre, **DyC** 105:15. La venganza vendrá sobre aquellos que blasfemen contra el Señor, **DyC** 112:24–26.

Booz. *Véase también* Rut

Esposo de Rut (Rut 4:9–10); bisabuelo de David, el rey de Israel (Rut 4:13–17); y progenitor de Cristo, el Rey de reyes (Lucas 3:32).

Buen Pastor. *Véase también* Jesucristo

Jesucristo es el Buen Pastor. En sentido

simbólico, Sus seguidores son como ovejas que Él apacienta.

Jehová es mi pastor, **Sal.** 23:1. Como pastor apacentará su rebaño, **Isa.** 40:11. Así reconoceré mis ovejas, **Ezeq.** 34:12.

Yo soy el buen pastor, **Juan** 10:14–15. Nuestro Señor Jesucristo, el gran pastor de las ovejas, **Heb.** 13:20.

Y habrá un pastor, y él apacentará a sus ovejas, **1 Ne.** 22:25. El buen pastor os llama en su propio nombre, el cual es el nombre de Cristo, **Alma** 5:38, 60. Habrá un rebaño y un pastor, **3 Ne.** 15:21 (Juan 10:16).

Caída de Adán y Eva. *Véase también* Adán; Eva; Expiación, expiar; Hombre natural; Jesucristo; Mortal, mortalidad; Muerte espiritual; Muerte física; Plan de redención; Redención, redimido, redimir

El proceso mediante el cual el hombre se volvió mortal sobre esta tierra. Cuando Adán y Eva comieron del fruto prohibido, sus cuerpos se hicieron mortales, esto es, sujetos al pecado y a la muerte. Adán fue la "primera carne" sobre la tierra (Moisés 3:7). Las revelaciones de los últimos días aclaran que la Caída es una bendición para la humanidad y que se debe honrar a Adán y a Eva como los primeros padres de todo el género humano.

La Caída era un paso necesario en el progreso del hombre. Dios, sabiendo que ocurriría la Caída, ya en la vida preterrenal había dispuesto lo necesario para que hubiera un Salvador. Jesucristo vino en el meridiano de los tiempos para expiar la Caída de Adán y también los pecados individuales del hombre, con la condición de que este se arrepienta.

El día que de él comieres, ciertamente morirás, **Gén.** 2:17 (Moisés 3:17). Tomó de su fruto, y comió, **Gén.** 3:6 (Moisés 4:12).

Así como en Adán todos mueren, también en Cristo todos serán vivificados, **1 Cor.** 15:22.

Todo el género humano se hallaba en un estado perdido y caído, **1 Ne.** 10:6. La vía está preparada desde la caída del hombre, **2 Ne.** 2:4. Después que Adán y Eva hubieron comido del fruto prohibido, fueron echados del Jardín de Edén, **2 Ne.** 2:19. Adán cayó para que los hombres existiesen, **2 Ne.** 2:15–26. El hombre natural es enemigo de Dios, y lo ha sido desde la caída de Adán, **Mos.** 3:19. Aarón enseñó al padre de Lamoni acerca de la Caída, **Alma** 22:12–14. Debe efectuarse una expiación, o de lo contrario, todo el género humano está caído y perdido, **Alma** 34:9. Nuestros primeros padres fueron separados de la presencia del Señor, tanto temporal como espiritualmente, **Alma** 42:2–15 (Hel. 14:16). Por causa de la caída, nuestra naturaleza se ha tornado mala, **Éter** 3:2.

Por transgredir estas santas leyes, el hombre llegó a ser hombre caído, **DyC** 20:20 (DyC 29:34–44).

El Señor le dijo a Adán que así como había caído, podía ser redimido, **Moisés** 5:9–12. Por causa de la transgresión viene la Caída, **Moisés** 6:59. Los hombres serán castigados por sus propios pecados, **AdeF** 1:2.

Caifás. *Véase también* Anás; Saduceos

En el Nuevo Testamento, sumo sacerdote y yerno de Anás. Caifás tomó parte activa en el ataque lanzado contra Jesús y Sus discípulos (Mateo 26:3–4; Juan 11:47–51; 18:13–14).

Caín. *Véase también* Abel; Adán; Asesinato; Combinaciones secretas

Hijo de Adán y Eva que mató a su hermano menor Abel (Gén. 4:1–16).

El Señor rechazó su ofrenda, **Gén.** 4:3–7 (Moisés 5:5–8, 18–26). Mató a su hermano Abel, **Gén.** 4:8–14 (Moisés 5:32–37). Jehová puso señal y maldición en Caín, **Gén.** 4:11–15 (Moisés 5:37–41).

Adán y Eva tuvieron muchos hijos e hijas antes de que él naciera, **Moisés** 5:1–3, 16–17. Amó a Satanás más que a Dios, **Moisés** 5:13, 18. Concertó un pacto impío con Satanás, **Moisés** 5:29–31.

Caleb

Uno de los enviados por Moisés a reconocer la tierra de Canaán en el segundo año después del Éxodo. Él y Josué fueron los únicos que dieron un informe verídico (Núm. 13:6, 30; 14:6–38). Entre todos los que salieron de Egipto, ellos fueron los únicos que sobrevivieron a los cuarenta años en el desierto (Núm. 26:65; 32:12; Deut. 1:36) y entraron en Canaán (Josué 14:6–14; 15:13–19).

Calumnias. *Véase también* Chismes; Contención, contienda; Mentiras; Rumores

Decir algo incorrecto, dañino o inicuo. En las Escrituras, a menudo se refiere a personas que hablan de otras con la intención específica de causarles dolor.

Guarda tu lengua del mal, **Sal.** 34:13 (1 Pe. 3:10). El hombre perverso cava en busca del mal, **Prov.** 16:27.

Bienaventurados sois cuando digan toda clase de mal contra vosotros mintiendo, **Mateo** 5:11 (3 Ne. 12:11). Del corazón salen los malos pensamientos, **Mateo** 15:19 (Marcos 7:21). No maldecirás a un príncipe de tu pueblo, **Hech.** 23:5. Quítense de vosotros toda maledicencia, y toda malicia, **Efe.** 4:31. No murmuréis los unos de los otros, **Stg.** 4:11.

Cuídense de que no haya en la iglesia difamaciones, ni calumnias, **DyC** 20:54.

Calvario. *Véase* Gólgota

Cam. *Véase también* Noé, patriarca bíblico

En el Antiguo Testamento, el tercer hijo de Noé (Gén. 5:32; 6:10; Moisés 8:12, 27).

Noé, sus hijos y las respectivas familias de estos entraron en el arca, **Gén.** 7:13. Canaán hijo de Cam es maldecido, **Gén.** 9:18–25.

El gobierno de Cam fue patriarcal y fue bendecido en cuanto a las bendiciones de la tierra y con sabiduría, pero no en cuanto al sacerdocio, **Abr.** 1:21–27. La esposa de Cam, Egyptus, era descendiente de Caín; los hijos de la hija de ellos, que también se llamaba Egyptus, se establecieron en Egipto, **Abr.** 1:23, 25 (Sal. 105:23; 106:21–22).

Camino (vía). *Véase también* Andar, andar con Dios; Jesucristo

El sendero (la vía) o la dirección que sigue una persona. Jesús dijo que Él era el camino (Juan 14:4–6).

Guardarás los mandamientos de Jehová, andando en sus caminos, **Deut.** 8:6. Instruye al niño en su camino, **Prov.** 22:6 (2 Ne. 4:5). Así son mis caminos más altos que vuestros caminos, **Isa.** 55:8–9.

Estrecha es la puerta, y angosto el camino que lleva a la vida, **Mateo** 7:13–14 (3 Ne. 14:13–14; 27:33; DyC 132:22, 25). Jesús le dijo: Yo soy el camino, y la verdad, y la vida, **Juan** 14:6. Dios dará juntamente con la tentación la salida, **1 Cor.** 10:13.

El Señor no da mandamientos a sus hijos sin prepararles la vía para que los cumplan, **1 Ne.** 3:7 (1 Ne. 9:6; 17:3, 13). La vía para el hombre es angosta; y no hay otra entrada sino por la puerta, **2 Ne.** 9:41. Sois libres para obrar, para escoger la vía de la muerte interminable, o la vía de la vida eterna, **2 Ne.** 10:23. Esta es la senda; y no hay otro camino, ni nombre por el cual el hombre pueda salvarse, **2 Ne.** 31:21 (Mos. 3:17; Alma 38:9; Hel. 5:9). En el don de su Hijo, Dios ha preparado un camino más excelente, **Éter** 12:11 (1 Cor. 12:31).

Todo hombre anda por su propio camino, **DyC** 1:16. Es preciso que se haga a mi propia manera, **DyC** 104:16.

Campo. *Véase también* Mundo; Viña del Señor

En las Escrituras, a menudo simboliza el mundo y sus habitantes.

El campo es el mundo, **Mateo** 13:38. El reino de los cielos es semejante a un tesoro escondido en un campo, **Mateo** 13:44.

Vi un campo grande y espacioso,

1 Ne. 8:9, 20. El campo estaba maduro, **Alma** 26:5.

El campo blanco está ya para la siega, **DyC** 4:4 (DyC 6:3; 11:3; 12:3; 14:3; 31:4; 33:3, 7). El campo era el mundo, **DyC** 86:1–2. Compararé estos reinos a un hombre que tiene un campo, **DyC** 88:51.

Canaán, cananeo

En la época del Antiguo Testamento, el cuarto hijo de Cam (Gén. 9:22; 10:1, 6) y nieto de Noé. El término *cananeo* se refiere a las personas oriundas de la tierra donde originalmente vivió Canaán y también a sus descendientes. *Cananeo* también era el nombre del pueblo que habitaba las tierras bajas por la costa de Palestina sobre el Mediterráneo. Este nombre se ha usado en algunas ocasiones para referirse a todos los habitantes del territorio occidental del río Jordán que no eran israelitas, a quienes los griegos llamaban fenicios.

Canon. *Véase también* Biblia; Doctrina y Convenios; Escrituras; Libro de Mormón; Perla de Gran Precio

Colección de libros declarados auténticos y reconocidos como sagrados. En La Iglesia de Jesucristo de los Santos de los Últimos Días se les llama a estos los libros canónicos y son: el Antiguo y el Nuevo Testamento, el Libro de Mormón, Doctrina y Convenios y la Perla de Gran Precio.

Cantar. *Véase también* Himnos; Música

Adorar y alabar a Dios con cantos.

Cantad a Jehová toda la tierra, **1 Cró.** 16:23–36 (Sal. 96). Cantad a Jehová, vosotros sus santos, **Sal.** 30:4. Cantad alegres a Dios, **Sal.** 100:1.

Y cuando hubieron cantado el himno, salieron al monte de los Olivos, **Mateo** 26:30.

Los miembros de la Iglesia cantaban si el poder del Espíritu Santo los guiaba a hacerlo, **Moro.** 6:9.

La canción de los justos es una oración para mí, **DyC** 25:12. Si te sientes alegre, alaba al Señor con cantos, **DyC** 136:28.

Cantares de Salomón

Libro del Antiguo Testamento. El profeta José Smith enseñó que el Cantar de los Cantares de Salomón no es un escrito inspirado.

Cárcel de Liberty, Misuri (EE. UU.).
Véase también Smith, hijo, José

Pequeña cárcel en la que el profeta José Smith y varios hermanos más estuvieron prisioneros injustamente desde noviembre de 1838 hasta abril de 1839. Mientras se encontraba en esa situación tan difícil, José recibió ciertas revelaciones, profetizó y se sintió inspirado para escribir una importante carta a los santos, selecciones de la cual se encuentran actualmente en las secciones 121 a 123 de Doctrina y Convenios.

Caridad. *Véase también* Amor; Bienestar; Compasión; Servicio

Es el amor puro de Cristo (Moro. 7:47), el amor que tiene Cristo por los hijos de los hombres y que estos deben tener entre sí (2 Ne. 26:30; 33:7–9; Éter 12:33–34). Es el amor más fuerte, más noble y más elevado, y no tan solo un sentimiento de afecto. En algunas versiones de la Biblia, se ha substituido la palabra caridad por la palabra amor.

El conocimiento envanece, pero el amor edifica, **1 Cor.** 8:1. La caridad, o sea, el amor puro, supera casi todas las otras virtudes, **1 Cor.** 13. El propósito de este mandamiento es el amor nacido de corazón limpio, **1 Tim.** 1:5. Añadid al afecto fraternal, amor, **2 Pe.** 1:7.

El Señor ha dado el mandamiento de que todos los seres humanos tengan caridad, **2 Ne.** 26:30 (Moro. 7:44–47). Mirad que tengáis fe, esperanza y caridad, **Alma** 7:24. El amor que tiene el Señor por los hombres es la caridad, **Éter** 12:33–34. Sin caridad, los hombres no pueden heredar ese lugar preparado en las mansiones del Padre, **Éter** 12:34 (Moro. 10:20–21). Moroni escribió las palabras de Mormón concernientes a la fe, la esperanza y la caridad, **Moro. 7.**

La caridad es una virtud que califica al hombre para la obra del Señor, **DyC 4:5–6** (DyC 12:8). Vestíos con el vínculo de la caridad, **DyC 88:125.** Deja que tus entrañas se llenen de caridad, **DyC 121:45.**

Carnal. *Véase también* Caída de Adán y Eva; Hombre natural; Sensual, sensualidad

Lo que no es espiritual; más específicamente, se puede usar la palabra con el significado de físico y temporal (DyC 67:10) o con el de mundano, lujurioso y sensual (Mos. 16:10–12).

Ser de mente carnal es muerte, **2 Ne. 9:39.** El diablo adormece a los hombres con seguridad carnal, **2 Ne. 28:21.** Se habían visto a sí mismos en su propio estado carnal, **Mos. 4:2.** Quien persiste en su propia naturaleza carnal, permanece en su estado caído, **Mos. 16:5.** Todos deben nacer de Dios y ser cambiados de su estado carnal y caído, a un estado de rectitud, **Mos. 27:25.** El género humano se había vuelto carnal, sensual y diabólico, **Alma 42:10.**

Quien siga su propia voluntad y deseos carnales tendrá que caer, **DyC 3:4.** El hombre no puede ver a Dios con una mente carnal, **DyC 67:10–12.**

Los hombres empezaron a ser carnales, sensuales y diabólicos, **Moisés 5:13; 6:49.**

Carne. *Véase también* Carnal; Cuerpo; Hombre natural; Mortal, mortalidad

El vocablo *carne* tiene varios significados: (1) el tejido blando que compone parte del cuerpo del género humano y de las bestias, las aves y los peces; (2) la condición de mortal; o (3) la naturaleza física, o sea, la naturaleza carnal del hombre.

El tejido del cuerpo: Los animales son mantenimiento del hombre, **Gén. 9:3.** No se debe matar animales innecesariamente, **TJS,** Gén. 9:10–11 (DyC 49:21).

Los animales se han ordenado para alimento y vestido del hombre, **DyC 49:18–19** (DyC 59:16–20). Debemos limitar el consumo de carne, **DyC 89:12–15.**

La condición de mortal: Jesús es la única persona engendrada por el Padre en la carne, **Juan** 1:14 (Mos. 15:1–3).

Adán fue la primera carne sobre la tierra, **Moisés 3:7.**

La naturaleza carnal del hombre: Maldito el varón que pone carne por su brazo, **Jer.** 17:5.

El espíritu está dispuesto, pero la carne es débil, **Mar.** 14:38. Los deseos de la carne no provienen del Padre, **1 Juan** 2:16.

Nefi dijo: mi corazón se entristece a causa de mi carne, **2 Ne. 4:17–18, 34.** Reconciliaos con Dios, no con la voluntad del diablo y la carne, **2 Ne. 10:24.**

Carthage, cárcel de (EE. UU.). *Véase también* Smith, hijo, José; Smith, Hyrum

José Smith y su hermano Hyrum fueron asesinados por una muchedumbre el 27 de junio de 1844 en la cárcel de Carthage, Illinois, Estados Unidos de América (DyC 135).

Casa de Israel. *Véase* Israel

Casa del Señor. *Véase* Templo, Casa del Señor

Castidad. *Véase también* Adulterio; Fornicación; Sensual, sensualidad; Virtud

La pureza sexual del hombre y de la mujer.

José resistió las propuestas amorosas de la esposa de Potifar, **Gén.** 39:7–21 (DyC 42:24; 59:6). No cometerás adulterio, **Éx.** 20:14. La mujer virtuosa es corona de su marido, **Prov.** 12:4 (Prov. 31:10).

¿Ignoráis que vuestro cuerpo es templo del Espíritu Santo?, **1 Cor.** 6:18–19. Sé ejemplo en pureza, **1 Tim.** 4:12.

Ninguna cosa impura puede morar con Dios, **1 Ne.** 10:21. Porque yo, el Señor Dios, me deleito en la castidad de las mujeres, **Jacob** 2:28. El pecado sexual es una abominación, **Alma** 39:1–13. La castidad y la virtud son más caras y preciosas que todo lo demás, **Moro.** 9:9.

Creemos en ser castos, **AdeF** 1:13.

Castigar, castigo. *Véase también* Adversidad

Corrección o disciplina, individual o colectiva, que tiene el objeto de ayudar a las personas a mejorar o a fortalecerse.

No menosprecies la corrección del Todopoderoso, **Job** 5:17 (Prov. 3:11). Bienaventurado es el hombre a quien tú, JAH, corriges, **Sal.** 94:12.

Toda la Escritura es útil para redargüir, para corregir, **2 Tim.** 3:16. El Señor al que ama, disciplina, **Heb.** 12:5–11.

El Señor considera conveniente disciplinar a su pueblo, **Mos.** 23:21–22. Excepto que el Señor discipline a su pueblo, no se acuerda de él, **Hel.** 12:3. Habló el Señor con el hermano de Jared, y lo reprendió, **Éter** 2:14.

Que fueran disciplinados para que se arrepintieran, **DyC** 1:27. A los que amo también disciplino para que les sean perdonados sus pecados, **DyC** 95:1. Todos los que no quieren soportar la disciplina, no pueden ser santificados, **DyC** 101:2–5. Es necesario que mi pueblo sea disciplinado hasta que aprenda la obediencia, **DyC** 105:6. El que no aguanta la disciplina, no es digno de mi reino, **DyC** 136:31.

Cautiverio. *Véase también* Libertad, libre

En las Escrituras, se refiere tanto al cautiverio físico como al espiritual.

La casa de Israel fue llevada cautiva por su pecado, **Ezeq.** 39:23.

Si alguno lleva en cautividad, va en cautividad, **Apoc.** 13:10.

Los inicuos serán entregados a la cautividad del diablo, **1 Ne.** 14:4, 7. Los hombres son libres para escoger la libertad y la vida eterna o la cautividad y la muerte, **2 Ne.** 2:27. El deseo de la carne da al espíritu del diablo el poder de cautivar,

2 Ne. 2:29. ¿Habéis retenido suficientemente en la memoria el cautiverio de vuestros padres?, **Alma** 5:5–6. A los que endurecen sus corazones el diablo los lleva cautivos, **Alma** 12:11. Debéis velar y orar siempre, no sea que el diablo os tiente, y seáis llevados cautivos por él, **3 Ne.** 18:15.

Celibato. *Véase* Matrimonio

Celo, celos, celoso. *Véase también* Envidia

En las Escrituras, el vocablo *celoso* se utiliza con dos significados diferentes: (1) Albergar sentimientos fervientes y profundos acerca de alguien o de algo, y (2) Sentir envidia de alguien o desconfianza de que otra persona le gane ventaja.

Sentimientos fervientes: Yo soy Jehová tu Dios, celoso, **Éx.** 20:5 (Deut. 5:9; 6:15; Mos. 11:22). Me mostraré celoso por mi santo nombre, **Ezeq.** 39:25. Celé con gran celo a Jerusalén y a Sion, **Zac.** 1:14.

Envidia o desconfianza: Los celos son el furor del hombre, **Prov.** 6:32–35.

Akish empezó a tener celos de su hijo, **Éter** 9:7.

Si os despojáis de toda envidia y temor, me veréis, **DyC** 67:10.

Centurión

Oficial del ejército romano al mando de una compañía que tenía entre cincuenta y cien hombres, la cual formaba la sexagésima parte de una legión romana. (Véase Mateo 8:5; Lucas 23:47; Hech. 10:1–8).

César

En el Nuevo Testamento, título por el cual se conocía a algunos de los emperadores romanos. En las Escrituras se utiliza esta palabra como símbolo de gobierno o poder mundanos.

Dad, pues, a César lo que es de César, **Mateo** 22:21 (Mar. 12:17; Lucas 20:25; DyC 63:26).

Chismes. *Véase también* Calumnias; Rumores

Contar a alguien hechos o información personales acerca de otra persona sin la aprobación de esta.

Toda palabra ociosa que hablen los hombres, de ella darán cuenta, **Mateo** 12:36. Se amonesta a los santos a no ser chismosos ni entremetidos, hablando de lo que no deben, **1 Tim.** 5:11–14. No hablarás mal de tu prójimo, **DyC** 42:27. Fortalece a tus hermanos en todas tus conversaciones, **DyC** 108:7.

Cielo. *Véase también* Gloria celestial; Paraíso; Reino de Dios o de los cielos

En las Escrituras, este vocablo tiene dos significados principales: (1) El lugar donde mora Dios y el futuro hogar eterno de los santos (Gén. 28:12; Sal. 11:4; Mateo 6:9); (2) la expansión que rodea a la tierra (Gén. 1:1, 17; Éx. 24:10). No hay duda de que el cielo no es el *paraíso*, el cual es la morada temporaria de los espíritus de las personas fieles que han vivido y muerto en esta tierra. Jesús visitó el paraíso después de Su muerte en la cruz, pero al tercer día le dijo a María que aún no había ascendido al Padre (Lucas 23:39–44; Juan 20:17; DyC 138:11–37).

Tus cielos, obra de tus dedos, **Sal.** 8:3. Por la palabra de Jehová fueron hechos los cielos, **Sal.** 33:6. ¡Cómo caíste del cielo, oh Lucero!, **Isa.** 14:12 (2 Ne. 24:12). Se enrollarán los cielos como un libro, **Isa.** 34:4. Yo crearé nuevos cielos y nueva tierra, **Isa.** 65:17. Dios abrirá las ventanas de los cielos, **Mal.** 3:10.

Padre nuestro que estás en los cielos, santificado sea tu nombre, **Mateo** 6:9 (3 Ne. 13:9). Pablo fue arrebatado hasta el tercer cielo, **2 Cor.** 12:2. Se hizo silencio en el cielo, **Apoc.** 8:1 (DyC 88:95–98). Si continúan fieles hasta el fin, son recibidos en el cielo, **Mos.** 2:41. Para que seáis hijos de vuestro Padre que está en los cielos, **3 Ne.** 12:45. El día en que venga en las nubes del cielo, **DyC** 45:16. Elías el Profeta fue

llevado al cielo sin gustar la muerte, **DyC** 110:13. Los derechos del sacerdocio están inseparablemente unidos a los poderes del cielo, **DyC** 121:36. Hay dos clases de seres en los cielos, **DyC** 129:1. Sion fue llevada al cielo, **Moisés** 7:23.

Circuncisión. *Véase también* Abraham, convenio de (convenio abrahámico)

Señal del convenio abrahámico que observaban los varones israelitas durante las dispensaciones del Antiguo Testamento (Gén. 17:10–11, 23–27; TJS, Gén. 17:11 [Apéndice — Biblia]). Para realizar la circuncisión, se cortaba la carne del prepucio de los varones, tanto los infantes como los adultos. Aquellos que la recibían gozaban de los privilegios del convenio y tomaban sobre sí las responsabilidades de este. La circuncisión como señal del convenio fue abrogada por la misión de Cristo (Moro. 8:8; DyC 74:3–7).

Ciro

En el Antiguo Testamento, el rey de Persia con el que se cumplió la profecía de Isaías (2 Cró. 36:22–23; Isa. 44:28; 45:1) al permitir el regreso de los judíos a Jerusalén para reedificar el templo, dando así un fin parcial al cautiverio en Babilonia. La profecía de Isaías se hizo aproximadamente 180 años antes del edicto del rey Ciro.

Cizaña

Planta venenosa cuya apariencia es muy similar a la del trigo. Es difícil de extirpar y no se puede distinguir del trigo hasta que ha madurado (Mateo 13:24–30; DyC 86:1–7).

Codiciar. *Véase también* Concupiscencia; Envidia

El uso de este término en las Escrituras se refiere a envidiar a alguien o tener un deseo desmedido de poseer algo.

No codiciarás, **Éx.** 20:17 (Deut. 5:21; Mos. 13:24; DyC 19:25). No codicies su hermosura en tu corazón, **Prov.** 6:25. El que aborrece la avaricia prolongará sus días, **Prov. 28:16**. Codician las heredades, y las roban, **Miq. 2:2**.

Cualquiera que mira a una mujer para codiciarla, ya adulteró, **Mateo 5:28** (3 Ne. 12:28). Guardaos de toda avaricia, **Lucas 12:15**. La ley dice: No codiciarás, **Rom. 7:7**. En los postreros días habrá hombres avaros, **2 Tim. 3:1–2**.

Cuando Labán vio nuestros bienes, los codició, **1 Ne. 3:25**.

Te mando no codiciar tus propios bienes, **DyC 19:26**. El que mirare a una mujer para codiciarla negará la fe, **DyC 42:23**. Cesad de ser codiciosos, **DyC 88:123**. No codiciéis lo que pertenece a vuestro hermano, **DyC 136:20**.

Codo

Unidad común de medida de longitud entre los hebreos; originalmente era la distancia desde el codo hasta la punta de los dedos.

Cólera. *Véase* Enojo

Colosenses, epístola a los. *Véase también* Pablo; Pablo, epístolas de

Libro del Nuevo Testamento. Originalmente fue una carta que el apóstol Pablo escribió a los colosenses después de una visita de Epafras, el evangelista de la Iglesia en Colosas (Col. 1:7–8), que le comunicó a Pablo que los colosenses estaban cayendo en grave error: pensaban que eran mejores que otras personas debido a que observaban concienzudamente ciertas ordenanzas externas (Col. 2:16), se negaban ciertos deseos físicos y adoraban a los ángeles (Col. 2:18). Dichas prácticas llevaron a los colosenses a pensar que se estaban santificando y también que comprendían los misterios del universo mejor que otros miembros de la Iglesia. En su carta, Pablo los corrigió, enseñándoles que la redención solamente se puede lograr por medio de Cristo y que debemos ser sabios y servirle a Él.

El capítulo 1 comprende la salutación de Pablo a los santos colosenses. Los capítulos 2 y 3 son doctrinales y en ellos

se testifica que Cristo es el Redentor, se advierte del peligro de la falsa adoración y se afirma la importancia de la Resurrección. En el capítulo 4, se enseña a los santos que deben ser sabios en todas las cosas.

Combinaciones secretas. *Véase también* Caín; Gadiantón, ladrones de

Organizaciones de personas unidas por juramentos con el fin de llevar a cabo los propósitos inicuos del grupo.

El padre de las mentiras incita a los hijos de los hombres a combinaciones secretas, **2 Ne. 9:9**. He de destruir las obras secretas de tinieblas, **2 Ne. 10:15**. Los juicios de Dios descendieron sobre estos obradores de combinaciones secretas, **Alma 37:30**. Gadiantón probó ser la ruina del pueblo de Nefi, **Hel. 2:4–13**. Satanás incitó el corazón de la gente para que entraran en juramentos y pactos secretos, **Hel. 6:21–31**. El Señor no obra por medio de combinaciones secretas, **Éter 8:19**. Cualquier nación que favorezca tales combinaciones secretas será destruida, **Éter 8:22–23**. Rechazaron todas las palabras de los profetas, por causa de su sociedad secreta, **Éter 11:22**.

Desde los días de Caín hubo una combinación secreta, **Moisés 5:51**.

Compasión. *Véase también* Amor; Caridad; Misericordia, misericordioso

En las Escrituras, el vocablo compasión significa, literalmente, "sufrir con otro". También significa mostrar comprensión, piedad y misericordia por otra persona.

Jesús tuvo compasión de las multitudes, **Mateo 9:36** (Mateo 20:34; Lucas 7:13). Sed compasivos, amándoos fraternalmente, **1 Pe. 3:8**.

Cristo fue lleno de compasión por los hijos de los hombres, **Mos. 15:9**. Mis entrañas rebosan de compasión por vosotros, **3 Ne. 17:6**.

José Smith rogó al Señor que tuviera compasión de los santos, **DyC** 121:3–5.

Comprensión. *Véase* Entender, entendimiento

Común acuerdo. *Véase también* Iglesia de Jesucristo; Sostenimiento de líderes de la Iglesia

El principio por el cual los miembros de la Iglesia sostienen a los que son llamados a servir en la Iglesia y apoyan otras decisiones de la Iglesia que requieran su sostenimiento. Por lo general se indica alzando la mano derecha.

Jesucristo está a la cabeza de Su Iglesia. Por medio de la inspiración del Espíritu Santo, dirige a los líderes de esta en sus hechos y decisiones importantes. Sin embargo, todos los miembros de la Iglesia tienen el derecho y el privilegio de sostener o no sostener los hechos y las decisiones de sus líderes.

Todo el pueblo respondió a una voz, **Éx.** 24:3 (**Núm.** 27:18–19).

Los apóstoles y ancianos llegaron a un acuerdo, **Hech.** 15:25.

No se ordenará a ninguna persona sin el voto de dicha iglesia, **DyC** 20:65–66. Todas las cosas se harán de común acuerdo, **DyC** 26:2 (**DyC** 28:13). Hágase todo conforme al acuerdo, **DyC** 104:21.

Comunión. *Véase* Santa Cena

Conciencia. *Véase también* Luz, luz de Cristo

El sentido interior del bien y del mal, que proviene de la luz de Cristo que se da a todo ser humano (**Moro.** 7:16). Nacemos con la facultad natural de distinguir entre el bien y el mal debido a la luz de Cristo que se da a toda persona (**DyC** 84:46), la cual llamamos conciencia. El poseerla nos hace seres responsables. Como otras facultades, nuestra conciencia puede adormecerse con el pecado o el mal uso que hagamos de ella.

Los escribas y fariseos fueron acusados por su propia conciencia, **Juan** 8:9. La conciencia también da testimonio, **Rom.** 2:14–15. Los mentirosos tienen la conciencia cauterizada, **1 Tim.** 4:2.

Los hombres son suficientemente instruidos para discernir el bien del mal, **2 Ne.** 2:5. El rey Benjamín tenía la conciencia limpia ante Dios, **Mos.** 2:15. Los nefitas fueron llenos de gozo, teniendo paz de conciencia, **Mos.** 4:3. Zeezrom empezó a sentirse atormentado por la conciencia de su propia culpa, **Alma** 14:6. Al que conoce el bien y el mal, a este le es dado el gozo o el remordimiento de conciencia, **Alma** 29:5. La ley justa trajo el remordimiento de conciencia, **Alma** 42:18. A todo hombre se da el Espíritu de Cristo para que sepa discernir el bien del mal, **Moro.** 7:16.

Toda persona debe tener el libre ejercicio de la conciencia, **DyC** 134:2. Mi conciencia se halla libre de ofensas, **DyC** 135:4.

Reclamamos el derecho de adorar a Dios conforme a los dictados de nuestra propia conciencia, **AdeF** 1:11.

Concilio de los cielos. *Véase también* Guerra en los cielos; Plan de redención; Vida preterrenal

La ocasión en la vida preterrenal en que el Padre presentó Su plan a Sus hijos espirituales que vendrían a esta tierra.

Se regocijaron todos los hijos de Dios, **Job** 38:4–7. Subiré al cielo; en lo alto, junto a las estrellas de Dios, **Isa.** 14:12–13.

Hubo una gran batalla en el cielo, **Apoc.** 12:7–11.

Antes de nacer, recibieron sus primeras lecciones en el mundo de los espíritus, **DyC** 138:56.

Satanás se rebeló en la vida preterrenal, **Moisés** 4:1–4. Las inteligencias fueron organizadas antes que existiera el mundo, **Abr.** 3:22. Los Dioses tomaron consejo entre sí, **Abr.** 4:26. Los Dioses terminaron la obra que habían acordado, **Abr.** 5:2.

2e

GUÍA PARA EL ESTUDIO DE LAS ESCRITURAS

Concupiscencia

36

Concupiscencia. *Véase también*
Codiciar; Sensual, sensualidad

El deseo desmedido e incorrecto de bienes o placeres materiales.

No reine, pues, el pecado en vuestro cuerpo mortal, de modo que lo obedezcáis en sus concupiscencias, **Rom.** 6:12. Se amontonarán maestros conforme a sus propias concupiscencias, **2 Tim.** 4:3–4.

Quisiera que no te dejases llevar más por las concupiscencias de tus ojos, **Alma** 39:3–4, 9.

Cesad de todos vuestros deseos de concupiscencia, **DyC** 88:121.

Condado de Jackson, Misuri (EE. UU.). *Véase también* Nueva Jerusalén

Lugar de recogimiento de los santos en los últimos días; esto es, el lugar central donde establecerán la Nueva Jerusalén (DyC 57–58; 82; 101:69–71; 105:28).

Condenación, condenar. *Véase también* Diablo; Hijos de perdición; Infierno; Juicio final; Juicio, juzgar; Muerte espiritual

Juzgar a otros o ser juzgados por Dios, ser hallados culpables o ser reprobados. En el estado inmortal, la condenación es una referencia a la limitación del progreso individual y a la imposibilidad de tener acceso a la presencia de Dios y a Su gloria. La condenación existe en distintos grados. Todos los que no alcancen la plenitud de la exaltación celestial se verán limitados hasta cierto punto en su progreso y privilegios, y en ese sentido serán condenados.

Jehová condenará al hombre de malos pensamientos, **Prov.** 12:2.

¡Ay de vosotros, hipócritas! Recibiréis mayor condenación, **Mateo** 23:14. Cualquiera que blasfeme contra el Espíritu Santo está expuesto al juicio eterno, **Mar.** 3:29. Los que hicieron lo malo saldrán a resurrección de condenación, **Juan** 5:29 (3 Ne. 26:5). El que come y bebe indignamente, come y bebe condenación para su alma, **1 Cor.** 11:29 (3 Ne. 18:28–29).

Somos castigados por el Señor, para que no seamos condenados con el mundo, **1 Cor.** 11:32.

Los que no se arrepientan, se bauticen y perseveren hasta el fin, deben ser condenados, **2 Ne.** 9:24 (Mar. 16:16; Éter 4:18; DyC 68:9; 84:74). Nuestras palabras, obras y pensamientos nos condenarán, **Alma** 12:14. Por saber y no cumplir, las personas caen bajo condenación, **Hel.** 14:19. Los inicuos serían más desdichados morando en la presencia de Dios que con las almas condenadas en el infierno, **Morm.** 9:4. Si dejamos de obrar, incurriremos en la condenación, **Moro.** 9:6.

El que no hace nada hasta que se le mande, ya es condenado, **DyC** 58:29. El que no perdona las ofensas de su hermano, queda condenado ante el Señor, **DyC** 64:9. El que peque contra mayor luz, mayor condenación recibirá, **DyC** 82:3. Toda la Iglesia está bajo condenación hasta que se arrepienta y recuerde el Libro de Mormón, **DyC** 84:54–57. El que reciba la plenitud de la gloria del Señor deberá cumplir la ley, o será condenado, **DyC** 132:6.

Confesar, confesión. *Véase también* Arrepentimiento, arrepentirse; Perdonar

En las Escrituras se emplea esta palabra con por lo menos dos de los sentidos que tiene. Uno es el de manifestar o declarar la fe en algo, tal como confesar que Jesús es el Cristo (Mateo 10:32; Rom. 10:9; 1 Juan 4:1–3; DyC 88:104).

El segundo uso del vocablo es el de admitir culpabilidad, tal como en la confesión de los pecados. Toda persona tiene el deber de confesar sus pecados al Señor para obtener Su perdón (DyC 58:42–43). Cuando sea necesario, también deben confesarse a la persona (o personas) a quien el pecado haya perjudicado. Los pecados graves se deben confesar a un oficial de la Iglesia (al obispo, en la mayoría de los casos).

Confesará aquello en que pecó, **Lev.** 5:5. Confesarán su iniquidad,

Lev. 26:40–42. Da gloria a Jehová, el Dios de Israel, y declara lo que has hecho, **Josué** 7:19.

Las personas eran bautizadas por él en el Jordán, confesando sus pecados, **Mateo** 3:5–6.

El transgresor que confiese sus pecados será perdonado, **Mos.** 26:29.

Te mando que confieses tus pecados para que no sufras estos castigos, **DyC** 19:20. El arrepentido confesará y abandonará sus pecados, **DyC** 58:43. El Señor es misericordioso con los que confiesan sus pecados con corazones humildes, **DyC** 61:2. El Señor perdona los pecados de aquellos que los confiesan y piden perdón, **DyC** 64:7.

Confianza, confiar. *Véase también* Creencia, creer; Fe

Tener una certeza, creencia, seguridad o fe en algo, sobre todo en Dios y en Jesucristo. Esperanza firme o seguridad que se tiene en una persona o cosa. En el sentido espiritual, confiar significa también depender absolutamente de Dios y de Su Espíritu.

Aunque él me matare, en él esperaré, **Job** 13:15. Mejor es confiar en Jehová que confiar en el hombre, **Sal.** 118:8. Fíate de Jehová de todo tu corazón, **Prov.** 3:5. Jehová será tu confianza, **Prov.** 3:26. Dios libró a sus siervos que confiaron en él, **Dan.** 3:19–28. Ninguna lesión se halló en él, porque había confiado en su Dios, **Dan.** 6:23.

Tengamos confianza cuando Cristo aparezca, **1 Juan** 2:28.

En ti confiaré para siempre, **2 Ne.** 4:34. Los nefitas inicuos perdieron la confianza de sus hijos, **Jacob** 2:35. Regocijaos, y poned vuestra confianza en Dios, **Mos.** 7:19. Quien pone su confianza en Dios será enaltecido en el postrer día, **Mos.** 23:22. Quienes pongan su confianza en Dios serán sostenidos en sus tribulaciones, **Alma** 36:3, 27.

No pongáis vuestra confianza en el brazo de la carne, **DyC** 1:19. Pon tu confianza en ese Espíritu que induce a hacer lo bueno, **DyC** 11:12. Confíe él en mí y no será confundido, **DyC** 84:116. Entonces tu confianza se fortalecerá en la presencia de Dios, **DyC** 121:45.

Confirmación. *Véase* Imposición de manos

Congregación de Israel. *Véase* Israel — La congregación de Israel

Conocimiento. *Véase también* Entender, entendimiento; Sabiduría; Verdad

Entendimiento y comprensión, particularmente de la verdad, según la enseña o confirma el Espíritu.

El Dios de todo saber es Jehová, **1 Sam.** 2:3. El Señor es perfecto en sabiduría, **Job** 37:16. El principio de la sabiduría es el temor de Jehová, **Prov.** 1:7. El que ahorra sus palabras tiene sabiduría, **Prov.** 17:27. La tierra será llena del conocimiento de Jehová, **Isa.** 11:9 (2 Ne. 21:9; 30:15).

Habéis quitado la llave de la ciencia, **Lucas** 11:52. El amor de Cristo, que excede a todo conocimiento, **Efe.** 3:19. Añadid a vuestra fe virtud; a la virtud, conocimiento, **2 Pe.** 1:5.

Nefi tenía un conocimiento grande de la bondad de Dios, **1 Ne.** 1:1. Para que cuando lleguen al conocimiento de su Redentor sean reunidos, **2 Ne.** 6:11. Los justos tendrán un conocimiento perfecto de su rectitud, **2 Ne.** 9:14. El Espíritu da conocimiento, **Alma** 18:35. Vuestro conocimiento es perfecto en esta cosa, **Alma** 32:34. Los lamanitas serán traídos otra vez al conocimiento de su Redentor, **Hel.** 15:13. Sabréis, con un conocimiento perfecto, que es de Dios, **Moro.** 7:15–17.

Los santos hallarán sabiduría y grandes tesoros de conocimiento, **DyC** 89:18–19. El conocimiento puro ennoblecerá grandemente el alma, **DyC** 121:42. Al que posee las llaves del Santo Sacerdocio no se le dificulta obtener conocimiento de los hechos, **DyC** 128:11. Si una persona adquiere más conocimiento en esta vida, llevará ventaja en el mundo venidero, **DyC** 130:19. Es imposible salvarse en la ignorancia, **DyC** 131:6.

Consagrar, ley de consagración.
Véase también Orden Unida; Reino de Dios o de los cielos

Dedicar(se), santificar(se), alcanzar la rectitud. La ley de consagración es un principio divino por el cual hombres y mujeres dedican voluntariamente su tiempo, su talento o habilidades y sus bienes materiales al establecimiento y la edificación del reino de Dios.

Hoy os habéis consagrado a Jehová, **Éx.** 32:29.

Todos los que habían creído tenían en común todas las cosas, **Hech.** 2:44–45.

Tenían en común todas las cosas; por tanto, no había ricos ni pobres, **4 Ne.** 1:3.

El Señor explica los principios de la ley de consagración, **DyC** 42:30–39 (**DyC** 51:2–19; 58:35–36). Un hombre no debe poseer más que otro, **DyC** 49:20. Se dio una porción igual a cada hombre, según su familia, **DyC** 51:3. Se estableció una orden para que los santos fueran iguales en los vínculos de cosas celestiales y terrenales, **DyC** 78:4–5. Todo hombre debía tener el mismo derecho, según sus carencias y necesidades, **DyC** 82:17–19. Sion solamente puede edificarse sobre los principios de la ley celestial, **DyC** 105:5.

El pueblo de Enoc era uno en corazón y voluntad y vivía en rectitud; y no había pobres entre ellos, **Moisés** 7:18.

Consejo. *Véase también* Profeta

Amonestaciones, advertencias, exhortación e instrucción del Señor y de Sus líderes ordenados.

Me has guiado según tu consejo, **Sal.** 73:24. Donde no hay dirección sabia, caerá el pueblo, **Prov.** 11:14. Anuncio lo por venir desde el principio; mi consejo permanecerá, **Isa.** 46:10.

Los fariseos y los intérpretes de la ley desecharon el consejo de Dios, **Lucas** 7:30.

Bueno es ser sabio si se hace caso de los consejos de Dios, **2 Ne.** 9:29.

Oíd el consejo de aquel que os ha ordenado, **DyC** 78:2. Recibir consejo del que yo he nombrado, **DyC** 108:1. Ambiciona imponer su propio criterio en lugar del consejo que yo he ordenado, **DyC** 124:84. Escuche el consejo de mi siervo José, **DyC** 124:89. Si un hombre no busca mi consejo, no tendrá poder, **DyC** 136:19.

Consejo de los Doce. *Véase* Apóstol

Consolador. *Véase también* Espíritu Santo; Jesucristo

Las Escrituras mencionan dos Consoladores. El primero es el Espíritu Santo (Juan 14:26–27; Moro. 8:26; DyC 21:9; 42:17; 90:11). El Segundo Consolador es el Señor Jesucristo (Juan 14:18, 21, 23). Cuando una persona recibe al Segundo Consolador, de cuando en cuando se le aparecerá Jesucristo, quien le revelará al Padre y le enseñará cara a cara (DyC 130:3).

Constitución. *Véase también* Gobierno; Ley

En Doctrina y Convenios, "la Constitución" se refiere a la de los Estados Unidos de América, la cual fue divinamente inspirada con el fin de preparar el camino para la restauración del Evangelio.

Se debe apoyar la ley constitucional, **DyC** 98:5–6. El Señor hizo establecer la Constitución, **DyC** 101:77, 80.

Constreñir. *Véase también* Espíritu Santo

Instar en forma apremiante a hacer o a no hacer algo, sobre todo por la influencia y el poder del Espíritu Santo.

El espíritu dentro de mí me constriñe, **Job** 32:18.

El amor de Cristo nos constriñe, **2 Cor.** 5:14.

El Espíritu me constriñó a que matara a Labán, **1 Ne.** 4:10. El Espíritu me lo impide, **Alma** 14:11. Estoy obligado, según el convenio, **Alma** 60:34. Ammarón, impulsado por el Espíritu Santo, ocultó los anales, **4 Ne.** 1:48.

Lo que viene de arriba debe expresarse

por constreñimiento del Espíritu, **DyC** 63:64.

Contención, contienda. *Véase también* Rebelión

Peleas, disputas y conflictos. La contención no agrada al Señor, particularmente entre los miembros de la Iglesia del Señor o entre los integrantes de una familia.

No haya altercado entre nosotros dos, **Gén.** 13:8. La soberbia concebirá contienda, **Prov.** 13:10.

Si alguno tuviere queja contra otro, debe perdonar como Cristo perdonó, **Col.** 3:13. Evita las cuestiones necias y contenciones, **Tito** 3:9.

El Señor manda que los hombres no contiendan unos con otros, **2 Ne.** 26:32. No permitiréis que vuestros hijos contiendan y riñan unos con otros, **Mos.** 4:14. Alma mandó que no hubiera contenciones entre los miembros de la Iglesia, **Mos.** 18:21. Satanás siembra rumores y contenciones, **Hel.** 16:22. El diablo es el padre de la contención e irrita a los hombres para que contiendan unos con otros, **3 Ne.** 11:29 (Mos. 23:15).

Hago esto para establecer mi evangelio, a fin de que no haya tanta contención, **DyC** 10:62–64. Cesad de contender unos con otros, **DyC** 136:23.

Control de la natalidad. *Véase también* Familia; Matrimonio

Limitar o prevenir la concepción con el fin de planear el número de hijos que nazcan a una pareja.

Fructificad y multiplicaos; llenad la tierra, **Gén.** 1:28 (Moisés 2:28). Herencia de Jehová son los hijos, **Sal.** 127:3–5. La familia de Lehi debía levantar posteridad para el Señor, **1 Ne.** 7:1.

El matrimonio lo decretó Dios para el hombre, **DyC** 49:15–17. Los que sean exaltados recibirán una plenitud y continuación de las simientes por siempre jamás, **DyC** 132:19, 63.

Convenio. *Véase también* Abraham, convenio de (convenio abrahámico);

Juramento; Juramento y convenio del sacerdocio; Nuevo y sempiterno convenio

Un acuerdo entre Dios y el hombre, aunque las dos partes no se encuentran al mismo nivel. Dios fija las condiciones del convenio, y el hombre acuerda hacer lo que Él pida. A cambio, Dios promete ciertas bendiciones basadas en esa obediencia.

Los principios y las ordenanzas se reciben mediante convenios. Los miembros de la Iglesia que hacen estos convenios prometen honrarlos. Por ejemplo, en el bautismo los miembros hacen convenio con el Señor y renuevan ese convenio al participar de la Santa Cena. En el templo se hacen convenios adicionales. El pueblo del Señor es el pueblo del convenio y recibe grandes bendiciones al guardar sus convenios con el Señor.

Estableceré mi convenio contigo, **Gén.** 6:18. Si guardareis mi convenio, seréis mi especial tesoro, **Éx.** 19:5. No harás alianza con ellos, ni con sus dioses, **Éx.** 23:32. Guardarán el día de reposo por convenio perpetuo, **Éx.** 31:16. No invalidaré jamás mi convenio con vosotros, **Jue.** 2:1. Juntadme mis santos, los que conmigo hicieron convenio con sacrificio, **Sal.** 50:5 (DyC 97:8).

Para acordarse de su santo convenio, **Lucas** 1:72 (DyC 90:24).

El poder del Cordero de Dios descendió sobre el pueblo del convenio del Señor, **1 Ne.** 14:14. El convenio que el Señor hizo con Abraham se ha de cumplir en los postreros días, **1 Ne.** 15:18 (3 Ne. 16:5, 11–12; 21:7; Morm. 9:37). El pueblo de Benjamín estuvo dispuesto a concertar un convenio con Dios de servirle hasta morir, **Mos.** 5:5. El bautismo es un testimonio de que el hombre ha hecho convenio con Dios de servirle a Él, **Mos.** 18:13. Sois los hijos del convenio, **3 Ne.** 20:25–26. Los ángeles cumplen y llevan a efecto la obra de los convenios del Padre, **Moro.** 7:29–31. El derramamiento de la sangre de Cristo es según el convenio del Padre, **Moro.** 10:33.

Toda persona que pertenezca a esta Iglesia de Cristo procurará guardar todos los convenios, **DyC** 42:78. Benditos son aquellos que han guardado el convenio, **DyC** 54:6. Quien viole el convenio sempiterno perderá su oficio y estado en la Iglesia, **DyC** 78:11–12. Todos los que reciben el sacerdocio reciben este juramento y convenio, **DyC** 84:39–40. Están dispuestos a cumplir sus convenios con sacrificio, **DyC** 97:8. El convenio matrimonial puede ser eterno, **DyC** 132. Este será nuestro convenio: Andaremos en todas las ordenanzas, **DyC** 136:4.

Convenio sempiterno. *Véase* Convenio; Nuevo y sempiterno convenio

Conversión, convertir. *Véase también* Discípulo; Nacer de Dios, nacer de nuevo

Cambiar las creencias, los sentimientos y la vida para aceptar la voluntad de Dios y hacerla (Hech. 3:19).

La conversión implica la decisión consciente de renunciar a la forma de ser anterior y de cambiar para llegar a ser discípulo de Cristo. El arrepentimiento, el bautismo para la remisión de pecados, la recepción del Espíritu Santo mediante la imposición de manos y la fe continua en el Señor Jesucristo hacen completa la conversión. El hombre natural cambiará y se convertirá en una persona nueva, santificada y pura, nacida de nuevo en Jesucristo (véase 2 Cor. 5:17; Mos. 3:19).

Las personas deben volverse y hacerse como niños, **Mateo** 18:3 (Mos. 3:19). Tú, una vez vuelto, confirma a tus hermanos, **Lucas** 22:32. Los que recibieron su palabra fueron bautizados, **Hech.** 2:37–41. El que haga volver al pecador del error de su camino salvará un alma, **Stg.** 5:20. La conversión de Enós, **Enós** 1:2–5. Las palabras del rey Benjamín efectuaron un gran cambio en las personas, **Mos.** 5:2 (Alma 5:12–14). Todo el género humano debe nacer otra vez, sí, nacer de Dios, **Mos.** 27:25. La conversión de Alma y los hijos de Mosíah, **Mos.** 27:33–35. La conversión del padre de Lamoni, **Alma** 22:15–18. Se habían convertido al Señor por el poder y la palabra de Dios, **Alma** 53:10. El arrepentimiento efectúa un cambio de corazón, **Hel.** 15:7. Cuantos se convirtieron, manifestaron en verdad que los había visitado el poder y el Espíritu de Dios, **3 Ne.** 7:21. Fueron bautizados con fuego y con el Espíritu Santo al tiempo de su conversión por motivo de su fe en Cristo, **3 Ne.** 9:20.

Irán y predicarán el arrepentimiento. Y serán convertidos muchos, **DyC** 44:3–4.

Coraza. *Véase también* Pectoral

Parte frontal de la ropa protectora o armadura del soldado. En sentido simbólico, los santos deben estar vestidos de una coraza de justicia para protegerse contra el mal (Isa. 59:17; Efe. 6:14).

Corazón. *Véase también* Corazón quebrantado; Nacer de Dios, nacer de nuevo

Símbolo de la disposición y la voluntad del hombre y, en sentido figurado, la fuente de toda emoción y todo sentimiento.

Amarás a Jehová tu Dios de todo tu corazón, **Deut.** 6:5 (Deut. 6:3–7; Mateo 22:37; Lucas 10:27; DyC 59:5). Jehová se ha buscado un varón conforme a su corazón, **1 Sam.** 13:14. El hombre mira lo que está delante de sus ojos, pero Jehová mira el corazón, **1 Sam.** 16:7. El limpio de manos y puro de corazón subirá al monte de Jehová y será bendecido, **Sal.** 24:3–5 (2 Ne. 25:16). Cual es su pensamiento en su corazón, tal es él, **Prov.** 23:7. El profeta Elías hará volver el corazón de los padres hacia los hijos, y el corazón de los hijos hacia los padres, **Mal.** 4:5–6 (Lucas 1:17; DyC 2:2; 110:14–15; 138:47; JS—H 1:38–39).

Bienaventurados los de limpio corazón, **Mateo** 5:8 (3 Ne. 12:8). El hombre habla según el bien o el mal que tenga en el corazón, **Lucas** 6:45. Seguid al Hijo con íntegro propósito de corazón, **2 Ne.** 31:13. ¿Habéis nacido espiritualmente de Dios? ¿Habéis experimentado este gran cambio en vuestros corazones?, **Alma** 5:14. Me ofreceréis como sacrificio un corazón quebrantado y un espíritu contrito, **3 Ne.** 9:20 (3 Ne. 12:19; Éter 4:15; Moro. 6:2).

Hablaré a tu mente y a tu corazón por medio del Espíritu Santo, **DyC** 8:2.

Corazón quebrantado. *Véase también* Arrepentimiento, arrepentirse; Corazón; Humildad, humilde, humillar (afligir); Mansedumbre, manso; Sacrificios

Tener un corazón quebrantado significa ser humilde, contrito, manso y arrepentirse; esto es, ser receptivo a la voluntad de Dios.

Yo habito con el quebrantado y humilde de espíritu para vivificar el corazón, **Isa.** 57:15.

Cristo se ofrece a sí mismo por todos los de corazón quebrantado y de espíritu contrito, **2 Ne.** 2:7. Me ofreceréis como sacrificio un corazón quebrantado y un espíritu contrito, **3 Ne.** 9:20 (DyC 59:8). Se recibe para el bautismo solamente a los que tengan un corazón quebrantado y un espíritu contrito, **Moro.** 6:2.

Jesús fue crucificado para la remisión de pecados al de corazón contrito, **DyC** 21:9. Aquel cuyo espíritu es contrito es aceptado, **DyC** 52:15. Se promete el Santo Espíritu a los que sean contritos, **DyC** 55:3. Se envía mi Espíritu al mundo para iluminar a los humildes y contritos, **DyC** 136:33.

Cordero de Dios. *Véase también* Expiación, expiar; Jesucristo; Pascua

Uno de los nombres que se da al Salvador y que se refiere a la ofrenda de sí mismo como sacrificio por nosotros.

Como cordero fue llevado al matadero, **Isa.** 53:7 (Mos. 14:7).

He aquí el Cordero de Dios, que quita el pecado del mundo, **Juan** 1:29 (Alma 7:14). Fuisteis rescatados con la sangre preciosa de Cristo, como de un cordero sin mancha, **1 Pe.** 1:18–20. El Cordero que fue muerto es digno, **Apoc.** 5:12. Vencemos a Satanás por medio de la sangre del Cordero, **Apoc.** 12:10–11.

Estos son emblanquecidos en la sangre del Cordero, a causa de su fe en él, **1 Ne.** 12:11. El Cordero de Dios es el Hijo del Eterno Padre, y es el Salvador del mundo, **1 Ne.** 13:40 (1 Ne. 11:21). Clamad fervientemente al Padre en el nombre de Jesús, para que se os halle sin mancha, purificados por la sangre del Cordero, **Morm.** 9:6 (Apoc. 7:14; Alma 34:36).

El Hijo del Hombre es el Cordero muerto desde la fundación del mundo, **Moisés** 7:47.

Coriantón. *Véase también* Alma hijo de Alma

En el Libro de Mormón, hijo de Alma, el hijo de Alma el mayor.

Fue entre los zoramitas, **Alma** 31:7. Abandonó el ministerio y se fue tras una ramera, **Alma** 39:3. Alma le instruye sobre el estado de la existencia después de la muerte, la resurrección y la expiación, **Alma** 39–42. Fue llamado de nuevo a predicar la palabra, **Alma** 42:31. Partió para la tierra del norte en un barco, **Alma** 63:10.

Coriántumr. *Véase también* Jareditas

En el Libro de Mormón, uno de los reyes jareditas y último sobreviviente de la nación jaredita.

Descubierto por el pueblo de Zarahemla, **Omni** 1:21. Era rey de toda la tierra, **Éter** 12:1–2. Fue capturado por Shared y liberado por sus hijos, **Éter** 13:23–24. Entabló batalla contra varios enemigos, **Éter** 13:28–14:31. Se arrepintió, **Éter** 15:3. Entabló su batalla final contra Shiz, **Éter** 15:15–32.

Corintios, epístolas a los. *Véase también* Pablo; Pablo, epístolas de

Dos libros del Nuevo Testamento. Originalmente, fueron cartas que Pablo escribió a los santos de Corinto para corregir cierto desorden que había entre ellos. Los corintios vivían en una sociedad moralmente inicua.

Primera epístola a los corintios: El capítulo 1 contiene la salutación de Pablo y su exhortación a que los santos sean unidos. En los capítulos del 2 al 6, Pablo corrige a los santos de Corinto por sus errores. Los capítulos del 7 al 12 contienen la respuesta de Pablo a ciertas preguntas de ellos. En los capítulos del 13 al 15, se habla de la caridad, los dones espirituales y la Resurrección. En el capítulo 16, Pablo aconseja a los miembros que permanezcan firmes en la fe.

Segunda epístola a los corintios: El capítulo 1 contiene la salutación de Pablo y un mensaje de consuelo. En el capítulo 2, Pablo da consejos personales a Tito. En los capítulos del 3 al 7, se habla del poder del Evangelio en las vidas de los santos. En los capítulos 8 y 9, Pablo aconseja a los santos que den a los pobres con buena voluntad y alegría. En los capítulos del 10 al 12, Pablo afirma su posición como Apóstol. En el capítulo 13, los amonesta a perfeccionarse.

Cornelio. *Véase también* Centurión; Gentiles; Pedro

Un centurión que vivía en Cesarea; fue bautizado por Pedro (Hech. 10). Probablemente haya sido el primer gentil que ingresó en la Iglesia sin haber sido antes convertido al judaísmo. El bautismo de Cornelio y de su familia abrió el camino para predicar el Evangelio a los gentiles. Pedro, el Apóstol principal, que en aquella época tenía las llaves del reino de Dios en la tierra, dirigió esta predicación.

Corona. *Véase también* Vida eterna

Ornamento circular que llevan en la cabeza los gobernantes. Se emplea la palabra como símbolo de poder y dominio celestial y de la Deidad. Los que guarden todos los mandamientos de Dios y perseveren hasta el fin recibirán una corona de vida eterna. (Véase DyC 20:14; Moisés 7:56; JS—M 1:1).

Me está guardada la corona de justicia,

2 **Tim.** 4:8. Recibiréis la corona incorruptible de gloria, **1 Pe.** 5:4.

Los que mueran en el Señor recibirán una corona de rectitud, **DyC** 29:13. Recibirán una corona en las mansiones de mi Padre, **DyC** 59:2. El Señor prepara a los santos para que asciendan hasta alcanzar la corona preparada para ellos, **DyC** 78:15. El Señor ha prometido a los santos una corona de gloria a su diestra, **DyC** 104:7.

Corregir. *Véase* Castigar, castigo

Cowdery, Oliver

El segundo élder de la Iglesia restaurada y uno de los Tres Testigos del origen divino y de la veracidad del Libro de Mormón. Sirvió como escriba mientras José Smith traducía el Libro de Mormón de las planchas de oro (JS—H 1:66–68).

Recibió un testimonio de la veracidad de la traducción del Libro de Mormón, **DyC** 6:17, 22–24. Fue ordenado por Juan el Bautista, **DyC** 13 (DyC 27:8; JS—H 1:68–73, véase la nota correspondiente al versículo 71). Después de haber logrado fe, y de haberlas visto con vuestros ojos, testificaréis de haberlas visto, **DyC** 17:3, 5. Te he manifestado por mi Espíritu, que las cosas que has escrito son verdaderas, **DyC** 18:2. Fue nombrado y ordenado uno de los mayordomos de las revelaciones, **DyC** 70:3. Junto con José Smith, recibió las llaves del sacerdocio, **DyC** 110.

Creación, crear. *Véase también* Creación espiritual; Día de reposo; Jesucristo; Principio; Tierra

Organizar. Dios, obrando mediante Su Hijo Jesucristo, organizó los elementos de la naturaleza para formar los cielos y la tierra. Nuestro Padre Celestial y Jesús crearon al hombre a Su propia imagen (Moisés 2:26–27).

En el principio creó Dios los cielos y la tierra, **Gén.** 1:1. Hagamos al hombre a nuestra imagen, **Gén.** 1:26 (Moisés 2:26–27; Abr. 4:26).

Todas las cosas por él fueron hechas, **Juan** 1:3, 10. Dios creó todas las cosas,

Efe. 3:9. En él fueron creadas todas las cosas, las que hay en los cielos, **Col.** 1:16 (**Mos.** 3:8; **Hel.** 14:12). Dios hizo el universo por el Hijo, **Heb.** 1:2.

El hombre fue creado en el principio, **Mos.** 7:27. Yo creé los cielos y la tierra y todas las cosas, **3 Ne.** 9:15 (**Morm.** 9:11, 17). En el principio todos los hombres fueron creados a mi propia imagen, **Éter** 3:15.

Jesucristo creó los cielos y la tierra, **DyC** 14:9. Creó al hombre, varón y hembra, según su propia imagen, **DyC** 20:18.

He creado incontables mundos, **Moisés** 1:33. Por medio de mi Unigénito creé los cielos, **Moisés** 2:1. Yo, Dios el Señor, creé espiritualmente todas las cosas antes que existiesen físicamente sobre la tierra, **Moisés** 3:5. Millones de tierras como esta, no sería ni el principio del número de tus creaciones, **Moisés** 7:30. Los Dioses organizaron y formaron los cielos, **Abr.** 4:1.

Creación espiritual. *Véase también* Creación, crear; Hombre(s)

El Señor creó espiritualmente todas las cosas antes de crearlas físicamente (**Moisés** 3:5).

Jehová hizo toda planta antes que fuese en la tierra, **Gén.** 2:4–6 (**Abr.** 5:5). Por el poder de mi Espíritu he creado todas las cosas: primero espirituales, enseguida temporales, **DyC** 29:31–32. Lo temporal es a semejanza de lo espiritual, **DyC** 77:2.

Hice el mundo y a los hombres antes que existiesen en la carne, **Moisés** 6:51.

Creador. *Véase* Creación, crear; Jesucristo

Creencia, creer. *Véase también* Confianza, confiar; Fe; Incredulidad; Jesucristo

Tener fe en alguien o aceptar que algo es verdad. Para salvarse en el reino de Dios, las personas deben arrepentirse y creer en Jesucristo (**DyC** 20:29).

Creed en Jehová vuestro Dios; creed a sus profetas, **2 Cró.** 20:20. Daniel no fue lesionado en el foso de los leones, porque había confiado en Dios, **Dan.** 6:23.

Como creíste, te sea hecho, **Mateo** 8:13. Todo lo que pidiereis en oración, creyendo, lo recibiréis, **Mateo** 21:22. No temas, cree solamente, **Mar.** 5:36. Al que cree todo le es posible, **Mar.** 9:23–24. El que creyere y fuere bautizado, será salvo, **Mar.** 16:16 (**2 Ne.** 2:9; **3 Ne.** 11:33–35). El que cree en el Hijo tiene vida eterna, **Juan** 3:16, 18, 36 (**Juan** 5:24; **DyC** 10:50). Nosotros hemos creído y conocemos que tú eres el Cristo, **Juan** 6:69. El que cree en mí, aunque esté muerto, vivirá, **Juan** 11:25–26. Los que hemos creído entramos en el reposo, **Heb.** 4:3. Debemos creer en Jesucristo y amarnos unos a otros, **1 Juan** 3:23.

El Mesías no destruirá a ninguno que crea en él, **2 Ne.** 6:14. Los judíos serán dispersados hasta que sean persuadidos a creer en Cristo, **2 Ne.** 25:16. Si creéis todas estas cosas, mirad que las hagáis, **Mos.** 4:10. El Hijo tomará sobre sí las transgresiones de aquellos que crean en su nombre, **Alma** 11:40. Bendito es el que cree en la palabra de Dios sin habérsele compelido, **Alma** 32:16. Aunque no sea más que un deseo de creer, dejad que este deseo obre en vosotros, **Alma** 32:27. Si creéis en su nombre, os arrepentiréis de vuestros pecados, **Hel.** 14:13. Los que crean en Cristo también creerán en el Padre, **3 Ne.** 11:35. Jamás había creído en el Señor el hombre como creyó el hermano de Jared, **Éter** 3:15. Toda cosa que persuade a creer en Cristo es enviada por el poder de Cristo, **Moro.** 7:16–17.

Los que crean en las palabras del Señor recibirán la manifestación del Espíritu, **DyC** 5:16. Los que crean en el nombre del Señor llegarán a ser hijos de Dios, **DyC** 11:30 (**Juan** 1:12). A algunos les es dado creer en las palabras de otros, **DyC** 46:14. Las señales seguirán a los que crean, **DyC** 58:64 (**DyC** 63:7–12).

Los que crean, se arrepientan y se bauticen recibirán el Espíritu Santo, **Moisés** 6:52.

Cristianos. *Véase también* Discípulo;
Santo (sustantivo)

Nombre que se da a los que creen
en Jesucristo. Aunque este término se
utiliza comúnmente en todo el mundo,
el Señor ha designado con el nombre
de santos a los verdaderos seguidores
de Cristo (Hech. 9:13, 32, 41; 1 Cor. 1:2;
DyC 115:4).

A los discípulos se les llamó cristianos, **Hech. 11:26.** Si alguno padece como
cristiano, no se avergüence, **1 Pe. 4:16.**

A causa del convenio que habéis hecho, seréis llamados progenie de Cristo,
Mos. 5:7. Los creyentes verdaderos fueron llamados cristianos por los que
no eran miembros de la Iglesia, **Alma
46:13–16.**

Cristo. *Véase* Jesucristo

Crónicas

Dos libros del Antiguo Testamento.
En ellos se relatan en forma breve los
acontecimientos desde la Creación hasta
la proclamación de Ciro que permitió el
regreso de los judíos a Jerusalén.

Primer libro de Crónicas: Los capítulos
del 1 al 9 contienen genealogías desde
Adán hasta Saúl. En el capítulo 10, se relata la muerte de Saúl. En los capítulos
del 11 al 22, se describen los acontecí-
mientos relacionados con el reinado de
David. En los capítulos del 23 al 27, se
explican los deberes que se asignaron a
los levitas y se menciona que Salomón
fue coronado rey. En el capítulo 28, se
refiere que David mandó a Salomón
edificar un templo. En el capítulo 29, se
registra la muerte de David.

Segundo libro de Crónicas: En los capítulos del 1 al 9, se relatan los acontecimientos relacionados con el reinado de
Salomón. En los capítulos del 10 al 12,
se habla del reinado de Roboam hijo de
Salomón, durante el cual el reino unido
de Israel se dividió, formando el reino
del norte y el del sur. En los capítulos
del 13 al 36, se describen los reinados
de varios reyes hasta la época en que

Nabucodonosor capturó el reino de Judá.
El libro termina con el decreto de Ciro
que permitió a los hijos cautivos de Judá
regresar a Jerusalén.

Cronología. *Véase* Cronología en el
Apéndice

Crucifixión. *Véase también* Cruz;
Expiación, expiar; Gólgota;
Jesucristo

Forma de ejecución romana, común
en los tiempos del Nuevo Testamento,
en que se ataban o clavaban las manos
y los pies de la persona en una cruz
para darle muerte. Por regla general, se
imponía solo a los esclavos y a los peores criminales. A menudo se azotaba al
sentenciado antes de la crucifixión (Mar.
15:15). Se obligaba al reo a cargar su
cruz hasta el sitio de la ejecución (Juan
19:16–17). Los soldados que ejecutaban
la sentencia normalmente recibían la
ropa del reo (Mateo 27:35). La cruz se
clavaba en la tierra, de manera que los
pies del prisionero quedaran a una distancia de treinta a sesenta centímetros
de la superficie del suelo. Los soldados
vigilaban la cruz hasta que ocurriera la
muerte, la cual a veces no tenía lugar
sino hasta el tercer día (Juan 19:31–37).

Jesucristo fue crucificado porque un
grupo de incrédulos lo acusaron falsamente de sedición contra el César y de
blasfemia por afirmar que era el Hijo de
Dios. Se le sometió a muchas injurias,
entre ellas, el manto de púrpura (Juan
19:2), la corona de espinas y otras similares (Mateo 26:67; Mar. 14:65).

Los inicuos horadan las manos y los
pies del Mesías, **Sal. 22:11–18.** Cristo
fue como cordero llevado al matadero,
Isa. 53:7.

Jesús predice su crucifixión, **Mateo
20:18–19.** Descripción de la vejación y
la crucifixión de Cristo, **Mateo 27:22–
50** (Mar. 15:22–37; Lucas 23:26–46; Juan
19:17–30).

Nefi ve en visión la crucifixión del
Cordero de Dios, **1 Ne. 11:33.** Nefi habla de los sufrimientos y la crucifixión

del Señor, **1 Ne.** 19:9–14. Jacob habla del ministerio y la crucifixión del Santo de Israel, **2 Ne.** 6:9. Tempestades, terremotos, incendios y torbellinos en América testifican de la crucifixión de Cristo en Jerusalén, **3 Ne.** 8.

Soy Jesús que fue crucificado, **DyC** 45:51–52. El ministerio de Cristo entre los espíritus en prisión se limitó al tiempo que transcurrió entre Su muerte y Su resurrección, **DyC** 138:27.

Cruz. *Véase también* Crucifixión; Expiación, expiar; Gólgota; Jesucristo; Santa Cena

Los maderos sobre los cuales fue crucificado Jesucristo (Mar. 15:20–26). En el mundo actual, hay muchas personas que consideran la cruz como un símbolo de la Crucifixión y del sacrificio expiatorio de Cristo; no obstante, el Señor mismo ha establecido los símbolos de Su Crucifixión y sacrificio: el pan y el agua de la Santa Cena (Mateo 26:26–28; DyC 20:40, 75–79). En las Escrituras leemos que los que toman su cruz son los que aman tanto a Jesucristo que se niegan a sí mismos toda impiedad y lujuria mundana y guardan Sus mandamientos (TJS, Mateo 16:25–26 [Apéndice — Biblia]).

Ven, sígueme, tomando tu cruz, **Mar.** 10:21 (3 Ne. 12:30; DyC 23:6). Jesús sufrió la cruz y se sentó a la diestra del trono de Dios, **Heb.** 12:2.

Fue levantado sobre la cruz y muerto por los pecados del mundo, **1 Ne.** 11:33. Aquellos que han soportado las cruces del mundo heredarán el reino de Dios, **2 Ne.** 9:18. Mi Padre me envió para que fuese levantado sobre la cruz, **3 Ne.** 27:14–15.

El que no tome su cruz y me siga, y guarde mis mandamientos, no será salvo, **DyC** 56:2.

Vio que el Hijo del Hombre era levantado sobre la cruz, **Moisés** 7:55.

Cuerpo. *Véase también* Alma; Mortal, mortalidad; Muerte física; Resurrección

La estructura mortal y física de carne y huesos que se creó a imagen de Dios y que se combina con un espíritu para formar a una persona viviente. El cuerpo físico de toda persona se reunirá eternamente con su espíritu en la Resurrección. En las Escrituras, en algunas ocasiones se hace referencia al alma como cuerpo y espíritu unidos (Gén. 2:7; DyC 88:15; Moisés 3:7, 9, 19; Abr. 5:7).

Jehová Dios formó al hombre del polvo de la tierra, **Gén.** 2:7 (Moisés 3:7).

Palpad, y ved; porque un espíritu no tiene carne ni huesos, **Lucas** 24:39. Golpeo mi cuerpo, y lo pongo en servidumbre, **1 Cor.** 9:27. Hay cuerpo animal, y hay cuerpo espiritual, **1 Cor.** 15:44. El cuerpo sin espíritu está muerto, **Stg.** 2:26.

El cuerpo terrenal se levanta como cuerpo inmortal, **Alma** 11:43–45. Al cuerpo le serán restauradas todas sus partes, **Alma** 41:2. Jesucristo mostró a los nefitas su cuerpo resucitado, **3 Ne.** 10:18–19; 11:13–15.

El Padre tiene un cuerpo de carne y huesos, tangible como el del hombre; así también el Hijo, **DyC** 130:22.

Dios creó varón y hembra a imagen de su propio cuerpo, **Moisés** 6:9 (Gén. 9:6).

Cuórum. *Véase también* Sacerdocio

El vocablo cuórum puede usarse de dos maneras: (1) Grupo específico de hombres que poseen el mismo oficio del sacerdocio. (2) Una mayoría, o sea, el número mínimo de miembros de un grupo del sacerdocio que debe estar presente en una reunión para tomar decisiones con respecto a asuntos de la Iglesia (DyC 107:28).

Se describen los cuórums de la Primera Presidencia, los Doce y los Setenta, y su relación entre sí, **DyC** 107:22–26, 33–34 (DyC 124:126–128). Las decisiones de estos cuórums deben ser unánimes, **DyC** 107:27. Las decisiones de estos cuórums se deben tomar con toda rectitud, **DyC** 107:30–32. Se describen los deberes de los presidentes de los cuórums del sacerdocio, **DyC** 107:85–96. El cuórum de élderes se ha instituido para los ministros residentes, **DyC** 124:137.

Culpa. *Véase también*
Arrepentimiento, arrepentirse

La condición de haber hecho mal o los sentimientos de pesar y remordimiento que deben acompañar al pecado.

El que peca debe expiar su culpa, **Lev.** 6:1–6.

Cualquiera que tome la Santa Cena indignamente, será culpado del cuerpo y de la sangre del Señor, **1 Cor.** 11:27. Los culpables hallan la verdad dura, **1 Ne.** 16:2. Tendremos un conocimiento perfecto de toda nuestra culpa, **2 Ne.** 9:14. Mi culpa fue expurgada, **Enós** 1:6. Se fijó un castigo, y se dio una ley justa, la cual trajo el remordimiento de conciencia, **Alma** 42:18. Deja que te preocupen tus pecados, con esa zozobra que te conducirá al arrepentimiento, **Alma** 42:29.

Algunos de vosotros sois culpables ante mí, pero seré misericordioso, **DyC** 38:14.

El Hijo de Dios ha expiado la transgresión original, **Moisés** 6:54.

Cumorah, cerro. *Véase también*
Libro de Mormón; Moroni hijo de Mormón; Smith, hijo, José

Pequeño cerro ubicado en la zona occidental del estado de Nueva York, Estados Unidos de América. Fue allí donde un profeta antiguo llamado Moroni escondió las planchas de oro que contenían algunos de los registros de las naciones nefita y jaredita. En 1827 el ángel Moroni, un ser resucitado, indicó a José Smith que fuera a ese cerro y sacara esas planchas y tradujera una porción de ellas. A la traducción se le conoce con el nombre del Libro de Mormón.

Los nefitas se reunieron en Cumorah, **Morm.** 6:2–4. Cumorah se hallaba en una región de muchas aguas, **Morm.** 6:4. Mormón escondió los anales en el cerro Cumorah, **Morm.** 6:6. En Cumorah murieron todos los nefitas con excepción de veinticuatro, **Morm.** 6:11.

¿Qué oímos? ¡Alegres nuevas de Cumorah!, **DyC** 128:20.

José Smith obtuvo las planchas del cerro Cumorah, **JS—H** 1:42, 50–54, 59.

Dalila. *Véase también* Filisteos

Mujer filistea del Antiguo Testamento que engañó y traicionó a Sansón (Jue. 16).

Damasco

Antigua ciudad de Siria.

Damasco se halla sobre una fértil llanura a orillas del desierto, bien irrigada por el río Barada. Se le menciona con frecuencia en las Escrituras (la primera vez en Gén. 14:15). Pablo iba encaminado a Damasco cuando se le apareció el Señor resucitado (Hech. 9:1–27; 22:5–16; 26:12–20).

Dan. *Véase también* Israel; Jacob hijo de Isaac

En el Antiguo Testamento, hijo de Jacob y de Bilha, sierva de Raquel (Gén. 30:5–6).

La tribu de Dan: En Gén. 49:16–18 se encuentra la bendición que Jacob dio a Dan. En Deut. 33:22 se encuentra la bendición que dio Moisés a la tribu de Dan. Después de establecerse en Canaán, la tribu de Dan recibió una parte pequeña de tierra sumamente fértil (Josué 19:40–48). Tuvieron mucha dificultad para protegerlo de los amorreos (Jue. 1:34) y de los filisteos (Jue. 13:2, 25; 18:1). Por consiguiente, los danitas salieron de allí y establecieron una colonia al norte de Palestina (Jue. 18), en Lais, ciudad a la que dieron el nuevo nombre de Dan. Esta ciudad se conoce como el límite norte de Palestina, que se extendía "desde Dan hasta Beerseba".

Daniel

Personaje principal del libro que lleva su nombre en el Antiguo Testamento; profeta de Dios y hombre de gran fe.

Nada se sabe de sus progenitores,

aunque parece haber sido de linaje real (Dan. 1:3); fue llevado cautivo a Babilonia, donde le dieron el nombre de Beltsasar (Dan. 1:6–7). Daniel y otros tres jóvenes cautivos se negaron a comer de la comida del rey por motivos religiosos (Dan. 1:8–16).

Daniel se granjeó el favor de Nabucodonosor y de Darío gracias a su poder de interpretar sueños (Dan. 2; 4; 6). También leyó e interpretó la escritura que apareció en la pared (Dan. 5). Como consecuencia de una conspiración de parte de sus enemigos, fue arrojado en un foso de leones, pero el Señor le preservó la vida (Dan. 6).

El libro de Daniel: El libro consta de dos partes: los capítulos del 1 al 6 son narraciones concernientes a Daniel y sus tres compañeros; los capítulos del 7 al 12 son visiones proféticas que tuvo Daniel. En el libro de Daniel, se enseña la importancia de ser fiel a Dios y se señalan las bendiciones que el Señor derrama sobre los fieles.

Una de las aportaciones principales que el libro ofrece es la interpretación del sueño del rey Nabucodonosor, en el cual se representa el reino de Dios en los últimos días como una piedra cortada del monte que rodará hasta llenar toda la tierra (Dan. 2; véase también DyC 65:2).

Darío. *Véase también* Babel, Babilonia

En el Antiguo Testamento, rey de los medos que reinó en Babilonia después de la muerte de Belsasar (Dan. 5:31; 6:9, 25–28; 9:1; 11:1).

David. *Véase también* Betsabé; Salmo

En el Antiguo Testamento, fue rey de Israel.

David era hijo de Isaí, de la tribu de Judá. Fue un joven valiente que mató un león, un oso y al gigante filisteo Goliat (1 Sam. 17). David fue escogido y ungido para ser el rey de Israel. Igual que Saúl, siendo adulto fue culpable de graves delitos; pero a diferencia de este, fue capaz de sentir verdadera contrición y, por lo tanto, logró el perdón de sus pecados, excepto en el caso del asesinato de Urías (DyC 132:39). Su vida se divide en cuatro etapas: (1) en Belén, donde era pastor (1 Sam. 16–17); (2) en la corte del rey Saúl (1 Sam. 18:1–19:18); (3) la de fugitivo (1 Sam. 19:18–31:13; 2 Sam. 1); (4) como rey de Judá en Hebrón (2 Sam. 2–4), y posteriormente rey de todo Israel (2 Sam. 5–24; 1 Rey. 1:1–2:11).

El pecado de adulterio que David cometió con Betsabé llevó sobre él una serie de desgracias que menoscabaron los últimos veinte años de su vida. La nación en general prosperó durante su reinado, pero David sufrió las consecuencias de sus pecados. Tuvo continuos problemas familiares que, en el caso de sus hijos Absalón y Adonías, terminaron en completa rebelión. Estos acontecimientos fueron el cumplimiento de la declaración del profeta Natán a David, por causa de su pecado (2 Sam. 12:7–13).

A pesar de estos desastres, el reinado de David fue el más sobresaliente de la historia israelita, pues (1) unió a las tribus en una sola nación, (2) adquirió posesión absoluta del país, (3) se basó en la religión verdadera para gobernar al pueblo, por lo que la voluntad de Dios era la ley de Israel. Por estas razones, en épocas posteriores al reinado de David se le consideró la edad de oro de la nación y el símbolo de la época más gloriosa que el pueblo esperaba: la de la venida del Mesías (Isa. 16:5; Jer. 23:5; Ezeq. 37:24–28).

La vida de David ilustra la necesidad de que todas las personas perseveren en la rectitud hasta el fin. Cuando era joven, David se caracterizó por ser un hombre "conforme al corazón" de Jehová (1 Sam. 13:14); siendo ya un hombre, habló por el Espíritu y recibió muchas revelaciones. Pero pagó un alto precio por su desobediencia a los mandamientos de Dios (DyC 132:39).

Deber. *Véase también* Obediencia, obediente, obedecer

En las Escrituras, este término se refiere a una tarea, asignación o responsabilidad, dadas a menudo por el Señor o por Sus siervos.

Guarda sus mandamientos; porque esto es el todo del hombre, **Ecle.** 12:13. Qué pide Jehová de ti: solamente hacer justicia, **Miq.** 6:8.

Es necesario obedecer a Dios antes que a los hombres, **Hech.** 5:29.

Fueron heridos con hambre y severas aflicciones para hacerles recordar sus deberes, **Mos.** 1:17.

Se describen los deberes de los élderes, los presbíteros, los maestros y los diáconos, **DyC** 20:38–67. Los poseedores del sacerdocio deben cumplir con todos los deberes familiares, **DyC** 20:47, 51. Se describen los deberes de los miembros después de su bautismo, **DyC** 20:68–69. Que mis élderes esperen un corto tiempo para que mi pueblo sepa más cabalmente lo concerniente a su deber, **DyC** 105:9–10. Aprenda todo varón su deber, **DyC** 107:99–100.

Debilidad. *Véase también* Humildad, humilde, humillar (afligir)

La condición de ser mortal y la falta de aptitud, fuerza o destreza. La debilidad es una característica propia del ser humano. Todas las personas son débiles, y únicamente por la gracia de Dios reciben el poder para obrar con rectitud (Jacob 4:6–7). Esta característica se manifiesta en parte en las flaquezas o imperfecciones individuales de toda persona.

Fortaleced las manos cansadas, afirmad las rodillas endebles, **Isa.** 35:3–4.

El espíritu a la verdad está dispuesto, pero la carne es débil, **Mateo** 26:41 (Mar. 14:38).

Por motivo de la debilidad que hay en mí, según la carne, quiero disculparme, **1 Ne.** 19:6. Él me ha mandado escribir estas cosas, a pesar de mi debilidad, **2 Ne.** 33:11. No te enojes con tu siervo a causa de su debilidad, **Éter** 3:2. Los gentiles se burlarán de estas cosas, debido a nuestra debilidad en escribir, **Éter** 12:23–25, 40. El Señor mostrará a los hombres su debilidad, **Éter** 12:27–28. Porque has visto tu debilidad, serás fortalecido, **Éter** 12:37.

El que de entre vosotros es débil será hecho fuerte, **DyC** 50:16. Jesucristo conoce las flaquezas del hombre, **DyC** 62:1.

Débora

En el Antiguo Testamento, profetisa que juzgó a Israel y que instó a Barac a pelear contra los cananeos (Jue. 4). Débora y Barac celebraron con un cántico la liberación de Israel (Jue. 5).

Declaración Oficial 1. *Véase también* Manifiesto; Matrimonio — El matrimonio plural; Woodruff, Wilford

La primera parte de la Declaración Oficial 1, que también se conoce como el Manifiesto, se encuentra en las páginas finales de Doctrina y Convenios. Fue comunicada por el presidente Wilford Woodruff y presentada ante los miembros de la Iglesia en la Conferencia General del 6 de octubre de 1890. Diversas leyes promulgadas en un período de 25 años, comenzando en 1862, convirtieron en ilegal la práctica del matrimonio plural en los Estados Unidos. El Señor le mostró a Wilford Woodruff, mediante visión y revelación, lo que sucedería si los santos no cesaban de practicarlo. En el Manifiesto se anunció oficialmente que los matrimonios plurales ya no se llevaban a cabo.

Declaración Oficial 2. *Véase también* Kimball, Spencer W.; Sacerdocio

Declaración doctrinal que ahora se encuentra en las páginas finales de Doctrina y Convenios y que indica quiénes pueden poseer el sacerdocio de Dios. A principios de junio de 1978, el Señor le reveló al presidente Spencer W. Kimball que se debía dar el sacerdocio a todo varón que fuera miembro digno de la Iglesia. Con ello se pusieron al alcance de todo varón digno las bendiciones del sacerdocio, y las bendiciones del templo al alcance de todo miembro digno, sean cuales sean su raza y su color. El 30 de septiembre de 1978, esta declaración se presentó a los miembros en la conferencia general de la Iglesia y se aceptó con unanimidad.

Deidad. *Véase* Trinidad

Descansar, descanso (reposo). *Véase también* Día de reposo; Paz

Disfrutar de paz y de la ausencia de preocupaciones y conflictos. El Señor ha prometido ese descanso a Sus seguidores fieles durante esta vida y también ha preparado un lugar de descanso para ellos en la vida venidera.

Mi presencia irá contigo, y te daré descanso, **Éx.** 33:14.

Venid a mí todos los que estáis trabajados y cargados, y yo os haré descansar, **Mateo** 11:28–29.

Trabajamos diligentemente, para que entraran en su reposo, **Jacob** 1:7 (Heb. 4:1–11). Los que se arrepientan entrarán en el descanso del Señor, **Alma** 12:34. Hubo muchísimos que fueron purificados y entraron en el reposo del Señor su Dios, **Alma** 13:12–16. El paraíso es un estado de descanso, **Alma** 40:12 (Alma 60:13). Nada entra en su reposo, sino aquellos que han lavado sus vestidos en mi sangre, **3 Ne.** 27:19.

Lo de mayor valor será declarar el arrepentimiento a fin de traer almas a mí, para que con ellas reposes en el reino de mi Padre, **DyC** 15:6 (DyC 16:6). Los que mueran descansarán de todos sus trabajos, **DyC** 59:2 (Apoc. 14:13). El reposo del Señor es la plenitud de su gloria, **DyC** 84:24.

Desdeñar. *Véase* Odio, aborrecimiento

Deseret. *Véase también* Jareditas

En el Libro de Mormón, vocablo jaredita que significa "abeja obrera" (Éter 2:3).

Destructor. *Véase también* Diablo

Satanás es el destructor.

Jehová no dejará entrar al heridor en vuestras casas, **Éx.** 12:23.

El destructor anda sobre la faz de las aguas, **DyC** 61:19. El atalaya habría podido salvar la viña del destructor, **DyC** 101:51–54.

Deuda. *Véase también* Perdonar

En el contexto de las Escrituras, el dinero o la propiedad que se debía a otro hacía que el deudor estuviera bajo cierto tipo de servidumbre. En otro sentido, Jesús enseñó que debemos pedirle al Padre que nos perdone nuestras deudas, o sea, que nos libre de pagar el precio de nuestros pecados —por medio de la expiación de Jesucristo— después que nosotros hayamos perdonado las ofensas de los demás (Mateo 6:12; 3 Ne. 13:11).

El impío toma prestado, y no paga, **Sal.** 37:21. El que toma prestado es siervo del que presta, **Prov.** 22:7.

Toda aquella deuda te perdoné. ¿No debías tú también tener misericordia?, **Mateo** 18:23–35. No debáis a nadie nada, sino el amaros unos a otros, **Rom.** 13:8. Estáis eternamente en deuda con vuestro Padre Celestial, **Mos.** 2:21–24, 34. El que pida prestado a su vecino, debe devolver aquello que pida prestado, **Mos.** 4:28.

Paga la deuda que has contraído. Líbrate de la servidumbre, **DyC** 19:35. Está prohibido contraer deudas con vuestros enemigos, **DyC** 64:27. Pagad todas vuestras deudas, **DyC** 104:78. No contraigan deudas para la edificación de la casa del Señor, **DyC** 115:13.

Deuteronomio. *Véase también* Pentateuco

Es el quinto libro del Antiguo Testamento.

El libro contiene los tres últimos discursos de Moisés, los que pronunció en las llanuras de Moab poco antes de su traslación. El primer discurso se encuentra en los capítulos del 1 al 4, y es una introducción. El segundo discurso (caps. del 5 al 26) se compone de dos partes: (1) del 5 al 11, los Diez Mandamientos y una exposición práctica de estos; y (2) del 12 al 26, un código de leyes que constituye el núcleo de todo el libro. El tercer discurso (caps. del 27 al 30) contiene una renovación solemne del convenio entre Dios y el pueblo de Israel y un anuncio de las bendiciones que acarrea la obediencia y de las maldiciones que se reciben por la desobediencia. En los capítulos del 31 al 34 se describe el relato de la entrega de la ley a los levitas, el cántico de Moisés y la última bendición y la partida de este profeta.

Día de reposo. *Véase también* Creación, crear; Descansar, descanso (reposo)

Día santo que se ha señalado en la semana para el descanso y la adoración. Después que Dios creó todas las cosas, descansó el día séptimo y mandó que se apartara un día de la semana como día de reposo para que las personas se acuerden de Él (Éx. 20:8–11).

Antes de la resurrección de Cristo, los miembros de la Iglesia, al igual que los judíos, observaban como día de reposo el último día de la semana. Después de la Resurrección, los miembros de la Iglesia, ya fueran judíos o gentiles, guardaron el primer día de la semana (el día del Señor) para recordar la resurrección del Señor. En la actualidad, en la Iglesia se sigue observando un día santo de reposo todas las semanas, en el que se adora a Dios y se descansa de las labores del mundo.

El día de reposo nos recuerda que tenemos la necesidad de nutrirnos espiritualmente y el deber de obedecer a Dios. Cuando una nación se descuida en su observancia del día de reposo, todos los aspectos de la vida se ven afectados y se deteriora la vida religiosa (Neh. 13:15–18; Jer. 17:21–27).

Dios reposó el día séptimo, **Gén.** 2:1–3. El pueblo de Israel no recogió maná el día de reposo, **Éx.** 16:22–30. Acuérdate del día de reposo para santificarlo, **Éx.** 20:8–11 (Mos. 13:16–19). El día de reposo se dio como señal entre Dios y el hombre, **Éx.** 31:12–17 (Ezeq. 20:12, 20). No

se debe comprar ni vender en el día de reposo, **Neh.** 10:31. El Señor manda que llamemos delicia al día de reposo, no andando en nuestros propios caminos, **Isa.** 58:13–14.

El día de reposo fue hecho por causa del hombre, y no el hombre por causa del día de reposo, **Mar.** 2:23–28. El Hijo del Hombre es Señor aun del día de reposo, **Lucas** 6:1–10. Jesús enseñó en una sinagoga y sanó enfermos en el día de reposo, **Lucas** 13:10–14.

Los nefitas santificaban el día de reposo, **Jarom** 1:5. Les mandó que observaran el día de reposo y lo santificaran, **Mos.** 18:23.

Ofrecerás tus sacramentos en mi día santo, **DyC** 59:9–13. Los habitantes de Sion observarán el día del Señor, **DyC** 68:29.

Yo, Dios, descansé el día séptimo de toda mi obra, **Moisés** 3:1–3 (Gén. 2:1–3; Abr. 5:1–3).

Día del Señor. *Véase* Día de reposo; Juicio final; Segunda venida de Jesucristo

Diablo. *Véase también* Anticristo; Destructor; Espíritu — Espíritus inmundos; Hijos de perdición; Infierno; Lucifer o Lucero

Satanás. El diablo es enemigo de la rectitud y de todos los que procuren hacer la voluntad de Dios. Él es literalmente un hijo de Dios en el espíritu, y en un tiempo fue un ángel con autoridad en la presencia de Dios (Isa. 14:12; 2 Ne. 2:17). Sin embargo, se rebeló en la vida preterrenal y persuadió a una tercera parte de los hijos del Padre a rebelarse junto con él (DyC 29:36; Moisés 4:1–4; Abr. 3:27–28). Estos espíritus fueron expulsados de los cielos y se les negó la experiencia de poseer un cuerpo terrenal y de conocer la vida terrenal, quedando condenados por toda la eternidad. Desde que fue expulsado del cielo, el diablo constantemente ha intentado engañar a todo el género humano y desviarlo de la obra de Dios, para que todos sean tan miserables como él (Apoc. 12:9; 2 Ne. 2:27; 9:8–9).

Reprendió Jesús al demonio, **Mateo** 17:18. El fuego eterno está preparado para el diablo y sus ángeles, **Mateo** 25:41. Resistid al diablo, y huirá de vosotros, **Stg.** 4:7. Los inicuos serán llevados a la cautividad del diablo, **1 Ne.** 14:7. Es el diablo, el padre de todas las mentiras, **2 Ne.** 2:18 (Moisés 4:4). El diablo busca que todos los hombres sean miserables como él, **2 Ne.** 2:27. Si la carne no se levantara más, nuestros espíritus tendrían que estar sujetos a ese diablo, **2 Ne.** 9:8–9. El diablo enfurecerá, pacificará y lisonjeará al hombre, **2 Ne.** 28:20–23. Lo que es malo viene del diablo, **Omni** 1:25 (Alma 5:40; Moro. 7:12, 17). Cuidaos, no sea que surjan contenciones entre vosotros, y optéis por obedecer al espíritu malo, **Mos.** 2:32. Si no sois las ovejas del buen pastor, el diablo es vuestro pastor, **Alma** 5:38–39. El diablo no amparará a sus hijos, **Alma** 30:60. Orad continuamente para que no seáis desviados por las tentaciones del diablo, **Alma** 34:39 (3 Ne. 18:15, 18). Estableced vuestro fundamento sobre el Redentor para que la furiosa tormenta del diablo no tenga poder sobre vosotros, **Hel.** 5:12. El diablo es el autor de todo pecado, **Hel.** 6:26–31. El diablo procuró poner en marcha un plan astuto, **DyC** 10:12. Es menester que el diablo tiente a los hijos de los hombres, o estos no podrían ser sus propios agentes, **DyC** 29:39. Adán vino a quedar sujeto a la voluntad del diablo, por haber cedido a la tentación, **DyC** 29:40. Los hijos de perdición reinarán con el diablo y sus ángeles en la eternidad, **DyC** 76:32–33, 44. El diablo será atado por mil años, **DyC** 88:110 (Apoc. 20:2). Aquel inicuo viene y despoja de la luz y la verdad, **DyC** 93:39. El diablo no guardó su primer estado, **Abr.** 3:28.

La iglesia del diablo: Toda organización inicua y mundana sobre la tierra que pervierte el Evangelio puro y perfecto y lucha contra el Cordero de Dios.

El diablo fundó la grande y abominable iglesia, **1 Ne.** 13:6 (1 Ne. 14:9). No hay más que dos iglesias solamente; una es la iglesia del Cordero de Dios, y la otra es la iglesia del diablo, **1 Ne.** 14:10 (Alma 5:39).

No contendáis en contra de ninguna iglesia, a menos que sea la iglesia del diablo, **DyC** 18:20. La grande y abominable iglesia será derribada, **DyC** 29:21.

Diácono. *Véase también* Sacerdocio Aarónico

Un llamamiento al servicio en la Iglesia durante la época del apóstol Pablo (Filip. 1:1; 1 Tim. 3:8–13) y un oficio en el Sacerdocio Aarónico (DyC 20:38, 57–59; 84:30, 111; 107:85).

Diez Mandamientos, los. *Véase también* Mandamientos de Dios; Moisés

Diez leyes que dio Dios, por medio del profeta Moisés, con el fin de regir el comportamiento moral.

La designación hebrea de estos mandamientos es las "Diez Palabras", y también se les llama el Convenio (Deut. 9:9) o el Testimonio (Éx. 25:21; 32:15). La forma en que Dios le dio a Moisés los Diez Mandamientos, y por medio de este a Israel, se describe en Éx. 19:9–20:23; 32:15–19; 34:1. Estaban grabados en dos tablas de piedra que se depositaron en el Arca, por lo que a este se le dio el nombre del arca del convenio (Núm. 10:33). Nuestro Señor, citando los pasajes de Deut. 6:4–5 y Lev. 19:18, resumió los Diez Mandamientos en "dos grandes mandamientos" (Mateo 22:37–39).

Los Diez Mandamientos se han reiterado en la revelación de los últimos días (TJS, Éx. 34:1–2, 14 [Apéndice — Biblia]; Mos. 12:32–37; 13:12–24; DyC 42:18–28; 59:5–13).

Diez tribus. *Véase* Israel

Diezmar, diezmo. *Véase también*
Dinero; Ofrenda

La décima parte de los ingresos anuales de una persona, la cual se entrega al Señor por medio de la Iglesia. El fondo de los diezmos se utiliza para construir centros de reuniones y templos, para sostener la obra misional y para edificar el reino de Dios sobre la tierra.

Abram le dio a Melquisedec los diezmos de todo lo que poseía, **Gén.** 14:18–20 (Heb. 7:1–2, 9; Alma 13:15). El diezmo de la tierra de Jehová es; es cosa dedicada a Jehová, **Lev.** 27:30–34. Indefectiblemente diezmarás todo el producto, **Deut.** 14:22, 28. Trajeron en abundancia los diezmos de todas las cosas, **2 Cró.** 31:5. ¿Robará el hombre a Dios? ¿En qué te hemos robado? En vuestros diezmos y ofrendas, **Mal.** 3:8–11 (3 Ne. 24:8–11).

El que es diezmado no será quemado en su venida, **DyC** 64:23 (DyC 85:3). La casa del Señor se edificará con los diezmos de su pueblo, **DyC** 97:11–12. El Señor revela la ley del diezmo, **DyC** 119. Un consejo dispondrá de los diezmos, **DyC** 120.

Difamaciones. *Véase* Calumnias

Dignidad, digno. *Véase también*
Rectitud, recto

Tener rectitud una persona y contar con la aprobación de Dios y de los líderes que Él ha nombrado.

El que no toma su cruz y sigue en pos de mí, no es digno de mí, **Mateo** 10:38. El obrero es digno de su salario, **Lucas** 10:7 (DyC 31:5). Mirad que hagáis todas las cosas dignamente, **Morm.** 9:29. No eran bautizados a menos que fueran dignos, **Moro.** 6:1. El que sea perezoso no será considerado digno de permanecer, **DyC** 107:100. El que no aguanta el castigo, no es digno de mi reino, **DyC** 136:31. Se extendieron las bendiciones del sacerdocio a todo varón que sea miembro digno, DO 2.

Diligencia

Un esfuerzo constante y valiente, particularmente en el servicio del Señor y en la obediencia a Su palabra.

Guarda tu alma con diligencia, **Deut.** 4:9. Oídme atentamente, **Isa.** 55:2. Poniendo toda diligencia, añadid a vuestra fe virtud, **2 Pe.** 1:5. Enseñábamos la palabra de Dios con toda diligencia, **Jacob** 1:19. Habían escudriñado diligentemente las Escrituras, **Alma** 17:2. Estaban dispuestos a guardar los mandamientos con toda diligencia, **3 Ne.** 6:14. Trabajemos diligentemente, **Moro.** 9:6. Estad anhelosamente consagrados a una causa buena, **DyC** 58:27. No estéis ociosos, sino obrad con vuestra fuerza, **DyC** 75:3. Estad diligentemente atentos a las palabras de vida eterna, **DyC** 84:43. Aprenda todo varón su deber, así como a obrar con toda diligencia, **DyC** 107:99.

Diluvio en los tiempos de Noé.
Véase también Arca; Arco iris; Noé, patriarca bíblico

En los tiempos de Noé, la tierra fue totalmente cubierta por las aguas; esto fue el bautismo de la tierra y simbolizó su purificación (1 Pe. 3:20–21).

Yo traigo un diluvio de aguas sobre la tierra, para destruir toda carne, **Gén.** 6:17 (Moisés 7:34, 43, 50–52; 8:17, 30). Las aguas del diluvio vinieron sobre la tierra, **Gén.** 7:10. Dios puso un arco en las nubes como señal del convenio, **Gén.** 9:9–17. Después que se retiraron las aguas, la tierra de América llegó a ser una tierra escogida, **Éter** 13:2. Los inicuos morirían en los diluvios, **Moisés** 7:38; 8:24.

Dinero. *Véase también* Diezmar, diezmo; Limosna; Mundano, lo; Riquezas

Monedas, papel, certificados, etc., utilizados como pago de artículos o servicios. A veces se usa como símbolo del materialismo.

Sin dinero seréis rescatados, **Isa.** 52:3.

A los Doce les mandó que no llevasen nada para el camino; ni alforja, ni pan, ni dinero, **Mar.** 6:8. Pedro le dijo a Simón el mago que su dinero perecería con él, **Hech.** 8:20. Raíz de todos los males es el amor al dinero, **1 Tim.** 6:10.

No gastéis dinero en lo que no tiene valor, **2 Ne.** 9:50–51 (Isa. 55:1–2; 2 Ne. 26:25–27). Si trabaja por dinero, perecerá, **2 Ne.** 26:31. Antes de buscar riquezas, buscad el reino de Dios, **Jacob** 2:18–19. Un día habrá iglesias que dirán: por vuestro dinero seréis perdonados de vuestros pecados, **Morm.** 8:32, 37.

El que dé su dinero para ayudar a sus hermanos de ningún modo perderá su galardón, **DyC** 84:89–90.

Dios. *Véase* Trinidad

Discernimiento, don de. *Véase también* Dones del Espíritu

La facultad de comprender o saber algo por el poder del Espíritu. Es uno de los dones del Espíritu y comprende la habilidad de percibir el verdadero carácter de las personas y el origen y significado de las manifestaciones espirituales.

El hombre mira lo que está delante de sus ojos, pero Jehová mira el corazón, **1 Sam.** 16:7. ¡Ay de los que a lo malo dicen bueno!, **Isa.** 5:20 (2 Ne. 15:20).

Las cosas que son del Espíritu de Dios se han de discernir espiritualmente, **1 Cor.** 2:14. A algunas personas les es dado el don de discernimiento de espíritus, **1 Cor.** 12:10.

Ammón podía discernir sus pensamientos, **Alma** 18:18. La voz suave penetró hasta lo más profundo de los que la oyeron, **3 Ne.** 11:3.

Para que no seáis engañados, buscad los mejores dones, **DyC** 46:8, 23. A los líderes de la Iglesia les es concedido poder para discernir los dones del Espíritu, **DyC** 46:27. El cuerpo lleno de luz comprende todas las cosas, **DyC** 88:67.

Moisés vio la tierra, discerniéndola por el Espíritu de Dios, **Moisés** 1:27.

Disciplinar. *Véase* Castigar, castigo

Discípulo. *Véase también* Apóstol; Conversión, convertir; Cristianos; Yugo

Seguidor de Jesucristo que vive de acuerdo con Sus enseñanzas (DyC 41:5). El vocablo discípulo se utiliza para designar a los Doce Apóstoles llamados por Cristo durante Su ministerio terrenal (Mateo 10:1–4). También se usa para describir a los Doce escogidos por Jesús para dirigir Su Iglesia entre los nefitas y los lamanitas (3 Ne. 19:4).

Sella la ley entre mis discípulos, **Isa.** 8:16.

Si permaneciereis en mi palabra, seréis mis discípulos, **Juan** 8:31.

Mormón era discípulo de Jesucristo, **3 Ne.** 5:12–13. Vosotros sois mis discípulos, **3 Ne.** 15:12. Tres discípulos no probarán la muerte, **3 Ne.** 28:4–10.

La voz de amonestación irá por boca de mis discípulos, **DyC** 1:4. Mis discípulos estarán en lugares santos, **DyC** 45:32. El que no recuerde a los pobres, los necesitados, los enfermos y los afligidos no es discípulo del Señor, **DyC** 52:40. El que no esté dispuesto a dar su vida por mi causa no es mi discípulo, **DyC** 103:27–28.

Discípulos nefitas, los tres. *Véase también* Discípulo; Nefitas; Seres trasladados

En el Libro de Mormón, tres de los discípulos nefitas escogidos por Cristo.

El Señor les concedió la misma bendición que había otorgado a Juan el Amado, o sea, que permanecieran sobre la tierra para llevar almas a Cristo hasta la segunda venida del Salvador. Fueron trasladados de manera que no sintieran dolor ni murieran (3 Ne. 28).

Cristo concedió el deseo de los tres discípulos de permanecer en la tierra hasta que Jesús viniera de nuevo, **3 Ne.** 28:1–9. Nunca padecerán los dolores de la muerte ni el pesar, **3 Ne.** 28:7–9. Tendrán plenitud de gozo, **3 Ne.** 28:10. Fueron temporariamente arrebatados al cielo, **3 Ne.** 28:13–17. Ministraron al pueblo y padecieron persecución, **3 Ne.** 28:18–23. Ministraron a Mormón, **3 Ne.** 28:24–26 (Morm. 8:10–11). Ejercerán su ministerio a los gentiles, a los judíos, a las tribus esparcidas y a todas las naciones, **3 Ne.** 28:27–29. Satanás no tiene poder sobre ellos, **3 Ne.** 28:39.

Dispensaciones. *Véase también* Evangelio; Llaves del sacerdocio; Restauración del Evangelio; Sacerdocio

Una dispensación del Evangelio es un período de tiempo durante el cual el Señor tiene en la tierra por lo menos un siervo autorizado que posee el santo sacerdocio.

Adán, Enoc, Noé, Abraham, Moisés, Jesucristo, José Smith y otros han dado comienzo a nuevas dispensaciones del Evangelio. Cuando el Señor organiza una dispensación, revela el Evangelio nuevamente, de manera que la gente de esa dispensación no tenga que depender de las anteriores para conocer el plan de salvación. La dispensación que se inició con José Smith se conoce como la "dispensación del cumplimiento de los tiempos".

El Dios del cielo levantará un reino, **Dan.** 2:44 (DyC 65).

En los postreros días derramaré de mi Espíritu sobre toda carne, **Hech.** 2:17 (Joel 2:28). El cielo debe recibir a Cristo hasta los tiempos de la restauración de todas las cosas, **Hech.** 3:21. En la dispensación del cumplimiento de los tiempos, Dios reunirá todas las cosas en Cristo, **Efe.** 1:10.

Estableceré mi iglesia entre ellos, **3 Ne.** 21:22.

El Señor encomendó las llaves de su reino y una dispensación del Evangelio para los últimos tiempos, **DyC** 27:13. Se entregan en vuestras manos las llaves de esta dispensación, **DyC** 110:12–16. Todas las llaves de dispensaciones pasadas se han restaurado en la dispensación del cumplimiento de los tiempos, **DyC** 128:18–21.

Dispersión de Israel. *Véase* Israel — El esparcimiento de Israel

Divorcio. *Véase también* Matrimonio

La finalización del matrimonio por medio del poder civil o la ley eclesiástica. Según el Nuevo Testamento, Dios permitió el divorcio bajo ciertas condiciones por causa de la dureza del corazón de la gente, pero según lo explicó Jesús, "al principio no fue así" (Mateo 19:3–12). En general, en las Escrituras se recomienda que no se recurra al divorcio, y se aconseja al marido y su mujer que se amen con rectitud (1 Cor. 7:10–12; DyC 42:22).

Doce, Cuórum de los. *Véase* Apóstol

Doce tribus de Israel. *Véase* Israel — Las doce tribus de Israel

Doctrina de Cristo. *Véase también* Evangelio; Plan de redención

Los principios y enseñanzas del evangelio de Jesucristo.

Goteará como la lluvia mi enseñanza, **Deut.** 32:2. Los murmuradores aprenderán doctrina, **Isa.** 29:24. La gente se admiraba de su doctrina, **Mateo** 7:28. Mi doctrina no es mía, sino de aquel que me envió, **Juan** 7:16. Toda Escritura es útil para enseñar, **2 Tim.** 3:16.

Esta es la doctrina de Cristo, y la única y verdadera doctrina del Padre, **2 Ne.** 31:21 (2 Ne. 32:6). No habrá disputas entre vosotros concernientes a los puntos de mi doctrina, **3 Ne.** 11:28, 32, 35, 39–40. Satanás incita el corazón del pueblo para que contiendan sobre los puntos de mi doctrina, **DyC** 10:62–63, 67. Enseñad a vuestros hijos la doctrina del arrepentimiento, de la fe en Cristo, del bautismo y del don del Espíritu Santo, **DyC** 68:25. Os mando que os enseñéis el uno al otro la doctrina del reino, **DyC** 88:77–78. La doctrina del sacerdocio destilará sobre tu alma como rocío del cielo, **DyC** 121:45.

Doctrina y Convenios. *Véase también* Canon; Escrituras; Libro de Mandamientos; Smith, hijo, José

Recopilación de revelaciones divinas y declaraciones inspiradas de los últimos días. El Señor las dio a José Smith y a otros profetas que lo sucedieron para establecer y regular el reino de Dios sobre la tierra en los últimos días. Doctrina y Convenios, junto con la Biblia, el Libro de Mormón y la Perla de Gran Precio, es uno de los libros canónicos de Escrituras de La Iglesia de Jesucristo de los Santos de los Últimos Días. Pero lo que da a este libro su carácter exclusivo es que no se trata de una traducción de documentos antiguos, sino que el Señor dio estas revelaciones a Sus profetas escogidos en estos tiempos modernos con el fin de restaurar Su reino. En esas revelaciones se puede percibir la voz tierna pero firme del Señor Jesucristo (DyC 18:35–36).

En la historia de José Smith se afirma que Doctrina y Convenios es el fundamento de la Iglesia en los últimos días y un beneficio para el mundo (DyC 70: Encabezamiento). Las revelaciones que contiene dan inicio a la obra de preparar la vía para la segunda venida del Señor, en cumplimiento de todas las palabras pronunciadas por los profetas desde la creación del mundo.

Domingo. *Véase* Día de reposo

Don. *Véase también* Don del Espíritu Santo; Dones del Espíritu

Dios otorga al hombre muchas bendiciones y dones.

Hay diversidad de dones espirituales, **1 Cor.** 12:4–10. Procurad, pues, los dones mejores, **1 Cor.** 12:31. Todo don perfecto desciende del Padre, **Stg.** 1:17.

El poder del Espíritu Santo es el don de Dios, **1 Ne.** 10:17. Los que digan que no hay dones no conocen el evangelio de Cristo, **Morm.** 9:7–8. Toda buena dádiva viene de Cristo, **Moro.** 10:8–18.

La vida eterna es el mayor de todos los dones de Dios, **DyC** 14:7 (1 Ne. 15:36). Se dan dones a los que aman al Señor, **DyC** 46:8–11. No a todos se da cada uno de los dones, **DyC** 46:11–29.

Don del Espíritu Santo. *Véase también* Don; Dones del Espíritu; Espíritu Santo; Trinidad

Todo miembro de la Iglesia, bautizado y digno, tiene el derecho de tener consigo la influencia constante del Espíritu Santo. Después de bautizarse una persona en la verdadera Iglesia de Jesucristo, recibe el don del Espíritu Santo mediante la imposición de manos de otra persona que tenga la debida autoridad (Hech. 8:12–25; Moro. 2; DyC 39:23). A menudo se menciona este don como el bautismo de fuego (Mateo 3:11; DyC 19:31).

Se manda a los hombres arrepentirse, bautizarse y recibir el don del Espíritu Santo, **Hech.** 2:38. Pedro y Juan confirieron el don del Espíritu Santo mediante la imposición de manos, **Hech.** 8:14–22. El Espíritu Santo se da mediante la imposición de manos, **Hech.** 19:2–6.

La remisión de los pecados viene por fuego y por el Espíritu Santo, **2 Ne.** 31:17.

Creemos en la imposición de manos para comunicar el don del Espíritu Santo, **AdeF** 1:4.

Dones del Espíritu. *Véase también* Don; Don del Espíritu Santo

Bendiciones espirituales especiales que el Señor da a las personas dignas para su propio beneficio y para que los empleen con el fin de llevar bendiciones a la vida de otros. En DyC 46:11–33, 1 Cor. 12:1–12 y Moro. 10:8–18 se encuentra una descripción de los dones del Espíritu.

Procurad, pues, los mejores dones, **1 Cor.** 12:31 (1 Cor. 14:1).

Los nefitas recibieron muchos dones del Espíritu, **Alma** 9:21. ¡Ay del que diga que el Señor ya no obra por dones ni por el poder del Espíritu Santo!, **3 Ne.** 29:6. Dios derrama dones sobre los fieles,

Morm. 9:7. Todos estos dones vienen por el Espíritu de Cristo, **Moro.** 10:17.

Hay muchos dones, y a todo hombre le es dado un don por el Espíritu de Dios, **DyC** 46:11. A los líderes de la Iglesia les es concedido discernir los dones del Espíritu, **DyC** 46:27. El Presidente de la Iglesia tiene todos los dones que Dios confiere sobre el cabeza de la Iglesia, **DyC** 107:91–92.

Dones espirituales. *Véase* Dones del Espíritu

Dormir

Estado de reposo en el que se suspende la actividad consciente. El Señor ha aconsejado a Sus santos no dormir más de lo necesario (DyC 88:124). El vocablo dormir también se utiliza como símbolo de la muerte espiritual (1 Cor. 11:30; 2 Ne. 1:13) o de la muerte física (Morm. 9:13).

Eclesiastés

Libro del Antiguo Testamento que contiene reflexiones sobre algunos de los problemas más profundos de la vida.

El Predicador, autor del libro, escribe gran parte de este con el punto de vista de los que no cuentan con la comprensión del Evangelio. Escribe conforme a la manera de pensar de los habitantes del mundo, de los que están "debajo del sol" (Ecle. 1:9). Gran parte del libro parece ser negativo y pesimista (Ecle. 9:5, 10); esta no es la forma en que Dios desea que percibamos la vida, sino que es la percepción que el Predicador ha observado en los hombres de la tierra, faltos de luz. La parte más espiritual del libro se encuentra en los capítulos 11 y 12, donde el autor concluye que lo único que tiene valor duradero es la obediencia a los mandamientos de Dios.

Edén. *Véase también* Adán; Eva

Lugar donde vivieron nuestros primeros padres Adán y Eva (Gén. 2:8–3:24; 4:16; 2 Ne. 2:19–25; Moisés 3–4; Abr. 5), designado como un huerto o jardín hacia el oriente en Edén. Adán y Eva fueron expulsados de Edén después de comer del fruto prohibido y convertirse en seres mortales (Moisés 4:29). La revelación moderna confirma el relato bíblico del Jardín de Edén y añade la importante información de que estaba situado en lo que hoy día es Norteamérica.

Efesios, epístola a los. *Véase también* Pablo; Pablo, epístolas de

En el Nuevo Testamento, epístola escrita por el apóstol Pablo a los santos de Éfeso. Es sumamente importante porque contiene las enseñanzas de Pablo acerca de la Iglesia de Cristo.

En el capítulo 1, se encuentra la salutación acostumbrada. En los capítulos 2 y 3, se explica el cambio que ocurre en las personas cuando se convierten en miembros de la Iglesia: se vuelven conciudadanos de los santos, quedando gentiles y judíos unidos en una sola Iglesia. En los capítulos del 4 al 6, se explican las funciones de los apóstoles y profetas, la necesidad de ser unidos y la importancia de vestirse de toda la armadura de Dios.

Efraín. *Véase también* Israel; José hijo de Jacob; Libro de Mormón; Manasés

En el Antiguo Testamento, segundo hijo de José y Asenat (Gén. 41:50–52; 46:20). Al contrario de lo que se hacía por tradición, Efraín recibió la bendición de la primogenitura en lugar de Manasés, el hijo mayor (Gén. 48:17–20). Efraín fue el padre de la tribu que lleva su nombre.

La tribu de Efraín: Efraín recibió la primogenitura de Israel (1 Cró. 5:1–2; Jer. 31:9), y en los últimos días esta tribu ha tenido el privilegio y la responsabilidad de poseer el sacerdocio, llevar el mensaje de la restauración del Evangelio al mundo, y levantar un estandarte para congregar al Israel disperso (Isa. 11:12–13; 2 Ne. 21:12–13). Los hijos de Efraín coronarán de gloria a los que en los últimos días regresen de los países del norte (DyC 133:26–34).

El palo de Efraín o palo de José: Registro de un grupo de la tribu de Efraín que fue guiado desde Jerusalén hasta América alrededor del año 600 a.C. A dicho registro, que es el Libro de Mormón, se le llama el palo de Efraín o el palo de José. Al unirse al palo de Judá (la Biblia), ambos registros constituyen un testimonio unido del Señor Jesucristo, de Su resurrección de la tumba y de Su obra divina realizada entre estas dos ramas de la casa de Israel.

Una rama de Efraín se desprenderá y escribirá otro testamento de Cristo, **TJS,** Gén. 50:24–26, 30–31. El palo de Judá y el palo de José serán uno solo, **Ezeq.** 37:15–19.

Los escritos de Judá y de José crecerán juntamente, **2 Ne.** 3:12. El Señor habla a muchas naciones, **2 Ne.** 29.

Las llaves de los anales del palo de Efraín fueron entregadas a Moroni, **DyC** 27:5.

Egipto

País ubicado en el noreste de África. Gran parte del país es árido y desolado, por lo que la mayoría de los habitantes viven en el valle del Nilo, cuya extensión es de poco más de 885 kilómetros.

El Egipto de la antigüedad era rico y próspero, y en él se realizaron importantes obras públicas, entre ellas, canales de irrigación, ciudades fuertes con fines defensivos y monumentos reales, especialmente tumbas y templos que todavía se cuentan entre las maravillas del mundo. Durante algún tiempo, el sistema de gobierno egipcio imitaba el orden patriarcal del sacerdocio (Abr. 1:21–27).

Abraham y José fueron conducidos a Egipto para salvar a sus familias del hambre, **Gén.** 12:10 (Gén. 37:28). José fue vendido para Egipto, **Gén.** 45:4–5 (1 Ne. 5:14–15). Jacob fue guiado a Egipto, **Gén.** 46:1–7. Moisés condujo a los hijos de Israel fuera de Egipto, **Éx.** 3:7–10; 13:14 (Heb. 11:27; 1 Ne. 17:40; Moisés 1:25–26). Egipto sería un reino despreciable,

Ezeq. 29:14–15 (Oseas 9:3–7; Abr. 1:6, 8, 11–12, 23).

Un ángel le dijo a José que huyera con María y Jesús a Egipto, **Mateo** 2:13 (Oseas 11:1).

Egyptus

Nombre de la esposa y también de una hija de Cam hijo de Noé. En caldeo, el nombre significa "Egipto", o "aquello que está prohibido" (Abr. 1:23–25).

Élder (anciano). *Véase también* Sacerdocio; Sacerdocio de Melquisedec

La palabra *anciano* se emplea de distintas maneras en la Biblia. En muchos casos del Antiguo Testamento se refiere a los hombres de mayor edad de una tribu, a quienes por lo general se confiaban los asuntos gubernamentales (Gén. 50:7; Josué 20:4; Rut 4:2; Mateo 15:2). Su edad y experiencia eran motivo de que a menudo se buscara su consejo. Esta designación no se refería necesariamente a su oficio en el sacerdocio.

En la época del Antiguo Testamento también había ancianos ordenados como tales en el Sacerdocio de Melquisedec (Éx. 24:9–11). En el Nuevo Testamento se hace referencia a los ancianos como oficio del sacerdocio en la Iglesia (Stg. 5:14–15). Entre los nefitas también había ancianos (élderes) ordenados en el sacerdocio (Alma 4:7, 16; Moro. 3:1). En esta dispensación, José Smith y Oliver Cowdery fueron los primeros en ser ordenados élderes (ancianos) (DyC 20:2–3).

Para evitar la interpretación incorrecta que pudiera darse al título "anciano", la Iglesia ha optado por usar el término "élder" (que es el equivalente de "anciano" en inglés) como título apropiado para todos los poseedores del Sacerdocio de Melquisedec. A los misioneros también se les llama élderes. Un Apóstol también es un élder en este sentido, y es propio aplicar este título a los miembros del Cuórum de los Doce y de los Cuórums de los Setenta (DyC 20:38; 1 Pe. 5:1). En la revelación moderna se han delineado los deberes de los que han sido ordenados élderes de la Iglesia en la actualidad (DyC 20:38–45; 42:44; 46:2; 107:12).

Moisés dio la ley a todos los ancianos de Israel, **Deut.** 31:9.

Bernabé y Saulo llevaron socorro a los ancianos de la Iglesia, **Hech.** 11:30. Constituyeron ancianos en cada iglesia, **Hech.** 14:23 (Tito 1:5). Llamad a los ancianos para que oren por los enfermos, **Stg.** 5:14.

Los élderes fueron ordenados por la imposición de manos, **Alma** 6:1.

Los élderes bendecirán a los niños, **DyC** 20:70. Los élderes han de dirigir las reuniones conforme al Santo Espíritu, **DyC** 46:2. Los élderes entregarán un informe de su mayordomía, **DyC** 72:5. Los élderes predicarán el Evangelio a las naciones, **DyC** 133:8.

Elección. *Véase también* Vocación (llamamiento) y elección

Basándose en la dignidad personal en la vida preterrenal, Dios eligió a los que serían la descendencia de Abraham y la casa de Israel y que llegarían a ser el pueblo del convenio (Deut. 32:7–9; Abr. 2:9–11). A dichas personas se les dan bendiciones y deberes especiales para que bendigan a todas las naciones del mundo (Rom. 11:5–7; 1 Pe. 1:2; Alma 13:1–5; DyC 84:99). No obstante, si desean alcanzar la salvación, aun los electos deben ser llamados y elegidos en esta vida.

Elegidos

Los elegidos (escogidos) son aquellos que aman a Dios con todo el corazón y viven de una manera que a Él le complace. Los que viven como discípulos de Él serán seleccionados un día por el Señor para ser contados entre Sus hijos escogidos.

No me elegisteis vosotros a mí, sino que yo os elegí a vosotros, **Juan** 15:16. Juan expresa regocijo porque los hijos de la señora elegida son fieles, **2 Juan** 1.

Tus pecados te son perdonados, y eres una señora elegida, **DyC** 25:3. Los que

magnifican su llamamiento en el sacerdocio llegan a ser los elegidos de Dios, **DyC** 84:33–34.

Elí. *Véase también* Samuel, profeta del Antiguo Testamento

Sumo sacerdote y juez del Antiguo Testamento en la época en que el Señor llamó a Samuel para ser profeta (1 Sam. 3). El Señor lo reprendió por tolerar la iniquidad de sus hijos (1 Sam. 2:22–36; 3:13).

Elías. *Véase también* Elías el Profeta

En las Escrituras este nombre o título se emplea de varias maneras:

Elías el Profeta: En Mateo 17:3–4; Lucas 4:25–26 y Santiago 5:17 se hace referencia al antiguo profeta Elías, cuyo ministerio se relata en los libros 1 y 2 de los Reyes.

Precursor: Elías es también un título que se da a aquel que es precursor; por ejemplo, Juan el Bautista fue un Elías porque fue enviado a preparar el camino para Jesús (Mateo 17:12–13).

Restaurador: El título Elías también se ha aplicado a muchas otras personas por motivo de las misiones particulares que habrían de cumplir; por ejemplo, a Juan el Revelador (DyC 77:14) y a Gabriel (Lucas 1:11–20; DyC 27:6–7; 110:12).

Un hombre de la dispensación de Abraham: Un profeta llamado Elías o Esaías que aparentemente vivió en la época de Abraham (DyC 84:11–13; 110:12).

Elías el Profeta. *Véase también* Elías; Salvación; Sellamiento, sellar

Profeta del Antiguo Testamento que regresó en los postreros días para conferir a José Smith y a Oliver Cowdery las llaves del poder de sellar. En su época, Elías el Profeta efectuó su obra en Israel, el reino del norte (1 Rey. 17–22; 2 Rey. 1–2). Tenía gran fe en el Señor y se destaca por los muchos milagros que efectuó. Por petición suya, Dios interrumpió las lluvias durante tres años y medio; levantó a un niño de entre los muertos e hizo caer fuego de los cielos

(1 Rey. 17–18). El pueblo judío aún espera el regreso de Elías, tal como lo profetizó Malaquías (Mal. 4:5), y lo invitan como huésped durante sus Festividades de Pascua, dejando la puerta abierta y un lugar reservado en la mesa.

El profeta José Smith dijo que Elías el Profeta poseía el poder para sellar, poder que corresponde al Sacerdocio de Melquisedec, y que fue el último profeta que lo tuvo antes de la época de Jesucristo. Elías apareció en el monte de la Transfiguración, acompañado de Moisés, y confirió las llaves del sacerdocio a Pedro, Santiago (Jacobo) y Juan (Mateo 17:3). Apareció nuevamente, en compañía de Moisés y de otros, el 3 de abril de 1836, en el Templo de Kirtland, Ohio (EE. UU.), y confirió las mismas llaves a José Smith y a Oliver Cowdery (DyC 110:13–16). Todo esto se hizo como preparación para la segunda venida del Señor, de lo cual se habla en Mal. 4:5–6.

El poder de Elías el Profeta es el poder de sellar que corresponde al sacerdocio, poder mediante el cual todo lo que se ate o se desate en la tierra se atará o se desatará también en los cielos (DyC 128:8–18). En la actualidad, contamos con siervos escogidos del Señor que poseen este poder de sellar y que llevan a cabo las ordenanzas salvadoras del Evangelio a favor de los vivos y de los muertos (DyC 128:8).

Elías selló los cielos y los cuervos lo alimentaron, **1 Rey.** 17:1–7. La tinaja de harina y la vasija de aceite de la viuda que lo alimentó no escasearon, **1 Rey.** 17:8–16. Levantó de los muertos al hijo de la viuda, **1 Rey.** 17:17–24. Derrotó a los profetas de Baal, **1 Rey.** 18:21–39. La voz apacible y delicada habló, **1 Rey.** 19:11–12. Subió al cielo en un carro de fuego, **2 Rey.** 2:11. Malaquías profetizó su retorno en los postreros días, **Mal.** 4:5–6 (3 Ne. 25:5).

En 1836, apareció en el Templo de Kirtland, Ohio (EE. UU.), **DyC** 110:13–16.

Elisabet. *Véase también* Juan el Bautista

En el Nuevo Testamento, esposa de Zacarías, madre de Juan el Bautista y parienta de María (Lucas 1:5–60).

Eliseo

En el Antiguo Testamento, profeta de Israel, el reino del norte, y consejero de confianza de varios reyes de ese país.

Eliseo era de carácter afable y afectuoso, y no tenía ese celo vehemente por el cual se había distinguido su maestro, Elías el Profeta. Sus notables milagros (2 Rey. 2–5; 8) testifican que verdaderamente recibió el poder del profeta Elías cuando lo sucedió como profeta (2 Rey. 2:9–12). Por ejemplo, sanó la fuente de aguas malas, dividió las aguas del Jordán, multiplicó el aceite de la viuda, devolvió la vida a un niño muerto, curó de lepra a un hombre, hizo flotar en el agua un hacha de hierro e hirió a los sirios con ceguera (2 Rey. 2–6). Su ministerio duró más de 50 años, durante los reinados de Joram, Jehú, Joacaz y Joás.

Tomó el manto de Elías el Profeta, **2 Rey.** 2:13. Multiplicó el aceite de la viuda, **2 Rey.** 4:1–7. Levantó de entre los muertos al hijo de la mujer sunamita, **2 Rey.** 4:18–37. Sanó al general sirio Naamán, **2 Rey.** 5:1–14. Hirió con ceguera a los sirios y abrió los ojos de su criado, **2 Rey.** 6:8–23.

Elohim. *Véase* Padre Celestial; Trinidad

Emanuel. *Véase también* Jesucristo

Uno de los nombres de Jesucristo. Se deriva de vocablos hebreos que significan "Dios con nosotros".

Emanuel es un nombre y título que se da como señal de la liberación que proviene de Dios (Isa. 7:14). Mateo reconoció específicamente la referencia que Isaías hace de Emanuel como profecía del nacimiento de Jesús en el mundo (Mateo 1:18–25). El nombre también aparece en las Escrituras de los últimos días (2 Ne. 17:14; 18:8; DyC 128:22).

Enemistad. *Véase también* Amor;
Envidia; Venganza

En las Escrituras, significa antago-
nismo, hostilidad y odio.

Pondré enemistad entre ti y la mujer,
Gén. 3:15 (Moisés 4:21).

Los designios de la carne son enemistad contra Dios, **Rom.** 8:7. La amistad
del mundo es enemistad contra Dios,
Stg. 4:4.

En ese día la enemistad cesará de ante
mi faz, **DyC** 101:26.

Enfermedad, enfermo

En las Escrituras, a veces la enfermedad física se emplea como símbolo de
malestar espiritual (Isa. 1:4–7; 33:24).

Yo he oído tu oración, y he visto tus
lágrimas; he aquí que yo te sano, **2 Rey.**
20:1–5 (2 Cró. 32:24; Isa. 38:1–5).

Recorrió Jesús Galilea sanando toda
enfermedad y toda dolencia, **Mateo** 4:23–
24 (1 Ne. 11:31; Mos. 3:5–6). Los sanos
no tienen necesidad de médico, sino los
enfermos, **Mateo** 9:10–13 (Mar. 2:14–17;
Lucas 5:27–32). ¿Está alguno enfermo
entre vosotros? Llame a los ancianos,
Stg. 5:14–15.

Cristo tomó sobre sí los dolores y las
enfermedades de su pueblo, **Alma** 7:10–
12. Jesús sanó a todos los enfermos entre
los nefitas, **3 Ne.** 26:15.

Nutrid a los enfermos con ternura, con
hierbas y alimento sencillo, **DyC** 42:43
(Alma 46:40). Recordad en todas las cosas a los enfermos y a los afligidos, **DyC**
52:40. Pon tus manos sobre los enfermos,
y sanarán, **DyC** 66:9.

Engañar, engaño. *Véase también*
Mentiras

Hacer creer a alguien algo que no es
verdad. Defraudar.

Subirá al monte de Jehová el que no
haya jurado con engaño, **Sal.** 24:3–4.
Bienaventurado el hombre en cuyo espíritu no hay engaño, **Sal.** 32:2 (Sal. 34:13;
1 Pe. 2:1). Líbrame del hombre enga-
ñoso, **Sal.** 43:1. ¡Ay de los que a lo malo

dicen bueno, y a lo bueno malo!, **Isa.** 5:20
(2 Ne. 15:20).

Natanael era un israelita en quien no
había engaño, **Juan** 1:47 (DyC 41:9–11).
Nadie se engañe a sí mismo, **1 Cor.** 3:18.
Nadie os engañe con palabras vanas,
Efe. 5:6. Los malos hombres y los engañadores irán de mal en peor, **2 Tim.** 3:13.
Satanás, el cual engaña al mundo entero,
fue arrojado a la tierra, **Apoc.** 12:9. Satanás será atado para que no engañe más
a las naciones, **Apoc.** 20:1–3.

El Señor no puede ser engañado, **2 Ne.**
9:41. Si seguís al Hijo, sin engaño ante
Dios, recibiréis al Espíritu Santo, **2 Ne.**
31:13. Sherem confesó que había sido
engañado por el poder del diablo, **Jacob**
7:18. El pueblo del rey Noé fue engañado
con palabras lisonjeras, **Mos.** 11:7.

Aquellos que son prudentes han tomado al Santo Espíritu por guía, y no
han sido engañados, **DyC** 45:57. ¡Ay de
los que son engañadores!, **DyC** 50:6. El
conocimiento puro ennoblece el alma
sin malicia, **DyC** 121:42.

Llegó a ser Satanás, el padre de todas
las mentiras, para engañar y cegar a los
hombres, **Moisés** 4:4.

Engendrado, engendrar. *Véase
también* Hijos de Cristo; Hijos e hijas
de Dios; Nacer de Dios, nacer de
nuevo; Unigénito

Nacer. Engendrar es dar nacimiento
o procrear. En las Escrituras, estas palabras se utilizan a menudo con el significado de nacer de Dios. Aunque Jesucristo
es el único engendrado por el Padre en la
carne (Unigénito), todos pueden ser engendrados espiritualmente por Cristo al
aceptarlo, obedecer Sus mandamientos
y llegar a ser personas nuevas mediante
el poder del Espíritu Santo.

Yo te engendré hoy, **Sal.** 2:7 (Hech.
13:33; Heb. 1:5–6; 5:5).

Su gloria, como del unigénito del Padre, **Juan** 1:14 (2 Ne. 25:12; Alma 12:33–
34; DyC 76:23). Porque de tal manera amó
Dios al mundo, que ha dado a su Hijo
Unigénito, **Juan** 3:16 (DyC 20:21).

Cristo engendró espiritualmente al pueblo del rey Benjamín, **Mos.** 5:7.

Los que son engendrados por medio del Señor son la iglesia del Primogénito, **DyC** 93:22.

Enoc. *Véase también* Sion

Profeta que guio al pueblo de la ciudad de Sion. Se habla de su ministerio en el Antiguo Testamento y también en la Perla de Gran Precio. Fue el séptimo patriarca después de Adán; era hijo de Jared y padre de Matusalén (Gén. 5:18–24; Lucas 3:37).

Enoc era una gran persona y su ministerio fue mucho más importante de lo que indica la breve mención que de él hace la Biblia. El relato bíblico nos dice que fue traspuesto (trasladado) (Heb. 11:5), pero no da detalles de su ministerio. En Judas 1:14 se cita una de sus profecías. Por medio de la revelación de los últimos días, aprendemos mucho más acerca de Enoc; específicamente de su predicación, de su ciudad llamada Sion y de sus visiones y profecías (DyC 107:48–57; Moisés 6–7). Sion fue llevada al cielo debido a la rectitud de sus habitantes (Moisés 7:69).

Dios se revela a Enoc, **Moisés** 6:26–37. Enoc enseña el Evangelio, **Moisés** 6:37–68. Enoc instruye al pueblo y establece Sion, **Moisés** 7:1–21. Enoc vio todas las cosas, aun hasta el fin del mundo, **Moisés** 7:23–68.

Enojo. *Véase también* Amor; Odio, aborrecimiento

El enojo es un sentimiento de ira o de molestia contra alguien o algo. El Señor advirtió a Sus santos que dominaran su enojo (Mateo 5:22). Ni los padres ni los hijos deben injuriar o maltratar a los demás miembros de la familia. En las Escrituras, el enojo se relaciona muchas veces, en sentido figurado, con el fuego (2 Ne. 15:25; DyC 1:13).

Y se ensañó Caín en gran manera, y decayó su semblante, **Gén.** 4:5. Jehová es lento para la ira, y grande en misericordia, **Sal.** 145:8. La blanda respuesta quita la ira, **Prov.** 15:1. El hombre iracundo promueve contiendas; mas el que tarda en airarse apacigua la rencilla, **Prov.** 15:18 (Prov. 14:29). Por amor de mi nombre diferiré mi ira, **Isa.** 48:9. Extendí mis manos a pueblo rebelde, que me provoca de continuo a ira, **Isa.** 65:2–3.

A cualquiera que te hiera en la mejilla derecha, vuélvele también la otra, **Mateo** 5:39. Y vosotros, padres, no provoquéis a ira a vuestros hijos, **Efe.** 6:4.

Y porque os he dicho la verdad, estáis enojados conmigo, **Mos.** 13:4. Visitaré a este pueblo en mi ira, **Alma** 8:29.

Contra ninguno está encendida su ira, sino contra aquellos que no confiesan su mano en todas las cosas, **DyC** 59:21. Yo, el Señor, estoy enojado con los inicuos, **DyC** 63:32.

Enós hijo de Jacob

Profeta nefita e historiador del Libro de Mormón que, después de orar pidiendo perdón, recibió la remisión de sus pecados mediante su fe en Cristo (Enós 1:1–8). El Señor estableció un convenio con Enós de sacar a luz el Libro de Mormón para los lamanitas (Enós 1:15–17).

El libro de Enós: Libro del Libro de Mormón que relata la historia de la oración de Enós al Señor pidiendo perdón para sí mismo y rogando por su pueblo y por los demás. El Señor le prometió que el Libro de Mormón se preservaría y que estaría disponible para los lamanitas en un día futuro. Aunque el libro de Enós solo cuenta con un capítulo, relata la potente historia de un hombre que buscó a su Dios por medio de la oración, obedeció los mandamientos del Señor toda la vida y, antes de su muerte, se regocijó por el conocimiento que tenía del Redentor.

Enseñar. *Véase también* Espíritu Santo

Impartir conocimiento a los demás. En las Escrituras, se refiere especialmente a enseñar a las personas verdades del Evangelio, y guiarlas hacia la rectitud. Los que enseñan el Evangelio deben recibir la guía del Espíritu. Todos los padres son maestros dentro de su propia familia. Los santos deben procurar las enseñanzas del Señor y de Sus líderes y estar dispuestos a aceptarlas.

Las enseñarás a tus hijos, **Deut.** 4:8–9. Las enseñaréis a vuestros hijos, **Deut.** 6:7 (Deut. 11:18–19). Instruye al niño en su camino, **Prov.** 22:6. Todos tus hijos serán enseñados por Jehová, **Isa.** 54:13 (3 Ne. 22:13).

Sabemos que has venido de Dios como maestro, **Juan** 3:2. Tú, pues, que enseñas a otro, ¿no te enseñas a ti mismo?, **Rom.** 2:21.

Recibí alguna instrucción en toda la ciencia de mi padre, **1 Ne.** 1:1 (Enós 1:1). Los sacerdotes y maestros deben enseñar con toda diligencia; de otro modo, traen sobre su propia cabeza los pecados del pueblo, **Jacob** 1:18–19. Para que me escuchéis, y abráis vuestros oídos, **Mos.** 2:9. Enseñaréis a vuestros hijos a amarse mutuamente y a servirse el uno al otro, **Mos.** 4:15. Ni confiéis en nadie para que sea vuestro maestro a menos que sea un hombre de Dios, **Mos.** 23:14. El Señor derramó su Espíritu sobre toda la faz de la tierra a fin de preparar sus corazones para recibir la palabra que se enseñaría, **Alma** 16:16. Enseñaban con poder y autoridad de Dios, **Alma** 17:2–3. Sus madres se lo habían enseñado, **Alma** 56:47 (Alma 57:21).

Para que cuando buscasen sabiduría, fuesen instruidos, **DyC** 1:26. Enseñaos los unos a los otros, de acuerdo con el oficio al cual os he llamado, **DyC** 38:23. Enseñarán los principios de mi evangelio, que se encuentran en la Biblia y en el Libro de Mormón, **DyC** 42:12. Se os enseñará de lo alto, **DyC** 43:15–16. Los padres deben enseñar a sus hijos, **DyC** 68:25–28. Os mando que os enseñéis el uno al otro la doctrina del reino, **DyC** 88:77–78, 118. Nombrad de entre vosotros a un maestro, **DyC** 88:122. No has enseñado a tus hijos e hijas la luz y la verdad, y esta es la causa de tu aflicción, **DyC** 93:39–42.

Te doy el mandamiento de enseñar estas cosas sin reserva a tus hijos, **Moisés** 6:57–61.

Enseñar con el Espíritu: No sois vosotros los que habláis, sino el Espíritu de vuestro Padre que habla en vosotros, **Mateo** 10:19–20. ¿No ardía nuestro corazón en nosotros cuando nos abría las Escrituras?, **Lucas** 24:32. El Evangelio se predica por el poder del Espíritu, **1 Cor.** 2:1–14.

Habló con poder y autoridad de Dios, **Mos.** 13:5–9 (Alma 17:3; Hel. 5:17).

Tendrás mi Espíritu para convencer a los hombres, **DyC** 11:21. La iglesia oirá en cualquier cosa que se le enseñe por el Consolador, **DyC** 28:1 (DyC 52:9). Si no recibís el Espíritu, no enseñaréis, **DyC** 42:14 (DyC 42:6). Sois enviados para enseñar a los hijos de los hombres por el poder de mi Espíritu, **DyC** 43:15. Los élderes deben predicar el evangelio por el Espíritu, **DyC** 50:13–22. Lo que habéis de decir os será dado en la hora precisa, **DyC** 84:85 (DyC 100:5–8).

Entender, entendimiento. *Véase también* Conocimiento; Sabiduría; Verdad

Obtener conocimiento o percibir el significado de alguna verdad, incluso su aplicación a la vida.

No te apoyes en tu propia prudencia, **Prov.** 3:5. Con todo lo que adquieras, adquiere entendimiento, **Prov.** 4:7. El que posee entendimiento ama su alma, **Prov.** 19:8.

Jesús habló por parábolas y algunos no le entendieron, **Mateo** 13:12–17. El Señor les abrió el entendimiento, **Lucas** 24:45.

Si después de estas palabras no podéis entender, será porque no pedís, **2 Ne.** 32:4 (3 Ne. 17:3). Los anales se preservaron para que pudiéramos leer y entender, **Mos.** 1:2–5. Por motivo de su incredulidad no podían entender la palabra de Dios, **Mos.** 26:3. Eran hombres de sano entendimiento, **Alma** 17:2–3. La palabra empieza a iluminar mi entendimiento, **Alma** 32:28.

Razonemos juntos para que entendáis, **DyC** 50:10–12, 19–23. Los padres deben enseñar a sus hijos a comprender la doctrina, **DyC** 68:25. Las obras y los misterios de Dios solo se comprenden por el poder del Santo Espíritu, **DyC** 76:114–116. Satanás procura desviar los corazones de los hombres de la comprensión, **DyC** 78:10. La luz de Cristo vivifica nuestro entendimiento, **DyC** 88:11.

Envidia. *Véase también* Celo, celos, celoso; Codiciar

Según las Escrituras, es malo desear poseer algo que pertenece a otra persona.

Los patriarcas, movidos por envidia, vendieron a José para Egipto, **Hech.** 7:9. El amor no tiene envidia, **1 Cor.** 13:4 (Moro. 7:45). Palabras, de las cuales nacen envidias, **1 Tim.** 6:4. Donde hay envidia, hay perturbación y toda obra perversa, **Stg.** 3:16.

El Señor ha mandado que los hombres no envidien, **2 Ne.** 26:32. No había envidias entre el pueblo de Nefi, **4 Ne.** 1:15–18.

La envidia y la ira del hombre han sido mi suerte común en todos los días de mi vida, **DyC** 127:2.

Esaías

El nombre de un antiguo profeta que vivió en los días de Abraham (DyC 76:100; 84:13).

Esaú. *Véase también* Isaac; Jacob hijo de Isaac

En el Antiguo Testamento, hijo mayor de Isaac y Rebeca y hermano gemelo de Jacob. Los dos hermanos fueron rivales desde su nacimiento (Gén. 25:19–26). Los edomitas, descendientes de Esaú, y los israelitas, descendientes de Jacob, llegaron a ser naciones rivales (Gén. 25:23).

Esaú vendió a Jacob su primogenitura, **Gén.** 25:33 (Heb. 12:16–17). Esaú se casó con mujeres heteas, causando amargura de espíritu a sus padres, **Gén.** 26:34–35. Jacob y Esaú se reconciliaron, **Gén.** 33.

Escoger, escogido (verbo). *Véase también* Albedrío; Libertad, libre; Llamado, llamado por Dios, llamamiento

Cuando el Señor selecciona o escoge a una o a varias personas, normalmente también las llama a servir en Su obra.

Escogeos hoy a quién sirváis, **Josué** 24:15 (Alma 30:8; Moisés 6:33). Te he escogido en horno de aflicción, **Isa.** 48:10 (1 Ne. 20:10).

Engañarán, si fuere posible, aun a los escogidos, **Mateo** 24:24. Lo necio del mundo escogió Dios, para avergonzar a los sabios, **1 Cor.** 1:27. Nos escogió antes de la fundación del mundo, **Efe.** 1:4.

Son libres para escoger la libertad y la vida eterna, o escoger la cautividad y la muerte, **2 Ne.** 2:27.

Mis escogidos escuchan mi voz y no endurecen su corazón, **DyC** 29:7. Y así reuniré a mis escogidos de los cuatro cabos de la tierra, **DyC** 33:6. Se darán las Escrituras para la salvación de mis escogidos, **DyC** 35:20–21. Los nobles y grandes fueron escogidos en el principio, **DyC** 138:55–56.

Abraham fue escogido antes de nacer, **Abr.** 3:23. Por el bien de los escogidos se acortarán aquellos días, **JS—M** 1:20.

Escogido (adjetivo o sustantivo). *Véase también* Llamado, llamado por Dios, llamamiento

Las personas seleccionadas por Dios para cumplir ciertas responsabilidades especiales.

Hice convenio con mi escogido, **Sal.** 89:3.

Muchos son llamados, y pocos escogidos, **Mateo** 22:14 (Mateo 20:16; DyC 95:5; 121:34, 40). Los santos son linaje escogido, real sacerdocio, **1 Pe.** 2:9.

Israel fue escogido por Dios, **Moisés** 1:26. Cristo fue el Amado y el Escogido del Padre desde el principio, **Moisés** 4:2.

Escriba

El vocablo se utiliza en sentido ligeramente distinto en el Antiguo y en el

Nuevo Testamento: (1) En el Antiguo Testamento, la responsabilidad primordial del escriba era copiar las Escrituras (Jer. 8:8). (2) En el Nuevo Testamento se menciona con frecuencia a los escribas, llamándolos a veces intérpretes de la ley. Ellos fueron quienes desarrollaron los detalles de la ley y la aplicaban a las circunstancias de su época (Mateo 13:52; Mar. 2:16–17; 11:17–18; Lucas 11:44–53; 20:46–47).

Escrituras. *Véase también* Biblia; Canon; Doctrina y Convenios; Libro de Mormón; Palabra de Dios; Perla de Gran Precio

Las palabras expresadas, tanto por escrito como oralmente, por los hombres santos de Dios cuando hablan por la influencia del Espíritu Santo. Las Escrituras canónicas oficiales de la Iglesia en la actualidad son la Biblia, el Libro de Mormón, Doctrina y Convenios y la Perla de Gran Precio. Jesús y los escritores del Nuevo Testamento consideraban como Escrituras los libros del Antiguo Testamento (Mateo 22:29; Juan 5:39; 2 Tim. 3:15; 2 Pe. 1:20–21). Véase también Cronología en el Apéndice.

¿No ardía nuestro corazón en nosotros, cuando nos abría las Escrituras?, **Lucas** 24:32. Escudriñad las Escrituras; porque os parece que en ellas tenéis la vida eterna; y ellas son las que dan testimonio de mí, **Juan** 5:39.

Las palabras de Cristo os dirán todas las cosas que debéis hacer, **2 Ne.** 32:3. Cuantos llegan a creer las Santas Escrituras son firmes e inmutables en la fe, **Hel.** 15:7–8.

En estas cosas yerran, porque pervierten las Escrituras y no las entienden, **DyC** 10:63. Estas palabras no son de hombres, ni de hombre, sino mías, **DyC** 18:34–36. La salida a luz del Libro de Mormón prueba al mundo que las Escrituras son verdaderas, **DyC** 20:2, 8–12. Dedicaréis vuestro tiempo al estudio de las Escrituras, **DyC** 26:1. Las Escrituras se dan para instrucción de los santos,

DyC 33:16. Se darán las Escrituras para la salvación de mis escogidos, **DyC** 35:20. Enseñarán los principios de mi evangelio, que se encuentran en la Biblia y en el Libro de Mormón, **DyC** 42:12. Mis leyes en cuanto a estas cosas están en mis Escrituras, **DyC** 42:28. Lo que hablen cuando sean inspirados por el Espíritu Santo, será Escritura, **DyC** 68:4.

Escrituras que se han perdido: En las Escrituras se mencionan muchos escritos sagrados con los cuales no contamos hoy día. Entre ellos se cuentan los siguientes libros y autores: el libro del convenio (Éx. 24:7); el libro de las batallas de Jehová (Núm. 21:14); Jaser (Josué 10:13; 2 Sam. 1:18); los hechos de Salomón (1 Rey. 11:41); las crónicas de Samuel vidente (1 Cró. 29:29); el profeta Natán (2 Cró. 9:29); el profeta Semaías (2 Cró. 12:15); el profeta Iddo (2 Cró. 13:22); las palabras de Jehú (2 Cró. 20:34); las palabras de los videntes (2 Cró. 33:19); Enoc (Judas 1:14); las palabras de Zenoc, Neum y Zenós (1 Ne. 19:10); Zenós (Jacob 5:1), Zenoc y Ezías (Hel. 8:20); un libro de memorias (Moisés 6:5); y epístolas a los corintios (1 Cor. 5:9), a los efesios (Efe. 3:3), la de Laodicea (Col. 4:16) y de Judas (Judas 1:3, versión del rey Santiago, en inglés).

Las Escrituras deben preservarse: Es prudente que obtengamos estos anales a fin de preservar las palabras de los santos profetas, **1 Ne.** 3:19–20. Yo debía conservar estas planchas, **Jacob** 1:3. Estas cosas se han guardado y preservado por la mano de Dios, **Mos.** 1:5. Asegúrate de cuidar estas cosas sagradas, **Alma** 37:47. Las Escrituras serán preservadas y protegidas, **DyC** 42:56.

Esforzaos con todo empeño por preservarlas, **JS—H** 1:59.

El valor de las Escrituras: Leerás esta ley delante de todo Israel, **Deut.** 31:10–13. Nunca se apartará de tu boca este libro de la ley, **Josué** 1:8. La ley de Jehová es perfecta, que convierte el alma, **Sal.** 19:7. Lámpara es a mis pies tu palabra, **Sal.** 119:105.

Las Escrituras dan testimonio de mí,

Juan 5:39. Toda Escritura es inspirada por Dios, y útil para enseñar e instruir, **2 Tim.** 3:15–16.

Apliqué todas las Escrituras a nosotros mismos para nuestro provecho e instrucción, **1 Ne.** 19:23. Mi alma se deleita en las Escrituras, **2 Ne.** 4:15–16. Trabajamos diligentemente para escribir, a fin de persuadir a nuestros hijos, así como a nuestros hermanos, a creer en Cristo, **2 Ne.** 25:23. Escudriñaron las Escrituras; y no hicieron más caso de las palabras de este hombre inicuo, **Jacob** 7:23 (Alma 14:1). Si no fuera por estas planchas, habríamos padecido en la ignorancia, **Mos.** 1:2–7. Habían escudriñado diligentemente las Escrituras para conocer la palabra de Dios, **Alma** 17:2–3. Las Escrituras se conservan para conducir las almas a la salvación, **Alma** 37:1–19 (2 Ne. 3:15). La palabra de Dios guiará al hombre de Cristo, **Hel.** 3:29.

Lo que hablen cuando sean inspirados por el Espíritu Santo, será Escritura, y el poder de Dios para salvación, **DyC** 68:4. Para imprimir la plenitud de mis Escrituras, con objeto de edificar mi iglesia y preparar a mi pueblo, **DyC** 104:58–59. El que atesore mi palabra no será engañado, **JS—M** 1:37.

Se profetiza la publicación de las Escrituras: Isaías predijo la publicación del Libro de Mormón, **Isa.** 29:11–14. Toma ahora un palo, y escribe en él: Para Judá, **Ezeq.** 37:15–20. Nefi vio otros libros que aparecerían, **1 Ne.** 13:39. No por tener una Biblia, debéis suponer que contiene todas mis palabras, **2 Ne.** 29:10–14. Asíos al evangelio de Cristo, que os será presentado en los anales que llegarán, **Morm.** 7:8–9. Bendito sea aquel que saque esto a luz, **Morm.** 8:16. Escribe estas cosas y en mi debido tiempo las mostraré, **Éter** 3:27 (Éter 4:7).

Creemos que aún revelará muchos asuntos, **AdeF** 1:9.

Escrituras perdidas. *Véase* Escrituras — Escrituras que se han perdido

Escuchar. *Véase también* Obediencia, obediente, obedecer; Oído

Oír la voz y las enseñanzas del Señor, prestando atención y obedeciendo.

Jehová levantará a un profeta como Moisés, y el pueblo debe oírle, **Deut.** 18:15. El prestar atención es mejor que la grosura de los carneros, **1 Sam.** 15:20–23. No hemos obedecido a tus siervos los profetas, **Dan.** 9:6. Los justos que escuchan las palabras de los profetas no perecerán, **2 Ne.** 26:8. Si no queréis dar oídos a la voz del buen pastor, no sois las ovejas del buen pastor, **Alma** 5:38 (Hel. 7:18).

Escuchad, oh pueblo de mi iglesia, **DyC** 1:1. Todo el que escuche la voz del Espíritu será iluminado y vendrá al Padre, **DyC** 84:46–47. Fueron lentos en escuchar la voz del Señor; por consiguiente, el Señor es lento en escuchar sus oraciones, **DyC** 101:7–9. Los que no escuchan los mandamientos son castigados, **DyC** 103:4 (Moisés 4:4).

Escuela de los profetas. *Véase también* Smith, hijo, José

En Kirtland, Ohio (EE. UU.), durante el invierno de 1832–1833, el Señor mandó a José Smith organizar una escuela con el fin de capacitar a los hermanos en todo lo pertinente al Evangelio y al reino de Dios. De esa escuela salieron muchos de los primeros líderes de la Iglesia. Otra escuela de los profetas, o de los élderes, la dirigió Parley P. Pratt en el condado de Jackson, Misuri (DyC 97:1–6). Se organizaron otras escuelas similares poco después de la migración de los santos al oeste; no obstante, estas se discontinuaron al poco tiempo. En la actualidad, la enseñanza del Evangelio se lleva a cabo en el hogar, en los cuórums del sacerdocio y en las diversas organizaciones auxiliares, así como en las escuelas de la Iglesia y en las clases de seminario e instituto.

Santificaos y enseñaos el uno al otro la doctrina del reino, **DyC** 88:74–80. Buscad diligentemente y enseñaos el uno al otro sabiduría, **DyC** 88:118–122. Se establece el orden de la escuela de los profetas, **DyC** 88:127–141. La Primera Presidencia posee las llaves de la escuela de los profetas, **DyC** 90:6–7.

Esdras

Sacerdote y escriba del Antiguo Testamento que condujo a una parte de los judíos de regreso a Jerusalén después de su cautiverio en Babilonia (Esdras 7–10; Neh. 8; 12). En el año 458 a.C. recibió permiso de Artajerjes, rey de Persia, para llevar a Jerusalén a cualquier judío exiliado que quisiera ir (Esdras 7:12–26).

Antes de la época de Esdras, la lectura de las Escrituras llamadas "la ley" había sido casi totalmente controlada por los sacerdotes. Esdras ayudó a poner las Escrituras al alcance de todos los judíos. La lectura pública del "libro de la ley" llegó a ser, con el tiempo, el centro mismo de la vida judía. La más grande enseñanza de Esdras quizás derive de su propio ejemplo al preparar su corazón para inquirir la ley del Señor y cumplirla, y para enseñarla a otros (Esdras 7:10).

El libro de Esdras: En los capítulos del 1 al 6, se describen los acontecimientos que ocurrieron unos 60 a 80 años antes de la llegada de Esdras a Jerusalén, es decir, el decreto de Ciro en el año 537 a.C. y el regreso de los judíos bajo la dirección de Zorobabel. En los capítulos del 7 al 10 se describe cómo fue Esdras a Jerusalén. Él y su compañía ayunaron y oraron pidiendo protección. En Jerusalén encontraron a muchos judíos que habían regresado allí anteriormente bajo el reinado de Zorobabel y se habían casado con mujeres extranjeras, por lo que se habían contaminado. Esdras oró por sus compatriotas y ellos hicieron convenio con Dios de que se apartarían de esas esposas. La historia de los años posteriores de Esdras se encuentra en el libro de Nehemías.

Esperanza. *Véase también* Fe

La expectativa confiada y el anhelo de recibir las bendiciones que se han prometido a los justos. En las Escrituras se habla con frecuencia de la esperanza como la espera anhelosa de la vida eterna por medio de la fe en Jesucristo.

Bendito el hombre cuya confianza es Jehová, **Jer.** 17:7. Jehová será la esperanza de su pueblo, **Joel** 3:16.

Por la paciencia y la consolación de las Escrituras, tengamos esperanza, **Rom.** 15:4. Dios nos hizo renacer para una esperanza, por la resurrección de Jesucristo, **1 Pe.** 1:3. Todo aquel que tiene esta esperanza en él, se purifica a sí mismo, **1 Juan** 3:2–3.

Debéis seguir adelante, teniendo un fulgor perfecto de esperanza, **2 Ne.** 31:20. Y mirad que tengáis fe, esperanza y caridad, **Alma** 7:24 (1 Cor. 13:13; Moro. 10:20). Deseo que escuchéis mis palabras, teniendo la esperanza de que recibiréis la vida eterna, **Alma** 13:27–29. Si tenéis fe, tenéis esperanza en cosas que no se ven, y que son verdaderas, **Alma** 32:21 (Heb. 11:1). La esperanza viene por la fe, y proporciona un ancla al alma, **Éter** 12:4 (Heb. 6:17–19). El hombre debe tener esperanza, o no puede recibir una herencia, **Éter** 12:32. Mormón habló concerniente a la fe, la esperanza y la caridad, **Moro.** 7:1. Debéis tener esperanza, por medio de la expiación de Cristo, en que seréis resucitados a vida eterna, **Moro.** 7:40–43. El Espíritu Santo llena de esperanza, **Moro.** 8:26 (Rom. 15:13).

Habían partido de la vida terrenal, firmes en la esperanza de una gloriosa resurrección, **DyC** 138:14.

Espíritu. *Véase también* Alma; Hombre(s); Muerte física; Resurrección

La parte del ser viviente que existe desde antes del nacimiento del cuerpo mortal, que mora dentro de ese cuerpo durante la vida terrenal y que después de la muerte existe como un ser separado hasta la Resurrección. Todos los seres vivientes —el hombre, los animales y la vegetación— fueron creados espiritualmente antes que existiese físicamente sobre la tierra forma alguna de vida (Gén. 2:4–5; Moisés 3:4–7). El cuerpo de espíritu es a semejanza del cuerpo físico (1 Ne. 11:11; Éter 3:15–16; DyC 77:2; 129). Todo espíritu es materia, solo que más refinada y pura que los elementos o la materia terrenales (DyC 131:7).

Toda persona es literalmente hijo o hija de Dios, habiendo nacido como espíritu, de Padres Celestiales, antes de nacer de padres terrenales en la carne (Heb. 12:9). Toda persona que viva o haya vivido sobre la tierra tiene un cuerpo espiritual inmortal, además de su cuerpo de carne y huesos. Según lo definen a veces las Escrituras, el espíritu y el cuerpo unidos constituyen el alma (Gén. 2:7; DyC 88:15; Moisés 3:7, 9, 19; Abr. 5:7). El espíritu puede vivir independiente del cuerpo, pero el cuerpo no puede vivir sin el espíritu (Stg. 2:26). La muerte física es la separación del espíritu y el cuerpo. En la Resurrección, el espíritu se reúne con el mismo cuerpo de carne y huesos que habitó siendo un ser mortal, con dos diferencias importantes: nunca volverán a separarse, y el cuerpo físico será inmortal y perfecto (Alma 11:45; DyC 138:16–17).

Un espíritu no tiene carne ni huesos, como veis que yo tengo, **Lucas** 24:39. El Espíritu mismo da testimonio a nuestro espíritu, de que somos hijos de Dios, **Rom.** 8:16. Glorificad a Dios en vuestro cuerpo y en vuestro espíritu, **1 Cor.** 6:20.

Este cuerpo es el cuerpo de mi espíritu, **Éter** 3:16.

El hombre es espíritu, **DyC** 93:33. Cristo ministró a los espíritus de los justos en el paraíso, **DyC** 138:28–30 (1 Pe. 3:18–19).

Habéis nacido en el mundo mediante el agua, y la sangre, y el espíritu, **Moisés** 6:59. Estaba entre aquellos que eran espíritus, **Abr.** 3:23.

Espíritus inmundos: Jesús echó fuera muchos demonios, **Mar.** 1:27, 34, 39. Sal de este hombre, espíritu inmundo, **Mar.** 5:2–13.

El espíritu malo enseña al hombre que no debe orar, **2 Ne.** 32:8. En el nombre de Jesús echaba fuera demonios y espíritus inmundos, **3 Ne.** 7:19.

Muchos espíritus falsos se han esparcido por la tierra, engañando al mundo, **DyC** 50:2, 31–32. José Smith explicó las tres claves para distinguir si un espíritu es de Dios o del diablo, **DyC** 129.

Espíritu contrito. *Véase* Corazón quebrantado

Espíritu Santo. *Véase también* Bautismo, bautizar; Consolador; Don del Espíritu Santo; Inspiración, inspirar; Paloma, señal de la; Pecado imperdonable; Revelación; Santo Espíritu de la promesa; Trinidad

El tercer miembro de la Trinidad (1 Juan 5:7; DyC 20:28); personaje de espíritu que no posee un cuerpo de carne y huesos (DyC 130:22). Con frecuencia se hace referencia al Espíritu Santo llamándolo el Espíritu, o el Espíritu de Dios.

El Espíritu Santo desempeña varias funciones vitales en el plan de salvación: (1) Da testimonio del Padre y del Hijo (1 Cor. 12:3; 3 Ne. 28:11; Éter 12:41); (2) Revela la verdad de todas las cosas (Juan 14:26; 16:13; Moro. 10:5; DyC 39:6); (3) Santifica a los que se arrepienten y se bautizan (Juan 3:5; 3 Ne. 27:20; Moisés 6:64–68); (4) Es el Santo Espíritu de la promesa (DyC 76:50–53; 132:7, 18–19, 26).

El poder del Espíritu Santo puede descender sobre una persona antes del bautismo y dar testimonio de que el Evangelio es verdadero, pero el derecho de tener, cuando se es digno, la compañía constante del Espíritu Santo es un don que se puede recibir solamente mediante la imposición de manos de un poseedor del Sacerdocio de Melquisedec y después de haber recibido el bautismo autorizado en la verdadera Iglesia de Jesucristo.

Jesús enseñó que es posible recibir el perdón de todos los pecados con la excepción de la blasfemia contra el Espíritu

Santo (Mateo 12:31–32; Mar. 3:28–29; Lucas 12:10; Heb. 6:4–8; DyC 76:34–35).

El Espíritu hace que el hombre ande en los estatutos de Dios, **Ezeq.** 36:27.

Los Apóstoles recibieron la comisión de bautizar en el nombre del Padre, y del Hijo, y del Espíritu Santo, **Mateo** 28:19. El Espíritu Santo os enseñará todas las cosas, **Juan** 14:26. Los santos hombres de Dios hablaron siendo inspirados por el Espíritu Santo, **2 Pe.** 1:21.

Nefi fue guiado por el Espíritu, **1 Ne.** 4:6. Los misterios de Dios les serán descubiertos por el poder del Espíritu Santo, **1 Ne.** 10:17–19. Si recibís el Espíritu Santo, él os mostrará todas las cosas que debéis hacer, **2 Ne.** 32:5. Por el poder del Espíritu Santo podréis conocer la verdad de todas las cosas, **Moro.** 10:5.

Hablaré a tu mente y a tu corazón por medio del Espíritu Santo, **DyC** 8:2. El Espíritu induce a hacer lo bueno, **DyC** 11:12. El Espíritu Santo sabe todas las cosas, **DyC** 35:19. El Espíritu Santo enseña las cosas apacibles del reino, **DyC** 36:2 (DyC 39:6). Si no recibís el Espíritu, no enseñaréis, **DyC** 42:14. El Espíritu Santo da testimonio del Padre y del Hijo, **DyC** 42:17 (1 Cor. 12:3; 3 Ne. 11:32, 35–36). A algunos el Espíritu Santo da a saber que Jesucristo es el Hijo de Dios, **DyC** 46:13. Y lo que hablen cuando sean inspirados por el Espíritu Santo, será Escritura, **DyC** 68:4. Se derramará el Espíritu Santo para testificar de todas las cosas que habléis, **DyC** 100:8. El Espíritu Santo será tu compañero constante, **DyC** 121:45–46.

Espíritus inmundos. *Véase* Espíritu — Espíritus inmundos

Esposa. *Véase* Familia; Matrimonio; Mujer(es)

Esposo. *Véase también* Familia; Jesucristo; Matrimonio

En las Escrituras se simboliza a Jesucristo como al Esposo; y a la Iglesia, como a Su esposa.

Diez vírgenes salieron a recibir al esposo, **Mateo** 25:1–13. El que tiene la esposa, es el esposo, **Juan** 3:27–30. Bienaventurados los que son llamados a la cena de las bodas del Cordero, **Apoc.** 19:5–10.

Sed fieles, a fin de que estéis listos a la venida del Esposo, **DyC** 33:17. Aparejad para el Esposo, **DyC** 65:3.

Estaca

Una de las unidades administrativas de la organización de La Iglesia de Jesucristo de los Santos de los Últimos Días. La estaca por regla general se compone de varios barrios y en algunos casos de barrios y ramas. Generalmente tiene límites geográficos y concuerda con la imagen de una tienda que se describe en Isaías 54:2: "Alarga tus cuerdas, y refuerza tus estacas". Toda estaca de Sion apoya la Iglesia y ayuda a sostenerla de la misma manera que una tienda o tabernáculo es sostenido por sus estacas. La estaca es el lugar de recogimiento de los remanentes del Israel disperso (DyC 82:13–14; 101:17–21).

Fortalece tus estacas, y extiende tus linderos, **Moro.** 10:31 (DyC 82:14).

Te pedimos que señales a Sion otras estacas, además de esta, **DyC** 109:59. Que el recogimiento en Sion y sus estacas sea por defensa, **DyC** 115:6 (DyC 101:21). Y que se designen otros lugares como estacas, **DyC** 115:18. Se nombra al presidente del cuórum de sumos sacerdotes para habilitar a aquellos que serán nombrados presidentes de estaca, **DyC** 124:133–134. Id a la tierra de Sion para que sean fortalecidas sus estacas, **DyC** 133:9.

Estandarte

En las Escrituras, una bandera o enseña alrededor de la cual se juntaban los del pueblo unidos por un mismo fin. En los tiempos antiguos, el estandarte servía como punto de reagrupación para los soldados en la batalla. En sentido simbólico, el Libro de Mormón y la Iglesia de Jesucristo son estandartes a todas las naciones de la tierra.

Alzará estandarte a naciones lejanas,

Isa. 5:26 (2 Ne. 15:26). La raíz de Isaí estará puesta por estandarte, **Isa.** 11:10 (2 Ne. 21:10; DyC 113:6).

Izad un estandarte de paz, **DyC** 105:39.

Estandarte de la libertad. *Véase también* Moroni, capitán

En el Libro de Mormón, un estandarte que levantó Moroni, capitán en jefe de los ejércitos nefitas. Lo hizo con el fin de inspirar al pueblo nefita a defender su religión, su libertad, su paz y sus familias.

Moroni rasgó su túnica y con ella hizo el estandarte de la libertad, **Alma** 46:12–13. Todos aquellos que quisieron preservar el estandarte hicieron convenio, **Alma** 46:20–22. Moroni hizo que se enarbolara el estandarte sobre todas las torres, **Alma** 46:36 (Alma 51:20).

Esteban

En la época del Nuevo Testamento, fue mártir por mantenerse fiel al Salvador y a Su Iglesia. Es probable que haya servido de modelo a Pablo y que haya influido en la gran obra de este, puesto que Pablo estuvo presente cuando Esteban se defendió ante el sanedrín (Hech. 8:1; 22:20).

Esteban fue uno de los siete varones llamados para asistir a los Doce Apóstoles, **Hech.** 6:1–8. Esteban hizo grandes prodigios y milagros entre el pueblo, **Hech.** 6:8. Disputó con los judíos, **Hech.** 6:9–10. Hicieron acusaciones en contra de él y le procesaron ante el concilio (sanedrín), **Hech.** 6:11–15. Esteban presentó su defensa, **Hech.** 7:2–53. Estando lleno del Espíritu Santo, vio en visión al Padre y al Hijo, **Hech.** 7:55–56. Esteban fue martirizado por su testimonio, **Hech.** 7:54–60.

Ester

Mujer de gran fe y el personaje principal del libro de Ester.

El libro de Ester: Libro del Antiguo Testamento que contiene la historia del gran valor que demostró la reina Ester cuando salvó a su pueblo de la destrucción.

En los capítulos 1 y 2, se relata que Ester, mujer judía e hija adoptiva del judío Mardoqueo, fue escogida para ser reina de Persia por motivo de su belleza. En el capítulo 3, se explica que Amán, que ocupaba un alto puesto en la corte del rey, odiaba a Mardoqueo y obtuvo un decreto para que se diera muerte a todos los judíos. En los capítulos del 4 al 10, se relata que Ester, exponiéndose a un grave riesgo personal, reveló al rey su propia nacionalidad y obtuvo la anulación del decreto.

Estimar. *Véase también* Honra, honrar (honor); Reverencia

Apreciar el valor de una persona o de un objeto; en la Iglesia se emplea especialmente con relación al Evangelio.

Fue menospreciado, y no lo estimamos, **Isa.** 53:3–4.

Lo que los hombres tienen por sublime, delante de Dios es abominación, **Lucas** 16:15. Antes bien estimando cada uno a los demás como superiores a él mismo, **Filip.** 2:3.

El Señor estima a toda carne igual, **1 Ne.** 17:35. Todo hombre estime a su prójimo como a sí mismo, **Mos.** 27:4 (DyC 38:24–25).

En los días de paz estimaron ligeramente mi consejo, **DyC** 101:8.

Éter. *Véase también* Jareditas

El último profeta jaredita del Libro de Mormón (Éter 12:1–2).

El libro de Éter: Libro del Libro de Mormón que contiene porciones de los registros de los jareditas, un pueblo que habitó el hemisferio occidental muchos siglos antes de la llegada del pueblo de Lehi. El libro de Éter se tomó de veinticuatro planchas que encontró el pueblo de Limhi (Mosíah 8:8–9).

En los capítulos 1 y 2, se relata que los jareditas dejaron su tierra durante la época de la Torre de Babel y emprendieron viaje hacia lo que ahora conocemos como el continente americano. En los capítulos del 3 al 6, se explica que el hermano de Jared vio al Salvador antes de que este naciera en el mundo; también se describe el viaje de los jareditas en ocho embarcaciones. Los capítulos del 7 al 11 son una continuación de los relatos de la maldad que predominó durante gran parte de la historia jaredita. En los capítulos 12 y 13, Moroni, que recopiló el registro de Éter, escribe acerca de los milagros que se obraron por la fe, así como de Cristo y de una Nueva Jerusalén que vendrían en un día futuro. En los capítulos 14 y 15, se relata que los jareditas llegaron a ser una nación poderosa, pero que fueron destruidos por la guerra civil como consecuencia de su iniquidad.

Eva. *Véase también* Adán; Caída de Adán y Eva; Edén

La primera mujer que vivió sobre esta tierra (Gén. 2:21–25; 3:20); esposa de Adán. En hebreo su nombre significa "vida". Fue llamada así por cuanto ella fue la "madre de todos los vivientes" (Moisés 4:26). Ella y Adán, el primer hombre, compartirán la gloria eterna por la función que desempeñaron al hacer posible el progreso eterno de todo el género humano.

Eva fue tentada y comió del fruto prohibido, **Gén.** 3 (2 Ne. 2:15–20; Moisés 4).

El presidente Joseph F. Smith vio a Eva en su visión del mundo de los espíritus, **DyC** 138:39.

Eva reconoció la necesidad de la Caída y el gozo de la redención, **Moisés** 5:11–12.

Evangelio. *Véase también* Dispensaciones; Doctrina de Cristo; Plan de redención

El plan de Dios para la salvación del hombre, hecho posible mediante la expiación de Jesucristo. El Evangelio abarca las eternas verdades, o sea, las leyes, los convenios y las ordenanzas que son necesarios para que el género humano regrese a la presencia de Dios. Él restauró la plenitud del Evangelio a la tierra en el siglo diecinueve por medio del profeta José Smith.

Id por todo el mundo y predicad el evangelio, **Mar.** 16:15.

Se han suprimido las partes claras y sumamente preciosas del evangelio, **1 Ne.** 13:32. Este es mi evangelio, **3 Ne.** 27:13–21 (DyC 39:6).

El Libro de Mormón contiene la plenitud del evangelio, **DyC** 20:8–9 (DyC 42:12). Este es el evangelio, **DyC** 76:40–43. El Sacerdocio de Melquisedec administra el evangelio, **DyC** 84:19. Todo hombre oirá la plenitud del evangelio en su propia lengua, **DyC** 90:11. El Hijo predicó el evangelio a los espíritus de los muertos, **DyC** 138:18–21, 28–37.

Se empezó a predicar el evangelio desde el principio, **Moisés** 5:58. Se describen los primeros principios y ordenanzas del Evangelio, **AdeF** 1:4.

Evangelio, restauración del. *Véase* Restauración del Evangelio

Evangelios. *Véase también* Juan hijo de Zebedeo; Lucas; Marcos; Mateo

Los cuatro registros o testimonios de la vida terrenal de Jesús y de los acontecimientos relativos a Su ministerio, los cuales comprenden los primeros cuatro libros del Nuevo Testamento. Los escribieron Mateo, Marcos, Lucas y Juan, y son testimonios escritos de la vida de Cristo. En muchos aspectos, el libro de 3 Nefi en el Libro de Mormón es muy similar a estos cuatro Evangelios del Nuevo Testamento.

Los libros del Nuevo Testamento se escribieron originalmente en griego, y en ese idioma el vocablo *evangelio* significa "buenas nuevas". Las buenas nuevas son que Jesucristo ha efectuado una expiación que redimirá a toda la humanidad de la muerte y que recompensará a toda persona de acuerdo con sus propias obras (Juan 3:16; Rom. 5:10–11; 2 Ne. 9:26; Alma 34:9; DyC 76:69).

Véase también la Concordancia entre los Evangelios en el Apéndice.

Evangelista. *Véase también*
Bendiciones patriarcales; Patriarca,
patriarcal

El que proclama o testifica de las buenas nuevas del evangelio de Jesucristo.
José Smith enseñó que un evangelista es un patriarca. El patriarca es llamado y ordenado bajo la dirección de los Doce Apóstoles para dar bendiciones especiales que se llaman bendiciones patriarcales.

El mismo constituyó a unos, apóstoles; a otros, profetas; a otros, evangelistas, **Efe.** 4:11. Haz obra de evangelista, **2 Tim.** 4:5.

Creemos en apóstoles, profetas, pastores, maestros, evangelistas, **AdeF** 1:6.

Exaltación. *Véase también* Corona;
Expiación, expiar; Gloria celestial;
Hombre(s) — Su potencial para
llegar a ser como nuestro Padre
Celestial; Vida eterna

El máximo estado de felicidad y gloria dentro del reino celestial.

En tu presencia hay plenitud de gozo, **Sal.** 16:11.
Son dioses, sí, los hijos de Dios. Por consiguiente, todas las cosas son suyas, **DyC** 76:58–59. Los santos recibirán su herencia y serán hechos iguales con él, **DyC** 88:107. Estos ángeles no se sujetaron a mi ley; por tanto, permanecen separada y solitariamente, sin exaltación, **DyC** 132:17. El hombre y la mujer deben casarse por la ley de Dios para alcanzar la exaltación, **DyC** 132:19–20. Estrecha es la puerta y angosto el camino que conduce a la exaltación, **DyC** 132:22–23. Abraham, Isaac y Jacob han entrado en su exaltación, **DyC** 132:29, 37. Sello sobre ti tu exaltación, **DyC** 132:49.

Excomunión. *Véase también*
Apostasía; Rebelión

La excomunión es la medida disciplinaria más severa de la Iglesia. Una persona que ha sido excomulgada deja de ser miembro de la Iglesia. Las autoridades de la Iglesia excomulgan a una persona solamente cuando esta ha decidido vivir de manera contraria a los mandamientos del Señor y, por lo tanto, se descalifica a sí misma para seguir siendo miembro de la Iglesia.

Muchos de ellos endurecieron sus corazones, y sus nombres fueron borrados, **Alma** 1:24 (Alma 6:3). Si no se arrepiente, no será contado entre los de mi pueblo, **3 Ne.** 18:31 (Mos. 26).

El que cometa adulterio y no se arrepienta, será expulsado, **DyC** 42:24. El que peque, y no se arrepienta, será expulsado, **DyC** 42:28. Se explican los procedimientos para tratar los casos importantes que surjan en la Iglesia, **DyC** 102 (DyC 42:80–93). Se nombra al obispo para ser juez en Israel, **DyC** 107:72. Toda sociedad religiosa tiene el derecho de disciplinar a sus miembros por conducta desordenada, **DyC** 134:10.

Éxodo. *Véase también* Pentateuco

Libro del Antiguo Testamento, escrito por Moisés, en el que se describe la partida de los israelitas de Egipto. La historia de los primeros tiempos de Israel, según se encuentra registrada en Éxodo, se puede dividir en tres partes: (1) La esclavitud del pueblo en Egipto, (2) su partida de Egipto bajo la dirección de Moisés y (3) su dedicación al servicio de Dios en la vida religiosa y política.

La primera parte comprende Éxodo 1:1–15:21. En ella se relata la opresión de Israel en Egipto; las primeras etapas de la historia y el llamamiento de Moisés; los varios acontecimientos que llevaron finalmente a la liberación; el éxodo del pueblo y la institución de la Pascua; el viaje hasta el mar Rojo, la destrucción del ejército de Faraón y el cántico de victoria de Moisés.

La segunda parte comprende Éxodo 15:22–18:27. En ella se habla de la redención de Israel y los acontecimientos del viaje desde el mar Rojo hasta Sinaí; las aguas amargas de Mara, el milagro de las codornices y el maná, la observancia del día de reposo, la milagrosa aparición de agua de la roca cuando estaban en Refidim, y la batalla que se sostuvo allí contra los amalecitas; la llegada de Jetro al campamento y su consejo en cuanto al gobierno civil del pueblo.

La tercera parte comprende los capítulos del 19 al 40 y tiene que ver con la consagración de Israel al servicio de Dios durante los solemnes acontecimientos que ocurrieron en Sinaí. El Señor apartó al pueblo para ser un reino de sacerdotes y una nación santa; le dio los Diez Mandamientos y otras leyes; le dio instrucciones respecto al tabernáculo, su mobiliario y la forma de emplearlo en la adoración. Luego, se refiere el pecado del pueblo al adorar el becerro de oro y, finalmente, la construcción del tabernáculo y las estipulaciones para los servicios que se llevarían a cabo.

Expiación, expiar. *Véase también* Arrepentimiento, arrepentirse; Caída de Adán y Eva; Crucifixión; Cruz; Getsemaní; Gracia; Hijos de Cristo; Hijos e hijas de Dios; Inmortal, inmortalidad; Jesucristo; Justificación, justificar; Misericordia, misericordioso; Perdonar; Plan de redención; Redención, redimido, redimir; Remisión de pecados; Resurrección; Sacrificios; Salvación; Sangre; Santa Cena; Santificación

La reconciliación del hombre con Dios.

En el contexto de las Escrituras, expiar significa padecer el castigo del pecado, eliminando así los efectos del pecado del pecador arrepentido y permitiéndole reconciliarse con Dios. Jesucristo fue el único ser capaz de llevar a cabo la Expiación perfecta por todo el género humano. Él pudo hacerlo debido a Su elección y preordenación en el Gran Concilio que tuvo lugar antes que el mundo fuese formado (Éter 3:14; Moisés 4:1–2; Abr. 3:27), por Su calidad de Hijo de Dios y Su vida sin pecado. La Expiación consistió en Su sufrimiento por los pecados de la humanidad, el derramamiento de Su sangre, y Su muerte y resurrección del sepulcro

(Isa. 53:3–12; Lucas 22:44; Mos. 3:5–11; Alma 7:10–13; DyC 19:16–19). Por motivo de la Expiación, todos los muertos se levantarán de la tumba con un cuerpo inmortal (1 Cor. 15:22). La Expiación también provee el medio por el cual el ser humano puede recibir el perdón de sus pecados y vivir para siempre con Dios; pero la persona que haya alcanzado la edad de responsabilidad y haya recibido la ley solamente obtendrá estas bendiciones si tiene fe en Jesucristo, se arrepiente de sus pecados, recibe las ordenanzas de salvación y obedece los mandamientos de Dios. Los que no lleguen a la edad de responsabilidad y los que no conozcan la ley son redimidos por medio de la Expiación (Mosíah 15:24–25; Moro. 8:22). Las Escrituras nos enseñan claramente que si Cristo no hubiera efectuado la Expiación por nuestros pecados, ninguna ley ni ninguna ordenanza ni sacrificio cumpliría las demandas de la justicia, y el hombre nunca podría regresar a la presencia de Dios (2 Ne. 2; 9).

Esto es mi sangre, derramada para remisión de los pecados, **Mateo** 26:28. Era su sudor como grandes gotas de sangre, **Lucas** 22:39–44. El pan que yo daré es mi carne, por la vida del mundo, **Juan** 6:51. Yo soy la resurrección y la vida, **Juan** 11:25. Cristo es autor de eterna salvación para todos los que le obedecen, **Heb.** 5:9. Somos santificados mediante el derramamiento de la sangre de Cristo, **Heb.** 9; 10:1–10. Cristo padeció una sola vez por los pecados, **1 Pe.** 3:18. La sangre de Jesucristo nos limpia de todo pecado, **1 Juan** 1:7.

Fue levantado sobre la cruz y muerto por los pecados del mundo, **1 Ne.** 11:32–33. Reciben la redención los que tienen el corazón quebrantado y el espíritu contrito, **2 Ne.** 2:3–10, 25–27. Él se ofrece a sí mismo en sacrificio por el pecado, **2 Ne.** 2:7. La Expiación rescata al hombre de la Caída y lo salva de la muerte y del infierno, **2 Ne.** 9:5–24. Es preciso que sea una expiación infinita, **2 Ne.** 9:7. Reconciliaos con él por medio de la expiación de Cristo, **Jacob** 4:11. Su sangre expía los pecados de aquellos que han pecado por ignorancia, **Mos.** 3:11–18. El hombre recibe la salvación por medio de la expiación, **Mos.** 4:6–8. Si no fuera por la expiación, inevitablemente perecerían, **Mos.** 13:27–32. Expiará los pecados del mundo, **Alma** 34:8–16. Dios mismo expía los pecados del mundo, para realizar el plan de la misericordia, **Alma** 42:11–30. Soy el Dios de toda la tierra, muerto por los pecados del mundo, **3 Ne.** 11:14.

Yo, Dios, he padecido estas cosas por todos, **DyC** 19:16. Los niños pequeños son redimidos mediante mi Unigénito, **DyC** 29:46–47. Ve los padecimientos y la muerte de aquel que no pecó, **DyC** 45:3–5.

Esto es una semejanza del sacrificio del Unigénito, **Moisés** 5:7. Por la expiación de Cristo, todo el género humano puede salvarse, **AdeF** 1:3.

Ezequías

Rey justo de la nación de Judá en los tiempos del Antiguo Testamento. Reinó 29 años, durante la época en que Isaías era profeta en Judá (2 Rey. 18–20; 2 Cró. 29–32; Isa. 36–39). En sus reformas, tanto eclesiásticas como estatales, contó con la ayuda de Isaías. Suprimió la idolatría y restableció los servicios del templo. La vida de Ezequías se extendió quince años más por medio de la oración y la fe (2 Rey. 20:1–7). La primera parte de su reinado fue próspera, pero su rebelión contra el rey de Asiria (2 Rey. 18:7) dio como resultado dos invasiones asirias: la primera se describe en Isa. 10:24–32 y la segunda en 2 Rey. 18:13–19:7. Durante la segunda invasión, Jerusalén fue salvada por un ángel del Señor (2 Rey. 19:35).

Ezequiel

Profeta que escribió el libro de Ezequiel, del Antiguo Testamento. Fue sacerdote de la familia de Sadoc y uno de los cautivos judíos a quienes prendió Nabucodonosor. Se estableció en Babilonia junto con los exiliados judíos y profetizó durante un período de 22 años, desde 592 hasta 570 a.C.

El libro de Ezequiel: El libro de Ezequiel tiene cuatro partes principales. En los capítulos del 1 al 3, se habla de una visión que tuvo de Dios y del llamamiento de Ezequiel a servir; en los capítulos del 4 al 24, se relatan los juicios sobre Jerusalén y el motivo por el que se dieron; en los capítulos del 25 al 32, se proclaman juicios sobre las naciones; y en los capítulos del 33 al 48, se encuentra el relato de las visiones que él tuvo del Israel de los postreros días.

Familia. *Véase también* Hijo(s); Madre; Matrimonio; Niño(s); Padre terrenal

En las Escrituras, el término familia se refiere al marido, la mujer y los hijos, y a veces a otros familiares que vivan en la misma casa o bajo la dirección del cabeza de familia. Una familia también puede componerse de uno solo de los padres y sus hijos, de marido y mujer sin hijos, o incluso de una persona que viva sola.

General: Todas las familias de la tierra serán benditas en ti, **Gén.** 12:3 (Gén. 28:14; Abr. 2:11). Yo seré por Dios a todas las familias de Israel, **Jer.** 31:1.

Toda familia en los cielos y en la tierra toma nombre del Padre, **Efe.** 3:14–15.

Adán y Eva tuvieron hijos, la familia de toda la tierra, **2 Ne.** 2:20.

Y esta gloria será una continuación de las simientes por siempre jamás, **DyC** 132:19. Le daré coronas de vidas eternas en los mundos eternos, **DyC** 132:55. El sellamiento de los hijos a sus padres es parte de la gran obra del cumplimiento de los tiempos, **DyC** 138:48.

Varón y hembra los creé, y díjeles: Fructificad y multiplicaos, **Moisés** 2:27–28. No es bueno que el hombre esté solo, **Moisés** 3:18. Adán y Eva trabajaron juntos, **Moisés** 5:1.

Las responsabilidades de los padres: Abraham mandará a sus hijos y a su casa que guarden el camino de Jehová, **Gén.** 18:17–19. Estas palabras las repetirás a tus hijos, **Deut.** 6:6–7 (Deut. 11:19). El que ama a su hijo lo corrige, **Prov.** 13:24 (Prov. 23:13). Instruye al niño en su camino, **Prov.** 22:6. Goza de la vida con la mujer que amas, **Ecle.** 9:9. Todos tus hijos serán enseñados por Jehová, **Isa.** 54:13 (3 Ne. 22:13).

Criadlos en amonestación del Señor, **Efe.** 6:1–4 (Enós 1:1). Si alguno no provee para los suyos, ha negado la fe, **1 Tim.** 5:8.

Los exhortó, con todo el sentimiento de un tierno padre, **1 Ne.** 8:37. Hablamos de Cristo, para que nuestros hijos sepan a qué fuente han de acudir, **2 Ne.** 25:26. Esposos y esposas aman a sus hijos, **Jacob** 3:7. Les enseñaréis a amarse mutuamente y a servirse el uno al otro, **Mos.** 4:14–15. Defenderéis a vuestras familias aun hasta la efusión de sangre, **Alma** 43:47. Orad en vuestras familias para que sean bendecidos vuestras esposas y vuestros hijos, **3 Ne.** 18:21.

Los padres deben enseñar el evangelio a sus hijos, **DyC** 68:25. Todo hombre tiene la obligación de mantener a su propia familia, **DyC** 75:28. Todos los niños tienen el derecho de recibir el sostén de sus padres, **DyC** 83:4. Os he mandado criar a vuestros hijos en la luz y la verdad, **DyC** 93:40. Has de poner tu propia casa en orden, **DyC** 93:43–44, 50. Los poseedores del sacerdocio deben influir en otras personas solo por amor sincero, **DyC** 121:41.

Adán y Eva hicieron saber todas las cosas a sus hijos e hijas, **Moisés** 5:12.

Las responsabilidades de los hijos: Honra a tu padre y a tu madre, **Éx.** 20:12. Oye, hijo mío, la instrucción de tu padre, **Prov.** 1:8 (Prov. 13:1; 23:22).

Jesús estaba sujeto a sus padres, **Lucas** 2:51. Jesús cumplió la voluntad de su Padre, **Juan** 6:38 (3 Ne. 27:13). Obedeced en el Señor a vuestros padres, **Efe.** 6:1 (Col. 3:20). Aprendan los hijos a ser piadosos para con su propia familia, **1 Tim.** 5:4.

Si los hijos se arrepienten, se apartará de ellos vuestra indignación, **DyC** 98:45–48. Las fieles hijas de Eva adoraron al Dios verdadero y viviente, **DyC** 138:38–39.

La familia eterna: En Doctrina y Convenios se explica la naturaleza eterna de la relación matrimonial y de la familia. El matrimonio celestial y la continuación de la unidad familiar permite que marido y mujer lleguen a ser dioses (DyC 132:15–20).

Faraón. *Véase también* Egipto; Egyptus

El hijo mayor de Egyptus, hija de Cam (Abr. 1:25). También el título que se daba a los reyes egipcios (Abr. 1:27).

Fariseos. *Véase también* Judíos

En el Nuevo Testamento, nombre de una secta religiosa de los judíos, cuyo significado indica que eran separatistas. Se jactaban de su estricta observancia de la ley de Moisés y del cuidado con que evitaban todo contacto con los gentiles. Creían en la vida después de la muerte, en la Resurrección y en la existencia de ángeles y espíritus. Sostenían la autoridad de la ley y la tradición oral como de igual valor que la ley escrita. La intención de sus enseñanzas era reducir la religión a la observancia de reglas y fomentar el orgullo espiritual. Ellos fueron la causa de que muchos judíos dudaran de Cristo y de Su Evangelio. En Mateo 23, Marcos 7:1–23 y Lucas 11:37–44 se encuentran las expresiones con que el Señor denunció a los fariseos y sus obras.

Fayette, Nueva York (EE. UU.)

El sitio de la granja propiedad de Peter Whitmer, padre, en donde el profeta José Smith recibió muchas revelaciones. En ese lugar, el 6 de abril de 1830, se organizó la Iglesia y se escuchó la voz del Señor (DyC 128:20).

Fe. *Véase también* Confianza, confiar; Creencia, creer; Esperanza; Jesucristo

Tener confianza en algo o en alguien. En el sentido en que por lo general se emplea en las Escrituras, la fe es la confianza de una persona en Jesucristo que la lleva a obedecerle. Para conducir a la salvación, la fe debe centrarse en Jesucristo. Además, los Santos de los Últimos Días tienen fe en Dios el Padre, en el Espíritu Santo, en el poder del sacerdocio y en otros aspectos importantes del Evangelio restaurado.

La fe es tener esperanza en lo que no se ve pero que es verdadero (Heb. 11:1; Alma 32:21; Éter 12:6). La fe de una persona surge cuando esta escucha el Evangelio de labios de los ministros autorizados y enviados por Dios (Rom. 10:14–17). Los milagros no la producen, sino que la fe fuerte se desarrolla mediante la obediencia al evangelio de Jesucristo. En otras palabras, la fe es resultado de la rectitud (Alma 32:40–43; Éter 12:4, 6, 12; DyC 63:9–12).

La fe verdadera hace que ocurran milagros, visiones, sueños, sanidades y todos los dones que Dios da a Sus santos. Por medio de la fe se obtiene la remisión de los pecados y, con el tiempo, la posibilidad de morar en la presencia de Dios. La falta de fe conduce a la desesperación, que es el resultado de la iniquidad (Moro. 10:22).

El justo por su fe vivirá, **Hab.** 2:4.

Tu fe te ha salvado, **Mateo** 9:22 (Mar. 5:34; Lucas 7:50). Conforme a vuestra fe os sea hecho, **Mateo** 9:29. Si tuviereis fe como un grano de mostaza, nada os será imposible, **Mateo** 17:20 (Lucas 17:6). Yo he rogado por ti, que tu fe no falte, **Lucas** 22:32. La fe en el nombre de Cristo sanó a un hombre, **Hech.** 3:16. La fe es por el oír la palabra de Dios, **Rom.** 10:17. Si Cristo no resucitó, vana es también vuestra fe, **1 Cor.** 15:14. La fe obra por el amor, **Gál.** 5:6. Por gracia sois salvos por medio de la fe, **Efe.** 2:8 (2 Ne. 25:23). Tomad el escudo de la fe, **Efe.** 6:16 (DyC 27:17). He acabado la carrera, he guardado la fe, **2 Tim.** 4:7. La fe es la certeza de lo que se espera, **Heb.** 11:1. Sin fe es imposible agradar a Dios, **Heb.** 11:6. La fe, si no tiene obras, es muerta, **Stg.** 2:17–18, 22.

Iré y haré lo que el Señor ha mandado, **1 Ne.** 3:7. El Señor tiene poder de hacer todas las cosas para los hijos de los hombres, si es que ejercen la fe en él, **1 Ne.** 7:12. Las agujas de la Liahona funcionaban de acuerdo con la fe, **1 Ne.** 16:28. Él manda a los hombres que se arrepientan y se bauticen en su nombre, teniendo perfecta fe en el Santo de Israel, **2 Ne.** 9:23. Cristo obra grandes milagros entre los hijos de los hombres, según su fe, **2 Ne.** 26:13 (Éter 12:12; Moro. 7:27–29, 34–38). Enós logró el perdón de sus pecados por su fe en Cristo, **Enós** 1:3–8. A ninguno viene la salvación, sino por medio del arrepentimiento y la fe en el Señor Jesucristo, **Mos.** 3:12. Los corazones cambian por medio de la fe en su nombre, **Mos.** 5:7. Las oraciones de los siervos de Dios reciben respuesta según su fe, **Mos.** 27:14. Fortalécenos según nuestra fe que está en Cristo, **Alma** 14:26. Invoca con fe el nombre de Dios, **Alma** 22:16. Fe no es tener un conocimiento perfecto de las cosas, **Alma** 32:21 (Éter 12:6). Al empezar a hincharse, nutridla con vuestra fe, **Alma** 33:23 (Alma 32:28). Los nefitas atribuyeron su preservación al milagroso poder de Dios, por motivo de su extraordinaria fe, **Alma** 57:25–27. Cuantos miraren al Hijo de Dios con fe, podrán vivir, **Hel.** 8:15. Veo que vuestra fe es suficiente para que yo os sane, **3 Ne.** 17:8. La fe es las cosas que se esperan y no se ven, **Éter** 12:6. Todos cuantos han obrado milagros lo han obrado por la fe, **Éter** 12:12–18. Si tienen fe en mí, haré que las cosas débiles sean fuertes para ellos, **Éter** 12:27–28, 37. Mormón enseñó acerca de la fe, la esperanza y la caridad, **Moro.** 7. Cuanto le pidáis al Padre en mi nombre, que sea bueno, con fe creyendo que recibiréis, he aquí, os será concedido, **Moro.** 7:26. Los que tienen fe en Cristo se allegarán a todo lo bueno, **Moro.** 7:28. Si pedís, teniendo fe en Cristo, él os manifestará la verdad, **Moro.** 10:4.

Sin fe no puedes hacer nada; por tanto, pide con fe, **DyC** 8:10. Les sería concedido según su fe en sus oraciones, **DyC** 10:47, 52. Todos los hombres deben perseverar con fe en su nombre hasta el fin, **DyC** 20:25, 29. Se os dará el Espíritu por la oración de fe, **DyC** 42:14. La fe no viene por las señales, mas las señales siguen a los que creen, **DyC** 63:9–12. Los padres deben enseñar a sus hijos la fe en Cristo, **DyC** 68:25. Buscad conocimiento, tanto por el estudio como por la fe, **DyC** 88:118.

El primer principio del Evangelio es la fe en el Señor Jesucristo, **AdeF** 1:4.

Felicidad, feliz. *Véase* Gozo

Felipe

En el Nuevo Testamento, Felipe de Betsaida fue uno de los Doce Apóstoles originales del Salvador (Mateo 10:2–4; Juan 1:43–45).

Otro Felipe fue uno de los siete escogidos para ayudar a los Doce Apóstoles (Hech. 6:2–6); este predicó en Samaria y enseñó el Evangelio al eunuco etíope (Hech. 8).

Filemón. *Véase también* Pablo

Hombre cristiano del Nuevo Testamento, dueño del esclavo Onésimo que huyó y se unió a Pablo. El Apóstol lo envió de regreso con una carta dirigida a su amo pidiéndole que perdonara al esclavo.

Filemón, epístola a. *Véase también* Pablo; Pablo, epístolas de

Libro del Nuevo Testamento, tomado de una carta escrita por Pablo. La carta de Pablo a Filemón es personal y se refiere a Onésimo, un esclavo que había robado a su amo, Filemón, y huido a Roma. Pablo lo envió de regreso a su amo en Colosas, junto con Tíquico, portador de la epístola a los colosenses. En su carta, Pablo pide a Filemón que perdone a Onésimo y lo reciba como un hermano cristiano. El Apóstol escribió esta carta mientras se hallaba prisionero en Roma por primera vez.

Filipenses, epístola a los. *Véase también* Pablo; Pablo, epístolas de

Carta que Pablo escribió a los santos de Filipos mientras estaba encarcelado en Roma por primera vez. Ahora es el libro de Filipenses, en el Nuevo Testamento.

El capítulo 1 contiene la salutación de Pablo y sus instrucciones sobre la unidad, la humildad y la perseverancia. En el capítulo 2, recalca que todos se inclinarán ante Cristo y que toda persona debe labrar su propia salvación. En el capítulo 3, Pablo explica que lo había sacrificado todo por Cristo. En el capítulo 4, Pablo expresa su gratitud a los santos filipenses por su ayuda.

Filisteos

En el Antiguo Testamento, tribu que originalmente procedía de Caftor (Amós 9:7), y que, antes de la época de Abraham (Gén. 21:32), ocupó las fértiles tierras bajas de la costa mediterránea, desde Jope hasta el desierto egipcio. Durante muchos años hubo conflictos militares entre los filisteos y los israelitas. Con el tiempo, Palestina, el nombre del territorio filisteo, llegó a ser el bien conocido nombre de toda la Tierra Santa.

Israel estuvo en manos de los filisteos durante cuarenta años, **Jue.** 13:1. Sansón peleó contra los filisteos, **Jue.** 13–16. Goliat era un filisteo de Gat, **1 Sam.** 17. David derrotó a los filisteos, **1 Sam.** 19:8.

Fin del mundo. *Véase* Mundo — El fin del mundo

Fornicación. *Véase también* Adulterio; Castidad; Sensual, sensualidad

Relaciones sexuales ilícitas entre dos personas que no son casadas una con la otra. En las Escrituras, también se emplea a veces como símbolo de apostasía.

Que se aparten de las contaminaciones de fornicación, **Hech.** 15:20. El cuerpo no es para la fornicación, sino para el Señor, **1 Cor.** 6:13–18. A causa de las fornicaciones, cada uno tenga su propia mujer, **1 Cor.** 7:2–3. La voluntad de Dios es que os apartéis de fornicación, **1 Tes.** 4:3.

Jacob amonestó al pueblo de Nefi contra la fornicación, **Jacob** 3:12. A causa de vuestra fornicación, estáis madurando para la eterna destrucción, **Hel.** 8:26.

Los fornicadores deben arrepentirse para unirse a la Iglesia, **DyC** 42:74–78.

Frivolidad. *Véase también* Calumnias

Tratar con ligereza lo sagrado (DyC 84:54).

Desechad vuestros pensamientos ociosos y risa excesiva, **DyC** 88:69. Cesad de todo vuestro orgullo y frivolidad, **DyC** 88:121.

Fruto prohibido. *Véase* Caída de Adán y Eva; Edén

Fuego. *Véase también* Bautismo, bautizar; Espíritu Santo; Infierno; Tierra — La purificación de la tierra

Símbolo de purificación o santificación. También simboliza la presencia de Dios.

Jehová tu Dios es fuego consumidor, **Deut.** 4:24. Jehová hace a las flamas de fuego sus ministros, **Sal.** 104:4. Por Jehová de los ejércitos serás visitada con llama de fuego consumidor, **Isa.** 29:6 (2 Ne. 27:2). Jehová vendrá con fuego, **Isa.** 66:15. Él es como fuego purificador, **Mal.** 3:2 (3 Ne. 24:2; DyC 128:24).

Él os bautizará en Espíritu Santo y fuego, **Mateo** 3:11 (Lucas 3:16).

Los justos se salvarán, como si fuese por fuego, **1 Ne.** 22:17. Los inicuos serán destruidos por fuego, **2 Ne.** 30:10. Nefi explica cómo recibimos el bautismo de fuego y del Espíritu Santo, **2 Ne.** 31:13–14 (3 Ne. 9:20; 12:1; 19:13; Éter 12:14; DyC 33:11).

Declararás la remisión de pecados por el bautismo y por fuego, **DyC** 19:31. La grande y abominable iglesia será derribada por fuego devorador, **DyC** 29:21. La tierra pasará como si fuera por fuego, **DyC** 43:32. La presencia del Señor será como el fuego de fundición que abrasa, **DyC** 133:41.

Adán fue bautizado con fuego y con el Espíritu Santo, **Moisés** 6:66.

Gabriel. *Véase también* Ángeles; María, madre de Jesús; Noé, patriarca bíblico

Ángel enviado a Daniel (Dan. 8:16; 9:21), a Zacarías (Lucas 1:11–19; DyC 27:7), a María (Lucas 1:26–38) y a otras personas (DyC 128:21). El profeta José Smith indicó que Gabriel es el mismo profeta Noé del Antiguo Testamento.

Gad el Vidente. *Véase también* Escrituras — Escrituras que se han perdido

En el Antiguo Testamento, profeta, fiel amigo y asesor de David (1 Sam. 22:5; 2 Sam. 24:11–19). Escribió un libro de los hechos de David, que se encuentra entre las Escrituras que se han perdido (1 Cró. 29:29).

Gad hijo de Jacob. *Véase también* Israel; Jacob hijo de Isaac

En el Antiguo Testamento, hijo de Jacob y de Zilpa (Gén. 30:10–11). Sus descendientes llegaron a ser una de las tribus de Israel.

La tribu de Gad: La bendición de Jacob a su hijo Gad se encuentra en Gén. 49:19, y la de Moisés para la tribu de Gad se encuentra en Deut. 33:20–21. Según estas bendiciones, los descendientes de Gad serían una raza belicosa. Las tierras que se les otorgaron en Canaán estaban al oriente del río Jordán, y tenían buenas pasturas y agua en abundancia.

Gadiantón, ladrones de. *Véase también* Combinaciones secretas

En el Libro de Mormón, banda de ladrones fundada por un nefita inicuo llamado Gadiantón. Su organización se basaba en combinaciones secretas y en juramentos satánicos.

Gadiantón causó la destrucción del pueblo de Nefi, **Hel.** 2:12–13. El diablo dio a Gadiantón juramentos y pactos secretos, **Hel.** 6:16–32. Las combinaciones secretas causaron la destrucción de la nación jaredita, **Éter** 8:15–26.

Gálatas, epístola a los. *Véase también* Pablo; Pablo, epístolas de

Libro del Nuevo Testamento. Originalmente fue una carta que el apóstol Pablo escribió a los santos que vivían en Galacia, y su tema es que la verdadera libertad solamente se puede obtener al vivir de acuerdo con el evangelio de Jesucristo. Si los santos adoptaban las enseñanzas de los cristianos judíos que insistían en observar la ley mosaica, limitarían o destruirían la libertad que habían encontrado en Cristo. En la Epístola, Pablo ratifica su propia posición como Apóstol, enuncia el principio de la rectitud por la fe y afirma el valor de la religión espiritual.

En los capítulos 1 y 2, Pablo expresa pesar por la noticia que había recibido de la apostasía que había surgido entre los gálatas y aclara su posición entre los Apóstoles. En los capítulos 3 y 4, analiza los principios de la fe y las obras. Los capítulos 5 y 6 contienen un sermón sobre los resultados prácticos del principio de la fe.

Galilea

En tiempos antiguos y modernos, la región más septentrional de Israel, al occidente del río Jordán y del mar de Galilea. Galilea mide unos 97 kilómetros de largo por 48 de ancho y, en los tiempos antiguos, comprendía parte de las mejores tierras y de las ciudades más industriosas de Israel. Pasaban por allí importantes caminos que conducían a Damasco, a Egipto y a la Palestina oriental. Su clima excelente y su tierra fértil producían aceitunas, trigo, cebada y uvas en abundancia. A orillas del mar de Galilea, la pesca constituía una importante fuente de riqueza y proporcionaba un gran comercio de exportación. El Salvador pasó gran parte de Su tiempo en Galilea.

Se promete una gran luz en Galilea, **Isa.** 9:1–3 (2 Ne. 19:1–3).

Recorrió Jesús toda Galilea, enseñando, predicando y sanando, **Mateo** 4:23. Después de Su resurrección, Jesús apareció en Galilea, **Mar.** 14:28 (Juan 21:1–14). Se difundió la fama de Jesús por toda Galilea, **Lucas** 4:14. Jesús comenzó a obrar milagros en Caná de Galilea, **Juan** 2:11.

El mar de Galilea: Ubicado en el norte de Israel, también se le conocía en el Antiguo Testamento como el mar de Cineret; y en el Nuevo Testamento, como el lago de Genesaret o Tiberias. Allí enseñó Jesús varios de sus sermones (Mateo 13:2). El mar tiene forma de pera y mide unos 20 kilómetros de largo por unos 12 kilómetros de ancho en su punto de mayor anchura. Se halla a unos 207 metros bajo el nivel del mar, lo cual con frecuencia hace que el clima sea sumamente caluroso. El choque del aire frío que sopla de las colinas con el aire caliente arriba del agua produce a menudo tormentas repentinas en el mar (Lucas 8:22–24).

Gamaliel. *Véase también* Fariseos

Fariseo muy conocido en la época del Nuevo Testamento que conocía y enseñaba la ley judaica. El apóstol Pablo fue uno de sus discípulos (Hech. 22:3). Ejercía mucha influencia en el sanedrín (Hech. 5:34–40).

Gedeón (Antiguo Testamento)

Líder que libró a Israel de la opresión de los madianitas (Jue. 6:11–40; 7–8).

Gedeón (Libro de Mormón)

Fiel líder nefita.

Hombre fuerte y enemigo del rey Noé, **Mos.** 19:4–8. Aconsejó al rey Limhi, **Mos.** 20:17–22. Propuso un plan para escapar del cautiverio lamanita, **Mos.** 22:3–9. Fue asesinado por Nehor, **Alma** 1:8–10.

Genealogía. *Véase también* Bautismo, bautizar — Bautismo por los muertos; Familia; Libro de memorias; Ordenanzas — Ordenanza vicaria; Salvación; Salvación de los muertos

Registro en el que se detallan los

ascendientes de una familia. En las Escrituras, en los casos en que los oficios del sacerdocio o ciertas bendiciones se limitaban a familias particulares, la genealogía cobraba mucha importancia (Gén. 5; 10; 25; 46; 1 Cró. 1–9; Esdras 2:61–62; Neh. 7:63–64; Mateo 1:1–17; Lucas 3:23–38; 1 Ne. 3:1–4; 5:14–19; Jarom 1:1–2). En la actualidad, en la Iglesia restaurada, los miembros de la Iglesia siguen investigando sus líneas de ascendencia familiar, en parte para identificar correctamente a sus antepasados muertos con el fin de realizar por ellos las ordenanzas de salvación. Estas ordenanzas son válidas para aquellos muertos que acepten el evangelio de Jesucristo en el mundo de los espíritus (DyC 127–128).

Génesis. *Véase también* Pentateuco

Es el primer libro del Antiguo Testamento y lo escribió el profeta Moisés. Relata el comienzo de muchas etapas, tales como la creación de la tierra; la colocación de animales y del hombre sobre ella; la Caída de Adán y Eva; la revelación del Evangelio a Adán; el comienzo de tribus y razas; el origen de diversos idiomas en la torre de Babel; y el principio de la familia de Abraham, que condujo al establecimiento de la casa de Israel. También se hace hincapié en la función que José desempeñó para preservar a Israel.

La revelación de los últimos días verifica y aclara la historia que se relata en Génesis (1 Ne. 5; Éter 1; Moisés 1–8; Abr. 1–5).

En el libro de Génesis, los capítulos del 1 al 4 contienen el relato de la creación del mundo y la formación de la familia de Adán. En los capítulos del 5 al 10, se encuentra la historia de Noé. En los capítulos del 11 al 20, se habla de Abraham y de su familia hasta los tiempos de Isaac. En los capítulos del 21 al 35, se sigue la relación de la familia de Isaac. En el capítulo 36, se habla de Esaú y de su familia. En los capítulos del 37 al 50, se relata la historia de la familia de Jacob y se narra la vida de José, vendido

para Egipto, y el papel que desempeñó al salvar a la casa de Israel.

Gentiles

En las Escrituras, el vocablo *gentiles* tiene varios significados. A veces se usa para designar a gentes que no son de linaje israelita; y otras veces, para referirse a los que no son de linaje judío. También se usa para indicar a las naciones que no tienen el Evangelio, aunque en ellas haya algunos que sean de sangre israelita. El empleo del término en este último caso es particularmente característico de la forma en que se usa en el Libro de Mormón y en Doctrina y Convenios.

Los israelitas no debían casarse con personas que no fueran de su pueblo (gentiles), **Deut.** 7:1–3. El Señor llegaría a ser luz de los gentiles, **Isa.** 42:6.

El Señor mandó a Pedro llevar el Evangelio a los gentiles, **Hech.** 10:9–48. También a los gentiles ha dado Dios arrepentimiento, **Hech.** 11:18. Somos bautizados en una iglesia, ya judíos o griegos, **1 Cor.** 12:13. Los gentiles son coherederos de la promesa en Cristo Jesús por medio del Evangelio, **Efe.** 3:6.

El Libro de Mormón se escribió para los gentiles, **portada** del Libro de Mormón (Morm. 3:17). Vi entre los gentiles a un hombre que partió sobre las muchas aguas, **1 Ne.** 13:12. Vi otros libros que vinieron de los gentiles, **1 Ne.** 13:39. La plenitud del Evangelio vendrá a los gentiles, **1 Ne.** 15:13 (3 Ne. 16:7; DyC 20:9). Esta tierra será una tierra de libertad para los gentiles, **2 Ne.** 10:11. Se compara a los gentiles con un olivo silvestre, **Jacob** 5.

Se promete el Evangelio en el tiempo de los gentiles, **DyC** 45:28 (DyC 19:27). La palabra saldrá hasta los cabos de la tierra, primero a los gentiles y después a los judíos, **DyC** 90:8–10. Los Setenta son llamados a ser testigos especiales a los gentiles, **DyC** 107:25. Enviad a los élderes de mi Iglesia a todas las naciones; primeramente a los gentiles y luego a los judíos, **DyC** 133:8.

Getsemaní. *Véase también* Expiación, expiar; Olivos, monte de los

En el Nuevo Testamento, huerto situado cerca del monte de los Olivos. En arameo, el vocablo significa "lagar de olivos". Jesús se dirigió a este huerto la noche en que fue traicionado por Judas, y allí oró y sufrió por los pecados de todo el género humano (Mateo 26:36, 39; Mar. 14:32; Juan 18:1; Alma 21:9; DyC 19:15–19).

Gloria. *Véase también* Grados de gloria; Luz, luz de Cristo; Verdad

En las Escrituras, a menudo este vocablo se refiere a la luz y la verdad de Dios. También puede referirse a la adoración y al honor, a cierta condición de vida eterna o a la gloria de Dios.

Santo, Jehová de los ejércitos; toda la tierra está llena de su gloria, **Isa.** 6:3 (2 Ne. 16:3).

Somos transformados de gloria en gloria en la misma imagen, **2 Cor.** 3:18.

Sé que él me levantará para morar con él en gloria, **Alma** 36:28.

La gloria que se reciba en la resurrección dependerá de la rectitud de las personas, **DyC** 76:50–119. La gloria de Dios es la inteligencia, **DyC** 93:36.

La gloria de Dios es llevar a cabo la inmortalidad y la vida eterna del hombre, **Moisés** 1:39. Vi a dos Personajes, cuyo fulgor y gloria no admiten descripción, **JS—H** 1:17.

Gloria celestial. *Véase también* Exaltación; Grados de gloria; Vida eterna

El más alto de los tres grados de gloria que pueda obtener una persona después de esta vida. Allí morarán los justos en la presencia de Dios el Padre y de Su Hijo Jesucristo.

Una es la gloria de los celestiales, **1 Cor.** 15:40 (DyC 76:96). Pablo fue arrebatado hasta el tercer cielo, **2 Cor.** 12:2.

La visión de la gloria celestial, **DyC** 76:50–70. Si los santos desean un lugar en el mundo celestial, deben prepararse, **DyC** 78:7. El que no es capaz de obedecer la ley de un reino celestial, no puede soportar una gloria celestial, **DyC** 88:15–22. En la gloria celestial hay tres cielos o grados; se establecen las condiciones para alcanzar el más alto, **DyC** 131:1–2. Los niños que mueren antes de llegar a la edad de responsabilidad se salvan en el reino de los cielos, **DyC** 137:10.

Gloria telestial. *Véase también* Grados de gloria

El más bajo de los tres grados de gloria que una persona puede heredar después del Juicio Final.

Pablo vio la gloria de las estrellas, **1 Cor.** 15:40–41.

José Smith y Sidney Rigdon vieron la gloria telestial, **DyC** 76:81–90. Los habitantes del mundo telestial eran tan innumerables como las estrellas, **DyC** 76:109–112. El que no puede obedecer la ley de un reino telestial, no puede soportar una gloria telestial, **DyC** 88:24, 31, 38.

Gloria terrestre. *Véase también* Grados de gloria

El segundo de los tres grados de gloria que una persona puede heredar después del Juicio Final.

Pablo vio la gloria terrestre, y la comparó con la luna, **1 Cor.** 15:40–41.

José Smith y Sidney Rigdon vieron la gloria terrestre, **DyC** 76:71–80. La gloria de lo terrestre excede a la gloria de lo telestial, **DyC** 76:91. El que no puede obedecer la ley de un reino terrestre, no puede soportar una gloria terrestre, **DyC** 88:23, 30, 38.

Gobierno. *Véase también* Constitución

Cuando regrese Jesucristo, establecerá un gobierno de rectitud.

El principado sobre su hombro, **Isa.** 9:6 (2 Ne. 19:6).

Dad a César lo que es de César, **Mateo** 22:21 (DyC 63:26). Sométase toda persona a las autoridades superiores, **Rom.** 13:1. Orad por los reyes y por todos los que están en eminencia, **1 Tim.** 2:1–2. Sujetaos a los gobernantes y autoridades, y obedecedles, **Tito** 3:1. Por causa del Señor someteos a los gobernadores, **1 Pe.** 2:13–14. Cristo reinará por los siglos de los siglos, **Apoc.** 11:15.

Estaría bien tener reyes si siempre fueran hombres justos, **Mos.** 23:8. Trataréis vuestros asuntos según la voz del pueblo, **Mos.** 29:26.

Cristo será nuestro gobernante cuando venga, **DyC** 41:4. Quien guarda las leyes de Dios no tiene necesidad de infringir las leyes del país, **DyC** 58:21. Cuando los inicuos gobiernan, el pueblo se lamenta, **DyC** 98:9–10. Dios instituyó los gobiernos para el beneficio del hombre, **DyC** 134:1–5. Los hombres están obligados a sostener y apoyar a los gobiernos, **DyC** 134:5.

Creemos en estar sujetos a los reyes, presidentes, gobernantes y magistrados, **AdeF** 1:12.

Gog. *Véase también* Magog; Segunda venida de Jesucristo

Rey de Magog. Ezequiel profetizó que Gog invadiría Israel en la época de la segunda venida del Señor (Ezeq. 38–39). Otra lucha, llamada la batalla de Gog y Magog, acontecerá al final del Milenio (Apoc. 20:7–9; DyC 88:111–116).

Gólgota. *Véase también* Crucifixión; Jesucristo

En arameo, el vocablo significa "calavera". Es el nombre del lugar donde Cristo fue crucificado (Mateo 27:33; Mar. 15:22; Juan 19:17). El nombre latino del mismo lugar es Calvario (Lucas 23:33).

Goliat. *Véase también* David

En el Antiguo Testamento, gigante filisteo que desafió a los ejércitos israelitas. David aceptó su reto y lo mató con la ayuda del Señor (1 Sam. 17).

Gomorra. *Véase también* Sodoma

En el Antiguo Testamento, ciudad inicua destruida por el Señor (Gén. 19:12–29).

Gozo. *Véase también* Obediencia, obediente, obedecer

Condición de gran felicidad, que es el resultado de vivir con rectitud. La finalidad de la vida terrenal es que todos tengan gozo (2 Ne. 2:22–25), y el gozo pleno se recibe solamente por medio de Jesucristo (Juan 15:11; DyC 93:33–34; 101:36).

Aun los más pobres de los hombres se gozarán en el Santo de Israel, **Isa.** 29:19 (2 Ne. 27:30).

Os doy nuevas de gran gozo, **Lucas** 2:10. Nadie os quitará vuestro gozo, **Juan** 16:22. El fruto del Espíritu es amor, gozo, paz, **Gál.** 5:22.

Al comer de su fruto, mi alma se llenó de un gozo inmenso, **1 Ne.** 8:12. Existen los hombres para que tengan gozo, **2 Ne.** 2:25. El gozo de los justos será completo para siempre, **2 Ne.** 9:18. Para que moren con Dios en un estado de interminable felicidad, **Mos.** 2:41. Daré cuanto poseo a fin de recibir este gran gozo, **Alma** 22:15. Quizá sea un instrumento en las manos de Dios para conducir a algún alma al arrepentimiento, y este es mi gozo, **Alma** 29:9. ¡Qué gozo, y qué luz tan maravillosa fue la que vi!, **Alma** 36:20.

Mi Espíritu llenará tu alma de gozo, **DyC** 11:13. ¡Cuán grande será vuestro gozo con ella en el reino de mi Padre!, **DyC** 18:15–16. En este mundo vuestro gozo no es completo, pero en mí vuestro gozo es cumplido, **DyC** 101:36.

Tendré gozo en esta vida, **Moisés** 5:10–11.

Gracia. *Véase también* Expiación, expiar; Jesucristo; Misericordia, misericordioso; Salvación

El poder de Dios que hace posible que los seres humanos reciban bendiciones en esta vida y obtengan la vida eterna y la exaltación después de ejercer la fe, arrepentirse y hacer lo posible por guardar los mandamientos. Esta ayuda o fortaleza divina proviene de la misericordia y el amor de Dios. Toda persona mortal necesita de esa gracia divina, como consecuencia de la Caída de Adán, y también a causa de las debilidades del hombre.

La gracia y la verdad vinieron por medio de Jesucristo, **Juan** 1:17. Por la gracia del Señor Jesús seremos salvos, **Hech.** 15:11 (Rom. 3:23–24; DyC 138:14). Tenemos entrada por la fe a esta gracia, **Rom.** 5:2. Por gracia sois salvos por medio de la fe, **Efe.** 2:8. La gracia de Dios trae la salvación, **Tito** 2:11. Acerquémonos confiadamente al trono de la gracia, **Heb.** 4:16. Dios da gracia a los humildes, **1 Pe.** 5:5.

Ninguna carne puede morar en la presencia de Dios, sino por medio de los méritos, y misericordia, y gracia del Santo Mesías, **2 Ne.** 2:8. Tan solo en la gracia de Dios, y por ella, somos salvos, **2 Ne.** 10:24. Es por la gracia que nos salvamos, después de hacer cuanto podamos, **2 Ne.** 25:23. Es por gracia que tenemos poder para hacer estas cosas, **Jacob** 4:7. Que les sea restaurada gracia por gracia, según sus obras, **Hel.** 12:24. Mi gracia es suficiente para los mansos y para todos los que se humillan ante mí, **Éter** 12:26–27. Moroni imploró al Señor que se diera gracia a los gentiles, para que tuvieran caridad, **Éter** 12:36, 41. Por la gracia de Dios sois perfectos en Cristo, **Moro.** 10:32–33.

Jesús recibió gracia sobre gracia, **DyC** 93:12–13, 20.

Grados de gloria. *Véase también* Gloria celestial; Gloria telestial; Gloria terrestre

Distintos reinos que hay en el cielo. En el Juicio Final, toda persona, con excepción de los hijos de perdición, heredará una morada eterna en uno de los reinos de gloria.

Jesús dijo: En la casa de mi Padre muchas moradas hay, **Juan** 14:2 (Éter 12:32). Una es la gloria del sol, otra la gloria de la luna, y otra la gloria de las estrellas, **1 Cor.** 15:40–41. Pablo fue arrebatado hasta el tercer cielo, **2 Cor.** 12:2. Hay un lugar sin gloria donde el castigo es perpetuo, **DyC** 76:30–38, 43–45.

Los tres grados de gloria, **DyC** 76:50–113; 88:20–32.

Grande y abominable iglesia. *Véase* Diablo — La iglesia del diablo

Gratitud. *Véase* Acción de gracias, agradecido, agradecimiento

Guerra. *Véase también* Paz

Batalla o conflicto armado; lucha con armas. El Señor no aprueba la guerra a menos que se trate del único medio a disposición de los santos para defender a su familia, su propiedad, sus derechos y privilegios, y su libertad (Alma 43:9, 45–47).

Moroni había jurado defender a su pueblo, sus derechos, su país y su religión, **Alma** 48:10–17.

José Smith recibió una revelación y profecía sobre la guerra, **DyC** 87. Renunciad a la guerra y proclamad la paz, **DyC** 98:16, 34–46. Todo hombre queda justificado si se defiende a sí mismo, a sus amigos y propiedad, y al gobierno, **DyC** 134:11.

Creemos en obedecer, honrar y sostener la ley, **AdeF** 1:12.

Guerra en los cielos. *Véase también* Concilio de los cielos; Vida preterrenal

El conflicto que tuvo lugar entre los hijos espirituales de Dios en la vida preterrenal.

Satanás fue expulsado fuera del cielo y arrojado a la tierra, **Apoc.** 12:4, 7–9. El diablo y la tercera parte de las huestes del cielo fueron arrojados abajo, **DyC** 29:36–37. Lucifer se rebeló en contra del Hijo Unigénito, **DyC** 76:25–26. Satanás quería para sí la gloria del Padre y procuraba destruir el albedrío del hombre, **Moisés** 4:1–4 (Isa. 14:12–15; Abr. 3:27–28). Los que siguen a Dios guardan su primer estado, vienen a la tierra y reciben un cuerpo, **Abr.** 3:26.

Habacuc

En el Antiguo Testamento, profeta de Judá que habló de la iniquidad del pueblo, posiblemente durante el reinado de Joaquín (alrededor del año 600 a.C.).

El libro de Habacuc: El capítulo 1 registra una conversación entre el Señor y Su profeta, similar a las registradas en Jeremías 12 y Doctrina y Convenios 121. Habacuc expresó su preocupación porque le parecía que los inicuos prosperaban. En el capítulo 2, el Señor le aconseja que sea paciente, y le dice que los justos deben aprender a vivir por la fe. El capítulo 3 contiene la oración de Habacuc, en la cual reconoce la justicia de Dios.

Hades. *Véase* Infierno

Hageo

Profeta del Antiguo Testamento que profetizó en Jerusalén, aproximadamente en el año 520 a.C., poco después del regreso del pueblo judío de su exilio en Babilonia (Esdras 5:1; 6:14). Habló de la reedificación del templo de Jerusalén y amonestó al pueblo por no haberlo terminado. También escribió sobre el templo milenario y el reinado del Salvador.

El libro de Hageo: En el capítulo 1, el Señor amonesta al pueblo por vivir en casas terminadas mientras el templo permanecía sin terminar. El capítulo 2 contiene la profecía de Hageo de que el Señor daría paz en Su templo.

Hagot

En el Libro de Mormón, nefita constructor de barcos (Alma 63:5–7).

Harris, Martin. *Véase también* Testigos del Libro de Mormón

Uno de los Tres Testigos del origen divino y de la veracidad del Libro de Mormón. Martin Harris brindó ayuda económica a José Smith y a la Iglesia. El Señor le pidió que vendiera su propiedad y donara los fondos para financiar la publicación del Libro de Mormón (DyC 19:26–27, 34–35), también le aconsejó que diera un ejemplo a la Iglesia (DyC 58:35) y le dijo que ayudara a financiar el ministerio (DyC 104:26).

Martin Harris fue excomulgado de la Iglesia, pero posteriormente volvió a ser miembro. Hasta el fin de sus días dio testimonio de que había visto al ángel Moroni y las planchas de oro de las que José Smith había traducido el Libro de Mormón.

Hebreo. *Véase también* Israel

Idioma semítico que hablaba el pueblo de Israel hasta su regreso del cautiverio en Babilonia; después, el arameo llegó a ser el idioma de la conversación diaria. Durante los tiempos de Jesús, el hebreo era el idioma de los eruditos, de la ley y de la literatura religiosa.

Hebreos, epístola a los. *Véase también* Pablo; Pablo, epístolas de

Libro del Nuevo Testamento. Pablo escribió esta carta a los miembros de la Iglesia de origen judío, a fin de convencerlos de que los aspectos significativos de la ley de Moisés se habían cumplido en Cristo, y que la había reemplazado la ley mayor del evangelio de Jesucristo. Cuando Pablo regresó a Jerusalén, al final de su tercera misión (aproximadamente en el año 60 d.C.), encontró que muchos miles de miembros judíos de la Iglesia todavía eran "celosos por la ley" de Moisés (Hech. 21:20). Esto sucedió por lo menos diez años después que en una conferencia de la Iglesia, realizada en Jerusalén, se había determinado que ciertas ordenanzas de la ley de Moisés no eran necesarias para la salvación de los cristianos gentiles. Aparentemente poco después, Pablo escribió la epístola a los hebreos para enseñarles, mediante las propias Escrituras de ellos y el sano razonamiento, por qué no debían observar más la ley de Moisés.

En los capítulos 1 y 2, se habla de que Jesús es superior a los ángeles. En los capítulos del 3 al 7, se compara a Jesús con Moisés y con la ley de Moisés, y se testifica que Él es superior; también se enseña que el Sacerdocio de Melquisedec es mayor que el Aarónico. En los capítulos 8 y 9, se describe la forma en que las ordenanzas mosaicas prepararon al pueblo para el ministerio de Cristo y se explica que Cristo es el mediador del nuevo convenio (Alma 37:38–45; DyC 84:21–24). En el capítulo 10, hay una exhortación a la diligencia y la fidelidad. En el capítulo 11, hay un discurso sobre la fe; y en el capítulo 12, amonestaciones y salutaciones. En el capítulo 13, se habla de la naturaleza honorable del matrimonio y de la importancia de la obediencia.

Hebrón

Antigua ciudad de Judá, a unos 32 kilómetros al sur de Jerusalén; el lugar de sepultura de Abraham y su familia (Gén. 49:29–32), y la capital de David durante la primera parte de su reinado (2 Sam. 5:3–5).

Hechos de los Apóstoles. *Véase también* Lucas

Este libro es el segundo de una obra de dos partes que escribió Lucas a Teófilo. La primera parte la conocemos como el Evangelio de Lucas. En los capítulos del 1 al 12 de Hechos, se registran algunas de las principales actividades misionales de los Doce Apóstoles bajo la dirección de Pedro, en la época inmediata a la muerte y la resurrección del Salvador. En los capítulos del 13 al 28, se relatan algunos de los viajes y la obra misional del apóstol Pablo.

Helamán hijo de Alma. *Véase también* Alma hijo de Alma; Anti-nefi-lehitas; Helamán, hijos de

En el Libro de Mormón, el hijo mayor de Alma hijo de Alma (Alma 31:7); profeta y líder militar.

Alma le confía a su hijo Helamán los anales de su pueblo, **Alma** 37:1–2, 21. Alma manda a Helamán seguir escribiendo la historia de su pueblo, **Alma** 45–62. Helamán estableció la Iglesia de nuevo, **Alma** 45:22–23. Dos mil soldados jóvenes ammonitas quisieron que

Helamán fuese su caudillo, **Alma** 53:19, 22. Helamán y sus jóvenes ammonitas entablaron batalla contra los lamanitas y fueron preservados por la fe, **Alma** 57:19–27.

Helamán hijo de Helamán

Profeta e historiador del Libro de Mormón que enseñó al pueblo nefita. Era nieto de Alma, hijo, y padre de Nefi, el que recibió poder sobre todos los elementos. Junto con su hijo Nefi, Helamán escribió el libro de Helamán.

El libro de Helamán: En los capítulos 1 y 2, se describe una época de grandes disturbios políticos. En los capítulos 3 y 4, se relata que Helamán y Moroníah, capitán en jefe de los ejércitos nefitas, finalmente pudieron lograr la paz por un tiempo. Sin embargo, a pesar del liderazgo de estos buenos hombres, la iniquidad del pueblo aumentó. En los Helamán 5:1–6:14, Nefi renuncia al asiento judicial para enseñar al pueblo, tal como lo había hecho su abuelo Alma. Durante una época el pueblo se arrepintió. Sin embargo, en Helamán 6:15–12:26, se relata que la nación nefita se volvió inicua. En los capítulos finales, del 13 al 16, se encuentra la historia extraordinaria del profeta llamado Samuel el Lamanita, quien predijo el nacimiento y la Crucifixión del Salvador y las señales que anunciarían esos acontecimientos.

Helamán, hijo del Rey Benjamín. *Véase también* Benjamín, padre de Mosíah

En el Libro de Mormón, uno de los tres hijos del rey Benjamín (Mosíah 1:2–8).

Helamán, hijos de. *Véase también* Anti-nefi-lehitas; Helamán hijo de Alma

En el Libro de Mormón, hijos de los lamanitas conversos conocidos como ammonitas que tomaron las armas para pelear al mando de Helamán (Alma 53:16–22).

Helamán los consideraba dignos de

ser llamados sus hijos, **Alma** 56:10. Sus madres les habían enseñado que si no dudaban, Dios los libraría, **Alma** 56:47. Derrotan a los lamanitas y son preservados por su fe, de manera que ninguno de ellos muere, **Alma** 56:52–54, 56; 57:26.

Heredero

Persona con derecho a heredar bienes materiales o dones espirituales. En las Escrituras, se promete a los justos que serán herederos de todo lo que Dios tiene.

Abraham deseaba tener un heredero, **Gén.** 15:2–5.

Abraham recibió la promesa de ser heredero del mundo por la justicia de la fe, **Rom.** 4:13. Somos hijos de Dios. Y si hijos, también herederos de Dios y coherederos con Cristo, **Rom.** 8:16–17 (DyC 84:38). Eres hijo, heredero de Dios por medio de Cristo, **Gál.** 4:7. Dios constituyó a su Hijo heredero de todo, **Heb.** 1:2.

Todos aquellos que han esperado anhelosamente la remisión de sus pecados son los herederos del reino de Dios, **Mos.** 15:11. Eran uno, hijos de Cristo y herederos del reino de Dios, **4 Ne.** 1:17.

Los que mueren sin el conocimiento del Evangelio pueden ser herederos del reino celestial de Dios, **DyC** 137:7–8. Los muertos que se arrepientan son herederos de salvación, **DyC** 138:58–59.

Abraham llegó a ser un heredero legítimo por su rectitud, **Abr.** 1:2.

Hermandad. *Véase también* Amor; Unidad

Para los Santos de los Últimos Días, la hermandad significa ofrecer compañerismo amistoso y servir, elevar y fortalecer a los demás.

Amarás a tu prójimo como a ti mismo, **Lev.** 19:18 (Mateo 19:19; DyC 59:6).

Y tú, una vez vuelto, fortalece a tus hermanos, **Lucas** 22:32. Conocerán que sois mis discípulos, si tuviereis amor los unos con los otros, **Juan** 13:35. Apacienta mis ovejas, **Juan** 21:15–17. Pidiéndonos que les concediésemos el privilegio de participar en este servicio para los

santos, **2 Cor.** 8:1–5. Nuestra comunión es con el Padre y con su Hijo, **1 Juan** 1:3.

Los nefitas y los lamanitas se hermanaron unos a otros, **Hel.** 6:3.

Estime cada hombre a su hermano como a sí mismo, **DyC** 38:24–25. Si no sois uno, no sois míos, **DyC** 38:27. Os recibo en confraternidad, con determinación de ser vuestro amigo y hermano, **DyC** 88:133.

Hermano(s), hermana(s). *Véase también* Hombre(s); Mujer(es)

Puesto que todos somos hijos de nuestro Padre Celestial, también todos somos hermanos espirituales. En la Iglesia, los miembros a menudo usan los términos "hermano" y "hermana" para dirigirse unos a otros y para los amigos que frecuentan las reuniones.

Todo aquel que hace la voluntad de mi Padre, ese es mi hermano, y hermana, **Mateo** 12:50 (Mar. 3:35). Tú, una vez vuelto, confirma a tus hermanos, **Lucas** 22:32. Todo aquel que aborrece a su hermano es homicida, **1 Juan** 3:10–17.

Considerad a vuestros hermanos como a vosotros mismos, **Jacob** 2:17.

Estime cada hombre a su hermano como a sí mismo, **DyC** 38:24–25. Se exponen las leyes que rigen la confesión de pecados entre hermanos y hermanas de la Iglesia, **DyC** 42:88–93. Fortalece a tus hermanos en todas tus conversaciones, **DyC** 108:7.

Herodes

Familia de gobernantes que hubo en Judea en los tiempos de Jesucristo. Se destacaron en muchos de los acontecimientos del Nuevo Testamento. El primero de la dinastía fue Herodes el Grande, quien se atemorizó por el nacimiento del Salvador (Mateo 2:3) y dio orden de matar a todos los niños menores de dos años en Belén. Sus hijos fueron: Aristóbulo, Herodes Felipe (Mateo 14:3; Mar. 6:17); Herodes Antipas, el tetrarca (Mateo 14:1; Lucas 9:7; también conocido como rey Herodes, Mar. 6:14); Arquelao (Mateo 2:22) y Felipe, tetrarca de Iturea

(Lucas 3:1). Herodes Agripa I (Hech. 12:1–23) y su hermana Herodías (Mateo 14:3; Mar. 6:17) eran hijos de Aristóbulo. Herodes Agripa I tuvo a su vez varios hijos que se mencionan en el Nuevo Testamento, como son Herodes Agripa II (Hech. 25:13), Berenice (Hech. 25:13) y Drusila, esposa de Félix (Hech. 24:24).

Herodías

En el Nuevo Testamento, hermana de Herodes Agripa. Se casó con su tío, Herodes Felipe, con quien tuvo una hija, Salomé. Madre e hija conspiraron para hacer que Juan el Bautista fuese decapitado (Mateo 14:3–11).

Hijo de Dios. *Véase* Jesucristo; Trinidad

Hijo del Hombre. *Véase también* Jesucristo; Trinidad

Título que usó Jesucristo al referirse a sí mismo (Lucas 9:22; 21:36) y que significa Hijo del Hombre de Santidad, uno de los nombres de Dios el Padre. Al llamarse a sí mismo el Hijo del Hombre, Jesús hizo una declaración abierta de Su parentesco divino con el Padre. Este título se encuentra muchas veces en los Evangelios. La revelación de los últimos días confirma el significado especial y la naturaleza sagrada de este nombre del Salvador (DyC 45:39; 49:6, 22; 58:65; Moisés 6:57).

Hijo(s). *Véase también* Familia; Madre; Niño(s); Padre terrenal

Los padres han de enseñar a sus hijos a obedecer la voluntad de Dios.

Herencia de Jehová son los hijos, **Sal.** 127:3–5.

Hijos, obedeced a vuestros padres, **Efe.** 6:1–3 (Col. 3:20).

Si no hubieran caído, Adán y Eva no habrían tenido hijos, **2 Ne.** 2:22–23. Enseñad a vuestros hijos a andar por las vías de la verdad y la seriedad, **Mos.** 4:14–15. Todos tus hijos serán instruidos por el Señor; y grande será la paz de tus hijos, **3 Ne.** 22:13 (Isa. 54:13).

Los padres deben enseñar a sus hijos los principios y las prácticas del Evangelio, **DyC** 68:25, 27–28. Se manda a los padres criar a sus hijos en la luz y la verdad, **DyC** 93:40.

Hijos de Cristo. *Véase también* Engendrado, engendrar; Hijos e hijas de Dios; Jesucristo; Nacer de Dios, nacer de nuevo

Los que han aceptado el evangelio de Jesucristo.

Cualquiera que se humille como este niño, ese es el mayor, **Mateo** 18:1–4. Creed en la luz, para que seáis hijos de luz, **Juan** 12:36.

Despojaos del hombre natural y volveos como un niño, **Mos.** 3:19; 27:25–26. A causa del convenio, seréis llamados progenie de Cristo, hijos e hijas de él, **Mos.** 5:7. Si os aferráis a todo lo bueno, ciertamente seréis hijos de Cristo, **Moro.** 7:19.

A cuantos me recibieron, di el poder de llegar a ser mis hijos, **DyC** 39:4. No temáis, pequeñitos, porque sois míos, **DyC** 50:40–41.

Eres uno en mí, un hijo de Dios, **Moisés** 6:68.

Hijos de Dios. *Véase* Hijos e hijas de Dios; Hombre(s)

Hijos de Helamán. *Véase* Helamán, hijos de

Hijos de Israel. *Véase* Israel

Hijos de Mosíah. *Véase* Mosíah, hijos de

Hijos de perdición. *Véase también* Condenación, condenar; Diablo; Infierno; Muerte espiritual; Pecado imperdonable

Los seguidores de Satanás que sufrirán junto con él en la eternidad. Entre los hijos de perdición se cuentan: (1) los que siguieron a Satanás y fueron expulsados del cielo por rebelión durante la vida preterrenal y (2) aquellos a los que se ha permitido nacer en este mundo con un cuerpo físico pero que después han servido a Satanás y se han vuelto totalmente en contra de Dios. Los del segundo grupo resucitarán de los muertos, pero no serán redimidos de la segunda muerte (espiritual) y no podrán morar en un reino de gloria (DyC 88:32, 35).

Ninguno de ellos se perdió, sino el hijo de perdición, **Juan** 17:12. Es imposible que sean otra vez renovados para arrepentimiento, **Heb.** 6:4–6 (Heb. 10:26–29).

La misericordia no puede reclamar a ese hombre, y su destino final es padecer un tormento sin fin, **Mos.** 2:36–39. Queda como si no se hubiera hecho ninguna redención, **Mos.** 16:5. El que niegue los milagros de Cristo, para obtener lucro, vendrá a ser como el hijo de perdición, **3 Ne.** 29:7.

No tendrán perdón en este mundo ni en el venidero, **DyC** 76:30–34 (DyC 84:41; 132:27). Son los únicos que no serán redimidos en el debido tiempo de Señor, **DyC** 76:34–48. Los hijos de perdición niegan al Santo Espíritu después de haberlo recibido, **DyC** 76:35. Esos hijos de perdición niegan al Hijo después que el Padre lo ha revelado, **DyC** 76:43.

Caín será llamado Perdición, **Moisés** 5:22–26.

Hijos e hijas de Dios. *Véase también* Engendrado, engendrar; Expiación, expiar; Hijos de Cristo; Hombre(s); Nacer de Dios, nacer de nuevo

En las Escrituras, esta frase se emplea con dos sentidos: (1) todos somos literalmente hijos en espíritu de nuestro Padre Celestial; (2) los hijos e hijas de Dios son las personas que han nacido de nuevo mediante la expiación de Cristo.

Los hijos espirituales del Padre: Sois dioses, hijos del Altísimo, **Sal.** 82:6. Somos linaje de Dios, **Hech.** 17:29. Obedeced al Padre de los espíritus, **Heb.** 12:9. Yo soy un hijo de Dios, **Moisés** 1:13.

Los hijos nacidos de nuevo por medio de la Expiación: A todos los que le recibieron, les dio potestad de ser hechos hijos de Dios, **Juan** 1:12 (Rom. 8:14; 3 Ne. 9:17; DyC 11:30). Ahora somos hijos de Dios, **1 Juan** 3:1–2.

Seréis llamados progenie de Cristo, hijos e hijas de él, **Mos.** 5:7. Hombres y mujeres deben nacer otra vez, convirtiéndose en sus hijos e hijas, **Mos.** 27:25. Llegarán a ser mis hijos y mis hijas, **Éter** 3:14. Ciertamente seréis hijos de Cristo, **Moro.** 7:19.

Todos los que reciben mi evangelio son hijos e hijas en mi reino, **DyC** 25:1. Son dioses, sí, los hijos de Dios, **DyC** 76:58.

Así todos pueden llegar a ser mis hijos, **Moisés** 6:68. Muchos han creído y han llegado a ser hijos de Dios, **Moisés** 7:1.

Himni. *Véase también* Mosíah hijo de Benjamín; Mosíah, hijos de

En el Libro de Mormón, hijo del rey Mosíah. Himni acompañó a sus hermanos a predicar a los lamanitas (Mos. 27:8–11, 34–37; 28:1–9).

Himnos. *Véase también* Cantar; Música

Un canto de alabanza a Dios.

Antes de que Jesús se retirara a Getsemaní, estando reunidos Él y los Doce Apóstoles, cantaron un himno, **Mateo** 26:30.

El Señor llamó a Emma Smith para que hiciera una selección de himnos sagrados, **DyC** 25:11. La canción de los justos es una oración para mí, y será contestada con una bendición sobre su cabeza, **DyC** 25:12. Alaba al Señor con cantos, con música, **DyC** 136:28.

Historia familiar. *Véase* Genealogía; Salvación de los muertos

Hogar (casa de familia). *Véase también* Familia

El hogar debe ser el centro de las actividades familiares y del Evangelio.

El hombre libre estará en su casa para alegrar a la mujer, **Deut.** 24:5. Lo envió a su casa, **Mar.** 8:26.

Aprendan los hijos a mostrar piedad en su propia casa, **1 Tim.** 5:4. Las mujeres deben ser prudentes, castas, cuidadosas de su casa, **Tito** 2:5.

Id a vuestras casas y meditad las cosas que os he dicho, **3 Ne.** 17:2–3. Los exhorté para que lucharan por sus mujeres, y sus hijos, y sus casas, y sus hogares, **Morm.** 2:23.

Se manda a los padres ser más diligentes y atentos en el hogar, **DyC** 93:43–44, 48–50.

Hombre de Santidad. *Véase también* Hijo del Hombre; Padre Celestial; Trinidad

Uno de los nombres de Dios el Padre (Moisés 6:57).

Hombre natural. *Véase también* Caída de Adán y Eva; Carnal; Nacer de Dios, nacer de nuevo

La persona que se deja influir por las pasiones, los deseos, apetitos y sentidos de la carne en lugar de escuchar la inspiración del Santo Espíritu. Ese tipo de persona comprende lo físico, pero no puede percibir lo espiritual. Todo ser humano es carnal, o sea, mortal, debido a la Caída de Adán y Eva, y debe volver a nacer por medio de la expiación de Jesucristo para dejar de ser un hombre natural.

El hombre natural no percibe las cosas que son del Espíritu, **1 Cor.** 2:14.

El hombre natural es enemigo de Dios, y lo será, a menos que se someta al Santo Espíritu, **Mos.** 3:19. Quien persiste en su propia naturaleza carnal permanece en su estado caído, **Mos.** 16:5 (Alma 42:7–24; DyC 20:20). ¿Qué hombre natural hay que conozca estas cosas?, **Alma** 26:19–22. Los hombres que se hallan en un estado natural o carnal se encuentran sin Dios en el mundo, **Alma** 41:11.

A causa de su transgresión, el hombre murió espiritualmente, **DyC** 29:41. Ni puede hombre natural alguno aguantar la presencia de Dios, **DyC** 67:12.

Los hombres empezaron a ser carnales, sensuales y diabólicos, **Moisés** 5:13 (Moisés 6:49).

Hombre(s). *Véase también* Creación espiritual; Espíritu; Hermano(s), hermana(s); Hijos e hijas de Dios; Mujer(es); Trinidad

Esta palabra se refiere a todo el género humano, tanto mujeres como hombres. Todos los hombres y las mujeres son literalmente progenie espiritual del Padre Celestial. Cuando nacen en esta vida, reciben un cuerpo físico y mortal, creado a la imagen de Dios (Gén. 1:26–27). Todo hombre y toda mujer que con fidelidad reciban las ordenanzas necesarias, guarden sus convenios y obedezcan los mandamientos de Dios entrarán en su exaltación y llegarán a ser como Dios.

Creó Dios al hombre a su imagen, **Gén.** 1:27 (Mos. 7:27; DyC 20:17–18). ¿Qué es el hombre, para que tengas de él memoria?, **Sal.** 8:4–5. Maldito el varón que confía en el hombre, y hace de la carne su brazo, **Jer.** 17:5 (2 Ne. 4:34; 28:26, 31).

Cuando ya fui hombre, dejé lo que era de niño, **1 Cor.** 13:11.

Existen los hombres para que tengan gozo, **2 Ne.** 2:25. El hombre natural es enemigo de Dios, **Mos.** 3:19. ¿Qué clase de hombres habéis de ser?, **3 Ne.** 27:27.

No es la obra de Dios la que se frustra, sino la de los hombres, **DyC** 3:3. No deberías haber temido al hombre más que a Dios, **DyC** 3:7 (DyC 30:11; 122:9). Todas las cosas de la tierra se han hecho para el beneficio y el uso del hombre, **DyC** 59:18.

Sé que el hombre no es nada, **Moisés** 1:10. La obra y la gloria de Dios es llevar a cabo la inmortalidad y la vida eterna del hombre, **Moisés** 1:39.

El hombre, hijo espiritual de nuestro Padre Celestial: Se postraron sobre sus rostros, y dijeron: Dios, Dios de los espíritus de toda carne, **Núm.** 16:22 (Núm. 27:16). Hijos sois de Jehová vuestro Dios, **Deut.** 14:1. Vosotros sois dioses, y todos vosotros hijos del Altísimo, **Sal.** 82:6. Sois hijos del Dios viviente, **Oseas** 1:10. ¿No tenemos todos un mismo padre? ¿No nos ha creado un mismo Dios?, **Mal.** 2:10.

Somos linaje de Dios, **Hech.** 17:29. El Espíritu mismo da testimonio de que somos hijos de Dios, **Rom.** 8:16. Obedeced al Padre de los espíritus, **Heb.** 12:9.

Los espíritus de todos los hombres son llevados de regreso a ese Dios que les dio la vida, **Alma** 40:11.

Los habitantes de los mundos son engendrados hijos e hijas para Dios, **DyC** 76:24. El hombre estuvo en el principio con el Padre, **DyC** 93:23, 29.

Yo, Dios, creé espiritualmente todas las cosas antes que existiesen sobre la faz de la tierra, **Moisés** 3:5–7. Yo soy Dios; yo hice el mundo y a los hombres antes que existiesen en la carne, **Moisés** 6:51.

Su potencial para llegar a ser como nuestro Padre Celestial: Sed, pues, vosotros perfectos, como vuestro Padre, **Mateo** 5:48 (3 Ne. 12:48). ¿No está escrito en vuestra ley: Yo dije, dioses sois?, **Juan** 10:34 (DyC 76:58). El hombre puede llegar a ser heredero de Dios y coheredero con Cristo, **Rom.** 8:17. Eres hijo; y si hijo, también heredero de Dios por medio de Cristo, **Gál.** 4:7. Cuando él se manifieste, seremos semejantes a él, **1 Juan** 3:2. Al que venciere, le daré que se siente conmigo en mi trono, **Apoc.** 3:21.

Les he concedido llegar a ser hijos de Dios, **3 Ne.** 9:17.

Los que saldrán en la resurrección de los justos son dioses, sí, los hijos de Dios, **DyC** 76:50, 58. Entonces serán dioses, porque tendrán todo poder, **DyC** 132:20.

Homicidio. *Véase* Asesinato; Caín

Homosexual, comportamiento.
Véase también Adulterio; Sensual, sensualidad

Relación sexual entre personas del mismo sexo. Dios prohíbe este tipo de actividad sexual.

Sácalos, para que los conozcamos, **Gén.** 19:1–11 (Moisés 5:51–53). No te echarás con varón; es abominación, **Lev.** 18:22 (Lev. 20:13). No haya sodomita de entre los hijos de Israel, **Deut.** 23:17.

Como Sodoma publican su pecado, no lo disimulan, **Isa.** 3:9 (2 Ne. 13:9).

Los hombres se encendieron en su lascivia unos con otros, **Rom.** 1:27. No heredarán el reino de Dios los que se echan con varones, **1 Cor.** 6:9–10. La ley no fue dada para el justo, sino para los sodomitas, **1 Tim.** 1:9–10. Los que van en pos de vicios contra naturaleza son puestos por ejemplo, sufriendo el castigo del fuego eterno, **Judas** 1:7.

Honestidad, honradez. *Véase también* Integridad

Tener honestidad es ser sincero, verídico y sin engaño.

Los que hacen verdad son el contentamiento de Jehová, **Prov.** 12:22. Cumple lo que prometes, **Ecle.** 5:4–5.

Renunciamos a lo oculto y vergonzoso, **2 Cor.** 4:1–2. Mantened buena vuestra manera de vivir, **1 Pe.** 2:12.

¡Ay del embustero!, porque será arrojado al infierno, **2 Ne.** 9:34. El Espíritu habla la verdad, y no miente, **Jacob** 4:13. El que de entre vosotros pida prestado a su vecino, debe devolver aquello que pida prestado, **Mos.** 4:28 (DyC 136:25). Trata con justicia, juzga con rectitud, y haz lo bueno, **Alma** 41:14.

Trátense honradamente todos los hombres, **DyC** 51:9. Los que saben que su corazón es sincero son aceptados por mí, **DyC** 97:8. Debe buscarse a hombres honrados, sabios y buenos para gobernar, **DyC** 98:4–10. Indagarás diligentemente hasta entregar a tu vecino lo que haya perdido, **DyC** 136:26.

Creemos en ser honrados, **AdeF** 1:13.

Honra, honrar (honor). *Véase también* Estimar; Reverencia

En las Escrituras, por regla general, se emplean estos términos con el objeto de indicar respeto y reverencia hacia alguien o algo.

Honra a tu padre y a tu madre, **Éx.** 20:12 (1 Ne. 17:55; Mos. 13:20). Honra a Jehová con tus bienes, **Prov.** 3:9.

Si alguno me sirviere, mi Padre le

honrará, **Juan** 12:26. Los maridos deben dar honor a la mujer, **1 Pe.** 3:7.

Este pueblo con sus labios me honra, mas su corazón ha alejado de mí, **2 Ne.** 27:25 (Isa. 29:13). No busco los honores del mundo, **Alma** 60:36.

El diablo se rebeló contra mí, diciendo: Dame tu honra, la cual es mi poder, **DyC** 29:36. Los fieles serán coronados con honor, **DyC** 75:5 (DyC 124:55). Yo, el Señor, me deleito en honrar a los que me sirven, **DyC** 76:5. No son escogidos porque aspiran a los honores de los hombres, **DyC** 121:34–35.

Creemos en honrar y sostener la ley, **AdeF** 1:12 (DyC 134:6).

Hosanna

Palabra derivada del hebreo, que significa "sálvanos" y que se usa en la alabanza y la súplica.

En la Fiesta de los Tabernáculos, en la que se celebraba la liberación de Israel por la mano del Señor y su entrada en la tierra prometida, el pueblo entonaba las palabras del Salmo 118 y mecía ramas de palma. Durante la entrada triunfal del Señor en Jerusalén, las multitudes clamaron "Hosanna" y tendieron ramas de palma a sus pies, demostrando así que comprendían que Jesús era el mismo Jehová que había liberado a Israel en la antigüedad (Sal. 118:25–26; Mateo 21:9, 15; Mar. 11:9–10; Juan 12:13). Esas personas reconocieron que el Cristo era el tan largamente esperado Mesías. La palabra *Hosanna* ha llegado a ser una celebración del Mesías en todos los tiempos (1 Ne. 11:6; 3 Ne. 11:14–17). El *grito de hosanna* se incluyó en la dedicación del Templo de Kirtland (EE. UU.) y ahora forma parte de la dedicación de todos los templos modernos (DyC 109:79).

Humildad, humilde, humillar (afligir). *Véase también* Corazón quebrantado; Debilidad; Mansedumbre, manso; Orgullo; Pobres

La condición de ser manso y moldeable, o hacer que alguien lo sea. La humildad lleva implícito el reconocimiento de que dependemos de Dios y el deseo de someternos a Su voluntad. En el Antiguo Testamento, el vocablo "afligir" a veces tiene el mismo significado que "humillar".

Te ha traído Jehová estos cuarenta años en el desierto, para afligirte, **Deut.** 8:2. Afligí con ayuno mi alma, **Sal.** 35:13. Mejor es el muchacho pobre y sabio, que el rey viejo y necio, **Ecle.** 4:13. El Señor prometió habitar con el humilde de espíritu, **Isa.** 57:15.

Cualquiera que se humille como este niño, ese es el mayor en el reino de los cielos, **Mateo** 18:4. El que se humilla será enaltecido, **Mateo** 23:12 (Lucas 14:11; 18:14). Cristo Jesús se humilló a sí mismo, haciéndose obediente hasta la muerte, **Filip.** 2:8 (Lucas 22:42; 23:46). Dios resiste a los soberbios, y da gracia a los humildes, **1 Pe.** 5:5–6 (2 Ne. 9:42).

Quisiera que os humillaseis aun en las profundidades de la humildad, **Mos.** 4:11 (2 Ne. 9:42; 3 Ne. 12:2). ¿Habéis sido suficientemente humildes?, **Alma** 5:27–28. La parte más humilde del pueblo se volvió más fuerte en su humildad, **Hel.** 3:33–35. Doy a los hombres debilidad para que sean humildes, **Éter** 12:27.

La humildad es un requisito para el bautismo, **DyC** 20:37. Si os humilláis delante de mí, me veréis y sabréis que yo soy, **DyC** 67:10. Sé humilde; y el Señor tu Dios dará respuesta a tus oraciones, **DyC** 112:10. Aprenda sabiduría el ignorante, humillándose, **DyC** 136:32. Se envía mi Espíritu para iluminar a los humildes, **DyC** 136:33.

Hurtar, hurto. *Véase* Robar, robo, hurtar, hurto

Hyde, Orson

Miembro del Cuórum de los Doce Apóstoles a principios de esta dispensación (DyC 68:1–3; 75:13; 102:3; 124:128–129). Llevó a cabo muchas misiones para la Iglesia; una de ellas, en 1841, fue la dedicación de la Tierra Santa para el regreso del pueblo judío.

Idioma(s). *Véase* Lenguaje (o lengua)

Idolatría

La adoración de ídolos; también una devoción o apego desmedido a cualquier cosa.

No tendrás dioses ajenos delante de mí, **Éx.** 20:3 (Mos. 12:35; 13:12–13). Si anduvieres en pos de dioses ajenos, de cierto pereceréis, **Deut.** 8:19. Como pecado de ídolos y de idolatría es la obstinación, **1 Sam.** 15:23. A otro, y no a mí, te descubriste, **Isa.** 57:8. Diste alabanza a dioses de plata y oro, **Dan.** 5:23.

No podéis servir a Dios y a las riquezas, **Mateo** 6:24. La avaricia es idolatría, **Col.** 3:5. Hijitos, guardaos de los ídolos, **1 Juan** 5:21.

¡Ay de aquellos que adoran ídolos!, **2 Ne.** 9:37. La idolatría del pueblo de Nefi les condujo a la guerra y a la destrucción, **Alma** 50:21.

Todo hombre anda en pos de la imagen de su propio dios, **DyC** 1:16. Trabajen con sus propias manos a fin de que no se practiquen la idolatría ni la maldad, **DyC** 52:39.

El padre de Abraham fue descarriado por la idolatría, **Abr.** 1:27.

Iglesia de Jesucristo. *Véase también* Iglesia de Jesucristo de los Santos de los Últimos Días, La; Iglesia, nombre de la; Iglesia verdadera, señales de la; Reino de Dios o de los cielos; Restauración del Evangelio; Santo (sustantivo)

Un grupo organizado de creyentes que han tomado sobre sí el nombre de Jesucristo mediante el bautismo y la confirmación. Para ser la Iglesia verdadera, debe ser la del Señor; debe tener Su autoridad, Sus enseñanzas, Sus leyes, Sus ordenanzas y llevar Su nombre; y debe ser gobernada por Él mediante representantes de Su elección.

El Señor añadía cada día a la Iglesia, **Hech.** 2:47. Nosotros, siendo muchos, somos un cuerpo en Cristo, **Rom.** 12:5. Por un solo Espíritu fuimos todos bautizados en un cuerpo, **1 Cor.** 12:13. La Iglesia está edificada sobre el fundamento de los apóstoles y profetas, **Efe.** 2:19–20. Los apóstoles y profetas son esenciales para la Iglesia, **Efe.** 4:11–16. Cristo es cabeza de la Iglesia, **Efe.** 5:23.

A pesar de que había muchas iglesias, todas eran una, **Mos.** 25:19–22. Así empezaron a establecer el orden de la Iglesia, **Alma** 6:1–6. La Iglesia de Cristo debe llevar su nombre, **3 Ne.** 27:8. La Iglesia se reunía a menudo para ayunar y orar, y para hablar unos con otros, **Moro.** 6:5.

Esta Iglesia, la única Iglesia verdadera y viviente, **DyC** 1:30. El origen de la Iglesia de Cristo en estos últimos días, **DyC** 20:1. El Señor llama a sus siervos para edificar su Iglesia, **DyC** 39:13. Así se llamará mi Iglesia en los postreros días, **DyC** 115:4.

Iglesia de Jesucristo de los Santos de los Últimos Días, La. *Véase también* Iglesia de Jesucristo; Iglesia, nombre de la; Iglesia verdadera, señales de la; Restauración del Evangelio

Nombre que se ha dado a la Iglesia de Cristo en los últimos días para distinguirla de la de otras dispensaciones (DyC 115:3–4).

El Señor derramará conocimiento sobre los Santos de los Últimos Días, **DyC** 121:33. José Smith fue el profeta y vidente de La Iglesia de Jesucristo de los Santos de los Últimos Días, **DyC** 127:12. Está para llegar el gran día del Señor para los Santos de los Últimos Días, **DyC** 128:21, 24. José Smith ayudó a congregar a los Santos de los Últimos Días, **DyC** 135:3. El Señor mandó organizarse en compañías al pueblo de La Iglesia de Jesucristo de los Santos de los Últimos Días para el viaje hacia el territorio occidental de los Estados Unidos, **DyC** 136:2. Se aclaran para los Santos de los Últimos Días las leyes del matrimonio, DO 1. Se da el sacerdocio a todo varón que sea miembro digno de La Iglesia de Jesucristo de los Santos de los Últimos Días, DO 2.

El relato de la Primera Visión para

todos los Santos de los Últimos Días, **JS—H** 1:1.

Iglesia grande y abominable. *Véase* Diablo — La iglesia del diablo

Iglesia, nombre de la. *Véase también* Iglesia de Jesucristo; Iglesia de Jesucristo de los Santos de los Últimos Días, La; Mormón

En el Libro de Mormón, se relata que cuando Jesucristo visitó a los nefitas justos, poco después de Su resurrección, les dijo que la Iglesia debía llevar Su nombre (3 Ne. 27:3–8). En los tiempos modernos, el Señor ha revelado que el nombre de Su Iglesia debe ser: "La Iglesia de Jesucristo de los Santos de los Últimos Días" (DyC 115:4).

Iglesia verdadera, señales de la. *Véase también* Iglesia de Jesucristo; Iglesia de Jesucristo de los Santos de los Últimos Días, La; Señal

La doctrina y las obras de una iglesia, que demuestran que es aprobada por Dios y que es el medio que ha establecido el Señor para que Sus hijos reciban la plenitud de bendiciones que Él tiene para ellos. Algunas de las señales de la Iglesia verdadera son:

El concepto correcto de la Trinidad: Creó Dios al hombre a su imagen, **Gén.** 1:26–27. Hablaba Jehová a Moisés cara a cara, **Éx.** 33:11.

La vida eterna es conocer a Dios el Padre y a Jesucristo, **Juan** 17:3.

El Padre y el Hijo tienen cuerpos de carne y huesos, **DyC** 130:22–23.

El Padre y el Hijo se aparecieron a José Smith, **JS—H** 1:15–20. Nosotros creemos en Dios, el Eterno Padre, **AdeF** 1:1.

Los primeros principios y ordenanzas: El que no naciere de agua y del Espíritu, **Juan** 3:3–5. Arrepentíos, y bautícese cada uno de vosotros en el nombre de Jesucristo, **Hech.** 2:38. Entonces les imponían las manos, y recibían el Espíritu Santo, **Hech.** 8:14–17. Todos sois hijos de Dios por la fe en Cristo Jesús, **Gál.** 3:26–27.

Arrepentíos y sed bautizados en el nombre de mi Amado Hijo, **2 Ne.** 31:11–21.

Los que creyeron fueron bautizados y recibieron el Santo Espíritu por la imposición de manos, **DyC** 76:50–53.

Para bautizar y para conferir el don del Espíritu Santo, es preciso poseer el oficio apropiado en el sacerdocio, **JS—H** 1:70–72. Se describen los primeros principios y ordenanzas del Evangelio, **AdeF** 1:4.

La revelación: Sin profecía el pueblo se desenfrena, **Prov.** 29:18. No hará nada el Señor sin que revele su secreto a sus profetas, **Amós** 3:7.

La Iglesia está edificada sobre la roca de la revelación, **Mateo** 16:17–18 (DyC 33:13).

¡Ay de aquel que diga que el Señor ya no obra por revelación!, **3 Ne.** 29:6.

Las revelaciones y los mandamientos se reciben únicamente por medio del que es nombrado por el Señor, **DyC** 43:2–7.

Creemos todo lo que Dios ha revelado, **AdeF** 1:9.

Los profetas: La Iglesia está edificada sobre el fundamento de los apóstoles y profetas, **Efe.** 2:19–20. Los apóstoles y los profetas son esenciales en la Iglesia, **Efe.** 4:11–16.

José Smith fue llamado a ser vidente, profeta y apóstol, **DyC** 21:1–3.

Creemos en los profetas, **AdeF** 1:6.

La autoridad: Jesús dio a sus discípulos poder y autoridad, **Lucas** 9:1–2 (Juan 15:16).

Nefi, el hijo de Helamán, tenía gran poder y autoridad de Dios, **Hel.** 11:18 (3 Ne. 7:17).

El profeta recibirá mandamientos para la Iglesia, **DyC** 21:4–5. A ninguno le será permitido salir a predicar mi evangelio ni edificar mi Iglesia a menos que sea ordenado por alguien que tenga autoridad, **DyC** 42:11. Los élderes han de predicar el evangelio, obrando mediante la autoridad, **DyC** 68:8.

Creemos que el hombre debe ser llamado por Dios, por aquellos que tienen la autoridad, **AdeF** 1:5.

La publicación de nuevas Escrituras: El palo de Judá había de juntarse con el palo de José, **Ezeq.** 37:15–20.

Se predijo la publicación de las Escrituras de los últimos días, **1 Ne.** 13:38–41.

Creemos que Dios aún revelará muchos grandes e importantes asuntos, **AdeF** 1:9.

La organización de la Iglesia: La Iglesia está edificada sobre el fundamento de los apóstoles y profetas, **Efe.** 2:19–20. Los apóstoles y profetas son esenciales para la Iglesia, **Efe.** 4:11–16. Cristo es cabeza de la Iglesia, **Efe.** 5:23.

La Iglesia de Cristo debe llevar su nombre, **3 Ne.** 27:8.

Creemos en la misma organización que existió en la Iglesia Primitiva, **AdeF** 1:6.

La obra misional: Por tanto, id, y haced discípulos a todas las naciones, **Mateo** 28:19–20. Se llamó a setenta para predicar el Evangelio, **Lucas** 10:1.

Estaban deseosos de que la salvación fuese declarada a toda criatura, **Mos.** 28:3.

Los élderes han de salir, de dos en dos, predicando el evangelio, **DyC** 42:6. El Evangelio ha de ser predicado a toda criatura, **DyC** 58:64.

Los dones espirituales: Comenzaron a hablar en otras lenguas, **Hech.** 2:4. Los ancianos [élderes] de la Iglesia han de sanar a los enfermos, **Stg.** 5:14.

No neguéis los dones de Dios, **Moro.** 10:8.

Se enumeran los dones del Espíritu, **DyC** 46:13–26 (1 Cor. 12:1–11; Moro. 10:9–18).

Los templos: Haré con ellos convenio, y pondré mi santuario entre ellos para siempre, **Ezeq.** 37:26–27. El Señor vendrá súbitamente a su templo, **Mal.** 3:1.

Nefi edificó un templo, **2 Ne.** 5:16.

El Señor reprende a los santos por no haber construido la Casa del Señor, **DyC** 95 (DyC 88:119). Siempre se manda al pueblo del Señor edificar templos para efectuar en ellos ordenanzas santas,

DyC 124:37–44. La construcción de templos y el efectuar en ellos las ordenanzas forman parte de la gran obra de los últimos días, **DyC** 138:53–54.

Imperio romano. *Véase también* Roma

El imperio de la antigua Roma. En la época apostólica, el Imperio romano era la mayor y única potencia del mundo. Abarcaba todo lo comprendido entre el Eufrates, el Danubio, el Rin, el Atlántico y el desierto de Sahara. Palestina pasó a ser un estado vasallo en el año 63 a.C., cuando Pompeyo se apoderó de Jerusalén. Aunque los romanos concedieron a los judíos muchos privilegios, estos odiaban la opresión romana y constantemente estaban en rebelión.

Pablo era ciudadano romano, pero empleaba el idioma griego, el más común del imperio, para predicar el Evangelio en todo el imperio.

Dad a César lo que es de César, **Mateo** 22:17–22. Pablo invocó sus derechos como ciudadano romano, **Hech.** 16:37–39 (Hech. 22:25–29).

Impío. *Véase también* Inicuo, iniquidad; Injusticia, injusto; Inmundicia, inmundo; Pecado

Algo o alguien que no concuerda con la voluntad o los mandamientos de Dios; lo inicuo e impuro.

La senda de los malos perecerá, **Sal.** 1:6.

Si el justo con dificultad se salva, ¿en dónde aparecerá el impío?, **1 Pe.** 4:18.

Absteneos de toda impiedad, **Moro.** 10:32.

La venganza vendrá pronto sobre los impíos, **DyC** 97:22. La voz del Salvador no se oyó entre los impíos, **DyC** 138:20.

Imposición de manos. *Véase también* Apartamiento; Bendición de los enfermos; Don del Espíritu Santo; Ordenación, ordenar

La acción de colocar las manos sobre la cabeza de una persona como parte de una ordenanza del sacerdocio. Muchas de las ordenanzas del sacerdocio se llevan a cabo mediante la imposición de manos, por ejemplo, las ordenaciones, las bendiciones, la bendición de los enfermos, la confirmación como miembro de la Iglesia y el conferimiento del Espíritu Santo.

Moisés puso las manos sobre la cabeza de Josué, como Jehová le había mandado, **Núm.** 27:18, 22–23 (Deut. 34:9).

Jesús sanó a unos pocos enfermos, poniendo sobre ellos las manos, **Mar.** 6:5 (Morm. 9:24). Los Apóstoles les impusieron las manos a los siete que los ayudarían, **Hech.** 6:5–6. Se confería el Espíritu Santo mediante la imposición de manos, **Hech.** 8:14–17. Ananías restauró la vista de Pablo poniendo sobre él las manos, **Hech.** 9:12, 17–18. Pablo le impuso las manos, y le sanó, **Hech.** 28:8. Pablo enseñó la doctrina del bautismo y de la imposición de manos, **Heb.** 6:2.

Alma ordenó sacerdotes y élderes por la imposición de sus manos, **Alma** 6:1. Jesús dio a sus discípulos el poder para conferir el Espíritu Santo mediante la imposición de manos, **3 Ne.** 18:36–37. Tendréis poder para que a aquel a quien impongáis las manos, le confiráis el Espíritu Santo, **Moro.** 2:2.

Los élderes impondrán las manos sobre los niños y los bendecirán, **DyC** 20:70. Recibirán el Espíritu Santo por la imposición de manos, **DyC** 35:6 (AdeF 1:4). Los élderes de la Iglesia impondrán las manos sobre los enfermos, **DyC** 42:44 (DyC 66:9). Los hijos recibirán la imposición de manos después de su bautismo, **DyC** 68:27. El sacerdocio se recibe mediante la imposición de manos, **DyC** 84:6–16.

Incredulidad. *Véase también* Creencia, creer

La falta de fe en Dios y en Su Evangelio.

No hizo allí muchos milagros, a causa de la incredulidad, **Mateo** 13:58. Por causa de su incredulidad, los discípulos de Jesús no pudieron echar fuera a

un demonio, **Mateo** 17:14–21. Ayuda mi incredulidad, **Mar.** 9:23–24. Jesús les reprochó a Sus apóstoles su incredulidad y dureza de corazón, **Mar.** 16:14. ¿Su incredulidad habrá hecho nula la fidelidad de Dios?, **Rom.** 3:3.

Es preferible que muera un hombre a dejar que una nación degenere y perezca en la incredulidad, **1 Ne.** 4:13. Cuando llegue el día en que degeneren en la incredulidad, él hará que sean dispersados y afligidos, **2 Ne.** 1:10–11 (DyC 3:18). Por motivo de su incredulidad no podían entender la palabra de Dios, **Mos.** 26:1–5. El Señor no pudo mostrar a los judíos tan grandes milagros por motivo de la incredulidad de ellos, **3 Ne.** 19:35.

En ocasiones pasadas vuestras mentes se han ofuscado a causa de la incredulidad, **DyC** 84:54–58.

Infierno. *Véase también* Condenación, condenar; Diablo; Hijos de perdición; Muerte espiritual

Traducción del vocablo hebreo *Seol* y de la voz griega *Hades*. En la revelación de los postreros días se habla del infierno por lo menos en dos sentidos:

(1) La morada temporaria en el mundo de los espíritus de quienes fueron desobedientes en esta vida mortal. En este sentido, el infierno tiene fin. A esos espíritus se les enseñará el Evangelio y, en algún momento después de su arrepentimiento, resucitarán e irán al grado de gloria del que sean dignos. Los que no se arrepientan y no sean hijos de perdición permanecerán en el infierno durante el Milenio y, después de mil años de tormento, resucitarán e irán a la gloria telestial (DyC 76:81–86; 88:100–101).

(2) La morada permanente de aquellos que no son redimidos por la expiación de Jesucristo. En este sentido, el infierno es permanente. Es para todo el que sea hallado "sucio aún" (DyC 88:35, 102). Y es la morada eterna de Satanás, de sus ángeles y de los hijos de perdición, o sea, los que hayan negado al Hijo después que el Padre lo ha revelado (DyC 76:43–46).

En las Escrituras, a menudo se hace

referencia al infierno como a las tinieblas de afuera.

El alma de David no permanecerá en el Seol, **Sal.** 16:10 (Sal. 86:13).

Ir al infierno, al fuego que no puede ser apagado, **Mar.** 9:43 (Mos. 2:38). El hombre rico en el Hades alzó sus ojos, estando en tormentos, **Lucas** 16:22–23 (DyC 104:18). La muerte y el Hades entregaron los muertos, **Apoc.** 20:13.

Se ha preparado un lugar; sí, aquel infierno horroroso, **1 Ne.** 15:35. El deseo de la carne da al espíritu del diablo el poder de hundiros en el infierno, **2 Ne.** 2:29. Cristo preparó el medio para que escapemos de la muerte y el infierno, **2 Ne.** 9:10–12. Los que son inmundos todavía irán al fuego eterno, **2 Ne.** 9:16. El diablo engaña sus almas, y los conduce astutamente al infierno, **2 Ne.** 28:21. Jesús ha redimido mi alma del infierno, **2 Ne.** 33:6. Libraos de los sufrimientos del infierno, **Jacob** 3:11. El diablo los lleva cautivos y los guía según su voluntad hasta la destrucción. Esto es lo que significan las cadenas del infierno, **Alma** 12:11. Los malvados serán echados a las tinieblas de afuera hasta el tiempo de su resurrección, **Alma** 40:13–14. Los inmundos serían más desdichados morando en la presencia de Dios que viviendo en el infierno, **Morm.** 9:4.

El castigo que por mi mano se da es castigo sin fin, **DyC** 19:10–12. El infierno es un lugar preparado para el diablo y sus ángeles, **DyC** 29:37–38. Los que reconozcan al Hijo de Dios serán librados de la muerte y de las cadenas del infierno, **DyC** 138:23.

Inicuo, iniquidad. *Véase también*
Impío; Injusticia, injusto;
Inmundicia, inmundo; Pecado;
Tinieblas espirituales

Malo, maldad; ser desobediente a los mandamientos de Dios.

¿Cómo, pues, haría yo este grande mal, y pecaría contra Dios?, **Gén.** 39:7–9. Jehová está lejos de los impíos; pero él oye la oración de los justos, **Prov.** 15:29.

Cuando domina el impío, el pueblo gime, **Prov.** 29:2 (DyC 98:9).

Quitad a ese perverso de entre vosotros, **1 Cor.** 5:13. Tenemos lucha contra huestes espirituales de maldad en las regiones celestes, **Efe.** 6:12.

Un rey inicuo pervierte las vías de toda rectitud, **Mos.** 29:23. Salid de entre los inicuos, y no toquéis sus cosas inmundas, **Alma** 5:56–57 (DyC 38:42). La iniquidad de vuestros abogados y jueces está empezando a establecer el fundamento de la destrucción, **Alma** 10:27. Este es el estado final del malvado, **Alma** 34:35 (Alma 40:13–14). La maldad nunca fue felicidad, **Alma** 41:10. Es por los inicuos que los inicuos son castigados, **Morm.** 4:5 (DyC 63:33).

En esa hora se hará una separación completa de los justos y los malvados, **DyC** 63:54. Os envío para reprobar al mundo por todos sus hechos inicuos, **DyC** 84:87.

Así viene el fin de los inicuos, **JS—M** 1:55.

Injusticia, injusto. *Véase también*
Impío; Inicuo, iniquidad;
Inmundicia, inmundo; Justicia;
Justo; Pecado

Inicuos, injustos, personas a las que les falta la rectitud; personas que no aman a Dios ni las cosas de Dios y que no apoyan Su causa.

Los injustos no heredarán el reino de Dios, **1 Cor.** 6:9–10. Que sean condenados todos los que se complacieron en la injusticia, **2 Tes.** 2:12. Jesucristo nos limpiará de toda maldad, **1 Juan** 1:9.

Un rey inicuo pervierte las vías de toda rectitud, **Mos.** 29:23. La iniquidad de los abogados y jueces establece el fundamento de la destrucción, **Alma** 10:27. Os envío para reprobar al mundo por todos sus hechos inicuos, **DyC** 84:87. El alma debe ser santificada de toda injusticia, **DyC** 88:17–18. La disposición de casi todos los hombres es comenzar a ejercer injusto dominio, **DyC** 121:39.

Inmersión. *Véase* Bautismo, bautizar — Por inmersión

Inmoralidad. *Véase* Castidad; Inicuo, iniquidad; Inmoralidad sexual; Sensual, sensualidad

Inmoralidad sexual. *Véase también* Adulterio; Fornicación; Sensual, sensualidad

Participar deliberadamente en el adulterio, la fornicación, el comportamiento homosexual o lesbiano, el incesto o cualquier otra actividad sexual que sea impura, inmunda o contra naturaleza.

Demos a beber vino a nuestro padre, y durmamos con él, **Gén.** 19:30–36. Fue Rubén y durmió con Bilha la concubina de su padre, **Gén.** 35:22 (Gén. 49:4; 1 Cró. 5:1). El comportamiento homosexual y otras perversiones sexuales son una abominación, **Lev.** 18:22–23. Si un hombre obliga a una mujer a acostarse con él, solamente el hombre es culpable de pecado, **Deut.** 22:25–27.

Cualquiera que mira a una mujer para codiciarla, ya adulteró con ella en su corazón, **Mateo** 5:28 (3 Ne. 12:28). Fornicación, impureza, pasiones desordenadas son idolatría, **Col.** 3:5. En los postreros días habrá hombres sin afecto natural, **2 Tim.** 3:1–3.

El pecado sexual es una abominación, **Alma** 39:3–5.

Inmortal, inmortalidad. *Véase también* Expiación, expiar; Jesucristo; Mortal, mortalidad; Resurrección; Salvación

La condición de vivir para siempre con un cuerpo resucitado que no está sujeto a la muerte física.

Ha resucitado, **Mar.** 16:6. También en Cristo todos serán vivificados, **1 Cor.** 15:22. Sorbida es la muerte cuando esto mortal se haya vestido de inmortalidad, **1 Cor.** 15:53–54. Cristo quitó la muerte y sacó a luz la inmortalidad, **2 Tim.** 1:10.

El espíritu y el cuerpo son restaurados el uno al otro y todos se tornan inmortales, **2 Ne.** 9:13. El espíritu se unirá al cuerpo para no morir nunca más, **Alma** 11:45.

Los fieles serán coronados con inmortalidad y vida eterna, **DyC** 75:5. La tierra será santificada e inmortal, **DyC** 77:1 (DyC 130:9).

La obra y la gloria de Dios es llevar a cabo la inmortalidad y la vida eterna del hombre, **Moisés** 1:39.

Inmundicia, inmundo. *Véase también* Impío; Inicuo, iniquidad; Injusticia, injusto; Limpio e inmundo; Pecado

Impureza espiritual por la desobediencia intencional a Dios.

El Señor lavará las inmundicias de las hijas de Sion, **Isa.** 4:4 (2 Ne. 14:4).

El reino de Dios no es inmundo, **1 Ne.** 15:34 (Alma 7:21). Los que son inmundos serán inmundos todavía, **2 Ne.** 9:16 (Morm. 9:14). ¿Cómo se sentirá cualquiera de vosotros, si comparecéis ante el tribunal de Dios, con vuestros vestidos manchados de inmundicia?, **Alma** 5:22.

Tendrá que permanecer sucio aún, **DyC** 88:35.

¿Cuándo descansaré y quedaré limpia de la impureza?, **Moisés** 7:48.

Inocencia, inocente

Sin culpa, sin pecado.

Antes de la Caída, Adán y Eva estaban en un estado de inocencia, **2 Ne.** 2:23. La sangre del inocente será un testimonio, **Alma** 14:11.

Todos los espíritus de los hombres fueron inocentes en el principio, **DyC** 93:38. Para que los inocentes no sean condenados con los injustos, **DyC** 104:7. José Smith y Hyrum Smith fueron inocentes de todo crimen, **DyC** 135:6–7.

Los niños son limpios desde la fundación del mundo, **Moisés** 6:54.

Inspiración, inspirar. *Véase también* Espíritu Santo; Revelación

La guía divina que el hombre recibe de Dios. A menudo, la inspiración proviene del Espíritu en diversas formas, penetrando en la mente o el corazón de la persona.

Tras el fuego un silbo apacible y delicado, **1 Rey.** 19:12.

El Espíritu Santo os enseñará todas las cosas, y os recordará todo, **Juan** 14:26. El Espíritu de verdad os guiará a toda la verdad, **Juan** 16:13.

Iba guiado por el Espíritu, sin saber de antemano lo que tendría que hacer, **1 Ne.** 4:6. La voz del Señor penetró mi mente, **Enós** 1:10. Lo que invita e induce a hacer lo bueno es inspirado por Dios, **Moro.** 7:13–16.

¿No hablé paz a tu mente?, **DyC** 6:23. Hablaré a tu mente y a tu corazón, **DyC** 8:2. Mi Espíritu iluminará tu mente y llenará tu alma de gozo, **DyC** 11:13. Se te dará en el momento preciso lo que has de decir y escribir, **DyC** 24:6 (DyC 84:85). La voz suave y apacible que a través de todas las cosas susurra y penetra, **DyC** 85:6.

Integridad. *Véase también* Honestidad, honradez; Rectitud, recto

Rectitud, honradez y sinceridad.

Hasta que muera, no quitaré de mí mi integridad, **Job** 27:5. Camina en su integridad el justo, **Prov.** 20:7.

Eran hombres que en todo momento se mantenían fieles a cualquier cosa que les fuera confiada, **Alma** 53:20.

El Señor amó a Hyrum Smith a causa de la integridad de su corazón, **DyC** 124:15.

Inteligencia(s). *Véase también* Espíritu; Luz, luz de Cristo; Verdad

El término tiene varios significados, tres de los cuales son los siguientes: (1) La luz de la verdad que da luz y vida a todas las cosas del universo, la cual siempre ha existido. (2) El vocablo *inteligencias* también puede referirse a los hijos espirituales de Dios. (3) En las Escrituras también se menciona la inteligencia como el elemento espiritual que existía

antes de que fuéramos engendrados como hijos espirituales.

La inteligencia se allega a la inteligencia, **DyC** 88:40. La inteligencia no fue creada ni hecha, **DyC** 93:29. Toda inteligencia es independiente para obrar por sí misma en aquella esfera en que Dios la ha colocado, **DyC** 93:30. La gloria de Dios es la inteligencia, **DyC** 93:36–37. La inteligencia que logremos en esta vida se levantará con nosotros en la resurrección, **DyC** 130:18–19.

El Señor reina sobre todas las inteligencias, **Abr.** 3:21. El Señor le mostró a Abraham las inteligencias que fueron organizadas antes que existiera el mundo, **Abr.** 3:22.

Investidura. *Véase también* Templo, Casa del Señor

En un sentido general, es un don de poder que proviene de Dios. Los miembros dignos de la Iglesia pueden recibirlo por medio de las ordenanzas del templo, que les proveen la instrucción y los convenios del Santo Sacerdocio que se requieren para obtener la exaltación. La investidura incluye instrucción sobre el plan de salvación.

Allí seréis investidos con poder de lo alto, **DyC** 38:32, 38 (Lucas 24:49; DyC 43:16). Edificad una casa, en la cual me propongo investir con poder de lo alto a los que he escogido, **DyC** 95:8. He preparado una magna investidura y bendición para ellos, **DyC** 105:12, 18, 33. Se regocijará como consecuencia de la investidura con que mis siervos han sido investidos, **DyC** 110:9. Gloria, honra e investidura son conferidos mediante la ordenanza de mi santa casa, **DyC** 124:39. Los que son llamados del Padre, como lo fue Aarón, son investidos con las llaves del sacerdocio, **DyC** 132:59.

Ira. *Véase* Enojo

Isaac. *Véase también* Abraham — La descendencia de Abraham

Patriarca del Antiguo Testamento. Su nacimiento fue un milagro en la vejez de

Abraham y Sara (Gén. 15:4–6; 17:15–21; 21:1–8). La voluntad de Abraham de ofrecer a Isaac fue una similitud de Dios y Su Hijo Unigénito (Jacob 4:5). Isaac fue el heredero de las promesas del convenio de Abraham (Gén. 21:9–12; 1 Ne. 17:40; DyC 27:10).

Nacimiento de Isaac, **Gén.** 21:1–7. Iba a ser sacrificado sobre el monte Moriah, **Gén.** 22:1–19 (DyC 101:4). Su casamiento, **Gén.** 24. Su trato con sus hijos, **Gén.** 27:1–28:9.

Ha recibido su exaltación junto con Abraham y Jacob, **DyC** 132:37 (Mateo 8:11).

Isacar. *Véase también* Israel; Jacob hijo de Isaac

En el Antiguo Testamento, hijo de Jacob y de Lea (Gén. 30:17–18; 35:23; 46:13). Sus descendientes formaron una de las doce tribus de Israel.

La tribu de Isacar: La bendición que Jacob dio a Isacar se encuentra en Gén. 49:14–15. Después de establecerse en Canaán, la tribu recibió algunas de las tierras más fértiles de Palestina, entre ellas, la llanura de Esdraelón. Dentro de esas tierras se hallaban varios lugares de importancia en la historia judía, como por ejemplo, Carmelo, Meguido, Dotán, Gilboa, Jezreel, Tabor y Nazaret (Josué 19:17–23).

Isaí. *Véase también* David

En el Antiguo Testamento, el padre de David y, por consiguiente, antepasado de Cristo y de todos los reyes de Judá.

Obed, el hijo de Rut, fue el padre de Isaí, **Rut** 4:17, 22. Los antepasados de Isaí se remontaban hasta Judá, **1 Cró.** 2:5–12 (Mateo 1:5–6).

Isaías

Profeta del Antiguo Testamento que profetizó desde 740 hasta 701 a.C. Ejerció una gran influencia religiosa y política durante el reinado de Ezequías, de quien fue el consejero principal.

Jesús citó a Isaías con mayor frecuencia que a cualquier otro profeta. En el Nuevo Testamento, también lo citan con frecuencia Pedro, Juan y Pablo. En el Libro de Mormón y en Doctrina y Convenios se citan más las palabras de Isaías que las de cualquier otro profeta y brindan mucha ayuda para interpretar sus pasajes. Nefi empleó sus escritos para enseñar a su pueblo (2 Ne. 12–24; Isa. 2–14). El Señor dijo a los nefitas que "grandes son las palabras de Isaías", y que todas las cosas que este habló se cumplirían (3 Ne. 23:1–3).

El libro de Isaías: Libro del Antiguo Testamento. Muchas de las profecías de Isaías hablan de la venida del Redentor, tanto en lo que concierne a Su ministerio terrenal (Isa. 9:6) como a Su venida como Gran Rey en el día final (Isa. 63). También profetizó mucho acerca del futuro de Israel.

El capítulo 1 sirve de prólogo al resto del libro. En Isaías 7:14; 9:6–7; 11:1–5; 53 y 61:1–3, se predice la misión del Salvador. En los capítulos 2, 11, 12 y 35, se habla de acontecimientos de los últimos días, de la época en que el Evangelio sería restaurado, de que Israel sería congregado y de que el yermo florecería como la rosa. En el capítulo 29, hay una profecía sobre la publicación del Libro de Mormón (2 Ne. 27). En los capítulos del 40 al 46, se proclama la superioridad de Jehová como el verdadero Dios sobre los ídolos de los adoradores paganos. En los capítulos restantes, del 47 al 66, se relatan los acontecimientos de la restauración final de Israel y el establecimiento de Sion, cuando el Señor morará entre Su pueblo.

Ismael hijo de Abraham. *Véase también* Abraham; Agar

En el Antiguo Testamento, hijo de Abraham y de Agar, la sierva egipcia de Sara (Gén. 16:11–16). El Señor les prometió tanto a Abraham como a Agar que Ismael llegaría a ser el padre de una gran nación (Gén. 21:8–21).

El Señor confirmó su convenio con Isaac en lugar de Ismael, **Gén.** 17:19–21

(Gál. 4:22–5:1). Dios bendijo a Ismael para que fuera fructífero, **Gén.** 17:20. Ismael ayudó a sepultar a Abraham, **Gén.** 25:8–9. Se nombran los doce descendientes de Ismael, **Gén.** 25:12–16. Muerte de Ismael, **Gén.** 25:17–18. Esaú tomó por mujer a Mahalat, hija de Ismael, **Gén.** 28:9.

Ismael, suegro de Nefi. *Véase también* Lehi, padre de Nefi

En el Libro de Mormón, un hombre que, junto con su familia, acompañó a la de Lehi en su viaje a la tierra prometida.

Nefi y sus hermanos regresan a Jerusalén y persuaden a Ismael y a su familia a acompañar a Lehi y a su familia a la tierra prometida, **1 Ne.** 7:2–5. Los hijos de Lehi se casaron con las hijas de Ismael, **1 Ne.** 16:7. Ismael murió en el desierto, **1 Ne.** 16:34.

Israel. *Véase también* Abraham: La descendencia de Abraham; Adopción; Jacob hijo de Isaac

En el Antiguo Testamento, el Señor dio este nombre a Jacob, el hijo de Isaac y nieto de Abraham (Gén. 32:28; 35:10). El nombre puede referirse a Jacob mismo, a sus descendientes, o al reino que una vez poseyeron esos descendientes en los tiempos del Antiguo Testamento (2 Sam. 1:24; 23:3). Después que Moisés sacó al pueblo de Israel del cautiverio en Egipto (Éx. 3–14), este fue gobernado por jueces durante más de trescientos años. Comenzando con el rey Saúl, Israel unido fue gobernado por reyes hasta la muerte de Salomón, época en que las diez tribus se rebelaron contra Roboam para formar una nación independiente. Después de la división del reino de Israel, las tribus del norte, que era el grupo mayor, retuvieron el nombre de Israel, en tanto que el reino del sur se llamó Judá. La tierra de Canaán también se llama Israel actualmente. En otro sentido, Israel significa "verdadero creyente en Cristo" (Rom. 10:1; 11:7; Gál. 6:16; Efe. 2:12).

Las doce tribus de Israel: Jacob, el nieto de Abraham cuyo nombre fue cambiado a Israel, tuvo doce hijos. Sus descendientes se han llegado a conocer como las doce tribus de Israel o el pueblo de Israel. Las doce tribus son: Rubén, Simeón, Leví, Judá, Isacar y Zabulón (hijos de Jacob y Lea); Dan y Neftalí (hijos de Jacob y Bilha); Gad y Aser (hijos de Jacob y Zilpa); José y Benjamín (hijos de Jacob y Raquel) (Gén. 29:32–30:24; 35:16–18).

Antes de morir, Jacob dio una bendición a cada uno de los líderes de las tribus (Gén. 49:1–28). Para una información más detallada, véase en esta Guía el nombre de cada uno de los hijos de Jacob.

Rubén, el primogénito de Lea, la primera esposa de Jacob, perdió su primogenitura y una doble porción de la herencia como consecuencia de su inmoralidad (Gén. 49:3–4); por ese motivo, se dio la primogenitura a José, el primogénito de Raquel, segunda esposa de Jacob (1 Cró. 5:1–2). Leví, cuya tribu fue escogida por el Señor para servir como Sus ministros en el sacerdocio, no recibió una herencia debido a su llamamiento especial de ministrar entre todas las tribus. Ello permitió que la doble porción de José se repartiera entre Efraín y Manasés, hijos de José (1 Cró. 5:1; Jer. 31:9), quienes fueron contados como tribus de Israel (TJS, Gén. 48:5–6 [Apéndice — Biblia]).

Los miembros de la tribu de Judá debían ser los gobernantes hasta la llegada del Mesías (Gén. 49:10; TJS, Gén. 50:24 [Apéndice — Biblia]). En los últimos días, la tribu de Efraín tiene el privilegio de llevar el mensaje de la restauración del Evangelio al mundo y de congregar al Israel disperso (Deut. 33:13–17). Llegará el momento en que, por medio del evangelio de Jesucristo, Efraín desempeñará la función de dirigir la unificación de todas las tribus de Israel (Isa. 11:12–13; DyC 133:26–34).

El esparcimiento de Israel: El Señor esparció e hizo padecer a las doce tribus de Israel debido a su iniquidad y rebelión; no obstante, también se valió del esparcimiento de Su pueblo escogido entre las naciones del mundo para bendecir a esas naciones.

Os esparciré entre las naciones, **Lev.** 26:33. Jehová te esparcirá por todos los pueblos, **Deut.** 28:25, 37, 64. Los daré por escarnio a todos los reinos de la tierra, **Jer.** 29:18–19. Haré que la casa de Israel sea zarandeada entre todas las naciones, **Amós** 9:9 (Zac. 10:9).

Jesús fue enviado a las ovejas perdidas de la casa de Israel, **Mateo** 15:24. Tengo otras ovejas que no son de este redil, **Juan** 10:16. Se profetiza que Israel sería esparcido sobre toda la tierra, **1 Ne.** 22:3–8. Jacob cita las palabras de Zenós con la alegoría del olivo cultivado y el olivo silvestre, **Jacob** 5–6. Empezará la obra del Padre entre todos los dispersos de su pueblo, **3 Ne.** 21:26.

La congregación de Israel: La casa de Israel será congregada en los últimos días antes de la venida de Cristo (AdeF 1:10). El Señor congrega a los de Su pueblo Israel cuando estos lo aceptan y guardan Sus mandamientos.

Alzará estandarte, y he aquí vendrá, **Isa.** 5:26. Te recogeré con grandes misericordias, **Isa.** 54:7. Israel y Judá serán recogidos en sus tierras, **Jer.** 30:3. Jehová recogerá a la casa de Israel de los pueblos entre los cuales está esparcida, **Ezeq.** 28:25.

En la dispensación del cumplimiento de los tiempos reunirá todas las cosas en Cristo, **Efe.** 1:10.

Después que Israel sea dispersado, será congregado, **1 Ne.** 15:12–17. El Señor recogerá a todos los que son de la casa de Israel, **1 Ne.** 19:16 (3 Ne. 16:5). Serán sacados de la obscuridad y sabrán que el Señor es su Salvador, **1 Ne.** 22:12. Dios recoge y cuenta a sus hijos, **1 Ne.** 22:25. Las naciones de los gentiles llevarán a Israel a las tierras de su herencia, **2 Ne.** 10:8 (3 Ne. 16:4). Mi pueblo será reunido; y mi palabra se reunirá en una, **2 Ne.** 29:13–14.

Los élderes son llamados para efectuar el recogimiento de los escogidos, **DyC** 29:7 (DyC 39:11). Reuniré a mis escogidos, **DyC** 33:6. Se manda a Israel congregarse para recibir la ley y ser investido, **DyC** 38:31–33. Para restaurar a los de mi pueblo, que son de la casa de Israel, **DyC** 39:11. Los santos saldrán, **DyC** 45:46. Moisés entregó las llaves del recogimiento, **DyC** 110:11.

La justicia y la verdad inundarán la tierra a fin de recoger a los escogidos del Señor, **Moisés** 7:62. Se compara el recogimiento con la forma en que las águilas se juntan alrededor de un cadáver, **JS—M** 1:27.

Las diez tribus perdidas de Israel: Las diez tribus de Israel componían el reino del norte (Israel) y, en el año 721 a.C., fueron llevadas cautivas a Asiria. En esa época fueron a los "países del norte" y se perdieron, en lo que concierne al conocimiento que tenemos de ellas. Regresarán en los últimos días.

Diré al norte: Da acá, **Isa.** 43:6. Estos vendrán del norte, **Isa.** 49:12 (1 Ne. 21:12). Judá e Israel vendrán juntamente de la tierra del norte, **Jer.** 3:18. Vive Jehová, que hizo subir a los hijos de Israel de la tierra del norte, **Jer.** 16:14–16. Yo los hago volver de la tierra del norte, **Jer.** 31:8. Los nefitas y los judíos tendrán las palabras de las tribus perdidas de Israel, **2 Ne.** 29:12–13. Voy a mostrarme a las tribus perdidas de Israel, **3 Ne.** 17:4. Cuando sea predicado este Evangelio entre el resto de la casa de Israel, las tribus perdidas serán recogidas en la tierra de su herencia, **3 Ne.** 21:26–29.

Moisés entregó las llaves del recogimiento de Israel a José Smith y a Oliver Cowdery, **DyC** 110:11. Los que estén en los países del norte serán recordados ante el Señor, **DyC** 133:26–32.

Creemos en la congregación literal de Israel, **AdeF** 1:10.

Jacob hijo de Isaac. *Véase también* Esaú; Isaac; Israel

Patriarca y profeta del Antiguo Testamento; el menor de los hijos gemelos de Isaac y Rebeca (Gén. 25:19–26). Jacob obtuvo la primogenitura en lugar de su hermano Esaú debido a su rectitud y porque se casó dentro del convenio, mientras que Esaú menospreció su primogenitura y se casó fuera del convenio (Gén. 25:30–34; 26:34–35; 27; 28:6–9; Heb. 12:16).

El Señor le dijo a Rebeca que Esaú serviría a Jacob, **Gén.** 25:23. Compró la primogenitura de Esaú, **Gén.** 25:29–34. Soñó con una escalera que subía al cielo, **Gén.** 28. Se casó con Lea y con Raquel, **Gén.** 29:1–30. Tuvo doce hijos y una hija, **Gén.** 29:31–30:24; 35:16–20. Se casó con Bilha y con Zilpa, **Gén.** 30:3–4, 9. Se le cambió el nombre a Israel, **Gén.** 32:28. Vio a Dios cara a cara, **Gén.** 32:30. Favoreció a José, **Gén.** 37:3. Fue a Egipto con su familia, **Gén.** 46:1–7. Bendijo a sus hijos y a la posteridad de ellos, **Gén.** 49. Muere Israel, **Gén.** 49:33.

Guardó los mandamientos y ha sido exaltado sobre un trono en el cielo, en compañía de Abraham e Isaac, **DyC** 132:37.

Jacob hijo de Lehi. *Véase también* Lehi, padre de Nefi

Profeta del Libro de Mormón y autor de varios sermones que se encuentran en los libros de 2 Nefi y de Jacob (2 Ne. 6–11; Jacob 1–7).

El libro de Jacob: El tercer libro del Libro de Mormón. En el capítulo 1, se relata que Nefi le entregó los anales a Jacob y después los consagró a él y a su hermano José para ser sacerdotes y maestros entre el pueblo. Los capítulos del 2 al 4 contienen sermones en los que se amonesta al pueblo a ser moralmente limpio. Jacob también enseñó acerca de la venida del Mesías, el Redentor, y explicó por qué algunos de Israel no lo aceptarían en Su venida. Los capítulos 5 y 6 contienen el testimonio de Jacob y una alegoría profética sobre la historia y la misión del pueblo de Israel. El capítulo 7 contiene el relato de un hombre instruido y rebelde llamado Sherem que fue herido por el testimonio divino de Jacob.

Jacobo, hermano del Señor (llamado también Santiago)

En el Nuevo Testamento, hermano del Señor (Gál. 1:19) y de José, Simón, Judas y algunas hermanas (Mateo 13:55–56; Mar. 6:3; Judas 1:1). Se le conoció como Jacobo el Justo. Ocupó un puesto importante en la Iglesia en Jerusalén (Hech. 12:17; 15:13; 1 Cor. 15:7; Gál. 2:9–12). Se cree que fue el autor de la Epístola de Santiago.

La Epístola de Santiago: Libro del Nuevo Testamento. Originalmente fue una epístola dirigida a las doce tribus esparcidas, y es muy probable que se haya escrito desde Jerusalén. En ella se encuentran algunos puntos claramente expresados acerca de la religión práctica, incluso el importante consejo que se da en el capítulo 1, que dice que si alguien tiene falta de sabiduría, debe pedirla a Dios (Stg. 1:5–6; JS—H 1:9–20). En el capítulo 2, se trata el tema de la fe y las obras. En los capítulos 3 y 4, se habla de la necesidad de domar la lengua indócil. En el capítulo 5, se exhorta a los santos a tener paciencia y a llamar a los ancianos (élderes) para bendecir a los enfermos; también se enseña acerca de las bendiciones que se reciben cuando se es un instrumento en la conversión de otros.

Jacobo hijo de Alfeo

Uno de los Doce Apóstoles escogidos por Jesús durante Su ministerio terrenal (Mateo 10:3; Mar. 3:18; Lucas 6:15; Hech. 1:13).

Jacobo hijo de Zebedeo (llamado también Santiago)

Llamado Santiago en la revelación de los últimos días, fue uno de los Doce Apóstoles escogidos por Jesús durante Su ministerio terrenal; hermano de Juan. Fue uno de los tres escogidos para estar con nuestro Señor en ciertas ocasiones especiales: cuando la hija de Jairo fue levantada de los muertos (Mar. 5:37), en el monte de la Transfiguración (Mateo

17:1; Mar. 9:2; Lucas 9:28) y en Getsemaní (Mateo 26:37; Mar. 14:33). Jacobo, junto con Pedro y Juan, ordenó a José Smith y a Oliver Cowdery, restaurando así el Sacerdocio de Melquisedec a la tierra (DyC 27:12; 128:20; JS—H 1:72).

Jactancia. *Véase* Orgullo

Jafet. *Véase también* Noé, patriarca bíblico

En el Antiguo Testamento, hijo mayor del profeta Noé (Moisés 8:12).

Noé engendró a Jafet, **Gén.** 5:32 (Gén. 6:10; Moisés 8:12). Jafet y su esposa entraron en el arca de Noé, **Gén.** 7:13. Jafet salió del arca, **Gén.** 9:18. Dios engrandecerá a Jafet, **Gén.** 9:27.

Jardín de Edén. *Véase* Edén

Jardín o Huerto de Getsemaní. *Véase* Getsemaní

Jared. *Véase también* Jared, hermano de; Jareditas

Líder del Libro de Mormón que, junto con su hermano, guio a una colonia desde la Torre de Babel hasta la tierra prometida en el hemisferio occidental (Éter 1:33–2:1).

Jared le pidió a su hermano que suplicara al Señor que no confundiera el lenguaje de su familia y sus amigos, **Éter** 1:34–37. Viajaron hasta la orilla del mar y allí vivieron cuatro años, **Éter** 2:13. Viajaron a la tierra prometida, **Éter** 6:4–12.

Jared, hermano de. *Véase también* Jared; Jareditas

Profeta del Libro de Mormón. Él y su hermano fundaron la nación jaredita cuando guiaron a una colonia desde la Torre de Babel hasta una tierra prometida en el hemisferio occidental (Éter 1–6). Fue un hombre de fe tan grande que habló cara a cara con el Señor (DyC 17:1). Su historia se encuentra en el libro de Éter.

El hermano de Jared era un hombre grande y fuerte, y altamente favorecido

del Señor, **Éter** 1:34. Debido a su fe, el hermano de Jared vio el dedo del Señor, **Éter** 3:6–9 (Éter 12:20). Cristo mostró su cuerpo espiritual al hermano de Jared, **Éter** 3:13–20. Jamás se manifestaron cosas mayores que las que le fueron mostradas al hermano de Jared, **Éter** 4:4. El hermano de Jared amonestó a su pueblo en cuanto al peligro de tener una monarquía, **Éter** 6:22–23. El Señor le mostró todas las cosas al hermano de Jared, **Éter** 12:21. El hermano de Jared era fuerte en escribir, **Éter** 12:24. Por medio de la fe, el hermano de Jared apartó el monte de Zerín, **Éter** 12:30.

Jareditas. *Véase también* Jared; Jared, hermano de; Libro de Mormón

Pueblo del Libro de Mormón cuyos integrantes eran descendientes de Jared y de su hermano y de los amigos de ellos (Éter 1:33–41). Dios los guio desde la Torre de Babel hasta las Américas, una tierra prometida (Éter 1:42–43; 2–3; 6:1–18). Aunque en una época su pueblo se componía de millones de personas, como resultado de su iniquidad todas hallaron la muerte en una guerra civil (Éter 14–15).

Jarom

En el Libro de Mormón, hijo de Enós y bisnieto de Lehi. Llevó los anales nefitas durante 60 años, desde el año 420 hasta el 361 a.C. (Enós 1:25; Jarom 1:13). Fue un hombre fiel que decidió no escribir mucho en el registro histórico (Jarom 1:2).

El libro de Jarom: Este libro del Libro de Mormón consta tan solo de 15 versículos. Jarom escribió que los nefitas seguían viviendo la ley de Moisés y esperaban anhelosamente la venida de Cristo. Los gobernaron reyes que fueron hombres de gran fe. Prosperaron al escuchar y obedecer a sus profetas, sacerdotes y maestros.

Jehová. *Véase también* Jesucristo; YO SOY

El nombre del convenio o nombre propio del Dios de Israel. El nombre significa el eterno "YO SOY" (Éx. 3:14; Juan 8:58). Jehová es el Jesucristo preterrenal y vino a la tierra como hijo de María (Mos. 3:8; 15:1; 3 Ne. 15:1–5). Por lo general, cuando aparece el nombre *Señor* en el Antiguo Testamento, está refiriéndose a "Jehová".

Jehová es Cristo: Los profetas antiguos conocían a Jehová (Éx. 6:3; Abr. 1:16). El apóstol Pablo enseñó que Cristo era el Jehová del Antiguo Testamento (Éx. 17:6; 1 Cor. 10:1–4). En el Libro de Mormón, el hermano de Jared vio a Cristo antes de haber nacido este, y lo adoró (Éter 3:13–15). Moroni también llamó "Jehová" a Cristo (Moro. 10:34). En el Templo de Kirtland, José Smith y Oliver Cowdery vieron a Jehová resucitado (DyC 110:3–4).

Jeremías. *Véase también* Lamentaciones, libro de

Profeta del Antiguo Testamento que nació en una familia de sacerdotes y profetizó en Judá desde el año 626 hasta el año 586 a.C. Vivió en los días de otros grandes profetas: Lehi, Ezequiel, Oseas y Daniel.

Jeremías fue ordenado en la vida preterrenal para ser profeta (Jer. 1:4–5). Durante los aproximadamente cuarenta años que sirvió como profeta, predicó en contra de la idolatría y la inmoralidad entre el pueblo judío (Jer. 3:1–5; 7:8–10). Tuvo que hacer frente a la constante oposición y a los insultos (Jer. 20:2; 36:18–19; 38:4–6). Después de la caída de Jerusalén, los judíos que se escaparon a Egipto llevaron consigo a Jeremías (Jer. 43:5–6), en donde, según la tradición, lo mataron a pedradas.

El libro de Jeremías: En los capítulos del 1 al 6, se encuentran las profecías que se dieron durante el reinado de Josías. En los capítulos del 7 al 20, se encuentran las profecías del reinado de Joacim. En los capítulos del 21 al 38, se habla del reinado de Sedequías. En los capítulos del 39 al 44, se encuentran profecías y se describen los acontecimientos históricos que ocurrieron después de la caída

de Jerusalén. En el capítulo 45, hay una promesa a Baruc, su escriba, de que se le preservaría la vida. Finalmente, en los capítulos del 46 al 51, hay profecías contra naciones extranjeras. El capítulo 52 constituye una conclusión histórica. Algunas de las profecías de Jeremías se encontraban entre las planchas de bronce de Labán que obtuvo Nefi (1 Ne. 5:10–13). También se menciona a Jeremías dos veces más en el Libro de Mormón (1 Ne. 7:14; Hel. 8:20).

En el libro de Jeremías también se expone la existencia preterrenal del hombre y la preordenación de Jeremías (Jer. 1:4–5); se da una profecía del regreso de Israel de su condición esparcida, del recogimiento en Sion de uno de cada ciudad y de dos de cada familia, una tierra deseable donde Israel y Judá podrán morar seguros y en paz (Jer. 3:12–19); y una profecía de que el Señor recogerá a Israel de los países del norte por medio de muchos "pescadores" y "cazadores" que Él enviará para encontrarlo (Jer. 16:14–21). Este acontecimiento de los últimos días sobrepujará en proporción a la liberación de Israel del cautiverio egipcio llevada a cabo por medio de Moisés (Jer. 16:13–15; 23:8).

Jericó

Ciudad amurallada del valle del Jordán, que se encuentra a 245 metros bajo el nivel del mar y está situada cerca del lugar donde los israelitas cruzaron el río cuando por primera vez entraron en la tierra prometida (Josué 2:1–3; 3:16; 6).

Los israelitas le hicieron la guerra a Jericó, **Josué** 6:1–20. Josué maldijo a Jericó, **Josué** 6:26 (1 Rey. 16:34). Jericó quedaba dentro del territorio adjudicado a Benjamín, **Josué** 18:11–12, 21.

El Señor visitó Jericó durante su último viaje a Jerusalén, **Mar.** 10:46 (Lucas 18:35; 19:1).

Jerobaal. *Véase también* Gedeón (Antiguo Testamento)

Nombre que se dio a Gedeón en el Antiguo Testamento después que destruyó el altar de Baal (Jue. 6:32; 7:1; 9; 1 Sam. 12:11).

Jeroboam

En el Antiguo Testamento, el primer rey del reino del norte después de la división de Israel; miembro de la tribu de Efraín. El inicuo Jeroboam encabezó la rebelión contra la casa de Judá y la familia de David.

Jeroboam hizo ídolos para el pueblo y los puso en Dan y en Bet-el para que el pueblo los adorara, 1 Rey. 12:28–29. Ahías reprendió duramente a Jeroboam, 1 Rey. 14:6–16. Se le recordaba por haber llevado a Israel a cometer un terrible pecado, 1 Rey. 15:34 (1 Rey. 12:30).

Jerusalén

Ciudad ubicada en el Israel moderno. Es la ciudad más importante de la historia bíblica, y en ella se encuentran algunos de los sitios más sagrados de los cristianos, de los judíos y de los musulmanes, los cuales visitan con regularidad muchos creyentes fieles. A menudo se le llama la ciudad santa.

Una vez conocida como Salem (Gén. 14:18; Sal. 76:2), Jerusalén fue ciudad jebusea hasta que David la tomó (Josué 10:1; 15:8; 2 Sam. 5:6–7) y la convirtió en su capital. Hasta entonces había sido principalmente una fortaleza sobre el monte, situada a unos 800 metros sobre el nivel del mar, rodeada de profundos valles por todos sus lados con excepción del norte.

Durante el reinado de David en Jerusalén, este ocupaba un palacio de madera; no obstante, durante el reinado de Salomón, el pueblo trabajó mucho para embellecer la ciudad, construyendo incluso el templo y el palacio del rey.

Después de la división de los reinos de Israel y Judá, Jerusalén siguió como la capital de Judá. Con frecuencia la atacaban ejércitos invasores (1 Rey. 14:25; 2 Rey. 14:13; 16:5; 18–19; 24:10; 25). Bajo el reinado de Ezequías fue declarada el centro de adoración religiosa, pero fue parcialmente destruida en los años

320, 168 y 65 a.C. Herodes reconstruyó las murallas y el templo, pero en el año 70 d.C. la destruyeron completamente los romanos.

Melquisedec fue rey de Salem, **Gén.** 14:18 (Heb. 7:1–2). Isaías le pidió a Jerusalén que se vistiera su ropa hermosa, **Isa.** 52:1. La palabra de Jehová saldría de Jerusalén, **Miq.** 4:2.

Lamento de Jesús sobre el destino de Jerusalén, **Mateo** 23:37–39 (Lucas 13:34). Jerusalén es la ciudad del Dios vivo, **Heb.** 12:22.

Jerusalén sería destruida si no se arrepentía, **1 Ne.** 1:4, 13, 18 (2 Ne. 1:4; Hel. 8:20). Jerusalén volvería a ser habitada después de su destrucción, **3 Ne.** 20:46. Jerusalén sería reconstruida, **Éter** 13:5.

Cristo amonestó a los Santos de los Últimos Días tal como amonestó al pueblo de Jerusalén, **DyC** 5:20. Huyan a Jerusalén los que son de Judá, **DyC** 133:13. El Señor hablará desde Jerusalén, **DyC** 133:21.

Jerusalén, la nueva. *Véase* Nueva Jerusalén; Sion

Jesucristo. *Véase también* Abogado; Agua(s) viva(s); Alfa y Omega; Arrepentimiento, arrepentirse; Ascensión; Buen Pastor; Caída de Adán y Eva; Camino (vía); Conciencia; Consolador; Cordero de Dios; Creación, crear; Crucifixión; Cruz; Emanuel; Engendrado, engendrar; Esposo; Evangelios; Expiación, expiar; Fe; Gólgota; Gracia; Hijo del Hombre; Jehová; Libertador; Luz, luz de Cristo; María, madre de Jesús; Mediador; Mesías; Pan de Vida; Piedra del ángulo; Plan de redención; Primogénito; Principio; Redención, redimido, redimir; Redentor; Remisión de pecados; Resurrección; Roca; Sacrificios; Salvador; Sangre; Santa Cena; Segunda venida de Jesucristo; Señor; Sermón del Monte; Serpiente de bronce; Sin Fin; Transfiguración — La

Transfiguración de Cristo; Trinidad; Ungido, el; YO SOY

Cristo (vocablo griego) y *Mesías* (vocablo hebreo) significan "el ungido". Jesucristo es el Primogénito del Padre en el espíritu (Heb. 1:6; DyC 93:21), y el Unigénito del Padre en la carne (Juan 1:14; 3:16). Es Jehová (DyC 110:3–4) y fue preordenado a Su importante llamamiento antes que el mundo fuese creado. Bajo la dirección del Padre, Jesús creó la tierra y todo lo que en ella hay (Juan 1:3, 14; Moisés 1:31–33). Nació de María en Belén; llevó una vida sin mancha y efectuó la Expiación perfecta en bien de todo el género humano mediante el derramamiento de Su sangre y la muerte sobre la cruz (Mateo 2:1; 1 Ne. 11:13–33; 3 Ne. 27:13–16; DyC 76:40–42). Se levantó de los muertos, asegurando así la resurrección de todo el género humano. Por medio de la expiación y la resurrección de Cristo, todos los que se arrepientan de sus pecados y obedezcan los mandamientos de Dios podrán vivir eternamente con Jesús y con el Padre (2 Ne. 9:10–12; 21–22; DyC 76:50–53, 62).

Jesucristo es el ser supremo de los nacidos en esta tierra. Su vida es el ejemplo perfecto del modo de vida que debe llevar todo el género humano. Toda oración, bendición y ordenanza del sacerdocio debe efectuarse en Su nombre. Es el Señor de señores, el Rey de reyes, el Creador, el Salvador y el Dios de toda la tierra.

Volverá en poder y gloria para reinar sobre la tierra durante el Milenio. En el último día, juzgará a toda la humanidad (Alma 11:40–41; JS—M 1).

Resumen de Su vida (siguiendo el orden de sucesión de los acontecimientos): Se predicen el nacimiento y la misión de Jesús, **Lucas** 1:26–38 (Isa. 7:14; 9:6–7; 1 Ne. 11). Su nacimiento, **Lucas** 2:1–7 (Mateo 1:18–25). Su circuncisión, **Lucas** 2:21. Su presentación en el templo, **Lucas** 2:22–38. La visita de los magos, **Mateo** 2:1–12. José y María huyen con Él a Egipto, **Mateo** 2:13–18. Va a vivir a Nazaret, **Mateo** 2:19–23. Visita el templo a los doce años, **Lucas** 2:41–50. Tuvo hermanos y hermanas, **Mateo** 13:55–56 (Mar. 6:3). Su bautismo, **Mateo** 3:13–17 (Mar. 1:9–11; Lucas 3:21–22). Lo tienta el diablo, **Mateo** 4:1–11 (Mar. 1:12–13; Lucas 4:1–13). Llama a sus discípulos, **Mateo** 4:18–22 (Mateo 9:9; Mar. 1:16–20; 2:13–14; Lucas 5:1–11, 27–28; 6:12–16; Juan 1:35–51). Comisiona a los Doce, **Mateo** 10:1–4 (Mar. 3:13–19; Lucas 6:12–16). Da el Sermón del Monte, **Mateo** 5–7. Predice su propia muerte y resurrección, **Mateo** 16:21 (Mateo 17:22–23; 20:17–19; Mar. 8:31; 9:30–32; 10:32–34; Lucas 9:22; 18:31–34). La Transfiguración, **Mateo** 17:1–9 (Mar. 9:2–8; Lucas 9:28–36). Envía a los setenta, **Lucas** 10:1–20. Hace su entrada triunfal en Jerusalén, **Mateo** 21:1–11 (Mar. 11:1–11; Lucas 19:29–40; Juan 12:12–15). Instituye la Santa Cena, **Mateo** 26:26–29 (Mar. 14:22–25; Lucas 22:19–20). Padece y ora en Getsemaní, **Mateo** 26:36–46 (Mar. 14:32–42; Lucas 22:39–46). Es traicionado, arrestado y abandonado, **Mateo** 26:47–56 (Mar. 14:43–53; Lucas 22:47–54; Juan 18:2–13). Su crucifixión, **Mateo** 27:31–54 (Mar. 15:20–41; Lucas 23:26–28, 32–49; Juan 19:16–30). Su resurrección, **Mateo** 28:1–8 (Mar. 16:1–8; Lucas 24:1–12; Juan 20:1–10). Aparece después de Su resurrección, **Mateo** 28:9–20 (Mar. 16:9–18; Lucas 24:13–48; Juan 20:11–31; Hech. 1:3–8; 1 Cor. 15:5–8). Asciende al cielo, **Mar.** 16:19–20 (Lucas 24:51–53; Hech. 1:9–12).

Se aparece a los nefitas, **3 Ne.** 11:1–17 (3 Ne. 11–26).

Se aparece a José Smith, **JS—H** 1:15–20.

El ejemplo de Jesucristo: Ejemplo os he dado, **Juan** 13:15. Yo soy el camino, y la verdad, y la vida, **Juan** 14:6. Cristo padeció por nosotros, dejándonos el ejemplo, para que sigamos sus pisadas, **1 Pe.** 2:21.

A menos que el hombre siga el ejemplo del Hijo del Dios viviente, no puede ser salvo, **2 Ne.** 31:16. Quisiera que fueseis perfectos así como yo, **3 Ne.** 12:48. Siempre procuraréis hacer esto, tal como yo lo he hecho, **3 Ne.** 18:6. Yo os he dado el ejemplo, **3 Ne.** 18:16. Las obras que me habéis visto hacer, esas también las haréis, **3 Ne.** 27:21, 27. Los discípulos verdaderos de Jesucristo deben ser semejantes a él, **Moro.** 7:48.

El reinado milenario de Cristo: El principado descansará sobre su hombro, **Isa.** 9:6 (2 Ne. 19:6). Moraré en medio de ti, ha dicho Jehová, **Zac.** 2:10–12 (Zac. 14:9). Dios le dará a Jesús el trono de David su padre, **Lucas** 1:30–33. Cristo reinará por los siglos de los siglos, **Apoc.** 11:15. Los santos reinarán con Cristo mil años, **Apoc.** 20:4 (DyC 76:63).

A causa de la rectitud del pueblo, Satanás no tendrá poder, **1 Ne.** 22:26 (Apoc. 20:1–3).

Moraré en rectitud con los hombres sobre la tierra por mil años, **DyC** 29:11 (DyC 43:29–30). Sujetaos a las potestades existentes, hasta que reine aquel cuyo derecho es reinar, **DyC** 58:22 (1 Cor. 15:25).

Cristo reinará personalmente sobre la tierra, **AdeF** 1:10 (Isa. 32:1).

El tomar sobre sí el nombre de Jesucristo: No hay otro nombre en que podamos ser salvos, **Hech.** 4:12 (2 Ne. 31:21). Los Apóstoles se sintieron gozosos de haber sido tenidos por dignos de padecer afrenta por causa del Nombre, **Hech.** 5:38–42. Este es su mandamiento: Que creamos en el nombre de su Hijo Jesucristo, **1 Juan** 3:23.

Testificad que estáis dispuestos a tomar sobre vosotros el nombre de Cristo por medio del bautismo, **2 Ne.** 31:13. Quisiera que tomaseis sobre vosotros el nombre de Cristo, **Mos.** 5:6–12 (Mos. 1:11). Quienes deseaban tomar sobre sí el nombre de Cristo se unían a la Iglesia de Dios, **Mos.** 25:23. Todos los que eran creyentes verdaderos en Cristo tomaron sobre sí el nombre de Cristo, **Alma** 46:15. La puerta del cielo está abierta para los que quieran creer en el nombre de Jesucristo, **Hel.** 3:28. Bendito es aquel que sea hallado fiel a mi nombre en el postrer día, **Éter** 4:19. Están dispuestos a tomar sobre sí el nombre de tu Hijo, **Moro.** 4:3 (DyC 20:77).

Tomad sobre vosotros el nombre de Cristo, **DyC** 18:21–25.

Es cabeza de la Iglesia: Cristo es cabeza de la iglesia, **Efe.** 5:23 (Efe. 1:22; 4:15). Él es la cabeza del cuerpo que es la iglesia, **Col.** 1:18.

Esta es mi iglesia, **Mos.** 26:22 (Mos. 27:13). Cristo era el autor y perfeccionador de su fe, **Moro.** 6:1–4.

He establecido esta iglesia, **DyC** 33:5 (3 Ne. 27:3–8).

Es juez: Él juzgará al mundo con justicia, **Sal.** 9:8 (3 Ne. 27:16). Jehová viene a juzgar la tierra, **Sal.** 96:13. Al justo y al impío juzgará Dios, **Ecle.** 3:17. Juzgará entre las naciones, **Isa.** 2:4 (Miq. 4:3; 2 Ne. 12:4). Juzgará con justicia a los pobres, **Isa.** 11:2–4.

El Padre todo el juicio dio al Hijo, **Juan** 5:22. Si yo juzgo, mi juicio es verdadero, **Juan** 8:16. Dios lo ha puesto por Juez de vivos y muertos, **Hech.** 10:42 (2 Tim. 4:1). Dios juzgará por Jesucristo los secretos de los hombres, **Rom.** 2:16. Todos compareceremos ante el tribunal de Cristo, **Rom.** 14:10 (2 Cor. 5:10; Alma 12:12; Morm. 3:20; 7:6; Éter 12:38; DyC 135:5).

Todos los hombres vienen a Dios para que él los juzgue de acuerdo con la verdad y santidad que hay en él, **2 Ne.** 2:10. Presentaos ante Dios para ser juzgados de acuerdo con las obras, **Alma** 5:15 (Alma 12:15; 33:22; 3 Ne. 27:14).

Dios y Cristo son los jueces de todo, **DyC** 76:68.

La existencia premortal de Cristo: Apareció Jehová a Abram, **Gén.** 12:7 (Gén. 17:1; 18:1; Abr. 2:6–8). Jehová habló a Moisés cara a cara, **Éx.** 33:11 (Deut. 34:10; Moisés 1:1–2). Vi al Señor que estaba sobre el altar, **Amós** 9:1.

En el principio era el Verbo, y el Verbo era con Dios. Y aquel Verbo fue hecho carne, y habitó entre nosotros, **Juan** 1:1, 14 (1 Juan 1:1–3). Antes que Abraham fuese, yo soy, **Juan** 8:58. Glorifícame tú con aquella gloria que tuve contigo antes que el mundo fuese, **Juan** 17:5.

Isaías verdaderamente vio a mi Redentor, tal como yo y mi hermano Jacob lo hemos visto, **2 Ne.** 11:2–3. Mañana vengo al mundo, **3 Ne.** 1:12–14. Cristo existía desde antes del principio del mundo, **3 Ne.** 26:5 (Juan 6:62). Así como me aparezco a ti en el espíritu, apareceré a mi pueblo en la carne, **Éter** 3:14–17.

Enoc vio al Señor y anduvo con él, **DyC** 107:48–49.

Mi Hijo Amado, que fue mi Amado y mi Escogido desde el principio, **Moisés** 4:2. El Señor dijo: ¿A quién enviaré? Y respondió uno semejante al Hijo del Hombre: Heme aquí; envíame, **Abr.** 3:27.

La gloria de Jesucristo: La gloria de Jehová llenó el tabernáculo, **Éx.** 40:34–38. Toda la tierra está llena de su gloria, **Isa.** 6:3 (2 Ne. 16:3). La gloria de Jehová ha nacido sobre ti, **Isa.** 60:1–2.

El Hijo del Hombre vendrá en la gloria de su Padre, **Mateo** 16:27. Glorifícame tú con aquella gloria que tuve contigo antes que el mundo fuese, **Juan** 17:5.

El Santo de Israel ha de reinar con gran gloria, **1 Ne.** 22:24. Teníamos la esperanza de su gloria, **Jacob** 4:4. El Hijo de Dios viene en su gloria, **Alma** 5:50. Les explicó todas las cosas, desde el principio hasta que él viniera en su gloria, **3 Ne.** 26:3.

Mis apóstoles estarán vestidos en gloria igual que yo, **DyC** 29:12 (DyC 45:44). Vimos la gloria del Hijo, a la diestra del Padre, **DyC** 76:19–23. Juan vio la plenitud de mi gloria y dio testimonio de ella, **DyC** 93:6 (Juan 1:14). Su semblante brillaba más que el resplandor del sol, **DyC** 110:3.

Su gloria me cubrió, y vi su rostro, **Moisés** 1:1–11. Esta es mi obra y mi gloria, **Moisés** 1:39.

Las apariciones de Cristo después de Su muerte: Habiendo resucitado Jesús, se le apareció primeramente a María Magdalena, **Mar.** 16:9 (Juan 20:11–18). Jesús caminó y habló con dos de los discípulos en el camino a Emaús, **Lucas** 24:13–34. Jesús se apareció a los Apóstoles, quienes palparon sus manos y sus pies, **Lucas** 24:36–43 (Juan 20:19–20). Jesús se apareció a Tomás, **Juan** 20:24–29. Jesús

se aparece a sus discípulos en el mar de Tiberias, **Juan** 21:1–14. Después de Su resurrección, Jesús ministró durante cuarenta días, **Hech.** 1:2–3. Esteban vio a Jesús que estaba a la diestra de Dios, **Hech.** 7:55–56. Jesús se apareció a Saulo, **Hech.** 9:1–8 (TJS, Hech. 9:7; Hech. 26:9–17). Cristo se apareció a más de quinientas personas, **1 Cor.** 15:3–8.

Jesucristo se mostró al pueblo de Nefi, **3 Ne.** 11:1–17. Unas dos mil quinientas personas vieron y oyeron a Jesús, **3 Ne.** 17:16–25. El Señor visitó a Mormón, **Morm.** 1:15.

José Smith y Sidney Rigdon vieron a Jesús a la diestra de Dios, **DyC** 76:22–23. José Smith y Oliver Cowdery vieron al Señor en el Templo de Kirtland, **DyC** 110:1–4.

José Smith vio a Jesús, **JS—H** 1:15–17.

Profecías acerca de la vida y la muerte de Jesucristo: La virgen concebirá, y dará a luz un hijo, **Isa.** 7:14 (1 Ne. 11:13–20). De Belén saldrá el que será Señor en Israel, **Miq.** 5:2.

Samuel el Lamanita profetizó que habría un día y una noche y un día de luz; una estrella nueva; y muchas otras señales, **Hel.** 14:2–6. Samuel el Lamanita profetizó que habría obscuridad, truenos y relámpagos, y temblores en la tierra, **Hel.** 14:20–27. Se cumplieron las señales del nacimiento de Jesús, **3 Ne.** 1:15–21. Se cumplieron las señales de la muerte de Jesús, **3 Ne.** 8:5–23.

Simbolismos o símbolos de Jesucristo: Abel ofreció de los primogénitos de sus ovejas, **Gén.** 4:4 (Moisés 5:20). Toma ahora tu hijo único, Isaac, y ofrécelo en holocausto, **Gén.** 22:1–13 (Jacob 4:5). El Señor mandó a los hijos de Israel ofrecer en sacrificio ovejas sin defecto, **Éx.** 12:5, 21, 46 (Núm. 9:12; Juan 1:29; 19:33; 1 Pe. 1:19; Apoc. 5:6). Es el pan que Jehová os da para comer, **Éx.** 16:2–15 (Juan 6:51). Golpearás la peña, y saldrán de ella aguas, y beberá el pueblo, **Éx.** 17:6 (Juan 4:6–14; 1 Cor. 10:1–4). El macho cabrío llevará sobre sí todas las iniquidades de ellos, **Lev.** 16:20–22 (Isa. 53:11; Mos.

14:11; 15:6–9). Moisés hizo una serpiente de bronce, la puso sobre un asta y la alzó para salvar a los que la miraran, **Núm.** 21:8–9 (Juan 3:14–15; Alma 33:19; Hel. 8:14–15). Estuvo Jonás en el vientre del pez tres días, **Jonás** 1:17 (Mateo 12:40).

Esto es una semejanza del sacrificio del Unigénito del Padre, **Moisés** 5:4–8.

Su autoridad: El principado sobre su hombro, **Isa.** 9:6 (2 Ne. 19:6).

Jesús enseñaba como quien tiene autoridad, **Mateo** 7:28–29 (Mar. 1:22). El Hijo del Hombre tiene potestad en la tierra para perdonar los pecados, **Mateo** 9:6. Con autoridad Jesús mandó a los espíritus inmundos y le obedecieron, **Mar.** 1:27 (Lucas 4:33–36). Jesús estableció (ordenó) a doce para que tuviesen autoridad, **Mar.** 3:14–15. La palabra de Jesús era con autoridad, **Lucas** 4:32. El Padre todo el juicio dio al Hijo, **Juan** 5:22, 27. Dios ungió a Jesús con el Espíritu Santo y con poder, **Hech.** 10:38. Cristo fue destinado desde antes de la fundación del mundo, **1 Pe.** 1:20 (Éter 3:14). Cristo tiene las llaves de la muerte y del Hades, **Apoc.** 1:18.

Todos los hombres quedan sujetos a Cristo, **2 Ne.** 9:5. Jesucristo, el Hijo de Dios, es el Padre del cielo y de la tierra, el Creador de todas las cosas desde el principio, **Hel.** 14:12.

Cristo vino por la voluntad del Padre para hacer su voluntad, **DyC** 19:24. Jesús recibió la plenitud del Padre; y Jesús recibió todo poder, **DyC** 93:3–4, 16–17 (Juan 3:35–36).

Testimonios sobre Jesucristo: Pablo testificó que Jesús era el Cristo, **Hech.** 18:5. Aun los espíritus malos testificaron que conocían a Jesús, **Hech.** 19:15. Nadie puede llamar a Jesús Señor, sino por el Espíritu Santo, **1 Cor.** 12:3. Se doble toda rodilla y toda lengua confiese que Jesucristo es el Señor, **Filip.** 2:10–11.

Hablamos de Cristo, nos regocijamos en Cristo, predicamos de Cristo, profetizamos de Cristo, **2 Ne.** 25:26. El Libro de Mormón es para convencer al judío y al gentil de que Jesús es el verdadero Cristo, **2 Ne.** 26:12 (portada del Libro de Mormón). Los profetas y las Escrituras testifican de Cristo, **Jacob** 7:11, 19. Buscad a este Jesús de quien han escrito los profetas y apóstoles, **Éter** 12:41.

Lo vimos y oímos la voz testificar que él es el Unigénito, **DyC** 76:20–24. Esto es vidas eternas: Conocer a Dios y a Jesucristo, **DyC** 132:24.

Nosotros creemos en Dios el Eterno Padre, y en su Hijo Jesucristo, **AdeF** 1:1. Creemos que Cristo reinará personalmente sobre la tierra, **AdeF** 1:10.

Jetro. *Véase también* Moisés

En el Antiguo Testamento, príncipe y sacerdote de Madián que dio abrigo a Moisés después que este huyó de Egipto. También se le llamaba Reuel (Éx. 2:18). Posteriormente, Moisés se casó con Séfora, hija de Jetro (Éx. 3:1; 4:18; 18:1–12). Jetro enseñó a Moisés a delegar (Éx. 18:13–27). Moisés recibió el Sacerdocio de Melquisedec de manos de Jetro (DyC 84:6–7).

Jezabel. *Véase también* Acab

En el Antiguo Testamento, mujer inicua de la tierra de Fenicia. Fue la esposa de Acab (1 Rey. 16:30–31), rey de Israel que gobernó durante la época en que Elías fue profeta.

El matrimonio de Jezabel y Acab, más que cualquier otro acontecimiento, ocasionó la caída del reino del norte, ya que Jezabel introdujo en Israel las peores formas de adoración fenicia, reemplazando así la adoración a Jehová (1 Rey. 18:13, 19).

Jezabel mató a muchos profetas de Dios, **1 Rey.** 18:4. Jezabel intentó matar a Elías, **1 Rey.** 19:1–3. La terrible muerte de Jezabel dio fin a su iniquidad, **2 Rey.** 9:30–37.

Job

En el Antiguo Testamento, un hombre justo que sufrió grandes aflicciones y aun así permaneció fiel a su creencia en Dios. Su historia se relata en el libro de Job.

El libro de Job: Aunque en el libro se

exponen los padecimientos de Job, no se da contestación en forma completa a la pregunta de por qué él (o cualquier otro ser humano) había de sufrir dolor y la pérdida de sus familiares y bienes. En el libro se aclara que la aflicción no es necesariamente evidencia de que uno haya pecado. El Señor permite que pasemos tribulaciones para que estas nos sirvan de experiencia, disciplina e instrucción, y a veces también de castigo (DyC 122).

El libro puede dividirse en cuatro partes. Los capítulos 1 y 2 constituyen un prólogo de la historia. En los capítulos del 3 al 31, se relata una serie de conversaciones entre Job y sus tres amigos. En los capítulos del 32 al 37, se encuentran los discursos de Eliú, un cuarto amigo, que condena a Job por razones distintas de las de los tres primeros amigos. En los capítulos del 38 al 42 se concluye el libro y en ellos se le asegura a Job que ha llevado una vida buena desde el principio.

En el libro de Job, se enseña que si una persona tiene un conocimiento correcto de Dios y vive de manera aceptable ante Él, podrá soportar mejor las tribulaciones que le sobrevengan. Caracterizan su inquebrantable fe, exclamaciones tales como: "Aunque él me matare, en él esperaré" (Job 13:15). También se menciona a Job en Ezeq. 14:14; Stg. 5:11; DyC 121:10.

Joel

En el Antiguo Testamento, profeta de Judá. Se desconoce la época exacta en la cual vivió; pudo haber sido en el período comprendido entre el reinado de Joás, antes del año 850 a.C., y el regreso de la tribu de Judá de su cautiverio en Babilonia.

El libro de Joel: Se centra en una profecía que hizo Joel después de que Judá fue asolado con un severo castigo de sequía y una plaga de langostas (Joel 1:4–20). Joel asegura al pueblo que por medio del arrepentimiento nuevamente recibirán las bendiciones de Dios (Joel 2:12–14).

En el capítulo 1, se pide que se convoque una asamblea solemne en la casa del Señor. En el capítulo 2, se habla de la guerra y desolación que precederán al Milenio. En el capítulo 3, se habla de los postreros días y se afirma que todas las naciones estarán en guerra, pero que finalmente el Señor morará en Sion.

Pedro citó la profecía de Joel acerca del derramamiento del Espíritu el día de Pentecostés (Joel 2:28–32; Hech. 2:16–21); el ángel Moroni citó este mismo pasaje a José Smith (JS—H 1:41).

Jonás. *Véase también* Nínive

Profeta del Antiguo Testamento llamado por el Señor a predicar el arrepentimiento a la ciudad de Nínive (Jonás 1:1–2).

El libro de Jonás: Libro del Antiguo Testamento en el que se relata un episodio de la vida de Jonás. Es probable que Jonás no haya sido el autor del libro. El concepto principal del libro es que Jehová reina en todas partes y no limita Su amor a una sola nación o pueblo.

En el capítulo 1, el Señor llama a Jonás a predicar al pueblo de Nínive, pero en lugar de hacer lo que el Señor le manda, Jonás huye en barco y es tragado por un gran pez. En el capítulo 2, Jonás ora al Señor, y el pez lo vomita en tierra. En el capítulo 3, se registra que Jonás va a Nínive y profetiza su caída; sin embargo, el pueblo se arrepiente. En el capítulo 4, el Señor reprende a Jonás por haberse enojado porque el Señor salvó al pueblo.

Jesús enseñó que el que Jonás hubiera sido tragado por el pez sirvió de presagio de Su propia muerte y resurrección (Mateo 12:39–40; 16:4; Lucas 11:29–30).

Jonatán. *Véase también* David; Saúl, rey de Israel

En el Antiguo Testamento, hijo de Saúl, rey de Israel. Jonatán fue íntimo amigo de David (1 Sam. 13–23; 31).

Jordán, río

Se extiende desde el mar de Galilea hasta el mar Muerto. Tiene una longitud de 160 kilómetros y está formado por la unión de varios arroyos que nacen en el monte Hermón. Es el río más importante de Israel.

Dos acontecimientos importantes relacionados con este río son: Cuando el Señor dividió las aguas para que pasaran los hijos de Israel (Josué 3:14–17) y el bautismo de Jesucristo (Mateo 3:13–17; 1 Ne. 10:9).

Josafat

En el Antiguo Testamento, rey fiel de Judá (1 Rey. 15:24; 22).

José de Arimatea

Fue miembro del sanedrín, discípulo de Cristo, rico y fiel israelita que no tomó parte alguna en condenar a nuestro Señor. Después de la Crucifixión, José envolvió el cuerpo del Señor en una sábana limpia y lo puso en su propio sepulcro labrado en la peña (Mateo 27:57–60; Mar. 15:43–46; Lucas 23:50–53; Juan 19:38–42).

José, esposo de María. *Véase también* Jesucristo; María, madre de Jesús

Esposo de María, la madre de Jesús. José era descendiente de David (Mateo 1:1–16; Lucas 3:23–38) y vivía en Nazaret. Se desposó con María, y poco antes de efectuarse el matrimonio, María recibió la visita del ángel Gabriel, quien le anunció que ella había sido escogida para ser la madre del Salvador (Lucas 1:26–35). José también recibió una revelación sobre este nacimiento divino (Mateo 1:20–25).

María fue la única progenitora terrenal de Jesús, ya que fue engendrado por Dios el Padre. Pero los judíos consideraban a José como el padre de Jesús, y el niño Jesús lo trató como a tal (Lucas 2:48, 51). Al ser advertido por medio de sueños celestiales del peligro que corría el pequeño Jesús, José le salvó la vida huyendo a Egipto (Mateo 2:13–14). Después de la muerte de Herodes, un ángel le dio instrucciones a José de llevar al niño de nuevo a Israel (Mateo 2:19–23).

José hijo de Jacob. *Véase también* Israel; Jacob hijo de Isaac

En el Antiguo Testamento, el primogénito de Jacob y Raquel (Gén. 30:22–24; 37:3).

José obtuvo la primogenitura de Israel porque Rubén, el primogénito de la primera esposa de Jacob, perdió ese privilegio a causa de su transgresión (1 Cró. 5:1–2). José, siendo el primogénito de la segunda esposa de Jacob, y debido a su dignidad, era quien tenía derecho a recibir la bendición. José también recibió una bendición de su padre poco antes de que este muriera (Gén. 49:22–26).

José fue un hombre de gran integridad, "entendido" y "sabio" (Gén. 41:39). El que haya rechazado a la esposa de Potifar es un ejemplo de fe, de castidad y de integridad personal (Gén. 39:7–12). En Egipto, cuando José reveló a sus hermanos su verdadera identidad, les dio las gracias en vez de culparlos por la forma en que lo habían tratado. Él creía que la forma en que habían actuado sus hermanos había hecho posible que se cumpliera la voluntad de Dios (Gén. 45:4–15).

La revelación de los últimos días da a conocer la misión más extensa de la familia de José en los últimos días (TJS, Gén. 50:24–38; [Apéndice — Biblia]; 2 Ne. 3:3–24; 3 Ne. 20:25–27).

Jacob amaba mucho a José y le hizo una túnica de diversos colores, **Gén.** 37:3. Por celos, los hermanos de José llegaron a odiarlo y conspiraron para matarlo. Sin embargo, finalmente decidieron venderlo a unos mercaderes que iban camino de Egipto, **Gén.** 37:5–36. En Egipto, el Señor hizo prosperar a José y este llegó a ser mayordomo en la casa de Potifar, **Gén.** 39:1–4. La esposa de Potifar mintió, diciendo que José había tratado de seducirla; José, a pesar de ser inocente, fue condenado y enviado a la cárcel, **Gén.** 39:7–20. José interpretó los sueños del jefe de los coperos y del jefe de los panaderos de Faraón, **Gén.** 40. Faraón favoreció a José por haber interpretado uno de sus sueños y lo nombró gobernador de Egipto, **Gén.** 41:14–45. Nacimiento de Efraín y Manasés, **Gén.** 41:50–52. Reunión de José con su padre y sus hermanos, **Gén.** 45–46. Muerte de José en Egipto a la edad de 110 años, **Gén.** 50:22–26.

José, palo de. *Véase* Efraín — El palo de Efraín o palo de José; Libro de Mormón

José Smith, hijo. *Véase* Smith, hijo, José

José Smith, Traducción de (TJS). *Véase también* Smith, hijo, José

Es una revisión o traducción de la versión de la Biblia en inglés conocida como la Versión del rey Santiago, que inició el profeta José Smith en junio de 1830. Dios le mandó hacer la traducción, la cual consideró como parte de su llamamiento como profeta.

Aunque la mayor parte de la obra se había terminado ya para julio de 1833, siguió haciendo modificaciones, mientras preparaba un manuscrito para la imprenta, hasta su muerte en 1844. Aunque partes de la traducción se publicaron mientras aún vivía, es posible que hubiera hecho modificaciones adicionales si hubiese vivido para publicar la obra entera. En 1867, la Iglesia Reorganizada de Jesucristo de los Santos de los Últimos Días publicó la primera edición de la traducción inspirada de José Smith y, desde entonces, ha publicado varias ediciones más.

La obra de la traducción fue una experiencia instructiva para el Profeta, y varias secciones de Doctrina y Convenios se recibieron como consecuencia directa de la obra (por ejemplo, DyC 76; 77; 91 y 132). Además, el Señor le dio a José Smith instrucciones específicas respecto a la traducción, las cuales se encuentran registradas en Doctrina y Convenios (DyC 37:1; 45:60–61; 76:15–18; 90:13; 91; 94:10; 104:58; 124:89). El libro de Moisés y el libro de José Smith—Mateo, que ahora forman parte de la Perla de

Gran Precio, se tomaron directamente de la Traducción de José Smith.

Esta traducción ha restaurado algunas de las cosas claras y preciosas que se han perdido de la Biblia (1 Ne. 13). Aunque no es la Biblia oficial de la Iglesia, gracias a esta traducción, hay muchos conceptos que se ven con más claridad. Además, es de gran valor ya que nos brinda una mayor comprensión de la Biblia. A la vez, es un testimonio del llamamiento y ministerio divinos del profeta José Smith.

Josías

Rey justo de Judá desde 641 hasta 610 a.C. (2 Rey. 22–24; 2 Cró. 34–35). Durante su reinado, se encontró el libro de la ley en la casa del Señor (2 Rey. 22:8–13).

Josué. *Véase también* Jericó

Profeta y líder del Antiguo Testamento y sucesor de Moisés. Nació en Egipto antes del Éxodo de los hijos de Israel (Núm. 14:26–31). Él y Caleb fueron dos de los doce espías enviados a Canaán y fueron los únicos que dieron un buen informe de la tierra (Núm. 13:8, 16–33; 14:1–10). Murió a la edad de 110 años (Josué 24:29), habiendo sido un gran ejemplo de lo que es ser guerrero y profeta devoto.

El libro de Josué: Llamado así no porque Josué haya sido el autor, sino porque es el personaje principal de la narración. En los capítulos del 1 al 12, se describe la conquista de Canaán. En los capítulos del 13 al 24, se habla de la repartición de las tierras entre las tribus de Israel y se dan las exhortaciones finales de Josué.

Dos versículos notables del libro son el mandato del Señor a Josué de meditar en las Escrituras (Josué 1:8) y el llamado que hizo Josué al pueblo de ser fieles al Señor (Josué 24:15).

Juan el Bautista. *Véase también* Elías; Sacerdocio Aarónico

En el Nuevo Testamento, el hijo de Zacarías y de Elisabet. La misión de Juan fue preparar al pueblo para recibir al Mesías (Juan 1:19–27). Poseía las llaves del Sacerdocio Aarónico y bautizó a Jesucristo.

Isaías, al igual que otros, profetizó de la misión de Juan, **Isa.** 40:3 (Mal. 3:1; 1 Ne. 10:7–10; 2 Ne. 31:4).

Fue encarcelado y decapitado, **Mateo** 14:3–12 (Mar. 6:17–29). Gabriel anunció a Zacarías el nacimiento y ministerio de Juan, **Lucas** 1:5–25. Jesús enseñó que Juan el Bautista era un gran profeta, **Lucas** 7:24–28. Reconoció a Jesús como el Hijo de Dios, **Juan** 1:29–34. Los discípulos de Juan se convirtieron en discípulos de Jesús, **Juan** 1:25–29, 35–42 (Hech. 1:21–22). No hizo ninguna señal, o sea, no llevó a cabo ningún milagro, **Juan** 10:41.

Como ser resucitado, fue enviado a ordenar a José Smith y a Oliver Cowdery al Sacerdocio Aarónico, **DyC** 13 (DyC 27:7–8; JS—H 1:68–72). Fue ordenado por un ángel a la edad de ocho días, **DyC** 84:28.

Juan hijo de Zebedeo. *Véase también* Apocalipsis; Apóstol; Evangelios; Sacerdocio de Melquisedec; Seres trasladados

Uno de los Doce Apóstoles del Nuevo Testamento, hijo de Zebedeo y hermano de Jacobo (Santiago). En los primeros años de su vida fue pescador (Mar. 1:17–20). Probablemente haya sido el discípulo de Juan el Bautista cuyo nombre no se menciona, y del que se hace referencia en Juan 1:40. Posteriormente recibió el llamamiento de discípulo de Jesucristo (Mateo 4:21–22; Lucas 5:1–11). Escribió el Evangelio según Juan, tres epístolas y el libro de El Apocalipsis. Fue uno de los tres escogidos que estuvieron con el Señor cuando devolvió la vida a la hija de Jairo (Mar. 5:35–42), en el monte de la Transfiguración (Mateo 17:1–9) y en Getsemaní (Mateo 26:36–46). En sus propios escritos se refiere a sí mismo como "el discípulo al cual Jesús amaba" (Juan 13:23; 21:20) y como "el otro discípulo" (Juan 20:2–8). Jesús dio a él y a su hermano Jacobo el apellido de Boanerges, que quiere decir "hijos del trueno" (Mar. 3:17). Hay frecuentes referencias a él en los relatos de la Crucifixión y la Resurrección (Lucas 22:8; Juan 18:15; 19:26–27; 20:2–8; 21:1–2). Después fue desterrado a Patmos, en donde escribió el libro de El Apocalipsis (Apoc. 1:9).

Se menciona con frecuencia a Juan en las revelaciones de los últimos días (1 Ne. 14:18–27; 3 Ne. 28:6; Éter 4:16; DyC 7; 27:12; 61:14; 77; 88:141). Estos pasajes sirven para confirmar la narración bíblica de Juan, y también nos dan una idea más clara en cuanto a su grandeza y la importancia de la obra que el Señor le ha dado en la tierra, no solo en la época del Nuevo Testamento, sino también en los últimos días. Las revelaciones confirman que Juan no murió, sino que se le ha permitido permanecer en la tierra como siervo ministrante hasta el tiempo de la segunda venida del Señor (Juan 21:20–23; 3 Ne. 28:6–7; DyC 7).

Las epístolas de Juan: Aunque en ninguna de estas tres epístolas se identifica al autor por su nombre, el lenguaje es tan similar al de Juan el Apóstol que se supone que él es el autor de las tres.

En el capítulo 1 de la primera epístola, Juan amonesta a los santos a tener comunión con Dios. En el capítulo 2, recalca que los santos llegan a conocer a Dios mediante la obediencia y los exhorta a no amar al mundo. En el capítulo 3, exhorta a todos a convertirse en hijos de Dios y a amarse mutuamente. En el capítulo 4, explica que Dios es amor y que mora en los que le aman. En el capítulo 5, explica que los santos nacen de Dios por medio de su creencia en Cristo.

La segunda epístola es similar a la primera. En ella Juan se regocija por la fidelidad de los hijos de la "señora elegida".

En la tercera epístola encomia a Gayo por su fidelidad y por la ayuda que presta a los que aman la verdad.

El Evangelio según Juan: En este libro del Nuevo Testamento, el apóstol Juan testifica (1) que Jesús es el Cristo, es decir, el Mesías y (2) que Jesús es el Hijo de Dios (Juan 20:31). Los acontecimientos que él describe de la vida de Jesús se han seleccionado y dispuesto cuidadosamente con tal fin. La historia comienza con una declaración del estado de Cristo en la existencia preterrenal: Jesús era con Dios, era Dios y fue el Creador de todas las cosas. Nació en la carne como el Unigénito del Padre. Juan sigue el curso del ministerio de Jesús, recalcando en gran manera Su divinidad y Su resurrección de entre los muertos. Claramente afirma que Jesús es el Hijo de Dios, atestiguándolo por medio de los milagros, por testigos, por los profetas y por la propia voz de Cristo. Juan enseña mediante contrastes, usando términos tales como luz y tinieblas, verdad y error, bien y mal, Dios y el diablo. Posiblemente en ningún otro registro se encuentre tan claramente declarada la santidad de Jesús y la perfidia de los principales judíos.

Juan escribió principalmente del ministerio de Cristo en Judea, en especial de la última semana de Su ministerio mortal, en tanto que Mateo, Marcos y Lucas escribieron principalmente sobre el ministerio del Señor en Galilea. Varios puntos de este Evangelio se han aclarado mediante las revelaciones de los postreros días (DyC 7 y DyC 88:138–141).

Para ver una lista de los acontecimientos en la vida del Salvador, cual se describen en el Evangelio según Juan, véase la Concordancia entre los Evangelios, en el Apéndice.

El libro de El Apocalipsis: Véase Apocalipsis

Judá. *Véase también* Biblia; Israel; Judíos

En el Antiguo Testamento, el cuarto hijo de Jacob y de Lea (Gén. 29:35; 37:26–27; 43:3, 8; 44:16; 49:8). Jacob dio a Judá una bendición en la que se le dijo que sería un líder natural entre los hijos de Jacob y que Siloh (Jesucristo) sería descendiente suyo (Gén. 49:10).

La tribu de Judá: La tribu de Judá tomó la dirección después de su establecimiento en Canaán, siendo su rival principal la tribu de Efraín. Moisés bendijo a la tribu de Judá (Deut. 33:7). Después del reinado de Salomón, esa tribu llegó a ser el reino de Judá.

El reino de Judá: Durante el reinado de Roboam, los dominios de Salomón se dividieron en dos reinos, sobre todo como consecuencia de los celos que había entre las tribus de Efraín y de Judá. El reino del sur incluía la tribu de Judá y la mayor parte de la de Benjamín, y su capital era Jerusalén. En general permaneció más fiel en la adoración a Jehová que el reino del norte; se vio menos expuesto a los ataques procedentes del norte y del este, y el poder supremo permaneció en manos de la familia de David hasta el destierro del pueblo, cuando fue llevado cautivo a Babilonia. Por consiguiente, el Reino de Judá, el reino más poblado y poderoso de los dos, pudo existir durante 135 años después de la caída de Israel.

El palo de Judá: Referencia que se hace a la Biblia como historia de la casa de Judá (Ezeq. 37:15–19). En los últimos días, cuando las distintas ramas de la casa de Israel sean congregadas, sus anales sagrados también serán unidos. Estos sagrados registros se complementan mutuamente y forman un testimonio unificado de que Jesús es el Cristo, el Dios de Israel y el Dios de toda la tierra (TJS, Gén. 50:24–36 [Apéndice — Biblia]; 2 Ne. 3; 29).

Judas

En el Nuevo Testamento, uno de los hermanos de Jesús y probablemente el autor de la Epístola de Judas (Mateo 13:55; Judas 1:1).

La epístola de Judas: Este libro consta de una carta de Judas dirigida a ciertos santos cuya fe estaba en peligro de debilitarse debido a la presencia entre ellos de unos que profesaban ser cristianos, pero que practicaban una inmoral adoración pagana y declaraban estar por encima de la ley moral. Judas deseaba despertar en los santos la conciencia del peligro espiritual en que se hallaban y motivarles a permanecer fieles.

Algunos pasajes notables son: el versículo 6, donde se menciona la guerra de los cielos y la expulsión de Lucifer y sus ángeles durante el primer estado o existencia preterrenal (Abr. 3:26–28), y los versículos 14 y 15, en los que se cita una profecía de Enoc.

Judas, hermano de Jacobo (Santiago)

En el Nuevo Testamento, uno de los Doce Apóstoles originales de Jesucristo (Lucas 6:13–16). Es probable que se le haya conocido también como Lebeo o Tadeo (Mateo 10:2–4).

Judas Iscariote

En el Nuevo Testamento, uno de los Doce Apóstoles de Jesús (Mateo 10:4; Mar. 14:10; Juan 6:71; 12:4). Su apellido significa "hombre de Queriot". Era de la tribu de Judá y el único Apóstol que no era galileo. Judas traicionó al Señor.

Recibió treinta piezas de plata a cambio de entregar a Cristo a uno de los principales sacerdotes, **Mateo** 26:14–16 (Zac. 11:12–13). Traicionó al Señor con un beso, **Mateo** 26:47–50 (Mar. 14:43–45; Lucas 22:47–48; Juan 18:2–5). Se ahorcó, **Mateo** 27:5. Entró Satanás en Judas, **Lucas** 22:3 (Juan 13:2, 26–30). David habló de la traición a Jesús por parte de Judas, **Hech.** 1:16 (Sal. 41:9).

Judíos. *Véase también* Israel; Judá

Los judíos pueden ser (1) descendientes de Judá, uno de los doce hijos de Jacob, (2) el pueblo del antiguo reino del sur llamado Judá, o (3) los que practican la religión, el estilo de vida y las tradiciones del judaísmo pero que pueden o no ser judíos de nacimiento. Ha llegado a ser costumbre emplear el término *judío* para referirse a todos los descendientes de Jacob, pero el hacerlo es incorrecto. Debe limitarse a los del reino de Judá o, más específicamente hoy día, a los de la tribu de Judá.

No será quitado el cetro de Judá hasta que venga Siloh, **Gén.** 49:10.

El evangelio de Cristo es poder de Dios para salvación, al judío primeramente, **Rom.** 1:16.

Dios levantaría a un profeta entre los judíos: sí, un Mesías, **1 Ne.** 10:4. Cuando el libro salió de la boca del judío, las cosas eran claras y puras, **1 Ne.** 14:23. Los judíos serán dispersados entre todas las naciones, **2 Ne.** 25:15. Los judíos son mi antiguo pueblo del convenio, **2 Ne.** 29:4. Los judíos que estén dispersos empezarán a creer en Cristo, **2 Ne.** 30:7. Los judíos rechazarán la piedra sobre la cual podrían edificar, **Jacob** 4:14–16. Los judíos tendrán otros testimonios de que Jesús era el verdadero Cristo, **Morm.** 3:20–21.

Dos profetas le serán levantados a la nación judía en los postreros días, **DyC** 77:15. Llamado a todas las naciones, primeramente a los gentiles y luego a los judíos, **DyC** 133:8.

En aquellos días vendrá gran tribulación sobre los judíos, **JS—M** 1:18.

Jueces, libro de los

Libro del Antiguo Testamento que contiene la historia de los israelitas desde la muerte de Josué hasta el nacimiento de Samuel.

Los capítulos del 1 al 3 son un prefacio de todo el libro de Jueces. En ellos se explica que debido a que los israelitas no expulsaron a sus enemigos (Jue. 1:16–35), deben padecer las consecuencias: la pérdida de la fe, los matrimonios con personas que no eran creyentes y la idolatría. En los capítulos del 4 al 5, se relatan las experiencias de Débora y Barac, quienes liberaron a Israel del pueblo de Canaán. En los capítulos del 6 al 8, se relatan las experiencias inspiradoras de Gedeón, a quien bendijo el Señor para liberar a Israel de los madianitas. En los capítulos del 9 al 12, se relata que varios hombres sirvieron como jueces en Israel en una época en que la mayoría de los israelitas se hallaban en la apostasía y estaban sujetos a potestades extranjeras.

En los capítulos del 13 al 16, se habla del ascenso y la caída de Sansón, el último juez. Los capítulos finales, del 17 al 21, constituyen un apéndice y en ellos se revela la gravedad de los pecados de Israel.

Juicio final. *Véase también* Condenación, condenar; Jesucristo — Es juez; Juicio, juzgar

El Juicio Final que tendrá lugar después de la Resurrección. Por medio de Jesucristo, Dios juzgará a toda persona para determinar la gloria eterna que esta recibirá. Ese juicio se basará en la obediencia personal a los mandamientos de Dios, y en la aceptación del sacrificio expiatorio de Jesucristo.

El Padre todo el juicio dio al Hijo, **Juan** 5:22. Todos compareceremos ante el tribunal de Cristo, **Rom.** 14:10. Fueron juzgados los muertos por las cosas que estaban escritas, **Apoc.** 20:12 (DyC 128:6–7).

Por todos tus hechos serás traído a juicio, **1 Ne.** 10:20. Los Doce Apóstoles y los Doce Discípulos nefitas juzgarán a las doce tribus de Israel, **1 Ne.** 12:9–10 (DyC 29:12). Todos deben comparecer ante el tribunal del Santo, **2 Ne.** 9:15. Preparad vuestras almas para ese día glorioso, **2 Ne.** 9:46. ¿Podéis imaginaros ante el tribunal de Dios?, **Alma** 5:17–25. Jesucristo se presentará para juzgar al mundo, **3 Ne.** 27:16.

El Señor descenderá en juicio sobre el mundo con una maldición sobre los impíos, **DyC** 133:2.

Juicio, juzgar. *Véase también* Condenación, condenar; Jesucristo — Es juez; Juicio final

Evaluar el comportamiento con relación a los principios del Evangelio; decidir; discernir entre el bien y el mal.

Se sentó Moisés a juzgar al pueblo, **Éx.** 18:13. Con justicia juzgarás a tu prójimo, **Lev.** 19:15.

No juzguéis, para que no seáis juzgados, **Mateo** 7:1 (TJS, Mateo 7:1–2; Lucas 6:37; 3 Ne. 14:1). Todos los que bajo la ley han pecado, por la ley serán juzgados, **Rom.** 2:12. Los santos han de juzgar al mundo, **1 Cor.** 6:2–3.

El Hijo del eterno Dios fue juzgado por el mundo, **1 Ne.** 11:32. Los Doce Apóstoles del Cordero juzgarán a las doce tribus de Israel, **1 Ne.** 12:9 (DyC 29:12). La muerte, el infierno y el diablo, y todos los que hayan caído en su poder deben ser juzgados, **2 Ne.** 28:23 (1 Ne. 15:33). Si juzgáis al hombre que os pide de vuestros bienes, cuánto más justa será vuestra condenación por haberle negado vuestros bienes, **Mos.** 4:22. Los hombres serán juzgados según sus obras, **Alma** 41:3. Juzga con rectitud, y la justicia te será restaurada otra vez, **Alma** 41:14. Por los libros que se escribirán será juzgado este pueblo, **3 Ne.** 27:23–26 (Apoc. 20:12). El resto de este pueblo será juzgado por los doce que Jesús escogió en esta tierra, **Morm.** 3:18–20. Mormón explicó la manera de distinguir entre el bien y el mal, **Moro.** 7:14–18.

Pon tu confianza en ese Espíritu que induce a juzgar con rectitud, **DyC** 11:12. Debéis decir en vuestros corazones: Juzgue Dios entre tú y yo, **DyC** 64:11. La Iglesia del Señor juzgará a las naciones, **DyC** 64:37–38. El Hijo visitó a los espíritus encerrados en prisión, para que pudieran ser juzgados según los hombres en la carne, **DyC** 76:73 (1 Pe. 4:6). El obispo será un juez común, **DyC** 107:72–74. El Señor juzgará a todos los hombres según sus obras, según el deseo de sus corazones, **DyC** 137:9.

Juramento. *Véase también* Convenio; Juramento y convenio del sacerdocio

En las Escrituras, este vocablo por regla general significa un convenio o promesa sagrados; no obstante, las personas impías, entre ellas, Satanás y sus ángeles, también hacen juramentos para lograr sus fines inicuos. En los tiempos del Antiguo Testamento, los juramentos eran aceptables; sin embargo, Jesucristo enseñó que no debemos jurar en el nombre de Dios ni de ninguna de Sus creaciones (Mateo 5:33–37).

Confirmaré el juramento que hice a Abraham, **Gén.** 26:3. Cuando alguno hiciere juramento ligando su alma con obligación, no quebrantará su palabra, **Núm.** 30:2. Juraron que andarían en la ley de Dios, **Neh.** 10:29.

Cumplirás al Señor tus juramentos, **Mateo** 5:33 (Ecle. 5:4–5; 3 Ne. 12:33). Dios jura con juramento, **Heb.** 6:13–18.

Cuando Zoram se juramentó, cesaron nuestros temores respecto a él, **1 Ne.** 4:37. El pueblo de Ammón hizo juramento de no verter más sangre, **Alma** 53:11. Los nefitas inicuos hicieron pactos y juramentos secretos con Satanás, **Hel.** 6:21–30.

Los hombres obtienen la vida eterna por medio del juramento y convenio del sacerdocio, **DyC** 84:33–42. Todos los convenios, contratos, vínculos, compromisos y juramentos que no son sellados por el Santo Espíritu de la promesa terminan cuando mueren los hombres, **DyC** 132:7.

Juramento y convenio del sacerdocio. *Véase también* Convenio; Juramento; Sacerdocio

Un juramento es una afirmación solemne de ser fiel a las promesas que se hayan hecho; un convenio es una promesa solemne que se hacen dos personas entre sí. El Sacerdocio Aarónico se recibe solamente por convenio. Los poseedores del Sacerdocio de Melquisedec reciben el sacerdocio tanto por un juramento tácito como por un convenio. Cuando los poseedores del sacerdocio son fieles y magnifican sus llamamientos según la dirección recibida de Dios, Él los bendice. Los que sean fieles hasta el fin y hagan todo lo que Dios les pida recibirán todo lo que el Padre tiene (DyC 84:33–39).

Hizo Jehová un convenio con Abraham, y Abraham obedeció, **Gén.** 15:18; 17:1; 22:16–18. Los sacerdotes de la época de Ezequiel no apacentaron a los rebaños, **Ezeq.** 34:2–3. Los sacerdotes de la época de Malaquías corrompieron el convenio, **Mal.** 1–2.

Jurar. *Véase* Blasfemar, blasfemia; Juramento; Profanidad

Justicia. *Véase también* Andar, andar con Dios; Dignidad, digno; Expiación, expiar; Injusticia, injusto; Integridad; Justo; Mandamientos de Dios; Misericordia, misericordioso; Rectitud, recto

Esta palabra tiene dos sentidos en las Escrituras: (1) Son las bendiciones que se reciben como consecuencia infalible de los pensamientos y de los hechos rectos, y el castigo que también se recibe como consecuencia invariable de los pecados de los que no se hayan arrepentido. La justicia es una ley eterna que requiere un castigo cada vez que se quebrante una ley de Dios (Alma 42:13–24). Si no se arrepiente, el pecador tiene que pagar las exigencias de la justicia (Mos. 2:38–39; DyC 19:17). Si se arrepiente, el Salvador paga las exigencias de la justicia por medio de Su expiación, invocando la misericordia (Alma 34:16). (2) Es, además, la dignidad, integridad y santidad de una persona.

En el sentido de bendiciones o de castigos, consecuencias invariables de nuestros pensamientos y hechos: El alma que pecare, esa morirá, **Ezeq.** 18:4. Qué pide Jehová de ti: solamente hacer justicia, **Miq.** 6:8.

Jesús será fiel y justo para perdonar nuestros pecados, **1 Juan** 1:9.

La justicia de Dios separaba a los malos de los justos, **1 Ne.** 15:30. La expiación satisface lo que su justicia demanda, **2 Ne.** 9:26. Toda la humanidad se halla caída, y está en manos de la justicia, **Alma** 42:14. La expiación apacigua las demandas de la justicia, **Alma** 42:15. ¿Supones que la misericordia puede robar a la justicia?, **Alma** 42:25. La justicia de Dios se cierne sobre vosotros, a menos que os arrepintáis, **Alma** 54:6.

Justicia y juicio escribe mi ley, **DyC** 82:4. La justicia sigue su curso y reclama lo suyo, **DyC** 88:40. A nadie se exime de la justicia y las leyes de Dios, **DyC** 107:84.

En el sentido de ser digno, íntegro y santo:
Bienaventurados los que tienen hambre y sed de justicia, **Mateo** 5:6 (3 Ne. 12:6). Buscad primeramente el reino de Dios y su justicia, **Mateo** 6:33.

Habéis buscado la felicidad cometiendo iniquidad, lo cual es contrario a la naturaleza de la justicia, **Hel.** 13:38.

Justificación, justificar. *Véase también* Expiación, expiar; Santificación

Recibir el perdón de los pecados y ser declarado sin culpa. El hombre se justifica mediante la gracia del Salvador y la fe que deposita en Él, la cual demuestra por medio de su arrepentimiento y obediencia a las leyes y a las ordenanzas del Evangelio. La expiación de Jesucristo hace posible que el género humano se arrepienta y sea justificado, o sea, que se le perdone el castigo que de otra manera recibiría.

En Jehová será justificado todo Israel, **Isa.** 45:25.

No son los oidores de la ley sino los hacedores de la ley los que serán justificados, **Rom.** 2:13. El hombre es justificado por medio de la sangre de Cristo, **Rom.** 5:1–2, 9. Sois justificados en el nombre del Señor Jesús, **1 Cor.** 6:11. Justificados por su gracia, seremos herederos, **Tito** 3:7. ¿No fue justificado por las obras Abraham nuestro padre?, **Stg.** 2:21. El hombre es justificado por las obras, y no solamente por la fe, **Stg.** 2:14–26.

Por la ley ninguna carne se justifica, **2 Ne.** 2:5. Mi justo siervo justificará a muchos; porque llevará las iniquidades de ellos, **Mos.** 14:11 (Isa. 53:11). ¿Podríais decir que vuestros vestidos han sido lavados mediante Cristo?, **Alma** 5:27.

La justificación por la gracia de Jesucristo es verdadera, **DyC** 20:30–31 (DyC 88:39).

Por el Espíritu sois justificados, **Moisés** 6:60.

Justo. *Véase también* Andar, andar con Dios; Dignidad, digno; Injusticia,

injusto; Integridad; Justicia; Mandamientos de Dios; Rectitud, recto

Ser recto, santo, virtuoso, íntegro; obedecer los mandamientos de Dios; evitar el pecado.

Tú, Jehová, bendecirás al justo, **Sal.** 5:12. Los ojos de Jehová están sobre los justos, **Sal.** 34:15, 17 (1 Pe. 3:12). Cuando los justos dominan, el pueblo se alegra, **Prov.** 29:2 (DyC 98:9–10).

Los justos irán a la vida eterna, **Mateo** 25:46. La oración eficaz del justo puede mucho, **Stg.** 5:16.

El que es justo es favorecido de Dios, **1 Ne.** 17:35. Protegerá a los justos; no tienen por qué temer, **1 Ne.** 22:17, 22. Los justos heredarán el reino de Dios, **2 Ne.** 9:18. Los justos no temen las palabras de verdad, **2 Ne.** 9:40. Los nombres de los justos serán escritos en el libro de la vida, **Alma** 5:58.

La canción de los justos es una oración para mí, **DyC** 25:12. A los justos, la muerte les será dulce, **DyC** 42:46. Los justos serán recogidos de entre todas las naciones, **DyC** 45:71. Los hombres deben efectuar muchas obras justas de su propia voluntad, **DyC** 58:27. El que hiciere obras justas recibirá paz en este mundo y la vida eterna en el mundo venidero, **DyC** 59:23. En la segunda venida, habrá una separación completa de los justos y los malvados, **DyC** 63:54. Entre los justos había paz, **DyC** 138:22.

Kimball, Spencer W. *Véase también* Declaración Oficial 2

El duodécimo Presidente de la Iglesia desde la fundación de esta en 1830. Sirvió en su llamamiento como Presidente desde diciembre de 1973 hasta noviembre de 1985. Nació en 1895 y murió en 1985, a la edad de 90 años.

En junio de 1978, la Primera Presidencia anunció que el presidente Kimball había recibido una revelación que extendía las bendiciones del sacerdocio y del templo a todo varón que fuera miembro digno de la Iglesia, DO 2.

Kishkumen. *Véase también* Gadiantón, ladrones de

En el Libro de Mormón, líder de un grupo de hombres inicuos posteriormente conocidos como los ladrones de Gadiantón (Hel. 1:9–12; 2).

Kólob

La estrella más próxima al trono de Dios (Abr. 3:2–3, 9).

Abraham vio Kólob y las estrellas, **Abr.** 3:2–18. El tiempo del Señor es según el tiempo de Kólob, **Abr.** 3:4, 9 (Abr. 5:13).

Korihor. *Véase también* Anticristo

Un anticristo de los tiempos del Libro de Mormón que demandó una señal como prueba del poder de Dios. El Señor hizo que Korihor quedara mudo (Alma 30:6–60).

Labán, el que tenía en su poder las planchas de bronce. *Véase también* Planchas de bronce

En el Libro de Mormón, el hombre que tenía en su poder las planchas de bronce en Jerusalén durante la época de la familia de Lehi. Labán robó a Nefi y a sus hermanos y trató de matarlos (1 Ne. 3:1–27). El Espíritu le indicó a Nefi que debía matar a Labán para obtener las planchas (1 Ne. 4:1–26).

Labán, hermano de Rebeca. *Véase también* Rebeca

En el Antiguo Testamento, el hermano de Rebeca y padre de Lea y de Raquel, esposas de Jacob (Gén. 24:29–60; 27:43–44; 28:1–5; 29:4–29; 30:25–42; 31).

Lamán. *Véase también* Lamanitas; Lehi, padre de Nefi

En el Libro de Mormón, el hijo mayor de Lehi y Saríah y hermano mayor de Nefi (1 Ne. 2:5). Lamán por lo general escogió el mal en lugar del bien.

Lamán murmuró contra su padre,

1 Ne. 2:11–12. Se rebeló contra su digno hermano Nefi, **1 Ne.** 7:6 (1 Ne. 3:28–29). En el sueño de Lehi, no comió del fruto del árbol de la vida, **1 Ne.** 8:35–36. Cayó una maldición sobre Lamán y sus seguidores, **2 Ne.** 5:21 (Alma 3:7).

Lamanitas. *Véase también* Lamán; Libro de Mormón; Nefitas

Pueblo del Libro de Mormón, muchos de los cuales descendían de Lamán, el hijo mayor de Lehi. Pensaban que Nefi y sus descendientes los habían agraviado y tratado injustamente (Mos. 10:11–17), por lo que se rebelaron contra ellos y rechazaron reiteradamente las enseñanzas del Evangelio. No obstante, poco antes del nacimiento de Jesucristo, los lamanitas aceptaron el Evangelio y fueron más justos que los nefitas (Hel. 6:34–36). Doscientos años después de la visita de Cristo a las Américas, tanto los lamanitas como los nefitas se volvieron inicuos y emprendieron una guerra entre sí. Cerca del año 400 d.C., los lamanitas destruyeron totalmente a la nación nefita.

Los lamanitas vencieron a la posteridad de Nefi, **1 Ne.** 12:19–20. Los lamanitas odiaban a los nefitas, **2 Ne.** 5:14. Los lamanitas serían un azote a los nefitas, **2 Ne.** 5:25. El Libro de Mormón restaurará a los lamanitas el conocimiento de sus padres y del evangelio de Jesucristo, **2 Ne.** 30:3–6 (portada del Libro de Mormón).

Los lamanitas son un resto de los judíos, **DyC** 19:27. Antes de la venida del Señor, los lamanitas florecerán como la rosa, **DyC** 49:24.

Lamentaciones, libro de

Libro del Antiguo Testamento escrito por Jeremías. Es una recopilación de poemas o cantos elegíacos o de pesar por la caída de Jerusalén y de la nación israelita. Este libro se escribió después de la caída de la ciudad, alrededor del año 586 a.C.

Lamoni. *Véase también* Ammón hijo de Mosíah

En el Libro de Mormón, rey lamanita que fue convertido por el Espíritu del Señor y por las obras y enseñanzas inspiradas de Ammón (Alma 17–19).

Lavado, lavamientos, lavar. *Véase también* Bautismo, bautizar; Expiación, expiar

La purificación física y espiritual. En sentido simbólico, la persona arrepentida puede, por medio del sacrificio expiatorio de Jesucristo, purificarse de una vida llena de pecado y evitar las consecuencias que ese tipo de vida acarrea. Ciertos lavamientos que se llevan a cabo bajo la debida autoridad del sacerdocio son ordenanzas sagradas.

El sacerdote lavará sus vestidos y lavará su cuerpo con agua, **Núm.** 19:7. Lávame y límpiame de mi pecado, **Sal.** 51:2, 7. Lavaos y limpiaos; dejad de hacer lo malo, **Isa.** 1:16–18.

Jesús lavó los pies de Sus Apóstoles, **Juan** 13:4–15 (DyC 88:138–139). Bautízate, y lava tus pecados, **Hech.** 22:16 (Alma 7:14; DyC 39:10).

Nadie puede ser salvo a menos que sus vestidos hayan sido lavados hasta quedar blancos, **Alma** 5:21 (3 Ne. 27:19). Sus vestidos fueron blanqueados mediante la sangre de Cristo, **Alma** 13:11 (Éter 13:10).

De que por guardar los mandamientos pudiesen ser lavados y limpiados de todos sus pecados, **DyC** 76:52. Vuestras unciones y lavamientos son conferidos mediante la ordenanza de mi santa casa, **DyC** 124:39–41.

Lázaro. *Véase también* María de Betania; Marta

En el Nuevo Testamento, hermano de María y de Marta. Jesús lo levantó de entre los muertos (Juan 11:1–44; 12:1–2, 9–11). No es el mismo Lázaro que el mendigo de una de las parábolas de Jesús (Lucas 16:19–31).

Lea. *Véase también* Jacob hijo de Isaac; Labán, hermano de Rebeca

En el Antiguo Testamento, hija mayor de Labán y una de las esposas de Jacob (Gén. 29). Fue madre de seis varones y una mujer (Gén. 29:31–35; 30:17–21).

Lehi, comandante militar nefita

En el Libro de Mormón, comandante militar nefita (Alma 43:35–53; 49:16–17; 52:27–36; 53:2; 61:15–21).

Lehi, misionero nefita. *Véase también* Helamán hijo de Helamán

En el Libro de Mormón, hijo de Helamán, quien a su vez era hijo de Helamán. Lehi fue un gran misionero (Hel. 3:21; 4:14).

Se le dio el nombre de Lehi para que recordara a su antepasado, **Hel.** 5:4–6. Junto con Nefi, tuvo muchos conversos, fue encarcelado, fue envuelto como por fuego y conversó con ángeles, **Hel.** 5:14–48. Recibía muchas revelaciones diariamente, **Hel.** 11:23.

Lehi, padre de Nefi

En el Libro de Mormón, profeta hebreo que guio a su familia y a sus seguidores desde Jerusalén hasta una tierra prometida en el hemisferio occidental, cerca del año 600 a.C. En el Libro de Mormón, fue el primer profeta entre su pueblo.

Lehi huyó de Jerusalén con su familia por mandato del Señor (1 Ne. 2:1–4). Era descendiente de José, el que fue vendido para Egipto (1 Ne. 5:14). El Señor le mostró en una visión el árbol de la vida (1 Ne. 8:2–35). Él y sus hijos construyeron un barco y navegaron hasta el hemisferio occidental (1 Ne. 17–18). Él y sus descendientes se establecieron en una nueva tierra (1 Ne. 18:23–25). Antes de morir, Lehi bendijo a sus hijos y les enseñó acerca de Cristo y de la publicación del Libro de Mormón en los postreros días (2 Ne. 1:1–4:12).

El libro de Lehi: Cuando José Smith inició la traducción del Libro de Mormón, comenzó su obra con el libro de

Lehi, el cual era un compendio, hecho por Mormón, de las planchas de Lehi. Después de terminar 116 páginas del manuscrito traducido de este libro, José Smith le entregó el manuscrito a Martin Harris, quien brevemente había servido como su escriba en la traducción, y las páginas se perdieron. José Smith no volvió a traducir el libro de Lehi para reemplazar el manuscrito perdido, sino que comenzó a traducir otros relatos de las planchas de oro que se relacionaban con las que se habían perdido (véase el encabezamiento de las secciones 3 y 10 de Doctrina y Convenios). Estos relatos son los que ahora componen los primeros seis libros del Libro de Mormón.

Lemuel. *Véase también* Lamán; Lamanitas; Lehi, padre de Nefi

En el Libro de Mormón, el segundo hijo de Lehi y uno de los hermanos mayores de Nefi. Se unió a Lamán en su oposición a Nefi.

Lehi amonestó a Lemuel a ser constante como un valle, **1 Ne.** 2:10. Se irritó con Nefi y se dejó llevar por las palabras de Lamán, **1 Ne.** 3:28. Los lemuelitas se incluían entre los lamanitas, **Jacob** 1:13–14 (Alma 47:35).

Lengua. *Véase también* Lenguas, don de

Símbolo del habla. Los santos deben controlar su lengua, o sea, su forma de hablar. Este vocablo también se refiere a los idiomas y a los pueblos. Finalmente, se doblará toda rodilla, y jurará toda lengua a Dios (Isa. 45:23; Rom. 14:11).

Guarda tu lengua del mal, **Sal.** 34:13 (1 Pe. 3:10). El que guarda su boca y su lengua, su alma guarda de angustias, **Prov.** 21:23.

Si alguno no refrena su lengua, la religión de tal es vana, **Stg.** 1:26. Si alguno no ofende en palabra, este es varón perfecto, **Stg.** 3:1–13. El Evangelio se predicará a toda nación, tribu, lengua y pueblo, **Apoc.** 14:6–7 (2 Ne. 26:13; Mos. 3:13, 20; DyC 88:103; 112:1).

El Señor les concede a todas las naciones que, de su propia nación y lengua, enseñen su palabra, **Alma** 29:8. Estas planchas irán a toda nación, tribu, lengua y pueblo, **Alma** 37:4.

Procura obtener mi palabra, y entonces será desatada tu lengua, **DyC** 11:21. Todo hombre oirá la plenitud del Evangelio en su propia lengua, **DyC** 90:11.

Lenguaje (o lengua)

Palabras, ya sean escritas o habladas, unidas en una estructura específica para comunicar información, pensamientos y conceptos. La forma en que empleamos el lenguaje demuestra nuestros sentimientos hacia Dios y hacia los demás. En la segunda venida de Jesucristo, el Señor dará a todo el género humano un lenguaje puro (Sof. 3:8–9).

Tenía toda la tierra una sola lengua, **Gén.** 11:1. Confundió Jehová el lenguaje de toda la tierra, **Gén.** 11:4–9. Cada uno les oía hablar en su propia lengua, **Hech.** 2:1–6. Dios habla a los hombres de acuerdo con el idioma de ellos, **2 Ne.** 31:3 (DyC 1:24). Benjamín enseñó a sus hijos el idioma de sus padres, a fin de que pudieran llegar a ser hombres de entendimiento, **Mos.** 1:2–5. Aquel cuyo lenguaje es humilde y edifica, tal es de Dios, si obedece mis ordenanzas, **DyC** 52:16. Familiarizaos con los idiomas, lenguas y pueblos, **DyC** 90:15. Adán poseía un lenguaje puro y sin mezcla, **Moisés** 6:5–6, 46. Dios le dio a Enoc un gran poder de palabra, **Moisés** 7:13.

Lenguas, don de. *Véase también* Dones del Espíritu; Lengua

Un don del Espíritu Santo que permite que las personas inspiradas hablen, comprendan o interpreten lenguas (o idiomas) desconocidas para ellas. Creemos en el don de lenguas (AdeF 1:7).

Fueron todos llenos del Espíritu Santo, y comenzaron a hablar en otras lenguas, **Hech.** 2:4. El que habla en lenguas no habla a los hombres, sino a Dios, **1 Cor.** 14:1–5, 27–28. Las lenguas son por señal a los incrédulos, **1 Cor.** 14:22–28.

Entonces viene el bautismo de fuego y del Espíritu Santo; y entonces podéis hablar con lengua de ángeles, **2 Ne.** 31:13–14. Amalekí exhortó a todos los hombres a creer en el don de hablar en lenguas, **Omni** 1:25.

A algunos les es dado hablar en lenguas; y a otros, la interpretación de lenguas, **DyC** 46:24–25 (1 Cor. 12:10; Moro. 10:8, 15–16). Derrámese el don de lenguas, **DyC** 109:36.

Lepra

Una terrible enfermedad de la piel que se menciona tanto en el Antiguo como en el Nuevo Testamento. Muchos personajes destacados de la Biblia fueron afligidos en alguna ocasión con este mal, entre ellos, Moisés (Éx. 4:6–7), su hermana María (Núm. 12:10), Naamán (2 Rey. 5) y el rey Uzías (2 Cró. 26:19–21).

Jesús sanó a varias personas que tenían lepra, **Mateo** 8:2–4 (Mar. 1:40–45; Lucas 5:12–15; 3 Ne. 17:7–9). Jesús sanó a diez leprosos, **Lucas** 17:11–19.

Leví. *Véase también* Israel; Jacob hijo de Isaac

En el Antiguo Testamento, el tercer hijo de Jacob y de Lea (Gén. 29:34; 35:23). Leví fue el padre de una de las tribus de Israel.

La tribu de Leví: Jacob bendijo a Leví y a su posteridad (Gén. 49:5–7, 28). Los descendientes de Leví ministraron en los santuarios de Israel (Núm. 1:47–54). Aarón fue levita, y sus descendientes fueron sacerdotes (Éx. 6:16–20; 28:1–4; 29). Los levitas ayudaban a los sacerdotes, los hijos de Aarón (Núm. 3:5–10; 1 Reyes 8:4), y en ocasiones servían de músicos (1 Cró. 15:16; Neh. 11:22); desollaban los animales destinados a holocaustos (2 Cró. 29:34; Esdras 6:20); y en general ayudaban en el templo (Neh. 11:16). Los levitas estaban dedicados al servicio del Señor para llevar a cabo las ordenanzas

a favor de los hijos de Israel. Los levitas mismos fueron ofrecidos como ofrenda en representación de los hijos de Israel (Núm. 8:11–22), por lo que eran una singular propiedad de Dios, dedicados a Él. Él los tomó para Sí en lugar de los primogénitos (Núm. 8:16). Eran consagrados y purificados para desempeñar su oficio (Núm. 8:7–16). No tuvieron heredad en la tierra de Canaán (Núm. 18:23–24), pero recibieron los diezmos (Núm. 18:21), 48 ciudades (Núm. 35:6) y el derecho de recibir la limosna del pueblo (Deut. 12:18–19; 14:27–29).

Levítico. *Véase también* Pentateuco

Libro del Antiguo Testamento que habla de los deberes sacerdotales de Israel. Recalca la santidad de Dios y el código por el cual debe gobernarse Su pueblo para llegar a ser santo. Su finalidad es enseñar los preceptos morales y las verdades religiosas de la ley de Moisés por medio de los ritos. El autor del libro fue Moisés.

En los capítulos del 1 al 7, se explican las ordenanzas relacionadas con los sacrificios. En los capítulos del 8 al 10, se describe el rito que se observaba en la consagración de los sacerdotes. En el capítulo 11, se explica lo que se puede y lo que no se puede comer, lo que es limpio y lo que es inmundo. En el capítulo 12, se habla de la mujer después del parto. En los capítulos del 13 al 15, se exponen las leyes relacionadas con la impureza ceremonial. En el capítulo 16, se habla del rito que debía observarse en el Día de la Expiación. En los capítulos del 17 al 26, se da un código sistemático de leyes que tenían que ver con las observancias religiosas y sociales. En el capítulo 27, se explica que el Señor mandó a Israel consagrar sus cosechas, rebaños y manadas al Señor.

Ley. *Véase también* Bendecido, bendecir, bendición; Ley de Moisés; Mandamientos de Dios; Obediencia, obediente, obedecer

Los mandamientos o reglas de Dios

sobre los cuales se basan todas las bendiciones y los castigos, tanto en el cielo como en la tierra. Los que obedecen las leyes de Dios reciben las bendiciones que se han prometido. El profeta José Smith enseñó que el pueblo también debía obedecer, honrar y sostener las leyes del país (AdeF 1:12).

La ley de Moisés fue una ley preparatoria para llevar a los hombres y a las mujeres a Cristo. Era una ley de restricciones, reglas y ordenanzas. En la actualidad la ley de Cristo, la cual cumplió la ley de Moisés, es la plenitud del Evangelio, o sea, "la perfecta ley, la de la libertad" (Stg. 1:25).

Dios le dio mandamientos a Adán, **Gén.** 1:28; 2:16–17. Dios le dio leyes a Noé, **Gén.** 9:1. La ley de Jehová es perfecta, que convierte el alma, **Sal.** 19:7. Jehová es nuestro legislador, **Isa.** 33:22.

Uno solo es el dador de la ley, **Stg.** 4:12.

Donde no se ha dado ninguna ley, no hay castigo, **2 Ne.** 9:25. Se dio una ley, **Alma** 42:17–22. Los hombres serán juzgados de acuerdo con la ley, **Alma** 42:23. Cristo es la ley, **3 Ne.** 15:9.

Todas las leyes son espirituales, **DyC** 29:34. José Smith recibió la ley de la Iglesia por medio de revelación, **DyC** 42. Quien guarda las leyes de Dios no tiene necesidad de infringir las leyes del país, **DyC** 58:21. La luz de Cristo es la ley por la cual se gobiernan todas las cosas, **DyC** 88:7–13. Dios ha dado una ley a todas las cosas, **DyC** 88:42–43. Las personas deben observar la ley constitucional del país, **DyC** 98:4–5. Cuando recibimos una bendición de Dios, es porque se obedece la ley, **DyC** 130:20–21. La Iglesia declaró sus creencias concernientes a las leyes civiles, **DyC** 134.

El género humano se salva mediante la obediencia a las leyes y ordenanzas del Evangelio, **AdeF** 1:3.

Ley de Moisés. *Véase también*
Ley; Limpio e inmundo; Moisés; Sacerdocio Aarónico

Por conducto de Moisés, Dios dio leyes a la casa de Israel para reemplazar la ley mayor que esta no pudo cumplir (Éx. 34; TJS, Éx. 34:1–2; TJS, Deut. 10:2 [Apéndice — Biblia]). La ley de Moisés constaba de muchos principios, reglas, ceremonias, ritos y símbolos, que tenían como fin hacer recordar frecuentemente al pueblo sus deberes y responsabilidades. Incluía una ley de mandamientos y de observancias morales, éticos, religiosos y físicos —que contemplaba sacrificios (Lev. 1–7)— con la finalidad de hacer que el pueblo recordara a Dios y su deber para con Él (Mos. 13:30). La fe, el arrepentimiento, el bautismo en el agua y la remisión de los pecados formaban parte de la ley, así como también los Diez Mandamientos y muchos otros mandamientos de elevado valor ético y moral. Gran parte de la ley ceremonial se cumplió con la muerte y resurrección de Jesucristo, lo que dio fin al sacrificio por derramamiento de sangre (Alma 34:13–14). La ley era administrada bajo el Sacerdocio Aarónico y era el Evangelio preparatorio para llevar a sus seguidores a Cristo.

Les daré la ley, como la primera, pero será según la ley de un mandamiento carnal, **TJS, Éx.** 34:1–2.

La ley ha sido nuestro ayo, para llevarnos a Cristo, **Gál.** 3:19–24.

Observamos la ley de Moisés, y esperamos anhelosamente y con firmeza en Cristo, **2 Ne.** 25:24–30. La salvación no viene solo por la ley de Moisés, **Mos.** 12:27–13:32. En mí se ha cumplido la ley de Moisés, **3 Ne.** 9:17. La ley que se dio a Moisés tiene su fin en mí, **3 Ne.** 15:1–10.

Debido a la desobediencia, el Señor tomó a Moisés y el Santo Sacerdocio de entre los hijos de Israel, dejando la ley de mandamientos carnales, **DyC** 84:23–27.

Liahona

En el Libro de Mormón, una esfera de bronce con dos agujas que marcaba el camino que debían seguir —como una brújula— y que también daba instrucciones espirituales a Lehi y sus seguidores cuando eran rectos. El Señor proveyó la Liahona y se valió de ella para dar instrucciones.

Lehi encontró una esfera de bronce con dos agujas que marcaba el camino que debían seguir él y su familia, **1 Ne.** 16:10. La esfera funcionaba de acuerdo con la fe y la diligencia, **1 Ne.** 16:28–29 (Alma 37:40). Benjamín entregó la esfera a Mosíah, **Mos.** 1:16. A la esfera o director la llamaron Liahona, **Alma** 37:38. Se compara la Liahona con la palabra de Cristo, **Alma** 37:43–45.

Los Tres Testigos del Libro de Mormón verían el director que recibió Lehi, **DyC** 17:1.

Libertad, libre. *Véase también* Albedrío; Cautiverio

El poder o facultad para actuar y pensar libremente, sin compulsión. En sentido espiritual, la persona que se arrepiente y obedece la voluntad de Dios queda libre de la esclavitud del pecado (Juan 8:31–36) mediante la expiación de Jesucristo (Mos. 5:8).

Andaré en libertad, porque busqué tus mandamientos, **Sal.** 119:45. La verdad os hará libres, **Juan** 8:32. Los que son libertados del pecado reciben la vida eterna, **Rom.** 6:19–23. Donde está el Espíritu del Señor, allí hay libertad, **2 Cor.** 3:17. Estad firmes en la libertad con que Cristo nos hizo libres, **Gál.** 5:1 (DyC 88:86). Los hombres son libres para escoger la libertad y la vida eterna, **2 Ne.** 2:27. Una rama justa de la casa de Israel será sacada del cautiverio a la libertad, **2 Ne.** 3:5. Esta tierra será una tierra de libertad, **2 Ne.** 10:11. Clamaron al Señor a favor de su libertad, **Alma** 43:48–50. Moroni plantó el estandarte de la libertad entre los nefitas, **Alma** 46:36. Moroni se regocijaba en la libertad de su país, **Alma** 48:11. El Espíritu de Dios es el espíritu de libertad, **Alma** 61:15. Seguidme, y seréis un pueblo libre, **DyC** 38:22. El Señor y sus siervos

declaran libertad a los espíritus cautivos, **DyC** 138:18, 31, 42.

Libertador. *Véase también* Jesucristo

Jesucristo es el Libertador de todo el género humano porque rescata a todos de la esclavitud de la muerte y, al arrepentido, de las consecuencias del pecado.

Jehová es mi roca y mi libertador, **2 Sam.** 22:2 (Sal. 18:2; 144:2). Jehová es mi ayuda y mi libertador, **Sal.** 40:17 (Sal. 70:5). Vendrá de Sion el Libertador, **Rom.** 11:26. Los santos reconocieron al Hijo de Dios como a su Redentor y Libertador, **DyC** 138:23.

Libre albedrío. *Véase* Albedrío

Libro de la vida. *Véase también* Libro de memorias

En un sentido, el libro de la vida es la suma total de los pensamientos y de los hechos de una persona: la historia de su vida. En otro sentido, las Escrituras también indican que se lleva un registro celestial de los fieles, en el cual se han inscrito sus nombres y un relato de sus obras justas en la tierra.

El Señor raerá de su libro a los pecadores, **Éx.** 32:33. No se borrará del libro de la vida el nombre del que venciere, **Apoc.** 3:5. Otro libro fue abierto, el cual es el libro de la vida, **Apoc.** 20:12 (DyC 128:6–7). Los nombres de los justos serán escritos en el libro de la vida, **Alma** 5:58. Vuestras oraciones están inscritas en el libro de los nombres de los santificados, **DyC** 88:2.

Libro de Mandamientos. *Véase también* Doctrina y Convenios; Revelación

En el año de 1833, se editó una colección de algunas de las revelaciones que el profeta José Smith había recibido, con el título de "A Book of Commandments for the Government of the Church of

Christ" (Un libro de mandamientos para el gobierno de la Iglesia de Cristo). El Señor continuó comunicándose con Sus siervos y, dos años después, se publicó una recopilación mayor de revelaciones, con el título "Doctrine and Covenants" (Doctrina y Convenios).

La sección 1 de Doctrina y Convenios constituye el Prefacio del Señor del libro de sus mandamientos, **DyC** 1:6. El Señor desafía a la persona más sabia a reproducir la menor de sus revelaciones del Libro de Mandamientos, **DyC** 67:4–9. Se nombran mayordomos para publicar las revelaciones, **DyC** 70:1–5.

Libro de memorias. *Véase también* Genealogía; Libro de la vida

Libro que comenzó Adán, en el cual se llevó el registro de las obras de sus descendientes; también cualquier registro similar que los profetas y los miembros fieles hayan llevado desde aquellos tiempos. Adán y sus hijos llevaron un libro de memorias, en el cual escribían por el espíritu de inspiración, y un libro de las generaciones, el cual contenía la genealogía (Moisés 6:5, 8). Puede ser que esos registros cumplan una función importante en la determinación de nuestro juicio final.

Fue escrito libro de memoria, **Mal.** 3:16–18 (3 Ne. 24:16–18).

Todos aquellos cuyos nombres no estén asentados en el libro de memorias, no hallarán herencia en aquel día, **DyC** 85:9. Los muertos fueron juzgados por el relato de sus obras que estaba escrito en los libros, **DyC** 128:7. Presentemos un libro que contenga el registro de nuestros muertos, **DyC** 128:24.

Se llevaba un libro de memorias, **Moisés** 6:5–8. Hemos escrito un libro de memorias, **Moisés** 6:46. Abraham dijo que trataría de escribir un registro para su posteridad, **Abr.** 1:31.

Libro de Mormón. *Véase también* Canon; Efraín — El palo de Efraín o palo de José; Escrituras; Mormón, profeta nefita; Planchas; Planchas

de oro; Smith, hijo, José; Testigos del Libro de Mormón

Uno de los cuatro tomos de Escrituras aceptados por La Iglesia de Jesucristo de los Santos de los Últimos Días. Es un compendio que hizo el antiguo profeta Mormón de los anales de antiguos habitantes de las Américas. Se escribió para testificar que Jesús es el Cristo. Con respecto a estos anales, el profeta José Smith, que los tradujo mediante el don y el poder de Dios, dijo lo siguiente: "Declaré a los hermanos que el Libro de Mormón era el más correcto de todos los libros sobre la tierra, y la piedra clave de nuestra religión; y que un hombre se acercaría más a Dios al seguir sus preceptos que los de cualquier otro libro" (véase la introducción al principio del Libro de Mormón).

El Libro de Mormón es un registro religioso de tres pueblos que emigraron desde el Viejo Mundo hasta el continente americano. Estos pueblos fueron guiados por profetas, quienes hicieron un registro sobre planchas de metal de su historia religiosa y seglar. El Libro de Mormón contiene el relato de la visita de Jesucristo a habitantes de las Américas, después de Su resurrección. Tras esta visita siguió un período de paz de doscientos años.

Aproximadamente en el año 421 d.C., Moroni, el último profeta e historiador nefita, selló los anales compendiados de estos pueblos y los escondió. En 1823, el mismo Moroni, habiendo resucitado, visitó a José Smith, y posteriormente le entregó estos anales antiguos y sagrados para que los tradujera y los sacara a luz al mundo como otro testamento de Jesucristo.

Rama fructífera es José, cuyos vástagos se extienden sobre el muro, **Gén.** 49:22–26. La verdad brotará de la tierra, **Sal.** 85:11 (Morm. 8:16; Moisés 7:62). El Señor alzará estandarte a las naciones y les silbará para que vengan, **Isa.** 5:26. Una voz hablará desde la tierra, **Isa.** 29:4 (2 Ne. 26:14–17). Os será toda visión como palabras de libro sellado, **Isa.** 29:11 (Isa. 29:9–18; 2 Ne. 27:6–26). Los palos de José y de Judá serán uno en la mano del Señor, **Ezeq.** 37:15–20.

Tengo otras ovejas que no son de este redil, **Juan** 10:16 (3 Ne. 15:16–24).

El Libro de Mormón y la Biblia crecerán juntamente, **2 Ne.** 3:12–21. Las palabras del Señor resonarán hasta los extremos de la tierra, **2 Ne.** 29:2. El Señor hizo convenio con Enós de hacer llegar el Libro de Mormón a los lamanitas, **Enós** 1:15–16. El Libro de Mormón se escribió con el fin de que creamos en la Biblia, **Morm.** 7:9. El Libro de Mormón se levantará como testimonio contra el mundo, **Éter** 5:4. Preguntad a Dios si no son verdaderas estas cosas, **Moro.** 10:4.

Cristo dio testimonio de la veracidad del Libro de Mormón, **DyC** 17:6. El Libro de Mormón contiene la plenitud del evangelio de Jesucristo, **DyC** 20:9 (DyC 20:8–12; 42:12).

Creemos que el Libro de Mormón es la palabra de Dios, **AdeF** 1:8.

Libros canónicos. *Véase* Canon

Limhi. *Véase también* Noé hijo de Zeniff

En el Libro de Mormón, rey justo de los nefitas en la tierra de Nefi; era hijo del rey Noé (Mos. 7:7–9). El rey Limhi hizo convenio de servir a Dios (Mos. 21:32). Libró al pueblo del yugo de los lamanitas y juntos volvieron a Zarahemla (Mos. 22).

Limosna. *Véase también* Ayunar, ayuno; Bienestar; Ofrenda; Pobres

Ofrendas para ayudar a los pobres.

No des limosna delante de los hombres, **Mateo** 6:1–4 (3 Ne. 13:1–4). Esta viuda pobre echó más que todos, **Mar.** 12:41–44. Más bienaventurado es dar que recibir, **Hech.** 20:33–35.

Quisiera que de vuestros bienes dieseis al pobre, **Mos.** 4:26. El pueblo de la iglesia debe dar de sus bienes, cada uno de conformidad con lo que tenga, **Mos.** 18:27.

Limpio e inmundo. *Véase también* Inmundicia, inmundo; Ley de Moisés; Pureza, puro

En el Antiguo Testamento, el Señor les reveló a Moisés y a los antiguos israelitas que solo ciertos alimentos se consideraban limpios o, en otras palabras, que se podían usar como alimento. La diferencia que los israelitas establecían entre lo limpio y lo inmundo ejercía un gran impacto en toda su vida religiosa y social. Se consideraban limpios y aceptables como alimento ciertos animales, aves y peces, mientras que otros se consideraban inmundos y estaban prohibidos (Lev. 11; Deut. 14:3–20). A algunas personas enfermas también se las consideraba inmundas.

En un sentido espiritual, estar limpio es estar libre de pecado y de deseos pecaminosos. En este sentido, el vocablo se usa para describir a la persona virtuosa y de corazón puro (Sal. 24:4). El pueblo del convenio de Dios siempre ha contado con instrucciones especiales de ser limpio (3 Ne. 20:41; DyC 38:42; 133:5).

El limpio de manos y puro de corazón subirá al monte de Jehová, **Sal.** 24:3–5. A ningún hombre se le debe llamar común o inmundo, **Hech.** 10:11–28. ¿Podréis mirar a Dios en aquel día con un corazón puro y manos limpias?, **Alma** 5:19. El Señor disciplinará a Sion hasta que se purifique, **DyC** 90:36. Sed limpios los que lleváis los vasos del Señor, **DyC** 133:4–5, 14 (Isa. 52:11).

Llamado, llamado por Dios, llamamiento. *Véase también* Autoridad; Escoger, escogido (verbo); Escogido (adjetivo o sustantivo); Mayordomía, mayordomo; Ordenación, ordenar

El recibir un llamamiento de Dios significa recibir un nombramiento o invitación de Él, o de los líderes debidamente autorizados de Su Iglesia, para servirle de una manera particular.

Puso sobre él sus manos, y le dio el

cargo, **Núm.** 27:23. Te di por profeta, **Jer.** 1:5.

Yo os elegí a vosotros, **Juan** 15:16. Pablo fue llamado a ser apóstol, **Rom.** 1:1. Nadie toma para sí esta honra, sino el que es llamado por Dios, **Heb.** 5:4. Jesús fue declarado por Dios sumo sacerdote según el orden de Melquisedec, **Heb.** 5:10.

He sido llamado para predicar la palabra de Dios de acuerdo con el espíritu de revelación y profecía, **Alma** 8:24. Esos sacerdotes fueron llamados y preparados desde la fundación del mundo, **Alma** 13:3.

Si tenéis deseos de servir a Dios, sois llamados, **DyC** 4:3. Consérvate firme en la obra a la cual te he llamado, **DyC** 9:14. No vayas a suponer que eres llamado a predicar sino hasta que se te llame, **DyC** 11:15. Los élderes son llamados para efectuar el recogimiento de los escogidos, **DyC** 29:7. Ninguno predicará mi evangelio ni edificará mi iglesia a menos que sea ordenado, **DyC** 42:11. Muchos son los llamados, y pocos los escogidos, **DyC** 121:34.

El hombre debe ser llamado por Dios, **AdeF** 1:5.

Llaves del sacerdocio. *Véase también* Dispensaciones; Primera Presidencia; Sacerdocio

Las llaves constituyen el derecho de presidencia, o sea, el poder que Dios da al hombre para dirigir, controlar y gobernar el sacerdocio de Dios sobre la tierra. Los poseedores del sacerdocio a quienes se les llama a ocupar cargos de presidencia reciben las llaves de manos de los que tienen autoridad sobre ellos. Los poseedores del sacerdocio solamente ejercen su sacerdocio dentro de los límites designados por los que poseen las llaves. El Presidente de la Iglesia es la única persona en la tierra que posee todas las llaves del sacerdocio y él está autorizado para ejercerlas (DyC 107:65–67, 91–92; 132:7).

Pedro recibió las llaves del reino, **Mateo** 16:19.

Miguel (Adán) recibió las llaves de la salvación bajo la dirección de Jesucristo, **DyC** 78:16. Las llaves del reino siempre corresponden a la Primera Presidencia, **DyC** 81:2. El Sacerdocio de Melquisedec posee la llave de los misterios del conocimiento de Dios, **DyC** 84:19. Los Doce Apóstoles poseen llaves especiales, **DyC** 107:35; 112:16, 32; 124:128. José Smith y Oliver Cowdery recibieron las llaves del recogimiento de Israel, del evangelio de Abraham, y de los poderes de sellamiento, **DyC** 110:11–16. La Primera Presidencia y los Doce poseen las llaves de la dispensación del cumplimiento de los tiempos, **DyC** 112:30–34. Los oficiales en el sacerdocio poseen llaves del sacerdocio, **DyC** 124:123. El que posee llaves puede obtener conocimiento, **DyC** 128:11.

El Sacerdocio Aarónico tiene las llaves del ministerio de ángeles y del Evangelio de arrepentimiento y del bautismo, **JS—H** 1:69 (DyC 13).

Lot. *Véase también* Abraham

En el Antiguo Testamento, hijo de Harán y sobrino de Abraham (Gén. 11:27, 31; Abr. 2:4). Harán murió como consecuencia de la sequía en Ur (Abr. 2:1). Lot partió de Ur con Abraham y Sara y viajó con ellos hasta Canaán (Gén. 12:4–5), después de lo cual eligió vivir en Sodoma. El Señor le envió mensajeros para advertirle que huyera de la ciudad antes que el Señor la destruyera por culpa de la iniquidad del pueblo (Gén. 13:8–13; 19:1, 13, 15); sin embargo, la esposa de Lot miró atrás para ver la destrucción y se convirtió en estatua de sal (Gén. 19:26). En el Nuevo Testamento se habla de él (Lucas 17:29; 2 Pe. 2:6–7). En Gén. 13, 14 y 19 se describe su vida después de separarse de Abraham.

Lucas. *Véase también* Evangelios; Hechos de los Apóstoles

El autor del tercer Evangelio y del libro de los Hechos en el Nuevo Testamento y compañero misional de Pablo. Nació de padres griegos y era médico de profesión (Col. 4:14) y una persona muy culta. En Troas se reunió con Pablo (Hech. 16:10–11), haciendo constar así que era su compañero en la obra. Lucas también estuvo con Pablo en Filipos durante el último viaje de Pablo a Jerusalén (Hech. 20:6), y los dos permanecieron juntos hasta llegar a Roma. Lucas se hallaba con Pablo durante el segundo encarcelamiento romano de este (2 Tim. 4:11). Según la tradición, murió como mártir.

El Evangelio según Lucas: Relato que escribió Lucas sobre Jesucristo y Su ministerio mortal. El libro de los Hechos de los Apóstoles es una continuación del Evangelio según Lucas. Lucas dejó un relato bien escrito sobre el ministerio de Jesús, presentándolo como el Salvador tanto de los judíos como de los gentiles. Escribió mucho acerca de las enseñanzas y los hechos de Jesús, y este es el único Evangelio que relata las visitas del ángel Gabriel a Zacarías y a María, la madre de Jesús (Lucas 1); la visita de los pastores al niño Jesús (Lucas 2:8–18); la de Jesús en el templo a la edad de 12 años (Lucas 2:41–52); acerca de los setenta que el Señor designó y envió (Lucas 10:1–24); que Jesús sudó sangre (Lucas 22:44); la conversación de Jesús con el ladrón que estaba colgado sobre la cruz (Lucas 23:39–43); y que Jesús comió pescado y miel después de Su resurrección (Lucas 24:42–43).

Para ver una lista de los acontecimientos en la vida del Salvador, cual se describen en el Evangelio según Lucas, véase la Concordancia entre los Evangelios, en el Apéndice.

Lucifer o Lucero. *Véase también* Anticristo; Destructor; Diablo; Hijos de perdición; Infierno

El término literalmente significa: "El Que Brilla" o "Portador de Luz". También se le conoce como Hijo de la Mañana. Lucifer fue un hijo espiritual del Padre Celestial y dirigió la rebelión en la vida preterrenal. El nombre Lucero, refiriéndose a Lucifer, aparece una sola vez en la Biblia (Isa. 14:12). La revelación de los últimos días proporciona más detalles sobre la caída de Lucifer (DyC 76:25–29).

Lucero (Lucifer) cayó en la existencia preterrenal, **Isa.** 14:12 (Lucas 10:18; 2 Ne. 24:12).

Después de su caída, se convirtió en Satanás, el diablo, **DyC** 76:25–29 (Moisés 4:1–4).

Lugar Santísimo. *Véase también* Tabernáculo; Templo, Casa del Señor

El salón más sagrado del tabernáculo de Moisés y, posteriormente, del templo. Se le llama también "lugar santo" (Éx. 26:33–34).

Luz, luz de Cristo. *Véase también* Conciencia; Espíritu Santo; Inteligencia(s); Jesucristo; Verdad

Energía, poder o influencia divinos que proceden de Dios por medio de Cristo y que dan vida y luz a todas las cosas. Es la ley por la cual se gobiernan todas las cosas tanto en el cielo como en la tierra (DyC 88:6–13). También ayuda a las personas a comprender las verdades del Evangelio y sirve para colocarlas sobre el sendero del Evangelio que conduce a la salvación (Juan 3:19–21; 12:46; Alma 26:15; 32:35; DyC 93:28–29, 31–32, 40, 42).

La luz de Cristo no se debe confundir con la persona del Espíritu Santo, pues la luz de Cristo no es un personaje, sino una influencia que procede de Dios y prepara a la persona para recibir el Espíritu Santo. Es una influencia para bien en la vida de todo ser humano (Juan 1:9; DyC 84:46–47).

Una manifestación de la luz de Cristo es la conciencia del hombre, la cual le ayuda a distinguir entre el bien y el mal (Moro. 7:16). Cuanto más aprende una persona acerca del Evangelio, tanto más sensible se vuelve su conciencia (Moro. 7:12–19). A los que siguen la luz de Cristo, se les guía hacia el evangelio de Jesucristo (DyC 84:46–48).

Jehová es mi luz, **Sal.** 27:1. Venid, y caminaremos a la luz de Jehová, **Isa.** 2:5 (2 Ne. 12:5). Jehová te será luz eterna, **Isa.** 60:19.

La luz verdadera alumbra a todo hombre que viene a este mundo, **Juan** 1:4–9 (Juan 3:19; DyC 6:21; 34:1–3). Yo soy la luz del mundo, **Juan** 8:12 (Juan 9:5; DyC 11:28).

Lo que es luz, es bueno, **Alma** 32:35. Cristo es la vida y la luz del mundo, **Alma** 38:9 (3 Ne. 9:18; 11:11; Éter 4:12). A todo hombre se da el Espíritu de Cristo para que sepa discernir el bien del mal, **Moro.** 7:15–19.

Lo que es de Dios es luz, y aumenta cada vez más en resplandor hasta el día perfecto, **DyC** 50:24. El Espíritu da luz a todo hombre, **DyC** 84:45–48 (DyC 93:1–2). El que guarda sus mandamientos recibe verdad y luz, **DyC** 93:27–28. La luz y la verdad desechan a aquel inicuo, **DyC** 93:37.

Madre. *Véase también* Eva; Familia; Padres

El título sagrado de la mujer que da a luz o adopta hijos. Las madres ayudan a llevar a cabo el plan de Dios al proporcionar cuerpos mortales para los hijos espirituales de Dios.

Llamó Adán el nombre de su mujer, Eva, por cuanto ella era la madre de todos los vivientes, **Gén.** 3:20 (Moisés 4:26). Honra a tu padre y a tu madre, **Éx.** 20:12 (Efe. 6:1–3; Mos. 13:20). No desprecies la dirección de tu madre, **Prov.** 1:8. El hombre necio menosprecia a su madre, **Prov.** 15:20 (Prov. 10:1). Cuando tu madre envejeciere, no la menosprecies, **Prov.** 23:22. Se levantan sus hijos y la llaman bienaventurada; y su marido también la alaba, **Prov.** 31:28.

Estaba junto a la cruz de Jesús su madre, **Juan** 19:25–27.

A los dos mil jóvenes guerreros lamanitas les habían enseñado sus madres, **Alma** 56:47 (Alma 57:21).

Nuestra gloriosa madre Eva se hallaba entre los grandes y poderosos a quienes instruyó el Señor en el mundo de los espíritus, **DyC** 138:38–39.

Maestro. *Véase* Enseñar

Maestro, Sacerdocio Aarónico. *Véase también* Sacerdocio Aarónico

Oficio en el Sacerdocio Aarónico.

El deber del maestro es velar por los miembros de la iglesia, **DyC** 20:53–60. El oficio de maestro es una dependencia necesaria que pertenece al sacerdocio menor, **DyC** 84:30, 111. El presidente de un cuórum de maestros preside veinticuatro maestros, **DyC** 107:86.

Magog. *Véase también* Gog; Segunda venida de Jesucristo

En la Biblia, el nombre de una tierra y de un pueblo cerca del mar Negro. Gog, su rey, dirigirá a los ejércitos de Magog en la última gran batalla antes de la segunda venida de Cristo (Ezeq. 38:2; 39:6). En las Escrituras se habla de otra gran batalla de Gog y Magog al final del Milenio, la cual se entablará entre las fuerzas de Dios y las del mal (Apoc. 20:7–9; DyC 88:111–116).

Malaquías

Profeta del Antiguo Testamento que escribió y profetizó aproximadamente en el año 430 a.C.

El libro de Malaquías: El libro, o la profecía, de Malaquías es el último libro del Antiguo Testamento, y parece cubrir cuatro temas principales: (1) los pecados de Israel: Mal. 1:6–2:17; 3:8–9; (2) los juicios que sobrevendrán a Israel por su desobediencia: Mal. 1:14; 2:2–3, 12; 3:5; (3) las promesas para los obedientes: Mal. 3:10–12, 16–18; 4:2–3; y (4) profecías referentes a Israel: Mal. 3:1–5; 4:1, 5–6 (DyC 2; 128:17; JS—H 1:37–39).

En su profecía, Malaquías escribió acerca de Juan el Bautista (Mal. 3:1; Mateo 11:10), la ley de los diezmos

(Mal. 3:7–12), la segunda venida del Señor (Mal. 4:5) y el regreso de Elías el Profeta (Mal. 4:5–6; DyC 2; 128:17; JS—H 1:37–39). El Salvador citó a los nefitas los capítulos 3 y 4 de Malaquías en su totalidad (3 Ne. 24–25).

Maldecir, maldiciones. *Véase también* Condenación, condenar; Profanidad

En las Escrituras, una maldición es la aplicación de la ley divina que autoriza o inflige juicios y sus correspondientes consecuencias sobre una cosa, una persona o un pueblo, principalmente por motivo de la iniquidad. Las maldiciones son una manifestación del amor y la justicia de Dios, y pueden ser invocadas directamente por Dios o pronunciadas por Sus siervos autorizados. A veces, solo Dios sabe la razón exacta de una maldición. Además, las personas o los pueblos que con obstinación desobedecen a Dios llegan a experimentar las consecuencias de un estado de maldición por motivo de que ellos mismos se apartan del Espíritu del Señor.

El Señor puede quitar una maldición por motivo de la fe en Jesucristo que tengan una o varias personas, así como por su obediencia a las leyes y a las ordenanzas del Evangelio (Alma 23:16–18; 3 Ne. 2:14–16; AdeF 1:3).

Dios maldijo a la serpiente por haber engañado a Adán y a Eva, **Gén.** 3:13–15 (Moisés 4:19–21). La tierra fue maldecida por causa de Adán y Eva, **Gén.** 3:17–19 (Moisés 4:23–25). El Señor maldijo a Caín por haber matado a Abel, **Gén.** 4:11–16 (Moisés 5:22–41). El Señor maldijo a Canaán y a sus descendientes, **Gén.** 9:25–27 (Moisés 7:6–8; Abr. 1:21–27). Israel será bendecido si es obediente a Dios y maldecido si es desobediente, **Deut.** 28 (Deut. 29:18–28). Giezi y su descendencia fueron maldecidos con la lepra de Naamán, **2 Rey.** 5:20–27. El Señor maldijo a la antigua nación de Israel por no haber pagado sus diezmos y sus ofrendas, **Mal.** 3:6–10.

Jesús maldijo una higuera y esta se secó, **Mar.** 11:11–14, 20–21. Jesús maldijo las ciudades de Corazín, Betsaida y Capernaúm, **Lucas** 10:10–15.

Por motivo de que los lamanitas no quisieron escuchar al Señor, fueron separados de la presencia del Señor y fueron maldecidos, **2 Ne.** 5:20–24. Se invita a todos a venir a Dios, **2 Ne.** 26:33. El Señor maldecirá a los que cometan fornicaciones, **Jacob** 2:31–33. Los nefitas han de recibir una maldición peor que la de los lamanitas a no ser que se arrepientan, **Jacob** 3:3–5. Los rebeldes traen maldiciones sobre sí mismos, **Alma** 3:18–19 (Deut. 11:26–28). Korihor fue maldecido por haber alejado de Dios a la gente, **Alma** 30:43–60. El Señor maldijo la tierra y las riquezas de los nefitas a causa de las iniquidades de la gente, **Hel.** 13:22–23 (2 Ne. 1:7; Alma 37:31). El Señor maldijo a los malvados jareditas, **Éter** 9:28–35. La expiación de Cristo quita de los niños pequeños la maldición de Adán, **Moro.** 8:8–12.

Los que se apartan del Señor son maldecidos, **DyC** 41:1. La tierra será herida con una maldición a menos que entre los padres y los hijos exista un eslabón conexivo, **DyC** 128:18 (Mal. 4:5–6).

Profanidad: También es maldecir el usar lenguaje profano, blasfemo o despectivo.

Nadie debe maldecir a su padre ni a su madre, **Éx.** 21:17 (Mateo 15:4). No injuriarás a los que te gobiernen, **Éx.** 22:28 (Ecle. 10:20). Ni hombre ni mujer maldecirá a Dios, **Lev.** 24:13–16.

Pedro maldijo cuando negó conocer a Jesús, **Mateo** 26:69–74.

Los inicuos nefitas maldecían a Dios y deseaban morir, **Morm.** 2:14.

Maledicencia. *Véase* Calumnias

Maná. *Véase también* Éxodo; Pan de Vida

Substancia alimenticia pequeña y redonda, con sabor a hojuelas con miel (Éx. 16:14–31) o aceite nuevo (Núm. 11:7–8). El Señor lo envió para alimentar a los hijos de Israel durante los cuarenta años que pasaron en el desierto (Éx. 16:4–5, 14–30, 35; Josué 5:12; 1 Ne. 17:28).

Los hijos de Israel lo llamaron maná (o *man-hu* en hebreo), lo cual quería decir "¿Qué es esto?", porque no sabían lo que era (Éx. 16:15). También se le llamó "pan de nobles" y "pan del cielo" (Sal. 78:24–25; Juan 6:31). Era símbolo de Cristo, quien sería el Pan de Vida (Juan 6:31–35).

Manasés. *Véase también* Efraín; Israel; José hijo de Jacob

En el Antiguo Testamento, el hijo mayor de Asenat y José, el que fue vendido para Egipto (Gén. 41:50–51). Él y su hermano Efraín eran nietos de Jacob (Israel), pero Jacob los adoptó y los bendijo como si fueran sus propios hijos (Gén. 48:1–20).

La tribu de Manasés: Los descendientes de Manasés se contaron entre las tribus de Israel (Núm. 1:34–35; Josué 13:29–31). La bendición que Moisés dio a la tribu de José, la que también se dio a Efraín y a Manasés, se encuentra en Deut. 33:13–17. El territorio que se le asignó se encontraba parcialmente al occidente del Jordán y colindaba con el de Efraín; además, tenían colonias al oriente del Jordán, en la fértil tierra de pastos de Basán y Galaad. En los postreros días, la tribu de Manasés ayudará a la de Efraín a recoger al Israel disperso (Deut. 33:13–17). El profeta Lehi, del Libro de Mormón, era descendiente de Manasés (Alma 10:3).

Mandamientos de Dios. *Véase también* Diez Mandamientos, los; Ley; Obediencia, obediente, obedecer; Palabra de Dios; Pecado

Las leyes y los requisitos que Dios da a todo el género humano, ya sea individual o colectivamente. El guardar los mandamientos traerá a los obedientes las bendiciones del Señor (DyC 130:21).

Noé hizo conforme a todo lo que Dios le mandó, **Gén.** 6:22. Si anduviereis en mis decretos y guardareis mis mandamientos, **Lev.** 26:3. Guarda mis mandamientos, y vivirás, **Prov.** 4:4 (Prov. 7:2).

Si me amáis, guardad mis mandamientos, **Juan** 14:15 (DyC 42:29). Cualquiera cosa que pidiéremos la recibiremos de él, porque guardamos sus mandamientos, **1 Juan** 3:22. Sus mandamientos no son gravosos, **1 Juan** 5:3.

Sé inmutable en guardar los mandamientos, **1 Ne.** 2:10. El Señor nunca da mandamientos sin preparar la vía, **1 Ne.** 3:7. Debo obrar según los estrictos mandamientos de Dios, **Jacob** 2:10. Según guardéis mis mandamientos, prosperaréis en la tierra, **Jarom** 1:9 (Alma 9:13; 50:20). Aprende en tu juventud a guardar los mandamientos de Dios, **Alma** 37:35.

Estos mandamientos son míos, **DyC** 1:24. Escudriñad estos mandamientos, **DyC** 1:37. Si no guardáis mis mandamientos, no podréis salvaros, **DyC** 18:46 (DyC 25:15; 56:2). Mis mandamientos son espirituales; no son naturales ni temporales, **DyC** 29:35. Se dan mandamientos para que entendamos la voluntad del Señor, **DyC** 82:8.

No sé, sino que el Señor me lo mandó, **Moisés** 5:6. El Señor probará a los hombres para ver si harán todas las cosas que su Dios les mandare, **Abr.** 3:25.

Mandamientos, los Diez. *Véase* Diez Mandamientos, los; Mandamientos de Dios; Moisés

Manifiesto. *Véase también* Declaración Oficial 1; Matrimonio — El matrimonio plural; Woodruff, Wilford

La declaración oficial que hizo el presidente Wilford Woodruff, en el año 1890, en la que afirmaba claramente que la Iglesia y sus miembros se sometían a la ley del país y que ya no contraían matrimonios plurales (DO 1). El presidente Woodruff dio a conocer el Manifiesto después de recibir una visión y una revelación de Dios.

Manos, imposición de. *Véase* Imposición de manos

Mansedumbre, manso. *Véase también* Corazón quebrantado; Humildad, humilde, humillar (afligir); Paciencia

Temeroso de Dios, recto, humilde, presto para aprender y paciente al sufrir. Los mansos están dispuestos a seguir las enseñanzas del Evangelio.

Moisés era muy manso, **Núm.** 12:3. Los mansos heredarán la tierra, **Sal.** 37:11 (Mateo 5:5; 3 Ne. 12:5; DyC 88:17). Buscad a Jehová todos los humildes de la tierra; buscad justicia, buscad mansedumbre, **Sof.** 2:3 (1 Tim. 6:11).

Aprended de mí, que soy manso y humilde de corazón, **Mateo** 11:29. La mansedumbre es un fruto del Espíritu, **Gál.** 5:22–23. El siervo del Señor debe ser amable, apto para enseñar, sufrido; que con mansedumbre corrija a los que se oponen, **2 Tim.** 2:24–25. Un espíritu agradable y apacible es de gran estima delante de Dios, **1 Pe.** 3:4.

Despojaos del hombre natural y sed mansos, **Mos.** 3:19 (Alma 13:27–28). Dios mandó a Helamán que enseñara al pueblo a ser manso, **Alma** 37:33. La gracia del Señor es suficiente para los mansos, **Éter** 12:26. Tenéis fe en Cristo a causa de vuestra mansedumbre, **Moro.** 7:39. Nadie es aceptable a Dios sino los mansos y humildes de corazón, **Moro.** 7:44. La remisión de los pecados trae la mansedumbre y la humildad de corazón, y, por motivo de la mansedumbre, viene la visitación del Espíritu Santo, **Moro.** 8:26.

Camina en la mansedumbre de mi Espíritu, **DyC** 19:23. Gobierna tu casa con mansedumbre, **DyC** 31:9. El poder y la influencia del sacerdocio pueden mantenerse con benignidad y mansedumbre, **DyC** 121:41.

Mar Muerto

También conocido como el mar Salado, se encuentra en el extremo sur del valle del Jordán. Su superficie se encuentra aproximadamente a 915 metros debajo del nivel del mar Mediterráneo. Las ciudades de Sodoma, Gomorra y Zoar, o Bela, se encontraban cerca de sus riberas (Gén. 14:2–3).

En cumplimiento de la profecía, y como una de las señales de la segunda venida del Salvador, las aguas del mar Muerto sanarán y allí florecerá la vida (Ezeq. 47:8–9).

Mar Rojo. *Véase también* Moisés

Una extensión de agua ubicada entre Egipto y Arabia. Los dos golfos septentrionales del mar forman el litoral de la península de Sinaí. El Señor milagrosamente dividió sus aguas para que los israelitas, bajo la dirección de Moisés, pasaran por un lecho de tierra seca (Éx. 14:13–31; Heb. 11:29). La división de las aguas por medio de Moisés se ha confirmado mediante la revelación de los postreros días (1 Ne. 4:2; Hel. 8:11; DyC 8:3; Moisés 1:25).

Marcos. *Véase también* Evangelios

En el Nuevo Testamento, Juan Marcos era hijo de María, quien vivía en Jerusalén (Hech. 12:12); es posible que también haya sido primo (o sobrino) de Bernabé (Col. 4:10). Acompañó a Pablo y a Bernabé desde Jerusalén en su primer viaje misional, y se separó en Perga (Hech. 12:25; 13:5, 13). Posteriormente acompañó a Bernabé hasta Chipre (Hech. 15:37–39). Estuvo con Pablo en Roma (Col. 4:10; Filem. 1:24) y con Pedro en Babilonia (probablemente en Roma) (1 Pe. 5:13). Finalmente, estuvo con Timoteo en Efeso (2 Tim. 4:11).

El Evangelio según Marcos: Segundo libro del Nuevo Testamento; es posible que se haya escrito bajo la dirección de Pedro. Su propósito es describir a nuestro Señor como el Hijo de Dios, que vivió y trabajó entre los hombres. Marcos describe, con energía y humildad, la impresión que causaba Jesús en los espectadores. Según la tradición, después de la muerte de Pedro, Marcos visitó Egipto, fundó la Iglesia en Alejandría y murió como mártir.

Para ver una lista de los acontecimientos en la vida del Salvador, cual se describen en el Evangelio según Marcos, véase la Concordancia entre los Evangelios, en el Apéndice.

María de Betania. *Véase también* Lázaro; Marta

En el Nuevo Testamento, la hermana de Lázaro y de Marta.

Se sentó a los pies de Jesús y oyó su palabra, **Lucas** 10:39, 42. María y su hermana Marta enviaron decir a Jesús de la enfermedad de su hermano, **Juan** 11:1–45. Ungió los pies de Jesús con aceite, **Juan** 12:3–8.

María, hermana de Moisés. *Véase también* Moisés

En el Antiguo Testamento, la hermana de Moisés (Núm. 26:59).

Vigiló la arquilla de juncos, **Éx.** 2:1–8. Dirigió a las mujeres con panderos, **Éx.** 15:20–21. Murmuró contra Moisés y fue castigada con lepra, y después fue sanada, **Núm.** 12:1–15 (Deut. 24:9).

María, madre de Jesús. *Véase también* Jesucristo; José, esposo de María

En el Nuevo Testamento, la virgen escogida por Dios el Padre para ser la madre de su Hijo en la carne. Después del nacimiento de Jesús, María tuvo otros hijos (Mar. 6:3).

María estaba desposada con José, **Mateo** 1:18 (Lucas 1:27). Se aconsejó a José no divorciarse de María ni dejarla, **Mateo** 1:18–25. Recibió la visita de los magos, **Mateo** 2:11. María y José huyeron a Egipto con el niño Jesús, **Mateo** 2:13–14. Después de la muerte de Herodes, la familia regresó a Nazaret, **Mateo** 2:19–23. La visita del ángel Gabriel, **Lucas** 1:26–38. Visitó a su prima Elisabet, **Lucas** 1:36, 40–45. María expresó un salmo de alabanza al Señor, **Lucas** 1:46–55. María fue a Belén con José, **Lucas** 2:4–5. María dio a luz a Jesús y lo acostó en un pesebre, **Lucas** 2:7. Los pastores fueron a Belén para visitar al Cristo, **Lucas** 2:16–20. María y José llevaron a Jesús al templo en Jerusalén, **Lucas** 2:21–38. María y José

llevaron a Jesús a la fiesta de la Pascua, **Lucas** 2:41–52. María estuvo en las bodas de Caná, **Juan** 2:2–5. Estando en la cruz, el Salvador le pidió a Juan que velara por su madre, **Juan** 19:25–27. María estaba con los Apóstoles después que Cristo ascendió al cielo, **Hech.** 1:14.

María era una virgen sumamente hermosa y blanca, **1 Ne.** 11:13–20. La madre de Cristo se llamaría María, **Mos.** 3:8. María sería una virgen, un vaso precioso y escogido, **Alma** 7:10.

María, madre de Marcos. *Véase también* Marcos

En el Nuevo Testamento, madre de Juan Marcos, quien fue autor del Evangelio según Marcos (Hech. 12:12).

María Magdalena

Mujer del Nuevo Testamento que se convirtió en discípula devota de Jesucristo. El nombre Magdalena se refiere a Magdala, el lugar de donde era María, ciudad ubicada en la costa occidental del mar de Galilea.

Estuvo cerca de la cruz, **Mateo** 27:56 (Mar. 15:40; Juan 19:25). Estuvo en la sepultura de Cristo, **Mateo** 27:61 (Mar. 15:47). Fue al sepulcro la mañana de la resurrección, **Mateo** 28:1 (Mar. 16:1; Lucas 24:10; Juan 20:1, 11). Jesús, después de haber resucitado, se le apareció primeramente a ella, **Mar.** 16:9 (Juan 20:14–18). Salieron de ella siete demonios, **Lucas** 8:2.

Marsh, Thomas B.

Primer Presidente del Cuórum de los Doce Apóstoles después de la restauración de la Iglesia en 1830. Poseía las llaves del reino, en lo que concernía a los Doce (DyC 112:16) y, en 1838, se le mandó por revelación que publicara la palabra del Señor (DyC 118:2). La sección 31 de Doctrina y Convenios se dirige a él. Fue excomulgado de la Iglesia en 1839 pero volvió a bautizarse en julio de 1857.

Marta. *Véase también* Lázaro; María de Betania

En el Nuevo Testamento, la hermana de Lázaro y de María (Lucas 10:38–42; Juan 11:1–46; 12:2).

Mártir, martirio

Persona que da su vida antes que negar a Cristo, el Evangelio o sus creencias y principios rectos.

Toda la sangre justa que se ha derramado desde Abel hasta Zacarías testificará contra los inicuos, **Mateo** 23:35 (Lucas 11:50). El que pierda su vida por causa de Cristo y del Evangelio, la salvará, **Mar.** 8:35 (DyC 98:13). Apedrearon a Esteban, **Hech.** 7:59 (Hech. 22:20). Donde hay testamento, es necesario que intervenga muerte del testador, **Heb.** 9:16–17. Abinadí cayó, habiendo padecido la muerte por fuego, **Mos.** 17:20. Los conversos del pueblo de Ammoníah fueron arrojados al fuego, **Alma** 14:8–11. A muchos los mataron porque testificaron de estas cosas, **3 Ne.** 10:15. El que diere su vida en mi causa, por mi nombre, hallará la vida eterna, **DyC** 98:13–14. José y Hyrum Smith fueron mártires de la restauración del Evangelio, **DyC** 135. José Smith selló su testimonio con su sangre, **DyC** 136:39.

Matar. *Véase* Asesinato; Pena de muerte

Mateo. *Véase también* Evangelios

Apóstol de Jesucristo y el autor del primer libro del Nuevo Testamento. Mateo era judío y cobrador de impuestos para los romanos en Capernaúm, probablemente al servicio de Herodes Antipas. Antes de su conversión se le conocía como Leví hijo de Alfeo (Mar. 2:14). Poco después de su llamamiento como discípulo de Jesús, hizo un gran banquete en el que estuvo presente el Señor (Mateo 9:9–13; Mar. 2:14–17; Lucas 5:27–32). Es muy probable que Mateo haya poseído un conocimiento amplio de las Escrituras del Antiguo Testamento, por lo que

pudo ver en la vida de nuestro Señor el cumplimiento de cada detalle de las profecías. De los últimos años de la vida del Apóstol, es poco lo que se sabe con certeza. Según una tradición, se dice que murió como mártir.

El Evangelio según Mateo: Primer libro del Nuevo Testamento, escrito inicialmente para el uso de los judíos de Palestina; en él se emplean muchas citas del Antiguo Testamento. El objeto principal de Mateo era mostrar que Jesús era el Mesías de quien los profetas del Antiguo Testamento habían hablado. También recalca que Jesús es el Rey y Juez de los hombres.

Para ver una lista de los acontecimientos en la vida del Salvador, cual se describen en el Evangelio según Mateo, véase la Concordancia entre los Evangelios, en el Apéndice.

Matías. *Véase también* Apóstol — La selección de los Apóstoles

La persona que se eligió para ocupar el lugar de Judas Iscariote como miembro del Cuórum de los Doce Apóstoles (Hech. 1:15–26); era discípulo durante todo el curso del ministerio mortal de nuestro Señor (Hech. 1:21–22).

Matrimonio. *Véase también* Divorcio; Familia

Convenio o contrato legal entre un hombre y una mujer que los convierte en marido y mujer. El matrimonio lo decretó Dios (DyC 49:15).

No es bueno que el hombre esté solo, **Gén.** 2:18 (Moisés 3:18). El hombre se unirá a su mujer, y serán una sola carne, **Gén.** 2:24 (Mateo 19:5; Abr. 5:18). Lo que Dios juntó, no lo separe el hombre, **Mateo** 19:6 (Mar. 10:9). En los postreros tiempos algunos apostatarán de la fe, y prohibirán casarse, **1 Tim.** 4:1–3. El matrimonio es honroso, **Heb.** 13:4. El Señor mandó a los hijos de Lehi casarse con las hijas de Ismael, **1 Ne.** 7:1, 5 (1 Ne. 16:7–8). Dios creó a Adán y a Eva para que fueran marido y mujer, **Moisés** 3:7, 18, 21–25.

El nuevo y sempiterno convenio del matrimonio: El matrimonio que se contrae bajo la ley del Evangelio y del santo sacerdocio es por la vida terrenal y también por la eternidad. Los hombres y las mujeres dignos que hayan sido sellados como matrimonio en el templo podrán seguir siendo marido y mujer durante toda la eternidad.

Jesús enseñó la ley del matrimonio, **Lucas** 20:27–36. En el Señor, ni el varón es sin la mujer, **1 Cor.** 11:11. El esposo y la esposa son coherederos de la gracia de la vida, **1 Pe.** 3:7.

Cuanto sellares en la tierra, sea sellado en los cielos, **Hel.** 10:7 (Mateo 16:19).

Para alcanzar el grado más alto de la gloria celestial, el hombre tiene que entrar en el nuevo y sempiterno convenio del matrimonio, **DyC** 131:1–4. Si un hombre no se casa con una mujer por mí, ninguna validez tendrán su convenio y matrimonio cuando mueran, **DyC** 132:15. Si un hombre se casa con una mujer por mi palabra y por el nuevo y sempiterno convenio, y les es sellado por el Santo Espíritu de la promesa, estará en pleno vigor cuando ya no estén en el mundo, **DyC** 132:19.

El matrimonio entre personas de distintas religiones: El matrimonio entre un hombre y una mujer de distintas creencias y prácticas religiosas.

No tomarás para mi hijo mujer de las hijas de los cananeos, **Gén.** 24:3. Si Jacob toma mujer de las hijas de Het, ¿para qué quiero la vida?, **Gén.** 27:46 (Gén. 28:1–2). Los israelitas no se casarán con los cananeos, **Deut.** 7:3–4. Los israelitas se casaron con los cananeos, adoraron a dioses falsos y fueron maldecidos, **Jue.** 3:1–8. Las esposas de Salomón desviaron su corazón hacia la adoración de dioses falsos, **1 Rey.** 11:1–6. No daríamos nuestras hijas a los pueblos de la tierra, no tomaríamos sus hijas para nuestros hijos, **Neh.** 10:30.

No os unáis en yugo desigual con los incrédulos, **2 Cor.** 6:14.

El Señor Dios puso una señal sobre los lamanitas, a fin de que los nefitas no se mezclaran ni creyeran en tradiciones incorrectas, **Alma** 3:6–10.

Si un hombre no se casa con una mujer por mí, ninguna validez tendrán su convenio y matrimonio cuando mueran, **DyC** 132:15.

Los hijos de los hombres tomaron para sí esposas, según su elección, **Moisés** 8:13–15.

El matrimonio plural: El matrimonio de un hombre con dos o más esposas vivas. Es legítimo que el hombre tenga una sola esposa, a menos que el Señor mande, por medio de la revelación, otra cosa (Jacob 2:27–30). Mediante revelación y bajo la dirección del profeta que poseía las llaves del sacerdocio, se practicó el matrimonio plural en los tiempos del Antiguo Testamento y en los comienzos de la Iglesia restaurada (DyC 132:34–40, 45); pero en la Iglesia en la actualidad, no se practica (DO 1) ni está de acuerdo con los principios del Evangelio que deben vivir los miembros de La Iglesia de Jesucristo de los Santos de los Últimos Días.

Sarai dio a Agar por mujer a Abram su marido, **Gén.** 16:1–11. Jacob recibió a Lea, a Raquel y a sus siervas como esposas, **Gén.** 29:21–28 (Gén. 30:4, 9, 26). Si un hombre tomare para él otra mujer, no disminuirá las posesiones de la primera, **Éx.** 21:10. David subió a Hebrón, y con él sus dos mujeres, **2 Sam.** 2:1–2.

Abraham, Isaac y Jacob hicieron lo que se les mandó al recibir varias esposas, **DyC** 132:37. David y Salomón en nada pecaron sino en las cosas que no recibieron del Señor, **DyC** 132:38–39.

Matusalén. *Véase también* Enoc

En el Antiguo Testamento, hijo de Enoc que vivió 969 años (Gén. 5:21–27; Lucas 3:37; Moisés 8:7). Fue un profeta justo que quedó en la tierra cuando la ciudad de Enoc fue llevada al cielo, a fin de proveer la posteridad de la cual nacería Noé (Moisés 8:3–4).

Mayordomía, mayordomo. *Véase también* Llamado, llamado por Dios, llamamiento

El que vela por los asuntos o la propiedad de otra persona es un mayordomo, y aquello por lo cual vela es su mayordomía. Todas las cosas de la tierra le pertenecen al Señor, y nosotros somos Sus mayordomos. Somos responsables ante Él, pero podemos dar informe de nuestra mayordomía a los representantes autorizados de Dios. Cuando recibimos del Señor o de Sus siervos autorizados un llamamiento para servir, nuestra mayordomía puede abarcar asuntos tanto espirituales como temporales (DyC 29:34).

Sobre poco has sido fiel, sobre mucho te pondré, **Mateo** 25:14–23. A todo aquel a quien se haya dado mucho, mucho se le demandará, **Lucas** 12:48 (DyC 82:3). Jesús dio la parábola del mayordomo infiel, **Lucas** 16:1–8.

El que fuere hallado mayordomo fiel entrará en el gozo de su Señor, **DyC** 51:19. Todo hombre dará cuenta de su mayordomía, **DyC** 72:3–5. El que es mayordomo fiel y sabio heredará todas las cosas, **DyC** 78:22. El Señor hará a todo hombre responsable como mayordomo de las bendiciones terrenales, **DyC** 104:11–17 (DyC 42:32). Serás diligente para que seas mayordomo sabio, **DyC** 136:27.

Mediador. *Véase también* Expiación, expiar; Jesucristo

Intercesor o intermediario. Jesucristo es el Mediador entre Dios y el hombre; Su expiación hizo posible que el hombre se arrepintiera de sus pecados y se reconciliara con Dios.

Nadie viene al Padre sino por Jesucristo, **Juan** 14:6. Hay un solo mediador entre Dios y los hombres, **1 Tim.** 2:5. Cristo es el mediador de un mejor convenio, **Heb.** 8:6 (Heb. 9:15; 12:24; DyC 107:19).

El Santo Mesías intercederá por todos los hijos de los hombres, **2 Ne.** 2:9 (Isa. 53:12; Mos. 14:12). Quisiera que confiaseis en el gran Mediador, **2 Ne.** 2:27–28.

Somos hechos perfectos mediante Jesús, el mediador del nuevo convenio, **DyC** 76:69.

Meditar. *Véase también* Oración; Revelación

Pensar o reflexionar profundamente, a menudo tocante a las Escrituras u otras cosas divinas. Al combinarse con la oración, la meditación sobre las cosas de Dios puede traer consigo la revelación y la comprensión.

María meditaba estas cosas en su corazón, **Lucas** 2:19.

Mientras estaba yo sentado reflexionando, fui arrebatado en el Espíritu, **1 Ne.** 11:1. Mi corazón medita en las Escrituras, **2 Ne.** 4:15. Nefi se dirigió hacia su propia casa, meditando en las cosas que le había manifestado el Señor, **Hel.** 10:2–3. Id a vuestras casas, y meditad las cosas que os he dicho, **3 Ne.** 17:3. Recordad cuán misericordioso ha sido el Señor, y meditadlo en vuestros corazones, **Moro.** 10:3.

Reflexiona sobre las cosas que has recibido, **DyC** 30:3. Mientras meditábamos en estas cosas, el Señor tocó los ojos de nuestro entendimiento, **DyC** 76:19. Me hallaba en mi habitación meditando sobre las Escrituras, **DyC** 138:1–11.

Lo medité repetidas veces, **JS—H** 1:12.

Melquisedec. *Véase también* Sacerdocio de Melquisedec; Salem

En el Antiguo Testamento, un notable sumo sacerdote, profeta y líder que vivió después del Diluvio y durante los tiempos de Abraham. Se le llamó rey de Salem (Jerusalén), Rey de paz, Rey de justicia (el significado del vocablo hebreo *Melquisedec*) y sacerdote del más alto Dios.

Abraham pagó diezmos a Melquisedec, **Gén.** 14:18–20. El pueblo de

Melquisedec obró rectamente y obtuvo el cielo, **TJS**, Gén. 14:25–40.

Cristo fue sumo sacerdote según el orden de Melquisedec, **Heb.** 5:6. Melquisedec fue rey de Salem, sacerdote del más alto Dios, **Heb.** 7:1–3.

Ninguno fue mayor que Melquisedec, **Alma** 13:14–19.

Abraham recibió el sacerdocio de manos de Melquisedec, **DyC** 84:14. Por respeto al nombre del Señor, la iglesia en los días antiguos dio al sacerdocio mayor el nombre de Sacerdocio de Melquisedec, **DyC** 107:1–4.

Melquisedec, Sacerdocio de. *Véase* Sacerdocio de Melquisedec

Mente

Facultades intelectuales; poderes conscientes del pensamiento.

Sírvele con corazón perfecto y con ánimo dispuesto, **1 Cró.** 28:9.

Amarás al Señor tu Dios con toda tu mente, **Mateo** 22:37.

Ser de mente carnal es muerte, y ser de mente espiritual es vida eterna, **2 Ne.** 9:39. La voz del Señor penetró mi mente, **Enós** 1:10. La palabra había surtido un efecto más potente en la mente del pueblo que la espada, **Alma** 31:5.

Hablaré a tu mente, **DyC** 8:2. Debes estudiarlo en tu mente, **DyC** 9:8. Reposen en vuestra mente las solemnidades de la eternidad, **DyC** 43:34. En ocasiones pasadas vuestras mentes se han ofuscado, **DyC** 84:54. Acostaos temprano, levantaos temprano para que vuestros cuerpos y vuestras mentes sean vigorizados, **DyC** 88:124.

Satanás no conocía la mente de Dios, **Moisés** 4:6. El Señor llamó Sion a su pueblo, porque eran uno en corazón y voluntad, **Moisés** 7:18.

Mentiras. *Véase también* Calumnias; Engañar, engaño; Honestidad, honradez

Cualquier comunicación de una falsedad con el fin de engañar.

No hurtaréis, y no engañaréis, ni

mentiréis, **Lev.** 19:11. La mentira aborrezco y abomino, **Sal.** 119:163. Los labios mentirosos son abominación a Jehová, **Prov.** 12:22. Mi pueblo son, hijos que no mienten, **Isa.** 63:8.

El diablo es mentiroso, y padre de mentira, **Juan** 8:44 (2 Ne. 2:18; Éter 8:25; Moisés 4:4). No has mentido a los hombres, sino a Dios, **Hech.** 5:4 (Alma 12:3). Si alguno dice: Yo amo a Dios, y aborrece a su hermano, es mentiroso, **1 Juan** 4:20. Todos los mentirosos tendrán su parte en la segunda muerte, **Apoc.** 21:8 (DyC 63:17).

¡Ay del embustero!, porque será arrojado al infierno, **2 Ne.** 9:34. Habrá muchos que enseñarán falsa doctrina y dirán: mentid un poco; en esto no hay mal, **2 Ne.** 28:8–9 (DyC 10:25). ¿Suponéis que podréis mentir al Señor?, **Alma** 5:17. Eres un Dios de verdad, y no puedes mentir, **Éter** 3:12 (Núm. 23:19; 1 Sam. 15:29; Tito 1:2; Heb. 6:18; Enós 1:6).

El que mienta y no se arrepienta, será expulsado, **DyC** 42:21. Los mentirosos heredan la gloria telestial, **DyC** 76:81, 103–106.

Creemos en ser honrados, **AdeF** 1:13.

Mesac. *Véase también* Daniel

En el Antiguo Testamento, Sadrac, Mesac y Abed-nego fueron los tres jóvenes israelitas que, junto con Daniel, fueron llevados al palacio de Nabucodonosor, rey de Babilonia. El nombre hebreo de Mesac era Misael. Los cuatro jóvenes rehusaron contaminarse participando de la carne y el vino del rey (Dan. 1). Por orden del rey, Sadrac, Mesac y Abed-nego fueron arrojados a un horno de fuego ardiente, mas fueron preservados milagrosamente (Dan. 3).

Mesías. *Véase también* Jesucristo; Ungido, el

Vocablo derivado del arameo y del hebreo que significa "el ungido". En el Nuevo Testamento, a Jesús se le llama el Cristo, que es el equivalente griego de *Mesías*, que significa el Profeta, Sacerdote, Rey y Libertador ungido, cuya venida esperaban ansiosamente los judíos.

Muchos judíos esperaban solamente un libertador que los librara del poder romano y que les diera una mayor prosperidad nacional; de manera que cuando vino el Mesías, los líderes y muchos otros más lo rechazaron. Solamente los humildes y fieles pudieron ver en Jesús de Nazaret al verdadero Cristo (Isa. 53; Mateo 16:16; Juan 4:25–26).

El Mesías tendrá el Espíritu, predicará el Evangelio y publicará la libertad, **Isa.** 61:1–3 (Lucas 4:18–21).

Hemos hallado al Mesías (que traducido es, el Cristo), **Juan** 1:41 (Juan 4:25–26).

El Señor levantó un profeta entre los judíos: sí, un Mesías, o en otras palabras, un Salvador, **1 Ne.** 10:4. El Hijo de Dios era el Mesías que habría de venir, **1 Ne.** 10:17. La redención viene en el Santo Mesías y por medio de él, **2 Ne.** 2:6. El Mesías vendrá en la plenitud de los tiempos, **2 Ne.** 2:26. El Mesías resucitará de entre los muertos, **2 Ne.** 25:14.

En el nombre del Mesías, confiero el Sacerdocio de Aarón, **DyC** 13.

El Señor dijo: Yo soy el Mesías, el Rey de Sion, **Moisés** 7:53.

Miguel. *Véase también* Adán; Arcángel

El nombre por el cual se le conocía a Adán en la vida preterrenal. También se le llama el Arcángel. En hebreo el nombre significa "Semejante a Dios".

Miguel, uno de los principales príncipes, vino para ayudar a Daniel, **Dan.** 10:13, 21 (DyC 78:16). En los últimos días se levantará Miguel, el gran príncipe, **Dan.** 12:1.

El arcángel Miguel contendía con el diablo, **Judas** 1:9. Miguel y sus ángeles lucharon contra el dragón, **Apoc.** 12:7 (Dan. 7).

Miguel es Adán, **DyC** 27:11 (DyC 107:53–57; 128:21). Miguel, el arcángel del Señor, tocará su trompeta, **DyC** 29:26. Miguel reunirá a sus ejércitos e irá a la batalla contra Satanás, **DyC** 88:112–115. La voz de Miguel se oyó discerniendo al diablo, **DyC** 128:20.

Milagros. *Véase también* Fe; Señal

Acontecimientos extraordinarios causados por el poder de Dios. Representan un elemento importante de la obra de Jesucristo, e incluyen las sanidades, la restauración de la vida a los muertos y la resurrección. Los milagros forman parte del evangelio de Jesucristo. Es necesario tener fe para que estos se manifiesten (Mar. 6:5–6; Morm. 9:10–20; Éter 12:12).

Si Faraón os respondiere: Mostrad milagro, **Éx.** 7:9.

Ninguno hay que haga milagro en mi nombre, que luego pueda decir mal de mí, **Mar.** 9:39. Jesús efectuó su primer milagro en Caná, **Juan** 2:11.

Soy un Dios de milagros, **2 Ne.** 27:23. El poder de Dios obra milagros, **Alma** 23:6. Cristo pudo mostrar milagros más grandes a los habitantes del continente americano debido a la gran fe de ellos, **3 Ne.** 19:35. Dios no ha cesado de ser un Dios de milagros, **Morm.** 9:15.

No exijáis milagros, a no ser que el Señor os lo mande, **DyC** 24:13–14. A algunos les es dado obrar milagros, **DyC** 46:21 (Moro. 10:12).

Milenio. *Véase también* Infierno; Segunda venida de Jesucristo

El período de mil años de paz que comenzará cuando Cristo regrese para reinar personalmente sobre la tierra (AdeF 1:10).

No alzará espada nación contra nación, ni se adiestrarán más para la guerra, **Isa.** 2:4 (Miq. 4:3; 2 Ne. 12:4). Esta tierra que era asolada ha venido a ser como huerto del Edén, **Ezeq.** 36:35.

Vivieron y reinaron con Cristo mil años, **Apoc.** 20:4.

A causa de la rectitud, Satanás no tiene poder, **1 Ne.** 22:26.

Moraré en rectitud sobre la tierra por mil años, **DyC** 29:11. Cuando hayan terminado los mil años, perdonaré la tierra por un corto tiempo, **DyC** 29:22. Vendrá el gran Milenio, **DyC** 43:30. Los hijos de los justos crecerán sin pecado, **DyC** 45:58. Los niños crecerán hasta envejecer; los hombres serán cambiados en un abrir y cerrar de ojos, **DyC** 63:51. Al principiar el séptimo milenio, el Señor santificará la tierra, **DyC** 77:12. No vuelven a vivir sino hasta que pasen los mil años, **DyC** 88:101. Satanás será atado durante mil años, **DyC** 88:110. Se describe el Milenio, **DyC** 101:23–34.

Por el espacio de mil años la tierra descansará, **Moisés** 7:64.

Ministrar, ministro. *Véase también* Sacerdocio; Servicio

Llevar a cabo la obra del Señor sobre la tierra. Es preciso que sea Dios quien llame a Sus siervos escogidos para que ministren en Su obra. Cuando los verdaderos ministros hacen la voluntad del Señor, lo representan a Él en sus deberes oficiales y actúan como agentes Suyos (**DyC** 64:29), llevando a cabo de esa manera la obra necesaria para la salvación del género humano. El Señor nos ha dado apóstoles, profetas, evangelistas, sumos sacerdotes, setentas, élderes, obispos, presbíteros, maestros, diáconos, ayudas y gobiernos a fin de perfeccionar a los santos para la obra del ministerio (1 **Cor.** 12:12–28; **Efe.** 4:11–16; **DyC** 20; 107).

Le ha escogido Jehová para administrar en el nombre de Jehová, **Deut.** 18:5. Ministros de nuestro Dios seréis llamados, **Isa.** 61:6.

El Hijo del Hombre no vino para ser servido, sino para servir, **Mateo** 20:26–28. Para esto he aparecido, para ponerte por ministro y testigo, **Hech.** 26:16–18. Dios no es injusto para olvidar vuestra obra de amor al haber ministrado a los santos, **Heb.** 6:10. Si alguno ministra, ministre conforme al poder que Dios da, 1 **Pe.** 4:10–11.

Enseñaron y se ministraron el uno al otro, 3 **Ne.** 26:19.

Es el deber de los Doce ordenar ministros evangelistas, **DyC** 107:39–40.

Se puede apartar a un sumo sacerdote para administrar las cosas temporales, **DyC** 107:71–72. Estos setenta han de ser ministros viajantes, **DyC** 107:93–97. Los élderes son ordenados para ser ministros residentes de mi iglesia, **DyC** 124:137.

Miqueas

Profeta del Antiguo Testamento oriundo de Moreset-gat, de las llanuras de Judá, el cual profetizó durante el reinado de Ezequías (**Miq.** 1:1–2).

El libro de Miqueas: El único libro del Antiguo Testamento que designa a Belén como el lugar del esperado nacimiento del Mesías (**Miq.** 5:2). En este libro, el Señor aconsejó a Su pueblo y le recordó la bondad que le había mostrado en el pasado; les pide que sean justos, misericordiosos y humildes (**Miq.** 6:8).

Mira. *Véase* Ojo(s)

Misericordia, misericordioso. *Véase también* Expiación, expiar; Gracia; Jesucristo; Justicia; Perdonar

El espíritu de compasión, ternura y perdón. La misericordia es uno de los atributos de Dios. Jesucristo nos ofrece misericordia mediante Su sacrificio expiatorio.

Jehová es misericordioso y piadoso, **Éx.** 34:6 (**Deut.** 4:31). Su misericordia es eterna, 1 **Cró.** 16:34. El bien y la misericordia me seguirán, **Sal.** 23:6. El que tiene misericordia de los pobres es bienaventurado, **Prov.** 14:21. Misericordia quiero, y no sacrificio, **Oseas** 6:6. El Señor pidió a su pueblo que mostrara misericordia, **Zac.** 7:8–10.

Bienaventurados los misericordiosos, porque ellos alcanzarán misericordia, **Mateo** 5:7 (3 **Ne.** 12:7). Al ver las multitudes, Jesús tuvo compasión de ellas, **Mateo** 9:36 (**Mar.** 1:41). Ay de los hipócritas que pagan diezmos y dejan lo más importante de la ley: la justicia, la misericordia y la fe, **Mateo** 23:23. Sed, pues, misericordiosos, como también vuestro Padre es misericordioso, **Lucas** 6:36. Un samaritano fue movido a misericordia, **Lucas** 10:33. Nos salvó, no por obras de justicia, sino por su misericordia, **Tito** 3:5.

Las tiernas misericordias del Señor se extienden sobre todos, **1 Ne.** 1:20. La misericordia no puede reclamar al que no se arrepiente, **Mos.** 2:38–39. Dios es misericordioso para con todos los que creen en su nombre, **Alma** 32:22. La misericordia puede satisfacer las exigencias de la justicia, **Alma** 34:16. ¿Supones tú que la misericordia puede robar a la justicia?, **Alma** 42:25 (Alma 42:13–25). Los niños pequeños viven en Cristo por motivo de su misericordia, **Moro.** 8:19–20 (DyC 29:46).

El brazo de misericordia de Cristo ha expiado vuestros pecados, **DyC** 29:1. En virtud de la sangre que he derramado, he abogado ante el Padre por cuantos han creído en mi nombre, **DyC** 38:4. Aquellos que han guardado el convenio obtendrán misericordia, **DyC** 54:6. Yo, el Señor, perdono los pecados y soy misericordioso con aquellos que los confiesan con corazones humildes, **DyC** 61:2. Yo, el Señor, manifiesto misericordia a todos los mansos, **DyC** 97:2. Quienes te reciban como niños pequeños, recibirán mi reino; porque alcanzarán misericordia, **DyC** 99:3.

La misericordia irá delante de tu faz, **Moisés** 7:31.

Misioneros. *Véase* Obra misional

Misterios de Dios

Los misterios de Dios son verdades espirituales que se dan a conocer solamente por medio de la revelación. Dios revela Sus misterios a los que son obedientes al Evangelio. Algunos de los misterios de Dios aún no se han revelado.

A vosotros os es dado saber los misterios del reino de los cielos, **Mateo** 13:11. Si entendiese todos los misterios, y no tengo amor, nada soy, **1 Cor.** 13:2.

Nefi tenía un conocimiento grande de los misterios de Dios, **1 Ne.** 1:1. A muchos les es concedido conocer los misterios de Dios, **Alma** 12:9. A este le es permitido conocer los misterios de Dios, **Alma** 26:22. No me han sido revelados plenamente estos misterios, **Alma** 37:11. Hay muchos misterios que nadie conoce sino Dios mismo, **Alma** 40:3.

El misterio de la divinidad, ¡cuán grande es!, **DyC** 19:10. Si pides, recibirás revelación, a fin de que conozcas los misterios del reino, **DyC** 42:61, 65 (1 Cor. 2:7, 11–14). A quien guarde mis mandamientos concederé los misterios de mi reino, **DyC** 63:23. A ellos revelaré todos los misterios, **DyC** 76:7. El sacerdocio mayor posee la llave de los misterios, **DyC** 84:19. El día en que el Señor venga, Él revelará cosas ocultas que ningún hombre conoció, **DyC** 101:32–33. El Sacerdocio de Melquisedec tendrá el privilegio de recibir los misterios del reino, **DyC** 107:19.

Misuri. *Véase* Nueva Jerusalén

Moab. *Véase también* Lot

Tierra del Antiguo Testamento que quedaba al este del mar Muerto. Los moabitas eran descendientes de Lot, estaban emparentados con los israelitas y hablaban una lengua muy parecida al hebreo; sin embargo, entre las dos naciones había constantes luchas (Jue. 3:12–30; 11:17; 2 Sam. 8:2; 2 Rey. 3:6–27; 2 Cró. 20:1–25; Isa. 15).

Modelo, norma, ejemplo

Una norma, un ejemplo, etc., que una persona sigue para conseguir ciertos resultados. En las Escrituras, un *modelo* generalmente significa un ejemplo tanto para vivir de cierta manera como un prototipo o plan para edificar algo.

El Señor mandó a Israel edificar un tabernáculo de acuerdo con el modelo que se le mostró a Moisés, **Éx.** 25. David le dio a Salomón los planos para construir el templo, **1 Cró.** 28:11–13.

Para que Jesucristo mostrase en mí un ejemplo de los que habrían de creer en Él, **1 Tim.** 1:16.

Os daré una norma en todas las cosas, para que no seáis engañados, **DyC** 52:14.

Modestia. *Véase también* Humildad, humilde, humillar (afligir)

Comportamiento o apariencia humilde, moderado y decente. La persona modesta evita todo lo que sea superfluo y ostentoso.

Dios hizo túnicas de pieles, y vistió a Adán y a Eva, **Gén.** 3:21 (Moisés 4:27).

Que las mujeres se atavíen de ropa decorosa, **1 Tim.** 2:9. Sed prudentes, castas, cuidadosas de la casa, **Tito** 2:5.

Muchos se envanecen con el orgullo por causa de sus ropas costosas, **Jacob** 2:13.

Sean todos tus vestidos sencillos, **DyC** 42:40.

Creemos en ser castos y virtuosos, **AdeF** 1:13.

Moisés. *Véase también* Aarón, hermano de Moisés; Diez Mandamientos, los; Ley de Moisés; Pentateuco; Transfiguración — La Transfiguración de Cristo

Profeta del Antiguo Testamento que sacó a los israelitas del cautiverio egipcio y que les dio una serie de leyes religiosas, sociales y alimentarias que recibió él de Dios por medio de la revelación.

El ministerio de Moisés se extendió más allá de los límites de su existencia terrenal. José Smith enseñó que Moisés, junto con Elías el Profeta, vino al monte de la Transfiguración y allí confirió las llaves del sacerdocio a Pedro, Santiago y Juan (Mateo 17:3–4; Mar. 9:4–9; Lucas 9:30; DyC 63:21).

Moisés se apareció a José Smith y a Oliver Cowdery el 3 de abril de 1836, en el Templo de Kirtland, Ohio (EE. UU.), y les confirió las llaves del recogimiento de Israel (DyC 110:11).

En la revelación de los postreros días se habla mucho concerniente a Moisés. Se le menciona frecuentemente en el Libro de Mormón, y en Doctrina y Convenios aprendemos concerniente a su ministerio (DyC 84:20–26) y que recibió el sacerdocio de manos de su suegro Jetro (DyC 84:6).

También, en la revelación de los postreros días concerniente a Moisés, se confirma el relato bíblico de su ministerio entre los hijos de Israel y se reafirma que fue el autor de los primeros cinco libros del Antiguo Testamento (1 Ne. 5:11; Moisés 1:40–41).

Lo salva la hija de Faraón, **Éx.** 2:1–10. Huye a Madián, **Éx.** 2:11–22. El ángel del Señor se le aparece en la zarza ardiente, **Éx.** 3:1–15. Anuncia las plagas que sobrevendrían a los egipcios, **Éx.** 7–11. El Señor instituye la Pascua, **Éx.** 12:1–30. Guía a los hijos de Israel a través del mar Rojo, **Éx.** 14:5–31. El Señor envía maná a los israelitas en el desierto, **Éx.** 16. Hace salir agua de la roca en Horeb, **Éx.** 17:1–7. Aarón y Hur le sostienen las manos para que Josué prevalezca contra Amalec, **Éx.** 17:8–16. Jetro aconseja a Moisés, **Éx.** 18:13–26. Prepara al pueblo para la aparición del Señor sobre el monte Sinaí, **Éx.** 19. El Señor le revela los Diez Mandamientos, **Éx.** 20:1–17. Él y setenta ancianos ven a Dios, **Éx.** 24:9–11. Quiebra las tablas del testimonio y destruye el becerro de oro, **Éx.** 32:19–20. Habla con Dios cara a cara, **Éx.** 33:9–11.

Se apareció cuando Jesús fue transfigurado, **Mateo** 17:1–13 (Mar. 9:2–13; Lucas 9:28–36).

Seamos fuertes como Moisés, **1 Ne.** 4:2. Cristo es el profeta semejante a Moisés que el Señor levantaría, **1 Ne.** 22:20–21 (Deut. 18:15; 3 Ne. 20:23).

Condujo a Israel mediante revelación, **DyC** 8:3. Se encontraba entre los grandes y poderosos espíritus, **DyC** 138:41.

Vio a Dios cara a cara, **Moisés** 1:2, 31. Fue a semejanza del Unigénito, **Moisés** 1:6, 13. Debía escribir lo que el Señor le revelara acerca de la Creación, **Moisés** 2:1.

El libro de Moisés: Libro de la Perla de Gran Precio que contiene la traducción inspirada que hizo José Smith de los primeros siete capítulos de Génesis.

El capítulo 1 contiene el registro de una visión en la que Moisés vio a Dios, quien le reveló todo el plan de salvación.

Los capítulos del 2 al 5 son un relato de la Creación y de la Caída del hombre. Los capítulos 6 y 7 contienen una visión acerca de Enoc y su ministerio sobre la tierra. El capítulo 8 contiene una visión de Noé y el gran Diluvio.

Los cinco libros de Moisés: Véase Génesis; Éxodo; Levítico; Números; Deuteronomio; Pentateuco

Los primeros cinco libros del Antiguo Testamento se conocen como los libros de Moisés, los cuales estaban grabados sobre las planchas de bronce que Nefi le quitó a Labán (1 Ne. 5:11).

Nefi leyó muchas cosas que estaban escritas en los libros de Moisés, **1 Ne. 19:23.**

Monte de los Olivos. *Véase* Olivos, monte de los

Moralidad. *Véase* Adulterio; Castidad; Fornicación; Inmoralidad sexual

Mormón. *Véase también* Iglesia de Jesucristo; Iglesia de Jesucristo de los Santos de los Últimos Días, La

El sobrenombre *mormón* es el término que las personas que no eran miembros de la Iglesia emplearon para referirse a los miembros de La Iglesia de Jesucristo de los Santos de los Últimos Días. El nombre se deriva del sagrado libro de Escrituras que recopiló el antiguo profeta Mormón, titulado Libro de Mormón. El nombre que dio el Señor, por el cual se debe conocer a los miembros de la Iglesia, es "santos". El nombre correcto de la Iglesia es: La Iglesia de Jesucristo de los Santos de los Últimos Días.

Mormón, Libro de. *Véase* Libro de Mormón

Mormón, profeta nefita. *Véase también* Libro de Mormón

En el Libro de Mormón, profeta nefita, general militar e historiador. Mormón vivió aproximadamente entre los años 311 a 385 d.C. (Morm. 1:2, 6; 6:5–6;

8:2–3). Fue líder militar durante la mayor parte de su vida, desde la edad de 15 años (Morm. 2:1–2; 3:8–12; 5:1; 8:2–3). Ammarón le instruyó que se preparara para hacerse cargo de los anales y de llevar los registros (Morm. 1:2–5; 2:17–18). Después de escribir la historia que presenció durante su propia vida, compendió las planchas mayores de Nefi en las planchas de Mormón. Posteriormente le entregó este registro sagrado a su hijo Moroni. Estas planchas formaron parte del registro del cual José Smith tradujo el Libro de Mormón.

Las Palabras de Mormón: Libro breve del Libro de Mormón. Mormón, que compendió todos los anales, hizo esta pequeña inserción entre las últimas palabras de Amalekí, en el libro de Omni, y las primeras palabras del libro de Mosíah. (Véase "Una breve explicación acerca del Libro de Mormón", en las primeras páginas del comienzo del Libro de Mormón).

El libro de Mormón: Libro que forma parte del volumen de las Escrituras conocido como el Libro de Mormón. En los capítulos 1 y 2, se habla de Ammarón, un profeta de los nefitas, que dio instrucciones a Mormón en cuanto a cómo y dónde obtener las planchas. También se habla del comienzo de las grandes guerras y de los Tres Nefitas, quienes fueron retirados debido a la iniquidad del pueblo. En los capítulos 3 y 4, se relata que Mormón proclamó el arrepentimiento al pueblo, pero estos habían endurecido sus corazones, y jamás había habido tan grande iniquidad en Israel. En los capítulos 5 y 6, se describen las batallas finales entre los nefitas y los lamanitas, durante las cuales Mormón fue muerto junto con la mayor parte de la nación nefita. El capítulo 7 contiene el llamado al arrepentimiento que, antes de morir, hizo Mormón al pueblo tanto de su época como en el futuro. En los capítulos 8 y 9, se relata que al final solo quedó con vida Moroni, el hijo de Mormón. Moroni escribió el relato de las escenas finales de sangre y mortandad, incluso el fin del pueblo nefita, y dejó un mensaje a las futuras generaciones y a los futuros lectores de dicho registro.

Moroni, capitán. *Véase también* Estandarte de la libertad

En el Libro de Mormón, un justo comandante militar nefita que vivió aproximadamente en el año 100 a.C.

A Moroni se le nombra capitán en jefe de todos los ejércitos nefitas, **Alma** 43:16–17. Inspiró a los soldados nefitas a luchar por su libertad, **Alma** 43:48–50. Tomó un trozo de su túnica e hizo un estandarte de la libertad, **Alma** 46:12–13. Era un hombre de Dios, **Alma** 48:11–18. Se irritó contra el gobierno a causa de su indiferencia en lo concerniente a la libertad del país, **Alma** 59:13.

Moroni hijo de Mormón. *Véase también* Libro de Mormón; Mormón, profeta nefita

Último profeta nefita del Libro de Mormón (alrededor del año 421 d.C.). Poco antes de su muerte, Mormón le entregó a su hijo Moroni un registro histórico llamado las planchas de Mormón (P. de Morm. 1:1). Moroni terminó de recopilar las planchas de Mormón y agregó los capítulos 8 y 9 al libro de Mormón (Morm. 8:1). Compendió e incluyó el libro de Éter (Éter 1:1–2) y agregó su propio libro llamado el libro de Moroni (Moro. 1). Después selló las planchas y las escondió en el cerro Cumorah (Morm. 8:14; Moro. 10:2). En 1823, siendo un ser resucitado, Moroni fue enviado a José Smith para revelarle el Libro de Mormón (DyC 27:5; JS—H 1:30–42, 45). Desde 1823 hasta 1827, se le apareció al joven profeta todos los años para darle instrucciones (JS—H 1:54), y finalmente, en 1827, le entregó las planchas (JS—H 1:59). Después de finalizar la traducción de los anales, José Smith devolvió las planchas a Moroni.

El libro de Moroni: El último libro del Libro de Mormón, escrito por Moroni, el último profeta nefita. En los capítulos del 1 al 3, se habla de la destrucción final de los nefitas y se dan instrucciones concernientes al conferimiento del Espíritu Santo y del sacerdocio. En los capítulos 4 y 5, se explica la forma exacta de administrar la Santa Cena. En el capítulo 6, se resume la obra de la Iglesia. En los capítulos 7 y 8, se encuentran sermones sobre los primeros principios del Evangelio, que comprenden las enseñanzas de Mormón acerca de la fe, la esperanza, la caridad y la forma de discernir entre el bien y el mal (Moro. 7); también se da la explicación de Mormón de que los niños pequeños viven en Cristo y no necesitan el bautismo (Moro. 8). En el capítulo 9, se describe la depravación de la nación nefita. En el capítulo 10, se encuentra el mensaje final de Moroni, que contiene la manera de conocer la veracidad del Libro de Mormón (Moro. 10:3–5).

Moroníah hijo del capitán Moroni

En el Libro de Mormón, un justo comandante nefita (alrededor del año 60 a.C.).

Moroni entregó el mando de sus ejércitos a su hijo Moroníah, **Alma** 62:43. Se apoderó nuevamente de la ciudad de Zarahemla, **Hel.** 1:33. Llevó a los nefitas al arrepentimiento y recuperó la mitad de las tierras, **Hel.** 4:14–20.

Mortal, mortalidad. *Véase también* Caída de Adán y Eva; Cuerpo; Muerte física; Mundo

El período de tiempo comprendido entre el nacimiento y la muerte física. A este período a veces se le llama el segundo estado.

El día que de él comieres, ciertamente morirás, **Gén.** 2:16–17 (Moisés 3:16–17). El espíritu vuelve a Dios y el cuerpo al polvo de la tierra, **Ecle.** 12:7 (Gén. 3:19; Moisés 4:25).

No reine, pues, el pecado en vuestro cuerpo mortal, **Rom.** 6:12. El cuerpo mortal debe vestirse de inmortalidad, **1 Cor.** 15:53 (Enós 1:27; Mos. 16:10; Morm. 6:21).

El estado del hombre llegó a ser un estado de probación, **2 Ne.** 2:21 (Alma 12:24; 42:10). Adán cayó para que los hombres existiesen, **2 Ne.** 2:25. ¿Miráis hacia adelante y veis este cuerpo mortal levantado en inmortalidad?, **Alma** 5:15. Esta vida es cuando el hombre debe prepararse para comparecer ante Dios, **Alma** 34:32.

No temáis la muerte; porque en este mundo vuestro gozo no es completo, **DyC** 101:36.

A quienes guarden su segundo estado, les será aumentada gloria, **Abr.** 3:26.

Mosíah hijo de Benjamín. *Véase también* Benjamín, padre de Mosíah; Mosíah, hijos de

Justo rey y profeta nefita del Libro de Mormón. Mosíah siguió el buen ejemplo de su padre (Mos. 6:4–7). Tradujo las veinticuatro planchas de oro que contenían los anales del pueblo jaredita (Mos. 28:17).

El libro de Mosíah: Se encuentra en el Libro de Mormón. En los capítulos del 1 al 6, se encuentra el potente sermón que el rey Benjamín dirigió a su pueblo. El Espíritu del Señor tocó sus corazones, se convirtieron y no volvieron a tener más disposición a obrar mal. En los capítulos 7 y 8, se habla de un grupo de nefitas que había ido a vivir a la tierra de los lamanitas. Se envió un grupo a buscarlos. Ammón, el líder del grupo, los encontró y se enteró de las pruebas por las que habían pasado bajo la opresión de los lamanitas. En los capítulos del 9 al 24, se describe aquella opresión y la forma en que sus líderes —Zeniff, Noé y Limhi— vivieron bajo el poder de los lamanitas. En ellos también se registra el martirio del profeta Abinadí y que Alma se convirtió durante el juicio de Abinadí. En los capítulos del 25 al 28, se relata la historia de la conversión del hijo de Alma y de los cuatro hijos del rey Mosíah. En el capítulo 29, el rey Mosíah recomienda que se reemplace a los reyes por un sistema de jueces. Alma hijo de Alma, fue elegido para ser el primer juez principal.

Mosíah, hijos de. *Véase también* Aarón hijo de Mosíah; Ammón hijo de Mosíah; Himni; Mosíah hijo de Benjamín; Omner

En el Libro de Mormón, los cuatro hijos del rey Mosíah que se convirtieron después de recibir la visita de un ángel que los llamó al arrepentimiento. Sus nombres eran Ammón, Aarón, Omner e Himni (Mos. 27:34). Pasaron 14 años predicando con éxito el Evangelio a los lamanitas. En los capítulos del 17 al 26 de Alma, se encuentra el registro de su ministerio entre los lamanitas.

Habían sido incrédulos y habían tratado de destruir la iglesia, **Mos.** 27:8–10 (Alma 36:6). Un ángel los reprendió y se arrepintieron, **Mos.** 27:11–12, 18–20. Recibieron permiso para ir a predicar a los lamanitas, **Mos.** 28:1–7.

Mosíah, padre de Benjamín. *Véase también* Benjamín, padre de Mosíah; Zarahemla

Profeta nefita del Libro de Mormón que fue elegido rey del pueblo de Zarahemla.

Se le advirtió que huyera de la tierra de Nefi, **Omni** 1:12. Descubrió al pueblo de Zarahemla, **Omni** 1:14–15. Hizo que al pueblo de Zarahemla se le enseñara su idioma, **Omni** 1:18. Fue nombrado rey de los pueblos unidos, **Omni** 1:19. Su hijo Benjamín reinó después de su muerte, **Omni** 1:23.

Mostaza, grano de

Las semillas de la planta de mostaza. Aunque el grano o la semilla es muy pequeño, la planta en sí es muy grande. Jesús comparó el reino de los cielos con un grano de mostaza (Mateo 13:31).

Si tuviereis fe como un grano de mostaza, podríais mover montes, **Mateo** 17:20.

Muerte espiritual. *Véase también*
Caída de Adán y Eva; Condenación,
condenar; Diablo; Hijos de
perdición; Infierno; Salvación

El estar separado de Dios y de Su influencia; morir en cuanto a las cosas que pertenecen a la rectitud. Lucifer y una tercera parte de las huestes del cielo padecieron la muerte espiritual cuando fueron echados del cielo (DyC 29:36–37).

La Caída de Adán introdujo la muerte espiritual en el mundo (Moisés 6:48). Los seres mortales de pensamientos, palabras y obras inicuos están muertos espiritualmente aunque sigan con vida sobre la tierra (1 Tim. 5:6). Por medio de la expiación de Jesucristo y de la obediencia a los principios y ordenanzas del Evangelio, el hombre llega a quedar limpio del pecado y a vencer la muerte espiritual.

La muerte espiritual también existirá como posibilidad después de la muerte del cuerpo físico. Todos seremos juzgados: tanto los seres resucitados como el diablo y sus ángeles. Los que se hayan rebelado conscientemente contra la luz y la verdad del Evangelio padecerán la muerte espiritual. A esta muerte a menudo se le llama la segunda muerte (Alma 12:16; Hel. 14:16–19; DyC 76:36–38).

Los malignos serán destruidos, Sal. 37:9.

El ocuparse de la carne es muerte, pero el ocuparse del Espíritu es vida y paz, **Rom.** 8:6 (2 Ne. 9:39). Las codicias hunden a los hombres en destrucción y perdición, **1 Tim.** 6:9. El pecado da a luz la muerte, **Stg.** 1:15. El que venciere, no recibirá daño en la segunda muerte, **Apoc.** 2:11. El que venciere, no sufrirá daño de la segunda muerte, **Apoc.** 20:6, 12–14. Los inicuos tendrán su parte en el lago que arde con fuego y azufre, que es la muerte segunda, **Apoc.** 21:8 (DyC 63:17–18).

Los hombres son libres para escoger la libertad y la vida eterna, o la cautividad y la muerte, **2 Ne.** 2:27 (2 Nefi 10:23; Alma 29:5; Hel. 14:30–31). Dios ha preparado un medio para que escapemos de la muerte y el infierno, **2 Ne.** 9:10. Libraos de los sufrimientos del infierno para que no sufráis la segunda muerte, **Jacob** 3:11. El hombre natural es enemigo de Dios, **Mos.** 3:19. El Señor os conceda el arrepentimiento para que no sufráis la segunda muerte, **Alma** 13:30. Alma fue ceñido con las eternas cadenas de la muerte, **Alma** 36:18. Los inicuos mueren en cuanto a las cosas concernientes a la rectitud, **Alma** 40:26 (Alma 12:16). La caída trajo una muerte espiritual sobre todo el género humano, **Alma** 42:9 (Hel. 14:16–18).

Cuando Adán cayó, murió espiritualmente, **DyC** 29:40–41, 44.

Muerte física. *Véase también* Caída de Adán y Eva; Mortal, mortalidad; Resurrección; Salvación

La separación del cuerpo y el espíritu. Antes de la caída de Adán, ningún ser viviente sobre la tierra podía morir (2 Ne. 2:22; Moisés 6:48). La Caída trajo el estado mortal y la muerte a la tierra. La expiación de Jesucristo venció la muerte, para que todos pudieran resucitar (1 Cor. 15:21–23). La resurrección es un don gratuito que se da a todo ser humano, sin importar si ha hecho bien o mal en esta vida (Alma 11:42–44). Toda persona padece una sola muerte física, ya que una vez que nuestro cuerpo resucite, no puede volver a morir (Alma 11:45).

Toda carne perecerá, y el hombre volverá al polvo, **Job** 34:15. Estimada es a los ojos de Jehová la muerte de sus santos, **Sal.** 116:15. El polvo vuelva a la tierra, y el espíritu vuelva a Dios, **Ecle.** 12:7. La muerte entró por un hombre, **1 Cor.** 15:21. El Salvador tiene las llaves de la muerte y del Hades, **Apoc.** 1:18. Ya no habrá muerte, ni llanto, **Apoc.** 21:4. La muerte ha pasado sobre todos los hombres, **2 Ne.** 9:6, 11 (Alma 12:24). No veían la muerte con ningún grado de terror, **Alma** 27:28. Alma explica el estado del alma entre la muerte y la resurrección, **Alma** 40:11.

Los que mueran en mí no gustarán la muerte, **DyC** 42:46. El que no esté señalado para morir, sanará, **DyC** 42:48. Os probaré en todas las cosas, hasta la muerte, **DyC** 98:14.

Al polvo has de volver, **Moisés** 4:25. Adán cayó, y por su caída vino la muerte, **Moisés** 6:48.

Muerte, segunda. *Véase* Muerte espiritual

Muertos, salvación de los. *Véase* Salvación de los muertos

Mujer(es). *Véase también* Hermano(s), hermana(s); Hombre(s); Esposa

Persona adulta del sexo femenino; una hija de Dios. Por lo general, el vocablo mujer se utiliza en las Escrituras como título de respeto (Juan 19:26; Alma 19:10).

Dios creó al hombre y a la mujer, **Gén.** 1:27 (Moisés 2:27; 6:9; Abr. 4:27). La estima de una mujer virtuosa sobrepasa a la de las piedras preciosas, **Prov.** 31:10–31.

La mujer es gloria del varón, **1 Cor.** 11:7. En el Señor, ni el varón es sin la mujer, ni la mujer sin el varón, **1 Cor.** 11:11. Que las mujeres se atavíen con ropa decorosa, **1 Tim.** 2:9–10.

Yo, el Señor Dios, me deleito en la castidad de las mujeres, **Jacob** 2:28.

Tus pecados te son perdonados, y eres una señora elegida, **DyC** 25:3. Las mujeres tienen el derecho de recibir sostén de sus maridos, **DyC** 83:2.

Mulek. *Véase también* Sedequías

Hijo del rey Sedequías del Antiguo Testamento (aprox. 589 a.C.). La Biblia nos informa que todos los hijos de Sedequías fueron asesinados (2 Rey. 25:7), pero el Libro de Mormón aclara que Mulek sobrevivió (Hel. 8:21).

Zarahemla era descendiente de Mulek, **Mos.** 25:2. El pueblo de Mulek se unió a los nefitas, **Mos.** 25:13. El Señor condujo a Mulek a la tierra del norte, **Hel.** 6:10. Todos los hijos de Sedequías fueron muertos, salvo Mulek, **Hel.** 8:21.

Mundano, lo. *Véase también* Dinero; Orgullo; Riquezas; Vanidad, vano

Los deseos injustos y el empeño por obtener riquezas temporales y bienes materiales si se abandona lo espiritual.

Porque, ¿qué aprovechará al hombre si ganare todo el mundo y perdiere su alma?, **Mateo** 16:26.

Fijaron sus corazones en las cosas vanas del mundo, **Alma** 4:8 (Alma 31:27).

Debemos desechar las cosas de este mundo, **DyC** 25:10. El corazón de los hombres puesto a tal grado en las cosas de este mundo, **DyC** 121:35.

Mundo. *Véase también* Babel, Babilonia; Mortal, mortalidad; Tierra

La tierra; un lugar de probación para los hombres mortales. En sentido figurado, las personas que no obedecen los mandamientos de Dios.

La existencia terrenal: En el mundo tendréis aflicción, **Juan** 16:33.

No temáis a la muerte; porque en este mundo vuestro gozo no es completo, **DyC** 101:36.

Las personas que no obedecen los mandamientos: Castigaré al mundo por su maldad, **Isa.** 13:11 (2 Ne. 23:11).

Si el mundo os aborrece, sabed que a mí me ha aborrecido antes, **Juan** 15:18–19.

El grande y espacioso edificio representaba el orgullo del mundo, **1 Ne.** 11:36.

El mundo está madurando en la iniquidad, **DyC** 18:6. Consérvate sin mancha del mundo, **DyC** 59:9. El que sea fiel y persevere, vencerá al mundo, **DyC** 63:47. No os permito vivir conforme a la manera del mundo, **DyC** 95:13.

El fin del mundo: Yo crearé nueva tierra; y de lo primero no habrá memoria, **Isa.** 65:17 (Apoc. 21:1; AdeF 1:10).

En el fin del mundo, se arrancará la cizaña y se quemará en el fuego, **Mateo** 13:40, 49 (Mal. 4:1; Jacob 6:3).

Haré que mi viña sea quemada con fuego, **Jacob** 5:77 (DyC 64:23–24).

El Señor destruirá a Satanás y sus obras al fin del mundo, **DyC** 19:3. La tierra morirá, pero será vivificada de nuevo, **DyC** 88:25–26.

El Señor le mostró a Enoc el fin del mundo, **Moisés** 7:67.

Mundo de los espíritus. *Véase* Infierno; Paraíso; Vida preterrenal

Murmurar. *Véase también* Rebelión

Quejarse contra los propósitos, planes o siervos de Dios.

El pueblo murmuró contra Moisés, **Éx.** 15:23–16:3.

Los judíos murmuraban contra Jesús, **Juan** 6:41.

Lamán y Lemuel murmuraban en muchas cosas, **1 Ne.** 2:11–12 (1 Ne. 3:31; 17:17).

No murmures a causa de las cosas que no has visto, **DyC** 25:4.

Música. *Véase también* Cantar; Himnos

Melodías y ritmos que se han cantado y tocado desde las primeras épocas bíblicas para expresar gozo, alabanza y adoración (2 Sam. 6:5). La música puede ser una forma de oración. Es posible que los salmos se hayan cantado con melodías sencillas y que se hayan acompañado con instrumentos.

María, la hermana de Aarón y de Moisés, tomó un pandero, y ella y las mujeres danzaron, **Éx.** 15:20. Los levitas cantores estaban con címbalos y salterios y arpas, y con ellos ciento veinte sacerdotes que tocaban trompeta, **2 Cró.** 5:12.

Jesús y los Doce cantaron un himno después de la Última Cena, **Mateo** 26:30. Enseñaos y exhortaos con salmos e himnos y cánticos espirituales, **Col.** 3:16.

¿Habéis sentido el deseo de cantar la canción del amor que redime?, **Alma** 5:26.

El alma de Dios se deleita en el canto del corazón; sí, la canción de los justos es una oración, **DyC** 25:12. Alaba al Señor con cantos, con música, con baile, **DyC** 136:28.

Naamán. *Véase también* Eliseo

En el Antiguo Testamento, capitán del ejército de un rey sirio que enfermó de lepra. Por la fe de una sierva hebrea, fue a Israel para ver al profeta Eliseo. Se curó de la lepra al humillarse y bañarse siete veces en el río Jordán, tal como el profeta Eliseo le había dicho que hiciera (2 Rey. 5:1–19; Lucas 4:27).

Nabucodonosor. *Véase también* Babel; Babilonia; Daniel

En el Antiguo Testamento, rey de Babilonia (604–561 a.C.) que subyugó a Judá (2 Rey. 24:1–4) y sitió a Jerusalén (2 Rey. 24:10–11). Al profeta Lehi se le mandó huir de Jerusalén aproximadamente en el año 600 a.C. para evitar que se le llevara cautivo a Babilonia (1 Ne. 1:4–13) cuando llevaría cautivos Nabucodonosor al rey Sedequías y al pueblo judío (2 Rey. 25:1, 8–16, 20–22). Daniel interpretó los sueños de Nabucodonosor (Dan. 2; 4).

Nacer de Dios, nacer de nuevo. *Véase también* Bautismo, bautizar; Conversión, convertir; Engendrado, engendrar; Hijos de Cristo; Hijos e hijas de Dios; Hombre natural

Ocurre cuando el Espíritu del Señor efectúa un gran cambio en el corazón de una persona, de manera que ya no tiene más deseos de obrar mal, sino de seguir las vías de Dios.

Un espíritu nuevo pondré dentro de vosotros, **Ezeq.** 11:19 (Ezeq. 18:31; 36:26).

Los que creyeron en el nombre de Cristo no fueron engendrados de sangre, sino de Dios, **Juan** 1:12–13. El que no naciere de agua y del Espíritu, no puede entrar en el reino de Dios, **Juan** 3:3–7. Podemos renacer por la palabra de Dios, **1 Pe.** 1:3–23. Todo aquel que es nacido de Dios, no persevera en el pecado, **TJS,** 1 Juan 3:9. Todo lo que es nacido de Dios vence al mundo, **1 Juan** 5:4.

Los que nacen de Cristo conciertan un convenio con Dios, **Mos.** 3:19; 5:2–7. Todo el género humano debe nacer otra vez; sí, nacer de Dios, **Mos.** 27:25–26 (Alma

5:49). ¿Habéis nacido espiritualmente de Dios?, **Alma 5:12–19**. Si no nacéis otra vez, no podéis heredar el reino de los cielos, **Alma 7:14**.

Los que creyeren en mis palabras nacerán de mí, sí, del agua y del Espíritu, **DyC 5:16**.

Tendréis que nacer otra vez en el reino de los cielos, **Moisés 6:59**.

Nahúm

Profeta del Antiguo Testamento oriundo de Galilea, que escribió sus profecías entre los años 642 y 606 a.C.

El libro de Nahúm: En el capítulo 1, se habla de la ira vengadora de Dios en la Segunda Venida y de Su misericordia y poder. En el capítulo 2, se describe la destrucción de Nínive, la cual es un presagio de lo que sucederá en los últimos días. En el capítulo 3, sigue la predicción de la terrible destrucción de Nínive.

Natán. *Véase también* David

Profeta del Antiguo Testamento durante la época del rey David. Cuando David ofreció edificar un templo al Señor, el Señor le dio instrucciones a Natán de decirle que no lo hiciera. Natán también reprendió a David por haber ocasionado la muerte de Urías, uno de sus guerreros, y por haber tomado a Betsabé, la esposa de este (2 Sam. 12:1–15; DyC 132:38–39). Sadoc, junto con Natán, ungió rey a Salomón hijo de David (1 Rey. 1:38–39, 45).

Natanael. *Véase también* Bartolomé

En el Nuevo Testamento, apóstol de Cristo y amigo de Felipe (Juan 1:45–51), originario de Caná de Galilea (Juan 21:2). Cristo dijo que Natanael era un verdadero israelita en quien no había engaño (Juan 1:47). Generalmente se piensa que él y Bartolomé eran la misma persona (Mateo 10:3; Mar. 3:18; Lucas 6:14; Juan 1:43–45).

Nauvoo, Illinois (EE. UU.)

Ciudad del estado de Illinois, en los Estados Unidos de América, fundada en 1839 por los Santos de los Últimos Días.

Se encuentra en la ribera del río Misisipí, aproximadamente 320 kilómetros río arriba de Saint Louis, Misuri.

Debido a las persecuciones que habían padecido en el estado de Misuri, los santos se trasladaron unos 320 kilómetros al noreste, del otro lado del río Misisipí, al estado de Illinois, donde encontraron condiciones más favorables. Con el tiempo, los santos compraron terrenos cerca de Commerce, una villa de poco desarrollo. Esos terrenos eran prácticamente pantanos. Había allí apenas unos cuantos edificios sencillos, pero los santos drenaron la tierra y establecieron sus hogares. José Smith mudó a su familia a una pequeña cabaña de troncos. El nombre de la ciudad se cambió de Commerce a Nauvoo, vocablo derivado del hebreo que significa "hermosa".

En Nauvoo se dictaron varias secciones de Doctrina y Convenios (DyC 124–129; 132; 135). Se mandó a los santos edificar un templo en esa ciudad (DyC 124:26–27), lo cual hicieron. También organizaron estacas de Sion antes de ser expulsados de sus hogares en 1846. Como resultado de esa persecución, los santos abandonaron la zona y emprendieron el camino hacia el oeste.

Nazaret. *Véase también* Jesucristo

Pequeño pueblo situado entre cerros al oeste del mar de Galilea. Nazaret fue el lugar donde vivió Jesús durante sus primeros años (Mateo 2:23). Fue en la sinagoga de Nazaret que el Señor enseñó y además declaró que en Él se cumplía la profecía que se encuentra en Isa. 61:1–2. (Mateo 13:54–58; Mar. 6:1–6; Lucas 4:16–30).

Nefi hijo de Helamán. *Véase también* Helamán hijo de Helamán; Lehi, misionero nefita

En el Libro de Mormón, gran profeta y misionero nefita.

Fue el hijo mayor de Helamán, **Hel. 3:21**. Nombrado juez superior, **Hel. 3:37**. Él y su hermano Lehi convirtieron a muchos lamanitas al Evangelio,

Hel. 5:18–19. Fue rodeado de fuego y soltado de la prisión, **Hel.** 5:20–52. Oró desde la torre de su jardín, **Hel.** 7:6–10. Anunció el asesinato del juez principal, **Hel.** 8:25–28; 9:1–38. Recibió gran poder del Señor, **Hel.** 10:3–11. Rogó al Señor que enviara hambre y después que enviara lluvia, **Hel.** 11:3–18.

Nefi hijo de Lehi. *Véase también* Lehi, padre de Nefi; Nefitas

En el Libro de Mormón, hijo justo de Lehi y Saríah (1 Ne. 1:1–4; 2:5). Nefi tenía gran fe en la palabra de Dios (1 Ne. 3:7) y llegó a ser un gran profeta, historiador y líder de su pueblo.

Fue obediente y oró con fe, **1 Ne.** 2:16. Regresó a Jerusalén para obtener las planchas de bronce, **1 Ne.** 3–4. Regresó a Jerusalén para llevar al desierto a la familia de Ismael, **1 Ne.** 7. Recibió la misma visión que había tenido Lehi, **1 Ne.** 10:17–22; 11. Vio en una visión el futuro de su pueblo y la restauración del Evangelio, **1 Ne.** 12–13. Interpretó la visión del árbol de la vida, **1 Ne.** 15:21–36. Rompió su arco, pero por medio de la fe pudo obtener alimento, **1 Ne.** 16:18–32. Construyó un barco y viajó a la tierra prometida, **1 Ne.** 17–18. Separación de los nefitas y los lamanitas, **2 Ne.** 5. Su testimonio final, **2 Ne.** 33.

El libro de 1 Nefi: En los capítulos del 1 al 18:8, se habla mayormente del profeta Lehi y su familia: su partida de Jerusalén y su viaje por desiertos inhóspitos hasta llegar al mar. Desde 1 Nefi 18:9 hasta el capítulo 23, inclusive, se registra su viaje a la tierra prometida, guiados por el Señor, a pesar de la rebelión de Lamán y Lemuel. En los capítulos del 19 al 22, se habla de la finalidad de Nefi de llevar los registros (1 Ne. 6; 19:18), que fue la de persuadir a todos a recordar al Señor su Redentor. Citó a Isaías (1 Ne. 20–21) e interpretó sus mensajes con la esperanza de que todos llegaran a conocer a Jesucristo como su Salvador y Redentor (1 Ne. 22:12).

El libro de 2 Nefi: En los capítulos del 1 al 4, se encuentran algunas de las enseñanzas y profecías finales de Lehi antes de su muerte, entre ellas, la bendición a sus hijos y a los descendientes de cada uno de ellos. En el capítulo 5, se explica por qué los nefitas se separaron de los lamanitas. Los nefitas edificaron un templo, enseñaron la ley de Moisés y llevaron registros. En los capítulos del 6 al 10, se encuentran las palabras de Jacob, el hermano menor de Nefi, el cual proporciona una reseña de la historia de Judá y profetiza acerca del Mesías, tomando parte de sus escritos de Isaías. En los capítulos del 11 al 33, Nefi escribe su testimonio de Cristo, el testimonio de Jacob, las profecías sobre los últimos días y varios capítulos del libro de Isaías del Antiguo Testamento.

Planchas de Nefi: Véase Planchas

Nefi hijo de Nefi, hijo de Helamán. *Véase también* Discípulo; Nefi hijo de Helamán

En el Libro de Mormón, uno de los doce discípulos nefitas escogidos por Jesucristo ya resucitado (3 Ne. 1:2–3; 19:4). Este profeta oró fervorosamente al Señor por el bien de su pueblo. Nefi escuchó la voz del Señor (3 Ne. 1:11–14) y también recibió la visita de ángeles, expulsó demonios, levantó de entre los muertos a su hermano y dio un testimonio convincente (3 Ne. 7:15–19; 19:4). También llevó los anales del pueblo (3 Ne. 1:2–3).

El libro de 3 Nefi: Libro del Libro de Mormón que escribió Nefi, el hijo de Nefi. En los capítulos del 1 al 10, se muestra el cumplimiento de las profecías acerca de la venida del Señor. Se dio la señal del nacimiento de Cristo y el pueblo se arrepintió, pero después volvió a la iniquidad. Finalmente hubo tempestades, terremotos, tormentas violentas y gran destrucción como señales de la muerte de Cristo. Los capítulos del 11 al 28 son un registro de la visita de Cristo a las Américas, que constituye la parte principal del libro de Tercer Nefi. Muchas de las palabras de Cristo son similares a Sus sermones que se encuentran registrados en la Biblia (por ejemplo, Mateo 5 al 7 y 3 Ne. 12–14). Los capítulos 29 y 30 contienen las palabras de Mormón a las naciones de los postreros días.

El libro de 4 Nefi: Este libro consta de solo 49 versículos, todos ellos en un solo capítulo, y sin embargo cubre aproximadamente trescientos años de historia nefita (34–321 d.C.). Varias generaciones de autores, entre ellos, Nefi, contribuyeron al registro. En los versículos del 1 al 19, se dice que después de la visita del Cristo resucitado, todos los nefitas y los lamanitas se convirtieron al Evangelio, y reinaron la paz, el amor y la armonía. Los tres discípulos nefitas, a los que Cristo permitió permanecer sobre la tierra hasta Su segunda venida (3 Ne. 28:4–9), ministraron al pueblo. Nefi dejó el registro en manos de su hijo Amós. Los versículos del 19 al 47 son un registro del ministerio de Amós (84 años) y el de su hijo, también llamado Amós (112 años). En el año 201 d.C., el orgullo comenzó a causar problemas entre los del pueblo, los cuales se dividieron en clases y comenzaron a formar iglesias falsas con el objeto de lucrar (4 Ne. 1:24–34).

En los versículos finales de 4 Nefi, se muestra que el pueblo había vuelto de nuevo a la iniquidad (4 Ne. 1:35–49). En el año 305 d.C., murió Amós, el hijo de Amós, y su hermano Ammarón escondió todos los anales sagrados para salvaguardarlos. Posteriormente, Ammarón le encomendó los anales a Mormón, quien primero agregó muchos acontecimientos que habían ocurrido durante su propia vida y después hizo un compendio de los registros (Morm. 1:2–4).

Nefitas. *Véase también* Lamanitas; Libro de Mormón; Nefi hijo de Lehi

Pueblo del Libro de Mormón, muchos de los cuales descendían del profeta Nefi hijo de Lehi. Se separaron de los lamanitas y en general fueron más rectos que estos últimos; sin embargo, debido a su iniquidad, con el tiempo fueron destruidos por los lamanitas.

Los nefitas se separaron de los lamanitas, **2 Ne.** 5:5–17. Los que no eran lamanitas eran nefitas, **Jacob** 1:13. Inspiraba a los nefitas una causa mejor, **Alma** 43:6–9, 45. Jamás hubo época más dichosa para los nefitas que en los días de Moroni, **Alma** 50:23. A causa de las oraciones de los justos, fueron preservados los nefitas, **Alma** 62:40. Los nefitas empezaron a degenerar en la incredulidad, **Hel.** 6:34–35. Jesús enseñó y ministró a los nefitas, **3 Ne.** 11:1–28:12. Se convirtió al Señor toda la gente, y tenían en común todas las cosas, **4 Ne.** 1:2–3. No había contenciones, el amor de Dios moraba en sus corazones, y no podía haber pueblo más dichoso, **4 Ne.** 1:15–16. Los nefitas empezaron a tener orgullo y se envanecieron, **4 Ne.** 1:43. Hubo sangre y mortandad por toda la faz de la tierra, **Morm.** 2:8. Los nefitas aumentaron en iniquidad y Mormón se negó a ser su comandante, **Morm.** 3:9–11. Fueron muertos todos los nefitas, salvo veinticuatro, **Morm.** 6:7–15. Se mataba a todo nefita que no negara al Cristo, **Moro.** 1:2.

Los nefitas fueron destruidos a causa de sus maldades y abominaciones, **DyC** 3:18. Cuidaos del orgullo, no sea que lleguéis a ser como los nefitas, **DyC** 38:39.

Neftalí. *Véase también* Israel; Jacob hijo de Isaac

El sexto de los doce hijos de Jacob y el segundo hijo de Bilha, sierva de Raquel (Gén. 30:7–8). Neftalí tuvo cuatro hijos (1 Cró. 7:13).

La tribu de Neftalí: La bendición que Jacob dio a Neftalí se encuentra registrada en Gén. 49:21. La bendición que Moisés dio a la tribu se encuentra en Deut. 33:23.

Nehemías

En el Antiguo Testamento, un noble israelita de Babilonia (era o levita o miembro de la tribu de Judá) que ocupaba el cargo de copero en la corte de Artajerjes, de quien recibió la comisión real que le autorizaba reconstruir los muros de Jerusalén.

El libro de Nehemías: Este libro es una continuación del libro de Esdras. Contiene un relato del progreso y las dificultades de la obra en Jerusalén después del regreso de los judíos de su cautiverio en Babilonia. En los capítulos del 1 al 7, se relata la primera visita de Nehemías a Jerusalén y la reconstrucción de los muros de la ciudad a pesar de la gran oposición que existía. En los capítulos del 8 al 10, se describen las reformas religiosas y sociales que Nehemías trató de implantar. En los capítulos del 11 al 13, se da una lista de nombres de los que eran dignos y se habla de la dedicación de los muros. En los versículos del 4 al 31 del capítulo 13, se relata la segunda visita de Nehemías a Jerusalén después de doce años de ausencia.

Nehor. *Véase también* Anticristo; Supercherías sacerdotales

Hombre inicuo del Libro de Mormón; fue el primero en practicar las supercherías sacerdotales entre los nefitas. Después de enseñar doctrina falsa y de matar a Gedeón, fue ejecutado por sus crímenes (Alma 1). Los seguidores de Nehor continuaron sus prácticas y enseñanzas inicuas mucho tiempo después de la muerte de este.

Alma y Amulek fueron encarcelados por un juez de la orden de Nehor, **Alma** 14:14–18. Eran de la fe de Nehor los que perecieron, **Alma** 16:11. Muchos pertenecían a la orden de los nehores, **Alma** 21:4. La mayoría de los que mataron a tantos de sus hermanos pertenecían a la orden de los nehores, **Alma** 24:28.

Nicodemo. *Véase también* Fariseos

En el Nuevo Testamento, un gobernante recto de los judíos (probablemente miembro del concilio o sanedrín) y fariseo (Juan 3:1).

Le habló a Jesús de noche, **Juan** 3:1–21. Defendió a Cristo ante los fariseos, **Juan** 7:50–53. Llevó especias a la sepultura de Jesús, **Juan** 19:39–40.

Nínive. *Véase también* Asiria; Jonás

En el Antiguo Testamento, la capital de Asiria, que durante más de 200 años fue un importante centro comercial ubicado sobre el margen oriental del río Tigris. Cayó junto con el Imperio asirio en el año 606 a.C.

Senaquerib, el rey de Asiria, vivía en Nínive, **2 Rey.** 19:36. Jonás fue enviado a la ciudad para llamarla al arrepentimiento, **Jonás** 1:1–2 (Jonás 3:1–4). El pueblo de Nínive se arrepintió, **Jonás** 3:5–10. Cristo puso a la ciudad de Nínive ante los judíos como un ejemplo del arrepentimiento, **Mateo** 12:41.

Niño(s). *Véase también* Bautismo de los niños pequeños; Bendecido, bendecir, bendición — Bendición de los niños; Expiación, expiar; Familia; Responsabilidad, responsable; Salvación — La salvación de los niños pequeños

Persona de corta edad que aún no llega a la pubertad. Los padres y las madres han de enseñar a sus niños a obedecer la voluntad de Dios. Los niños están sin pecado hasta llegar a la edad de responsabilidad (Moro. 8:22; DyC 68:27).

Instruye al niño en su camino, **Prov.** 22:6. Dejad a los niños venir a mí, y no se lo impidáis, **Mateo** 19:14. Obedeced a vuestros padres, **Efe.** 6:1–3 (Col. 3:20). Los niños pequeños tienen vida eterna, **Mos.** 15:25. Jesús tomó a los niños pequeños y los bendijo, **3 Ne.** 17:21. Los niños pequeños no necesitan el bautismo, **Moro.** 8:8–24. Los niños pequeños son redimidos desde la fundación del mundo, mediante mi Unigénito, **DyC** 29:46–47. Los niños pequeños son santos por la expiación de Jesucristo, **DyC** 74:7. Los niños que mueren antes de llegar a la edad de responsabilidad se salvan en el reino celestial, **DyC** 137:10.

Noé hijo de Zeniff

Rey inicuo del Libro de Mormón que gobernó a un grupo de nefitas en la tierra de Nefi.

Noé cometió muchos pecados, **Mos.** 11:1–15. Ordenó la muerte del profeta Abinadí, **Mos.** 13:1 (Mos. 17:1, 5–20). Padeció la muerte por fuego, **Mos.** 19:20.

Noé, patriarca bíblico. *Véase también* Arca; Arco iris; Diluvio en los tiempos de Noé; Gabriel

En el Antiguo Testamento, hijo de Lamec y décimo patriarca desde Adán (Gén. 5:29–32). Testificó de Cristo y predicó el arrepentimiento a una generación inicua. Cuando el pueblo rechazó su mensaje, Dios le mandó construir un arca para que en ella pudieran sobrevivir su familia y todas las especies de animales cuando Él inundara la tierra para destruir a los inicuos (Gén. 6:13–22; Moisés 8:16–30). El profeta José Smith enseñó que Noé es el ángel Gabriel y que sigue a Adán en poseer las llaves de la salvación.

Él y sus hijos Jafet, Sem y Cam, junto con sus respectivas esposas, se salvaron del Diluvio al construir un arca por mandato de Dios, **Gén.** 6–8 (Heb. 11:7; 1 Pe. 3:20). El Señor renovó con Noé el convenio que había hecho con Enoc, **Gén.** 9:1–17 (TJS, Gén. 9:15, 21–25; Moisés 7:49–52).

Noé tenía diez años de edad cuando Matusalén lo ordenó al sacerdocio, **DyC** 107:52.

Los hombres buscaron a Noé para quitarle la vida, mas el poder de Dios lo salvó, **Moisés** 8:18. Noé se convirtió en pregonero de la justicia y enseñó el evangelio de Jesucristo, **Moisés** 8:19, 23–24 (2 Pe. 2:5).

Noemí. *Véase también* Rut

En el Antiguo Testamento, una mujer recta y la esposa de Elimelec (Rut 1–4). Elimelec y Noemí llevaron a su familia a Moab para escapar del hambre, pero después de morir Elimelec y los dos hijos de ellos, Noemí regresó a Belén con Rut, su nuera.

Nombre de la Iglesia. *Véase* Iglesia de Jesucristo de los Santos de los Últimos Días, La; Iglesia, nombre de la

Nueva Jerusalén. *Véase también* Sion

Lugar donde se reunirán los santos y donde Cristo reinará personalmente entre ellos durante el Milenio. Sion (la Nueva Jerusalén) será edificada sobre el continente americano, y la tierra será renovada y recibirá su gloria paradisíaca (AdeF 1:10). También se refiere a una ciudad santa que descenderá de los cielos al comenzar el Milenio.

De Sion saldrá la ley, **Miq.** 4:2.

El nombre de la ciudad de Dios es la nueva Jerusalén, **Apoc.** 3:12. Juan vio la santa ciudad, la nueva Jerusalén, **Apoc.** 21:1–5.

Estableceré a este pueblo en esta tierra, y será una Nueva Jerusalén, **3 Ne.** 20:22. Una Nueva Jerusalén se edificará en América, **Éter** 13:3–6, 10.

Ha de ser preparada la ciudad de la Nueva Jerusalén, **DyC** 42:9, 35, 62–69. Se manda a los santos congregarse y edificar la Nueva Jerusalén, **DyC** 45:63–75. La Nueva Jerusalén será edificada en Misuri, **DyC** 84:1–5 (DyC 57:1–3). El Cordero estará en pie sobre el monte de Sion y sobre la ciudad santa, la Nueva Jerusalén, **DyC** 133:56.

Mi tabernáculo se llamará Sion, una Nueva Jerusalén, **Moisés** 7:62.

Nuevo Testamento. *Véase también* Biblia; Escrituras

Recolección de escritos inspirados (de textos escritos en griego) acerca de la vida y el ministerio de Jesucristo, de los Apóstoles y de otros seguidores de Jesucristo. Por lo general, el Nuevo Testamento se divide de la siguiente manera: los Evangelios, los Hechos de los Apóstoles, las epístolas de Pablo, las epístolas generales y el libro de El Apocalipsis.

En los cuatro Evangelios —los libros

de Mateo, Marcos, Lucas y Juan— se relata la vida de Cristo. En el libro de Hechos, se registra la historia de la Iglesia y de los Apóstoles, en especial los viajes misionales de Pablo, después de la muerte de Cristo. En las cartas o epístolas de Pablo, se da instrucción a los líderes y a los miembros de la Iglesia. Las demás epístolas las escribieron otros Apóstoles y en ellas dan consejos adicionales a los santos de aquellos tiempos. En el libro de El Apocalipsis, escrito por el apóstol Juan, se encuentran mayormente profecías relacionadas con los últimos días.

Nuevo y sempiterno convenio. *Véase también* Convenio

Es la plenitud del evangelio de Jesucristo (DyC 66:2). Se considera nuevo cada vez que se revela nuevamente después de un período de apostasía; es sempiterno en el sentido de que es el convenio de Dios y se ha disfrutado de él en todas las dispensaciones del Evangelio en que el pueblo ha estado dispuesto a recibirlo. Por medio del profeta José Smith, Jesucristo reveló otra vez sobre la tierra el nuevo y sempiterno convenio a los hombres. Este convenio contiene ordenanzas sagradas que se administran por medio de la autoridad del sacerdocio —tales como el bautismo y el matrimonio eterno, que se lleva a cabo en el templo— y que hacen posible la salvación, la inmortalidad y la vida eterna del hombre. Cuando las personas aceptan el Evangelio y prometen guardar los mandamientos de Dios, Él, a su vez, promete darles las bendiciones de Su nuevo y sempiterno convenio.

Estableceré mi convenio entre mí y ti, **Gén.** 17:7. Tendrá él el convenio del sacerdocio perpetuo, **Núm.** 25:13. El pueblo falseó el derecho y quebrantó el convenio sempiterno, **Isa.** 24:5 (DyC 1:15). Haré con vosotros convenio eterno, **Isa.** 55:3 (Jer. 32:40). Convenio perpetuo será con ellos, **Ezeq.** 37:26. El Señor hizo un nuevo convenio, y

el viejo desapareció, **Heb.** 8:13. Jesús es el Mediador del nuevo convenio, **Heb.** 12:24 (DyC 76:69).

Este es un convenio nuevo y sempiterno, **DyC** 22:1. He enviado al mundo mi convenio sempiterno, **DyC** 45:9 (DyC 49:9). El Señor envió la plenitud de Su Evangelio, Su convenio sempiterno, **DyC** 66:2 (DyC 133:57). Para que el hombre alcance el grado más alto del reino celestial, debe entrar en el nuevo y sempiterno convenio del matrimonio, **DyC** 131:1–2. El nuevo y sempiterno convenio se instituyó para la plenitud de la gloria del Señor, **DyC** 132:6, 19.

Números. *Véase también* Pentateuco

Cuarto libro del Antiguo Testamento, cuyo autor fue Moisés. En el libro de Números, se relata la historia del viaje de Israel desde el monte de Sinaí hasta los llanos de Moab junto a la frontera con Canaán. Una de las lecciones importantes que se enseña es que el pueblo de Dios debe andar por medio de la fe y confiar en Sus promesas si ha de seguir prosperando. También se describe el castigo que impuso Dios sobre Israel por motivo de su desobediencia y se brinda información acerca de las leyes israelitas. El nombre del libro deriva del hecho de que en él se destacan los datos del censo o empadronamiento del pueblo (Núm. 1–2; 26).

En los capítulos del 1 al 10, se habla de los preparativos de Israel para partir de Sinaí. En los capítulos del 11 al 14, se describen la marcha en sí, el envío de espías a Canaán y la obstinación de Israel de no entrar en la tierra prometida. En los capítulos del 15 al 19, se registran varias leyes y acontecimientos históricos. En los capítulos del 20 al 36, se encuentra la historia del último año que pasó el pueblo en el desierto.

Obed. *Véase también* Booz; Rut

En el Antiguo Testamento, el hijo de Booz y Rut y el padre de Isaí, quien llegó a ser el padre del rey David (Rut 4:13–17, 21–22).

Obediencia, obediente, obedecer.
Véase también Andar, andar con Dios; Bendecido, bendecir, bendición; Escuchar; Gozo; Ley; Mandamientos de Dios

En el sentido espiritual, obedecer significa hacer la voluntad de Dios.

Noé hizo conforme a todo lo que Dios le mandó, **Gén.** 6:22. Abraham obedeció a Jehová, **Gén.** 22:15–18. Haremos todas las cosas que Jehová ha dicho, **Éx.** 24:7. Oye, pues, oh Israel, y cuida de ponerlos por obra, **Deut.** 6:1–3. Amando a Jehová y atendiendo a su voz, **Deut.** 30:20. El obedecer es mejor que los sacrificios, **1 Sam.** 15:22. Teme a Dios, y guarda sus mandamientos, **Ecle.** 12:13–14.

No todos entrarán en el reino de los cielos, sino el que hace la voluntad del Padre, **Mateo** 7:21 (3 Ne. 14:21). El que quiera hacer la voluntad de Dios, conocerá si la doctrina es de Dios, **Juan** 7:17. Es necesario obedecer a Dios antes que a los hombres, **Hech.** 5:29. Hijos, obedeced a vuestros padres, **Efe.** 6:1 (Col. 3:20). Iré y haré lo que el Señor ha mandado, **1 Ne.** 3:7. Obedeciendo la voz del Espíritu, **1 Ne.** 4:6–18. Si los hijos de los hombres guardan los mandamientos de Dios, Él los alimenta, **1 Ne.** 17:3. Cuidaos, no sea que optéis por obedecer al espíritu malo, **Mos.** 2:32–33, 37 (DyC 29:45). Los hombres reciben su recompensa de acuerdo con el espíritu que quisieron obedecer, **Alma** 3:26–27.

Los hombres deben hacer muchas cosas de su propia voluntad, **DyC** 58:26–29. En nada ofende el hombre a Dios sino aquellos que no confiesan su mano y no obedecen sus mandamientos, **DyC** 59:21. Yo, el Señor, estoy obligado cuando hacéis lo que os digo, **DyC** 82:10. Toda alma que obedezca mi voz verá mi faz y sabrá que yo soy, **DyC** 93:1. Es necesario que mi pueblo sea disciplinado hasta que aprenda la obediencia, **DyC** 105:6. Cuando recibimos una bendición de Dios, es porque se obedece aquella ley sobre la cual se basa, **DyC** 130:21.

Adán fue obediente, **Moisés** 5:5. Con esto los probaremos, para ver si harán todas las cosas que el Señor les mandare, **Abr.** 3:25.

Obispo. *Véase también* Sacerdocio Aarónico

Significa "guardián", e indica un oficio o puesto de responsabilidad. El oficio de obispo pertenece al Sacerdocio Aarónico y se recibe por ordenación (DyC 20:67; 107:87–88). El obispo es juez común en Israel (DyC 107:72, 74).

El Espíritu Santo os ha puesto por obispos, **Hech.** 20:28. Se definen los requisitos de los obispos, **1 Tim.** 3:1–7 (Tito 1:7). El obispo debe ser ordenado, **DyC** 20:67. Edward Partridge había de servir como obispo de la iglesia, **DyC** 41:9. Al obispo le es concedido discernir los dones espirituales, **DyC** 46:27, 29. Un sumo sacerdote puede desempeñar el oficio de obispo, **DyC** 68:14, 19 (DyC 107:17). Al obispo lo nombra el Señor, **DyC** 72. El obispo debe encargarse de satisfacer las necesidades de los pobres, **DyC** 84:112. El obispo debe administrar todas las cosas temporales, **DyC** 107:68. El obispo es presidente del Sacerdocio Aarónico, **DyC** 107:87–88.

Obispo Presidente

Autoridad General de la Iglesia. Tiene la responsabilidad general sobre el bienestar temporal de la Iglesia (DyC 107:68). El Obispo Presidente y sus consejeros, quienes también son Autoridades Generales, presiden el Sacerdocio Aarónico de la Iglesia (DyC 68:16–17; 107:76, 87–88).

Edward Partridge había de ser ordenado obispo, **DyC** 41:9. Los obispos deben ser llamados y apartados por la Primera Presidencia, **DyC** 68:14–15. Los descendientes literales de Aarón, si son los primogénitos, tienen el derecho de presidir si la Primera Presidencia los llama, aparta y ordena, **DyC** 68:16,

18–20. No ha de ser juzgado, sino ante la Primera Presidencia, **DyC** 68:22–24 (DyC 107:82).

Obra misional. *Véase también* Evangelio; Predicar

Dar a conocer el evangelio de Jesucristo mediante la palabra y el ejemplo.

¡Cuán hermosos son sobre los montes los pies del que publica salvación!, **Isa.** 52:7. Iré a buscar mis ovejas, y las reconoceré, **Ezeq.** 34:11.

Predicad el evangelio a toda criatura, **Mar.** 16:15 (Morm. 9:22). Los campos ya están blancos para la siega, **Juan** 4:35. ¿Cómo predicarán si no fueren enviados?, **Rom.** 10:15.

Enseñábamos la palabra de Dios con toda diligencia, **Jacob** 1:19. El Señor les concede a todas las naciones que enseñen su palabra, **Alma** 29:8.

Que la plenitud de mi evangelio sea proclamada por los débiles y sencillos, **DyC** 1:23. Una obra maravillosa está para aparecer, **DyC** 4:1. Si trabajáis todos vuestros días y me traéis una sola alma, cuán grande será vuestro gozo, **DyC** 18:15. Mis escogidos escuchan mi voz y no endurecen su corazón, **DyC** 29:7. Saldréis de dos en dos, predicando mi evangelio, **DyC** 42:6. El pregón tiene que salir desde este lugar, **DyC** 58:64. Abrid vuestra boca para proclamar mi evangelio, **DyC** 71:1. Proclamad la verdad de acuerdo con las revelaciones y los mandamientos, **DyC** 75:4. Conviene que todo hombre que ha sido amonestado, amoneste a su prójimo, **DyC** 88:81 (DyC 38:40–41). El Señor abastecerá a las familias de los que prediquen el Evangelio, **DyC** 118:3. Los siervos de Dios saldrán proclamando, **DyC** 133:38. Los fieles élderes, cuando salen de la vida terrenal, continúan su obra en la predicación del evangelio, **DyC** 138:57.

Obras

Los hechos y acciones de una persona, sean buenos o malos. Toda persona será juzgada por sus propias obras.

Jehová dará al hombre según sus obras, **Prov.** 24:12.

Así alumbre vuestra luz delante de los hombres, para que vean vuestras buenas obras, **Mateo** 5:16 (3 Ne. 12:16). El que hace la voluntad de mi Padre entrará en el reino de los cielos, **Mateo** 7:21. La fe sin obras es muerta, **Stg.** 2:14–26.

Serían juzgados por sus obras, **1 Ne.** 15:32 (Mos. 3:24). Sabemos que es por la gracia que nos salvamos, después de hacer cuanto podamos, **2 Ne.** 25:23. Enséñales a no cansarse nunca de las buenas obras, **Alma** 37:34. Es indispensable que los hombres sean juzgados según sus obras, **Alma** 41:3. Por sus obras los conoceréis, **Moro.** 7:5 (DyC 18:38).

Yo, el Señor, juzgaré a todos los hombres según sus obras, **DyC** 137:9.

Ociosidad, ocioso

Inactividad; el no tomar parte en las obras de rectitud.

Si alguno no quiere trabajar, tampoco coma, **2 Tes.** 3:10.

Se convirtieron en un pueblo ocioso, lleno de maldad, **2 Ne.** 5:24. Procura evitar la ociosidad, **Alma** 38:12.

El ocioso no comerá el pan ni vestirá la ropa del trabajador, **DyC** 42:42. ¡Ay de vosotros que no queréis trabajar con vuestras propias manos!, **DyC** 56:17. Estad anhelosamente consagrados a una causa buena y haced muchas cosas, **DyC** 58:27. Cesad de ser ociosos, **DyC** 88:124.

Odio, aborrecimiento. *Véase también* Amor; Enemistad; Venganza

El odio es una intensa antipatía y aversión hacia alguna cosa o persona.

Yo, Dios, visito la maldad de los padres sobre los hijos de los que me aborrecen, **Éx.** 20:5. Seis cosas aborrece Jehová, **Prov.** 6:16. El hombre necio menosprecia a su madre, **Prov.** 15:20. Despreciado y desechado entre los hombres, **Isa.** 53:3.

Haced bien a los que os aborrecen, **Mateo** 5:44. O aborrecerá al uno y amará al otro, o estimará al uno y menospreciará al otro, **Mateo** 6:24. Y seréis aborrecidos de todos por causa de mi nombre, **Mateo** 10:22. Todo aquel que hace lo malo, aborrece la luz, **Juan** 3:20. Ninguno tenga en poco tu juventud, **1 Tim.** 4:12.

Porque son ricos desprecian a los pobres, **2 Ne.** 9:30. No despreciéis las revelaciones de Dios, **Jacob** 4:8. Abrigaban un odio eterno contra nosotros, **Jacob** 7:24.

Los hombres desdeñan los consejos de Dios y desprecian sus palabras, **DyC** 3:7.

Se me odiaba y perseguía por decir que había visto una visión, **JS—H** 1:25.

Ofender

Quebrantar una ley divina, pecar o causar incomodidad o daño; también molestar o desagradar a alguien.

El hermano ofendido es más tenaz que una ciudad fuerte, **Prov.** 18:19.

Si tu ojo derecho te es ocasión de caer, sácalo, **Mateo** 5:29. Cualquiera que haga tropezar a alguno de estos pequeños que creen en mí, mejor le fuera que se le hundiese en el mar, **Mateo** 18:6 (DyC 121:19–22). Procuro tener siempre una conciencia sin ofensa ante Dios y ante los hombres, **Hech.** 24:16. Cualquiera que guarde toda la ley, pero ofendiere en un punto, se hace culpable de todos, **Stg.** 2:10.

Si tu hermano o tu hermana te ofende y confiesa, os reconciliaréis, **DyC** 42:88. En nada ofende el hombre a Dios, sino aquellos que no confiesan su mano en todas las cosas y no obedecen sus mandamientos, **DyC** 59:21.

Oficial, oficio. *Véase también*
Ordenación, ordenar; Sacerdocio

Cargo de autoridad o responsabilidad en una organización. En las Escrituras, a menudo se emplea este vocablo para representar un cargo de autoridad en el sacerdocio; también puede significar los deberes que son parte del cargo o referirse a la persona que lo ocupe.

No todos los miembros tienen la misma función, **Rom.** 12:4.

Magnificamos nuestro oficio ante el Señor, **Jacob** 1:19. Melquisedec recibió el oficio del sumo sacerdocio, **Alma** 13:18. El oficio del ministerio de los ángeles es llamar a los hombres al arrepentimiento, **Moro.** 7:31.

No se ordenará a ninguna persona a oficio alguno en esta Iglesia sin el voto de dicha iglesia, **DyC** 20:65. Ocupe cada hombre su propio oficio, **DyC** 84:109. Hay presidentes, u oficiales presidentes, nombrados de entre los que son ordenados a los varios oficios de estos dos sacerdocios, **DyC** 107:21. Se describen los deberes de los que presiden sobre los oficios de los cuórums del sacerdocio, **DyC** 107:85–98. Aprenda todo varón su deber, así como a obrar en el oficio al cual fuere nombrado, **DyC** 107:99–100. Os nombro a los oficiales correspondientes a mi sacerdocio, **DyC** 124:123.

Ofrenda. *Véase también* Ayunar, ayuno; Bienestar; Diezmar, diezmo; Limosna; Sacrificios

Una dádiva al Señor. En el Antiguo Testamento, a menudo se usa este vocablo para referirse a los sacrificios u holocaustos. En la actualidad, la Iglesia utiliza las ofrendas de ayuno y otras contribuciones voluntarias (entre ellas, la donación de tiempo, de habilidades y talentos, y de bienes) para ayudar a los pobres y también para otras causas dignas.

Me habéis robado en vuestros diezmos y ofrendas, **Mal.** 3:8–10.

Reconcíliate primero con tu hermano y entonces ven y presenta tu ofrenda, **Mateo** 5:23–24.

Ofrecedle a Cristo vuestras almas enteras como ofrenda, **Omni** 1:26. Si un hombre presenta una ofrenda sin verdadera intención, de nada le aprovecha, **Moro.** 7:6.

El Sacerdocio Aarónico nunca más será quitado de la tierra, hasta que los hijos de Leví de nuevo ofrezcan al Señor un sacrificio en rectitud, **DyC** 13. En este, el día del Señor, ofrecerás tus ofrendas y tus sacramentos al Altísimo, **DyC** 59:12. Ofrezcamos, como iglesia y como pueblo, una ofrenda al Señor en rectitud, **DyC** 128:24.

Oído. *Véase también* Escuchar

En las Escrituras, al oído a menudo se le representa como el símbolo de la facultad que la persona tiene para escuchar y comprender las cosas de Dios.

Orejas tienen, mas no oyen, **Sal.** 115:6. Jehová el Señor despertará oído para que oiga, **Isa.** 50:4–5 (2 Ne. 7:4–5).

El que tiene oídos para oír, oiga, **Mateo** 11:15. Con los oídos oyen pesadamente, **Mateo** 13:15 (Moisés 6:27). Cosas que ojo no vio, ni oído oyó, son las que Dios ha preparado para los que le aman, **1 Cor.** 2:9 (DyC 76:10).

El diablo les susurra al oído, **2 Ne.** 28:22. Para que abráis vuestros oídos para que podáis oír, **Mos.** 2:9 (3 Ne. 11:5). Fui llamado muchas veces, y no quise oír, **Alma** 10:6. Da oído a mis palabras, **Alma** 36:1 (Alma 38:1; DyC 58:1).

No habrá oído que no oiga, **DyC** 1:2. Los oídos se despiertan mediante la humildad y la oración, **DyC** 136:32.

Ojo(s)

En las Escrituras, al ojo a menudo se le representa como el símbolo de la facultad que la persona tiene para recibir la luz de Dios. En sentido simbólico, el ojo de la persona también demuestra la condición de su espíritu y la comprensión que tiene de las cosas de Dios.

El precepto de Jehová alumbra los ojos, **Sal.** 19:8. Los necios tienen ojos y no ven, **Jer.** 5:21 (Mar. 8:18).

La lámpara del cuerpo es el ojo, **Mateo** 6:22 (Lucas 11:34; 3 Ne. 13:22; DyC 88:67). Bienaventurados vuestros ojos, porque ven, **Mateo** 13:16. Alumbrando los ojos de vuestro entendimiento, **Efe.** 1:17–18.

¡Ay de los que son sabios a sus propios ojos!, **2 Ne.** 15:21 (Isa. 5:21). Empezaron a ayunar y a rogar para que los ojos del pueblo fueran abiertos, **Mos.** 27:22. Satanás les cegó los ojos, **3 Ne.** 2:2. Nadie puede tener el poder para sacar a luz el Libro de Mormón salvo que tenga la

mira [los ojos] puesta únicamente en la gloria de Dios, **Morm.** 8:15.

Fueron abiertos nuestros ojos e iluminados nuestros entendimientos por el poder del Espíritu, **DyC** 76:12. La luz viene por medio de aquel que ilumina vuestros ojos, **DyC** 88:11. Si vuestra mira está puesta únicamente en mi gloria, vuestro cuerpo entero será lleno de luz, **DyC** 88:67.

Olivo. *Véase también* Aceite; Israel

Árbol común en Israel e importante recurso agrícola de las tierras bíblicas. Se cultiva por su madera, su fruto y su aceite. En las Escrituras, se hace alusión al olivo con frecuencia para simbolizar la casa de Israel.

Se compara la casa de Israel a un olivo, cuyas ramas serían desgajadas y esparcidas, **1 Ne.** 10:12 (1 Ne. 15:12). El Señor compara la casa de Israel a un olivo cultivado, **Jacob** 5–6.

José Smith llamó a la revelación de la sección 88 la "Hoja de Olivo", **DyC** 88 Encabezamiento. Un noble les dijo a sus siervos que fueran a la viña a plantar doce olivos, **DyC** 101:43–62.

Olivos, monte de los. *Véase también* Getsemaní

Cerro situado al este de Jerusalén, y separado de esta ciudad por el valle del Cedrón. En su falda occidental, cerca del pie del monte, se hallaba el Jardín de Getsemaní; y en la parte superior de la falda del este, Betfagé y Betania. Este monte no solamente fue el escenario en el cual ocurrieron muchos hechos en los tiempos bíblicos (Mateo 24:3), sino que también será un lugar muy importante en los acontecimientos de los últimos días (Zac. 14:3–5; DyC 45:48–54; 133:20).

Omega. *Véase* Alfa y Omega; Jesucristo

Omner. *Véase también* Mosíah hijo de Benjamín; Mosíah, hijos de

En el Libro de Mormón, uno de los hijos del rey Mosíah. Omner acompañó a sus hermanos a predicar a los lamanitas (Mos. 27:8–11, 34–37; 28:1–9).

Omni

Historiador nefita del Libro de Mormón que escribió en los anales aproximadamente en el año 361 a.C. (Jarom 1:15; Omni 1:1–3).

El libro de Omni: Libro del Libro de Mormón que se tradujo de las planchas menores de Nefi. Este libro contiene un solo capítulo, en el cual se relatan las guerras entre los nefitas y los lamanitas. Omni solamente escribió los primeros tres versículos del libro, después de lo cual los anales pasaron sucesivamente a Amarón, a Quémis, a Abinadom y finalmente a Amalekí, quien se las entregó al rey Benjamín, el rey de Zarahemla.

Omnipotente. *Véase también* Trinidad

La característica divina de poseer todo poder (Gén. 18:14; Alma 26:35; DyC 19:1–3).

Omnipresente. *Véase también* Trinidad

La capacidad de Dios de estar presente en todas partes por medio de Su Espíritu (Sal. 139:7–12; DyC 88:7–13, 41).

Omnisciente. *Véase también* Trinidad

La característica divina de poseer todo conocimiento (Mateo 6:8; 2 Ne. 2:24).

Oposición. *Véase* Adversidad

Oración. *Véase también* Adorar; Amén; Meditar; Pedir

Comunicación reverente con Dios durante la cual la persona da gracias y pide bendiciones. La oración se dirige a nuestro Padre Celestial en el nombre de Jesucristo y puede hacerse en voz alta o en silencio. Los pensamientos también pueden ser una oración si se dirigen a Dios. La canción de los justos puede ser una oración a Dios (DyC 25:12).

La finalidad de la oración no es cambiar la voluntad de Dios, sino obtener para nosotros y para otras personas las bendiciones que Dios esté dispuesto a otorgarnos, pero que debemos solicitar a fin de recibirlas.

Oramos al Padre en el nombre de Cristo (Juan 14:13–14; 16:23–24). Podemos realmente orar en el nombre de Cristo cuando nuestros deseos también son los de Él (Juan 15:7; DyC 46:30). Al orar así, pedimos lo que es correcto y hacemos posible que Dios nos lo otorgue (3 Ne. 18:20). Algunas oraciones permanecen sin contestar porque no representan en forma alguna el deseo de Cristo, sino que nacen del egoísmo del hombre (Stg. 4:3; DyC 46:9). De hecho, si le pedimos a Dios algo incorrecto, ello se tornará para nuestra condenación (DyC 88:65).

Los hombres comenzaron a invocar el nombre de Jehová, **Gén.** 4:26. En el lugar del altar, Abraham invocó el nombre de Jehová, **Gén.** 13:4. El siervo de Abraham oró pidiendo ayuda para encontrar una esposa para Isaac, **Gén.** 24:10–19. Lejos sea de mí que peque yo contra Jehová cesando de rogar por vosotros, **1 Sam.** 12:23. Jehová oye la oración de los justos, **Prov.** 15:29. Me hallaréis, porque me buscaréis de todo vuestro corazón, **Jer.** 29:12–13.

Orad por los que os ultrajan, **Mateo** 5:44 (Lucas 6:28; 3 Ne. 12:44). Ora a tu Padre que está en secreto, **Mateo** 6:5–8 (3 Ne. 13:5–8). Vosotros, pues, oraréis así, **Mateo** 6:9–13 (Lucas 11:2; 3 Ne. 13:9). Pedid, y se os dará, **Mateo** 7:7 (3 Ne. 14:7; DyC 4:7; 6:5; 66:9). Jesús subió al monte a orar aparte, **Mateo** 14:23. Velad y orad, **Mateo** 26:41 (Mar. 14:38; 3 Ne. 18:15–18; DyC 31:12). Pida con fe, no dudando nada, **Stg.** 1:5–6 (DyC 42:68; 46:7). La oración eficaz del justo puede mucho, **Stg.** 5:16.

Escuchad al Espíritu que enseña al hombre a orar, **2 Ne.** 32:8–9. Clamé a él con potente oración, **Enós** 1:4. He ayunado y orado muchos días, **Alma** 5:45–46 (Alma 26:22). Se habían dedicado a mucha oración y ayuno, **Alma** 17:3. ¿No recordáis haber leído lo que Zenós ha dicho concerniente a la oración o adoración?, **Alma** 33:3. Humillaos, y persistid en la oración, **Alma** 34:18–27. Consulta al Señor en todos tus hechos, **Alma** 37:37. Siempre debéis orar al Padre en mi nombre, **3 Ne.** 18:19–20. Orad en vuestras familias, **3 Ne.** 18:21. Jesús oró al Padre, **3 Ne.** 19:31–34 (Juan 17; 3 Ne. 18:16). Les mandó que no cesaran de orar en sus corazones, **3 Ne.** 20:1. Si ora, a menos que lo haga con verdadera intención, de nada le aprovecha, **Moro.** 7:6–9.

No pidas lo que no debes, **DyC** 8:10. Ora siempre para que salgas triunfante, **DyC** 10:5. Te mando que ores vocalmente así como en tu corazón, **DyC** 19:28. Se os dará el Espíritu por la oración de fe, **DyC** 42:14. Irás a la casa de oración y ofrecerás tus sacramentos, **DyC** 59:9 (Mateo 21:13). Los padres enseñarán a sus hijos a orar, **DyC** 68:28. El Señor su Dios es lento en escuchar sus oraciones, **DyC** 101:7–8 (Mos. 21:15). Sé humilde; y el Señor tu Dios dará respuesta a tus oraciones, **DyC** 112:10.

Se le mandó a Adán invocar a Dios en el nombre del Hijo, **Moisés** 5:8. En respuesta a la oración de José Smith, se le aparecieron el Padre y el Hijo, **JS—H** 1:11–20.

Oración del Señor. *Véase también* Oración

La oración que el Salvador ofreció como ejemplo para Sus discípulos y que sirve de modelo para toda oración (Mateo 6:9–13; 3 Ne. 13:9–13).

Orden Unida. *Véase también* Consagrar, ley de consagración

Organización mediante la cual los santos de los comienzos de la Iglesia restaurada trataron de vivir la ley de consagración. Los miembros compartían su propiedad, sus bienes y sus ganancias, y recibían conforme a sus carencias y necesidades (DyC 51:3; 78:1–15; 104).

En vuestras cosas temporales seréis iguales, **DyC** 70:14. Los santos debían organizarse para ser iguales en todas las cosas, **DyC** 78:3–11 (DyC 82:17–20). El Señor dio a la orden unida una revelación y mandamiento, **DyC** 92:1. John Johnson debía ser miembro de la orden unida, **DyC** 96:6–9. El Señor dio instrucciones sobre la forma en que debía funcionar la orden unida, **DyC** 104. Mi pueblo no está unido conforme a la unión que requiere la ley del reino celestial, **DyC** 105:1–13.

Ordenación, ordenar. *Véase también* Autoridad; Imposición de manos; Llamado, llamado por Dios, llamamiento; Oficial, oficio; Sacerdocio

Nombrar o conferir autoridad u oficio. En la Iglesia del Señor, para que alguien ejerza autoridad, debe ser llamado por Dios, por profecía, y debe haberla recibido por la imposición de manos, de aquellos que poseen la autoridad para hacerlo (AdeF 1:5). Aunque la persona reciba la autoridad mediante la ordenación, la ejerce bajo la dirección de los que poseen las llaves pertinentes a esa autoridad.

Te di por profeta a las naciones, **Jer.** 1:5. No me elegisteis vosotros a mí, sino que yo os elegí a vosotros, y os he puesto, **Juan** 15:16. Alma, teniendo autoridad de Dios, ordenó sacerdotes, **Mos.** 18:18. Los hombres son ordenados al sumo sacerdocio con una santa ordenanza, **Alma** 13:1–9. Jesús llamó y ordenó a doce discípulos, **3 Ne.** 12:1. Los élderes ordenan presbíteros y maestros mediante la imposición de manos, **Moro.** 3.

Debes esperar todavía un poco, porque aún no has sido ordenado, **DyC** 5:17. José Smith fue ordenado apóstol de Jesucristo, **DyC** 20:2 (DyC 27:12). No se ordenará a ninguna persona sin el voto de la iglesia, **DyC** 20:65. A ninguno le será permitido predicar mi evangelio a menos que sea ordenado por alguien que tenga autoridad, **DyC** 42:11. Se ordena a los élderes para predicar el Evangelio, **DyC** 50:13–18. Es el deber de los Doce ordenar y organizar a todos los otros oficiales de la Iglesia, **DyC** 107:58.

Busqué las bendiciones de los patriarcas, y el derecho al cual yo debía ser ordenado, **Abr.** 1:2. José Smith y Oliver Cowdery se ordenaron el uno al otro al Sacerdocio Aarónico, **JS—H** 1:68–72.

Ordenanzas. *Véase también* Genealogía; Salvación; Salvación de los muertos; Sellamiento, sellar; Templo, Casa del Señor

Ceremonias y ritos sagrados. Las ordenanzas consisten en ciertos actos que tienen significado espiritual; también pueden ser las leyes y los estatutos de Dios.

En la Iglesia, las ordenanzas incluyen la bendición de los enfermos (Stg. 5:14–15), la bendición de la Santa Cena (DyC 20:77, 79), el bautismo por inmersión (Mateo 3:16; DyC 20:72–74), la bendición de los niños (DyC 20:70), el conferimiento del Espíritu Santo (DyC 20:68; 33:15), el conferimiento del sacerdocio (DyC 84:6–16; 107:41–52), las ordenanzas del templo (DyC 124:39) y el matrimonio en el nuevo y sempiterno convenio (DyC 132:19–20).

Enseña a ellos las ordenanzas y las leyes, **Éx.** 18:20. Anden en mis ordenanzas, y guarden mis decretos, **Ezeq.** 11:20. El pueblo obedecía estrictamente las ordenanzas de Dios, **Alma** 30:3. ¿Y qué nos aprovecha haber guardado sus ordenanzas?, **3 Ne.** 24:13–14. Al que ora, cuyo espíritu es contrito, yo lo acepto, si es que obedece mis ordenanzas, **DyC** 52:14–19. Todo el género humano puede salvarse, mediante la obediencia a las leyes y ordenanzas del Evangelio, **AdeF** 1:3.

Ordenanza vicaria: Ordenanza religiosa que una persona viviente lleva a cabo a favor de una persona muerta. Estas ordenanzas se realizan en la actualidad dentro de los templos, pero son valederas solo si las personas por las que se lleven a cabo las aceptan, si guardan los convenios relacionados con ellas y si son selladas por el Santo Espíritu de la promesa.

¿Qué harán los que se bautizan por los muertos, si en ninguna manera los muertos resucitan?, **1 Cor.** 15:29. El bautismo por los muertos debe efectuarse en los templos, **DyC** 124:29–36. A los espíritus en el mundo de los espíritus se les enseñó el bautismo vicario para la remisión de los pecados, **DyC** 138:29–34.

Orgullo. *Véase también* Dinero; Humildad, humilde, humillar (afligir); Mundano, lo; Riquezas; Vanidad, vano

Falta de humildad o de mansedumbre. El orgullo hace que la gente esté en contra de Dios y de los demás. La persona orgullosa se cree superior a los que le rodean y hace su propia voluntad en lugar de la de Dios. La vanidad, la envidia, la dureza de corazón y la altanería son también características típicas de la persona orgullosa.

Cuídate de no olvidarte de Jehová, y se enorgullezca tu corazón, **Deut.** 8:11–14. La soberbia y la arrogancia aborrezco, **Prov.** 8:13 (Prov. 6:16–17). Antes del quebrantamiento es la soberbia, **Prov.** 16:18. El día de Jehová de los ejércitos vendrá sobre todo soberbio, **Isa.** 2:11–12 (2 Ne. 12:11–12). La soberbia de tu corazón te ha engañado, **Abd.** 1:3. Todos los soberbios serán estopa, **Mal.** 4:1 (1 Ne. 22:15; 3 Ne. 25:1; DyC 29:9).

El que se enaltece será humillado, **Mateo** 23:12 (DyC 101:42). Dios resiste a los soberbios, **1 Pe.** 5:5.

El grande y espacioso edificio representaba el orgullo del mundo, **1 Ne.** 11:36 (1 Ne. 12:18). Cuando son instruidos se creen sabios, **2 Ne.** 9:28–29. Os envanecéis con el orgullo de vuestros corazones, **Jacob** 2:13, 16 (Alma 4:8–12). ¿Os halláis despojados del orgullo?, **Alma** 5:28. Un desmedidamente grande orgullo había entrado en el corazón del pueblo, **Hel.** 3:33–36. ¡Cuán prestos están los hijos de los hombres para ensalzarse en el orgullo!, **Hel.** 12:4–5. El orgullo de esta nación ha sido la causa de su destrucción, **Moro.** 8:27.

Cuidaos del orgullo, no sea que

lleguéis a ser como los nefitas, **DyC** 38:39. Cesad de todo vuestro orgullo y frivolidad, **DyC** 88:121.

Oseas

Profeta del Antiguo Testamento que profetizó en el reino del norte de Israel durante la última parte del reinado de Jeroboam II. Vivió durante un período de decadencia y ruina nacional, lo que fue el resultado de la iniquidad de Israel.

El libro de Oseas: El tema fundamental del libro es el amor de Dios por Su pueblo. Todos los castigos los imponía con amor, y la restauración de Israel también será debido a Su amor (Oseas 2:19; 14:4). En contraste, Oseas describe la traición y la infidelidad de Israel. A pesar de ello, Dios puede ver en lo futuro la redención final de Israel (Oseas 11:12–14:9).

Pablo. *Véase también* Pablo, epístolas de

Apóstol del Nuevo Testamento. Su nombre en hebreo era Saulo, nombre por el cual se le conoció hasta el comienzo de su misión a los gentiles. Anteriormente había perseguido a la Iglesia pero se convirtió a la verdad después de ver una visión de Jesucristo. Pablo emprendió tres importantes viajes misionales y escribió muchas cartas a los santos, catorce de las cuales forman parte del Nuevo Testamento en la actualidad. Finalmente fue llevado prisionero a Roma en donde se le ejecutó, probablemente en la primavera del año 65 d.C.

Consintió en que se apedreara a Esteban, **Hech.** 7:57–8:1. Asolaba la iglesia, **Hech.** 8:3. Se dirigía a Damasco cuando se le apareció Jesús, **Hech.** 9:1–9. Fue bautizado por Ananías, **Hech.** 9:10–18. Después de retirarse a Arabia, regresó a Damasco para predicar, **Hech.** 9:19–25 (Gál. 1:17). Tres años después de su conversión, regresó a Jerusalén, **Hech.** 9:26–30 (Gál. 1:18–19). Emprendió tres viajes misionales, predicando el Evangelio y organizando ramas de la Iglesia

en diversas partes del Imperio romano, **Hech.** 13:1–14:26; 15:36–18:22; 18:23–21:15. Cuando regresó a Jerusalén después de su tercera misión, fue arrestado y enviado a Cesarea, **Hech.** 21:7–23:35. En Cesarea, permaneció prisionero dos años, **Hech.** 24:1–26:32. Fue enviado a Roma para ser juzgado y en el camino naufragó la nave en la cual iba prisionero, **Hech.** 27:1–28:11.

Pablo, epístolas de. *Véase también* Pablo; y cada una de las epístolas por su título

Catorce libros del Nuevo Testamento que originalmente fueron cartas que el apóstol Pablo escribió a miembros de la Iglesia. Se pueden dividir en los siguientes grupos:

1 y 2 Tesalonicenses (50–51 d.C.)

Pablo escribió las epístolas a los tesalonicenses desde Corinto durante su segundo viaje misional. Su obra en Tesalónica se narra en el capítulo 17 de Hechos. Era su deseo regresar a Tesalónica, pero no pudo hacerlo (1 Tes. 2:18); por lo tanto, envió a Timoteo para animar a los conversos y para que regresara con noticias de ellos. La primera epístola es el resultado del agradecimiento que sintió por el regreso de Timoteo; la segunda se escribió poco tiempo después.

1 y 2 Corintios, Gálatas y Romanos (55–57 d.C.)

Durante su tercer viaje misional, Pablo escribió las epístolas a los corintios con objeto de contestar preguntas y poner fin al desorden que había entre los santos de Corinto.

La epístola a los gálatas posiblemente se haya dirigido a *muchas* unidades de la Iglesia en toda Galacia. Algunos miembros abandonaban el Evangelio para seguir la ley judía. En su carta, Pablo explica el propósito de la ley de Moisés y afirma la importancia de una religión espiritual.

Pablo escribió la epístola a los romanos desde Corinto, en parte para preparar a los santos romanos para la visita que esperaba hacerles. En esta carta también reafirma las doctrinas que refutaban algunos de los judíos que se habían convertido al cristianismo.

Filipenses, Colosenses, Efesios, Filemón y Hebreos (60–62 d.C.)

Pablo escribió estas epístolas estando preso por primera vez en Roma.

Escribió la epístola a los filipenses principalmente para expresarles su agradecimiento y su afecto, y para animarlos en el desaliento que sentían debido al largo encarcelamiento de él.

Pablo escribió la epístola a los colosenses debido a las noticias que había recibido de que estos estaban cayendo en grave error, pues creían que la perfección se lograba mediante la atenta observancia de las ordenanzas externas, en lugar de hacerlo buscando adquirir un carácter semejante al de Cristo.

La epístola a los efesios es de suma importancia, pues contiene las enseñanzas de Pablo acerca de la Iglesia de Cristo.

La epístola a Filemón es una carta personal referente a Onésimo, un esclavo que había robado a su amo Filemón, y había huido a Roma. Pablo lo envió de vuelta a su amo con la carta pidiendo que le perdonara.

Pablo dirigió la epístola a los hebreos a los miembros de la Iglesia de origen judío, a fin de convencerlos de que la ley de Moisés se había cumplido en Cristo y que, por consiguiente, la había reemplazado la ley del evangelio de Cristo.

1 y 2 Timoteo, Tito (64–65 d.C.)

Pablo escribió estas epístolas después de haber obtenido su libertad de su primer encarcelamiento en Roma.

Pablo viajó a Éfeso, donde dejó a Timoteo para que pusiera fin a ciertas especulaciones doctrinales, con la intención de regresar más tarde. Escribió la primera epístola a Timoteo, posiblemente desde Macedonia, para darle consejos y ánimo en el cumplimiento de su deber.

Escribió la epístola a Tito durante una época en la cual se encontraba en libertad de la prisión. Posiblemente haya visitado Creta, donde servía Tito. El tema principal de la carta es la importancia de vivir una vida recta y la disciplina dentro de la Iglesia.

Pablo escribió la segunda epístola a Timoteo durante su segundo encarcelamiento, poco antes de su martirio. Contiene las últimas palabras del Apóstol y muestra el maravilloso valor y confianza con que hizo frente a la muerte.

Paciencia. *Véase también* Mansedumbre, manso; Perseverar

Calma para sufrir; la capacidad de soportar la aflicción, los insultos o los agravios sin quejarse ni buscar venganza.

Guarda silencio ante Jehová, y espera en él, **Sal.** 37:7–8. El que tarda en airarse es grande de entendimiento, **Prov.** 14:29. Con vuestra paciencia ganaréis vuestras almas, **Lucas** 21:19. A fin de que por la paciencia y la consolación de las Escrituras, tengamos esperanza, **Rom.** 15:4. Sed imitadores de aquellos que por la fe y la paciencia heredan las promesas, **Heb.** 6:12–15. Tenga la paciencia su obra completa, para que seáis perfectos y cabales, **Stg.** 1:2–4. Habéis oído de la paciencia de Job, **Stg.** 5:11.

Se sometieron alegre y pacientemente a toda la voluntad del Señor, **Mos.** 24:15. Sobrellevaste con paciencia todas estas cosas, porque el Señor estaba contigo, **Alma** 38:4–5.

Continuad con paciencia hasta perfeccionaros, **DyC** 67:13.

Pacificador. *Véase también* Paz

Persona que promueve o establece la paz (Mateo 5:9; 3 Ne. 12:9). Un pacificador también puede ser aquel que proclama el Evangelio (Mos. 15:11–18).

Padre Celestial. *Véase también* Trinidad

El Padre de los espíritus de todo el género humano (Sal. 82:6; Mateo 5:48; Juan 10:34; Rom. 8:16–17; Gál. 4:7; 1 Juan 3:2).

Jesús es Su Hijo Unigénito en la carne. Al hombre se le ha mandado obedecer y reverenciar al Padre y orar a Él en el nombre de Jesús.

Si perdonáis a los hombres, os perdonará también vuestro Padre Celestial, **Mateo** 6:14 (Mateo 18:35; 3 Ne. 13:14). Vuestro Padre Celestial sabe que tenéis necesidad de todas estas cosas, **Mateo** 6:26–33 (3 Ne. 13:26–33). ¿Cuánto más vuestro Padre Celestial dará el Espíritu Santo a los que se lo pidan?, **Lucas** 11:11–13. Bendito sea el Dios y Padre de nuestro Señor Jesucristo, **Efe.** 1:3.

Estáis eternamente en deuda con vuestro Padre Celestial, **Mos.** 2:34. Cristo ha glorificado el nombre del Padre, **Éter** 12:8.

Los santos deben dar testimonio de sus persecuciones antes que el Padre salga de su morada oculta, **DyC** 123:1–3, 6.

Sentimos grandes y gloriosas bendiciones de nuestro Padre Celestial, **JS—H** 1:73.

Padre Eterno. *Véase* Padre Celestial; Trinidad

Padre terrenal. *Véase también* Bendiciones patriarcales; Familia; Padres; Patriarca, patriarcal

Título sagrado que se da al hombre que ha engendrado o que legalmente ha adoptado a un hijo.

Honra a tu padre y a tu madre, **Éx.** 20:12 (Deut. 5:16; Mateo 19:19; Mos. 13:20). El padre castiga al hijo a quien quiere, **Prov.** 3:12.

Padres, no provoquéis a ira a vuestros hijos, **Efe.** 6:1–4. Recibí alguna instrucción en toda la ciencia de mi padre, **1 Ne.** 1:1. Mi padre era un varón justo, pues me instruyó, **Enós** 1:1. Alma oró por su hijo, **Mos.** 27:14. Alma dio mandamientos a sus hijos, **Alma** 36–42. Helamán puso a sus hijos los nombres de sus antepasados, **Hel.** 5:5–12. Mormón siempre tenía presente a su hijo en sus oraciones, **Moro.** 8:2–3. Se requieren grandes cosas de las

manos de los padres, **DyC** 29:48. Todo hombre tiene la obligación de mantener a su propia familia, **DyC** 75:28.

Me mandó ir a mi padre, **JS—H** 1:49.

Padres. *Véase también* Madre; Padre terrenal

Padres y madres. El marido y la mujer dignos, cuyo matrimonio se ha sellado debidamente en el templo de Dios, pueden desempeñar su función de padres durante toda la eternidad. Los padres tienen el deber sagrado de criar a sus hijos con amor y rectitud, de proveer para sus necesidades físicas y espirituales, y de enseñarles a amarse y a servirse el uno al otro, a observar los mandamientos de Dios y a ser ciudadanos respetuosos de la ley dondequiera que vivan ("La Familia: Una Proclamación para el Mundo", *Liahona*, noviembre de 2010, pág. 129).

Hijos, obedeced a vuestros padres, **Efe.** 6:1–3 (Col. 3:20).

Adán y Eva fueron nuestros primeros padres, **1 Ne.** 5:11. La maldición recaiga sobre la cabeza de vuestros padres, **2 Ne.** 4:6. Enseña a los padres que deben arrepentirse y ser bautizados, **Moro.** 8:10.

Se manda a los padres enseñar el Evangelio a sus hijos, **DyC** 68:25. Todos los niños tienen el derecho de recibir el sostén de sus padres, **DyC** 83:4.

Los pecados de los padres no pueden recaer sobre la cabeza de los niños, **Moisés** 6:54.

Pahorán

Tercer juez superior nefita del Libro de Mormón (Alma 50:39–40; 51:1–7; 59–62).

Palabra de Dios. *Véase también* Escrituras; Mandamientos de Dios; Revelación

Instrucciones, mandamientos o un mensaje de Dios. Los hijos de Dios pueden recibir Su palabra en forma directa, por revelación, mediante el Espíritu o por medio de Sus siervos escogidos (DyC 1:38).

De todo lo que sale de la boca de Jehová vivirá el hombre, **Deut.** 8:3 (Mateo 4:4; DyC 84:43–44). Lámpara es a mis pies tu palabra, y lumbrera a mi camino, **Sal.** 119:105.

Todos fueron llenos del Espíritu Santo, y hablaban con denuedo la palabra de Dios, **Hech.** 4:31–33.

La barra de hierro representaba la palabra de Dios, la cual conducía al árbol de la vida, **1 Ne.** 11:25 (1 Ne. 15:23–25). Habíais dejado de sentir, de modo que no pudisteis sentir sus palabras, **1 Ne.** 17:45–46. ¡Ay de aquel que rechace la palabra de Dios!, **2 Ne.** 27:14 (2 Ne. 28:29; Éter 4:8). Debéis marchar adelante, deleitándoos en la palabra de Cristo, **2 Ne.** 31:20 (2 Ne. 32:3). Por motivo de su incredulidad no podían entender la palabra de Dios, **Mos.** 26:3 (Alma 12:10). Habían escudriñado diligentemente las Escrituras para conocer la palabra de Dios, **Alma** 17:2. Poned a prueba la virtud de la palabra de Dios, **Alma** 31:5. Alma comparó la palabra a una semilla, **Alma** 32:28–43.

Lo que hablen cuando sean inspirados por el Espíritu Santo, será la palabra del Señor, **DyC** 68:4. Viviréis de toda palabra que sale de la boca de Dios, **DyC** 84:44–45.

El que atesore mi palabra no será engañado, **JS—M** 1:37.

Palabra de Sabiduría

Ley de salud revelada por el Señor para el bienestar físico y espiritual de los santos (DyC 89), conocida comúnmente como la Palabra de Sabiduría. El Señor siempre ha enseñado principios de salud a Sus seguidores. Le reveló a José Smith qué clase de alimentos se debían tomar y cuáles se debían evitar, al igual que la promesa de recibir bendiciones temporales y espirituales mediante la obediencia a la Palabra de Sabiduría.

No beberéis vino ni sidra, **Lev.** 10:9. El vino es escarnecedor, la sidra alborotadora, **Prov.** 20:1. No beberán vino y la sidra les será amarga a los que la bebieren, **Isa.** 24:9. Daniel propuso no contaminarse con la comida ni con el vino del rey, **Dan.** 1:8.

Si alguno destruyere el templo de Dios, Dios le destruirá a él, **1 Cor.** 3:16–17. Los borrachos no heredarán el reino de Dios, **1 Cor.** 6:10 (Gál. 5:21).

Quien manda abstenerse de la carne, para que el hombre no la coma, no es ordenado por Dios, **DyC** 49:18–21. Todas las cosas que de la tierra salen fueron creadas para usarse con juicio, no en exceso, **DyC** 59:20. El Señor aconsejó a los santos no usar vino, bebidas alcohólicas, tabaco ni bebidas calientes, **DyC** 89:1–9. Se decretan las hierbas, las frutas, la carne y el grano para el uso del hombre y de los animales, **DyC** 89:10–17. La obediencia a la Palabra de Sabiduría trae bendiciones temporales y espirituales, **DyC** 89:18–21.

Palo de Efraín. *Véase* Efraín — El palo de Efraín o palo de José

Palo de José. *Véase* Efraín — El palo de Efraín o palo de José

Palo de Judá. *Véase* Judá — El palo de Judá

Paloma, señal de la. *Véase también* Espíritu Santo

Medio dispuesto de antemano por el cual Juan el Bautista reconocería al Mesías (Juan 1:32–34). José Smith enseñó que esta señal se instituyó desde antes de la creación del mundo como testimonio o testigo del Espíritu Santo; por lo tanto, el diablo no puede presentarse en la señal de la paloma.

El Espíritu de Dios descendía como paloma, **Mateo** 3:16.

Después del bautismo de Jesús, el Espíritu Santo descendió en forma de paloma, **1 Ne.** 11:27.

Yo, Juan, doy testimonio, y he aquí, los cielos fueron abiertos, y el Espíritu Santo descendió sobre Él en forma de paloma, **DyC** 93:15.

Pan de Vida. *Véase también* Jesucristo; Santa Cena

Jesucristo es el Pan de Vida. El pan de la Santa Cena representa simbólicamente el cuerpo de Cristo.

Yo soy el pan de vida, **Juan** 6:33–58.
Comeréis y beberéis del pan y de las aguas de la vida, **Alma** 5:34. El pan se come en memoria del cuerpo de Cristo, **3 Ne.** 18:5–7.
El pan es un emblema de la carne de Cristo, **DyC** 20:40, 77 (Moro. 4).

Parábola

Un relato sencillo que se emplea para ilustrar y enseñar una verdad o un principio espiritual. En la parábola, se compara un objeto o acontecimiento común con una verdad, y el significado o mensaje implícito a menudo está escondido para los oyentes que no estén preparados espiritualmente para recibirlo (Mateo 13:10–17).

Jesús enseñó con frecuencia por medio de parábolas; una lista de Sus parábolas principales se encuentra bajo el título Concordancia entre los Evangelios, en el Apéndice.

Paraíso. *Véase también* Cielo

Esa parte del mundo de los espíritus donde los espíritus de los justos que han partido de esta vida esperan la resurrección del cuerpo. Es un estado de felicidad y paz.

El término *paraíso* también se emplea en las Escrituras para referirse al mundo de los espíritus (Lucas 23:43), al reino celestial (2 Cor. 12:4) y a la condición glorificada que tendrá la tierra durante el Milenio (AdeF 1:10).

Al que venciere, le daré a comer del árbol de la vida, el cual está en medio del paraíso de Dios, **Apoc.** 2:7.
El paraíso de Dios ha de entregar los espíritus de los justos, **2 Ne.** 9:13. Los espíritus de los que son justos serán recibidos en un estado de felicidad que se llama paraíso, **Alma** 40:11–12. Los discípulos de Jesús habían ido todos al paraíso de Dios, con excepción de tres, **4 Ne.** 1:14. Iré a descansar en el paraíso de Dios, **Moro.** 10:34.
Cristo ministró entre los espíritus rectos en el paraíso, **DyC** 138.

Partridge, Edward

Miembro y líder de la Iglesia en sus comienzos, después de su restauración en la época actual. Edward Partridge sirvió como el primer obispo (DyC 36; 41:9–11; 42:10; 51:1–18; 115; 124:19).

Pascua. *Véase también* Cordero de Dios; Última Cena

La Fiesta de la Pascua se instituyó como recordatorio a los israelitas del pasar de largo del heridor sobre las casas de los hijos de Israel, librándolos de los egipcios (Éx. 12:21–28; 13:14–15). Los corderos (o cabritos) sin mancha, cuya sangre se usó como señal para librar a Israel en la antigüedad, se usaron como símbolos de Jesucristo, el Cordero de Dios, cuyo sacrificio redimió a todo el género humano.

Esta es la ordenanza de la pascua, **Éx.** 12:43.
Jesús y Sus apóstoles guardaron la pascua en la Última Cena, **Mateo** 26:17–29 (Mar. 14:12–25). He aquí el Cordero de Dios, que quita el pecado del mundo, **Juan** 1:29, 36. Nuestra pascua, que es Cristo, ya fue sacrificada por nosotros, **1 Cor.** 5:7. Somos redimidos con la sangre de Cristo, como de un cordero sin mancha, **1 Pe.** 1:18–19.
Tened fe en el Cordero de Dios, que quita los pecados del mundo, **Alma** 7:14.
Los santos que vivan la Palabra de Sabiduría serán preservados como lo fueron los hijos de Israel, **DyC** 89:21.
Muerto es el Cordero desde la fundación del mundo, **Moisés** 7:47.

Pascua de Resurrección. *Véase* Jesucristo; Resurrección

Pastor. *Véase también* Buen Pastor; Jesucristo

En sentido simbólico, persona que vela por los hijos del Señor.

Jehová es mi pastor, **Sal.** 23:1. Los pastores deben apacentar al rebaño, **Ezeq.** 34:2–3.

Patriarca, patriarcal. *Véase también* Bendiciones patriarcales; Evangelista; Padre terrenal; Sacerdocio de Melquisedec

En las Escrituras se mencionan dos clases de patriarcas: (1) oficio del Sacerdocio de Melquisedec que se recibe por medio de la debida ordenación, a veces llamado evangelista; (2) padres de familia. Los patriarcas ordenados dan bendiciones especiales a los miembros dignos de la Iglesia.

Patriarcas ordenados: Constituyó a unos profetas; a otros, evangelistas, **Efe.** 4:11 (AdeF 1:6).

Es el deber de los Doce ordenar ministros evangelistas, **DyC** 107:39. Que Hyrum ocupe el oficio de Sacerdocio y Patriarca, **DyC** 124:91–92, 124; 135:1.

Padres: Jacob bendijo a sus hijos y a sus descendientes, **Gén.** 49:1–28.

Se os puede decir libremente del patriarca David, **Hech.** 2:29.

Lehi aconseja y bendice a su posteridad, **2 Ne.** 4:3–11.

Llegué a ser un heredero legítimo, poseedor del derecho que pertenecía a los patriarcas, **Abr.** 1:2–4.

Patriarcales, bendiciones. *Véase* Bendiciones patriarcales

Patten, David W.

Miembro del Cuórum de los Doce Apóstoles a principios de la dispensación de los últimos días. David Patten fue el primer mártir de la Iglesia restaurada, habiendo muerto en la batalla de Crooked River, en Misuri, en el año de 1838.

Llamado a arreglar todos sus asuntos y a cumplir una misión, **DyC** 114:1. El Señor lo ha tomado para sí, **DyC** 124:19, 130.

Paz. *Véase también* Descansar, descanso (reposo); Milenio; Pacificador

En las Escrituras, la paz puede representar tanto la ausencia de conflicto y disensión como la calma y la tranquilidad interior que nacen del Espíritu que Dios da a Sus santos fieles.

Ausencia de conflicto y disensión: Él hace cesar las guerras, **Sal.** 46:9. Ni se adiestrarán más para la guerra, **Isa.** 2:4.

Estad en paz con todos los hombres. No os venguéis vosotros mismos, **Rom.** 12:18–21.

Continuó la paz en la tierra, **4 Ne.** 1:4, 15–20.

Renunciad a la guerra y proclamad la paz, **DyC** 98:16. Izad un estandarte de paz, **DyC** 105:39.

La paz de Dios para los obedientes: Al Salvador se le llamará Príncipe de paz, **Isa.** 9:6. No hay paz para los malos, **Isa.** 48:22.

Apareció una multitud de las huestes celestiales, que alababan a Dios, y decían: ¡Gloria a Dios en las alturas, y en la tierra paz!, **Lucas** 2:13–14. La paz os dejo, **Juan** 14:27. La paz de Dios sobrepasa todo entendimiento, **Filip.** 4:7.

El pueblo del rey Benjamín recibió paz de conciencia, **Mos.** 4:3. ¡Cuán hermosos son sobre las montañas los pies de aquellos que publican la paz!, **Mos.** 15:14–18 (Isa. 52:7). Alma clamó al Señor y halló paz, **Alma** 38:8. Los espíritus de los justos serán recibidos en un estado de paz, **Alma** 40:12.

¿No hablé paz a tu mente en cuanto al asunto?, **DyC** 6:23. Camina en la mansedumbre de mi Espíritu, y en mí tendrás paz, **DyC** 19:23. El que hiciere obras justas recibirá paz, **DyC** 59:23. Vestíos con el vínculo de la caridad, que es el vínculo de la perfección y la paz, **DyC** 88:125. Hijo mío, paz a tu alma, **DyC** 121:7.

Hallando que había mayor paz, busqué las bendiciones de los patriarcas, **Abr.** 1:2.

Pecado. *Véase también* Abominable, abominación; Impío; Inicuo, iniquidad; Injusticia, injusto; Inmundicia, inmundo; Ofender; Rebelión

Desobediencia intencional a los mandamientos de Dios.

El que encubre sus pecados no prosperará, **Prov.** 28:13. Si vuestros pecados fueren como la grana, como la nieve serán emblanquecidos, **Isa.** 1:18. El alma que pecare morirá, y el justo vivirá, **Ezeq.** 18. El Cordero de Dios quita el pecado del mundo, **Juan** 1:29. Bautízate, y lava tus pecados, **Hech.** 22:16. La paga del pecado es muerte, **Rom.** 6:23. Al que sabe hacer lo bueno, y no lo hace, le es pecado, **Stg.** 4:17.

¿Causarás que yo tiemble al aparecer el pecado?, **2 Ne.** 4:31. ¡Ay de todos aquellos que mueren en sus pecados!, **2 Ne.** 9:38. No podían ver el pecado sino con repugnancia, **Alma** 13:12. No vayas a suponer que serás restaurado del pecado a la felicidad, **Alma** 41:9–10. El Señor no puede considerar el pecado con el más mínimo grado de tolerancia, **Alma** 45:16 (**DyC** 1:31). Los niños pequeños son incapaces de cometer pecado, **Moro.** 8:8.

Para arrepentirse, el hombre debe confesar y abandonar sus pecados, **DyC** 58:42–43. El mayor pecado permanece en el que no perdona, **DyC** 64:9. El que peque contra mayor luz, mayor condenación recibirá, **DyC** 82:3. Los pecados anteriores volverán al alma que peque, **DyC** 82:7. Cuando intentamos encubrir nuestros pecados, los cielos se retiran, **DyC** 121:37.

Pecado imperdonable. *Véase también* Asesinato; Blasfemar, blasfemia; Espíritu Santo; Hijos de perdición

El pecado de negar al Espíritu Santo, pecado que no tiene perdón.

La blasfemia contra al Espíritu no les será perdonada a los hombres, **Mateo** 12:31–32 (Mar. 3:29; Lucas 12:10). Es imposible que los que fueron hechos partícipes del Espíritu Santo sean otra vez renovados para arrepentimiento, **Heb.** 6:4–6. Si pecáremos voluntariamente después de haber recibido el conocimiento de la verdad, ya no queda más sacrificio por los pecados, **Heb.** 10:26.

Si niegas el Espíritu Santo y sabes que lo niegas, es un pecado que es imperdonable, **Alma** 39:5–6 (Jacob 7:19).

No tienen perdón, habiendo negado al Unigénito del Padre, crucificándolo para sí mismos, **DyC** 76:30–35. La blasfemia contra el Espíritu Santo no será perdonada, y consiste en verter sangre inocente después de haber recibido mi nuevo y sempiterno convenio, **DyC** 132:26–27.

Pectoral. *Véase también* Coraza; Urim y Tumim

Bajo la ley de Moisés, prenda de vestir que utilizaba el sumo sacerdote (Éx. 28:13–30; 39:8–21), hecha de lino y adornada con doce piedras preciosas. En ocasiones se le menciona en conexión con el Urim y Tumim (DyC 17:1; JS—H 1:35, 42, 52).

Pedir. *Véase también* Oración

Indagar, preguntar o pedirle a Dios un favor especial.

Pedid, y se os dará, **Mateo** 7:7. Si alguno de vosotros tiene falta de sabiduría, pídala a Dios, **Stg.** 1:5 (JS—H 1:7–20).

Si me pedís con fe, **1 Ne.** 15:11. Si no podéis entender estas palabras, será porque no pedís, **2 Ne.** 32:4. Pedid con sinceridad de corazón, **Mos.** 4:10. Dios os concede cuanta cosa justa le pedís con fe, **Mos.** 4:21. Preguntad a Dios si no son verdaderas estas cosas, **Moro.** 10:4.

Aman las tinieblas más bien que la luz; por tanto, no recurren a mí, **DyC** 10:21. En todo se os manda pedir a Dios, **DyC** 46:7.

Pedro

En el Nuevo Testamento, a Pedro originalmente se le conocía como Simón (2 Pe. 1:1), un pescador de Betsaida que vivía en Capernaúm con su esposa. Jesús sanó a la suegra de Pedro (Mar. 1:29–31). Jesús lo llamó a él y a su hermano Andrés, para que fueran Sus discípulos (Mateo 4:18–22; Mar. 1:16–18; Lucas 5:1–11). El Señor le dio el nombre de Cefas, que, en arameo significa "vidente" o "piedra" (Juan 1:40–42; TJS, Juan 1:42 [Apéndice — Biblia]). Aun cuando en el Nuevo Testamento se mencionan algunas de las debilidades humanas de Pedro, también se nos dice que las venció y que fue fortificado mediante su fe en Jesucristo.

Pedro declaró que Jesús era el Cristo y el Hijo de Dios (Juan 6:68–69), y el Señor lo escogió para poseer las llaves del reino sobre la tierra (Mateo 16:13–19). En el monte de la Transfiguración, Pedro vio al Salvador transfigurado, así como a Moisés y al profeta Elías (Mateo 17:1–9).

Pedro fue el principal de los Apóstoles de su época; y después de la muerte, resurrección y ascensión del Salvador, fue él quien convocó a la Iglesia y dirigió el llamamiento de un Apóstol para reemplazar a Judas Iscariote (Hech. 1:15–26). Pedro y Juan sanaron a un hombre cojo de nacimiento (Hech. 3:1–16) y fueron milagrosamente librados de la prisión (Hech. 5:11–29; 12:1–19). Fue mediante el ministerio de Pedro que el Evangelio se llevó por vez primera a los gentiles (Hech. 10–11). En estos postreros días, Pedro, junto con Santiago y Juan, descendió del cielo y confirió el Sacerdocio de Melquisedec y las llaves correspondientes a José Smith y a Oliver Cowdery (DyC 27:12–13; 128:20).

Primera epístola de Pedro: La primera epístola la escribió desde "Babilonia" (probablemente Roma), poco después que Nerón había empezado a perseguir a los cristianos, y la dirigió a los cristianos de la región que hoy día se denomina Asia Menor.

En el capítulo 1, Pedro habla de la función preordenada de Cristo como Redentor. En los capítulos 2 y 3, explica que Cristo es la principal piedra del ángulo de la Iglesia, que los santos tienen un real sacerdocio y que Cristo predicó a los espíritus encarcelados. En los capítulos 4 y 5, explica por qué se predica el Evangelio a los muertos y por qué los ancianos (élderes) deben apacentar la grey.

Segunda epístola de Pedro: En el capítulo 1, el Apóstol exhorta a los santos a hacer firme su vocación y elección. En el capítulo 2, advierte contra los falsos maestros. En el capítulo 3, habla de los últimos días y de la segunda venida de Cristo.

Peleg

En el Antiguo Testamento, el hijo de Eber y tataranieto de Sem. En sus días fue repartida (dividida) la tierra (Gén. 10:22–25).

Pena de muerte. *Véase también* Asesinato

El castigo con la muerte por un crimen cometido, sobre todo el de asesinato.

El que derramare sangre de hombre, por el hombre su sangre será derramada, **Gén.** 9:6 (TJS, Gén. 9:12–13). El homicida morirá, **Núm.** 35:16.

El asesino que mata intencionalmente morirá, **2 Ne.** 9:35. Se te condena a morir, conforme a la ley, **Alma** 1:13–14. El asesino era castigado con la pena de muerte, **Alma** 1:18. La ley exige la vida de aquel que ha cometido homicidio, **Alma** 34:12.

El que matare, morirá, **DyC** 42:19.

Pensamientos. *Véase también* Albedrío; Meditar

Ideas, conceptos e imágenes que se conciben en la mente de una persona. La facultad de pensar es un don de Dios, y tenemos la libertad de escoger cómo usaremos dicho poder. Nuestra manera de pensar afecta profundamente nuestra actitud y nuestro comportamiento, así como también nuestro estado o situación después de esta vida. Los pensamientos rectos conducen a la salvación, así como los inicuos a la condenación.

Jehová entiende todo intento de los pensamientos, **1 Cró.** 28:9. Porque cual es su pensamiento en su corazón, tal es él, **Prov.** 23:7. Mis pensamientos no son vuestros pensamientos, **Isa.** 55:7–9.

Sabiendo Jesús los pensamientos de ellos, **Mateo** 12:25 (Lucas 5:22; 6:8). De dentro, del corazón de los hombres, salen los malos pensamientos, **Mar.** 7:20–23. Llevad cautivo todo pensamiento a la obediencia a Cristo, **2 Cor.** 10:5. Todo lo honesto, justo, puro, o amable, en esto pensad, **Filip.** 4:8.

Tened presente que ser de mente carnal es muerte, y ser de mente espiritual es vida eterna, **2 Ne.** 9:39. Si no os cuidáis a vosotros mismos, y vuestros pensamientos, debéis perecer, **Mos.** 4:30. Nuestros pensamientos nos condenarán, **Alma** 12:14.

No hay quien conozca tus pensamientos y las intenciones de tu corazón sino Dios, **DyC** 6:16 (DyC 33:1). Mirad hacia mí en todo pensamiento, **DyC** 6:36. Atesorad constantemente en vuestras mentes las palabras de vida, **DyC** 84:85. Desechad vuestros pensamientos ociosos, **DyC** 88:69. Serán revelados los pensamientos del corazón del hombre, **DyC** 88:109. Deja que la virtud engalane tus pensamientos incesantemente, **DyC** 121:45.

Dios vio que los pensamientos del corazón de los hombres eran continuamente perversos, **Moisés** 8:22.

Pentateuco. *Véase también* Antiguo Testamento; Deuteronomio; Éxodo; Génesis; Levítico; Moisés; Números

Nombre de los primeros cinco libros del Antiguo Testamento: Génesis, Éxodo, Levítico, Números y Deuteronomio. Los judíos llaman a estos libros la Tora, o la ley de Israel. Moisés es el autor de estos libros (1 Ne. 5:10–11).

Pentecostés. *Véase también* Ley de Moisés

Como parte de la ley de Moisés, la Fiesta de Pentecostés o de las Primicias se observaba cincuenta días después de la Fiesta de la Pascua (Lev. 23:16). Dicha fiesta celebraba la cosecha, y en el Antiguo Testamento se le llama la Fiesta de

la Cosecha o la Fiesta de las Semanas. Esta fue la fiesta que se conmemoraba en Jerusalén cuando los Apóstoles fueron llenos del Espíritu Santo y hablaron en lenguas (Hech. 2; DyC 109:36–37).

Perdición. *Véase* Hijos de perdición

Perdonar. *Véase también* Arrepentimiento, arrepentirse; Confesar, confesión; Expiación, expiar; Remisión de pecados

Por lo general, en las Escrituras, el término perdonar tiene dos significados: (1) Cuando Dios perdona a los hombres, suprime o deja a un lado el castigo que se requiere por el pecado. Mediante la expiación de Cristo, el perdón de los pecados está al alcance de todos los que se arrepientan, excepto los culpables de asesinato o del pecado imperdonable contra el Espíritu Santo. (2) Cuando las personas se perdonan entre sí, se tratan con amor cristiano y no tienen malos sentimientos hacia los que las hayan ofendido (Mateo 5:43–45; 6:12–15; Lucas 17:3–4; 1 Ne. 7:19–21).

Jehová es tardo para la ira y grande en misericordia, y perdona la iniquidad y la rebelión, **Núm.** 14:18. Si vuestros pecados fueren como la grana, como la nieve serán emblanquecidos, **Isa.** 1:18.

Perdónanos nuestras deudas, como también nosotros perdonamos a nuestros deudores, **Mateo** 6:12 (Lucas 11:4; 3 Ne. 13:11). El Hijo del Hombre tiene potestad para perdonar pecados, **Mateo** 9:6 (Mateo 18:35; Mar. 2:10; Lucas 5:20–24). ¿Cuántas veces perdonaré a mi hermano que peque contra mí?, **Mateo** 18:21–22 (DyC 98:40). Cualquiera que blasfeme contra el Espíritu Santo, no tiene jamás perdón, **Mar.** 3:29 (Alma 39:6). Si tu hermano pecare contra ti y se arrepintiere, perdónale, **Lucas** 17:3. Padre, perdónalos, porque no saben lo que hacen, **Lucas** 23:34.

Los exhortó a que pidieran al Señor que los perdonara, **1 Ne.** 7:21. Aplica la sangre expiatoria de Cristo para que recibamos el perdón de nuestros pecados,

Mos. 4:2. Si confiesa sus pecados ante ti y mí, y se arrepiente con sinceridad de corazón, a este has de perdonar, **Mos.** 26:29–31.

El que se arrepienta y cumpla los mandamientos del Señor será perdonado, **DyC** 1:32. Mete tu hoz, y tus pecados te son perdonados, **DyC** 31:5 (DyC 84:61). Quien se ha arrepentido de sus pecados es perdonado; y yo, el Señor, no los recuerdo más, **DyC** 58:42. Yo perdonaré a quien sea mi voluntad perdonar, mas a vosotros os es requerido perdonar a todos los hombres, **DyC** 64:10. Por cuanto os habéis perdonado el uno al otro vuestras transgresiones, así también yo, el Señor, os perdono, **DyC** 82:1. A los que amo también disciplino para que les sean perdonados sus pecados, **DyC** 95:1.

He aquí, te he perdonado tu transgresión, **Moisés** 6:53.

Perfecto

Completo, íntegro y plenamente desarrollado; de una rectitud total. Ser perfecto también puede significar ser sin pecado ni maldad. Solamente Cristo fue totalmente perfecto, pero los verdaderos discípulos de Él pueden llegar a serlo mediante Su gracia y expiación.

Sea, pues, perfecto vuestro corazón para con Jehová, **1 Rey.** 8:61.

Sed, pues, vosotros perfectos, como vuestro Padre que está en los cielos, **Mateo** 5:48 (3 Ne. 12:48). Si alguno no ofende en palabra, este es varón perfecto, **Stg.** 3:2.

Fe no es tener un conocimiento perfecto de las cosas, **Alma** 32:21, 26. Se efectuó una expiación para que Dios sea un Dios perfecto, **Alma** 42:15. Era Moroni un hombre de un entendimiento perfecto, **Alma** 48:11–13, 17–18. A todo hombre se da el Espíritu de Cristo para que sepa juzgar y discernir con un conocimiento perfecto, si algo es de Dios o es del diablo, **Moro.** 7:15–17. Venid a Cristo, y perfeccionaos en él, **Moro.** 10:32. Continuad con paciencia hasta perfeccionaros, **DyC** 67:13. Son hombres

justos hechos perfectos mediante Jesús, **DyC** 76:69. Los oficios de la Iglesia son para la perfección de los santos, **DyC** 124:143 (Efe. 4:11–13). Los vivos no pueden ser perfeccionados sin sus muertos, **DyC** 128:15, 18.

Noé fue un hombre justo y perfecto en su generación, **Moisés** 8:27.

Perla de Gran Precio. *Véase también* Canon; Escrituras; Smith, hijo, José

El reino de Dios sobre la tierra es semejante a una "perla de gran precio" (Mateo 13:45–46).

La Perla de Gran Precio también es el nombre que se ha dado a uno de los cuatro tomos de las Escrituras llamados los "libros canónicos" de La Iglesia de Jesucristo de los Santos de los Últimos Días. La primera edición de este tomo [en inglés] se publicó en 1851 y contenía algo de la materia que ahora forma parte de Doctrina y Convenios. Las ediciones que se han publicado desde 1902 contienen (1) extractos de la traducción de José Smith del libro de Génesis, llamado el libro de Moisés, y del capítulo 24 de Mateo, titulado: José Smith—Mateo; (2) La traducción de José Smith de algunos papiros egipcios que él obtuvo en 1835, llamada el libro de Abraham; (3) Un extracto de la historia de la Iglesia escrita por José Smith en 1838, denominado: José Smith—Historia; y (4) los Artículos de Fe, trece declaraciones de la creencia y doctrina de la Iglesia.

Persecución, perseguir. *Véase también* Adversidad

Causar angustia o dolor a otras personas por motivo de sus creencias o nivel social; hostigar u oprimir.

Bienaventurados los que padecen persecución por causa de la justicia, **Mateo** 5:10 (3 Ne. 12:10). Orad por los que os ultrajan y os persiguen, **Mateo** 5:44 (3 Ne. 12:44).

Porque son ricos persiguen a los mansos, **2 Ne.** 9:30 (2 Ne. 28:12–13). Los justos que esperan anhelosamente y con firmeza en Cristo, a pesar de todas las persecuciones, no perecerán, **2 Ne.** 26:8. Todas estas cosas te servirán de experiencia, **DyC** 122:7.

Perseverar. *Véase también* Adversidad; Paciencia; Tentación, tentar

Permanecer firme en el compromiso de ser fiel a los mandamientos de Dios a pesar de la tentación, la oposición o la adversidad.

El que persevere hasta el fin, este será salvo, **Mateo** 10:22 (Mar. 13:13). No tienen raíz en sí, sino que son de corta duración, **Mar.** 4:17. La caridad todo lo soporta, **1 Cor.** 13:7. Y habiendo Abraham esperado con paciencia, alcanzó la promesa, **Heb.** 6:15. Si perseveran hasta el fin, serán enaltecidos en el último día, **1 Ne.** 13:37. Si sois obedientes a los mandamientos, y perseveráis hasta el fin, seréis salvos, **1 Ne.** 22:31 (Alma 5:13). Si marcháis adelante, deleitándoos en la palabra de Cristo, y perseveráis hasta el fin, tendréis la vida eterna, **2 Ne.** 31:20 (3 Ne. 15:9; DyC 14:7). El que tome sobre sí mi nombre, y persevere hasta el fin, este se salvará, **3 Ne.** 27:6. A los que son de mi Iglesia, y perseveran en ella hasta el fin, estableceré sobre mi roca, **DyC** 10:69. El que persevere con fe vencerá al mundo, **DyC** 63:20, 47. Todos los tronos y dominios serán señalados a todos los que hayan perseverado en el evangelio de Jesucristo, **DyC** 121:29.

Phelps, William W.

Miembro y líder durante los primeros años de la Iglesia después de su restauración en 1830. El Señor llamó a William Phelps como impresor de la Iglesia (DyC 57:11; 58:40; 70:1).

Piedra. *Véase* Roca

Piedra del ángulo. *Véase también* Jesucristo

La piedra principal que forma la esquina de los cimientos de un edificio. A Jesucristo se le llama la principal piedra del ángulo (Efe. 2:20).

La piedra que desecharon los edificadores ha venido a ser cabeza del ángulo, **Sal.** 118:22 (Mateo 21:42–44; Mar. 12:10; Lucas 20:17; Hech. 4:10–12). Los judíos rechazaron la piedra angular, **Jacob** 4:15–17.

Pilato, Poncio

Gobernador romano de Judea, 26–36 a.C. (Lucas 3:1). Odiaba al pueblo judío y su religión, y mandó matar a varios galileos (Lucas 13:1). Jesús fue acusado y condenado a la crucifixión ante Pilato (Mateo 27:2, 11–26, 58–66; Mar. 15; Lucas 23; Juan 18:28–19:38).

Planchas. *Véase también* Libro de Mormón; Planchas de oro

En la antigüedad, en algunas culturas se escribía la historia del pueblo y sus registros en planchas de metal, tal como fue el caso del Libro de Mormón. Para mayor información, véase "Una breve explicación acerca del Libro de Mormón", que se encuentra en las páginas introductorias del Libro de Mormón.

Planchas de bronce. *Véase también* Planchas

El registro (anales) de los judíos desde el principio hasta el año 600 a.C., el cual contenía muchos escritos de los profetas (1 Ne. 5:10–16). Labán, uno de los ancianos de Jerusalén, tenía estos anales bajo su cuidado. Lehi, estando él y su familia en el desierto, envió a sus hijos de regreso a Jerusalén para conseguir las planchas (1 Ne. 3–4). (Para mayor información, véase "Una breve explicación acerca del Libro de Mormón", que se encuentra al principio del Libro de Mormón).

Planchas de oro. *Véase también* Libro de Mormón; Planchas

Registro escrito sobre planchas de oro que relata la historia de dos grandes civilizaciones que existieron en el continente americano. José Smith tradujo y publicó una parte de esas planchas, y esa traducción se titula el Libro de Mormón. (Para mayor información, véase la "Introducción" y "El Testimonio del profeta José Smith", que se encuentran en el Libro de Mormón).

Plan de redención. *Véase también* Caída de Adán y Eva; Evangelio; Expiación, expiar; Jesucristo; Salvación

La plenitud del evangelio de Jesucristo, cuyo propósito es llevar a cabo la inmortalidad y la vida eterna del hombre. Incluye la Creación, la Caída y la Expiación, junto con todas las leyes, ordenanzas y doctrinas que Dios nos ha dado. Este plan hace posible que todas las personas logren la exaltación y vivan para siempre con Dios (2 Ne. 2; 9). Las Escrituras también se refieren a este plan como el plan de salvación, el plan de felicidad y el plan de misericordia.

Herido fue por nuestras rebeliones, **Isa.** 53:5 (Mos. 14:5).

No hay otro nombre bajo el cielo en que podamos ser salvos, **Hech.** 4:12. Así como en Adán todos mueren, también en Cristo todos serán vivificados, **1 Cor.** 15:22. Por gracia sois salvos por medio de la fe, **Efe.** 2:8 (2 Ne. 25:23). Dios prometió la vida eterna desde antes del principio de los siglos, **Tito** 1:2. Jesús es autor de eterna salvación, **Heb.** 5:8–9. El plan de redención se extendió a los muertos, **1 Pe.** 3:18–20; 4:6 (DyC 138).

La muerte cumple el misericordioso designio del gran Creador, **2 Ne.** 9:6. ¡Cuán grande es el plan de nuestro Dios!, **2 Ne.** 9:13. El plan de redención lleva a efecto la resurrección de los muertos, **Alma** 12:25–34. Aarón enseñó al padre de Lamoni acerca del plan de redención, **Alma** 22:12–14. Amulek explicó el plan de salvación, **Alma** 34:8–16. Alma explicó el plan de salvación, **Alma** 42:5–26, 31.

Se afirman en la revelación moderna las doctrinas concernientes a la Creación, la Caída, la Expiación y el bautismo,

DyC 20:17–29. El plan se decretó antes de existir el mundo, **DyC** 128:22.

Esta es mi obra y mi gloria: Llevar a cabo la inmortalidad y la vida eterna del hombre, **Moisés** 1:39. Este es el plan de salvación para todos los hombres, **Moisés** 6:52–62. Con esto los probaremos, **Abr.** 3:22–26.

Plan de salvación. *Véase* Plan de redención

Plural, matrimonio. *Véase* Matrimonio — El matrimonio plural

Pobres. *Véase también* Ayunar, ayuno; Bienestar; Humildad, humilde, humillar (afligir); Limosna; Ofrenda

En las Escrituras, el vocablo *pobre* puede referirse a (1) las personas que carecen de bienes materiales, tales como alimento, ropa y albergue, o (2) a personas humildes y sin orgullo.

Pobres en cuanto a bienes materiales: No cerrarás tu mano contra tu hermano pobre, **Deut.** 15:7. Con arrogancia el malo persigue al pobre, **Sal.** 10:2. El que da al pobre no tendrá pobreza, **Prov.** 28:27. A los pobres errantes alberga en casa, **Isa.** 58:6–7.

Si quieres ser perfecto, da a los pobres, **Mateo** 19:21 (Mar. 10:21; Lucas 18:22). ¿No ha elegido Dios a los pobres de este mundo?, **Stg.** 2:5.

Porque son ricos desprecian a los pobres, **2 Ne.** 9:30. A fin de retener la remisión de vuestros pecados, quisiera que de vuestros bienes dieseis al pobre, **Mos.** 4:26. Todo hombre repartía de sus bienes a los pobres, **Alma** 1:27. Si no dais de vuestros bienes a los necesitados, vuestra oración es en vano, **Alma** 34:28. Los nefitas tenían en común todas las cosas; por tanto no había ricos ni pobres, **4 Ne.** 1:3.

Te acordarás de los pobres, **DyC** 42:30 (DyC 52:40). ¡Ay de los pobres cuyos corazones no están quebrantados!, **DyC** 56:17–18. Los pobres vendrán a las bodas del Cordero, **DyC** 58:6–11. El obispo debe buscar a los pobres, **DyC** 84:112. La ley del Evangelio manda que se cuide de los pobres, **DyC** 104:17–18.

No había pobres entre ellos, **Moisés** 7:18.

Pobres en espíritu: Más bendecidos son aquellos que se humillan verdaderamente a causa de la palabra, **Alma** 32:4–6, 12–16. Bienaventurados son los pobres en espíritu que vienen a mí, **3 Ne.** 12:3 (Mateo 5:3).

Se predicará el Evangelio a los pobres y a los mansos, **DyC** 35:15.

Poder. *Véase también* Autoridad; Sacerdocio

La capacidad para hacer algo. El tener poder sobre algo o sobre alguien es tener la capacidad para controlarlo o mandarlo. En las Escrituras, el poder a menudo está ligado al poder de Dios o de los cielos. Con frecuencia se relaciona estrechamente con la autoridad del sacerdocio, la cual constituye el permiso o el derecho de actuar por Dios.

Yo te he puesto para mostrar en ti mi poder, **Éx.** 9:16. Dios es el que me ciñe de fuerza, **2 Sam.** 22:33. No te niegues a hacer el bien cuando tuvieres poder para hacerlo, **Prov.** 3:27. Yo estoy lleno de poder del Espíritu de Jehová, **Miq.** 3:8.

Toda potestad me es dada en el cielo y en la tierra, **Mateo** 28:18. Se admiraban de su doctrina, porque su palabra era con autoridad, **Lucas** 4:32. Quedaos vosotros en la ciudad hasta que seáis investidos de poder desde lo alto, **Lucas** 24:49. A todos los que le recibieron, les dio potestad de ser hechos hijos de Dios, **Juan** 1:12 (DyC 11:30). Recibiréis poder, cuando haya venido sobre vosotros el Espíritu Santo, **Hech.** 1:8. No hay autoridad sino de parte de Dios, **Rom.** 13:1. Sois guardados por el poder de Dios mediante la fe, para alcanzar la salvación, **1 Pe.** 1:3–5. Estoy lleno del poder de Dios, **1 Ne.** 17:48. Me lo ha manifestado el poder del Espíritu Santo, **Jacob** 7:12. El hombre puede recibir gran poder de Dios, **Mos.** 8:16. Enseñaban con poder y autoridad de Dios, **Alma** 17:2–3. Nefi ministró con

poder y gran autoridad, **3 Ne.** 7:15–20 (3 Ne. 11:19–22).

Aun cuando un hombre tenga poder para hacer muchas obras poderosas, si se jacta de su propia fuerza, tendrá que caer, **DyC** 3:4. El poder está en ellos para efectuar muchas obras justas, **DyC** 58:27–28. En las ordenanzas del Sacerdocio de Melquisedec se manifiesta el poder de la divinidad, **DyC** 84:19–22. Los derechos del sacerdocio están inseparablemente unidos a los poderes del cielo, **DyC** 121:34–46.

Con mi mano te conduciré, y mi poder descansará sobre ti, **Abr.** 1:18.

Poligamia. *Véase* Matrimonio — El matrimonio plural

Pornografía. *Véase* Adulterio; Castidad; Fornicación

Pratt, Orson

Uno de los primeros hermanos que fue llamado al Cuórum de los Doce Apóstoles después de la restauración de la Iglesia en la época actual (DyC 124:128–129). Hacía tan solo seis semanas que era miembro de la Iglesia cuando el Señor le dio una revelación por medio del profeta José Smith (DyC 34). Sirvió también como misionero de la Iglesia (DyC 52:26; 75:14) y durante varios años como historiador de esta.

Pratt, Parley Parker

Hermano mayor de Orson Pratt y uno de los primeros hermanos que fue llamado al Cuórum de los Doce Apóstoles después de la restauración de la Iglesia en la época actual (DyC 124:128–129). En octubre de 1830, el Señor le dio a Parley Pratt una revelación por conducto de José Smith, llamándolo a servir en la primera de varias labores misionales (DyC 32; 50:37).

Predestinación. *Véase* Preordenación

Predicar. *Véase también* Evangelio; Obra misional

Dar o proclamar un mensaje que nos

haga comprender mejor un principio o doctrina del Evangelio.

Me ungió Jehová a predicar buenas nuevas a los abatidos, **Isa.** 61:1 (Lucas 4:16–21). Levántate y vé a Nínive, y proclama el mensaje, **Jonás** 3:2–10.

Desde entonces comenzó Jesús a predicar, **Mateo** 4:17. Id por todo el mundo y predicad el evangelio a toda criatura, **Mar.** 16:15. Nosotros predicamos a Cristo crucificado, **1 Cor.** 1:22–24. Fue y predicó a los espíritus encarcelados, **1 Pe.** 3:19.

No había nada, salvo predicación, agitándolos constantemente para mantenerlos en el temor del Señor, **Enós** 1:23. Les mandó que no predicaran nada, salvo el arrepentimiento y la fe en el Señor, **Mos.** 18:20. La predicación de la palabra tenía gran propensión a impulsar a la gente a hacer lo que era justo, **Alma** 31:5.

No vayas a suponer que eres llamado a predicar sino hasta que se te llame, **DyC** 11:15. A ninguno le será permitido salir a predicar mi evangelio a menos que sea ordenado, **DyC** 42:11. Este evangelio será predicado a toda nación, **DyC** 133:37.

Se empezó a predicar el Evangelio desde el principio, **Moisés** 5:58.

Preordenación. *Véase también* Vida preterrenal

La ordenación preterrenal de Dios a Sus hijos en espíritu que fueron valientes, para que cumplieran ciertas misiones durante su vida terrenal.

Dios estableció los límites de los pueblos, **Deut.** 32:8. Antes que te formase en el vientre te di por profeta, **Jer.** 1:5.

Dios ha prefijado el orden de los tiempos, **Hech.** 17:26. A los que antes conoció, también los predestinó, **Rom.** 8:28–30. Nos escogió en él antes de la fundación del mundo, **Efe.** 1:3–4. Jesucristo fue preordenado para ser el Redentor desde antes de la fundación del mundo, **1 Pe.** 1:19–20 (Apoc. 13:8).

Fueron llamados y preparados desde la fundación del mundo, **Alma** 13:1–9. Observé a los nobles y grandes que

fueron escogidos en el principio, **DyC** 138:55–56.

Mi Hijo Amado y mi Escogido desde el principio, **Moisés** 4:2. Abraham fue escogido antes de nacer, **Abr.** 3:23.

Presbítero, Sacerdocio Aarónico. *Véase también* Aarón, hermano de Moisés; Sacerdocio Aarónico; Sumo sacerdote

Oficio del Sacerdocio Aarónico. En los tiempos antiguos, era el oficio más alto del Sacerdocio Levítico, el cual poseían solamente Aarón y sus descendientes. Cuando Cristo cumplió la ley de Moisés, esa restricción quedó sin efecto.

Se describen los deberes de un presbítero en la Iglesia restaurada, **DyC** 20:46–52.

Presidencia. *Véase* Primera Presidencia

Presidente. *Véase también* Primera Presidencia; Profeta

Título del oficial que preside una organización. El Presidente de la Iglesia es profeta, vidente y revelador (DyC 21:1; 107:91–92), y los miembros de la Iglesia han de dirigirse al profeta de la Iglesia con el título "Presidente" (DyC 107:65). Él es la única persona sobre la tierra que tiene la autoridad para hacer uso del ejercicio de todas las llaves del sacerdocio.

Los líderes de algunos cuórums del sacerdocio y de algunas de las demás organizaciones de la Iglesia también pueden llevar el título de presidente.

El Señor dio las llaves del reino a José Smith, **DyC** 81:1–2. Tres presidentes forman un cuórum de la Presidencia de la iglesia, **DyC** 107:21–24. Los presidentes eran ordenados según el orden de Melquisedec, **DyC** 107:29. Se describen los deberes de los presidentes al presidir ellos los cuórums de los diáconos, los maestros, los presbíteros y los élderes, **DyC** 107:85–89 (DyC 124:136–138, 142). Son siete los presidentes que presiden todos los demás Setentas, **DyC** 107:93–95.

Se nombraron presidentes de estacas, **DyC** 124:133–135.

Primera Presidencia. *Véase también* Llaves del sacerdocio; Presidente; Revelación

El Presidente de la Iglesia y sus consejeros. Ellos forman un cuórum de tres sumos sacerdotes y presiden toda la Iglesia. La Primera Presidencia posee todas las llaves del sacerdocio.

Las llaves del reino siempre corresponden a la Presidencia del Sumo Sacerdocio, **DyC** 81:2. La Presidencia del Sumo Sacerdocio tiene el derecho de oficiar en todos los oficios de la Iglesia, **DyC** 107:9, 22. Quien me recibe a mí, recibe a los de la Primera Presidencia, **DyC** 112:20, 30. La Primera Presidencia debe recibir los oráculos [revelaciones] para toda la iglesia, **DyC** 124:126.

Primera Visión. *Véase* Restauración del Evangelio; Smith, hijo, José

La aparición de Dios el Padre y Su Hijo Jesucristo al profeta José Smith en una arboleda.

En la primavera de 1820, José Smith, hijo, tenía catorce años de edad y vivía con su familia en el poblado de Palmyra, Nueva York, EE. UU. A poca distancia de su casa, hacia el oeste, se encontraba una arboleda compuesta de grandes árboles. Fue allí a donde se dirigió José para orar a Dios con el fin de averiguar cuál iglesia era la verdadera. Al leer la Biblia, había sentido que, para recibir respuesta a su pregunta, debía pedírsela a Dios (Stg. 1:5–6). En contestación a su oración, se le aparecieron el Padre y el Hijo, quienes le dijeron que no se uniera a ninguna de las iglesias que estaban sobre la tierra, porque todas estaban en error (JS—H 1:15–20). Esa sagrada experiencia dio comienzo a una serie de acontecimientos que culminarían con la restauración del Evangelio y de la Iglesia verdadera de Cristo.

Primeros principios del Evangelio. *Véase* Arrepentimiento, arrepentirse; Bautismo, bautizar; Espíritu Santo; Fe

Primicias

Los frutos de la primera cosecha de la temporada. En los tiempos del Antiguo Testamento, estos se ofrecían a Dios (Lev. 23:9–20). Jesucristo es las primicias para con Dios, puesto que Él fue el primero en resucitar (1 Cor. 15:20, 23; 2 Ne. 2:9). Los que aceptan el Evangelio y perseveran hasta el fin, con fidelidad, son, en sentido simbólico, las primicias, porque pertenecen a Dios.

Los que siguen al Cordero por dondequiera que va son primicias para Dios, **Apoc.** 14:4.

Las primicias son los que descenderán con Cristo primero, **DyC** 88:98.

Primogénito. *Véase también* Jesucristo; Primogenitura

En los tiempos de los antiguos patriarcas, el hijo primogénito recibía la primogenitura (Gén. 43:33); por lo tanto, como herencia le correspondía ser el jefe de la familia al morir el padre. El primogénito tenía que ser digno de recibir esa responsabilidad (1 Cró. 5:1–2) y por iniquidad podía perderla.

Bajo la ley de Moisés, se consideraba que el hijo primogénito pertenecía a Dios. El hijo mayor recibía una porción doble de las posesiones de su padre (Deut. 21:17), y después de la muerte de este, era responsable del cuidado de la madre y de las hermanas.

El macho primogénito de los animales también pertenecía a Dios. Para los sacrificios se usaban los animales limpios, mientras que los inmundos o impuros se podían redimir, vender o matar (Éx. 13:2, 11–13; 34:19–20; Lev. 27:11–13, 26–27).

El primogénito simbolizaba a Jesucristo y Su ministerio terrenal, recordando al pueblo que vendría el gran Mesías (Moisés 5:4–8; 6:63).

Jesús es el primogénito de los hijos espirituales de nuestro Padre Celestial, el Unigénito del Padre en la carne y el primero en levantarse de entre los muertos en la Resurrección (Col. 1:13–18). Los santos fieles llegarán a ser miembros de la Iglesia del Primogénito en la eternidad (DyC 93:21–22).

Me darás el primogénito de tus hijos, **Éx.** 22:29. Santifiqué para mí a todos los primogénitos en Israel, **Núm.** 3:13.

Para que él sea el primogénito entre muchos hermanos, **Rom.** 8:29. Introduce al Primogénito en el mundo, **Heb.** 1:6.

Estos son los que constituyen la iglesia del Primogénito, **DyC** 76:54, 94.

Me fue conferido de los patriarcas el derecho del primogénito, **Abr.** 1:3.

Primogenitura. *Véase también* Convenio; Primogénito

El derecho de herencia que pertenece al primogénito varón. En un sentido amplio, la primogenitura abarca cualquiera o todos los derechos o herencia transmitidos a una persona al nacer dentro de cierta familia o cultura.

Véndeme en este día tu primogenitura, **Gén.** 25:29–34 (Gén. 27:36). El primogénito se sentaba conforme a su primogenitura, **Gén.** 43:33. Colocó a Efraín por encima de Manasés, **Gén.** 48:14–20 (Jer. 31:9). El derecho de primogenitura fue de José, **1 Cró.** 5:2.

Esaú vendió su primogenitura, **Heb.** 12:16.

Sois herederos legales, **DyC** 86:9. Sion tiene derecho al sacerdocio por linaje, **DyC** 113:8 (Abr. 2:9–11).

Principio. *Véase también* Creación, crear; Evangelio; Jesucristo; Vida preterrenal

Esta palabra tiene dos sentidos en las Escrituras: (1) Doctrina, verdad o ley básica. Los primeros principios del Evangelio son la fe en el Señor Jesucristo y el arrepentimiento (AdeF 1:4). (2) En términos generales, se refiere al período de tiempo antes de esta vida terrenal, o sea, la vida preterrenal. En ocasiones a Jesucristo se le menciona como el principio.

En el sentido de doctrina, verdad o ley básica: Los élderes, presbíteros y maestros

de esta iglesia enseñarán los principios de mi evangelio, que se encuentran en las Escrituras, **DyC** 42:12. Que seáis más perfectamente instruidos en principio, en doctrina, en todas las cosas, **DyC** 88:78 (DyC 97:14). Que todo hombre pueda obrar en doctrina y principio, de acuerdo con el albedrío moral que yo le he dado, **DyC** 101:78. Cualquier principio de inteligencia que logremos en esta vida se levantará con nosotros en la resurrección, **DyC** 130:18–19.

En el sentido de vida preterrenal o relativo a Jesucristo como el principio: En el principio creó Dios los cielos y la tierra, **Gén.** 1:1 (Moisés 2:1).

En el principio era el Verbo, **Juan** 1:1.

Soy el Alfa y la Omega, el principio y el fin, **3 Ne.** 9:18.

Cristo es el principio y el fin, **DyC** 19:1. El convenio nuevo y sempiterno fue desde el principio, **DyC** 22:1. El hombre fue en el principio con el Padre, con Dios, **DyC** 93:23, 29. Espíritus nobles y grandes fueron escogidos en el principio para ser gobernantes en la Iglesia, **DyC** 138:55.

Mi Unigénito fue conmigo desde el principio, **Moisés** 2:26.

Prisión espiritual. *Véase* Infierno

Profanidad. *Véase también* Blasfemar, blasfemia

Despreciar o tratar lo sagrado sin el debido respeto; en especial, la falta de reverencia por el nombre de Dios.

No tomarás el nombre de Jehová tu Dios en vano, **Éx.** 20:7 (2 Ne. 26:32; Mos. 13:15; DyC 136:21). ¿Por qué profanamos el convenio de nuestros padres?, **Mal.** 2:10.

Toda palabra ociosa que hablen los hombres, de ella darán cuenta en el día del juicio, **Mateo** 12:34–37. De una misma boca proceden bendición y maldición. Esto no debe ser así, **Stg.** 3:10.

Nuestras palabras nos condenarán, **Alma** 12:14 (Mos. 4:30).

Cuídense todos los hombres de cómo toman mi nombre en sus labios, **DyC** 63:61–62.

Profecía, profetizar. *Véase también* Profeta; Profetisa; Revelación; Vidente

Una profecía consta de palabras o escritos divinamente inspirados, los cuales se reciben mediante la revelación del Espíritu Santo. El testimonio de Jesús es el espíritu de profecía (Apoc. 19:10). Una profecía puede pertenecer al pasado, al presente o al futuro. Cuando una persona profetiza, habla o escribe aquello que Dios desea que sepa, ya sea para su propio bien o para bien de los demás. Las personas pueden recibir profecía o revelación personal relacionadas con su propia vida.

Ojalá todo el pueblo de Jehová fuese profeta, **Núm.** 11:29. Profetizarán vuestros hijos y vuestras hijas, **Joel** 2:28 (Hech. 2:17–18). El Señor revela su secreto a sus siervos los profetas, **Amós** 3:7.

Ninguna profecía de las Escrituras es de interpretación privada, **2 Pe.** 1:20.

Los nefitas tenían muchas revelaciones y el espíritu de profecía, **Jacob** 4:6, 13. Alma y Amulek conocían las intenciones del corazón de Zeezrom de acuerdo con el espíritu de profecía, **Alma** 12:7. ¡Ay de aquel que diga que el Señor ya no obra por profecía!, **3 Ne.** 29:6. Escudriñad las profecías de Isaías, **Morm.** 8:23.

Las profecías se cumplirán todas, **DyC** 1:37–38.

El hombre debe ser llamado por Dios, por profecía, **AdeF** 1:5.

Profeta. *Véase también* Presidente; Profecía, profetizar; Revelación; Vidente

Persona llamada por Dios para que hable en Su nombre. En calidad de mensajero de Dios, el profeta recibe mandamientos, profecías y revelaciones de Él. La responsabilidad del profeta consiste en hacer conocer a la humanidad la voluntad y la verdadera naturaleza de Dios, y demostrar el significado que tienen Sus tratos con ellos. El profeta denuncia el pecado y predice sus consecuencias; es predicador de rectitud. En algunas ocasiones, puede recibir inspiración para predecir el futuro en beneficio del ser humano; no obstante, su responsabilidad primordial es la de dar testimonio de Cristo. El Presidente de La Iglesia de Jesucristo de los Santos de los Últimos Días es el profeta de Dios sobre la tierra en la actualidad. A los miembros de la Primera Presidencia y del Cuórum de los Doce Apóstoles se les sostiene como profetas, videntes y reveladores.

Ojalá todo el pueblo de Jehová fuese profeta, **Núm.** 11:29. Cuando haya entre vosotros profeta de Jehová, le apareceré en visión, **Núm.** 12:6. Jehová amonestó a Israel por medio de todos los profetas, **2 Rey.** 17:13 (2 Cró. 36:15–16; Jer. 7:25). Te di por profeta a las naciones, **Jer.** 1:5, 7. El Señor revela su secreto a sus siervos los profetas, **Amós** 3:7.

Habló por boca de Sus santos profetas, **Lucas** 1:70 (Hech. 3:21). De Jesucristo dan testimonio todos los profetas, **Hech.** 10:43. Dios puso profetas en la Iglesia, **1 Cor.** 12:28 (Efe. 4:11). La Iglesia está edificada sobre el fundamento de los apóstoles y profetas, **Efe.** 2:19–20.

El pueblo ha rechazado las palabras de los profetas, **1 Ne.** 3:17–18 (2 Ne. 26:3). Por el Espíritu son reveladas a los profetas todas las cosas, **1 Ne.** 22:1–2. Cristo vino al mundo para cumplir todas las cosas que había declarado por boca de Sus santos profetas, **3 Ne.** 1:13 (DyC 42:39).

Aquellos que no prestaren atención a las palabras de los profetas serán desarraigados, **DyC** 1:14. Quienes creen en las palabras de los profetas tienen vida eterna, **DyC** 20:26. Recibiréis la palabra del profeta como si viniera de mi propia boca, **DyC** 21:4–6. Las revelaciones y los mandamientos para la Iglesia se reciben únicamente por conducto de aquel que el Señor ha nombrado, **DyC** 43:1–7. El deber del presidente es presidir a toda la Iglesia, y ser semejante a Moisés, ser profeta, **DyC** 107:91–92.

Creemos en profetas, **AdeF** 1:6.

Profetisa. *Véase también* Profecía, profetizar

Mujer que ha recibido un testimonio de Jesucristo y que disfruta del espíritu de revelación. Una profetisa no posee ni el sacerdocio ni sus llaves. Aunque en las Escrituras se les llama profetisas solo a unas cuantas mujeres, fueron muchas las que profetizaron; por ejemplo, Rebeca, Ana, Elisabet y María.

A María se le llamó profetisa, **Éx.** 15:20. A Débora se le llamó profetisa, **Jue.** 4:4. A Hulda se le llamó profetisa, **2 Rey.** 22:14 (2 Cró. 34:22).

A Ana se le llamó profetisa, **Lucas** 2:36.

Proverbio

Dicho breve, máxima o consejo moral.

El libro de los Proverbios: Libro del Antiguo Testamento que contiene muchas parábolas, máximas y poemas, algunos de los cuales fueron escritos por Salomón. Este libro se cita con frecuencia en el Nuevo Testamento.

En los capítulos del 1 al 9, se encuentra una exposición de lo que es la verdadera sabiduría. En los capítulos del 10 al 24, hay una colección de proverbios y máximas sobre las formas correctas e incorrectas de vivir. En los capítulos del 25 al 29, se encuentran los proverbios de Salomón que registraron los hombres de Ezequías, el rey de Judá. En los capítulos 30 y 31, se describe a la mujer virtuosa.

Publicanos. *Véase también* Imperio romano

En la antigua Roma, recolector de impuestos por parte del gobierno, a los cuales en general aborrecían los judíos. Algunos publicanos aceptaron el Evangelio sin demora (Mateo 9:9–10; Lucas 19:2–8).

Pureza, puro. *Véase también* Limpio e inmundo; Santificación

Estar libre de pecado y de culpa. La persona llega a ser pura cuando sus pensamientos y acciones son limpios en todo sentido. La persona que ha cometido un pecado puede llegar a ser pura mediante la fe en Jesucristo, el arrepentimiento y la recepción de las ordenanzas del Evangelio.

El limpio de manos y puro de corazón recibirá bendición de Jehová, **Sal.** 24:3–5. Purificaos los que lleváis los utensilios de Jehová, **Isa.** 52:11 (DyC 133:4–5).

Bienaventurados los de limpio corazón, **Mateo** 5:8 (3 Ne. 12:8). Todo lo que es puro, en esto pensad, **Filip.** 4:8 (AdeF 1:13).

Todos vosotros que sois de corazón puro, levantad vuestra cabeza y recibid la placentera palabra de Dios, **Jacob** 3:2–3. ¿Podréis mirar a Dios en aquel día con un corazón puro y manos limpias?, **Alma** 5:19. Encontrándose puros y sin mancha ante Dios, no podían ver el pecado sino con repugnancia, **Alma** 13:12. Seamos purificados así como Cristo es puro, **Moro.** 7:48 (Morm. 9:6).

Dios apartará para sí un pueblo puro, **DyC** 43:14. El Señor castigará a Sion hasta que se purifique, **DyC** 90:36. El Señor mandó que se construyera en Sion una casa donde los puros de corazón verán a Dios, **DyC** 97:10–17. Esta es Sion: Los puros de corazón, **DyC** 97:21.

Querubines

Figuras que representan seres celestiales, cuya forma exacta se desconoce. Se ha llamado a querubines para custodiar los lugares sagrados.

Jehová puso querubines para guardar el camino que llevaba al árbol de la vida, **Gén.** 3:24 (Alma 12:21–29; 42:2–3; Moisés 4:31). Colocaron dos imágenes de querubines en el propiciatorio, **Éx.** 25:18, 22 (1 Rey. 6:23–28; Heb. 9:5). Se mencionan querubines en las visiones de Ezequiel, **Ezeq.** 10; 11:22.

Rafael. *Véase también* Ángeles

Ángel del Señor que participó en la

restauración de todas las cosas (DyC 128:21).

Rameúmptom

En el Libro de Mormón, una alta plataforma en la que oraban los zoramitas, los cuales eran nefitas apóstatas (Alma 31:8–14, 21).

Raquel. *Véase también* Jacob hijo de Isaac

En el Antiguo Testamento, una de las esposas de Jacob (Gén. 29–31; 35). También fue la madre de José y de Benjamín.

Realistas

En el Libro de Mormón, un grupo de personas que deseaba derrocar el gobierno de los nefitas (Alma 51:1–8).

Rebeca. *Véase también* Isaac

Esposa de Isaac, patriarca del Antiguo Testamento (Gén. 24–27). Rebeca fue la madre de Esaú y Jacob (Gén. 25:23–26).

Rebelión. *Véase también* Apostasía; Diablo; Murmurar; Pecado

Desobedecer al Señor u oponerse a Él, incluso rehusar seguir a Sus líderes escogidos y desobedecer intencionalmente Sus mandamientos.

No seáis rebeldes contra Jehová, **Núm.** 14:9. El rebelde no busca sino el mal, **Prov.** 17:11. ¡Ay de los hijos que se apartan!, **Isa.** 30:1.

El Señor no redime a ninguno de los que se rebelan contra Él, y mueren en sus pecados, **Mos.** 15:26. Los amlicitas se habían rebelado abiertamente contra Dios, **Alma** 3:18–19.

Los rebeldes serán traspasados de mucho pesar, **DyC** 1:3. El enojo del Señor está encendido contra los rebeldes, **DyC** 56:1 (DyC 63:1–6).

Satanás se rebeló contra Dios, **Moisés** 4:3.

Rectitud, recto. *Véase también* Andar, andar con Dios; Dignidad, digno; Injusticia, injusto; Integridad; Justicia; Justo; Mandamientos de Dios

Ser justo, santo, virtuoso, íntegro; obedecer los mandamientos de Dios; evitar el pecado.

A causa de la rectitud del pueblo del Señor, Satanás no tiene poder, **1 Ne.** 22:26. Si no hay rectitud, no hay felicidad, **2 Ne.** 2:13. Todo hombre debe ser cambiado a un estado de rectitud, **Mos.** 27:25–26.

Seguid firmes, llevando puesta la coraza de la rectitud, **DyC** 27:16 (Efe. 6:14). Los poderes del cielo no pueden ser manejados sino conforme a los principios de la rectitud, **DyC** 121:36.

El pueblo de Sion vivía en rectitud, **Moisés** 7:18. Abraham fue seguidor de la rectitud, **Abr.** 1:2.

Redención, plan de. *Véase* Plan de redención

Redención, redimido, redimir. *Véase también* Caída de Adán y Eva; Expiación, expiar; Jesucristo; Muerte espiritual; Muerte física; Salvación

Liberar, comprar o rescatar, por ejemplo, liberar a una persona de la esclavitud mediante un pago. La *Redención* se refiere a la expiación de Jesucristo y al hecho de que nos liberó del pecado. La expiación de Jesucristo redime a todo el género humano de la muerte física, y, por medio de la expiación, los que tengan fe en Él y se arrepientan son también redimidos de la muerte espiritual.

Yo te redimí, **Isa.** 44:22. Los redimiré de la muerte, **Oseas** 13:14 (Sal. 49:15).

Tenemos redención por la sangre de Cristo, **Efe.** 1:7, 14 (Heb. 9:11–15; 1 Pe. 1:18–19; Alma 5:21; Hel. 5:9–12).

El Señor ha redimido a mi alma del infierno, **2 Ne.** 1:15. La redención viene en el Santo Mesías y por medio de Él, **2 Ne.** 2:6–7, 26 (Mos. 15:26–27; 26:26). Cantaron del amor que redime, **Alma** 5:9 (Alma 5:26; 26:13). Los malvados permanecen como si no se hubiese hecho ninguna redención, **Alma** 11:40–41 (Alma 34:16; 42:13; Hel. 14:16–18). Jesucristo ha efectuado la redención del mundo, **Morm.** 7:5–7. El poder de la redención surte efecto en todos aquellos que no tienen ley, **Moro.** 8:22 (DyC 45:54).

Los que no creyeren no pueden ser redimidos de su caída espiritual, **DyC** 29:44. Los niños pequeños son redimidos desde la fundación del mundo, **DyC** 29:46. El Señor ha redimido a su pueblo, **DyC** 84:99. Joseph F. Smith vio en una visión la redención de los muertos, **DyC** 138.

Adán y Eva se regocijaron en su redención, **Moisés** 5:9–11.

Redentor. *Véase también* Jesucristo; Salvador

Jesucristo es el gran Redentor de la humanidad porque, mediante Su expiación, pagó el precio por los pecados del hombre e hizo posible la resurrección de todo el género humano.

Yo sé que mi Redentor vive, **Job** 19:25. Yo soy tu socorro, dice Jehová; el Santo de Israel es tu Redentor, **Isa.** 41:14 (Isa. 43:14; 48:17; 54:5; 59:20). Yo Jehová soy Salvador tuyo y Redentor tuyo, **Isa.** 49:26 (Isa. 60:16).

Llamarás su nombre Jesús, porque Él salvará a su pueblo de sus pecados, **Mateo** 1:21. El Hijo del Hombre vino para dar su vida en rescate por muchos, **Mateo** 20:28 (1 Tim. 2:5–6). El Señor de Israel ha visitado y redimido a su pueblo, **Lucas** 1:68. Fuimos reconciliados con Dios por la muerte de su Hijo, **Rom.** 5:10. Jesucristo se dio a sí mismo por nosotros para redimirnos de toda iniquidad, **Tito** 2:13–14. Jesucristo nos lavó de nuestros pecados con su sangre, **Apoc.** 1:5.

La redención viene en el Santo Mesías y por medio de Él, **2 Ne.** 2:6–7, 26. El Hijo tomó sobre sí la iniquidad y las transgresiones del hombre, los redimió y satisfizo las exigencias de la justicia, **Mos.** 15:6–9, 18–27. Cristo vino para redimir a aquellos que sean bautizados para arrepentimiento, **Alma** 9:26–27. Vendrá al mundo para redimir a su pueblo, **Alma** 11:40–41. La redención se realiza por medio del arrepentimiento, **Alma** 42:13–26. Jesucristo vino para redimir al mundo, **Hel.** 5:9–12. Cristo redimió a todo el género humano de la muerte temporal y de la espiritual, **Hel.** 14:12–17. La redención viene por Cristo, **3 Ne.** 9:17. Yo soy el que fue preparado desde la fundación del mundo para redimir a mi pueblo, **Éter** 3:14.

El Señor vuestro Redentor padeció la muerte en la carne, **DyC** 18:11. Cristo padeció por todos, si se arrepienten, **DyC** 19:1, 16–20. Los niños pequeños son redimidos mediante mi Unigénito, **DyC** 29:46. He mandado a mi Unigénito Hijo al mundo para la redención del mundo, **DyC** 49:5. Cristo es la luz y el Redentor del mundo, **DyC** 93:8–9. Joseph F. Smith recibió una visión de la redención de los muertos, **DyC** 138.

Creemos que por la expiación de Cristo, todo el género humano puede salvarse, **AdeF** 1:3.

Reino de Dios o de los cielos. *Véase también* Gloria celestial; Iglesia de Jesucristo

El reino de Dios sobre la tierra es La Iglesia de Jesucristo de los Santos de los Últimos Días (DyC 65). La finalidad de la Iglesia es preparar a sus miembros para vivir eternamente en el reino celestial, o reino de los cielos. No obstante, en las Escrituras a veces se hace referencia a la Iglesia como al reino de los cielos, o sea, que la Iglesia es el reino de los cielos sobre la tierra.

Aunque La Iglesia de Jesucristo de los Santos de los Últimos Días es el reino de Dios sobre la tierra, en la actualidad está limitado a un reino eclesiástico. Durante el Milenio, el reino de Dios gobernará tanto eclesiástica como políticamente.

Jehová es Rey eternamente y para siempre, **Sal.** 10:16 (Sal. 11:4). El Dios del cielo levantará un reino que no será jamás destruido, **Dan.** 2:44 (DyC 138:44).

Arrepentíos, porque el reino de los

cielos se ha acercado, **Mateo** 3:2 (Mateo 4:17). Venga tu reino. Hágase tu voluntad en la tierra, **Mateo** 6:10. Buscad primeramente el reino de Dios, **Mateo** 6:33 (3 Ne. 13:33). Te daré las llaves del reino de los cielos, **Mateo** 16:19. Venid, heredad el reino preparado para vosotros, **Mateo** 25:34. Cuando tome los sacramentos con vosotros en el reino de mi Padre, **Mateo** 26:26–29. Veréis a todos los profetas en el reino de Dios, **Lucas** 13:28. Los injustos no heredarán el reino de Dios, **1 Cor.** 6:9. La carne y la sangre no pueden heredar el reino de Dios, **1 Cor.** 15:50.

Antes de buscar riquezas, buscad el reino de Dios, **Jacob** 2:18. Ninguna cosa impura puede heredar el reino del cielo, **Alma** 11:37.

Para que con ellas reposes en el reino de mi Padre, **DyC** 15:6. A vosotros se os ha dado el reino, o en otras palabras, las llaves de la Iglesia, **DyC** 42:69 (DyC 65:2). Extiéndase el reino de Dios, para que venga el reino de los cielos, **DyC** 65:5–6. Las llaves de este reino nunca te serán quitadas, **DyC** 90:3. Quienes te reciban como niños pequeños, recibirán mi reino, **DyC** 99:3. Así se llamará mi Iglesia en los postreros días, a saber, La Iglesia de Jesucristo de los Santos de los Últimos Días, **DyC** 115:4. Los cielos nos fueron abiertos, y vi el reino celestial de Dios, **DyC** 137:1–4.

Remisión de pecados. *Véase también* Arrepentimiento, arrepentirse; Expiación, expiar; Jesucristo; Perdonar

El perdón de las malas acciones después de cumplir con la condición de que primero haya arrepentimiento. La remisión de los pecados se hace posible por medio de la expiación de Jesucristo. El hombre puede obtener la remisión de sus pecados si tiene fe en Cristo, si se arrepiente de sus pecados, si recibe las ordenanzas del bautismo y la imposición de manos para comunicar el don del Espíritu Santo, y si obedece los mandamientos de Dios (AdeF 1:3–4).

Si vuestros pecados fueren como la grana, como la nieve serán emblanquecidos, **Isa.** 1:16–18.

Esto es mi sangre, que por muchos es derramada para remisión de los pecados, **Mateo** 26:28 (Heb. 9:22–28; DyC 27:2). Arrepentíos, y bautícese cada uno para perdón de los pecados, **Hech.** 2:38 (Lucas 3:3; DyC 107:20). Todos los que creen en Jesucristo recibirán perdón de pecados, **Hech.** 10:43 (Mos. 3:13).

Cristo es la fuente a la que han de acudir para la remisión de sus pecados, **2 Ne.** 25:26. A fin de retener la remisión de vuestros pecados, velad por los pobres y los necesitados, **Mos.** 4:11–12, 26. El que se arrepienta tendrá derecho a reclamar la misericordia, para la remisión de sus pecados, **Alma** 12:34. El cumplimiento de los mandamientos trae la remisión de los pecados, **Moro.** 8:25.

El Sacerdocio Aarónico tiene las llaves del bautismo por inmersión para la remisión de pecados, **DyC** 13 (DyC 84:64, 74; AdeF 1:4). Yo, el Señor, no me acuerdo más sus pecados, **DyC** 58:42–43 (Ezeq. 18:21–22). A ellos se les enseñó el bautismo vicario para la remisión de los pecados, **DyC** 138:33.

Responsabilidad, edad de. *Véase* Bautismo, bautizar; Bautismo de los niños pequeños; Niño(s); Responsabilidad, responsable

Responsabilidad, responsable. *Véase también* Albedrío

El Señor ha dicho que todas las personas son responsables de sus propias ideas y resoluciones, así como de sus actitudes, deseos y actos.

La edad de responsabilidad es aquella en la que se considera que los niños son responsables de sus actos y son capaces de cometer pecados y de arrepentirse.

Juzgaré a cada uno según sus caminos, **Ezeq.** 18:30.

Darán cuenta de toda palabra ociosa, **Mateo** 12:36. Da cuenta de tu mayordomía, **Lucas** 16:2. Cada uno de nosotros dará a Dios cuenta de sí, **Rom.** 14:12. Los muertos serán juzgados según sus obras, **Apoc.** 20:12.

Nuestras palabras, nuestras obras y nuestros pensamientos nos condenarán, **Alma** 12:14. Somos nuestros propios jueces, ya sea para obrar el bien o para obrar el mal, **Alma** 41:7. Se os permite obrar por vosotros mismos, **Hel.** 14:29–31. Esto enseñarás: El arrepentimiento y el bautismo a los que son responsables, **Moro.** 8:10.

Todos los que hayan llegado a la edad de responsabilidad deben arrepentirse y bautizarse, **DyC** 18:42. Satanás no puede tentar a los niños pequeños, sino hasta que empiezan a ser responsables ante mí, **DyC** 29:46–47. Los niños deben ser bautizados cuando tengan ocho años de edad, **DyC** 68:27. Todo hombre responderá por sus propios pecados en el día del juicio, **DyC** 101:78.

A los hombres les es concedido discernir el bien del mal; de modo que, son sus propios agentes, **Moisés** 6:56. Los hombres serán castigados por sus propios pecados, **AdeF** 1:2.

Restauración del Evangelio. *Véase también* Apostasía; Dispensaciones; Evangelio; Smith, hijo, José

El restablecimiento sobre la tierra, por parte de Dios, de las verdades y las ordenanzas de Su Evangelio. El evangelio de Jesucristo fue retirado de la tierra como consecuencia de la apostasía que tuvo lugar después del ministerio terrenal de los Apóstoles de Cristo. Esa apostasía hizo necesario que se restaurara el Evangelio. Mediante visiones, la ministración de ángeles y revelaciones a los hombres sobre la tierra, Dios restauró el Evangelio. La Restauración comenzó con el profeta José Smith (JS—H 1; DyC 128:20–21) y ha continuado hasta el presente mediante la obra de los profetas vivientes del Señor.

Será confirmado el monte de la casa de Jehová como cabeza de los montes, **Isa.** 2:2 (Miq. 4:2; 2 Ne. 12:2). Dios hará un prodigio grande y espantoso, **Isa.** 29:14

(2 Ne. 25:17–18; DyC 4:1). Dios levantará un reino que no será jamás destruido, **Dan.** 2:44.

Elías viene primero, y restaurará todas las cosas, **Mateo** 17:11 (Mar. 9:12; DyC 77:14). Vendrán los tiempos de la restauración de todas las cosas, **Hech.** 3:21 (DyC 27:6). Dios reunirá todas las cosas en Cristo, en la dispensación del cumplimiento de los tiempos, **Efe.** 1:10. Vi volar por en medio del cielo a otro ángel, que tenía el evangelio eterno para predicarlo, **Apoc.** 14:6.

La plenitud del evangelio vendrá a los gentiles, **1 Ne.** 15:13–18. Los judíos serán restaurados a la verdadera iglesia, **2 Ne.** 9:2. La verdad llegará en los últimos días, **3 Ne.** 16:7.

Sobre vosotros confiero el Sacerdocio de Aarón, **DyC** 13 (JS—H 1:69). He encomendado las llaves de mi reino para los últimos días, **DyC** 27:6, 13–14 (DyC 128:19–21). A congregar las tribus de Israel y a restaurar todas las cosas, **DyC** 77:9. Se entregan las llaves de esta dispensación, **DyC** 110:16 (DyC 65:2). Se ha dado el poder de este sacerdocio en la dispensación del cumplimiento de los tiempos, **DyC** 112:30.

Vi a dos Personajes, **JS—H** 1:17. Os revelaré el sacerdocio por medio de Elías el Profeta, **JS—H** 1:38 (Mal. 4:5–6).

Restauración, restitución. *Véase también* Restauración del Evangelio

El restablecimiento de una cosa o de una condición que ha estado perdida o ausente.

El espíritu y el cuerpo serán reunidos otra vez en su perfecta forma, **Alma** 11:43–44. Restauración es volver de nuevo mal por mal, recto por lo que es recto, **Alma** 41:10–15.

Creemos en la restauración de las Diez Tribus y que la tierra será renovada y recibirá su gloria paradisíaca, **AdeF** 1:10 (DyC 133:23–24).

Resurrección. *Véase también* Cuerpo;
Espíritu; Expiación, expiar;
Inmortal, inmortalidad; Jesucristo;
Muerte física

La reunión del cuerpo espiritual y el
cuerpo físico de carne y huesos después
de la muerte. Después de la resurrección, el espíritu y el cuerpo nunca más
volverán a separarse, y la persona será
inmortal. Toda persona que nace en la
tierra resucitará porque Jesucristo venció
la muerte (1 Cor. 15:20–22).

Jesucristo fue el primero en resucitar
sobre esta tierra (Hech. 26:23; Col. 1:18;
Apoc. 1:5). El Nuevo Testamento aporta
amplia evidencia de que Jesús se levantó
de la tumba con un cuerpo físico: el sepulcro quedó vacío, comió pescado y
miel, tenía un cuerpo de carne y huesos,
la gente lo tocó y los ángeles dijeron que
había resucitado (Mar. 16:1–6; Lucas 24:1–
12, 36–43; Juan 20:1–18). La revelación de
los postreros días confirma la realidad
de la resurrección de Cristo y de todo el
género humano (Alma 11:40–45; 40; 3 Ne.
11:1–17; DyC 76; Moisés 7:62).

No todos resucitarán para recibir
la misma gloria (1 Cor. 15:39–42; DyC
76:89–98), ni todos se levantarán al
mismo tiempo (1 Cor. 15:22–23; Alma
40:8; DyC 76:64–65, 85; 88:96–102). Muchos santos resucitaron después de la
resurrección de Cristo (Mateo 27:52). Los
justos precederán a los malvados y saldrán en la primera resurrección (1 Tes.
4:16), en tanto que los pecadores impenitentes saldrán en la última resurrección
(Apoc. 20:5–13; DyC 76:85).

Después de deshecha esta mi piel,
en mi carne he de ver a Dios, **Job** 19:26
(Moisés 5:10). Yo abro vuestros sepulcros,
y os haré subir de vuestras sepulturas,
Ezeq. 37:12.

Se abrieron los sepulcros, y muchos
cuerpos se levantaron, **Mateo** 27:52–53
(3 Ne. 23:9). Ha resucitado el Señor, **Lucas**
24:34. Un espíritu no tiene carne ni huesos, como veis que yo tengo, **Lucas** 24:39.
Yo soy la resurrección y la vida, **Juan**
11:25. Los Doce Apóstoles enseñaron y

testificaron que Jesús había resucitado,
Hech. 1:21–22 (Hech. 2:32; 3:15; 4:33). En
Cristo todos serán vivificados, **1 Cor.**
15:1–22. Los muertos en Cristo resucitarán primero, **1 Tes.** 4:16. Bienaventurado
y santo el que tiene parte en la primera
resurrección, **Apoc.** 20:6.

Cristo da su vida y la vuelve a tomar para efectuar la resurrección de
los muertos, **2 Ne.** 2:8 (Mos. 13:35; 15:20;
Alma 33:22; 40:3; Hel. 14:15). Sin la resurrección, estaríamos sujetos a Satanás,
2 Ne. 9:6–9. Para que la resurrección
llegue a todos los hombres, **2 Ne.** 9:22.
Abinadí enseñó acerca de la primera
resurrección, **Mos.** 15:21–26. Los malvados permanecen como si no se hubiese
hecho ninguna redención, a menos que
sea el rompimiento de las ligaduras de
la muerte, **Alma** 11:41–45. Alma explicó
el estado de las almas entre la muerte y
la resurrección, **Alma** 40:6, 11–24.

A la venida del Señor, saldrán los que
murieron en Cristo, **DyC** 29:13 (DyC
45:45–46; 88:97–98; 133:56). Lloraréis particularmente por aquellos que no tengan la esperanza de una resurrección
gloriosa, **DyC** 42:45. Los que no conocieron ninguna ley tendrán parte en
la primera resurrección, **DyC** 45:54. Se
levantarán de los muertos y no morirán
después, **DyC** 63:49. La resurrección de
los muertos es la redención del alma,
DyC 88:14–16. Espíritu y elemento, inseparablemente unidos, reciben una
plenitud de gozo, **DyC** 93:33. Los ángeles que tienen un cuerpo de carne y
huesos son personajes resucitados, **DyC**
129:1. Cualquier principio de inteligencia
que logremos en esta vida se levantará
con nosotros en la resurrección, **DyC**
130:18–19.

Revelación. *Véase también* Espíritu
Santo; Inspiración, inspirar; Luz, luz
de Cristo; Palabra de Dios; Profecía,
profetizar; Sueños; Visión; Voz

Comunicación de Dios con Sus hijos sobre la tierra. La revelación se recibe mediante la Luz de Cristo y el
Espíritu Santo, y también por medio de

inspiración, visiones, sueños o mediante la visita de ángeles. La revelación brinda la guía que puede conducir a los fieles a la salvación eterna en el reino celestial.

El Señor revela Su obra a Sus profetas y confirma a los creyentes que son verdaderas las revelaciones que estos reciben (Amós 3:7). Por medio de la revelación, el Señor guía individualmente a todo aquel que la busque y que tenga fe, se arrepienta y sea obediente al evangelio de Jesucristo. "El Espíritu Santo es un revelador", dijo José Smith, "y ningún hombre puede recibir el Espíritu Santo sin recibir revelaciones".

En la Iglesia del Señor, los integrantes de la Primera Presidencia y del Consejo de los Doce son profetas, videntes y reveladores para la Iglesia y para el mundo. El Presidente de la Iglesia es la única persona, entre todos ellos, autorizada por el Señor para recibir revelaciones para toda la Iglesia (DyC 28:2–7); sin embargo, toda persona puede recibir revelación personal para su propio beneficio.

De todo lo que sale de la boca de Jehová vivirá el hombre, **Deut.** 8:3 (Mateo 4:4; DyC 98:11). Jehová habla con un silbo apacible y delicado, **1 Rey.** 19:12. Sin profecía el pueblo se desenfrena, **Prov.** 29:18. No hará nada Jehová el Señor, sin que revele su secreto a sus siervos los profetas, **Amós** 3:7.

Bienaventurado eres, Simón hijo de Jonás, porque no te lo reveló carne ni sangre, sino mi Padre, **Mateo** 16:15–19. El Espíritu de verdad os guiará a toda la verdad y os hará saber las cosas que habrán de venir, **Juan** 16:13. Si alguno de vosotros tiene falta de sabiduría, pídala a Dios, **Stg.** 1:5.

Se revelarán todas las cosas, **2 Ne.** 27:11. Daré a los hijos de los hombres línea por línea, **2 Ne.** 28:30. No hay nada secreto que no haya de ser revelado, **2 Ne.** 30:17. El Espíritu Santo os mostrará todas las cosas, **2 Ne.** 32:5. Nadie hay que conozca las sendas de Dios a menos que le sean reveladas, **Jacob** 4:8. Alma ayunó y oró para recibir revelación, **Alma** 5:46.

Cosas que nunca se han revelado serán reveladas a los fieles, **Alma** 26:22. Vosotros que negáis las revelaciones no conocéis el evangelio de Cristo y no comprendéis las Escrituras, **Morm.** 9:7–8. No recibís ningún testimonio sino hasta después de la prueba de vuestra fe, **Éter** 12:6.

Mi palabra toda será cumplida, **DyC** 1:38. ¿No hablé paz a tu mente en cuanto al asunto?, **DyC** 6:22–23. Hablaré a tu mente y a tu corazón, **DyC** 8:2–3. Si está bien, haré que tu pecho arda dentro de ti, **DyC** 9:8. No niegues el espíritu de revelación, **DyC** 11:25. Si pides, recibirás revelación tras revelación, **DyC** 42:61. Lo que hablen cuando sean inspirados por el Espíritu Santo, será la voz del Señor, **DyC** 68:4. Dios os dará conocimiento, **DyC** 121:26.

José Smith vio al Padre y al Hijo, **JS—H** 1:17. Creemos todo lo que Dios ha revelado y aún revelará, **AdeF** 1:7, 9.

Revelación de Juan. *Véase* Apocalipsis; Juan hijo de Zebedeo

Reverencia. *Véase también* Estimar; Honra, honrar (honor); Temor

Profundo respeto por las cosas sagradas; veneración.

Jehová mandó a Moisés quitarse el calzado, porque estaba en tierra santa, **Éx.** 3:4–5. Se debe temer a Dios y tenerle en reverencia, **Sal.** 89:7.

Sirvamos a Dios agradándole con temor y reverencia, **Heb.** 12:28.

Moroni se inclinó hasta el suelo y oró fervorosamente, **Alma** 46:13. Los de la multitud cayeron al suelo y adoraron a Cristo, **3 Ne.** 11:12–19.

Postraos ante mí, **DyC** 5:24. Ante el trono de Dios, todas las cosas se inclinan en humilde reverencia, **DyC** 76:93. Vuestras mentes se han ofuscado por haber tratado ligeramente las cosas que habéis recibido, **DyC** 84:54–57. Toda rodilla se doblará, y toda lengua confesará, **DyC** 88:104. Por respeto o reverencia al nombre del Ser Supremo, la iglesia dio a ese sacerdocio el nombre de Melquisedec,

DyC 107:4. Se derramarán bendiciones sobre los que reverencien al Señor en su casa, **DyC** 109:21.

Reyes

Dos libros del Antiguo Testamento que narran la historia de Israel desde la rebelión de Adonías, el cuarto hijo del rey David (aproximadamente en el año 1015 a.C.), hasta el cautiverio final de Judá (aproximadamente en el año 586 a.C.). Comprenden la historia completa del reino del norte (las diez tribus de Israel), desde la separación de Israel en dos reinos hasta que los asirios lo llevaron cautivo a los países del norte. Véase también Cronología, en el Apéndice.

Primer libro de los Reyes: En el capítulo 1, se describen los días finales de la vida del rey David. En los capítulos del 2 al 11, se relata la vida de Salomón. En los capítulos del 12 al 16, se habla de los sucesores inmediatos de Salomón: Roboam y Jeroboam. Este último causó la división del reino de Israel. También se hace mención de otros reyes. En los capítulos del 17 al 21, se relatan partes del ministerio de Elías el Profeta cuando amonestó a Acab, rey de Israel. En el capítulo 22, se relata una guerra contra Siria en la que unieron sus fuerzas Acab y Josafat, rey de Judá. El profeta Micaías profetiza contra los reyes.

Segundo libro de los Reyes: En 2 Rey. 1:1–2:11, sigue el relato de la vida de Elías el Profeta, incluso su subida al cielo en un carro de fuego. En los capítulos del 2 al 9, se habla del ministerio de fe y del gran poder de Eliseo. En el capítulo 10, se habla del rey Jehú y de la forma en que destruyó la casa de Acab y los sacerdotes de Baal. En los capítulos del 11 al 13, se describe el reinado justo de Joás y la muerte de Eliseo. En los capítulos del 14 al 17, se hace mención de varios reyes que reinaron en Israel y en Judá, con frecuencia en iniquidad. En el capítulo 15, se registra la captura de las diez tribus de Israel por parte de los asirios. En los capítulos del 18 al 20, se relata la vida recta de Ezequías, rey de Judá, y del profeta Isaías. En los capítulos del 21 al 23, se habla de los reyes Manasés y Josías, siendo el primero, según la tradición, el responsable del martirio de Isaías, y el segundo, un rey justo que restableció la ley entre los judíos. En los capítulos 24 y 25, se describe el cautiverio en Babilonia.

Rigdon, Sidney

Uno de los primeros conversos y líderes de la Iglesia restaurada durante la década de 1830 y en los primeros años de la de 1840. Sidney Rigdon sirvió un tiempo como Primer Consejero del profeta José Smith en la Primera Presidencia de la Iglesia (DyC 35; 58:50, 57; 63:55–56; 76:11–12, 19–23; 90:6; 93:44; 100:9–11; 124:126). Posteriormente se apartó de la Iglesia y fue excomulgado en septiembre de 1844.

Riñas. *Véase* Contención, contienda

Riquezas. *Véase también* Dinero; Orgullo

Abundancia de bienes. El Señor aconseja a los santos no buscar las riquezas del mundo excepto para hacer el bien. Los santos no deben dar más importancia a la búsqueda de las riquezas del mundo que a la búsqueda del reino de Dios, el cual tiene las riquezas de la eternidad (Jacob 2:18–19).

Si se aumentan las riquezas, no pongáis el corazón en ellas, **Sal.** 62:10. No aprovecharán las riquezas en el día de la ira, **Prov.** 11:4. El que confía en sus riquezas caerá, **Prov.** 11:28. De más estima es el buen nombre que las muchas riquezas, **Prov.** 22:1.

¡Cuán difícilmente entrarán en el reino de Dios los que tienen riquezas!, **Mar.** 10:23 (Lucas 18:24–25). Raíz de todos los males es el amor al dinero, **1 Tim.** 6:10.

¡Ay de los ricos que desprecian a los pobres y cuyo tesoro es su dios!, **2 Ne.** 9:30. Los ricos justos no ponían el corazón en las riquezas, sino que eran generosos con todos, **Alma** 1:30. El pueblo empezó a llenarse de orgullo por motivo de sus grandes riquezas, **Alma** 4:6–8. El pueblo se distinguía por clases, según sus riquezas, **3 Ne.** 6:12.

No busquéis riquezas sino sabiduría, **DyC** 6:7 (Alma 39:14; DyC 11:7). Las riquezas de la tierra son de Dios para dar; mas cuidaos del orgullo, **DyC** 38:39.

Las riquezas de la eternidad: Haceos tesoros en el cielo, **Mateo** 6:19–21.

¡Cuántas veces os he llamado por las riquezas de la vida eterna!, **DyC** 43:25. Las riquezas de la eternidad son mías para dar, **DyC** 67:2 (DyC 78:18).

Robar, robo, hurtar, hurto

Hurtar, tomar en forma deshonesta o ilegal algo que pertenece a otra persona. El Señor siempre ha mandado a Sus hijos a no robar (Éx. 20:15; Mateo 19:18; 2 Ne. 26:32; Mos. 13:22; DyC 59:6).

Haceos tesoros en el cielo, donde ladrones no minan ni hurtan, **Mateo** 6:19–21.

Las grandes pérdidas que sufrieron los nefitas ocurrieron a causa de su orgullo y sus riquezas, robos y hurtos, **Hel.** 4:12.

El que hurte y no se arrepienta, será expulsado, **DyC** 42:20. Los que roben serán entregados a la ley del país, **DyC** 42:84–85.

Roboam. *Véase también* Salomón

En el Antiguo Testamento, hijo del rey Salomón y sucesor de su padre. Reinó durante diecisiete años en Jerusalén (1 Rey. 11:43; 14:21, 31). Durante su reinado se efectuó la división entre el reino de Israel en el norte y el reino de Judá en el sur (1 Rey. 11:31–36; 12:19–20). Roboam quedó como rey de Judá.

Roca. *Véase también* Evangelio; Jesucristo; Revelación

En sentido figurado, es Jesucristo y Su Evangelio, los cuales son un fuerte fundamento y apoyo (DyC 11:24; 33:12–13). El término *roca* también se emplea para referirse a la revelación, por medio de la cual Dios da a conocer al hombre Su Evangelio (Mateo 16:15–18).

Él es la Roca, cuya obra es perfecta, **Deut.** 32:4. Jehová es mi roca; en él confiaré, **2 Sam.** 22:2–3. Una piedra fue cortada, no con mano, **Dan.** 2:34–35.

Estaba fundada sobre la roca, **Mateo** 7:25 (3 Ne. 14:25). Jesucristo es la piedra reprobada, **Hech.** 4:10–11. La roca era Cristo, **1 Cor.** 10:1–4 (Éx. 17:6).

Aquel que está edificado sobre la roca, recibe la verdad con gozo, **2 Ne.** 28:28. Los judíos rechazarán la roca (Cristo) sobre la cual podrían edificar, **Jacob** 4:15–17. Es sobre la roca de nuestro Redentor que debéis establecer vuestro fundamento, **Hel.** 5:12. Los que edifican sobre la doctrina de Cristo edifican sobre su roca, y no caerán cuando vengan las inundaciones, **3 Ne.** 11:39–40 (Mateo 7:24–27; 3 Ne. 18:12–13). Un hombre prudente que edificó su casa sobre una roca, **3 Ne.** 14:24.

Si estáis edificados sobre mi roca, la tierra y el infierno no pueden prevalecer, **DyC** 6:34. El que edifique sobre esta roca nunca caerá, **DyC** 50:44.

Yo soy el Mesías, el Rey de Sion, la Roca del Cielo, **Moisés** 7:53.

Roma. *Véase también* Imperio romano

En el Nuevo Testamento, la capital del Imperio romano, ubicada en Italia a orillas del río Tíber (Hech. 18:2; 19:21; 23:11). Pablo enseñó el Evangelio en Roma mientras se encontraba prisionero del gobierno romano (Hech. 28:14–31; Rom. 1:7, 15–16).

Romanos, epístola a los. *Véase también* Pablo; Pablo, epístolas de

En el Nuevo Testamento, una carta que Pablo escribió a los santos de Roma. Estaba contemplando la posibilidad de visitar Jerusalén, lo cual ciertamente era peligroso, y si escapaba con vida, esperaba visitar Roma más adelante. La carta tenía por objeto, en parte, preparar a los miembros de la Iglesia del lugar para que lo recibieran cuando llegara. También la epístola se puede considerar como una declaración en cuanto a ciertos principios acerca de los cuales había habido polémica, y los que Pablo consideraba que por fin se habían establecido.

En el capítulo 1, se encuentra la salutación de Pablo a los romanos. En los capítulos del 2 al 11, hay varias declaraciones sobre la doctrina de la fe, las obras y la gracia. En los capítulos del 12 al 16, se describen enseñanzas prácticas sobre el amor, el deber y la santidad.

Rostro

La apariencia general del semblante, la cual a menudo refleja la actitud y el estado de mente espiritual de la persona.

La apariencia de sus rostros testifica contra ellos, **Isa.** 3:9. El rostro del rey se demudó y sus pensamientos se turbaron, **Dan.** 5:6.

Su aspecto era como un relámpago, **Mateo** 28:3. Su rostro era como el sol, **Apoc.** 1:16.

¿Habéis recibido la imagen de Dios en vuestros rostros?, **Alma** 5:14, 19. Ammón observó que el semblante del rey había cambiado, **Alma** 18:12.

Orad y ayunad con corazones y semblantes alegres, **DyC** 59:14–15. Su semblante brillaba más que el resplandor del sol, **DyC** 110:3.

Rubén. *Véase también* Israel; Jacob hijo de Isaac

En el Antiguo Testamento, el hijo mayor de Jacob y Lea (Gén. 29:32; 37:21–22, 29; 42:22, 37). Aunque fue el hijo primogénito, perdió su primogenitura por causa de su transgresión (Gén. 35:22; 49:3–4).

La tribu de Rubén: La bendición que Jacob dio a Rubén se encuentra en Génesis 49:3 y en Deuteronomio 33:6. El total de integrantes de la tribu fue disminuyendo paulatinamente, y aunque no dejó de existir como tal, perdió su importancia política. La primogenitura de Rubén recayó sobre José y sus hijos, debido a que José era el hijo primogénito de Raquel, la segunda esposa de Jacob (1 Cró. 5:1–2).

Rumores. *Véase también* Calumnias; Chismes

Satanás esparce rumores y contiendas, basados a veces parcialmente en la verdad, con el fin de hacer que las personas se vuelvan contra Dios y contra lo que es bueno (Hel. 16:22; JS—H 1:1). Una de las señales de la segunda venida de Jesucristo es que la gente oirá de guerras y rumores de guerras (Mateo 24:6; DyC 45:26; JS—M 1:23).

Rut. *Véase también* Booz

En el Antiguo Testamento, la nuera moabita de Noemí y Elimelec, que eran israelitas. Después de fallecer su marido, Rut se casó con Booz, un pariente de Noemí. Su hijo Obed fue antepasado de David y de Cristo. La historia de Rut ilustra en forma hermosa la conversión al rebaño de Israel de una mujer que no era israelita, y la forma en que ella abandonó sus creencias, su dios y su forma de vida anteriores para unirse a la casa de fe y servir al Dios de Israel (Rut 1:16).

El libro de Rut: En el capítulo 1, se describe la vida de Elimelec y su familia en Moab. Después de la muerte de sus respectivos maridos, Noemí y Rut fueron a Belén. En el capítulo 2, se explica que Rut trabajó en la siega recogiendo espigas en el campo de Booz. En el capítulo 3, se relata que Noemí dio instrucciones a Rut de ir a acostarse a los pies de Booz en la era. En el capítulo 4, se relata la historia del casamiento de Rut y Booz, quienes tuvieron un hijo, Obed, mediante cuyo linaje nacieron David y Cristo.

Sabiduría. *Véase también* Conocimiento; Entender, entendimiento; Verdad

La capacidad o el don de Dios de saber juzgar correctamente. La sabiduría se obtiene mediante la experiencia y el estudio y al seguir los consejos de Dios. Si el hombre no cuenta con la ayuda de Dios, no tiene la verdadera sabiduría (2 Ne. 9:28; 27:26).

Dios dio a Salomón sabiduría, **1 Rey.** 4:29–30. Sabiduría ante todo; adquiere sabiduría, **Prov.** 4:7. El que posee entendimiento ama su alma, **Prov.** 19:8.

Jesús crecía y se llenaba de sabiduría, **Lucas** 2:40, 52. Si alguno de vosotros tiene falta de sabiduría, pídala a Dios, **Stg.** 1:5 (DyC 42:68; JS—H 1:11).

Os digo estas cosas para que aprendáis sabiduría, **Mos.** 2:17. Aprende sabiduría en tu juventud, **Alma** 37:35.

Hallarán sabiduría y grandes tesoros de conocimiento, **DyC** 89:19. Aprenda sabiduría el ignorante, humillándose y suplicando al Señor su Dios, **DyC** 136:32.

Sacerdocio. *Véase también* Autoridad; Juramento y convenio del sacerdocio; Llaves del sacerdocio; Ordenación, ordenar; Poder; Sacerdocio Aarónico; Sacerdocio de Melquisedec

La autoridad y el poder que Dios da al hombre para actuar en todas las cosas relacionadas con su salvación (DyC 50:26–27). Los miembros varones de la Iglesia que poseen el sacerdocio se organizan en cuórums y tienen la autorización para efectuar las ordenanzas y llevar a cabo ciertas funciones administrativas de la Iglesia.

Su unción les servirá por sacerdocio perpetuo, **Éx.** 40:15 (Núm. 25:13).

Yo os he puesto, **Juan** 15:16. Sed edificados como casa espiritual y sacerdocio santo, **1 Pe.** 2:5. Vosotros sois linaje escogido, real sacerdocio, **1 Pe.** 2:9 (Éx. 19:6).

Los hombres son llamados a ser sumos sacerdotes por causa de su gran fe y buenas obras, **Alma** 13:1–12. Te doy poder para que bautices, **3 Ne.** 11:21. Tendréis poder para conferir el Espíritu Santo, **Moro.** 2:2.

Os revelaré el sacerdocio, por conducto de Elías el Profeta, **DyC** 2:1 (JS—H 1:38). El Señor confirmó un sacerdocio sobre Aarón y su descendencia, **DyC** 84:18. Este sacerdocio mayor administra el evangelio, **DyC** 84:19. Tomó a Moisés de entre ellos, y el Santo Sacerdocio

también, **DyC** 84:25. Se describe el juramento y convenio del sacerdocio, **DyC** 84:33–42. El sacerdocio ha continuado por el linaje de vuestros padres, **DyC** 86:8. En la Iglesia hay dos sacerdocios, **DyC** 107:1. El primer sacerdocio es el Santo Sacerdocio según el Orden del Hijo de Dios, **DyC** 107:2–4. Los derechos del sacerdocio están inseparablemente unidos a los poderes del cielo, **DyC** 121:36. Ningún poder o influencia se puede ni se debe mantener en virtud del sacerdocio, sino por persuasión y amor sincero, **DyC** 121:41. Todo varón que sea miembro digno de la Iglesia puede recibir el sacerdocio, **DO 2**.

Creemos que el hombre debe ser llamado por Dios, **AdeF** 1:5.

Sacerdocio Aarónico. *Véase también* Aarón, hermano de Moisés; Ley de Moisés; Sacerdocio

El sacerdocio menor (Heb. 7:11–12; DyC 107:13–14). Sus oficios son: obispo, presbítero, maestro y diácono (DyC 84:30; 107:10, 14–15, 87–88). Antiguamente, bajo la ley de Moisés, había sumos sacerdotes, sacerdotes y levitas. Debido a que los antiguos israelitas se rebelaron contra Dios, Moisés y el santo sacerdocio fueron tomados de entre ellos y continuó el sacerdocio menor. Ellos habían rehusado ser santificados y recibir el Sacerdocio de Melquisedec, junto con sus ordenanzas. (Véase DyC 84:23–26). El Sacerdocio Aarónico se encarga de las ordenanzas temporales y exteriores de la ley y del Evangelio (1 Cró. 23:27–32; DyC 84:26–27; 107:20); posee las llaves del ministerio de ángeles, del Evangelio de arrepentimiento y del bautismo (DyC 13). El Sacerdocio Aarónico se restauró a la tierra en esta dispensación el 15 de mayo de 1829, cuando Juan el Bautista se lo confirió a José Smith y a Oliver Cowdery cerca de Harmony, Pensilvania, en los Estados Unidos de América (DyC 13; JS—H 1:68–73).

Y tendrá el convenio del sacerdocio perpetuo, **Núm.** 25:13. El Señor purificará a los hijos de Leví, y los refinará, **Mal.** 3:3 (3 Ne. 24:3).

Nadie toma para sí esta honra, **Heb.** 5:4. La perfección no se alcanza por el sacerdocio levítico, **Heb.** 7:11.

Este sacerdocio no se quitará más de la tierra, hasta que los hijos de Leví ofrezcan un sacrificio, **DyC** 13. José Smith y Oliver Cowdery fueron ordenados al Sacerdocio Aarónico, **DyC** 27:8. El sacerdocio menor tiene las llaves del ministerio de ángeles, **DyC** 84:26 (DyC 13). Hay dos sacerdocios, a saber, el de Melquisedec y el Aarónico, **DyC** 107:1. El segundo sacerdocio es llamado el Sacerdocio de Aarón, **DyC** 107:13.

Sacerdocio de Melquisedec.

Véase también Élder (anciano);
Melquisedec; Sacerdocio

El Sacerdocio de Melquisedec es el sacerdocio mayor, mientras que el Sacerdocio Aarónico es el sacerdocio menor. En el Sacerdocio de Melquisedec están comprendidas las llaves de las bendiciones espirituales de la Iglesia. Por medio de las ordenanzas del sacerdocio mayor, se manifiesta a los hombres el poder de la divinidad (DyC 84:18–25; 107:18–21).

Fue Adán el primero a quien Dios le reveló el Sacerdocio de Melquisedec, y los patriarcas y profetas de cada dispensación han tenido esta autoridad (DyC 84:6–17). Primeramente se le llamó el Santo Sacerdocio según el Orden del Hijo de Dios, pero después se le conoció como el Sacerdocio de Melquisedec (DyC 107:2–4).

Cuando los hijos de Israel no pudieron cumplir con los privilegios y convenios del Sacerdocio de Melquisedec, el Señor retiró ese sacerdocio mayor y les dejó un sacerdocio y una ley menores (DyC 84:23–26), llamados el Sacerdocio Aarónico y la ley de Moisés. Cuando Jesús vino a la tierra, restauró el Sacerdocio de Melquisedec a los judíos y comenzó a establecer la Iglesia entre ellos; sin embargo, ese sacerdocio y la Iglesia volvieron a perderse por causa de la apostasía, siendo posteriormente

restaurados mediante José Smith, hijo, (DyC 27:12–13; 128:20; JS—H 1:73).

El Sacerdocio de Melquisedec comprende los oficios de élder, sumo sacerdote, patriarca, Setenta y Apóstol (DyC 107), y siempre formará parte del reino de Dios sobre la tierra.

El Presidente de La Iglesia de Jesucristo de los Santos de los Últimos Días es presidente del sumo sacerdocio o Sacerdocio de Melquisedec y posee todas las llaves que corresponden al reino de Dios sobre la tierra. Este llamamiento de Presidente lo desempeña solamente un hombre a la vez, y él es la única persona sobre la tierra que tiene la autoridad de ejercer todas las llaves del sacerdocio (DyC 107:64–67; 132:7).

Cristo será sacerdote para siempre según el orden de Melquisedec, **Sal.** 110:4 (Heb. 5:6, 10; 7:11).

El Sacerdocio de Melquisedec administra el Evangelio, **Heb.** 7 (DyC 84:18–25).

Melquisedec ejerció una fe poderosa y recibió el oficio del sumo sacerdocio, **Alma** 13:18.

A José Smith y a Oliver Cowdery se les confirió el Sacerdocio de Melquisedec, **DyC** 27:12–13 (JS—H 1:72). El sacerdocio se recibe mediante juramento y convenio, **DyC** 84:33–42. Hay dos divisiones o cabezas principales: el Sacerdocio de Melquisedec y el Sacerdocio Aarónico, **DyC** 107:6. El Sacerdocio de Melquisedec posee los derechos de administrar todas las bendiciones espirituales, **DyC** 107:8–18. Moisés, Elías y Elías el Profeta dieron las llaves del sacerdocio a José Smith y a Oliver Cowdery, **DyC** 110:11–16. Ahora os nombro a los oficiales correspondientes a mi sacerdocio, para que tengáis las llaves de este, **DyC** 124:123.

Sacerdocio Levítico. *Véase* Sacerdocio Aarónico

Sacerdocio, llaves del. *Véase* Llaves del sacerdocio

Sacerdocio, ordenación al. *Véase* Ordenación, ordenar

Sacerdote, Sacerdocio de Melquisedec. *Véase también* Sacerdocio de Melquisedec; Sumo sacerdote

Persona que efectúa ceremonias religiosas a favor de otros y que se dirigen a Dios. En las Escrituras, los sacerdotes con frecuencia son en realidad sumos sacerdotes según el orden de Melquisedec (Alma 13:2). Los que reciben una plenitud de la gloria de Dios después de la Resurrección serán sacerdotes y reyes en el mundo celestial.

Melquisedec fue sacerdote del más alto Dios, **Gén.** 14:18. Tú eres sacerdote para siempre según el orden de Melquisedec, **Sal.** 110:4 (Heb. 5:6; 7:17, 21).

Cristo nos hizo reyes y sacerdotes para Dios, su Padre, **Apoc.** 1:6 (Apoc. 5:10; 20:6).

Acordaos de que el Señor Dios ordenó sacerdotes, según su santo orden, **Alma** 13:1–20.

Los que saldrán en la resurrección de los justos son sacerdotes y reyes, **DyC** 76:50, 55–60.

Sacramento. *Véase* Santa Cena

Sacrificios. *Véase también* Corazón quebrantado; Expiación, expiar; Jesucristo; Sangre; Santa Cena

En la antigüedad, el término *sacrificio* significaba santificar algo o a alguien. Actualmente ha cobrado un significado diferente, que es el de renunciar a algo o sufrir la pérdida de lo mundano por el Señor y Su reino. Los miembros de la Iglesia de Jesucristo deben estar dispuestos a sacrificar todo por el Señor. José Smith enseñó que "una religión que no requiere el sacrificio de todas las cosas, nunca tiene el poder suficiente con el cual producir la fe necesaria para llevarnos a vida y salvación". Viéndolo desde una perspectiva eterna, las bendiciones que se obtienen por medio del sacrificio son mucho más grandes que cualquier cosa a la que se renuncie.

Después de la expulsión de Adán y Eva del Jardín de Edén, el Señor les dio la ley de sacrificio. Esta ley consistía en la ofrenda de las primicias de sus rebaños, a semejanza del sacrificio futuro del Unigénito de Dios (Moisés 5:4–8). Esta práctica continuó hasta la muerte de Jesucristo, la cual puso fin al derramamiento de sangre como ordenanza del Evangelio (Alma 34:13–14). En la actualidad, los miembros de la Iglesia participan del sacramento del pan y del agua (Santa Cena) en memoria de la ofrenda de Jesucristo. También se les pide a los miembros de la Iglesia de nuestros días que ofrezcan el sacrificio de un corazón quebrantado y un espíritu contrito (3 Ne. 9:19–22), lo cual significa que deben ser humildes, tener el espíritu de arrepentimiento y estar dispuestos a obedecer los mandamientos de Dios.

Abraham ató a Isaac su hijo, y lo puso en el altar, **Gén.** 22:1–18 (Jacob 4:5). Sacrificarás tus holocaustos, **Éx.** 20:24. Los animales para el sacrificio deben ser sin defecto, **Deut.** 15:19–21. El obedecer es mejor que los sacrificios, **1 Sam.** 15:22.

El amor es más que todos los holocaustos y sacrificios, **Mar.** 12:32–33. Somos santificados mediante el sacrificio de Cristo, **Heb.** 10:10–14.

Cristo se ofreció a sí mismo en sacrificio por el pecado, **2 Ne.** 2:6–7. Ese gran y postrer sacrificio será el Hijo de Dios, sí, infinito y eterno, **Alma** 34:8–14. Ya no me ofreceréis más vuestros holocaustos; me ofreceréis como sacrificio un corazón quebrantado y un espíritu contrito, **3 Ne.** 9:19–20 (Sal. 51:16–17; DyC 59:8).

Hoy es un día de sacrificio, **DyC** 64:23 (DyC 97:12). Todos los que están dispuestos a cumplir sus convenios con sacrificio son aceptados por el Señor, **DyC** 97:8. Joseph F. Smith vio a los espíritus de los justos, quienes habían ofrecido sacrificios a semejanza del sacrificio del Salvador, **DyC** 138:13. La redención se efectuó por medio del sacrificio del Hijo de Dios sobre la cruz, **DyC** 138:35.

Sadrac. *Véase también* Daniel

En el Antiguo Testamento, Sadrac,

GUÍA PARA EL ESTUDIO DE LAS ESCRITURAS
Saduceos   190

Mesac y Abed-nego fueron los tres jóvenes israelitas que, junto con Daniel, fueron llevados al palacio de Nabucodonosor, rey de Babilonia. El nombre hebreo de Sadrac era Ananías. Los cuatro jóvenes rehusaron contaminarse participando de la carne y el vino del rey (Dan. 1). Por orden del rey, Sadrac, Mesac y Abed-nego fueron arrojados a un horno de fuego ardiente, mas fueron preservados milagrosamente (Dan. 3).

Saduceos. *Véase también* Judíos

Un grupo entre los judíos que, aunque pequeño, era poderoso políticamente. A los saduceos se les conocía por su creencia en obedecer rígidamente la letra de la ley mosaica y por rechazar la realidad de los espíritus y ángeles y también las doctrinas de la Resurrección y la vida eterna (Mar. 12:18–27; Hech. 4:1–3; 23:7–8).

Sagrado. *Véase* Santidad; Santo (adjetivo)

Sal

En el mundo antiguo se usaba como un importante agente conservativo de alimentos; se consideraba esencial para mantener la vida.

La mujer de Lot se volvió estatua de sal, **Gén.** 19:26.

Sois la sal de la tierra, **Mateo** 5:13 (Lucas 14:34; 3 Ne. 12:13).

Al pueblo del convenio del Señor se le considera como la sal de la tierra, **DyC** 101:39–40. Si los santos no son salvadores de hombres, son como la sal que ha perdido su sabor, **DyC** 103:9–10.

Salem. *Véase también* Jerusalén; Melquisedec

Ciudad del Antiguo Testamento donde gobernó Melquisedec. Es posible que haya estado localizada en el lugar en que ahora se encuentra la ciudad de Jerusalén. El vocablo *Salem* es muy similar a la palabra judía que significa "paz".

Melquisedec, rey de Salem, sacó pan y vino, **Gén.** 14:18.

Melquisedec, rey de Salem, era sacerdote del más alto Dios, **Heb.** 7:1–2.

Melquisedec era rey de la tierra de Salem, **Alma** 13:17–18.

Salmo. *Véase también* David; Música

Poema o himno inspirado.

El libro de Salmos: Libro del Antiguo Testamento que contiene una colección de salmos, la mayoría de los cuales son acerca de Cristo. El libro de Salmos se cita repetidamente en el Nuevo Testamento.

David fue el autor de muchos de los salmos, los cuales se escribieron para alabar a Dios. Muchos de ellos contaban con acompañamiento musical.

Salomón. *Véase también* Betsabé; David

En el Antiguo Testamento, hijo de David y de Betsabé (2 Sam. 12:24). Salomón fue por cierto tiempo rey de Israel.

David nombró rey a Salomón, **1 Rey.** 1:11–53. David mandó a Salomón andar en los caminos de Jehová, **1 Rey.** 2:1–9. Jehová le prometió a Salomón un corazón entendido, **1 Rey.** 3:5–15. Juzgó a dos mujeres que reclamaban ser la madre de un mismo niño, y él averiguó quién era la verdadera madre, **1 Rey.** 3:16–28. Compuso proverbios y cantares, **1 Rey.** 4:32. Edificó un templo, **1 Rey.** 6; 7:13–51. Dedicó el templo, **1 Rey.** 8. Recibió la visita de la reina de Sabá, **1 Rey.** 10:1–13. Salomón se casó con mujeres que no eran de Israel, y sus esposas volvieron su corazón a la adoración de dioses falsos, **1 Rey.** 11:1–8. Se enojó Jehová contra Salomón, **1 Rey.** 11:9–13. Su muerte, **1 Rey.** 11:43. David profetizó la gloria del reinado de Salomón, **Sal.** 72.

Salomón recibió muchas esposas y concubinas, pero algunas no fueron recibidas del Señor, **DyC** 132:38 (Jacob 2:24).

Salud. *Véase* Palabra de Sabiduría

Salvación. *Véase también* Exaltación; Expiación, expiar; Gracia; Jesucristo;

Muerte espiritual; Muerte física; Plan de redención; Redención, redimido, redimir

Ser salvos, tanto de la muerte física como de la muerte espiritual. Todos se salvarán de la muerte física por la gracia de Dios y mediante la muerte y resurrección de Jesucristo. Toda persona también puede salvarse de la muerte espiritual por la gracia de Dios, mediante la fe en Jesucristo, la cual se manifiesta llevando una vida de obediencia a las leyes y a las ordenanzas del Evangelio, y de servicio a Cristo.

Jehová es mi luz y mi salvación, **Sal.** 27:1. Él solamente es mi roca y mi salvación, **Sal.** 62:2. Nacerá el Sol de justicia, y en sus alas traerá salvación, **Mal.** 4:2.

El evangelio es poder de Dios para salvación, **Rom.** 1:16 (DyC 68:4). Ocupaos en vuestra salvación con temor, **Filip.** 2:12. Dios os ha escogido para salvación, mediante la santificación, **2 Tes.** 2:13.

La salvación es gratuita, **2 Ne.** 2:4.

No hay don más grande que el de la salvación, **DyC** 6:13.

Jesucristo es el único nombre mediante el cual vendrá la salvación, **Moisés** 6:52 (Hech. 4:10–12). Creemos que por la expiación de Cristo, todo el género humano puede salvarse, **AdeF** 1:3.

La salvación de los niños pequeños: Si no os volvéis como niños, no entraréis en el reino de los cielos, **Mateo** 18:3.

Los niños pequeños también tienen vida eterna, **Mos.** 15:25. El bautismo de los niños pequeños es una abominación, y los niños pequeños viven en Cristo por motivo de la Expiación, **Moro.** 8:8–24.

Los niños pequeños son redimidos mediante el Unigénito; Satanás no puede tentarlos, **DyC** 29:46–47. Los padres deben enseñar el Evangelio a los niños y estos deben ser bautizados cuando tengan ocho años de edad, **DyC** 68:25–28. Los niños pequeños son santificados mediante Jesucristo, **DyC** 74:7. El hombre llegó a quedar de nuevo en su estado de infancia, inocente delante de Dios, **DyC** 93:38. Todos los niños que mueren antes de llegar a la edad de responsabilidad se salvan en el reino de los cielos, **DyC** 137:10.

Los niños son limpios desde la fundación del mundo, **Moisés** 6:54.

Salvación de los muertos. *Véase también* Genealogía; Libro de memorias; Plan de redención; Salvación

La oportunidad que tienen los que hayan muerto sin haber recibido las ordenanzas salvadoras del Evangelio de que miembros dignos de la Iglesia efectúen esas ordenanzas por ellos en los templos. En el mundo de los espíritus se predica el Evangelio a los muertos, y estos pueden aceptar las ordenanzas que se lleven a cabo por ellos aquí en la tierra.

Los miembros fieles de la Iglesia hacen investigación y preparan su historia familiar para determinar el nombre y la fecha de nacimiento de sus antepasados a fin de que se puedan efectuar por ellos las ordenanzas de salvación.

Para que digas a los presos: Salid, **Isa.** 49:9 (Isa. 24:22; 1 Ne. 21:9). A publicar libertad a los cautivos, **Isa.** 61:1 (Lucas 4:18). Hará volver el corazón de los padres hacia los hijos, **Mal.** 4:5–6 (3 Ne. 25:5–6; DyC 110:13–16).

Los muertos oirán la voz del Hijo de Dios, **Juan** 5:25. ¿Por qué, pues, se bautizan por los muertos?, **1 Cor.** 15:29. Cristo predicó a los espíritus encarcelados, **1 Pe.** 3:18–20. Por esto también ha sido predicado el evangelio a los muertos, **1 Pe.** 4:6.

El Hijo visitó a los espíritus en prisión y les predicó el Evangelio, **DyC** 76:73. Entonces viene la redención de los que han recibido su parte en aquella prisión, **DyC** 88:99. No hay una pila bautismal sobre la tierra en la que mis santos puedan ser bautizados por los que han muerto, **DyC** 124:29. Todos los que han muerto sin el conocimiento del Evangelio, pero quienes lo habrían recibido, serán herederos del reino celestial, **DyC** 137:7–10. Apareció el Hijo de Dios y declaró libertad a los cautivos que habían sido fieles, **DyC** 138:18.

Salieron cuantos espíritus se hallaban en la prisión, **Moisés** 7:57.

Salvación de los niños pequeños.
Véase Niño(s); Salvación — La salvación de los niños pequeños

Salvación, plan de. *Véase* Plan de redención

Salvador. *Véase también* Jesucristo

El que salva. Jesucristo, mediante Su expiación, ofreció a todo el género humano la redención y la salvación. El término "Salvador" es uno de los nombres y títulos de Jesucristo.

Jehová es mi luz y mi salvación, **Sal.** 27:1 (Éx. 15:1–2; 2 Sam. 22:2–3). Yo, yo Jehová, y fuera de mí no hay quien salve, **Isa.** 43:11 (DyC 76:1).

Llamarás su nombre Jesús, porque él salvará a su pueblo de sus pecados, **Mateo** 1:21. Os ha nacido hoy un Salvador, que es Cristo el Señor, **Lucas** 2:11. De tal manera amó Dios al mundo que ha dado a su Hijo Unigénito para salvar a todo aquel que en él crea, **Juan** 3:16–17. No hay ningún otro nombre, que no sea el de Cristo, en que podamos ser salvos, **Hech.** 4:10–12 (2 Ne. 25:20; Mos. 3:17; 5:8; DyC 18:23; Moisés 6:52). Desde los cielos esperamos al Salvador, al Señor Jesucristo, **Filip.** 3:20. El Padre ha enviado al Hijo, el Salvador del mundo, **1 Juan** 4:14.

Dios levantaría un Mesías, un Salvador del mundo, **1 Ne.** 10:4. El Cordero de Dios es el Salvador del mundo, **1 Ne.** 13:40. El conocimiento de un Salvador se esparcirá por toda nación, tribu, lengua y pueblo, **Mos.** 3:20. Cristo tuvo que morir para que viniera la salvación, **Hel.** 14:15–16.

La justificación y la santificación por la gracia del Salvador son justas y verdaderas, **DyC** 20:30–31. Soy Jesucristo, el Salvador del mundo, **DyC** 43:34.

Mi Unigénito es el Salvador, **Moisés** 1:6. Cuantos crean en el Hijo, y se arrepientan de sus pecados, serán salvos, **Moisés** 5:15.

Sam. *Véase también* Lehi, padre de Nefi

En el Libro de Mormón, el tercer hijo de Lehi (1 Ne. 2:5). Fue un hombre justo y santo que escogió seguir al Señor (1 Ne. 2:17; 2 Ne. 5:5–6; Alma 3:6).

Samaria. *Véase también* Samaritanos

En el Antiguo Testamento, la capital del reino norteño de Israel (1 Rey. 16:23–24). Debido a que ocupaba una posición estratégica sobre un monte, los asirios no pudieron tomarla sino hasta después de haberla sitiado durante tres años (2 Rey. 17:5–6). Herodes la reconstruyó y la llamó Sebaste. En la época del Nuevo Testamento, Samaria era el nombre de todo el distrito central de Palestina al oeste del Jordán.

Samaritanos. *Véase también* Samaria

Pueblo bíblico que habitó Samaria después que los asirios llevaron cautivo al reino del norte. Los samaritanos tenían sangre israelita y sangre gentil, y su religión era una mezcla de creencias y prácticas judías y paganas. En la parábola del Buen Samaritano, que se encuentra en Lucas 10:25–37, se percibe el odio que los judíos habían llegado a sentir hacia los samaritanos porque estos habían apostatado de la religión israelita. El Señor mandó a Sus Apóstoles enseñar el Evangelio a los samaritanos (Hech. 1:6–8). Felipe tuvo un gran éxito misional al predicar el evangelio de Cristo al pueblo de Samaria e hizo muchos milagros entre ellos (Hech. 8:5–39).

Samuel el Lamanita

Profeta lamanita del Libro de Mormón que el Señor envió para enseñar y amonestar a los nefitas, poco antes del nacimiento del Salvador. Samuel profetizó de las señales relacionadas con el nacimiento y la muerte de Jesucristo y de la destrucción de los nefitas (Hel. 13–16).

Samuel, profeta del Antiguo Testamento

Hijo de Elcana y de Ana, Samuel nació en respuesta a las oraciones de su madre (1 Sam. 1). Desde niño quedó bajo el cuidado de Elí, sumo sacerdote del tabernáculo de Silo (1 Sam. 2:11; 3:1). Todavía siendo niño, el Señor llamó a Samuel como profeta (1 Sam. 3). Después de la muerte de Elí, llegó a ser el gran profeta y juez de Israel, quien restauró la ley, el orden y la adoración religiosa en la tierra (1 Sam. 4:15–18; 7:3–17).

En 1 Sam. 28:5–20 se encuentra un relato en el que se cuenta de una aparición posmortal de Samuel por medio de la adivina de Endor, a solicitud de Saúl. Sin embargo, no pudo haber sido una visión de Dios, porque ninguna adivina, ni ningún otro médium, puede hacer que aparezca un profeta a petición suya.

Primer y Segundo libros de Samuel: En algunas biblias, los libros de Primer y Segundo Samuel constituyen uno solo; y en otras, son dos. Los dos libros cubren un período de aproximadamente 130 años, desde el nacimiento de Samuel hasta poco antes de la muerte del rey David.

Primer libro de Samuel: En los capítulos del 1 al 3, se relata que Jehová maldijo y castigó a la familia de Elí y en cambio llamó a Samuel como sumo sacerdote y juez. En los capítulos del 4 al 6, se relata la forma en que el arca del convenio cayó en manos de los filisteos. En los capítulos 7 y 8, se encuentran las amonestaciones de Samuel en cuanto a tener dioses falsos y un rey inicuo. En los capítulos del 9 al 15, se describen la coronación y el reinado de Saúl. En los capítulos del 16 al 31, se relata la historia de David y cómo obtuvo el poder: Samuel ungió a David, que había matado a Goliat. Saúl odiaba a David, pero David rehusó matar a Saúl aunque tuvo la oportunidad de hacerlo.

Segundo libro de Samuel: Este libro contiene un relato detallado del reinado de David como rey de Judá y finalmente de todo Israel. En los capítulos del 1 al 4, se habla de la larga lucha entre los seguidores de David, después que fue coronado por Judá, y los seguidores de Saúl. En los capítulos del 5 al 10, se hace saber que David llegó a ser poderoso sobre muchas tierras. En los capítulos del 11 al 21, se relata que la fuerza espiritual de David disminuía debido a sus pecados y a la rebelión dentro de su propia familia. En los capítulos del 22 al 24, se describen los esfuerzos de David por reconciliarse con el Señor.

Sanar, sanidades. *Véase también* Bendición de los enfermos; Unción

Hacer que una persona sane, tanto física como espiritualmente. En las Escrituras encontramos muchos ejemplos de sanidades milagrosas que efectuaron el Señor y Sus siervos.

Yo soy Jehová tu sanador, **Éx.** 15:26. Naamán se zambulló siete veces en el Jordán y quedó limpio, **2 Rey.** 5:1–14. Por su llaga fuimos nosotros curados, **Isa.** 53:5 (Mos. 14:5). Nacerá el Sol de justicia y en sus alas traerá sanidad, **Mal.** 4:2.

Jesús iba sanando toda enfermedad y toda dolencia, **Mateo** 4:23 (Mateo 9:35). Les dio autoridad para sanar toda enfermedad y toda dolencia, **Mateo** 10:1. Me ha enviado a sanar a los quebrantados de corazón, **Lucas** 4:18.

Fueron sanadas por el poder del Cordero de Dios, **1 Ne.** 11:31. Si crees en la redención de Cristo, tú puedes ser sanado, **Alma** 15:8. Los sanó a todos, **3 Ne.** 17:9.

El que tuviere fe en mí para ser sanado, sanará, **DyC** 42:48. En mi nombre sanarán a los enfermos, **DyC** 84:68.

Creemos en el don de sanidades, **AdeF** 1:7.

Sanedrín. *Véase también* Judíos

El senado judío y la corte superior de la nación, un consejo que se encargaba tanto de los asuntos eclesiásticos como de los civiles. El sanedrín estaba integrado por 71 miembros llamados de entre los principales sacerdotes, los escribas y los ancianos. En las Escrituras por lo general se le llama concilio (Mateo 26:59; Mar. 14:55; Hech. 5:34).

Sangre. *Véase también* Expiación, expiar; Jesucristo; Sacrificios

Tanto los antiguos israelitas como muchas culturas de la actualidad la consideran la fuente de la vida o la energía vital de toda carne. En la época del Antiguo Testamento, Jehová le prohibió a Israel consumir sangre como alimento (Lev. 3:17; 7:26–27; 17:10–14).

El poder expiatorio del sacrificio se hallaba en la sangre, ya que se consideraba esencial para la vida. El sacrificio de animales en el Antiguo Testamento era un símbolo del gran sacrificio que haría Jesucristo (Lev. 17:11; Moisés 5:5–7). La sangre expiatoria de Jesucristo purifica al que se arrepiente de sus pecados (1 Juan 1:7).

Era su sudor como grandes gotas de sangre, **Lucas** 22:44. Somos santificados por medio del derramamiento de la sangre de Cristo, **Heb.** 10:1–22.

La sangre le brotaría de cada poro, **Mos.** 3:7 (DyC 19:18).

La sangre del Señor se derramó para la remisión de los pecados, **DyC** 27:2. Jesús obró una perfecta expiación derramando su propia sangre, **DyC** 76:69.

Por la sangre sois santificados, **Moisés** 6:60.

Sansón

En el Antiguo Testamento, el duodécimo "juez" de Israel. Se le conoció por su gran fuerza física, pero no demostró sabiduría en algunos de sus hechos y decisiones morales (Jue. 13:24–16:31).

Santa Cena. *Véase también* Agua(s) viva(s); Bautismo, bautizar; Cruz; Expiación, expiar; Jesucristo; Pan de Vida; Sacrificios; Última Cena

Para los Santos de los Últimos Días, la Santa Cena es el sacramento y la ordenanza de tomar el pan y el agua en memoria del sacrificio expiatorio de Cristo. El pan partido representa Su cuerpo quebrantado; el agua representa la sangre

que derramó al expiar nuestros pecados (1 Cor. 11:23–25; DyC 27:2). Cuando los miembros dignos de la Iglesia toman la Santa Cena, prometen tomar sobre sí el nombre de Cristo, recordarle siempre y guardar Sus mandamientos. Es mediante esta ordenanza que los miembros de la Iglesia renuevan sus convenios bautismales.

En la Última Cena, al comer con los Doce Apóstoles, Jesús explicó la ordenanza del sacramento de la Santa Cena (Mateo 26:17–28; Lucas 22:1–20).

Tomó Jesús el pan, y bendijo, y lo partió, y tomó la copa y dio gracias, **Mateo** 26:26–28 (Mar. 14:22–24; Lucas 22:19–20). El que come mi carne y bebe mi sangre, tiene vida eterna, **Juan** 6:54. El que come y bebe indignamente, juicio come y bebe para sí, **1 Cor.** 11:29 (3 Ne. 18:29).

Jesús enseñó a sus doce discípulos nefitas acerca de la Santa Cena, **3 Ne.** 18:1–11. Jesús enseñó a estos discípulos que las personas indignas no deben participar de la Santa Cena, **3 Ne.** 18:28–29 (Morm. 9:29). Las oraciones sacramentales, **Moro.** 4–5 (DyC 20:75–79).

Un presbítero o élder debe bendecir la Santa Cena, **DyC** 20:46, 76. Ni los maestros ni los diáconos tienen la autoridad para bendecir la Santa Cena, **DyC** 20:58. Para el sacramento de la Santa Cena se pueden usar otros líquidos que no sean vino, **DyC** 27:1–4.

Santiago. *Véase* Jacobo hijo de Zebedeo (llamado también Santiago)

Santidad. *Véase también* Pureza, puro; Santificación; Santo (adjetivo)

La perfección espiritual y moral. La santidad indica pureza de corazón y de propósito.

Los miembros manifestarán que son dignos de la Iglesia, andando en santidad delante del Señor, **DyC** 20:69. La casa del Señor es un lugar de santidad, **DyC** 109:13.

Hombre de Santidad es uno de los

nombres de Dios, **Moisés** 6:57 (Moisés 7:35).

Santificación. *Véase también* Expiación, expiar; Jesucristo; Justificación, justificar

El proceso por el cual la persona se libra del pecado y se vuelve pura, limpia y santa mediante la expiación de Jesucristo (Moisés 6:59–60).

Dios os ha escogido para salvación, mediante la santificación por el Espíritu, **2 Tes.** 2:13. Somos santificados mediante la ofrenda del cuerpo de Jesucristo, **Heb.** 10:10. Jesús, para santificar al pueblo mediante su propia sangre, padeció, **Heb.** 13:12.

Los sumos sacerdotes fueron santificados, y sus vestidos fueron blanqueados mediante la sangre del Cordero, **Alma** 13:10–12. La santificación viene de entregar el corazón a Dios, **Hel.** 3:33–35. Arrepentíos, para que seáis santificados por la recepción del Espíritu Santo, **3 Ne.** 27:20.

La santificación por la gracia de Jesucristo es justa y verdadera, **DyC** 20:31. Jesús vino para santificar el mundo, **DyC** 76:41. Santificaos para que vuestras mentes se enfoquen únicamente en Dios, **DyC** 88:68.

Santo (adjetivo). *Véase también* Pureza, puro; Santidad; Santificación

Sagrado, de carácter divino, o puro moral y espiritualmente. Lo contrario a lo santo es lo común o profano.

Vosotros me seréis un reino de sacerdotes, y gente santa, **Éx.** 19:5–6 (1 Pe. 2:9). Jehová mandó a Israel: Seréis santos, porque yo soy santo, **Lev.** 11:44–45. El limpio de manos y puro de corazón estará en su lugar santo, **Sal.** 24:3–4. Enseñarán a mi pueblo a hacer diferencia entre lo santo y lo profano, **Ezeq.** 44:23.

Dios nos llamó con llamamiento santo, **2 Tim.** 1:8–9. Desde la niñez has sabido las Sagradas Escrituras, **2 Tim.** 3:15. Los santos hombres de Dios hablaron siendo inspirados por el Espíritu Santo, **2 Pe.** 1:21.

Todos los hombres son juzgados de acuerdo con la verdad y santidad que hay en Dios, **2 Ne.** 2:10. El hombre natural se hace santo por la expiación de Cristo, **Mos.** 3:19. Para que caminéis según el santo orden de Dios, **Alma** 7:22 (Alma 13:11–12). Tres discípulos nefitas fueron santificados en la carne, a fin de que fuesen santos, **3 Ne.** 28:1–9, 36–39.

No juegues con las cosas sagradas, **DyC** 6:12. No puedes escribir lo que es sagrado a no ser que lo recibas de mí, **DyC** 9:9. Os obligaréis a obrar con toda santidad ante mí, **DyC** 43:9. Mis discípulos estarán en lugares santos y no serán movidos, **DyC** 45:32. Lo que viene de arriba es sagrado, **DyC** 63:64. Los niños pequeños son santos, **DyC** 74:7. Yo consagraré ese lugar para que sea santo, **DyC** 124:44.

El Señor recogerá a sus escogidos en una Ciudad Santa, **Moisés** 7:62.

Santo (sustantivo). *Véase también* Cristianos; Iglesia de Jesucristo; Iglesia de Jesucristo de los Santos de los Últimos Días, La

Un miembro fiel de la Iglesia de Jesucristo.

Juntadme mis santos, **Sal.** 50:5.

Saulo asolaba a los santos de Jerusalén, **Hech.** 9:1–21. Pedro vino también a los santos que habitaban en Lida, **Hech.** 9:32. A todos los que estáis en Roma, llamados a ser santos: Gracia y paz, **Rom.** 1:7. Sois conciudadanos de los santos, **Efe.** 2:19–21.

Vi la Iglesia del Cordero, que eran los santos de Dios, **1 Ne.** 14:12. El hombre natural es enemigo de Dios, a menos que se haga santo por la expiación de Cristo, **Mos.** 3:19.

Yo, el Señor, he bendecido la tierra para el uso de mis santos, **DyC** 61:17. Satanás les hace la guerra a los santos de Dios, **DyC** 76:28–29. Trabajad diligentemente, para preparar a los santos para la hora del juicio que ha de venir,

DyC 88:84–85. Corresponde a los santos dar de sus bienes a los pobres y a los afligidos, **DyC 105:3**. He designado los oficios anteriores para la obra del ministerio y la perfección de mis santos, **DyC 124:143** (Efe. 4:12).

Santo de Israel. *Véase* Jesucristo

Santo Espíritu. *Véase* Espíritu Santo

Santo Espíritu de la promesa. *Véase también* Espíritu Santo

El Espíritu Santo es el Santo Espíritu de la promesa (Hech. 2:33), y confirma, como aceptables ante Dios, los actos, las ordenanzas y los convenios rectos de los hombres. El Santo Espíritu de la promesa testifica al Padre que las ordenanzas salvadoras se han efectuado debidamente y que se han guardado los convenios relacionados con ellas.

Quienes son sellados por el Santo Espíritu de la promesa reciben todas las cosas del Padre, **DyC 76:51–60** (Efe. 1:13–14). Todos los convenios y prácticas deben ser sellados por el Santo Espíritu de la promesa para tener validez después de esta vida, **DyC 132:7, 18–19, 26**.

Sara. *Véase también* Abraham

En el Antiguo Testamento, la primera esposa de Abraham. En su vejez dio a luz a Isaac (Gén. 18:9–15; 21:2).

Saríah. *Véase también* Lehi, padre de Nefi

En el Libro de Mormón, la esposa de Lehi (1 Ne. 5:1–8; 8:14–16; 18:19) y madre de Lamán, Lemuel, Sam, Nefi, Jacob y José, así como también de algunas hijas (1 Ne. 2:5; 2 Ne. 5:6).

Satanás. *Véase* Diablo

Saúl, rey de Israel

En el Antiguo Testamento, el primer rey de Israel antes de su división. Aunque al principio de su reinado era justo, con el tiempo se llenó de orgullo y fue desobediente a Dios (1 Sam. 9–31).

Saulo de Tarso. *Véase* Pablo

Secretas. *Véase* Combinaciones secretas

Sedequías. *Véase también* Mulek

En el Antiguo Testamento, el último rey de Judá (2 Rey. 24:17–20; 25:2–7). Sedequías envió a prisión al profeta Jeremías (Jer. 32:1–5), quien profetizó el cautiverio de Sedequías (Jer. 34:2–8, 21). Lehi y su familia vivían en Jerusalén durante el primer año del reinado de Sedequías (1 Ne. 1:4). Todos los hijos de Sedequías fueron muertos, con la excepción de uno de ellos, su hijo Mulek, que logró escapar hacia el Hemisferio Occidental (Jer. 52:10; Omni 1:15; Hel. 8:21).

Séfora. *Véase también* Moisés

En el Antiguo Testamento, esposa de Moisés e hija de Jetro (Éx. 2:21; 18:2).

Segunda venida de Jesucristo. *Véase también* Armagedón; Gog; Jesucristo; Magog; Señales de los tiempos

Al principio de la Era Milenaria, Cristo regresará a la tierra. Este acontecimiento dará fin a la probación mortal sobre esta tierra. Los inicuos serán quitados de la faz de la tierra y los justos serán arrebatados en una nube mientras ella se purifica. Aunque ningún hombre sabe exactamente cuándo vendrá Cristo por segunda vez, Él nos ha dado señales que indican que el tiempo se acerca (Mateo 24; JS—M 1).

Yo sé que mi Redentor al fin se levantará sobre el polvo, **Job 19:25**. A mí se doblará toda rodilla, y jurará toda lengua, **Isa. 45:23** (DyC 88:104). Con las nubes del cielo venía uno como un hijo de hombre, **Dan. 7:13** (Mateo 26:64; Lucas 21:25–28). Mirarán a mí, a quien traspasaron, **Zac. 12:10**. Le preguntarán: ¿Qué heridas son estas en tus manos?, **Zac. 13:6** (DyC 45:51). ¿Quién podrá soportar el tiempo de su venida? Porque él es como fuego purificador, **Mal. 3:2** (3 Ne. 24:2; DyC 128:24).

El Hijo del Hombre vendrá en la gloria de su Padre, **Mateo** 16:27 (Mateo 25:31). El día y la hora nadie sabe, sino solo mi Padre, **Mateo** 24:36 (DyC 49:7; JS—M 1:38–48). Este mismo Jesús, así vendrá como le habéis visto ir al cielo, **Hech.** 1:11. El Señor mismo descenderá del cielo, **1 Tes.** 4:16. El día del Señor vendrá como ladrón en la noche, **2 Pe.** 3:10. Viene el Señor con sus santas decenas de millares, **Judas** 1:14. Viene con las nubes, y todo ojo le verá, **Apoc.** 1:7.

Jesús ha sido levantado para juzgar al mundo, **3 Ne.** 27:14–18.

Preparaos, preparaos, porque el Señor está cerca, **DyC** 1:12. Con poder y gran gloria me revelaré desde los cielos, y moraré en rectitud con los hombres sobre la tierra por mil años, **DyC** 29:9–12. Alza tu voz y proclama el arrepentimiento, preparando la vía del Señor para su segunda venida, **DyC** 34:5–12. Soy Jesucristo, y vendré súbitamente a mi templo, **DyC** 36:8 (DyC 133:2). Pronto vendrá el día en que me veréis, y sabréis que yo soy, **DyC** 38:8. El que me teme estará esperando las señales de la venida del Hijo del Hombre, **DyC** 45:39. La faz del Señor será descubierta, **DyC** 88:95. El día grande y terrible del Señor está cerca, **DyC** 110:16. Cuando se manifieste el Salvador, lo veremos como es, **DyC** 130:1. El Salvador estará en medio de su pueblo y reinará, **DyC** 133:25. ¿Quién es este que desciende de Dios en el cielo con ropas teñidas?, **DyC** 133:46 (Isa. 63:1).

Segundo Consolador. *Véase* Consolador

Segundo estado. *Véase* Mortal, mortalidad

Sellamiento, sellar. *Véase también* Elías el Profeta; Ordenanzas; Sacerdocio

Hacer válidas en el cielo las ordenanzas que se efectúan por la autoridad del sacerdocio en la tierra. Las ordenanzas quedan selladas cuando reciben la aprobación del Santo Espíritu de la promesa, o sea, el Espíritu Santo.

Todo lo que atares en la tierra será atado en los cielos, **Mateo** 16:19 (Mateo 18:18; DyC 124:93; 132:46). Fuisteis sellados con el Espíritu Santo de la promesa, **Efe.** 1:13.

Te doy poder de que cuanto sellares en la tierra, sea sellado en los cielos, **Hel.** 10:7.

A ellos les es dado poder para sellar, tanto en la tierra como en el cielo, **DyC** 1:8. Los de la gloria celestial son sellados por el Santo Espíritu de la promesa, **DyC** 76:50–70. Elías el Profeta entrega las llaves del poder de sellar en manos de José Smith, **DyC** 110:13–16. Este es el poder de sellar y ligar, **DyC** 128:14. La palabra profética más segura significa que un hombre sepa que está sellado para vida eterna, **DyC** 131:5. Todos los convenios que no son sellados por el Santo Espíritu de la promesa terminan cuando mueren los hombres, **DyC** 132:7. La gran obra que ha de efectuarse en los templos incluye el sellamiento de los hijos a sus padres, **DyC** 138:47–48.

Sem. *Véase también* Noé, patriarca bíblico

En el Antiguo Testamento, hijo justo de Noé y el progenitor de las razas semitas, entre ellas, los árabes, hebreos, babilonios, sirios, fenicios y asirios (Gén. 5:29–32; 6:10; 7:13; 9:26; 10:21–32; Moisés 8:12). En la revelación de los últimos días se hace referencia a Sem como el "gran sumo sacerdote" (DyC 138:41).

Semblante. *Véase* Rostro

Sensual, sensualidad. *Véase también* Adulterio; Castidad; Codiciar; Concupiscencia; Fornicación; Inmoralidad sexual

Propensión o afición a los injustos placeres físicos, en especial a la inmoralidad sexual.

La mujer de su amo puso sus ojos en José, **Gén.** 39:7.

Cualquiera que mira a una mujer para codiciarla, ya adulteró con ella en su corazón, **Mateo** 5:28 (3 Ne. 12:28). Os ruego que os abstengáis de los deseos carnales que batallan contra el alma, **1 Pe.** 2:11. Los deseos de la carne y los deseos de los ojos no provienen del Padre, **1 Juan** 2:16.

No te dejes llevar más por las concupiscencias de tus ojos, **Alma** 39:9.

Por haber transgredido las santas leyes, el hombre se volvió sensual, **DyC** 20:20. Si alguien comete adulterio en su corazón, no tendrá el Espíritu, **DyC** 63:16. Cesad de todos vuestros deseos de concupiscencia, **DyC** 88:121.

Los hombres empezaron a ser carnales, sensuales y diabólicos, **Moisés** 5:13 (Mos. 16:3; Moisés 6:49).

Sentir. *Véase también* Espíritu Santo

Percibir las indicaciones del Espíritu.

Habíais dejado de sentir, de modo que no pudisteis sentir sus palabras, **1 Ne.** 17:45. Al percibir esta sensación de crecimiento, empezaréis a decir que esta es una semilla buena, **Alma** 32:28.

Sentirás que está bien, **DyC** 9:8. Que todas las personas que entren en la casa del Señor sientan tu poder, **DyC** 109:13.

Señal. *Véase también* Iglesia verdadera, señales de la; Milagros; Señales de los tiempos

Acontecimiento o experiencia que se entiende como evidencia o prueba de algo. Por lo general, una señal es una manifestación milagrosa de Dios. Satanás también tiene poder para mostrar señales bajo ciertas condiciones. Los santos deben buscar los dones del Espíritu pero no deben buscar señales para satisfacer su curiosidad ni para apoyar su fe, sino que el Señor dará señales cuando lo crea oportuno para los que creen (DyC 58:64).

El Señor mismo os dará señal, **Isa.** 7:14 (2 Ne. 17:14). Dios hace señales y maravillas en el cielo y en la tierra, **Dan.** 6:27.

La generación mala y adúltera demanda señal, **Mateo** 12:39 (Mateo 16:4; Lucas 11:29). Estas señales seguirán a los que creen, **Mar.** 16:17 (Morm. 9:24; Éter 4:18; DyC 84:65).

Sherem demanda una señal, **Jacob** 7:13–20. Korihor exige una señal, **Alma** 30:48–60. Si nos muestras una señal del cielo, entonces creeremos, **Alma** 32:17. La mayor parte del pueblo creyó en las señales y prodigios, **3 Ne.** 1:22. El pueblo olvidó las señales y prodigios, **3 Ne.** 2:1. No recibís ningún testimonio sino hasta después de la prueba de vuestra fe, **Éter** 12:6.

No exijáis milagros, a no ser que os lo mande, **DyC** 24:13. La fe no viene por las señales, mas las señales siguen a los que creen, **DyC** 63:7–11.

En aquellos días también se levantarán falsos Cristos y falsos profetas, y harán grandes señales y prodigios, **JS—M** 1:22.

Señales de la Iglesia verdadera. *Véase* Iglesia verdadera, señales de la

Señales de los tiempos. *Véase también* Segunda venida de Jesucristo; Señal; Últimos días, postreros días

Acontecimientos o experiencias que Dios da a las personas para mostrarles que ha sucedido o que pronto sucederá algo importante relacionado con Su obra. Se ha profetizado que en los postreros días habrá muchas señales de la segunda venida del Salvador. Esas señales permiten que los fieles reconozcan el plan de Dios, sean advertidos y se preparen.

Será confirmado el monte de la casa de Jehová como cabeza de los montes, **Isa.** 2:2–3. Jehová alzará estandarte a naciones lejanas y recogerá a Israel, **Isa.** 5:26 (2 Ne. 15:26–30). El sol se oscurecerá al nacer, y la luna no dará su resplandor, **Isa.** 13:10 (Joel 3:15; DyC 29:14). Los hombres traspasarán las leyes y quebrantarán el convenio sempiterno, **Isa.** 24:5. Los nefitas susurrarán desde el polvo, **Isa.** 29:4 (2 Ne. 27). Israel será recogido con poder, **Isa.** 49:22–23 (1 Ne. 21:22–23; 3 Ne. 20–21). Dios levantará un reino que no será jamás destruido, **Dan.** 2:44 (DyC 65:2). La guerra, los sueños y las visiones precederán a la Segunda Venida, **Joel** 2. Todas las naciones se reunirán para combatir contra Jerusalén, **Zac.** 14:2

(Ezeq. 38–39). Viene el día ardiente como un horno, **Mal.** 4:1 (3 Ne. 25:1; DyC 133:64; JS—H 1:37).

Grandes desastres precederán a la Segunda Venida, **Mateo** 24 (JS—M 1). Pablo describe la apostasía y los tiempos peligrosos, **2 Tim.** 3–4. Dos testigos serán muertos y resucitarán en Jerusalén, **Apoc.** 11 (DyC 77:15). El Evangelio será restaurado en los últimos días mediante el ministerio de ángeles, **Apoc.** 14:6–7 (DyC 13; 27; 110:11–16; 128:8–24). Babilonia se establecerá y caerá, **Apoc.** 17–18.

Israel será recogido con poder, **1 Ne.** 21:13–26 (Isa. 49:13–26; 3 Ne. 20–21). Os doy una señal para que sepáis la época, **3 Ne.** 21:1. El Libro de Mormón aparecerá por el poder de Dios, **Morm.** 8.

Los lamanitas florecerán, **DyC** 49:24–25. Los inicuos matarán a los inicuos, **DyC** 63:32–35 (Apoc. 9). Se derramará la guerra sobre todas las naciones, **DyC** 87:2. Señales, conmociones de los elementos y ángeles preparan el camino para la venida del Señor, **DyC** 88:86–94. Las tinieblas cubrirán la tierra, **DyC** 112:23–24. El Señor manda a los santos prepararse para la Segunda Venida, **DyC** 133.

Señales del nacimiento y la muerte de Jesucristo. *Véase también* Jesucristo

Los acontecimientos que acompañaron el nacimiento y la muerte de Jesucristo.

Su nacimiento: La virgen concebirá, y dará a luz un hijo, **Isa.** 7:14. De Belén saldrá el que será Señor en Israel, **Miq.** 5:2. Samuel el Lamanita profetizó que habría un día, una noche y otro día de luz; una nueva estrella; y otras señales, **Hel.** 14:2–6. Se cumplieron las señales, **3 Ne.** 1:15–21.

Su muerte: Samuel el Lamanita profetizó que habría obscuridad, truenos y relámpagos, **Hel.** 14:20–27. Las señales se cumplieron, **3 Ne.** 8:5–23.

Señor. *Véase también* Jehová; Jesucristo; Trinidad

Título de profundo respeto y honra hacia Dios el Padre y hacia Jesucristo, nuestro Salvador. El título se refiere a Su posición de señores supremos y amorosos sobre Sus creaciones.

Amarás al Señor tu Dios, **Deut.** 6:5 (Mateo 22:37; Mar. 12:30). Al Señor tu Dios adorarás, **Mateo** 4:10 (Lucas 4:8). Cuán grandes cosas el Señor ha hecho, **Mar.** 5:19. Hay un Señor, Jesucristo, **1 Cor.** 8:6. Hay un Señor, una fe, un bautismo, **Efe.** 4:5. El Señor mismo descenderá del cielo, **1 Tes.** 4:16.

Iré y haré lo que el Señor ha mandado, **1 Ne.** 3:7. El Señor Jehová es mi fortaleza, **2 Ne.** 22:2. Con justicia juzgará el Señor Dios a los pobres, **2 Ne.** 30:9. El Señor Dios, el Dios de Abraham, los libró del cautiverio, **Alma** 29:11. Nada puede salvar a los de este pueblo sino el arrepentimiento y la fe en el Señor, **Hel.** 13:6 (Mos. 3:12).

Escucha las palabras de Jesucristo, tu Señor, **DyC** 15:1. Buscad siempre la faz del Señor, **DyC** 101:38. Los vestidos del Señor serán rojos en su segunda venida, **DyC** 133:48 (Isa. 63:1–4).

Abraham habló con el Señor cara a cara, **Abr.** 3:11. Creemos que el primer principio del Evangelio es la fe en el Señor Jesucristo, **AdeF** 1:4.

Señor (o Jehová) de los Ejércitos o de las Huestes. *Véase también* Jesucristo

Otro nombre de Jesucristo, que reina sobre los ejércitos (o huestes) del cielo y la tierra y dirige a los justos contra la iniquidad (DyC 29:9; 121:23).

Jehová de los ejércitos es el Rey de gloria, **Sal.** 24:10. El Dios de Israel es el Señor de los Ejércitos, **1 Ne.** 20:2. Mi Espíritu no luchará siempre con el hombre, dice el Señor de los Ejércitos, **DyC** 1:33.

Seol. *Véase* Infierno

Sepulcro. *Véase también* Resurrección

Lugar de sepultura del cuerpo mortal. Gracias a la Expiación, todos resucitarán del sepulcro.

Después de la resurrección de Cristo, se abrieron los sepulcros, y muchos cuerpos se levantaron, **Mateo** 27:52–53 (3 Ne. 23:9–13). ¿Dónde está, oh sepulcro, tu victoria?, **1 Cor.** 15:55.

La tumba entregará sus muertos, **2 Ne.** 9:11–13.

Los que hayan dormido en sus sepulcros saldrán, **DyC** 88:97–98. La pila bautismal es una semejanza del sepulcro, **DyC** 128:12–13.

Seres trasladados

Personas que experimentan un cambio de manera que no padecen el dolor ni la muerte hasta el momento de su resurrección a la inmortalidad.

Caminó Enoc con Dios, y desapareció, porque le llevó Dios, **Gén.** 5:24 (Heb. 11:5; DyC 107:48–49). Ninguno conoce el lugar de sepultura de Moisés hasta hoy, **Deut.** 34:5–6 (Alma 45:19). Elías el Profeta subió al cielo en un torbellino, **2 Rey.** 2:11.

Si quiero que él quede hasta que yo venga, ¿qué a ti?, **Juan** 21:22–23 (DyC 7:1–3).

Nunca probaréis la muerte, **3 Ne.** 28:7. Para que no tuviesen que probar la muerte, se verificó un cambio en sus cuerpos, **3 Ne.** 28:38 (4 Ne. 1:14; Morm. 8:10–11).

Juan el Amado vivirá hasta que venga el Señor, **DyC** 7. He llevado la Sion de Enoc a mi propio seno, **DyC** 38:4 (Moisés 7:21, 31, 69). Enoc y sus hermanos son una ciudad reservada hasta que venga un día de rectitud, **DyC** 45:11–12. Elías el Profeta fue llevado al cielo sin gustar la muerte, **DyC** 110:13.

El Espíritu Santo cayó sobre muchos, y fueron arrebatados hasta Sion, **Moisés** 7:27.

Sermón del Monte. *Véase también* Bienaventuranzas; Jesucristo

Discurso del Señor a Sus discípulos poco antes de enviarlos a proclamar el Evangelio (Mateo 5–7; Lucas 6:20–49), y poco después del llamamiento de los Doce.

Aclaran este sermón la Traducción de José Smith de la Biblia y también otro sermón similar que se encuentra en 3 Nefi 12 al 14, los cuales demuestran que se han perdido del relato de Mateo partes importantes del sermón.

Serpiente de bronce. *Véase también* Jesucristo; Moisés

Serpiente de bronce que hizo Moisés por mandato de Dios para que por ella se sanaran los israelitas que habían recibido mordeduras de serpientes ardientes (venenosas) en el desierto (Núm. 21:8–9). El símbolo de la serpiente se colocó en un palo y se levantó "en el desierto, para que quien mirara a él, viviera; y muchos miraron y vivieron" (Alma 33:19–22). El Señor se refirió a la serpiente levantada en el desierto como a un símbolo de que Él mismo sería levantado sobre la cruz (Juan 3:14–15). La revelación de los postreros días confirma el relato de las serpientes ardientes y de cómo se sanó la gente (1 Ne. 17:41; 2 Ne. 25:20; Hel. 8:14–15).

Servicio. *Véase también* Amor; Bienestar

Obras que efectuamos y atenciones que brindamos a favor de Dios y de nuestro prójimo. Al servir a los demás, también servimos a Dios.

Escogeos hoy a quién sirváis, **Josué** 24:15.

En cuanto lo hicisteis a uno de estos mis hermanos más pequeños, a mí lo hicisteis, **Mateo** 25:35–45. Que presentéis vuestros cuerpos en sacrificio vivo, que es vuestro culto racional, **Rom.** 12:1. Servíos por amor los unos a los otros, **Gál.** 5:13. Dios no es injusto para olvidar vuestra obra de amor, habiendo servido a los santos, **Heb.** 6:10.

Tus días se emplearán en el servicio de tu Dios, **2 Ne.** 2:3. Cuando os halláis en el servicio de vuestros semejantes, solo estáis en el servicio de vuestro Dios, **Mos.** 2:17. Quienes poseyeran esta tierra de promisión deberían servir a Dios o serían exterminados, **Éter** 2:8–12.

Vosotros que os embarcáis en el servicio de Dios, servidle con todo vuestro corazón, **DyC** 4:2. El Señor les dio mandamientos de que lo amaran y le sirvieran a él, **DyC** 20:18–19. En el nombre de Jesucristo servirás a Dios, **DyC** 59:5. Yo, el Señor, me deleito en honrar a los que me sirven, **DyC** 76:5.

Adora a Dios, porque a él solamente servirás, **Moisés** 1:15.

Set. *Véase también* Adán

En el Antiguo Testamento, hijo justo de Adán y Eva.

Set fue un hombre perfecto, y su semejanza era la imagen expresa de su padre, **DyC** 107:42–43 (Gén. 5:3). Set era uno de los poderosos en el mundo de los espíritus, **DyC** 138:40.

Dios se reveló a Set, **Moisés** 6:1–3, 8–14.

Setenta. *Véase también* Apóstol; Sacerdocio de Melquisedec

Oficio del Sacerdocio de Melquisedec al cual se ordena a los varones. En la actualidad, son miembros de los cuórums de los Setenta las Autoridades Generales y los Setentas de Área. Los Setenta sirven en el nombre del Señor bajo la dirección de la Primera Presidencia y del Cuórum de los Doce Apóstoles (véase DyC 107:34). Ellos dedican todo su tiempo al ministerio.

Designó el Señor también a otros setenta, **Lucas** 10:1. Los Setenta son llamados para predicar el Evangelio y para ser testigos especiales de Jesucristo, **DyC** 107:25–26. Los Setenta obrarán en el nombre del Señor bajo la dirección de los Doce, edificando la Iglesia y regulando todos los asuntos de ella en todas las naciones, **DyC** 107:34. Escoge a otros setenta, hasta setenta veces siete, si la obra lo requiere, **DyC** 107:93–97. El cuórum de setentas se ha instituido para los élderes viajantes que

han de testificar de mi nombre en todo el mundo, **DyC** 124:138–139.

Sherem. *Véase también* Anticristo

Hombre del Libro de Mormón que negó a Cristo y demandó una señal (Jacob 7:1–20).

Shiblón. *Véase también* Alma hijo de Alma

En el Libro de Mormón, hijo de Alma, hijo. Shiblón enseñó el Evangelio a los zoramitas y fue perseguido por su rectitud. El Señor lo libró de la persecución debido a su fidelidad y paciencia (Alma 38). Durante una temporada, Shiblón se hizo cargo de los anales nefitas (Alma 63:1–2, 11–13).

Shiz. *Véase también* Jareditas

En el Libro de Mormón, dirigente militar jaredita. Murió al finalizar una gran batalla que destruyó enteramente a la nación jaredita (Éter 14:17–15:31).

Siega

En las Escrituras, a veces se utiliza el vocablo *siega* en sentido figurado para referirse a la obra misional de traer almas a la Iglesia, la cual es el reino de Dios sobre la tierra; también puede referirse a un tiempo de juicio, tal como la segunda venida de Jesucristo.

Pasó la siega, terminó el verano, y nosotros no hemos sido salvos, **Jer.** 8:20 (DyC 56:16). La mies es mucha, mas los obreros pocos, **Mateo** 9:37. La siega es el fin del siglo, **Mateo** 13:39. Todo lo que el hombre sembrare, eso también segará, **Gál.** 6:7–9 (DyC 6:33).

El campo blanco está ya para la siega, **DyC** 4:4. La siega habrá terminado y vuestras almas estarán sin salvar, **DyC** 45:2. Ha llegado la hora de la cosecha, y es menester que se cumpla mi palabra, **DyC** 101:64.

Simbolismo

El usar algo como semejanza o representación de otra cosa. En las Escrituras, el simbolismo se vale de un objeto, una circunstancia o un acontecimiento conocido para representar un principio o enseñanza del Evangelio. Por ejemplo, el profeta Alma, del Libro de Mormón, usó el ejemplo de una semilla para representar la palabra de Dios (Alma 32).

En todas las Escrituras, los profetas han utilizado el simbolismo para enseñar acerca de Jesucristo. Algunos de estos símbolos son las ceremonias y ordenanzas (Moisés 6:63), los sacrificios (Heb. 9:11–15; Moisés 5:7–8), la Santa Cena (TJS, Mar. 14:20–24 [Apéndice — Biblia]; Lucas 22:13–20) y el bautismo (Rom. 6:1–6; DyC 128:12–13). Muchos nombres bíblicos son simbólicos. En el Antiguo Testamento, la ceremonia del tabernáculo y la ley de Moisés simbolizaban verdades eternas (Heb. 8–10; Mos. 13:29–32; Alma 25:15; Hel. 8:14–15). Como ejemplo de otros temas simbólicos, véase Mateo 5:13–16; Juan 3:14–15; Jacob 4:5; Alma 37:38–45.

Simeón. *Véase también* Israel; Jacob hijo de Isaac

En el Antiguo Testamento, el segundo hijo de Jacob y de su esposa Lea (Gén. 29:33; 35:23; Éx. 1:2). Se unió a Leví en la matanza de los siquemitas (Gén. 34:25–31). La profecía de Jacob concerniente a Simeón se encuentra en Génesis 49:5–7.

La tribu de Simeón: Los descendientes de Simeón moraron a menudo con la tribu de Judá y dentro de los límites de ese reino (Josué 19:1–9; 1 Cró. 4:24–33). La tribu de Simeón se unió a Judá en la batalla contra los cananeos (Jue. 1:3, 17). Posteriormente se unieron también a los ejércitos de David (1 Cró. 12:25).

Simiente de Abraham. *Véase* Abraham — La descendencia de Abraham

Simón el Cananita

En el Nuevo Testamento, uno de los Doce Apóstoles originales de Jesucristo (Mateo 10:2–4).

Simón Pedro. *Véase* Pedro

Sin Fin. *Véase también* Trinidad

Uno de los nombres de Dios que refleja Su naturaleza eterna (DyC 19:10–12; Moisés 1:3; 7:35).

Sinagoga. *Véase también* Judíos

Centro de reunión para fines religiosos. En la época del Nuevo Testamento, el mobiliario generalmente era sencillo y constaba de un arca que contenía los rollos de la ley y otros escritos sagrados, un escritorio de lectura y asientos para los feligreses.

Los asuntos de cada sinagoga en particular los dirigía el concilio local de los ancianos, quienes decidían a quién se debía admitir y a quién se debía excluir (Juan 9:22; 12:42). El oficial más importante era el principal de la sinagoga (Mar. 5:22; Lucas 13:14), el cual generalmente era escriba; tenía a su cargo el edificio y supervisaba los distintos servicios. También había un ayudante que desempeñaba tareas menores (Lucas 4:20).

Había sinagogas en todo pueblo en el que había judíos, tanto en Palestina como en otras partes. Eso probó ser una gran ayuda para la expansión del evangelio de Jesucristo, pues por lo general los primeros misioneros cristianos podían hablar allí y proclamar la palabra de Dios (Hech. 13:5, 14; 14:1; 17:1, 10; 18:4). Esta misma práctica existió entre los misioneros en la época del Libro de Mormón (Alma 16:13; 21:4–5; 32:1), así como también entre muchos misioneros en los comienzos de la Iglesia en esta dispensación (DyC 66:7; 68:1).

Sinaí, monte. *Véase también* Ley de Moisés; Moisés

Monte de la península del Sinaí, cerca del cual Moisés y los israelitas acamparon tres meses después de su éxodo de Egipto; también se le llama el monte Horeb (Éx. 3:1). Allí fue donde Dios dio Su ley a Moisés para la casa de Israel, y donde se construyó el tabernáculo (Éx. 19:2; 20:18; 24:12; 32:15).

Sion. *Véase también* Enoc; Nueva Jerusalén

Los puros de corazón (DyC 97:21); también significa el lugar donde estos viven. La ciudad que edificaron Enoc y su pueblo y que posteriormente fue llevada al cielo debido a la rectitud de sus habitantes, se llamó Sion (DyC 38:4; Moisés 7:18–21, 69). En los postreros días se edificará una ciudad llamada Sion cerca del condado de Jackson, estado de Misuri (EE. UU.), en donde se congregarán las tribus de Israel (DyC 103:11–22; 133:18). Se aconseja a los santos edificar Sion dondequiera que vivan en el mundo.

La ciudad de David se llamaba Sion, **1 Rey.** 8:1. De Sion saldrá la ley, **Isa.** 2:2–3 (Miq. 4:2; 2 Ne. 12:2–3). Vendrá el Redentor a Sion, **Isa.** 59:20. Os tomaré uno de cada ciudad, y dos de cada familia, y os introduciré en Sion, **Jer.** 3:14. En el monte de Sion y en Jerusalén habrá salvación, **Joel** 2:32 (Abd. 1:17).

Bienaventurados aquellos que procuren establecer a mi Sion, **1 Ne.** 13:37. Las hijas de Sion son altivas, **2 Ne.** 13:16 (Isa. 3:16). ¡Ay del reposado en Sion!, **2 Ne.** 28:19–25.

Procurad sacar a luz y establecer la causa de Sion, **DyC** 6:6 (DyC 11:6). Yo lo he inspirado para impulsar la causa de Sion con gran poder para hacer lo bueno, **DyC** 21:7. La Nueva Jerusalén se llamará Sion, **DyC** 45:66–67. Independence, Misuri, es el sitio para la ciudad de Sion, **DyC** 57:1–3. Queda por derramarse un azote sobre los hijos de Sion hasta que se arrepientan, **DyC** 84:58.

El Señor llamó Sion a su pueblo, porque eran uno en corazón y voluntad, **Moisés** 7:18–19. Sion (la Nueva Jerusalén) será edificada sobre el continente americano, **AdeF** 1:10.

Smith, Emma Hale. *Véase también* Smith, hijo, José

Esposa del profeta José Smith. El Señor le mandó hacer una selección de himnos

para la Iglesia. Ella también sirvió como la primera presidenta de la Sociedad de Socorro.

Se da una revelación sobre la voluntad del Señor concerniente a Emma Smith, **DyC** 25. El Señor aconseja a Emma Smith con respecto al matrimonio, **DyC** 132:51–56.

Smith, hijo, José. *Véase también* Doctrina y Convenios; José Smith, Traducción de (TJS); Libro de Mormón; Perla de Gran Precio; Primera Visión; Restauración del Evangelio

El profeta escogido para restaurar en la tierra la verdadera Iglesia de Jesucristo. José Smith nació en el estado de Vermont en los Estados Unidos de América y vivió desde 1805 hasta 1844.

En 1820, Dios el Padre y Jesucristo se le aparecieron y le informaron que ninguna de las iglesias existentes sobre la tierra era verdadera (JS—H 1:1–20). Posteriormente le visitó el ángel Moroni, quien le reveló el lugar donde estaban escondidas las planchas de oro que contenían los anales de los antiguos pueblos del continente americano (JS—H 1:29–54).

José Smith tradujo esas planchas de oro y en 1830 publicó la traducción con el título de El Libro de Mormón (JS—H 1:66–67, 75). En 1829, recibió la autoridad del sacerdocio de manos de Juan el Bautista y de Pedro, Santiago y Juan (DyC 13; 27:12; 128:20; JS—H 1:68–70).

El 6 de abril de 1830, bajo la dirección y el mandato de Dios, José Smith y varias personas más organizaron la Iglesia restaurada de Jesucristo (DyC 20:1–4). Bajo la dirección de José Smith, la Iglesia creció en Canadá, en Inglaterra, y en la zona este de los Estados Unidos, sobre todo en los estados de Ohio, Misuri e Illinois. Dondequiera que se establecían José Smith y los santos, eran duramente perseguidos. El 27 de junio de 1844, José Smith y su hermano Hyrum murieron como mártires en Carthage, Illinois, en los Estados Unidos de América.

José, el hijo de Jacob, profetizó sobre José Smith, **2 Ne.** 3:6–15.

Sabiendo las calamidades que sobrevendrían a los habitantes de la tierra, llamé a mi siervo José Smith, hijo, **DyC** 1:17 (DyC 19:13). José Smith fue ordenado apóstol de Jesucristo y primer élder de esta iglesia, **DyC** 20:2. Pedro, Santiago y Juan ordenaron a José Smith al apostolado, **DyC** 27:12. José Smith y Sidney Rigdon testificaron que vieron al Unigénito del Padre, **DyC** 76:23. Junto con Oliver Cowdery, José Smith vio al Señor en una visión, **DyC** 110:1–4. El Señor llamó a José Smith a ser el élder presidente, traductor, revelador, vidente y profeta, **DyC** 124:125. José Smith ha hecho más por la salvación del hombre que cualquier otro, exceptuando solo a Jesús, **DyC** 135:3.

Escrituras que han salido a luz por medio del profeta José Smith: José Smith tradujo partes de las planchas de oro que le entregó el ángel Moroni, y esa traducción se publicó en 1830 como el Libro de Mormón. También recibió muchas revelaciones del Señor en las que se establecían las doctrinas y la organización básicas de la Iglesia. Muchas de esas revelaciones se recopilaron para formar lo que ahora se conoce como Doctrina y Convenios. También se debe a él el haber sacado a luz el libro la Perla de Gran Precio, el cual contiene traducciones inspiradas de algunos de los escritos de Moisés, Abraham y Mateo; extractos de su historia y testimonio personal; y trece afirmaciones de la doctrina y las creencias de la Iglesia.

Smith, Hyrum. *Véase también* Smith, hijo, José

Hermano mayor y fiel compañero de José Smith. Hyrum nació el 9 de febrero de 1800. Sirvió como ayudante de José Smith en la presidencia de la Iglesia, y también como segundo Patriarca de esta. El 27 de junio de 1844, murió como mártir al lado de José Smith en la cárcel de Carthage.

Dios reveló instrucciones a Hyrum por medio de su hermano José Smith, **DyC** 11; 23:3. Bendito es mi siervo Hyrum Smith, a causa de la integridad de su corazón, **DyC** 124:15. Se llama a Hyrum Smith a ocupar el oficio de patriarca de la Iglesia, **DyC** 124:91–96, 124. José y Hyrum Smith murieron como mártires en la cárcel de Carthage, **DyC** 135. Hyrum Smith y otros espíritus selectos fueron reservados para nacer en el cumplimiento de los tiempos, **DyC** 138:53.

Smith, Joseph F.

Sexto Presidente de la Iglesia; el único hijo de Hyrum Smith y su esposa Mary Fielding. Nació el 13 de noviembre de 1838 y murió el 19 de noviembre de 1918.

Joseph F. Smith recibió una visión sobre la redención de los muertos, **DyC** 138.

Smith, Lucy Mack. *Véase también* Smith, hijo, José; Smith, padre, Joseph

Madre del profeta José Smith y esposa de Joseph Smith, padre (JS—H 1:4, 7, 20). Nació el 8 de julio de 1776 y murió el 5 de mayo de 1856.

El profeta José Smith vio a su madre en una visión del reino celestial, **DyC** 137:5.

Smith, padre, Joseph. *Véase también* Smith, hijo, José; Smith, Lucy Mack

Padre del profeta José Smith. Nació el 12 de julio de 1771. Se casó con Lucy Mack, con quien tuvo nueve hijos (JS—H 1:4). Fue creyente fiel en la Restauración de los últimos días y fue el primer Patriarca de la Iglesia. Murió el 14 de septiembre de 1840.

El Señor le reveló instrucciones mediante su hijo José, **DyC** 4; 23:5. Continúe con su familia mi anciano siervo Joseph Smith, padre, **DyC** 90:20. Mi anciano siervo Joseph Smith, padre, se sienta a la diestra de Abraham, **DyC** 124:19. José

Smith, hijo, vio a su padre en una visión del reino celestial, **DyC** 137:5.

Un ángel mandó a José Smith, hijo, hablar a su padre acerca de la visión que había recibido, **JS—H** 1:49–50.

Smith, Samuel H. *Véase también* Smith, hijo, José

Hermano menor del profeta José Smith (JS—H 1:4). Nació en 1808 y murió en 1844. Fue uno de los Ocho Testigos del Libro de Mormón y sirvió como uno de los primeros misioneros de la Iglesia restaurada (DyC 23:4; 52:30; 61:33–35; 66:7–8; 75:13).

Sodoma. *Véase también* Gomorra

En el Antiguo Testamento, ciudad inicua que destruyó el Señor (Gén. 19:12–29).

Sofonías

Profeta del Antiguo Testamento que vivió durante el reinado de Josías (639 al 608 a.C.)

El libro de Sofonías: En el capítulo 1, se habla de un día venidero que estará lleno de ira y asolamiento. En el capítulo 2, se amonesta al pueblo de Israel instándolo a buscar la rectitud y la mansedumbre. En el capítulo 3, se habla de la Segunda Venida, cuando todas las naciones se reunirán para entablar la guerra; no obstante, el Señor reinará en medio de ellas.

Sostenimiento de líderes de la Iglesia. *Véase también* Común acuerdo

Prometer prestar apoyo a los que sirven en puestos de liderazgo tanto a nivel general como local de la Iglesia.

Pondrás a Josué delante de toda la congregación, y le darás el cargo en presencia de todos, **Núm.** 27:18–19. El pueblo clamó, diciendo: ¡Viva el rey!, **1 Sam.** 10:24. Creed a sus profetas, y seréis prosperados, **2 Cró.** 20:20.

Obedeced a vuestros pastores, **Heb.** 13:17.

El Señor te favorecerá porque no has murmurado, **1 Ne.** 3:6. Los que recibieron a los profetas fueron preservados, **3 Ne.** 10:12–13. Bienaventurados sois si prestáis atención a las palabras de estos doce, **3 Ne.** 12:1.

Sea por mi propia voz o por la voz de mis siervos, es lo mismo, **DyC** 1:38. Recibiréis su palabra como si viniera de mi propia boca, **DyC** 21:5. El que recibe a mis siervos, me recibe a mí, **DyC** 84:35–38. Quien me recibe a mí, recibe a los que he enviado, **DyC** 112:20. Si los de mi pueblo no escuchan la voz de estos hombres que he nombrado, no serán bendecidos, **DyC** 124:45–46.

Sueños. *Véase también* Revelación

Uno de los medios por los cuales Dios revela Su voluntad a los hombres y a las mujeres sobre la tierra; no obstante, no todos los sueños son revelaciones. Los sueños inspirados son fruto de la fe.

Soñó con una escalera que subía al cielo, **Gén.** 28:12. Soñó José un sueño, **Gén.** 37:5. Le apareceré en visión, en sueños hablaré con él, **Núm.** 12:6. Tuvo Nabucodonosor sueños, **Dan.** 2:1–3. Vuestros ancianos soñarán sueños, **Joel** 2:28 (Hech. 2:17).

Un ángel del Señor le apareció en sueños, **Mateo** 1:20 (Mateo 2:19).

Lehi escribió muchas cosas que había visto en sueños, **1 Ne.** 1:16. Lehi tuvo un sueño, **1 Ne.** 8.

Suertes

Manera de hacer una elección o de eliminar varias posibilidades, lo cual a menudo se hace mediante la selección de un pedazo de papel o de un palito entre varios. A esto se le llama echar suertes.

Repartieron entre sí sus vestidos, echando suertes, **Mateo** 27:35 (Sal. 22:18; Mar. 15:24; Lucas 23:34; Juan 19:24). Les echaron suertes, y la suerte cayó sobre Matías, **Hech.** 1:23–26.

Echamos suertes para ver cuál de nosotros iría a la casa de Labán, **1 Ne.** 3:11.

GUÍA PARA EL ESTUDIO DE LAS ESCRITURAS

Sumo consejo

Consejo de doce sumos sacerdotes.

En los comienzos de la Iglesia restaurada, el término *sumo consejo* se refería a dos grupos distintos que gobernaban la Iglesia: (1) el Cuórum de los Doce Apóstoles (DyC 107:33, 38) y (2) el sumo consejo que servía dentro de cada una de las estacas (DyC 102; 107:36).

Sumo sacerdocio. *Véase* Sacerdocio de Melquisedec

Sumo sacerdote. *Véase también* Sacerdocio Aarónico; Sacerdocio de Melquisedec

Oficio en el sacerdocio. En las Escrituras se habla del "sumo sacerdote" con dos significados: (1) un oficio en el Sacerdocio de Melquisedec, y (2) el oficial presidente del Sacerdocio Aarónico, bajo la ley de Moisés.

El primer significado se aplica a Jesucristo como el gran Sumo Sacerdote. Adán y todos los patriarcas también fueron sumos sacerdotes. En la actualidad, tres sumos sacerdotes presidentes integran la Presidencia de la Iglesia y presiden a todos los demás poseedores del sacerdocio y miembros de la Iglesia. Hoy día, se ordena a varones dignos como sumos sacerdotes adicionales, según estos se necesiten, en toda la Iglesia. A los sumos sacerdotes se les puede llamar, apartar y ordenar como obispos (DyC 68:19; 107:69–71).

En el segundo significado, bajo la ley de Moisés se llamaba sumo sacerdote al oficial presidente del Sacerdocio Aarónico. Ese oficio era hereditario y lo recibían los primogénitos de la familia de Aarón. Aarón mismo fue el primer sumo sacerdote del orden Aarónico (Éx. 28–29; Lev. 8; DyC 84:18).

Melquisedec era sacerdote del más alto Dios, **Gén.** 14:18 (Alma 13:14).

Los sumos sacerdotes fueron llamados y preparados desde la fundación del mundo, **Alma** 13:1–10.

Los sumos sacerdotes administran las cosas espirituales, **DyC** 107:10, 12, 17.

Supercherías sacerdotales

El que los hombres prediquen y se constituyan a sí mismos como una luz al mundo, con el fin de obtener lucro y la alabanza del mundo, sin buscar, en ningún sentido, el bien de Sion (2 Ne. 26:29).

Apacentad la grey de Dios, no por ganancia deshonesta, **1 Pe.** 5:2.

Las iglesias que se hayan establecido para obtener ganancia, deben ser humilladas, **1 Ne.** 22:23 (Morm. 8:32–41). A causa de supercherías sacerdotales e iniquidades, Jesús sería crucificado, **2 Ne.** 10:5. Si la superchería sacerdotal fuese impuesta sobre este pueblo, resultaría en su entera destrucción, **Alma** 1:12. El día en que los gentiles estén llenos de toda clase de supercherías sacerdotales, **3 Ne.** 16:10.

Tabaco. *Véase* Palabra de Sabiduría

Tabernáculo. *Véase también* Arca del convenio; Lugar Santísimo; Templo, Casa del Señor

Una casa del Señor; centro de adoración de Israel durante el Éxodo de Egipto. En realidad, el tabernáculo era un templo portátil que podía desarmarse y volverse a armar. Los hijos de Israel utilizaron un tabernáculo hasta que se terminó la construcción del templo de Salomón (DyC 124:38).

Dios le reveló a Moisés la forma en que debían hacer el tabernáculo (Éx. 26–27), y los hijos de Israel lo construyeron siguiendo esas instrucciones (Éx. 35–40). Cuando se terminó la construcción, una nube cubrió la tienda de reunión y la gloria de Jehová llenaba el tabernáculo (Éx. 40:33–34). La nube, que era señal de la Presencia Divina, tenía el aspecto de fuego durante la noche; si la nube permanecía sobre la tienda, los hijos de Israel acampaban, pero cuando se alzaba, la seguían (Éx. 40:36–38; Núm. 9:17–18). Los hijos de Israel llevaron el tabernáculo consigo durante su peregrinaje por el desierto y durante la conquista de la tierra de Canaán. Terminada la conquista, se asentó el tabernáculo en Silo, lugar que el Señor había elegido (Josué 18:1). Después que los hijos de Israel terminaron de construir el templo de Salomón, el tabernáculo no volvió a mencionarse jamás.

Al hablar del día de la Segunda Venida, el Señor e Isaías usaron el tabernáculo como símbolo de las ciudades de Sion y de Jerusalén. (Isa. 33:20; Moisés 7:62).

Talento

Antigua medida de peso o suma elevada de dinero. Se utilizó también como símbolo de algo de gran valor, como por ejemplo el evangelio de Jesucristo (Mateo 25:14–29; Éter 12:35; DyC 60:2, 13).

Taylor, John

Tercer Presidente de La Iglesia de Jesucristo de los Santos de los Últimos Días.

Se le llamó al Consejo de los Doce, **DyC** 118:6 (DyC 124:128–129). Fue herido en la misma ocasión del martirio, **DyC** 135:2. Estaba entre los grandes que vio Joseph F. Smith en el mundo de los espíritus, **DyC** 138:53–56.

Teáncum

Gran dirigente militar nefita del Libro de Mormón (Alma 50:35; 51–52; 61–62).

Temor. *Véase también* Fe; Reverencia; Valor, valiente

El vocablo *temor* puede tener dos significados: (1) el sentir temor a Dios es sentir reverencia y admiración por Él y obedecer Sus mandamientos; (2) el sentir temor a los hombres, a los peligros mortales, al dolor y al mal es tenerles miedo y pavor.

Temor de Dios: No hay temor de Dios en este lugar, **Gén.** 20:11. A Jehová tu Dios temerás, **Deut.** 6:13 (Josué 24:14; 1 Sam. 12:24). Servid a Jehová con temor, **Sal.** 2:11. El principio de la sabiduría es el temor de Jehová, **Sal.** 111:10. Teme a Jehová, y apártate del mal, **Prov.** 3:7. Les irá bien a los que a Dios temen, **Ecle.** 8:12.

Ocupaos en vuestra salvación con temor y temblor, **Filip.** 2:12. Temed a Dios, y dadle gloria, **Apoc.** 14:7 (DyC 88:104).

Los profetas agitaban constantemente al pueblo para mantenerlo en el temor del Señor, **Enós** 1:23. Alma y los hijos de Mosíah cayeron al suelo porque el temor del Señor les sobrevino, **Alma** 36:7. Labrad vuestra salvación con temor y temblor, **Morm.** 9:27.

Aquellos que no me temen, a ellos inquietaré y haré que tiemblen, **DyC** 10:56. El que me teme estará esperando las señales de la venida del Hijo del Hombre, **DyC** 45:39.

Temor al hombre: No temas, porque yo estoy contigo, **Gén.** 26:24 (Isa. 41:10). Con nosotros está Jehová; no los temáis, **Núm.** 14:9. No tengas miedo, porque más son los que están con nosotros, **2 Rey.** 6:16. No temeré; ¿Qué puede hacerme el hombre?, **Sal.** 56:4. No temáis afrenta de hombre, **Isa.** 51:7 (2 Ne. 8:7).

No nos ha dado Dios espíritu de cobardía, **2 Tim.** 1:7. El perfecto amor echa fuera el temor, **1 Juan** 4:18 (Moro. 8:16).

Los hijos de Helamán no temían la muerte, **Alma** 56:46–48. El temor a la muerte llena el pecho de los inicuos, **Morm.** 6:7. No temo lo que el hombre haga, **Moro.** 8:16.

No debiste haber temido al hombre más que a Dios, **DyC** 3:7 (DyC 30:1, 11; 122:9). No tengáis miedo de hacer lo bueno, **DyC** 6:33. Quienes pertenecen a mi iglesia no necesitan temer, **DyC** 10:55. Si estáis preparados, no temeréis, **DyC** 38:30. Si os despojáis de todo temor, me veréis, **DyC** 67:10. Sed de buen ánimo, y no temáis, porque Yo, el Señor, estoy con vosotros, **DyC** 68:6. No temáis a vuestros enemigos, **DyC** 136:17.

Templo, Casa del Señor. *Véase también* Investidura; Lugar Santísimo; Ordenanzas; Tabernáculo

Literalmente, la Casa del Señor. Él siempre ha mandado a Su pueblo edificar templos, santuarios sagrados en los cuales los miembros dignos de la Iglesia efectúan las ordenanzas y ceremonias sagradas del Evangelio por ellos mismos y también a favor de los muertos. Debido a que el Señor visita Sus templos, estos son más sagrados que cualquiera de los centros de adoración de la tierra.

El tabernáculo que erigieron Moisés y los hijos de Israel en realidad era un templo portátil que los israelitas utilizaron durante su éxodo de Egipto.

El templo más conocido de los que se mencionan en el Antiguo Testamento es el que se construyó en Jerusalén en la época de Salomón (2 Cró. 2–5). Los babilonios lo destruyeron casi en su totalidad en el año 587 a.C., y Zorobabel lo restauró unos setenta años después (Esdras 1–6). Este edificio fue incendiado parcialmente en el año 37 a.C., pero más adelante Herodes el Grande lo volvió a reconstruir. Los romanos lo destruyeron en el año 70 de nuestra era.

En el Libro de Mormón los seguidores justos de Dios construyeron templos y adoraron en ellos (2 Ne. 5:16; Mos. 1:18; 3 Ne. 11:1). La construcción y el uso correcto de los templos son, en cualquier dispensación, señales de la Iglesia verdadera, incluso la Iglesia restaurada de nuestros tiempos. El Templo de Kirtland fue el primero que se edificó y se dedicó al Señor en esta dispensación. Desde esa época, se han dedicado templos en muchas partes del mundo.

¿Quién estará en su lugar santo?, **Sal.** 24:3–5. Subamos a la casa del Dios de Jacob, **Isa.** 2:2–3 (Miq. 4:1–2; 2 Ne. 12:2–3). Vendrá súbitamente a su templo el Señor, **Mal.** 3:1 (3 Ne. 24:1; DyC 36:8; 42:36).

Jesús purificó el templo, **Mateo** 21:12–16 (Mar. 11:15–18; Lucas 19:45–48).

El Señor mandó a los santos construir un templo en Misuri, **DyC** 57:3 (DyC 84:3–5). Estableced una casa de Dios, **DyC** 88:119 (DyC 109:8). El Señor reprendió a los santos por no haber construido un templo, **DyC** 95:1–12. No entraré en templos inmundos, **DyC** 97:15–17. He aceptado esta casa, y mi nombre estará aquí, **DyC** 110:7–8. A mi pueblo siempre se le manda construir una casa a mi santo nombre, **DyC** 124:39. La gran obra para efectuarse en los templos del Señor abarca el sellamiento de los hijos a sus padres, **DyC** 138:47–48. En la gran obra de los últimos días se incluye la construcción de templos, **DyC** 138:53–54.

Templo de Kirtland, Ohio (EE. UU.)

El primer templo que edificó la Iglesia en esta dispensación de los últimos días, el cual construyeron los santos en Kirtland, siguiendo el mandato del Señor (DyC 94:3–9). Uno de los propósitos fue proporcionar un lugar donde los miembros dignos de la Iglesia pudieran recibir poder, autoridad e iluminación espiritual (DyC 109–110). Se dedicó el 27 de marzo de 1836; la oración dedicatoria la recibió el profeta José Smith por revelación (DyC 109). El Señor dio varias revelaciones importantes y restauró las llaves esenciales del sacerdocio en ese templo (DyC 110; 137). El templo no se usó para llevar a cabo la plenitud de las ordenanzas que se realizan en los templos de la actualidad.

Templo, matrimonio en el. *Véase* Matrimonio

Tentación, tentar. *Véase también* Albedrío; Diablo; Perseverar

Prueba de la capacidad de una persona para escoger el bien en lugar de escoger el mal. Incitación a pecar y a seguir a Satanás en lugar de seguir a Dios.

No nos metas en tentación, mas líbranos del mal, **Mateo** 6:13 (3 Ne. 13:12). Dios no os dejará ser tentados más de lo que podéis resistir, **1 Cor.** 10:13. Cristo fue tentado en todo según nuestra semejanza, **Heb.** 4:14–15. Bienaventurado el varón que soporta la tentación, **Stg.** 1:12–14.

Las tentaciones del adversario no pueden vencer a quienes escuchen la palabra de Dios, **1 Ne.** 15:24 (Hel. 5:12). El hombre no podía actuar por sí a menos que lo atrajera lo uno o lo otro, **2 Ne.** 2:11–16.

Velad y orad incesantemente, para que no seáis tentados más de lo que podáis resistir, **Alma** 13:28. Enséñales a resistir toda tentación del diablo, con su fe en el Señor Jesucristo, **Alma** 37:33. Orad siempre, no sea que entréis en tentación, **3 Ne.** 18:15, 18 (DyC 20:33; 31:12; 61:39).

Cuídate del orgullo, no sea que entres en tentación, **DyC** 23:1. Adán vino a quedar sujeto a la voluntad del diablo, por haber cedido a la tentación, **DyC** 29:39–40.

Me vi sujeto a toda especie de tentaciones, **JS—H** 1:28.

Tesalonicenses, epístolas a los. *Véase también* Pablo; Pablo, epístolas de

Dos libros del Nuevo Testamento. Originalmente fueron cartas que escribió Pablo a los tesalonicenses durante su estancia en Corinto, en su primera visita a Europa; esto fue aproximadamente en el año 50 d.C. En el capítulo 17 de Hechos se describe su obra en Tesalónica. Pablo deseaba regresar a ese lugar pero no podía hacerlo (1 Tes. 2:18), por lo que envió a Timoteo a dar ánimo a los conversos y regresar con noticias suyas. La primera carta resultó del agradecimiento que Pablo sintió por el regreso de Timoteo.

Primera Epístola a los Tesalonicenses: En los capítulos 1 y 2, se encuentra la salutación de Pablo y su oración en beneficio de los santos; en los capítulos del 3 al 5, se dan instrucciones relacionadas con el crecimiento espiritual, el amor, la castidad, la diligencia y la segunda venida de Jesucristo.

Segunda Epístola a los Tesalonicenses: En el capítulo 1, hay una oración a favor de los santos. En el capítulo 2, se habla de la apostasía venidera. En el capítulo 3, se encuentra la oración de Pablo por el triunfo de la causa del Evangelio.

Testamento. *Véase* Antiguo Testamento; Nuevo Testamento

Testificar. *Véase también* Testimonio

Dar testimonio por el poder del Espíritu Santo; hacer una declaración solemne de la verdad basada en el conocimiento o la creencia personal.

El Consolador dará testimonio de mí, **Juan** 15:26. Nos mandó que predicásemos y testificásemos, **Hech.** 10:42.

Tres testigos testificarán de la verdad, **2 Ne.** 27:12. El poder del Espíritu Santo lo lleva al corazón de los hijos de los hombres, **2 Ne.** 33:1. Las Escrituras testifican de Cristo, **Jacob** 7:10–11 (Juan 5:39). Os testifico que yo sé que estas cosas de que he hablado son verdaderas, **Alma** 5:45 (Alma 34:8). Tomamos la Santa Cena para testificar al Padre que siempre guardaremos sus mandamientos y nos acordaremos de Jesucristo, **3 Ne.** 18:10–11 (Moro. 4–5; DyC 20:77–79).

Testificaréis de ellas por el poder de Dios, **DyC** 17:3–5. Lo que el Espíritu os testifique, eso quisiera yo que hicieseis, **DyC** 46:7. Os envié para testificar y amonestar, **DyC** 88:81.

Testigo. *Véase también* Testimonio

Alguien que afirma una cosa o la atestigua basándose en su conocimiento personal, o sea, alguien que da testimonio.

Me seréis testigos, **Hech.** 1:8.

Estáis dispuestos a ser testigos de Dios en todo tiempo, **Mos.** 18:8–9.

La ley de testigos: por boca de dos o tres testigos se establecerá toda palabra, **DyC** 6:28 (Deut. 17:6; Mateo 18:16; 2 Cor. 13:1; Éter 5:4; DyC 128:3). Os he ordenado para ser apóstoles y testigos especiales de mi nombre, **DyC** 27:12 (DyC 107:23). Los Setenta son llamados para ser testigos especiales a los gentiles y en todo el mundo, **DyC** 107:25. Que esté presente un registrador para que sea testigo ocular de vuestros bautismos, **DyC** 127:6 (DyC 128:2–4).

Testigos del Libro de Mormón. *Véase también* Libro de Mormón; Testigo

El Señor mandó que otras personas aparte del profeta José Smith dieran testimonio de la divinidad del Libro de Mormón (DyC 17; 128:20). Véase el testimonio de estos testigos en la

"Introducción", que se encuentra en las primeras páginas del Libro de Mormón.

Por las palabras de tres estableceré mi palabra, **2 Ne.** 11:3. Habrá testigos que darán testimonio de su palabra a los hijos de los hombres, **2 Ne.** 27:12–13. En boca de tres testigos se establecerán estas cosas, **Éter** 5:4.

Por medio de la fe, los Tres Testigos verán las planchas, **DyC** 17.

Testimonio. *Véase también* Espíritu Santo; Testificar; Testigo

Conocimiento y confirmación espiritual que da el Espíritu Santo. Un testimonio también puede ser una declaración oficial o legal de lo que una persona percibe que es verdad (DyC 102:26).

No hablarás falso testimonio, **Éx.** 20:16. Yo sé que mi Redentor vive, **Job** 19:25–26.

Será predicado este evangelio en todo el mundo, para testimonio a todas las naciones, **Mateo** 24:14 (JS—M 1:31). El Consolador dará testimonio acerca de mí, **Juan** 15:26. El Espíritu mismo da testimonio a nuestro espíritu, **Rom.** 8:16 (1 Juan 5:6). No te avergüences de dar testimonio de nuestro Señor, **2 Tim.** 1:8. El testimonio de Jesús es el espíritu de la profecía, **Apoc.** 19:10.

Sed testigos de Dios en todo tiempo, **Mos.** 18:9. No vio otra manera de rescatar al pueblo sino con la fuerza de un testimonio puro en contra de ellos, **Alma** 4:19–20. Yo tengo todas las cosas como testimonio de que estas cosas son verdaderas, **Alma** 30:41–44. No recibís ningún testimonio sino hasta después de la prueba de vuestra fe, **Éter** 12:6.

¿No hablé paz a tu mente? ¿Qué mayor testimonio puedes tener que de Dios?, **DyC** 6:22–23. Y ahora, después de los muchos testimonios que se han dado de él, este es el testimonio que nosotros damos de Él, **DyC** 76:22–24. Os envié para testificar y amonestar al pueblo, **DyC** 88:81–82. Los testadores ahora han muerto, y su testamento está en vigor, **DyC** 135:4–5.

Enoc vio que descendían ángeles del cielo, dando testimonio del Padre y del Hijo, **Moisés** 7:27. Aunque se me odiaba y perseguía por decir que había visto una visión, no obstante, era cierto, **JS—H** 1:24–25.

Tierra. *Véase también* Creación, crear; Mundo

El planeta sobre el cual vivimos, creado por Dios por medio de Jesucristo para el uso del hombre durante su probación mortal. El destino final de la tierra es ser glorificada y exaltada (DyC 77:1–2; 130:7–9). La tierra se convertirá en la herencia eterna de los que sean dignos de heredar una gloria celestial (DyC 88:14–26), donde disfrutarán también de la presencia del Padre y del Hijo (DyC 76:62).

Se creó para el hombre: Dios dio al hombre dominio sobre la tierra, **Gén.** 1:28 (Moisés 2:28). De Jehová es la tierra, **Éx.** 9:29 (Sal. 24:1). El Señor ha dado la tierra a los hijos de los hombres, **Sal.** 115:16. Yo hice la tierra y creé sobre ella al hombre, **Isa.** 45:12.

Por el poder de su palabra el hombre apareció sobre la faz de la tierra, **Jacob** 4:9.

A los que han tomado al Santo Espíritu por guía les será dada la tierra, **DyC** 45:56–58 (DyC 103:7). Los que han obedecido el Evangelio recibirán como recompensa las cosas buenas de la tierra, **DyC** 59:3. Los pobres y los mansos de la tierra la heredarán, **DyC** 88:17 (Mateo 5:5; 3 Ne. 12:5).

Haremos una tierra, y los probaremos, **Abr.** 3:24–25.

Una entidad viviente: La tierra siempre permanece, **Ecle.** 1:4.

El mar de vidrio es la tierra en su estado santificado, inmortal y eterno, **DyC** 77:1. La tierra debe ser santificada y preparada para la gloria celestial, **DyC** 88:18–19.

La tierra se lamentó con voz fuerte, **Moisés** 7:48.

La división de la tierra: Júntense las aguas en un lugar, **Gén.** 1:9. En los días de Peleg, la tierra fue dividida, **Gén.** 10:25.

Después que se hubieron retirado las aguas, llegó a ser una tierra escogida, **Éter** 13:2.

La tierra será como en los días antes de ser dividida, **DyC** 133:24.

La purificación de la tierra: Llovió sobre la tierra cuarenta días, **Gén.** 7:4.

La tierra está reservada para el fuego en el día del juicio, **2 Pe.** 3:7.

Después de hoy viene la quema, **DyC** 64:24.

La tierra desea quedar limpia de impureza, **Moisés** 7:48.

El estado final de la tierra: La tierra se plegará como un rollo, y pasará, **3 Ne.** 26:3 (DyC 29:23). Habrá un cielo nuevo, y una tierra nueva, **Éter** 13:9 (DyC 29:23).

El mar de vidrio es la tierra en su estado santificado, inmortal y eterno, **DyC** 77:1. La tierra debe ser santificada y preparada para la gloria celestial, **DyC** 88:18–19. Esta tierra llegará a ser semejante al cristal, y será un Urim y Tumim, **DyC** 130:8–9.

Por el espacio de mil años la tierra descansará, **Moisés** 7:64. La tierra será renovada, **AdeF** 1:10.

Tierra prometida

Tierras que el Señor promete como heredad a Sus seguidores fieles, y a menudo también a los descendientes de ellos. Hay muchas tierras prometidas; la que se menciona a menudo en el Libro de Mormón es el continente americano.

A tu descendencia daré esta tierra, **Gén.** 12:7 (Abr. 2:19). Te daré a ti, y a tu descendencia después de ti, la tierra de Canaán, **Gén.** 17:8 (Gén. 28:13). Moisés designó los límites de las tierras para Israel en Canaán, **Núm.** 34:1–12 (Núm. 27:12).

Seréis conducidos a una tierra de promisión, **1 Ne.** 2:20 (1 Ne. 5:5). El Señor conduce a los justos a tierras preciosas, **1 Ne.** 17:38. Si los descendientes de Lehi guardan los mandamientos de Dios, prosperarán en la tierra de promisión,

2 Ne. 1:5–9. Israel retornará a sus tierras de promisión, **2 Ne.** 24:1–2 (Isa. 14:1–2). Cualquier nación que posea esta tierra escogida servirá a Dios, o será exterminada, **Éter** 2:9–12.

Esta es la tierra prometida y el sitio para la ciudad de Sion, **DyC** 57:2. Judá comenzará a volver a las tierras que Dios dio a Abraham, **DyC** 109:64.

La Nueva Jerusalén será edificada sobre el continente americano, **AdeF** 1:10.

Timoteo. *Véase también* Pablo

En el Nuevo Testamento, joven compañero misional de Pablo durante el ministerio de este último (Hech. 16:1–3; 2 Tim. 1:1–5); era hijo de padre griego y madre judía; él y sus padres vivían en Listra.

Pablo llamó a Timoteo su propio "hijo en la fe" (1 Tim. 1:2, 18; 2 Tim. 1:2). Timoteo tal vez fue el ayudante más capaz y digno de la mayor confianza de Pablo (Filip. 2:19–23).

Timoteo, epístolas a. *Véase también* Pablo; Pablo, epístolas de; Timoteo

Dos libros del Nuevo Testamento. Ambos fueron originalmente cartas que Pablo escribió y dirigió a Timoteo.

Primera Epístola a Timoteo: Pablo escribió la primera epístola después de su primer encarcelamiento. Había dejado a Timoteo en Éfeso con la intención de regresar (1 Tim. 3:14); sin embargo, presintiendo que tardaría en hacerlo, le escribió a Timoteo, posiblemente desde Macedonia (1 Tim. 1:3), para darle consejos y ánimo en el cumplimiento de su deber.

En el capítulo 1, se encuentra la salutación de Pablo y también sus instrucciones en cuanto a vanas especulaciones que habían comenzado a infiltrarse en la Iglesia. En los capítulos 2 y 3, se dan instrucciones acerca de la adoración pública y en cuanto al carácter y la conducta de los ministros. En los capítulos 4 y 5, se describe la apostasía de los postreros días y se dan consejos a Timoteo respecto a la manera de ministrar a su rebaño. En el capítulo 6, se le exhorta a seguir fiel y a evitar las riquezas mundanales.

Segunda Epístola a Timoteo: Pablo escribió la segunda epístola durante su segundo encarcelamiento, poco antes de su martirio. Contiene las últimas palabras del Apóstol y muestra el maravilloso valor y la confianza con que hizo frente a la muerte.

En el capítulo 1, se encuentra la salutación de Pablo y una encomienda a Timoteo en cuanto a sus responsabilidades y deberes. En los capítulos 2 y 3, se dan varias amonestaciones e instrucciones y la exhortación de persistir al enfrentar los peligros futuros. En el capítulo 4, hay un mensaje a los amigos de Pablo y consejos sobre la manera de tratar a los apóstatas.

Tinieblas de afuera. *Véase* Diablo; Hijos de perdición; Infierno; Muerte espiritual

Tinieblas espirituales. *Véase también* Inicuo, iniquidad

Iniquidad o ignorancia en cuanto a lo espiritual.

¡Ay de los que hacen de las tinieblas luz!, **Isa.** 5:20 (2 Ne. 15:20). Tinieblas cubrirán la tierra, y oscuridad las naciones, **Isa.** 60:2. Jesús dará luz a los que habitan en tinieblas, **Lucas** 1:79. La luz en las tinieblas resplandece, y las tinieblas no prevalecieron contra ella, **Juan** 1:5 (DyC 45:7). Desechemos las obras de tinieblas, y vistámonos las armas de la luz, **Rom.** 13:12. No participéis en las obras infructuosas de las tinieblas, **Efe.** 5:8–11.

No pedís, así que no sois llevados a la luz; sino que debéis perecer en las tinieblas, **2 Ne.** 32:4. Satanás propaga sus obras de tinieblas, **Hel.** 6:28–31. Los poderes de las tinieblas prevalecen en la tierra, **DyC** 38:8, 11–12. Todo el mundo gime bajo la obscuridad y el pecado, **DyC** 84:49–54. Si vuestra mira está puesta únicamente en mi gloria, no habrá tinieblas en vosotros, **DyC** 88:67. Empezaron a prevalecer las obras de

tinieblas entre todos los hijos de los hombres, **Moisés** 5:55.

Tito. *Véase también* Pablo; Pablo, epístolas de; Tito, epístola a

En el Nuevo Testamento, converso griego que viajó con Pablo a Jerusalén y que posteriormente prestó servicio como misionero (Gál. 2:1–4; 2 Tim. 4:10). Tito entregó la primera epístola de Pablo a los santos de Corinto (2 Cor. 7:5–8, 13–15).

Tito, epístola a. *Véase también* Pablo; Pablo, epístolas de; Tito

Mientras Pablo se encontraba provisionalmente libre de su encarcelamiento romano, escribió la epístola a Tito, quien se encontraba en Creta. La carta habla de la disciplina interna y la organización de la Iglesia.

En el capítulo 1, se encuentra la salutación de Pablo, así como instrucciones y requisitos generales para los obispos. En los capítulos 2 y 3, se encuentran enseñanzas generales y mensajes personales a Tito respecto a la forma apropiada de tratar a los distintos grupos de la Iglesia en Creta. Pablo insta a los santos a vencer la perversidad, a ser sobrios y fieles y a seguir adelante con sus buenas obras.

Tomás

En el Nuevo Testamento, uno de los Doce Apóstoles originales que escogió el Salvador durante Su ministerio terrenal (Mateo 10:2–3; Juan 14:5). En griego el nombre es Dídimo (Juan 20:24–29; 21:2). Aunque Tomás dudó de la resurrección de Jesús hasta que pudo ver personalmente al Salvador, por su fuerza de carácter estuvo dispuesto a hacer frente a la persecución y a la muerte (Juan 11:16; 20:19–25).

Tradiciones

Creencias y prácticas que se transmiten de una generación a otra (2 Tes. 2:15). En las Escrituras, el Señor constantemente amonesta a los justos a evitar las tradiciones inicuas de los hombres (Lev. 18:30; Mar. 7:6–8; Mos. 1:5; DyC 93:39–40).

Traducción de José Smith. *Véase* José Smith, Traducción de (TJS)

Traducir

Expresar el significado de un concepto que se da en un idioma en términos equivalentes en otro idioma (Mos. 8:8–13; AdeF 1:8). En las Escrituras a menudo se hace referencia a la traducción como un don de Dios (Alma 9:21; DyC 8; 9:7–9). También puede significar mejorar o corregir una traducción existente en un idioma o restaurar un texto perdido (DyC 45:60–61). A José Smith se le mandó emprender la tarea de hacer una traducción inspirada de la Versión del rey Santiago de la Biblia, en inglés (DyC 42:56; 76:15).

José Smith tenía el poder para traducir mediante la misericordia y el poder de Dios, **DyC** 1:29. Tienes un don para traducir, **DyC** 5:4. Te concederé un don para traducir, **DyC** 6:25. Dios le dio a José Smith poder de lo alto para traducir el Libro de Mormón, **DyC** 20:8.

Traduje algunos de los caracteres por medio del Urim y Tumim, **JS—H** 1:62 (Mos. 8:13; 28:13).

Transfiguración. *Véase también* Jesucristo; Llaves del sacerdocio

El estado de las personas cuya apariencia y naturaleza cambian temporariamente —o sea, que son elevadas a un nivel espiritual más alto— a fin de que puedan soportar la presencia y la gloria de seres celestiales.

La Transfiguración de Cristo: Pedro, Santiago y Juan vieron al Señor en un estado glorificado y transfigurado. Anteriormente, el Salvador le había prometido a Pedro que recibiría las llaves del reino de los cielos (Mateo 16:13–19; 17:1–9; Mar. 9:2–10; Lucas 9:28–36; 2 Pe. 1:16–18). En este acontecimiento tan importante, el Salvador, Moisés y Elías el Profeta entregaron las llaves prometidas del sacerdocio a Pedro, Santiago (Jacobo) y Juan. Con estas llaves, recibieron el poder para llevar adelante la obra del reino en la tierra después de la Ascensión de Jesús.

José Smith enseñó que en el monte de la Transfiguración, Pedro, Santiago (Jacobo) y Juan también fueron transfigurados. Tuvieron una visión de la tierra tal como aparecerá en su futura condición glorificada (DyC 63:20–21); vieron a Moisés y a Elías el Profeta, dos seres trasladados, y oyeron la voz del Padre decir: "Este es mi Hijo amado, en quien tengo complacencia; a él oíd" (Mateo 17:5).

Seres transfigurados: Vieron al Dios de Israel, **Éx.** 24:9–11. La piel de su rostro resplandecía, después que hubo hablado con Dios, **Éx.** 34:29 (Mar. 9:2–3). Resplandeció el rostro de Jesús, **Mateo** 17:2 (Mar. 9:2–3). No pudieron fijar la vista en el rostro de Moisés a causa de la gloria de su rostro, **2 Cor.** 3:7. El rostro de Abinadí resplandecía con un brillo extraordinario, **Mos.** 13:5–9. Fueron envueltos como por fuego, **Hel.** 5:23, 36, 43–45 (3 Ne. 17:24; 19:14). Estaban tan blancos como el semblante de Jesús, **3 Ne.** 19:25. Les pareció como una transfiguración, **3 Ne.** 28:15. Ningún hombre en la carne ha visto a Dios, a menos que haya sido vivificado por el Espíritu, **DyC** 67:10–12. Fueron abiertos nuestros ojos por el poder del Espíritu, **DyC** 76:12. La gloria de Dios cubrió a Moisés, **Moisés** 1:2. Vi su rostro, porque fui transfigurado, **Moisés** 1:11. Vi abrirse los cielos y fui revestido de gloria, **Moisés** 7:3–4.

Trasladar. *Véase* Seres trasladados

Tres Nefitas. *Véase* Discípulos nefitas, los tres

Tribus perdidas. *Véase* Israel — Las diez tribus perdidas de Israel

Trinidad. *Véase también* Espíritu Santo; Jesucristo; Padre Celestial; Señor

Integran la Trinidad tres personajes distintos: Dios el Eterno Padre, Su Hijo

Jesucristo y el Espíritu Santo. Creemos en cada uno de Ellos (AdeF 1:1). Según la revelación de los últimos días, aprendemos que el Padre y el Hijo tienen cuerpos tangibles de carne y huesos, mientras que el Espíritu Santo es un personaje de espíritu sin carne ni huesos (DyC 130:22–23). Estos tres personajes son uno en perfecta unidad y armonía de propósito y doctrina (Juan 17:21–23; 2 Ne. 31:21; 3 Ne. 11:27, 36).

Dios el Padre: Por lo general, es al Padre, o sea, a Elohim, a quien se hace referencia con el título de Dios. Se le llama Padre porque es el padre de nuestros espíritus (Núm. 16:22; 27:16; Mal. 2:10; Mateo 6:9; Efe. 4:6; Heb. 12:9). Dios el Padre es el gobernante supremo del universo; es omnipotente (Gén. 18:14; Alma 26:35; DyC 19:1–3), omnisciente (Mateo 6:8; 2 Ne. 2:24) y omnipresente por medio de Su Espíritu (Sal. 139:7–12; DyC 88:7–13, 41). El hombre guarda una relación especial con Dios que lo distingue de todas las demás criaturas creadas: los hombres y las mujeres son hijos espirituales de Dios (Sal. 82:6; 1 Juan 3:1–3; DyC 20:17–18).

Tenemos registro de pocas ocasiones en que Dios el Padre se haya aparecido al hombre o haya hablado con él. En las Escrituras se nos dice que Él habló con Adán y Eva (Moisés 4:14–31) y que en varias ocasiones presentó a Jesucristo (Mateo 3:17; 17:5; Juan 12:28–29; 3 Ne. 11:3–7). Se apareció a Esteban (Hech. 7:55–56), a José Smith (JS—H 1:17) y posteriormente a José Smith y a Sidney Rigdon (DyC 76:20, 23). A los que aman a Dios y se purifican ante Él, Dios les concede a veces el privilegio de verlo y saber por sí mismos que Él es Dios (Mateo 5:8; 3 Ne. 12:8; DyC 76:116–118; 93:1).

Dios mío, Dios mío, ¿por qué me has desamparado?, **Mar.** 15:34. Estos hombres son siervos del más alto Dios, **Hech.** 16:17. Linaje de Dios somos, **Hech.** 17:28–29.

Ofrecerás tus sacramentos al Altísimo, **DyC** 59:10–12.

Enoc vio los espíritus que Dios había creado, **Moisés** 6:36. Su nombre es Hombre de Santidad, **Moisés** 6:57.

Dios el Hijo: El Dios que se conoce como Jehová es el Hijo Jesucristo (Isa. 12:2; 43:11; 49:26; 1 Cor. 10:1–4; 1 Tim. 1:1; Apoc. 1:8; 2 Ne. 22:2), quien actúa bajo la dirección del Padre y está en completa armonía con Él. Todos los seres humanos son sus hermanos y hermanas, dado que Él es el mayor de los hijos espirituales de Elohim. Algunos pasajes de las Escrituras se refieren a Él con el vocablo *Dios*, por ejemplo, en las Escrituras dice que "Creó Dios los cielos y la tierra" (Gén. 1:1), pero en realidad, el Creador fue Jesús, bajo la dirección de Dios el Padre (Juan 1:1–3, 10, 14; Heb. 1:1–2).

Para Dios no hay cosa difícil, **Gén.** 18:14. Jehová se identifica a sí mismo como YO SOY, **Éx.** 3:13–16. Yo, yo Jehová, y fuera de mí no hay quien salve, **Isa.** 43:11 (Isa. 45:21).

Yo soy la luz del mundo, **Juan** 8:12. Antes que Abraham fuese, yo soy, **Juan** 8:58.

El Señor ministrará entre los hombres en un tabernáculo de barro, **Mos.** 3:5–10. Abinadí explicó por qué Cristo es el Padre así como el Hijo, **Mos.** 15:1–4 (Éter 3:14). El Señor se apareció al hermano de Jared, **Éter** 3. Escucha las palabras de Cristo, tu Señor y tu Dios, **Moro.** 8:8. Jehová es el Juez Eterno de vivos y muertos, **Moro.** 10:34.

José Smith y Sidney Rigdon vieron a Jesucristo, **DyC** 76:20, 23. El Señor Jehová se apareció en el Templo de Kirtland, **DyC** 110:1–4.

Jehová habló a Abraham, **Abr.** 1:16–19. Jesús se apareció a José Smith, **JS—H** 1:17.

Dios el Espíritu Santo: El Espíritu Santo también es un Dios y se le llama el Santo Espíritu, el Espíritu y el Espíritu de Dios, entre otros nombres y títulos similares. Con la ayuda del Espíritu Santo, el hombre puede conocer la voluntad de Dios el Padre y saber que Jesús es el Cristo (1 Cor. 12:3).

El Espíritu Santo os enseñará lo que debáis decir, **Lucas** 12:12. El Espíritu Santo es el Consolador, **Juan** 14:26 (Juan 16:7–15). Jesús dio mandamientos por el Espíritu Santo a los apóstoles, **Hech.** 1:2. El Espíritu Santo es testigo de Dios y de Cristo, **Hech.** 5:29–32 (1 Cor. 12:3). Nos atestigua el Espíritu Santo, **Heb.** 10:10–17.

Por el poder del Espíritu Santo podréis conocer la verdad de todas las cosas, **Moro.** 10:5.

El Espíritu Santo es el espíritu de revelación, **DyC** 8:2–3 (DyC 68:4).

Última Cena. *Véase también* Pascua; Santa Cena

De acuerdo con el Nuevo Testamento, la última comida en la que Jesús participó con los Doce antes de Su arresto y crucifixión (Lucas 22:14–18). Esta última cena, en compañía de los Doce Apóstoles, tuvo lugar durante la fiesta de la Pascua (Mateo 26:17–30; Mar. 14:12–18; Lucas 22:7–13).

Jesús bendijo el pan y el vino y dio a los Apóstoles, **Mateo** 26:26–29 (Mar. 14:22–25; Lucas 22:7–20). Jesús lavó los pies de los Apóstoles, **Juan** 13. Jesús anunció que Judas lo traicionaría, **Juan** 13:21–26 (Mateo 26:20–25).

Últimos días, postreros días.
Véase también Segunda venida de Jesucristo; Señales de los tiempos

La época en que ahora vivimos. Los días (o la dispensación del tiempo) inmediatamente antes de la segunda venida del Señor.

Os declararé lo que ha de acontecer en los días venideros, **Gén.** 49:1. Mi Redentor al fin se levantará sobre el polvo, **Job** 19:25. En lo postrero de los tiempos, será confirmado el monte de la casa de Jehová, **Isa.** 2:2.

En los postreros días vendrán tiempos peligrosos, **2 Tim.** 3:1–7. En los postreros días los burladores negarán la Segunda Venida, **2 Pe.** 3:3–7.

Os profetizo concerniente a los postreros días, **2 Ne.** 26:14–30.

Así se llamará mi iglesia en los postreros días, a saber, La Iglesia de Jesucristo de los Santos de los Últimos Días, **DyC** 115:4.

Cristo vendrá en los últimos días, **Moisés** 7:60.

Unción. *Véase también* Aceite; Bendición de los enfermos

Antiguamente los profetas del Señor ungían con aceite a las personas que debían desempeñar deberes especiales, tales como Aarón o los sacerdotes o los reyes que gobernarían a Israel. En la Iglesia, actualmente se efectúa la unción echando una pequeña cantidad de aceite consagrado sobre la cabeza de la persona como parte de una bendición especial. Esto solamente puede hacerse por medio de la autoridad y el poder del Sacerdocio de Melquisedec. Después de la unción, y actuando con la autoridad de ese mismo sacerdocio, se puede sellar la unción y dar una bendición especial a la persona que se esté ungiendo.

Los ungirás, y los consagrarás para que sean mis sacerdotes, **Éx.** 28:41 (Lev. 8:6–12, 30). Lo ungirás por príncipe sobre mi pueblo Israel, **1 Sam.** 9:16; 10:1.

Los ancianos (élderes) han de ungir y bendecir a los enfermos, **Stg.** 5:14–15 (DyC 42:44).

Ungido, el. *Véase también* Jesucristo; Mesías

A Jesús se le llama el *Cristo* (vocablo griego) o el *Mesías* (vocablo arameo). Ambas palabras significan "el ungido". Él es el único ungido del Padre para ser Su representante personal en todas las cosas relacionadas con la salvación del género humano.

Me ungió Jehová, **Isa.** 61:1–3. Él ha ungido a uno para predicar el Evangelio, **Lucas** 4:16–22. Jesús fue ungido por Dios el Padre, **Hech.** 4:27. Dios ungió a Jesús de Nazaret, **Hech.** 10:38.

Unidad. *Véase también* Trinidad

Ser uno en pensamiento, deseo y propósito, primero con nuestro Padre Celestial y Jesucristo, y después con los demás miembros de la Iglesia.

¡Cuán bueno es habitar los hermanos juntos en armonía!, **Sal.** 133:1.

Yo y el Padre uno somos, **Juan** 10:30 (DyC 50:43). Jesús rogó que todos fueran uno así como él y su Padre son uno, **Juan** 17:11–23 (3 Ne. 19:23). Os ruego que no haya entre vosotros divisiones, sino que estéis perfectamente unidos, **1 Cor.** 1:10.

Estad resueltos en una sola voluntad y con un solo corazón, unidos en todas las cosas, **2 Ne.** 1:21. Les mandó tener entrelazados sus corazones con unidad, **Mos.** 18:21. Jesús oró por que hubiera unidad entre sus discípulos nefitas, **3 Ne.** 19:23. Se hallaban los discípulos unidos en poderosa oración y ayuno, **3 Ne.** 27:1.

Padre, Hijo y Espíritu Santo son uno, **DyC** 20:27–28 (DyC 35:2; 50:43). Tu deber es unirte a la iglesia verdadera, **DyC** 23:7. Recibiréis cuanto pidiereis con fe, si estáis unidos en oración, **DyC** 29:6. Si no sois uno, no sois míos, **DyC** 38:27.

El Señor llamó Sion a su pueblo, porque eran uno en corazón y voluntad, **Moisés** 7:18.

Unigénito. *Véase también* Engendrado, engendrar; Jesucristo

Otro nombre de Jesucristo, que es el Hijo Unigénito del Padre (Lucas 1:26–35; Juan 1:14; 3:16; 1 Ne. 11:18–20; 2 Ne. 25:12; Alma 7:10; 12:33; Moisés 7:62).

Uno. *Véase* Trinidad; Unidad

Ur

En el Antiguo Testamento, Ur de los caldeos fue el lugar de origen de Abram (Gén. 11:27–28, 31; 15:7; Neh. 9:7; Abr. 2:1, 4).

Urim y Tumim. *Véase también* Pectoral; Vidente

Instrumentos que Dios preparó para ayudar al hombre a obtener revelaciones del Señor y a traducir idiomas. En el idioma hebreo estos dos vocablos significan "luces y perfecciones". El Urim y Tumim consta de dos piedras en aros de plata que a veces se usa junto con un pectoral (DyC 17:1; JS—H 1:35, 42, 52). Esta tierra, en su condición santificada e inmortal, será un gran Urim y Tumim (DyC 130:6–9).

Pondrás en el pectoral del juicio Urim y Tumim, **Éx.** 28:30.

Al que venciere le daré una piedrecita blanca, **Apoc.** 2:17.

Él tiene algo con que puede mirar y traducir, **Mos.** 8:13. Te daré estas dos piedras, **Éter** 3:23–24, 28 (Éter 4:5).

José Smith recibió revelaciones por medio del Urim y Tumim, DyC, encabezamientos de las **secciones** 6; 11; 14–16. Se te dio el poder de traducir por medio del Urim y Tumim, **DyC** 10:1. Los Tres Testigos verían el Urim y Tumim que le fue dado al hermano de Jared en el monte, **DyC** 17:1. El lugar donde Dios reside es un gran Urim y Tumim. La piedrecita blanca se convertirá en un Urim y Tumim para toda persona que reciba una, **DyC** 130:6–11.

Yo, Abraham, tenía el Urim y Tumim, **Abr.** 3:1, 4.

Valor, valiente. *Véase también* Fe; Temor

No sentir temor, sobre todo, no sentir temor de hacer lo que es correcto.

Esforzaos y cobrad ánimo; no temáis, **Deut.** 31:6 (Josué 1:6–7). Esforzaos mucho en guardar y hacer todo lo que está escrito, **Josué** 23:6.

No nos ha dado Dios espíritu de cobardía, **2 Tim.** 1:7.

Mas cuando oyó, su corazón empezó a animarse, **Alma** 15:4 (Alma 62:1). Los hijos de Helamán eran sumamente valientes en cuanto a intrepidez, **Alma** 53:20–21. Jamás había visto yo tan grande valor, **Alma** 56:45.

¡Valor, hermanos; e id adelante, adelante a la victoria!, **DyC** 128:22.

Vanidad, vano. *Véase también* Mundano, lo; Orgullo

Falsedad o engaño; orgullo. Los vocablos *vano* y *vanidad* también pueden significar estar vacío o no tener valor.

El que no ha elevado su alma a cosas vanas estará en el lugar santo de Jehová, **Sal.** 24:3–4.

Orando, no uséis vanas repeticiones, **Mateo** 6:7.

El vasto y espacioso edificio representa las vanas ilusiones y el orgullo, **1 Ne.** 12:18. ¿Persistiréis aún en poner vuestros corazones en las vanidades del mundo?, **Alma** 5:53. No busques las vanidades de este mundo, porque no las puedes llevar contigo, **Alma** 39:14.

La incredulidad y la vanidad han traído la condenación sobre toda la iglesia, **DyC** 84:54–55. Cuando intentamos satisfacer nuestra vana ambición, los cielos se retiran, **DyC** 121:37.

Velar. *Véase también* Amonestación, amonestar; Atalaya, atalayar

Vigilar o estar de guardia.

Velad, pues, porque no sabéis a qué hora ha de venir vuestro Señor, **Mateo** 24:42–43 (Mateo 25:13; Mar. 13:35–37; DyC 133:10–11). Velad y orad, para que no entréis en tentación, **Mateo** 26:41 (3 Ne. 18:15, 18).

Si no os cuidáis a vosotros mismos, y vuestros pensamientos, y vuestras palabras, y vuestras obras, debéis perecer, **Mos.** 4:30. Alma ordenó sacerdotes y élderes para presidir la Iglesia y velar por ella, **Alma** 6:1.

El que no esté esperando al Salvador será desarraigado, **DyC** 45:44. El obispo y otros son llamados y ordenados para velar por la Iglesia, **DyC** 46:27.

Velo

Vocablo que se usa en las Escrituras con el significado de (1) cortina divisoria que separa ciertas partes del tabernáculo o del templo, (2) símbolo de la separación entre Dios y el hombre, (3) tela delgada que utilizan algunas personas

para cubrirse la cara o la cabeza, o (4) un estado de olvido, producido por Dios, mediante el cual quedan borrados los recuerdos de la existencia preterrenal.

El velo os hará separación entre el lugar santo y el santísimo, **Éx.** 26:33.

Cuando Cristo fue crucificado, el velo del templo se rasgó en dos, **Mateo** 27:51 (Mar. 15:38; Lucas 23:45). Ahora vemos por espejo, oscuramente; mas entonces veremos cara a cara, **1 Cor.** 13:12.

El obscuro velo de incredulidad se estaba disipando de su mente, **Alma** 19:6. Al hermano de Jared no se le pudo impedir que viera dentro del velo, **Éter** 3:19 (Éter 12:19).

El velo se rasgará, y me veréis, **DyC** 67:10 (DyC 38:8). El velo que cubre mi templo será quitado, **DyC** 101:23. El velo fue retirado de nuestras mentes, **DyC** 110:1.

Un manto de tinieblas cubrirá la tierra, **Moisés** 7:61.

Venganza. *Véase también* Enemistad

Represalia por una ofensa o un daño.

Porque es día de venganza de Jehová, **Isa.** 35:4.

Mía es la venganza, yo pagaré, **Rom.** 12:19 (Morm. 3:15; 8:20).

La espada de la venganza se cierne sobre vosotros, **Morm.** 8:40–41.

Me vengaré de los malvados, por cuanto no se arrepienten, **DyC** 29:17.

El Señor vino en los días de iniquidad y venganza, **Moisés** 7:45–46.

Venir. *Véase también* Discípulo; Obediencia, obediente, obedecer

En las Escrituras, con frecuencia significa el acercarse a alguien al seguirle u obedecerle, como en la frase "venid a Cristo, y perfeccionaos en él" (Moro. 10:32).

Inclinad vuestro oído, y venid a mí, **Isa.** 55:3.

Venid a mí todos los que estáis trabajados, **Mateo** 11:28. Dejad a los niños venir a mí, **Mateo** 19:14. Si alguno quiere venir en pos de mí, niéguese a sí mismo,

Lucas 9:23. El que a mí viene, nunca tendrá hambre, **Juan** 6:35.

Cristo invita a todos a venir a él, **2 Ne.** 26:33. Venid a mí y sed salvos, **3 Ne.** 12:20. Venid a Cristo, **Moro.** 10:32.

Invitad a todos a venir a Cristo, **DyC** 20:59. Vendréis a mí y vivirán vuestras almas, **DyC** 45:46.

Verdad. *Véase también* Conocimiento; Inteligencia(s); Luz, luz de Cristo

El conocimiento de las cosas como son, como eran y como han de ser (DyC 93:24). La verdad también se refiere a la luz y revelación que se reciben de los cielos.

La verdad brotará de la tierra, **Sal.** 85:11 (Moisés 7:62).

Conoceréis la verdad, y la verdad os hará libres, **Juan** 8:32. Yo soy el camino, y la verdad, y la vida, **Juan** 14:6. Si decimos que no tenemos pecado, la verdad no está en nosotros, **1 Juan** 1:8.

Los culpables hallan la verdad dura, **1 Ne.** 16:2. Los justos aman la verdad, **2 Ne.** 9:40. El Espíritu habla la verdad, y no miente, **Jacob** 4:13. Eres un Dios de verdad, y no puedes mentir, **Éter** 3:12. Por el poder del Espíritu Santo podréis conocer la verdad de todas las cosas, **Moro.** 10:5.

La verdad permanece para siempre jamás, **DyC** 1:39. Te ha iluminado el Espíritu de verdad, **DyC** 6:15. El Libro de Mormón contiene la verdad y la palabra de Dios, **DyC** 19:26. El Consolador fue enviado para enseñar la verdad, **DyC** 50:14. El que recibe la palabra por el Espíritu de verdad, la recibe como la predica el Espíritu de verdad, **DyC** 50:17–22. Proclamad la verdad de acuerdo con las revelaciones que os he dado, **DyC** 75:3–4. Lo que es verdad es luz, **DyC** 84:45. La luz de la verdad es la luz de Cristo, **DyC** 88:6–7, 40. Mi Espíritu es verdad, **DyC** 88:66. La inteligencia, o la luz de verdad, no fue creada, **DyC** 93:29. La gloria de Dios es la inteligencia, o en otras palabras, luz y verdad, **DyC** 93:36.

Os he mandado criar a vuestros hijos en la luz y la verdad, **DyC** 93:40.

Mi Unigénito es lleno de gracia y de verdad, **Moisés** 1:6.

Vía. *Véase* Camino (vía)

Vicario. *Véase* Ordenanzas — Ordenanza vicaria; Salvación de los muertos

Vida. *Véase también* Luz, luz de Cristo; Vida eterna

La existencia temporal y espiritual que se hace posible por medio del poder de Dios.

Yo he puesto delante de ti hoy la vida y el bien, **Deut.** 30:15–20. Me mostrarás la senda de la vida, **Sal.** 16:11. El que sigue la justicia hallará la vida, **Prov.** 21:21.

El que halla su vida, la perderá; y el que pierda su vida por causa de mí, la hallará, **Mateo** 10:39 (Mateo 16:25; Mar. 8:35; Lucas 9:24; 17:33). El Hijo del Hombre no ha venido para destruir las almas de los hombres, sino para salvarlas, **Lucas** 9:56. En él estaba la vida, y la vida era la luz de los hombres, **Juan** 1:4. El que cree al que me envió, ha pasado de muerte a vida, **Juan** 5:24. Yo soy el camino, y la verdad, y la vida, **Juan** 14:6. Si en esta vida solamente esperamos en Cristo, somos los más dignos de conmiseración, **1 Cor.** 15:19–22. La piedad tiene promesa de esta vida presente, y de la venidera, **1 Tim.** 4:8.

Nuestros hijos pueden mirar adelante hacia aquella vida que está en Cristo, **2 Ne.** 25:23–27. Esta vida es cuando el hombre debe prepararse para comparecer ante Dios, **Alma** 34:32 (Alma 12:24). Yo soy la luz y la vida del mundo, **3 Ne.** 9:18 (Mos. 16:9; 3 Ne. 11:11; Éter 4:12).

Benditos son aquellos que son fieles, sea en vida o muerte, **DyC** 50:5. Esto es vidas eternas: Conocer a Dios y a Jesucristo, **DyC** 132:24.

Esta es mi obra y mi gloria: Llevar a cabo la inmortalidad y la vida eterna del hombre, **Moisés** 1:39.

Vida eterna. *Véase también* Corona; Exaltación; Expiación, expiar; Gloria celestial; Vida

Vivir para siempre como familias en la presencia de Dios (DyC 132:19–20, 24, 55). La vida eterna es el mayor de los dones que Dios da al hombre.

Tú tienes palabras de vida eterna, **Juan** 6:68. Esta es la vida eterna: que te conozcan a ti, el único Dios verdadero, y a Jesucristo, **Juan** 17:3 (DyC 132:24). Pelea la buena batalla de la fe, echa mano de la vida eterna, **1 Tim.** 6:12.

Los hombres son libres para escoger la libertad y la vida eterna, **2 Ne.** 2:27 (Hel. 14:31). Ser de mente espiritual es vida eterna, **2 Ne.** 9:39. Entonces os halláis en este estrecho y angosto camino que conduce a la vida eterna, **2 Ne.** 31:17–20. Creer en Cristo y perseverar hasta el fin es la vida eterna, **2 Ne.** 33:4 (3 Ne. 15:9).

Rico es el que tiene la vida eterna, **DyC** 6:7 (DyC 11:7). La vida eterna es el mayor de todos los dones de Dios, **DyC** 14:7 (Rom. 6:23). El que hiciere obras justas recibirá la paz en este mundo y la vida eterna en el mundo venidero, **DyC** 59:23. Los que perseveran en estas cosas hasta el fin tendrán una corona de vida eterna, **DyC** 66:12 (DyC 75:5). Los que han muerto sin el conocimiento del Evangelio, quienes lo habrían recibido, serán herederos del reino celestial, **DyC** 137:7–9.

La obra y la gloria de Dios es llevar a cabo la inmortalidad y la vida eterna del hombre, **Moisés** 1:39. Dios concede la vida eterna a todos los que son obedientes, **Moisés** 5:11.

Vida preterrenal. *Véase también* Concilio de los cielos; Guerra en los cielos; Hombre(s); Principio

La vida que tuvimos antes de nacer aquí en la tierra. Todos los hombres y las mujeres vivieron con Dios como Sus hijos espirituales antes de venir a la tierra como seres mortales. A esa vida a veces se le llama el primer estado (Abr. 3:26).

Cuando Dios fundó la tierra, se regocijaron todos los hijos de Dios, **Job** 38:4–7. El espíritu volverá a Dios que lo dio, **Ecle.** 12:7. Antes que te formase en el vientre te conocí, **Jer.** 1:4–5.

Linaje suyo somos, **Hech.** 17:28. Dios nos escogió antes de la fundación del mundo, **Efe.** 1:3–4. Debemos obedecer al Padre de los espíritus, **Heb.** 12:9. A los ángeles que no guardaron su dignidad, los ha guardado en prisiones eternas, **Judas** 1:6 (Abr. 3:26). El diablo y sus ángeles fueron arrojados a la tierra, **Apoc.** 12:9.

Fueron llamados y preparados desde la fundación del mundo, **Alma** 13:3.

Cristo contempló la vasta expansión de la eternidad y todas las huestes del cielo antes que el mundo fuese, **DyC** 38:1. También el hombre fue en el principio con Dios, **DyC** 93:29 (Hel. 14:17; DyC 49:17). En el principio se escogieron espíritus selectos para ser gobernantes en la Iglesia, **DyC** 138:53–55. Muchos recibieron sus primeras lecciones en el mundo de los espíritus, **DyC** 138:56.

Todas las cosas se crearon espiritualmente antes que existiesen físicamente sobre la tierra, **Moisés** 3:5. Yo hice el mundo y a los hombres antes que existiesen en la carne, **Moisés** 6:51. Abraham vio las inteligencias que fueron organizadas antes que existiera el mundo, **Abr.** 3:21–24.

Vida sempiterna. *Véase* Vida eterna

Vidente. *Véase también* Profeta; Urim y Tumim

Persona autorizada por Dios para ver con los ojos espirituales las cosas que Dios ha escondido del mundo (Moisés 6:35–38); un revelador y un profeta (Mos. 8:13–16). En el Libro de Mormón, Ammón enseñó que solamente un vidente podía usar los intérpretes especiales, o sea, el Urim y Tumim (Mos. 8:13; 28:16). Un vidente conoce el pasado, el presente y el futuro. En los tiempos antiguos, a los profetas a menudo se les llamaba videntes (1 Sam. 9:9; 2 Sam. 24:11).

José Smith es el gran vidente de los últimos días (DyC 21:1; 135:3). Además, a la Primera Presidencia y al Consejo de los Doce se les sostiene como a profetas, videntes y reveladores.

Este pueblo es rebelde, que dice a los videntes: No veáis; y a los profetas: No nos profeticéis, **Isa.** 30:9–10.

Levantaré a un vidente escogido del fruto de tus lomos, **2 Ne.** 3:6–15.

En esto hay sabiduría; sí, ser vidente, revelador, traductor y profeta, **DyC** 107:92. El Señor nombró a Hyrum Smith profeta, vidente y revelador de la Iglesia, **DyC** 124:91–94.

Viña del Señor. *Véase también* Campo; Israel

Símbolo de un campo de obras espirituales. Por lo general, en las Escrituras se emplea la expresión *la viña del Señor* para referirse a la casa de Israel o al reino de Dios sobre la tierra, aunque a veces se utiliza para referirse a los pueblos del mundo en general.

La viña de Jehová de los ejércitos es la casa de Israel, **Isa.** 5:7 (2 Ne. 15:7).

Jesús dio la parábola de los obreros de la viña, **Mateo** 20:1–16.

Israel es semejante a un olivo cultivado que se nutrió en la viña del Señor, **Jacob** 5. Los siervos del Señor podarán su viña por última vez, **Jacob** 6.

El Señor bendecirá a todos los que obren en su viña, **DyC** 21:9 (Alma 28:14). Trabajad en mi viña por la última vez, **DyC** 43:28.

Virgen. *Véase también* María, madre de Jesús

Hombre o mujer en edad de matrimonio que nunca ha tenido relaciones sexuales. En las Escrituras, una virgen representa a veces a alguien que es moralmente limpio (Apoc. 14:4).

La virgen concebirá, y dará a luz un hijo, **Isa.** 7:14 (Mateo 1:23; 2 Ne. 17:14).

El reino de los cielos será semejante a diez vírgenes, **Mateo** 25:1–13.

En la ciudad de Nazaret vi a una virgen, que es la madre del Hijo de Dios,

1 Ne. 11:13–18. María fue una virgen, un vaso precioso y escogido, **Alma** 7:10.

Virgen María. *Véase* María, madre de Jesús

Virtud. *Véase también* Castidad; Integridad; Poder

Integridad y excelencia moral, poder y fuerza (Lucas 8:46); castidad o pureza sexual (Moro. 9:9).

Eres mujer virtuosa, **Rut** 3:11. El limpio de manos y puro de corazón estará en el lugar santo de Jehová, **Sal.** 24:3–4. La mujer virtuosa es corona de su marido, **Prov.** 12:4. La estima de una mujer virtuosa sobrepasa largamente a la de las piedras preciosas, **Prov.** 31:10–31.

Añadid a vuestra fe virtud, **2 Pe.** 1:5 (DyC 4:6).

Poned a prueba la virtud de la palabra de Dios, **Alma** 31:5.

Deja que la virtud engalane tus pensamientos incesantemente, **DyC** 121:45.

Creemos en ser virtuosos, **AdeF** 1:13 (Filip. 4:8).

Visión. *Véase también* Primera Visión; Revelación; Sueños

Revelación visual de algún acontecimiento, persona o cosa mediante el poder del Espíritu Santo.

Entre las visiones importantes de las que se tiene conocimiento, se encuentran las siguientes: La visión que tuvo Ezequiel de los últimos días (Ezeq. 37–39), la visión que tuvo Esteban de Jesús a la diestra de Dios (Hech. 7:55–56), la revelación que tuvo Juan acerca de los últimos días (Apoc. 4–21), la visión que tuvieron Lehi y Nefi del árbol de la vida (1 Ne. 8; 10–14), la visión que tuvo Alma, hijo, de un ángel del Señor (Mos. 27), la visión que tuvo el hermano de Jared de todos los habitantes de la tierra (Éter 3:25), la visión de las glorias (DyC 76), las visiones que se dieron a José Smith y a Oliver Cowdery en el Templo de Kirtland (DyC 110), la que tuvo Joseph F. Smith de la redención de los muertos (DyC 138), la que tuvo Moisés de Dios y Sus creaciones (Moisés 1), la que tuvo Enoc de Dios (Moisés 6–7) y la Primera Visión de José Smith (JS—H 1).

Sin profecía, el pueblo se desenfrena, **Prov.** 29:18. Vuestros hijos y vuestras hijas verán visiones, **Joel** 2:28 (Hech. 2:17). Me ha dado conocimiento en visiones durante la noche, **2 Ne.** 4:23. Era un mensajero enviado de la presencia de Dios, **JS—H** 1:33. Creemos en profecía, revelación, visiones, **AdeF** 1:7.

Viuda. *Véase también* Bienestar

Mujer cuyo marido ha fallecido y que no se ha vuelto a casar.

Vendrán el huérfano y la viuda, y comerán, **Deut.** 14:29. Esta viuda de su pobreza echó todo lo que tenía, **Mar.** 12:41–44. El visitar a los huérfanos y a las viudas en sus tribulaciones es parte de la religión pura, **Stg.** 1:27. El Señor será pronto testigo contra los que defraudan a la viuda, **3 Ne.** 24:5 (Zac. 7:10). Se proveerá lo necesario a las viudas y a los huérfanos, **DyC** 83:6 (DyC 136:8).

Vivificar. *Véase también* Resurrección

Dar vida, resucitar o cambiar a una persona de manera que le es posible estar en la presencia de Dios.

Dios nos dio vida juntamente con Cristo, **Efe.** 2:4–5 (Col. 2:6, 12–13). Cristo padeció la muerte en la carne, pero fue vivificado en espíritu, **1 Pe.** 3:18 (DyC 138:7). Ningún hombre ha visto a Dios jamás, a menos que haya sido vivificado por el Espíritu, **DyC** 67:11. La redención viene por medio del que vivifica todas las cosas, **DyC** 88:16–17. Los santos serán vivificados y arrebatados para recibir a Cristo, **DyC** 88:96. Adán fue vivificado en el hombre interior, **Moisés** 6:65.

Vocación (llamamiento) y elección.
Véase también Elección

Los justos seguidores de Cristo

pueden llegar a contarse entre los escogidos que reciben la certeza de que serán exaltados. La vocación y elección comienza con el arrepentimiento y el bautismo, y se consuma cuando "marchan adelante, deleitándose en la palabra de Cristo, y perseverando hasta el fin" (2 Ne. 31:19–20). En las Escrituras, este proceso se llama "hacer firme vuestra vocación y elección" (2 Pe. 1:4–11; DyC 131:5–6).

Me seréis un reino de sacerdotes, **Éx.** 19:5–6 (Apoc. 1:6). Dios os ha escogido desde el principio para salvación, **2 Tes.** 2:13. Procurad hacer firme vuestra vocación y elección, **2 Pe.** 1:10. Para que Cristo pueda sellaros como suyos, **Mos.** 5:15. Hago convenio contigo de que tendrás la vida eterna, **Mos.** 26:20. Los fieles poseedores del sacerdocio llegan a ser la iglesia y reino, y los elegidos de Dios, **DyC** 84:33–34. La palabra profética más segura significa saber que se está sellado para vida eterna, **DyC** 131:5–6. Sello sobre ti tu exaltación, **DyC** 132:49.

Voto. *Véase* Común acuerdo

Voz. *Véase también* Revelación

En las Escrituras, este vocablo a veces significa un mensaje audible pronunciado por el Señor o por Sus mensajeros. La voz del Espíritu también puede recibirse en forma no audible, sino percibirse directamente en el corazón o la mente.

Adán y Eva oyeron la voz de Jehová Dios, **Gén.** 3:8 (Moisés 4:14). Jehová le habló a Elías el Profeta en un silbo apacible y delicado, **1 Rey.** 19:11–13. Los justos siguen la voz del buen pastor, **Juan** 10:1–16. Todo aquel que es de la verdad, oye mi voz, **Juan** 18:37. Obedeciendo la voz del Espíritu, **1 Ne.** 4:6–18. Vino a mí una voz, diciendo: Enós, tus pecados te son perdonados, **Enós** 1:5. Era una voz apacible de perfecta suavidad, y penetraba hasta el alma misma, **Hel.** 5:29–33 (3 Ne. 11:3–7). Sea por mi propia voz, o por la voz de mis siervos, es lo mismo, **DyC** 1:38. Lo que hablen cuando sean inspirados por el Espíritu Santo será la voz del Señor, **DyC** 68:2–4. Toda alma que obedezca mi voz verá mi faz y sabrá que yo soy, **DyC** 93:1.

Whitmer, David

Líder de la Iglesia restaurada en sus comienzos y uno de los Tres Testigos del origen divino y de la veracidad del Libro de Mormón (DyC 14; 17–18). El Señor le dio instrucciones personales, las cuales se encuentran en Doctrina y Convenios 14 y en 30:1–4.

Whitmer, hijo, Peter

Uno de los primeros líderes de la Iglesia restaurada y uno de los Ocho Testigos del Libro de Mormón. Véase "El Testimonio de Ocho Testigos" que se encuentra en las páginas introductorias del Libro de Mormón. El Señor le dio instrucciones personales, las cuales se encuentran en DyC 16 y DyC 30:5–8.

Whitmer, John

Líder de la Iglesia restaurada en sus comienzos y uno de los Ocho Testigos del Libro de Mormón. Véase "El Testimonio de Ocho Testigos" que se encuentra en las páginas introductorias del Libro de Mormón. También se le llamó a predicar el Evangelio (DyC 30:9–11).

Whitney, Newel K.

Uno de los primeros líderes de la Iglesia restaurada. Fue obispo en Kirtland, Ohio (EE. UU.), y posteriormente sirvió como Obispo Presidente de la Iglesia (DyC 72:1–8; 104; 117).

Williams, Frederick G.

Líder de la Iglesia restaurada en sus comienzos; sirvió durante una temporada como consejero de la Presidencia del Sumo Sacerdocio (DyC 81; 90:6, 19; 102:3).

Woodruff, Wilford. *Véase también* Declaración Oficial 1; Manifiesto

Cuarto Presidente de la Iglesia después de la restauración del Evangelio mediante el profeta José Smith. Nació en 1807 y murió en 1898.

Se le llamó a ocupar un lugar en el Consejo de los Doce, **DyC** 118:6. Fue uno de los espíritus selectos reservados para nacer en el cumplimiento de los tiempos, **DyC** 138:53. Recibió una revelación en la que se puso fin al matrimonio plural en la Iglesia, **DO** 1.

YO SOY. *Véase también* Jehová; Jesucristo

Uno de los nombres del Señor Jesucristo.

Dijo Dios a Moisés: YO SOY EL QUE SOY, **Éx.** 3:14–15. Yo soy JEHOVÁ, **Éx.** 6:2–3.

Antes que Abraham fuese, yo soy, **Juan** 8:56–59.

Escuchad la voz de Jesucristo, el Gran Yo Soy, **DyC** 29:1 (DyC 38:1; 39:1).

Young, Brigham

Apóstol en los comienzos de esta dispensación y el segundo Presidente de La Iglesia de Jesucristo de los Santos de los Últimos Días. Guio a los santos hacia el oeste de los Estados Unidos de América, desde Nauvoo, Illinois, hasta el valle del Gran Lago Salado y fue un gran colonizador en el occidente del país.

A Brigham Young se le llamó como presidente de los Doce Apóstoles, **DyC** 124:127. Se alaba a Brigham Young por sus obras y se le releva de viajar al extranjero en lo futuro, **DyC** 126. El Señor dio instrucciones a Brigham Young en cuanto a la manera de organizar a los santos para el viaje hacia el oeste, **DyC** 136. Brigham Young estaba entre los espíritus selectos en el mundo de los espíritus, **DyC** 138:53.

Yugo. *Véase también* Discípulo

Artefacto que se coloca alrededor del

cuello de los animales o de los hombres para uncirlos. El yugo de Cristo es un símbolo del discípulo de Cristo, mientras que el yugo de la esclavitud es un símbolo de la opresión.

Mi yugo es fácil, y ligera mi carga, **Mateo** 11:29–30. No os unáis en yugo desigual con los incrédulos, **2 Cor.** 6:14. No estéis otra vez sujetos al yugo de esclavitud, **Gál.** 5:1. Tampoco deseamos imponer el yugo del cautiverio sobre ninguno, **Alma** 44:2. Los sufrimientos de los santos son un yugo de hierro, una ligadura fuerte, y las ataduras o grilletes mismos del infierno, **DyC** 123:1–3, 7–8.

Zabulón. *Véase también* Israel; Jacob hijo de Isaac

En el Antiguo Testamento, hijo de Jacob y de Lea (Gén. 30:19–20).

La tribu de Zabulón: Jacob bendijo a la tribu de Zabulón (Gén. 49:13), la cual se unió a Débora y a Barac para luchar contra los enemigos de Israel (Jue. 4:4–6, 10), y también se unió a Gedeón para pelear contra los madianitas (Jue. 6:33–35).

Zacarías (Antiguo Testamento)

Profeta del Antiguo Testamento, contemporáneo del profeta Hageo (Esdras 5:1; 6:14), que profetizó aproximadamente en el año 520 a.C.

El libro de Zacarías: Este libro es notorio por sus profecías acerca del ministerio terrenal de Cristo y Su segunda venida (Zac. 9:9; 11:12–13; 12:10; 13:6). En los capítulos del 1 al 8, se habla de una serie de visiones acerca del futuro del pueblo de Dios. En los capítulos del 9 al 14, se encuentran visiones acerca del Mesías, los últimos días, la congregación de Israel, la gran guerra final y la Segunda Venida.

Zacarías (Nuevo Testamento). *Véase también* Elisabet; Juan el Bautista

En el Nuevo Testamento, el padre de Juan el Bautista. Zacarías era sacerdote y oficiaba en el templo.

Fue muerto entre el templo y el altar, **Mateo** 23:35 (Lucas 11:51). El ángel Gabriel prometió un hijo a Zacarías y a su esposa Elisabet, **Lucas** 1:5–25 (DyC 27:7). Fue suelta su lengua, **Lucas** 1:59–79.

Zarahemla. *Véase también* Ammón, descendiente de Zarahemla; Mulek

En el Libro de Mormón, Zarahemla se refiere a (1) un hombre que guio a la colonia de Mulek, (2) a una ciudad que llevó su nombre, (3) la tierra de Zarahemla, y (4) al pueblo que le siguió.

Zarahemla se regocijó porque el Señor había enviado a los nefitas, **Omni** 1:14. Zarahemla dio una genealogía de sus padres, **Omni** 1:18. Ammón era descendiente de Zarahemla, **Mos.** 7:3, 13. La iglesia se hallaba establecida en la ciudad de Zarahemla, **Alma** 5:2. Por causa de los que son justos se han salvado los inicuos de Zarahemla, **Hel.** 13:12. Cuando murió Cristo, se incendió la ciudad de Zarahemla, **3 Ne.** 8:8, 24.

Zeezrom

En el Libro de Mormón, un abogado de la ciudad de Ammoníah. Alma y Amulek percibieron, mediante el Espíritu, que Zeezrom mentía. Posteriormente se convirtió al evangelio de Cristo (Alma 11:21–46; 15:1–12).

Zeniff

En el Libro de Mormón, un hombre que dirigió al grupo que regresó a la tierra de Nefi; llegó a ser su rey y los gobernó con rectitud (Mos. 9–10).

Zenoc

Profeta de Israel en la época del Antiguo Testamento al cual se le menciona únicamente en el Libro de Mormón.

Profetizó la muerte de Cristo, **1 Ne.** 19:10. Habló del Hijo de Dios, **Alma** 33:15 (Alma 34:7). Fue mártir por la verdad, **Alma** 33:17. Profetizó acerca de la venida del Mesías, **Hel.** 8:20.

Zenós

Profeta de Israel en la época del

Antiguo Testamento cuyas profecías sobre la misión de Cristo se encuentran únicamente en el Libro de Mormón.

Profetizó que Cristo sería enterrado en un sepulcro y que habría tres días de tinieblas, **1 Ne.** 19:10, 12. Predijo la congregación de Israel, **1 Ne.** 19:16. Jacob citó la alegoría de Zenós del olivo cultivado y del olivo silvestre, **Jacob** 5. Jacob explicó la alegoría de Zenós, **Jacob** 6:1–10. Enseñó acerca de la oración y la adoración, **Alma** 33:3–11. Enseñó que la redención viene por medio del Hijo de Dios, **Alma** 34:7. Zenós testificó osadamente; y por tal razón lo mataron, **Hel.** 8:19. Habló de la restauración de los lamanitas, **Hel.** 15:11. Testificó de la destrucción que tendría lugar a la muerte de Cristo, **3 Ne.** 10:15–16.

Zoram, zoramitas

En el Libro de Mormón, el siervo de Labán que se unió a Nefi y a Lehi y viajó con ellos a la tierra de promisión (1 Ne. 4:31–38). Debido a su fidelidad, Lehi lo bendijo junto con sus hijos (2 Ne. 1:30–32). A sus descendientes se les conoció con el nombre de zoramitas (Jacob 1:13).

Zorobabel

En el Antiguo Testamento se indica que cuando Ciro dio permiso a los judíos de volver a Palestina, Zorobabel fue nombrado gobernador o representante de la casa real judía. Su nombre persa era Sesbasar (Esdras 1:8). Participó en la reconstrucción del templo de Jerusalén (Esdras 3:2, 8; 5:2).

CRONOLOGÍA

La breve cronología que aparece a continuación puede dar al lector una idea del orden de sucesión de acontecimientos ocurridos en los tiempos bíblicos y en los del Libro de Mormón. Muchas fechas son aproximadas, en especial en los tiempos del Antiguo Testamento.

Acontecimientos que se verificaron en los tiempos de los primeros patriarcas:
(No se dan fechas debido a la dificultad de definirlas con exactitud con relación a los acontecimientos incluidos en esta sección).

a.C. (Antes de Cristo)

4000   Caída de Adán.

      Ministerio de Enoc.

      Ministerio de Noé; el Diluvio.

      Construcción de la Torre de Babel; los jareditas viajan a la Tierra Prometida.

      Ministerio de Melquisedec.

      Muerte de Noé.

      Nacimiento de Abram (Abraham).

      Nacimiento de Isaac.

      Nacimiento de Jacob.

      Nacimiento de José.

      José es vendido para Egipto.

      José es presentado ante Faraón.

      Jacob (Israel) y su familia descienden a Egipto.

      Muerte de Jacob (Israel).

      Muerte de José.

      Nacimiento de Moisés.

      Moisés saca de Egipto a los hijos de Israel (el Éxodo).

      Moisés es trasladado.

      Muerte de Josué.

      Después de la muerte de Josué viene la época de los Jueces, de los cuales el primero fue Otoniel y el último Samuel, pero el orden de sucesión de los demás y las fechas en que gobernaron correspondientes a su gobierno son muy inciertos.

      Se unge rey a Saúl.

Acontecimientos ocurridos en el Reino Unido de Israel

1095   Comienzo del reinado de Saúl.

1063   Samuel unge por rey a David.

1055   David llega a ser rey en Hebrón.

1047   David llega a ser rey en Jerusalén; Natán y Gad profetizan.

1015   Salomón es nombrado rey de todo Israel.

991 Se termina la construcción del templo.

975 Muerte de Salomón. Las diez tribus del norte se rebelan contra Roboam, su hijo, e Israel queda dividido.

Acontecimientos ocurridos en Israel:	Acontecimientos ocurridos en Judá:	Acontecimientos del Libro de Mormón:
975 Jeroboam es rey de Israel.		
	949 Sisac, rey de Egipto, saquea Jerusalén.	
875 Acab reina sobre Israel del norte en Samaria; Elías el Profeta profetiza.		
851 Eliseo obra grandes milagros.		
792 Amós profetiza.		
790 Jonás y Oseas profetizan.		
	740 Isaías comienza a profetizar. (Se funda Roma; Nabonasar es rey de Babilonia en 747; Tiglat-pileser III reina en Asiria de 747 a 734).	
	728 Ezequías es rey de Judá. (Salmanasar IV es rey de Asiria).	
721 El reino del norte queda destruido; las diez tribus son llevadas al cautiverio; Miqueas profetiza.		
	642 Nahúm profetiza.	
	628 Jeremías y Sofonías profetizan.	
	609 Abdías profetiza; Daniel es llevado cautivo a Babilonia. (Nínive cae en 606; Nabucodonosor es rey de Babilonia de 604 a 561).	

Acontecimientos ocurridos en Israel:	Acontecimientos ocurridos en Judá:	Acontecimientos del Libro de Mormón:
		600 Lehi parte de Jerusalén.
	598 Ezequiel profetiza en Babilonia; Habacuc profetiza; Sedequías es rey de Judá.	
		588 Mulek parte de Jerusalén hacia la tierra prometida.
		588 Los nefitas se separan de los lamanitas (entre 588 y 570).
	587 Nabucodonosor captura Jerusalén.	

Acontecimientos de la historia judía:	Acontecimientos de la historia del Libro de Mormón:
537 Decreto de Ciro del regreso de los judíos de Babilonia.	
520 Profetizan Hageo y Zacarías.	
486 Época de Ester.	
458 Se comisiona a Esdras para hacer reformas.	
444 Nehemías es nombrado gobernador de Judea.	
432 Malaquías profetiza.	
	400 Jarom recibe las planchas.
	360 Omni recibe las planchas.
332 Alejandro Magno conquista Siria y Egipto.	
323 Muerte de Alejandro.	
277 Se comienza la traducción de las Escrituras judías al griego, llamada Versión de los Setenta (la Septuaginta).	
167 Rebelión de Matatías el macabeo contra Siria.	
166 Judas Macabeo es líder de los judíos.	

Acontecimientos de la historia judía:	Acontecimientos de la historia del Libro de Mormón:
165 Se purifica el templo y se vuelve a dedicar; se origina la fiesta de las luces (Hanuká).	
161 Muerte de Judas Macabeo.	
	148 Martirio de Abinadí; Alma restablece la Iglesia entre los nefitas.
	124 Último discurso del rey Benjamín a los nefitas.
	100 Comienza la obra de Alma, hijo, y de los hijos de Mosíah.
	91 Comienza el gobierno de los jueces entre los nefitas.
63 Pompeyo conquista Jerusalén, finaliza en Israel el reinado de los macabeos y comienzan a gobernar los romanos.	
51 Reinado de Cleopatra.	
41 Herodes y Fasael son tetrarcas de Judea.	
37 Herodes se convierte en líder en Jerusalén.	
31 Batalla de Accio; Augusto es emperador de Roma del 31 a.C. al 14 d.C.	
30 Muerte de Cleopatra.	
17 Herodes reconstruye el templo.	
	6 Samuel el Lamanita profetiza el nacimiento de Cristo.

Acontecimientos de la historia cristiana:	Acontecimientos de la historia del Libro de Mormón:
d.C.	d.C.
Nacimiento de Jesucristo.	
30 Comienza el ministerio de Cristo.	
33 Crucifixión de Cristo.	33 o 34 El Cristo resucitado aparece en América.
35 Conversión de Pablo.	
45 Primer viaje misional de Pablo.	
58 Pablo es enviado a Roma.	

Acontecimientos de la historia cristiana:	Acontecimientos de la historia del Libro de Mormón:
61 Fin de la historia de los Hechos de los Apóstoles.	
62 Incendio de Roma. Se persigue a los cristianos en los días de Nerón.	
70 Los cristianos huyen a Pella; tienen lugar el sitio y la captura de Jerusalén.	
95 Son perseguidos los cristianos por orden de Domiciano.	
	385 Destrucción de la nación nefita.
	421 Moroni esconde las planchas.

CONCORDANCIA ENTRE LOS EVANGELIOS

Las enseñanzas del Salvador que se encuentran en Mateo, Marcos, Lucas y Juan se pueden comparar entre sí y con la revelación de los postreros días de la siguiente manera:

Acontecimiento	Mateo	Marcos	Lucas	Juan	Revelación de los últimos días
Las genealogías de Jesús	1:1–17		3:23–38		
El nacimiento de Juan el Bautista			1:5–25, 57–58		
El nacimiento de Jesús	2:1–15		2:6–7		1 Ne. 11:18–20; 2 Ne. 17:14; Mos. 3:5–8; Alma 7:10; Hel. 14:5–12; 3 Ne. 1:4–22
Las profecías de Simeón y de Ana			2:25–39		
La visita al templo (Pascua)			2:41–50		
Comienza el ministerio de Juan	3:1, 5–6	1:4	3:1–3		DyC 35:4; 84:27–28
El bautismo de Jesús	3:13–17	1:9–11	3:21–22	1:31–34	1 Ne. 10:7–10; 2 Ne. 31:4–21
Las tentaciones de Jesús	4:1–11	1:12–13	4:1–13		
El testimonio de Juan el Bautista				1:15–36	DyC 93:6–18, 26
Las bodas de Caná (primer milagro de Jesús)				2:1–11	
La primera purificación del templo				2:14–17	
Visita de Nicodemo				3:1–21	
La mujer samaritana junto al pozo				4:1–42	
Rechazan a Jesús en Nazaret			4:16–30		
Jesús llama a unos pescadores a ser pescadores de hombres	4:18–22	1:16–20			

Acontecimiento	Mateo	Marcos	Lucas	Juan	Revelación de los últimos días
Las redes se llenan milagrosamente			5:1–11		
Se llama y ordena a los Doce	10:1–4	3:13–19	6:12–16		1 Ne. 13:24–26, 39–41; DyC 95:4
El Sermón del Monte	5–7		6:17–49		3 Ne. 12–14
La oración del Señor	6:5–15		11:1–4		3 Ne. 13:5–15
Jesús levanta de la muerte al hijo de la viuda			7:11–15		
A Jesús lo unge una mujer			7:36–50		

Las parábolas de Jesús son historias cortas en las que se compara un objeto o acontecimiento común con una verdad. Jesús las utilizaba a menudo para enseñar verdades espirituales.

El sembrador:	13:3–9, 18–23	4:3–9, 14–20	8:4–8, 11–15		
El trigo y la cizaña:	13:24–30, 36–43				DyC 86:1–7
La semilla de mostaza:	13:31–32	4:30–32	13:18–19		
La levadura:	13:33		13:20–21		
El tesoro escondido:	13:44				
La perla de gran precio:	13:45–46				
La red:	13:47–50				
Tesoros nuevos y viejos:	13:51–52				
Los dos deudores:	18:23–35				
El buen pastor:				10:1–21	3 Ne. 15:17–24
El buen samaritano:			10:25–37		
Humildad, la fiesta de bodas:			14:7–11		
La gran cena:			14:12–24		
La oveja perdida:	véase también 18:12–14		15:1–7		
La moneda perdida:			15:8–10		

Acontecimiento	Mateo	Marcos	Lucas	Juan	Revelación de los últimos días
El hijo pródigo:			15:11–32		
El mayordomo infiel:			16:1–13		
El rico y Lázaro:			16:14–15, 19–31		
La viuda y el juez injusto:			18:1–8		
Los obreros de la viña:	20:1–16	véase también 10:31			
Las diez minas:			19:11–27		
Los dos hijos:	21:28–32				
Los labradores malvados:	21:33–46	12:1–12	20:9–19		
La fiesta de bodas:	22:1–14		compárese con 14:7–24		
Las diez vírgenes:	25:1–13		véase también 12:35–36		DyC 45:56–59
Los talentos:	25:14–30				
El juicio de las naciones:	25:31–46				
Jesús calma la tormenta	8:23–27	4:35–41	8:22–25		
Jesús hace que una legión de demonios entre en un hato de cerdos	8:28–34	5:1–20	8:26–29		
Jesús levanta de la muerte a la hija de Jairo	9:18–20, 23–26	5:21–24, 35–43	8:41–42, 49–56		
Jesús cura a una mujer enferma	9:20–22	5:25–34	8:43–48		
Mandato a los Doce	10:5–42	6:7–13	9:1–6		DyC 18
La alimentación de los cinco mil	14:16–21	6:33–44	9:11–17	6:5–14	
Jesús anda sobre el agua	14:22–33	6:45–52		6:15–21	
El sermón sobre el pan de vida				6:22–71	

Acontecimiento	Mateo	Marcos	Lucas	Juan	Revelación de los últimos días
El testimonio de Pedro acerca de Cristo	16:13–16	8:27–29	9:18–21		
Jesús promete a Pedro las llaves del reino	16:19				
La Transfiguración: Se entregan las llaves del sacerdocio	17:1–13	9:2–13	9:28–36		DyC 63:20–21; 110:11–13
Se designa a los Setenta y se les envía a cumplir su oficio			10:1–12		DyC 107:25, 34, 93–97; 124:138–140
Jesús cura a un ciego en el día de reposo				9	
Jesús devuelve la vida a Lázaro				11:1–53	
Jesús cura a los diez leprosos			17:11–19		
El Salvador bendice a los niños	19:13–15	10:13–16	18:15–17		
María unge los pies de Jesús	26:6–13	14:3–9		12:2–8	
La entrada triunfal en Jerusalén	21:6–11	11:7–11	19:35–38	12:12–18	
Jesús expulsa del templo a los cambistas	21:12–16	11:15–19	19:45–48		
La ofrenda de la viuda		12:41–44	21:1–4		
Destrucción de Jerusalén y señales de la Segunda Venida	24	13	21:5–38		DyC 45:16–60; JS—M 1
La última Pascua de Jesús, en la que instituye la Cena del Señor, da instrucciones a los Doce y lava los pies de los discípulos.	26:14–32	14:10–27	22:1–20	13–17	
Jesús, la vid verdadera				15:1–8	

Acontecimiento	Mateo	Marcos	Lucas	Juan	Revelación de los últimos días
Sufrimiento de Jesús en Getsemaní	26:36–46	14:32–42	22:40–46	18:1	2 Ne. 9:21–22; Mos. 3:5–12; DyC 19:1–24
La traición de Judas	26:47–50	14:43–46	22:47–48	18:2–3	
Jesús ante Caifás	26:57	14:53	22:54, 66–71	18:24, 28	
Jesús ante Pilato	27:2, 11–14	15:1–5	23:1–6	18:28–38	
Jesús ante Herodes			23:7–12		
Jesús es azotado y escarnecido	27:27–31	15:15–20		19:1–12	
La Crucifixión	27:35–44	15:24–33	23:32–43	19:18–22	Hel. 14:20–27; 3 Ne. 8:5–22; 10:9
La Resurrección	28:2–8	16:5–8	24:4–8		
Jesús se aparece a sus discípulos		16:14	24:13–32, 36–51	20:19–23	
Jesús se aparece a Tomás				20:24–29	
La Ascensión		16:19–20	24:50–53		